INTRODUCTION TO
OPERATIONS MANAGEMENT
A SUPPLY CHAIN PROCESS APPROACH

생산 운영관리

Bassim Hamadeh, CEO and Publisher
Kristina Stolte, Senior Field Acquisitions Editor
Alisa Munoz, Project Editor
Celeste Paed, Associate Production Editor
Emely Villavicencio, Senior Graphic Designer
Greg Isales, Licensing Associate
Jennifer Redding, Interior Designer
Natalie Piccotti, Director of Marketing
Kassie Graves, Vice President of Editorial
Jamie Giganti, Director of Academic Publishing

Copyright © 2021 by Cognella, Inc. All rights reserved. No part of this publication may be reprinted, reproduced, transmitted, or utilized in any form or by any electronic, mechanical, or other means, now known or hereafter invented, including photocopying, microfilming, and recording, or in any information retrieval system without the written permission of Cognella, Inc. For inquiries regarding permissions, translations, foreign rights, audio rights, and any other forms of reproduction, please contact the Cognella Licensing Department at rights@cognella.com.

Trademark Notice: Product or corporate names may be trademarks or registered trademarks and are used only for identification and explanation without intent to infringe.

Cover image copyright © 2019 iStockphoto LP/alexsl

Printed in the United States of America.

3970 Sorrento Valley Blvd., Ste. 500, San Diego, CA 92121

INTRODUCTION TO
Operations
Management
A SUPPLY CHAIN
PROCESS APPROACH

저자서문

Introduction to Operations Management: A Supply Chain Process Approach 2판 독자들에게 환영의 인사를 전한다. Operations Management(OM)는 조직의 효율성을 제고하기 위한 일련의 핵심 활동으로, 운영관리자와 기타 직원들이 기업의 경쟁력을 갖추는 데 필요한 도구를 제공한다. 이 교재는 전 세계 기업들이 상품과 서비스를 구매, 제작, 납품, 반품히는 방법을 상세히 기술하고 있으며, 학생들에게 운영관리 개념과 기법에 대한 탄탄한 기초를 제공한다. 시장에 많은 운영관리 교과서가 있지만 대부분 공통적인 문제점을 공유하고 있다. 전통적인 이론을 다루고 있으며, 이론을 어떻게 실제 상황에 적용할 수 있는지에 대한 설명이 부족하다. 이 때문에 학생들은 운영관리를 지루하게 생각하고 정량적 개념을 매우 어려워하는 경향이 있다. 학생들은 운영관리의 내용이 기업의 전반적인 성공에 어떻게 기여하는지, 실제 상황에서 어떠한 역할을 수행하는지 파악하기 어렵다.

Introduction to Operations Management: A Supply Chain Process Approach 2판은 최신 OM 주제와 개념을 다루고, 지속가능성, 고객관계, 글로벌 시장과 같은 최신 트렌드에 대해 논의하며, 수많은 실제 사례와 연습문제를 제공함으로써 학생들이 실제 OM 전문가의 안목을 갖출 수 있도록 돕는다. 오늘날 학생들은 흥미롭고, 또 빠르게 변화하는 시장에 진입할 것이다. Introduction to Operations Management: A Supply Chain Process Approach 2판은 이들에게 현시대의 운영관리를 소개하는 교과서다.

접근방식

학생 친화적 스타일

본 교재의 주된 목적은 학생들에게 업무에 필요한 OM 지식과 도구를 제공함과 동시에 참여를 유도하고, 내용을 전달하며, 즐거움을 주는 것이다. 각 장은 학생들이 흥미를 가질 수 있도록 학생 친화적인 스타일로 쓰여 있으며, 다양한 사진 및 도표가 포함되어 있다. 공식을 사용하고 문제를 풀기 위한 단계별 가이드는 학생들의 정량적 개념에 대한 이해를 돕고 어려운 문제를 해결할 수 있도록 한다. 각 장의 실제 예시, 연습 및 프로젝트는 학생들이 다양한 방식으로 학습자료를 활용할 수 있도록 돕는다.

현 시장 상황을 반영한 주제 선정

이 책의 또 다른 목표는 독자들이 운영관리가 공급사슬 거래 파트너뿐만 아니라 회사의 내부 프로세스에 어떤 영향을 미치는지 생각하게 만들고, 관리자가 본문 전체에 기술된 관행을 채택함으로써 경쟁 우위를 어떻게 창출할 수 있는지 설명하는 것이다. 모든 장에서는 의사 결정 상황에서 분석 도구를 사용하는 실제 기업들의 사례를 제시한다. 그리고 학생들이 이를 흥미롭게 여기고, 자신의 경험에 비추어 쉽게 이해할 수 있도록 설명한다. 또한 지속가능성, 고객 관계 및 품질 관리와 같은 새로운 운영관리 동향에 대해서도 다룬다. 많은 학생이 서비스업에 종사할 것이기 때문에, 각 장에 제조업과 서비스업의 사례를 균형 있게 제시했다.

공급사슬 프로세스 통합

모든 조직은 하나 혹은 그 이상의 공급사슬 일원이기 때문에, 이 책의 주제들은 공급사슬 프로세스라는 중요한 맥락하에 소개했다.

- **제품개발**
- **고객관계관리**
- **고객서비스관리**
- **수요 관리**
- **주문충족**
- **제조흐름관리**
- **공급사슬관리**
- **반품관리**

성공적인 기업과 거래 파트너는 고객을 위한 제품 가치를 극대화하기 위해 자주 협업하고 자원을 공유해야 한다. 이러한 과정에서 가끔 문제가 발생하곤 한다. 그렇기에 운영관리를 공부하는 학생들은 공급사슬에서 프로세스 통합의 중요성을 이해해야 하며, 어떻게 통합 문제를 정의하고 해답을 제시할 것인지 배워야 한다. 공급사슬 맥락에서 운영관리를 논의하는 것은 학생들이 기업의 특정한 기능 및 역할이 기업의 전반적인 성공에 어떻게 기여하는지 잘 이해할 수 있도록 할 것이다.

대상 독자

이 교과서는 경영대학의 학부과정 운영관리 입문용 교재로 가장 적합하다. 경영학 학부생들은 수업을 어려워할 수 있는데, 왜냐하면 많은 학생이 제한된 실무 경험을 가졌고, 정량적인 주제를 어렵게 여길 수 있기 때문이다. 이 책은 이러한 학생들을 염두에 둔 책이다. 학생과 교수는 정량적인 주제에 대한 각 장의 수많은 예제와 실습 자료를 얻을 수 있다. 경영학과 3학년 혹은 4학년 학생, MBA 기초과정 수강생은 물론 실무 관리자도 유용하게 활용할 수 있다. 많은 MBA 커리큘럼은 운영관리 개념과 도구에 대한 기본 지식이 필요하다. 이 책은 기초부터 체계적으로 각 주제에 접근하고 있기에 학생들은 배경이나 경험과 무관하게 부담 없이 이해하고 즐길 수 있을 것이다.

책의 구성

이 책의 주제는 전략적 관점에서 전술적 관점으로 제시되어 있으며, 기본 개념에서 시작해 공급 사슬 관리를 위한 폭넓은 논의로 이어진다. 운영관리는 기업이 시장에서 어떻게 경쟁할 것인지를 결정짓는 방향성에 영향을 미치는 최고 경영진의 전략적 의사결정에서 시작한다. 운영 의사결정은 기업 전략을 재고관리, 품질 평가 및 상품 구매와 같은 보다 단기적이고 전술적인 의사결정으로 치환하는 역할을 한다. 모든 기업은 하나 이상의 공급망에 속해 있기 때문에, 본 책은 공급관리, 물류 관리와 같이 기업 외부로 향하는 주제를 논의하는 것으로 끝을 맺는다.

Part I: 운영전략 개발

경영진은 조직이 어떻게 경쟁할지를 결정한다. 운영전략과 전술은 조직의 전략을 지원하며, 본 장은 이러한 결정에 대해 다룬다.

- **Chapter 1: 운영관리, 프로세스 및 공급사슬** 운영관리, 프로세스 및 공급사슬 관리를 정의하며 이들의 중요성을 설명한다. 또한 8가지 중요 공급사슬 프로세스, 서비스 운영관리, 운영관리의 중요한 발전에 대해 다룬다.
- **Chapter 2: 기업 전략, 성과 및 지속가능성** 기업 전략 수립 및 운영전략과의 조정에 대해 다룬다. 운영전략 수립에 있어 윤리와 지속가능성의 중요성에 대해 설명한다. 또한 운영 성과에 대해 논의한다.
- **Chapter 3: 새로운 제품과 서비스 설계** 제품 및 서비스의 디자인과 개발에 대해 다룬다. 제품 개발 프로세스, 제품 디자인의 환경적 측면, 제품 디자인의 최신 경향에 대해 논의한다.
- **Chapter 4: 프로세스 설계 및 능력** 관리 서비스와 제조업체의 프로세스 설계 및 생산능력 관리에 대해 논한다. 프로세스 분석, 플로우차트(Flow Chart), 생산능력, 손익분기점 분석, 프로세스 설계의 지속가능성 등에 대한 논의를 포함한다.

Part II: 제조 및 서비스 흐름

회사를 관통하는 자재, 소비자, 직원, 정보의 흐름은 회사가 효과적으로 제품 및 서비스를 제공할 수 있도록 한다. 다음 장은 이러한 주제를 다룬다.

- **Chapter 5: 수요 관리, 수요예측, 총괄계획** 수요 관리, 예측, 총괄계획과 관련된 내용을 소개한다. 수요 관리 기법, 예측기법, 예측정확도, 협동계획 및 예측, 총괄계획 기법 등에 대해 논한다.
- **Chapter 6: 독립 수요 재고관리** 독립 수요 재고관리의 주제인 종류, 기능, 재고 비용, 재고관리 성과측정 등을 학습한다.
- **Chapter 7: 자재흐름 분석 및 설비 배치** 자재흐름 분석 및 설비 배치를 다룬다. 자재흐름 매핑, 제약이론, 배치분석, 배치 트렌드 등을 포함한다.
- **Chapter 8: 린 시스템** 도요타 생산시스템, 제조 및 서비스에서 린 시스템, 린 공급사슬, 린 시스템 관련 쟁점 등에 대해 다룬다.
- **Chapter 9: 고객 흐름 및 작업 흐름 관리** 소비자흐름 및 작업흐름과 관련된 주제를 다룬다. 소비자흐름 매핑, 서비스 배송 시스템 설계, 소비자 대기행렬, 작업계획 관리 등에 대해 논한다.
- **Chapter 10: 정보 흐름 관리** MRP 및 ERP 정보가 어떻게 관리되는지 설명한다. 자재취급 계획, 전사적 자원관리, 비즈니스 프로세스 관리, 비즈니스 프로세스 리엔지니어링 등의 개념을 소개한다.
- **Chapter 11: 프로젝트 관리** 프로젝트 계획, 프로젝트 관리 기법, 프로젝트 리스크 관리, 프로젝트 관리 트렌드 등과 같은 프로젝트 관리의 도구에 대해 설명한다.
- **Chapter 12 & 13: 식스 시그마 및 통계적 품질 관리** 식스 시그마 품질의 기원, 구성요소 동향 등에 대해 설명하며, 통계적 품질관리 기법에 대해 소개한다.

Part III: 공급사슬 관리

모든 조직은 하나 혹은 다수의 공급사슬 구성원이다. 공급사슬에서 거래 파트너 관리에 쓰이는 개념 및 도구들을 제시한다.

- **Chapter 14 & 16: 글로벌 공급사슬 관리** 구매주기, 생산 혹은 아웃소싱 의사결정, 공급사슬 관계관리, 윤리적이고 지속가능한 구매, 전자구매에 대해 다룬다.
- **Chapter 15: 위치, 물류 및 제품 반품** 물류, 입지 분석, 창고와 반품관리, 물류 지속가능성 등의 주제에 대해 논한다.

내용

각 장은 학생들의 흥미를 유발하고 강의자의 강의를 돕기 위해 다음과 같은 내용을 포함하고 있다.

시작

- **시작 인용문**(Chapter-opening quotes) 각 장을 여는 CEO, 이사, 및 유명 경영인의 인용문은 학생들이 해당 장에서 다루는 내용의 중요성을 인식하고 관심을 불러일으키도록 돕는다.

- **학습목표**(Learning objectives)　각 장의 핵심 주제가 무엇인지 강조하며, 학습 후에 어떠한 능력을 갖출 수 있는지 요약한다. 학습목표는 각 장의 중심이 되는 주제와 밀접한 연관이 있다.
- **시작 스포트라이트**(Chapter-opening spotlights)　각 장의 핵심 주제에 대해 학생들의 우선적 호기심을 불러일으키며, 이 주제들이 현실문제와 밀접한 연관성을 가짐을 보여준다. 프로필은 실제 회사의 모범경영 사례를 요약해 보여준다.

각 장의 내용

- **주요 용어**(Key terms)　각 장의 끝부분에 정의와 내용이 제시되며, 학생들이 주요 용어를 찾고 학습할 수 있도록 돕는다.
- **제조 및 서비스 스포트라이트**(Manufacturing and service spotlights)　실제 서비스 및 제조업체의 문제해결 사례 혹은 본 장에 소개된 도구활용 사례를 제시한다. 각 장을 여는 스포트라이트와 유사하게 기업이 실제로 운영관리의 개념을 어떻게 활용하는지 보여준다.
- **사례**(Example box)　단계적 설명과 도식화된 해답을 통해 공식을 활용해 문제를 어떻게 풀 수 있는지 보여준다.

각 장의 끝

- **요약**(Chapter summaries)　해당 장에서 논한 주제를 간단히 정리한다.
- **주요 용어 정의**(Definitions of key terms)　학생들에게 주요 용어와 개념을 검토할 수 있도록 돕는다.
- **공식 복습**(Formula reviews)　정량적 분석을 다룬 장에서는 주요 공식을 정리해 보여준다.
- **풀이된 문제**(Solved problems)　학생들에게 각 장에서 학습한 주요 공식과 개념을 사용해 문제를 어떻게 풀 수 있는지 단계적 과정을 보여준다.
- **복습 문제**(Review questions)　학생들이 자신의 이해도를 확인해볼 수 있도록 주요 용어를 정의하거나 개념을 설명하도록 하는 문제를 제시한다.
- **토론 문제**(Discussion questions)　학생들이 해당 장에서 학습한 주제를 실제 비즈니스에 어떻게 적용할 수 있는지 비판적으로 생각하도록 장려한다. 이를 통해 여러 주제가 실제 상황에 어떻게 적용되는지 설명할 수 있도록 한다.
- **연습 및 프로젝트**(Exercises and projects)　팀프로젝트, 추가과제, 혹은 심화학습을 위한 과제로 활용 가능하다.
- **문제**(Problems)　정량적인 주제에 대해 학생들이 숙달할 수 있도록 돕는다.
- **사례연구**(Case studies)　토론 질문은 과제 혹은 수업 내 토론에 활용할 수 있다.

생산 운영관리
Operations
Management

역자서문

본서는 "Introduction to Operations Management, Joel D. Wisner, 2nd Edition(Cognella)"을 번역한 역서이다. 본서의 원서는 생산운영관리의 개념과 방법론을 명료하고 간결하게 설명함은 물론 최신의 사례를 기반으로 독자의 이해도를 높일 수 있다는 점에서 인기를 끌어왔다.

본서는 경영학 분야에서 생산운영관리 입문을 위한 교재로 사용될 수 있으며, 학부와 대학원 과정 모두를 아울러 해당 학문에 대한 기본적인 개념과 기법에 대한 탄탄한 기초를 제공할 것이다. 생산 현장의 전통적인 이론을 주로 다루는 시중의 도서와는 다르게, 본서는 생산운영관리의 범위를 확장하여 모든 경영 현장에 존재하는 운영프로세스에 대한 이해와 관리에 초점을 두고 다양한 사례를 통해 해당 이론의 실제 가치를 파악하기 위해 심혈을 기울였다.

경영 현장은 끊임없이 변화하고 생동하는 커다란 유기체로서 변화에 가장 빠르고 민감하게 반응하여야 한다. 경영학은 사회과학 분야로서 일반적인 과학과는 달리 수백 년을 관통하는 이론이나 어떠한 상황 혹은 기업에도 통하는 정답이라는 개념을 찾기 어려운 상황이다. 경영학 분야인 생산운영관리에서는 불과 수년 전만 하더라도 공급사슬(Supply Chain)의 세계화(Globalization)가 우리가 꼭 가야 하는 보편적인 길처럼 소개되었으나, 전염병 및 전쟁 등에서 비롯된 공급사슬붕괴(Supply Chain Disruption) 현상과 각국의 보호무역주의로 말미암아 세계는 다시 탈세계화(Deglobalization)를 주창하며 강대국을 중심으로 배타적 공급사슬을 형성하고 있다. 이러한 급진적 사회·환경 변화 속에서 경영학의 학문적 역할은 기존의 정리된 이론과 지식을 전달함에 그칠 것이 아니라, 최신의 흐름을 반영할 수 있는 사례 학습과 그에 기반한 새로운 직관의 형성에 기여하기를 요구받고 있으며 바로 이 부분에서 본서의 가치가 더욱 빛이 난다 할 수 있다.

목표를 설정하고 이를 성취하고자 하는 모든 집단과 개인은 일련의 과정, 즉 프로세스를 통해 목표를 실현할 수 있으며, 생산운영관리는 이러한 프로세스의 양적·질적인 개선을 궁극의 목표로 하는 학문이다. 이는 기업의 입장에서 수익을 창출하는 모든 물리적 요소에 대한 개선 및 관리를 의미하며, 유형의 제품뿐 아니라 서비스 산업으로 대표되는 무형의 제품 또한 적용 가능하다. 본서에서 제시한 모든 챕터는 제목을 달리 하더라도 앞서 설명한 프로세스 개선이라는 공통의 토대 위에서 설명이 가능하며, 본서는 크게 세 개의 파트(1. 운영전략 개발, 2. 제조 및 서비스 흐름, 3. 공급 사슬 관리)와 15개의 세부 챕터로 해당 내용을 구성하였다. 각 세부 챕터의 시작 인용문과, 학습목표, 시작 스포트라이트는 각 챕터의 핵심 주제에 대한 학습 동기 유발을 도울 것이며, 챕터 말미의 요약과 연습문제는 독자 스스로 이해도를 확인할 수 있도록 구성되어 있다. 독자의 입장과 편의를 고려한 내용 구성은 본서의 또 다른 장점으로 생산운영관리를 보다 깊이 이해할 수 있도록 도울 것이다. 다만, 본서가 가진 수많은 장점에도 불구하고 독자의 입장에서 부족한 부분이 있다면 이를 보완하고 수정해나가는 역할 또한 저자들의 책임이기에 독자들의 아낌없는 의견 개진을 부탁드리는 바이다.

끝으로 본서의 출판을 위해 노고를 아끼지 않으신 한올출판사의 임순재 사장님을 비롯하여 나상욱 이사님, 최혜숙 실장님 등 많은 관계자 여러분의 도움에 감사드린다.

역자 대표 씀

감사의 글

Cognella 팀 구성원에게 감사를 표한다. Acquisitions Editor인 Kristina Stolte과 Kassie Graves, 그리고 project Editor인 Alisa Muñoz와 Faye Delosreyes는 책을 완성하기까지 큰 도움과 격려를 주었다. Jamie Giganti(Academic Publishing Director), Celeste Paed(Associate Production Editor), Emely Villavicencio(Senior Graphic Designer), Natalie Piccotti(Director of Marketing), Tiffany Mok(Content Marketing Specialist), Dani Skeen(Marketing Specialist), Greg Isales(Licensing Associate)에게도 감사를 표한다. 또한 교과서 전반에 걸쳐 사례를 작성한 Rick Bonsall, Jeff Fahrenwald, Brian Hoyt, Stella Hua, Jack Sapsanguanboon, and Tobias Schoenherr에게도 감사를 표한다. 학생 및 강의자를 위한 보조자료를 만든 C. J. Wisner에게 감사를 표한다. 집필 과정 동안 많은 검토자가 사려 깊은 조언을 해주었다. 책의 내용 향상에 큰 도움을 준 다음의 검토자들에게 감사를 전한다.

Ron Staab, University of Texas at Dallas

Ron Staab, Capital University

Ron Pardee, Riverside City College

운영관리를 강의하는 내 아내 C. J.에게도 특별한 감사 인사를 전한다. C. J.는 각 장의 원고 검토를 도와주었으며 집필에 시간을 허락해주었다. 또한 종종 방문을 닫고 점심을 거르면서 작업에 몰두한 저자를 이해해준 동료들에게 감사드린다. 끝으로, 훌륭한 학생들의 피드백과 격려에 감사한다.

저자소개

Joel D. Wisner는 라스베이거스 네바다대학교(UNLV) 공급사슬관리 교수다. Wisner 교수는 1976년 New Mexico State University에서 기계공학 학사 학위를, 1986년 West Texas State University에서 MBA 학위를 취득했다. Tennessee의 유니온 카바이드사에서 엔지니어로 일했으며, 이후 Louisiana 걸프만과 서부 텍사스 지역에서 석유 산업에 종사한 바 있다. 1991년에는 Arizona State University에서 공급사슬관리 분야로 박사 학위를 취득하였다.

Wisner 교수는 CTL과 C.P.M과 같은 물류 및 구매 분야의 자격증을 보유하고 있으며, 현재 UNLV에서 운영관리 및 공급망 관리 과정을 강의하고 있다. 또한 브라질, 핀란드, 인도네시아, 이탈리아, 멕시코, 뉴질랜드, 스페인에서 방문 학자로 활동한 바 있다.

그의 주된 연구 관심사는 공급사슬에서 프로세스를 평가하고 개선하는 전략을 수립하는 것으로, 총 100편 이상의 논문, 사례연구, 단행본 등을 저술하였다. Business Case Journal, Journal of Business Logistics, Journal of Operations Management, Journal of Supply Chain Management, Journal of Transportation, and Production and Operations Management Journal 등과 같은 유수의 학술지에 논문을 출간하였고, 본 교과서 이외에도 Principles of Supply Chain Management와 Process Management라는 두 편의 교과서를 집필하였다.

Wisner 교수는 International Journal of Integrated Supply Management의 창립자이자 전 편집장이기도 하며 현재 여러 주요 학술지 위원으로 활동하고 있다.

Contents

PART 1 운영전략 개발

Chapter 1

운영 관리, 프로세스 및 공급사슬

Chapter 2

기업 전략, 성과 및 지속가능성

Chapter 3
새로운 제품과 서비스 설계

Chapter 4

프로세스 설계 및 능력 관리

PART 2

제조 및 서비스 흐름

Chapter 05

수요 관리, 수요예측, 총괄계획

Chapter 08
린 시스템

Chapter 09
고객 흐름 및 작업 흐름 관리

Chapter 10
정보 흐름 관리 – MRP 및 ERP

GALLUS BIOPHARMACEUTICALS,
ERP 시스템의 신속한 구현 ··············· 351

Chapter 11
프로젝트 관리

중국의 친환경 병원 프로젝트 ···················· 405

Chapter 12
식스 시그마 품질 관리

업계 최고의 휠을 만들기 위해
Winona PVD는 식스 시그마를 사용한다 ···················· 441

Chapter 13
통계적 품질 관리

통계적 공정 관리로 벽돌을 개선하다 ···················· 471

PART 3 공급사슬 관리

Chapter 14
글로벌 공급사슬 관리

생산 운영관리
Operations
Management

PART 1

운영전략 개발

Chapter 1

운영관리,
프로세스 및 공급사슬

우리의 시설 운영관리 업무로 인해 매일 여러 프로젝트에 걸쳐 더 많은 곳에서 더 많은 의뢰인들에게 성공적으로 서비스를 제공하고 있으며, Nika는 회사가 발전하고 성장함에 따라 강력한 비전과 리더십을 보장하기 위해 노력하고 있다.

-Lorenza Peterson, Nika 상무

끊임없는 변화, 급변하는 글로벌 트렌드, 신기술 및 인구 통계의 변화로 정의되는 세상에서 비즈니스 운영도 빠르게 변화해야 하며, 이는 끊임없이 새로운 도전과 기회를 제시한다.

-Davide Vassallo, DuPont Sustainable Solutions 전무

🎯 학습목표

1. 운영관리의 정의

2. 프로세스와 공급사슬의 정의

3. 프로세스 및 공급사슬 관점에서 운영관리를 바라보는 시각

4. 공급사슬의 여러 조직을 서로 연결해주는 8가지 핵심 프로세스

5. 서비스 운영관리의 중요성

6. 운영관리의 여러 중요한 발전들

아마존의 식료품 공급사슬

아마존이 13조 원의 금액으로 Whole Foods 식료품체인을 인수한 것은 큰 규모로 글로벌 식료품 비즈니스에 진입함을 모든 이에게 선포한 것이다. 이것은 식료품 산업의 경쟁자들에게 힘든 경쟁을 의미할 뿐만 아니라 운송, 창고관리, 물류, 재고관리를 포함한 아마존의 공급사슬관리 활동 전반에 주는 여러 시사점이 있다. 아마존은 전자상거래 시스템을 성공적으로 설계하였고, 지금은 식료품 공급사슬에 있어서도 동일한 결과를 기대하고 있다.

아마존은 화물수송기, 컨테이너 운송, 물류센터 자동화 로봇에 막대한 자금을 투자해왔고 지역배송을 위한 Uber와 같은 제삼자 물류업자에게 당일배송과 1시간 배송을 제공하기 위해 열심을 다하고 있다. Dragon Boat라고 불리는 아마존 운송 프로젝트에서는 아마존의 트럭, 항공기, 배를 통하여 아시아에 위치한 상인들과 공장에서 미국으로 직접 상품을 가져오는 것이 가능토록 할 것이다. 또한 대출, 국제 대금지불처리, 관세와 세금 컨설팅 등을 온라인과 모바일 기기를 통해 제공한다. 그 결과 무역거래 및 국제배송이 원-클릭으로 처리된다. 이 새로운 물류운영은 아마존의 글로벌 공급사슬로 불릴 것이고 아마존은 이러한 운영을 지원하기 위해 다수의 보잉 767기를 대여할 것이라고 한다.

Whole Foods에 관련하여 다음으로 어떤 일이 발생할지는 아직 나타나고 있지 않다. 만약 아마존이 식료품 비즈니스에서 성공한다면, 그다음에는 유기농 식품 유통업자인 Whole Foods의 최대 공급자인 UNFI 기업을 인수할 것인가? 어떤 경우든지 아마존의 물류 파이프라인은 예전의 그 어느 때보다도 더 식료품 중심이 될 것이라는 것은 명확하다. Whole Foods로 인해 아마존은 많은 수의 오프라인 매장을 갖게 됐는데 이것은 또한 아마존이 잘 처리할 수 있는 온라인 주문과 배송의 기회가 더욱 많이 발생하게 되는 것이다.

경쟁이 치열한 오늘날의 글로벌 시장에서 조직은 새로운 고객을 확보하고 기존 고객을 만족시키며 경쟁력을 유지하기 위해 지속적으로 자신을 평가, 조정 및 재정의해야 한다. 예를 들어, 최근 몇 년 동안 중국과 러시아에서 제품과 서비스 시장이 열리고 있으며, 개발도상국의 많은 소규모 시장도 사회적·정치적 기후 변화에 따라 지속적으로 열리고 성장하고 있다. 많은 외국 기업들이 미국을 비롯한 선진국 시장에 진입하고 있으며 경쟁을 더하고 있고, 미국 내 기업들은 수익 향상을 위해 끊임없이 신제품 분야와 새로운 시장으로 확장하는 방안을 모색하고 있다. 최근 글로벌 경기침체 상황에서 경기 침체가 경쟁 지형을 더욱 복잡하게 만들었다. 어느 순간, 기업들은 현재 고객을 유지하고 새로운 고객을 찾아야 할 필요가 있을 뿐만 아니라 비용을 절감해야 하는 상황에 직면했다. 또한, 2011년 도호쿠 대지진과 쓰나미로 일본이 어려움을 겪을 때, 일본 공급 업체와 거래하던 많은 제조업체들은 그들의 공급 사슬을 통해 부품과 물자를 구할 수 없었고, 대체 공급 업체가 있을 때까지 문을 닫아야 했다. 이러한 역동적인 조건 때문에 조직은 고객의 요구를 새롭고 혁신적인 제품으로 전환할 수 있도록 고객의 의견에 귀를 기울이면서 최고의 공급업체를 지속적으로 찾고, 운영비용을 절감하며, 품질과 고객 서비스 개선에 노력을 경주해야 한다. 대부분의 조직에서 성공하는 것과 성공한 상태를 유지하는 것은 움직이는 목표를 맞추는 것과 같이 무척 어렵다. 경영자들은 그들 회사의 시장을 연구한 후, 현재 고객과 잠재적인 고객들이 미래에 무엇을 필요로 할지를 예측한다. 그런 다음 경영자는 새로운 제품 및 프로세스 기능을 개발하거나 현재의 기능을 조정하여 이러한 예측 요구를 충족시키는 제품과 서비스를 제공하려 한다.

모든 조직은 자신들의 프로세스가 있으며, 프로세스는 제품과 서비스를 제공하는 고유한 방법을 나타낸다. 조직은 고객이 지불하고 싶은 가격에 원하는 제품과 서비스를 만들고 제공하기 위해서 재고를 성공적으로 관리하고, 지식이 풍부한 직원을 고용하며, 공급업체 및 고객과 지속적이고 상호 유익한 파트너십을 구축하고, 효과적인 정보 및 커뮤니케이션 시스템을 구축하는 한편, 비용, 품질 및 프로세스 관리 프로그램을 수립하여 프로세스를 관리한다.

조직의 내부에 대해서만 집중하는 운영 관리자는 공급업체와 고객이 시장, 제품 및 기술에 대한 공유 정보와 지식 측면에서 회사에 제공하는 가치를 무시한다. 가장 성공적인 조직은 거래 파트너와 협력하여 기업 내 여러 기능 부서들 간의 협력과 기업 경계를 넘어서 서로 결합하여 기업이 직면한 수많은 문제에 대한 가장 효과적인 해결책을 찾는다. 기업의 공급사슬 전반에 걸쳐 운영 프로세스를 관리하면 모든 참여 조직의 경쟁력이 향상된다. 그러므로 성공적인 운영관리를 위해서는 기업의 공급사슬과 공급사슬을 연결하는 핵심 프로세스에 대한 지식이 필요하다.

이러한 주제들은 다른 관련 운영 관리 주제들과 함께 본 장과 다른 장에서 자세히 다뤄질 것이다. 이 장에서는 교재의 나머지 부분에 대한 기초를 제시하며, 교과서의 나머지 장에서 더 완전하게 탐구될 많은 주제에 대한 짧은 토론을 독자들에게 제시할 것이다. 몇 가지 중요한 용어를 정의하는 것으로 시작할 것이다.

1 운영관리 정의 및 개요

1. 운영관리의 정의

운영이라는 용어는 제품 또는 서비스의 구매, 제조, 운송, 반품(또는 재활용)과 관련된 여러 활동들의 집합이라고 할 수 있다. 제품이란 자동차처럼 형체가 있는 모든 상품을 의미한다. 반면, 서비스는 자동차의 운송 또는 판매된 자동차에 대한 수리와 같이 형체가 없는 상품을 나타낸다. 즉, 상품은 제품과 서비스 모두에 사용된다. 운영관리는 기업에서 가치를 창조하는 여러 활동들에 대한 효과적인 계획, 구성, 통제를 의미

한다. 제조기업과 서비스기업이냐에 따라 또는 기업의 규모와 위치 또는 판매하는 상품에 따라 기업마다 운영관리가 조금씩 다를 수는 있지만 운영의 역할 또는 책임은 각 기업에서 대부분 거의 유사하다. 대부분의 조직에서 운영, 생산, 또는 제조 담당 상무(VP)는 〈그림 1-1〉의 세 조직의 예와 같이 사장 또는 대표이사(CEO)에게 직접 보고한다. 예를 든 모든 세 조직에서 운영이 높은 중요도를 보이고 있음을 주지하기 바란다.

기업은 제품과 서비스를 구매한다. 그들은 구매한 제품의 일부분을 창고에 보관하기도 하며, 어느 순간엔 이들 제품을 기업의 공장 또는 소매점으로 운송한다. 공장에서는 구매한 재료, 부품, 그리고 구성품들이 최종제품으로 변형되며, 이들은 또다시 창고나 물류센터에 저장된다. 이들 상품은 신속하게 고객들에게 전달되는데, 일부 고객은 최종 고객이며 나머지는 국내 또는 해외에 위치한 기업고객이다. 최종적으로, 몇몇 상품은 수리 또는 교환을 위해 반품되며 기업은 이들 반품을 처리하기 위한 대안을 고려한다.

그러므로, 지금까지에서 보는 바와 같이 기본 운영 활동들은 구매, 저장, 제조, 운송, 그리고 반품 등으로 요약된다. 이들 활동들이 성공적으로 잘 수행되기 위해서 품질평가 및 개선, 수요예측, 재고관리, 성과측정, 공급자 및 고객관계관리, 정보시스템관리, 그리고 상품 및 프로세스 설계 등 많은 수의 다른 관련된 활동들이 운영관리자의 책임하에 놓이게 된다.

운영의 활동과 이들 활동에 대한 관리는 오랜 역사를 지니고 있다. 예를 들어, 고대 로마시대에는 그때 당시 가장 복잡한 조직인 공공 목욕시설을 위해 능력을 지닌 설비관리자가 고용됐다. 목욕 시설은 항상 따뜻한 내부 온도를 유지하도록 설계됐으며, 끊김 없이 물이 공급될 수 있도록 수로가 축조됐다. 초기 로마시대의 제조설비 역시 높은 수준을 자랑했다. 예를 들어, 서기 3세기 대형 제과점은 생산라인과 같은 배치를 갖추었으며, 대리석 가공공장은 조립라인과 같은 구성을 갖추었다. 기업이 서비스 또는 상품을 제조하고 판매하고자 하는 경우에는 언제든지 운영관리*가 필요하다.

> * 적절한 장소를 찾는 것에서부터 필요한 상품을 설계하고, 적합한 원재료를 구매하고, 높은 품질의 상품을 만들고, 이것을 정시에 고객에게 전달하며, 최종적으로는 보증과 반품 서비스를 수행

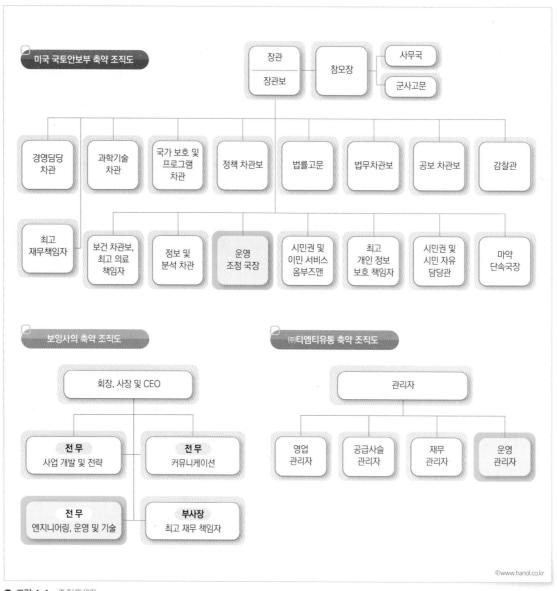

미국 국토안보부 축약 조직도

보잉사의 축약 조직도

㈜티엠티유통 축약 조직도

©www.hanol.co.kr

🔺 **그림 1-1_** 조직도(예)

운영관리자는 조직이 제대로 수행할 수 있도록 도우며, 그러한 역할로 인해 보상을 받는다. "운영부서는 회사가 반드시 수행해야만 하는 업무를 실질적으로 담당하고 있기 때문에 운영은 실제로 기업의 심장이다"라고 미국 버지니아주에 위치한 Northrop Grumman이라는 우주항공 회사의 운영프로그램 관리자인 Eric Schaudt가 말했다. 노동통계청은 운영관리부문의 일자리는 2022년까지 매년 12.4%의 성장을 할 것이라고 예측하며, 오늘날 운영관리자는 미국에서 가장 높은 보수를 받는 직업 중의 하나라고 한다. APICS(The Association for Operations Management)라는 운영관리 협회는 생산 및 재고관리에 관련한 인증프로그램과 공급사슬전문가 인증서를 수여하고 있다. "많은 회사들이 이 인증서를 인력 채용의 기준으로 삼고 있다"라고 Schaudt는 말하였다.

2 프로세스 및 공급사슬

1 프로세스란 무엇인가

2. 프로세스와 공급사슬의 정의

우리의 개인적인 그리고 직장에서의 삶은 아침에 일어나는 것부터, 자녀들을 학교에 보내고, 직장에 정시에 도착해서, 현재 공석인 자리에 적절한 인재를 채용하고, 회의를 주관하고, 고객이 구매하려고 하는 상품을 만들고, 고객에게 신속하게 그 상품을 배송해주는 것까지의 관리돼야 할 프로세스로 채워져 있다. 간단하게 말해서, 프로세스는 일이 완수되도록 하게 하는 방법이다. 프로세스는 투입(예를 들어, 경험, 장치, 재료, 시간, 돈과 같은)된 것이 산출물(제품, 서비스, 효과적인 회의, 교육받은 아이들)로 변환되는 과정에서 필요한 여러 단계들로 구성돼 있다. 많은 수고와 오랜 시간을 요하는 프로세스도 있지만, 대부분의 프로세스는 별로 중요하지 않아서 관리하는 데 적은 시간과 노력이 요구되기도 한다. 이 교재에서는 기업 내의 프로세스와 그들의 거래 파트너들과 연계된 프로세스도 포함하여 다루고 있다. 대부분의 운영 활동은 운영관리자에 의해서 관리되는 여러 업무 프로세스들로 이루어져 있다. 다음에 프로세스에 대한 두 개의 정의가 나와 있다.

- 시설, 재료, 자본, 장치, 인력, 그리고 에너지 등의 투입을 통하여 산출물로 변형하는 데 관여된 활동과 운영의 집합
- 내부 또는 외부 고객을 위한 산출물을 생성하기 위한 활동과 의사결정의 집합

〈그림 1-2〉에서와 같이, 업무 프로세스는 내부 또는 외부 고객을 위한 가치 있는 제품, 서비스, 그리고 의사결정을 창출할 수 있도록 설계되고 연결된 활동 또는 요소들의 집합으로 구성된다. 즉, 이들 프로세스는 관리될 필요가 있는 업무들이다. 예를 들어, 프로세스 활동들은 공급자, 직원, 고객, 제저장비, 그리고 컴퓨터에 의해 실행된다. 성공적인 프로세스는 궁극적으로 직원, 이해관계자, 그리고 고객을 만족하게 유지하며, 기업과 상품의 가치를 지속적으로 창출하는 것이다. 그렇지 못

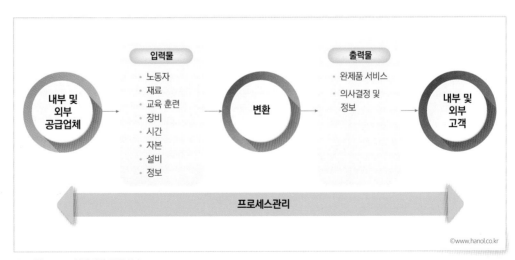

● 그림 1-2_ 일반적인 공급사슬

한 프로세스는 지속적이지 못하고 다른 관련된 프로세스들과 서로 연계되지 못하고 동떨어지게 돼 고질적인 문제를 일으킨다. 이 활동들의 집합은 최상위 계획, 의사소통, 인사관리, 그리고 제품과 서비스 설계 등을 포함하여 조직의 모든 면의 근간이 된다.

예를 들어 기업 자체적으로는 어떤 활동들을 수행할 것이고, 다른 곳에서는 어떤 것들을 획득할 것인지, 어느 정도가 인력과 기술의 최적의 조합인지, 현재의 품질수준이 나빠지게 되면 기존의 조립프로세스를 어떻게 향상시킬 것인지, 또는 경쟁력을 유지하기 위해 제조비용을 어떻게 감소시킬 것인지 등에 관한 프로세스 의사결정은 반드시 지속적으로 이루어져야 한다. 오늘날의 경영 환경에서는, 재료, 기술, 고객 취향, 그리고 경쟁이 매우 빠르게 변화하며, 이것이 수요 또한 변화하게 하고, 과거보다 더 빠르게 프로세스가 쓸모없게 되도록 한다. 운영 관리자에 의해 결정된 이들 프로세스는 성공적인 비즈니스를 유지케 한다.

② 공급사슬이란 무엇인가

일반적인 공급사슬은 〈그림 1-3〉에 나타나 있다. 원재료(오일, 나무, 철광석 등)는 자연에서 채취되며, 공급자에 의해 부품 또는 제조품 재료(플라스틱, 목재, 철판 등)로 변환된다. 이들은 제조회사로 전달돼서 최종제품으로 생산된 후 소매업자들에게 옮겨지고 최종 고객에게 판매된다. 공급사슬의 최종 단계는 사용 후 낡은 제품의 재활용을 포함한다(이 단계는 〈그림 1-3〉에 나타나 있지 않다).

〈그림 1-3〉에서 보는 바와 같이, 오일 회사, 목재 회사, 그리고 원재료 제조사, 최종제품 제조사, 운송 회사, 창고 회사, 상표 및 포장 그리고 소매 유통 회사, 최종적으로는 재활용 회사 등 많은 수의 기업들이 이 공급사슬에 관여하고 있다. 보이지는 않지만 유지관리, 청소 용역 회사, 사무용품 회사와 같은 지원 서비스 기업들도 있다.

그러므로, 재료, 구성품, 그리고 최종제품의 구매, 생산, 배송, 그리고 재활용을 가능케 하는 모든 기능을 포함하여 소비자에게 가용하도록 서비스와 제품을 만드는 기업들의 네트워크를 공급 사슬이라고 한다. 여러 제품을 가진 기업들은 여러 공급사슬을 가진다. 어떤 공급사슬은 다른 공급사슬

원재료 → 공급업체 → 제조회사 → 물류업체 → 소매업체

©www.hanol.co.kr

🔷 **그림 1-3_** 일반적인 공급사슬

보다 더 크고 길며 복잡할 수도 있지만, 모든 제품과 서비스는 공급사슬을 통해 고객에게 도달한다. 어떤 공급사슬은 해외에 있는 공급자, 계열사, 시장을 포함하고 있기도 하다. 영국의 물류 컨설턴트인 Keith Oliver는 Financial Times와의 인터뷰에서 공급사슬이라는 용어를 처음으로 사용했다고 알려져 있다.

예를 들어, 글로벌 플라스틱 공급회사인 A. Schulman의 공급사슬 관리자인 Gary Miller는 회사의 전 세계에 걸친 구매력을 활용하는 것과 자재 재고 감소, 낭비 제거, 그리고 공급사슬 효율성 향상 등의 역할을 담당하고 있다. 이 회사는 전 세계에 35개의 생산 시설을 보유하고 있으며, 거의 70%의 매출을 유럽시장에서 얻고 있다. "우리는 전 세계에 있는 고객들을 위해 일한다"고 Miller는 말한다. "유럽의 넓은 지역에 걸쳐 우리의 고객들이 존재하며, 우리는 그들과 친밀한 관계를 맺고 있다. 따라서 우리의 고객들이 세계로 확장해 나아갈 때 우리로 하여금 그들과 함께할 것을 요구한다." 예를 들어, Schulman은 중국에 새로운 공장을 열려는 큰 독일 자동차 고객사가 있는데, 결과적으로 Schulman은 이 고객사를 따라서 중국에 진출하여 독일에서 공급했던 동일한 플라스틱 제품을 이 회사에 공급하게 되었다. "지금은 우리가 원한다면 계속해서 독일로부터 우리의 제품을 그들에게 공급할 수 있다. 그러나 유리한 것은 그들이 중국에 있고 우리도 중국에 제조 시설이 있다면, 우리는 우리의 제조 기술을 중국에 전수하여 그 지역에서 부품을 제공할 수 있다는 것이다"라고 Miller는 말하였다.

③ 조직에 대한 공급사슬 관점

3. 프로세스 및 공급사슬 관점에서 운영관리를 바라보는 시각

급격한 기술 변화와 경쟁 압력 때문에 1990년대부터 시작된 고객 수요의 크고 빈번한 변화는 기업으로 하여금 내부보다는 그들의 공급사슬상의 거래 파트너와 함께 핵심 프로세스에 대한 조정과 공유 등 외부에 더 초점을 두도록 하는 움직임을 더욱 앞당겼다. 더 낮은 운영비용을 위해 공급사슬은 점점 더 먼 지역으로 퍼져나가게 됐고 글로벌 공급사슬 형태를 형성하게 됐다. 공급사슬의 업무 프로세스 통합 또는 기업들 간의 핵심 프로세스에 대한 조정과 공유는 그 기업의 주요 제품 및 서비스 공급업체(또는 기업의 1차 공급업체)로부터 시작해서 가장 중요한 직접 고객(기업의 1차 고객)으로까지 확대된다. 이러한 상호노력 또는 협동은 공급사슬 내의 각 참가자로 하여금 그의 고객들의 실제 구매 계획을 배우게 하고, 신상품 설계 및 개발 계획을 공급업체와 공유하도록 하며, 상품을 구매하고, 만들고, 전달하는 보다 나은 방법을 함께 개발하게 하며, 품절비용, 재고유지비용, 운송비용을 감소케 하며, 끝으로 고객 서비스 및 만족을 향상한다. 그러므로, 정보공유 및 프로세스 조정은 나은 계획을 수립하게 하고 성과를 향상한다. 프로세스 통합은 12장에서 더욱 자세히 다루어질 것이다.

기업이 그들의 내부 경쟁력(그들이 가장 잘하는 것) 강화에 보다 많은 무게를 두기로 결정할 경우, 그보다 덜 중요한 다른 활동들은 기업 자체에서 더 이상 수행하지 않으려고 한다. 이로 인해, 기업은 제품 및 서비스를 자체 생산하기보다는 아웃소싱을 하거나 또는 외부의 공급업체로부터 구매하게 된다. 이러한 결과로, 상품의 가격을 낮게 유지하면서도 높은 수준의 서비스 및 상품 품질을 제공하는 데 있어서 외부 공급업체가 이전보다 더욱 중요해졌다. 고객-공급업체 간에 장기적인 상호호혜 관계를 구축하는 것이 이에 대한 높은 성과를 얻을 수 있는 검증된 방법 중 하나다. 그러므로, 기업은 품질, 공급업체 반응성, 그리고 최종제품 배송을 향상하기 위해서 그리고 합리적인 비용으로 고객의 필요를 만족시키기 위해서 공급사슬 파트너와 함께 업무 프로세스를 관리하는 것이 중요하다는 것과 그 잠재적인 혜택을 깨닫기 시작했다.

Manufacturing SPOTLIGHT

높은 품질을 달성한 Santa Clara Plating

20년 동안 록히드 미사일 회사에서 일한 후, Tom Coss는 한 친구의 자금으로 자신의 회사인 Santa Clara Plating를 설립하기로 결심했다. 50년 후, Tom은 Santa Clara Plating 의 성공적인 운영을 그의 딸인 Tracy가 이끄는 경영팀에게 넘겼고, 지금은 그녀가 최고경영자로 있다. 이 회사는 양극산화, 비전해 니켈, 부동태 산화피막처리, 화학 필름, 흑화처리 및 기타 많은 마감 작업을 전문으로 한다.

이 회사의 도금 수준은 매우 높은 것으로 인정받고 있으며, 그에 버금가는 인정을 받는 품질부서를 가지고 있다. 품질부서는 생산보증관리자, 품질기술자, 검사감독자 및 품질 검사자, 상근 유지인력, 공정관리부서를 포함하며, 이 모든 부서에서는 지속적으로 운영을 개선하고 고객에게 더 나은 결과를 제공할 수 있는 방법을 모색하고 있다. 이 회사의 생산보증 매니저는 "이것은 Tom과 Tracy를 포함한 최고위층에서부터 시작되며, 그들이 우리가 고객을 위해 어떤 성과를 내길 기대하는지 모두가 알고 있습니다"라고 말한다.

Santa Clara Plating에서의 품질은 고객에게 약속한 것을 전달하는 단순한 품질이 아니라, 잠재 고객을 확보하기 위해 적극 자랑하는 것과 같은 수준의 우수한 품질을 의미한다. "품질은 오랜 시간 동안 제 핏속에 있었습니다"라고 톰은 말한다. 그가 록히드에서 Santa Clara Plating으로 옮겨온 철학이다. 기본 아이디어는 품질과 생산이 정면으로 부딪힐 때 두 공정을 모두 한 사람이 담당하도록 하는 것이다. 이

© Santa Clara Plating

것으로 마찰이 끝난다. Tom은 생산 및 품질 보증 기능을 현재의 생산보증 구조, 즉 생산, 품질, 공정 관리 및 폐기물 처리 기능이 동일한 관리자인 Juan Ocampo 아래에서 통합되도록 재구성했다.

현장 생산직 직원과 경영진은 정기적으로 품질 성과 데이터를 검토하여 회사 품질 표준, 고객 요구 사항 및 품질 성과 국제 표준을 일관되게 준수하는지를 확인한다. Tracy는 부품을 검사해서 결함을 찾아내는 것 그 이상이라고 말한다. 진정한 성공은 결함을 상류로 되돌려서 애초에 결함이 발생하지 않도록 하는 데 있다. "이것은 문제가 발생하지 않도록 하는 것입니다"라고 그녀는 말한다.

출처: T. Pennington, "Santa Clara Plating Reeling In Big Customers," *Products Finishing* 79, no. 5 (2015): 14-16, 18-19.

정보기술(IT) 기능을 아웃소싱하는 것은 기업이 수년 동안 고민해온 사안이다. 대부분의 규모가 큰 기업들은 그들의 IT 운영을 인도 회사인 Tata Consultancy, Infosys, 그리고 Wipro 등과 같이 저렴한 서비스 제공자들에게 최소한 조금이라도 아웃소싱해왔다. 그러나 최근에는 인도의 임금 인플레이션으로 인하여 비용을 기반으로 한 협상의 기회가 줄어들고 있다. 애플, 모토롤라, 그리고 레노버와 같은 몇몇 기업들은 그들의 IT 운영을 다시 미국으로 옮겨오는 계획을 발표하였다. 국내 기업 또는 국경에 인접한 국가의 공급업체에 아웃소싱을 하는 형태를 nearsourcing이라고 한다. 만약 기업이 핵심 프로세스를 포기하여 아웃소싱한다면, 이러한 기업의 골칫거리가 될 수 있다. 예를 들어, 2004년에 J. P. Morgan은 그들의 기술 서비스를 외부 기업에게 맡기기엔 전략적으로 너무 중요하다고 판단하여 이를 다시 자체적으로 수행하기로 마침내 결정하였다. 이전에 아웃소싱했던 품목이나 기능을 다시 기업이 자체적 수행하는 것을 insourcing 또는 backsourcing이라고 한다.

원재료 공급업체에서부터 최종 고객에 이르기까지의 자재의 흐름에 관한 핵심 업무 프로세스 통합이 오늘날 공급사슬관리라는 이름으로 발전돼왔다. 그러므로 업무 프로세스 통합은 공급사슬관리의 기초라고 할 수 있다. 오늘날 운영관리자는 그들의 직접적인 공급업체 및 고객과 함께 프로세스를 통합하는 데 그 어느 때보다도 훨씬 더 많은 노력을 한다. 몇몇 큰 기업들은 공급사슬관리자뿐만 아니라 운영관리자도 두고 있다. 이럴 경우, 운영관리자는 주로 내부 운영 활동들을 처리하고, 공급사슬관리자는 1차 그리고 2차 공급업체 및 고객들을 포함한 외부활동의 통합을 주로 다룬다.

공급사슬상의 거래 파트너들과의 네트워크 내에서의 비즈니스 프로세스 관리 및 조정을 위해서는 깊은 신뢰와 협동이 필요하다. 예를 들어, Walmart는 전 세계의 고객들에게 낮은 가격으로 다양한 상품을 배송하고 최근에는 부분적으로는 유통업체로부터 구매하는 대신 자체 상표를 부착한 상품 및 식료품을 직접 구매함으로써 공급사슬 비용을 15% 더 낮추었다. Walmart는 또한 홍콩 기반의 소비자 제품 공급사슬관리 회사인 Li & Fung과 글로벌 구매 파트너십을 체결함으로써 각 지역 시장에서의 반응성을 높이고 있다.

Ohio 주립대의 공급사슬관리 연구 그룹인 Global Supply Chain Forum에서는 성공적인 공급사슬에서 거래 파트너들과 연계되는 8개의 주요 핵심 프로세스를 제시하고 있다. 다음 절에서 상술한 공급사슬 프로세스들에 대해 보다 상세하게 살펴보자.

Getty images

4 8개 주요 핵심 공급사슬 프로세스

4. 공급사슬의 여러 조직을 서로 연결해 주는 8가지 핵심 프로세스

공급사슬에서 전반에 걸쳐 통합 관리돼야 할 업무 프로세스를 파악하는 것은 중요하다. 성공적인 공급사슬 프로세스 통합과 모든 관련된 혜택을 성취하기 위하여, 공급사슬 파트너들은 핵심 공급사슬 프로세스에 대한 합의 및 이해가 이뤄져야 한다. 〈표 1-1〉에는 글로벌 공급사슬 포럼(Global Supply Chain Forum)에 의해 정의된 8개의 공급사슬 프로세스들이 나타나 있다.

1 고객관계관리 프로세스

고객관계관리 프로세스는 고객과의 성공적인 관계를 창출하고 유지하기 위한 기반을 제공한다. 자신들의 고객을 알며 어떤 고객이 가장 중요한지를 이해한 기업들은 핵심 고객들을 위한 가치를 최대화하고 그로 인해 기업의 수익성을 최대화하기 위한 전략을 설계하고 자원을 할당할 수 있다. 고객관리(CRM; Customer Relationship Management)의 일반적인 아이디어는 기업의 고객명단을 관리하여 고객들이 만족한 상태를 유지하게 하고 제품과 서비스를 계속해서 구매하도록 하는 것이다. 고객들이 모두 동일하지 않기 때문에, 기업들은 그들의 고객들을 세분화하고 장기적인 수익성을 최대화하기 위하여 세분화된 각 그룹마다 다른 구성의 제품과 서비스를 제공한다. 성공적인 CRM 프로그램은 간단하기도 하고 복잡한 양면성을 지닌다. 어떤 고객이든 고객을 올바르게 대해야 한다

표 1-1_ 8개의 핵심 공급사슬 프로세스

프로세스	내용	관련 활동들
고객관계관리	고객 관계 생성 및 유지	주요 고객을 식별 및 분류: 제품과 서비스를 고객 그룹의 요구에 맞게 맞춤화
고객서비스관리	고객 만족도를 유지하기 위한 고객과의 상호작용	고객과의 제품 및 서비스 계약 관리: 고객 대응 절차설계 및 구축
수요 관리	공급사슬 역량과 고객 요구사항 간의 균형 조정	수요 예측, 수요에 맞게 능력 계획 또는 조정: 불균형에 대비한 비상 계획 수립
주문충족	고객 주문충족	정시 배송이 가능한 물류망 설계
흐름관리	목표 시장을 만족시키기 위한 제품서비스 만들기	고객이 원하는 제품·서비스를 만들기 위한 제조·서비스 프로세스 설계
공급자 관계 관리	공급자 관계 생성 및 유지	주요 공급업체 식별 및 공식적인 관계 수립: 주요 공급업체 추가 개발
제품개발 및 상품화	짧은 주기의 신제품 개발과 효과적인 시장 출시	새로운 아이디어 출처 개발: 고객과 공급업체를 포함한 다기능 제품 팀을 개발
반품관리	효과적인 반품 및 폐기	반품 및 폐기에 대한 가이드라인을 개발: 반품 네트워크 개발

출처: K. Croxton, S. García-Dastugue, D. Lambert, and D. Rogers, "The Supply Chain Management Processes," *International Journal of Logistics Management* 12, no. 2 (2001): 13-36.

는 점에서는 간단하다고 할 수 있다. 그러나 고객들의 욕구를 포함하여 고객을 파악하는 여러 방법들을 찾고 그 후에 이뤄지는 고객과의 접촉 활동이 장기적인 고객만족과 충성도를 향상시킬 수 있도록 전략을 설계해야 한다는 면에서는 복잡하다고 할 수 있다.

CRM 소프트웨어 시장은 글로벌 경제 침체기인 2007~2009년에도 여전히 굳건했다. 예를 들어, 글로벌 CRM 소프트웨어 매출은 침체기에서 벗어나던 2010년에 6.5% 성장하여 총 16.5조 원에 이른다. 2017년에는 CRM 소프트웨어 매출이 39.5조 원에 달했으며, 소프트웨어 시장에서 데이터베이스관리 소프트웨어를 넘어서고 1등을 차지하였다.

2 고객서비스관리 프로세스

오늘날 많은 기업들의 사례를 보았을 때, 고객서비스 수준은 낮은 편이며, 그렇기 때문에 기업들이 고객서비스 프로세스를 제대로 설계하고 관리하게 된다면 상당한 경쟁력을 갖게 될 것을 의미한다. 고객서비스관리 프로세스는 판매 전의, 판매 중의, 그리고 판매 후의 고객의 필요에 부응해야 한다. 기업은 예측되는 질문과 불평에 대해 적절한 대응 절차를 개발해야 한다. 그 후엔 고객에게 필요한 정보를 잘 전달할 수 있도록 정보시스템, 소프트웨어 그리고 웹 사이트들을 설계해야 하며, 고객서비스 담당 직원은 고객이 원하는 정보와 서비스가 제공될 수 있도록 훈련돼야 한다. 또한 고객서비스관리에는 재고품절을 방지하기 위한 안전재고보유와 고객들의 대기시간을 줄이기 위한 잉여 서비스능력(capacity)의 활용이 포함되기도 한다.*

> *능력이란 정해진 기간에 걸쳐 시스템이 생산할 수 있는 제품이나 서비스의 최대량을 의미하며, 4장에서 자세히 다룰 것이다.

2018년 포브즈에서 American Customer Satisfaction Index의 임원인 David VanAmburg와 연구담당인 Forrest Morgeon에게 미국에서 고객서비스가 가장 뛰어난 20개 기업을 선정해줄 것을 부탁한 적이 있다. 이전 3개 년간의 평균을 고려했을 때, 상위 5개 기업은 Chick-fil-A, Trader Joe's, Aldi, Amazon, 그리고 Lexus이다. 고객서비스에 관한 내용은 4장에서 더 다룰 것이다.

3 수요 관리 프로세스

수요 관리 프로세스는 고객의 요구사항과 공급사슬 능력 간의 균형을 이루고자 하는 목표를 가지고 있다. 이를 위해 기업은 수요를 예측하며 이 예측 값을 바탕으로 구매, 생산 그리고 배송 등의 활동이 이뤄진다. 수요 예측은 단기 또는 장기, 단순 또는 복잡, 그리고 질적 또는 수리적 모델에 의한다. 예측 에러를 최소화하기 위하여, 고객은 그들의 미래 구매량 계획, 실제 판매 자료, 또는 프로모션과 신제품 계획 등을 그들의 공급자와 공유하기도 한다.

예측을 바탕으로 일단 의사결정이 이뤄지면 수요 관리에서는 수요와 능력 간의 불균형에서 발생하는 상황을 대비하기 위한 비상계획을 마련한다. 예를 들어, 성수기에는 기업들이 수요를 통제하기 위해 가격을 올리거나 수요를 좀 덜 붐비는 시기로 옮김으로써 수요의 잉여분을 낮추려고 한다.

비수기에는 기업들이 가격을 낮추거나 공격적인 마케팅을 통하여 수요를 촉진시키려고 한다. 제조 또는 서비스 환경에서, 기업들은 직원을 고용하거나 해고함으로써 또는 서비스의 일부분 또는 전체를 고객을 활용함으로써 서비스 능력을 조정한다. 이에 대한 내용은 5장에서 다룰 것이다.

4 주문충족 프로세스

주문충족 프로세스는 제품과 서비스의 정시 배송을 위한 것이다. 이를 위해서는 마케팅, 제조, 그리고 배송에 대한 기업 내부에서의 통합이 요구되며 그렇게 됨으로써 고객은 그들이 원하는 것을 정시에 그리고 적절한 가격에 얻게 된다. 성공적인 기업은 그들의 고객의 요구사항을 알며 훌륭한 물류 네트워크를 갖고 있어서 제품이 필요한 곳에 낮은 비용으로 배송될 수 있다. 물류 네트워크는 기업이 활용하는 보관시설과 운송 수단으로 구성된다. 시설의 크기 및 위치, 고객의 위치, 그리고 운송 수단은 고객에게 제품 및 서비스를 전달하는 능력에 영향을 미친다.

운송은 공급사슬상에서 제품이 생산된 곳에서 소비되는 곳으로의 이동을 담당한다. 글로벌 공급사슬의 경우, 운송의 기능은 더욱 중요하다. 적절한 운송과 보관을 제공하는 것, 세관 통관, 시간에 맞춘 해외 지역 배송, 운송 가격책정 등은 기업과 그들의 공급사슬이 해외 시장에서 경쟁력을 갖출 수 있도록 하는 데 중요한 영향을 미친다.

이들 운송, 보관 그리고 이와 관련된 활동들을 총체적으로 물류관리라고 한다. 많은 경우, 기업들은 외부의 대리인 또는 제삼자 물류 기업을 활용하여 제품을 효과적으로 지역 또는 해외로 보낸다. 공급자와 고객의 위치는 어느 곳에 생산시설, 보관창고, 소매점을 위치시킬 것인지의 결정에 영향을 미친다. 해외 공급업자를 활용하는 것과 해외 시장에 진입하는 것은 주문충족 프로세스를 무척 복잡하게 한다.

인도의 dabbawalas가 사용하는 복잡한 공급사슬 시스템은 100년 넘게 사용되어왔다.

5 흐름관리 프로세스

업무흐름관리 프로세스는 제품 또는 서비스 생산과 재고관리를 위한 것이다. 따라서 이것은 변하는 고객 요구사항을 만족시키기 위해 필요한 유연성을 달성하기 위한 제조 또는 서비스 프로세스 설계를 포함한다. 흐름관리에 관련된 의사결정사항에는 구매해서 들여오는 원재료와 가공 중인 원재료를 어떻게 그리고 어디에 저장하고 옮길 것인지, 고객들의 대기라인을 어떻게 설계하고 관리할 것인지, 제품과 서비스 담당자의 스케줄을 어떻게 정할 것인지, 사용할 가공 장비의 유형, 구축할 기술의 수준, 그리고 최종제품을 어떻게 그리고 어디에 정장할 것인지가 포함된다. 이러한 의사결정의 모든 부분에 도움을 주는 것이 정보시스템이다. 그러므로 정보의 흐름 또한 넓은 범위의 흐름 관리에 포함된다. 흐름관리에 영향을 주는 다른 이슈들은 인력채용 및 훈련, 품질 절차, 제품 공용화, 외주, 환경기준 준수, 자동화, 제품 및 서비스 고객화, 역물류, 그리고 고객 서비스 목표 등이다.

흐름관리 프로세스 내에서의 의사결정은 고객서비스관리, 주문충족, 그리고 공급자 관계 관리 등 기업 내 다른 프로세스와 조화되도록 한다. 예를 들어, 대부분의 기업들은 제품 품질의 수준과 원하는 고객화 정도는 물론이고 고객들이 주문한 후 어느 정도 기다려줄 것인지도 알고 있다. 생산과 고객의 가공요구사항은 구매주문빈도와 공급자 선택에 영향을 미친다. 실제 창고 외에도 온라인 소매업체 아마존은 데이터 웨어하우스를 사용하여 비즈니스를 한눈에 볼 수 있다. Amazon의 데이터 웨어하우징 담당 이사인 Mark Dunlap은 "아마존은 고객의 경험 향상에서 제품 흐름 관리, 비즈니스 인텔리전스 제공에 이르기까지 모든 수준에서 전체 글로벌 비즈니스를 이해하고 관리할 수 있습니다"라고 말한다.

⑥ 공급자 관계 관리 프로세스

오늘날의 최고 경영자들은 상대적으로 적은 수의 주요 공급업체와 상생하고 장기적인 관계를 발전시키는 것이 중요하다는 것을 깨닫고 있다. 기업은 공급망에서 모든 참가자를 위한 가치를 창출하기 위해 공급 업체와 전략적 관계를 개발하고 이러한 관계를 관리하는 것이 매우 중요하다. SRM 프로세스는 이러한 활동들로 구성된다. 주요 공급업체와의 성공적인 파트너십은 제품 혁신, 비용 억제 및 품질 향상에 기여할 수 있으며, 기업에 장기적인 경쟁 우위를 창출할 수 있는 잠재력을 가지고 있다. 따라서 적절한 공급 파트너를 선택하고 시간이 지남에 따라 이러한 관계를 성공적으로 관리하는 것은 전략적으로 중요하며, 때때로 "기업은 최악의 공급 업체들만큼만 좋다"고 언급된다.

대부분의 기업은 너무 많은 공급업체를 운영하고 있다. 새로 고용된 많은 구매 관리자와 임원들은 공급업체 기반을 축소하여 실적이 가장 좋은 나머지 공급업체에 대한 레버리지를 증가시키고, 결과적으로 품질과 서비스 수준 향상과 함께 가격이 낮아지도록 한다. 예를 들어, 영국에 기반을 둔 지원 서비스 및 건설 회사인 Carillion은 공급자 기반을 2만 5,000개 회사에서 단 5,000개로 줄이겠다고 발표했다. Balfour Beatty의 영국 건설 서비스 부서도 사용하는 공급 업체의 수를 2만 7,000개에서 1만 개로 줄이겠다는 계획을 세웠다. 더 적은 공급 업체들과 일하는 것은 회사들이 최고의 공급 업체들과 관계를 형성하는 데 더 많은 시간을 할애할 수 있게 하고 수량 할인으로 인해 구매 가격을 낮출 수 있도록 해주기 때문에 이러한 관행은 점점 더 보편화되고 있다.

공급자 관계 관리가 성공하려면 기업들은 우선 공급업체의 순위를 매기기 위한 성과 기준을 설정해야 한다. 이러한 기준을 활용하게 되면 최고의 공급업체들과는 지속적 거래가 이루어지는 반면, 실적이 좋지 않은 공급업체는 비즈니스를 거의 받지 못하게 된다. 기업은 교육과 지식 공유, 호환 가능한 정보 시스템 개발, 신제품 개발 팀에 공급업체 담당자 포함 등을 통해 공급업체를 더욱 발전시키려고 노력한다. 또한 공급업체는 일반적으로 비용, 품질 및 서비스의 지속적인 개선을 위해 정기적으로 재평가가 이루어진다.

기업은 공급자 관계 관리를 포함한 모든 중요한 프로세스를 평가하고 개선하기 위한 성과 측정 기준을 개발한다.

7 제품개발 및 상용화 프로세스

고객이 원하는 새로운 상품과 서비스를 설계하고 생산하며 이를 자주 그리고 효율적으로 수행하는 것이 오늘날 대부분의 산업에서의 지속적인 성공의 요건이다. 고객들이 새로운 제품과 구형 제품 더 나은 버전을 요구함에 따라 제품 수명 주기는 지속적으로 짧아지고 있다. 제품 개발 및 상용화 프로세스에서는 신제품 및 제품 개선 아이디어를 위해 고객관계관리(CRM) 프로세스를 참고한다. 운영 관리자는 일반적으로 다른 내부 기능 담당자와 함께 신제품 개발에 참여하므로 동시공학 방식이 가능하다. 이런 방식으로 제품 설계와 동시에 제조 프로세스나 서비스 제공 시스템을 설계하면 기업은 신제품 개발 주기를 단축하고 유통 인프라와 마케팅 계획을 설계하며 시장 출시 기간을 단축할 수 있다. 신제품 디자인을 개선하는 데 있어 비교적 새로운 발전은 3차원 동시 엔지니어링(3-DCE)이라고 불리는 제품, 프로세스 및 공급망 구성의 동시 설계이다. 3-DCE를 사용하는 이유는 신제품 디자인부터 고객 구매 및 사용까지의 시간을 더욱 단축하는 동시에 비용을 절감하고 제품 품질을 향상시킬 수 있기 때문이다.

8 반품관리 프로세스

종종 간과되지만, 제품 반품을 효과적으로 관리하면 폐기 비용을 절감할 수 있을 뿐만 아니라 고객 만족도를 높일 수 있다. 많은 경우에 적절한 제품 반품 처분이 법적 요구 사항일 수도 있다. 품질 결함 및 고객 기대치 저하에 따른 제품 반품 피드백 제공을 위해 제품 개발, 제품 상용화, 제조 흐름 관리와의 긴밀한 접점이 필요하다. 반품 관리 프로세스 관리는 오늘날 중요한 관심사가 되고 있다. 예를 들어, 오늘날 미국에서 반품되는 제품의 양은 연간 약 2,600억 달러에 달하며, 이는 전체 구매액의 약 8%에 달한다.

올바른 제품 반품 전략을 사용하는 것은 회사에 실질적인 이익을 가져다줄 수 있다. 예를 들어, 온라인 소매업체 Zappos는 매우 자유로운 반품 정책을 가지고 있으며, 고객 서비스와 판매를 개선하기 위해 이 전략을 사용한다. 예를 들어 소매업체는 미래의 제품 제공과 고객 만족도를 개선하기 위해 제품 반품 및 불만 데이터를 제조업체와 공유할 수 있다. 반품 관리의 또 다른 목표는 궁극적으로 제품 반품을 줄이거나 없애는 것이어야 한다. 따라서 회사는 반품, 보증 수리, 제품 폐기 및 고객 불만 사항을 효과적으로 추적하는 성과 측정 시스템을 개발해야 한다. 이 정보는 제품 및 서비스 문제를 찾고 해결하는 데 사용 가능하다.

제품 반품 프로세스 내의 의사 결정에는 제품 반품을 수령, 검사, 처리, 폐기 및 전달하는 방법이 포함된다. 이 프로세스에서 수행되는 가능한 작업에는 제품을 수리, 재제조, 재활용 또는 재판매하거나 환경적으로 허용되는 방식으로 폐기하는 것이 포함된다. 이 섹션에서 설명하는 8가지 주요 공급사슬 프로세스에는 여러 운영 관리 툴과 활동이 포함되지만, 여전히 살펴봐야 할 중요한 운영 주제가 많이 남아 있다. 이러한 내용은 다음 절에 요약되어 있으며 본문 전체에 걸쳐 자세히 논의된다.

5 서비스에서의 운영관리

5. 서비스 운영관리의 중요성

제조업체가 물리적 또는 유형의 제품을 만드는 반면, 서비스는 무형의 제품을 만들며, 이는 일부 유형적 요소도 포함할 수 있다. 예를 들어 사우스웨스트 항공은 음료수, 좌석(비행기), 그리고 땅콩을 포함하는 운송 서비스를 제공한다. 많은 경우에 비즈니스가 실제로 서비스인지 여부를 결정하는 것은 어려울 수 있다. 예를 들어, 맥도날드는 서비스일까, 제조업체일까? 많은 사람들이 빠른 서비스나 어린이 놀이 공간을 위해 그곳에 간

사우스웨스트 항공사는 유형적 요소도 제공하는 서비스 제공업체의 한 예이다.

다. 이것들은 확실히 서비스의 구성요소이다. 다른 사람들은 음식 때문에 그곳을 찾게 되는데, 이는 제조업의 요소를 가진다. 다음의 Service Spolight에서는 뉴밀포드(New Milford) 병원이 카페테리아에서 품질을 중시하는 것을 묘사하고 있다.

미국 표준산업분류체계에 따르면 미국 경제는 두 부문으로 나뉜다. 이것들은 농업, 임업, 어업, 광업, 건설 및 제조업을 포함하는 제품 생산 부문과 서비스 부문이며 운송, 통신, 유틸리티, 도매 무역, 소매 무역, 금융, 보험, 부동산, 공공 행정, 그리고 서비스라고 불리는 호텔, 교회, 사교육, 개인, 비즈니스, 수리, 엔터테인먼트, 의료, 법률, 사회 및 컨설팅 서비스 등 많은 것들을 포함한다.

운영상, 서비스는 고객 접촉에 따라 분류될 수 있다. 고객 접촉은 서비스가 제공되는 동안 고객이 서비스 시스템과 접촉하는 시간 또는 비율을 말한다. 접촉이 많은 서비스에서는 서비스 프로세스를 관리하기가 더 어렵다. 고객은 미용실에서처럼 더 많은 그리고 맞춤형 서비스를 요구한다. 고객은 서비스에 크게 관여하고 있으며 서비스 품질에 영향을 미칠 수 있다. 서비스제공자에게는 더 많은 교육과 훈련이 필요하다. 온라인 셀프서비스 주식 브로커 등 접촉이 낮은 서비스의 경우, 실제 업무는 대부분 무대 뒤에서 이뤄지며 고도로 자동화돼 있다. 서비스 노동자들은 주로 컴퓨터 소프트웨어와 장비를 조작하기 위해 훈련된 숙련된 기술자들이다. 접촉이 많은 서비스 유형보다

New Milford 병원의 카페테리아 서비스 품질 개선

미국의 코네티컷주에 있는 New Milford 병원은 2014년 말에 카페테리아를 이전하고 재설계했다. 병원 경영진은 카페테리아를 지역 사회 전체의 영양 건강 지점으로 만들기를 원했다. 카페테리아의 "직접 생산에서 소비까지" 방식은 건강에 좋고 지역적으로 제공되는 식사를 제공하며 가공 및 튀긴 음식을 배제한다. New Milford 병원의 행정 책임자는 "음식이 매우 우수하기 때문에 점심식사와 아침식사를 위해 정기적으로 이곳을 찾는 사람들이 눈에 띈다"고 말했다.

New Milford는 단순히 환자를 방문하는 사람만이 아니라 지역사회 전체를 대상으로 음식 서비스를 제공함으로써 새로운 수익창출의 기회를 찾는 병원들 중 하나이다.

건강관리 식품 서비스 제공업체인 Aramark의 헬스케어 담당 상무는 "입원환자를 대상으로 한 푸드서비스에서 외래환자를 대상으로 하는 서비스로의 전환은 우리가 인지할 수 있는 브랜드로 세계적 수준의 소매 경험을 창출해야 할 필요가 있었다"고 말했다. "이 새로운 세계의 소매 공간에 대한 우리의 접근 방식은, 가치와 품질의 관점에서 볼 때, 사실 (대중들이) 길에서 얻을 수 있는 것보다 더 높은 수준을 제공하는 것입니다."

New Milford에서 새로운 카페테리아가 가진 철학이 수익성의 결과로 나타나는 것 같다. 지금까지, 이 병원은 소매 수입 예상치를 12% 초과했다. New Milford 병원의 "직접 생산에서 소비까지" 방식의 지속가능한 음식 교육 이니셔티브가 지역 어린이들의 건강을 향상시켰다는 증거가 있다. 148명의 아이들을 대상으로 한 이 연구는 비만이거나 비만의 위험이 있던 아이들의 비율이 이 프로그램에 참여한 3년 후에는 낮아졌다는 것을 발견했다.[1]

출처: A. Rubenfire, "Not Your Grandfather's Hospital Food: Health Systems Make Meals Part of Population Health," *Modern Healthcare* 45, no. 22 (2015): 1.

이러한 유형의 시스템을 관리하는 것이 훨씬 더 간단하다. 서비스 및 서비스 문제에 대한 논의가 본 텍스트 전체에서 균형 잡힌 방식으로 다루어진다.

① 제조와 서비스의 차이

〈표 1-2〉에서 볼 수 있듯이, 제조와 서비스 사이의 한 가지 주요 차이점은 서비스는 대부분 무형 제품을 제공하는 반면, 제조는 대부분 유형 제품을 제공한다는 것이다. 이는 서비스에 어느 정도 문제가 될 수 있다. 예를 들어, 고객은 일반적으로 서비스를 구입하기 전에 사용해볼 수 없다. 대부분의 서비스는 어느 정도의 고객 상호작용을 요구하기 때문에 서비스는 자신들의 서비스를 분산적으로 제공해야 한다. 이는 서비스가 찾기 쉬운 위치에 있어야 한다는 의미이기도 하다. 반면에, 제조업자들은 그들의 제품을 저비용으로 중앙집중화된 장소에서 만들고, 그런 후 그들이 지정한 시

⚙️ 표 1-2_ 제조와 서비스의 특징

제조	서비스
유형 제품	무형 제품
중앙 집중화된 위치	분산 위치
저렴한 비용에 기반한 위치	고객 트래픽에 따른 위치
제품 설계에 기반한 품질	고객 인식에 기반한 품질
제품을 재고로 보관 후 나중에 판매 가능	서비스를 재고로 저장할 수 없으며, 사용되지 않은 서비스는 손실됨
소비자는 경쟁사 제품을 비교적 쉽게 비교할 수 있음	서비스는 경재업체 간에 그리고 고객마다 매우 다양함

장으로 제품을 배송만 하면 된다.

또 다른 중요한 차이점은 서비스 품질이 서비스 제공자마다 그리고 고객마다 다르다는 것이다. 서비스 제공자의 태도와 고객의 변덕은 서비스 품질에 큰 역할을 할 수 있으므로 서비스 품질을 측정하기가 어렵다. 서비스가 불량한 경우(예 머리 자르기 불량, 음악 연주 불량) 수리할 수 없고, 영구적인 고객 손실을 초래할 수 있다. 반면에 제품은 매우 엄격한 설계 사양으로 제작될

수 있으며, 구체적이고 측정 가능한 품질 특성을 초래한다. 또한 결함이 있는 제품이 생산되면 수리, 교체, 폐기할 수 있다.

제품과 달리, 서비스는 재고로 저장할 수 없다. 일반적으로 동시에 생산되고 소비된다. 많은 제품들이 판매나 사용 전에 오랜 기간 동안 창고에 보관될 수 있기 때문에 한 기간에 너무 많은 제품을 생산한 제조업체는 나중에 판매하기 위해 제품을 재고로 저장할 수 있다. 반면에 수요가 많을 것으로 예상하여 많은 서비스 자원을 예비하면(예 인근 컨벤션이 열리는 레스토랑에서) 수요가 실현되지 않을 경우 인건비가 초과되고 생산성이 저하될 수 있다.

마지막으로, 제조의 경우 경쟁 제품들은 종종 매우 유사하지만, 서비스는 제공되는 제품-서비스 패키지에 따라 유사한 서비스 회사라 할지라도 서로 저마다 크게 다를 수 있다. 제품-서비스 패키지는 다음과 같이 정의된다.

- 명시적 서비스(A 지점에서 B 지점으로의 이동, 이발, 주식 구매)
- 암시적 서비스(서비스 제공자의 태도, 안전 및 보안, 편의성, 분위기)
- 물품 지원(음식점 내 음식 또는 TV 등 서비스에 수반되는 물품)
- 지원 시설(비행기, 은행 건물 및 시설 배치)

제품-서비스 패키지의 설계 및 제공 방식에 따라, 한 서비스는 다른 서비스보다 더 낮은 가격에

제공되거나 경쟁사의 유사한 서비스보다 훨씬 더 높은 품질로 간주될 수 있다. 예를 들어, 근본적으로 동일한 서비스(항공 운송)를 제공하는 두 항공사인 British Airways와 Jet Blue를 비교할 때, 회사 철학이 상당히 다르다는 것을 알 수 있다. British Airways는 전형적인 대형 항공사이다. British Airways는 항공기 규모가 크기 때문에 일등석과 비즈니스 클래스 고객들에게 다양한 편의시설을 제공할 수 있다. 이러한 편의시설은 British Airways를 경쟁사와 차별화하는 데 도움이 된다. JetBlue는 작은 크기의 단일 기종을 제공하며, 일등석 편의시설 대신 고객 관계 관리에 더 큰 중점을 두고 있다. 이 회사의 설립자인 David Neelleman은 무엇보다도 고객 관계를 구축할 필요성을 강조했다. 모든 직원을 승무원으로 이름 붙이면서, 그는 회사의 CRM과 재정적 성공에 있어서 체크인 직원부터 수하물 취급자까지 모든 사람의 중요성을 강조했다.

② 글로벌 서비스 이슈

Getty images

서비스 수요 증가에 따라 서비스의 성장과 수출이 곳곳에서 일어나고 있다. 최근 글로벌 경기침체 기간에도 서비스는 수익을 유지하고 확장할 수 있는 방법을 찾고 있다. 예를 들어, Dine Brands Global Inc.는 IHOP과 Applebee 레스토랑의 소유주로서 세계 최대의 풀서비스 레스토랑 회사로 성장했으며 소매업체 유니클로는 매년 해외 사업부를 두 배 가까이 늘리고 있으며, 2018년 현재 전 세계적으로 1,300개 이상의 지점을 운영하고 있다.

서비스가 해외 시장으로 확장됨에 따라 서비스를 성공적으로 관리하기 위해서는 다음과 같은 여러 가지 문제가 수반된다.

- **노동력, 시설 및 인프라 지원**   문화적 차이, 교육, 전문성 수준은 현지 인력에 익숙하지 않은 기업들에게 문제가 될 수 있다. 기업은 또한 가장 적절한 지원 시설, 공급 업체, 운송 업체, 통신 시스템 및 주택의 위치를 파악하는 데 능숙해져야 한다.
- **법적, 정치적 문제**   현지법은 외국 경쟁사를 제한하거나, 특정 자원의 사용을 제한하거나, 가격에 관세를 부과하거나, 다른 방법으로 글로벌 서비스 확장에 장벽을 가할 수 있다. 외국 기업이 국내 기업과 합작법인을 구성하도록 요구하는 국가도 있다.
- **국내 경쟁자들과 경제 환경**   관리자는 지역 경쟁업체, 그들이 제공하는 서비스, 그들의 가격 구조, 그리고 지역 경제의 현재 상태에 대해 알고 있어야 한다.
- **글로벌 고객 파악**   아마도 가장 중요한 것은 기업이 인터넷, 외국 정부 기관, 무역 파트너 또는 해외 무역 중개인을 통해 잠재적 글로벌 고객이 어디에 있는지 알아내야 한다는 것이다. 잠재 고객이 확인되면 서비스는 이러한 고객의 요구에 맞게 제품을 수정할 수 있다.

6 운영관리의 중요한 발전 사항

수년간 수많은 개념, 툴 및 관행이 운영에 사용되면서 운영 관리자는 조직의 가치를 창출할 수 있는 많은 기회를 제공하게 되었다. 이들 중 몇 가지는 여기서 간략히 검토된다.

1 린 사고 및 식스시그마 품질

린 사고의 개념은 지속적인 개선과 함께 낭비의 감소를 강조하는 프로세스와 철학의 집합, 그리고 조직 및 공급망 무역 파트너들 간의 물질 흐름의 동기화를 의미한다. 린 철학의 중심은 JIT(Just-in-Time) 개념이며, 오늘날 이 두 용어는 동의어이다. JIT 시스템에서는 공급 및 조립품이 필요한 때와 장소에서 시스템을 통해 "풀링"된다. 문제가 발생하면 문제가 해결될 때까지 프로세스가 중단된다. 린은 공급사슬 관리의 매우 중요한 측면인데, 사실상 공급사슬 관리는 필요한 제품을 제때 원하는 품질과 가격으로 공급사슬 전체에 걸쳐 린 요소를 통합하는 것을 추구하기 때문이다.

헨리 포드가 처음에 오늘날 전반적인 린 철학의 일부로 언급되는 제조 활동을 사용하고 논의한 반면, Taiichi Ohno와 Toyota의 동료들은 1970년대에 시작하여 린 생산과 JIT의 개념의 많은 측면을 개발하고 다른 제조 조직에 관행을 널리 전달한 것에 대해 인정을 받았다.

린 사고와 마찬가지로, 품질 관리는 Total Quality Management(TQM)라고도 하며, 근에는 Six Sigma라는, 두 개념 사이에 몇 가지 차이점이 있지만 고객을 만족시키고 비용을 절감하며 궁극적으로 기업을 위한 경쟁력 있는 장점을 만들기 위해 품질을 지속적으로 개선하고자 하는 프로세스의 모음을 포괄하는 철학이다. 낭비 없는 생산에는 고품질 부품과 완제품이 필요하기 때문에 품질 관리 또한 모든 린 생산 프로그램에서 필수적인 부분이다. 궁극적으로, 모든 품질 관리 프로그램은 들어오는 제품과 나가는 제품의 품질을 달성하기 위해 회사와 공급사슬 파트너의 협력된 노력을 필요로 한다.

식스 시그마의 창시자인 모토롤라는 지난 몇 년간 많은 이점을 누려왔다. 모토롤라의 6가지 시그마 프로젝트는 2010년까지 180억 달러 이상의 순익에 영향을 미쳤다. 훈련 수준을 나타내기 위해 여러 색의 벨트를 사용하는 것을 포함한 6 Sigma는 12장에서 논의된다.

2 자재소요계획과 전사적자원관리

운영 관리자는 생산능력과 계획된 생산의 균형을 맞추기 위해 자원 및 운영 계획에 지속적으로 관여한다. 너무 과한 생산능력은 유휴의 인력과 기계를 의미하며 대당 생산비용이 높다는 뜻이다. 생산능력이 너무 적다는 것은 직원들의 과로를 의미하며, 이는 품질 문제로 이어진다. 1964년 블랙 앤 데커(Black & Decker) 회사를 시작으로 부품 구매와 플랜트 생산능력 및 생산 요구사항의 균형을 맞추기 위해 MRP(Material Requirement Planning) 소프트웨어 애플리케이션이 개발되었다. 나중에 컴퓨팅 기능이 성장함에 따라 생산자원계획(MRP-II) 소프트웨어 시스템은 기업이 플랜트 생산능력에 대한 미래 예측적인 What-if 분석을 수행할 수 있도록 설계되었다. 결국, MRP-II 시스템은 1990년대에 훨씬 더 복잡한 전사적자원관리(ERP) 시스템으로 발전했다. MRP, MRP-II 및 ERP의 개념은 10장에서 논의된다.

전사적자원관리는 기업의 기능 활동, 공급업체 및 고객을 관리하기 위한 멀티모듈 소프트웨어 애플리케이션이다. 초기에 ERP 소프트웨어는 다기능 조직의 내부 비즈니스 활동을 통합하는 데 초점을 맞췄다. 공급사슬관리의 시작과 함께, 오늘날 ERP 공급업체는 공급업체와 고객을 관리하는 기능을 포함하도록 제품을 설계하고 있다. ERP는 중앙 집중식 공유 데이터베이스 시스템의 아이디어를 활용하여 전체 조직을 하나로 묶는다.

③ 프로젝트 관리

프로젝트 관리는 프로젝트의 특정 목표(예 완료 날짜, 예산 비용 및 필요한 성과)를 충족하기 위한 자원(예 자본, 인력, 자재 및 장비)의 계획, 스케줄링 및 제어와 관련이 있다. 프로젝트 목표는 일반적으로 프로젝트가 완료되어야 하는 시기, 완료된 프로젝트가 어떻게 수행될지, 완료 구성 요소 등과 같은 고객의 요구사항에 따라 결정된다.

프로젝트 건축 기법은 수천 년 전의 피라미드로 거슬러 올라가지만, 프로젝트 관리 도구와 기술이 개발되어 복잡한 프로젝트에 사용된 것은 지난 60년밖에 되지 않았다. 현대 프로젝트 관리 시대는 1958년 주공정기법(CPM)과 프로그램 평가 및 검토 기법(PERT)의 개발로 시작되었다. 당시 프로젝트 관리 원칙과 도구를 활용해 대규모 예산, 일정 중심 프로젝트를 관리하던 곳이 바로 미국 국방부였다. 오늘날 환경 조건에서는 프로젝트 관리자가 리스크와 보안을 보다 신중하게 평가하여 결과적으로 많은 프로젝트에 대한 실패 확률과 예비 계획을 개발할 것을 요구한다. 또한 클라우드 기반 컴퓨팅 및 오픈 소스 소프트웨어와 같은 기술 발전으로 인해 많은 기업에서 더 나은 프로젝트 계획 옵션을 제공하고 비용을 절감할 수 있었다. 프로젝트 관리는 11장의 주제이다.

④ RFID

무선주파수식별(RFID) 기술을 통해 칩에 저장된 데이터를 스캔할 곳을 눈으로 확인할 필요 없이 원거리에서 읽을 수 있다. 이 기술이 꽤 오랫동안 존재해왔지만, 최근의 비용 감소, 기술 발전(그들의 크기를 크게 줄인) 및 월마트와 같은 대형 고객의 요구에 의해 많은 공급 업체들이 사용함에 따라, 공급망 참여자들도 RFID 태그의 사용에 대해 생각하거나 시험하기 시작할 수 있게 했다. 잠재적인 이점으로는 공급망 전반에 걸친 제품 가시성 향상, 재고 관리 개선, 제품 추적 및 리콜 용이성, 제품 변조 감소 등이 있다. 애초에 RFID 태그에 올바른 데이터를 심어넣고 그 제품이 공급망을 따라 이동할 때 해당 데이터에 접근하거나 필터링하기 위한 응용소프트웨어 활용도 중대한 문제이다. RFID 관련 주제는 14장에서 더 자세히 논의된다.

오늘날 RFID 태그는 크기와 비용이 감소하여 더 일반적으로 사용된다.

⑤ 기업 윤리 및 지속가능성

기업 윤리는 빠르게 성장하는 추세인 기업 상황에 윤리 원칙을 적용하는 것이다. 윤리적 행위는 타인의 권리와 그 행위를 수행하는 사람의 권리에 부과된 의무를 인식한다. 오늘날 기업 윤리의 실천은 기업의 사회적 책임(CSR)이라고 불린다. 기업이 CSR을 할 수밖에 없기 때문에 실천하는 것인지, 할 의무가 있어서 하는 것인지, 하고 싶어서 하는 것인지는 논쟁의 대상이다. 그러나 실제로 시행되고 있다. 많은 기업들이 공식적인 CSR 정책을 바탕으로 주도적으로 실행하고 있다. 예를 들어, 윤리적 구매 관행은 소기업, 소수민족 기업, 여성 소유 기업으로부터 의도적으로 구매함으로써 다양성을 촉진하는 것을 포함한다. 컨설팅 회사인 EPG의 추정에 따르면 미국과 영국의 대기업들이 CSR에 연간 150억 달러 이상을 지출하고 있다. 이것은 여러 가지 방법으로 사업에 가치를 더할 수 있다. 첫째, 소비자들은 CSR 지출을 기업의 제품이 우수하다는 신호로 받아들일 수 있다. 둘째, 고객들은 좋은 일에 기부하기 위한 간접적인 방법으로 이 회사들의 제품을 기꺼이 구매할지도 모른다.

지구의 환경을 보호한다는 개념이 수년 동안 관심사였지만, 정치인들과 유권자들이 지구온난화를 선거 이슈로 만들면서, 최근 더 인기 있는 토론 주제가 되었다. 실제로, 오늘날의 기업들은 환경적으로 책임감 있는 방식으로 행동함으로써 상당한 추가 이익을 실현할 수 있다는 사실을 깨닫고 있다. 공급사슬에 적용되는 지속가능성은 재무 성과뿐만 아니라 녹색 구매, 사회적 책임의 일부 측면을 포함하는 광범위한 용어이다. 결과적으로, 지속가능성은 종종 triple bottom line이라고 불리는 것과 연결된다. 지속가능성을 보다 더 공식적으로 정의한다면 경제적, 환경적, 사회적 도전의 관점에서 미래 세대의 요구를 충족시키는 능력을 방해하지 않고 현재의 공급사슬 구성원의 요구를 충족시키는 능력이라고 할 수 있다. 기업과 거래 파트너에게 있어 지속가능성은 오늘날 경제적 타당성을 실현하는 방식으로 올바른 일을 하는 것으로 인식된다. 윤리와 지속가능성은 2장과 13장에서 더 자세히 논의된다.

요 약

이 장에서는 운영, 운영관리, 프로세스, 공급사슬 및 공급사슬관리에 대한 일반적인 개념을 소개했다. 운영관리의 의사 결정을 위해서는 이러한 분야에 대한 지식과 경쟁력 있는 조직을 유지하기 위한 공급업체 및 고객의 관리가 필요하다. 일반적으로 인정된 8개의 공급사슬 프로세스가 조직과 공급사슬에서 수행하는 역할과 함께 설명되었다. 서비스 운영에 대한 주제도 이 장에서 소개되었으며, 서비스와 제조 회사 간의 여러 차이점에 대해 논의하였다. 마지막으로, 운영관리에 있어 많은 중요한 발전사항이 소개되었으며, 이 모든 것이 본 교과서의 주요 부분을 차지한다.

주요용어

· **1차 고객**(first-tier customers) 회사의 가장 소중한 직접 고객

· **1차 공급업체**(first-tier suppliers) 회사의 주요 상품 및 서비스 공급업체

· **3차원 동시공학** (3-DCE: three-dimensional concurrent engineering) 제품, 프로세스 및 공급체인의 동시 설계

· **고객관계관리**(CRM; customer relationship management) 고객을 만족한 상태에 있게 하고 지속적으로 제품 및 서비스를 구매하도록 하기 위하여 기업의 고객기반을 관리하는 프로세스

· **고객서비스관리**(customer service management) 판매 전, 판매 중, 판매 후에 고객의 요구에 대응하는 프로세스

· **고객접촉**(customer contact) 서비스가 제공되는 동안 고객이 서비스 시스템과 접촉하고 있는 시간의 양 또는 비율

· **공급사슬**(supply chain) 최종적으로 소비자에게 상품과 서비스를 제공하는 기업들의 네트워크(재료, 부품 및 최종재의 구매, 생산, 배송 및 재활용을 가능하게 하는 모든 기능 포함)

· **공급사슬관리**(supply chain management) 원자재 공급업체에서 최종 고객으로의 자재 흐름에 관한 주요 비즈니스 프로세스의 통합

· **공급자 관계 관리**(SRM; supplier relationship management) 기업의 최고의 공급업자와의 전략적 관계를 발전시키고, 더 나아가 공급 체인의 모든 참가자에게 가치를 창출하기 위해 그러한 관계를 관리하는 프로세스

· **기본운영활동**(basic operations activities) 구매, 저장, 제조, 물류, 그리고 제품 반품관리 활동

· **기업의 사회적 책임**(CSR; corporate social responsibility) 기업의 사회적 책임

· **니어소싱**(nearsourcing) 국내 또는 국경 국가의 공급업체에 아웃소싱하는 행위

· **동시공학**(concurrent engineering) 제품의 설계와 동시에 제조 프로세스 또는 서비스 전달 시스템을 설계하는 것

· **린 사고**(lean thinking) 조직 내 및 공급 체인 거래 파트너 간의 고품질, 신속한 대응 및 저낭비의 목표를 망라한 운영 철학

· **무선주파수식별**(RFID; radio frequency identification) 스캔 없이 먼 거리에서 데이터를 읽을 수 있는 작은 데이터 스토리지 장치

- **물류관리**(logistics)　운송, 저장, 그리고 관련된 활동들
- **반품관리**(returns management)　반품 제품의 이동, 보관 및 처리
- **백소싱**(backsourcing)　아웃소싱했던 제품이나 기능을 다시 자체 생산으로 되돌리는 것
- **생산능력**(capacity)　한 시스템이 일정한 기간 내에 생산 가능한 제품 또는 서비스의 최대량
- **생산자원계획**(MRP-II; manufacturing resource planning -II)　기업이 수요와 생산 능력에 대한 "what-if" 분석을 통해 미래를 대비할 수 있도록 설계된 소프트웨어 시스템
- **수요 관리**(demand management)　고객의 요구와 공급체인 역량과의 균형을 맞추는 프로세스
- **아웃소싱**(outsourcing)　제품이나 서비스를 사내에서 만드는 것이 아니라 공급업체로부터 구입하는 행위
- **업무프로세스통합**(business process integration)　공급체인상에 위치한 기업들 간의 주요 프로세스의 공유 및 조화
- **인소싱**(insourcing)　백소싱(backsourcing) 참고
- **자재소요계획**(MRP; material requirements planning)　부품 구매 및 생산 능력과 생산 요구량과의 균형을 맞추기 위해 개발된 소프트웨어 애플리케이션
- **적시생산**(JIT; Just-in-time)　필요한 시기와 장소에서 공급 및 어셈블리가 실행되는 시스템
- **전사적자원관리**(ERP; enterprise resource planning)　기업의 기능부서 활동, 공급업체 및 고객을 관리하기 위한 멀티 모듈 소프트웨어 애플리케이션
- **전사적 품질관리**(TQM; total quality management)　고객을 만족시키고, 비용을 절감하며, 궁극적으로 기업의 경쟁 우위를 창출하기 위해 지속적으로 품질을 향상시키겠다는 철학
- **제3자 물류서비스**(3PLs; third-party logistics services)　제삼자 물류기업
- **주문충족**(order fulfillment)　고객에게 상품과 서비스를 정시에 배달하는 것
- **지속가능성**(sustainability)　경제적, 환경적, 사회적 과제 면에서 미래 세대의 요구에 응할 수 있는 능력을 저해하지 않으면서도 현재의 공급체인 멤버의 요구에 응할 수 있는 능력
- **프로세스**(process)　작업을 완료하기 위한 방법. 프로세스는 입력을 출력으로 변환하는 일련의 단계로 구성
- **프로젝트 관리**(project management)　프로젝트의 특정 목표를 달성하기 위한 자원의 계획, 스케줄링 및 제어
- **흐름관리**(flow management)　제품 또는 서비스를 만들고 생산 재고를 관리하는 프로세스

검토해보기

1. 운영관리란 무엇인가? 용어를 정의하고, 기본 활동과 예를 제시하라.
2. 프로세스, 공급사슬 및 공급사슬 관리를 정의하라.
3. 프로세스 통합이란 무엇인가? 이것이 공급사슬 관리와 어떤 상관이 있는가?
4. 1차 및 2차 공급업체 및 고객이 의미하는 바는 무엇인가?
5. 8가지 주요 공급사슬 프로세스를 나열하고 간략하게 설명하라.
6. 동시공학이란 무엇인가?

7. 제품과 서비스의 차이점은 무엇인가? 제조업자와 서비스 생산자?

8. 제품-서비스 패키지란 무엇인가?

9. 고객 접촉이란 무엇이며 서비스 관리에 어떤 영향을 미치는가?

10. 린 사고란 무엇이며, 이것이 운영 관리와 무슨 관계가 있는가?

11. ERP 발전의 역사에 대해 설명하라.

12. 프로젝트 관리란 무엇인가?

13. 현대의 프로젝트 관리의 시작을 알리는 것은 무엇인가?

14. RFID는 무엇이며 어떻게 사용되는가?

15. 지속가능성과 Triple-Bottom-Line을 설명하라. 지속가능성, 기업의 사회적 책임, 그리고 친환경이 되는 것과의 차이점은 무엇인가?

토론해보기

1. 매일 수업에 참석하기 위해 거치는 모든 프로세스를 설명하라.

2. 도서관의 공급사슬을 설명하라. 도서관에 2차 공급자나 고객이 있는지 설명하라.

3. 12온스 토마토 수프 캔 제조사의 잠재적 공급사슬을 서술하라.

4. 당신의 대학에서의 여러 고객 관계 관리 및 고객 서비스 관리 활동을 서술하라.

5. 당신은 회사가 소수의 (정말 좋은) 공급업체만을 이용하는 것이 좋은 생각이라고 생각하는가? 그 이유는 무엇인가?

6. 패스트푸드 레스토랑에서 찾을 수 있는 수요 관리 활동에 대해 논의하라.

7. 맥도날드에서의 고객 접촉의 형태는 무엇인가? 고급 레스토랑? 은행?

8. 헬스시설, 대학 서점, 라디오 방송국의 제품-서비스 패키지에 대해 서술하라.

9. 효과적인 운영 관리가 비용에 미치는 영향은 무엇인가? 수익? 생산성? 고객 서비스? 품질?

10. 고객 관계 관리와 공급업자 관계 관리 중 어느 것이 더 중요한가?

11. 지속가능성 실천으로 유명한 회사를 찾아서 소개하라.

연습해보기

1. 당신이 속한 직장이나 조직에서 자주 접촉하는 모든 프로세스와, 이들의 입력 및 산출물, 각 프로세스가 어떻게 작동하는지, 그리고 그 프로세스가 얼마나 성공적인지에 대해서 설명하라.

2. 당신의 직장이나 당신이 속한 조직의 공급사슬을 가능한 한 정확하게 설명하고 관련 공급사슬을 그림으로 나타내보라. 또한 이러한 공급사슬의 해외 기업에 대해 설명하라.

3. 당신의 직장 또는 소속 조직에서의 8가지 주요 공급사슬 프로세스 및 각각의 기능에 대해 가능한 한 많이 설명하라.

CASE **Study**

    Organ Mountain Vegan 레스토랑의 소유주인 Bill Thompson은 그의 직원들과 레스토랑의 문제점과 그들이 무엇을 해야 하는지에 대해 이야기한 고통스러운 회의를 막 마쳤다. 빌은 레스토랑을 개점한 지 2년이 지났고, 지금쯤이면 즐겁게 생활하고 있어야 한다고 생각했다. 수년 동안, 빌은 자신의 레스토랑을 창업하는 것을 목표로 지역 대학에서 경영수업을 듣고 돈을 모았다. 하지만 이제 그는 레스토랑이 직면한 모든 문제들에 압도당했다고 느끼고 있다.

🔍 회사 배경

    빌은 2016년 인구 약 10만 명의 미국 남부 뉴멕시코주 Las Cruces 시내에 자신의 식당을 오픈하였다. 그는 Las Cruces에서 자랐고 Las Cruces 호텔의 요리사였던 아버지로부터 요식업을 배웠다. 빌은 호텔의 레스토랑에서 여름을 보내며 일했고 그곳에서 제공되는 채식 요리에 대한 취향을 발전시켰다. 시내 중심가에 위치한 어느 바비큐 레스토랑이 폐업했을 때 공간이 확보되어 빌은 그곳을 임대했고 결국 그의 레스토  랑을 개점하였다. 그는 점심부터 저녁 식사까지를 담당하며 수요일부터 일요일까지 근무하는 주방장을 고용했고, 빌은 예약과 사무실 업무, 그리고 기타 레스토랑 운영에 필요한 모든 것을 했다. 빌은 또한 또 다른 파트타임 요리사, 세 명의 웨이터, 그리고 한 명의 주방 도우미를 고용했다.

    사업이 소규모였기 때문에, 빌은 공식적인 구매, 재고 관리, 품질 관리 시스템을 두고 있지 않았다. 주방장과 웨이터 한 명은 그들이 필요로 하는 대로 몇몇 지역 유통업체로부터 음식, 술, 그리고 용품을 구입할 수 있도록 허용됐다. 지난 2년 동안 메뉴에 있는 다양한 식품이 품절되는 경우가 빈번한 반면, 다른 품목은 창고에서 너무 많은 공간을 차지하거나 상해서 버려야 하는 경우가 많았다. 어떤 경우에는, 레스토랑에 냅킨이나 케첩 같은 것이 다 떨어져서, 빌은 지역 월마트로 서둘러 가서 소매가격으로 이 물건들을 사도록 요구하기도 했다. 빌은 종종 물건들이 어디에 보관되어 있는지, 얼마나 많은 물품들이 재고가 있는지 알 수 없었다. 주방장은 요리솜씨가 좋았지만 부적절한 시간대에 담배를 피우기 위해 휴식을 취하곤 했는데, 주방 도우미, 파트타임 요리사와 늘 티격태격하는 모습이었다. 사실, 레스토랑이 문을 연 2년 동안 여러 명의 도우미와 한 명의 파트타임 요리사가 그만두었다. 손님의 왕래가 매우 적어 보이는 날도 있었다. 그래서 빌은 웨이터 중 한 명을 해고해야 할지 고민했다. 하지만 다른 날에는 손님들이 너무 많아서 기다리는 시간이 길었고, 대기하던 몇몇 손님들이 그들의 대기 순서까지 기다리지 않고 그냥 떠나버리기도 하였다. 최근에, 빌은 손님들에게 식사가 어떠냐고 물어봤을 때 음식과 서비스에 대한 고객들의 불만을 알기 시작했다.

회의

빌은 어느 화요일 아침에 레스토랑이 지닌 다양한 문제를 논의하기 위해 회의를 소집하기로 결정했다. 불행하게도, 회의는 지탄하는 항의 시간으로 바뀌었고, 빠르게 통제 불능 상태가 되었다. 그래서 빌은 참석자들에게 감사를 표한 후, 회의를 추후로 연기했다. 그는 고려해야 할 것이 많았다.

질문

1. 빌이 그의 식당에서 직면하고 있는 운영 및 공급사슬 문제를 파악하라.

2. 질문 1에 나열된 문제의 원인 또는 잠재적인 원인을 기술하라.

3. 이 식당의 공급사슬에 대해 기술하라. 빌이 관심을 가져야 할 핵심 공급사슬 프로세스는 무엇인가? 각 프로세스가 어떤 영향을 받는지 설명하라.

4. 질문 1에 나열된 문제를 피하기 위해 빌이 다르게 할 수 있었던 것은 무엇인가?

5. 앞으로 빌은 자신의 문제를 해결하고 더 성공적인 레스토랑을 만들기 위해 무엇을 해야 하는가?

참고문헌

- A. Ovanessoff and M. Purdy, "Global Competition 2021: Key Capabilities for Emerging Opportunities," *Strategy and Leadership* 39, no.5(2011): 46.

- C. Elliott, "These Companies Have the Best Customer Service," *Forbes*, July 11, 2018, https://www.forbes.com/sites/christopherelliott/2018/07/11/these-companies-have-the-best-customer-service-heres-why/#22ae3291b80a.

- C. Millington, "Driving Decisions on Supplier Numbers," *Supply Chain Europe* 20, no.5(2011), 28.

- C. Reagan, "A $260 Billion 'Ticking Time Bomb': The Costly Business of Retail Returns," CNBC, December 16, 2016, https://www.cnbc.com/2016/12/16/a-260-billion-ticking-time-bomb-the-costly-business-of-retail-returns.html.

- D. Blanchard, "How to Manage a Global Supply Chain," *IndustryWeek* 261, no.8(2012): 30.

- D. Myron, "CRM Recovers with Low-Cost Options," *Customer Relationship Management* 15, no.8(2011): 4.

- *Economist*, "The Cult of the Dabbawala," July 10, 2008, https://www.economist.com/business/2008/07/10/the-cult-of-the-dabbawala; G. Pathak, "Delivering the Nation: The Dabbawalas of Mumbai," *Journal of South Asian Studies* 33, no.2(2010): 235-57.

- H. Ford and S. Crowther, *My Life and Work*(Garden City, NY: Garden City, 1922).

- J. Berman, "Amazon/Whole Foods Deal Presents Wide Range of Supply Chain Questions," *Logistics Management* 56, no.7(2017): 20; A. Wolf, "Amazon Deploying 'Dragon Boat' to Corner Global E-commerce," *This Week in Consumer Electronics* 31, no.3(2016): 5.

- J. Brochner, "Innovation and Ancient Roman Facilities Management," *Journal of Facilities Management* 8, no.4(2010): 246.

- J. Evans and W. Lindsay, *The Management and Control of Quality*, 5th ed.(Mason, OH: South-Western, 2002).

- K. Castro and D. Pitta, "Relationship Development for Services: An Empirical Test," *Journal of Product and Brand Management* 21, no.2(2012): 126-31.

- K. Croxton, S. García-Dastugue, D. Lambert, and D. Rogers, "The Supply Chain Management Processes," *International Journal of Logistics Management* 12, no.2(2001): 13-36.

- K. Hickey, "Data Warehouses Integrate Supply Chains," *World Trade* 19, no.2(2006): 42.

- M. Bustillo, "Retailers Loosen Up on Returns," *Wall Street Journal*, December 27, 2010, B1.

- P. Taylor, "Benefits of Outsourcing Come under Scrutiny," *Financial Times*, October 13, 2013, https://www.ft.com/con- tent/94e69d20-25f3-11e3-8ef6-00144feab7de, 1; S. Hamm, "Is Outsourcing on the Outs?," *BusinessWeek*, October 4, 2004, 42.

- R. Oliver, and M. Webber, "Supply Chain Management: Logistics Catches Up with Strategy," *Outlook*(1982), quoted in M. Christopher, Logistics: *The Strategic Issues*(London: Chapman & Hall, 1992), 63-75.
- Reference for Business, "Service Industry." In *Encyclopedia of Business*, 2nd ed., http://www.referenceforbusiness.com/management/Sc-Str/Service-Industry.html.
- See Boeing's organizational chart:https://www.google.com/search?q=famous+company+organizational+charts&tbm=isch&tbo=u&source=univ&sa=X&ved=0CB0QsARqFQoTCPin-dLVrsgCFQ2ZiAodfksL-6g&biw=1680&bih=882#imgrc=hHL9U8zNjCc4yM%3A.
- See for example, https://www.dinebrands.com/en and http://www.uniqlo.com/sg/corp/ourstory.html.
- T. Devane, *Integrating Lean Six Sigma and High-Performance Organizations: Leading the Charge toward Dramatic, Rapid, and ustainable Improvement*(San Francisco: Pfeiffer, 2004).
- T. Pennington, "Santa Clara Plating Reeling In Big Customers," *Products Finishing* 79, no.5(2015): 14-16, 18-19.
- *U.S. News & World Report*, "Business Operations Manager: Overview." http://money.usnews.com/careers/best-jobs/business-operations-manager.
- "DuPont Sustainable Solutions Celebrates 50 Years of Creating Safer Workplaces & Communities," *Industrial Maintenance & Plant Operation*, April 12, 2018, 1.
- "Nika Names Lorenza Peterson as SVP, Facilities Operations Management," *Manufacturing Close-Up*, January 31, 2017, 1.
- "Six Sigma Saves Billions of Dollars," *ASQ Six Sigma Forum Magazine* 9, no.4(2010): 40.
- "The Halo Effect: Corporate Social Responsibility," *Economist* 415, no.8944(2015): 56.

생산 운영관리
Operations
Management

Chapter 2

기업 전략,
성과 및 지속가능성

좋은 전략을 수립할 수는 있지만, 전략이 성공적으로 구현될 수 있는 문화와 환경이 뒷받침되지 않는다면 전략은 조직 내에서 살아남을 수 없다.

Richard Clark, Mecrk의 CEO

윤리는 기업 DNA의 일부이다. 갖고 있거나 갖고 있지 못하거나 둘 중 하나이다. 갖고 있지 못하면 그것을 찾기는 더욱 어려울 것이다.

Lloyd Khaner, Khaner Capital Management의 CEO

🎯 학습목표

1. 사명선언문과 기업전략 수립

2. 경쟁우위를 바탕으로 한 기업의 운영전략 수립

3. 운영전략의 상쇄관계

4. 운영성과의 특성과 방법

5. 기업윤리와 지속가능성이 운영전략에 미치는 영향

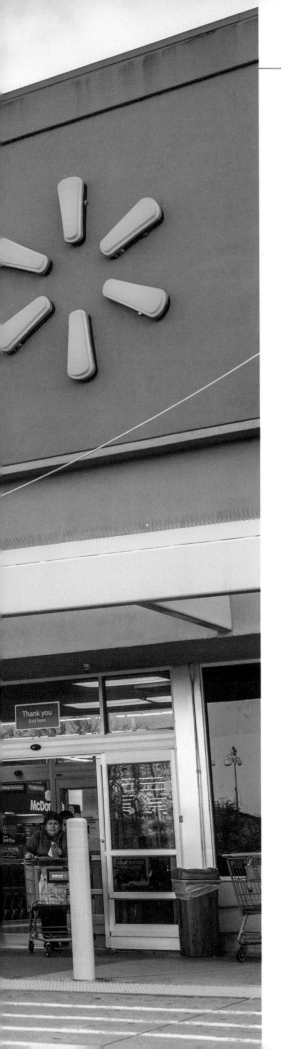

월마트의 지속가능성을 향한 여정

2005년 카트리나 태풍이 뉴올리언스를 강타하여 해변을 중심으로 많은 인력 및 재산 손실이 발생했을 때 월마트는 도움을 필요로 하는 지역 사회를 위해 지역 관리자들에게 자율 운영 권한을 부여함으로써 많은 찬사를 받았다. 그 후 월마트 CEO Lee Scott은 새로운 프로젝트를 발표한다. "우리의 규모와 자원을 이용해 고객, 지역 단체 심지어 태어나지 않은 미래세대에게 더욱 살기 좋은 나라와 지구를 만들어주면 어떨까?" Scott의 지속가능경영의 비전은 쓰레기는 줄이고, 재사용 에너지의 활용은 늘리며 재활용 가능 제품을 판매하는 것이었다. 비전의 목표는 더욱 효율적인 경영과 함께 공급자들이 더욱 친환경적인 제품을 저렴한 가격에 생산할 수 있도록 만드는 것이었다. 하지만 월마트는 몇 년간 그러한 비전 아래 경영을 하며 지속가능경영이 말처럼 쉬운 것이 아니라는 사실을 깨달을 수 있었다. 효율을 향한 회사의 노력은 비용과 환경 측면에는 긍정적인 영향을 줬다. 화물 운송에 대한 효율성은 10년 만에 두 배 이상으로 증대되었고, 전 세계 매장 및 사업장에서 사용하는 에너지의 28%를 재생 에너지로 전환하였으며, 2017년에는 회사 쓰레기 78%를 줄이기도 하였다. 목표는 2025년까지 캐나다, 일본, 영국 그리고 미국에서 '제로 웨이스트(zero waste)' 실현과 50%의 재생에너지 전환에 도달하는 것이었다. 그러나, 월마트는 지속가능 제품을 판매하며 생각보다 많은 어려움에 직면하게 된다. 크게 2가지 난관에 부딪히는데, 하나는 지속가능성에 대한 뚜렷한 기준이 없다는 것이었으며 다른 하나는 지속가능성을 향한 움직임에 공급자는 물론 소비자가 함께할 수 있도록 설득해야 한다는 것이었다. 2008년 공급자들에게 지속가능 제안을 요청했을 때, 월마트는 공급자들의 다양한 제안 중 어떤 것을 채택해야 할지 어려움을 느꼈다.

월마트는 이러한 경험을 통하여 지속가능성에 대한 명확한 개념 정의가 필요하다는 것을 인식하고, 2009년 소매상, 공급업체, 대학 그리고 환경 단체들과 함께 지속가능성지수 수립을 목표로 지속가능 컨소시엄을 개최하였다. 결론적으로 컨소시엄에서는 제품의 종류와 상관없이 일정 수준의 지속가능성을 달성한 제품이라면 사용 가능한 스코어카드를 만드는 데 성공했다. 이는 공급자들의 지속가능성에는 도움을 주었지만 월마트는 여전히 딜레마에 놓여 있었다. 고객들이 조금 더 값을 지불하더라도 일반 제품보다 지속가능 제품을 구매하도록 할 수 있을지에 관한 문제는 여전히 남아 있었기 때문이다. 이로 인해 월마트는 소비자보다는 공급자에 더욱 집중하기 시작했다. 공급자 스코어카드의 사용은 2012년 공급체인에서 비효율성을 식별하고, 공급업체들이 자신의 공급체인에서도 비슷한 저비용 혁신을 찾아 적용할 수 있도록 도움을 주었다. 이러한 지속가능전략의 성공으로, 월마트는 제품의 지속가능성에 대해 공급업체의 투자를 주도하는 최상위 소매업체 중 하나로 선정되기도 하였으며, 그중 79%는 월마트를 영향력 있는 업체라고 인식했다.

2007년에서 2009년까지 지속된 전 세계적인 경기침체로 많은 기업들이 비용 절감, 배송시간 단축, 제품 품질 향상을 통한 탄소 절감 전략을 수립한다. 전략의 전반적인 목표는 경쟁력, 시장 지배력, 재무적인 성과의 향상이었다. 글로벌 경쟁업체의 출현, 더욱 윤리적이고 친환경적인 경영을 요구하는 소비자, 에너지 및 재료 가격의 인상, 더욱 빠르고 저렴한 배송을 향한 욕구 등 많은 요인들이 기업에 최상의 성과를 창출하도록 압박하였으며, 오늘날 이러한 트렌드는 기업 전략의 원동력이 되었다.

이번 단원에서는 사명선언문을 소개하고 그것이 기업의 경쟁 전략에 어떠한 영향을 주는지 토의해볼 것이다. 사명선언문이 정해지고 나면, 그것은 다양한 전략 형성의 자극제가 되고, 전략은 기업의 목표 충족을 위한 단기 전술이 된다. 당연히 하나의 전략을 성취하는 과정에서 다른 전략을 잃거나 새롭게 해결해야 하는 문제가 발생할 수도 있다. 예를 들면, 높은 수준의 제품 생산을 위한 전략 시행은 제품이나 서비스 가격의 상승을 유발할 수 있다.

또한, 성과측정에 관해서도 논의할 예정이다. 만약 성과가 지속적으로 측정되고 관리되지 않는다면, 기업의 목표 달성이나 획기적인 성장은 예측 불가능하다. 이렇게 생각해보면 쉬울 것이다. 이번 수업에서 수강생들의 점수가 공개되지 않는다면 수강생들은 해당 수업을 잘 이수하고 있는지를 판단할 수 없을 것이며, 다음 시험을 위한 대비책 역시 생각해내기 어려울 것이다. 오늘날 많은 기업들은 스코어카드를 활용하여 기업 운영이 제대로 되고 있는지 점검하고 있으며 해당 주제에 관해서도 논의해보기로 하자.

마지막으로, 최근 기업 전략의 주제로는 사회적 책임과 환경 친화가 크게 주목받고 있다. 효율적인 전략의 운영은 경쟁력 제고와 함께 생산 비용까지 절감할 수 있지만, 현실에서 실행 가능한 그러한 전략은 찾아보기 힘들다. 앞서 월마트의 사례에서 해당 기업이 겪었던 친환경 경영의 성공 및 실패를 확인할 수 있었다. 새로운 전략을 구상하고 적용하는 것은 윤리적이고 지속가능한 경영을 위한 성장 관행으로 자리 잡아가고 있지만, 잘못된 전략 설정, 의지부족, 비현실적인 목표 등으로 해당 경영이 실패할 수 있다는 사실도 알아야 할 것이다.

1 기업전략 개발

조직의 전략은 기업이 현재는 물론 미래에도 어떻게 경쟁력을 제고하고, 고객들에게 가치를 전달할 것인지를 설명해주는 지표이다. 경영자들은 전략을 수립하기 전에 2가지 질문에 대해 생각해 보아야 한다. "현재 우리 기업은 어떤 기업인가?" 그리고 "우리 기업은 어떠한 기업이 되고 싶은가?"이다. 조직의 장기적인 목표와 계획 그리고 정책을 수립하는 것을 전략 계획(strategic planning)이라고 한다.

기업의 비전 혹은 사명선언문은 전략의 방향성을 잡아주는 것은 물론 위의 두 질문에 대한 답을 제공해준다. 또한 제품이나 서비스, 채택된 프로세스, 경쟁 시장, 잠재 고객 그리고 기업의 핵심역량도 설명해줄 수 있다. 사명선언문은 2018년 미국의 CVS Pharmacy의 것처럼 매우 직설적이고 간단해야 한다. 우리의 비전은 안전하고, 저렴하며 구매하기 쉬운 혁신적이고 고품질의 의약 및 제약 서비스를 제공해 고객 삶의 질을 향상시키는 것이다. 해당 기업의 비전은 몇 년 전 아래와 같이 변경되었다. 우리는 고객이 가장 찾기 쉬운 약국 소매점이 될 것이다.

비전은 페덱스(FedEx)처럼 기업의 여러 활동에 대한 지침을 제공하는 상세한 문구가 될 수도 있다. 페덱스는 효율적인 운영을 통해 고부가 가치의 물류, 운송 그리고 관련 기업 서비스를 제공하며 주주에게 높은 수익을 제공할 것이다. 또한, 각 시장에서 제공할 수 있는 최고의 서비스로 고객들의 요구사항을 충족할 것이다. 페덱스는 팀 구성원, 파트너 그리고 공급업체와 지속적으로 상호 보람 있는 관계를 구축하고자 노력할 것이다. 운영에서 안전을 가장 중요시할 것이며, 높은 수준의 윤리와 전문성 아래에서 기업 활동을 진행할 것이다.

전략은 기업이 어떻게 자신의 비전을 달성할 것인지를 보여주고 있다. 전략은 대략 일 년에 한 번 수정되고 주기적으로 재검토되지만, 비전은 기업 내 전반적인 문화나 방향이 변경되지 않는 한 바뀌지 않는다는 특징을 가지고 있다. 하나의 극단적인 예로, 뉴욕에 본사를 둔 소프트웨어 회사 CA Technologies는 이전 CEO 및 내부 직원들이 저지른 20억가량의 분식회계 및 내부자 거래 실패를 극복하기 위해 2004년에 새로운 CEO를 영입했다. 몇 년에 걸쳐, 새로운 관리자들은 기업명을 변경하였으며(기존 기업명은 Computer Associated International였다), 비전은 물론 비전을 달성하기 위한 핵심 가치를 새로 구축하고, 회사의 전반적인 체계를 새로운 비전에 알맞게 수정했다. 이를 통해 CA Technology는 세계에서 가장 큰 소프트웨어 회사 중 하나로 성장할 수 있었다.*

* 기존 CEO였던 Sanjay Kumer는 혐의가 인정되어 12년 징역형을 선고받았으며, 2019년 Broadcom이 해당 기업을 190억 달러에 인수했다.

1 전략 수립

기업은 3가지의 경쟁 차원을 여러 가지로 조합하며 경쟁한다. 3가지의 경쟁차원은 원가, 품질 그리고 고객 서비스이다. 소비자는 제품을 구매할 때, 가장 저렴한 상품을 선택할 수도 있고, 가격은 좀 비싸더라도 높은 품질의 제품을 선택할 수도 있으며, 제품이나 소매업체가 제공하는 다양한 서비스에 이끌려 제품을 선택할 수도 있다. 각각의 선택에 대해 자세히 살펴보도록 하자.

2 원가

자동차, 빵, 금융 서비스 등 우리 삶에서 접할 수 있는 모든 제품이나 서비스는 가격이 더 저렴한 대체품을 가지고 있다. 비용 면에서 경쟁력을 갖기 위해서는 판매, 노동, 장비, 제조, 간접비용 등 판매되는 제품이나 서비스 생산 과정에서 발생할 수 있는 모든 비용의 절감을 위해 노력해야 한다. 예를 들어, 월마트와 같은 소매업자들은 대량 구매를 통해 제품당 단가를 낮춰 저렴한 가격으로 고객들에게 제품을 판매한다. 또한 월마트는 독자적인 물류센터와 트럭을 보유하며 공급체인에서 발생하는 비용을 줄이고, 매장 안내 직원을 줄이며 최종 제품의 가격을 낮추었다.

레드박스(Redbox)는 미국 각지에 설치한 비디오 대여 키오스크(Kiosk)인 셀프 대여 시스템을 통해 저렴한 금액으로 대여 서비스를 제공하고 있다. 2019년 당시 회사는 총 4만 2,000여 대의 키오스크를 보유하고 있었고, 그 숫자는 빠르게 증가했다. 고객들은 온라인을 통해 특정 영화나 게임을 확인하고 후 키오스크를 통해 디스크를 대여하고 반납할 수 있었다. 저렴한 비용에 높은 품질의 서비스를 제공하는 그들의 전략은 가히 성공적이었다고 판단할 수 있을 것이다.

제조업체들 역시 자동화기기를 통한 대량생산으로 제품의 생산 비용을 낮춰 비용 측면에서 경쟁력을 제고할 수 있다. 대규모로 생산하거나 구매하며 제품의 생산 비용을 낮추는 것을 규모의 경제(economics of scale)라고 한다. 더 나아가, 제조업체들은 저렴한 노동력과 세금, 소비자와 편리하게 접촉할 수 있는 생산 기지를 항상 모색한다. 해당 지역에서 생산하여 절약한 비용은 그대로 고객에게 전달한다. 최근에는 아시아 지역의 임금인상으로 팍스콘(Foxconn)과 샤프(Sharp)가 생산 기지를 멕시코로 이전하기도 했다. 또한, 동유럽에서는 영국이 저렴한 생산기지 중 하나로 급부상하기도 하였다. 보스턴컨설팅 기업의 Harold Sirkin은 "많은 기업들이 지구를 새로운 관점으로 보고 있다. 생산비용과 관련해 가지고 있던 세계 여러 나라들에 대한 인식이 더 이상 유효하지 않는다는 것을 깨닫고 있으며, 글로벌 생산을 위한 네트워크의 재편성을 대대적으로 점검하고 있다"고 말했다.

3 품질

품질을 통해 경쟁한다는 것은 우수한 혹은 독특한 제품이나 서비스를 제공한다는 것을 의미한다. 품질에는 다양한 요소가 포함되어 있는데, 제품의 디자인, 특징, 신뢰성, 성능, 안전성, 품질보증 등이 모두 품질의 판단 요소로 적용될 수 있다. 또한, 고객마다 품질을 판단하는 기준이 다를 수 있는데, 예를 들어 어떤 이들은 하와이 에어라인(Hawaiin Airlines)이 역사적으로 87%의 확률로 제 시간에 출발했기 때문에 고품질의 서비스를 제공한다고 판단할 수 있고, 어떤 이들은 사우스웨스트 에어라인(Southwest Airlines)이 음식과 일등석을 제공하지 않는다는 이유로 저품질의 서비스를 제공한다 판단할 수 있는 것이다. 품질이 우수한 제품은 우수한 부품, 섬세한 디자인, 양질의 훈련 그리고 좋은 장비와 기술을 충당하기 위해 가격 역시 비싸다. 또한, 고품질이라는 인식을 소비자들에게 심는 것이 많은 기업들의 목표이기도 하다. 이러한 이유로, 우수한 품질의 제품들은 비싼 가격으로 높은 이윤을 남긴다. 뉴욕에 본사를 두고 있는 글로벌 컨설팅업체인 Reputation Institute는 매년 세계에서 가장 평판이 좋은 기업을 선정한다. 2020년 상위 5개 기업은 Lego, Disney, Rolex, Ferrari 그리고 MicroSoft였다. 그 외 Netflix, Adidas, Intel 등이 상위기업에 선정되었다

4 고객서비스

고객 서비스도 배달 시간, 유연성, 신뢰도, 제품 지원, 직원의 지식과 공감능력 그리고 서비스 회복 등이 포함될 수 있다. 배달 속도(delivery speed)는 제품이나 서비스를 빠르게 제공하는 것을 의미한다. 또한, 유연성(flexibility)은 폭넓은 소비자들의 기대에 부응할 수 있는 기업의 능력 또는 다양한 수준의 요구를 수용할 수 있는 기업의 능력을 의미한다. 고객의 입장에서 신뢰도(reliability)는 제품 및 서비스를 약속한 대로 제공하는 것을 뜻하며, 소비자는 보통 컴퓨터와 같은 물건을 구매했을 때 구매 이후 기업이 제품에 대해 제공해줄 수 있는 지원인 서비스지원(product support)에 대해 궁금해하기도 한다. 제품을 사용하는 데 필요한 알맞은 정보를 제공해줄 것인지, 소프트웨어 지원이나 업데이트를 제때 해줄 수 있을 것인지가 핵심 질문이 된다. 제품 구매 시 많은 고객들은 직원의 지식과 공감 능력(knowledge), 즉 응대를 해주는 직원이 제품에 대해 얼마나 전문적인 지식을 지니고 있으며 얼마나 고객의 입장에서 생각하고 공감해줄 수 있는 능력을 보유하고 있는지를 살펴본다. 마지막으로 제품이 올바로 작동되지 않거나, 식당의 음식이 차가울 때와 같이 제품 오작동이나 서비스 불만족 시 고객은 합당한 보상이나 조치를 요구하게 된다. 합당한 보상을 제공할 수 있는 능력을 서비스 회복(service recovery)이라 한다.

1단원에서 살펴본 것과 같이 American Customer Satisfaction Index는 2015년부터 2017년까지 미국에서 가장 좋은 고객 서비스를 제공한 20개 기업을 선정하였다. 상위 5개의 기업은 Chick-fil-A, Trader Joe's, Aldi, Amazon 그리고 Lexus였다. 지구상에서 가장 큰 온라인 쇼핑몰인 Amazon의 경우에는, 다른 기업이 차마 따라 할 수 없는 차원의 다른 편리함을 제공하고 있다. 기업이 뿌리를 두고 있는 기술력 역시 그러한 고객 서비스 제공 능력에 기여하고 있기도 하다. 아마존은 고객의 구매 내역을 매우 중요한 고객 데이터로 관리를 하면서 해당 데이터를 활용해 고객에게 제품을 추천하기도 한다.

기업들은 저렴한 비용, 고품질 그리고 좋은 고객 서비스라는 3가지 요소를 적당히 활용한 전략적인 조합으로 경쟁력을 키우고 고객 가치를 창출한다. 당연히 세 부문 모두에서 강점을 지닌다면 좋겠지만, 이는 현실에서 달성하기 매우 어려운 목표라는 것을 알아둬야 한다. 좋은 품질과 고객 서비스는 높은 비용을 발생시키기 때문이다. 따라서 보통 기업에서는 하나 또는 두 개의 요소에 집중하는 전략을 택하며, 남은 요소는 적당한 수준까지만 제공하고자 노력한다.

비전과 경쟁 전략이 정해지고 난 이후에는, 기능적 전략과 기술이 기업의 전반적인 전략을 뒷받침해주는 데 활용된다. 비전과 경쟁 전략이 정해진 후 기업 내에서 이뤄지는 결정들에 관해 살펴보도록 하자.

2 운영전략과 경쟁우위

2. 경쟁우위를 바탕으로 한 기업의 운영전략 수립

경쟁우위는 기업이 자신의 미션 아래 운영전략을 수립할 때 확보된다. 운영전략(operation strategies)은 조직의 미션과 전반적인 전략을 뒷받침하기 위한 결정이다. 결정된 운영전략은 기업이 어떻게 경쟁력을 확보할 것인지 알려주며, 일반적으로 운영전략은 기업의 핵심역량일 때가 많다.

1 핵심역량

핵심역량(core competencies)은 다른 경쟁사들과 차별화되는 그 기업만의 역량 또는 기술이다. 핵심역량은 일반적으로 기업에게 경쟁력 있는 우위를 제공해준다. 월마트의 경우 공급사슬에 대한 우위와 비용 절감을 위한 전략으로 저렴한 소매업체로 성공할 수 있었다. 애플(Apple)은 디자인 능력을 활용해 독특하지만 사용하기 쉬운 제품들을 생산한다. 그리고 다음 Service Spotlight에서 설명하고 있는 것처럼 신발과 액세서리를 제공하는 소매업 자포스(Zappos)는 직원 채용과 동기부여에 집중함으로써 고객에게 높은 수준의 서비스를 제공하고 있다.

핵심역량은 가변적이다. 소비 트렌드, 경쟁력 그리고 기술의 발전 등을 고려해 기업은 기업 자체적으로 강점을 지속해서 찾고 핵심역량을 변화시킨다. 1970년에는 빠른 사진 인화로 폴란드의 한 즉석카메라가 크게 인기를 끌었다. 그러나 오늘날 기술은 더욱 발전해 폴란드 회사는 재창조의 과정을 거쳐야 했다. 이제 즉석카메라는 작지만 필터를 입힌 사진을 뽑을 수 있는 컬러 프린터와 카메라로 찍은 사진을 저장할 수 있는 메모리칩까지 내장하고 있어야 경쟁력을 발휘할 수 있게 되었다. 결론적으로 핵심 경쟁력은 한 회사가 그것을 보유하고 있다면 다른 회사에서 그것을 따라 하기가 힘들다. 이러한 핵심 경쟁력의 특징은 많은 기업이 지속적으로 경쟁력을 갖도록 해준다. 특히 포트폴리오는 회사가 자신의 핵심 기술을 지키거나 다른 경쟁자가 해당 시장에 진입하는 것을 막아

Zappos의 행복배송

인터넷 신발 소매업체 자포스는 CEO Tony Hsieh의 경영 아래 많은 양의 행복을 고객들에게 전달한다. 물류허브가 가까이 위치한 켄터키의 창고에서 모든 제품을 관리 및 발송한다. 이를 통해 많은 고객들은 자신의 주문을 빠르게 수령할 수 있다. 로스앤젤레스, 네바다에 위치한 자포스는 직원들이 행복하게 지속적으로 성장할 수 있게끔 지원하고 격려하는 기업문화를 가지고 있다. 실제로 자포스는 4주간의 훈련이 끝난 뒤 지원자 자신이 회사와 맞지 않는다고 생각하면 지원자에게 2,000달러를 제공한다.

대부분의 자포스 직원들은 콜센터에서 근무를 시작하며 고객의 전화를 빠르게 끊어야 한다는 압박에서 자유롭다. 만약 고객이 원하는 물건이 없다면 직원은 다른 소매업체를 통해 해당 제품을 찾아주기도 한다. 배송과 반품 역시 무료 이다. 이러한 고객 서비스는 경기 침체가 만연했던 시기에도 판매량이 지속해서 상승할 수 있었던 요인 중의 하나이다.

출처: T. Hsieh, *Delivering Happiness: A Path to Profits, Passion, and Purpose*(New York: Hachette Book Group, 2010).

주기도 한다. 특허가 불가능할 때에는 영업 비밀을 지키기 위한 정책이나 절차를 수립하는 것도 중요하다.

2 운영전략 수립

운영전략은 회사의 전반적인 운영 계획에 따라 다르게 설정된다. 운영전략은 다음과 같은 요소들로 구성된다. 제품 디자인, 프로세스 디자인, 생산관리시스템, 시설의 위치, 설비의 배치, 구매, 물류, 품질 그리고 고객서비스가 그것이다. 〈표 2-1〉에서는 운영전략의 카테고리를 나열하며 운영전략이 회사의 운영 계획과 연동되는지를 보여준다.

1) 저비용 제품을 운영전략으로 수립할 때

저비용으로 경쟁하려는 회사를 예로 들어본다면, 그 회사는 검증이 안 된 새로운 제품보다는 기성품을 저렴하게 모방을 하든지, 제품 단위당 생산 비용을 줄이기 위해 많은 양을 한 번에 구매하든지, 상대적으로 전문화되지 않은 저렴한 노동력을 사용하는 것과 같은 노력을 기울여야 할 것이다. 그 외에도 좋은 입지, 저렴한 배송 방법, 최소한의 고객 서비스 제공 역시 비용 절감을 통한 저렴한 제품 생산을 위한 운영 전략으로 활용할 수 있다.

2) 고품질의 상품 제공을 운영전략으로 수립할 때

기업이 제품의 품질을 우선시하기로 결정했다면, 회사는 ISO 9000과 같은 품질 보증 표준을 사용하여 고품질의 재료를 공급해줄 수 있는 공급업체를 모색해야 한다. 나아가, 식스시그마(Six Sigma)와 같은 통계 프로세스 제어 기법을 설정하거나, 지속적인 개선을 할 필요도 있다. 또한, 이러한 기업들은 고도의 자격을 갖춘 인력과 최첨단 장비를 사용하기도 하며, 윤리적이고 지속가능한 경영을 위해 관행을 수립하여 실행하기도 한다.

3) 고객 서비스를 운영전략으로 수립할 때

이 전략의 경우에 고객 만족이 가장 중요하다. 배송이 제시간에 이루어져야 하는 만큼 항공 운송이 포함될 수도 있으며 시장과 가까운 물류센터가 필요로 하기도 하다. 또한, 고객서비스는 고객을 계속해서 만족시켜야 하며 공정한 대기시스템을 활용해야 한다. 그리고 가장 중요한 것은, 강력한 품질보증이나 24시간 콜센터를 운영하면서 고객의 기대를 뛰어넘는 서비스를 제공하여야 한다는 것이다.

3 운영전략의 상쇄관계

3. 운영전략의
상쇄관계

전략적 상쇄(strategy trade-offs)란 운영이나 기타 영역에서 하나 이상의 활동으로 다른 활동을 잃게 되는 현상을 의미한다. 이러한 상황이 발생한다면 반드시 최적해를 찾아야 한다. 다시 한번 〈표 2-1〉을 살펴보자. 제품 단위당 생산 비용을 줄이기 위해 대량 자동

Getty images

화 시스템을 이용하는 제조업체라면 조직의 유연성까지 발휘하기는 쉽지 않다. 이러한 상황에서 최적해는 간단한 장비의 교체를 통해 똑같은 생산 라인으로 유사 혹은 동일한 제품을 생산하는 것이 될 수 있다. 또한, 해외업체를 통해 대량 구매를 하게 된다면 제품을 저렴하게 구입할 수 있다는 장점이 있지만 배송 시간이 길어지거나, 배송 자체의 비용이 상승할 수 있다는 문제점이 있다.

저비용 항공으로 알려진 사우스웨스트 에어라인(Southwest Airlines)은 몇 개의 전략적 상쇄 관계를 설명하는 데 활용될 수 있다. 사우스웨스트 에어라인은 하나의 비행 모델을 사용하며 조종사의 교육이나 비행 유지로 들어가는 비용을 절약한다. 착륙 시 작은 지역의 비행장을 이용하며 착륙비용도 줄였다. 기내식 역시 제공하지 않으며, 온라인으로만 예약을 받고, 일등석과 지정 좌석제를 운영하지 않으면서 승객들의 탑승 시간 역시 단축했다. 이러한 특징은 모두 저렴한 비용으로 더 많은

표 2-1_ 기업의 전략과 운영전략

전략	원가전략	품질전략	고객서비스전략
제품 디자인	· 성공적인 다른 제품 복제 · 기존제품 개선	· 혁신적인 새로운 제품 · 최근 기술 적용	· 제품과 서비스 고객화 · 짧은 리드타임 제품
프로세스 디자인	· 대량생산 프로세스 · 자동화	· 유연한 프로세스 · 최신 장비	· 셀프서비스 프로세스 · 고객과의 소통 강화
생산통제시스템	· 기존시스템-MRP · 수동 2-bin 시스템	· 통합시스템-ERP · RFID 시스템	· 인터넷과 클라우드 기반 시스템
시설 위치	· 인건비가 싸거나 총 원가를 낮출 수 있는 위치 · 중앙집중화 가능 위치	· 혁신적 또는 고급 인력 수급 가능한 곳	· 고객근처 · 분산된 위치
시설 배치	· 공간을 최대한으로 사용	· 시각적 시설배치 · 통합 제품 플로우	· 고객 대기시간을 줄이는 시설배치 · 고객중심 시설배치
구매	· 저비용 공급자 · 대량구매	· 높은 수준의 공급자 · ISO 인증	· 지역공급자로부터 구매 · 자주 배송할 수 있는 공급자
물류	· 중앙집중형 유통센터 · 저비용 TRansportation 물류	· 필요할 때 최적 수단으로 배송 · 4PL	· 분산형 유통센터 · 납기를 준수하는 배송
품질	· 원가우선 · 고객을 만족시키는 최소 품질	· 품질우선 · 6-시그마와 지속적인 개선추구	· 서비스우선 · 고객을 만족시키는 최소 품질
재고	· 낮은 수준의 재고 · 품절 시 백오더 시스템	· ERP 시스템을 이용한 재고관리 · 린(Lean) 적용	· 품절을 고려한 높은 재고수준
고객서비스	· 고객의 기대 최소 충족	· 중간 정도의 고객기대 충족	· 최고수준의 고객만족 · 높은 품질 보증 · 24시간 콜센터 운영

고객을 유혹하고자 하는 전략이다. 해당 항공사는 기내식이나 지정좌석, 일등석을 좋아하는 고객도 놓치지 않기 위해서는 지속해서 새로운 전략을 찾아야 한다.

4 운영성과 측정

4. 운영성과의 특성과 방법

운영 전략을 수립하는 기업 관계자들은 고객 만족을 높이거나, 비용을 줄이거나, 품질이나 지속가능성을 향상시키거나, 자원을 더욱 효율적으로 활용하기 위해 여러 가지 의사결정을 한다. 성과 측정은 기업 관계자들이 어떠한 결정을 해야 하는지 알려줄 뿐만 아니라 이미 내려진 의사결정이 얼마나 잘 이행되고 있는지에 대한 피드백도 제공해준다. 간단히 말해서, 직원들의 성과를 측정하고 관리하는 회사가 훨씬 잘 운영된다. 따라서 회사 전반의 운영에 대해 명확히 파악하기 위해서는, 조직의 전략과 연계된 성과측정(performance measures)을 할 수 있는 시스템을 구축해야 한다. 관리자들은 회사의 목표를 달성하기 위해서는 회사가 어떻게 운영이 되고 있는지, 어떠한 개선책들을 필요로 하는지를 파악해야 한다. Conference Board of Strategic Performance Management는 한 조사를 통해 성과측정을 하는 회사들이 자신의 산업 시장에서 선두를 차지하거나, 변화가 있을 때 더욱 잘 대처하는 모습을 보인다고 밝히기도 했다.

성과측정 시스템은 회사마다 다를 수 있으며, 측정하는 항목이 무엇인지에 따라 달라질 수도 있다. 예를 들어, 어떤 회사는 성과 측정으로 오로지 기업의 비용과 수익만을 고려할 수 있다. 비용과 수익 모두 중요한 요소이기는 하지만 오직 재무적 성과만으로는 특정 결과의 내부 요인을 모두 판단하기는 어렵다는 사실을 많은 관리자들이 알아야 할 것이다. 일련의 성과측정 방법을 설계한 다음, 비용이나 수익과 같은 중요 항목들을 살핀다면, 더욱 많은 양의 정보를 수집하여 다양한 의사결정에 활용할 수 있을 것이다. 다음 Service Spotlight는 미시건 그랜드래피즈의 성과측정 방법에 대한 사례이다.

최근 전 세계적으로 불황기를 맞이했을 때 많은 기업 관계자들은 공급체인에서 비용을 줄일 수 있는 방안과 동시에 매출을 유지시킬 수 있는 방안을 고심했다. 전 세계 기업 관리자들을 대상으

 **그랜드래피즈시의 성과측정지표**

미국 미시건주에 위치한 그랜드래피즈시의 경영자들은 도시를 한층 발전시키기 위해 15가지의 성과측정지표를 개발했다. 측정은 6개의 투자지역과 전반적인 조직의 효율성을 확인한다. 주요 투자 주제로는 투자 촉진, 모빌리티, 포용과 참여도, 마케팅, 소통력, 거주 적합성, 생동감 그리고 안전하고 깨끗한 아름다운 도시 형성이다. 각 주제는 여러 개의 특정 지표를 포함하고 있어, 해당 지표들이 현재 도시의 위치나 도시가 나아가야 할 방향의 기준점을 제공해준다.

투자 촉진을 위해 그랜드래피즈시는 지역별 변동되는 세금을 평가하고, 증액된 세금이 민간투자금액에 얼마나 영향을 끼치는지 비교했으며, 모빌리티로는 보행자 수를 측정하고, 연간 시 주차에 대한 방문객들의 인식을 평가해, 주차 서비스 제공업체와 개선책을 도출하고자 했다. 거주 적합성은 가구의 수와 다운타운의 가정 형편을 포함하며, 마케팅과 소통력 그리고 생동감의 측정으로 그랜드래피지가 소셜미디어 채널을 얼마나 강력한 소통도구로 활용하여 기업 이벤트와 연계해 투자를 촉진시키는지를 살폈다. 포용과 참여도의 측면에서는 도시를 포용적인 환경으로 인식하면서 개선이 이루어질 수 있는 부분을 찾았다. 안전하고, 깨끗하고, 아

Getty images

름다운 도시를 만들기 위한 방안은 2가지 요소를 통해 거리 청결도에 대한 이해관계자 중심의 질적 등급을 매기는 것인데, 두 요소는 '청결'을 판단하는 그룹의 다양한 수치척도와 도심 지역의 나무 캐노피 지원이었다. 조직의 효율성과 연관된 성과지표는 서비스나 개선안에 투자되는 다운타운 개선의 예산안이나, 프로젝트 실행 속도 그리고 프로젝트를 보조할 수 있는 자원 등이 포함된다.

로 설문조사를 실시한 결과, 불황기 때 가장 신경 쓴 3개의 활동은 구매, 물류 그리고 성과지표였다. 월마트의 경우에도 월마트의 상표를 붙인 개인상품을 유통업체가 아닌 공급업체로부터 들여오면서 매년 수억 달러를 절약하고 있다.

그러나 월마트와 같은 회사들도 오로지 저비용 전략만 활용해서는 성공을 장담하기 어렵다. 제품은 수요에 맞춰 구매가 가능하도록 진열장에 진열되어 있어야 하며, 품질 역시 일정 수준을 충족해야 하기 때문이다. 어떠한 기업이라도 성공하기 위해서는 소비자들의 기호에 맞춰 제품이나 서비스를 생산한 후, 수요에 따라 고객 만족을 높일 수 있는 방안을 토대로 유통해야 한다. 이를 위해서는 비용만이 아니라, 품질, 고객서비스, 생산성, 윤리 그리고 지속가능성과 등 많은 요소들을 지속해서 관리하여야 한다.

〈표 2-2〉는 유용한 성과측정지표를 나타낸다. 각 지표들은 산업, 표준, 조직의 경험 그리고 고객의 요구 등에 따라 달라질 수 있다. 각 지표는 다음 장에서 설명한다.

① 성과측정

1) 재무적 측면

이전에 언급했던 것처럼 재무적인 특성 하나만으로는 전체의 그림을 파악하기 어렵다. 석유 산업에서도 확인할 수 있듯이, 산업 전체의 가격 인상으로 발생하는 단기적인 이익은 석유 기업들이 얼마나 효율적으로 회사를 운영하고 있는지 알려주지 못한다. 석유에 대한 수요가 공급을 초과할 때 석유를 이용하는 항공사나 운송회사들은 비용의 증가와 함께 이윤의 감소를 경험하지만, 그와 반대로 석유 회사들은 단기간의 수익을 얻게 된다. 일련의 예로 2011년에 그와 같은 상황이 발생했다. ExxonMobil은 41.1억 달러, 즉, 시간당 500만 달러의 수익을 달성했다. 하지만 그 수익은 통제할 수 없는 자연 현상 때문에 발생한 것이었고, ExxonMobil 관계자들이 특별히 무엇인가를 잘해서 생긴 결과가 아니었다. 이처럼 비용과 이윤의 변화는 보통 실제 기업의 능력을 나타내주지 못하는 것이다.

그럼에도 불구하고 재무적인 측정은 항상 성과측정 포토폴리오의 한 부분으로 포함되어야 한다. 몇몇 재무 비율은 아래 효율성 지표와 함께 〈표 2-2〉에서 확인할 수 있다.

2) 생산성

생산성을 측정하기 위해 가장 많이 활용되는 성과측정지표 중 하나는 다음과 같다.

$$\text{생산성} = \frac{\text{출력물}}{\text{투입물}}$$

이 지표가 커질수록 적은 투입물로 많은 출력물을 생산하고 있다는 것을 뜻하기 때문에, 지표가 크다는 것은 보통 긍정적인 양상으로 해석된다. 다음은 다요소생산성 측정지표이다.

$$\text{전체생산성} = \frac{\text{출력물}}{\text{비용(노동+자본+에너지+재료)}}$$

단일요소생산성 측정은 아래와 같다.

$$\text{노동 생산성} = \frac{\text{출력물}}{\text{인건비}}$$

생산성 측정은 어떠한 측면에서는 유용하게 사용 가능하지만, 재무성과지표와 같은 문제점을 가지고 있을 수 있다는 사실을 알고 있어야 한다. 측정 결과는 기업의 하나 또는 그 이상의 투입물(임금 등)이 회사의 출력물(생산량의 크기 혹은 고객 만족)에 주는 영향을 확인할 수 있도록 도와주지만, 투입물과 별개로 회사 전

반의 실질적인 성과에 대한 정보는 하나도 제공하지 않기 때문이다. 생산성을 향상하기 위한 섣부른 결정은 오히려 장기적으로 생산성을 저하시켜 비용 상승이나, 제품 품질 저하와 같은 결과를 낳을 수도 있다. 예를 들어, 한 회사의 관리자는 생산성 향상을 통해 전체 생산성을 증대할 수 있지만, 이는 재고와 재고 운반 비용을 증가시킬 수도 있다. 또한, 그러한 행동은 임금이나 재료비 상승을 불러오기도 한다. 그것이 아니면 반대로 생산성의 증대를 위해 노동력을 줄이고 값싼 재료를 활용해 비용을 줄일 수도 있지만, 이 역시 제품의 품질이나, 고객 서비스, 직원들의 윤리의식에 부정적인 영향을 줄 수 있다. 이러한 측면에서 성과측정은 기업이 효율적이지 못한 결정을 내리도록 할 수 있는 것이다.

글로벌 탄광업에서 석탄에 대한 수요 증가로 석탄 가격이 급증했을 때, 많은 탄광업 회사들은 빠르게 생산성을 향상했다. 그에 따라 임금과 재료비도 빠르게 상승했고, 이는 생산성에 다시 부정적인 영향을 미치기 시작했다. 설상가상으로 갱도의 수를 증가시키는 것은 광산을 관리하는 것을 더 어렵게 만들기도 했다. "탄광산업은 클수록 좋은 것이라 생각했지만 항상 그런 것은 아니라는 사실을 깨달을 수 있었다"라며 비즈니스 컨설팅 회사 EY의 글로벌 채탄산업 담당자 Paul Mitchell이 말했다. "100명밖에 안 되는 인원과 함께 광산을 관리하는 것도 힘들지만, 그 수가 1,000명이 되면 문제는 더 복잡해진다."

표 2-2_ 운영성과지표

성과분류	측정
재무	• 세후 영업이익 • 유동자산유동부채 비율 • 재고회전율 • 표준원가대비 총원가(구매비용, 인건비, 생산비용, 물류비용)
생산성	• 단일요소 생산성 • 다요소 생산성
품질	• 불량수 또는 고객불만수 • 불량으로 인한 비용(불량비용 + 품질보증비용 + 재작업 및 반품비용) • 불량제품 간 생산시간 • 통계적품질관리를 위한 프로세스 개수 • 품질관리자 수 • 품질 관련 수상 횟수 • 품질인증을 받은 공급자 수
고객서비스	• 배송시간 및 수량 준수 • 고객만족도 • 고객 불만 해결 시간 • 제공하는 고객 서비스 수 • 주문변경에 따른 배송 스케줄 변경 소요 시간 • 기간당 품절 횟수 • 웹사이트의 편의성 • SNS의 친구 또는 팔로워 수 • 콜센터 처리 능력 • 서비스 관련 수상 횟수
윤리 및 지속가능성	• 기업윤리 및 지속가능성을 위해 채택한 프로그램 수 • 사회적 약자로부터 구매하는 비율 • 탄소배출 감소 비율 • 공정무역제품 구매 수 • 폐기물 재활용 비율 • ISO14000 인증을 획득한 공급자 수 • 기업윤리 및 지속가능성 관련 수상 횟수

성과측정은 또한 오해의 소지를 내포하고 있을 수도 있다. 위에서 살펴봤던 공식에서 출력물은 분자의 자리에 위치한다. 어떤 기업들은 출력물 대신에 매출(출력물 × 가격)을 이용하기도 하는데, 매출은 회사의 전략이 아닌 그저 가격의 상승만으로도 증가될 수 있다는 문제점을 갖는다. 따라서 해당 공식 사용 시 수익보다는 생산량이나 출력물의 사용이 선호된다.

생산성 향상을 위한 많은 전략들은 역설적이기도 하다. 특히 기술의 발전으로 이륙한 생산성 향상은 정체기를 맞이한다. 시간이 흐르면 새로운 기술들이 등장하여 시장을 선도하기 때문이다. 컴퓨터 시스템은 빠르게 업데이트될 수 있지만 인간은 그렇지 못하다. 1986년 컴퓨터 발전의 정체기를 목격한 Massachusetts Institute of Technology(MIT) 경제학자 Robert Solow는 "컴퓨터 시대가 도래했다는 사실이 도처에서 확인되는데 생산성 통계 단 한 곳만은 예외이다"라고 이야기했다. 이를 바탕으로 Solow의 '생산성의 패러독스'라는 개념이 등장하기도 했다.

분기당 생산성증가율(productivity growth rate)은 보통 투자의 성공 확률을 판단하기 위해 사용된다.

$$증가율 \% = \frac{P_2 - P_1}{P_1} \times 100$$

〈예제 2-1〉에서는 여러 재무 그리고 생산성 성과측정 방식의 활용을 보여주고 있다.

3) 품질

품질은 3가지 경쟁차원 중 하나였다는 사실을 다시 기억해보자. 품질에 대한 더욱 자세한 측정과 관리는 13단원에서 다루고 있다. 모든 산업에서 품질의 측정은 매우 중요한 항목으로 여겨져야 한다. 〈표 2-2〉에서는 몇 개의 품질 지향적 성능 측정 방법을 확인할 수 있으며, 이는 기업의 제품이나 서비스의 품질 혹은 기업이 놓인 근본적인 경쟁 구도에 따라 달라질 수 있다.

예제 2.1

Ultra Ski Company는 고급 스키점들을 위해 최고급 맞춤 스키 장비를 생산하는 회사이며, 총 15명의 인력을 고용하고 있다. 회사는 다음 지표들을 통해 여러 재무 및 생산성 성과측정을 추적하고자 한다.

재무 정보	2017 결과
매출(net sale)	$205,000
판매제품 원가	$32,000
세후 수입	$28,200
유동자산	$68,000
유동부채	$22,000
평균재고가치	$4,500
투입 및 산출	
생산된 제품(스키)	1,000
노동시간	10,800
임대료	$24,000

재무성과

- 순이익 = $28,200/$205,000=0.318
- 유동비율= $68,000/$22,000=3.09
- 재고회전율=$32,000/$4,500=7.11
- 구매효율=$32,000/$35,000=91.4%(2017년 구매목표 $35,000)

단일요소 생산성

- 노동생산성: 1,000스키/10,800시간 = 0.093스키/노동시간

- 재료생산성: 1,000스키/$32,000 = 0.031스키/재료비 $
- 임대생산성: 1,000스키/$24,000 = 0.042스키/임대료 $

다요소 생산성

- 1,000스키/[10,800]($17)+$32,000+$24,000] = 0.042스키/$(달러)

생산성 증가율

예로 2016년 다요소생산성이 스키 하나당 0.0040달러였다면, 2017년 생산성 증가율은 (0.0042 - 0.0040)(100)/0.0040 = 5%이다. 이는 좋은 기술 혹은 훈련, 적은 노동 시간, 감소된 구매 비용, 적은 임대 비용 혹은 해당 요소 몇 개의 조합으로 나타난 결과일 수 있다.

생산성 비율은 다음과 같은 스프레드시트를 활용해 계산될 수 있다. C 열과 D 열은 숫자 형식을 기입해야 한다는 사실을 알아두자.

스프레드시트를 활용하여 답을 찾아보자.

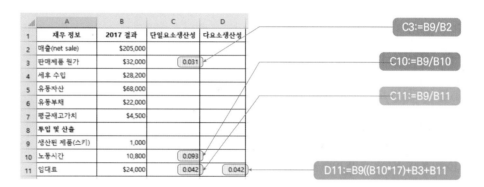

제품을 생산하는 회사라면 단위당 불량품 개수의 평균, 불량품의 생산이 일어나는 평균적 시간, 저품질에 따른 비용 혹은 판매 단위당 접수되는 보증 청구 수 등을 활용해 품질을 평가할 것이다. 그리고 서비스 제공 기업이라면 고객당 평균 불만 건수와 같은 지표를 통해 품질을 측정하고자 할 것이다. 양질의 교육을 받은 직원, 품질 관련 수상 횟수 그리고 품질 인증을 받은 공급자 수 등이 기업의 품질을 판단하는 기준이 될 수 있다.

4) 고객 서비스

고객 서비스 역시 이전 3가지 경쟁 차원 중 하나로 소개되었으며, 모든 기업이 관심을 가져야 할 요소이다. 우리는 5단원과 10단원을 통해 고객 서비스에 대해 자세히 살펴볼 예정이다. Institute for Corporate Productivity에서 600개가 넘는 기업들을 대상으로 설문조사를 실시한 결과, 하위 기업 64%가 고객과의 약속을 어기지 않았다고 이야기할 때, 상위 기업 86%는 고객과 한 약속을 지켰다고 대답했다. 당연히 고객은 기업에게 중요한 존재이며, 고객이나 시장 점유율의 증가는 기업이 당연히 가장 주목하는 요소 중 하나이기에, 많은 이들이 고객 서비스 성과를 추적해 개선하며 실질적인 기업 성장을 이루고자 한다. 〈표 2-2〉는 상품 생산업체나 서비스 제공업체 모두가 활용할 수 있는 고객 서비스 성과측정지표를 보여주고 있다.

고객 서비스는 기업의 웹사이트 디자인부터 콜센터 운영 능력, 배송 시간 등 많은 영역을 아우른다. 해당 항목 몇 가지를 〈표 2-2〉에서도 확인할 수 있다. 제조업체들은 상대적으로 소수의 고객이나 유통업체를 마주하는 반면, 서비스 업체들은 많은 고객과 지속적으로 마주하며 문제를 해결해야 한다. 그 형태는 조금 달라도 모든 기업이 고객 만족에 항상 신경 써야 하는 것은 당연한 사실이다.

5) 윤리와 지속가능성

고객과 정부 그리고 많은 국제적 리더들이 환경 보호와 온실 가스 배출 감소의 중요성을 역설함에 따라, 고객들의 제품과 서비스에 대한 요구나 기업 경영에 영향을 주는 기업 규율 역시 점차 변화하고 있다. 따라서 운영 성과는 기업의 환경 성과를 평가할 수 있는 항목 역시 포함해야 한다.

윤리와 지속가능성을 향한 기업의 움직임은 협력업체만이 아니라 구매, 제조 그리고 유통 등 생산 과정 전반에 영향을 준다. 아마 현재 국제적으로 가장 큰 지속가능사업은 월마트와 그의 컨소시엄으로, 월마트의 친환경 제품들을 위해 월마트와 지속가능협회 그리고 수많은 기업과 대학교가 참여하고 있는 사업일 것이다.

단원 서두에 월마트의 지속가능경영에 대해 더 자세히 확인해볼 수 있었다.

효율적인 윤리와 지속가능경영 성과측정은 핵심 프로세스 인력 모두와 함께 논의되어야 한다. 특히 한 조직의 환경 규정 준수와 연관이 된 ISO 14000 환경 관리 기준은 좋은 시작점이 될 수 있다. 모든 기업 담당자들이 점차 친환경 제품의 판매가 기업의 비용 절감과 동시에 고객들에게 저렴한 제품을 제공할 수 있는 방안이 될 수 있다는 사실을 깨닫고 있다. 이러한 이유들로 지속가능한 성과측정은 나날이 인기를 얻고 있다. 몇 개의 윤리 및 지속가능성 측정 방식이 〈표 2-2〉를 통해 소개되고 있다. 윤리와 지속가능 전략의 발전은 추후 단원에서 더 다뤄보겠다.

2 균형성과표

Robert Kaplan 그리고 David Norton이 개발한 균형 성과표(BSC)는 4개의 카테고리에 분포된 20에서 30개의 항목을 측정하여 조직의 성과를 가늠하는 반면 기업들은 평균 123개의 성과측정 항목을 사용한다는 연구결과가 있다. 4개의 카테고리는 경영진의 의사결정 개선에 활용된다는 것으로 나타난 재무, 내부 업무, 고객 그리고 배움과 성장이다. 〈그림 2-1〉은 균형성과표 모델 중 하나의 예를 보여준다.

스코어카딩에 대해 간략하게 설명하자면 미국 대형 기업의 80%가 균형 성과표를 현재 사용하고 있거나 사용해본 적이 있다. 인터넷 기반 스코어카딩 역시 사용이 되기도 하며, 이는 대시보드라고도 불린다. 모든 결과표는 부서별로 시작점을 제공해주거나 목표 달성에 도움을 준다.

많은 기업들이 성과표를 이용하여 성공을 거두었다. Shell Canada의 인사 부서 담당자 John

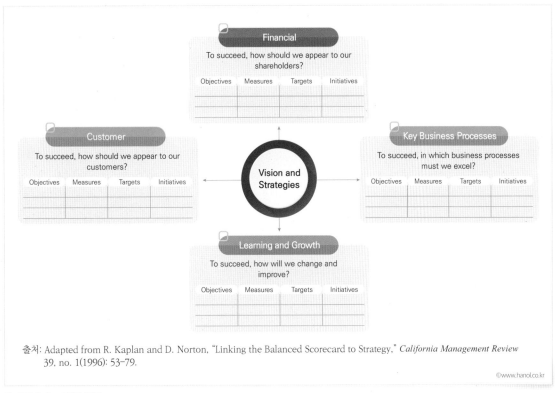

출처: Adapted from R. Kaplan and D. Norton, "Linking the Balanced Scorecard to Strategy," *California Management Review* 39, no. 1(1996): 53-79.

©www.hanol.co.kr

🔵 **그림 2-1_** 균형성과표

Hofmeister는 "그것은 우리가 (운영 단위의) 정렬을 더욱 잘할 수 있게 도와주며 결과와 같은 중요한 것에 집중할 수 있도록 도와준다. 또한, 기업 내 보상 구조 역시 성과표와 직결 되어 있다"고 전했다.

③ 떠오르는 성과측정 이슈: 빅데이터 분석

최근 경제 잡지나 무역 잡지에서 빅데이터의 활용이나 분석에 대한 논의를 자주 접할 수 있다. 빅데이터는 많은 기업 담당자들이 자신의 기업에 대해 더 많은 정보를 알 수 있도록 도와주며, 비용 절감이나 더 나은 성과 창출을 위해 활용된다. 빅데이터는 (현실 혹은 가상 세계에서) 큰 단위로 수집된 데이터 모음을 뜻하는데, 소셜 네트워크, 웹사이트 클릭 수, 이메일, 판매 정보, 보험 정보, 청구 정보 그리고 보증 정보 등과 같이 어떠한 곳에서 얻은 어떠한 정보도 활용될 수 있다. 예측 모델링 기법을 활용해 큰 규모의 데이터로 문제나 기회를 발견해 가치를 창출하는 것을 빅데이터 분석이라 한다. 지난 10년간 컴퓨터 메모리와 속도의 획기적인 발전이 빅데이터 분석의 모멘텀을 불러왔다. 빅데이터 기술은 기업의 마케팅 부서에서 많이 활용하여, 고객이 미래에 필요로 할 혹은 소비할 제품을 예측해주기도 한다. 또한, Manufacturing Spotlight에서 확인할 수 있듯이 빅데이터는 고객의 신용 거래 정보를 추적하는 데 사용되기도 한다.

빅데이터를 활용한 초기 기업들은 Amazon과 Target과 같은 큰 소매업체들이었다. 특히 Amazon은 고객의 이전 구매 내역을 활용해 고객을 세부적으로 분류하며 제품 추천 서비스를 시작했다. Target은 간단한 문제에서 생각을 시작했는데 '다른 소매업체보다 어떻게 하면 임산부들을 더 빨리 식별할 수 있을까?'에 대해 고민했다. 해당 질문에 대해 찾은 정답은 카드 사용 정보를 분석하는 것이었다. 오늘날 빅데이터의 활용은 기하급수적으로 늘어나고 있다. 글로벌 기술 솔루션 공급자 SoftServe가 2016년에 진행한 설문 조사를 통해서 86%의 기업이 빅데이터 기술을 활용하고 있으며, 우리는 이미 전 세계적으로 널리 퍼져 있는 빅데이터를 발견할 수 있었다. 더 나아가 중견 및 대기업 모두가 빅데이터를 바탕으로 하는 새로운 기술 수용에 노력하고 있다.

많은 기업들은 빅데이터를 긍정적으로 활용할 수 있는 방법을 발견하고 있다. 하나의 예로, Cleveland(Ohio) Clinic's Community Physician Partnership and Quality Alliance의 최고 의료 책임자 Tarek Elsawy는 "성장을 일으키는 것은 데이터이다. 우리의 최종 목표는 정확하고 실행 가능한 데이터를 창출하는 것이다. 3달 지난 데이터가 아닌, 실시간 데이터를 활용해야 한다. 많은 양의 의료, 재무 그리고 인구 통계학적 데이터를 통합하는 능력은 목표에 더 다가갈 수 있도록 도와줄 것이다"라고 전했다. 농업 소매업자들을 위해 소프트웨어를 개발하는 RevCo의 부사장 Mark Green 역시 빅데이터가 농업 분야에 막대한 영향을 끼쳤다고 말했다. "고객의 밤잠을 설치게 하는 고민을 묻는 것이 아닌 빅데이터의 분석을 통해 직접 그 항목과 요인을 찾아 보여줄 수 있게 되었다"고 이야기했다.

몇 년 전 소매업체 Sears는 Sears, Craftsman, and Land's End brand의 데이터를 활용하여 고객 맞춤 판촉을 진행한 적이 있다. 그러나 해당 판촉 진행을 위해 총 8주의 시간이 걸리는 등 전반적으로 효율적이지 못했다는 평가를 받았다. 활용 데이터가 모두 다른 데이터 베이스를 공유하고 있었고, 각기 다른 브랜드의 단체에서 각자의 데이터를 관리하고 있었기 때문에 데이터를 통합하는 데 너무 오랜 시간이 걸린 것이다. 이후 Sears는 모든 데이터 소스에서 자료를 모으고 결합하며 분석을 도와주는 전문적 소프트웨어 클러스터에 투자를 시작한다. 그 덕분에 현재는 이전보다 더 나은 데이터를 창출하는 데 일주일 이상이 걸리지 않는다.

2012년에는 농가 제품 생산자 John Deere가 농부들의 생산성과 효율성을 향상시키기 위해 장비, 소유주, 운영자, 중개인 그리고 농업 컨설턴트 모두가 자료를 공유할 수 있는 소프트웨어를 제공했다. 농사 장비에 붙어 있는 센서들은 농부들이 장비를 관리하고, 대기 시간을 줄이며, 연료까지 절약할 수 있도록 도와주었다. 또한 날씨, 토양 상태, 농작물에 대한 실시간 데이터와 과거 데이터를 모아 분석해 농부들과 John Deer's MyjohnDeere.com에 방문하는 고객들이 활용할 수 있도록 했다. 농부들은 아이폰을 사용해 데이터를 주고받으며 현장에서 원격으로 조언도 받을 수 있다.

빅데이터는 보안에 활용되기도 한다. Hewlett-Packed(HP)는 보안 시스템이나 이벤트 관리 시스템을 이용하는 고객 모두가 이제는 HP의 분석 엔진으로 분석한 정보를 활용할 수 있다. HP에 따르면 기업은 원시적인 데이터를 바로 이용 가능한 기밀정보로 빠르고 효율적으로 바꾸기 위해 "고객들이 데이터와 상호작용하는 내용, 개념, 항목 그리고 패턴을 자동으로 분석해 활용한다"고 전했다. 이는 보안 관리자들이 고객의 특정 패턴은 물론 비정상적인 활동을 감지하는 데 큰 도움을 주고 있다.

마지막으로 클라우드를 통해 실시간으로 빅데이터 정보를 분석하는 것이 인기를 얻고 있기도 하다. 많은 단체들은 빅데이터 분석 도구를 통해 실험을 하고 있는데, 해당 실험에는 전문적인 기술이 요구되며 큰 비용을 발생하기도 한다. 그러나 Virtustream의 보안 클라우드와 더불어 Metamarket의 실시간 분석능력, Skilled Analysts의 컨설팅 서비스를 결합하면, 고객들은 서비스가 필요하면 빅데이터 솔루션을 바로 실행할 수 있다. 이와 같은 클라우드 서비스는 실제로 현재 사용이 가능하기도 하다. Rodney Rogers의 CEO Virtustream에 따르면 "기업이 빅데이터를 진정으로 활용하고자 한다면, 실시간 빅데이터 분석이 필요할 것이며, 우리는 안전하고 확장 가능한 클라우드 환경의 제공을 통해 그를 실현시켜줄 수 있다." 또한, "우리의 클라우드로 제공하는 빅데이터 분석은 많은 기업들이 더욱 유연하고 현실적인 데이터 솔루션을 통해 더 나은 선택을 할 수 있게 한다."

Manufacturing SPOTLIGHT

빅데이터 분석을 활용한 고객의 신용도 관리: Ryerson

시카고에 본사를 두고 있는 Ryerson은 175년 동안 운영된 금속 제작 및 유통업체이다. 해당 업체는 고객 기업의 운영 기간, 회계처리 기한 만기 여부 그리고 다양한 고객 관련 요소를 조합하고 분석하여 신용 위험이 큰 고객을 식별하고, 신용한도를 결정한다. "우리는 우리의 고객 데이터와 다양한 데이터를 결합하고 보고서를 작성하며 우리에게 주어진 업무를 더욱 잘 수행한다"며 Ryerson의 데이터 관리자 Kenny Wine이 말하기도 했다.

이러한 빅데이터 분석에 있어 Ryerson은 기업 내부 심사표 그리고 기업 문화와 적합한 맞춤형 보고 시스템을 기획하기 위해 Dun & Bradstreet, Credit Risk Monitor, Experian 그리고 다른 많은 기업들과 파트너십을 맺었다. 그 결과 Ryerson의 기업 데이터 관리자들은 고객이 제때 값을 지불하도록 유도할 수 있는 방법, 유의미한 고객층, 그리고 어떠한 신용을 더욱 확대하거나 축소해야 하는지 등을 한눈에 알아볼 수 있게 되었다. "우리는 특정 신용선 결정을 위해 점수별로 분류된 고객들이 각기 충족시켜야 하는 한계치를 모두 설정해둔다"라고 Wine은 말했다.

또한, 빅데이터 분석 서비스는 평가의 자동화를 통해 추가 신용 조회 없이 고객의 주문이 자동으로 해지될 수 있도록 도와준다. Ryerson의 직원들은 고객을 산업 유형별로 조정하고, 특정 분야의 매출 감소나 신용 변경에 대한 알림을 받을 수도 있다. 따라서 그룹별로 신용 한도액을 조정할 수도

있다. 이는 매달, 매주 혹은 즉석에서 마련된 보고서를 활용해 이뤄지는 결정들이다. Wine이 말하기를 "우리는 어떠한 그룹에게 더 보수적이어야 할지 결정한다. 우리는 카트리나 태풍이 강타했을 때에도 빅데이터 분석을 활용하여 피해 지역 고객들에게는 지불 기간을 연장해줬다." Ryerson은 미국 서부 지역에 산불이 발생했을 때도 피해 고객들에게 똑같은 혜택을 제시하기도 했다.

빅데이터를 활용할 수 있는 능력이 생기기 이전에는 고객을 평가하기란 쉽지 않았다. "이전에는 고객 평가가 훨씬 본능적이고 순전히 기업의 엄청난 노력에 의해 이뤄졌다. 그러나 빅데이터 분석은 우리가 훨씬 빠르게 우리의 포트폴리오를 다각도에서 확인할 수 있도록 도와준다"고 Wine은 전했다.

출처: A. Fusco, "From Buzzterm to Boardroom: Big-Data Analytics Comes Into Its Own," *Business Credit* 119, no.8(2017):2, 4.

5 운영전략 동향: 윤리와 지속가능성에 대한 중요성

비용 절감, 제품 및 고객 서비스 품질의 향상을 위해 전략을 수립하는 많은 기업들은 최근 환경과 윤리에 대한 기업의 이미지 제고의 중요성을 느끼고 있을 것이다. 해당 분야에 대한 발전을 고객들 역시 요구하기 시작하며 윤리와 지속가능성에 대한 기업들의 관심은 커져만 가고 있다.

이러한 동향은 구매와 제조 그리고 배송 등 많은 영역에서의 새로운 운영 계획의 추진 요인이 되었다. 윤리적이고 지속가능한 구매 전략의 운영, 윤리적인 채용 지원, 재활용 가능한 환경 친화적 제조 그리고 연료의 효율성이 높은 배송 수단까지 모든 것이 해당 이미지를 향한 전략에 포함될 수 있다. 경쟁력 있는 사회 및 환경 친화적인 운영 전략을 수립하는 것이 쉬운 일은 아니다. 그러나, 많은 기업들이 성공적으로 해내고 있다.

1 기업윤리

기업 윤리는 기업 환경에서 적용되는 윤리적 원리를 뜻하며, 이에 대한 연구는 지속해서 이뤄지고 있다. 일반적으로, 행동이 윤리적인지 아닌지를 판단할 수 있는 2가지 관점이 있다. 첫 번째 관점은 공리주의(utilitraraism)라는 단어로 알려져 있다. 공리주의에서는 윤리적인 행동이란, 최대 다수에게 최대 행복을 전해주는 행동으로 정의된다. 두 번째 관점은 권리와 의무(rights and duties)이다. 해당 관점에서는 일정 행동들은 결과와 직결되지 않고 오직 권리만을 위한 행동이라고 이야기한다. 이 관점에서 윤리적 행동은 타인의 권리를 인정하며, 해당 권리가 윤리적 행동을 수행하는 개인에게 부여하는 의무로 인식할 수 있도록 해준다.

1단원에서 이야기한 것과 같이, 기업 윤리의 시행은 기업의 사회적 책임(corporate social responsibility)으로 지칭되기도 한다. 기업은 개인과 똑같은 윤리적 의무를 지닌다는 것이 많은 이들의 의견이다. 따라서 많은 기업들은 채용, 구매, 실행계획 그리고 제조 관행 전반에 기업이 공식적으로 발표한 사회적 책임에 관한 계획을 접목시키고 있다.

공정무역제품(fair trade products)들은 기업들이 더욱 윤리적인 구매를 행하기 시작하면서 인기를 얻기 시작했다. 공정무역제품이란, 개도국에 위치한 상대적 약자로부터 생산되거나 제조된 제품 중 공정한 가격으로 거래된 것들을 의미한다. 또한, 공정무역제품은 보통 개도국에서 생산되어 선진국으로 수출이 된 커피, 코코아, 설탕, 차 그리고 면을 지칭한다.

스타벅스(Starbucks)는 책임감 있는 구매 관행, 농부들을 위한 지원, 교육적, 사회적 그리고 환경적 표준, 산업 협력, 지역사회 개발 프로그램 등을 통해 윤리를 실현하고 있다. 스타벅스는 커피산업의 첫 번째 지속가능 규정인 C.A.F.E(Coffee and Farmer Equity) practice에 초석을 두고 있기도 하다. C.A.F.E practice는 국제보호협회와 같이 스타벅스가 커피 농가와 그 지역사회와 함께 지속적으로 상생하며 좋은 품질의 커피를 생산할 수 있도록 도와주고 있다.

지구를 보호해야 한다는 주장은 이미 몇 년 전부터 이어져오고 있지만, 최근에 많은 정치인들과 유권자들이 지구온난화와 같은 환경 문제들을 언급하며 더 큰 화제가 되었다. 오랫동안 환경운동가로 일해온 전 미국 부통령 Al Gore의 경우, 2006년 An Inconvenient Truth라는 지구온난화 다큐멘터리를 제작하였으며, Sierra Club의 오래된 감독 David Bower, Discovery Channel's Planet Green의 멀티미디어 이니셔티브 Eileen O'Neil 그리고 Grrenpeace International의 감독이자 공동 제작자 Patrick Moore 모두 환경운동에 기여했다.

2 지속가능성

1단원에서 지속가능성은 넓은 의미로 "친환경"을 뜻했으며, 그와 동시에 기업의 사회적 책임과 재무 활동을 포함했다. 간단히 말하자면, 지속가능성은 경제 시장 안에서 사회적으로 그리고 환경적으로 올바른 행동을 하는 것이다. 또한 지속가능성의 목표는 우리가 사는 환경을 보전하는 것뿐만 아니라, 많은 단체들이 지속가능성을 추구할 수 있도록 보조하는 것이기도 하다. 지속가능성이라는 개념은 새로운 개념이 아니라는 사실은 원주민들의 초기 생활과 US Forest Service의 첫 작가였던 Gifford Pinchot가 1908년에 적은 기사를 통해 알 수 있다.

우리는 우리에게 주어진 번영의 샘, 산업을 위한 재료, 그리고 자본과 노동 시장 전반에 존재하고 있는 무역과 고용인들을 보호할 것인가, 아니면 방탕하게 사용하여 그것들이 전부 사라지게 할 것인가? 우리에게 주어진 환경에 대한 책임을 무시한다면, 우리의 자손들은 대대손손 우리 세대를 부러워하게 될 것이며 고통받게 될 것이다.

최근 트리플보텀라인(TBL)이라는 용어는 이해관계자들에게 사회적, 친환경적 그리고 경제적인 이윤을 창출하기 위한 기업들의 노력을 통칭하는 말로 발전했다. 이는 3가지의 P를 뜻하기도 하는데, 3가지 P는 People(사람), Planet(지구) 그리고 Profit(이윤)이다. 미국 펜실베이니아에 위치한 호텔 운용 회사 Hersha Hospitality Management에서 시행한 프로그램 EarthView에서 트리플보텀라인(TBL)을 잘 확인할 수 있다. 호텔 객실 청소인들은 객실에서 사용되지 않은 비누와 샴푸를 모아 비영리단체 Clean the World에 기부했다. 그리고 Clean the World는 기부받은 물품들을 재포장하여 개도국들에게 나눠주었다. 해당 활동을 통해 더욱 많은 사람들이 손을 자주 씻을 수 있게 되어 전염병을 예방할 수 있었고, 매년 90톤의 쓰레기를 줄일 수 있었다. 이러한 활동은 심지어 Hersha가 다른 유사 경쟁자들 사이에서 경쟁력을 확보하고, 고객들의 재방문을 유도하도록 도와주고 있다.

미국 최대의 식료품 잡화점 Kroger 역시 2008년부터 트리플보텀라인 음식 재활용 프로그램을 진행하고 있다. 이들은 섭취는 가능하지만 더 이상 판매는 불가능한 제품들을 모아 음식 백화점에 기부한다. 2017년에는 전 세계적으로 위치한 Kroger 매장의 99%가 해당 프로그램에 참여했다. 더 나아가 Kroger는 기아 구호 단체 Feeding America와 함께 협업하여, 해당 프로그램이 다른 나라에서도 시행될 수 있도록 지원했다. Kroger는 매년 5,000만 톤 이상의 음식을 기부하고 있으며, 이는 5,000만 톤 이상의 쓰레기 절약은 물론 Kroger가 쓰레기 배출로 인한 세금 1,500만 달러를 절약하고 있다는 사실로도 이해할 수 있다.

Kroger의 목표는 2025년까지 쓰레기를 0으로 줄이는 것이다. Kroger의 나눔 프로그램은, 쓰레기통으로 버려질 뻔한 음식을 활용하며 대략 1,000만 분의 식사를 제공하고 있다.

③ 윤리적이고 지속가능한 운영전략

전통적으로 많은 기업들의 운영전략은 기업의 수준에 맞춰 비용이나 품질, 고객서비스의 창출을 지원했다. 많은 기업 임원들은 윤리적이고 지속가능한 행위들이 고객이나 파트너사가 기대하는 전통적인 기업 운영 전략의 목표 역시 달성해줄 것이라 믿는다. 실제로, 윤리적이고 지속가능한 운영 전략들은 기업 전반의 운영 목표를 달성하는 데 도움을 주고 있다.

오늘날 월마트는, 지속가능전략을 통해 2025년까지 공급체인에서 발생하는 작업 폐기물을 0으로 줄이고자 하는 목표를 가지고 있다. 90년 전에는 Ford가 윤리적이고 지속가능한 경영으로 비용까지 절감할 수 있다는 획기적인 예를 보여줬는데, 구입 부품들을 미시간주의 포드 리버루즈에 운송하기 위해 활용된 나무 상자들과 조립공장은 모두 모델 T 제작에 활용되었고, 남은 목재는 Henry Ford's Kingsford의 목탄 공급을 위해 사용되었다. 또한, Ford에서는 5달러에 해당하는 높은 임금을 직원들에게 지급했는데, 높은 임금은 직원들의 효율성을 높여주어 모델 T 구매를 위한 비용을 마련할 수 있게 해줬다.

American Society for Quality는 사회적 책임(CSR)과 품질의 연관성에 대해 설명한 "CSR and Quality: A powerful and Untapped Connection"을 2011년에 발간했다. 예를 들어, 품질이란 고객이 중요하다고 판단하는 가치를 제품이나 서비스를 통해 제공하는 것을 의미하기 때문에, 고객에게 중요한 사회적 책임 역시 '품질'이라는 분류 안에 들어갈 수 있는 것이다. 또한, 똑같은 관점이나 자원을 통해 품질과 사회적 책임 영역, 모두에서 우수한 성과를 창출할 수 있다고 알려지기도 했다. 두 영역 모두 시스템적 접근, 명확한 결과의 도출 그리고 그러한 결과를 달성하기 위한 일련의 과정을 필요로 하기 때문이다.

비슷하게 지속가능성과 고객서비스 간에도 연결고리를 찾을 수 있다. 만약 고객이 기업의 지속가능성을 요구한다면, 올바른 지속가능성의 확립은 뛰어난 고객 서비스 제공의 일부분이 될 수 있는 것이다. 일리노이주의 Deere and Company의 CEO는 지속가능성이 기업이 더욱 높은 고객 만족도를 달성하는 데 도움을 준다고 밝히기도 했다.

요약

이 단원에서는 사명선언문, 기업전략, 운영전략, 성과측정, 그리고 윤리와 지속가능성과 연관된 많은 주제들을 다루었다. 사명선언문은 기업이 올바른 경쟁 방향을 수립할 수 있도록 도와주며, 운영 전략은 기업의 비전에서 파생되지만 반대로 기업의 비전 달성에 도움을 주기도 한다. 기업은 성과측정을 활용해 기업의 성장 방향을 지속적으로 확인해야 할 필요성이 있으며, 성과측정을 통해서 기업은 자신의 객관적인 강약점도 파악해야 한다. 최근 떠오르는 이슈 중 하나인 빅데이터 분석은 기업의 올바른 방향 설정과 운영을 위한 실질적인 정보를 제공해주기도 한다. 마지막으로 또 하나의 이슈는 윤리와 지속가능성이며, 이 역시도 기업의 비전과 전략 수립에 직접적인 영향을 주어 많은 기업들에게 중요한 요소가 되고 있다.

주요용어

- **공리주의**(utilitarianism) 최대 다수의 최대 행복
- **공정무역제품**(fair trade products) 개도국에서 생산된 제품 중 공정한 가격으로 거래되는 제품
- **권리와 의무**(rights and duties) 결과와 관계없이 그저 윤리적으로 맞다고 판단되는 일련의 도덕적 행동들
- **규모의 경제**(economies of scale) 생산요소 투입량의 증대에 따른 생산비 절약 또는 수익 향상의 이익
- **균형성과표**(balanced scorecard) 기업의 비전과 전략을 조직 내외부의 핵심성과지표(KPI)로 재구성해 전체 조직이 목표달성을 위한 활동에 집중하도록 하는 전략경영시스템
- **다요소생산성**(multiple-factor productivity) 다중 투입요소에 대한 생산량 비율
- **단일요소생산성**(single-factor productivity) 하나의 투입요소에 대한 생산량 비율
- **대시보드**(dashboards) 웹사이트 기반 스코어카드
- **빅데이터**(big data) 정형, 반정형, 비정형 데이터세트의 집적물, 그리고 이로부터 경제적 가치를 추출 및 분석할 수 있는 기술
- **빅데이터 분석**(big data analytics) 예측 모델링 기법을 활용해 엄청난 규모의 데이터로 가치를 창출할 수 있는 문제나 기회를 발견하는 것
- **사명선언문**(mission statement) 한 개인이나 단체가 이루고자 하는 핵심 가치를 설명하고, 그것을 달성하기 위해 단계적으로 어떻게 해나갈 것인가를 명료하게 기록한 글
- **생산성 증가율**(productivity growth rate) 하나의 분기에서 다음 분기 사이 변화한 생산성에 대한 계산으로, 총 생산성으로 나눔
- **서비스회복**(service recovery) 서비스 장애를 보상하기 위한 공정한 보상 혹은 약정
- **성과측정**(performance measures) 기업 담당자들에게 기업이 잘 운영되고 있는지, 성장을 위해 무엇이 개선되어야 하는지를 알려주는 기준
- **3가지 경쟁차원**(three competitive dimensions) 비용, 품질 그리고 고객 서비스
- **스코어카딩**(scorecarding) 균형성과표를 사용하는 것
- **운영전략**(operations strategies) 변동하는 기업환경 아래서 기업의 존속과 성장을 도모하기 위해 환경의 변화에 대하여 기업활동을 전체적·계획적으로 적응시켜나가는 전략
- **전략**(strategy) 다른 기업과 경쟁하거나, 고객에게 가치를 제공하기 위한 기업의 계획

- **전략계획**(strategic planning) 기업의 장기적인 목표, 계획 그리고 정책을 이끌어나가는 전반적인 계획
- **전략적상쇄**(strategy trade-offs) 하나의 활동을 통해 하나를 얻게 되면 다른 활동을 소홀히 해 다른 것을 잃게 되는 것
- **지속가능성**(sustainability) 경제학적 범위 안에서 사회적 그리고 환경적으로 올바른 행동
- **트리플보텀라인**(triple bottom line) 이해관계자들에게 사회적, 환경적 그리고 경제학적 이윤을 가져다주려는 기업의 노력, 또한 3가지의 P, 사람(People), 지구(Planet), 이윤(profit)을 의미
- **핵심 경쟁력**(core competencies) 사물의 중심이 되는 부분 중 상대와 경쟁하여 이길 수 있는 힘

검토해보기

1. 사명선언문과 기업 전략의 개념을 서술하라.
2. 기업이 경쟁하기 위해 사용하는 3가지 경쟁차원은 무엇인가?
3. 규모의 경제란 무엇인가?
4. 고객 서비스를 규정할 수 있는 7가지 관점을 서술하라.
5. 운영 전략은 무엇인가, 그것은 기업 전략과 어떻게 다른가?
6. 운영 전략은 핵심역량과 어떻게 연관되는가?
7. 성과측정은 기업 전략과 어떻게 연관되는가?
8. 성과측정은 기업 전략을 어떻게 관리해야 하는가?
9. 균형성과표(BSC)란 무엇인가?
10. 대시보드는 균형성과표와 어떻게 다른가?
11. 빅데이터와 빅데이터 분석이란 무엇인가?
12. 기업 윤리란 무엇인가? 기업 윤리는 기업의 사회적 책임과 어떻게 다른가?
13. 공정무역제품이란 무엇인가?
14. 지속가능성이란 무엇인가? 이것은 새로운 개념인가?
15. 트리플보텀라인(BTL)은 무엇인가?

토론해보기

1. 우리 대학에 적합한 사명선언문은 무엇인가?
2. 우리 대학의 관점에서 3가지 경쟁 차원을 중요도의 순서로 나열해보아라. 당신이 가장 좋아하는 식당의 관점에서도 나열해보아라.
3. 제조업체와 우리 대학을 활용해 규모의 경제에 대해 설명해보아라.
4. 은행과 패스트푸드 전문점을 이용하여 고객 서비스의 7가지 관점을 설명해보아라.

5. Mcdonald's와 Southwest Airlines의 핵심 경쟁력은 무엇인가? 그들은 다른 경쟁자들보다 해당 경쟁력의 관점에서 우수한가?

6. 운영에 있어 전략적 상쇄는 고려되어야 한다. 고품질 그리고 저품질 자전거 제조업체의 입장에서 전략적 상쇄는 어떤 의미일지 생각해보아라.

7. 기업에게 성과측정이 중요한 이유는 무엇인가?

8. 기업의 성과에 있어 재무 그리고 생산성의 측정이 어떻게 도움이 되고 어떻게 해로울 수 있는가?

9. 노동 생산성의 공식을 이용하여, 기업이 자신의 노동 생산성을 높일 수 있는 방안을 모두 설명하라.

10. 〈표 2-2〉를 이용해 샌드위치 가게 혹은 우리 대학이 활용할 수 있을 성과측정 방식을 나열해보아라.

11. 균현성과표(BSC)는 어떻게 기업의 성과측정에 도움을 줄 수 있는가? 학생으로서 당신의 성과를 측정해보아라.

12. 빅데이터 분석은 왜 날이 갈수록 중요해지고 있는가?

13. 작은 기업도 빅데이터 분석을 활용할 수 있는가? 답변을 설명해보아라.

14. 오늘날 찾아볼 수 있는 공정 무역자들은 누가 있는가?

15. 우리 대학은 어떻게 트리플보텀라인(BTL)을 활용할 수 있는가? 아니면 벌써 어떻게 활용하고 있는가?

연습해보기

1. 해당 단원에서 언급되지 않은 세 기업의 사명선언문을 인터넷을 통해 찾아보고, 완성도의 측면에서 해당 선언문들을 비교해보아라. 해당 사명선언문들을 수정할 수 있는 방안에 대해서도 생각해보아라.

2. 졸업식을 위해 신발 혹은 의상을 찾고 있다고 가정하고 www.zappos.com에 접속해보아라. 까다롭게 굴되 무언가를 사지는 말아라. 그리고 당신이 누군가와 상담을 할 수 있을 때까지 대기한 시간, 직원의 친절도, 당신을 돕고자 했던 직원의 열정 그리고 직원과 통화를 한 시간까지 모두 정리해라. 마지막에는 학교 과제로 인해 전화 통화를 하고 있다고 밝히며 정리한 것을 공유하라.

3. 한 조직의 일원이라면, 해당 조직의 관리자가 기업의 성과를 어떠한 방식으로 측정하는지 알아보아라. 〈표 2-2〉와 비교해 그들이 성과측정 방식을 개선하기 위해 어떻게 행동할 수 있을지 설명해보아라. 그들은 스코어카드를 사용하고 있는가? 사용하고 있다면 해당 스코어카드를 설명하고 아니라면 조직을 위해 하나 작성해보아라.

4. 본 단원에서 언급하지 않은 공정무역제품을 찾아보고 해당 제품이 생산되는 방법, 생산되는 시기 그리고 생산을 통해 이득을 본 관계자들에 대해 정리해보아라.

⊙ **다음 설명을 참고하여 문제 1과 문제 2를 풀어라.**

지난 한 달 동안 Blakester Lounge는 1,500명의 고객을 응대했다. 인건비가 3,000달러, 재료비가 800달러, 전기료가 200달러 그리고 임대세가 1,500달러 발생했다. 그리고 두 달 전에는 1,320명의 고객을 응대했고 인건비, 재료비, 전기료, 임대세가 각각 2,900달러, 860달러, 185달러, 1500달러 발생했다고 가정해보자.

1. 두 달 동안 각각의 단일요소생산성 그리고 다요소생산성을 계산해보아라.

2. 1번 문제에서 계산한 각각의 생산성을 토대로 두 달 사이에 일어난 생산성 증가율 역시 계산해보아라.

3. 지난 네 달 동안 생산된 생산량과 사용된 노동 시간을 다음 표를 통해 확인할 수 있다. 월별 노동생산성과 해당 기간의 생산성 증가율을 계산해보아라.

	March	April	May	June
Units produced	1,260	1,340	1,293	1,324
Labor hours	328	332	321	318

4. Jim과 Rachel은 회사의 연간 생산 성장률에 대해 우려하고 있다. 3년간 필요로 할 것으로 예상되는 노동 시간을 토대로, 4%의 연간 생산 성장률을 기록하고자 한다면 매년 생산해야 할 산출물의 개수를 구하여라.

	2016	2017	2018	2019
Units produced	42,240			
Labor hours	20,000	21,500	21,700	22,000

5. 다음 정보를 토대로 단일요소생산성과 다요소생산성을 계산해보아라.

Output	Inputs
325,000 units	6,400 labor hours @ $15 per hour Material cost = $40,625,000 Utilities cost = $4,400

6. 지난 한 달 동안 C.J Lounge는 1,500명의 고객을 응대했다. 인건비, 재료비, 전기세 그리고 임대세는 각각 3,000달러, 800달러, 200달러 그리고 1,500달러이다. 단일요소생산성과 다요소생산성을 계산해보아라. 또한, 생산성을 향상시킬 수 있는 방법은 무엇이 있겠는가?

7. George Ski Shop은 겨울 동안 스키용품을 대여해주는 업체로 총 5명의 직원이 일을 한다. 다음 데이터를 활용해 주인은 매장의 생산성 지표를 계산해보고자 한다. 2년간의 단일요소생산성과 다요소생산성을 계산해보아라. 예측되는 문제점이 있다면 그것 역시 설명해보아라.

Inputs and outputs	2018
Ski rentals	1,240
Labor cost	$10,800
Lease payments	$24,000
Inputs and outputs	**2019**
Ski rentals	1,345
Labor cost	$11,600
Lease payments	$24,500

8. 다음 정보를 활용하여 재무성과를 분석해보고, 2018년과 2019년 각각의 투입물과 산출물도 계산해보아라.

Financial information	2018 results	2019 results
Net sales	$1,372,000	$1,416,400
Cost of goods sold (purchased items)	$622,000	$681,000
Net income after taxes $29,400 $34,800		
Current assets	$822,000	$841,000
Current liabilities	$628,000	$679,000
Average inventory value	$288,500	$312,000
Inputs and outputs		
Units produced	22,000	24,870
Labor costs	$228,200	$242,000
Lease payments	$24,000	$26,500
Energy costs $18,300	$18,900	

⊙ **다음 설명을 참고하여 문제 9와 문제 10을 풀어라.**

Hayley's-Girl Soup Company은 다음 정보를 이용하여 다가오는 회의에서 사용할 몇 개의 성능 지표를 계산하고자 한다.

Net sales = $1,450,627	Cost of goods sold (purchases) = $675,860
Current assets = $327,176	Current liabilities = $86,904
Rent = $144,000	Average inventory value = $163,465
Labor cost = $226,693	Annual production = 2,608,184 cans
Net income after taxes = $94,153	

9. 영업이익률, 유동비율, 재고자산회전율 그리고 구매효율을 계산해보아라. (연간 구매 비용의 목표는 60만 달러이다.)

10. 단일요소생산성과 다요소생산성을 계산해보아라.

11. 다음 정보를 활용하여, 재무성과를 계산해보아라.

Net sales = $10,187,125	Cost of goods sold (purchases) = $4,325,219
Current assets = $12,427,000	Current liabilities = $2,432,804
Average inventory value = $209,398	Net income after taxes = $1,745,286

12. Mary Jane's Beauty Shop은 수요에 더욱 잘 대응하기 위해 새로운 장비에 투자를 했다. 다음 정보를 활용하여 기업의 투자금액을 계산해보아라.

2018	2019
Net income = $752,000	Equipment investment = $28,000
Labor cost = $152,000	Net income = $763,000
Energy cost = $18,000	Labor cost = $154,000
Material cost = $32,000	Energy cost = $18,800
Material cost = $33,500	

CASE Study

Case 1 | 완벽을 향한 열정 - Blue Nile

스탠포드에서 경영학 석사과정을 밟고 있던 Mark Vadon은 1998년 약혼 반지를 찾던 도중, 인터넷에서 작은 다이아몬드 소매업체를 발견하게 된다. 몇 달 후, 그는 그 기업을 인수했고 Blue Nile이라는 새로운 이름을 지었는데, 이는 현재 가장 큰 온라인 다이아몬드 소매 업체이다. 회사는 워싱턴 시애틀에 위치해 있으며, 200명이 조금 안되는 직원들을 보유하고 있다. 회사는 아이랜드 섬의 더블린에 물류센터를 가지고 있지만, 소매점은 따로 보유하고 있지 않다. Blue Nile은 특이한 온라인 비즈니스 모델과 빠른 성장으로, 지난 15년간 Seattle Time, Forbes, Businessweek 그리고 Wall street Journal 등 다양한 매체에서 소개되었다. 2013년에는 4억 5,000만 달러의 순매출을 기록하기도 했으며, 매출의 84%는 미국에서 발생했다. 미국 매출의 67%, 즉 2억 2,580만 달러에 해당하는 주문은 약혼 반지였다. Blue Nile은 북아메리카, 아시아, 유럽 그리고 중동 등 총 45개국에 배송을 진행하고 있으며, 25개의 통화를 지불 결제 시 인정하고 있다. 해외 매출은 2013년 1,400만 달러를 기록했는데, 이는 2011년보다 30%나 증가한 금액이었다. 2012년부터 Blue Nile의 CEO로 활동 중인 Harvey Kanter는 매년 1,000만 명이 결혼을 하는 중국을 중심으로 해외 매출은 계속해서 증가할 것이라고 예견하고 있다. (1,000만에 이르는 중국의 결혼 수는 미국의 5배에 해당하는 숫자이다.)

2013년에는 세 개의 기업이 보석 산업 매출의 20%를 차지했다. Signet Jewelers Ltd.는 2013년 5월 Zales Corporation과 합병을 진행했고, 합병 후 3,600개가 넘는 매장을 보유했으며, 62억 달러의 수익을 기록하게 했다. Tiffany & Co는 일 년 매출이 대략 40억 3,000만 달러였으며(이는 Blue Nile의 9배보다 많은 금액이다) 총 289개의 매장을 가지고 있었다. 마지막으로 Helzberg Diamonds는 6억 9,200만 달러의 일 년 매출과 240개의 매장을 보유했다. 이러한 기업들 사이에서 Blue Nile은 오직 온라인 판매만을 진행하고 낮은 이익 마진을 남기는 독특한 전략으로 경쟁력을 키우게 된다. (Blue Nile의 이익마진은 18.8%로 Tiffany 이익마진 59%, Signet 이익마진 29%와 비교해보면 현저히 낮은 숫자이다.)

다른 기업들이 대략 7만 개의 제품을 판매하고 일 년어치의 재고를 미리 쌓아둘 때 Blue Nile은 온라인 판매를 통해 재고 없이 대략 20만 개의 다이아몬드를 판매한다. Blue Nile은 구매 시 고객들이 느낄 수 있는 불안 역시 이해하여, 다이아몬드나 원석, 진주 그리고 금속 제품을 구입할 때 유의해야 하는 사항을 온라인 교육을 통해 알려주기도 한다. 그들은 주문 특화 제품을 제작하기도 하는데, 하나의 예로 고객은 추천받은 모양, 디자인, 투명도, 캐럿에 따라 제품을 정할 수 있으며, 주문 전 추천 제품들 간의 가격도 비교할 수 있다. 무역 잡지 Jewwlwes Circular Keys다.

Blue Nile은 윤리적인 구매를 엄격히 지킨다. Blue Nile은 오직 Kimberley Process를 지키는 공급자들부터 다이아몬드를 구입하는데, Kimberley Process는 2003년에 유엔이 다이아몬드 구매가 반란군이나 반란군들의 동맹군에 자금적 지원을 해주지 않는 것을 확인해 다이아몬드 생산과 공급과정을 엄격히 관리하고자 설정한 기준이다. 또한, 그들은 현재 인권 침해 사례가 보고되고 있는 짐바브웨에서는 다이아몬드를 구매하고 있지 않으며, 금을 재활용하기도 하며 및 2차 공급원에서 조달하고 있다고 밝히기도 했다.

🔍 질문

1. Blue Nile 기존 소매점을 보유하고 있는 보석 공급업체들과 어떻게 경쟁을 하고 있는가? 그들의 핵심 경쟁 전략은 무엇인가? 그들은 소매점을 만들 필요가 있는가?
2. Blue Nile이 마주할 도전들은 무엇이 있겠는가?
3. 그들은 해외 시장으로 사업을 더욱 확대하기 위해 어떠한 전략을 수립할 수 있는가?
4. 윤리적 구매와 연관 지어, Blue Nile은 다른 어떠한 부분에서 지속가능성을 실현할 수 있는가?

Case 2 | The Woods Coffee

The Woods Coffee는 2002년 워싱턴주 린던이라는 지역에서 시작된 가족 운영 커피전문점이다. The Woods Coffee는 스타벅스, Seattle's Best Coffee 그리고 Tully's까지 많은 유명 커피 전문점들의 중심지인 서부 워싱턴에 17번째 매장 개업을 앞두고 있다. The Woods Coffee의 창업자 Wes

Herman은 일주일에 거진 150달러에서 200달러를 커피에 쓰던 청소년 자녀 4명과 함께 해당 사업을 시작했다. 자녀들은 서부지역의 생활방식과 일맥 상통하는 비즈니스 이름을 짓는 것은 물론 회사 로고 디자인에까지 도움을 주었다. 가족들은 현재까지 경영에 적극적으로 참여하고 있기도 하다. The Woods Coffee는 2010년과 2011년 2년 연속 Evening Magazine에서 300개가 넘는 커피전문점을 제치고 "서부 워싱턴에서 가장 좋은 커피전문점"으로 뽑히기도 하는 등 빛을 발하고 있는 중이다.

The Woods Coffee는 유기농 공정무역제품과 직거래 제품만을 제공한다. 그들은 brown bear, swiss water decaf, espersso blend 그리고 viking blend와 같은 다양한 커피를 제공하고 있으며, 2014년 5월부터는 기업 자체적으로 커피를 제작해 모든 매장에서 판매를 하고 있기도 하다. 커피는 매일 린던에 위치한 본사에서 볶아, 아침에 매장으로 배달을 한다. 또한, 2011년부터 The Woods Coffee는 매장에서 판매하는 모든 제빵 제품을 직접 만들기 시작했으며, 가능하면 Edaleen Diart, Maberry Berries 그리고 Shepherd's Grain과 같은 지역 사업체에서 재료를 구매한다. 모든 Woods Coffee 매장에서는 수석, 대들보 그리고 모닥불을 발견할 수도 있는데, 이는 북서부의 특징을 나타내기 위한 것으로 밝혀졌다. 건물 제작 시에는 친환경 표준을 준수하는 것은 물론 지역사회의 재료와 인건을 활용했다.

The Woods Coffee는 지역 사회에 환원도 다양한 방식으로 진행하고 있다. 고아나 취약계층 어린이들을 위한 다양한 모금 활동이 그중 하나이다. 또한, 벨링햄에서 진행되는 Ski and Sea 달리기의 공식 커피이기도 하다. The Woods Coffee는 Western Washington University(WWU)와 장기적인 협약을 맺기도 했는데, 협약의 내용은 100% 공정한 과정으로 WWU 브랜드 viking blend coffee를 만들어 판매하며, 해당 커피가 판매되면 총 판매 금액에서 1달러를 WWU 장학금으로 제공한다는 것이다. WWU뿐만 아니라 The Woods Coffee는 많은 캠퍼스와 캠퍼스 이벤트들을 지원하며 지역사회에서 인정받는 구성원으로 자리 잡아가고 있다.

🔍 질문

1. The Woods Coffee는 스타벅스와 같은 대형 커피 전문점들과 어떻게 경쟁하고 있는가?

2. The Woods Coffee가 더욱 경쟁력을 얻기 위해 실행할 수 있는 전략이 있다면 무엇이겠는가?

3. The Woods Coffee는 사업을 서부 워싱턴에서 더욱 확장해야 할 것인가? 그렇다면 왜 그래야 하는가?

Case 3

Viking Sensors는 산업용 장비로 스위치와 센서를 서부 워싱턴에 공급하는 제조업체이다. 그들은 지속가능 전략으로(3P를 향상하는 전략, 3P는 Person, Planet, Profit을 뜻한다) 트리플보텀라인(TBL)을 시행하는 지역사회의 선구자이기도 하다. 지난 10여 년 동안 Viking Sensors는 기업 경영 전반에 해당 문화를 접목해왔다.

Viking Sensors는 직원들의 건강에 굉장히 많은 신경을 쓴다. 현재의 위치로 회사를 옮기기 전, Viking은 건물에 최대한 많은 자연광이 들어올 수 있도록 창문과 천광공이 있는 건물을 사용했다. 그들은 내부에도 식물과 나무를 배치하여 사무 환경이 친환경적일 수 있도록 노력한다. 직원들이 사용하는 의자 역시 편안함과 안전이 극대화된 디자인의 제품으로 제공하며, 직원들이 동일한 작업의 반복으로 인한 지루함 등을 줄일 수 있도록 색다른 교육을 지속해서 시행한다. Viking Sensors는 등록금 제공, 근무 일정 조정 등을 통해 학업을 이어나가고 싶어 하는 직원들을 지원해주기도 한다.

Viking Sensors가 기본적으로 추구하는 비전은 지구를 위한 지속가능성과 연관되어 있다. 그들은 LEED 골드 인증 빌딩을 보유하고 있으며, 건물 전반에 활용될 에너지를 태양광으로 이용하기 위해 Puget Sound Energy와 협력해 태양광 패널을 설치하기도 했다. 태양광 패널이 시설에 필요한 에너지를 만들면, 사용 후 남는 에너지는 다시 Puget Sound Energy에 팔기도 한다. 또한, 빗물 1만 갤런의 물탱크를 추가 설치할 계획이라고 밝히기도 했다. 이는 폐기물 80%를 재활용하고 15%를 재활용할 수 있다. 또한 지도카나 포카요카와 같은 린원칙을 이용하여 공정에서 발생하는 불량을 줄이고 있다. Viking Sensors는 자신들과 철학이 비슷한 지역 공급업체를 찾아 장기적인 파트너십을 맺고, 일괄 주문이나 JIT 프로그램을 통해 최소한의 재고를 유지한다.

Viking Sensors의 모든 제품들은 주문이 들어오자마자 생산을 시작한다. 이를 통해 최소한의 재료나 원료, 부품 및 완제품 재고를 보유하고 있게 된다. 또한, 완제품은 칸반(Kanban)을 통해 제조하게 된다. 그 결과, Viking은 재고를 통해 묶이게 되는 비용을 최소화한다. Viking이 이윤을 지속해서 유지하기 위해 시행하고 있는 다른 전략 중 하나는 제조 과정 전반에서 제품의 품질을 지속적으로 확인하며, 제품에 하자가 발견되면 최대한 빨리 하자를 해결하는 것이기도 하다.

최고 운영 책임자 Bill Spencer는 Viking Sensors의 트리플보텀라인(TBL)을 보존하기 위한 다음 전략은 무엇일지 고심하고 있다. 플랜티넘 인증 건물로 이주하는 것? 아니면 ISO 14000 인증을 획득하는 것? 글로벌 사회적기업 인증 Benefit Corporation(B-corp)의 지명을 얻는 것? (글로벌 사회적기업은 자발적으로 기업의 목적, 책임, 투명성에서 높은 수준을 달성하는 기업이다.) Viking Sensors는 그들의 결정이 직원, 지역 사회, 환경 그리고 주주들에게 줄 수 있는 영향까지 고려하고 있는 것이다.

🔍 질문

1. 트리플보텀라인(TBL)은 무엇인가? 그것은 어떻게 기업과 그들의 운영전략과 결합되어야 하는가?

2. Viking에서는 트리플보텀라인(TBL)을 어떻게 기업 활동에 활용하고 있는가?

3. Bill Sensor가 고려하고 있는 전략들 중, 어떤 것을 선택해야 한다고 생각하는가? 왜 그렇게 생각하는가?

4. Viking에서 추구할 수 있는 다른 지속가능성 활동이나 인증에 대해서 토의해보아라.

참고문헌

- A. AlSagheer, "SixSigma for Sustainability in Multinational Organizations," *Journal of Business Case Studies* 7, no.3(2011):7-15.

- A. McAfee and E. Brynjolfsson, "Big Data: The Management Revolution," *Harvard Business Review*, October 2012, 60-70.

- A. Nancheria, "Superior Customer Service Boosts Market Performance," *T+D* 64, no.6(2010):24.

- A. Spicer D. Hyatt, "Walmart tried to Make Sustainability Affordable. Here's What Happend," CNBC, August 13, 2018, https://www.cmbc.com/2018/08/31/walmart-tried-to-make-sustainability-affordable-heres-what-happend.com.

- B. Adams, "Performance Measures and Profitability Factors of Successful African-America-Entrepreneurs: An Exploratory Study," *Journal of American Academy of Business* 2, no.2(2003): 418-24.

- "Back from the Brink," *Chief Executive*(June 2006): 36-39; see also M. De, "Ex-Leader of Computer Associates Gets 12-Year Sentence and Fine," *New York Times*, November 3, 2006; I King,"Broadcom Agrees to Buy CA Technologies for $19 Billion," *Bloomberg*,(July 11, 2018), http://www.bloomberg.com/news/articles/2018-07-11/broadcom-is-said-to-agree-to-buy-ca-technologies-for-19-billion.5)

- C. Elliott, "These Companies Have the Best Customer Service," Forbes, July 11, 2018, https://www.forbes.com/sites/christopherelliott/2018/07/11/these-companies-have-the-best-customer-service-hereswhy/#22ae3291b80a.

- C. Poirier, M. Swink, and F. Quinn, "Progress despite the Downturn," *Supply Chain Management Review* 13, no.7(2009):26.

- D. Biederman, "The Customer Is King, Again," *Journal of Commerce*, May 10, 2010, 1.

- D. Rogers, "Sustainability Is Free - the Case for Doing the Right Thing," *Supply Chain Management Review* 15, no.6(2011):10-17.

- E. Watkins, "Hersha Hospitality Management Helps Clean the World," *Lodging Hospitality*, April 7, 2011,1.

- E. Rosen, "Airlines with the Best On-Time Records," *Forbes*,(January 10, 2018), https://www.forbes.com/sites/ericrosen/2018/01/10/airlines-with-the-best-on-time-reords/#6e1b5b964b21.

- G. Debusk and A. Crabtree, "Does the Balanced Scorecard Improve Performance?," *Management Accounting Quarterly* 8, no.1(2006):133-43.

- G. Pinchot, *The Conservation of Natural Resources*(Washington, DC: U. S. Department of Agriculture, 1908; USDA Farmers' Bulletin, 327); see also T. Beatley, "Sustainability 3.0 Building Tomorrow's Earth-Friendly Communities," *Planning* 75, no.5(2009):16-22.

- Gustafson, "Big Data and Agriculture."

- J. Triplett, "The Solow Productivity Paradox: What Do Computers Do to Productivity?," *Canadian Journal of Economics* 32, no.2(1999):309-34.

- J. Wilson, "BHP Billiton Leads Miners' Retreat from Supersizing," *Financial Times*, October 19, 2014, 1.

- K. Moore, K. Eyestone, and D. Coddington, "The Big Deal about Big Data," *Healthcare Financial Management* 67, no.8(2013):60-68.

- Lester, "Measure for Measure."
- M. Fenner, "Mission, Vision, Values," *Leadership Excellence Essentials* 34, no.10(2017):31.
- M. Gustafson, "Big Data and Agriculture," *AgriMarketing* 52, no.2(2014):24-27.
- M. Raynor, "Disruptive Innovation: The Southwest Airlines Case Revisited,". *Strategy & Leadership* 39, no.4(2011):31-34.
- M. Schwartz, "HP Launches Big Data Security Products, Threat Research" *Network Computing*, Feb. 26, 2013, https://www.networkcomputing.com/hp-launches-big-data-security-products-threat-research.
- See, for instance, L. Chapman, "Where Is Obama's Windfall Profits Tax on the Oil and Gas Industry?," Huffington Post, February 16, 2012, http://www.huffingtonpost.com/lloyd-chapman/oil-gas-windfall-tax_b_1280253.html.
- See for example, A.Androich, "Get Your Green On," *Real Screen*, July/August 2007, 14; T. Watson, "Environmental Pioneer Dies," *USA Today*, November 7, 2000, 24A.
- See for Example, DeBusk and Crabtee, "Does the Balanced Scorecard Improve Performance?"; R. S. Kaplan and D. P. Norton, "The Balanced Scorecard – Measures That Drive Performance," *Harvard Business Review* 70, no.1(1992) : 71-79; T.Lester, "Measure for Measure, the Balanced Scorecard Remains a Widely Used Management Tool," *Financial Times*, October 6, 2004, 6; R. Lawson, W. Stratton, and T. Hatch, "Scorecarding in the Public Sector: Fad or Tool of Choice,?" *Government Finance Review* 23, no.3(2007): 48-52.
- See http://cvshealth.com/about/purpose-statement and www.missionstatements.com.
- See investors.fedex.com/company-overview/mission-and-goals/default.aspx.
- See www.redbox.com/history and https://variety.com/2017/biz/news/redbox-expanding-dvd-rental-kiosks-2017-1202422565/.
- V. Racanelli, "The Price of Corporate Scandal," *Barron's* 98(2018):11.
- "62% of Organizations Expect to Implement Machine Learning to Big Data by 2018," PR Newswire Europe, June 16, 2016, https://www.prnewswire.com/news-releases/62-of-organizations-expect-to-implement-machine-learning-to-big-data-by-2018-300285757.html.
- "A New View That Links Quality and Social Responsibility," *Journal for Quality and Participation* 34, no.3(2011):34-35.
- "Case Study: Kroger Tackles Sustainability One Lonely Orange at a Time," *PR News* 70, no.38(2014): 1; see also http://sustainability.kroger.com/planet-food-waste.html.
- "Ethical Sourcing : Coffee," Starbucks. http://www.starbucks.com/responsibility/sourcing/coffee.
- "Polaroid Z2300 Instant Digital Camera." http://www.polaroid.com/products/Z2300-instant-camera.
- "U. S. Executives Remain Bullish on American Manufacturing, Study Finds," BCG, October 23, 2014, http://www.bcg.com/media/pressreleasedetails.aspx?id=tcm:12-168578.
- "Virtustream and Skilled Analysts to Offer Enterprise Big Data Cloud Solutions," *Marketing Weekly Solution*, March 16, 2013, 35.
- "Want to Stay Relevant? Follow the Lead of These 10 Companies," https://insight.reputationinstitute.com/blog-ri/global-reptrak-2020-top-10.

Chapter 3
새로운 제품과 서비스 설계

가장 좋은 경험의 법칙은 이것이 실제로 삶을 더 편하게 만들어주는가, 그렇지 않은가이다.

Tucker Viemeister, Viemeister Industry 대표

지금이 투자할 때이다. 사람들이 신경 쓰지 않는 제품은 재창조되어야 할 제품이다.

Gregg Davis, Talor & Chu 디자이너

제조업체는 모바일 비디오 홈 모니터링과 홈 앱 제어와 같은 편의를 원활하게 추가하여 집을 더 스마트하게 만들고 있다.

Peter Wells, Amerock 신제품 설계 및 엔지니어링 수석 매니저

🎯 학습목표

1. 신제품 아이디어가 생성, 분석, 선택, 설계 및 제조되는 방법

2. 제품 개발 프로세스의 단계 요약

3. 제품 개발 리드타임을 줄이는 데 사용되는 방법

4. 지속가능성이 제품 설계에 미치는 영향

5. 제품 설계의 최신 동향 설명 및 분석

Cathay Pacific,
새롭게 설계된 고객 중심 서비스 제공

홍콩에 있는 항공사 캐세이퍼시픽(Cathay Pacific)의 루퍼트 호그(Rupert Hogg) CEO는 2017년 "우리가 사업을 영위하는 현재는 경쟁의 본질뿐만 아니라 고객의 요구와 원하는 것까지 모두 바뀌었습니다. 따라서 우리는 경쟁에서 이기기 위해 변화하고 또 변화해야 합니다"라고 말했다. Cathay는 2년 연속 적자를 낸 후, 고객의 소리에 귀를 기울이고 새로운 서비스를 제공할 때라고 판단했다.

현재 이 항공사는 과거 홍콩에서 제공되지 않았던 장거리 직항 노선 서비스를 시작하여 새로운 수익원을 창출하고 있다. 바르셀로나, 코펜하겐, 브뤼셀, 더블린, 취리히, 마드리드행 항공편을 시작했다. 신형 A3501000 중 첫 번째 제트기는 홍콩에서 워싱턴 DC까지 가장 긴 논스톱 비행을 시작하는 데 사용하게 될 것이다. Hogg는 "올 한 해 우리는 5개의 장거리 목적지와 2개의 지역 목적지를 취항했는데, 지난 10년 동안 단 10개의 목적지를 취항했을 뿐입니다. 즉, 우리는 지난 10년 동안 한 일의 50%를 1년 만에 해냈습니다"라며, "그것은 야심 차고 새로운 시장과 새로운 수익원을 열어주는 것입니다"라고 말한다.

Cathay Pacific은 또한 본토로 고객을 공급하는 Cathay Dragon(이전의 Dragonair)이라는 브랜드명을 변경하는 새로운 계획을 수립했다. Cathay Dragon은 32대의 에어버스 광동체(넓은 몸체의) 제트기를 주문하고 있으며, 이는 2020년부터 인도될 때 현재의 협동체(좁은 몸체의) 비행기를 대체하는 것 이상이다. 이를 통해 베이징, 상하이, 쿤밍과 같은 주요 지점에 더 많은 고객을 수용하고, 또한 도쿄의 하네다 공항과 같이 슬롯(비행기가 뜨고 내릴 수 있는 횟수)이 제한된 공항으로 가는 인기 있는 서비스도 제공할 수 있다. Hogg는 "시장은 성장하고 있지만 지난 몇 년 동안 일어난 일은 수요가 시장보다 빠르게 성장했다는 것입니다. China Telecom 등 다른 통신사의 성장률이 둔화되고 있다는 신호도 있지만, 그럼에도 불구하고 고객은 항상 선택권이 있습니다. 우리는 그들이 가치로 인식하는 것과 그들이 다른 옵션보다 선택할 준비가 되어 있는 경험을 제공해야 하며, 긍정적으로 그것에 대한 프리미엄을 제공해야 합니다"라고 말한다.

고객의 수요와 요구사항을 더 잘 이해하기로 결정한 Cathay는 설문조사와 데이터 분석을 통해 'Life well travelled'라는 슬로건에 맞는 브랜드를 구축했다. Cathay는 정보를 수집하고 이를 새로운 서비스 디자인으로 전환했으며, 2018년 하반기부터 장거리 항공편에 적용하였다. 고객 피드백에 따라 타이베이행 항공편에 따뜻한 음식을 도입하여 재빠르게 경쟁력을 확보했다. 또한 장거리 기체 전체에 Wi-Fi를 도입했다. 보잉 777의 경우 현재 3-3-3에서 3-4-3 구성으로 이동하고 다리 공간이 더 넓은 현대적인 좌석을 사용하여 좌석의 편안함과 전반적인 경험을 강조하도록 하였다.

Cathay가 고객을 더 잘 이해하고 추가 수익을 창출할 수 있도록 데이터를 분석하기 위해 디지털 팀이 구성되었다. Hogg는 "변화, 민첩성, 그리고 고객에 대한 더 높은 이해를 달성할 때 비로소 성공을 거둘 수 있을거라 생각하며, 이러한 전략은 2020년 이후에도 지속적으로 적용가능한 관행이 될 것입니다"라고 말한다.

새로운 제품과 서비스를 개발해내는 능력은 많은 기업에서 경쟁우위의 원천이다. 실제로 많은 산업에서 매출의 40% 이상이 전년도에 출시된 신제품에서 발생한다. 신제품을 시장에 처음 내놓는 회사는 초기에 높은 수익원을 창출할 수 있으며, 이는 경쟁업체가 자체 제품을 출시할 때 시장점유율을 가져가기 어렵게 만들 수 있다. 장기적으로 기업이 성공하려면 고객이 원하는 것이 무엇인지 파악한 다음 이러한 요구사항을 제품 및 서비스 설계에 충분히 반영할 수 있어야 한다.

제품 개발 프로세스는 기업이 제품 설계 및 생산 시간과 비용, 생산능력 제약, 공급 및 유통 경로, 비용 및 품질 목표를 비롯한 여러 가지를 동시에 고려해야 하기 때문에 복잡하다. 이는 기존 제품 및 프로세스, 예산, 고객 및 경쟁 제품의 영향을 받게 된다. 성공한 기업은 핵심 역량, 공장 및 장비와 효과적인 신제품 개발 프로세스를 이미 갖추고 있으며, 새로운 제품 아이디어가 나올 때마다 자연스럽게 실행할 수 있는 시스템이 마련돼 있다.

기업은 경쟁력을 유지하기 위해 현지 시장과 제품이 다른 지역이나 글로벌 시장에서 어떻게 적용될 수 있는지 이해해야 한다. 그들은 고객을 관찰하고, 조사하고, 또한 목소리를 들어야 한다. 경쟁사를 벤치마킹하며, 새로운 기술이 발생하면 이를 반영하고자 노력한다. 공급업체의 제안을 적극 수용하고, 고객이 원하는 상품과 서비스를 설계한다.

본 장에서는 앞서 1장과 2장에서 논의된 제품 설계에 영향을 미치는 환경적 측면에 대한 논의를 포함하여 1장의 제품에 대한 기본적인 내용을 바탕으로 내용 전개가 이루어진다. 또한 제품 및 서비스 설계의 최신 동향에 대한 논의가 이루어진다.

① 상품과 서비스 설계

1. 신제품 아이디어가 생성, 분석, 선택, 설계 및 제조되는 방법

iPhone과 Apple, Prius와 Toyota, 인터넷 검색과 Google에서 볼 수 있듯이 탁월한 제품 디자인은 탁월한 회사에서 만들어진다. 이 회사들은 훌륭한 직원을 찾고, 잠재 고객 및 기존 고객과 대화하며, 고객이 사용하고 싶은 것을 만드는 데 많은 시간과 노력을 투자해왔다. 예를 들어, Apple 제품을 설계하는 엔지니어는 사용하고 싶은 제품을 만든다. 제품은 직관적이고 이해하기 쉽고 사용하기 쉬워야 한다. 몇 년 전 일부 제품설계 문제로 인해 비극적인 인명 손실 사건이 발생했던 Toyota는 이후에도 활발하게 사업을 영위하고 있다. 오늘날 미국을 포함해 전 세계에서 다른 어떤 자동차 제조업체보다 더 많은 자동차를 판매하고 있다. 15년 전 다른 자동차 회사들은 Toyota

Prius를 그저 호기심 정도로 여겼다. 2019년 즈음 대부분의 다른 자동차 제조업체들은 하이브리드 자동차를 생산하게 되었지만, Toyota Prius와 함께 Toyota Rav4는 여전히 북미에서 판매되는 하이브리드 자동차의 대다수를 차지한다.

Google은 10가지 신조에 따라 일한다. '사용자에 초점을 맞춘 소수의 핵심적인 것 외에 나머지는 모두 부수적인 것, 진실로 잘하는 것을 할 것, 빠른 것이 느린 것보다 좋음, 악한 것을 하지 않고 돈을 벌 수 있음, 위대함만으로는 충분하지 않음'이 바로 그것이다. 제품 설계는 기업의 성공에 매우 중요한 역할을 했다.

제품 설계는 기업의 제품과 서비스의 특성, 기능 및 성능에 대한 결정을 하는 과정이다. 제품 설계는 제품이 어떻게 사용될 것이며, 어떤 기능이 필요할 것인지를 함께 고려해야 한다. 또한 제품은 안전하고 안정적으로 작동해야 하며, 잠재고객에게 매력적이면서 동시에 경제적으로 만들어져야 한다. 불량한 제품 및 서비스 설계는 보증 수리 및 제품 반품으로 인한 초과 비용을 유발하는 것은 물론 판매 감소와 궁극적으로 고객 상실을 의미하는 것이다. 다음 섹션에서는 회사의 핵심역량에 대해 논의하고, 제품 설계, 서비스 설계, 전략적 적합성, 그리고 계약을 통한 전문 제조업체 및 서비스에 대한 소개가 이어진다.

① 핵심역량

지속적인 성공을 위해서 기업은 특정 부문의 일을 잘해야 하며, 이는 그들이 판매하는 상품과 서비스에 적절히 반영되어야 한다. 이는 기업의 '핵심역량'을 의미한다. 구체적으로 기업의 핵심역량은 경쟁사와 차별화되는 능력이다. 다른 회사에서 쉽게 복제하거나 모방할 수 없는 고유한 전문지식 또는 기술의 집합체이며, 동시에 회사에서 누구보다 잘하는 일이다. 핵심역량은 기업이 판매하는 제품에 효과적으로 반영될 경우, 기업에 경쟁우위를 제공할 수 있다. 시간이 지남에 따라 성공적인 기업은 추가 교육, 기술 활용, 그리고 최고경영진의 지원을 통해 핵심역량을 지속적으로 개선한다. 핵심역량의 몇 가지 예가 다음 〈표 3-1〉에 나와 있다.

Blockbuster와 Netflix는 기업의 성공을 유지하기 위해 핵심역량이 어떻게 계속 변화하고 개선해나가야 하는지에 대한 바람직한 예를 제공한다. 1985년에 시작된 비디오 대여 체인인 Block-buster는 2004년까지 전 세계적으로 약 9,000개의 매장으로 성장했으며, 영화 대여 분야의 선두 주자였다. Netflix는 DVD의 인기와 인터넷 쇼핑, 더 많은 영화 선택권, 우편 배달의 편리함을 이용하는 고객의 욕구를 활용하여 1997년 우편 기반 영화대여 회사로 사업을 시작했다. Netflix는 2002년에 주식을 상장했으며, 주식은 주당 15달러에 거래되었다.

Getty images

당시 Blockbuster의 주가는 약 22달러였다. 2005년까지 Netflix는 400만 명이 넘는 구독 고객을 확보하며, 매년 60~70%씩 성장하고 있었다. 같은 해 중반 주가는 약 20달러였다. 반면 Blockbuster의 주가는 약 4달러까지 떨어졌다. 2007년 Netflix는 DVD 우편물을 빠르게 대체하기 시작한 비디오 스트리밍 방식을 도입했다. 2009년 Netflix는 소비 가전회사와 제휴하여 인터넷에 연결된 TV 및 기타 장치에서 비디오 스트리밍을 제공했다. 2010년까지 Netflix는 전 세계적으로 2,000만 명의 구독 고객을 확보한 반면 Blockbuster는 구닥다리 대여 서비스를 완전히 파괴하여 재구성해야 했다. 2010년 3월 Blockbuster의 주식은 시가총액이 5,500만 달러에 불과한 25센트에 거래됐다. 이에 비해 2013년 Netflix 주식은 400달러, 시가총액은 약 230억 달러에 달했다. 2013년 말까지 소수의 Blockbuster 매장을 제외하고는 거의 모든 매장이 문을 닫았다. Netflix는 경쟁우위를 유지하기 위해 시간이 지남에 따라 회사의 역량과 서비스 방식을 변경했지만, Blockbuster는 기존의 비즈니스 모델에 대한 변화를 거의 수행하지 않은 한계가 있었던 것이다.

표 3-1_ 핵심역량의 예

기업명	핵심역량
맥도널드	신속하고 표준화된 저렴한 음식, 아이들을 위한 재미있는 놀이 공간
월마트	적당한 가격의 다양한 상품, 편리한 위치
월트디즈니	애니메이션, 테마를 살린 명소, 스토리텔링
페덱스	전 세계 어디든 신속한 배송

2 제품 설계

이 장의 다음 몇 페이지에서 논의되는 것처럼 모든 제품 설계는 아이디어로부터 시작된다. 제품과 서비스의 설계는 경쟁자의 설계, 재무적 자원, 고객의 욕구를 포함하여 다양한 요소를 동시에 고려해야 하며, 특히 제품 설계는 가공 장비, 공장 노동자와 그들의 기술, 장비, 토지, 그리고 교통 등도 함께 고려해야 한다. 또 다른 문제는 제품의 수명주기이다. 맛의 변화, 경쟁 심화, 저렴한 재료 및 기술의 변화로 인해 제품의 수명이 지속적으로 위협받고 있다. 이제는 아이디어에서 완제품까지 제품 개발 프로세스 시간도 단축해야 한다는 것이다. 제품 개발 프로세스에 관해서는 이 장의 뒷부분에서 설명할 것이다.

3 서비스 설계

현재 미국 경제의 성장은 서비스 중심으로 이루어지고 있다. 서비스 상품 및 프로세스에는 제조업의 제품 및 프로세스와 구별되는 몇 가지 고유한 특징이 있다. 첫째, 고객은 일반적으로 서비스 설계 및 제공 프로세스에 관여하게 되므로 프로세스 시간과 인지된 서비스 품질에 변동이 생길 수 있다. 예를 들어, 고객은 청소 서비스 회사의 청소 서비스를 선택한 다음에 회사가 고객을 위해 서비스하는 때와 어느 정도의 시간이 소요되어야 하는지를 지정할 수 있다. 또한 고객은 서비스가 제공되는 중에 요구사항을 수정하여 서비스 공급자가 너무 오래 걸리거나 합의된 서비스 중 일부를 제공받지 못할 수도 있다. 비용을 낮추고 고객을 만족시키려면 이러한 서비스 수준의 변동성을 해결해야 한다.

새로운 서비스는 서비스 제공자의 역할과 기능, 그리고 고객을 새로운 서비스 제공 프로세스에 통합하는 것이 중요하기 때문에 서비스 제공이 이루어진 후 재설계가 필요한 경향이 있다. 대학에서 개설하는 새로운 교육과정의 경우, 학생들은 수업의 주제, 개설 시기, 담당교수를 기준으로 수업 선택에 대한 의사결정을 내린다. 학위 프로그램을 이수하는 동안 학생들은 학위과정 관련 계획과 관리에 지속적으로 참여한다. 대학에서도 부분적으로 학생 피드백을 기반으로 수업 일정, 사용할

Manufacturing SPOTLIGHT

ATI의 KTH용 자동 커플러 설계

글로벌 자동차 부품 제조업체인 KTH Parts Industries는 자동차 부품 제조의 여러 단계에 참여하고 있다. KTH의 용접라인은 로봇이 부품을 용접하는 동안 고정 장치 또는 지그를 사용하여 부품을 제자리에 고정한다. 각 자동차 모델에는 서로 다른 지그가 필요하므로 공장에서 많은 장비를 교체해야 한다.

과거 KTH는 케이블을 연결 및 분리하고 용접 턴테이블에 지그를 로드하기 위해 수작업에 의존해왔다. 여기에 교대조당 라인당 1~2개의 전환을 곱하면 엄청난 노동 시간이 발생하게 된다. 이러한 조건에서 잦은 케이블 고장은 놀라운 일이 아니다. 힘과 토크의 불일치로 케이블을 연결하고 분리하게 되면 과도한 마모가 발생했다. 커넥터가 잘못 정렬되어 핀이 손상되기도 했다.

따라서 KTH는 작업의 원활한 흐름을 가능하게 하고 직원의 안전을 강화하며 장비 고장을 줄이기 위해 용접 지그 전환을 개선하고자 하였다. KTH는 목적을 달성하기 위해 노스캐롤라이나에 있는 ATI Industrial Automation의 GA2 유틸리티 커플러를 선택했다. 특히 새로 설계된 공기 및 전기 설비를 셀에 자동으로 연결하여 라인당 연간 약 65시간의 가동 중지 시간을 제거하고 총 운영 비용을 줄였으며 장비 활용도와 생산성을 높였다.

ATI의 유틸리티 커플러는 KTH의 용접라인 전환에 매우

적합했다. KTH의 Bill Myers는 이에 대해 "신제품 설계와 관련하여 저는 ATI 엔지니어링 팀에 의존하여 우리의 요구에 맞는 전기 또는 공압 제품을 신속하게 설계하거나 웹사이트에서 (사용 가능한) 수천 개의 제품 중 하나를 선택할 수 있게 되었습니다"라고 설명했다.

Dave Reed는 "작년에 이 지그를 수백 개 바꿨는데, ATI 시스템에 문제가 생긴 적은 한 번도 없었습니다. 지그를 설정하고, 버튼을 누르고, 압력을 가하고, 쇠로 고정하고, 핀이 모두 결합되고, 핀이 구부러지거나 공기 라인이 부러지는 것을 결코 허용하지 않았습니다. 거의 흠잡을 데 없는 제품입니다. 그것을 통해 일상이 훨씬 쉬워졌습니다"라며 ATI GA2 유틸리티 커플러의 성능을 확인했다.

출처: "Automated Coupling Slashes Robotic Welding Downtime," *Manufacturing Engineering* 160, no. 5 (2018): 39, 42-44.

교과서, 일정, 교과서 및 강사 변경 여부를 고려해야 한다. 이러한 문제는 많은 서비스에서 실제로 발생하고 있다.

오늘날 서비스 조직은 기술을 사용하여 서비스 설계를 수정, 변경하고자 한다. 기술의 발전으로 소비자를 위한 다양한 서비스 제공 옵션이 가능해졌으며, 많은 경우 품질에 대한 인식 수준이 향상되었다. 예를 들어, 2018년 말까지 Apple은 App Store에 약 200만 개의 iPhone 앱을 등록하고 iTunes 사이트에 5,000만 곡 이상의 노래를 등록할 수 있게 되었다. 아마존은 배달 드론 도입을 통해 식료품 배달을 시작했으며, Uber와 같은 회사는 자율주행차를 설계하고 있었다.

4 전략적 적합성

몇몇 신제품은 내부 또는 외부 환경에 전략적으로 적합하지 않아 실패하기도 한다. 전략적 적합성은 제품 설계를 회사의 운영 능력 및 정책(내부 적합성), 시장의 조건 및 고객의 욕구(외부 적합성)와 일치시키는 것을 말한다. 반대로 성공적인 제품은 우수한 전략적 적합성을 가진다. 최근에는 Denny's, Applebee's, Chili's와 같은 정통 미국 레스토랑에서도 테이크아웃 또는 픽업 서비스가 인기를 얻고 있다. 이러한 서비스는 외부 적합성이 좋은 편이다. 하지만 식당에서 배달 서비스를 제공하지만, 신속하게 배달하지 않거나 불완전한 주문을 배달하게 된다면 내부 적합성이 좋지 않아 결국은 서비스가 실패하게 된다. 서비스 입지를 잘못 선택하면 시장과의 외부 적합성이 부족하게 되면서 서비스 실패의 원인이 될 수도 있다.

공산품의 경우도 마찬가지다. 회사는 특정 제품(내부 적합성)을 설계하고 제조하는 데 매우 능숙하지만, 고객이 원하는 제품을 제공하지 못할 수 있다. 예를 들어, 1993년에 출시된 Apple의 Newton Message Pad는 휴대용 장치에서 기본 컴퓨팅 기능을 제공하는 최초의 제품 중 하나였다. 그 기술은 당시에는 혁명적이었다(좋은 내부 적합성). 하지만 불행하게도 Newton은 가격이 700달러로 소비자가 기꺼이 지불하고자 하는 것보다 더 높았기 때문에 고객의 선택을 받지 못했다. 이것은 불량한 외부 적합성의 대표적인 예다.

5 위탁생산업체 및 서비스

때때로 기업은 특정 분야에 전문적 역량이 부족한 경우, 위탁생산업체(contract manufacturer)를 사용하여 부품 또는 전체 제품을 생산한다. 위탁생산업체는 구매 회사의 상표나 브랜드로 다른 회사를 위해 부품이나 제품을 맞춤 제조하는 회사이다. 위탁생산업체는 일반적인 제품 아이디어 또는 특정 기능 사양을 가진 제품을 생산할 수 있다. 제약회사, 의류회사, 식품 제조업체 및 전자회사는 제품의 생산을 위탁생산업체는 아웃소싱하는 경우가 많다. 계약 서비스도 같은 방식으로 사용할 수 있다. 호텔은 하우스키핑, 유지 보수 및 조경 서비스를 계약을 통해 제공할 수 있다.

위탁생산업체의 활용은 많은 산업의 경쟁적 특성을 변화시켰다. 자동차 산업은 위탁생산을 가장 먼저 도입한 산업 중 하나이다. 오늘날 자동차 산업의 부품 공급업체는 대부분의 차량 구성요소 및 시스템을 일상적으로 설계, 개발, 엔지니어링, 테스트, 조립, 포장 및 제공한다. 자동차 제조업체는 자동차를 설계하고 최종 조립을 수행한다. 그 이유는 매우 간단하다. 계약 제조업체는 자신이 공급하는 부품을 이상적으로 전문화할 수 있기 때문이다. 따라서 그들은 그러한 작업을 누구보다 잘 해야 한다. 적절한 관리 통제가 이루어진다면, 자동차 제조업체보다 더 빠르고 저렴하며 높은 품질의 부품을 만들 수 있다.

1990년대 미국에서는 Toyota가 미국 자동차 제조업체의 시장점유율을 빼앗아가기 시작하면서 계약 제조업체를 사용하는 것이 비용을 줄이고 경쟁력을 높이는 방법으로 인식하게 되었다. Boeing Company도 해외에 소재한 많은 계약 제조업체를 사용했다. 보잉의 경우, 원가절감뿐만 아니라 사업을 영위하는 외국기업의 부품을 구매하기 위한 목적이었다. 하지만 불행하게도 아웃소싱은 부정적인 영향도 동시에 미칠 수 있다. Toyota는 2008년 전 세계적으로 자동차 판매 수에 있어 GM을 추월하려고 했고, 생산의 속도를 높이기 위해 더 많은 부품을 아웃소싱하기 시작했다. 결국 2010년 계약 제조 부품의 결함으로 인해 가속 불량 문제에 대한 대규모 리콜이 불가피하게 되었다. 꿈의 항공기 드림라이너라 불리는 보잉 787의 시장 출시를 앞당기기 위해 전체 부품의 70%를 아웃소싱하면서 배터리 과열 문제가 발생하는 등 매우 심각한 문제를 야기했다. 결국 2012년 보잉 787기는 리튬 이온 배터리 시스템을 도입하였다. 이로 인해 몇 가지 문제해결을 위한 막대한 비용과 항공기 배송 지연이 발생했다. 이를 통해 봤을 때, 제품 생산에 대한 통제력 상실은 아마도 계약 제조업체의 활용과 관련된 가장 심각한 위험일 것이다.

2 제품 개발 프로세스

2. 제품 개발 프로세스의 단계 요약

〈그림 3-1〉과 같이 제품 개발 프로세스는 여러 단계에 걸쳐 이루어진다. 일반적으로 조직의 기능은 마케팅, 재무 및 생산운영 부서의 설계 엔지니어와 기타 인력을 포함하여 새로운 제품 및 서비스의 개발 및 출시와 관련된다. 프로세스는 제품 아이디어의 창출 또는 기존 제품에 대해 다시 생각하는 데서 시작한다.

1 제품 아이디어 창출

대부분의 대규모 제조, 서비스 기업에는 새로운 현상이나 사물을 보는 색다른 방식을 발견하는 기초연구를 담당하는 연구개발(R&D) 팀이 있다. 그 아이디어는 이후 새로운 발견을 가져와 상업적 산출물(applications)로 변환되는 것이다. 예를 들어, IBM과 Microsoft는 클라우드 컴퓨팅, 나노기술,

○ 그림 3-1_ 제품 개발 프로세스

컴퓨터 생물학 등을 포함한 연구개발에 연간 수십 억 달러를 투자한다. 또한 기업들은 연구협업이나 개방형 혁신을 위해 대학, 공급업체, 고객 및 기타 주체들에게 점점 더 다가가고 있다. 이러한 개방성은 회사 내부와 외부 모두에서 많은 아이디어를 생성하며, 시장에 새롭고 때로는 더 나은 제품을 신속하게 출시하는 데 도움을 줄 수 있다. 이를 통해 많은 아이디어가 생성되는 경우가 많기 때문에 매우 좋은 아이디어가 발견될 가능성 또한 더 높다. 예를 들어, 2010년부터 General Electric(GE)은 재생 에너지 및 에너지 소비 분야에서 최첨단 아이디어와 비즈니스 모델을 식별하고 투자하기 위해 2억 달러의 자금을 투입하는 Ecomagination Challenge를 개최했다. GE는 학자, 기업가 등이 아이디어를 쉽고 편하게 제안할 수 있는 온라인 시스템을 만들었다. 첫 번째 도전에서 초기 6개월 동안 회사는 6만 명 이상의 참가자를 유치했으며, 85개국에서 5,000개 이상의 아이디어와 사업 계획을 받기도 했다. 지금까지 GE와 파트너는 이 같은 아이디어에 1억 3,400만 달러 이상을 투자했으며, 2015년 현재 2,000억 달러 이상의 수익이 발생했다.

한편 개방형 혁신은 몇 가지 문제를 유발할 수도 있다. 예를 들어, 식음료 대기업인 PepsiCo는 2011년에 온라인에 게시된 Super Bowl 광고 콘테스트에 오픈소스로 출품하여 성찬식에서 웨이퍼를 대신해 또띠아 칩을 사용하는 것을 보여 논란을 일으키기도 했다. 마찬가지로 Kraft Foods Australia는 새로운 Vegemite 기반 치즈 스낵을 출시하면서 네이밍 콘테스트를 개최했을 때 어려움을 겪은 적이 있다. Kraft는 콘테스트를 통해 당초 iSnack 2.0이라는 명칭을 선정했지만, 호주적 색채가 전혀 나지 않는다는 등 시장에서 엄청난 조롱과 불만에 직면했고 결국 그것을 포기했다.

회사 인수와 벤치마킹 방식 또한 신제품 아이디어의 훌륭한 원천이 된다. 다른 회사를 인수하면 피인수 회사가 가진 기존 제품의 고객을 흡수할 수 있으며, 새로운 아이디어를 가진 새로운 직원이나 생산공정 기능에 빠르게 접근할 수 있다. 예를 들어, 인도 제조업체인 Dynamatic Technologies는 2010년 독일 자동차 부품 제조업체인 Eisenwerke를 인수하면서 신제품, 신규 고객, 특허 기술과 함께 유럽 최고의 철 주조 공장 중 하나를 확보할 수 있게 되었다.

벤치마킹은 다른 사람들이 가장 잘하는 것을 모방하는 방식이다. 종종 비경쟁 회사는 서로의 프로세스 측면을 모방할 수 있는 벤치마킹 계약을 맺는다. 다른 경우에는 경쟁업체가 무엇을 하는지 보기 위해 고객으로 가장하거나 경쟁업체 제품을 구매한 다음 제품이 어떻게 설계되었는지 보기 위해 분해하는 것이 포함될 수 있다. 다수의 무역단체가 '모범 사례(best practice)' 연구를 수행하여 벤치마킹할 가치가 있는 조직을 선별한 다음 이러한 기업이 가장 잘하는 것을 발표한다. 예를 들어,

미국 생산성 및 품질센터(APQC)는 회원들이 사용할 수 있는 8,500개 이상의 모범사례 연구 결과를 가지고 있다.

직원, 공급업체, 그리고 고객은 제품 아이디어의 좋은 원천이 된다. 미국 음료산업에 대한 설문조사 결과, 응답자의 95%는 회사에서 영업, 마케팅, 연구개발(R&D), 고위 경영진이 포함된 직원 팀을 활용하여 신제품 아이디어를 창출한다고 말했다. 거의 50%는 팀에 고객도 포함되어 있고, 약 3분의 1에는 공급업체 대표가 포함되어 있다고 말했다. 예를 들어, 노스캐롤라이나에 있는 SAS Institute는 Hub라는 엔터프라이즈 소셜 네트워크를 활용하여 직원의 아이디어를 신제품과 서비스로 변환하는 데 유용하게 사용하고 있다.

지난 수십 년 동안 마케팅 부서는 고객 설문조사와 포커스 그룹에 의존하여 고객이 원하는 것에 대한 정보를 수집했다. 매년 수천 개의 포커스 그룹과 수만 개의 고객 설문조사가 이를 위해 만들어지고 수십 억 달러의 비용이 지출되었다. 때로는 이것이 성공적인 제품으로 이어지기도 한다. 하지만 일부 추정에 따르면, 신제품의 80%가 실패한다. 기술혁신과 결합된 높은 실패율은 소비자의 잠재의식을 활용하기 위한 신경과학의 도입을 이끌었다. 캘리포니아에 위치한 NeuroFocus(현재 Nielsen의 일부)는 신경과학을 사용하여 소비자의 두뇌와 구매 행동을 연결했다. Google, HP, Microsoft, ESPN 및 기타 여러 회사에서 NeuroFocus를 사용하여 고객을 더 잘 이해할 수 있게 되었다. Frito-Lay는 NeuroFocus를 활용하여 자사 제품 중 하나인 Cheetos에 대한 고객의 태도를 연구했으며, 고객이 실제로 손가락에 묻은 주황색 끈적끈적한 얼룩을 좋아한다는 사실을 발견했다. 이 결과는 Frito-Lay로 하여금 기존 인식에 대한 파괴를 초래하였다. Frito-Lay는 이 지식을 광고에 활용함으로써 매출이 개선되었음을 확인할 수 있었다.

2 제품 개념 개발

아이디어가 회사의 사명, 전략, 핵심역량 및 재무적 상황에 '적합'한 것으로 판단되면, 일반적으로 더욱 진화하게 된다. 전통적인 방법은 고객보다는 설계 엔지니어의 능력에 더 초점을 두었다. 이러한 격차를 해소하기 위해 1960년대에 개발되었으며, 오늘날 제조 분야에서 일반적으로 사용되는 기법 중 하나가 품질기능전개(QFD: Quality Function Deployment)이다. QFD는 기업이 더욱 고객 중심적인 설계를 하는 데 도움을 준다. 이로 인해 Toyota, Ford, Procter & Gamble, AT&T, 3M, HP를 포함한 많은 선진기업들이 QFD를 사용하고 있다.

QFD 프로세스는 고객을 식별하고, 경청하고, 설문조사하는 것으로 시작된다. 개념 개발 단계에서 결과가 분석되고 중요도에 따라 순위가 매겨진 고객 요구사항 목록이 만들어진다. 그런 다음 회사의 제품설계 팀은 고객 요구사항, 제품 속성 및 설계 사양 간의 관계를 보여주는 품질의 집(HOQ: House of Quality)이라는 제품 문서를 만들 수 있다. 또한 품질의 집은 제품의 경쟁력을 평가하는 데 도움이 되며, 경쟁업체에 대한 제품의 벤치마킹 평가 도구로도 사용된다. 〈그림 3-2〉는 자동차 도어 설계에 있어 품질의 집을 적용한 사례이다.

집의 상단에는 제품의 기술적 특성 간의 상관관계를 나타내는 '지붕'이 있다. 기술적 특성은 하나 이상의 고객 요구사항에 대해 생성된 설계 요소이다. 설계의 목표값은 고객 요구사항을 더 잘 충족

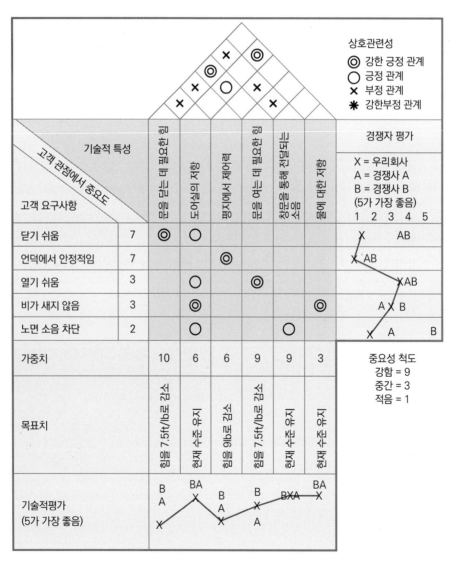

출처: Based on J.R. Hauser and D. Clausing, "The House of Quality," *Harvard Business Review*, May/June 1988, pp. 62–73.

🔵 **그림 3-2_** 자동차를 위한 품질의 집(HOQ)

시키기 위해 설정된 제품 설계의 목표이다. 회사와 두 경쟁업체 간의 경쟁력 비교는 집의 오른쪽에 표시되고, 기술요소에 대한 평가 결과는 집의 맨 아래에 표시된다. 그림에서 확인할 수 있는 바와 같이, 사례 회사(회사 X)는 가장 중요한 2가지의 고객 요구사항('닫기 쉬움', '언덕에서 안정적임')을 제대로 충족하지 못하고 있다. '노면 소음 차단'과 같은 요구사항도 문제로 보인다. 사실 어떤 설계 요소도 '노면 소음 차단'과 같은 고객 요구사항에 대해서는 강력하고 긍정적인 연관성이 없다. 그런 다음 향후 도어 설계에 있어 이 3가지 고객 요구사항에 더 집중해야 한다는 것을 알 수 있다.

③ 제품 분석 및 선정심사

제품 개념 개발의 완성도가 높아지게 되면, 제품 선정심사 팀이나 회사 경영진이 이를 검토하게 된다. 목표 시장의 예상 규모, 환경 분석, 예상 수요 동향, 경쟁사 분석 및 제품의 경제성 분석에 대한 정보를 포함하는 분석과정이 수행된다.

제품 아이디어가 최종 제품 및 프로세스 설계 단계로 넘어가기 전에 많은 문제를 함께 고려해야 한다. 선정심사관은 일반적으로 〈표 3-2〉에 나와 있는 것처럼 제품, 경쟁, 경제성 등 3가지 범주의 문제를 고려하게 된다. 제품은 회사에서 판매할 수 있는 것이어야 하며, 회사의 핵심역량과도 일치해야 한다. 또한 설계상 특허나 상표 보호와 같이 값비싼 진입장벽이 없어야 한다. 이상적으로는 제품이 회사에서 기존에 판매하는 다른 제품과 유사한 채널로 유통될 수 있으면 더욱 좋다.

회사는 또한 제품의 경쟁 상황을 알아야 한다. 이 제품에서 경쟁 제품이 제공하지 않는 것은 무엇인가? 이 제품은 가격, 품질 또는 고객 서비스에서 경쟁할 것인가? 마지막으로 이 제품이 회사의 재무적 요구사항을 충족할 수 있는가? 등이 그것이다. 이러한 질문들과 관련해 제대로 답을 하지 못하는 제품 개념은 일반적으로 추가적인 고려 대상에서 제외한다.

표 3-2_ 제품 선정심사의 이슈

구 분	검사 내용	
제품 관점	• 이 제품이 충족하지 못하는 요구사항은 무엇인가? • 이 제품이 우리의 전반적인 전략에 부합하는가? • 이 제품의 진입장벽은 무엇인가? • 어떤 기술과 공정이 필요한가?	• 예비 제품 설계 사양이 설정되어 있는가? • 예상되는 제품의 수명은 얼마인가? • 제품을 어떻게 유통할 것인가?
경쟁 관점	• 경쟁자는 누구인가? • 제품의 경쟁력은 무엇인가?	• 어떻게 경쟁할 것인가? (비용, 품질, 고객 서비스) • 경쟁우위를 유지할 수 있는가?
경제성 관점	• 실제 판매 및 비용 추정자료는 있는가? • 제품 개발, 생산 및 유통 비용은 얼마인가? • 손익분기점은 어떻게 되는가?	• 예상 순현재가치와 투자수익은 얼마인가? • 예상 이익은 얼마인가?

④ 신제품의 재무적 타당성

경영자는 일반적으로 신제품 아이디어에 투자하기로 결정할 때, 신제품의 예상 순현재가치(NPV) 또는 내부수익률(IRR)을 검토한다. 예를 들어, NPV를 사용하여 신제품 아이디어를 선별할 때, 회사 A와 신제품 아이디어(제품 X)를 함께 고려한다. 회사 A는 제품 X에 의해 생성된 미래 현금 흐름을 10%의 비율로 할인하면 2,000만 달러의 NPV를 산출할 것으로 추정한다.

NPV가 2,000만 달러이고, 제품 X에 1,500만 달러의 총 초기 투자가 필요한 경우, 제품 X의 총 NPV는 500만 달러이다(2,000만 달러에서 1,500만 달러 초기 투자를 뺀 값). 이 값이 투자에 대한 회사 A의 최소 이익 기준을 충족한다면, 회사 A는 제품 X에 투자할 가능성이 높다. 하지만 회사 A는 이 투자에 의해 창출될 예상 IRR도 알고 싶어 할 수 있다. IRR을 결정하기 위해서 회사 A는 제품의 NPV를 0으로 만드는 할인율을 계산한다. 이것은 제품 X의 IRR이다. IRR의 가치는 예상 현금 흐름과 제품 수명에 따라 다르다. 이 예제에서 제품 X의 IRR이 15%라고 가정해보자. 회사 A의 신제품에 대한 최소 허용 예상 IRR이 12%라면, 제품 X에 투자할 가능성이 높다. 〈예제 3-1〉은 신제품에 대한 재무 분석 방법을 보여준다.

〈예제 3-1〉에서 NPV 계산은 다음 공식을 사용한다.

$$\frac{(1년차\ 현금흐름)}{(1 + 할인율)^1} + \frac{(2년차\ 현금흐름)}{(1 + 할인율)^2} + \cdots + \frac{(Y년차\ 현금흐름)}{(1 + 할인율)^Y}$$

여기서 Y는 연차를 의미한다. IRR을 구하려면 동일한 NPV 방정식을 사용해야 하지만, 할인된 현금 흐름의 합계를 초기 투자와 동일하게 만드는 할인율을 구하거나 다음을 수행해야 한다.

$$초기투자 = \frac{(1년차\ 현금흐름)}{(1 + IRR)^1} + \frac{(2년차\ 현금흐름)}{(1 + IRR)^2} + \cdots + \frac{(Y년차\ 현금흐름)}{(1 + IRR)^Y}$$

여기서 Y는 연차를 의미한다. 위 공식은 〈예제 3-1〉과 같이 반복적으로 풀 수 있다.

예제 3-1 Blakerman의 신제품 재무분석

Blakerman의 경영진은 새로 개발한 스케이트보드 제품의 예상현금흐름을 보여준다. 제품의 예상되는 수명은 5년이다. 예상되는 제품 및 프로세스 설계 비용은 75만 달러이다. Blakerman의 경영진은 모든 제품의 재무분석 시 8%의 할인율을 적용하여 예상되는 NPV와 IRR을 모두 확인해보려고 한다.

연 도	예상 현금 흐름($)	현금 흐름의 NPV
1	250,000	$250{,}000/(1.08)^1 = 231{,}481$
2	300,000	$300{,}000/(1.08)^2 = 257{,}202$

연 도	예상 현금 흐름($)	현금 흐름의 NPV
3	350,000	$350,000/(1.08)^3 = 277,841$
4	200,000	$200,000/(1.08)^4 = 147,006$
5	100,000	$100,000/(1.08)^5 = 68,058$
	Total NPV	$981,588 - $750,000 = $231,588

NPV 공식을 활용하여 계산한 스케이트보드 신제품의 총 NPV는 23만 1,588달러이고, 투자금 회수에 걸리는 시간은 3년보다 약간 적다(처음 3년 동안 할인된 현금 흐름을 추가하여 구함). 이는 75만 달러 투자에 대한 긍정적인 신호로 볼 수 있다.

해당 제품의 예상 IRR을 찾기 위해서는 NPV 공식을 반복적으로 풀어서 NPV = $750,000이 되도록 한다. 우선 15%를 투입해본다.

$$\$750,000 = \frac{(250,000)}{(1.15)^1} + \frac{(300,000)}{(1.15)^2} + \frac{(350,000)}{(1.15)^3} + \frac{(200,000)}{(1.15)^4} + \frac{(100,000)}{(1.15)^4}$$
$$= 217,391 + 226,843 + 230,131 + 114,351 + 49,718 = \$838,434$$

IRR 값이 너무 낮으므로, 다음으로 20%를 투입해본다.

$$\$750,000 = \frac{(250,000)}{(1.20)^1} + \frac{(300,000)}{(1.20)^2} + \frac{(350,000)}{(1.20)^3} + \frac{(200,000)}{(1.20)^4} + \frac{(100,000)}{(1.20)^4}$$
$$= 208,333 + 208,333 + 202,546 + 96,451 + 40,188 = \$755,851$$

이번에는 꽤 근사한 값으로 나왔다. 하지만 IRR 값이 여전히 너무 낮으므로 다음으로 21%를 투입해본다.

$$\$750,000 = \frac{(250,000)}{(1.21)^1} + \frac{(300,000)}{(1.21)^2} + \frac{(350,000)}{(1.21)^3} + \frac{(200,000)}{(1.21)^4} + \frac{(100,000)}{(1.21)^4}$$
$$= 206,612 + 204,904 + 197,566 + 93,301 + 38,554 = \$740,937$$

이번에는 IRR 값이 너무 높게 나왔다. 보간법을 사용하여 IRR은 약 20.4%인 것으로 나타났다. 이는 회사의 할인율인 8%를 상회한다는 점에서 좋은 징조이기도 하다.

이상에서 살펴본 예제는 다음과 같이 스프레드시트를 사용하여 계산할 수도 있다.

	A	B
1	A	B
2	Year	Cash Flows ($)
3	0	−750,000
4	1	250,000
5	2	300,000
6	3	350,000
7	4	200,000
8	5	100,000
9		$231,588.70
10		20.39%

B8:NPV(0.08,B3:B7)+B2

B9:IRR(B2−B7)

'어떤 제품이나 프로젝트 상황에서 NPV 또는 IRR을 비교하는 것 중 어느 것이 더 나을까?'라는 의문이 있을 수 있다. 일반적으로 IRR은 프로젝트의 규모나 재무적 영향을 구분하지 않는다. 따라서 소규모 프로젝트의 경우, 총 NPV가 큰 대규모 장기 프로젝트보다 IRR이 더 높을 수 있다. 확신이 부족한 관리자는 일반적으로 재정적 영향이 가장 큰 제품·프로젝트, 즉 NPV가 가장 높은 제품·프로젝트를 선택한다. 투자 규모가 유사한 제품의 경우, 관리자는 IRR이 가장 높은 제품에 투자할 수 있을 것이다.

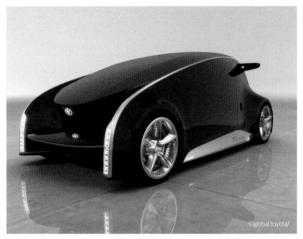

그림에서 보여지는 Toyota Fun Vii의 프로토타입은 제품 및 프로세스 설계 단계 후에 제작된다.

⑤ 제품 및 공정 설계

제품 개념이 모든 검토 요구사항을 충족하고 경영진의 승인을 받으면, 제품 및 프로세스 설계 단계로 이동한다. 여기서 설계 엔지니어는 신제품에 대한 제품 상세 사양, 도면 및 공정 단계를 개발한다. 그런 다음에 설계자는 실제 물리적 모델이나 컴퓨터 모델이 될 수 있는 프로토타입을 만든다. 마지막으로 제품의 실제 사용을 시뮬레이션하고 제품 디자인을 개선하기 위한 테스트가 수행된다. 동시에 필요한 생산 단계로 넘어가기 위한 도구와 장비를 제작, 구매 및 테스트한다. 이 개념은 '동시공학'(다음 섹션에서 설명)으로 알려져 있으며, 제품 설계가 진행되면서 동시에 생산 공정이 개발되면 상당한 시간을 절약할 수 있는 장점이 있다(4장 내용에서는 공정 설계에 집중한다는 점에 유의 바람).

서비스 제공자에게 동시공학은 새로운 서비스가 설계됨과 동시에 서비스 전달 시스템이 개발됨을 의미한다. 서비스 고객은 새로운 서비스 아이디어가 쉽게 이해되고 만족스러운지, 고객이 실제로 서비스를 구매할 것인지에 대한 피드백에 활용할 수 있다. 서비스의 판매 가능성을 결정하기 위해 다양한 가격 옵션을 테스트해볼 수도 있다.

흐름도 기법의 일종인 서비스 청사진(service blueprinting)은 새로운 서비스를 설계 및 평가하거나 기존 서비스를 개선할 때 자주 사용된다. 서비스 청사진은 서비스 제공자와 고객 사이에서 발생하는 직간접적인 활동과 함께 고객과 관련이 없는 비접촉 활동도 함께 보여준다. 〈그림 3-3〉은 청사진에 매핑된 각 서비스 활동과 함께 자동차 급유 공장에서의 일반적인 경험에 관한 청사진의 예를 보여준다. '가시 선(line of visibility)' 아래에는 일반적으로 고객이 볼 수 없는 활동이 있다. 서비스 청사진은 고객 요구사항과 회사 요구사항을 모두 고려한다. 서비스 청사진은 서비스 제공 공정을 설계하기 위한 출발점으로 사용할 수 있다.

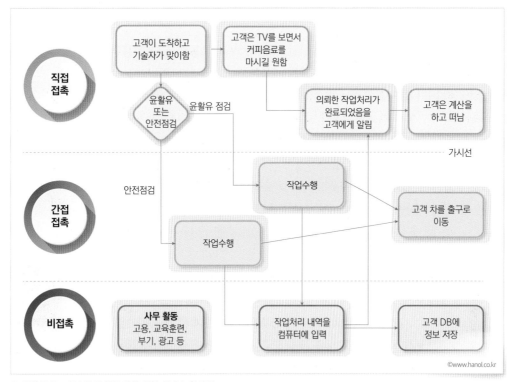

직접 접촉

고객이 도착하고 기술자가 맞이함 → 고객은 TV를 보면서 커피음료를 마시길 원함

윤활유 또는 안전점검 — 윤활유 점검

의뢰한 작업처리가 완료되었음을 고객에게 알림 → 고객은 계산을 하고 떠남

가시선

간접 접촉

안전점검

작업수행

작업수행 → 고객 차를 출구로 이동

비접촉

사무 활동 고용, 교육훈련, 부기, 광고 등

작업처리 내역을 컴퓨터에 입력 → 고객 DB에 정보 저장

©www.hanol.co.kr

🔵 **그림 3-3_** 신속한 윤활유 샵을 위한 서비스 청사진

6 최종 제품 테스트 및 개선

제품 테스트 단계는 최종 제품 및 공정 설계가 개선됨에 따라 계속 수행된다. 직원, 공급업체, 고객 패널 및 테스트 시장의 피드백을 통해 제품 설계 목표, 고객 요구사항 및 공급업체 기능을 충족하는 데 필요한 제품 설계 개선 사항을 확인할 수 있다. 예를 들어 Nissan North America는 엔지니어들이 시뮬레이션 된 승객과 함께 3D 가상 자동차에 탑승하도록 했다. 엔지니어들은 좌석에 오르내리고, 짐을 싣고 내리며, 대시보드 표시기의 인체공학적 배치를 확인한다. 그런 다음 재설계 목적으로 이 정보를 사용할 수 있다. 버지니아에 본사를 둔 Northrop Grumman은 CVN 78 미해군 항공모함의 설계를 개발하기 위해 유사한 3D 시뮬레이션을 대규모로 사용했다. 그리고 미국 소매업체 Sam's Club은 기업 테스트 주방과 감각 연구소에서 직원 자원봉사자를 활용하여 고객이 선호하는 맛, 질감 및 모양을 갖도록 하였다.

7 생산준비와 제품 도입

파일럿 제조는 설계-구축-테스트 단계가 성공적으로 완료되면 시작된다. 이때 생산설비가 안정적으로 제품을 생산할 수 있는지, 본격적인 생산이 가능한지를 판단하기 위해 임시로 적은 수량의 제품을 생산해본다. 성공적인 파일럿 생산이 완료되면 일관된 품질 수준이 유지될 때까지 생산이 천천히 증가한다. 그런 다음 생산 규모가 제품의 본격적인 출시 수준으로 증가한다. 텍사스에 본사를 둔 Freescale Semiconductor는 파일럿 제조를 통해 여러 고객을 위한 MP3 플레이어용 재생 칩 제조 기술을 인증했고, 나중에는 본격적인 생산으로 옮겼다. 이는 최종적으로 실제 수요에 따라 생산량이 증가시킬지 여부와 시기가 결정된다. 예를 들어, 지난 몇 년 동안 워싱턴에 있는 Boeing사는 연료 효율이 높은 여객기에 대한 수요가 증가함에 따라 777 항공기 생산량을 천천히 늘렸다.

유사하게도 새로운 서비스는 회사가 전면적인 시장 도입이 보증된다고 만족할 때까지 제한된 시장에 출시된다. 매사추세츠에 본사를 둔 Dunkin'의 경우 댈러스, 라스베이거스 및 내슈빌 시장을 통해 터치스크린 방식의 자동 주문 키오스크를 테스트했다. 이를 통해 Dunkin'은 피크 운영 시간 동안 처리능력이 30% 이상 증가하는 것을 확인했으며, 키오스크가 주문 정확도를 높이는 동시에 고객의 이탈을 줄이는 효과를 동시에 얻을 수 있었다.

3 제품 개발 리드타임 줄이기

3. 제품 개발 리드타임을 줄이는데 사용되는 방법

고객의 신제품에 대한 수요가 계속 증가하고 경쟁 수준이 높아짐에 따라 제조업체는 신제품 아이디어 창출부터 시장 출시까지의 시간을 줄이기 위해 여러 가지 방식을 시도해왔다. 여기에는 이들 중 몇 가지를 설명할 것이다.

1 동시공학

동시공학(CE: Concurrent Engineering) 또는 제품과 제품의 제조 및 지원 프로세스의 동시 설계로 알려진 개념은 1980년대부터 사용돼왔지만, 일부 역사가들은 1900년대 초 Henry Ford의 생산설비에서도 동시공학을 시도했다고 지적한다(비록 동시공학이라 불리지는 않았지만). 1980년대 이전에는 보통 '선형 또는 순차적 제조 방식'으로 일컬어졌다. 1980년대 중반 일본의 자동차 및 전자 제품 제조업체가 세계 시장에서 빠르게 입지를 확보하면서 경영학자와 경쟁업체는 여기서 경쟁우위의 원인을 찾기 시작했다. 이러한 노력을 통해 얻어진 것은 공통적으로 동시공학이라고 하는 특성이었다. 동시공학의 주요한 이점 중 하나는 〈그림 3-4〉와 같이 제품 개발 및 생산 리드타임이 단축된다는 것이다.

'동시공학'이라는 용어는 1988년 미국 국방부 연구 논문에서 최초로 사용되었다. 이 논문에서 사용된 동시공학의 정의는 다음과 같다.

동시공학은 제조와 지원을 포함하여 제품 및 관련 프로세스의 통합된 동시적 설계에 대한 체계적인 접근 방식이다. 이 접근 방식은 개발자가 처음부터 품질 비용, 일정 및 사용자 요구사항을 포함하여 제품 개념 개발에서 폐기에 이르는 제품 수명 주기의 전 구성요소를 함께 고려하도록 하기

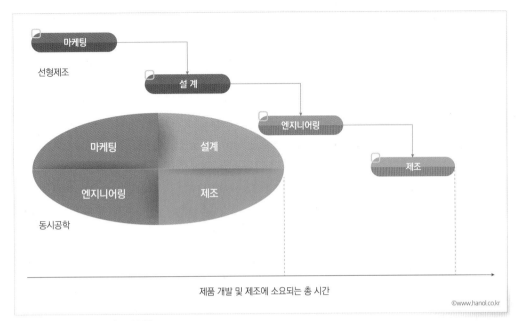

마케팅
선형제조
설계
엔지니어링
제조

마케팅　설계
엔지니어링　제조
동시공학

제품 개발 및 제조에 소요되는 총 시간

©www.hanol.co.kr

○ 그림 3-4_ 선형 제조와 동시공학

위한 것이다.

동시공학의 특성은 다음과 같이 요약해볼 수 있다.

- 엔지니어링, R&D, 마케팅, 운영, 재무, 품질관리, 때로는 공급업체 및 고객 대표까지 포함하는 다기능 신제품 개발팀
- 정보의 자유로운 흐름, 아이디어의 교차 수정 및 자기 조직화를 허용하기 위해 팀에 부여된 높은 수준의 자율성
- 제품 및 프로세스 설계 단계가 중복되므로 비용과 리드타임을 줄이는 동시에 고객 요구사항과 제품 속성 및 성능 간의 일관성 개선
- 설계 및 생산의 모든 단계에서 높은 수준의 팀 구성원 참여로 인해 제품 설계, 처리 및 운영 문제 발생가능성 감소

이러한 방식을 일본에서는 사시미 시스템(Sashimi system)이라고도 하며, 이러한 원칙을 다룬 논문은 이후 2004년 「Journal of Knowledge Management」에 게재되었다.

이들 초기 방식은 오늘날 전 세계적으로 훨씬 더 통합된 비선형 형태의 신제품 개발 및 제조 프로세스로 발전했다. 예를 들어, 일본의 Fuji Xerox는 1995년 동시공학을 통합적으로 적용하기 위한 전사적 노력에 착수했다. 2003년에는 새로운 복사기 개발 과정에서 리드타임을 절반으로 단축할 수 있었고, JD Power Asia의 컬러복사기 부문 고객 만족도에서 1위를 차지했다. 또 다른 예로 European Airbus Industrie는 동시공학을 활용하여 1990년대 초 최초로 광동체(넓은 몸체의) 제트기로 Boeing을 압도했다.

동시공학은 오늘날 제품 설계에 널리 사용되고 있다. 부품 및 재료 설계, 가용성 및 가격 책정에 대한 지식이 설계 프로세스에서 매우 중요하다는 것이 입증되었기 때문에 조기에 공급업체를 신제품 설계 팀에 참여하도록 하는 것이 일반적으로 인정되는 방식이 되었다. 마찬가지로 가치공학(VE: Value Engineering)이라는 용어는 맞춤형 설계 부품 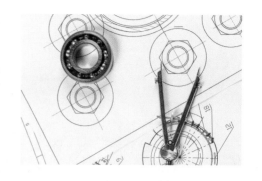 대신 쉽게 구할 수 있는 부품을 사용하고, 변경사항이 제품의 사용 또는 성능에 영향을 미치지 않는 한 더 저렴한 재료와 단순한 디자인을 사용하여 신제품의 비용을 줄이는 방식으로 알려져 있다.

오늘날 동시공학 방식은 너무 광범위하여 더 이상 중요한 경쟁우위 요소로 간주하지 않는다. 더욱이 1990년대에 공급망관리 방식이 발전함에 따라 일부 회사는 공급망 방식과 동시공학을 3차원 동시공학 또는 3-DCE라고 하는 것으로 확장했다. 3-DCE에서는 제품, 프로세스 및 공급망의 설계가 동시에 수행된다. 많은 신제품 설계 팀에서 공급자 및 고객 대표가 이미 구성원으로 포함되기 때문에 신제품 공급망 설계에서 프로세스 및 제품 설계의 논리적 확장은 충분히 실현가능한 것이다. Intel과 Chrysler와 같은 회사는 3-DCE를 성공적으로 사용하여 제품 개념화 단계에서 시장 침투에 이르기까지 리드타임을 더욱 단축하는 효과를 얻었다.

② 제조 및 조립을 위한 설계

1990년대에 접어들면서 제품 설계에 사용되는 컴퓨터 기술과 소프트웨어 응용 프로그램이 발전함에 따라 제품 설계를 수정, 테스트 및 개선하는 능력도 향상되었다. 소프트웨어를 사용하여 부품을 통합하거나 제품 설계를 단순화하여 조립 비용을 절감할 수 있다. 또한 설계자가 대체 재료, 부품 및 공정 선택을 검토하여 설계 비용과 재료의 조정 여부를 판단하는 데 소프트웨어가 사용되었다. 이러한 방식은 제조 및 조립을 위한 설계(DFMA: Design for Manufacture and Assembly)로 알려지게 되었다.

사용되는 부품의 수를 줄이면 제조 비용 절감에 기여하게 된다. 즉, 보관이 필요한 품목이 줄어들고, 문제가 발생할 가능성이 줄어들고, 관리할 공급업체가 줄어들고, 설계에 소요되는 시간을 줄인 후 제품을 조립하는 것이다. 뉴햄프셔에 위치한 플라즈마 절단기 제조업체인 Hypertherm은 회사에서 DFMA를 활용하는 좋은 예다. Hypertherm은 조립 시간을 50% 단축하는 동시에 비용을 약 45% 절감했다. DFMA를 통해 Hypertherm은 제품 성능에 부정적인 영향을 미치지 않으면서 재료 비용과 조립 시간을 줄일 수 있었다. DFMA의 몇 가지 매우 간단한 예가 〈그림 3-5〉에 나와 있다. 개선된 설계 방식을 통해 더 적은 수의 부품을 사용하고, 조립작업 또한 쉽고 빨라진다.

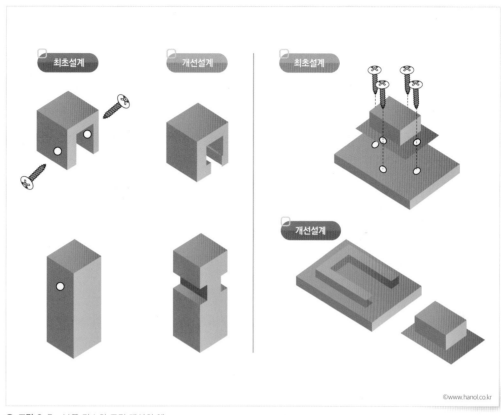

🔵 **그림 3-5_** 부품 감소와 조립 개선의 예

4 제품 설계의 지속가능성

4. 지속가능성이
제품 설계에 미
치는 영향

　　최근 주목받고 있는 이슈 중 하나는 재화와 서비스의 설계, 운영, 폐기 단계에 지속가능성 요소를 포함하는 것이다. 지속가능한 제품 및 프로세스 설계는 제조업체와 서비스를 위한 제품 및 프로세스의 경제적, 환경적, 사회적·윤리적 성과를 통합하고 개선한다. 기업의 지속가능성은 낭비와 에너지를 줄이고 오래된 제품을 새 제품으로 재활용하며, 직원과 고객을 위해 쾌적하고 생산적인 작업장을 만드는 정책을 가진 혁신적인 회사의 제품을 소비자가 구매하도록 유도한다.

　　오늘날 고객은 기업이 제품을 만드는 데 있어 재활용 재료를 얼마나 사용하는지, 다양한 인력을 고용하거나 아동 노동자를 고용하는지, 제품이 에너지를 보존하는지, 제품이 효율적으로 폐기, 재사용 또는 재활용되고 있는지 여부에 대해 알기 원한다. 또한 직원은 회사가 사회적으로 책임 있는 가치와 협업 문화를 갖고 있는지 알고 싶어 한다. 많은 경우 지속가능성의 문제는 소비자가 원하는 더 낮은 비용, 더 나은 생산성, 제품 또는 공정 설계 요소 측면에서 기업에 경쟁우위를 제공할 수 있다. 다음 섹션에서는 이들 중 몇 가지에 대해 설명할 것이다.

1 환경적 영향

모든 제품과 서비스는 환경에 영향을 미친다. 따라서 생산자는 구매한 자재, 부품, 완제품 및 관련 품목이 어디에서 왔는지, 구매 품목이 어떻게 만들어졌으며 얼마나 많은 물을 사용했는지, 품목을 얼마나 멀리 운송하였고, 또 어떻게 제품을 폐기하는지를 동시에 고려해야 한다. 또한 관리자는 제품의 수명주기 동안 소비되는 에너지, 제품

조립의 용이성, 제품의 내구성, 수명이 다한 제품의 재사용 가능성, 마지막으로 제품 및 서비스의 전달 시스템과 관련한 환경적 영향을 고려해야 한다.

오늘날 제품 설계 시스템은 엔지니어들로 하여금 제품 수명주기 단계 동안 탄소 발자국(carbon footprint), 에너지 사용량, 대기 산성화 영향 및 수질 오염 프로필을 포함하는 수명주기 평가라고도 하는 제품의 환경 영향에 대해 전 주기적 분석을 가능하게 해준다. 이 정보를 통해 기업은 더 우수하고 지속가능한 상품 및 서비스 설계 결정을 내릴 수 있다. 제품 포장 및 운송 시스템도 중요한 공급망 지속가능성 문제가 되었다. 모델링 도구를 통해 기업은 다양한 포장 유형의 탄소 배출량을 분석할 수 있으며, 이는 설계자에게 제품 포장 선택의 친환경성을 보여줄 수 있다. 소프트웨어 응용프로그램을 통해 기업은 환경에 미치는 영향을 최소화하면서 물류 관련 의사결정을 내릴 수 있다.

예를 들어, 스위스에 본사를 둔 네슬레(Nestlé)는 포장과 관련하여 과학에 기반한 의사결정을 내릴 때, 포장 개발 초기에 포장영향신속평가도구(PIQET: Packaging Impact Quick Evaluation Tool)를 사용한다. PIQET은 네슬레의 친환경 디자인 이니셔티브에서 핵심적인 역할을 하는 라이프 사이클 평가 소프트웨어 도구이다. 이 도구와 회사의 지속가능성 목표를 통해 Nestlé는 2018년까지 5억 킬로그램 이상의 포장 재료를 절약할 수 있었다. 폐기물 감소를 다루는 최고의 소비자 뉴스레터인 ULS 보고서의 창시자이자 발행자인 Bob Lilienfeld는 다음과 같이 말했다. "지속가능한 포장의 핵심은 포장된 제품이 100% 최대 기능성의 유효한 상태로 100% 의도한 목적지에 도달하도록 하는 것이 첫 번째이다. 두 번째는 최소의 재료, 에너지 및 폐기물로 첫 번째 사항을 달성하는 것이다." 아래 Manufacturing Spotlight는 지속가능한 운영 절차를 활용하여 수익을 창출하는 회사의 좋은 예를 제공한다.

글로벌 농기구 제조업체인 John Deere는 고객이 농기계를 효과적으로 활용할 수 있도록 해주는 'FarmSight'라는 소프트웨어를 개발했다. FarmSight는 무선 데이터 네트워크를 사용하여 농부들이 원격 위치에서 물류 및 기계를 더 잘 관리할 수 있도록 해준다. John Deere의 작업장과 농장의 협력을 담당하는 이사인 Jerry Roell은 "John Deere의 FarmSight 글로벌 솔루션 제품군은 장비, 소유자, 운영자, 딜러 및 농업 컨설턴트를 연결하는 통합 무선 기술을 사용하여 농장이나 비즈니스에 더 나은 생산성을 제공해줍니다"라며, "우리는 생산자들이 기계의 데이터와 정보를 쉽고

효율적으로 관리하여 회사 운영에 대한 더 나은 결정을 내리는 데 도움을 줄 수 있는 네트워킹 도구에 투자하고 있습니다"라고 했다.

② 제품 폐기의 지속가능성

많은 회사에서 제품 재사용과 재활용은 상당한 수익을 창출하고 있으며, 매우 높은 수준의 고객 노출성(visibility)을 확보하고 있다. 쉽게 재활용할 수 있는 제품은 소비자에게 긍정적인 인상을 심어준다. Coca-Cola와 Burt's Bees와 같은 제조사와 MCG(Melbourne Cricket Ground)와 같은 서비스회

Manufacturing SPOTLIGHT

Straus Family Creamery의 지속가능한 낙농업

캘리포니아에 위치한 Straus Family Creamery는 1941년 Straus Dairy Farm으로 설립되었다. Albert Straus는 대학에서 낙농학을 전공한 후, 1977년부터 회사 운영에 참여했다. 1990년 유기농 생산 기술을 배운 이후 사업 계획을 수립하며 자금을 확보한 후, Albert Straus는 미시시피 강 서쪽에서 최초로 인증된 유기농 유제품 및 크림 사업을 개시했다.

순수 유기농 크림을 만드는 것은 몇 가지 운영상의 어려움을 야기했다. 엄격한 성분 요구사항을 충족할 수 있는 공급업체가 적기 때문에 Straus Family Creamery는 기존의 다른 회사보다 더 큰 비용을 지불해야 했다. 폐기물을 감소시키는 방법에는 그릭 요거트를 생산하는 동안 유청액을 걸러내고 이를 소 사료로 전환하는 것과 함께 요거트 및 아이스크림에 버터 생산 과정에 초과로 발생한 버터밀크를 사용하는 것까지도 포함된다. 추가로 장비 세척을 위해 매일 유청 생성과정에서 발생하는 많은 양의 젖소 물(cow water)을 사용한다.

Straus의 전체 생산량은 다른 회사보다 적었다. 다른 큰 회사들이 한 시간 동안 생산하는 양을 이 회사는 하루에 생산한다. Straus는 "원래의 목표는 만약 한 제품 라인이 그다지 성공적이지 않거나 판매 손실이 발생하더라도 다른 제품을 사용하여 회사의 경제적 생존 능력을 유지하고, 농장들에게 공정한 경쟁의 장을 유지하도록 해주는 것이었습니다"라며, "우리는 대체로 잘 팔리고 진화가 가능하며 시장 트렌드를 반영할 수 있는 것을 중심으로 정기적인 신제품을 내

놓고 있습니다"라고 말한다.

지속가능성에 대한 강조는 강력한 경쟁 차별화 요소이지만, 크림 공장의 환경적 관심을 알리는 것은 기업이 자원을 적절하게 관리할 수 있는 방법을 보여주기 위한 더 큰 사명의 일부이기도 하다. Straus Family Creamery에는 지속가능성 부서, 지속가능성 이사, 그리고 지속가능성 코디네이터가 있다. 크림 공장에서 나오는 폐수의 94%를 Straus Dairy Farm으로 보내 메탄 분해에 재사용한 다음 목초지의 관개용으로 사용한다. Straus 낙농장에서 가축 사료를 운반하는 데 소 배설물로 동력을 공급받는 전기 트럭을 사용한다. Robert McGee 회장은 "우리 회사의 최종 목표는 사람들이 대기 및 수질 오염, 토양 고갈, 탄소 및 온실 가스 배출과 관련된 더 많은 교육을 받고 해결책을 찾는 데 동참할 수 있도록 인식과 이해를 높이는 것입니다"라며, "소비자들은 다음 세대를 위한 건강한 세상을 만들기 위해 노력하는 기업을 호의적으로 지원하게 될 것입니다"라고 말한다.

출처: R. Mitchell, "A Model Citizen," *Dairy Foods* 119, no. 1 (2018): 50-52.

사도 제품 폐기에 있어 지속가능한 방식을 사용하는 데 앞장서고 있다.

최근 설문조사에서 소비자의 79%가 환경에 도움이 된다고 생각하는 회사의 제품을 구매하는 것을 선호한다는 데 동의했다. 예를 들어, 코카콜라는 고객에게 재활용을 권장하는 광고 캠페인과 함께 여러 국가에서 재활용 쓰레기통을 내놓고 있다. Coca-Cola Great Britain의 사장인 Sanjay Guha는 "지속가능성은 우리가 하는 모든 일의 핵심입니다. 지속가능하고 건강한 커뮤니티 없이는 지속가능한 비즈니스를 가질 수 없습니다. 이것이 바로 우리가 스스로 추구하는 활동뿐만 아니라 소비자가 스스로 역할을 할 수 있도록 돕기 위해 최선을 다하는 이유입니다"라고 말했다. 호주에서 MCG는 400만 개 이상의 식음료 제품을 판매하고 있다. MCG는 매년 2,000톤이 넘는 쓰레기에 대해 몇 가지 혁신적인 제품 재활용 프로그램을 도입했다. 예를 들어, 폴리스티렌 맥주 컵은 재활용할 수 없는 폐기물의 가장 큰 원인으로 밝혀졌기 때문에 이 컵은 재활용 가능한 컵으로 교체되었으며, 이제 MCG는 맥주 컵을 100% 재활용하게 되었다. 또한 현재 시설에서 발생하는 모든 폐기물의 83% 이상을 재활용하고 있다.

5 제품 설계의 트렌드

5. 제품 설계의 최신 동향 설명 및 분석

매년 제품 디자이너는 새로운 혁신, 눈길을 끄는 디자인, 기존 디자인의 새로운 용도, 낮은 에너지 사용, 더 좋은 기술 사용, 더 나은 성능 또는 더 저렴한 가격 등 다양한 이유로 소비자가 제품을 구매하도록 유도한다. 새로운 제품에 대한 고객의 욕구를 더 잘 예측하는 회사는 다른 회사가 동일한 제품의 모방 버전을 만들 때까지 제품을 가장 먼저 시장에 출시하고 더 높은 이윤을 누릴 수 있다. 다음 섹션에서 몇 가지 대표적인 제품 설계 트렌드에 대해 논의하고, 몇몇 혁신적인 제품 사례를 설명할 것이다.

1 휴대폰 트렌드

매년 휴대폰 제품에 엄청난 변화가 일어난다. 다음은 몇 가지 최신 트렌드의 예이다. Apple은 다양한 조명 조건에서 안전하고 빠른 생체 인증을 가능케 한다. 다른 제조사에서도 얼굴 인식 기능을 제공하고 있지만, Apple의 Face ID만큼 안전하지는 않다. 삼성은 더 안전하지만 빠르지는 않은 홍채 스캔 기

자동화 공장과 셀룰러 기술의 발전으로 웨어러블 기술을 포함한 다양한 휴대폰 제품이 탄생했다.

능을 제공하고 있다. 증강현실 앱(가상의 이미지를 실제 비디오 또는 사진 위에 배치)은 점점 더 강력한 성능을 가진 스마트폰과 함께 더 많은 부분에 서비스될 것이다. Google ARCore와 Apple ARKit이 그 좋은 예이다. 세계 최고의 Top 2 스마트폰 제조사인 Samsung과 Apple은 무선 충전 방식을 채택했으며, 이는 곧 고객들의 일반적인 요구사항이 될 것임을 의미한다. 마지막으로 인공지능의 사용은 휴대폰에서 더 좋은 사진을 만들어내고, 사물을 인식하며, 개인 일정관리를 개선시킬 수 있다. Amazon의 경우에는 가능한 한 많은 스마트폰에 Alexa를 도입하려고 노력하고 있다.

② 제품 포장 트렌드

제품 포장을 어떻게 할까 결정하는 데 있어 다음과 같은 몇 가지 질문을 해볼 필요가 있다. 그것은 무엇인가(고객에게 제품 알리기), 무엇을 하는 것인가(제품 기능에 대한 정보 제공), 가치는 무엇인가(고객이 구매해야 하는 이유) 등과 같은 것이다. 이를 염두에 두고 다음과 같은 최신 동향을 살펴볼 것이다.

자동화, 맞춤화된 인쇄물의 가격이 계속적으로 하락함에 따라 개인화는 더욱 빈번하게 사용된다. 개인화된 포장 방식은 고객 경험의 일부가 되도록 이끈다. 또한 고객이 개인화된 포장재를 재사용하므로 더욱 친환경적이 될 수 있다. Coca-Cola는 'Share a Coke' 캠페인에서 이름과 성을 병에 새길 수 있도록 하여 개인화했다. 소비자는 Share a Coke 웹사이트에서 개인에 맞춤화된 유리병과 6개짜리 팩 포장 Coca-Cola 제품을 주문할 수 있다.

③ 사무실 설계 트렌드

미국에서 사무실 환경공사 시장은 매년 약 4~6%씩 지속 성장하고 있다. 사무실 건물은 작업 공간에 대한 디자인이 필요하며, 밀레니얼 세대(1980~2000년 사이에 태어난 사람)가 사무실 직원의 다수를 구성하기 시작하면서 이러한 트렌드는 더욱 빠르게 확산되고 있다. 오늘날 사무실 디자인은 변화하는 작업 스타일, 모바일 기술, 그리고 창의성과 팀워크를 장려하는 변화에 의해 주도되고 있다. 칸막이가 있는 사무실은 사라지고, 오픈된 사무실 공간과 트렌디한 브레이크 아웃 영역이 나타난다. 모바일 기술을 사용하면 연중무휴 24시간 어디서나 작업 수행이 가능하다. B.R. Rries & Associates의 CEO인 Barry Fries는 "밀레니얼 세대가 소유하거나 지배하고 있는 젊은 기업들이 그 어느 때보다 유연한 가구 시스템과 놀라울 정도로 높은 마감 품질을 갖추고, 견고하며 여유로운 인테리어가 설치된 유서 깊은 도심 건물에 관심을 가지는 것을 볼 수 있습니다"라고 말한다.

회사 내 수직적 직급 구조와 연공서열은 더 이상 업무공간 디자인의 핵심 요소가 아니다. 건축회사 LPA Inc.의 설문조사에 따르면, 직원들은 다양한 작업 공간이 제공될 때 생산성이 더 높아진다. 지식 근로자는 팀워크 작업이 업무 시간의 약 80%로 증가했기 때문에 그들이 책상 앞에서 보내는 시간이 단 40%에 불과하다. 현재 작업 공간의 개념은 반드시 부서가 아닌 이웃과 같은 사이를 만들려고 시도한다. 이 아이디어는 직원들에게 단순히 책상을 소유하는 것이 아니라 마치 동호회에 소속되어 있다는 느낌을 주도록 하는 것이다. "인건비는 모든 회사에서 가장 큰 지출이므로 직원을 쾌적하게 해주는 것이 오히려 수익에 도움이 됩니다"라고 LPA의 사장인 Rick D'Amato는 말한다.

④ 몇 가지 혁신적인 신제품 사례

미국마케팅협회(American Marketing Association)가 1987년에 제정한 에디슨상(Edison Awards)은 매년 세계에서 가장 혁신적인 제품과 서비스를 선정한다. 매년 15개 카테고리에서 제품과 서비스 혁신가로부터 후보를 추천받는다. 모집된 후보들은 에디슨상 운영위원회의 위원들이 심사한 후 심사위원단에 최종 후보 명단을 제출한다. 심사위원단은 3,000명 이상의 미국 기업 고위 임원 및 학계 소속 전문가로 구성되어 있으며, 이들은 콘셉트, 가치, 전달(delivery) 및 영향력의 네 가지 기준에 따라 각 부문별 결선 진출자를 선정한다. Edison Awards는 Thomas A. Edison(1847~1931)의 이름을 따서 명명되었다. 그는 획기적인 신제품 개발 방법으로 1,093개의 미국 특허를 등록하는 등 전 세계적으로 유명하다. 2018년의 Edison Awards 수상자는 다음과 같다.

- **Hanson Robotics의 소피아 로봇** Sophia는 매우 사실적인 표정과 독특한 성격을 가지고 있다. 이 로봇은 60가지 이상의 표정을 시뮬레이션하고, 얼굴을 추적 인식하고, 사람의 눈을 바라보며, 자연스러운 대화를 나눌 수 있다. 그리고 지식, 성격 및 기술 측면에서 계속 진화하고 있다.

- **Desktop Metal의 Production System™** Desktop Metal의 Production System은 훨씬 저렴한 비용으로 기존의 가장 빠른 적층 시스템보다 최대 100배 빠른 속도를 가진다. Production System은 전통적인 제조 공정과의 경쟁에 필요한 속도, 품질 및 부품당 원가를 달성할 수 있도록 하는 대량 생산용 최초의 금속 3D 프린팅 시스템이다.

- **Aeroseal, LLC의 AeroBarrier** AeroBarrier를 사용하면 에너지 효율적이며, 건강에 좋은 주택을 쉽게 설계할 수 있다. AeroBarrier 기술은 모낭만큼 작은 구멍을 밀봉한다. 신청 절차는 쉽고 비용 효율적이며, 미국에서 가장 혁신적인 건축 과학 전문가들이 승인한다.

- **Shark Shield Pty Ltd.의 FREEDOM+ Surf** 서퍼를 위해 특별히 설계된 전기식 상어 퇴치기는 전 세계에서 유일하게 과학적으로 입증되고 독립적으로 검증된 제품이다. 이 제품은 서핑 성능에 영향을 미치지 않으면서 완전히 통합된 솔루션을 제공한다. 서퍼를 위한 최고의 바다 수호자로서 상어로부터 보호받을 수 있게 하며 바다를 즐길 수 있는 마음의 평화를 준다.

- **WeWALK by Young Guru Academy** WeWALK는 흰 지팡이(시각장애인용 지팡이)를 스마트폰과 통합되는 혁신적인 스마트 지팡이로 바꿔준다. 장애물 감지, 스마트폰 통합, 개방형 플랫폼 기능을 통해 시각 장애인의 독립적인 이동 능력을 높이고, 사회생활 전반에 참여할 수 있도록 도와준다.

요약

신제품과 서비스의 개발은 회사의 핵심역량, 고객, 경쟁업체, 제품에 대한 재무적 요구사항 등 많은 것이 관련된 복잡한 문제이다. 성공적인 제품은 기업이 이익과 경쟁우위를 유지하는 데 도움이 된다. 신제품 및 공정팀은 철저한 심사 프로세스를 완료한 새로운 아이디어를 취하고 고객 요구사항을 충족할 수 있도록 제품 및 프로세스를 설계하는 최선의 방법을 결정한다. 이 장에서는 신제품 개발을 위한 리드타임을 줄이기 위한 활동과 함께 제품 개발 프로세스에 대해 논의했다. 환경 관련 고려사항은 제품 및 공정이 설계되는 방식에도 영향을 미치게 되며, 이와 관련된 주제도 함께 살펴보았다. 마지막으로 몇 가지 혁신적인 신제품에 대해서 설명했다.

주요용어

- **가치공학**(VE; value engineering) 제품의 사용이나 성능에 영향을 미치지 않는 범위 내에서 주문 제작된 부품 대신에 쉽게 구할 수 있는 부품을 사용하고, 더 저렴한 재료와 단순한 디자인을 사용하여 신제품의 비용을 줄이는 과정
- **개방형 혁신**(open innovation) 제품 아이디어를 생성하기 위해 대학, 공급업체, 고객 및 기타 주체들과 협력하는 프로세스
- **계약 서비스**(contract services) 한 회사가 다른 회사를 위해 제공하는 맞춤형 서비스(예 호텔의 가사, 유지보수 및 조경 서비스)
- **계약 제조업체**(contract manufacturers) 구매 기업의 레이블이나 브랜드로 다른 회사를 위해 부품이나 제품을 주문 제작하는 회사
- **기초 연구**(basic research) 새로운 현상이나 사물을 보는 새로운 방식을 발견하는 행위
- **내부수익률**(IRR; internal rate of return) 프로젝트의 순현재가치를 투자 비용과 같게 만드는 할인율
- **동시공학**(concurrent engineering) 제품 설계와 동시에 제조 공정 또는 서비스 제공 시스템을 설계하는 생산 전략
- **벤치마킹**(benchmarking) 다른 사람들이 가장 잘하는 것을 모방하는 방법
- **사시미 시스템**(sashimi system) 동시공학의 초기 일본 버전
- **서비스 청사진**(service blueprinting) 새로운 서비스를 설계 및 평가하거나 기존 서비스를 개선할 때 사용되는 순서도 방법, 서비스 제공 프로세스를 구성하는 모든 활동을 대표하며, 고객 접촉이 필요한 활동과 접촉이 필요하지 않은 활동을 분리하는 데 도움이 됨
- **수명주기 평가**(life cycle assessments) 탄소 발자국, 에너지 사용량, 대기 산성화 영향 및 수질 오염 프로파일 평가를 포함하여 제품의 환경 영향에 대한 요람에서 무덤까지 분석하는 방법
- **순현재가치**(NPV; net present value) 기업이 원하는 할인율을 이용하여 할인된 미래 현금 흐름의 합계
- **신경과학**(neuroscience) 새로운 제품 아이디어를 발견하기 위해 소비자의 잠재의식을 탐구하는 과학 영역
- **전략적 적합성**(strategic fit) 제품 설계를 회사의 운영 능력 및 정책(내부 적합성) 및 시장 조건 및 고객의 요구(외부 적합성)에 맞추는 것
- **제조 및 조립을 위한 설계**(DFMA; design for manufacture and assembly) 부품을 통합하고 본질적으로 제품 설계를 단순화하여 조립 비용을 줄이는 소프트웨어 응용 프로그램으로 이 소프트웨어는 설계자가 대체

재료, 부품 및 공정 선택을 검토하여 설계 비용과 재료 절충안을 판단하는 데 도움을 줌

- **제품설계**(product design) 기업 제품의 특성, 기능 및 성능에 대한 결정을 내리는 프로세스
- **조기 공급업체 참여**(early supplier involvement) 신제품 설계팀에 공급업체 대표가 참여하도록 하는 전략
- **지속가능한 제품 및 프로세스 설계**(sustainable product and process design) 제품 및 서비스의 설계, 운영 및 폐기 단계에 지속가능성 요소를 통합, 제품, 프로세스, 제조업체 및 서비스의 경제적, 환경적, 사회적·윤리적 성과를 개선
- **파일럿 제조**(pilot manufacturing) 제품에 대한 테스트 프로세스 디자인-빌드-테스트 단계가 성공적으로 완료된 후 생산 장비가 제품을 안정적으로 생산할 수 있는지 여부와 본격적인 생산이 가능한지 여부를 결정하기 위해 제한된 기준으로 제품을 제조
- **품질기능전개**(QFD; quality function deployment) 기업이 더욱 고객 중심적인 설계를 하는 데 도움이 되는 설계 방법
- **품질의 집**(HOQ; house of quality) 고객 요구사항, 제품 속성 및 설계 사양 간의 관계를 보여주는 품질기능 전개(QFD)의 일부. 제품의 경쟁력을 평가하는 데 도움이 되며, 경쟁업체에 대한 제품의 벤치마킹 평가 도구로 사용

문제해결

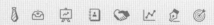

1. 다음과 같이 연말 현금흐름이 주어졌을 때, 12%의 할인율을 이용하여 두 프로젝트의 순현재가치를 구하라.
   - 프로젝트 1: 초기투자 5만 2,000달러, 현금유입 [1년차] 6만 1,000달러, [2년차] 2만 2,000달러, [3년차] 7,500달러, [4년차] 4,100달러
   - 프로젝트 2: 초기투자 4만 7,000달러, 현금유입 [1년차] 4만 6,000달러, [2년차] 2만 7,000달러, [3년차] 1만 3,500달러, [4년차] 6,200달러

정답

- 프로젝트 1의 경우, 1년 NPV $= \dfrac{(61,000)}{(1.21)^1} = 54,464$달러

$$2년\ NPV = \frac{22,000}{(1.21)^2} = 17,538달러$$

NPV는 다음과 같다.

연차	프로젝트 1		프로젝트 2	
	현금흐름	NPV	현금흐름	NPV
1	61,000	54,464	46,000	41,071
2	22,000	17,538	27,000	21,524
3	7,500	5,338	13,500	9,609
4	4,100	2,606	6,200	3,940
합계		79,946		76,144
초기 투자		−52,000		−47,000
총 현재가치		27,946		29,144

2. 문제 1에서 초기 투자금을 회수하는 데 얼마나 걸리는가?

정답

- 프로젝트 1: 초기 투자금이 5만 2,000달러이고, 1년차 NPV가 5만 4,464달러이므로, 초기 투자금을 회수하는 데 걸리는 시간은 0.95년(11.5개월)

- 프로젝트 2: 초기 투자금이 4만 7,000달러이고, 1년차 NPV가 4만 1,071달러, 2년차 NPV가 2만 1,524달러이므로, 초기 투자금을 회수하는 데 걸리는 시간은 1.28년(15.4개월)

3. 문제 1에서 두 프로젝트의 IRR을 구하라. 어느 쪽이 더 바람직한 투자라고 생각하는가?

정답

- 프로젝트 1 : $52{,}000 = \dfrac{61{,}000}{1+IRR} + \dfrac{22{,}000}{(1+IRR)^2} + \dfrac{7{,}500}{(1+IRR)^3} + \dfrac{4{,}100}{(1+IRR)^4}$, 이를 반복적으로 풀어야 한다.

- 우리는 IRR이 12% 할인율보다 높다는 것을 알고 있다. 먼저 40%를 시도해보자.

    $52{,}000 = 43{,}571 + 11{,}224 + 2{,}733 + 1{,}067 = 58{,}595 →$ 너무 낮으므로, 50%를 시도해보자.

    $52{,}000 = 40{,}667 + 9{,}778 + 2{,}222 + 810 = 53{,}167 →$ 이제 거의 근접해졌다. 다음으로 55%를 시도해보자.

    $52{,}000 = 39{,}355 + 9{,}157 + 2{,}014 + 710 = 51{,}236 →$ 이는 약간 높은 값이므로, IRR이 55%보다 약간 낮은 것을 알 수 있다.

- 프로젝트 2 : $47{,}000 = \dfrac{46{,}000}{1+IRR} + \dfrac{27{,}000}{(1+IRR)^2} + \dfrac{13{,}500}{(1+IRR)^3} + \dfrac{6{,}200}{(1+IRR)^4}$, 이를 반복적으로 풀어야 한다.

    다시 말하지만, 우리는 IRR이 12% 할인율보다 높다는 것을 알고 있다. 먼저 40%를 시도해보자.

    $47{,}000 = 32{,}857 + 13{,}776 + 4{,}920 + 1{,}614 = 53{,}167 →$ 너무 낮으므로, 50%를 시도해보자.

    $47{,}000 = 30{,}667 + 12{,}000 + 4{,}000 + 1{,}225 = 47{,}892 →$ 이제 거의 근접해졌다. 다음으로 52%를 시도해보자.

    $47{,}000 = 30{,}263 + 11{,}686 + 3{,}844 + 1{,}161 = 46{,}954 →$ 충분히 가까운 값이다. 따라서 IRR은 약 52%이다.

    따라서, 프로젝트 1은 초기투자를 회수하는 시간이 짧고 IRR이 높으며, 프로젝트 2는 총 가치가 더 높다. 2가지 프로젝트가 큰 차이가 없지만, 프로젝트 1이 약간 더 나을 가능성이 있다.

검토해보기

1. 제품 설계란 무엇이며, 좋은 제품 설계를 위해 고려해야 할 사항은 무엇인가?

2. 핵심역량이란 무엇이며, 제품 설계와 어떤 관련이 있는가?

3. 제품 대신 서비스를 설계할 때, 고려해야 할 다른 점은 무엇인가?

4. 새로운 서비스 설계에서 가변성이 왜 중요한 문제인가?

5. 전략적 적합성이란 무엇인가? 내부 적합성과 외부 적합성의 차이점을 설명하라.

6. 기초 연구와 오픈 이노베이션(개방형 혁신)을 정의한 다음 신제품 개발 프로세스와 어떤 관련이 있는지 설명하라.

7. 품질의 집(HOQ) 매트릭스는 무엇이며, 어떻게 사용되는가?

8. 파일럿 제조란 무엇이며, 신제품 개발 프로세스의 어느 단계에서 사용되는가?

9. 동시공학이란 무엇이며, 사시미 시스템과 어떻게 다른가? 제품 개발 리드타임을 어떻게 단축하는가?

10. 가치공학(VE)이란 무엇이며, 언제 사용되며 신제품 설계에 어떻게 사용되는가?

11. 3차원 동시공학(3-DCE)을 정의하라.

12. 제조 및 조립을 위한 설계(DFMA)란 무엇인가? DFMA와 밀접하게 관련된 활동은 무엇인가?

토론해보기

1. 왜 기업은 자체적으로 재화나 서비스를 만드는 대신 계약 제조업체나 서비스를 이용하기를 원하는가?

2. 벤치마킹이 어떻게 새로운 제품 아이디어를 생성하는 데 도움이 될 수 있는가?

3. 당신의 대학이 어떻게 품질의 집(HOQ) 매트릭스를 사용하여 학위 프로그램을 개선할 수 있는지 설명하라.

4. 〈표 3-2〉를 사용하여 경영대학원에서 공급망관리의 새로운 학사학위를 분석하라.

5. 프로젝트의 순현재가치는 내부수익률과 어떻게 다른가? 언제 어떤 것을 선호하는가?

6. 학교의 점심 뷔페나 음식 카운터를 위한 서비스 청사진을 디자인하라.

7. 좋아하는 샌드위치 레스토랑에서 피자 만들기를 시작해야 한다고 결정한 경우, 3차원 동시공학(3-DCE)이 어떻게 사용될 수 있는지 설명하라.

8. 패스트푸드점에서 제조 및 조립을 위한 설계(DFMA)를 어떻게 사용할 수 있는가?

9. 제품 설계에 환경적 측면을 포함할 때 고려해야 할 사항은 무엇인가? 토론에서 예를 사용하라.

10. 제품 설계자는 제품 설계가 환경에 미치는 영향을 어떻게 측정하는가?

11. 기업이 신제품을 설계할 때, 포장 및 제품 폐기 문제를 걱정해야 하는 이유는 무엇인가?

연습해보기

1. 애플 휴대폰과 노키아 휴대폰을 두 회사의 역사와 함께 비교 대조하라. 오늘날 이 회사들은 각각 얼마나 성공적인가? 그들의 성공이 제품 디자인과 관련이 있다고 생각하는가?

2. 〈그림 3-1〉을 지침으로 사용하여 Tesla Model S 전기 자동차의 개발을 연구해보라. Tesla의 핵심역량과 전략적 적합성을 설명하라. 오늘날 Tesla는 성공적인가?

3. 좋아하는 레스토랑 중 하나를 선택한 후 서비스 청사진을 만들고, 청사진의 모든 요소를 설명하라. 청사진을 기반으로 서비스를 개선할 수 있는 방법을 설명하라.

연습문제

문제 1, 2, 3에 대해 다음 정보를 사용하라.

Luke Products Inc.의 경영진은 혁신적인 새 기저귀 교환대를 위한 재정적 측면을 살펴보고 있다. 제품의 예상 수명주기는 4년이다. 초기 예상 제품 설계비용은 50만 달러이다. 경영진은 일반적으로 모든 신제품 재무에 대해 10%의 할인율을 적용한다.

연차	프로젝트의 현금흐름(달러)
1	130,000
2	250,000
3	300,000
4	100,000

1. 예상 NPV를 계산하라.

2. 초기투자 회수 기간을 계산하라.

3. IRR을 계산하라.

4. 제품 설계비용은 25만 달러이다. 예상되는 현금유입에 대해 9%의 할인율을 적용한다. 제품의 수명이 5년이라고 가정했을 때, 예상 NPV, 초기투자 회수 기간 및 IRR을 계산하라.

연차	프로젝트의 현금흐름(달러)
1	120,000
2	90,000
3	75,000
4	50,000
5	20,000

5. 여기에 있는 2가지 프로젝트에 대해 12%의 할인율을 적용하여 투자 자금을 받을 프로젝트를 결정하라.

연차	프로젝트 1 현금흐름($)	프로젝트 2 현금흐름($)
투자 비용	-325,000	-285,000
1	138,000	112,000
2	225,000	188,000
3	240,000	154,000
4	55,000	86,000

6. 6%의 할인율을 적용하여 NPV, 투자 회수기간, IRR을 계산하라.

연차	프로젝트의 현금흐름($)
투자 비용	−405,000
1	174,000
2	128,000
3	110,000
4	102,000
잔존 가치	50,000

7. 8%의 할인율을 적용할 때, 어떤 제품 프로젝트가 가장 좋은가?

a) 18만 5,000달러의 예상 투자 비용: 10년간 2만 6,000달러의 연간 현금 유입, 잔존 가치는 2,500달러

b) 8만 2,000달러의 예상 투자 비용: 잔존 가치가 없는 25년 동안 연간 현금 유입 6,000달러

c) 24만 9,000달러의 예상 투자 비용: 4년 동안 8만 달러의 연간 현금 유입, 잔존 가치는 1만 6,000달러

○ **문제 8과 9에 대해서는 다음의 정보를 이용하라.**

연차	현금흐름($)	연차	현금흐름($)
0	−845,000	3	300,000
1	450,000	4	140,000
2	365,000	5	−25,000

8. 계산기를 사용해서 10%의 할인율을 사용하여 현금 흐름에 대한 NPV와 IRR을 구하라.

9. 스프레드시트 소프트웨어를 사용하여 10%의 할인율을 사용하여 현금 흐름에 대한 NPV와 IRR을 계산하라.

10. 계산기를 사용하여 다음 현금 흐름에 대한 NPV와 IRR을 찾은 다음, 스프레드시트 프로그램을 사용하라. 이때 12%의 할인율을 사용한다.

연차	현금흐름($)	연차	현금흐름($)
0	−425,000	5	425,000
1	−250,000	6	280,000
2	−55,000	7	150,000
3	220,000	8	40,000
4	365,000		

CASE **Study**

Case 1 | **New Belgium Brewing Company의 지속가능성**

New Belgium Brewing Company는 환경에 대한 영향을 이해하고, 이를 줄이기 위해 신속한 대응을 하고 있다. New Belgium의 전략 계획 프로세스의 일환으로 균형성과표(BSC: Balznced Score Card)를 사용하여 목표 달성의 성공 여부를 측정했다. 균형성과표에는 환경 지속 가능성, 고객·시장, 내부 프로세스, 재무, 동료 및 문화의 5개 부문이 포함돼 있다. 균형성과표의 구성요소는  회사의 핵심 가치 및 신념과 다시 연결된다. 예를 들어, 환경 관리는 회사가 시작된 이래 지속적으로 핵심가치였다. 지구를 이해관계자의 핵심가치로 만드는 지속가능성 관리 시스템(SMS: Sustainability Management System)을 구축하여 이러한 노력을 지원했다. New Belgium의 관리자들은 2가지 관련 질문을 했다. "지속가능성 전략을 통해 달성하고자 하는 것은 무엇인가?", "어떻게 달성할 수 있을까?". 그들은 SMS가 효과적이려면 환경 지표별로 목표를 설정해야 한다는 것을 이해했다. New Belgium은 온실가스 배출, 폐기물 전환, 에너지 집약도, 물 집약도와 같은 영역에 대한 핵심 성과지표(KPI: Key Performance Indicator)를 설정했다.

물 집약도(intensity)는 맥주 1HL(hectoliters)을 만드는 데 사용되는 물의 HL 양으로 측정된다. 맥주 한 배럴(미국)은 약 1.17HL을 담는다. 한때 New Belgium의 물 집약도는 맥주 1HL을 생산하기 위한 4.31HL의 물이었다. 물 절감 목표를 달성하기 위한 핵심은 회사가 물을 어떻게 사용하고 있는지 이해할 수 있도록 정밀한 측정기를 설치하는 것이었다. 이러한 측정을 통해 어떤 활동과 양조 방식이 가장 물을 많이 사용하는지 명확히 알 수 있었다. 결과적으로, New Belgium은 양조 과정을 분석하고 물 사용 개선을 위한 대상 영역을 결정할 수 있었다. 2006년 맥주 1HL을 생산하는 데 사용된 물의 양은 3.99HL이었다. 2014년까지 이것은 3.96HL로 감소했으며, 2015년 목표는 3.50HL까지 줄이는 것이었다.

New Belgium은 온실가스 배출 감소에 큰 그림을 그리는 접근 방식을 취했다. 그것은 3가지 영역에서 데이터를 수집했다. New Belgium이 소유하거나 통제하는 배출원에서 발생하는 직접 배출, New Belgium에서 사용하는 전기 생산으로 발생하는 간접배출, New Belgium의 활동 결과이지만 회사에서 소유하거나 통제하지 않는 배출원으로부터 발생한 기타 간접 배출이 그것이다. 측정의 대상이 된 한 영역은 포장된 맥주 HL당 배출되는 이산화탄소(CO_2) 킬로그램의 양이었다. 재차 데이터를 분석한 결과, New Belgium은 CO_2 배출량을 줄일 수 있었다. 각 KPI별로 유사한 방법을 적용하였고, 이를 통해 지속가능성을 높일 수 있었다.

질문

1. 제품 개발은 반복적인 프로세스이다. New Belgium Brewing Company에서 지속가능성 목표를 달성하기 위해 정기적으로 다시 살펴봐야 하는 제품 개발 프로세스의 단계에 대해 논하라.

2. New Belgium의 지속가능성 프로그램이 전략적으로 적합하다고 생각하는가? 지속가능성이 전략적 적합성이라고 생각하는가? 이유는 무엇인가?

Case 2 | 캐나다에서 Target의 실패

Target 매장은 캐나다인이 미국으로 쇼핑을 가는 목적지였다. Walmart에 이어 두 번째의 소매업체인 Target은 경쟁력과 성장을 유지하기 위해 시장을 더욱 확장하기를 희망했다. 고위 경영진이 이러한 아이디어를 제안함에 따라 캐나다 시장 진출에 대한 논의가 이루어지기 시작했다. Target이 중요하게 고려한 질문은 어떻게 미국에서와 동일한 수준의 서비스를 제공할 수 있느냐는 것이었다.

Target이 개발한 한 가지 개념은 캐나다인이 "원스톱 쇼핑"에 익숙해지도록 한다는 아이디어였다. 캐나다로 서비스를 확장하려는 계획의 또 다른 부분은 첫해인 2013년에 공격적으로 매장을 확장하는 것이었다. Target은 상황을 분석하면서 캐나다에 괜찮은 소매 공간이 부족하다는 사실을 발견했다. 이 문제를 극복하기 위해 Target은 Walmart의 앞선 사례를 따르고, 20년 전에 Walmart가 했던 일을 해보기로 결정했다. Target은 확장 프로세스의 일부가 영업이 어려운 할인체인 점포를 구매하는 것이라고 결정했다. 캐나다의 마지막 남은 자국 대형 할인체인 Zellers에 접근하여 약 220개 지점의 임대 계약을 체결했다. 입지는 평균 약 10만 평방피트였으며, 이는 미국의 Target 매장 크기의 약 절반 크기이다. 또한 확장 프로세스의 일환으로 Target은 많은 점포를 허물고 재건했다. 이 회사는 캐나다 사업 확장에 약 40억 달러를 투자했다. 2013년에는 124개의 매장을 공격적으로 열었다.

2014년 Target은 캐나다 매장을 폐쇄하겠다고 갑자기 발표했다. Target은 실패한 캐나다 확장 계획으로 인해 20억 달러의 손실을 입었다. 이 재앙적 결과를 초래한 원인은 다양했다. Target은 시장을 잘못 읽었고, 캐나다인이 선호하는 구매 습관에 대해 잘못된 가정을 했다. 미국과 달리 캐나다인은 Target이 가정한 것처럼 "원스톱 쇼핑" 경험에 특별히 관심이 없었다. 캐나다 소비자들 또한 Target 캐나다 매장의 가격이 미국 매장보다 높다는 사실에 실망했다. 게다가 Target에는 심각한 공급망 문제가 존재했다. 상점에는 빈 선반이 자주 보였다. 반면 또 다른 상황에서는 다량의 재고가 발생하여 큰 정리 할인판매가 발생했다. 마지막으로 Walmart는 Target이 순순히 캐나다로 확장하는 것을 가만히 두지 않았다. 가격을 인하하고 매장 수를 더욱 확대했다.

질문

1. 제품 개발 프로세스를 적용해봤을 때, Target이 실패한 단계는 무엇인가? 그 단계에서 무엇이 잘못되었는지 설명하라.

2. Target이 제품 분석 및 선정심사에서 소매 서비스 운영과 관련하여 답변하지 못한 질문은 무엇인가? 어떻게 이 질문에 답하지 못했는지 설명해보라.

3. 또한 제품 분석 및 선정심사에서 Target이 경쟁과 관련하여 어떤 질문에 답하지 못했는가? 어디가 잘못되었는지 설명해보라.

4. 품질의 집(HOQ)을 사용하여 이러한 실패를 방지할 수 있는 방법을 설명해보라. 제품 분석 및 선정심사 단계에서 집의 어떤 "방" 또는 영역이 도움이 되었는가?

참고

이 사례는 오로지 강의 관련 토론을 위한 자료를 제공하기 위해 준비되었다. 저자는 관리 상황의 효과적이거나 비효율적인 처리를 설명할 의도가 없음을 밝힌다.

Case 3 | 교육기회의 확대

경영학부의 학과장인 Dr. Musgrove는 Hogwood University의 경쟁력을 우려했다. 그는 Hogwood의 교육 수준이 유사 규모의 어떤 대학과도 견줄 수 있다고 확신했다. 하지만 고객은 변하고 있었고, 그는 Hogwood도 변할 필요가 있다고 느꼈다. Musgrove 박사의 주된 관심사는 대학이 고객인 학생에게 학습 기회를 제공하는 방식이 정체되고 있다는 것이었다. 고등교육의 현재 트렌드에 대한 그의 분석은 기술의 엄청난 발전으로 인해 온라인 교육이 필수적인 교육 전달 방법임을 보여주었다. 그러나 Hogwood에는 온라인 수업을 선호하는 사람들의 요구를 충족시키는 프로그램이 없었다. Musgrove 박사는 Flummery 학장과 이에 대해 논의했으며, 학장은 온라인 학위 프로그램 개발에 대한 자신의 주장을 다음 주에 발표하라고 말했다.

Musgrove 박사는 고객을 이해하는 것이 좋은 서비스를 제공하는 데 중요하다고 믿었다. 따라서 그는 다음과 같은 질문에 답을 해보았다. 학생들이 대면 수업 대신 온라인 수업을 듣는 이유는 무엇일까? 그들의 필요 또는 요구사항은 무엇일까? 그는 학생들이 대면보다 온라인을 선호하는 몇 가지 이유를 발견할 수 있었다. 첫째, 유연성이 있었다. 학생들은 언제든지 필요할 때 자신의 강의를 수강할 수 있으므로 바쁜 일정을 해결할 수 있다. 또한 온라인 수업의 접근성은 장애학생이 강의를 편하게 수강할 수 있도록 해준다. 총비용이 감소하고, 학교로 나올 필요가 없다. 일반적으로 전자 교과서는 덜 비싸고, 어떤 경우는 무료이다. 모든 교재가 전자적으로 돼 있기 때문에 인쇄 비용이 필요없다. 참여도는 학생들이 온라인 과정을 수강하는 또 다른 이유이다. 수줍어하고 대면 수업에서 말하기를 주저하는 학생들은 토론 게시판에 자신의 아이디어와 의견을 게시하는 것이 더 편하다. 학생들은 불편한 요소를 줄임으로써 학생 대 학생, 학생 대 강사, 강사 대 학생 상호작용을 향상시키기 때문에 온라인 수업을 중

요하게 생각한다. 또한 온라인 수업은 학생들이 자신의 생각을 정리할 수 있는 시간을 제공하는데, 이는 대면 수업에서 항상 가능한 것은 아니다. 학생들은 온라인 수업을 자신의 다른 요구를 충족시키면서 대면 수업과 유사한 수준의 학습을 할 수 있는 기회로 본다. 그들은 온라인 수업이 대면 수업만큼 엄격하고 도전적이며 따라서 가치 있고 유익하기를 기대한다. 온라인 환경의 특성상 학생들은 다양한 형태의 기술이 사용되기를 기대한다. 많은 사람들이 IT 네트워킹 기술을 향상하여 시장성을 높이기 위해 이 환경을 찾는다.

Musgrove 박사는 온라인 또는 대면 수업에 필요한 기술 구성요소가 동일하다고 판단했다. 하지만 필요한 기술이나 능력의 정도는 온라인 환경의 학생에게 훨씬 더 중요하게 인식된다. 온라인 환경의 학생은 컴퓨터 사용 능력이 높아야 하며, 컴퓨터 기능, 인터넷 접속을 위한 브라우저 사용 및 소프트웨어 응용 프로그램에 익숙해야 한다. 또한 학생들은 대학에서 사용하는 학습 관리 시스템(Ⓑ Blackboard)을 탐색할 수 있어야 한다. 여기에는 토론 게시판, 채팅, 블로그 및 Wiki를 활용하는 기능도 포함된다. 또한 온라인 과정은 읽기와 쓰기 모두 집중화돼 있기 때문에 학생들은 이 2가지 기술에 모두 강해야 한다. 대부분의 온라인 과정은 비동기식이고, 참석할 특정 날짜와 시간이 없기 때문에 시간관리는 필수적인 기술이다. 결과적으로 Musgrove 박사는 온라인 학생과 온라인 프로그램의 성공을 보장하기 위해 필수 온라인 오리엔테이션 과정을 제공해야 한다고 결정했다. 이러한 필수적인 과정은 학생들이 온라인 수업 환경에서 성공적인 학습이 이루어지는 데 필요한 기술을 보유하고 있는지를 확인하기 위해 '테스트' 절차를 거쳐야 한다는 것이다.

Musgrove 박사는 온라인 오리엔테이션 코스의 필요성에 대한 인식을 토대로 온라인 수업 설계를 조사하게 되었다. 온라인 수업에 대한 고객의 요구사항이 다른 것처럼 학습 설계도 다른 경향이 있다. 즉석에서 계획된 수업을 변경할 수 있는 대면 수업과는 달리 온라인 수업 설계는 유연성이 떨어진다. 수업은 비동기식이며 학생들은 다른 시간에 접속하므로 다음 주에 과제 요구사항을 변경하면 문제 상황과 불만족이 발생할 수 있다. 따라서 과정은 모듈과 수업으로 잘 구성되어야 한다. 특정 학습 관리 시스템 외부의 자료에 대한 링크는 링크의 기능을 확인하기 위해 테스트 과정을 거쳐야 한다. 비디오, 블로그 및 팟캐스트는 수업 설계에 통합되어야 한다. 토론 질문은 학생들 사이의

적극적인 대화를 촉진하기 위해 생각을 자극해야 한다. 과제 할당을 위한 지침은 명확하면서도 가능한 한 간결해야 한다. 과제에 대한 피드백의 시기 또한 적절해야 한다. 이러한 학습지원 활동은 학생의 참여와 상호작용을 허용하고 장려하는 방식으로 설계되어야 한다.

Musgrove 박사는 Flummery 학장과의 만남에 대한 준비가 되었다고 느꼈다. 그는 온라인 비즈니스 학위 프로그램에 대한 고객의 요구사항과 제품 설계의 기준을 충분히 이해했다.

🔍 질 문

1. Musgrove 박사는 제품 개발 프로세스의 초기 단계를 따랐는가? Flummery 학장이 Musgrove 박사의 의견에 동의한다면 제품 개발 프로세스의 다음 단계는 무엇인가?

2. 품질의 집(HOQ)이 온라인 학위 프로그램 개발에 효과적인 도구가 된다고 생각하는가? 당신이 생각하는 답에 대해 토론하라.

3. 제품 분석 및 선정심사는 제품 개발 프로세스의 중요한 단계이다. Hogwood University는 제품, 경쟁 및 재정에 대해 어떤 질문을 해결해야 하는가?

🔍 참 고

이 사례에서 사람과 기관은 허구이며, 어떤 사람이나 기관과의 유사성은 우연한 결과이다. 이 사례는 오로지 강의의 토론을 위한 자료를 제공하기 위해 준비되었다. 저자는 경영관리 상황의 효과적이거나 비효율적인 처리를 설명하려는 의도는 없음을 밝힌다.

- A. Bowman. "Biggest Product Packaging Design Trends In 2018," Jan. 11, 2018, https://www.crowd-spring.com/blog/packaging-design-trends-2018.

- A. Liddle, "Dunkin' Tests Order Kiosks to Minimize Service 'Bottlenecks,'" *Nation's Restaurant News* 42, no.10(2008): 20.

- A. Penenberg, "They Have Hacked Your Brain," *Fast Company*, September 2011, 85–92.

- A. Sibley, "Thought Leader: An Unconventional Approach to Sustainability," *New Zealand Management*, October 2011, 18-19; see also https://www.smh.com.au/environment/sustainability/how-the-mcg-got-ahead-of-the-recycling-game-20180503-p4zd5f.html.

- A discussion of the history of concurrent engineering and the sashimi system can be found in K. Umemoto, A. Endo, and M. Machado, "From Sashimi to Zen-In: The Evolution of Concurrent Engineering at Fuji Xerox," *Journal of Knowledge Management* 8, no.4(2004): 89–99.

- Bangert, "Connected Product Design."

- C. Sullivan and B. Horwitz-Benett, "Workplace Design Trends: Make Way for the Millenials," *Building Design & Construction*, May 2014, 1.

- D. Lammers, "Freescale Taking RCP to Pilot Production Stage," *Semiconductor International* 31, no.8(2008): 17–18.

- E. Loucks, "Suiting Every Stage," *Kitchen & Bath Business* 64, no.8(2017): 16–18.

- G. Anthes, "The New Face of R&D," *Computerworld*, August 11, 2008, 32–33; A. King and K. Lakhani, "Using Open Innovation to Identify the Best Ideas," *MIT Sloan Management Review* 55, no.1(2013): 41–48; see also https://www.ge.com/reports/ecomagination-ten-years-later-proving-efficiency-economics-go-hand-hand.

- G. Barnes, "Packaging's First Role: Protect the Product," *Dairy Foods* 114, no.2(2013): 59–60.

- Google, "Ten Things We Know to Be True," https://www.google.com/about/philosophy.html. Found on March 18, 2020.

- J. DeLuna, "Boeing to Ramp-Up 777 Production Rate," *Airfinance Journal*, December 2010, 1.

- J. Ray, "Sustainable Product Design Is Much More than Just Good PR," *Financial Times*, June 11, 2010, 1.

- J. Zegler, "2012 New Product Development Survey," *Beverage Industry* 103, no.1(2012): 56–63.

- King and Lakhani, "Using Open Innovation."

- L. Ellram, W. Tate, and C. Carter, "Product-Process-Supply Chain: An Integrative Approach to Three-Dimensional Concurrent Engineering," *International Journal of Physical Distribution & Logistics Management* 37, no.4(2007): 305–24.

- M. Bangert, "Connected Product Design," *Appliance Design* 66, no.7(2018): 10–11.

- M. Gustafson, "Tomorrow's Technology—Today!," *AgriMarketing* 49, no.8(2011): 22–25.

- M. Toh, "Reshaping Cathay," *Airline Business* 34, no.6(2018): 24-26, 28.

- M. Ziemke and M. Spann, "Warning: Don't Be Half-Hearted in Your Efforts to Employ Concurrent Engineering," *Industrial Engineer* 23, no.2(1991): 45-49.

- P. Alpern, "Breaking Down Manufacturing Walls with 3-D Simulation," *IndustryWeek* 260, no.1(2011): 44.

- R. Levick, "Spotlight on Outsourcing: Boeing Scrambles as Toyota Triumphs," *Forbes,* January 31, 2013, http://www.forbes.com/sites/richardlevick/2013/01/30/spotlight-on-outsourcing-boeing-scrambles-as-toyota-triumphs.

- R. Winner, J. Pennell, H. Bertrand, and M. Slusarczuk, "The Role of Concurrent Engineering in Weapons System Acquisition," *Institute for Defense Analyses*, 1988, R-338.

- S. Denning, "What Went Wrong at Boeing?," *Forbes*, January 21, 2013, http://www.forbes.com/sites/stevedenning/2013/01/21/what-went-wrong-at-boeing.

- S. Hill, "These are the phone trends that will dominate 2018" Jan. 16, 2018, https://www.digitaltrends.com/mobile/phone-trends-in-2018.

- See, for example, *Forbes*, "A Timeline: The Blockbuster Life Cycle," April 7, 2011, http://www.forbes.com/2010/05/18/blockbuster-netflix-coinstar-markets-bankruptcy-coinstar_slide_14.html; and for Netflix, see Netflix, "About Netflix," https://media.netflix.com/en/about-netflix. Retrieved March 18, 2020.

- See, for instance, T. Bajarin, "6 Reasons Apple Is So Successful," *Time*, May 7, 2012, http://techland.time.com/2012/05/07/six-reasons-why-apple-is-successful.

- See, for instance, "U.S. HEV Sales by Model", March 18, 2020, https://afdc.energy.gov/data/10301.

- Sullivan and Horwitz-Benett, "Workplace Design Trends."

- T. C. Frohlich, "Worst Product Flops of All Time," 24/7 Wall St., March 3, 2014, http://247wallst.com/special-report/2014/03/03/worst-product-flops-of-all-time /#ixzz40YNLz7lf.

- T. Morris and A. Pinnington, "Evaluating Strategic Fit in Professional Service Firms," *Human Resource Management Journal* 8, no.4(1998): 76-80.

- Umemoto et al., "From Sashimi to Zen-In."

- "2018 Edison Best New Product Awards Winners," http://www.edisonawards.com/winners2018.php. Retrieved March 18, 2020.

- "A Taste of the Science behind Sam's Sales," *Retailing Today,* June/July 2010, 13-14.

- "Benchmarking: Data To Drive Performance" https://www.apqc.org/what-we-do/benchmarking. Retrieved March 18, 2020.

- "Cure for Offshoring: The Design Side of Product Development," *Machine Design* 82, no.18(2010): 32-34.

- "Dynamatic Buys German Auto Component Maker," *Accord Fintech*, January 9, 2012, 1.

- "Environmental Sustainability" https://www.nestle.com/randd/environmental-sustainability. Retrieved March 18, 2020.

- "Sustainability: Coke Launches Recycling Push," *Marketing Week*, September 17, 2009, 5.

Chapter 4
프로세스 설계 및 능력 관리

생산에서 가장 중요한 것은 시간이다. 최소한의 시간 안에 더 많은 부품을 만드는 것은 최종 생산에 이르기까지 영향을 준다.
Pete Raulin, Tennessee Tool의 사업 개발 담당자

대량 맞춤 생산은 고객과 기업 모두에게 새로운 트렌드이다. 계속해서 더 많은 고객들이 자신의 요구를 충족할 수 있는 제품을 원하고 있다.
Martin Mcvicar, Combilift의 상무 이사

2016년 회사 경영진들이 수행한 비즈니스 프로세스 리엔지니어링의 결과는 해당 분기의 수익 개선과 일반 및 관리 비용 절감에서 분명하게 확인할 수 있다.   Alykhan Mamdani, Critical Control Energy Services의 CEO

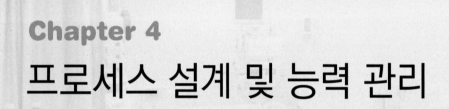

🎯 학습목표

1. 각기 다른 프로세스의 형태와 프로세스가 산출하는 제품의 특징

2. 프로세스 흐름도 만들기와 사용법

3. 능력과 능력이용률 그리고 프로세스 디자인의 관계

4. 잠재적인 투자 방안들의 비교를 위한 손익분기점 분석

5. 지속가능 프로세스 디자인

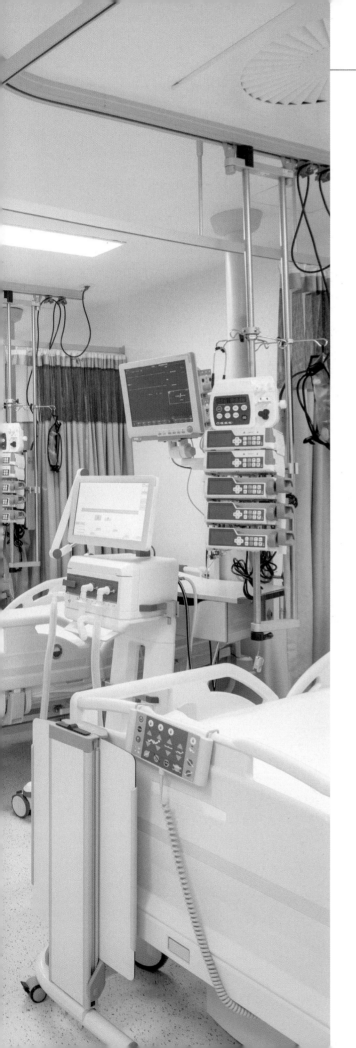

St. John Medical Center의 관리 능력

과거에 미국 오클라호마 털사에 위치한 St. John Medical Center에서는 누군가가 스피커에 "코드 퍼플"을 외치면 모든 직원들이 모여 과거 데이터를 기반으로 우선순위나 환자 기반 전략을 구상해야 했다. 환자관리센터 수석간호사인 Shelisa Scott-Combs는 "당시 우리가 외치는 '코드 퍼플'이 굉장히 혁신적이라고 생각했다. 하지만 실제로 우리는 그저 스스로에게 고통을 준 것뿐이었다. 우리는 아무것도 계획할 수도 예측할 수도 없었기에, 그저 매 순간 반응하는 것밖에 할 수 없었다. 우리가 지속적으로 코드 퍼플을 사용했다는 것도 흥미롭다"라고 말했다.

그러나 코드 퍼플은 St. John Medical Center가 550개에 달하는 병실을 관리하기 위해 새로운 능력관리시스템인 tele-tracking's capacity management를 구축하면서 사라졌다. 이전에는 인쇄된 차트나 추정치만 활용할 수 있었지만, 새로운 시스템을 통해 병원은 구체적인 데이터를 바탕으로 비효율을 실시간으로 발견하고 즉시 시정할 수 있게 된 것이었다. "모든 것을 알고 있다고 생각해도, 실제 데이터를 받아보는 순간 놓친 게 많았다는 사실이 참 신기한 것 같다"고 Scott은 말했다.

그러나 새로운 시스템의 도입만으로는 충분하지 않았다. 작업 흐름 조정과 교육 역시 필요했다. Scott에 따르면 많은 직원이 처음에는 새로운 시스템의 사용과 기업운영방식의 변화에 의문을 가졌다. "기술이야 바로 적용 후 시행할 수 있었지만, 많은 직원이 기업의 운영 방식이 변화했다는 것에 걱정을 표시했다. 그래서 우리는 바로 교육과 훈련을 시작했다."

환자관리센터는 매일 St. John Medical Center의 모든 병실에서 일어나는 일들을 실시간으로 보여주는 모니터 스크린과 같은 역할을 한다. 그리고 각 층에서는 또다시 자신의 환자 이름이나 스케줄 등 환자 정보를 축소된 전광판에 기입해놓는다. 만약 환자의 정보가 새롭게 업데이트되면, 새로운 정보 역시 시스템에 추가되어 더는 잘못된 과거의 정보가 아닌 실시간 정보를 바탕으로 운영할 수 있게 되었다.

이제는 새로운 환자가 응급실에 들어오거나, 입원해야 할 때 해야만 하는 일은 정해져 있다. 전광판을 보는 것이다. 실시간 정보의 활용으로 더욱 많은 환자가 병원을 이용할 수 있게 되었으며, 현재 98%의 생산능력을 보이고 있다.

제품의 디자인이 설계되어 승인된 후 기업들은 어떻게 제품이나 서비스를 생산할 것인지 고민해야 한다. 기업이 실제로 보유하고 있는 설비 및 인적 자원 그리고 기술에 따라 제조 과정이 자동화로 진행될 수도 있고, 노동력이나 인적 자원을 많이 활용하여 진행될 수도 있다. 그러한 과정에 정부가 개입할 수도 있는데, 예를 들어 베트남과 인도네시아에서는 고용을 위해 공정의 일정 부분만 자동화로 진행하고 있다.

기업은 프로세스의 방식, 생산되는 제품이나 서비스, 보유하고 있거나 필요로 할 생산능력, 경쟁 그리고 프로세스가 환경에 줄 영향까지 모두 고려해야 한다. 또한, 각기 다른 성격의 많은 프로세스가 함께 어우러져 필요한 능력을 창출하기 때문에 기업은 제품을 생산할 적합 한 프로세스 과정을 설계해야 하며, 선택된 프로세스는 기업의 경쟁력을 극대화해야 한다. 비합리 적으로 설계된 프로세스는 생산 비용을 증가시키는 등 기업 자체 경쟁력을 해칠 수 있기 때문이다. 프로세스는 제품과 서비스가 생산되는 조직 어디에서나 발견할 수 있다. 프로세스는 저렴하면서 빠를 수도 있지만 느리면서 비쌀 수도 있다. 또 한 시기에서는 최적의 프로세스였던 것이 다른 시기 에서는 최악의 방식이 될 수도 있다. 이러한 이유로 성과 측정은 전반적인 프로세스를 관리하는 데 활용된다. 또한, 어떤 생산 프로세스가 로봇 용접기, 자동화 조립라인, 도장을 찍는 기계 그리고 컨베이어로 구성되는 반면, 다른 서비 스 프로세스는 조사, 심사, 수하물 취급 그리 고 법률적인 것을 포함할 수도 있다. 모든 단 계에서 제품(또는 서비스)은 효율적 또는 비효율 적으로 생산될 수도 있다. 이렇게 다양한 주제 들에 대해 본 장에서 논의해보도록 하자.

1 프로세스의 형태

1. 각기 다른 프로세스의 형태와 프로세스가 산출하는 제품의 특징

3장에서 확인해본 바와 같이, 일반적으로 새로운 제품의 등장과 함께 제품의 생산이나 배송 서비스와 관련된 프로세스도 함께 설계된다. 조직은 보통 다음과 같은 2가지 기준을 통해 제품과 프로세스를 연결시킨다.

- 목표생산량
- 목표제품이나 서비스의 다양성

목표생산량이 증가할수록 자동화나 표준 요구사항 역시 증가하기 때문에 제품 혹은 서비스의 다양성과 고객화 역시 감소할 수밖에 없다. 하지만 제품의 다양성이 보장된다면, 더욱 많은 장비나 생산 시간이 필요하게 되므로, 생산량이 적어진다는 문제점이 발생한다. 그럼에도 불구하고 많은 프로세스들은 다양성과 대량 생산 모두를 제공하고자 노력하고 있다.

예를 들어, 은행의 경우 ATM 기계의 배치를 통해 고객들에게 빠른 업무 처리를 제공하고자 했지만, ATM 기계는 한정된 서비스만을 제공할 수 있다는 문제점을 지니고 있다. 은행 안에서는 입출금은 물론 새로운 계좌의 개설, 대출 신청 등 다양한 서비스를 이용할 수 있지만 그 속도가 ATM 기계보다는 현저히 낮다. 이처럼 다양성은 보통 생산의 품질이나 속도를 감소시키기며, 특화된 장비와 함께 그러한 장비를 다룰 수 있는 전문적인 인력을 요구하는 경우가 많다. 〈표 4-1〉을 통해 확인할 수 있는 것처럼 생산 프로세스는 총 4가지의 타입으로 분류할 수 있다.

표 4-1_ **프로세스 분류 및 특징**

	작업장	배치	조립라인	연속
생산량	매우 낮음	낮음-중간	높음	매우 높음
제품 다양성	매우 높음	높음	낮음-중간	매우 낮음
장비 유연성	매우 높음	중간	낮음	매우 낮음
작업자 숙련도	매우 높음	중간-높음	중간-낮음	낮음
생산 예시	자동차수리	사탕생산	자동차조립	정유
서비스 예시	은행대출업무	안과라식수술	카페테리아	웹사이트

1 작업장 프로세스

작업장 프로세스(job shop process)는 기업이 주문 특화 제품이나 서비스를 생산할 때 사용된다. 작업장 프로세스가 활용된다면 보통 생산량이 적고, 제품 단위당 가격이 비싸며, 대기시간이 길어지지만, 고객의 요구사항에 부응하기 위한 유연성은 쉽게 발휘할 수 있다. 또한, 생산 구역은 생산에 필요한 유사한 가공 장비나 전문성이 있는 부서로 구성된다. 재료가 프로세스 전반을 거치는 과정에서 어떤 프로세스는 대기 행렬이 발생하는 반면, 다른 프로세스는 유휴시간이 발생할 수 있는데 이는 제품별로 필요한 프로세스가 모두 다르기 때문이다. 노동자들은 보통 하나 또는 그 이상의 장비에 전문성을 가지고 있으며, 프로세스 전반에 걸쳐 이용되는 장비들은 보통 유연하게 사용이 가능하다.

몇 개의 표준 부품들을 재고로 보관할 수도 있지만, 일반적으로 작업장들은 고객이 도착하고 일이 부여되기 전까지 자재와 부품을 구매하지 않기 때문에 대부분의 재고는 재공품(WIP; Work in Process)이다. 대규모의 작업장은 생산을 위한 다양한 프로세스와 스케줄로 구성되며, 생산과 동시에 고객에게 배송된다. 기계 공장, 인쇄 업체, 엔지니어링 업체, 자동차 정비소, 진료소 그리고 미용실이 작업장 프로세스를 활용하는 기업의 예가 될 수 있다. (7장과 보충자료는 작업장의 배치와 작업 스케줄링에 대해 다룬다.) 아래 Manufacturing Spotlight를 통해 확인할 수 있는 tennessee tool 역시 성공적인 기계 공장의 예 중 하나이다.

극단적으로 말하자면, 프로젝트 공정은 작업장공정의 하나로 제품 하나를 개발하는 데 시행되는 특별한 프로세스의 집합을 의미한다. 프로젝트는 보통 높은 고객화 수준으로 생산량이 많지 않다. 프로젝트의 예로는 사무실 빌딩, 수영장, 고급 요트, 의료 그리고 예술품이 포함된다. (더 많은 예는 11장에서 확인할 수 있다.)

Manufacturing SPOTLIGHT

테네시 툴의 고속 밀링

알루미늄 다이케스트 부품을 생산하는 제조업체 테네시 툴(tennessee tool)은 오늘날 높은 수준의 horizontal machining center(HMCs)를 이용하여 자동차 생산에 사용되는 수백만 개의 엔진, 자동변속기 그리고 조종장치를 생산한다.

최근, 오프로드 차량을 생산하는 기업이 테네시 툴에 전자 조종장치의 생산을 제안했으며 테네시 툴은 makino a61nx four-axis HMC를 통해 조종장치를 생산하고자 한다. 싸이클타임(cycle time)은 대략 6분으로 예상했다. 테네시 툴의 생산과 조립은 기계, 그라인더, 그리고 선반으로 구성된 네 개의 건물에서 이루어지며 150명의 직원들이 교대로 근무를 한다.

오프로드 차량에 대한 수요는 makino HMC를 구매한 후 꾸준히 증가하여 회사는 추가적으로 두 개의 기계를 더 구입했다. 기계는 14,000-rpm의 빠른 속도와 높은 회전력까지 보유하고 있어 자동 생산을 위해 최적화되어 있으며, 생산성, 정확성 그리고 신뢰성 있는 기술을 보유하고 있어 양질의 알루미늄 생산에 적합하다.

출처: "Machining Partners Tackle."

오프로드차량 생산을 위한 부품을 만드는 것이 쉬운 일은 아니다. 디자인은 +0.0002"(0.005mm)의 위치를 유지할 수 있도록 설계되어야 한다. "a61nx는 뛰어난 반복성과 캐스팅에서 변동성도 적기 때문에 설계된 일을 정확하게 이행한다"고 프로젝트 리더인 Philip Loaring은 말했다.

2 배치 프로세스

배치 프로세스(batch process)는 중간단계의 고객화 제품을 대량생산하는 기업들이 활용하는 생산방식으로 적은 양의 부품들이 차례대로 여러 프로세스를 거쳐 생산된다. 해당 프로세스는 주로 제과점, 페인트 공장, 반주문식 가구 제조 업체 그리고 라식 수술 등에서 찾아볼 수 있다. 페인트 제조 시에는 컬러런(color run)이라는 기술이 사용되는데, 컬러런은 가장 채도가 낮은 컬러가 먼저 만들어지고, 검정이 될 때까지 차례대로 채도가 더 높은 컬러를 만드는 과정을 의미한다. 배치프로세스를 사용하는 제조업체에게는 유연성이 크게 필요하지 않으므로, 자동화 설비들이 많이 사용되며, 작업장공정보다 빠르게 제품의 생산을 마칠 수 있다는 장점을 가지고 있다. 작업자들은 작업장공정보다는 제한된 장비를 사용한다.

3 조립라인 프로세스

조립라인 프로세스(assembly-line process)는 낮은 유연성과 낮은 단위당 생산 비용으로 많은 제품을 생산하는 공정을 의미한다. 고객들은 제품의 생산을 이미 마친 공급자에게 제품을 주문하여 구매하기 때문에, 대기 시간 역시 존재하지 않는다. 제품은 계획된 공정 과정에 따라 생산되며, 높은 수준의 자동화와 정확성을 가진다. 특정 제품을 생산

하도록 설계된 각 프로세스에서 부품 조립은 완료되며 최종 조립은 컨베이어 벨트에서 진행한다. 조립라인에서 일하는 작업자에게는 보통 장비 관리나 제품 품질 관리와 같은 적은 양의 업무가 부여되며, 작업장공정보다 많은 재고를 보유한다. 자동차, 텔레비전, 휴대전화 그리고 뷔페들이 조립라인 공정을 활용한다. (7장을 통해 조립라인 공정에 대해 더욱 알아볼 수 있다.)

4 연속공정 프로세스

연속공정 프로세스(continuous process)는 다양성을 거의 제공하지 않지만, 장비들이 매우 자동화되어 있어 하나의 업무를 처리하는 데 특화되어 있다. 공정을 통해 매일 대량의 제품들이 생산되며, 발전소, 석유 정제소, 이온음료 생산공장 그리고 기업 홈페이지 등이 해당 공정을 사용한다. 작업자들은 보통 관리나 제품 모니터링을 수행하기 때문에 많은 인원이 필요하지 않다.

석유 정제소는 연속공정 프로세스를 택하는 사업 중 하나이다. 보통 큰 정제소를 짓는 데 수십억 달러의 비용이 발생하며, 매년 시설을 유지하는 데도 수백만 달러가 필요하다. 정제소는 하루에

수백 배럴에서 수천 배럴의 석유를 생산하며, 선박 휘발유, 디젤, 다양한 정제 석유 제품 등으로 분리된다. 통제실에서 전반적인 정제소의 운영을 담당한다. 만약 기업이 양질의 제품이나 서비스를 창출하기 위해서 스피드나 생산량을 포기해야 했던 것처럼 이전에 설명한 네 개의 프로세스에서는 얻는 것이 있다면 포기해야 하는 것이 있었다. 빠른 속도와 대량생산을 추구하면, 적은 고객 특화 서비스를 제공하게 되는 것이다. 고객 특화-생산량 매트릭스(product-process matrix)는 그러한 특성을 잘 보여주며 〈도표 4-1〉을 통해 그것을 다시 확인해볼 수 있다. 서비스 생산자들에게도 대량생산(혹은 판매)은 적은 고객 접점이나 고객 특화 서비스의 제공을 의미하기도 한다. 하나의 예외는 대량 고객화 프로세스인데, 해당 프로세스에 대해서는 바로 아래에서 더 살펴보자.

5 대량 고객화 프로세스

대량 고객화 프로세스(mass customization process)는 하이브리드 프로세스로, 작업장공정의 몇 가지 단계와 조립라인 공정의 몇 가지 단계를 결합한 것이다. 대량 고객화란, 많은 양의 고객 특화 제품을 생산하는 것을 의미하기에 해당 단어는 반어법처럼 느껴질 수도 있다. 제품의 다양성과 대량생산의 결합은 더욱 많은 고객들이 합리적인 가격에 자신이 원하는 제품을 찾을 수 있도록 해준다. 이로 인해 많은 기업들이 대량 마케팅 전략 활용에서 관계 마케팅 전략 활용으로 변화하기도 했다. 목제 놀이 세트 제조업체인 CedarWorks는 대량고객화를 통해 높은 수준의 고객 소통을 유지함으로써 빠른 설계 전환 시간, 높은 품질 그리고 합리적인 가격의 제품을 부유한 고객들에게 제공하고자 한다. 98%의 고객 만족도는 사업의 약 1/3을 차지하는 고객추천으로 창출한다. WinSun은 최근에 첫 3D 프린트 집을 제작하기도 했는데, 재활용 건설 폐기물, 유리 섬유, 강철, 시멘트 그리고 특수한 첨가물을 이용해 집을 짓는 데 활용되는 조립식 패널을 제작했다. 모든 집은 5,000달러의 비용으로 24시간 내에 제작된다.

기업들은 지연전략(post-ponement)을 이용해 고객 대량화를 추진할 수 있다. 만약 기업이 제품을 차별화하는 프로세스를 지연하고, 특정 고객 주문이 접수되었을 때 대량생산을 위한 지연된 프로세스와 최종 조립을 수행한다면, 대량고객화는 이뤄질 수 있다. 텍사스에 위치한 컴퓨터 회사 Dell Computers는 대량고객화를 채택한 초기 기업들 중 하나이다. Dell은 먼저 핸드폰이나 컴퓨터를 통해 고객의 주문을 접수하고, 그 후에 고객 요구에 맞춰 기존 구성 요소들을 활용하여 대량으로 제품을 생산한다. 완제품은 고객에게 수일 내로 배달이 완료된다. 오늘날 고객들은 M&M 초콜릿을 자신이 원하는 컬러나 메시지 그리고 포장에 따라 구매할 수 있으며, Nike Id를 통해 자신이 원하는 대로 Nike 신발을 만들고 개인의 취향에 따라 5개의 도쿄 사이온 모형을 만들 수도 있다.

오늘날 기술은 계속해서 발전하고 있으며 소셜 미디어의 활용으로 많은 고객들은 자신의 선호를 모두 반영해줄 수 있는 기업을 찾고 있다. 실제로 이는 버거킹의 40년 전 슬로건으로도 확인할 수 있다. "당신이 원하는 대로 만들어라"가 해당 슬로건이었다. 최근에는 더욱 고객 중심적으로 슬로건을 바꾸었다. 그것은 "당신 마음대로 해라"이다.

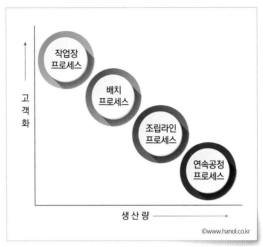

▲ 그림 4-1_ 고객화와 생산량의 관계

Manufacturing SPOTLIGHT

대량고객화 설비: Combilift

아일랜드에 본사를 두고 있는 기업 Combilift에서 일하고 있는 상무이사 Martin McVicar는 대량고객화를 통해 기업의 성장에 기여하고 있다. 1998년부터 Combilift는 맞춤형 자재 관리 제품들을 생산하고 있다. "새로 구축한 유연성 높은 시설로 우리는 지속해서 자재 관리 제품과 관련한 고객의 요청 모두를 수용하고 반영할 수 있다. 그리고 새로운 시설은 생산성을 두 배 이상 향상시켜주었으며, 지속적으로 우리가 고객과 거래자들에게 집중할 수 있도록 도와주고 있다"고 밝혔다. Combilift의 전략 중 하나는 고객에게 귀 기울이는 것이다. McVicar는 "우리는 고객과 판매자와 가깝게 일하면서 그들의 요구를 가장 잘 충족시킬 수 있는 해결책을 모색한다. 또한, 매년 수익의 7%를 연구와 성장을 위해 투자하면서 고객 맞춤화 능력을 향상시킨다. 우리는 특히 창고 및 자재 취급 영역에서 고객과의 협업을 강화해나가고 있다"라고 밝히기도 했다.

오늘날 Combilift는 85개의 국가에 4만 개 이상의 설비를 가동 중이다. 혁신적인 제품의 생산과 고객화를 회사 이념의 초석으로 기업의 제품 포트폴리오는 첫 번째 제품인 다방향 지게차로부터 확장되고 있다.

100에이커에 세워진 새로운 4만 6,500제곱피트 공장은 확장이 가능하며, 11에이커의 천장 공간 역시 확보하고 있다.

아일랜드에서 단일 건물로 세워진 제조 공장 중 가장 큰 사이즈를 자랑한다. 또한, 가장 최신 제조 프로세스는 지속가능성에 초점을 두었기 때문에, Combilift는 새로운 공장을 통해 모든 생산 라인에서 단일 교대조로 총 생산량을 두 배 이상 늘릴 수 있을 것으로 예상된다. 4개로 이뤄진 생산 라인은 단 15분 안에 하나의 트럭을 생산할 수 있다.

천장의 30%는 햇살이 들어올 수 있도록 설계해, 직원들이 전기 없이도 일할 수 있는 환경을 조성했다. 태양광 패널은 185킬로와트의 에너지를 생산해주며, 재활용 목재를 연료로 사용하는 1메가와트 바이오매스 공장은 분무실과 조립공간에 난방을 공급한다. 완제품은 50대 이상의 트럭이 매주 85개국으로 물건을 배송하고 있다.

출처: "Combilift Opens."

메사추세츠에 위치한 조사 기관 Forrester Research는 고객화가 최근 트렌드 중 하나로 자리 잡아가고 있다고 발표했다. "소비에 대한 높은 기대감, 많은 애플리케이션과 태블릿, 더욱 값싸고 발전된 인터넷 기술은 고객화가 10년 안에 우리의 삶에 자리 잡게 해줄 것이다"라고 이야기했다. Manufacturing Spotlight에서 소개하고 있는 기업 Combilift 역시 대량고객화 지게차 제조업체이다.

6 산출물 기준 프로세스의 분류

프로세스를 바라볼 수 있는 다른 관점은 산출물 기준이다. 산출물의 특성에 따라 프로세스는 주문생산, 계획생산 혹은 주문조립생산으로 나눌 수 있다. 각각의 프로세스를 확인해보자.

1) 주문생산

make-to-order(MTO) process라고 불리는 주문생산은 이전에 설명했던 것과 같이, 작업공정 프로세스나 몇몇 배치 프로세스에서 나타난다. 고객은 기업에 특정 아이디어나 계획, 디자인을 제공하고, 제품 완성까지 오랜 시간이 걸리며, 비용 또한 높고, 생산량 또한 비교적 낮은 편이다. 전문성을 요구하는 많은 서비스들이 주문생산을 시행하는데, 미용실, 재단사, 외과의사 그리고 고급 음식점이 예가 될 수 있다.

2) 계획생산

make-to-stock(MTS) process인 계획생산은 고객의 선호를 미리 파악해서 물건을 생산하고, 구매 가능하게 진열해두는 방식을 의미한다. 조립라인 프로세스, 연속공정 프로세스 그리고 몇몇 배치공정이 계획생산을 따른다. 프로세스의 핵심은 고객화를 고려하지 않으면서 제품의 품질을 높이거나, 비용을 낮추는 것이다. 고객들은 이미 만들어진 완제품을 진열대나 카탈로그(catalog)에서 선택하기 때문에 주문 후 대기시간 역시 매우 짧은 편이다. 대량생산으로 제품 단위당 생산 비용도 상대적으로 저렴하다. 소매업체나 뷔페, TV 쇼 그리고 항공사들이 이 프로세스를 시행한다.

3) 주문조립생산

대량 고객화 생산은 주문조립 생산(assemble-to-order process)을 활용한다. Dell, Nike, Toyota는 앞에서 이미 대량 고객화를 활용하고 고객의 주문이 도착한 이후 생산을 시작하는 기업으로 소개했다. 많은 기업들은 주문조립생산 방식으로 한 번에 많은 양의 부품을 비축해 구매 비용을 낮추며, 고객 요구에 따라 최종 생산품을 신속히 조립한다. 고객들은 카탈로그나 홈페이지를 통해 그리 많지 않은 선택지 중에서 원하는 부품, 컬러, 조립품들을 선택하고 완제품이 배송되기까지 기다린다. 주문조립생산 제품들은 보통 주문생산 제품보다 저렴한데, 이는 주문조립생산 제품이 주문생

산 제품만큼 많은 디자인을 필요로 하지 않
기 때문이다. 또한, 주문조립생산은 주문생
산보다 고객 대기시간 역시 짧다는 장점을
가지고 있지만, 제품 구성은 상대적으로 제
한적이라는 단점을 지니고 있다. 〈그림 4-2〉
에서는 제품 단위당 생산 비용과 고객 대기
시간을 기준으로 각기 다른 프로세스들의
특징을 비교하고 있다.

🔵 **그림 4-2_** 프로세스와 리드타임의 관계

2 **프로세스 흐름도 및 분석**

**2. 프로세스 흐름
도 만들기와
사용법**

어떤 프로세스는 다른 프로세스의 집합일 수 있다. 조립라인 프로세스는 기준에 부합하는 대량
의 상품을 생산할 수 있는 상호 연관된 여러 활동들이나 단계들로 구성된다. 작업장 프로세스는
그와 달리 소량의 고객화된 제품을 만드는 개별적인 프로세스 단계들로 구성된다. 전체적으로 보
았을 때 이러한 프로세스들은 조직과 경쟁자를 고려하여 정의된다.

따라서 기업은 기업의 운영이나 성공에 크거나 작게 영향을 주는 프로세스의 집합으로 이뤄진
다. 제조를 제외하고, 내부적으로 이뤄지는 프로세스는 구매, 홍보, 회계, 배송, 마케팅 등이 있다.
기업의 직원들은 기업의 프로세스는 무엇이고, 어떻게 운영되며, 문제가 발생했을 때 어떻게 개선
할 수 있을지를 알고 있어야 한다. 또한 프로세스는 요구사항의 변화에 따라 함께 변하기 마련이다.
따라서 제품의 디자인이나 시장이 변화하면 프로세스 역시 달라져야 하며, 그렇지 못할 경우에는
조직에 부정적인 영향을 줄 수 있다.

소매업체들은 대부분 정확한 수요를 토대로 믿을 수 있는 공급자에게 상품을 구매하고, 효율적
인 방식으로 상품을 진열하여 판매한다. 판매자는 소비자가 원하는 제품을 찾아주는 것뿐만 아니
라, 그를 토대로 제품을 추천하기도 하며 상품 구매에 따른 정확한 금액을 청구한다. 필요시 배달
서비스를 시행하기도 하며, 판매가 끝난 이후에도 고객의 만족도 유지를 위하여 재방문하거나, 자
신의 경험을 긍정적으로 다른 이들과 공유할 수 있도록 여러 가지 서비스를 지속해서 제공한다. 이
처럼 기업은 많은 프로세스를 수행하며, 그 프로세스들을 성공적으로 수행하였을 때 고객을 만족
시켜 기업의 성장을 이끌어낸다.

우리가 잘 알고 있는 패스트푸드 전문점, 맥도날드(McDonald's), 웬디스(Wendy's) 그리고 버거킹
(Burger King)의 프로세스들을 한번 비교해보자. 세 기업 모두 햄버거와 감자튀김 등 거의 동일한 제
품을 판매하는데, 이들을 구분 짓게 하는 것은 무엇이 있을까? 웬디스는 보통 한 명(가끔은 두 명)의
캐셔와 함께 하나의 대기 라인을 운영한다. 버거킹 역시 그와 똑같은 형태로 매장을 운영하지만, 맥

도날드는 그와 달리 여러 명의 캐셔와 여러 개의 대기 라인을 운영한다. 맥도날드는 보통 자동화를 이용해 제품의 재고를 쌓아두기 때문에 빠르게 주문을 받을 수 있기 때문이다. 몇몇 맥도날드 제품은 계획생산 방식을 이용해 생산된 후 따뜻하게 데워주는 선반에서 보관 및 판매가 되지만, 웬디스와 버거킹은 주문조립생산 방식을 활용한다. 웬디스의 매장 대부분은 음료 기계가 카운터 뒤에 있어 리필을 원할 시 점원에게 요청해야 하지만, 맥도날드와 버거킹은 고객들이 식사하는 자리 쪽에 음료 기계를 위치시키는 것도 차이점이 될 수 있다. 또한, 맥도날드는 어린이들을 위한 놀이 공간이 있는 데 반해, 웬디스와 버거킹은 대부분 놀이 공간을 운영하지 않는다. 최근에는 세 기업 모두 메뉴를 더욱 다양화했는데, 메뉴의 개수를 가장 많이 늘린 기업은 맥도날드였다. 이는 맥도날드를 방문하는 고객들의 대기시간을 늘리는 등 맥도날드 운영에 부정적인 방식으로 작용하기도 했다. 따라서 맥도날드는 드라이브 스루의 창구를 늘려 고객 대기시간을 줄이는 데 집중하는 반면, 웬디스는 프렛즐과 같은 제품을 제공하며 음식의 품질에 더욱 신경 쓰고 있다.

어떤 브랜드가 가장 성공적인 브랜드일까? 세 기업 중 맥도날드가 매장이 가장 많고 매장당 연간 매출을 260만 달러를 기록하고 있는 반면, 웬디스와 버거킹의 매출은 그의 절반밖에 미치지 못한다. 그러나 확실한 것은, 시간이 지남에 따라 고객들의 입맛이나, 제품의 구성, 고객들의 경제력이 변했고, 그에 맞춰 각 매장의 프로세스 역시 변했다는 것이다. 다음 부분에서는 프로세스를 어떻게 분석할 수 있는지 살펴보도록 하자.

1 프로세스 흐름도

프로세스 흐름도(process flowchart) 혹은 프로세스 맵(process map)이라고도 불리는 프로세스 흐름도는 프로세스에 해당하는 여러 단계를 도식화한 것이다. 프로세스 흐름도는 사용자나 디자이너들이 프로세스를 이해하고 소통하거나, 문제 발생 시 문제를 빠르게 진단할 수 있도록 도움을 주는 시각적인 지표로 활용된다. 또한, 업무가 진행되는 과정을 기록하는 데 도움을 주기도 한다. 서비스나 제조업 모두에서 활용 가능하며, 중요한 프로세스만이 아니라 상대적으로 작은 프로세스 단계에서도 적용할 수 있는 특징을 지니고 있다. 따라서 프로세스를 분석할 때는 가장 먼저 프로세스의 흐름과 프로세스별 수반되는 의사결정을 확인할 수 있는 프로세스 흐름도를 작성하는 것이 좋다. 〈표 4-2〉는 보통 프로세스 흐름도에서 사용되는 부호들을 보여주고 있다.

프로세스 흐름도 작성 시, 디자이너들은 프로세스에 관해 브레인스토밍을 해야 하며, 다음과 같

표 4-2_ 프로세스 흐름도 심볼

심볼	의미
(둥근 사각형)	시작 또는 프로세스 종료
(사각형)	작업
(마름모)	의사결정
(화살표)	프로세스 순서

은 질문에 스스로 답해봐야 한다.

- 다음 단계에서는 무엇을 해야 하는가?
- 의사결정 전 상사의 보고 또는 허락이 필요한가?
- 현재 프로세스에서 결정을 해야 하는 사항인가?
- 이 단계는 삭제되거나 다른 단계와 통합이 가능한가?

디자이너들은 프로세스 흐름도의 부호를 이용하여 프로세스 전반의 모든 단계에 어떠한 결정이나 활동이 필수적으로 필요한지를 고민하게 된다. 또한, 그들은 모든 행동에 수반되는 결과도 고려한다. 프로세스 흐름도의 모든 부분을 심도 있게 공부하며, 어떤 단계에서 문제가 발생할 수 있는지, 혹은 어떤 단계에서 가치 창출이 이뤄지고 있지 않은지를 파악한다. 각 프로세스에서 더해지거나 제거되어야 하는 장비, 업무 혹은 프로세스를 고민하기도 한다. 특정 프로세스에 너무 적은 혹은 너무 많은 생산자가 투입되고 있거나, 특정 프로세스의 자동화가 필요하거나, 아니면 한 프로세스의 통합 혹은 삭제가 이뤄져야 할 때도 있기 때문이다. 따라서 프로세스 흐름도는 관리자들이 정확한 데이터를 수집해 더 나은 프로세스를 구축하는 데 도움을 주는 것이다. 〈그림 4-3〉은 조립 프로세스 흐름도를 보여주고 있다.

〈그림 4-3〉을 살펴보면, 부품을 조립해 컴포넌트(component)를 만드는 데 일련의 과정이 필요하다. 흐름도를 살펴보면, 몇 개의 프로세스는 불필요해 보이는데, 예를 들어 공급자가 자재를 창고가 아닌 검사 구역으로 바로 납품하도록 할 수 있다. 아니면, 공급업자에게 의무적으로 먼저 모든 부품에 대한 검사 보고서를 제출하도록 한 후, 창고 대신 조립라인으로 바로 배송하도록 할 수도 있을 것이다. 더 나아가, 검사 후 완성된 부품을 저장 단계가 아닌 조립 단계로 바로 이동시킬 수도 있다. 이처럼 개선된 조립 프로세스 흐름도는 〈그림 4-4〉다.

〈그림 4-3〉과 4-4를 비교해보았을 때, 프로세스가 8개에서 4개로 줄어든 것을 확인할 수 있다. 결론적으로 프로세스의 축소는 하나의 제품이 완성하는 데 걸리는 생산시간은 물론 노동, 재고 운

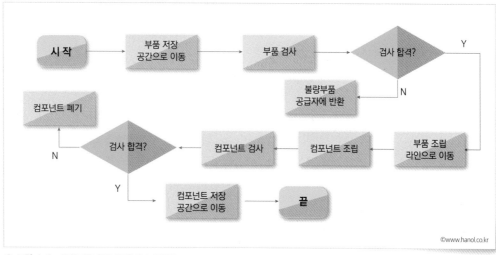

©www.hanol.co.kr

🔺 그림 4-3_ 컴포넌트 조립 프로세스 흐름도

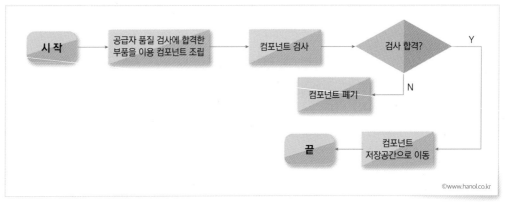

● 그림 4-4_ 개선된 조립 프로세스 흐름도

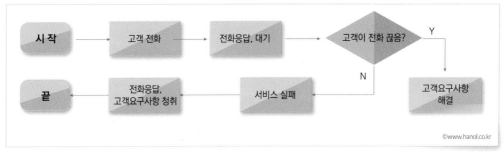

● 그림 4-5_ 고객지원센터의 프로세스 흐름도

송 비용 그리고 저장 공간 모두를 줄여줄 것이다.

　프로세스 흐름도는 〈그림 4-5〉에서 확인할 수 있듯이, 서비스의 개선이나 디자인을 위해 활용될 수도 있다. 프로세스 흐름도를 사용하는 관리자는 고객들이 얼마나 오래 대기하는지, 응대자들은 얼마나 자주 업무에 피로감을 느끼는지, 문의에 대한 대답이 제공되는 데 얼마나 오랜 시간이 걸리는지 궁금할 것이다. (서비스와 서비스 프로세스에 대한 더 많은 정보는 5단원과 10단원을 통해 확인할 수 있다.)

② 프로세스 흐름도 소프트웨어

　사용이 가능한 프로세스 흐름도 디자인 소프트웨어를 몇 가지 소개한다. Microsoft's Visio는 초보자는 물론 전문가들 사이에서 가장 널리 알려진 디자인 소프트웨어이다. Visio는 뛰어난 도구의 사용과 손쉬운 접근이 가능하다는 장점이 있으며, 실시간 협업 기능을 보유하고 있기도 하다. SmartDraw는 Visio에 비해 조금 더 저렴하며, 차트나 도표 그리고 다양한 시각적 자료를 활용할 수 있는 70여 가지의 안내 템플릿을 제공한다. 또한, 사용자들이 손쉽게 수정할 수 있는 많은 예시들을 제공하기도 한다. 하지만 위에서 소개한 소프트웨어보다 저렴한 서비스를 찾는다면, 더욱 깔끔하고 익숙한 레이아웃을 보유하고 있는 Edraw가 있다. Edraw를 통해서는 다양한 도표, 문자 그리고 그래프를 만들 수 있다. 학생이라면 Lucidchart라는 소프트웨어를 무료로 이용할 수도 있으며, 광범위하고 손쉽게 이용 가능한 Dia라는 서비스 역시 무료로 사용할 수 있다.

프로세스 리엔지니어링 시 흐름도는 중요한 프로세스 개선을 위해 활용할 수 있다. 리엔지니어링에 대해서는 다음에서 자세히 살펴보도록 하자.

3 비즈니스 프로세스 리엔지니어링

효율에 있어 획기적인 개선을 위해 근본적인 재설계를 의미하는 비즈니스 프로세스 리엔지니어링(BPR; Business Process Reengineering)은 지난 20년 동안 많은 변화를 맞이해왔다. 1990년대 초에 발간된 Michael Hammer 그리고 James Champy의 매우 유명한 저서 Rengineering the Corporation A manifesto for Business Revolution은 많은 관리자들이 회사의 성공을 일궈낼 수 있는 일종의 마법과도 같은 쉬운 방안을 찾도록 제안했다. Peter Drucker는 리엔지니어링은 성공에 있어서 매우 중요하며, 꼭 필요한 단계라고 했으나, 대부분의 리엔지니어링을 향한 노력은 많은 사람들의 기대치를 충족시키지 못했고, 1990년대 말에는 리엔지니어링이 죽었다는 말까지 등장하게 된다.

하지만 최근에는 또다시 많은 비즈니스 리더들이 비즈니스 프로세스 리엔지니어링의 중요성을 깨닫고 있다. 비즈니스 프로세스 리엔지니어링을 올바르게 활용한다면, 프로세스의 재설계를 통해 기업의 가치를 고객에게 더욱 현실적이고 창의적으로 전달할 방안을 고민해볼 수 있기 때문이다.

오늘날의 비즈니스 프로세스 리엔지니어링은 지속적인 프로세스 개선을 요구한다. "과거의 비즈니스 리엔지니어링은 '현재(as is)'와 '미래(to be)'의 단계로 나눌 수 있었다. 따라서 시스템 구축 결과에 대해 많은 생각이 필요했다"고 Digital globe의 CIO Scott Hicar는 말했다. "오늘날 성장은 너무 빠르게 일어나며 기술 역시 획기적으로 빠르게 발전하기 때문에 사람들이 현재로부터 5년 이

● 그림 4-6_ 비즈니스 프로세스 리엔지니어링

후의 미래를 예측하려고 한다면 큰 오류를 범할 수밖에 없을 것이다."

〈그림 4-6〉에서 확인할 수 있듯이, 비즈니스 프로세스 리엔지니어링은 기업의 비전에서부터 시작해, 흐름도와 데이터를 활용한 프로세스 평가, 데이터 수집, 디자인 재설계, 새로운 프로세스 구축과 지속적인 평가와 개선을 통한 프로세스 분석과 변화에 체계적으로 접근할 수 있게 도와준다. 콜로라도에 위치한 Lincoln Trust의 CIO Helen Cousins는 기업 내 프로세스 개선이 필요하다는 것을 깨달았다. "내가 이 회사에 왔을 때 많은 이들이 서류 더미에 쌓여 고통을 받고 있었다"고 그녀는 말한다. "우리는 매달 10만 개가 넘는 서류를 처리하고 있었다. 따라서 우리는 서류 양을 줄이고자 노력했고, 현재는 목표를 달성한 것 같다"고 이야기하기도 했다. 2007년부터 적용한 새로운

던킨의 지속적인 리엔지니어링

1950년 William Rosenberg는 보스턴에서 10마일 떨어진 곳에 첫 던킨도너츠 매장을 오픈했다. 매장 건너편에 있는 포드 조립공장에는 수백 명의 고객이 있었으며, 그것으로 인해 처음 던킨도너츠는 육체노동자의 이미지를 가지고 있었다. 던킨도너츠의 커피도 저렴했지만, 성공을 이끈 것은 제빵 제품들과 "맛있는 도넛을 만들 시간이다!"라고 이야기한 TV 광고였다. 제빵 제품들에 대한 집중적 투자와 뉴잉글랜드 출신 육체노동자들 덕분에 던킨도너츠의 성장은 수십 년 동안 이어져왔다.

1988년에는 스타벅스의 성장과 Rosenberg가 은퇴하면서 던킨도너츠는 또 다른 경쟁력이 필요했다. "맛있는 도넛을 만들 시간이다!"라고 외쳤던 광고는 1997년부터 방영을 멈췄으며 육체노동자들을 위한 브랜드라는 이미지도 지우기 시작했다. 이후 2003년에는 50년 동안 이어져 내려오던 "커피에 찍어 먹는 도넛"의 던킨도너츠는 사라졌다.

2006년 던킨도너츠는 심각한 딜레마에 빠졌다. 스타벅스와 같은 이미지를 추구할 것이냐? 그렇지 않으면 던킨도너츠의 커피에 대한 정의를 다시 내려야 할 것이냐? 결국, 후자를 선택했고 결과적으로 미국 전역에 가장 많은 커피숍을 보유한 브랜드가 되었다. 새로운 브랜드 이미지를 구축하는 것은 음료의 혁신에서 시작되었다. 기업 자체적으로 진행한 연구에서 소비자를 두 개의 그룹으로 분류했다. 음식점을 기준으로 아침을 구매할 곳을 정하는 그룹, 그리고 음료를 기준으로 음식점을 정하는 그룹 2가지였다.

던킨도너츠가 사업을 확장해나갈수록, 매장의 커피를 포함한 음료의 매출이 전체 매출의 60% 이상을 차지하기 시작했다. 여전히 더블 초콜릿 도넛과 같이 양심의 가책을 느낄 만큼 단 제빵 제품들을 판매하기도 하지만, 점차 시간이 지날수록 기업은 저칼로리 머핀과 요거트 스무디를 제공하며 건강식을 추구하는 백인들을 유혹할 수 있는 기업이 되기 위해 노력하고 있다.

"우리는 던킨을 향해 달릴 것이다"라는 상징적인 던킨도넛의 슬로건은 고객들과 정서적으로 더 유대하기 위해 현대적인 뜻으로 탈바꿈했다. "계속 가자"는 고객과 브랜드 모두에게 외치는 메시지이다. 또한, 회사는 2019년 상호명을 그냥 던킨(Dunkin's)으로 바꾸기도 했다. 던킨은 오늘날 지속해서 리엔지니어링을 통해 기업을 재창조하고 있기에, 변화를 통해 기회를 잡은 기업의 적절한 예가 될 수 있다.

출처: F. Addis, "Stuck? Is Your Agency in Need of Business Process Reengineering?," *Rough Notes* 160, no.3 (2017):52, 54.

프로세스 리엔지니어링은 회사가 최고 90%까지 서류 양을 줄일 수 있도록 도와주었다. Cousins은 또한, 새로운 업무 방식으로 많은 직원들이 이전 서류 작업까지 확인할 수 있게 되어 업무 대기나 서류 분실로 인한 고객 불만을 90% 이상 줄일 수 있었다고 밝혔다. 아래 Spotlight에서 던킨도너츠(Dunkin' Donuts)에서 현재까지도 시행하고 있는 비즈니스 프로세스 리엔지니어링을 살펴보자.

④ 프로세스 성과 모니터링

프로세스 분석의 궁극적인 목표는 시스템을 통해 프로세스 성과를 지속적으로 모니터링하여 성과가 부족한 부분을 찾아 개선책을 만들어 실행하는 것이다. 만약 프로세스가 목표했던 결과를 창출하지 못했다면, 관리자들과 사용자들은 프로세스가 다시 목표를 향해 나아갈 수 있게 재설계해야 한다.

공급사슬의 관점에서 공급자 사이의 지리적 거리와 재료나 제품의 거래 횟수, 그리고 제품의 이동에 따라 공급업체가 공유해야 하는 정보 등으로 인해 프로세스의 개선은 굉장히 복잡할 수 있다. 또한 내부적으로는 부서 간의 영역 다툼, 모함 혹은 책임 회피의 자세는 프로세스 분석과 개선을 방해한다. 아래 Service Spotlight에서는 워싱턴의 킹 카운티가 경험했던 프로세스 모니터링과 그의 개선에 대한 사례이다.

성과 측정의 사용법은 2장에서 다루었는데, 프로세스 성과 측정법 설계를 위해 고려되어야 할 몇 개의 포인트를 여기서 다시 정리해볼 수 있다.

① 성과 측정은 기업의 목표를 뒷받침하고 기업에게 중요한 가치를 개선할 수 있도록 도와주어야 한다.

② 성과 측정은 고객의 요구에 따라 프로세스 성과를 제공할 수 있어야 한다.

③ 성과 측정은 생산물의 품질, 비용, 타이밍 그리고 생산량을 측정하여 프로세스 전체를 파악해야 한다.

④ 성과 측정은 일이 처리되는 방식 그리고 얼마나 많은 일이 얼마나 자주 처리되는지를 주목해야 한다. 예를 들어, 테이블 회전율에 초점을 두어 종업원을 평가한다면, 많은 종업원들은 고객들이 빠르게 식사를 마치고 일어나도록 종용하여 고객들에게 잘못된 메시지를 전달할 것이다.

최근 거대 제약사 Pfizer는 그들의 인기 제품 중 하나인 콜레스테롤 감소 물질 Lipitor가 특허권에서 만료되자, 해당 제품의 판매를 계속하기 위해 프로세스 모니터링 시스템을 도입했다. 모니터링 전략의 목표는 빅데이터 분석과 비즈니스 프로세스에 최적화된 소프트웨어를 이용하여 Lipitor의 생산과정 전반에서 비용을 줄일 수 있는 프로세스를 모색하는 것이었다. "이전 방식을 사용한다면 최소 30명의 직원이 필요했겠지만 우린 단 3명의 직원을 통해 수천 건의 거래를 지속적으로 모니터링하며 오류를 발견하고 개선했다"라고 Pfizer의 관리자 Loretta Cangialosi가 밝혔다. 프로세스 모니터링과 그의 개선은 13장에서 더욱 자세히 다루고 있다.

Service SPOTLIGHT 프로세스 모니터링과 개선: King County, Washington

2006년 워싱턴의 킹 카운티는 성과 모니터링 시스템 킹스텟(kingstat)을 구축했다. 킹스텟은 시장과 같은 고위 관료들이 주재하는 회의에서는 성과에 대한 리뷰를 하고, 다른 정기회의에서는 오로지 데이터에만 집중한다. 회의 진행시 리더들은 해당 데이터들을 활용해 최근 성과를 분석하는 것은 물론, 성과와 목표에 대한 피드백을 제공하고, 개선을 향한 노력을 통해 다음 목표를 설정한다.

2010년에 카운티는 킹스텟을 주민들에게 일상적인 서비스를 제공하는 카운티 부서의 운영 성과 측정에 집중하도록 변경했다. 이전에 킹스텟은 주민들이 아닌 카운티 부서 자체의 결과 창출에 집중해왔기 때문이다. 이러한 변화는 엄청난 결과를 불러왔다. 수정된 시스템은 성과포럼(performance forums)으로 불린다. 카운티 경영자들의 비전은 지속적인 개선이었다.

킹스텟에서는 조직의 성과와 관련한 다양한 목표와 수치를 시각적으로 확인할 수 있는 "tier boards"라는 보드판을 만들었다. 보드는 현재 진행 중인 서비스나 프로젝트의 성과를 실시간으로 보여준다. 이상적으로 보드판은 서비스의 목표치와 목표를 달성하기 위한 프로세스를 보여주며, 목표는 카운티가 달성하고자 하는 목표 성과 수준에 따라 달라진다.

회사 임원들은 매주 금요일 아침 고위 경영진과 업무 관련 관계자들과 함께 회의를 진행하며 티어 4(tier 4)를 위한 라운드를 설정한다. 라운드 사이사이 부서들은 각자 모여 자신들의 티어 4를 지속적으로 확인하며 프로세스를 검토하고 우위 전략과 그의 결정에 대한 의견을 공유한다. 이후 부서 관리자들은 또 자신들만의 라운드 혹은 티어 3(tier 3)를 진행하게 된다. 이때 나타나는 문제점은 숨겨야 하는 결점이 아닌 성장을 향해 나아갈 수 있는 핵심 개선책이 된다. 성과의 측정과 개선은 위에서 언급한 다양한 라운드와 허들을 통해 오늘날 킹 카운티에서 안정적으로 수행되고 있다.

출처: M. Jacobson and S.Kavanagh, "Monitoring Government Performance toward a Lean – Informed Approach," *Government Finance Review* 33, no.6 (2017):16-20.

③ 생산능력관리

3. 능력과 능력 이용률 그리고 프로세스 디자인의 관계

하나의 제품이나 서비스의 생산이 확정된 후, 생산 프로세스를 구축하기 위해서는 생산에 필요한 장비의 파악이 (수요예측을 바탕으로) 선행되어야 한다. 생산능력(capacity)은 보통 처리량을 의미하는데, 이는 일정 기간 기업이 최고로 생산할 수 있는 (혹은 서비스를 제공할 수 있는) 생산량(혹은 고객 수)을 의미한다. 생산능력이 부족하면 시설이 매우 혼잡하고, 생산 시간도 길며, 실수가 발생하여 고객을 경쟁사에게 뺏길 수 있다. 하지만 그와 반대로 너무 많은 생산능력을 보유하고 있어도 고정 비용과 생산 비용이 커져 제품의 가격 역시 비싸질 수 있는 부작용이 발생하기도 한다. 두 상황 모두 적은 판매와 낮은 수익을 초래한다.

프로세스와 시설을 디자인할 때, 지속가능한 최적의 생산능력이 확립되는데, 이를 최적생산능력(design capacity)이라고 부른다. 그러나 실제로 생산 설비가 구축되고 난 후에는 예상보다 더 낮은 생산량을 기록하게 되는데 이는 수요의 변동, 설비의 고장, 근로자들의 일탈 그리고 예측 불가능했던 생산 문제로 인한 것이다. 실제로 창출되는 생산 수준은 최적운영수준(effective capacity or best operating level)이라 부른다.

생산 시스템의 성과를 측정하는 계산식은 능력이용률(capacity utilization)이다. 능력이용률은 최적운영수준의 실제적 이용률 혹은

$$능력이용률 = \frac{실제생산량}{유효생산능력}$$

으로 나타낸다. 예를 들어, 한 식당이 본래는 1,000명의 고객을 매일 수용할 수 있도록 설계되었는데, 시간이 지날수록 실제로 수용 가능한 인원은 하루에 800명이며 지난 한 달 동안은 평균 고객이 하루당 650명이라고 밝혀졌을 때 능력이용률은 다음과 같다.

$$능력이용률 = \frac{650명/1일}{800명/1일} = 0.8125 = 81.25\%$$

그리고 그다음 한 달 동안은 식당이 하루에 620명의 고객을 수용했다면 새로운 이용률은

$$능력이용률 = \frac{620명/1일}{800명/1일} = 0.775 = 77.5\%$$

가 될 것이다. 따라서 지난달에서부터 이번 달까지 변화된 이용률을 확인해보면 다음과 같다.

$$변화된 \% = \frac{이용률_2 - 이용률_1}{이용률_1} \times 100 = \frac{0.775 - 0.8125}{0.8125} \times 100 = -4.62\%$$

생산능력 계획온 보통 기간을 기준으로 3가지로 분류하여 설명할 수 있다.
- **단기계획 - 3개월 이내**　근로자들의 근무시간과 초과 근무시간의 결정, 생산을 위해 필요한 업무시간의 설계 및 장비의 배분 담당 등이다.
- **중기계획 - 3개월에서 1년 사이**　생산능력 계획은 고용과 해고, 장비 구매 그리고 작업 교대 및 하도급 작업의 추가 담당 등이다.
- **장기계획 - 1년 이상**　시설의 생산 혹은 구매, 장비의 대량 구매 담당 등이다.

생산능력의 관리는 보통 단기계획일수록 비교적 쉽지만(추가적으로 노동자를 고용하는 일 등), 이를 통해서는 상대적으로 작은 변화만 달성이 가능하다. 만약 요구되는 생산능력의 변화가 크다면, 변화를 위해 상대적으로 긴 시간이 필요할 것이다(더 큰 시설을 건축하는 것 등).

1 수요를 위한 생산능력 변화

리스크에 대한 관리자의 성향, 활용 가능한 투자금 그리고 미래 수요에 대한 자신감에 따라 기업은 가까운 미래 수요를 충족시키기 위한 생산능력을 추가로 확보할 수 있으며, 혹은 더 비싸고 위험성이 높은 먼 미래의 수요를 고려하여 생산능력을 확장할 수도 있다. 또한, 예측한 수요가 실제로 발생한다면, 위험을 감수하더라도 추가로 생산능력을 창출하고자 기업은 장기계획으로 생산능력을 추가할 수도 있다. 이는 〈그림 4-7〉를 통해서도 확인할 수 있다.

예를 들어 1990년도 로스앤젤레스 네바다주에 Rio Hotel이 개장했다. 숙박에 대한 수요가 증가하자 호텔은 건물을 하나 더 건설하여 20개의 객실을 추가했다. 그러나 이후에도 수요가 계속해서 증가하여 객실은 모자랐고, 호텔 측은 1997년 또 다른 건물을 추가적으로 건설하게 된다. 지속해서 시설을 늘려가는 전략은 생산능력 향상을 위한 보수적인 접근법이다. 만약 호텔 측에서 한 번에 세 개의 건물을 건설하는 적극적인 접근법을 사용했다면 건설비용을 절약할 수 있었겠지만, 수요가 빨리 나타나지 않았다면 Rio Hotel은 처음 발생한 많은 부채를 감당하지 못해 파산했을 수도 있다.

이는 로스앤젤레스에 위치한 Fontainebleau Hotel에게 발생한 상황이기도 하다. 너무 낙관적인 미래 수요의 예측, 나쁜 타이밍 그리고 개장도 하기 전에 한 번에 엄청난 크기의 호텔 건물과 4,000여 개의 럭셔리 호텔 객실을 완성하고자 했던 욕심으로 인해 해당 기업은 개장을 하기도 전인 2009년에 부도가 났다. 개발자들은 이미 20억 달러를 사용하여 호텔의 75%를 건설했지만, 당시 전 세계에 대공황이 덮쳐 투자금이 모두 증발해버리고 만 것이다. 로스앤젤레스 전반의 숙박률이 대공황으로 인해 떨어져 자연스럽게 호텔의 가치도 하락했다. 그 결과, 2010년 억만장자 투자가 Carl Icahn이 미처 다 완공되지도 않은 건물을 1억 5,000만 달러에 매입했다. 그 후 뉴욕의 투자가 Steve Witoff가 건물을 6억 달러에 구입했고, 현재 Drew로 호텔명을 바꾸어 2020년까지 완성하는 것을 목표로 하고 있다.

생산능력을 상승시키는 방안은 2가지 더 있는데, 그것들은 상대적으로 적은 위험 부담을 보이는 아웃소싱과 생산능력공유(capacity sharing)이다. 1장에서 논의한 바와 같이 아웃소싱은 생산 대신 추가적인 구매를 하는 것을 의미한다. 2011년 거대한 홍수가 타이완을 덮쳤을 당시, 여러 제조업체들이 개인 생산설비를 사용할 수 있을 때까지 외부 업체의 도움을 빌렸던 것이 아웃소싱의 한 사례가 될 수 있다. 그

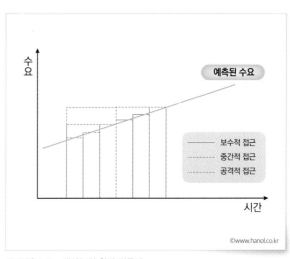

🔵 그림 4-7_ 생산능력 확장 접근법

러나 Caterpollar, Ford, GE와 같은 다국적 기업들은 최근에 상승하는 생산 및 운송비용 문제로 외국 생산 부품의 아웃소싱을 중단하고 있기도 하다. 또한, 아웃소싱과 달리 생산능력공유는 생산 능력을 추가적으로 건설하는 데 많은 비용이 들고 수요가 굉장히 다양할 때 많은 기업들이 활용한다. 예를 들어, 호텔들은 발생할 수 있는 예약 취소를 고려해, 예약을 받을 때 수용할 수 있는 예약률을 살짝 초과하여 받는데, 모든 예약 고객이 나타날 시 인근 다른 호텔의 생산능력을 공유하게 된다. 항공사들 역시 공동 운항편을 운영하기도 하며 생산능력을 공유한다.

② 규모의 경제

2장에서 살펴본 바와 같이 한 기업의 생산 한계 비용이 감소할 때 규모의 경제가 나타난다. 규모의 경제는 공장이나 생산 장비의 변화로 인해 나타날 수 있으며, 생산 능력의 결정에 많은 영향을 준다. 기업의 생산능력, 즉 일정 기간에 생산할 수 있는 제품의 수가 증가할수록 제품당 생산 비용이 줄어든다. 보통 생산능력을 100% 향상하기 위해서 기계나 노동자 역시 100% 늘리지 않아

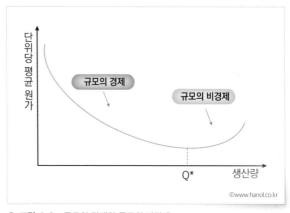

⬤ 그림 4-8_ 규모의 경제와 규모의 비경제

도 되기 때문이다. 만약 추가 설비 규모로 인한 생산 비용이 70%가 추가되었다면, 추가된 설비로 제작된 모든 생산품이 고정 비용의 감소로 인해 생산 비용이 감소한다. 따라서 생산량이 많을수록, 생산품의 단위당 비용이 줄어들어 기업은 더욱 경쟁력을 높일 수 있는 것이다.

예를 들어 1908년 포드(Ford's)의 자동차 모델 T는 12시간 동안 제작되어 850달러에 팔렸다. (현재 달러 가치로 환산하면 대략 21만 달러 정도의 금액이다.) 또한, 당시에는 작업자들이 한 번에 하나의 자동차만을 생산할 수 있었다. 1913년 Henry Ford가 이동식 조립라인을 개발해 모델 T의 생산에 활용하기 시작하면서 생산량은 획기적으로 증가하였고, 생산 비용 역시 획기적으로 줄었다. 작업자들은 다양한 부품을 조립하는 전문성을 개발했고, 자동차는 조립라인에 고정되어 지속해서 이동하며 조립되었다. 이를 통해 하나의 자동차를 생산하는 데 걸리는 시간을 93분으로까지 줄일 수 있었다. 그리고 그 결과, 1914년 말, 포드는 그 어떤 자동차 회사보다 많은 양의 자동차를 생산하게 되었다. 또한, 생산능력의 향상은 제품의 가격 하락을 유도해, 1908년의 가격보다 60%가 절감한 290달러에 소비자들은 제품을 구매할 수 있었으며, 1924년에는 더 많은 생산 공정의 개선을 통해 240달러까지 제품 가격을 낮추기도 하였다. 현대식 조립라인 역시 이와 같은 규모의 경제를 추구한다.

그러나 그와 동시에, 지속가능한 생산능력을 뛰어넘으려는 장기간의 노력은 규모의 비경제(dis-economies of scale)를 창출할 수도 있다. 예를 들어, 기업이 성장해 더 많은 노동자를 고용할수록, 중

복 노동이 발생하거나 관리자와 감독관과 같은 상위 계층의 직책이 많아져 생산성이 저하될 수 있다. (왼손은 오른손이 무엇을 하고 있는지 모르는 법이다.) 이때 생산량보다 가격이 더욱 가파르게 증가하기 시작하며, 생산 단위당 비용 역시 증가하게 된다. 따라서 아무리 큰 규모의 기업이라도 규모의 비경제로 인해 작은 규모의 기업과의 경쟁에 어려움을 느낄 수도 있다. 〈그림 4-8〉은 생산량과 단위당 평균 비용의 관계를 보여주고 있다. 이상적으로, Q*만큼 생산할 수 있도록 기업은 운영되어야 한다.

③ 제약이론

하나의 큰 생산 시스템을 위해 여러 작은 프로세스가 함께 맞물리게 되면, 관리자들은 각 프로세스의 생산능력은 물론 그 생산능력이 전체 생산능력에 어떠한 영향을 미치는지 면밀히 살펴봐야 한다. 제약과 병목은 프로세스의 생산능력을 저해하는데, 하나의 저해된 프로세스로 인해 기업 전체가 영향을 받을 수 있다. 병목(bottleneck)은 프로세스, 도구 혹은 사람이 시스템의 생산을 제약할 때 발생한다. 병목이 지속되면 한 조직 전체 생산능력이 영향을 받는다.

〈그림 4-9〉는 크게 3단계로 이뤄진 프로세스이다. 제품은 1단계에서 부분적으로 조립된 후, 2단계로 넘어가 추가적으로 더 조립이 진행되고 마지막으로 3단계에 가서 완성된다. 각 단계의 생산능력은 〈그림 4-9〉에서 보여주는 것과 같다. 현재 상태라면 최대 유효능력은 2단계와 3단계의 최대 생산능력보다 적은 시간당 10대가 된다. 1단계가 가장 느리며 생산성의 제약 혹은 병목 프로세스이다. 만약 관리를 통해 1단계에서 시간당 4대를 추가적으로 생산할 수 있게 된다면, 새로운 생산 제약은 2단계가 될 것이며 전체 조립 프로세스의 새로운 최대 유효능력은 시간당 12대가 될 것이다. 또, 2단계에 추가적으로 1시간당 2단위의 생산능력을 추가한다면 유효능력은 시간당 14대가 될 것이다.

생산을 극대화하기 위해 제약을 포착하고 관리하는 것은 제약이론(TOC: Theory of Constraint)에서 필수적이다. 제약이론의 철학에 따르면 시스템은 자신이 가장 약한 부분만큼 강하다. 제약이론의 개념은 1984년 이스라엘 물리학자 Dr. Eliyahu Goldratt가 저술한 비즈니스 기반 소설 더골(The

⬢ **그림 4-9_** 3단계 조립프로세스

Goal)에서 유래되었다. 관리자들은 제약이론을 활용하여 시스템 전반의 제약을 파악하고, 제약을 극복할 수 있는 계획을 실행하며(훈련, 도구, 추가노동력 등), 최종 목표가 달성될 때까지 지속적으로 시스템을 파악하여야 한다.

제약이론은 굉장히 중요한 생산능력 도구이기에, 제약이론이 활용되지 않는다면 관리자들은 병목이 아닌 프로세스의 생산 능력을 향상시킬 수도 있다. 이는 결과적으로 시스템 전반의 생산능력 증가에 도움을 주지 못할 것이다. 가장 먼저 제약을 식별하고 제거하는 것은 생산능력을 향상시킬 수 있는 비용 대비 효과적인 방법이다. 제약이론에 대한 더욱 자세한 정보는 7장에서 확인할 수 있다.

4 손익분기점분석

4. 잠재적인 투자 방안들의 비교를 위한 손익분기점 분석

3장에서 살펴본 것과 같이 새로운 제품을 분석하거나 심사하는 단계에서 제품의 경제적 타당성을 고려해야 한다. 기업 자체적으로 새로운 제품을 생산하기로 승인했다면, 기업 내 관리자들은 기존 도구들을 어떻게 활용할 것인지, 어떤 단계가 새로운 도구나 기술이 필요할 것인지, 어떤 부분을 외부 공급업체로부터 제공받을 것인지를 살펴보고 결정해야 한다.

이러한 의사결정은 비용 측면의 상쇄관계(Trade-off)가 고려되어야 하며, 손익분기점분석 역시 새로운 제품이나 서비스의 생산을 고려할 때 사용될 수 있는 분석 방법 중 하나이다. 손익분기점분석을 사용하기 위해서는 다음과 같은 정보가 필요하다.

- 수요예측을 기준으로 한 예상 생산 수준
- 각 대안에 따르는 고정 및 변동비용
- 새로운 제품 및 서비스의 예상 판매 가격

고정 비용에는 설비비와 같은 감가상각 비용이 포함되고, 변동비용에는 생산량에 따라 비용이 달라지는 인건비와 재료비가 포함된다. 손익분기점분석의 가장 기본적인 가정은 수익과 변동비용이 생산량에 따라 선형적으로 증가한다는 것이다. 분석의 목표는 수익을 얻기 시작하는 생산 시점, 즉 손익분기점(break-even point)을 파악하고자 하는 것이다. 손익분기점 관련 공식은 아래와 같다.

$$\text{전체 수익(TR)} = \text{전체 비용(TC)}$$

$$P = \text{판매가격} \quad X = \text{생산량} \quad F = \text{고정비용} \quad V = \text{변동비용}$$

따라서

$$TR = P \times X, TC = F + (V \times X)$$

$$P \times X = F + (V \times X), \text{또는} (P \times X) - (V \times X) = F, \text{또는} X = \frac{F}{P - V}$$

〈예제 4-1〉은 새로운 제품의 평가를 위해 사용되는 손익분기점분석을 보여주고 있으며, 〈그림 4-10〉은 해당 문제를 도식적으로 나타낸 것이다.

예제 4-1

로버트버거(Robert's Burger)에서는 핫도그를 만들어 팔기로 결정했다. 추가적으로 필요한 고정 비용은 1만 달러이고, 경쟁력을 가지기 위해 핫도그 하나의 가격은 3달러가 되어야 한다고 판단했다. 추가적인 인건비와 재료비 역시 제품 하나당 0.75달러가 될 것으로 예상된다. 관리자들은 로버트버거가 몇 개의 핫도그를 팔아야 손익분기점을 넘길 수 있는지 궁금하다.

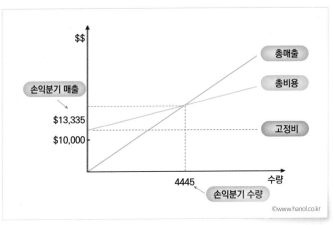

◎ **그림 4-10_** 예제 4-1 그래프 해

정답

- $P \times X = F + (V \times X)$
- 3X = 10,000 + 0.75X, 또는 2.25X =1,000
- X에 대해 풀이하면
  X = 10,000 /2.25 = 4,445개(반올림한 값)
- 로버트버거는 최소 4,445개의 핫도그를 팔아야만 손익분기점에 도달할 수 있다.
- 이는 총 손익분기 수익을 $3 × (4,445) = $13,335를 달성해야 하는 것과 같은 의미이다.

손익분기점분석을 이용해 2가지 대안을 비교할 수 있다. 앞에서 언급했던 것과 같이 기업 자체적으로 제품을 생산하지 않고 외부업체에 제품의 생산을 대신 맡길 수 있다. 만약 생산에 있어 중요한 기술이 사용되지 않고, 외부업체를 통하는 것이 비용이나 유연성의 측면에서 더욱 효율적이라면 아웃소싱은 좋은 방안이 될 수 있다. 이때 생산과 구매의 의사결정 분석은 상품을 직접 만들었을 때와 구매했을 때 발생하는 비용을 비교한 후, 손익분기점 수량을 필요 수량과 비교하는 것으로 이뤄진다.

제조 비용(MC; Make Cost) = 구매 비용(BC; Buy Cost)

X = 생산량 또는 구매량

$F_{m,b}$ = 고정비(생산 또는 구매)

$V_{m,b}$ = 변동비(생산 또는 구매)

따라서

$MC = F_m + (V_m \times X)$, $BC = F_b + (V_b \times X)$

$F_m + (V_m \times X) = F_b + (V_b \times X)$ 또는

$F_m - F_b = (V_b \times X) - (V_m \times X)$ 또는

$X = (F_m - F_b)/(V_b - V_m)$

예제 4-2

로버트버거는 햄버거의 빵을 외부 공급업체로부터 구매하지 않고 직접 만들어 사용하기로 했다. 기업은 빵을 만들기 시작하면 오븐 사용으로 인해 7,000달러의 고정비용이, 빵 하나당 0.25달러의 변동비용이 발생할 것으로 예측하고 있다. 빵을 구매할 때는 0.50달러로 하나를 구매할 수 있으며 구매 시 발생되는 고정 비용은 없다. 매년 사용할 것으로 예상되는 빵의 개수는 1만 5,000개이다. 로버트는 몇 개의 빵을 생산할 때 손익분기점을 넘길 수 있을지 궁금하다.

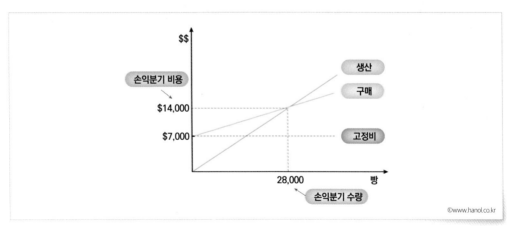

◆ 그림 4-11_ 예제 4-2 그래프 해

정답

- $F_m + (V_m \times X) = F_b + (V_b \times X)$ 또는 7,000 + 0.25X = 0 + 0.50X
- X에 대해 풀이하면

  0.25X = 7,000 또는 X=28,000개
- 로버트는 최소 2만 8,000개의 빵을 만들어야 손익분기점을 달성할 수 있다. 이는 (28,000/15,000년), 즉 1.9년과도 같다. 총 손익분기 비용은 $7,000 + ($0.25)28,000 = $14,000이 될 것이다.

〈예제 4-2〉는 생산과 구매의 의사결정에서 사용되는 손익분기점 분석을 나타내고 있으며, 〈그림 4-11〉은 〈예제 4-2〉를 도표로 표현하고 있다. 〈예제 4-2〉에서 확인할 수 있듯이 생산과 구매의 의사분석 관점에서 문제를 바라본다면, 빵을 내부적으로 생산하는 것이 효과적이고, 1.9년 이후 Robert의 희망 투자 요건에 따라 손익분기점을 달성할 수 있을 것으로 예상된다.

5 지속가능한 프로세스 설계

5. 지속가능 프로세스 디자인

파리에 있는 국제에너지기구에 따르면, 전 세계적으로 분포하고 있는 다양한 산업들이 현재 글로벌 에너지 사용의 1/3, 전 세계 탄소 배출의 22%를 차지하고 있다고 한다. 많은 기업들은 지난 몇 년간 환경에 대한 책임감을 바탕으로 다양한 프로그램을 진행해왔지만, 지속가능성에 대한 소비자와 정부의 관심은 현재 가장 뜨겁다고 할 수 있다. 따라서 더욱 폭넓은 지속가능 경영의

시카고 시청은 최초의 LEED 인증 시립 건물이었습니다. 녹색 지붕은 우수 유출을 방지하고 단열재를 생성하여 난방 및 냉방 비용을 절감합니다.

실현을 위해 기업들이 느낄 압박은 지속될 것으로 보인다. 기업들은 생산설비와 관련해 사용되는 에너지와 물의 양, 방출되는 탄소와 폐기물을 고려하면서 지속적으로 새로운 목표를 향해 나아가기 위한 개선점을 찾아야 할 것으로 보인다. 지속가능성을 위한 설계는 기업의 전체 전략이나, 프로세스 설계, 공장이나 공급망 관리에도 영향을 줄 수 있다. 특히, 지속가능 프로세스는 기업이 환경친화적인 생산물을 만들어낼 수 있도록 한다. 일본의 닛산(Nissan)은 지역 기반 에너지 절약(site-based saving)에서 현장 기반 에너지 절약(plant floor-based saving)으로 전략을 바꾸었다. 이를 통해 기업은 자체적으로 에너지 사용을 관리하고 절약할 수 있으며, 소규모 그룹들이 주도적이고 지속적인 개선을 계속해서 추구할 수 있도록 한다.

2015년 Coca-Cola Enterprises(CCE)는 미래를 위한 지속가능 제조업을 위해 United Kingdom's Cranfield University와 협업을 진행했다. 프로젝트를 위해 CCE 측에서는 대략 6,600만 유로를 투입했으며, 이로 인해 UK 내 지속가능성을 위한 기업 투자금은 3억 유로를 기록하기도 했다. 연구의 목표는 CCE 공급체인 전반의 지속가능성을 점검하고, 지속가능한 기술 및 폐기물 영역들을 관리하고 확인하는 것이었다. 이러한 활동을 통하여 2050년의 지속가능한 공장은 어떤 모습일지 예측해볼 수도 있다.

기업들이 지속가능성을 통해 나타나는 노동자의 생산성 향상, 비용 및 폐기물 감소 그리고 적응력이라는 다양한 혜택들을 인지하기 시작하면서 지속가능성은 점차 현실이 되어가고 있다. 개방형 사무실, 모듈형 작업 환경 그리고 탈착식 벽과 같은 환경은 많은 기업들이 일광 및 자연 환기를 활용할 수 있도록 해준다. 실제로 콜로라도에 위치한 Van Gilder Insurance는 지속가능성을 고려한 6만 제곱피트의 사무실을 사용하고 있다. CEO Michael Van Gilder는 "보기에만 좋은 사무실 환경이 아니라 직원들과 고객들을 사로잡을 수 있는 작업 환경을 만들고 싶었다" 그리고 "친환경적인 운영전략은 우리의 목표를 달성하는 디딤돌이 될 수 있다"라고 전했다.

최근 친환경적인 새로운 프로세스는 Leadership in Energy and Environment Design(LEED) 인증을 취득하는 것이다. LEED는 US Green Buliding Council에서 발급하는 인증으로, 이것을 취득하면 지속가능한 부지 개발, 물과 에너지 효율성, 친환경 자재의 사용 등을 통해 인간 및 환경을 고려한 디자인의 건물이라는 것을 증명할 수 있다. 음료 산업을 지원하는 엔지니어링 회사 Woodard & Curran의 부회장 Llodyd Snyder는 LEED에 대해 다음과 같이 설명했다.

해당 인증의 장점은 음료 제조사들이 핵심 기능에 집중할 수 있도록 돕고, 물을 사용하는 방식과 물 공정을 최적화하는 방법을 환경적 이점에서 생각할 수 있도록 해준다는 것이다. 또한, 많은 음료 제조사들은 고객을 위해 해당 인증서를 활용하기도 한다. 많은 고객들은 기업에 더욱 친환경적이고 지속가능한 경영을 요구하고 있으므로 기업들은 친환경적이고 지속가능한 프로세스 구축을 위해 노력해야 한다.

요 약

본 장에서는 기업의 생산 프로세스와 관련된 중요한 개념 몇 가지를 살펴보았다. 기업에서 확인할 수 있는 기본적인 프로세스를 살펴본 후, 프로세스 흐름도의 개념은 물론 프로세스 흐름도가 프로세스의 효율성을 판단하는 데 어떻게 사용될 수 있는지를 살펴보았다. 적용되는 프로세스에 따라 기업 생산성도 영향을 받으므로 생산성을 추가할 수 있는 방안에 대해 분석해보았다. 생산능력 결정을 위해서 많은 대안이 고려되는데, 손익분기점분석은 그러한 대안들을 비교하고 판단하기 위해 활용되는 기법으로 소개되었다. 마지막으로 프로세스 결정에 영향을 주는 지속가능한 프로세스 설계도 살펴보았다.

주요용어

- **주문조립생산**(ATO: assemble-to-order processes) 주문이 이루어지면 맞춤제작이 이뤄지는 프로세스 방식
- **조립라인프로세스**(assembly-line processes) 대량생산을 적은 비용으로 할 수 있지만 유연성이 상대적으로 적은 프로세스 방식
- **배치프로세스**(batch processes) 보통 수준의 맞춤형과 대량 생산이 가능한 프로세스 방식. 해당 공정은 한정된 수의 제품이 각각의 생산 단계에서 만들어질 때 활용됨

- **병목**(bottleneck)   시스템 능력을 제한하는 프로세스. 도구 혹은 사람
- **손익분기점분석**(break-even analysis)   상쇄관계를 고려하여 다양한 대안을 비교하고 어떤 대안이 최선인지 결정하는 분석방법
- **손익분기점**(break-even point)   한 기간의 총수익이 총비용과 일치하는 점
- **비즈니스 프로세스 리엔지니어링**(BPR; business process reengineering)   기업의 활동과 업무 흐름을 분석하고 이를 최적화하는 것
- **생산능력**(capacity)   사업체를 주어진 조건(설비, 노동, 생산효율 등)에서 정상 가동했을 때 생산할 수 있는 최대 생산량
- **생산능력공유**(capacity sharing)   수요가 불확실하고 생산능력 증가에 대한 비용이 높을 때 여러 회사들이 생산능력을 공유하는 것
- **능력이용률**(capacity utilization)   유효생산량 대비 실제 사용한 효율적인 생산량
- **연속공정**(continuous processes)   원료를 장치에 일정한 유량을 연속적으로 투입하는 동시에 연속적으로 제품을 생산하는 방식
- **최적생산능력**(design capacity)   분기별 산출할 수 있는 지속가능한 최대 규모의 생산량
- **규모의 비경제**(diseconomies of scale)   생산 규모를 확대할수록 단위당 생산 비용이 오히려 증가하는 경우
- **최적운영수준**(effective capacity or best operating level)   생산시설 구축 후 수요의 변동, 기계의 고장, 미숙련 작업자 등 예상치 못한 상황을 고려한 최대 생산량
- **작업장공정**(job shop processes)   유사한 생산 장비를 모아놓은 부서로 구성된 시설. 보통 생산량이 적고, 제품 단위당 생산 비용이 높음. 고객의 요구사항을 수용할 수 있는 생산 유연성이 높으며 대기시간도 긺
- **주문생산**(MTO; make-to-order processes)   작업장, 프로젝트 그리고 배치공정을 통하여 고객맞춤형 제품을 생산하는 프로세스
- **계획생산**(MTS; make-to-stock processes)   제품을 만드는 절차, 방법, 규모 따위를 미리 정하여 생산하는 일
- **대량고객화생산**(mass customization process)   하이브리드 프로세스로, 작업장 공정의 몇 가지 단계와 조립라인 공정의 몇 가지 단계를 합쳐 대량의 고객 맞춤형 제품을 생산하는 일
- **지연전략**(postponement)   대량고객화를 위해 고객의 주문이 접수되기 전까지는 차별화되는 제품의 조립을 미루는 전략
- **프로세스 흐름도**(process flowchart or process map)   프로세스를 구성하는 여러 단계를 도식화한 것으로, 프로세스가 어떻게 진행되고 어떠한 단계에서 문제가 발생할 수 있는지 사용자에게 알려주려는 목적을 지니고 있음
- **프로젝트 공정**(project process)   작업장 공정의 형태로 개인 맞춤형 제품을 생산하는 프로세스
- **지속가능한 공정**(sustainable processes)   친환경적인 방식으로 제품을 생산하는 프로세스
- **제약이론**(TOC; theory of constraints)   시스템은 자신이 가장 약한 부분만큼 강하다는 이론

검토해보기

1. 산출물과 관련해 자동화와 규격화는 어떤 연관성이 있는가?
2. 4가지의 프로세스 방식을 나열하고 설명해보아라.

3. 대량고객화란 무엇이며, 왜 하이브리드 프로세스로 불리는가?

4. 지연전략이란 무엇이며, 지연전략은 어떻게 대량고객화와 연관성이 있는가?

5. 생산되는 방식에 따라 구별할 수 있는 3가지 프로세스 방식을 나열하고 설명해보아라. 챕터 앞부분에서 논의된 4가지의 프로세스 유형은 각각 어떤 프로세스와 연관 지을 수 있는가?

6. 프로세스 흐름도란 무엇이며, 왜 흐름도를 작성해야 하는가?

7. 프로세스 리엔지니어링이란 무엇이며, 해당 개념은 더 이상 유효하지 않다고 생각하는가?

8. 프로세스 흐름도는 프로세스 리엔지니어링에 어떻게 활용될 수 있는가?

9. 최적생산능력이란 무엇이며 최적운영수준이란 무엇인가?

10. 3명의 파트타임 직원을 고용하려고 한다. 이는 어떤 생산 계획에 해당하는가?

11. 규모의 경제와 규모의 비경제의 정의는 무엇인가?

12. 제약이론을 예를 들어 설명하라.

13. 새로운 제품을 평가할 때 손익분기점 분석은 어떻게 활용될 수 있는가? 생산과 구매의 의사 결정에서는 어떻게 활용될 수 있는가?

14. 지속가능한 공정이란 무엇인가?

토론해보기

1. 본 수업의 등록과 이수에 관한 프로세스 흐름도를 제작해보아라.

2. 관리자들은 왜 프로세스 성과를 모니터링하고 싶어 하는지 의논해보아라.

3. 만약 당신이 해당 수업의 등록과 이수에 대한 프로세스를 개선하고 싶다면, 어떠한 성과를 모니터링해야 할 것인가?

4. 해당 교실의 최적생산능력은 어떻게 되는가? 또한 최적운영수준은 어떻게 되는가? 해당 교실의 전형적인 능력 이용률은 어떻게 될 것인가?

5. 당신의 기업이 현재 생산능력으로는 감당할 수 없는 다양한 수요를 직면하고 있다고 가정하자. 어떠한 생산능력 대안을 통해 해당 수요를 충족할 수 있는가?

6. 규모의 경제에서 규모의 비경제로 전환될 수 있는가? 우리 대학은 어떠한 형태로 규모의 비경제를 경험할 수 있는가?

7. 하나의 고장 설비가 전체 생산 효율에 어떻게 영향을 줄 수 있을지 설명해보아라.

8. 기업 관리자들은 왜 지속가능공정을 고려해야 하는가? 지속가능공정은 수익에 기여하는가?

9. 기업 관리자들은 프로세스의 지속가능성을 위해 어떤 행동을 취해야 하는가? 당신의 기업은 지속가능성을 추구하고 있는가?

1. 지역 식당을 방문해보아라. 당신이 식당에 도착했을 때부터 떠날 때까지 당신이 경험한 모든 것을 포함한 프로세스 흐름도를 제작하라. 능력 이용률을 계산해보아라. 병목 현상은 어디서 발견되었는가? 프로세스 전반에서 당신이 개선할 수 있는 점이 있다면 무엇이겠는가?

2. 본 수업의 시험을 대비하는 당신의 프로세스를 설명하라. 프로세스 흐름도를 제작해보아라. 여러 개의 성과 측정도 프로세스에 결합해보아라. 리엔지니어링이나 개선을 통해 다음 시험을 더욱 잘 준비할 수 있는 방법이 있는지 생각해보아라.

3. 본 단원에서 언급하고 있지 않은 지속가능공정이나 서비스 프로세스에 대해 찾아보고 보고서를 작성해보아라. 해당 공정의 장점을 최대한 많이 설명해보아라.

⊙ 다음 설명을 참고하여 문제 1과 문제 2를 풀어라.

셀리아이스크림(Sally's Ice Creamer)은 8월에 평균적으로 하루에 115명의 고객이 방문했다. 하루 최대 지속가능 처리량은 140명이다. 9월에는 한 명을 추가적으로 고용했고, 인근 마을에 홍보 전단지를 배포했다. 따라서 9월에는 평균적으로 하루에 132명의 고객이 방문하였고, 하루 최대 지속가능 처리량은 180명이었다.

1. 셀리아이스크림의 8, 9월 능력이용률을 계산하라.

2. 셀리아이스크림의 두 달 동안의 이용률 변동을 계산하라.

3. Village Plumbing은 하루에 25명의 고객을 수용할 수 있다. 또한, 지난 50주 동안 Village에 총 5,500명의 고객이 방문했다. 만약 가게가 일주일에 5일을 영업한다면, 50주의 능력이용률은 어떻게 되는가?

4. 한 제조 기업의 효용 능력은 1단위당 1.5분이라고 한다. 8월 한 달 동안 실제 생산물은 총 6,000개였고, 9월 한 달 동안의 실제 생산물은 총 6,250개였다고 가정하자. 기업은 한 달 동안 총 22일, 하루에 8시간을 운영했다. 두 달 동안의 능력이용률과 함께 이용률 증가(utilization growth)를 계산해보아라.

5. 한 기업의 효율 생산능력이 하루에 1만 2,000개라고 가정해보자. 만약 이 기업이 하루에 평균적으로 9,500개의 제품을 생산한다면, 하루에 1만 500개를 생산하기 위한 능력이용률과 이용률 증가를 계산해보아라.

6. 한 지역 빵집은 하루의 최적생산능력을 1,000개, 하루의 효율생산능력을 700개 달성하기 위해 기업을 설계했다. 그리고 3일 동안 생산해본 결과, 하루에 850개의 빵을 만들었다는 사실을 확인할 수 있었다. 빵집의 기본 운영 능력과 3일 동안의 실제 생산능력을 통해 각각의 능력이용률을 계산해보아라. 3일 동안의 생산능력이 지속될 수 있을 것이라 생각하는가?

◎ 다음 설명을 참고하여 문제 7과 문제 8을 풀어라.

기계 공장에서 하나의 제품을 생산하기 위해 다음과 같은 조립 프로세스를 수행한다.

전문 조립라인에서 하나의 제품을 생산하기 위해 다음과 같은 조립 프로세스를 수행한다.

프로세스 1에서는 일부분의 조립을 완료해 프로세스 2로 제품을 넘기고, 프로세스 2에서 역시 일부분의 조립을 완료해 제품을 프로세스 3으로 넘긴다. 제품은 마지막 단계인 프로세스 3에서 생산이 완성된다.

7. 현재 조립 프로세스는 하루에 몇 개의 제품을 생산할 수 있는가?

8. 만약 조립 프로세스를 활용해 18개의 제품을 하루에 생산해야 한다면 어떻게 해야 하는가?

9. 전문 조립라인에서 하나의 제품을 생산하기 위해 다음과 같은 조립 프로세스를 수행한다.

프로세스 1에서는 일부분의 조립을 완료해 프로세스 2로 제품을 넘기고, 프로세스 2에서 역시 일부분의 조립을 완료해 제품을 프로세스 3으로 넘긴다. 제품은 마지막 단계인 프로세스 3에서 생산이 완성된다. 각 단계의 생산능력은 그림에서 보여지는 것과 같으며 조립라인은 추가적인 생산을 위한 설비를 충분히 구비하고 있다고 가정하자.

한 단계에서 하나의 설비가 운영된다고 가정할 때, 해당 프로세스를 통해 하루에 생산할 수 있는 제품은 몇 개인가? 병목 현상은 어떤 단계에서 발생하는가?

하나의 설비가 한 명의 관리자를 필요로 한다고 가정할 때, 위에서 계산한 생산량을 달성하기 위해서는 각 단계에 몇 개의 설비와 몇 명의 관리자가 필요한가?

◎ 다음 설명을 참고하여 문제 10에서 문제 15까지를 풀어라.

클레이어(Claire's)는 새로운 음료의 판매를 승인했다. 관리자들은 새로운 음료의 판매에서 발생할 고정 비용을 최대 14만 달러로 제한했고, 표준 도매가격은 단위당 0.55달러가 적용될 계획이다. 동반되는 인건비와 재료비는 단위당 0.25달러가 될 것으로 예상된다.

10. 몇 개의 제품을 생산해야 손익분기점을 달성할 수 있는가?

11. 문제 10에 대한 그래프를 그려보아라.

12. 손익분기점을 달성했을 때 매출은 얼마인가?

13. 기업은 이온음료 제조업체를 통해 0.35달러에 새로운 이온음료를 제조할 수 있는 것으로 나타났다. 일 년 동안 총 25만 개의 음료가 판매될 것으로 예측된다. 이온음료를 구매하는 것과 직접 생산하는 것을 비교했을 때, 클레이어는 몇 년 동안 판매를 해야 손익분기점을 달성할 수 있는가?

14. 문제 13번의 답변을 그래프로 표현해보아라. 클레이어는 이온음료를 구입해야 하는가 아니면 직접 제조해야 하는가?

15. 생산 또는 구매 손익 분기점은 얼마가 되는가?

16. 글로벌 매트리스를 구매하는 Johnny Faith는 새로운 기구의 제조·구매 수량을 결정하는 중이다. 그녀는 8만 달러를 투자하면 하나의 기구를 각 1만 2,000달러에 생산할 수 있다. 아니면 각 기구를 1,800달러에 구매할 수 있다.

   a) 손익분기점 수량과 손익분기점 비용을 계산하라.

   b) 위 답변을 그래프를 통해 나타내라.

   c) 만약 180개의 매트리스가 필요하다면 생산과 구매 중 어떤 것이 최선의 대안인가?

17. 한 기업에서는 whozits 하나를 18달러에 구매해, 29달러에 판매할 수 있다고 가정해보자. 만약 기업이 5,000개를 구매한다면 최소 몇 개의 제품을 판매해야 손익분기점을 달성할 수 있을까? 기업은 whozits를 생산할 수 있는 기계를 3만 달러에 구매하여 하나의 whozits를 12달러에 제조할 수 있다. 몇 개를 생산했을 때 제품을 구매했을 때와 제조했을 때 비용이 일치하는가?

18. 현재 장비를 이용해 버니도넛(Bernie's Donuts)은 0.25달러에 한 개의 도넛을 만들 수 있다. 설비 구매 담당 Gayle은 새로운 프라이어를 1만 2,000달러에 구매해 한 개의 도넛을 생산하는 비용을 0.17달러로 줄일 수 있다. 손익분기점을 찾고 해당 답변을 그래프로도 표현하라. 생산량에 따라 각각 어떤 옵션이 선호되는가?

CASE **Study**

Case 1 | 새로운 두통 치료법

Josh Walker는 자신의 사무실에 앉아 자신이 다음으로 해야 할 일을 생각했다. Josh's Company라는 통증 완화 기업은 6개월 된 회사이다. 신경학자였던 Josh가 오랜 연구 끝에 편두통에 시달리는 사람들을 위해 해결책을 도출했다고 생각하며 설립한 회사이다. 그는 편두통의 정도를 줄일 수 있는 제품의 특허까지 냈다. 제품은 딱풀 혹은 용기에 들어 있는 고체 형식의 데오드란트처럼 생겼으며, 편두통이 발현한 시점에 관자놀이에 바르게 되면 두통의 정도와 지속 시간을 줄여주는 역할을 한다. 제품은 심지어 100% 자연 친화적이며, 의학적으로도 인증을 받았다. 또한, FDA로부터 승인을 받은 요소만을 사용하고, FDA가 허가한 장소에서만 제품을 생산하면서 FDA를 준수하기도 했다.

이 시점에서 Josh는 어떻게 제품을 생산할 것인지를 고민해야 했다. 그는 첫 해에는 제품 수요가 적을 것이지만, 해가 갈수록 늘어날 것이라고 예측했다. 현재 그는 크고 작은 지역 약국들과 얘기를 나누고 있었지만, 2년 후에는 전국적으로 거대한 체인점 약국과 거래를 할 수 있을 것이라 예측하고 있기도 하다. 따라서 Josh는 처음에는 2가지 제품만을 생산했지만, 시간이 흐름에 따라 증상에 따라 제품의 크기와 색깔을 다양화하고자 계획했다.

Josh는 처음에 판매를 시작할 2가지 제품의 용기를 모두 제작할 수 있는 기계(injection molding machine)를 사용했다. 용기의 색깔이 변하지 않는다면, 크기에 따른 틀만 바꾸면 해당 설비를 통해 두 개의 용기를 제작할 수 있었다. 제품의 배치사이즈는 두 제품의 조합으로 30갤론이다. 생산된 제품은 1,900개의 작은 컨테이너 혹은 950개의 큰 컨테이너를 채울 수 있을 만한 양이었다. 컨테이너를 채운 후, 제품에 라벨을 붙였으며 크게는 48개, 작게는 24개의 묶음으로 포장하여 배송을 준비했다.

Josh는 기존에 화학자이자 의사였기 때문에, 자신이 기업 운영에 대해 잘 알지 못한다는 사실을 알고 있었다. 따라서, 그는 당신에게 제품을 가장 효율적으로 생산할 수 있는 방법에 대한 조언을 구하고자 한다.

질문

1. 〈표 4-1〉을 참고했을 때, 제품이 생산될 수 있는 최적의 방법은 무엇이라고 생각하는가? 그리고 왜 그 방법이 다른 방법들에 비해 강점을 가진다고 생각하는가?

2. 12개월에서 18개월 이후에는 이 프로세스에 변화를 주어야 할 것 같은가? 아니라면 왜 아니라고 생각하는가? 변화가 필요하다면 Josh는 현재 시점에서 어떤 행동을 통해 그러한 변화를 대비할 수 있는가?

3. 하나의 생산 방식에서 다른 방식으로 변경하는 것의 이점과 위험은 무엇이 있는가?

4. Josh는 아웃소싱을 통해 외부에 모든 생산을 맡기고 마케팅에만 전념해야 할 것인가? 그렇게 해야 하는 이유 혹은 그렇게 하지 않아도 되는 이유는 무엇인가?

Case 2 | Turner's 버거, Dogs 'n' More

2012년 Dave Turner는 은퇴 후 자신이 가장 좋아하는 요리를 하기로 마음먹었다. 따라서 그는 마을의 작은 쇼핑몰 모서리에 위치한 작은 가게를 임대했다. 가게는 주방과 함께 두 개의 테이블이

들어갈 수 있는 크기였다. Dave는 처음 가게를 오픈했을 때, 그가 개인적으로 이용하던 정육점에서 고베 소고기 햄버거와 앵거스 비프 핫도그를 메뉴로 제공했다. 고객들이 선택할 수 있는 20개의 고명도 제공하였다. Dave는 또한, 자신이 집에서 몇 년 동안 직접 만들어오던 수제 감자튀김과 어니언링, 콘슬로우와 감자 샐러드를 메뉴로 제공하기도 했다. 가게는 오전 11시부터 저녁 7시까지 운영하며, Dave는 포장 손님만을 위한 메뉴를 개발하기도 했다. 가게에는 Dave 말고 다른 직원은 없었다.

처음에는 사업이 굉장히 안정적이었으며, Dave는 오후 시간을 활용해 그날 저녁 그리고 다음날 점심 손님들을 위한 재료를 준비했다. 손님들은 Dave의 맛있는 요리와 합리적인 가격에 대해 만족했으며 모든 것이 순탄해 보였다. 그는 계속해서 좋은 경영 상황을 유지하기 위해 저녁 늦게 혹은 아침 일찍 일하는 경우가 많아졌다. 그러나, 그것이 계속되자 Dave는 일손이 부족하다고 느껴 자신의 이웃 Debbie를 고용해 메뉴 서빙, 결제 등에서 도움을 받았다.

한 해가 마무리되어갈 즈음, Dave는 Debbie에게 자신의 콘슬로우와 감자 샐러드를 만드는 법을 전수했으며, 두 명의 인력을 추가로 고용했다. 야외에 세 개의 테이블을 추가로 설치했으며 늘어난 인건비를 충당하기 위해 메뉴의 가격을 인상했다. 가게가 항상 손님들로 붐비자 손님들은 길어진 대기 시간에 항의하기 시작했으며, 배달과 함께 운영 시간의 연장을 요구하기도 했다. 마침 Turner's 버거 옆 가게 Dogs 'n' More의 가게가 임대 가능했다. Dave는 Dogs 'n' More의 가게를 추가로 임대한다면 더 많은 테이블을 설치해 더 많은 손님들에게 음식을 제공할 수 있을 것이라 생각했다.

질문

1. Turner의 제품을 봤을 때, 해당 기업은 주문생산, 계획생산 그리고 주문조립생산 중 어떤 체계를 선택하고 있는가? 그 이유는 무엇이라고 생각하는가?

2. Turner가 생산성의 문제를 해결하기 위해 선택할 수 있는 대안은 무엇들이 있는가? 각 대안을 설명해보아라.

3. 어떤 고객들은 배달과 운영 시간의 연장을 요구한다. 이때 Dave는 어떻게 반응하는 것이 좋은가?

4. 어떤 성과 측정 방식을 통해 Dave는 가게의 성과를 측정할 수 있는가?

참고

이 사례는 수업 토론 자료로 활용하기 위해 제작되었다. 저자는 해당 사례가 효율적인지 비효율적인지 글에 내포하고 있지 않다.

참고문헌

- "40% of Flood – Hit Japan Firms to Shrink Thai Ops: Poll," *Asia Pulse*, February 6, 2012, 1; M. Philips, "For Some U.S. Manufactures, Time to Head Home," *Businessweek*, February 6, 2012, 1.

- "Coca-Cola Enterprises and Cranfield Join Forces to Unlock the Future of Sustainable Manufacturing," *Progressive Digital Media Packaging News*, March 26, 2015, 1.

- "Combilift Opens New $60 million production Plant," *Industrial Maintenance & Plant Operations* April 30, 2018, 1.

- "Critical Control Posts First Quarter 2017 Financial Results," *Wireless News*, May 17, 2017, 1.

- "Eliyahu M. Goldratt, Renowned Business 'Guru' and Author of International Best – Selling Business Novel 'The Goal, ' Dies at Age 70, PR Newswire, June 24, 2011, 1.

- "Machining Partners Tackle High-Volume Automotive," *Manufacturing Engineering* 160, no.5(2018):39, 45, 82.

- "Rio All-Suite Hotel and Casino," Wikipedia, last modified January 17. 2020, http://wikipedia.org/wiki/Rio_All_Suite_Hotel_and_Casino.

- A. Berzon, "Fontainebleau in Las Vegas Likely to Get Low-Ball Bids," *Wall Street Journal*, October 12, 2009, B1. See also https://www.reviewjournal.com/business/casinos-gaming/fontainebleau-on-las-vegas-strip-has-new-name-and-opening-date.

- A. Zeiger, "Customization Nation," *Incentive* 173, no.5(1999):35-40.

- C. Ross, W. Crittenden, and L. Victoria, "3-D printing: Big Potential, Little Adoption," *Industrial management* 58, no.4(2016):12-16.

- C. Van Alstin, "Visualization Improves Workflow, Referral Numbers," *Health Management Tschnology* 37, no.1(2016):18-19.

- D. Drickhamer, "Don't Fool Yourself with Metrics," *IndustryWeek* 253, no.10(2004):85.

- G. Gorbach, "Moving toward Manufacturing Sustainability," *Plant Engineering* 63, no.3(2009):14.

- J. Gould, "Sustainable Workplace Design Creates Innovation Opportunities," *Buildings* 103, no.7(2009):60-62.

- J. King, "Rebirth of Re-engineering," *Computerworld* 46, no.16(2012):21-25.

- J. Zegler, "Facilities Go Beyond Green," *Beverage Industry* 103, no.7(2012):67.

- M. Cangemi, "The Real Benefits of Continuous Monitoring," *Financial Executive* 28, no.4(2012):35-38.

- N. Clark, "Twelve Trends for 2012," *Marketing*, January 11, 2012, 26-28.

- O. LaBarre, "In a Class by Herself," *Bank System & Technology*, October 2011, 29.

- See for example, R. Burgess, "Avoiding Supply Chain Management Failure: Lessons from Business Process Re-engineering," *International Journal of Logisitics Management 9, no.1(1998): 15-23; M. Hammer and J.*

Champy, *Re-engineering the Corporation : A Manifesto for Business Revolution*(New York : Harper Business, 1993); and D. Morris and J. Brandon, *Re-engineering Your Business*(New York: McGraw- Hill, 1993).

• See, for example, "Flow Charts: Understanding and Communicating How a Process Works," http://www.mindtools.com/pages/article/newTMC_97.htm.Accessed March 19, 2020.

• See, for example, C. Choi, "Burger King Ditches 'Have it your way' Slogan after 40 years," *HuffPost* Business, May 19, 2014, http://www.huffingtonpost.com/2014/05/19/burger-king-slogan_n_5353576.html.

• See, for example, J. Goss, "Henry Ford and the Assembly Line," http://history1900s.about.com/od/1910s/a/Ford-Assembly-Line.

• See, for example, S. Ross, "McDonald's vs. Burger King: Comparing Business Models," Investopedia, November 10, 2015, http://www.investopedia.com.articles/markets/111015/mcdonalds-vs-burger-king-comparing-business-models.asp; V. Wong, "How the Average Mcdonald's Makes Twice as Much as Burger King," *Businessweek*, March 25, 2014, http://www.businessweek.com/articles/2014-03-25/how-the-average-mcdonald-s-makes-twice-as-much-as-burger-king; and C. Matthews, "3 Reasons Wendy's Is Eating McDonald's Lunch," *Time*, January 23, 2014, http://business.time.com/2014/01/23/mcdonalds-and-wendys-battle-in-fast-food-wars.

• See, for example, T.Davenport, "Why Reenginnering Failed : The Fad That Forgot People," *Fast company* 1, no.1(1996):70-74.

• W. Sampson, "Mass Customization Meets Regional Partnership," *CabinetMaker* 26, no.11(2012):36-39.

생산 운영관리
Operations
Management

PART 2

제조 및 서비스 흐름

Chapter 05
수요 관리, 수요예측, 총괄계획

예측은 어렵다. 특히 미래에 관한 것이라면 매우 어렵다.　　　　　　　　-Niels Bohr, 1922년 노벨 물리학상 수상자

예측을 할 때, 최고 품질의 크리스탈 볼(예측 도구)을 구하려고 하지만 역사는 그것을 거의 구할 수 없다고 알려준다.
　　　　　　　　　　　　　　　　　　　　　　　　　-Alastair Mundy, Investec UK SS 펀드 포트폴리오 매니저

구명 의약품을 공급하는 사업에서는 정해진 시간에 알맞은 물품을 적재적소에 공급하는 것만큼 중요한 것이 없다. 그것이 일어나지 않을 때, 종종 형편없는 예측과 재고가 문제의 핵심이 된다.
　　　　　　　　　　　　　　　　　　　　-Joseph Ludof, Cipla Medpro 유통 센터 공급사슬부문 전무

🎯 학습목표

1. 수요 관리, 수요예측 및 총괄계획 프로세스
2. 예측이 필요한 이유 및 활용 방법
3. 예측기법의 정확성 비교
4. 협력적 계획, 예측 및 보충 프로세스
5. 회사의 목표를 달성하기 위한 총괄계획

Cipla Medpro의 수요예측 과정에 관한 공급사슬 책임자의 설명

제약산업의 공급사슬은 내가 공급사슬 운영 책임자로 있는 남아프리카의 Cipla Medpro에서 생산계획 관련 변수를 관리하는 것보다 조금 더 복잡하다. 2011년 말까지 두 명의 전임 생산계획 담당자와 나는 비즈니스 지식, 상식 및 스프레드시트를 혼합하여 생산계획을 조정했다. 항상 이상적이진 않았다. 그러나 2011년 말까지 우리는 9년 연속 경쟁업체보다 빠르게 성장하고 있었다. 규모를 확대하면서 예측 정확도를 유지하는 것이 점점 더 어려워지고 스트레스를 받게 되었다.

그럼에도 불구하고, 나는 우리의 프로세스를 변화시키는 것에 대해 매우 걱정했다. 우리의 생산계획 변수를 고려할 때, 우리 팀이 수작업으로 생성한 수요예측을 완전히 신뢰하지 않은 것은 놀랄 일이 아니다. 우리는 고객의 주문을 이행할 수 있는지 확인하기 위해 우리 자체 마켓 인텔리전스(market intelligence)를 기반으로 계산을 이중으로 확인하는 데 많은 시간을 할애했다. 우리의 노력에도 불구하고, 재고품절은 3%를 조금 넘는 높은 수준을 달리고 있었고 재고로 인한 수익 손실이 결코 회복될 수 없기 때문에 우리는 이 수치를 낮추기 위해 끊임없이 싸웠다.

공급사슬의 모든 링크는 예측에 따라 달라지기 때문에 올바른 예측을 갖는 것은 우리 비즈니스의 건전성에 필수적이다. 그 시절에는 재고품절을 줄이는 게 우선이었다. 대부분의 회사들은 과도한 안전재고를 보유함으로써 재고품절을 회피하지만, 이것은 지속가능한 옵션이 아니다. 2012년 1월, 예측, 재고, 보충 계획을 위해 ToolsGroup과 함께하기로 결정했다. ToolsGroup은 ERP 시스템과 통합된 비즈니스 프로세스 아웃소싱 서비스를 사용하여 케이프타운에 있는 본사에서 매주 2회 예측 자료를 작성했다.

처음으로 우리의 의약품에 대한 수요를 예측할 수 있었다. 대규모 정부 계약과 같은 일부 고객이 예외적으로 높은 서비스 수준을 요구하기 때문에 수요를 예측할 수 있다는 것은 매우 큰 일이었고 우리에게 완전히 새로운 세상을 열어주었다. 2016년까지 재고량을 3%에서 1% 미만으로 줄일 수 있었다. 우리는 또한 우리의 예측을 통해 훨씬 더 야심적으로 될 수 있는 가능성을 보기 시작했다. SKU의 절반을 대상으로 테스트를 수행한 결과 예측 정확도가 기존 시스템 및 프로세스보다 20% 이상 향상되었다.

경쟁이 치열한 오늘날의 환경에서 조직은 변화하는 수요에 신속하게 대응할 수 있는 보다 유연한 공급사슬을 구축하고 있다. 고객들은 적정한 수량, 적정한 가격에 적합한 제품을 원하고 있으며, 바로 지금 그것이 배송되기를 원한다. 조직이 수요를 정확하게 예측할 수 없다면 고객은 자신의 요구를 더 잘 충족할 수 있는 다른 조직을 찾을 것이다. 따라서 잘못된 예측 및 생산 계획은 판매, 수익성 및 고객 관계에 엄청난 부정적인 영향을 미칠 수 있다. 기업들이 수요와 공급을 일치시킬 수 있는 몇 가지 방법이 있다. 한 가지 방법은 회사가 언제든지 배송을 위해 많은 완제품 재고를 보유하는 것이다. 재고 품절은 최소화되지만 재고 실사 비용과 판매 시즌이 끝날 때 재고 감가상각의 가능성 때문에 이 접근법은 매우 비용이 많이 들 수 있다. 유연한 가격을 사용하는 것도 또 다른 방법이다. 수요가 몰리는 시기에는 가격을 올려 피크 수요를 줄일 수 있다. 가격 할인은 재고가 초과되거나 수요가 부진한 기간 동안 매출을 증가시키는 데 사용할 수 있다. 이러한 가격 전략은 재고량뿐만 아니라 매출 손실을 초래할 수 있으므로 수요를 충족시키는 고객 친화적인 접근법으로 간주될 수 없다.

기업은 또한 초과 근무, 하청 또는 임시직을 사용하여 수요가 많은 기간 동안에 대응하고 수요가 적은 기간에는 이러한 것들을 줄여간다. 결국 임시직은 예상치 못한 수요 변동에 대응하는 데 도움을 줄 수 있지만, 그들은 현장 교육을 필요로 하므로 기업은 바로 투입돼 운용할 수 있는 직원이 부족하므로 매출이 떨어질 수 있고, 이들은 숙련된 사람들이 아니므로 회사의 명성에 타격을 입을 수 있다. 또한 검증되지 않은 하청업체가 제품을 만드는 데 사용될 경우 제품의 품질도 저하될 수 있다.

변화하는 수요를 관리하는 것은 매우 어려운 일일 수 있으며, 기업은 변화하는 환경 내에서 구매, 생산, 마케팅 및 인력 전략을 개발해야 한다. 계획 수립에 도움이 되려면, 관리자는 먼저 예측 오류의 가능성과 잘못된 예측이 초래할 수 있는 영향을 이해하면서 정확한 예측을 작성하려고 노력해야 한다. 모든 조직은 계획 수립을 위해 어느 정도 예측에 의존한다. 그 결과 예측은 완제품과 원자재의 재고 수준뿐만 아니라 제조 및 배송 리드 타임, 인력 고용, 궁극적으로는 고객 만족도에도 영향을 미치게 된다.

만약 관리자들이 수요를 적게 예측하면 제품공급이 부족해지고 서비스 직원의 근무시간이 줄어들어 고객들이 만족스럽지 못한 상태가 된다. 이와 반대로 수요를 과잉 예측할 경우 이로 인해 과도한 고용과 불필요한 확장과 함께 과잉 재고자산 및 이와 관련된 재고유지비용 등 불필요한 비용이 발생할 수 있다. 2가지 예측 오류 유형 모두 비용이 많이 든다.

부정확한 예측은 잘못된 예측 도구의 사용 또는 왜곡된 정보의 사용을 포함한 여러 가지 이유로 인해 발생할 수 있다. 예를 들어, 회사 담당자가 검증된 예측 방법 대신 추측에 의존하여 잘못된 예측 결과를 초래할 수 있다. 또는 고객이 자신의 회사의 예상 수요를 충족하려고 할 때 과다 주문을 할 수 있다. 실제로 예측 관행을 조사한 결과, 약 3분의 2의 기업이 다음 분기 수익이나 매출을 정확하게 예측하지 못했다. 예를 들어 유럽의 5개 노키아 휴대폰 소매점은 예상치 못한 소비자 수요의 높은 수준으로 인해 1년 동안 휴대폰이 동이 나기 시작했다. 그 결과, 그들은 선반을 채우기 위해 많은 양의 휴대폰을 주문했다.

노키아의 제조 자회사는 실제 소매업체 POS 데이터를 사용하기보다는 소매업체 주문량에 따른 예측에 따라 과다 생산을 했다. 그 결과는 노키아가 다음 기간에 비해 너무 많은 핸드폰을 생산했다는 것이다.

일부 기업(@ 월마트)은 과잉 재고를 줄이고 구매 가격을 낮추기 위해 공급 업체와 예상 합의에 도달하려고 노력한다. 예를 들어, 만약 월마트가 9월에 침대보를 할인된 가격에 판매하려고 계획했다면, 그 정보는 침대보를 공급하는 업체들과 공유한다. 월마트와 침대보 공급 업체들은 침대보를 위한 공동 예측을 개발하고 이 예측을 바탕으로 생산 및 구매 계획을 수립한다. 이러한 협력적 예측 노력의 장점은 월마트의 공급업체들이 비정상적으로 높은 수요 기간을 허용하지 않음으로써 미래 예측이 왜곡되지 않도록 한다. 이 활동은 협동 계획, 예측 및 보충으로 알려졌으며, 이 장 뒷부분에서 다룰 것이다.

이 장은 먼저 조직에서 수요 계획 및 예측 프로세스의 역할에 초점을 맞출 것이다. 예측 정확도를 측정하고 비교하는 몇 가지 방법과 함께 몇 가지 예측 방법이 소개될 것이다. 예측 프로세스가 완료되면, 일반적으로 회사의 고용 및 확장(또는 축소) 활동을 좌우하는 총괄계획이 수립된다.

1 수요 관리 정의

수요 관리는 넓은 의미에서 "고객 요구 사항과 공급사슬 기능을 균형 있게 조정하는 과정"으로 정의되어왔다. 이 장의 도입부에서 언급한 바와 같이, 기업들이 수요와 공급의 균형을 맞추기 위해 노력해온 전통적인 방법 중 일부는 높은 완제품 재고를 유지하고, 가변적인 가격을 사용하고, 수요를 충족시킬 수 있는 용량을 늘리기 위해 오버타임 및 임시 직원을 고용하는 것이다. 예를 들어, 백화점들은 바쁜 크리스마스 시즌을 위해 보통 임시직 근로자

시니어 할인과 얼리 버드 스페셜은 수요를 덜 붐비는 기간으로 분산시키는 데 도움이 된다.

들을 고용한다. 기업들은 또한 할인된 가격을 이용하여 비수기 동안 수요를 증가시킴으로써 고객의 수요 패턴을 관리하려고 노력한다. 예를 들어, 식당들은 사람들이 한가한 시간에 식사를 하도록 유인하기 위해 "얼리버드 스페셜"을 제공한다. 게다가, 항공사, 의사, 치과의사와 같은 많은 서비스들은 낮 동안 고객들의 흐름을 원활하게 하기 위해 예약 시스템을 이용한다. 마지막으로, 고객을 대하는 가장 간단한 방법은 고객이 대기열에 줄을 서도록 하는 것이다. 이것들은 모두 수요 관리 활동이다.

표 5-1_ 다양한 부서에서의 수요 관리 활동

부 서	수요 관리 활동
현장 판매	판매직원은 내년 매출에 대한 예측을 계획과 수요예측 프로세스의 입력 자료로서 경영진에게 제공한다.
마케팅	신제품 소개, 프로모션 및 가격은 마케팅의 책임이며, 이는 수요 예측에 영향을 미친다. 마케팅은 또한 유사한 제품 출시와 판촉의 관점에서 경쟁에 대한 정보를 가지고 있으며, 이 정보는 생산 계획에 영향을 미칠 수 있다.
공급 관리	공급 관리는 조직을 위한 자재, 부품 및 부품의 조달을 감독한다. 또한 이러한 인력은 공급 위험이나 기회를 결정할 책임이 있으며, 이 정보는 수요 관리 프로세스에 대한 입력 정보가 되어야 한다.
운영	운영 부서는 재화와 서비스의 생산을 관리한다. 그들은 수요 관리 과정의 입력물인 현재의 기계와 노동력을 알고 있다. 운영부서는 교대 근무를 추가하거나 초과 근무를 계획하고 추가 장비를 구입하기 위해 예측치를 사용한다.
물류	물류부서의 책임은 고객 주문에 응하고 완제품 재고를 모니터링하며 정시 배송을 보장하는 것이다. 물류부서는 수요예측 정보를 사용하여 창고재고를 실제 고객 주문에 앞서 정리하고 내부 및 계약 운송용역과의 운송일정을 조율한다.

예측 또한 수요 관리의 필수적인 부분이다. 여러 측면에서 예측 정확도가 향상됨에 따라 이전에 설명한 사후 대응적 수요 관리 기법이 덜 필요하게 되었다. 기업은 예측치를 활용해 운영을 계획하는데, 계획 단계가 완료되면 주문 입력, 고객에게 납품일 전달, 현재 주문 현황 확인 등 일상적인 활동이 진행된다. 〈표 5-1〉에서 설명한 바와 같이, 수요 관리는 여러 주요 부서의 활동에 영향을 미칠 수 있다. 다음 섹션에서는 예측 방법에 대한 일반적인 논의로 시작하여 예측 정확도에 대한 논의로 이어지는 수요 관리 프로세스에 대해 더 자세히 설명할 것이다.

2 수요예측 프로세스

2. 예측이 필요한 이유 및 활용 방법

예측은 무엇보다도 미래의 수요, 공급 가격, 그리고 노동 가용성에 대한 추정치를 제공하며, 믿을 만한 운영 계획 결정을 위한 기초가 된다. 모든 조직은 알 수 없는 미래를 다루기 때문에 예측과 실제 사이에 약간의 오류가 발생하기 마련이다. 따라서 좋은 예측의 목표는 신뢰할 수 있는 예측 방법을 사용하여 이 오류를 최소화하는 동시에 향후 오류를 모니터링하는 것이다. 단순성을 위해, 이 장의 나머지 부분에서는 수요 예측을 사용하여 다양한 예측 및 오류 측정 기법을 설명할 것이다.

정확한 예측치를 개발하기 위해서는 경제상황, 새로운 경쟁, 신흥시장 등 수요에 영향을 미치는 요소를 고려해야 한다. 아울러 구매자와 판매자가 관련 정보를 공유해 수요와 공급에 대한 보다 나은 의사결정이 이뤄질 수 있도록 서로 공감할 수 있는 예측을 도출해야 한다. 정확한 수요 예측은 적절한 양의 제품을 구매, 제조 및 배송할 수 있다는 점에서 그 기업과 공급사슬상의 거래 파트너 모두에게 이익이 된다. 궁극적으로, 더 나은 예측의 이점은 재고 감소, 재고품절의 감소, 원활한 생산 계획, 비용 절감, 고객 서비스 개선 등이다. 이러한 이점 중 일부는 이 장 초반에 언급된 Cipla Medpro의 예측 사례에서 살펴볼 수 있다.

정확한 예측은 올바른 예측 방법 사용뿐 아니라 알 수 없는 미래 경제 상황과 경쟁률 변화, 시장 역동성 등에 따라 좌우되기 때문에 100% 예측 정확도를 달성하는 것은 사실상 불가능하다. 따라서, 기업은 예측하지 못한 환경 변화와 예측 오류를 처리하기 위한 비상 계획도 세워야 한다. 앞서 언급했듯이 부정확한 예측이 공급사슬 전체에 영향을 미친다.

기업들이 매출 전망치가 실제 수요와 맞지 않을 때 맞닥뜨린 문제점을 보여주는 수많은 사례들이 존재한다. 예를 들어 애플은 신형 아이폰 4가 하루 만에 60만 대의 선주문을 경험한 바 있다. 애플의 아이폰 4 예약판매 첫날 판매량이 아이폰 3GS 예약판매 첫날의 10배에 달했다. 선주문이 많아서 애플의 주문 시스템은 많은 주문과 승인 오작동을 겪었고, 이로 인해 휴대폰의 배송이 최소 한 달 이상 지연되었다.

네바다에 본사를 둔 리조트이자 카지노인 MGM Mirage가 2000년대 초에 90억 달러 규모의 라스베이거스 시티센터 프로젝트를 시작했을 때 라스베이거스에서의 사업은 호황을 누렸고, 모든 현지 예측은 이것이 확실히 계속될 것이라고 예측했다. 그러나 불과 몇 년 후, 세계 경제 침체가 시작되었고, 라스베이거스 관광은 침체되었고, 은행들은 MGM Mirage가 시티센터를 완성하기에 충분한 금액에 대해 대출하는 것을 꺼려했다. MGM은 이 상황에 대한 비상 계획이 없었고 파산할 뻔했으나 다

라스베이거스에 있는 MGM 미라지의 시티센터는 MGM이 전략적 비상 계획과 결합된 다른 예측 기법을 사용했더라면 자금 확보에 큰 어려움이 없었을 것이다.

행히 두바이 정부로부터 이 프로젝트를 끝내기 위한 자금을 확보했다. 수요 관리 활동 및 전략적 비상 계획과 함께 올바른 예측기법을 사용하면 이러한 유형의 문제를 줄일 수 있다. 여러 예측기법에 대해서는 다음에 논의한다.

2가지 기본적인 예측 분류는 정성적 기법과 정량적 기법이다. 정성적 예측기법은 의견과 직관을 기반으로 하는 반면, 정량적 예측기법은 수학적 모델과 관련 과거 데이터를 사용하여 예측을 생성한다. 정량적 방법은 시계열과 인과적 예측 모델의 두 그룹으로 더 나눌 수 있다.

① 정성적 예측기법

정성적 기법은 추측, 직관, 의견에 기초하며 일반적으로 다음 조건에 사용된다.
- 신제품 출시와 같이 데이터가 존재하지 않을 때
- 데이터가 너무 오래되어 향후 5년 동안의 수요 예측과 같이 많이 사용할 수 없는 경우

어떤 경우에는 질적 예측이 매우 저렴하고 빠를 수 있지만, 델파이 방법처럼 상당히 많은 시간과 비용이 소요될 수 있다. 정성적 예측의 효과는 참여자의 지식과 이용 가능한 관련 정보의 양에 크

표 5-2_ 정성적 예측기법

예측기법	내용
영업진 예측치	현장 영업 직원은 고객의 니즈에 대한 예측치를 제공한다.
소비자 서베이	마케팅 부서는 포커스 그룹을 활용하여 제품 및 제품 아이디어에 대한 의견을 수렴한 후 정보를 분석하여 수요 예측을 작성한다.
델파이 기법	전문가들이 개별 예측을 결정한 다음 이 예측값을 그룹과 공유한다. 그런 다음 전문가들은 공유된 예측값을 기반으로 자신들의 예측값을 수정한다. 이 작업은 개별 예측값이 수렴할 때까지 계속한다.
경영진 의견	임원진은 시장 상황과 기업 현황에 많은 지식과 경험을 가지고 있으므로 이를 활용하여 수요 예측에 대해 논의하고 예측치를 수립한다.

게 좌우된다. 단순한 추측 작업 예측 외에도, 가장 일반적인 네 가지 정성 예측기법이 〈표 5-2〉에 나열되어 있으며, 다음 절에 자세히 설명되어 있다.

1) 영업진 예측치

현장 영업 인력은 시장과 가장 가깝기 때문에 고객의 수요에 대한 우수한 판매 예측치를 제공할 수 있다. 그러나 예측은 정치적 동기가 있거나 실적 기대치에 근거할 수 있다. 예를 들어 실제 매출이 실적 예상치를 초과했을 때 장려금을 지급한다면 영업 사원은 수요 예측치를 낮춰 잡는 경향이 있다.

2) 소비자 서베이

마케팅 부서 등이 설문조사를 개발하고 포커스 그룹을 활용해 기존 제품과 신제품 아이디어에 대한 소비자 의견, 향후 예상되는 구매 습관, 경쟁사 제품에 대한 의견 등을 수렴한다. 그런 다음 결과를 분석하여 예측에 도달한다. 예를 들어 음료 산업에서, 생산자들은 다가오는 해의 새로운 음료 선택이나 맛을 결정할 때 소비자 조사를 이용한다. 예를 들어, Readers' Choice에서는 2018년 9월 신제품 설문조사에서는 음료 산업 독자들이 가장 좋아하는 음료로 콜드브루 커피 라떼와 과일맛 탄산수를 선택했다. 또 다른 예로, 미국의 전국 공동주택 위원회(National Multi-Housing Council) 설문조사에서는 매 분기마다 임대업자를 선정하여 전반적인 아파트 수요를 예측하고 있다. 이 정보는 주택담보대출 은행가 및 아파트 건설업자에게 특히 유용하다.

3) 델파이 기법

1950년대에 랜드(Rand) 기업이 개발한 델파이 방법은 관련 데이터에 쉽게 접근할 수 없는 상황에 대해 전문가 그룹 간의 합의를 확립하기 위해 일련의 설문지를 사용한다. 예측에 사용될 때 내부 및 외부에서 선정된 전문가들은 설문지를 통해 자신들의 첫 예측치를 작성한다. 그런 다음 결과를 취합하여 모든 개별 예측에 대한 요약을 작성한 후 각 참가자에게 다시 전달된다. 그러면 참가자들은 집약된 요약 자료를 기반으로 초기 예측치를 수정할 수 있다. 이 과정은 각자의 개별 예측치가 하나의 값에 수렴할 때까지 반복된다. 델파이 방법의 장점은 참가자들이 물리적으로 만나지 않아 '집단사고'의 위험을 피할 수 있다는 것이다. 분명한 단점은 필요한 시간과 다수의 외부 전문가를 활용하는 데 드는 비용이 크다는 것이다.

예를 들어, 2005년 스페인 북부에서 카탈루냐 포도 재배자들은 수년간 꾸준히 포도 가격 하락을 경험하였다. 재배자들이 가격 하락의 장기적인 영향을 이해하고 더 나은 계획을 쉽게 수립할 수 있도록 돕기 위해 27명의 와인 산업 전문가 패널과 함께 델파이 연구가 수행되었다. 결과적으로 패널은 카탈루냐 와인 분야의 전반적인 조정 부족과 낮은 수직 통합 때문에 포도의 잉여 생산이 발생되며 이로 인한 낮은 시장 가격이 영구적인 문제가 될 것이라고 생각했다.

4) 경영진 의견

경영진 의견 기법은 수요 예측을 개발하기 위해 회사의 제품, 시장, 경쟁사 및 일반적인 비즈니스 환경에 대해 잘 아는 고위 경영진 그룹을 사용한다. 이 기법은 기업과 제품에 대한 집단지식이 가능하다는 장점이 있지만, 한 구성원의 견해가 토론을 지배한다면 결과의 가치와 신뢰성은 떨어질 수 있다.

❷ 정량적 기법

정량적 예측기법은 과거 데이터를 사용하는 수리적 방식이며 수요를 예측하기 위한 인과 변수를 포함할 수도 있다. 여기서는 몇 가지 정량적 기법에 대해 소개한다. 시계열 예측은 미래가 과거의 연장이라는 가정을 기반으로 하므로 과거 자료를 바탕으로 미래 수요를 예측한다. 인과적 예측기

표 5-3_ 정량적 예측기법

시계열 예측기법	내용
단순이동평균 예측기법	최근 과거 수요의 평균을 사용하여 예측 생성
가중 이동 평균 예측기법	다양한 가중치를 사용하여 n-기간 관측치의 가중 평균 계산
지수평활 예측기법	다음 기간의 예측치는 당기의 실제 수요와 예측치 간의 차이 값의 가중치와 현재 예측값의 합

인과적 예측기법	내용
선형 추세 예측	선형 추세 예측에서 독립 변수는 시간이고 종속 변수는 실제 수요
단순 선형 회귀 예측	단순 선형 회귀 예측에서는 수요 예측 변수인 인과 변수가 사용되며, 선형 회귀 분석을 사용
다중 회귀 예측	다중 회귀 예측은 수요를 예측하기 위해 여러 개의 독립 변수가 함께 사용되는 경우에 사용

법은 하나 이상의 인과(또는 독립적인) 변수가 수요와 관련이 있으므로 미래 수요를 예측하는 데 사용될 수 있다고 가정한다.

정량적 예측은 과거 수요 데이터에만 의존하기 때문에, 예측의 시간 범위가 증가함에 따라 모든 정량적 방법은 정확도가 떨어진다. 따라서 정량적 방법은 단기 또는 중기 예측에 가장 유용하다. 장기 예측의 경우 과거 데이터를 신뢰할 수 없기 때문에 정성적 기법이 권장된다.

시계열의 구성 요소

시계열을 만들려면 과거의 수요를 분해한 후 미래에 반영해야 한다. 시계열에는 일반적으로 추세, 순환, 계절 및 랜덤 변동의 네 가지 성분이 있다.

❶ 추세변동은 인구증가 및 연령, 문화변화, 소득변화 등의 요인에 의해 시간이 지남에 따라 수요의 변동이 점차 증가하거나 감소하는 것을 의미한다.

❷ 순환 변동은 몇 년마다 발생하는 수요 패턴이며 거시 경제적, 정치적 요인의 영향을 받는다. 한 예로 경기 순환을 들 수 있으며, 이는 경제적 변동(경기 침체 또는 확장)을 의미하는데, 이는 실제로 예측하기 매우 어렵다. 미국의 최근 비즈니스 주기는 1973년 석유 금수 조치, 2001년 9월 11일 테러 공격, 그리고 가장 최근의 글로벌 은행과 부동산 위기와 같은 세계적인 사건들에 의해 영향을 받았다.

❸ 계절 변동은 일, 주, 월 또는 계절과 같이 일정한 간격으로 반복되는 패턴이다. 계절적 특성으로 인해, 회사들은 특정한 달에는 수요가 높고 다른 달에는 그렇지 않을 수 있다. 스키 용품의 판매는 가을과 겨울에 더 많지만 봄과 여름에는 감소한다. 레스토랑은 주말에 장사가 잘되는 경향이 있는 반면, 호텔은 명절과 휴가 기간에 더 많은 수요를 경험한다.

❹ 자연재해(허리케인, 토네이도, 지진, 화재), 교통체증, 노동파업, 경기불황, 전쟁과 같은 예기치 못한 사건들로 인해 무작위적 변화가 발생한다. 랜덤 변동으로 인해 아무리 우수한 예측에도 오류가 포함된다. 이러한 변동은 패턴을 따르지 않으므로 예측할 수 없다. 이러한 랜덤 변동 때문에 관리자들은 일반적으로 중요한 예측에 수반되는 예비 계획을 가지고 있다. 랜덤 변동의 극단적인 예로는 2011년 3월 11일 일본에서 발생한 파괴적인 지진과 쓰나미가 있다. 도호쿠 지방 지진은 일본을 강타한 지진 중 가장 강력한 지진이었으며 내륙 6마일을 이동했던 쓰나미를 촉발시켜 약 2만 6,000명의 사망자를 내고 12만 9,000채의 건물과 사업체를 완전히 파괴했으며 도로와 철도에 큰 구조적 피해를 입혔다. 전 세계 공급망은 몇 주 동안 중단되었다. 세계은행은 이 재해를 세계 역사상 가장 비용이 많이 소요된 자연재해라고 하였으며 경제적 비용을 2,350억 달러로 추산했다.

〈표 5-3〉에는 정량적 예측기법이 소개되어 있으며, 다음 절에서 자세히 설명할 것이다.

③ 시계열 예측기법

앞에서 논의했듯이 시계열 예측은 과거 데이터가 존재할 때 사용 가능하다. 예측은 과거 데이터를 기반으로 미래를 추정한다. 일반적으로 시계열 수요 예측은 구매, 재고 및 인적 자원 스케줄링을 위한 계획에 사용된다. 가장 일반적으로 사용되는 시계열 예측으로는 단순 이동 평균, 가중 이동 평균 및 지수 평활 예측기법이 있다. 이것들은 다음에 논의될 것이다.

1) 단순 이동 평균 예측기법

단순 이동 평균 예측은 최근 과거 수요의 평균을 사용하여 예측을 생성하며 시간에 걸쳐 수요가 안정적일 때 상당히 신뢰할 수 있다. n 기간 단순 이동 평균 예측 모형은 다음과 같다.

$$F_{t+1} = \frac{\sum_{i=t-n+1}^{t} A_i}{n} = \frac{A_t + A_{t-1} + A_{t-2} + \ldots + A_{t-n+1}}{n}$$

위에서 F_{t+1} = 기간 $t+1$에서의 예측값

n = 이동평균 계산에 사용되는 기간 수

A_i = 기간 i에서의 실제 수요

예제 5-1

첫 3주에 대한 예측을 계산할 때, 우리는 1~3주의 수요가 이미 발생했다고 가정하고, 4주차에 대한 예측부터 구한다. 따라서 4주차 예측은(1200 + 2200 + 2000)/3 = 1933이다. 마찬가지로, 2~4주에 발생한 실제 수요는 5주차의 예측을 구하기 위해 평균화된다. 예측 값의 소수점은 반올림하였다.

주	실제 수요	3주 예측	6주 예측
1	1600		
2	2200		
3	2000		
4	1600	1933	
5	2500	1933	
6	3500	2033	
7	3300	2533	2233
8	3200	3100	2517
9	3900	3333	2683
10	4700	3467	3000
11	4300	3933	3517
12	4400	4300	3817

6주 단순 이동 평균 예측의 경우 1~6주차의 수요는 7주차의 예측치를 계산하기 위해 평균화되고 2~7주차의 수요는 8주차의 예측치를 찾기 위해 평균화된다. 아래 그래프에서 추세가 증가하고 있기 때문에 두 예측 모두 실제 수요의 추세에 어떻게 뒤처지는지 확인하자. 또한 6주차 예측이 3주차 예측보다 더 부드럽다는 점에 유의하자.

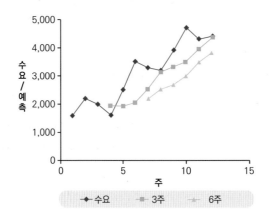

단순 이동 평균 예측은 다음과 같이 스프레드시트를 사용하여 계산할 수도 있다.

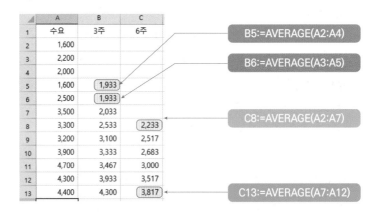

일단 셀 B5에 위와 같이 수식을 입력한 후 이를 복사하여, B6~B13 셀에 붙여넣으면 예측을 빠르게 계산할 수 있다. 2행은 위 예제의 1주차에 해당한다.

단순 이동 평균 예측은 평균을 계산하는 데 사용되는 기간이 적을수록 최신의 경향에 더 빠르게 반응한다. 그러나 위에서 살펴본 4개의 시계열 구성요소가 평균값이 의미 없을 만큼 큰 폭의 변동을 주는 요소로서 영향을 영향을 미칠 수 있다. 따라서, 의사결정자는 많은 기간을 포함함으로써 수요 변화에 너무 느리게 대응하는 비용과 적은 기간 사용으로 인한 시계열 구성요소의 영향과 이로 인한 예측치의 부정확성 등을 고려하여 적절한 균형점을 찾아야 한다. 이 기법의 장점은 사용하기 간단하고 이해하기 쉽다는 것이다. 단순 이동 평균의 약점은 변화에 빠르게 대응하지 못한다는 점이다. 〈예제 5-1〉은 단순 이동 평균 예측에 대한 것이다.

2) 가중 이동 평균 예측기법

이동 평균 예측을 사용할 경우, 각 과거 기간 수요는 동일한 가중치(1/n)가 부여된다. 그러나 우리는 데이터의 최근 변화를 고려하기 위해 더 최근의 기간에 더 크거나 작은 가중치로 측정하는 것을 선호할 수 있다. n기간 가중 이동 평균 예측은 다양한 가중치를 사용한 n기간 관측치의 가중 평균이다. 유일한 제한은 가중치가 음수가 아니고 가중치의 합이 1이라는 것이다. 예측값은 다음 공식을 사용하여 계산된다.

$$F_{t+1} = \sum_{i=t-n+1}^{t} w_i A_i = w_1 A_1 + w_2 A_{t-1} + w_3 A_{t-2} + \ldots + w_n A_{t-n+1}$$

위에서, F_{t+1} = 기간 $t+1$에서의 예측

n = 이동평균을 결정하는 데 사용되는 기간의 수

A_t = 기간 i의 실제 수요

w_i = 기간 i에 할당된 가중치 및 $\Sigma w_i = 1$

〈예제 5-2〉는 가중 이동 평균 예측을 보여준다.

예제 5-2

주	실제 수요	3주 예측	6주 예측
1	1600		
2	2200		
3	2000		
4	1600	1980	
5	2500	1840	
6	3500	2130	
7	3300	2820	2450
8	3200	3200	2770
9	3900	3290	2930
10	4700	3570	3230
11	4300	4160	3760
12	4400	4340	4010

3주 예측에서는 가장 최근의 이전 3주간의 실제 수요의 가중 평균을 사용한다. 따라서 4주차 가중치 이동평균 예측치는 (0.5 × 2000) + (0.3 × 2200) + (0.2 × 1600) = 1980이다. 일반적인 경우 가장 큰 가중치가 가장 최근 주에 적용된다는 점에 유의하라.

6주간의 예측은 이전 6주간의 실제수요에 대한 가중 평균을 사용한다. 다음 그래프에서 두 예측 모두 추세가 증가하고 있기 때문에 실제 수요의 추세에 어떻게 뒤처지는지, 그리고 6주 예측이 3주 예측보다 얼마나 더 완만한지 다시 주목하라.

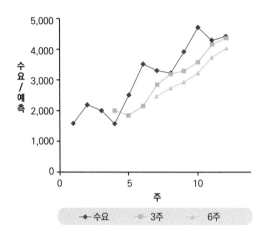

가중 이동 평균 예측은 다음과 같이 스프레드시트를 사용하여 계산할 수 있다.

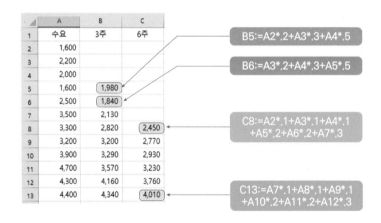

일단 셀 B5와 C8에 위와 같이 수식을 입력한 후 이를 각각 복사하여, 셀 B6-B13와 셀 C9-C13에 각각 붙여넣으면 예측을 빠르게 계산할 수 있다. 2행은 위 예제의 1주차에 해당한다.

이 기법에서는 수요예측 담당자들이 기간마다 가중치의 크기를 자유롭게 조절할 수 있지만, 가장 큰 가중치는 일반적으로 가장 최근의 데이터에 부여한다. 이 경우 가중 이동 평균 예측은 단순 이동 평균 예측보다 실제 수요 변화에 더 빠르게 반응한다. 이 예측은 기본 데이터 변화에 더 반응하지만 실제 데이터보다 뒤떨어지기 때문에 추세나 데이터의 다른 구성 요소 변경을 추적하는 데는 우수하지 않다.

3) 지수 평활 예측기법

지수 평활 예측은 가중 이동 평균 예측의 약간 더 정교한 형태로, 다음 기간의 예측은 당기의 실제 수요와 예측 간의 가중치 차이에 의해 조정된다. 가중치는 평활 상수라고 하며 0과 1 사이의 값을 가진다. 이 접근법은 두 개의 데이터만 필요하므로 가중 이동 평균 예측보다 적은 계산을 필요로 한다.

지수 평활의 개념은 제2차 세계대전 중 로버트 G. 브라운이 미 해군의 통계 분석가로 일하는 동안 처음 개발하였다. 그의 초기 응용 분야 중 하나는 해군 재고 시스템의 예비 부품에 대한 수요를 예측하는 것이었다. 단순성과 최소한의 데이터 요구 사항으로 인해 지수 평활은 가장 널리 사용되는 예측기법 중 하나이다. 이 모형은 다른 시계열 모형과 마찬가지로 상대적으로 변동이 없는 수요에 적합하다.

지수 평활 예측 공식은 다음과 같다.

$$F_{t+1} = F_t + \alpha(A_t - F_t), \text{ or } F_{t+1} = \alpha A_t + (1-\alpha)F_t$$

위에서, F_{t+1} = 기간 $t+1$의 예측치

F_t = 기간 t의 예측치

A_t = 기간 t의 실제 수요

α = 평활 상수($0 \leq \alpha \leq 1$)

예제 5-3

주	실제 수요	예측($\alpha = 0.3$)	예측($\alpha = 0.6$)
1	1,600	1,600.0	1,600.0
2	2,200	1,600.0	1,600.0
3	2,000	1,780.0	1,960.0
4	1,600	1,846.0	1,984.0
5	2,500	1,772.2	1,753.6
6	3,500	1,990.5	2,201.4
7	3,300	2,443.4	2,980.6
8	3,200	2,700.4	3,172.2
9	3,900	2,850.3	3,188.9
10	4,700	3,165.2	3,615.6
11	4,300	3,625.6	4,266.2
12	4,400	3,827.9	4,286.5

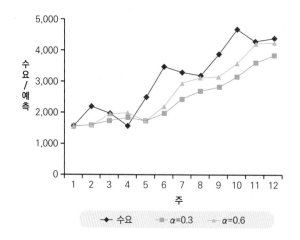

우선, 1주차 지수 평활 예측은 1주차 실제 수요와 동일하게 설정한다. 2주차 예측치는 $F_2 = F_1 + \alpha(A1 - F1) =$ 1600 + α(1600−1600) = 1600이므로, 1주차와 같음을 알 수 있다. α=0.3을 사용할 경우 3주차 예측은 1600 + 0.3(2200 − 1600) =1780이다. α = 0.6을 사용할 경우 3주차 예측은 1600 + 0.6(2200 −1900) = 1960이다. 각 예측은 다음 예측을 결정하는 데 사용되었기 때문에 정확성을 유지하기 위해 소수점 이하 한 자리까지 사용하였다.

	A	B	C	
1	수요	α = 0.3	α = 0.6	B3:=B2+.3*(A2−B2)
2	1,600	1,600	1,600	
3	2,200	1,600	1,600	C3:=C2+.6*(A2−C2)
4	2,000	1,780	1,960	
5	1,600	1,846	1,984	
6	2,500	1,772	1,754	
7	3,500	1,991	2,201	
8	3,300	2,443	2,981	
9	3,200	2,700	3,172	
10	3,900	2,850	3,189	B13:=B12+.3*(A12−B12)
11	4,700	3,165	3,616	
12	4,300	3,626	4,266	
13	4,400	3,828	4,287	C13:=C12+.6*(A12−C12)

그래프에서 예측값(α = 0.6)이 수요 변화에 대해 어떻게 더 빠르게 반응하는지 확인하라. 또한 F_1이 A_1과 동일하게 설정되었기 때문에 처음 몇 개의 예측은 편향되고 신뢰할 수 없다.

지수 평활 예측은 다음과 같이 스프레드시트를 사용하여 계산할 수 있다.

평활 상수가 증가하면 예측은 이전 기간의 수요 변동에 더 민감하게 반응하게 된다(α = 1일 때 예측은 이전 기간의 수요와 동일하다). α의 값이 낮으면 이전 기간의 예측에 더 많은 가중치가 부여되고, 모델은 가장 최근 기간의 수요 변화에 더 느리게 반응한다(α = 0일 때 예측은 일정하고 F1과 동일하다). 일반적으로 이 예측은 다른 시계열 예측과 마찬가지로 실제 수요의 추세에 뒤떨어진다.

초기 또는 첫 번째 기간의 예측은 질적 방법을 사용하여 추정하거나 첫 번째 기간의 실제 수요와 동일하게 설정한다. 〈예제 5-3〉은 지수 평활 예측을 보여준다.

4 인과 관계 예측기법

단순 선형 회귀는 시계열 예측에서 추세를 추정하기 위해, 그리고 예측자가 수요와 다른 변수 사이의 인과 관계를 찾는 경우에 사용될 수 있다. 다중 회귀 예측은 통계적으로 더 복잡하며 수요를 예측하는 데 여러 인과 변수가 발견될 때 사용된다. 이것들은 다음에 논의될 것이다.

1) 선형 추세 예측기법

선형 추세 예측 모형에서 독립 변수는 시간이고 종속 변수는 실제 데이터(예 수요)이다. 예측 변수(Y)와 시간(X) 사이의 관계는 직선의 방정식으로 표시된다.

$$Y = a + bX$$

위에서, Y = 예측 변수(예 수요)

X = 시간

a = 추세선의 수직 축 절편,

b = 추세선의 기울기

예제 5-4

주(X)	수요(Y)	X^2	Y^2	XY
1	43	1	1849	43
2	42	4	1764	84
3	39	9	1521	117
4	45	16	2025	180
5	51	25	2601	255
6	48	36	2304	288
7	54	49	2916	378
8	50	64	2500	400
9	56	81	3136	504
10	58	100	3364	580
11	64	121	4096	704
12	62	144	3844	744
$\Sigma X = 78$	$\Sigma Y = 612$	$\Sigma X^2 = 650$	$\Sigma Y^2 = 31920$	$\Sigma XY = 4277$

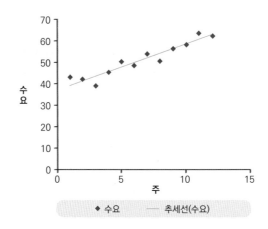

$$b = \frac{n\sum(XY) - \sum \times \sum^{Y}}{n\sum X^2 - (\sum X)^2} = \frac{12(4277) - (78)(612)}{12(650) - (78)^2} = 2.09$$

$$a = \frac{\sum Y - b \sum X}{n} = \frac{612 - 2.09(78)}{12} = 37.42$$

따라서 추세선은 Y = 37.42 + 2.09X이며, 13주차 예측값은 37.42 + 2.09(13) = 64.58이다. 여기 그래프에 추세선의 그림이 표시되어 있다. 여기서 계수 (a)는 y축 절편이고 계수 (b)는 추세선의 기울기이다.

데이터와 추세선은 스프레드시트를 사용하여 여기에 표시된 대로 그래프로 나타낼 수 있다.

일반 최소 자승법과 (X, Y) 데이터를 사용하여 계수 a 및 b를 구한다.

$$a = \frac{\sum Y - b \sum X}{n} \text{ and } b = \frac{n\sum(XY) - \sum X \sum Y}{n\sum X^2 - \left(\sum X\right)^2}$$

여기서 n = 관측 자료의 수를 나타낸다.

〈예제 5-4〉는 계수 a, b와 선형 추세 예측 계산을 설명하고 있다.

2) 단순 선형 회귀 예측기법

단순 선형 회귀 예측에서는 수요의 예측 변수인 원인 변수가 한 개이다. 우리는 인과 변수의 변화가 수요의 변화를 예측한다고 가정하고 있기 때문에 수요를 종속 변수, 인과 변수를 독립 변수라고 한다. 예를 들어 신규 주택에 대한 수요는 가족소득, 금리, 주택건설업체의 광고비 지출 등의 변수에 따라 달라진다. 그런데 이러한 요인은 수요를 예측하는 데 별로 좋지 않을 수도 있으므로 종속 변수와 독립 변수 간의 관계의 강도를 검정하는 통계량을 살펴볼 필요가 있다.

독립 변수와 종속 변수 간의 관계를 검정하기 위해 몇 가지 측도가 사용된다. 표본 상관 계수 R은 독립 변수와 종속 변수 사이의 관계의 강도 및 방향에 대한 측도이다. R 값은 –1에서 1 사이의 값을 가진다. 만약 R 값이 양수이면 독립 변수의 증가가 종속 변수의 증가를 의미한다(R이 1에 가까워질수록 관계도 강해진다). R이 음수이면 그 반대이다. 즉, 독립 변수의 감소는 종속 변수의 증가를 초래한다(그리고 이 관계는 R이 –1에 가까워질수록 더 강해진다). $R = 0$이면(또는 0에 가까우면) 독립 변수와 종속 변수 사이에 관계가 없으므로 이 독립 변수를 사용하지 않도록 해야 한다.

표본 결정 계수 R^2는 독립 변수로 설명할 수 있는 종속 변수의 변동에 대한 측도이다. 간단히 말해서 회귀선이 데이터를 얼마나 잘 적합시키는지에 대한 측도이다. R^2의 값은 0과 1 사이에 있다. R^2 값이 1에 가까울수록 종속 변수와 회귀선(예측)의 변동이 밀접한 관련이 있음을 나타낸다. R^2 값은 표본 상관 계수를 제곱하여 계산한다.

이 식은 선형 추세 예측에 사용되는 수식과 동일하다. 〈예제 5-5〉는 판매 수요를 종속 변수로, 광고 지출을 독립 변수로 하여 스프레드시트 소프트웨어를 사용한 선형 회귀 예측을 예시한다.

광고 $(X)	판매(Y)
10,000	150
15,000	142
20,000	168
25,000	160
30,000	152
35,000	174
40,000	208
45,000	183
55,000	195
60,000	210

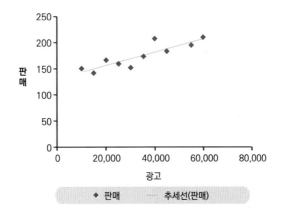

선형 회귀 분석의 결과

계수: $a = 131.8$, $b = 0.0012$

$R = 0.869$, $R^2 = 0.755$

R은 양수이고 1에 가까우므로, 판매와 광고 지출은 양의 상관관계가 있다고 결론을 내릴 수 있다. R^2가 0.755이면 회귀선이 데이터를 매우 잘 적합하므로 상관관계가 크다는 것을 나타낸다. 그래프에서도 이를 확인할 수 있다. 선형 회귀 분석 판매 예측 식은 판매 = 131.8 + 0.0012($ 광고비)이다. 광고에 3만 2,500달러를 지출하고 싶다면, 우리의 예상 판매량은 131.8 + 0.0012(32,500) = 171대가 된다.

다음은 스프레드시트를 사용하여 회귀 분석을 수행하는 단계이다.

광고 데이터는 A 열에 배치하고 판매 데이터는 B 열에 입력한다. C 열의 셀로 이동하여 fx 버튼을 클릭한 후 LINEST 함수를 선택한다. Y의 경우 B1:B10을 사용하고, X의 경우 A1:A10을 사용한다. LINEST 함수는 회귀선의 Y 절편 a와 기울기 b를 계산해준다.

표본 상관 계수 R에 대해 fx 버튼을 클릭하고 CORLENAL 함수를 선택한 다음 배열 1에 B1:B10를 사용하고, 배열 2에 A1:A10을 사용한다. 이 함수를 통해 R 값을 얻을 수 있다.

---

3) 다중 회귀 예측기법

다중 회귀 예측은 수요를 예측하기 위해 여러 개의 독립 변수가 함께 사용되는 경우에 사용된다. 다중 회귀 예측 식은 다음과 같다.

$$Y = a + b_1 X_1 + b_2 X_2 + b_3 X_3 \cdots + b_n X_n$$

위에서 X_n = n번째 독립 변수
　　　a = 상수
　　　b_n = n번째 독립 변수인 X_n의 회귀 계수

회귀 계수에 대한 계산은 단순 선형 회귀 모형에 비해 더 복잡하지만 여전히 Excel과 같은 소프트웨어 프로그램을 사용할 수 있다. 다중 회귀 예측을 위해서는 여러 인과 변수를 찾아야 하고 더 많은 데이터를 수집해야 하고 예측 가능성을 판단하기 위한 테스트를 필요로 하므로, 예측의 잠재적인 개선을 위한 다른 어떤 것보다도 이 과정에 비중을 두어야 한다.

3 예측 정확도

3. 예측기법의 정확성 비교

예측하지 못한 랜덤 변동으로 인해 일반적으로 예측이 거의 항상 틀리겠지만, 관리자는 여전히 구매, 생산 및 고용이 올바르게 이루어질 수 있도록 상대적으로 편향되지 않은 낮은 오류 또는 상당히 정확한 예측값을 찾기 위해 노력해야 한다. 예측 편향은 예측이 실제 수요보다 일관되게 높거나 낮은 경향을 가질 때 발생한다. 예측 전망치가

너무 낮으면 생산량이 너무 낮아지고, 낮은 재고수준으로 인한 매출손실(재고품절)이 발생해 고객 불만족과 영업권 손실이 발생한다. 예측이 너무 낙관적일 경우, 생산량은 너무 많아지게 되고, 기업들은 불필요한 재고를 보유하는 데 더 많은 돈을 쓰게 된다. 피어리스 리서치 그룹(Peerless Research Group)의 2018년 보고서에 따르면, 오늘날 기업들이 직면하고 있는 가장 큰 비즈니스 압박은 예측 정확도를 향상시켜야 한다는 것이다. 불행하게도, 특별히 수요예측을 다루는 설문조사에서, 응답한 관리자들 중 약 40%가 예측의 정확도가 70% 미만이라고 답했고, 많은 사람들이 예측 정확도조차 측정하지 않는다고 답하였다. 또한 예측 부정확성을 방지하기 위해 기업들이 (비싼 안전장치인) 안전 재고를 한 달 이상 보유하고 있는 것으로 나타났다.

이러한 문제를 완화하기 위해 기업은 예측 오류에 대한 측정은 물론 여러 예측 모델을 테스트하여 (최근의 실제 수요의 시계열을 기반으로) "최고의" 예측 모델을 찾아야 한다. 수요가 시간에 따라 변하고 이러한 수요 변화는 예측정확도 및 예측 모델의 선택에 영향을 미치기 때문에 이 예측 모델 테스트 과정은 시간에 따라 계속되어야 한다. 특정 기간의 예측 오차는 단순히 실제 수요와 해당 기간의 예측 간의 차이이며 아래와 같다.

$$e_t = A_t - F_t$$

위에서 e_t = 기간 t에서의 대한 예측 오차

A_t = 기간 t의 실제 수요

F_t = 기간 t에 대한 예측

따라서 음의 오차는 예측이 너무 높았음을 의미하고 양의 오차는 예측이 너무 낮았음을 의미한다. 2가지 모두 앞에서 설명한 대로 기업에 비용을 초래한다. 예측기법을 비교하려면 관리자가 과

거 수요 데이터를 사용하여 예측값을 계산하고 정확도를 구해야 한다.

예측기법을 비교하는 데 사용되는 가장 일반적인 방법은 평균 절대 오차(MAD)로, 주어진 시간 동안 예측 오차의 절대값을 평균한다. 절대값은 오차를 평균화할 때 음의 오류가 양의 오류를 "상쇄"하지 않도록 사용된다. 결과적으로 오차도 동일하게 고려된다(두 유형 모두 비용이 많이 들기 때문에 동일하게 고려하는 것이 논리에 맞음). 예측기법을 비교할 때, MAD가 가장 낮은 것이 가장 좋은 것으로 간주된다.

일반적으로 사용되는 또 다른 오차 테스트 방법은 평균 절대 백분율 오차(MAPE)이다. 이 방법은 예측 오차의 크기에 대한 상대적 크기를 제공한다. MAPE를 계산하기 위해 월별 절대 예측 오차를 실제 수요로 나눈 다음 예측에 사용된 총 개월 수로 나눈 다음 100을 곱하여 평균 백분율 오차를 도출한다.

누적예측오차(RSFE)는 예측 편향을 측정한다. RSFE가 긍정적일 경우, 일반적으로 예측이 수요를 과소평가하여 재고 품절과 불만족 고객을 발생시키고 있음을 나타낸다. 반면에, RSFE가 음수이면 과잉 재고유지비용이 발생하는 과대평가 상황을 나타낸다. RSFE가 0이면 시간 경과에 따른 편향되지 않은 예측(정확한 예측은 아님)임을 나타낸다.

예측 정확도 측정은 다음과 같다.

$$MAD = \frac{\Sigma|e_t|}{n}$$

$$MAPE = \frac{100}{n}\Sigma\frac{|e_t|}{A_t}$$

$$RSFE = \Sigma e_t$$

위에서, $|e_t|$ = 기간 t에 대한 예측 오차의 절대값

e_t = 기간 t에 대한 예측 오차

A_t = 기간 t의 실제 수요

n = 평가에 사용된 기간의 수

예제 5-6

기간	수요(A)	예측	오차 (e)	|e|	$\frac{\|e\|}{A}$(100)	RSFE MAD
1	1600	1523	77	77	4.8	1.0
2	2200	1810	390	390	17.7	2.0
3	2000	2097	-97	97	4.9	2.0

기간	수요(A)	예측	오차 (e)	|e|	$\frac{\|e\|}{A}(100)$	$\frac{RSFE}{MAD}$
4	1600	2383	−783	783	48.9	−1.2
5	2500	2670	−170	170	6.8	−1.9
6	3500	2957	543	543	15.5	−0.1
7	3300	3243	57	57	1.7	0.1
8	3200	3530	−330	330	10.3	−1.0
9	3900	3817	83	83	2.1	−0.8
10	4700	4103	597	597	12.7	1.2
11	4300	4390	−90	90	2.1	0.9
12	4400	4677	−277	277	6.3	0.0
		Totals	0	3494	133.9	
		Means		291.2	11.16	TRKG
		RSFE	MAD	MAPE	SGNL	

이 결과는 예측에 편향성이 없고 평균절대오차는 291.20이며 평균절대백분율 오차는 약 11%임을 보여준다. 누적예측에 의한 추적 신호(최종 열) 값은 ±2의 범위 이내이며 이는 편향성이 합리적인 범위 내에 있음을 나타낸다. 그러나 MAD 결과를 보면, 오차가 허용되지 않는 수준에 있음을 나타낸다. 이 결과로부터 경영진은 그 밖의 다른 예측기법을 고려할 수 있다.

스프레드시트를 사용하여 다음과 같이 정확도 측정을 계산할 수도 있다.

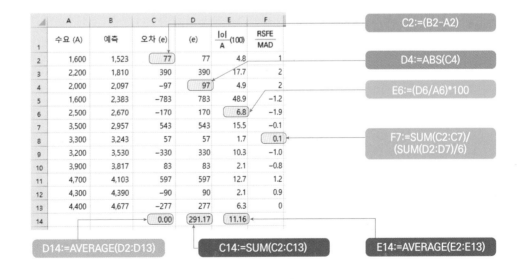

예제 5-7

주	수요	3-WK SMA	|e|	Exp. sm. ($\alpha = 0.3$)	|e|	Exp. sm. ($\alpha = 0.6$)	|e|
1	1600	1600.0			0.0	1600.0	0.0
2	2200	1600.0			600.0	1600.0	600.0
3	2000	1780.0			220.0	1960.0	40.0
4	1600	1933.3	333.3	1846.0	246.0	1984.0	384.0
5	2500	1933.3	566.7	1772.2	727.8	1753.6	746.4
6	3500	2033.3	1466.7	1990.5	1509.5	2201.4	1298.6
7	3300	2533.3	766.7	2443.4	856.6	2980.6	319.4
8	3200	3100.0	100.0	2700.4	499.6	3172.2	27.8
9	3900	3333.3	566.7	2850.3	1049.7	3188.9	711.1
10	4700	3466.7	1233.3	3165.2	1534.8	3615.6	1084.4
11	4300	3933.3	366.7	3625.6	674.4	4266.2	33.8
12	4400	4300.0	100.0	3827.9	572.1	4286.5	113.5
		MAD	611.1		707.5		446.6

3가지 예측기법에 대한 MAD는 오차가 더 적은 다른 기법을 계속 찾아내야 함을 나타낸다. $\alpha = 0.6$인 지수 평활 예측은 오차가 매우 크지만 3가지 중 가장 좋다. 첫 번째 예측이 첫 번째 주의 요구와 동일하게 설정되었기 때문에 두 지수 평활 예측에 대한 처음 세 개의 오차는 MAD 계산에 사용되지 않았다. 또한 3가지 기법 모두에 대해 동일한 기간 수를 비교하는 것이 타당하다.

또한 〈예제 5-6〉에서와 같이 스프레드시트를 사용하여 각 예측 요소를 계산할 수 있다.

추적 신호(TS)는 RSFE가 허용 한계 내에 있는지 여부를 확인하는 데 사용된다. 예측기법의 정확도에 대한 지속적인 점검의 도구로도 사용할 수 있다. 추적 신호를 계산하기 위해 다음 공식을 사용한다.

$$TS = \frac{RSFE}{MAD}$$

사용 중인 예측기법에 허용되는 한계는 일반적으로 MAD 값을 기준으로 하며 이 값의 3배 이내로 선정한다. 추적 신호가 이러한 한계를 벗어나면 다른 예측 방법을 사용해야 할 수도 있다. 예를 들어, 관리자는 +/- 4 MAD를 기준으로 한계를 설정할 수 있다. 예측의 정확도가 향상되면 점점 한계를 줄일 수 있다. 허용 가능한 추적 신호 한계는 예측된 항목에 따라 달라진다. 볼륨 및 수익률이 높은 항목은 추적 신호 한계가 더 엄격한 상태에서 더 자주 모니터링될 수 있다. 그러나 관리 한계가 더 좁게 설정될 때마다 직원은 불량한 추적 신호 원인을 조사하는 데 더 많은 시간을 소비해야 한다. 〈예제 5-6〉은 여기서 보여준 정확도 측정법에 대한 사용을 설명하고, 〈예제 5-7〉은 MAD를 사용하여 몇 가지 예측기법을 비교하고 있다.

1 최적의 기간 수, 가중치 및 α 선택

〈예제 5-6〉과 〈예제 5-7〉에서 볼 수 있듯이 예측기법의 정확성을 평가하는 몇 가지 방법이 있다. 동일한 정확도 측정 방법이라 할지라도 예측에 사용할 기간(즉, 3주기 또는 4주기 이동 평균 예측), 사용할 가중치의 크기(즉, 0.5, 0.3, 0.2의 가중치 또는 0.4, 0.3, 0.3의 가중치) 및 α의 크기(즉, 0.5, 0.3)에 따라 정확도의 값이 달라질 수 있다. 이를 위한 가장 간단한 방법은 최근 일련의 실제 수요와 함께 다양한 예측기법, 가중치 및 α를 설정하여 스프레드시트에 나열한 후 각 경우에 해당하는 예측을 계산하고 마지막으로 각각의 경우에 대한 MAD를 비교하는 것이다. 전체 MAD가 가장 낮은 기법(주기, 가중치 또는 α와 함께)을 선택한다. 〈예제 5-7〉에서는 작은 규모로 여러 예측기법과 가중치 그리고 α에 대해 비교하고 선정하는 과정을 보여주고 있다, 다시 말해, MAD를 비교하는 것이 예측 담당자들로 하여금 최고의 기법, 기간의 수, 가중치 또는 α를 결정할 수 있게 한다.

2 비상 계획

예측과 관련된 시간과 노력에 상관없이 예측하지 못한 상황으로 인해 예측에는 항상 오차가 발생한다(매우 클 수 있음). 따라서 조직은 실제 수요가 예측과 크게 다를 때 기업과 고객을 보호할 수 있는 비상 계획을 개발해야 한다. 예를 들어, 항공사들은 좌석이 초과 예약된 상태에서 좌석 수보다 더 많은 고객들이 비행기를 타기 위해 나타날 경우, 초과된 고객에게는 다음 비행기를 이용하도록 유도하기 위해 비용을 지불하고, 소매상들은 수요가 많은 물품의 경우 안전 재고를 보유하며, 리조트는 수요가 예상보다 많을 때 즉시 충원할 수 있는 한시적 근로자 명단을 두고 있다. 농부들은 제품 가격 변동의 위험을 줄이기 위해 선물 계약을 한다. 제조업체는 1차 공급업체가 재고가 없을 때를 대비해 2차 공급업체를 보유하고 있다. 이 장의 첫 부분에서 논의된 MGM CityCenter 프로젝트의 경우, 프로젝트 시작 전에 비상 자금을 확보했다면 수요 예측이 너무 낙관적이었을 경우(실제로 그들이 이 경우였다) MGM을 구제하는 비용이 더 적게 들었을 가능성이 높다. 이것들은 모두 비상계획의 형태이다.

때때로, 조직들은 과도한 안전 재고를 피하기 위해 수요 예측과 관련하여 공급 업체들과 공동 결정을 내리려고 한다. 이를 협력적 계획, 예측 및 보충(CPFR) 프로세스라고 하며 다음 절에서 자세히 설명될 것이다.

4 협력적 계획, 예측, 보충

프로세스 이름에서 알 수 있듯이 CPFR에서의 협력은 수요 예측을 개발하는 핵심 요소이며, 이는 협력 소매업체와 공급업체의 생산 및 구매 결정에 사용된다. CPFR은 2012년 GS1 US와 합병된 VICS 협회에 의해 처음 개발되었다. 공급사슬관리 전문가협의회(SCMPC)는 CPFR을 다음과 같이 설명한다.

"합동으로 대책을 마련하는 관행을 지원함으로써 공급사슬 통합을 강화하는 것을 목표로 하는 개념이다. CPFR은 공급사슬 전체에 걸쳐 제품 재고에 대한 가시성과 보충을 통해 재고의 협력적인 관리를 추구한다. 공급업체와 소매업체 간에 공유되는 정보는 공유 정보 지원 시스템을 통해 고객의 수요를 계획하고 충족시키는 데 도움이 된다. 이를 통해 재고 및 향후 요구 사항을 지속적으로 개정할 수 있으며, 기본적으로 공급사슬 프로세스의 전 과정에서의 효율성을 높일 수 있다. 효율성은 또한 모든 거래 파트너의 상품화 계획, 재고, 물류 및 운송에 대한 지출을 줄임으로써 창출된다."

협력을 함으로써 불확실한 수요로부터 보호하기 위한 안전재고가 더 적게 필요하고, 불필요한 제품을 더 적게 생산해 리드 타임이 줄어들며, 정확한 물량을 확보할 수 있어 매출이 증가하는 경향이 있다. 궁극적으로 이익은 더 높고 비용은 더 낮아야 한다. 오늘날 300개 이상의 기업이 공식적으로 CPFR을 구현했다. 이러한 기업의 보고서에 따르면, 재고가 10~40% 감소하였으며 재고품절이 2~8% 감소한 것으로 나타났다.

간단히 말해서, 구매자와 공급자는 구매자의 최종 제품에 대한 수요 예측에 협력한 다음, 공급자가 얼마를 생산해야 하는지, 결과적으로 구매자가 일정 기간 동안 얼마를 구매해야 하는지에 대해 합의한다. 예를 들어, 구매자가 신뢰할 수 있는 공급업체와 협력하고 다음 분기에 부품을 정확히 1,000개 구매하기로 동의한다면, 공급업체는 구매자를 위해 생산해야 할 부품 수를 정확히 알고 있으므로 안전 재고가 필요하지 않게 된다. 결과적으로, 안전 재고가 없기 때문에 정상보다 낮은 구매 가격이 가능해진다. 이는 공급자의 공급자에게도 예측 또는 안전 재고가 필요하지 않음을 의미하기도 한다. 또한 구매자는 공급자가 정확히 합의된 개수만큼을 납품할 것을 알고 그에 따라 계획을 세울 수 있다.

Walmart, Proctor & Gamble, Warner-Lambert, Kimberly-Clark, Del Monte Foods, Nabisco와 같은 회사들은 협력을 통해 예측하면 공급사슬 전체의 비용이 절감된다는 것을 증명했다. 2006년 캘리포니아에 본사를 둔 Del Monte Foods는 예측치를 개발할 때 고객을 참여시키기를 원했다. Del Monte는 Walmart와 다른 소매업체들의 데이터베이스를 이용하여 해당 정보를 자체 데이터 저장소에 저장하기 시작했다. 이 정보는 결국 소매업체의 예측과 Del Monte Foods의 마케팅 소비 예측에 기초한 통계 모델링을 제공하는 수요 계획 시스템에 입력되었다. CIO인 Marc Brown은 "이를 통해 우리는 이 모든 것을 살펴보고, 비즈니스 전반에 걸쳐 토론하며, 미래에 대한 우리의 견해를 결정할 수 있습니다"라고 말했다.

Walmart는 CPFR 노력의 선두주자였으며 소매 부문의 다른 기업들도 유사한 관행을 채택하도

CPFR을 통해 성공을 이룬 West Marine 소매업체

보트 공급 소매업체인 West Marine은 1975년 캘리포니아에 첫 지점을 열었다. 2001년까지 수천 개의 제품을 판매하는 수백 개의 상점을 가질 정도로 성장하였다. 그 시점에, West Marine으로 하여금 너무 많은 재고를 보유하게 만드는 공급업체 주문충족 및 배송 문제를 알아차렸다. 결과적으로, 이것이 첫 CPFR 시범 프로그램을 시작하게 된 계기가 됐다. West Marine은 공급 업체들과 협력하기로 결정했다. 예를 들어, 대부분의 프로모션이 사전계획되었고 몇 개월 전에 미리 예측시스템에 입력됨으로써 공급자가 이 계획을 승인하고 주문충족이 이뤄질 수 있도록 했다. 이에 더해서 West Marine은 예측에 기반한 공급 물량을 그대로 구매할 것임을 공급업자에게 보증해주었다. West Marine의 모든 협력 공급업체들은 공급사슬 전반에 걸쳐 협업과 판매 및 마케팅 계획에 대해 논의하기 위해 분기별 회의에 참석했다. 실제로 다수의 공급업체가 West Marine 시설에 영업사원을 배치했다. 최근 집계에 따르면, West Marine의 최고의

공급업체 70개 기업이 West Marine에서 수립한 협력적 수요예측을 자신들의 생산 계획 시스템에 바로 연결되도록 하였다고 한다. 재고품절률은 모든 상점에서 매주 4% 정도로 유지되고 있으며 정확도는 85%로 상승했고 정시 배송은 절망적이었던 30%에서 80% 이상으로 향상됐다.

출처: L. Smith, "West Marine: A CPFR Success Story," *Supply Chain Management Review* 10, no. 2 (2006): 29-36.

록 장려하고 있다. 부분적으로 Walmart의 노력 때문에 소비재 산업을 위한 여러 지침이 개발됐고 1996년 VICS에 의해 채택되었다. VICS는 CPFR 모델을 2004년에 개정했으며, 그 모델에서는 CPFR을 전략 및 계획, 수요 및 공급관리, 실행, 분석 등 네 단계로 나눴다.

전략 및 계획을 위해 다음의 2가지 단계가 실행된다.
❶ **협력 작업 준비 단계** 관계의 목표 설정, 협업 범위에 대한 모수 설정, 역할 및 책임 결정 등이 포함된다.
❷ **공동 사업 계획** 매장 개점·폐점, 제품 프로모션, 제품 소개 또는 재고 정책 변경과 같이 계획 프로세스에 영향을 미치는 중요한 이벤트를 지정한다.

수요 및 공급 관리 단계는 다음을 포함한다.
❶ **판매 예측** POS(Point of Sale) 데이터 및 기타 가용 정보를 사용하여 고객의 수요를 예측한다. 예측은 공급사슬 사의 파트너들에 의해 생성되고 합의된다.
❷ **주문 계획·예측** 제품 주문 및 배송 요구 사항은 판매 예측, 현재 재고 수준 및 리드 타임에 따라 설정된다.

세 번째 단계인 실행은 다음을 포함한다.

❶ **주문 생성** 수요 예측은 구매·공급 관리 부서에 의해 확정된 주문으로 변환된다.

❷ **주문충족** 주문된 제품은 생산되고, 출하되어, 배송되고, 입고된다.

마지막으로 분석 단계에는 다음이 포함된다.

❶ **예외 관리** 현재 조건을 벗어나는 상황을 검토한다.

❷ **성과 평가** 공동 목표의 달성도를 분석하고, 동향을 파악하며, 주요 성과 지표에 기반한 대안 전략을 개발한다.

다시 말해, 거래 파트너는 수요 관리를 위한 효과적인 방안을 함께 개발해야 한다는 것이다. 매달 공급과 수요를 맞추는 프로세스도 구축해야 한다. 여기에는 조직의 전략과 자원 제약이 주어진 상황에서 수요 예측을 충족시키기 위해 제품군에 필요한 생산량 수준을 결정하는 것이 포함된다. 이 계획 프로세스를 최적화하려면 영업부문과 운영부문의 팀워크가 필요하다. 이전의 서비스 스포트라이트는 보트 공급 소매점에서 경험한 CPFR의 좋은 사례를 보여준다.

또한 CPFR이 작동하기 위해서는 거래 파트너들이 중요한 정보를 공유해야 한다. 예를 들어, 소매업자는 광고 및 홍보 캠페인 계획, 신규 매장 개설 또는 폐점 등과 같은 측면에 대한 피드백을 제공한다. 공급업체는 신제품 소개 및 신기술 투자에 대한 정보를 제공한다. 이러한 유형의 정보에 접근함으로써 기업은 계획 프로세스를 개선할 수 있다. 거래 파트너들은 처음에는 독자적으로 수요예측을 전개하고, 중대한 불일치가 발생할 경우 협성을 통해 최종 수요예측치에 도달할 수 있도록 한다.

마지막으로 정기적으로 성과를 측정해야 한다. 성과 정보를 공유한 후 개선을 위해 조정해야 한다. 측정 지표에는 재고 회전율, 재고 품절비율, 예측 정확도, 정시 납품 등이 포함될 수 있다. 물론 이 프로세스에는 빈번한 대화 및 의견조율, 신뢰, 정보 공유, 운영 변경 가능성 및 초기 추가 비용이 필요하기 때문에 CPFR 방식을 채택하는 데 어려움이 있다. 예측이 완료되면 마지막 단계는 연간 생산 계획을 세우는 것이며, 이 주제는 다음에 논의된다.

5 총괄 계획

5. 회사의 목표를 달성하기 위한 총괄계획

기업은 장기 비즈니스 계획(예 새로운 시장 확대)을 고려하고 최종 제품의 중장기 수요를 예측한 다음 이 정보를 향후 3~18개월 동안의 생산, 생산능력, 인력자원, 구매, 물류 및 재무 계획으로 변환한다. 이를 종합하여 총괄 계획이라고 한다. 운영 관리자는 이 정보를 사용하여 생산 일정, 생산 비율, 노동인력 수준 및 초과 근무 시간, 구매 및 물류 요구량, 재고 수준 및 하도급 업체 사용을 설정한다. 일반적으로 총괄 계획의 목적은 계획 기간 동안 비용을 최소화하고 고객 서비스를 극대화하는 동시에 예측된 수요를 충족시키는 것이다. 일반적으로, 조직은 각 분기마다 총괄계획을 재평가하고 수정하기도 한다.

제조업체의 경우 예측 및 성장 정보를 생산 계획에 연결하는 것이 총괄계획인 반면, 서비스의 경우는 인력 스케줄링과 더 밀접하게 연관된다. 제조에서의 총괄 계획 수립이 먼저 논의되고, 이어서 서비스에서의 총괄 계획이 논의된다.

❶ 제조기업의 총괄계획

총괄계획은 연간 사업계획과 수요예측을 제조되는 모든 제품의 생산계획으로 변환하는 계층적 프로세스이다. 생산계획이 완료되면 인력, 구매, 물류계획 등이 결정된다.

총괄 생산 계획은 일반적으로 제품군의 관점에서 수립된다. 제품군은 유사한 특성, 부품 또는 제조 공정을 공유하는 서로 다른 제품으로 구성된다. 예를 들어, 3단 및 10단 기

어 옵션을 모두 생산하는 자전거 제조업체는 기어 옵션만 다를 경우 이 두 개의 자전거는 하나의 제품군으로 함께 묶을 수 있다. 두 자전거의 생산 과정과 노동력 및 자재 요구 사항은 매우 유사할 것이다.

총괄계획의 계획 기간은 최소 1년이며 일반적으로 매 분기 말에 새로운 3개월간의 계획이 추가로 포함되어 확장된다. 이를 통해 운영 관리자는 분기별로 최소 1년 전에 필요한 사항을 파악할 수 있다. 총괄계획 프로세스와 관련된 비용은 재고비용, 준비비용, 기계가동비, 고용비용, 해고비용, 교육훈련비, 시간 외 초과근무비, 피크수요를 충족시키기 위해 시간제·임시근로자 채용에 드는 비용 등이다. 총괄계획을 충족하기 위한 3가지 기본 생산 계획 전략이 있다.

❶ **추종전략** 생산량은 수요를 맞춰 추종하도록 한다. 기업은 수요의 변화에 따라 매달 직원을 채용하고 해고한다. 필요한 노동력이 매월 변동하기 때문에 쉽게 접근하고 쉽게 훈련할 수 있는 인력 풀이 필요하다. 해고가 잦으면 근로자들의 사기가 문제가 될 수 있다.

❷ **평준화 전략** 생산량은 일정한 반면, 수요는 변하기 때문에 재고 부족과 재고 과잉을 초래한다. 이러한 전략은 고용과 훈련비용이 높은 고도의 숙련 노동력이 필요한 기업에 더 적합하지만, 노동력 부족이 잦을 경우 고객 서비스에 어려움을 겪을 수 있다.

❸ **혼합 전략** 시간 외, 임시, 시간제 근로자를 활용해 수요 변동 상황을 관리하면서 안정적인 핵심 인력이 유지된다. 이 전략은 다른 두 전략의 잦은 정리해고 및 재고 부족 문제를 방지한다.

예제 5-8

Speedy Bike 회사는 자전거를 제조한다. 추종, 평준화, 혼합 전략에 따라 12개월간의 총생산 계획이 결정된다. 아래의 표는 1월부터 12월까지의 예측, 생산량, 인력 규모, 월말 재고 등을 추종, 평준화, 혼합 생산 전략을 사용하여 보여준다. 평균적으로 근로자 한 명이 한 달에 20대의 자전거를 조립할 수 있다(또는 매 8시간마다 자전거 1대 조립). 한 달은 하루 8시간씩 20회로 이루어져 있다. 각 전략에 따라 인력 및 재고가 매월 어떻게 달라지는지 살펴보자. 추종 전략을 사용하면 기말 재고 및 재고 유지비용이 최소화되지만 교육 및 해고 비용이 증가한다. 평준화 전략은 수요가 적은 기간에는 재고를 축적한 다음 수요가 많은 기간에는 재고를 감소시키므로 재고 품절과 재고 유지비용이 많이 들지만 교육 및 정리해고 비용은 낮출 수 있다. 이 경우 혼합 전략은 최대 25명의 상근 인력으로 4개월마다 수요를 평균화함으로써 인력 규모를 결정한다. 근로자 1인당 초과 근무시간은 하루 최대 2시간, 월 40시간까지 허용된다. 생산 목표 달성을 위해 여전히 추가 단위가 필요한 경우 근로자 1인당 하루 최대 4시간씩 시간제 근로자를 투입한다. 이 전략에는 적당한 재고 유지, 재고 품절, 고용·교육 및 해고 비용이 소요된다. 예를 들어, 혼합 전략을 사용하여 5월에 작업자 요구량을 결정하려면 675대/작업자당 20대 = 33명 이상이다. 500대에는 최대 25명의 작업자가 필요하다. 최대 초과 근무 시 25명의 근로자는 하루에 25 × 2시간 × 20일 = 1,000시간, 또는 단위당 1,000/8시간 또는 125대를 만들 수 있다. 이것은 여전히 50대가 남아서 시간제 작업자로 충당할 경우 400시간이 필요하다. 1명의 시간제 작업자 80시간/월 근무가 가능하기 때문에 5월 시간제 작업자 5명이 필요하다.

월	예측수요 (개)	추종전략 (개)	필요 작업자	월말재고 (개)	평준화 전략	필요 작업자	기말재고 (개)	혼합전략 (개)	필요 작업자	기말제고 (개)
1월	120	120	6	0	420	21	300	245	12 + OT	125
2월	100	100	5	0	420	21	620	245	12 + OT	270
3월	300	300	15	0	420	21	740	245	12 + OT	215
4월	460	460	23	0	420	21	700	245	12 + OT	0
5월	600	600	30	0	420	21	520	675	25 + OT + PT	75
6월	700	700	35	0	420	21	240	675	25 + OT + PT	50
7월	760	760	38	0	420	21	−100	675	25 + OT + PT	−35
8월	640	640	32	0	420	21	−320	675	25 + OT + PT	0
9월	580	580	29	0	420	21	−480	340	17	−240
10월	400	400	20	0	420	21	−460	340	17	−300
11월	200	200	10	0	420	21	−240	340	17	−160
12월	180	180	9	0	420	21	0	340	17	0
	5,040	5,040			5,040			5,040		

〈예제 5-8〉에 예시된 3가지 생산계획은 생산량, 재고, 재고부족, 고용, 훈련 및 해고된 노동력을 포함하는 3가지 총괄계획을 산출한다. 혼합 전략에는 노동시간 외 근무와 시간제 근무자도 고려해야 한다. 〈예제 5-8〉에 나타난 혼합 전략은 많은 혼합 전략 중 하나일 뿐이다. 예를 들어, 그 회사는 더 많은 정규 직원을 고용하기로 결정할 수 있는데, 이는 초과 근무와 시간제 근무자의 감소를 의미한다. 3가지 계획을 평가하기 위해서는 비용 데이터가 필요하며, 〈표 5-4〉는 이러한 비용을 제공한다. 그런 다음 각 총괄계획의 비용 비교가 〈표 5-5〉에 나와 있다.

⚙ 표 5-4_ 비용 데이터

정규직 시간당 인건비	$20	정규직 직원당 해고 비용	$750
시간당 초과근무 비용	$30	파트타임 직원당 해고 비용	$0
시간당 파트타임 인건비	$15	기간당 단위당 재고 유지 비용	$5
정규직 직원당 채용/훈련비	$1,000	기간당 단위당 재고품절비용	$10
파트타임 직원당 채용/교육비	$500	단위당 재료비	$100

⚙ 표 5-5_ 예제 5-8의 총괄계획에 대한 비용 비교

	추종전략				평준화전략				
기간	임금	고용	해고	구매	임금	고용	구매	보유	부족
1월	19,200	6,000		12,000	67,200	21,000	42,000	1,500	
2월	16,000		750	10,000	67,200		42,000	3,100	
3월	48,000	10,000		30,000	67,200		42,000	3,700	
4월	73,600	8,000		46,000	67,200		42,000	3,500	
5월	96,000	7,000		60,000	67,200		42,000	2,600	
6월	112,000	5,000		70,000	67,200		42,000	1,200	
7월	121,600	3,000		76,000	67,200		42,000		1,000
8월	102,400		4.500	64,000	67,200		42,000		3,200
9월	92,800		2.250	58.000	67,200		42,000		4,800
10월	64,000		6,750	40.000	67,200		42,000		4,600
11월	32,000		7,500	20.000	67,200		42,000		2,400
12월	28,800		750	18.000	67,200		42,000		
소계	806,400	39,000	22.500	504.000	806,400	21,000	504,000	15,600	16,000
총계			$1,371,900				$1,363,000		

	혼합전략							
기간	임금	초과 근무	시간제	고용	해고	구매	보유	부족
1월	38,400	1,200				12,000	24,500	625
2월	38,400	1,200					24,500	1,350
3월	38,400	1,200					24,500	1,075
4월	38,400	1,200					24,500	0
5월	80,000	30,000	6,000	15,500			67,500	375
6월	80,000	30,000	6,000				67,500	250
7월	80,000	30,000	6,000				67,500		350
8월	80,000	30,000	6,000				67,500	0

혼합전략								
기간	임금	초과 근무	시간제	고용	해고	구매	보유	부족
9월	54,400				6,000	34,000		2,400
10월	54,400					34,000		3,000
11월	54,400					34,000		1,600
12월	54,400					34,000	0	
소계	691,200	124,800	24,000	27,500	6,000	504,000	3,675	7,350
총계								$1,388,525

1) 총괄계획 수립

총괄계획을 수립할 때 일반적으로 사용하는 단계는 다음과 같다.

❶ 회사의 목표에 가장 부합하는 생산 계획 전략을 파악한다.

❷ 생산 계획 전략을 사용하여 생산율을 결정한다. 예를 들어 추종전략을 사용할 경우 매달 수요에 맞춰 생산율이 결정된다. 노동자들은 자주 고용되고 해고된다. 필요한 생산 능력은 매월 다르다. 평준화 전략이란 생산이 일정하고 월평균 수요와 일치하도록 설정되는 것을 의미한다. 채용은 한 번 진행되며, 해고가 필요하지 않다. 혼합 전략은 노동자들에 대한 고용과 해고가 적당한 정도로만 유지하려고 하면서도 일반적으로 재고품절 및 과잉재고를 줄이기 위해 인력을 다소 변화시키려 한다.

❸ 인력 요구량을 계산한다. 생산 계획에 따라 일정한 인력수준 또는 인력수준에 변동이 있을 수 있다.

❹ 총괄계획을 테스트한다. 생산율과 인력 수준을 사용하여 기말 재고수준, 재고부족, 고용 및 해고 대상 직원, 초과 근무 및 시간제 작업 요구량을 계산한다.

❺ 종합 계획이 비용, 고객 서비스 및 인적 자원에 미치는 영향을 평가한다.

〈예제 5-8〉은 3가지 생산계획 전략을 설명하고 있다.

예를 들어, 추종 전략의 경우 2월에는 5명의 근로자가 (5명의 근로자 × 160시간/월 × $20/1시간 = $16,000)의 비용으로 고용되었다. 한 노동자가 750달러의 비용으로 해고되었다. 게다가 100대가 1만 달러에 구매되었다. 평준화 전략의 경우, 1월에는 21명의 근로자가 (21명 × 160시간/월 × $20 = $67,200)에 고용되었다. 2만 1,000달러의 비용으로 21명의 근로자가 고용되었다. 또한 420대가 4만 2,000달러에 구매되었다. 기말재고는 1,500달러에 300대이다. 5월 혼합 전략의 경우, 25명의 근로자가 (25명 × 160시간/월 × $20/1시간)의 비용으로 고용되었다(8만 달러). 25명의 노동자들은 또한 (25명의 노동자들 × 40시간/mo. × $30/hr)의 비용으로 주당 20시간 초과 근무를 했다(3만 달러). 5명의 시간제 근로자는 (5명의 근로자 × 80시간/mo. × $15/1시간 = $1,300)의 비

BB&T에서의 인력 스케줄링

노스캐롤라이나에 본사를 둔 금융지주회사 BB&T는 지난 20년 동안 175개 이상의 은행을 인수하여 창구인력 스케줄링이 효과적이지 못하게 됐으며 결과적으로 창구에서의 인력 초과와 인력 부족을 초래했다. BB&T는 창구 인력 스케줄링을 결정하기 위해 1,600개 이상의 지점에서 수집된 데이터에 의존해왔지만, 예측 또는 시스템 전체 스케줄링이 수행되지는 않았다. 분명히, BB&T는 뭔가를 할 필요가 있었다. 원하는 고객 서비스 수준을 유지하면서 창구 직원에 대한 일정계획을 최적화하는 것이 목표였다.

BB&T는 2007년에 BB&T의 정보시스템과 통합 가능하고 사용하기 쉬운 웹 기반 인력 관리 및 예측 애플리케이션을 구입했다. 이 애플리케이션은 몇 주 동안 테스트를 거친 후 모든 지점으로 배포되었다.

2008년 말까지 은행은 높은 수준의 고객 서비스를 유지하면서 효과적인 창구 인력 일정계획, 창구 인력의 이직률 감소, 창구 인력의 초과 근무 수당 50% 감소를 달성했다.

출처: M. Bruno-Britz, "Sticking to the Schedule," Bank *Systems & Technology* 47, no. 1 (2009): 1.

용으로 고용되었다. 또한 13명의 정규직 근로자와 5명의 파트타임 근로자가 ($13,000 + $2,500 = $15,500)의 비용으로 고용되었다. 마지막으로, 675대가 6만 7,500달러의 비용으로 구매되었다. 기말재고는 75대였으며 비용은 375달러였다.

〈표 5-4〉에 제시된 비용 구조를 고려할 때, 최저 비용의 총괄계획은 평준화 전략이다. 높은 고용·훈련비용, 해고, 초과근무, 시간제 근무자 등으로 인해 나머지 두 계획은 바람직하지 않은 경향이 있다.

② 서비스기업의 총괄계획

대부분의 서비스는 수요가 많은 기간에 대한 완충재로 재고를 사용할 수 없기 때문에 인력 일정계획을 수립하는 것이 최우선 과제가 되며, 평준화 생산전략을 사용할 수 없다. 패스트푸드 서비스처럼 인건비가 저렴하고 노동자 가용성이 높은 경우는 추종생산 전략을 쓸 수 있고, 은행·회계법인 등 높은 전문서비스가 요구되는 경우는 통상 혼합생산 전략을 쓴다. 모든 서비스에서 정확한 일일 수요 예측, 인력 스케줄링 및 수요 관리 기법의 사용은 수요를 충족하고 대기 행렬 문제를 최소화하며 회사가 고객 서비스 목표를 달성할 수 있도록 지원하는 중요한 도구이다. 성공적인 서비스 생산 계획 활동에는 다음이 포함된다.

- 변화하는 수요를 충족하기 위해 하루 종일 시간 단위로 수요 예측 및 인력 스케줄링
- 수요가 많은 기간 동안 시간제 근로자와 초과 근무자 사용, 수요에 따라 서비스 프로세스 간에 역량을 전환하기 위한 교차 교육
- 가능한 한 모든 곳에서 기술을 사용하여 서비스 시간을 최소화하고 생산성을 극대화
- 가능한 경우 수요를 원활하게 하기 위한 예약의 사용

2008~2010년 경제 불황 동안, 인력 관리는 서비스 관리자들에게 실질적인 관심사였다. 비용을 억제하기 위해 예측 및 인력 일정계획 수립 소프트웨어의 사용이 증가했다. 위의 서비스 스포트라이트는 미국 은행에서 이러한 기술의 이점을 설명하고 있다. 또한 임시고용 직원이라고도 불리는 시간제 및 임시직 노동자의 사용은 많은 회사에서 노동력의 30~50%로 확대되었다. 경기침체 이전에는 평균이 13%였다. 현재 많은 서비스 산업 분석가들은 이를 서비스 인력 전략의 근본적인 변화로 보고 있다. 게다가, 회사들은 단지 낮은 기술을 가진 직업에서만 임시직 근로자들을 이용하는 것이 아니다. "기술자, 정보 기술자, 의료 종사자, 회계 및 재무 전문가와 같은 전문적인 기술에 대한 임시직 근로자 요청이 점점 더 많아지고 있다. 기업들은 심지어 고도로 숙련된 직종에서도 임시고용노동력의 일부로 이들을 실제로 사용하는 방안을 검토하기 시작했다"라고 인력 채용 회사인 Adecco Group의 북미 수석 부사장인 조니 루지가 말했다.

요약

이 장에서는 수요 관리, 예측 및 총괄 계획과 관련된 주제와 조직의 성공에 있어 이러한 주체가 수행하는 중요한 역할에 대해 살펴보았다. 모든 조직의 목표는 원하는 수준의 고객 서비스를 유지하면서 비용 효율적인 방법으로 수요를 충족시키는 것이다. 수요 관리, 예측 및 총괄 계획 기법을 사용하면 조직이 이러한 목표를 달성할 수 있다.

예측은 수요 관리 활동이다. 그러나 예측에 오차가 있을 때 많은 다른 수요 관리 활동들이 수요에 영향을 미친다. 이러한 활동은 이 장에서도 논의되었다. 예측은 과거 데이터를 사용할 수 있다. 이러한 방법은 본질적으로 정량적인 것으로 간주되며 이 장에서 제시되었다. 정성적 예측 방법은 신뢰할 수 있는 데이터가 존재하지 않는 경우에도 사용할 수 있으며, 이러한 방법 중 여러 가지가 제시되었다. 모든 예측

은 최소한 약간의 오차를 포함하고 있으며, 오차 측정 기법이 제시되고 논의되었다. 그런 다음 이러한 기법을 사용하여 예측기법을 비교했다.

공급사슬 환경에서 기업은 최종 제품 수요의 예측에 협력적으로 도달한 다음, 그 예측을 사용하여 소매업체와 공급업체 간에 구매 및 생산 결정을 내리기를 원할 수 있다. 이는 공급사슬 전반에 걸쳐 안전 재고에 대한 필요성을 줄이는 경향이 있으며, 이를 협력적 계획, 예측 및 보충이라고 한다. 이 주제 또한 논의되었다.

마지막으로, 회사가 중장기 예측에 도달한 후에 이러한 예측은 다가올 분기와 연도의 인력 및 생산 계획을 수립하는 데 사용된다. 제조 및 서비스 기업 모두를 위한 이러한 총괄 계획 활동이 논의되었다.

주요용어

- **가중 이동 평균 예측기법**(weighted moving average forecast) 단순 이동 평균 예측기법과 유사한 유형의 예측기법. 단, 사용자는 데이터의 최근 변화를 고려하기 위해 보다 최근 기간의 가중치를 더 높게 설정할 수 있음. 이 예측기법은 다양한 가중치를 사용한 n-기간 관측치의 가중 평균

검토해보기

1. 수요 관리란 무엇인가?

2. 다양한 정성적 예측기법을 설명하라.

3. 이 장에서 설명하는 시계열 예측은 무엇인가? 각각 언제 사용할 것인지 설명하라.

4. 예측 오차란 무엇인가? 예측 오차에 따른 비용은 무엇인가?

5. 협력적 계획, 예측 및 보충이란 무엇인가? 다른 것과 어떻게 다른가?

6. 총괄계획이란 무엇인가? 모든 회사가 어떤 형태로든 실천하고 있는가?

7. 3가지 생산 계획 전략은 무엇이며, 각각 언제 사용할 것인가?

8. 임시고용 노동자란 무엇인가?

토론해보기

1. 예측에 있어서 수요 관리의 역할을 설명하라.

2. 예를 들어 몇 가지 수요 관리 활동을 설명하라.

3. 물류 계획이 수요 예측에 어떤 영향을 받는가?

4. 회사들은 왜 예측을 하는가? 좋지 않은 예측으로 인한 영향은 무엇인가?

5. 좋은 예측은 왜 그렇게 어려운 것인가? 예술인가? 과학인가?

6. City-Center 프로젝트를 시작하기 전에 MGM Mirage가 수행한 정성적 예측은 무엇이라고 생각하는가? 프로젝트 전에 정량적 예측을 할 수 있었다고 생각하는가?

7. 당신의 회사가 몇 년간의 과거 수요 데이터를 가지고 있다고 가정했을 때, 당신이 정성적 예측 방법을 사용하는 것을 여전히 선호하는 경우가 있나? 왜 그런가?

8. 시계열 예측에서 랜덤 변동의 역할을 설명하라. 랜덤 변동을 막을 수 있는가?

9. $\alpha = 0$일 때 지수 평활 예측은 어떻게 되는가? $\alpha = 1$일 때는? 이러한 예측 중 하나를 사용하고 싶은가?

10. 선형 추세 예측과 단순 선형 회귀 예측의 차이점은 무엇인가?

11. 예측 편향과 예측 오차의 차이를 설명하라.

12. 예측에 사용되는 비상 계획은 무엇이며 언제 수립하고 싶은가?

13. CPFR 사용의 장점과 단점을 설명하라. 당신은 장점이 단점보다 많다고 생각하는가? CPFR을 사용함으로써 어떤 회사가 가장 큰 이익을 얻을 수 있는가?

14. 총괄 계획 없이도 성공적으로 사업을 운영할 수 있는가?

15. 3가지 생산 계획 전략을 각각 사용할 여러 제조업체 및 서비스 회사와 이를 어떻게 사용할 것
인지 설명하라.

16. 요즘 왜 점점 더 많은 회사들이 임시직 근로자들을 고용하고 있다고 생각하는가?

연습해보기

1. 특정 대기업의 예측 방법과 제품 예측에 대해 설명하라. 이 장에서 논의한 방법과 어떤 방법
으로 비교할 수 있는가? (힌트: "~의 예측 관행"을 사용하여 인터넷을 검색하면 회사 사례를 찾을 수 있다.)

2. 다우 존스 지수 또는 기타 일일 주식 시장 지수를 데이터로 사용하고 30일간의 데이터를 가
져와 예측 프로젝트를 시작하라. 이 장에서 설명한 몇 가지 예측 정확도 측정을 사용하여 여
러 예측 방법 중에서 이 기간 동안 가장 좋은 예측 방법을 찾아라. 그런 후 다가오는 주에 대
한 방법의 우수성을 추적하라. 연구 결과에 대해 논의하라.

3. 조직의 CPFR 사용 및 이 방법의 경험에 대한 보고서를 작성하라(때로는 단순히 "협력적 예측"이라고
도 하며, 1번 문제에서 설명한 것과 같은 힌트를 사용할 수도 있다).

연습문제

➡ 문제 1~6에 대해서는 아래에 제공된 데이터를 사용하라.

기간	수요(개)	기간	수요(개)
1	22	5	19
2	16	6	28
3	25	7	22
4	27		

1. 3개 Period의 평균을 사용하여 Periods 4~8의 단순 이동 평균 예측치를 산출하라.

2. 3개 Periods의 평균과 가중치 0.6, 0.3, 0.1을 사용하여 Periods 4~8의 가중 이동 평균 예측
을 계산하라.

3. α = 0.3이라 가정하고 Period 1의 수요 22를 초기 예측치로 하여 Periods 2~8의 지수 평활
예측을 계산하라.

4. Periods 4~7 의 선형 추세 예측을 손으로 계산하라.

5. Excel 또는 0 기타 스프레드시트 응용 프로그램을 사용하여 Periods 1~8의 선형 회귀 예측
을 계산하라. 샘플 상관계수와 샘플 결정 계수는 얼마인가? 예측치가 믿을만해 보이는가? 왜
그런가?

6. 여기서 Periods 4~7의 MAD, MAPE, RSFE 및 TS를 사용하여 문제 1~3의 예측기법들을 비
교하라. 어떤 예측기법이 최고인가? 왜 그런가?

7. 아래에 월별 수요와 2가지 수요예측이 주어져 있다. 어떤 예측이 더 나은가? 왜 그런가?

월	수요(개)	예측1(개)	예측2(개)
1월	1,200	1,086	1,421
2월	1,160	1,120	1,082
3월	1,232	1,090	1,141
4월	1,095	1,240	995
5월	1,250	1,326	1,185
6월	1,310	1,140	1,243
7월	1,190	1,092	1,072
8월	1,265	1,141	1,342

어떤 방법이든 선택하여 다음 데이터에 가장 적합한 예측기법을 찾고 당신의 대답을 정당화하라.

기간	수요(개)	기간	수요(개)
1	126	5	155
2	162	6	143
3	144	7	172
4	138	8	166

⬤ 문제 8~11을 위해 주어진 월별 우산 판매량 및 월별 평균 예상 비 확률에 대한 데이터를 사용하라.

월	비가 내릴 확률(%)	우산 판매(개)
1월	22	1,420
2월	26	1,380
3월	32	1,440
4월	41	1,635
5월	36	1,744
6월	32	1,486
7월	28	1,208
8월	34	1,145
9월	38	1,337
10월	44	1,388
11월	32	1,456
12월	38	1,684

8. 두 변수에 대한 데이터를 바탕으로 그래프를 그려보라. 두 변수 사이에 상관관계가 있는 것처럼 보이는가?

9. 회귀 계수를 손으로 계산하거나 스프레드시트를 사용하여 선형 회귀 분석을 수행하라. 상관계수는 얼마인가? 상관관계가 있는가?

10. 회귀 공식을 사용하여 매월 예측값을 계산한 다음 MAD를 구하라. 만약 당신이 우산을 팔았다면 이 예측치를 사용하겠는가? 왜 그런가 또는 왜 그렇지 않은가?

11. 위의 판매 데이터를 사용하여 3개 기간의 가중치(0.5, 0.3, 0.2)를 사용하여 가중 이동 평균 예측을 계산하라. 그리고 α = 0.3이고 Period 1의 예측치 1420을 초기값으로 사용하여 지수평활예측을 실시하라. 4월부터 12월까지의 오차를 사용하여 이 두 방법의 MAD를 비교하여 어느 쪽이 더 나은 예측인지 판단하라.

12. 다음 데이터에 대한 추적, 수준 및 혼합 생산 계획을 수립하라. 1개를 생산하는 데 4시간의 작업시간이 소요되고, 하루 8시간의 작업시간, 일주일에 40일 작업시간이 소요되고, 월 20일 작업한다고 가정하자. 매달 근로자 수는 반올림하라. 혼합 계획의 경우 3개월 수요 평균을 사용하라. 가능한 한 많은 정규직을 고용하며 최대 4명까지 정규직 작업자를 사용하라. 파트타임 근로자를 고용하기 전에 근로자 1인당 주당 최대 10시간의 초과근무를 허용하라. 파트타임 근로자들은 일주일에 10시간까지 일할 수 있다.

월	수요예측	월	수요예측
1월	200	July	40
2월	100	Aug	65
3월	120	Sept	70
4월	75	Oct	120
5월	50	Nov	275
6월	45	Dec	380

13. 문제 12의 데이터와 작성된 3개의 생산 계획을 사용하여 다음과 같은 비용 고려 사항에 따라 각 계획의 총 비용을 결정한다. 어느 것이 가장 저렴한가?

원가자료			
정규직 시간당 인건비	$30	정규직 직원당 해고비	$1,000
시간당 초과근무 비용	$45	파트타임 직원당 해고 비용	$0
시간당 파트타임 인건비	$20	기간당 단위당 재고 유지 비용	$6
정규직 직원당 채용/훈련비	$4,000	기간당 단위당 재고품절비용	$20
파트타임 직원당 채용/교육비	$2,000	단위당 재료비	$300

CASE **Study**

Case 1 | 동물보호소 소장

최근에 고용된 도시 동물 보호소 소장은 보호소에 대한 향후 자금 조달에 위협이 되는 몇 가지 즉각적인 운영 문제에 직면했다. 수익 흐름은 최근의 운영비 증가를 감당하기에 충분하지 않았다. 게다가, 개 사육장의 활용과 주요 운영체제(입양 프로세스, 등록 절차 및 정보 시스템)는 그다지 효과적이지 않았다. 보호소의 수

입은 시의 예산, 연간 등록료, 그리고 입양비에서 나왔다.

국가적인 추세와 병행하여, 동물 보호소는 입양 전에 개들에게 주어지는 의료 치료의 양을 꾸준히 증가시켜왔다. 이를 통해 보호소는 보호소를 통해 양질의 반려동물을 얻을 수 있다는 인식을 높였다. 입양되는 애완동물은 완전히 예방접종이 되고 마이크로칩이 심어지고, 단장되고, 건강증명서가 주어진다. 이 서비스들은 비용을 30% 인상시켰다.

새 직책을 맡은 지 6개월이 지난 후, 보호소 소장은 점점 더 양립할 수 없는 운영 압박에 직면했다. 새로운 의료 검진, 음식, 보호소에 수용되는 개들의 수가 증가함에 따라 예산이 크게 초과되었다. 보호소에는 여러 종의 반려견이 섞여 있어서 매달 입양으로 얻게 되는 수입은 예측하기 힘들다 (일부 품종은 빠르게 입양된 반면 다른 품종은 더 오래 남아 있었다). 보호소는 또한 음식과 보호가 필요한 개의 수와 입양 전 개 사육장에 머무는 기간이 서로 다름에 따라 발생하는 수용 능력에 있어서 이슈가 있었다. 시 공무원과 지역 사회는 직원, 운영 체제, 의사 결정에 대한 데이터 분석 접근 방식 등 신임 소장이 취해온 방향을 지지해왔다. 최근 시의회 회의와 공개 포럼에서 증가하는 비용, 변동되는 수익, 수용 능력 문제에 대한 논의 결과, 보호소에 대한 많은 변경을 위해 소장이 더 많은 돈을 시에 요청할 수 있도록 허용하였다. 이 과정에서 시 공무원들에게 제출되는 공식 제안서와 함께 현재의 문제에 대한 설명, 지속적인 재정 및 서비스 압박의 증거, 새로운 자금 요구 사항을 포함한 향후 개선에 대한 권고사항이 요구되었다.

동물보호소 소장은 시의 예산 배정을 늘리고 입양·등록료 인상 필요성을 지역사회에 알리기 위해 여러 예측 자료가 필요할 것으로 기대하고 있다. 이 보호소에는 월별로 수집되는 비용, 입양과 등록에서 얻는 수입의 흐름, 모든 품종에 대한 보호소 체류 기간, "입양이 어려운" 품종에 대한 체류 기간, 개 사육장의 수용 능력 및 활용도 및 월별 입양 등 데이터가 풍부하다. 이 보호소 소장은 비용 초과와 수용능력 문제를 예측하기 위해 현재 데이터를 사용하는 방법에 대해 고심해왔다.

질문

1. 소장이 제안서에서 가장 잘 사용할 수 있는 예측기법을 설명하라. 그녀는 정성적인 예측이나 정량적인 예측 중 어느 하나를 사용해야 하는가? 아니면 둘 다 사용해야 하는가?

2. 이용 가능한 과거 데이터를 바탕으로, 소장은 최근 몇 달이 개의 보호소 체류 시간 증가와 수용 능력 추세를 더 잘 반영하고 있다는 것을 알아챘다. 최근의 데이터에 보다 신속하게 대응할 수 있는 예측기법은 무엇인가?

3. 소장은 어떤 운영 방법을 사용하여 예측기법이 가장 정확한지 결정할 수 있는가?

Case 2 | 영업 담당 매니저

한 스토리지 장비 제조업체가 최근 회사 외부에서 새로운 영업 담당 매니저를 고용했다. 이 새로운 영업 매니저는 스토리지 빈, 랙 및 컨베이어를 판매한 경험이 있으며, 최근에는 주요 경쟁업체의 주요 영업 담당자를 역임했다. 첫 3주간은 엔지니어링 및 영업팀과 함께 제품 및 판매업무(견적, 주문접수, 유통·창고, 고객서비스)를 숙지했다. 그 후 3주간은 미국의 모든 지역 영업소를 돌아다니며 영업 담당 직원들을 만나고 그들과 함께 각 영업 구역의 주요 고객을 만났다.

매출의 73%를 차지하는 스토리지 빈과 스토리지 랙의 최대 제품 라인은 지난 18개월 동안 매출이 제자리걸음을 하고 있다. 지금까지 교환 부품과 서비스 부문만이 수익성이 있는 품목이지만, 이는 총 매출의 7%에 불과하다. 매출의 나머지 20%는 멕시코의 한 제조업체와의 독점 유통 계약과 파트너십에서 나온다.

지난 2주간 스토리지 장비 산업의 성장 데이터와 고객 세그먼트를 반영하는 성장 데이터를 수집했다. 이 회사는 독립 소매 유통 센터, 창고 운영, 자체 수직 마케팅 시스템을 갖춘 기업 등 스토리지 장비(랙 및 빈)의 매우 큰 사용자에게 직접 판매한다. 또한 대규모 스토리지 장비 리셀러에게도 판매하며, 그 후 이 리셀러는 자재 관리 장비의 크고 작은 사용자에게 판매한다. 또한 MRO(유지보수, 수리, 운영) 품목을 전문으로 하는 소규모 리셀러와 스토리지 및 MRO 품목의 소규모 사용자에게도 판매하고 있다. 마지막으로, 회사의 스토리지 장비 제품은 장비 및 스토리지 카탈로그(일부 MRO 리셀러도 이를 사용)를 통해 판매되며, 또한 특정 지역(회사의 영업 인력이 현재 담당하지 않는 도시 또는 지역)의 제조 담당자에게도 판매된다. 영업 담당자에게는 지리적 영역(동부 해안) 또는 고객 유형(MRO 품목을 담당하는 고객 유형)에 따라 판매 영역이 할당된다.

새로운 영업 매니저는 부진한 매출을 올리기 위해 채용됐으며, 채용일로부터 3개월 이내에 CEO에게 향후 12개월 동안의 영업 계획을 보고해야 한다. 벌써 2개월이 지났기 때문에, 이제 판매 예측치 산출을 시작으로, 이달 말에 경영진에게 발표하기 위한 판매 및 마케팅 계획을 완성할 때이다. 영업 담당 매니저는 내년 매출 전망을 종합하기 위해 영업팀 수련회를 계획했다. 그는 기업의 판매 전망 작성에 사용하기 위해 지난 2년간의 판매 보고서를 준비했으며, 회사의 모든 영업 담당 대표자 및 계약 제조사 담당자에게 자신들의 영업 구역에서의 특정 정보, 데이터 및 전망을 준비할 것을 요청했다. 영업 담당 매니저는 향후 2년간 예측을 위해 다양한 질적 및 정량적 접근법을 사용할 계획이다.

질문

1. 영업 담당 매니저는 이번 영업회의에서 정성적 예측방법을 검토하고 있다. 정성적 예측이 정량적 접근법에 어떻게 가치를 부가할 수 있는지를 포함하여 4가지 정성적 예측기법을 설명하라. 또, 향후 2년간의 판매 예측에 질적 기법을 사용하는 것에 관한 어려움 등을 제시하라. 이 매니저가 어떤 질적 접근 방식을 사용하는 것이 가장 좋다고 생각하는가?

2. 영업 매니저는 이전에 델파이 예측법을 사용한 경험이 있으며, 이 방법에 대해 수련회에서 논의할 예정이다. 그가 이 방법으로 사용할 수 있는 그룹을 찾아보라. 오늘날의 기술을 사용하여 전문가 그룹을 설문조사하기 위해 취할 수 있는 절차를 간략하게 설명하라.

3. 영업 매니저는 회사의 정보시스템 팀과 협력하여 과거 판매실적을 완전히 정량적으로 분석하여 향후 매출을 예측하고자 한다. 정성적 예측 접근법은 정보 시스템 팀이 수행한 데이터 분석을 어떻게 개선할 수 있는가?

- A. Mundy, "The Search for an Investment 'Superforecaster, '" *Investment Week*, February 8, 2016, 14.

- C. Crum G. E. Palmatier, "Demand Collaboration: What's Holding Us Back?," *Supply Chain Management Review*, January/February 2004, 54-61.

- C. O'Leary, "A Red Carpet Reception?," *Mergers and Acquisitions* 42, no.11(2007): 66-71.

- D. M. Lambert, "The Essential Supply Chain Management Processes," *Supply Chain Management Review*, September 2004, 21.

- E. Gardner, "Exponential Smoothing: The State of the Art-Part II," *International Journal of Forecasting* 22, no.4(2006): 637-66.

- http://quodid.com/quotes/615/niels-bohr/prediction-is-very-difficult-especially-if-its-about. Accessed March 20, 2020.

- I. Speizer, "An On-Demand Workforce," *Workforce Management* 88, no.11(2009): 45-49.

- J. Berry, "What Is Collaborative Planning, Forecasting, and Replenishment(CPFR)?," http://www. social-supplychains.com/what-is-collaborative-planning-forecasting-and-replenishment-cpfr; see also "Introduction: Collaborative Planning, Forecasting and Replenishment(CPFR): A Tutorial March 21, 2011, Supply Chain Resource Cooperative." https://scm.ncsu.edu/scm-articles/article/introduction-collaborative-planning-forecasting-and-replenishment-cpfr-a-tutorial. Accessed March 20, 2020.

- J. Katz, "Forecasts Demand Change," *IndustryWeek* 259, no.5(2010): 26-29.

- J. Ludorf, "How They Did It: Cipla's Journey to Driverless Forecasting," *Supply Chain Management Review* 21, no.6(2017): 30-34.

- K. Goldfisher, "Modified Delphi: A Concept for New Product Forecasting," *Journal of Business Forecasting* 11, no.4(1992): 10.

- Ludorf, "How They Did It."

- M. Costa-Font, T. Serra, M. Gil, and A. Gras, "Explaining Low Farm-Gate Prices in the Catalan Wine Sector," International Journal of Wine Business Research 21, no.2(2009): 169-84.

- "2011 Tōhoku earthquake and tsunami," Wikipedia, last modified Fedruary 20, 2020, https://en.wikipedia.org/wiki/2011_T%C5%8Dhoku_earthquake_and_tsunami.

- "Apartment Demand Weakened by Financial Crisis but Holding Up in Q2," *Mortgage Banking* 69, no.1(2008): 144.

- "Apple: 600, 000 iPhone Preorders Crashed Systems," ZDNet, June 16, 2010, www.zdnet.com/blog/btl/apple-600000-iphone-preorders-crashed-systems/35899?tag=mantle_skin; content.

- "Guideline-Implementing Successful Large Scale CPFR Programs and Onboarding Trading Partners." Found at: CPFR guidelines and resources, www.gs1us.org. Accessed on March 20, 2020.

- "Hackett Research Alert: Despite Prospect of Harsh Punishment by Wall Street, Most Companies Fail When Forecasting Earnings & Sales," *Business & Finance Week*, February 11, 2008, 154.
- "Logility and Peerless Research Group Report: The Keys to Creating and Leveraging Actionable Information," *Professional Services Close-Up*, November 4, 2018, 1; "Focus on Forecasting and Inventory Strategy," *IndustryWeek* 258, no.9(2009): 1.
- "Nokia Feels the Squeeze from Shortage," *Off the Record Research*, November 13, 2003. Found in A. Sodhi and S. ManMohan, "An Analysis of Sources of Risk in the Consumer Electronics Industry," *Journal of the Operational Research Society*, 58, (2007): 1430-1439.
- "Readers name their favorite new beverage of September," *Beverage Industry*, October 30, 2018. Found at: https://www.bevindustry.com/articles/91572-readers-name-their-favorite-new-beverage-of-september.
- "Supply Chain Management Terms and Glossaries," Council of Supply Chain Management Profes- sionals, http://cscmp.org/digital/glossary/document.pdf. Accessed March 20, 2020.

Chapter 06
독립 수요 재고관리

우리가 가장 빈번하게 직면하는 재고 관련 문제는 기업들이 재고를 너무 많이 보유하는 것이고, 재고를 너무 적게 가지고 있는 경우는 드물다. 우리는 어떻게 재고수준을 줄일지, 각 재고보유단위(SKU)당 재고수준을 무엇으로 할지 등과 같은 문제들을 수학적이고 가능한 모든 방법을 동원해서 보여줄 수 있다. 하지만, 결국 재고는 논리가 적용되지 않은 주로 감정적 결정에 뿌리를 둔 안전장치이다.

–Ian Hobkirk, president of Boston based Commonwealth Supply Chain Advisors

재고관리는 우리가 소규모로 운영을 하고 있기 때문에 아주 중요하다. 우리는 가공재고, 냉동재고, 고기와 생선을 준비하는데, 이것은 당연히 비싸고 중요하다. 이것은 일 단위로 계산된다. 만일 재고가 없다면, 정말 손해를 보기 때문에 관리를 잘해야 된다. –Michael Molloy, executive chef, Wyndham Grand Jupiter

재고관리 원칙들은 적어도 성서시대까지 거슬러 올라갈 수 있다고 주장할 수 있는데, 파라오의 꿈을 해석한 요셉의 이야기가 증거가 될 수 있다. 이 이야기는 7년 동안 풍성한 추수와 그 후 7년 동안은 작물 실패가 이어질 것이라는 꿈이다. 그가 파라오에게 준 조언은 이어지는 기근의 시절 동안에 적당한 식량을 확보하기 위해 풍년인 동안에 추수한 곡물을 쌓아두게 한 것이다.

–Edward Silver, professor emeritus in operations management, University of Calgary

🎯 학습목표

1. 재고의 종류

2. 재고의 기능

3. 재고 비용, 위험, 가치에 대한 해석

4. 다양한 수요와 리드타임 상황에서의 EOQ와 재주문점 모형

5. 재고관리 성과측정의 중요성

Spectrum Health 기관에서의 재고관리 문제

모든 병원에서는 공급문제가 있다. 종종 너무 많은 봉합선, 너무 많은 수술용 스테이플러와 너무 많은 기구가 있다. 병원 관계자들은 충분히 가지고 있지 않게 될 것이라고 걱정하여 재고를 너무 많이 쌓아두는 실수를 범한다. 병원들은 재고관리를 위해 예측 분석을 할 수 있는 소프트웨어를 도입한다. 그러한 방법으로, 병원들은 수요를 예측해서 공급 수준을 최적에 가깝게 운영할 수 있다. 자문위원회 회사 비용성과팀의 파트너인 Rick Conlin은 "자연스러운 경향은 재고 전체의 양을 단순히 구매하는 것이다"라고 말했고 "기업이 연구기법들을 사용하게 되면 재고와 공급사슬 비용을 좀 더 자신감 있게 사용할 수 있게 해준다"라고 덧붙였다.

투자자본수익률(ROI)은 단순하다. 병원들이 좀 더 선진화된 공급사슬 소프트웨어를 사용함으로써 현금을 확보하여, 새로운 기기를 구입하거나 의사를 고용하는 것과 같이 수익을 창출하는 활동에 사용할 수 있다. Navigant사의 임원인 Rob Austin은 "만일 당신이 보유 재고를 줄일 수 있으면, 실제로 긍정적 재무적 성과를 가져올 수 있다"라고 말한다.

예를 들어, 미시간 서부에 자리 잡은 Spectrum Health의 공급사슬 관리자는 Microsoft 엑셀과 Minitab에 있는 통계모형을 이용해 재고를 관리한다. 공급을 추적하는 물리적 시스템은 칸막이를 가진 통을 사용하는 방식과 같이 단순하다. 한 통의 절반이 비었을 때, 공급사슬 관리자는 재주문할 필요가 있다는 것을 보여주기 위해 표식을 뒤집는다. Spectrum은 병원을 위한 정기자동재고보충 처리를 이 "뒤집기"로 바꾸었다. 그렇게 함으로써 그들은 효율화를 달성했고, Spectrum의 공급사슬 임원 Bill Selles는 "우리는 기본적으로 적은 수의 제품을 다루고 훨씬 더 효율적으로 바꿀 수 있다"라고 말한다.

다음으로, Spectrum은 현재 종이 기반 시스템에 의존하고 있는 중앙 배송센터에서 더 효율적인 재고관리 시스템을 구현할 예정이다. 디지털화는 공급사슬 관리자가 물품을 싣고 최적의 경로로 배송을 하게 하는 것을 도울 것이다. 이것은 물품을 좀 더 효과적으로 관리할 뿐만 아니라, 배송을 위해 걷는 것도 줄일 수 있다. 현재는 물품을 싣는 평균적인 공급사슬 담당자는 매일 10에서 12마일을 걷는다. "좀 더 효율적인 재고관리는 비용절감뿐만 아니라 더 좋은 품질을 갖는 것을 의미한다"고 Selles는 말한다. "지금, 우리는 재고를 더 보유하는 방법을 더 선호한다. 왜냐하면 필수 물품을 다 소비해서 모자랄 위험은 환자에게 해를 끼치기 때문이다"라고 한다. 하지만, 그것 때문에 많은 낭비가 발생한다.

또한, 만일 한 병원이 재고를 잘 관리하지 않아서 의료기구를 가져다주는 것을 기억하지 못했다면, 그 공급사슬 관리자는 그 기구들이 얼마나 영향을 주는지를 모를 수도 있다. "만일 내가 Target과 일하는데 요구르트 한 묶음이 유통기한이 지났다면, 그것은 문제이다. 하지만 만일 내가 현장 의료 상황에서 의료기구의 사용기한이 지났다면 그것은 완전히 다른 이야기가 된다"라고 Selles는 말한다.

대부분의 조직에서 재고는 시간과 돈에 있어서 상당한 투자를 의미한다. 재고는 또한 대부분의 생산자들뿐만 아니라 그들의 공급사슬 거래 파트너들에게 아주 복잡한 문제가 될 수 있다. 많은 경우에, 기업들은 그들의 제품과 고객에게 전달되는 제품배송과 재고수준에 대한 영향을 알지 못한다. 따라서, 올바른 방법으로 재고를 관리하는 것은 고객 서비스, 경쟁력, 비용 측면에 유익한 영향을 줄 수 있다.

재고를 갖고 있는 모든 기업은 기업에 대한 재고의 영향을 고려해야 한다. 너무 적은 재고는 재고 고갈, 생산중단, 고객 불만을 가져올 수 있다. 너무 많은 재고는 저장 문제, 재고 감가상각, 초과 재고 유지비용의 문제를 의미할 수 있다. 따라서, 재고는 좋은 것으로 인식될 수도 있지만, 동시에 높은 비용을 의미할 수 있다. 운영 관리자들은 그래서 재고의 효과성과 비용 간에 최적의 균형을 찾으려고 한다.

결과적으로, 관리자들은 효과적인 재고관리 절차를 개발할 필요가 있다. 본 장은 재고라는 용어에 대해 논의하는 것으로 시작한 후 다양한 재고관리에서의 주제와 절차를 보여준다. 시간이 지나면서, 기업들은 재고관리 활동들을 개선하여 계속해서 경쟁력을 키우는 방법을 찾아야 한다. 그렇게 되면 재고관리 성과측정을 설계할 필요성이 생기게 되고 이러한 내용은 본 장의 후반부에 논의할 것이다.

1 재고의 종류

1. 재고의 종류

〈표 6-1〉의 내용과 같이, 재고는 원자재, 재공품, 완제품 또는 소모성 자재 재고로 분류될 수 있다. 대부분의 기업들은 다음의 재고 유형 중 일부 또는 전부를 갖고 있다. 원자재는 구매하는 부품들, 공급자가 배송하는 것들, 완제품이나 서비스의 생산에 사용되는 기타 재료들로 구성된다. 원자재는 판재, 자동차 부품들, 나사와 볼트, 배관 자재, 햄버거 빵 등이 포함될 수 있다. 이것들은 도매 창고나 시설 내부에 위치한 저장 공간으로 배송될 수 있다. 재공품 재고(WIP; Work In Progress)는 기업에서 공정의 중간 단계에 있는 물품들이다. 원자재가 생산 공정에 투입되면, 그것들은 재공품 재고가 된다. 그것들은 공장 바닥이나 설비 전체에서 움직이는 자동화된 선반에 저장될 수 있다. 완제품은 고객에게 배송되기를 기다리는 완성된 제품이다. 재공품 재고가 끝나면 이들 재고는 완성품이 될수 있고 기업 내부에 저장되거나 지리적으로 흩어져 있는 배송센터에 저장될 수 있다. 소모

⚙️ 표 6-1_ 재고의 종류

종 류	설 명
원자재	생산되는 제품과 서비스에 사용되는 구매 물품
재공품(WIP)	기업에서 가공의 중간 상태에 있는 물품
완제품	고객에게 배송될 준비가 완료된 제품
소모성 자재(MRO)	기업 내부에서 소모되고 생산이나 서비스를 지원하기 위해 사용되는 구매 물품

성 자재(MRO; Maintenance Repair and Operation)는 기업 내부에서 소비되거나 생산과 서비스 과정을 지원하는 데 사용되기 위해 구매된 물품들이다. 예를 들어, 기계 공구, 유지보수 물품, 세척 물품, 사무실 물품 등이 포함된다.

이들 각각의 재고는 비용을 발생시키지만 기업을 위해 많은 가치를 창출할 수 있다. 네 가지 종류의 재고들 모두 고품질, 저비용, 장비의 매끄러운 운영, 종업원 및 고객 만족 등에 있어 중요한 역할을 수행한다. 재고관리의 목적은 각 재고 물품에 대해 비용 및 가용성과 중요성을 고려하면서 최적의 보유량을 찾는 것이어야 한다. 재고의 여러 기능은 다음 절에 논의한다.

2 재고의 기능

2. 재고의 기능

재고는 공장과 서비스를 계속 운영할 수 있게 하고 고객 서비스의 수준을 높게 유지할 수 있도록 하지만, 관리자들은 얼마나 많은 재고가 충분하다고 할 수 있는지와 재고의 어떤 기능이 필요한지를 결정해야 한다. 〈표 6-2〉는 재고의 기능들에 대해 보여주고 있다.

재고는 많은 이유로 기업에 의해 보유되고 사용된다. 예상 재고는 바쁜 크리스마스 판매 시즌이나 큰 세일행사 기간과 같이 수요가 높을 것으로 예상되는 기간 동안 수요를 충족시킬 수 있는 재고를 말한다. 주기 재고는 기업이 구매나 생산을 하고 다음번 구매와 생산에 필요한 만큼 유지할 수 있는 양으로 설정된다. 만일에 한 기업이 한 달 치 부품을 구매한다면 이것이 주기 재고이다. 주기 재고의 또 다른 예는 경제적 주문량이 될 수 있는데, 이것은 이 장의 후반부에 논의될 것이다. 헤지(hedge) 재고는 기업들이 가격 인상이나 공급축소 등을 대비하여 물품을 비축해놓을 때 사용된다. 예를 들어, 항공사들은 만일에 항공연료 가격이 올라갈 것이라고 생각되면 연료를 비축해놓을 것이다. 미국은 전략적 비축 원유를 저장하고 있으며 이는 가격 보호나 공급부족을 대비한 것이다. 미국은 1973년에서 1974년 석유 금수 조치 이후에 1975년부터 루이지애나와 텍사스의 지하에 원유를 저장하고 있고, 멕시코만 근처에 암염 돔 형태의 저장고를 지하에 두어 2018년 11월에 6억

3. 재고 비용, 위험, 가치에 대한 해석

표 6-2_ 재고의 기능

기능	설명
예상 재고	높은 수요가 예상되는 기간에 충족시킬 수요를 허용
주기 재고	다음번 구매나 생산할 기간까지 지속할 수 있는 충분한 양을 구매하거나 생산할 때 생성
헤지 재고	가격이 오르거나 공급이 부족한 것에 대비해서 제품을 비축할 때 사용
안전 재고	예상치 못한 공급 혹은 생산 문제가 일어나거나 수요가 예상보다 높을 때 수요를 충족시키기 위해 보유
수송 재고	그 기업의 소유로 운송 중인 재고, 기업으로 들어오거나 고객으로 나가는 중

5,500만 배럴의 원유를 저장하고 있다. 이것은 2018년 소비율과 가격을 기준으로 약 135일 동안에 수입 보호를 할 수 있고 450억 달러의 가치를 갖고 있다. 안전 재고는 기업이 예상치 못한 공급이나 생산 문제 또는 수요가 예상보다 클 때의 수요를 충족시키기 위한 재고이다. 기업들은 원자재, 재공품, 완제품, MRO의 안전 재고를 가질 수 있다. 그리고 마지막으로 수송 재고는 기업이 보유하고 있으면서 기업으로 들어오거나 고객에게 나가는 중인 재고를 말한다. 만일에 기업이 공급자로부터 부품을 구매하고 기업 소유의 차량을 이용하여 그 기업으로 수송을 하기로 했다면, 그 부품은 수송 재고가 된다.

여기에서 본 것처럼, 재고는 여러 기능을 제공할 수 있으며 모든 재고는 재고 유지비용을 발생시킨다. 이들 비용을 줄이기 위해, 운영 관리자들은 이러한 기능들 안에서 초과 재고를 줄일 수 있는지 살펴본다. 재고 비용은 다음 절에서 좀 더 논의할 것이다.

3 재고 비용, 위험, 가치

재고 비용은 제조회사와 Walmart와 같은 대형 소매업자를 포함한 많은 조직에 있어 상당한 비중을 차지한다. 특히, 최근의 경기침체 동안에 재고 비용을 줄이는 것은 많은 비즈니스에서 재정적으로 필수사항이 되었다. 재고 비용이 감소하면 감소한 만큼 이익이 증가하기 때문이다(하지만 재고 고갈비용은 제외함). 불행히도, 고객 수요와 공급 운송의 불확실성 때문에, 재고수준이 감소함에 따라 재고 고갈의 위험이 증가하는 경향이 있다. 재고 비용은 〈표 6-3〉과 같이 나빠질 수 있다.

주문 비용은 물품 구매와 관련된 행정적인 비용이다. 이것은 공급업체 선정을 위한 노동력과 서류작업 비용, 구매주문서 작성, 기업에서의 처리, 공급자에 전송, 주문의 수취, 검수와 송장의 처리에 관한 비용이다. 연방정부의 총무청에서 수행되는 공공기관 설문에서, 답변자들은 평균 주문 비용은 약 111달러라고 응답했다. 흥미롭게도, 동일한 연구에서 답변자들은 법인카드 사용 시 평균 주문 비용이 29달러라고 응답했고, 거래를 위한 서류작업 기간도 2~6주까지 감소하는 것으로 나타났다.

표 6-3_ **재고 비용**

비용의 종류	설 명
주문비용	물품 구매와 관련된 행정적인 비용
재고 보유비용	재고를 저장하는 것과 관련된 비용
재고 고갈비용	보유 재고가 없을 때 발생하는 판매 상실, 호감도 상실, 기업의 명성 손실, 미래 판매 상실, 이월주문 처리 비용
구매비용	공급자로부터 구매한 물품의 실제 비용

재고 보유비용은 재고를 저장하는 것과 관련된 비용이다. 이는 도매창고 대여 및 감가상각, 유지보수와 에너지 비용, 도매창고 인건비, 취급 비용, 장비 감가상각, 위축 비용 등을 포함한다. 이들 비용은 기업이 소유한 도매창고나 배송센터의 네트워크와 관계되어 기업에게 상당히 큰 비용일 수 있다. 또한, 재고 보유비용은 기회손실 비용과 자본비용을 포함하는데, 이것은 기업이 재고와 도매창고에 일부 자본을 묶어둠에 따라 포기해야 하는 비용을 의미한다. 예를 들어, 기업이 일반적으로 자본을 투자해서 15%의 이득을 가져온다고 하면, 포기한 이익 15%는 재고 보유비용에 포함될 수 있다.

재고 고갈비용은 물품에 대한 내부나 외부 수요가 만족 되지 않을 때 일어난다. 재고 고갈비용은 현재 판매 상실, 호감도 상실, 기업의 명성 손실, 미래 판매 상실, 이월주문 처리 비용, 내부적으로 공장 운행 중지 등이 포함될 수 있다. 이월주문은 행정처리 비용, 긴급처리 비용, 발송비용을 발생시킨다. 재고 고갈비용은 구매자와 공급자 모두에게 매우 큰 비용이 될 수 있는데, 특히 품목이 매우 가치 있고 구매자에게 필요한 중요한 부품인 경우에 그러하다. 일반적으로 재고 고갈비용은 추정하기 매우 어렵다. 왜냐하면 기업의 명성에 대한 손실과 미래 판매에 대한 손실 가능성은 쉽게 결정할 수 없기 때문이다. 이러한 이유로, 관리자는 안전 재고 수준을 정할 때 종종 시행착오 방법을 사용하기도 한다.

마지막으로, 구매비용은 공급자로부터 구매한 물품의 실제 비용이다. 많은 재고문제에서, 단위당 구매비용은 상수로 가정한다. 하지만, 공급자가 대량 구매에 따른 가격할인을 제시한다면 구매비용은 주문량의 함수에 포함되는 변수가 된다. 재고 정책에서 수량할인에 대한 영향은 본 장의 후반부에 논의할 것이다.

❶ 재고 위험과 가치

언급한 바와 같이 재고를 너무 적게 보유하는 것은 재고 고갈 관련 비용을 증가시킨다. 이러한 위험을 줄이기 위해, 기업은 보다 정확한 예측기술을 사용하고, 거래 파트너와 협력 계획 및 예측기술을 사용하여 수요 불확실성과 이에 상응하는 안전 재고 보유 필요성을 줄일 수 있다. 궁극적으로, 관리자는 안전 재고를 보유하는 비용과 재고 고갈비용을 비교해야 한다.

반면에 더 많은 재고를 보유한다는 것은 더 많은 고객에게 적시에 서비스를 제공하여 고객을 행복하게 만들고 판매를 반복한다는 것을 의미한다. 이것은 재고의 가치이고 가볍게 볼 수 없다. 종종 관리자는 전사적 비용 절감 노력의 일환으로 재고 비용을 줄이는 데 집착하다가 결국 품절이 발생하고 고객이 불평하기 시작했음을 깨닫게 된다. 오늘날 평균 소매 재고 품절 비율은 약 8%이고 온라인 재고 품절 비율은 약 15%에 달한다. 최근 소비자 대상 설문조사에 따르면 재고 부족이 쇼핑 골칫거리 1위인 것으로 나타났다. 더 나은 예측, 고객 및 공급업체와의 더 나은 커뮤니케이션, 더 나은 배송 시스템을 사용하여 재고관리를 잘할 수 있는 기업은 품절 빈도를 늘리지 않고도 재고 비용을 줄일 수 있다.

❷ 채찍효과

공급사슬에서 수요예측과 안전 재고의 사용과 관련하여 발생 가능한 하나의 큰 문제는 채찍효과(bullwhip effect)이다. 수요예측 기반으로 제품을 생산하는 생산자는 재고 고갈의 위험을 줄이기 위해 계획된 생산계획에 안전 재고를 추가할 수가 있다. 이것은 공급업체로부터 부품과 조립품의 추가적인 구매를 의미한다. 그러면 공급업체는 과장된 판매량에 기초한 수요예측을 알아채

지 못하고 그들의 생산계획에 그들 자신의 안전 재고를 또한 추가시킨다. 이러한 방법으로 재고와 주문량이 공급사슬의 위로 이동할수록 계속해서 확대된다. 이 재고 확대 문제는 모든 공급사슬의 구성원들에게 심각한 비용을 초래하고 고객에 대한 최종 물품을 좀 더 비싸게 만든다. 또한, 초과 재고 상황이 일어나고 팔리지 않는 제품에 대해서 가격 인하를 초래하고 생산의 감소와 재고 감축을 위한 더 적은 양의 구매가 이루어진다. 이러한 활동들은 재고 고갈의 위험을 증가시킨다. 더 좋은 계획, 정보, 재고관리 활동은 이러한 채찍효과를 감소시키는 데 도움을 줄 것이다.

채찍효과로 인한 비용은 엄청날 수 있다. 이것은 유휴 생산능력, 초과 재고, 재고 고갈, 과장된 구매비용에 대한 비용이 포함된다. 몇 년 전 사무용품 소매업체인 Staples는 공급업체의 예상치 못한 배송 지연 또는 예상치 못한 수요 급증에 대비하기 위해 창고에 추가 제품 보유하도록 했다. 또한 Staples의 공급업체는 Staples의 요구와 다른 주요 사무용품 소매업체의 모든 요구에 대응할 수 있도록 자체의 안전 재고 수준을 보유했다. Staples와 그 공급업체는 초과 재고 유지 비용과 매출 손실로 인해 매년 수백만 달러의 손실을 보고 있음을 발견했다. 다음의 Manufacturing Spotlight는 Bossard의 SmartBin 시스템에 대해 설명한다. 이 시스템은 채찍효과를 줄이면서 재고관리 성능을 크게 향상시켰다.

미국 석유 산업에서 지난 20년 동안의 유가 변동성과 이에 따른 수요의 변동성은 채찍 효과를

Bossard의 SmartBin 발명

경험이 부족한 수요자의 관점에서는, 한 나사못은 그냥 나사일 뿐이다. 저렴하고 많고 표준화되어 있으며, 평범하다. 진짜일까? 하나의 중요한 나사못 상자가 비게 되면, 생산 라인이 중단되면서 생산자에게 어떤 일이 벌어질지를 상상해 보자. 나사못을 앞다투어 보충하려는 것이 시작된다. 나사못, 너트와 볼트가 없이는 눈부신 스포츠카는 단순히 부품을 쌓아놓은 것에 불과하다.

1999년 스위스에 본사를 둔 나사 제조업체인 Bossard Holding은 전쟁을 치르고 있었다. 이 기업의 제품은 쉽게 교환할 수 있는 것으로 간주되었고, 중국 공급업체와의 치열한 가격 경쟁에 직면했기 때문이다. Zug라는 작은 마을에서 Bossard의 팀은 전 세계의 공장에 작은 나사를 전달할 기회를 보았다. SmartBin이라고 불리는 그들이 개발한 기술은 고객의 자재 요구사항을 실시간으로 Bossard의 IT 시스템으로 다시 전송하는 전자저울이다. SmartBin을 통해 Bossard는 자동 재고 보충 사업에 뛰어들었고, 더 이상 재고를 수동으로 계산하지 않아도 되었다.

오늘날 이러한 프로세스 혁신은 Bossard에 상당한 성과를 가져다주었다. 그 기업은 열악한 C 부품 공급업체에서 진정한 재고관리 혁신 기업으로 변모했다. Bossard Smart-Bin의 선구자인 Urs Güttinger는 "Bossard가 어떻게 추진되고 있는지 이해해야 한다"라면서, "나사 자체는 매력적이지 않다. 우리는 우리 고객의 성공을 돕고 싶다. 그리고 그들이 하는 일에서 성공하려면 나사가 필요하다"라고 말했다.

프랑스와 같은 나라에서, Bossard는 기업이 시간 내에 재고 보충을 할 수 없다는 것을 발견했다. 짧은 거리를 이동하는 대신 Bossard의 제품은 수천 킬로미터 떨어진 알자스에 있는 창고에서 대서양 해안으로 이동해야 했다. 갑자기 수요

가 급증하면 품절이 불가피했다.

이 아이디어는 회사가 값싼 부품을 세거나 수동으로 바코드를 읽는 데 값비싼 노동력을 사용하고 있다는 것을 깨달았던 Bossard IT 엔지니어가 제안했다. 그들의 해법은 수동으로 재주문을 하는 채찍효과와 방아쇠를 제거함으로써 고객의 재고관리를 안정화할 수 있었다. 재고 보충량은 실제 과거에 소비된 양을 기반으로 계산되고 더 이상 사무원이나 공장 관리자의 (때로 비합리적) 재량에 의해 정해지지 않았다.

완성된 시스템은 Bossard의 고객들에게 좋은 결과를 가져왔고 그들은 적은 재고와 재고 고갈비용, 거래비용에서 30%의 절감을 가져왔다. 오늘날 미국의 테슬라 공장을 포함하여 전 세계에 20만 개의 SmartBin이 구축되어 있고 800개 이상의 고객사의 공장에서 운영 중에 있다. Bossard의 고객들은 이제 그들의 나사못 공급자가 정확한 시간에 정확한 장소에 정확한 고정장치를 제공한다는 것을 알게 되었고, 비즈니스를 계속해서 이어가고 이득을 가져다준다는 확신을 가지게 되었다.

출처: B. Thakur-Weigold, S. Wagner, and T. Ong, "The Challenging Business of Nuts and Bolts," *Industrial and Systems Engineering at Work* 48, no. 11 (2016): 44-48.

유발했다. 수요변화는 시추, 생산 및 용량에 반향을 일으켜 석유 및 가스 장비, 터빈, 모터, 발전기, 엔진 전기 장비, 주철 및 철강의 수요 및 저장에 영향을 준다. 채찍효과는 정유회사에 1년에 20억 달러의 비용을 초래한다. 모든 석유와 가스 산업의 구매를 추정해보면, 이 "채찍 세금"은 석유가 생산되는 배럴 가격의 10% 정도가 된다. 기구와 부품 공급자들은 심지어 석유 기업들보다 이 비용이 더 많이 발생한다.

4 독립 수요 재고 모형

독립 수요는 기업의 완제품에 대한 외부 수요를 의미한다. 기업은 이 수요를 예측하고, 이 수요예측을 총괄 생산계획과 구매 계획에 반영한다. 만일 기업이 소매업체이면, 독립 수요 예측은 직접 구매 계획으로 옮겨간다. 구매 계획을 할 때, 기업은 언제 주문을 하고 얼마나 주문을 해야 하는지를 결정해야 하는데, 이들과 관련된 재고관리의 주제가 이번 절에서 다루어질 것이다.

만일 기업이 제조업체라면, 독립 수요 예측은 내부적으로 완성품을 구성하는 모든 부품, 조립품과 자재로 옮겨간다. 이들 물품들은 종속 수요라고 부른다. 왜냐하면 그 양이 생산된 완제품의 양에 완전히 의존하기 때문이다. 예를 들어, 만일 자전거 생산업체가 연간 자전거 수요를 1만 개(독립수요)로 예측했다면, 이것은 자전거 바퀴 테두리 2만 개를 생산하고 자전거 안장 1만 개(종속수요 물품)를 구매해야 한다는 것을 의미한다. 이러한 변환 과정과 많은 종속 수요 물품들에 대한 관리는 10장에서 논의할 것이다.

주문량과 주문 시기 결정하기

한 번에 얼마나 많은 양을 주문할지에 대한 관리자의 의사결정은 연간 총 재고비용(연간 재고 보유비용, 주문 비용, 고갈비용, 구매비용의 합)을 아는 것에 기반을 둔다. 목적은 연간 총재고비용을 최소화하는 주문량을 찾는 것이다. 언제 주문을 할지에 대한 결정은 일단 주문이 일어나면 그 주문이 도착하는 데 얼마나 걸리는지(주문 리드타임)와 주문 리드타임 동안에 얼마나 많은 양의 수요가 일어날 것 같은지에 대해 아는 것에 기반을 둔다. 이러한 결정에 대한 정보를 제공하며 사용 중인 매우 기본적인 모델 중 하나는 경제적 주문 수량 또는 고정 주문 수량 모델이다. 두 번째로 기본적인 재고 모형은 고정 기간 모형이다. 이에 대해서는 다음에 알아본다.

① 경제적 주문량 모형

기본적인 경제적 주문량 모형(EOQ: Economic order quantiny model)은 연간 재고 보유비용과 연간 주문 비용의 합을 최소화하는 주문량을 찾는 것이다. 모형은 다음의 가정을 사용한다.

- 일일 수요는 일정하다.
- 각 구매 주문은 알려진 배송날짜에 단일 배송으로 도착한다(재고 고갈이 없다).
- 구매 주문의 리드타임(주문에서 받을 때까지의 날 수)은 알려져 있고 일정하다.
- 주문 비용은 알려져 있고 일정하다.
- 단위 재고당 재고 보유비용은 알려져 있고 일정하다.
- 구매량 할인은 없다(구매가격은 일정하다).

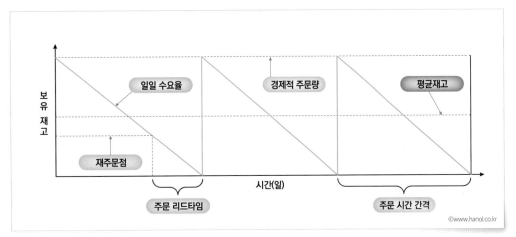

⬢ **그림 6-1_** EOQ 모형

이러한 가정을 사용하면 기업은 재고수준이 언제 고갈되는지 정확히 알고 구매한 양이 예상되는 시간에 정확히 배달될 것임을 확실히 알 수 있음을 쉽게 알 수 있다. 또한 기본 EOQ 모형에서는 구매 수량할인이 허용되지 않으므로 매번 주문한 수량과 관계없이 연간 구매비용이 일정하게 유지된다. 따라서 관련 총 연간 재고 비용은 연간 재고 유지 비용과 연간 주문 비용만의 합으로 축소된다. 이러한 가정은 분명히 비현실적이지만, 모형이 실제 상황에 상당히 가깝게 재고 비용을 최소화하는 주문 수량을 생성할 수 있게 하고 간단해서 많은 회사에서 공급업체에 주문할 때 여전히 EOQ 모형을 사용하고 있다. 〈그림 6-1〉은 중요한 EOQ 모형의 정보를 보여준다.

〈그림 6-1〉에서 보는 바와 같이, 일정한 경제적 주문량 Q는 (Q/d)일마다 도착하며(여기서 d는 일정한 일일 수요) 일정한 일일 수요 비율로 고갈된다. 주문 리드타임은 일정하고 L과 같다. 재주문 시점(ROP)은 주문 리드타임 기간 동안 수요를 충족시키는 데 필요한 보유 재고로 d × L과 같다. 새 주문 이후에는 안전 재고가 필요하지 않다. 보유 재고가 0에 도달하면 정확히 도착하도록 시간이 지정되기 때문이다. 마지막으로 평균 재고수준은 최대 재고 수준 Q와 최소 재고 수준 0의 평균인 Q/2이다. 이 정보를 사용하여 연간 주문 비용 O를 다음과 같이 계산할 수 있다.

$$O = \frac{D}{Q} S$$

여기에서, D = 연간 수요(단위/년)

Q = 구매 주문량(단위)

S = 하나의 구매 비용($)

또한 D/Q는 연간 주문 횟수이고 Q/d는 주문 사이의 일수이다. 연간 재고 보유 비용 I는 다음과 같이 계산할 수 있다.

$$I = \frac{Q}{2} iC$$

여기에서, Q = 구매 주문량(단위)

i = 연간 단위당 보유비용률(%/년)

C = 단위당 구매비용($/단위)

EOQ 모형에 대한 관련 총 연간 재고 비용은 O + I이다. 〈그림 6-2〉는 연간 주문 비용, 연간 재고 보유비용 및 총 연간 재고 비용 간의 관계를 보여준다.

〈그림 6-2〉와 같이, 연간 주문 비용이 연간 재고 보유비용과 같아지는 점에서 총 연간 재고 비용의 최솟값과 EOQ를 계산할 수 있다. 따라서 EOQ에 대한 표현은 다음과 같이 연간 주문 비용을 연간 재고 보유비용과 같다고 놓고 구할 수 있다.

$$\frac{D}{Q}S = \frac{Q}{2} iC, \text{ 등식을 정리하면, } Q^2 = \frac{SD}{iC},$$

$$\text{마지막으로 양변에 제곱근을 취하면, } EOQ = \sqrt{\frac{2SD}{iC}}$$

또한 〈그림 6-2〉에서 최소점 주위의 총 재고비용 곡선의 평평함을 보라. 이 특성은 수요, 주문 리드타임, 주문 비용 및 보유 비용이 반드시 일정하지 않을 수 있음에도 불구하고 관리자가 EOQ를 사용할 수 있도록 하는 것이다. 최솟값 주변의 총 재고 비용 곡선이 평평하기 때문에 EOQ 모형이 강건한(robust) 모형이 된다고 말한다. 〈예제 6-1〉은 관련된 모든 재고 방정식을 설명하면서 소매업체와 같은 기업의 일반적인 재고문제를 보여준다.

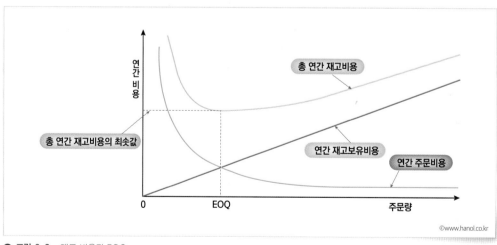

△ **그림 6-2_** 재고 비용과 EOQ

　　재고가 너무 많으면 재고 보유비용 측면에서 비용이 많이 들고 재고가 너무 적으면 재고 고갈 및 판매손실이 발생하기 때문에, 공급업체로부터 얼마나 주문해야 하는지, 언제 주문해야 하는지 아는 것은 확실히 중요하다. 이는 공급사슬 관리 관점에서도 중요하다. 핵심 비즈니스 고객에게 공급할 수 없는 경우 해당 고객을 위한 재고가 부족하게 되고 잠재적으로 공장이 폐쇄될 수도 있기 때문이다. 더 나아가, 주요 공급업체의 주문이 예측할 수 없거나 무작위로 이루어지면 채찍효과가 악화될 수 있다. 주문 이행 프로세스는 1장에서 설명한 주요 공급사슬 프로세스 중 하나로 간주된다는 점도 기억하라. 다음 절에서는 EOQ 모형의 다양한 확장을 설명하고자 한다.

예제 6-1　소매업체 입장에서 표준 재고문제 풀기

　　Hayley-Girl Beret Shop은 베레모 공급업체로부터 베레모를 주문하기 위한 최적의 재고 정책을 결정하고자 한다. 이 가게는 연간 베레모 수요가 5,000개로 일정하다고 가정한다. 주문 비용은 100달러, 재고 보유비용 비율은 연간 30%, 구매비용은 베레모당 40달러, 주문 리드타임은 7일이다. 전체 단위의 최적 주문 수량은 다음과 같다.

$$EOQ = \sqrt{\frac{2SD}{iC}} = \sqrt{\frac{2(100)(5000)}{.3(40)}} = \sqrt{83,333.3} = 289 \text{ units}$$

연간 주문 비용은 다음과 같다.

$$O = \frac{D}{Q}S = \frac{5000}{289}(100) = \$1,730.10$$

연간 재고 보유비용은 다음과 같다.

$$I = \frac{Q}{2}iC = \frac{289}{2}.3(40) = \$1,734.00$$

　　여기에서 O와 I는 비슷하지만 똑같지는 않다. 모자 주문과 관련된 실제 상황에서와 같이 EOQ가 정수 단위로 반올림되었기 때문이다. 관련 총 연간 재고 비용은 다음과 같다.

$$T = O + I = \$1730.10 + \$1734 = \$3464.10$$

　　여기에는 주문 정책에 관계없이 일정하게 유지되는 연간 구매비용 20만 달러는 포함되지 않았다. Hayley-Girl Beret Shop의 연간 주문 횟수는 다음과 같다.

$$n = \frac{D}{EOQ} = \frac{5000}{289} \approx 17 \text{ orders}$$

주문 사이의 일 수 또는 시간은 다음과 같다.

$$t = \frac{EOQ}{d} = \frac{289}{\left(\dfrac{5000}{365}\right)} \approx 21 \text{ days}$$

재주문점은 다음과 같다.

$$ROP = d \times L = \frac{5000}{365} \ (7) \approx 96 \text{ units}$$

따라서 최적의 주문 정책은 보유 재고수준이 베레모 96개에 도달할 때마다 289개의 베레모를 주문하는 것이다. 7일 후에 베레모 재고가 고갈되는 대로 주문이 도착할 것이다. 이 가게는 보유 재고를 확인하고 21일마다 주문해야 한다.

스프레드시트를 사용하여 다음과 같이 통계량을 계산할 수도 있다.

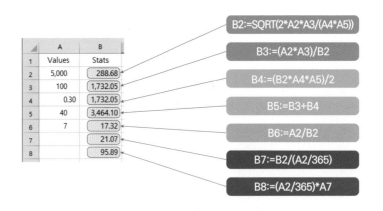

❷ EOQ 모형의 확장

구매비용의 변화를 허용하는 경우 EOQ의 흔한 확장 중에 하나는 구매비용의 변화를 허용하는 것이다. 예를 들어, 수량할인이 공급업체에 의해 제공될 경우, 수량할인 모형을 사용할 수 있다. 이는 〈그림 6-3〉에서 확인할 수 있다. 〈그림 6-3〉에서 보는 것처럼, 공급업체는 구매량에 따라 몇 가지 할인 가격을 제시할 수 있고, 총비용 커브도 몇 가지를 얻을 수 있다. 운영 관리자는 최적 주문 정책을 결정할 때, 연간 총비용에 영향을 주는 각 구매비용을 고려해야 한다. 구매비용이 변하면서, 연간 총 재고비용에 대한 관련 방정식은 다음과 같이 된다.

$$T = O + I + P$$

여기에서, O = 연간 주문비용

      I = 연간 재고보유비용

      P = 연간 구매비용

기업은 노후화 비용과 도난을 줄이기 위해 또는 아마도 귀중한 저장 공간을 사용하고 싶지 않기 때문에 더 적은 수의 품목을 구매하거나 수량할인을 포기할 수도 있다. 또한 오늘날 공급업체는

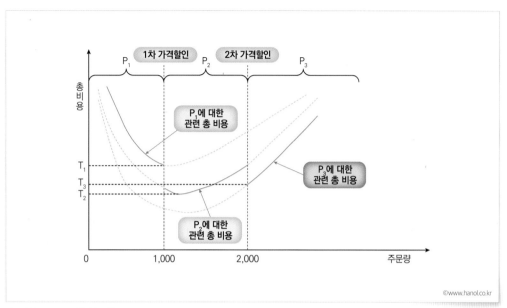

▲ 그림 6-3_ 수량할인 모형

* 공급업체가 높은 정상 가격과 판매 가격 사이에서 가격을 변동시키는 전술을 사용할 때 "하이로 가격 책정" 이라고 한다.

재고 축적 및 매각을 피하기 위해 "매일 낮은 가격 책정"이나 EDLP를 더 많이 사용하는 방향으로 나아가고 있으며, 이는 또한 채찍효과를 감소시킨다.* 예를 들어 Walmart와 Trader Joe's는 EDLP를 사용한다.

〈그림 6-3〉에서 볼 수 있듯이, 2가지 종류의 할인이 제공되어 3가지 잠재적인 구매가격이 생성된다. P_1은 1,000개 미만을 구매하는 경우의 구매가격이다. P_2는 1,000에서 1,999 단위 사이의 구매 수량에 대한 가격에 해당한다. P_3는 한 번에 2,000개 이상 주문하는 경우 지불하는 가격이다. 따라서 다양한 수량을 주문할 때 실제 총 연간 재고 비용에 해당하는 주황색 실선과 함께 3개의 총비용 곡선이 표시된다. T_1, T_2 및 T_3는 3가지 구매가격 각각과 관련된 총 연간 재고 비용의 최솟값을 나타낸다. 또한 2,000개 이상의 단위를 주문하는 경우, 해당 가격에 해당하는 EOQ를 사용할 수 없다. 해당 수량은 해당 곡선의 최소 지점인 1,000에서 2,000 사이에 있기 때문이다. 대신, P_3을 지불하는 경우, 총 재고 비용의 최솟값은 해당 할인을 받기 위한 최소 수량에 해당하게 된다.

〈예제 6-2〉는 여러 구매 수량할인을 사용하여 최적의 주문 수량을 결정하는 방법을 보여준다. 이 예에서 최적 구매 수량은 계산된 EOQ 중 하나가 아니다. 대신에, 구매자는 한 번에 500개 단위를 구매하는 것을 선호하며 이는 단위당 65달러를 지불하기 위한 최소 수량이다. 이 경우 연간 구매비용 절감액은 개당 65달러의 할인된 가격을 사용하고 한 번에 500개 단위를 주문할 때 추가 운반 비용을 상쇄하는 것보다 더 많아진다.

예제 6-2 수량할인이 제시되었을 때 최적 주문량 구하기

Ceejay Software Company의 구매 에이전트는 잘 팔리는 특정 소프트웨어 제품에 대한 총 연간 비용을 최소로 하는 주문 수량을 결정해야 한다. 제조업체는 대량 구매를 장려하기 위해 몇 가지 가격 인센티브를 제공하고 있다. 가격 선택지는 다음과 같다.

- 1~499 단위 구매 시 75달러
- 500~999 단위 구매 시 65달러
- 1,000 단위 이상 구매 시 60달러

Ceejay의 평균 주문 비용은 주문당 75달러이고, 제품에 대한 예상 연간 수요는 850개이며, 재고 보유 비용 비율은 연간 35%이다. Ceejay 구매 에이전트는 먼저 3가지 구매가격 각각에 대한 EOQ를 계산하였다.

$$EOQ_1 = \sqrt{\frac{2(850)(75)}{0.35(75)}} = 70 \text{ units}$$

$$EOQ_2 = \sqrt{\frac{2(850)(75)}{0.35(65)}} = 75 \text{ units}$$

$$EOQ_3 = \sqrt{\frac{2(850)(75)}{0.35(60)}} = 78 \text{ units}$$

EOQ_1만이 유효한 주문 수량이므로(다른 EOQ는 모두 할인된 가격을 얻기 위해 최솟값보다 낮다) 구매 에이전트는 T_1을 계산하기 위해, 단위당 75달러 선택지에 대한 총 연간 재고 비용을 계산하는 EOQ_1을 사용해야 하고, 그다음 다른 두 개의 연간 재고 비용을 계산할 때 최소 주문 수량을 사용해야 한다. 총 연간 재고 비용은 다음과 같다.

$$T_1 = O_1 + I_1 + P_1 = \frac{850(75)}{70} + \frac{70(0.35)(75)}{2} + 850(75) = \$911 + \$919 + \$63,750 = \$65,580$$

$$T_2 = O_2 + I_2 + P_2 = \frac{850(75)}{500} + \frac{500(0.35)(65)}{2} + 850(65) = \$128 + \$5,688 + \$55,250 = \$61,066$$

$$T_3 = O_3 + I_3 + P_3 = \frac{850(75)}{1000} + \frac{1000(0.35)(60)}{2} + 850(60) = \$64 + \$10,500 + \$51,000 = \$61,564$$

따라서 최저 비용 재고 정책은 주문당 500개 단위를 구매하는 것이며 구매가격은 단위당 65달러이므로 총 연간 재고 비용은 6만 1,066달러이다.

이 문제는 스프레드시트를 사용하여 해결할 수도 있다.

B2:=SQRT(2*A5*A6/(A7*A2))

	A Data	B EOQ Calcs	C Order Sizes	D Total Inventory Costs
2	75	69.69	70	65,579.46
3	65	74.86	500	61,065
4	60	77.92	1,000	61,563.75
5	850			
6	75			
7	0.35			

D3:=(A5*A6/C3)+(C3*A7*A3/2)+(A5*A3)

1) 수요의 변화를 허용하는 경우

만약 수요가 변하는 경우, 재고 고갈 가능성이 존재하며 재고 정책에는 안전 재고 사용이 포함되어야 한다. 이 경우 수요는 확률분포를 사용하여 지정해야 한다. 관리자는 평균 연간 수요를 사용하여 여전히 EOQ를 계산할 수 있고 이 수량으로 주문할 수 있다. 그러나 재주문점 또는 ROP에는 안전 재고가 포함되어야 한다. 〈그림 6-4〉는 가변적인 수요상황이 예시된 확률론적 수요 재주문점 모형을 보여준다. 이 모형은 여전히 구매 주문 리드타임이 일정하다고 가정하고 있다. 그러나 재고가 재주문점 수준에 도달할 때마다 주문이 이루어지기 때문에 주문 사이의 시간이 다양해진다. 따라서 이 상황에 대한 주문 정책은 재주문점에 도달할 때마다 EOQ를 주문하는 것이 된다.

확률적 수요 ROP는 다음과 같이 결정된다.

$$ROP = \text{lead time demand} + \text{safety stock} = \bar{d}(L) + Z(\sigma_L)$$

여기에서, $\bar{d}$ = 일일 평균수요

L = 구매 주문 리드타임

Z = 원하는 서비스 수준에 요구되는 표준편차

σ_L = 리드타임 수요의 표준편차

ROP에 대한 이 공식은 전통적인 EOQ 모델과 함께 사용되는 ROP와 다소 다르다. 전통적 모델에서 수요는 일정하고 ROP는 리드타임 수요와 동일하게 설정된다. 이제 수요가 가변적일 때 ROP에 안전 재고 구성 요소(즉, $Z\sigma_L$)를 추가하여 공급업체로부터 주문이 배송될 때까지 기다리는 동안 재고 고갈이 일어나지 않도록 해야 한다.

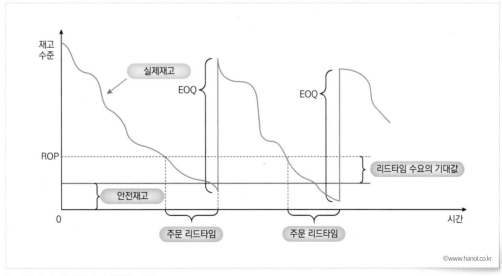

⬥ 그림 6-4_ 확률적 수요 재주문 모형

또한 일반적으로 일일 수요분포의 표준 편차를 쉽게 사용할 수 있다. 이것은 리드타임의 L일 동안 수요의 분산이 L의 동일하고 독립적인 (iid) 일일 수요 분포의 분산의 합계가 될 것이라고 가정하여 σ_L을 생성하는 데 사용할 수 있다.

$$\sigma_1^2 + \sigma_1^2 + \sigma_1^2 + \ldots = L\sigma_1^2$$

여기에서, σ_1^2 = 일일 수요의 분산

마지막으로 L 리드타임일 동안의 표준편차는

$$\sigma_L = \sqrt{L\sigma_1^2} = \sqrt{L}\sigma_1$$

다음 절에서는 어떻게 Z를 찾는지 살펴본다.

2) Z 결정하기

안전 재고 수준은 원하는 서비스 수준에 따라 달라진다. 서비스 수준은 일반적으로 주문 리드타임 동안 기업이 품절을 원하지 않는 시간의 백분율로 정의된다. 또는 〈그림 6-5〉에서와 보는 바와 같이 수요분포에서 ROP의 왼쪽 영역을 의미한다. Z값은 원하는 서비스 수준에 기반하여 결정된다. 리드타임 수요의 정규분포를 가정하면, 〈표 6-4〉를 사용하여 원하는 서비스 수준에 적합한 Z를 찾을 수 있다. 기존 EOQ의 ROP가 다양한 수요와 함께 사용되는 경우, 해당 서비스 수준은 50%에 불과하며 기업은 주문 배송을 기다리는 동안 시간의 50%가 재고 고갈될 것으로 예상한다. 〈예제 6-3〉은 확률적 수요 ROP에 대한 계산을 제공한다.

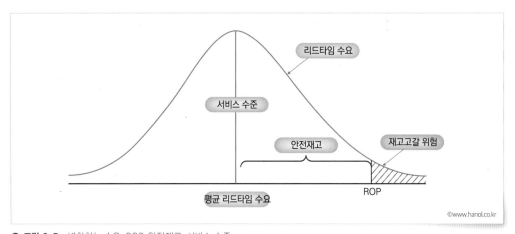

🔵 **그림 6-5_** 변화하는 수요, ROP, 안전재고, 서비스 수준

예제 6-3 확률적 수요 재주문점 계산하기

John and Janie's Hawg Heaven 가게는 Harley-Davidson 액세서리를 판매하고 있는데, 많은 제품들에 대한 적당한 ROP를 계산하고자 한다. Harley T-shirts는 하나의 예이다. 이 T-shirts의 연간 수요예측치는 4,500개이다. T-shirts 구매를 위한 리드타임은 항상 6일이다. Harley T-shirts에 대한 일일 수요는 변하고 John and Janie's 는 수요의 일일 표준편차를 계산했는데 약 5개였다. 이 가게는 95% 서비스 수준을 갖기 원한다. 연간 300일을 오픈한다고 가정하면,

$$\text{ROP} = \bar{d}(L) + Zs_L = \frac{4500}{300}(6) + 1.64\sqrt{6}(5) = 90 + 20.1 = 110 \text{ shirts}$$

Z값은 〈표 6-4〉를 이용해서 찾을 수 있고 표에서 가능한 0.95(서비스 수준)와 가까운 수를 찾는다. 해당 Z값은 1.64이고 95% 서비스 수준에 대응하는 안전 재고는 약 20 단위이다(리드타임 수요의 표준편차를 계산하기 위해서는 일일 수요의 표준편차에 리드타임의 제곱근을 곱해서 구할 수 있다는 것을 기억하라). 가게의 주문 정책은 T-shirts의 재고가 110으로 떨어질 때마다 EOQ를 주문해야 된다. 그들은 시간의 5%는 가게에 공급자가 도착할 때 T-shirts의 재고 고갈이 일어날 것이라고 예상한다.

표 6-4_ Z분포표

Z	.00	.01	.02	.03	.04	.05	.06	.07	.08	.09
.5	.69146	.69497	.69847	.70194	.70540	.70884	.71226	.71566	.71904	.72240
.6	.72575	.72907	.7327	.73536	.73891	.74215	.74537	.74857	.75175	.75490
.7	.75804	.76115	.76424	.76730	.77035	.77337	.77637	.77935	.78230	.78524
.8	.78814	.79103	.79389	.79673	.79955	.80234	.80511	.80785	.81057	.81327
.9	.81594	.81859	.82121	.82381	.82639	.82894	.83147	.83398	.83646	.83891
1.0	.84134	.84375	.84614	.84849	.85083	.85314	.85543	.85769	.85993	.86241
1.1	.86433	.86650	.86864	.87076	.87286	.87493	.87698	.87900	.88100	.88298
1.2	.88493	.88686	.88877	.89065	.89251	.89435	.89617	.89796	.89973	.90147
1.3	.90320	.90490	.90658	.90824	.90988	.91149	.91309	.91466	.91621	.91774
1.4	.91924	.92073	.92220	.92364	.92507	.92647	.92785	.92922	.93056	.93189
1.5	.93319	.93448	.93574	.93699	.93822	.93943	.94062	.94179	.94295	.94408
1.6	.94520	.94630	.94738	.94845	.94950	.95053	.95154	.95254	.95352	.95449
1.7	.95543	.95637	.95728	.95818	.95907	.95994	.96080	.96164	.96246	.96327
1.8	.96407	.96485	.96562	.96638	.96712	.96784	.96856	.96926	.96995	.97062
1.9	.97128	.97193	.97257	.97320	.97381	.97441	.97500	.97558	.97615	.97670
2.0	.97725	.97784	.97831	.97882	.97932	.97982	.98030	.98077	.98124	.98169
2.1	.98214	.98257	.98300	.98341	.98382	.98422	.98461	.98500	.98537	.98574
2.2	.98610	.98645	.98679	.98713	.98745	.98778	.98809	.98840	.98870	.98899
2.3	.98928	.98956	.98983	.99010	.99036	.99061	.99086	.99111	.99134	.99158

Z	.00	.01	.02	.03	.04	.05	.06	.07	.08	.09
2.4	.99180	.99202	.99224	.99245	.99266	.99286	.99305	.99324	.99343	.99361
2.5	.99379	.99396	.99413	.99430	.99446	.99461	.99477	.99492	.99506	.99520
2.6	.99534	.99547	.99560	.99573	.99585	.99598	.99606	.99621	.99632	.99643
2.7	.99653	.99664	.99674	.99683	.99693	.99702	.99711	.99720	.99728	.99736
2.8	.99744	.99752	.99760	.99767	.99774	.99781	.99788	.99795	.99801	.99807
2.9	.99813	.99819	.99825	.99831	.99836	.99841	.99846	.99851	.99856	.99861
3.0	.99865	.99869	.99874	.99878	.99882	.99886	.99889	.99893	.99896	.99900

3) 수요와 리드타임 모두의 변화를 허용

보다 현실적인 모형에서, 수요와 구매 주문 리드타임 모두 변할 수 있으며 정규분포를 따른다고 가정한다. 수요 변동과 리드타임 변동을 결합하면 결합분포의 분산과 주어진 서비스 수준을 맞추는 데 필요한 안전 재고도 크게 증가하며, 새로운 재주문점은 이 안전 재고 증가를 포함할 필요가 있을 것이다. 주문 리드타임 동안의 평균 수요는 일일 평균 수요와 평균 리드타임의 곱이고 리드타임 수요의 분산은 일일 리드타임 수요의 분산과 리드타임 분산의 합이다. 리드타임 수요의 표준편차는 아래와 같다.

$$\sigma_L = \sqrt{\overline{L}\sigma_d^2 + \overline{d}^2\sigma_L^2}$$

여기에서, $\overline{L}$ = 평균 주문 리드타임

$\overline{d}$ = 평균 일일 수요

σ_d^2 = 일일 수요의 분산

σ_L^2 = 주문 리드타임의 분산

확률적 수요와 리드타임 재주문점 모형은 다음과 같이 표현될 수 있다.

$$ROP = \overline{d}(\overline{L}) + Z\sqrt{\overline{L}s_d^2 + \overline{d}^2s_L^2}$$

재주문점 계산에서 Z값은 원하는 서비스 수준이 주어지면 다시 〈표 6-4〉에서 찾을 수 있다. 〈예제 6-4〉는 확률적 수요와 리드타임 재주문점을 계산하는 방법을 알려준다.

지금까지 논의된 모든 모형에서 주문량은 상수였고 이는 EOQ와 같다. EOQ가 일정한 (상수의) 수요, 일정한 리드타임, 일정한 가격과 이전에 언급된 다른 가정들을 가정하고 유도되었지만, 그럼에도 불구하고 〈예제 6-4〉에서 본 것처럼 EOQ는 실제 상황에 맞게 사용될 수 있다. 앞서 소개한 현실적

인 사례들에서, 주문 정책은 재주문점에 도달할 때마다 EOQ만큼을 주문하는 것이었다. 이는 재고 관리 매니저가 (예를 들어) 제품에 붙은 바코드와 스캐너를 사용하여 지속적으로 재고수준을 관찰하는 것을 의미한다. 이것은 항상 실행 가능한 방법은 아닐 수 있다. 이제 정기발주모형을 살펴보자.

확률적 수요와 확률적 리드타임 재주문점의 계산

Jay and Stella T-shirt Depot는 판매하는 여러 티셔츠에 대해 재주문점을 사용하고자 한다. 구매 주문 리드타임은 평균이 6일, 표준편차가 2일의 분포로 변한다. 일일 수요도 또한 하루당 평균 15, 표준편차 3의 분포로 변한다. 또한 이 기업은 95% 서비스 수준을 유지하려고 한다. 관련 Z값은 1.64이고 재주문점은

$$ROP = \bar{d}(\bar{L}) + Z\sqrt{\bar{L}\sigma_d^2 + \bar{d}^2\sigma_L^2}$$
$$= 15(6) + 1.64\sqrt{6(3)^2 + (15)^2(2)^2} = 90 + 1.64(30.89) \approx 141\,shirts$$

이 경우에 대한 안전 재고는 약 51개이고 주문정책은 재고수준이 141개 아래로 내려갈 때마다 EOQ만큼을 주문하는 것이다.

---

3 정기발주모형

경우에 따라서는 고정된 시간 간격에 변동하는 양을 주문하는 것이 더 현실적이다. 예를 들어, 한 공급업체의 담당자는 거래처를 매주 또는 매달 방문해서 공급업체가 제공하는 여러 제품의 재고를 파악할 수 있고, 그 이후에 판매 담당자가 다음번 방문까지 수요를 충족시키기 충분한 양을 주문할 수도 있다. 비교적 안정적인 수요, 낮은 수익 제품 또는 재고 고갈비용이 아주 낮은 경우에 대해, 재주문점을 확인하기 위해 연속적으로 재고를 추적하기 위한 바코드, 스캐너, 컴퓨터의 비용을 포기하는 것은 적절할 수 있다.

예를 들어, 한 자판기 운영자를 고려해보자. 그 운영자는 매주 기계를 방문하고 과거 수요를 기반으로 다음 주까지 재고가 남아 있을 수 있도록 미리 정해놓은 수준까지 제품을 채운다. 이것이 정기발주모형(periodic review model)을 기본적으로 기술한 것이다. 변하는 수요를 가정하면, 이 모형은 고정된 재주문 기간에 변동 주문량을 사용한다(반면에, 재주문점 모형은 변동되는 재주문 기간에 고정된 주문량을 사용한다). 게다가, 정기발주모형의 안전 재고는 재주문점 모형과 비교해보면 더 많다. 재주문점 모형을 사용할 때, 재고수준은 연속적으로 모니터링되고 재주문점에 도달할 때마다 주문이 이루어진다. 따라서, 재고 고갈이 일어날 수 있는 유일한 시간은 주문 리드타임 기간 동안이다. 정기발주모형에서 재고는 특정 검토 기간에만 측정되며, 주문이 그때 이루어진다. 만일 수요가 주문이 일어난 후에 예상과는 다르게 바로 많아지면, 재고 고갈이 일어나고 다음 재고 검토 기간까지 파악하지 못한 채로 유지된다. 따라서 재고 고갈은 재고 검토 기간과 주문 리드타임 기간 동안에 일어날 수 있다. 결론적으로, 정기발주모형에서는 더 많은 안전 재고가 필요하게 된다.

1) 정기발주모형계산 유도하기

〈그림 6-6〉은 검토기간 P, 고정 주문 리드타임 L, 변동 주문량 Q, 주문상한 또는 목표량 T, 확률적 수요를 사용한 정기발주 모형을 보여준다.

2) 검토 기간

최적 검토 기간(review period)은 일평균 수요와 EOQ를 이용하여 찾을 수 있는데, P에 대한 계산은 다음과 같다.

$$P = \frac{EOQ}{\bar{d}}$$

여기에서, P = 검토기간(일수)

$\bar{d}$ = 일일 평균 수요

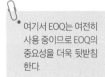
* 여기서 EOQ는 여전히 사용 중이므로 EOQ의 중요성을 더욱 뒷받침한다.

이 방정식은 EOQ를 다루었던 절에서 주문 간 일수를 계산하기 위해 사용되었다는 것을 기억하자. 이 정도의 검토 기간은 낮은 재고 모니터링 및 재고 부족 비용을 초래한다.*

3) 안전재고

정기발주모형을 이용하면, 재고는 P일마다 파악되고 주문이 Q만큼 이루어지며, 주문은 L일 후에 도착한다. 재고 고갈은 P + L 기간 중 아무 때나 일어날 수 있기 때문에, 필요한 안전 재고는 다음과 같다.

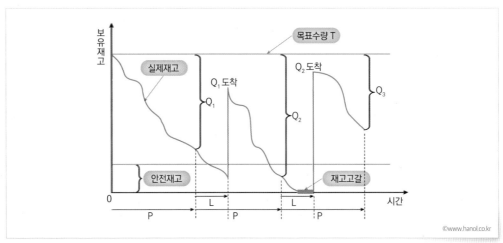

♠ 그림 6-6_ 정기발주모형

$$\text{안전재고} = Z(\sigma_{P+L})$$

여기에서, Z = 원하는 서비스 수준을 위해 필요한 표준정규분포 값

P = 검토기간

L = 구매 주문 리드타임

σ_{P+L} = (고정된 검토기간 + 리드타임) 수요의 표준편차

일반적으로, 일별 수요분포의 표준편차는 쉽게 얻을 수 있다. 이것은 σ_{P+L}을 생성하는 데 사용될 수 있고, 같은 방법으로 σ_L은 수요가 변하면서 더 일찍 생성된다.

$$\sigma_{P+L} = \sqrt{(P+L)\sigma_1^2} = \sqrt{(P+L)}\sigma_1$$

4) 목표 수량

재고관리자는 일반적으로 재고 고갈 상황을 피할 수 있도록 일일 평균 수요와 표준편차를 이용해서 주문 상한(order up to) 또는 목표재고수준을 결정해야 한다. 위에서 정의된 변수들을 이용해서, 이 목표 수량은 다음과 같이 표현될 수 있다.

$$T = \bar{d}(P+L) + Z(\sigma_{P+L})$$

5) 주문수량

주문량 Q는 검토 기간이 되었을 때 보유 재고를 기반으로 변동한다. 따라서, 주문량을 결정하기 위해, 현재 재고수준을 파악하고 목표 수량 T에서 빼서 계산할 수 있다.

$$Q_i = T - K_i$$

여기에서, Q_i = 검토 기간 i에서의 주문량

K_i = 검토기간 i에서의 보유 재고

〈예제 6-5〉에서는 정기발주모형의 활용을 보여준다.

예제 6-5 정기발주모형의 활용

Budget T-shirt 가게는 기본 티셔츠에 대해 정기 발주 시스템을 이용하고자 한다. 셔츠의 연간 수요예측은 4,500개이다. 주문 비용은 50달러이고 재고 보유비용은 연간 달러당 15%이다. 셔츠 하나의 가격은 10달러이다. 구매 주문 리드타임은 항상 6일이고, 일일 평균 수요는 15개이며, 표준편차는 3개이다. 가게는 최적의 검토 기간을 사용하고 싶어 한다. 또한 Budget T-shirt는 95% 서비스 수준을 유지하고 싶어 한다(Table 7.4로부터, 관련 Z값은 1.64이다).

$$\text{The EOQ} = \sqrt{\frac{2SD}{iC}} = \sqrt{\frac{2(50)(4500)}{.15(10)}} = 548, P = \frac{EOQ}{\overline{d}} = \frac{548}{15} \approx 37 \text{ days}$$

목표 재고수준은 다음과 같다.

$$T = \overline{d}(P+L) + Z(\sigma_{P+L}) = 15(43) + 1.64\sqrt{43}(3) = 645 + 32.3 \approx 677 \text{ shirts}$$

일별 표준편차만 주어졌기 때문에, 수요의 리드타임 표준편차는 수요의 일일 표준편차에 리드타임과 검토 기간을 더한 값의 제곱근을 곱해서 얻을 수 있다. 마지막으로, Budget T-shirt의 정기발주 정책은 37일마다 측정되고 (677-K)개의 셔츠를 주문한다. 6일 후에 그 주문이 도착한다.

④ ABC 재고 분류

ABC 재고 분류(ABC inventory classification) 접근법은 기업이 독립 수요 재고를 관리하는 것을 돕기 위해 사용된다. 기업의 연간 비용에서 높은 비중을 차지하는 제품에 좀 더 주의를 기울이는 것이 이 방법의 핵심이다. 일반적으로, A 분류 제품(가장 중요한)은 재고보유단위(SKU; Stock Keeping Unit)의 약 20%를 차지하고 기업의 연간 소비의 약 80%를 차지한다. 이들 제품은 면밀히 (자주) 감시되고 가장 높은 서비스 수준을 보장하기 위해 적절한 안전 재고를 갖고 있어야 한다. B 분류 제품은 대략적으로 연간 비용의 15%를 차지하고 재고보유단위의 약 30%를 차지한다. B 제품들은 중간 정도로 중요하고 덜 면밀하게 감시될 수 있고 더 낮은 수준의 안전 재고를 갖는다. C 분류 제품들은 기업에서 가장 덜 중요하고, 연간 비용의 약 5%만 차지하지만 재고보유단위는 약 50%를 차지한다. 이들 제품에 대해서 서비스 수준은 낮을 수 있다. 이 부류는 재고보유비용을 많이 절약할 수 있는 경우이다. C 분류 제품들은 정기적으로만 검토되고 안전 재고는 매우 낮거나 0이 되어야 한다. 오늘날 많은 기업들이 안전 재고를 줄이고 잘 팔리지 않는 제품들을 없애기 위해 ABC 방법을 이용한다.

〈예제 6-6〉은 ABC 분류 접근법을 보여준다. 재고보유단위와 소비 명세가 이 절에서 언급된 백분율을 정확히 표현하지는 않는다. 백분율은 단지 가이드라인으로만 사용된다. 이것은 관리 측면의 의사결정이지만, 각 재고 물품을 어떤 부류에 두어야 하는지는 아주 분명하다.

예제 6-6   ABC 분류 방법의 활용

Blake's Music Emporium에는 많은 재고 항목이 있다. Blake's Music Emporium의 소유자는 각 항목에 대해 올바른 재고 정책을 가지고 있는지 여부를 확인하기를 원했다. 여기에 표시된 10개의 항목은 재고 항목의 대표적인 그룹이다.

물품 재고보유단위	비용/단위	예측된 연간 수요	예상된 연간 소비	소비의 백분율(부류)
000325	26.45	3750	99,187.50	33.1(A)
001026	12.40	2500	31,000.00	10.3(B)
000977	4.35	6240	27,144.00	9.1(B)
000265	2.79	260	725.40	0.2(C)
001236	145.99	150	21,898.50	7.3(B)
000635	345.00	300	103,500.00	34.5(A)
000079	87.35	30	2,620.50	0.9(C)
001166	146.80	50	7,340.00	2.4(C)
000439	55.20	100	5,520.00	1.8(C)
000237	37.16	25	929.00	0.3(C)
			Total: $299,864.90	

Blake's Music Emporium은 다가오는 연도에 대한 이러한 결과를 기반으로 항목 000325 및 000635를 A 항목으로 분류했다. B 항목으로 001026, 000977 및 001236를 분류했고, 000265, 000079, 001166, 000439 및 000237을 C 항목으로 하였다. 그런 다음 Blake's는 A 품목의 안전 재고를 늘리고 C 품목의 안전 재고를 없애면서 더 자주 계산하기로 결정했다.

위에 표시된 ABC 분석은 다음과 같이 스프레드시트를 사용하여 수행할 수 있다.

	A	B	C	D	
1	Cost/Unit	Annual Demand	Annual Spend	% of Spend	C2:=A2*B2
2	26.45	3,750.00	99,187.5	33.1	D2:=C2/C12
3	12.4	2,500.00	31,000.0	10.3	
4	4.35	6,240.00	27,144.0	9.1	
5	2.79	260.00	725.4	0.2	
6	145.99	150.00	21,898.5	7.3	
7	345	300.00	103,500.0	34.5	
8	87.35	30.00	2,620.5	0.9	
9	146.8	50.00	7,340.0	2.4	D9:=C9/C12
10	52.2	100.00	5,520.0	1.8	
11	37.16	25.00	929.0	0.3	C11:=A11*B11
12		Total	299,864.9		C12:=SUM(C2:C11)

⑤ 공급사슬 파트너들 사이의 주문량과 안전 재고

이전 절의 목적은 원하는 서비스 수준에 대해 경제적 주문량, 정기 주문량, 재주문점 공식들을 사용하고 수요, 검토 기간, 주문 리드타임 관련된 가정들을 받아들이면서 특정 기업의 전체 연간 재고 비용을 최소화하는 것이었다. 안전 재고는 수요가 예상보다 클 때, 주문 리드타임이 예상보다 길어질 때, 재고 검토가 연속이 아닐 때 기업이 재고 고갈을 피하는 데 도움을 주기 위해 보유한다. 각 기업은 총 연간 재고 비용을 최소화하기 위해 독립적으로 행동한다.

기업의 주요 공급업체와 고객으로서 공급사슬 파트너들을 고려할 때, 재고에 대한 목적과 전략은 어느 정도 변경될 수 있으며 안전 재고 수준은 상당히 적게 가져가는 경향이 있다. 왜냐하면 (5장에서 언급한 것처럼) 공급사슬 파트너들이 공동의 계획, 수요예측, 재고 보충을 이용할 수 있기 때문이다. 주문 리드타임과 수요량을 더 예측 가능하다고 믿을 수 있게 되는 경향이 있는데 이것은 안전 재고의 필요를 줄여준다. 능동적으로 관리되는 공급사슬에 있어 핵심은 협력, 정보공유, 재고 가시성 및 협업 계획을 통해 수요와 리드 타임이 고전적인 EOQ에서 사용되는 가정에 더 가깝게 행동하게 만든다는 것이다. 이어서 이 장의 마지막 주제인 재고관리 성과 추적에 대해 논의해보자.

⑤ 재고관리 성능의 측정

5. 재고관리 성과 측정의 중요성

재고관리에 관한 논의는 재고관리성과를 추적하는 것을 고려하지 않고는 완성될 수 없다. 2장에서 운영 성과의 일반적인 표현과 이번 장에서 재고의 조사가 주어졌을 때, 재고와 관련된 성과 딜레마는 자명하다.* 성과분석과 모범기업분석을 전문으로 하는 비영리 회원기반의 기관인 APQC(American Productivity & Quality Center)에 의해 수행된 조사에 의하면, 기업들은 매년 재고 가치의 10%를 재고 보유비용으로 지출한다고 한다. 흥미롭게도, 대부분의 영리 회사들은 단지 7%만을 사용하는 반면에 가장 작은 영리회사들은 16.5%를 지출한다. 이러한 초과 보유비용은 매년 수백만 달러의 이득을 상실하게 만든다.

> *재고를 갖고 있는 것은 좋은 고객 서비스를 만드는 데 도움을 주지만, 재고 보유비용은 기업의 비용에서 상당히 큰 비중을 차지한다. 성공적인 기업들은 이 균형을 맞추는 활동을 하는 데 숙달되어 있다.

재고 성과측정은 기업의 내부와 외부 모두의 성과를 평가해야 한다. 재고 비용을 최소화하면서 고객 서비스를 최대화하는 이중의 목적은 구매하고 프로세스를 수행하고 제품과 서비스를 배송할 때 사용되는 전략과 도구에 대한 면밀하고 빈번한 주의를 필요로 한다. 재고 고갈과 초과 재고 보유비용은 모든 크기와 종류의 기관에 경제적인 부담이 될 수 있고 이들이 기업의 경쟁력을 유지하고 개선해나가려고 하는 데 큰 문제점이 된다. 예를 들어, 펜실베니아에 위치한 Strategic Value Analysis in Healthcare에 의해 수행된 연구에 따르면 적어도 미국 병원의 1/3에서 과다한 재고가 발생하였다. 이러한 문제의 원인으로 오래된 제품과 적게 사용하는 제품의 재고 축적, 너무 많은 안전 재고 보유, 긴 주문 리드타임, 이중 재고, 잘못 결정된 경제적 주문량을 포함한다. 병원 의뢰인 중 하나는 재고 감축 프로그램을 개발했다. 이 프로그램은 3개월간 이동이 없는 제품의 목록을 만들었고, 나머지는 폐기하거나 반납하고 더 중요한 것들만을 보유하게 했다. 한 부서에만 저장되었던 제품들은 사용하는 부서들로 옮겨졌다. 결과적으로, 그 병원은 고객 서비스 역량에 영향을 주지 않고 처음 3달 후에 9만 2,000달러가 넘는 재고 비용을 감축할 수 있었다.

1) 재고 가시화와 RFID

재고 가시화는 재고 고갈을 크게 줄일 수 있고, 오늘날 많은 조직에서는 재고 가시화를 높이고 공급사슬에서 재고 고갈을 줄이기 위해 RFID(Radio Frequency Identification)를 사용하고 있다. RFID는 사물에 부착된 태그를 자동으로 인식하고 추적하기 위해 전자기장을 이용한다. 이 태그는 전자적으로 저장된 정보를 갖고 있다. 수동형 태그는 RFID 리더의 라디오파 주변으로부터 에너지를 수집하는데 매우 비싸지는 않다. 능동형 태그는 지역 전력공급(배터리 같은)을 가지고 RFID 리더로부터 수백 야드까지 작동할 수 있다. 바코드와 달리, 태그는 리더기의 선상에 있을 필요는 없고 추적되는 물체에 내장되어 있을 수도 있다.

이러한 마이크로칩 기구들은 공급사슬을 통해 이동하면서 제품의 행방에 대한 정보를 전달하기 위해 팔레트나 상자에 부착될 수 있다. 따라서 한 기업의 공급사슬 시스템은 실시간 재고 정보에 접근할 수 있고 재고가 소진되어가면 재고 보충 주문을 넣을 수 있으며, 이것은 재고관리 비용을 줄이게 된다. 예를 들어, 2015년에, RFID 저널에 따르면 400개의 소매점에서 가게당 3만 3,000달러 이상의 RFID 투자 대비 수익을 가져왔다고 한다. ROI 총 이득은 해당 공급사슬에서 3년 동안 2,500만 달러 이상이었다. RFID는 전체 공급사슬을 통해 이득을 가져다준다. 독일 소매기업 Gerry Weber는 도매창고 재고관리에서 70%의 시간 절약과 공장에서 오더피킹에 대해 10% 더 좋은 정확도를 가져다주었다고 한다. 그러나 RFID를 사용하지 않는 많은 기업들은 그들의 공급사슬에서 재고 정확도에 대해 충분한 지식을 갖고 있지 않다. 예를 들어, 미국의 주요 소매자들은 언제나 제품의 1%는 고갈된다고 말하는데, 실제로는 12~15% 이상이다.

RFID 태그의 가격은 그것이 능동적인지 수동적인지에 따라 매우 다양하다. 수동형 RFID 태그는 구매하는 양, 포장, 태그가 어떻게 만들어지는지에 따라 하나에 0.05달러에서 1달러이다. 능동형 RFID 태그는 필요한 수량과 배터리 종류에 따라 10달러에서 70달러까지 가격대가 있다. 두 종류 모두 적용 분야를 찾고 있다. 수동형은 팔레트, 상자, 제품 등에 다양하게 부착될 수 있고 많은 소매와 도매 환경에서 사용된다. Manufacturing Spotlight에서 Kimble Chase에서의 수동형 RFID 사용을 설명한다. 소매 환경에서, 수동형 RFID의 사용은 증가하고 있다. 애틀랜타 소재의 경영컨설팅 회사 Kurt Salmon의 2016년 연구에서는, 응답자의 73%가 수동형 RFID 태그를 구현했거나 현재 구현 중이거나 도입하려고 하고 있다고 한다. RFID 부문 성장의 주요 이유는 재고 정

Manufacturing SPOTLIGHT

RFID를 이용한 시간과 정확도 개선

RFID 도입 시 많은 경우 닫힌 루프(closed loop) 시스템을 고려한다. 이것은 한 기업 내부에서 자재의 흐름을 파악한다. 뉴저지 소재의 Kimble Chase Life Science는 세균 배양관, 유리병, 다른 의약용 검사를 위한 유리 제품을 제조하고 배송하는 업체로 닫힌 루프 RFID를 활용하는 한 예이다. 이 회사는 iTRAK이라 부르는 RFID를 도입한 도매창고 관리 시스템을 사용하여 테네시주 Rockwood시에 있는 제조공장과 배송센터 내부에서 제품의 이동과 배송을 관리한다.

iTRAK을 도입하기 전에는, Kimble Chase는 ERP 시스템에서 오는 주문 데이터를 도매창고에서 종이 기반의 프로세스를 이용했다. 이 프로세스는 고객 주문에 대해 할당하고 가져올 수 있게 완제품을 도매창고에 넣는 데 이틀이 소요되었다. 예전 프로세스는 외부 배송을 확인시키기 위해 검색 용도로 바코드를 이용하였고 이것은 긴 노동이 요구되는 프로세스였다.

iTRAK을 이용해서, 이제 제품 상자에 수동형 RFID가 공장에서 부착되고 완제품이 RFID 태그 리더를 통과하면서 즉시 완제품이 도매창고로 들어갔다는 증명서가 만들어진다. 외부로 배송하는 지역에서는, 선택되어 배송되기를 기다리는 팔레트가 지게차에 의해 이송이 되면서 다른 RFID 태그 리더를 통과하는데, 여기서 검색되는 것은 수 초 안에 모든 상자와 더 작은 내부 포장에 있는 데이터를 가져오고 iTRAK에 있는 주문정보와 상호 참조를 한다. 결과적으로, RFID를 활용한 도매창고 시스템은 도매창고 안에서 외부로 나가는 주문과 완제품의 정확도와 리드타임을 획기적으로

개선했다.

Kimble Chase의 제품은 상자로 배송되지만, 일부 제품은 주문 정확도를 위해 추적해야 하는 더 작은 내부 팩과 함께 배송된다. 일부 주문에는 각 팔레트에 1,000개의 다른 상자 또는 내부 팩이 있을 수 있다. 과거 아웃바운드 주문을 확인하는 방법은 아웃바운드 팔레트에서 각 상자와 내부 팩을 손으로 스캔하고 다시 포장하는 것이었다. 이로 인해 프로세스에 시간이 많이 걸리고 오류가 발생하기 쉬웠다. RFID를 사용하면 선택한 팔레트가 RFID 리더기로 간단히 이동되며, 스캔은 모든 상자와 더 작은 내부 팩에 대한 데이터를 몇 초 이내에 캡처하고 iTRAK의 주문 데이터와 상호 참조하게 된다. 결과적으로 RFID 지원 창고 시스템은 창고에서 아웃바운드 주문 및 완제품의 정확성과 리드타임을 획기적으로 개선했다.

출처: R. Michel, "Is RFID Ready for a REINVENTION?," *Losigstics Management* 54, no. 10(2015):42-44.

확성이다. 재고 정확성은 가장 널리 사용되는 RFID 척도이고 Kurt Salmon에 따르면 RFID를 사용할 때 재고 정확도가 평균적으로 25.4% 개선된다고 한다. 더 흥미로운 것은 재고 정확도가 부족하다고 보고된 소매업체들은 총 판매에서 평균적으로 8.7%의 손해를 갖는다고 한다.

2) 재고관리 성과 척도

재고관리 성과가 개선되면서, 기업은 고객유지, 경쟁력, 경제적 성공에 대한 개선을 보여줘야 한다. 많은 유용한 재고 기반의 성과 척도들이 〈표 6-5〉에 있다.

표 6-5_ 재고 기반 성과 척도

성과 척도	설명
배송 성과	총 정시(on time) / 전체(full) 주문
주문충족 리드타임	고객의 판매 주문 승인으로부터 물건이 도착하는 평균 시간
다른 리드타임 척도	
생산 리드타임	생산주문이 시작한 날부터 주문을 배송하는 날까지의 평균
도매창고 리드타임	도매창고 주문 도착일부터 배송하는 날까지의 평균
배송 리드타임	도매창고 배송 날짜부터 고객이 받는 날까지의 평균
재고 고갈	(이월주문이나 재고고갈 불만의 수)/(총 주문)
이월 주문 기간	고객주문이 완전히 충족되지 않은 것에 대해 주문충족을 하는 리드타임의 평균
반응 시간	수요에 있어서 계획되지 않은 20%의 증가나 감소에 대해 반응하는 평균 시간
총 재고 관리 비용	주문관리, 고객 서비스, 도매창고, 수송, 구매, 공급자관리, 공급·수요 계획, 재고 보유, 반환·워런티 관리 비용을 모두 포함
현금전환주기	(재고 회전일수 + 미수금 회전일수) - 미지급금 회전일수

〈표 6-5〉에 있는 모든 척도들은 직접 또는 간접적으로 재고를 관리하는 기업의 능력과 관련이 있다. 현금전환주기인 마지막 척도는 재고를 관리하는 데 묶인 운전자본의 일수의 전체적인 관점을 제공한다. 이 척도들에 대해, 재고 공급 일수(IDS: Inventory Days of Supply)는 다음과 같이 계산할 수 있다.

$$IDS = \frac{(Avg.\ Inventory\ \$)}{(Annualized\ COGS/365)}$$

미수금 회전일수(DRO)는 다음과 같이 계산될 수 있다.

$$DRO = \frac{(Avg.\ Receivables\ \$)}{(Annualized\ Credit\ Revenues/365)}$$

미지급금 회전일수(DPO: Days of Receivables Outstanding)는 다음과 같이 계산될 수 있다.

$$DPO = \frac{(\text{Avg. Payables \$})}{(\text{Annualized Materials Costs}/365)}$$

현금전환주기(CCCT: Cash-to-Cash Cycle Time)는 다음과 같이 계산될 수 있다.

$$CCCT = IDS + DRO - DPO$$

결과를 해석하기 위해, 공급 재고 일수(IDS)는 팔리기 전에 얼마나 재고를 오래 보유하는지를 알려준다. 높은 IDS는 너무 많은 재고를 보유하고 있다는 것이고, 이것은 높은 재고 보유비용을 초래한다. 낮은 IDS는 충분하지 않은 재고를 보유하고 있다는 것이고, 이것은 재고 고갈을 일으킨다. 분석가들은 IDS를 40 정도로 갖는 것을 추천하지만 이 값은 산업에 따라 다르다.

미수금 회전일수(DRO)는 매출채권회전일수라고도 불리며 신용판매가 완료된 후에 기업이 그 빚을 회수하는 데 걸리는 평균 일수를 측정하는 데 사용된다. 더 짧은 단어로, 이것은 평균 수집 기간이다. 낮은 DRO는 좋은 것인데, 왜냐하면 기업이 더 빨리 현금을 수집할수록 그것으로 더 많은 판매를 만들 수 있도록 더 빨리 재투자할 수 있기 때문이다. 따라서 시간이 지나면서 DRO가 증가하는 기업은 덜 효율적이 되는 것이고 반면에 시간에 따라 DRO가 감소하는 기업은 더 효율적이 되는 것이다. 40에서 50 정도의 DRO를 일반적인 경우라고 간주한다.

미지급금 회전일수(DPO)는 기업이 공급자들 같은 채권자들에게 지불하는 데 얼마나 오래 걸리는지에 대해 말해준다. 기업에 채권자들에게 지불하는 기간이 오래 걸릴수록, 기업이 더 오래 돈을 갖고 있을 수 있지만 채권자들은 싫어할 것이다. 채권자들은 향후 거래를 연장하는 것을 거절하거나 선호하는 지불 기간보다 적은 기간을 줄 수도 있다. DPO 역시 산업에 따라 다르지만 약 30 정도의 DPO가 일반적이다.

현금전환주기(CCCT)는 일반적으로 재고 성과를 판단하는 가장 좋은 전체적인 척도로 볼 수 있다. 이것은 재고 속도, 품질, 가격 같은 많은 기여를 하는 활동들을 포함한다. CCCT(현금전환주기라고도 한다)는 수취, 지불, 재고처럼 현금을 만들어내고 현금을 소비하는 곳에 현금이 얼마나 오래 묶여 있는지를 나타낸다. 일반적으로 CCCT가 낮을수록 좋지만, 너무 낮으면 낮은 재고 및 잠재적인 서비스 문제를 일으킬 수 있고, 매우 높은 날은 잠재적인 공급업체 문제를 일으킬 수 있다.

요 약

이 장은 넓은 범위에서 재고관리 주제들을 소개했고, 이 주제들은 기업들과 공급사슬 파트너들의 지속적인 성공에 매우 중요하다. 본 장에서는 재고관리의 프로세스, 이익, 어려운 점에 대해 논의했는데, 재고의 종류와 기능들에 대한 일반적인 논의를 시작으로 독립 수요 재고관리 방법들을 살펴봤고, 마지막으로 재고관리 성과를 추적하는 것에 대해 논의하였다. 효과적인 재고관리 적용은 기업이 높은 고객 서비스 수준을 제공하면서 비용을 줄일 수 있게 도와준다.

주요용어

- **ABC 재고분류**(ABC inventory classification)　기업들이 그들의 독립 수요 재고를 관리하는 데 도움을 주는 접근법. 기업의 연간 소비의 큰 퍼센티지를 차지하는 제품에 좀 더 관심을 준다는 개념. A 부류(가장 중요한) 제품은 재고보유단위(SKU)의 20%와 기업의 연간 소비의 80%를 차지

- **경제적 주문량**(EOQ; economic order quantity)　연간 재고 보유 비용과 연간 주문 비용의 합을 최소로 하는 주문량

- **고갈비용**(stockout costs)　제품의 내부나 외부의 수요를 충족하지 못했을 때 발생하는 비용

- **구매비용**(purchase cost)　공급자로부터 물품을 사는 데 드는 실제 비용

- **독립수요**(independent demand)　기업의 완제품에 대한 외부 수요

- **로버스트 모형**(robust model)　총 재고 비용 커브의 편평도로 EOQ 모형이 다양한 경우에 사용될 수 있다는 것을 의미

- **목표 재고 수준**(target inventory level)　정기발주모형을 사용할 때 최대주문 수준

- **무선주파수인식**(RFID; radio frequency identification)　전자기장을 이용하여 사물에 부착한 태그를 자동으로 인식하고 추적할 수 있는 작은 데이터 저장 기기

- **미수금 회전일수**(DRO; days of receivables outstanding)　신용판매가 완료된 후에 기업이 그 빚을 회수하는 데 걸리는 평균일수를 나타내는 재고 성과 척도

- **미지급금 회전일수**(DPO; days of payables outstanding)　기업이 공급자들 같은 채권자들에게 돈을 지불하는 데 얼마나 오래 걸리는지에 대해 말해주는 재고 성과 척도

- **서비스 수준**(service level)　기업이 주문 리드타임 기간 동안 재고 고갈이 일어나는 것을 원하지 않는 시간의 퍼센티지나 재주문점에 의해 덮히는 수요분포의 부분

- **소모성자재**(MRO; maintenance, repair, and operating supplies)　생산과 서비스 프로세스를 지원하는 데 사용되는 내부 구매 물품들

- **수량할인모형**(quantity discount model)　구매가격이 변하는 것을 허용할 때, 예를 들어 공급자로부터 수량 할인을 받을 수 있을 때 사용되는 EOQ의 확장

- **수송 재고**(transportation inventories)　운송 중에 있으면서 기업이 보유한 재고로 기업으로 들어오거나 기업의 고객에게 나가고 있는 재고

- **안전재고**(safety stocks)　배송이나 생산 문제에서 일어나거나 수요가 기대 이상으로 나타날 때 수요를 만족시키기 위해 보유하는 재고

- **예상재고**(anticipation inventories)　높은 수요가 기대되는 기간 동안 충족할 수요를 위해 보유하는 재고

- **완제품**(finished goods)　고객에게 배송될 수 있게 준비된 완성된 제품

- **원자재**(raw materials)　공급자에 의해 배송되고 완제품이나 서비스의 생산에 사용되는 구입된 부품이나 자재

- **재고관리성과**(inventory management performance)　재고수준을 낮게 유지하면서 고객 서비스를 좋게 만드는 것을 얼마나 잘하는지에 대한 척도

- **재고보유비용**(inventory carrying costs)　재고를 저장하는 것과 관련된 비용

- **재고회전일수**(IDS; inventory days of supply)　판매가 되기 전에 재고가 얼마나 오래 보유되고 있는지를 나타내는 재고 성과 척도

- **재공품 재고**(WIP; work in process)　기업에 의해 처리 중인 중간 과정에 있는 물품

- **재주문점**(ROP; reorder point)　주문 리드타임 기간 동안 수요를 충족하는 데 필요한 보유 재고

- **정기발주모형**(periodic review model)　변동수요를 가정했을 때, 이 모형은 고정된 재주문 기간에 변동되는 주문량을 사용. 재주문점 모형보다는 높은 수준의 안전재고를 요구

- **종속수요**(dependent demand)　최종제품을 생산하는 데 요구되는 부품에 대한 내부 수요(이 수요는 외부의 완제품에 대한 수요에 의존)

- **주기재고**(cycle inventories)　기업이 다음번 구매나 생산 기간까지 유지시킬 충분한 양을 구매하거나 생산할 때 생성되는 재고

- **주문비용**(order costs)　물품을 주문하는 것과 관련된 행정비용

- **주문소요시간**(주문 리드타임, order lead time)　주문을 받고 고객에게 배송되는 데 걸리는 시간

- **채찍효과**(bullwhip effect)　공급자한테 과장되게 많이 구매하려는 의도의 안전재고와 결합된 수요의 예측. 공급자들은 수요예측을 하고 또한 안전재고를 추가하면서, 재고는 공급사슬의 위쪽으로 갈수록 더 커지게 됨. 이 재고가 커지는 문제는 공급사슬에 심각한 비용을 초래

- **총 연간 재고 비용**(total annual inventory costs)　연간 재고 유지비용, 주문비용, 재고고갈비용, 구매비용의 합

- **최적주문주기**(optimal review period)　정기발주모형에서 사용하고 EOQ를 일평균 수요로 나누어 구함

- **헤지재고**(hedge inventories)　기업이 가격상승이나 공급부족을 대비해서 재고를 비축할 때 사용하는 재고

- **현금전환주기**(CCCT; cash-to-cash cycle time)　수취, 지불, 재고처럼 현금을 만들어내고 현금을 소비하는 곳에 현금이 얼마나 오래 묶여 있는지를 나타내는 재고 성과 척도

- **확률적 수요를 가진 재주문점 모형**(probabilistic demand reorder point model)　변동수요를 가질 때, 이 모형은 구매 리드타임은 일정하다고 가정함. 하지만 주문 간 시간은 변동할 수 있음. 이 모형은 보유재고가 재주문점 수준에 도달할 때마다 EOQ를 주문

- **확률적 수요와 리드타임을 가진 재주문점 모형**(probabilistic demand and lead time reorder point model)　변동수요와 변동 리드타임을 가정할 때, 이 모형은 보유재고가 재주문점 수준에 도달할 때마다 EOQ를 주문

공식 정리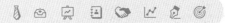

- **연간 주문 비용**

    $O = \dfrac{D}{Q}S$, 여기서 D = 연간 수요(단위/년)

    Q = 구매주문량 (단위), 그리고 S = 한 개당 구매주문 비용

    Q/d

- **연간 주문 횟수** = D/Q

- **주문 간 일수** = Q/d, 여기서 d = 일일 또는 평균 일일 수요

- **연간 재고 보유 비용**

    $I = \dfrac{Q}{2}iC$, 여기서 Q = 구매 주문량(단위), i = 연간 단위당 재고보유비용(%/년), 그리고

    C = 단위당 구매비용($/단위)

- **경제적 주문량**

    $EOQ = \sqrt{\dfrac{2SD}{iC}}$, 여기서 S, D, i, C 는 위에서처럼 정의된다.

- **고정 수요 재주문점**

    ROP = d(L), 여기서 d = 일일 고정 수요, L = 구매 주문 리드타임

- **확률 수요, 고정 리드타임 재주문점**

    ROP = $\bar{d}$ (L) + Z(σ_L), where $\bar{d}$ = 여기서 d = 일일 평균 수요, Z = 원하는 서비스 수준을 위해 필요한 표준편차, σ_L 리드타임 수요의 표준 편차, 또한 아래와 같다.

    $\sigma_L = \sqrt{L}(\sigma_1)$, 여기서 L = 구매 주문 리드타임, σ_1 = 일일 수요의 표준편차, σ_d^2 = 주문 리드타임의 분산

- **확률 수요, 리드타임 재주문점**

    $ROP = \bar{d}(\bar{L}) + Z\sqrt{\bar{L}\sigma_d^2 + \bar{d}^2\sigma_L^2}$, 여기서 $\bar{L}$ = 평균 주문 리드 타임, σ_d^2 = 일일 수요의 변동, σ_L^2 = 주문 리드타임의 편차

- **정기발주모형을 위한 최적 검토 기간**

    $P = \dfrac{EOQ}{\bar{d}}$, 여기서 P = 검토기간(일), $\bar{d}$ = 일일 평균 수요

- **정기발주모형을 위한 목표 재고 수준**

    $T = \bar{d}(P+L) + Z(\sigma_{P+L})$, 여기서 σ_{P+L} = (고정된 검토기간 + 리드타임) 수요의 표준편차

- **정기발주모형을 위한 주문량**

    $Q_i = T - K_i$, 여기서 K_i = 검토기간에 있는 보유재고

· 재고 회전일수

$$IDS = \frac{(평균\ 재고\ \$)}{연간\ COGS/365}$$

· 미수금 회전일수

$$DRO = \frac{(평균\ 미수금\ \$)}{(연간\ 신용\ 매출/365)}$$

· 미지급금 회전일수

$$DRO = \frac{(평균\ 미지급금\ \$)}{(연연간\ 자재\ 비용/365)}$$

· 현금전환 주기

$$CCCT = IDS + DRO - DPO$$

문제해결

1. Nena's Shoes에서 연간수요예측은 1만 2,000컬레이다. 만일 주문비용이 50달러, 평균 구매 비용이 22달러, 연간 재고보유비용은 25%, 구매 주문 리드타임은 10일일 때

   a) 각 주문의 EOQ 크기는 어떻게 되는가?

   b) 연간 몇 번의 주문이 이루어지는가?

   c) 각 주문 간의 시간은 어떻게 되는가?

   d) 재주문점은 무엇인가?

   e) 연간 총 재고 비용은 어떻게 되는가?

   f) 주문 정책은 무엇인가?

   정답

   a) $EOQ = \sqrt{\frac{2SD}{iC}} = \sqrt{\frac{2(50)(12000)}{0.25(22)}} = 467$ 컬레

   b) 연간 주문 횟수 $= \frac{D}{EOQ} = \frac{12000}{467} = 25.7$ 회

   c) 주문간격 $= \frac{EOQ}{d} = \frac{467}{12000/365} = 14.2$ 일

   d) $ROP = d \times L = (12,000/365)10 = 328.8$ 컬레

   e) 주문 정책은 14일마다 467컬레를 주문하거나 재고로 329컬레의 신발을 갖고 있는 것이다.

   f) $TIC = O + I = \frac{D}{EOQ}(S) + \frac{Q}{2}iC = 25.7(50) + \frac{467}{2}(0.25)(22) = 1,285 + 1,284 = \$2569$

2. Robert's Cigars의 관리자는 가장 낮은 비용의 주문정책을 찾고 싶어 한다. 다음의 구매할인이 적용되었을 때, Cigar 가격은 500개 이하를 주문하면 개당 4달러, 500개에서 1,000개이면 개당 3.5달러, 1,000개 이상 주문하면 개당 3.25달러이다. 주문비용 = $75, 연간 수요 예측 = 5,500Cigars, 재고 보유 비용 = 연간 30%이다.

정답

- 단계 1. 3개의 EOQ를 결정한다.

$4 담배: $EOQ = \sqrt{\dfrac{2(75)(5500)}{0.3(4)}} = 829$(비가능 해, 왜냐면 EOQ < 500 이어야 되기 때문)

$3.5 담배: $EOQ = \sqrt{\dfrac{2(75)(5500)}{0.3(3.50)}} = 886$(가능해 영역, 왜냐면 500 < EOQ < 1,000)

$3.25 담배: $EOQ = \sqrt{\dfrac{2(75)(5500)}{0.3(3.25)}} = 920$(비가능 해, 왜냐면 EOQ < 1,000, 따라서 할인을 받기 위해서는 1,001을 주문해야 함)

- 단계 2. $3.5 담배와 $3.25 담배를 위한 연간 총 재고비용을 계산한다

$$TIC_{3.50} = O + I + P = \frac{D}{EOQ}(S) + \frac{Q}{2}iC + D \times C = \frac{5500}{886}(75) + \frac{886}{2}(.3)(3.50) + 5,500(3.50)$$
$$= \$465.58 + \$465.15 + \$19,250 = \$20,180.73$$

$$TIC_{3.25} = O + I + P = \frac{5500}{1001}(75) + \frac{1001}{2}(.3)(3.25) + 5500(3.25) = \$412.09 + \$487.99 + \$17,875$$
$$= \$18,775.08$$

3. Jaimie's Pizza-to-Go는 피자를 만들고 배달을 하는데 피자박스에 대한 재주문점을 알고 싶어 한다. 다음의 정보가 주어졌다. 일 평균 수요는 125개이고 표준편차는 22개이다. 피자박스 구매에 대한 리드타임은 4일이다. 원하는 서비스 수준은 98%이다.

정답

$$ROP = \overline{d}(L) + Z(\sigma_L) = 125(4) + 2.06(22)(\sqrt{4}) = 500 + 90.6 = 591 \, boxes$$

4. Taylor's Pizza-Down-and-Dirty는 피자를 만들고 배달을 한다. 피자박스에 대한 재주문점을 알고 싶어 한다. 다음의 정보가 주어졌다. 일 평균 수요는 125개이고 표준편차는 22, 피자박스의 평균 리드타임은 4일이고 표준편차는 2일이다. 원하는 서비스 수준은 98%이다.

정답

$$ROP = \overline{d}(\overline{L}) + Z\sqrt{\overline{L}\sigma_d^2 + \overline{d}^2\sigma_L^2} = 125(4) + 2.06\sqrt{4(22^2) + 125^2(2^2)}$$
$$= 500 + 2.06(253.8) = 1,023 \, boxes$$

5. Luke's Speedy Pizzas는 박스를 주문하기 위해 판매 담당자를 오게 하는 피자 박스 공급자를 이용한다. Luke는 98%의 서비스 수준을 원한다. 일 평균 수요는 125개이고 표준편차는 22개이다. 피자박스의 리드타임은 4일이다. 만일 담당자가 방문했을 때 피자박스가 420개가 있다면, 얼마나 많은 박스를 주문해야 되는가?

정답

$$T = \overline{d}(P + L) + Z(\sigma_{P+L}) = 125(7 + 4) + 2.06(\sqrt{11})(22) = 1525$$

6. 아래 표에 주어진 정보에 대해, ABC 재고 분류 접근법을 이용해서 재고 물품을 분리하라.

정답

정답은 여기 보이는 표에 있는 마지막 열에 있다. A 제품은 연간 소비의 58.5%를 차지하고 B 제품은 총 36.8%, C 제품은 연간 소비의 4.4%를 차지한다.

물품 재고보유 단위	비용/단위	예측된 연간 수요	예상되는 연간 소비	소비의 퍼센티지(분류)
108	116.50	322	37,513	2.7(C)
102	112.40	1500	168,600	12.2(B)
197	24.13	4922	118,768	8.6(B)
126	422.95	875	370,081	26.7(A)
136	240.99	1850	445,832	32.1(A)
125	555.00	400	222,000	16.0(B)
179	187.25	120	22,470	1.6(C)
116	6.80	235	1,598	0.1(C)
			Total: 1,386,862	

7. 다음 정보에 대해, 재고회전일수, 미수금 회전일수, 미지급 회전일수, 현금전환주기는 무엇인가?

연초 보유재고 = $1.75million, 연말 보유재고 = $2.15million, 판매제품의 연간 비용 = $11.25million, 연간 평균 수취 계좌 = $526,000, 연간 신용판매 = $15.45million, 연초 지불 계좌 = $1.3million, 연말 지물 계좌 = $1.08million, 연간 총 구매 = $14.2million

정답

- $$IDS = \frac{(\text{평균 재고 \$})}{(\text{연간 COGS}/365)} = \frac{(1.75 + 2.15)/2}{11.25/365} = 63.3\text{일}$$

- $$DRO = \frac{(\text{평균 미수금 \$})}{(\text{연간 credit 매출}/365)} = \frac{526,000}{15,450,000/365} = 12.4\text{일}$$

- $$DPO = \frac{(\text{평균 지급금 \$})}{(\text{연간 자재 비용}/365)} = \frac{(1.3 + 1.08)/2}{14.2/365} = 30.6\text{일}$$

- $$CCCT = IDS + DRO - DPO = 63.3 + 12.4 - 30.6 = 45.1\text{일}$$

검토해보기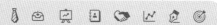

1. 당신의 상사가 사무실용으로 화장실 휴지 1년치를 구매하라고 한다. 이것은 어떤 종류의 재고 인가?

2. 재고의 5가지 기능에 대해 나열하고 설명하라.

3. 여러 종류의 재고 비용은 무엇인가?

4. 재고 고갈의 원인들을 나열하라.

5. 채찍효과를 정의하고 공급사슬 재고에 미치는 영향을 설명하라.

6. 독립과 종속 수요를 정의하고 각 수요에 대한 예를 들어라.

7. 연간 총 재고 비용에 포함되는 것들은 무엇인가? 연간 구매비용을 무시할 수 있는 것은 언제인가?

8. 왜 EOQ 모형을 "강건하다(robust)"라고 설명하는가?

9. EOQ 모형에서 사용하는 가정들에 대해 설명하라.

10. 수요의 변동, 주문 비용, 보유비용이 어떻게 EOQ에 영향을 주는가?

11. 확률적 수요 재주문점 모형에서 무엇이 안전 재고의 수준을 결정하는가?

12. 정기발주모형에서 EOQ는 어떻게 사용되는가?

13. ABC 재고 분류는 무엇이고 어떻게 사용되는가?

14. RFID는 무엇이고 재고관리와 어떻게 관련이 있는가?

15. RFID의 다양한 종류는 무엇인가?

16. 왜 재고관리 성과 척도가 중요한가?

토론해보기

1. 왜 재고는 기업에서 "필요악"으로 고려된다고 생각되는가?

2. 병원에서 재고 고갈을 줄이기 위해서는 어떻게 해야 되는가? 최종 소매업체에서는? 월마트에서는?

3. 채찍효과와 공급사슬 재고와의 관계와 관리를 위해 무엇을 할 수 있는지를 논하라.

4. 왜 EOQ는 연간 주문 비용과 연간 재고 보유 비용만을 최소화시키려고 하는가? 재고 고갈비용과 구매비용이 발생하면 어떻게 되는가?

5. 수량할인 모형이 EOQ 모형과 다른 점은 무엇인가? EOQ는 여전히 사용되는가?

6. 왜 적당한 EOQ보다 공급자로부터 가격 할인된 제품의 많은 양을 주문하는 것이 더 저렴할 수 있는가?

7. 수요가 변한다고 가정할 때의 주문 정책을 설명하라. 여기서 EOQ가 여전히 사용되는가?

8. 변동 수요를 가진 재주문점 모형을 보면, Z가 0일 때 기대 서비스 수준은 무엇인가? Z가 0일 때 안전 재고 수준은 무엇인가? 전문적으로 말해서, Z의 최댓값은 무엇인가?

9. 수요과 구매 리드타임 모두가 변할 때, 왜 같은 서비스 수준에서 변동수요 재주문점 모형과 비교할 때 더 높은 안전 재고 수준을 요구하는가?

10. 정기발주모형이 재주문점 모형보다 선호되는 경우에 대해 설명하라.

11. 적극적으로 관리되고 성공적인 공급사슬에서는 주문 리드타임과 안전 재고는 어떻다고 말할 수 있는가?

12. 현금전환주기는 음수가 될 수 있는가? 어떻게 될 수 있는가? 그것은 좋은 것인가?

13. 패스트푸드 기업의 좋은 재고관리 성과 척도는 무엇이 있는가? 자전거 수리 가게는? 대형 소매점은?

연습해보기

1. 채찍효과를 관리하는 논문을 쓰고 성공적으로 관리하고 있는 기업들의 예를 들어라.

2. 인터넷을 조회해서 5가지의 공통적인 재고문제에 대해 찾고 어떻게 기업들은 이 문제를 피할 수 있는지에 대해 보고서를 만들어라.

3. 연간 보고서를 공유하는 기업을 찾아라. 대차대조표와 수입명세서를 찾고 IDS, DRO, DPO, CCCT를 계산하고 논하라.

연습문제

➲ 문제 1번에서 5번까지 다음 정보를 이용하라.

Kathy는 동네에 핫도그 가게를 운영하고 있고 핫도그에 맞는 주문 정책을 찾고 싶어 한다. 핫도그는 연간 수요가 일정하고 1만 개라고 예측된다. 주문 비용은 20달러, 보유비용률은 연간 40%, 구매비용은 개당 0.20달러, 주문 리드타임은 2일이다.

1. 최적 주문량은 무엇인가?

2. 연간 주문 비용은 무엇인가?

3. 연간 재고 보유비용과 관련된 연간 총 재고 비용은 무엇인가?

4. Kathy는 연간 얼마나 많이 주문을 해야 하는가? 주문 사이에 며칠을 기다려야 하는가?

5. 재주문점은 무엇인가? Kathy의 최적 주문전략은 무엇인가?

6. 1번 문제의 정보를 이용해서, 만일 Kathy의 보유비용률이 절반으로 줄어들어 연간 20%가 되면, 1번부터 5번까지 문제에 어떤 영향이 있는가?

7. 1번 문제의 정보를 이용해서, 만일 Kathy의 주문비용이 100달러로 증가하면, 1번부터 5번까지 문제에 어떤 영향이 있는가?

8. 다음의 정보에 대해 경제적 주문량과 재주문점을 찾아라. 연간 수요는 22,500, 주문 비용은 주문당 70달러, 연간 재고 보유비용은 단위당 5달러, 주문 리드타임은 10일, 비즈니스는 연간 300일간 운영한다.

◉ **문제 9번과 10번에 다음 정보를 이용하라.**

Grebby's Rodeo Tack & Boots는 로데오 산업의 고객들에게 기어를 판매하고 오랫동안 거래해온 부츠 공급자로부터 악어가죽 부츠의 구매에 대해 할인을 받는다. 악어 부츠의 가격 종류는 1~299켤레 구매에 62달러, 300~599켤레 구매에 57달러, 600켤레 이상 구매에 54달러이다. Grebby의 평균 주문 비용은 주문당 25달러, 악어부츠에 대한 연간 예측된 수요는 1,200켤레, 연간 재고유지 비용 비율은 24%이다.

9. 3가지 구매가격 각각에 대한 EOQ를 계산하라. 어떤 EOQ가 유효한가?

10. Grebby는 어떤 구매 종류를 선택할 것인가? 유효한 구매 종류에 대해 연간 총 구매비용은 무엇인가?

11. Big Cheese Pizza Parlor는 많은 피자 상자를 구매한다. 공급자로부터 구매할 때 상자당 1달러를 지불한다. 피자의 연간 수요 예측을 기반으로, 상자의 수요는 연간 1만 개이다. 주문당 25달러의 비용이 들고 상자 보유비용은 상자 하나당 연간 25센트이다. 공급자는 Big Cheese Pizza에게 식당이 한 번에 최소 5,000개를 구매하면 하나에 0.95달러에 상자를 팔 수 있다고 말한다. 할인을 해야 되는가? 총 비용은 무엇인가?

12. 평균 수요는 연간 2,500개, 주문비용은 주문당 50달러, 보유비용비율은 연간 단위당 구매비용의 20%, 한 단위의 비용은 42달러이다. 연간 총 재고 비용은 무엇인가? 만일 단위당 1달러의 비용절감이 한 번에 1,000개를 구매함으로써 달성될 수 있으면, 구매자가 할인을 적용해야 하는가? 정답에 대해 정당성을 설명하라.

13. 평균 수요는 하루당 10 단위와 같고, 주문 리드타임은 7일, 리드타임의 표준편차는 4이다. 만일 원하는 서비스 수준이 95%이면, 재주문점은 무엇인가?

14. Roy and Gayle's Fix-It Shop은 새로운 자동화된 재고관리 소프트웨어를 구매했고 구매된 모든 도구와 물품에 재주문점을 넣기를 원한다. 다음 해에 대해 제품별 수요를 예측한 후에, 재주문점을 계산하기 시작할 준비가 되었다. 여기에 있는 3가지 물품은 연간 수요예측, 구매 리드타임, 리드타임 표준편차, 요구하는 서비스 수준이 주어졌다. 3가지 물품에 대한 재주문점과 안전 재고 수준을 계산하라. 가게는 1년에 365일 운영한다고 가정한다.

물품	연간 수요	리드타임	리드타임 수요의 표준편차	요구되는 서비스 수준
Duct tape	2300 rolls	12 days	6 rolls	99 percent
Super glue	1800 bottles	6 days	4 bottles	90 percent
Hammer	650 hammers	21 days	3 hammers	80 percent

15. Phyllis는 Fich Furniture에 새로운 구매 관리자를 고용했다. 이 담당자는 모든 재주문점을 다시 계산하기로 했다. 왜냐하면 이 담당자는 공급자의 배송 시간이 한 주문에서 다음 주문까지 급격하게 변하는 것을 확인했기 때문이다. Phyllis는 구매자인 Mary Jane에게 첫 번째 것을 다시 계산하라고 했고 이것이 정확한지를 확인했다. Phyllis는 또한 필요한 안전 재고를

알고 싶었다. 다음 해의 예측 수요는 950이다. 구매 주문 리드타임은 변하고 평균 18일이고 표준편차는 6일이다. 일별 수요 또한 변하는데 하루당 평균 3개이고 표준편차는 하루당 5개이다. Phyllis는 서비스 수준을 98%로 유지하고 싶어 한다.

● 16번에서 18번까지 다음의 정보를 이용하라.

Skyler's Pet Supplies에 있는 관리자는 관리자가 전화할 때마다 방문하는 공급자로부터 개박하를 주문하려고 한다. 고양이 먹이의 연간 수요는 8,000개이고 일 표준편차는 6개이다. 가게는 1년에 365일 운영한다. 주문 비용은 35달러, 먹이는 하나에 1.25달러, 재고보유비용 비율은 연간 28%이다. 주문 리드타임은 5일이다. 관리자는 서비스 수준을 95%로 하길 원한다.

16. EOQ는 무엇인가?

17. 최적 검토 기간은 무엇인가?

18. 목표 주문량 또는 주문 최대 수준은 무엇인가? 만일 공급자가 방문했을 때 고양이 먹이가 225개가 있었다면, 주문의 크기는 무엇인가?

19. Tom은 그의 가게에서 고정된 검토 주기를 갖는 재고 시스템을 사용한다. 그는 30일마다 재고를 측정하고 주문을 한다. 주문한 지 10일 후에 공급자로부터 물건을 받는다. 한 주문을 하는 동안 재고가 81개 있다는 것을 발견했다. 만일 일일 평균 수요가 10이고 표준편차는 7이며 96%로 재고 고갈이 일어나지 않길 바란다면, Tom은 얼마나 많이 주문해야 되는가?

20. ABC 재고 분류 접근법을 이용하여 다음 물품을 분류하라. 어떤 물품을 가장 면밀히 감시해야 되고 어떤 것의 안전 재고를 가장 적게 두어야 되는가?

물품	비용/단위	예측된 연간 수요
1	6.40	1,700
2	7.80	7,500
3	17.49	6,240
4	44.00	260
5	105.99	150
6	345.00	300

21. Mennitt's Bowlarama는 지난해 운영했던 재고관리 성과를 알아보고 싶어 한다. 다음 정보를 이용해 재고 회전일수, 미수금 회전일수, 미지급금 회전일수, 현금전환주기를 계산하고 그 성과를 측정하라.

연초의 보유 재고 = $156,000, 연말 보유재고 = $145,000, 제품 판매의 연간 비용 = $895,000, 연간 평균 수취 계정 = $26,000, 연간 신용판매 = $68,000, 연초 지불 계정 = $130,000, 연말 지불 계정 = $186,000, 총 연간 구매 = $1.05million

1만 개 이상의 다른 물품(SKU)를 보유하고 있다. 물품의 가격은 약 0.50달러에서 1만 달러까지 범위에 있다. 물품의 판매는 1년에 하나 혹은 두 개에서 1년에 수만 개까지에 이른다. 현재 창고에는 약 100개의 SKU가 있으며 총 조달 비용은 5만 달러이며 2년 이상 동안 단 한 개도 판매되지 않았다.

가격이 5,000달러 이상이며 도매창고에 있는 물품의 대부분(적어도 80%)은 공급업체로부터 고객에게 직접 배송될 수 있다. 현재 이것은 주문의 약 25%에 해당된다. 직접 배송을 위한 추가적인 비용이 있지만, 이 비용은 도매창고에 물품을 보관하는 비용과 아마도 도매창고가 작아질 기회에 대한 비용으로 상쇄될 수 있다.

사장은 이용 가능한 여러 종류의 재고 시스템을 알고 싶어 하고 Pat이 현재의 Protech 시스템을 평가해주기를 원한다. 그녀는 여러 가지 ABC와 EOQ 모형을 읽었고 어떤 모형이 MRO 공급자에 적용이 잘될지는 확신이 없다. 그녀는 ABC와 EOQ 모형들이 서로 "상충"한다고 보고 있다. 하지만 그녀는 또한 두 모형이 잠재적으로 돈을 절약할 것이라고 생각한다. 반면에, Protech에 설치한 재고 시스템은 단순하고 논리적이며 제품을 주문하는 프로세스를 갖고 있다. 사장은 또한 Pat에게 2년 이상 팔리지 않지만 구매비용보다는 적은 가격에 팔고 싶지 않은 물품들을 정리할 전략을 찾아보라고 주문했다.

🔍 질문

1. 현재 시스템의 장점과 단점은 무엇인가?
2. EOQ의 사용은 시스템을 잠재적으로 개선할 것인가? 왜 그런가 또는 왜 아닌가?
3. ABC와 같은 종류의 시스템이 이런 종류의 운영에 적합한지 설명하라.
4. 과거 2년 동안 팔리지 않은 제품을 판매하는 것에 대해 Pat은 어떻게 사장한테 대답을 할 것인가?

🔍 참고

일리노이 Rockford에 있는 Rockford University, MBA인 Jeffrey W. Fahrenwald에 의해 작성되었다. 이 경우는 단순히 학급 토의를 위한 자료를 제공하기 위해 작성되었다. 저자는 관리적인 상황에 대해 효과적이거나 비효과적인 처리를 기술하려고 하지는 않았다.

참고문헌

- B. McCrea, "Inventory Management 101:Time to Step Up to the Plate," *Logistics Management* 57, no.10(2018):30-32, 34.

- "Inventory Management Can Make or Break an Event," *Hotel Management* 230, no.14(2015):66

- E. Silver, "Inventory Management:An Overview, Canadian Publications, Practical Applications and Suggestions for Future Research," *INFOR* 46, no.1(2008):15-27.

- R. Arndt, "Inventory Management: Where Supply and Demand Meet," *Modern Healthcare* 48, no.31, (2018):14.

- "About the SPR," https://www.energy.gov/fe/services/petroleum-reserves/strategic-petroleum-reserve. Accessed March 20, 2020. Also "Strategic Petroleum Reserve(United States)," https://en.wikipedia.org/wiki/Strategic_Petroleum_Reserve_(United_States), Accessed March 20, 2020; R. Blumenthal, "Oil's Well That Ends Well-if the U.S. Goes Easy on Crude," *Barron's* 85, no.12(2005):12.

- M. Gupta, "The State of the P-Card," *Government Procurement* 18, no.6(2011):1.

- J. Aastrup and H. Kotzab, "Forty Years of Out-of-Stock Research-and Shelves Are Still Empty," *International Review of Retail, Distribution & Consumer Research* 20, no.1(2010):147-64. See also K. Campo, E. Gijsbrechts, and P. Nisol, P., "The Impact of Retailer Stockouts on Whether, How Much, and What to Buy," *International Journal of Research in Marketing*, 20, no.3, (2003):273-86.; M. Browne, "Reducing Online Out-of-Stocks Critical for Retailers, Says GMA Study," July 24, 2018; found at https://www.supermarketnews.com/online-retail/reducing-online-out-stocks-critical-retailers-says-gma-study. Accessed March 20, 2020.

- C. Koch, "The Big Payoff," *CIO* 14, no.1(2000):100-12.

- D. Jacoby, "The Oil Price 'Bullwhip':Problem, Cost, Response," *Oil & Gas Journal* 108, no.11(2010):20-25.

- R. Ballou, *Business Logistics Management*(Englewood Cliffs, NJ: Prentice Hall, 1995), 388.

- M. Brown, "Inventory Optimization: Show Me the Money," *Supply Chain Management Review* 15, no.4(2011): 47-49.

- R. Yokl, "Less Is More When Storing Inventory," *Hospital Materials Management* 30, no.8(2005): 2-3.

- "Tagged for Inventory Success," *Industrial Engineer* 47, no.4(2015): 12.

- R. Unger and J. Sain, "Kurt Salmon RFID in Retail Study 2016," found at: https://www.gs1.dk/media/2023/rfid-retail_study_-kurt-salmon.pdf. Accessed March 21, 2020.

- P. Bolstorff, "Measuring the Impact of Supply Chain Performance," *Logistics Today*, December 2003, 6.

생산 운영관리
Operations
Management

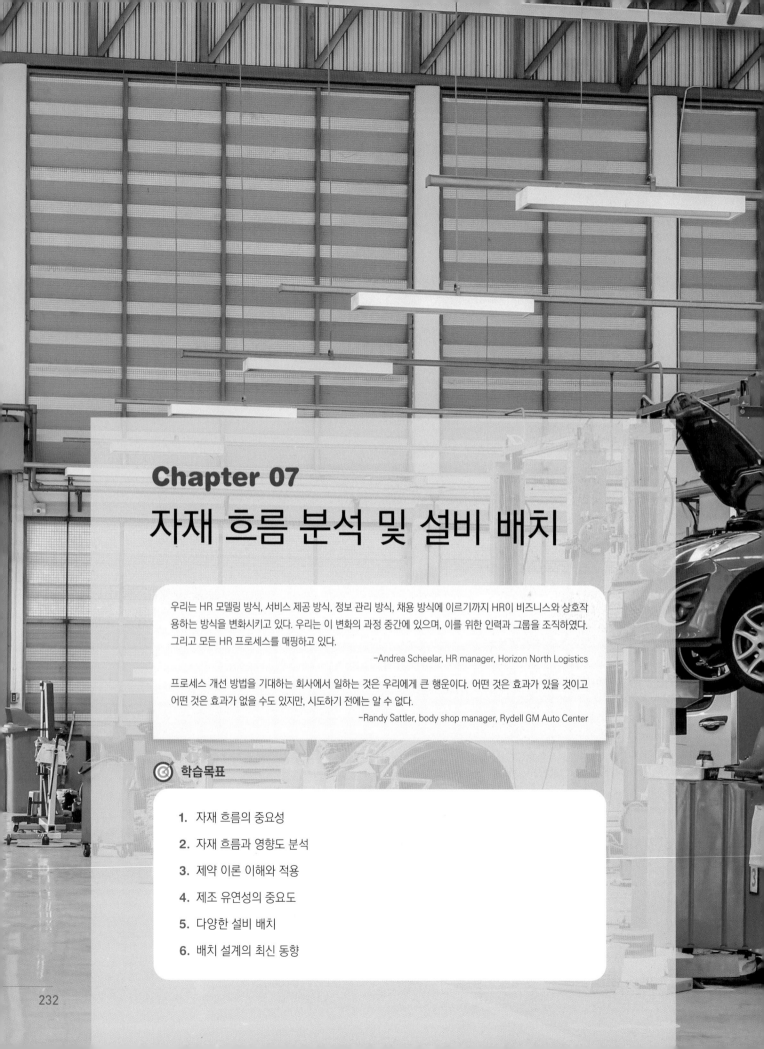

Chapter 07
자재 흐름 분석 및 설비 배치

우리는 HR 모델링 방식, 서비스 제공 방식, 정보 관리 방식, 채용 방식에 이르기까지 HR이 비즈니스와 상호작용하는 방식을 변화시키고 있다. 우리는 이 변화의 과정 중간에 있으며, 이를 위한 인력과 그룹을 조직하였다. 그리고 모든 HR 프로세스를 매핑하고 있다.

-Andrea Scheelar, HR manager, Horizon North Logistics

프로세스 개선 방법을 기대하는 회사에서 일하는 것은 우리에게 큰 행운이다. 어떤 것은 효과가 있을 것이고 어떤 것은 효과가 없을 수도 있지만, 시도하기 전에는 알 수 없다.

-Randy Sattler, body shop manager, Rydell GM Auto Center

학습목표

1. 자재 흐름의 중요성

2. 자재 흐름과 영향도 분석

3. 제약 이론 이해와 적용

4. 제조 유연성의 중요도

5. 다양한 설비 배치

6. 배치 설계의 최신 동향

제약 이론을 통한 개선 사례,
Rydell GM Auto Center

1954년에 설립된 라이델 GM 오토 센터(Rydell GM Auto Center)의 2대 소유주 Wes Rydell은 운영 전반에 걸쳐 지속적인 작업 흐름을 달성하기 위해 많은 기술 혁신을 구현하였다.

한 예로, 공정에 제약 이론(TOC; Theory of Constraints)을 적용한 것이다. Rydell과 차체 공정 매니저 Randy Sattler는 Eliyahu Goldratt의 2006년 논문 "Standing on the Shoulders of Giants"를 통해 비즈니스 인사이트를 찾으려 하였다. 그리고 TOC 적용을 전문으로 하는 컨설팅 회사인 Bodyshop Revolution에 컨설팅을 의뢰하였다.

그 결과, 2014년에 이뤄진 Collision Center 업그레이드 때, 직원 교육, 작업장 절차 개선, 전기 회로 및 가스 라인 현대화 그리고 미국 최초의 로봇 촉매 적외선 페인트 건조 시스템 5대를 설치하였다. 이를 통해 페인트와 바디 필러의 건조 시간을 1~2분대로 단축했고, 차체 공정의 작업 지연을 상당히 감소시킬 수 있었다. Sattler는 "우리는 운영 혁신을 모니터링하고 주의를 기울이는 데 매우 능숙합니다. 우리는 차가 공정에 들어오는 순간부터 대기 시간을 줄일 수 있는 모든 방법을 찾습니다. 모든 차량의 '흐름'을 모니터링하고, 작업이 중단되면 '원인'을 확인합니다. 공정의 지속적인 작업 흐름은 우리에게 매우 중요한 목표입니다"라고 말한다.

Sattler는 "차량 수리에 대한 예측 프로세스에서 부품 누락이나 손상 등의 이유로 작업을 중단하는 경우, 고객이 수리 서비스에 100% 만족하지 못한 상황처럼 대처합니다"라고 말한다. 보험사와의 관계에서도 이와 같은 생각을 가지고 접근한다. "모든 보험 청구에는 수리 과정에 관련된 두 명의 고객(차량 소유주와 수리 비용을 실제 지불하는 사람)이 있는 것으로 알고 있습니다. 고객의 기대 수준이 보험 회사의 현실적인 수준인지 확인하는 것도 저희 업무입니다"라고 말한다.

이 차체 공정은 혁신 기술과 경영 전략의 모범 사례로 꼽히고 있으며, Rydell 대리점에서 각 상황에 맞게 수정되어 활용하고 있다.

모든 조직에서는 다양한 유형의 흐름이 계속해서 발생한다. 회사의 구매 대리인이 공급업체로부터 제품을 구매할 때, 구매 주문서가 팩스, 전자 메일 또는 인터넷을 통해 공급업체로 전달된다. 주문을 수락한 공급업체는 구매자를 위해 제품을 제조하거나 물류 센터에서 배송한다. 구매자는 일정 기간의 배송을 기다린 뒤, 제품을 받으면 공급업체에 비용을 지불한다. 이 간단한 상황에서도 다섯 가지 유형의 흐름이 나타난다. 구매 주문서를 작성하는 것은 작업 흐름이다. 구매 주문서를 전송하고 받는 것은 정보 흐름이며, 제품을 제조하거나 납품하는 것은 물질 흐름이다. 제품을 기다리는 것은 고객 흐름을 포함하며, 구매 대금을 지불하는 것은 현금 흐름을 만든다. 이 각각의 흐름을 효과적으로 관리하면 비용을 절감하고, 품질·리드 타임·생산능력·유연성·고객 서비스를 개선할 수 있다.

제조업에서는 자재 흐름 관리의 개념을 오래전부터 다루었다. Henry Ford는 20세기 초, 자재 흐름 관리의 개념을 적용해 자동차 제조의 혁명을 이루었다. Toyota는 신뢰할 수 있고 유연한 제조 공정을 만들기 위해 린(lean) 시스템을 도입해 자재 흐름을 관리함으로써 자동차 산업에서 선도적인 위치를 확립하였다. (린 시스템은 8장, 고객 흐름과 작업 흐름은 9장에서 다룬다.)

일반적으로 제조 시설에서 원재료, 부품 및 조립품의 일정 관리는 작업 순서, 납품 날짜, 포장 요건 및 유통 방식에 따라 결정된다. 한편, 서비스 시설에서 고객은 프로세스의 일부로 다뤄지며, 서비스를 받기 위해 기다리는 고객은 대기열에 배치된다. 고객의 주문은 서비스 요구 사항, 서비스 인력의 역량 및 사용 가능한 서버 용량을 기준으로 처리된다. 제품과 고객이 이러한 시스템에서 흐를 때, 그 처리를 돕는 데 필요한 정보가 수집 및 가공되고 공유된다.

언급한 흐름은 대부분의 조직에서 관찰할 수 있으며, 조직의 가장 큰 관심사는 상품과 서비스의 제조 및 제공 방식을 개선하는 것이다. 성공적인 조직은 이러한 흐름 관리를 통해 생산 유연성을 극대화하고 재고 수준 및 대기 시간을 최소화한다. 그리고 고객이 서비스 시스템에서 머무르며 이탈하지 않도록 관리한다. 흐름에 문제가 발생할 때는 흐름을 방해하는 비부가적 요소를 찾아 관리하거나 제거해야 한다. 이것이 흐름 관리의 핵심이다. 이 장에서는 자재의 흐름을 집중하여 다루기로 한다.

1 자재 흐름도

1. 자재 흐름의 중요성

자재 흐름을 효과적으로 관리하려면 먼저 이러한 흐름에 대한 기초적인 이해가 필요하다. 공정 개선을 위한 전략을 수립할 때도 자재 흐름에 대한 이해가 필요하다. 프로세스에 대한 자재 흐름도 (material flow mapping)를 작성하는 것은 프로세스가 어떻게 작동하고 다른 프로세스와 통합되는지 이해하기 위한 첫 번째 단계이다. (이 장에서는 6장에서 다룬 재고 관리의 개념을 이해하고 있다고 가정한다.)

자재 흐름도를 설명하기 위해서는 공정도(process mapping), 공정 흐름도(process flow charting), 가치

⚙️ 표 7-1_ **자재 흐름도 기호**

기호	의미
둥근 모서리 사각형	프로세스 시작 또는 종료
사각형	프로세스 진행
삼각형	저장소
마름모	의사결정
→	물리적 이동 또는 수송
⇢	정보의 이동

흐름도(value stream mapping)에 대한 정의가 필요하다. 이 용어들은 본질적으로 같은 것을 의미하며 같은 목표를 갖는다. 즉, 프로세스 내의 자재 흐름을 이해하고, 프로세스를 구성하는 활동들의 순서를 파악하며, 비부가적인 활동을 식별 및 관리하고, 프로세스 활동을 개선하는 것이다.

자재 흐름도에는 공정에 직접 관여하는 관계자(관리자, 감독자, 일선 근로자 그리고 공급업체 대표 및 고객 등)가 포함되어야 한다. 자재 흐름도는 프로세스에 적합한 직원 선별과 운영 방법 그리고 고객이 프로세스와 상호작용하는 방식을 식별하는 데 도움이 된다. 완성된 자재 흐름도를 통해, 프로세스의 배치를 변경하거나 문제(⑩ 측정이 필요한 프로세스, 생산능력 불균형과 작업 지연, 품질, 비용 및 생산성 문제)가 되는 프로세스를 식별하는 데 사용할 수 있다.

지도의 가독성과 시각적 효과를 위해 표준 기호를 사용하듯, 자재 흐름도를 작성할 때도 표준 기호를 사용한다(표 7-1).

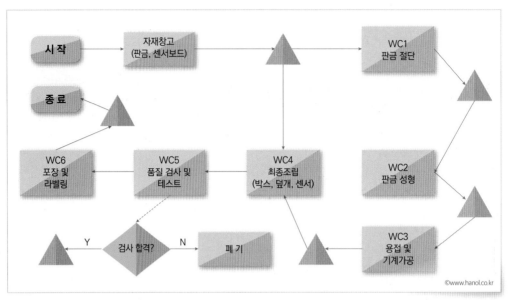

● 그림 7-1_ 계측 설비 제조를 위한 자재 흐름도

〈그림 7-1〉은 계측 설비를 제조하기 위한 가상의 공정도이다. 이 계측기는 센서 보드, 금속 박스와 덮개로 구성된다. 금속 박스와 덮개는 구입한 판금을 이용해 워크센터 1, 2, 3에서 제작한다. 워크센터 4에서 박스와 덮개, 센서를 조립하고, 워크센터 5에서 테스트 및 검사한다. 테스트를 통과한 계측기는 워크센터 6에서 포장되고, 완제품 보관소에 보관되었다가, 최종적으로 고객에게 전달된다. 테스트를 통과하지 못한 것은 폐기된다.

〈그림 7-1〉의 프로세스에는 하나의 의사결정 단계(마름모 모양)가 존재한다.

· 조립된 계측 설비가 검사 및 테스트를 통과했나? 통과했다면 워크센터 6의 저장소로 보내고, 그렇지 않다면 폐기한다.

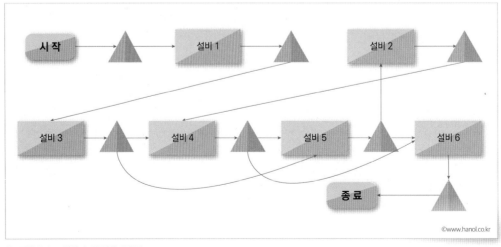

● 그림 7-2_ 머신 숍의 자재 흐름도

삼각형은 WIP(Work In Progress) 또는 완제품 재고가 저장되는 위치를 나타낸다. 처음에는, 판금 및 센서 보드를 구매하여 창고에 보관한다. 그리고 각 제조 공정 단계를 마친 WIP은 다음 단계에서 필요할 때까지 저장소에서 대기한다. 완성된 계측기가 포장되고 라벨이 부착되면 고객에게 판매될 때까지 창고에 보관한다.

〈그림 7-2〉는 머신 숍의 자재 흐름도 예를 보여준다. 〈표 7-1〉에 주어진 기호를 사용하였으며, 6대 설비의 상대적 위치와 자주 발생하는 자재 흐름을 보여준다.

2 자재 흐름 분석

2. 자재 흐름과 영향도 분석

자재 흐름도는 자재의 흐름을 이해하고 프로세스 내외부 흐름을 분석하는 기초가 된다. 자재 흐름도를 작성함으로써 자재(또는 재고)가 저장되는 위치, 재고가 이동하는 경로, 프로세스를 구성하는 순서 등을 명확히 하고, 지연이 발생하는 위치를 파악할 수 있다. 이를 바탕으로 자재의 이동 거리와 시간, 저장 및 처리 시간, 대기 시간 등을 측정할 수 있다. 그리고 인력, 설비, 자재의 이동 경로 개선과 설비 및 부서의 재배치에 활용할 수 있다. 아울러, 인력 배치, 인력과 설비의 일정 관리, 작업장 배치 및 저장소 요구사항, 직원 교육, 정보 시스템 요구사항, 공급업체 납품 일정 및 물류 일정과 같은 여러 가지 사항에 영향을 미친다.

다음은 자재 흐름 분석(material flow analysis)에서 다루는 효율성, 품질 및 생산성과 관련된 질문이다. 분석 중인 프로세스에 따라 질문은 달라진다.

- 공급업체로부터 얼마나 자주 공급받는가?
- 창고에 재고가 얼마나 오래 보관되는가?
- 재고는 얼마나 자주 작업장으로 이동되는가?
- 재고가 과다하게 쌓이는 공정이 있는가?
- 구매한 물품은 창고를 거치치 않고 작업장으로 직접 전달될 수 있는가?
- 병목 현상이 발생하는 곳이 있는가?
- 완성된 제품은 고객에게 유통되기 전에 얼마나 오래 보관되는가?
- 공정, 설비, 저장소 간의 통신 및 배송 장비는 얼마나 효과적인가?
- 품질 불량으로 인해 폐기되는 제품은 어느 정도인가?
- 품질 불량 제품을 폐기하지 않고 수리할 수 있는가?
- 제조 공정의 전반적인 생산성은 얼마인가?
- 최적 생산능력 대비 실제 생산량은 얼마인가?

〈그림 7-2〉를 참고할 때, 흐름 문제는 결국 설비의 위치와 순서에서 기인한다. 설비 배치와 관련하여 다음의 추가 질문이 가능하다.

- 가장 잦은 흐름을 수용하기 위한 설비 재배치가 쉬운가?
- 설비를 재배치함으로써 얼마나 많은 공간을 절약할 수 있는가?
- 설비를 재배치함으로써 자재 이동 시간을 크게 줄일 수 있는가?
- 설비를 재배치함으로써 이동 시간과 생산성이 향상되는가?

위와 같은 질문들은 자재 흐름 분석의 출발점이 된다. 이러한 질문에 대한 답은 활동 시간, 대기 시간, 설비 비가동 시간, 재고 수준, 생산 배치 크기, 공정 간 거리, 반송 빈도와 시간 등의 데이터를 통해 확인할 수 있다. 관련 데이터를 분석하여 프로세스를 평가하고 현재 수준을 이상적인 수준과 비교할 수 있다. 이를 바탕으로 프로세스 개선을 시도한다. 먼저, 투입 비용, 구현 시간 및 예상 편익에 따라 프로세스 변경의 우선순위를 정한다. 그런 다음 프로세스의 성능을 측정하고 진행 중인 프로세스 개선 사항을 추적한다. 이때 소프트웨어 응용 프로그램을 사용하여 자재 흐름 분석을 수행할 수 있다.

일반적으로 프로세스를 변경할 때는 변동성 감소를 위한 표준화·자동화, 유연성 향상을 위한 직원 교차 교육, 파트타임 근로자 고용, 프로세스 배치 수정, 신뢰할 수 있는 공급업체 계약, 병목 공정의 생산능력 증대를 위한 장비 추가, 고객 주문 접수 후 최종품 조립 등을 고려할 수 있다.

캘리포니아에 본사를 둔 식품 유통업체 Nature's Best의 사례를 살펴보자. 이 업체의 유통 시스템은 4개의 빌딩에 분산되어 있었다. 업체는 민첩하고 짧은 리드 타임을 갖는 단일 시스템으로 전환하기 위해 대규모 자재 흐름을 분석하였다. 18개월에 걸쳐 전환이 이루어졌고, 업체는 고객 서비스 처리 능력을 개선할 수 있었다. OM 부문 수석 부사장인 Brian McCarthy는 "서비스를 유지하기 위해 우리는 계속해서 더 많은 사람을 배치해야 했다. 고객 주문을 처리하려면, 제품을 배송 트럭에 싣기까지 18번의 불필요한 프로세스를 거쳐야 했다"고 말한다. 결국, 회사는 새로운 건물의 내부 디자인을 재설계하고 모든 공정을 재배치하였다. 아울러, 판매 예측 및 성능 데이터를 기반으로 프로세스 공간을 설계하고 창고 관리 시스템을 업그레이드하였다.

원자재, 부품 및 재공이 제조 공정을 흐를 때, 고객에게 제공되는 최종 제품에 중대한 영향을 미치는 문제가 발생할 수 있다. 사실 전체 생산 리드 타임에서 제품에 가치가 더해지는 시간은 극히 일부분이다. 설비와 작업자는 오랜 시간 유휴 상태이기도 하고, 많은 공간을 단순히 자재 보관을 위해 사용하기도 한다. 한 예로, 어느 제어판 버튼 제조업체에서 분석한 결과, 실제 제조 시간을 2분으로 단축했지만, 고객에게 제품을 납품하기까지는 12주 이상이 소요되었다. 이는 전체 리드 타임에서 부가가치 시간의 비율이 1%에 불과하다는 것이다. 다음으로 자재 흐름 분석에서 가장 많이 쓰이는 분석 기법의 하나인 제약 이론에 대해 다루기로 한다.

3 제약 이론

3. 제약 이론
이해와 적용

제약이란 기업의 목표 달성을 저해하는 조건이다. 제약 조건은 공급망이나 제조 현장에서 발생하는 병목 현상, 훈련되지 않은 작업자 또는 고장 난 장비와 같은 물리적 문제로 발생할 수 있으며, 부실한 교육 프로그램, 예방 정비 절차의 부족, 관리 의사결정 부실 또는 조직에 존재하는 문화적 기준과 같은 절차와 행동 제약을 말하기도 한다. 병목 현상은 〈그림 7-3〉처럼 자재 흐름을 제한하고, 생산능력과 처리량 감소, 리드 타임 증가를 유발하여, 고객 서비스에 부정적인 영향을 미치는 제약 조건이다. 거의 모든 조직에서 하나 이상의 병목 현상을 발견할 수 있다. 하나의 병목 현상을 발견하고 해결하면, 두 번째 병목 현상이 표면화되고 새로운 제약 조건이 된다. 이러한 병목 현상을 식별하고 해결하는 것은 지속적인 문제로 다뤄진다.

기업들이 병목 현상으로 인한 시간 손실을 만회하기 위해 비용을 절감하려고 한다면, 오히려 제품 품질 저하 문제가 발생할 수 있다. 아울러, 병목 현상을 정확히 해결하지 못하면 다른 문제가 발생할 수 있다. 예정에 없던 초과 근무, 과다한 재고 수준, 빈번한 장비 고장, 지연된 주문(또는 작업)에 대한 독촉 등은 불필요한 비용을 발생시킬 뿐만 아니라 제품이나 서비스에 불만을 품은 고객의 이탈로 매출 손실을 초래할 수 있다.

제4장에서 소개한 제약 이론(TOC; Theory of Constraints)은 제약 프로세스를 식별하고 개선하는 것을 목표로 하며, 모든 제조 및 서비스 관리 프로세스에 적용될 수 있다. TOC는 Eliyahu Goldratt이 1984년 발표한 책 "The Goal"에서 처음 소개한 후 많은 사업 분야에서 활용되고 있다. 오늘날 TOC는 시스템의 성능 개선을 이야기할 때, 시스템 성능의 한계는 많은 경우 소수의 병목 프로세스나 제약으로 야기될 수 있다는 것을 인지하는 철학으로 여겨진다. 또한 제약 조건을 식별하고 개선하면, 품질이 향상되고 폐기물을 줄일 수 있어서, TOC는 흔히 린, 식스 시그마의 개념과 함께 다뤄진다. 서두에 소개한 Rydell GM 본사의 예는 처리 시간 단축을 위한 TOC 적용을 보여준 것이다.

병목 현상은 프로세스에 대한 시간 보고서를 작성하여 확인하거나, 재고 현황, 작업 지연 또는 대기 중인 고객 행렬 등을 파악함으로써 확인할 수 있다. 관리자는 다음의 방법으로 제약을 극복할 수 있다.

○ **그림 7-3_** 병목 공정의 예

- 더 나은 도구 사용, 근로자·공급업체 교육, 동기 부여를 통해 제한된 활동에서 생산능력 증대
- 자재 이동 경로 개선 또는 설비 재배치
- 제한된 자원을 필요한 작업에 할당
- 효과적인 비상 계획 또는 절차 설계
- 시스템 전반의 목표와 연계된 성능 측정 방법 사용
- 각 공정 또는 처리 단계 후 품질 검사 실시
- 정기적인 설비 예방 정비 수행

델타 항공의 정비 사업부인 TechOps는 2006년에 TOC를 적용하였다. 그 결과 엔진 점검 속도가 20% 빨라지고 부품 재고는 75% 감소했으며 엔진당 총 정비비용을 13% 절감할 수 있었다. 반도체 제조업체 Intel은 완제품 유통 센터에 TOC를 구현하였다. 이를 통해, 운영 속도가 빨라지고 예측은 쉬워져 평균 사이클 타임을 68% 단축시켰고, WIP은 65% 감소시킬 수 있었으며, 안전하고 스트레스가 적은 환경을 구축할 수 있었다. TOC는 조직이나 시스템의 정책이나 행동양식을 조정하는 것이기 때문에, 구현을 위한 비용은 들지 않는다.

① Drum, Buffer, Rope의 개념

TOC는 드럼, 버퍼, 로프(DBR: Drum, Buffer, Rope) 개념으로 설명되기도 한다. 〈그림 7-4〉는 DBR의 개념을 표현한다. 그림에서 생산능력이 가장 적은 설비 3이 병목 공정이다. 이 병목 공정의 생산능력으로 전체 시스템의 하루 생산능력(50대)이 결정된다. 이렇게 전체 생산능력(또는 속도)을 결정하는 것을 드럼으로 표현한다.

설비 3과 4 사이에 있는 버퍼에는 설비 3에서 초과 생산한 재공을 다음 공정에서 필요해질 때까지 보관한다. 만약 드럼 공정인 설비 3에 문제가 생겨 프로세스가 중단된 경우, 버퍼에 있는 재공을 후속 프로세스인 설비 4에 제공함으로써 설비 4가 중단 없이 운영될 수 있도록 한다. 한편, 설비 1과 2는 높은 출력으로 기계 고장이나 예정에 없던 작업 중간이 발생하더라도 빠르게 설비 3을 따라잡을 수 있으므로 버퍼가 필요하지 않다.

로프는 드럼과 버퍼에 따라 파생되는 시설로 작업 투입 조절과 일정 관리를 의미한다. 그림에서 로프는 병목 프로세스(드럼)에 의해 제한된 50개/일의 생산 일정이다. 전체 생산능력을 늘리기 위해서는 병목 프로세스의 생산능력을 증가시켜야 한다. 향후 설비 3의 생산능력이 75개/일로 개선되면 설비 1이 새로운 병목(드럼)이 되고, 전체 생산능력은 70개/일(로프)이 된다. DBR의 개념은 수요 변동성이나 재고 부족으로 인한 문제를 예방하면서 현실적인 일정계획을 수립하는 데 토대가 된다. DBR 개념 기반의 일정계획 수립 절차 다음과 같다.

- 수요 예측(이상적인 목표 생산율)
- 시스템에서 제한된 자원(설비또는 공정) 또는 병목 현상 식별

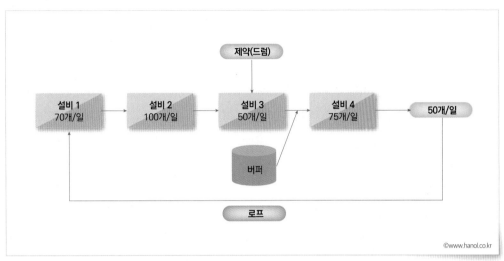

● 그림 7-4_ Drum, Buffer, Rope의 예

- 가장 제약이 심한 자원(드럼)에 맞춰 생산 일정 수립
- 병목 현상이 개선될 때까지 중요한 병목 지점의 재고(버퍼)를 사용하여 전체 시스템의 목표 생산 속도를 달성할 수 있도록 지원
- 제약 공정과 비제약 공정의 투입을 동기화하여 모든 공정에서 필요할 때 적절한 양의 자재를 사용할 수 있고 불필요한 재고가 누적되지 않으며 자재 흐름을 과도하게 방해하지 않도록 관리

TOC와 DBR의 개념은 실제로 많은 성공적인 결과물을 만들어냈다. Mabin 교수와 Balderstone 교수가 제조업과 서비스업에서 TOC와 DBR을 적용한 100건 이상의 사례를 분석한 리뷰 논문을 보면, 실패 사례는 없었으며, TOC와 DBR 적용을 통해 수익 개선, 출력 속도 향상, 리드 타임 단축 그리고 재고 상황 개선을 이루었다고 한다. 그리고 지금까지도 TOC와 DBR은 여전히 많은 분야에서 사용되고 있다.

4 제조 유연성

4. 제조 유연성의 중요도

자재 흐름 관리의 목표 중 하나는 제조 유연성(manufacturing flexibility) 향상이다. 제조 유연성이란 생산, 제품 설계 또는 납품 일정을 신속하게 변경할 수 있는 역량을 말한다. 경쟁이 치열하고 신기술과 혁신적인 디자인의 신제품이 계속해서 등장하는 상황에서는 기존 제품에 대한 수요의 불확실성이 훨씬 더 커진다. 이런 경우 제조 유연성이 더욱 강조된다. 제조 유연성은 다양한 유형의 제품을 만들거나, 프로세스 방식을 변경하거나, 예측된 혹은 예측되지 않은 수요 변화에 대응하여 공정의 생산능력을 변경할 수 있는 제조 시스템의 능력이다. Dell은 제조 유연성을 가장 잘 발휘한 사례 중 하나다. Dell은 잠재적인 기업 내외부 공급 중단에 대비하기 위해 항상 여러 비상 계획을 수립한다. 2002년 미국 서해안 항구 29곳이 열흘 동안 폐쇄됐을 때, Dell은 전세 항공사를 이용해 아시아 공급업체로부터 부품을 조달하였다. 이를 통해 Dell은 중단 없이 생산을 지속할 수 있었다.

자재 흐름과 제조 유연성을 개선할 때 자동화 기술을 이용할 수 있다. 유연 제조 시스템(FMS; Flexible Manufacturing System)이란 중앙 집중식 컴퓨터, 컴퓨터 수치 제어(CNC; Computer Numerically Controlled) 기계*, 물류 자동화 시스템(AMHS; Automated Material Handling System)을 바탕으로 하는 자동화 시스템이다. AMHS는 자동화된 컨베이어, 무인 운반차(AGV; automated guided vehicle)와 자동화된 저장 및 검색 시스템(AR/RS; Automated Storage and Retrieval System)을 갖춘 물류 시스템이다. FMS를 통해 제조 유연성을 높이고, 빠르고 생산적인 제조 시스템을 구축할 수 있다. FMS는 소량 배치를 위한 효율적인 일정 관리, 부품의 경로 설정과 용이한 보관, 그리고 유사 제품을 조립하는 작업 공간에서 설비의 효율적인 운영과 제어를 가능케 한다.

* 선반이나 절삭기 등 공작 기계를 이용한 가공을 컴퓨터를 이용해 프로그래밍하여 제어하는 기계

FMS를 구축하면 리드 타임 단축, 부품 비용 절감, 폐기품 감소, 신속한 제품 조합과 자재 경로 및 가공 순서 변경을 할 수 있다. FMS는 일반적으로 컴퓨터 지원 설계(CAD; Computer-Aided Design), 컴퓨터 지원 제조(CAM; Computer-Aided Manufacturing) 및 그룹 테크놀로지(GT; Group Technology) 셀과 함께 구축된다. 그리고 중앙 집중식 컴퓨터를 이용하여 내부 프로세스를 연결한다. 이를 바탕으로 생산 계획과 일정계획 수립, 그리고 의사결정을 내리고 관리하는 것을 컴퓨터 통합 제조(CIM; Computer-Integrated Manufacturing)라고 한다.

CAD는 컴퓨터 그래픽 애플리케이션을 이용한 제품 설계를 말한다. 설계자는 데이터베이스에 저장된 기존의 유사한 제품 디자인을 불러와 라이트 펜, 조이스틱 또는 유사한 장치를 사용해 수정한다. 제품 디자인을 3차원으로 구현할 수 있으며, 엔지니어링 설계를 분석하거나 자재 명세서를 작성할 수도 있다. 그리고 제품의 내부 디자인 작업도 가능하다. CAD를 사용하면 설계자의 창의성과 생산성을 크게 향상시킬 수 있다. CAM은 제조 공정에서 컴퓨터를 사용하는 것을 말한다. CAM 애플리케이션에는 용접 또는 도장 로봇, CNC 기계, 자동화된 컨베이어 및 물류 장치 등이 있다.

제조 현장에서는 로봇을 많이 사용한다. SCARA(Selective Complience Assembly Robot Arm)는 1981년 일본에서 개발된 산업용 로봇으로 여전히 좋은 평가를 받으며 활용되고 있다. SCARA는 도포, 이적재, 조립 및 팔레트 조정 같은 두 지점 간 이동 작업을 훌륭히 수행한다. Denso Robotics의 영업 기획 부서장인 Brian Jones는 "SCARA는 여전히 가장 빠른 로봇이다. 4개의 축으로 0.29초 내에 표준 사이클을 수행하고 20microns 이내에 반복 수행이 가능하다"고 말한다. 협업 로봇(Collaborative robot 또는 cobot)은 최신의 산업용 로봇이다. 스스로 생각할 수 있으며, 자신의 환경에 대해 스스로 학습할 수 있다. 인간과 함께 안전하게 작업하고, 고령화된 작업자와도 협업할 수 있다. 또한, 특화된 고객 수요에 대응하는 맞춤형 생산에도 효과적일 것으로 기대한다. 이러한 산업용 로봇

은 로봇 산업에서 가장 빠르게 성장하고 있는 분야 중 하나이다.

그룹 테크놀로지 셀은 동일한 기계로 유사한 제품이나 제품군을 생산하는 제조 워크스테이션을 말한다. 각 워크스테이션에서 기계들은 물리적으로 서로 가깝게 배치되며, 일반적으로 자동화된 자재 취급 장비로 연결되어 있다. 이 제조 전략은 1950년대에 소개되었고, 최근 제품 설계 및 프로세스 경로가 데이터베이스로 구축되고, 이를 통해 유사한 프로세스로 생산되는 제품들을 그룹핑할 수 있는 기술이 발전함으로써 많이 이용되고 있다. GT 셀을 구축한 미국의 32개 기업을 대상으로 조사한 결과, WIP 재고 감소, 준비시간 및 리드 타임 단축, 자재 처리량 감소, 품질 향상이라는 긍정적인 성과를 이루었다고 한다.

① 대량 고객화

일반적으로 제조업체들은 표준화된 제품을 자동화된 시스템으로 생산하기를 원한다. 구매 및 제조 비용을 절감하여 단위당 총비용을 낮출 수 있으며, 장비 활용률을 높일 수 있기 때문이다. 하지만 고객들은 가격이 비슷하다면 맞춤 제품을 더 선호할 것이다. 따라서 만약 상대적으로 저렴한 가격에 고객 맞춤 제품을 제공할 수 있는 기업이라면 시장에서 유리한 위치를 차지할 수 있을 것이다. 이를 위해 4장에서 소개한 대량 고객화의 개념을 적용할 수 있다. 즉, 표준화된 부품을 사용하여 일정 수준의 맞춤형 조립을 할 수 있도록 설계하는 것이다.

기업들은 지연 전략을 통해 대량 고객화를 달성할 수 있다. 고객 주문이 접수될 때까지 완제품 조립을 미루는 것이다. 제조업체는 비용 절감을 위해 부품이나 하위 구성품을 대량 생산하거나 공급업체와 협상을 통해 대량 구매한다. 그리고 이 부품이나 하위 구성품으로 고객화된 완제품을 조립한다. 이러한 대량 고객화는 여러 제조 및 서비스 기업에서 찾아볼 수 있다. Nike는 고객이 웹 사이트에서 신발을 직접 디자인하고 구매할 수 있는 서비스를 제공한다. Dell은 고객이 웹 사이트나 서비스 센터를 통해 컴퓨터의 사양을 선택해서 구매할 수 있도록 하고 있으며, Toyota도 마찬가지로 온라인에서 고객이 직접 자동차의 옵션을 선택해 주문할 수 있도록 서비스한다. 이러한 서비스는 점점 더 보편화되고 있다.

5 배치 설계

배치는 〈그림 7-1〉과 같이 자재의 흐름에 매우 큰 영향을 미친다. 설비 배치를 최적화하여 제품 생산 시간과 WIP 수준을 줄일 수 있다. 설비 배치를 계획할 때는 부서, 작업 센터, 장비, 자재와 작업자의 위치 등을 고려해야 불필요한 이동과 동선, 이동 거리를 줄일 수 있다. 잘못된 배치는 직원의 사기 저하와 생산성 하락을 초래한다. 이동이나 변경이 어려운 중장비나 물리적인 구조물을 재배치해야 하는 경우

조립라인에서는 제품 흐름이 원활하고 빠르게 진행될 수 있도록 작업 부하의 균형이 필요하다.

상당한 비용이 발생할 수 있다. 설비 배치 유형은 제품 유형, 고객화의 정도, 자금, 그리고 생산되는 제품의 조합 등에 따라 달라진다. 다음에서 설비 배치 유형과 고려 사항에 관해 설명한다.

❶ 제품 중심 배치

조립라인에서는 같은 제품의 여러 모델이 생산된다. 생산 모델을 변경하기 전에 수행하는 설비 재설정, 공구 교체, 재고 변경, 작업 변경 등을 일컬어 '작업 준비'라 한다.

제품 중심 배치(product-focused layouts)는 표준화된 제품을 대량 생산할 때 적합한 배치로, 조립라인 배치(assembly-line layouts)라고도 불린다. 공정 단계는 표준화되어 있으며, 비슷한 작업시간을 갖는 그룹으로 공정들을 그룹화해 운영한다. 이 그룹을 워크센터에 배정하여 처리되도록 하며, 전문화가 이뤄지도록 한다. 즉, 시간이 지남에 따라 작업자가 배정받은 작업에 능숙해지면, 처리 시간 단축과 생산성 향상이 가능해진다. 일반적으로 이러한 배치에서 작업자는 특정 설비 또는 작업만 담당한다. 그리고 작업 준비(setup)가 동일한 유사한 제품들을 같은 설비에서 생산한다.* 각 제품 단위는 일반적으로 동일한 생산 과정을 거치므로, 컨베이어와 같은 자동화된 자재 처리 장비를 통해 제품을 이동시킬 수 있다.

Toyota의 자동차 제조 시스템은 가장 대표적인 조립라인 시스템 중 하나다. Toyota는 조립라인에서 작업 준비 시간을 단축함으로써 대량 생산이 가능케 했다. Toyota 켄터키 공장은 두 조립라인에서 30초에 1대씩, 하루 2,000대의 자동차를 생산한다.

©www.hanol.co.kr

🔺 그림 7-5_ 조립라인의 예

〈그림 7-5〉는 매우 단순화된 조립라인을 보여준다. 구입한 부품은 조립라인에서 세 개의 워크센터를 거쳐 완제품이 된다. WIP의 빠른 이동을 위해 워크센터는 서로 가까이 배치한다. 그리고 각 워크센터에 가능한 한 균등하게 작업을 할당하여 작업 균형을 이룬다.

라인 밸런싱(line balancing)은 여러 가지 긍정적인 결과를 얻을 수 있다. 작업을 균등하게 배분함으로써, 직원들은 공평하게 작업을 배정받게 된다. 또한 병목 현상의 가능성과 위험도를 낮춤으로써 라인 흐름이 원활해지고, 잠재적으로 생산량이 증대될 수 있다(TOC 참고). 다음은 라인 밸런싱을 수행하는 절차로, 목표생산량, 하루 작업시간, 작업자 수, 작업시간 등을 고려한다.

1) 조립라인 밸런싱 수행 절차

① 작업은 동그라미, 작업 간의 선후관계는 화살표로 표현한 다이어그램을 그린다.

② 다음 식으로 택 타임(TT; takt time)을 계산한다.

$$\text{TT} = \frac{\text{하루 작업 시간}}{\text{하루 목표 생산량}}$$

택 타임은 하루 목표생산량을 달성하기 위한 조립라인의 속도이다. 각 워크센터가 한 단위의 제품 생산을 위해 사용할 수 있는 최대 시간이며, 조립라인 끝에서 하나의 제품이 생산되는 주기이다. 이를 사이클 타임(cycle time)이라고도 한다.

③ 하루 목표생산량과 택 타임을 충족하는 데 필요한 최소 워크센터 수(W_{min})를 계산한다.

$$W_{min} = \frac{\text{전체 작업 시간의 합}}{\text{TT}}$$

④ 모든 작업은 워크센터에 할당하는데, 각 워크센터의 작업시간이 TT를 초과하지 않도록 한다. 인건비 최소화를 위해, 총 워크센터 수는 W_{min}에 가깝게 한다. 작업자 이동을 최소화하려면 서로 인접한 작업들을 같은 워크센터에 할당한다.

⑤ 다음 식으로 조립라인의 효율성을 계산한다.

$$\text{효율성} = \frac{\text{전체 작업 시간의 합}}{(\text{워크센터 수} \times \text{TT})}$$

각 워크센터에 작업자 한 명씩을 배정한다고 가정하면, (워크센터 수 × TT)는 한 단위의 제품을 생산하는 데 소요되는 (유휴시간이 포함된) 총 작업시간이다.

⑥ 필요한 경우, 라인 밸런싱을 재조정하여 효율성과 생산성을 극대화한다.

〈예제 7-1〉은 자전거 조립 공장의 8개 작업에 대한 조립라인 밸런싱을 보여준다. 주어진 표는 작업별 수행 시간과 후속 작업에 대한 정보이며, 총 작업시간은 28분이다. 표에 주어진 정보에 따라, 작업 b, c, d는 작업 a가 완료된 다음 시작할 수 있으며, 이 세 작업이 모두 완료되어야 작업 e를 시작할 수 있다. 작업 f, g, h도 같은 조건으로 시작되며, 이러한 관계는 화살표를 통해 표현된다. 이 공장은 하루 8시간(= 480분) 작업하고, 하루 목표생산량은 60대이다. 따라서 TT = 8분/대이다. 각 워크센터의 작업시간이 8분/대을 초과하지 않으면서, 가능한 균등하게 작업들을 배정한다. 예제의 솔루션에서 구한 TT = 7분으로 운영한다면, 이 공장은 하루 생산량을 68대로 늘릴 수 있다. 또한 작업 e를 분할할 수 없다고 가정할 때, 이 작업이 제약 조건이 된다. (주어진 솔루션 외에도 다양한 솔루션이 가능함. 예 a, b, d를 그룹화)

예제 7-1   조립라인 밸런싱 예제

자전거 회사는 새로운 모델의 자전거 생산을 위해 새로운 생산 라인을 준비하였다. 작업별 작업시간과 후속 작업은 아래 표에 주어져 있다. 다이어그램은 작업 순서와 작업 간의 선후관계를 원과 화살표로 보여준다. 하루 작업시간은 8시간(= 480분)이고, 하루 목표생산량 60대를 달성하기 위한 라인 밸런싱을 수행하라.

작업	작업시간(분)	후속 작업
a	4	–
b	3	a
c	6	a
d	1	a
e	7	b, c, d
f	2	e
g	2	f
h	3	f
합계	28	

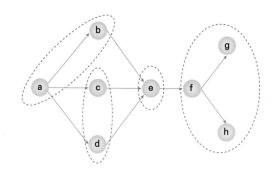

TT = (480분/일) ÷ (60대/일) = 8분/대

W_{min} = 28 ÷ 8 = 3.5 → 4대(정수로 올림)

작업시간과 순서, TT, 근접 작업을 고려해 할당

설비 1: (a, b) / 설비 2: (c, d) / 설비 3: (e) / 설비 4: (f, g, h)

TT = 8분일 때, 각 워크센터의 작업시간 = 7분, 유휴시간 = 1분

효율성 = 28 ÷ (8 × 4) = 0.875 또는 87.5%

하루 60대 생산 기준 총 작업시간: 60대 × 28분 = 1,680분 또는 28시간

하루 8시간 기준 총 유휴시간: (4 설비 × 8시간) − 28시간 = 4시간

TT 7분 유지 시 최대 생산량: (480분/일) ÷ (7분/대) = 68대/일

연구에 따르면 제품 중심 또는 조립라인 배치에서는 작업자의 업무 만족도가 낮아 부상, 지루함, 결근, 이직 및 불만이 증가하는 경향이 있다. 예를 들어, 큰 힘이 필요한 공구 작업이나 잘못된 자세로 장시간 작업하면 누적 외상성 질환(같은 동작을 반복하는 물리적 운동으로 발생하는 증후군)의 가능성이 커진다. 이를 방지하기 위해 현장에서는 주기적으로 작업자의 작업을 바꿔주기도 한다.

플로리다에 본사를 둔 Universal Machinery Sales의 사장 Mona Tracy는 주간 회의를 통해 직원들의 피드백을 받는다. Tracy는 "직원들과 대화하세요. 무슨 일인지 알아보세요. 들어올리기에 너무 무거운가요? 작업 중에 너무 많이 걸어야 하나요? 자세가 구부정한가요? 그들은 당신이 알아주길 바랍니다. 직원들과 좋은 대화를 나누세요"라고 말한다. 네덜란드의 보일러 제조업체인 Nefit Fasto에서는 천천히 움직이는 조립라인을 따라 작업자들이 원을 그리며 보일러를 제조한다. 한 명의 작업자가 이렇게 움직이며 7분 동안 하나의 보일러를 제조하고 다시 새로운 보일러 제조를 시작한다. 매니저 Theo Hendriks는 "제자리에서 작업하는 것이 오히려 더 피곤하게 만듭니다. 직원들은 움직임으로서 지루하지 않고 업무를 더 잘 수행 합니다"라고 말한다.

2) 조립라인 밸런싱 휴리스틱

실제 조립라인의 설비 배치와 작업 흐름은 매우 복잡하여 효율성 높은 라인 밸런싱을 이루는 것은 매우 어려운 문제이다. 이에 일반적으로 소프트웨어 기반의 휴리스틱 솔루션(heuristic solution)이 사용된다. 휴리스틱 솔루션이란 최적성을 보장하는 것은 아니지만 비교적 짧은 시간 내에 구할 수 있는 합리적인 솔루션을 말한다. 다음은 라인 밸런싱에서 많이 쓰이는 규칙들이다. 기본적으로 작업 순서를 고려하여 택 타임을 초과하지 않도록 할당한다.

- 가장 긴 작업시간을 가진 작업을 우선 할당
- 각 작업과 후속 모든 작업의 작업시간 합이 가장 큰 작업 우선 할당
- 후속 작업의 수가 가장 많은 작업 우선 할당
- 바로 다음 단계에 후속 작업의 수가 가장 많은 작업 우선 할당

3) 그룹 테크놀로지 배치

그룹 테크놀로지 배치(group technology layouts) 또는 셀룰러 배치(cellular layouts)도 제품 중심 배치의 범주에 속한다. 이러한 배치에서는 비슷한 가공요건을 갖거나 동일한 설비에서 가공되는 부품 또는 조립품을 그룹화하여 부품군(제품군)으로 분류한다. 그리고 이러한 부품군을 처리하기 위한 소규모 조립 영역 '셀'을 마련한다. 대량으로 자주 소요되는 부품의 경우 전용 설비나 전담 인력을 통해 생산한다. 이렇게 구성한 배치에 대해 〈예제 7-1〉과 같이 라인 밸런싱을 수행하면 조립라인의 장점을 활용할 수 있다.

〈그림 7-6〉은 부품군을 식별하는 방법과 그룹 테크놀로지 배치의 예를 보여준다. 각 부품의 가공요건이 주어져 있으며, 이를 바탕으로 부품군을 구성한다. 그리고 각 부품군에 대해 셀룰러 배치

를 적용한다. 각 셀에서 만들어진 부품들은 최종 조립라인으로 이동하여 완제품으로 만들어진다. 이 예에서는 9종의 공구가 쓰이는데, 일부 공구는 3개의 셀에서 사용된다. 셀룰러 배치에서는 이런 경우 추가 비용이 발생할 수 있다.

부품	선반	드릴	밀링	도장	톱	플레이너	샌더	그라인더	버퍼
001		X		X			X	X	X
002	X		X					X	X
003				X	X	X	X		
004		X						X	X
005		X	X		X				X
006	X		X					X	
007				X	X	X	X		
008	X	X	X					X	X
009					X	X	X		X
010		X		X					X

부품군 (셀)	필요 공구
1) 001, 004, 010	드릴, 도장, 샌더, 그라인더, 버퍼
2) 002, 005, 006, 008	선반, 드릴, 밀링, 톱, 그라인더, 버퍼
3) 003, 007, 009	도장, 톱, 플레이너, 샌더, 버퍼

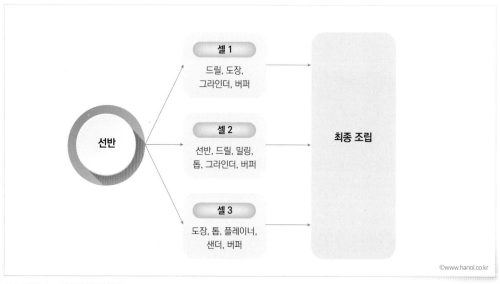

🔷 그림 7-6_ 셀룰러 배치 예제

기업은 자재 흐름 및 재고 문제를 해결하기 위한 목적으로 작업장을 확장 또는 재구성할 때 그룹 테크놀로지 배치를 이용할 수 있다. 예를 들어, 소규모 제조업체인 Electric Box & Inclosures, Inc.는 1988년 설립된 이후 1997년까지 상당한 성장을 이루었지만, 자재 흐름 문제가 표면화되어 품질, 리드 타임 및 재고 문제를 겪었다. 이에 회사는 가장 인기 있는 품목을 중심으로 그룹 테크놀로지 배치로 설비들을 재배치하였다. 그 결과, 리드 타임 67% 단축, WIP 수준 50% 감소, 품질 향상, 생산량 증대를 이루었고, 직원 수를 25% 감축시킬 수 있었다.

2 프로세스 중심 배치

프로세스 중심 배치(process-focused layouts)는 다품종 소량 생산 제품에 적합한 배치이며, 단속 프로세스 배치(intermittent process layouts)나 머신 숍 배치(machine shop layouts)라고도 불린다. 기계를 기능별로 분류하여 작업장을 구성하는 배치로, 제조 유연성 향상에 도움이 된다. 다음의 Manufacturing Spotlight에서 CNC 머신 숍 공장의 예를 살펴본다.

Manufacturing SPOTLIGHT

Plethora Speeds Up Prototype Manufacturing

캘리포니아의 어느 CNC 머신 숍 공장에서는 운영 방식을 바꾸기로 하였다. 고객이 기계 가공품을 주문할 때 피자를 주문하듯 쉽게 할 수 있도록 하는 것을 목표로 하였다. 이를 위해 소프트웨어를 변경하듯 하드웨어 변경을 쉽게 할 수 있도록 시도했다.

이 공장의 빠른 회전율을 가로막는 가장 큰 장애물은 기계를 프로그래밍하는 것이었다. 따라서 이 부분의 자동화에 초점을 맞춰 진행했다. 많은 협업을 통해, 공구 선택과 경로 설정이 자동으로 이뤄지는 소프트웨어 알고리즘을 개발해 자동화를 구현하였다. 이 시스템을 통해 고객은 웹이나 CAD 시스템에서 디자인을 분석하고 희망 날짜까지의 제조 가능성과 납품 가격을 즉각적으로 확인할 수 있게 되었다. 그리고 직원들은 디자인 명세서와 협상에 관한 이슈로부터 자유로워질 수 있었다.

하지만 아직은 한계가 있다. 어떤 부품은 여전히 사람이 설계와 프로세스를 수행하고 제조 가능성을 분석한다. 사실 대부분 작업에서 사람을 완전히 배제하지는 못했지만, 일부

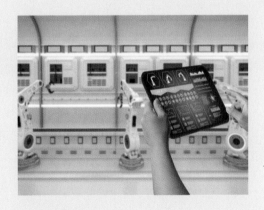

는 자동화 시스템만으로 처리할 수 있게 되었다. 중요한 점은 더 많은 기능이 추가됨에 따라 자동화 시스템만으로 처리되는 부품의 수가 늘어나고 있다는 것이다. 이 기업의 사장 Pinkston은 "어떤 사람들은 예외가 있어서 결국 불가능할 거라 말하지만, 우리는 그런 생각을 거부한다"라고 말한다.

출처: M. Danford, M. (2018). "The Self-Programming Shop," *Modern Machine Shop*, 90, no. 10 (102018),: 80–89.

프로세스 중심 배치는 다양한 유형의 제품을 소량으로 생산할 때 유용하다. 다양한 제품에 대한 수요는 가변적이다. 만약, 새로운 작업이 공정에 도착했을 때, 이미 많은 작업이 대기 중이라면 상당한 대기 시간이 발생할 수도 있다. 따라서 공정에서 대기 중인 작업에 대해 사전에 일정계획을 수립하여 운영한다. 또, 서로 다른 제품이 동일 설비에서 처리되므로, 제품마다 다른 부품, 자재, 조립품 등이 요구될 수 있다. 따라서 제품 중심 배치에서 쓰이는 컨베이어 또는 오버헤드 랙과 같은 경로 고정형의 자동화된 자재 이송 장비는 적합하지 않다. 대신, 프로세스 중심 배치에서는 팔레트 위에 작업을 놓고, 지게차 등을 이용해 수동으로 전달한다. 이러한 처리 방식과 작업 대기행렬로 인해, 제품 중심 배치에 비해 상대적으로 WIP 수준이 높고 리드 타임은 길어진다. 프로세스 중심 배치는 공정의 유연성은 높지만, 자재 운반 비용이 많이 들고 생산 속도 및 기계 활용도 측면에서는 단점이 있다. 반대로 제품 중심 배치는 많은 생산량을 빠르게 달성하기 위한 배치이지만, 특정 제품을 위한 배치이기에 제조 유연성은 떨어진다.

프로세스 중심으로 배치하여 자재 흐름을 관리하려면 우선 가장 사용 빈도가 높은 공정 또는 부서들을 서로 가깝게 배치해 이동으로 인한 시간 손실을 최소화하는 데 중점을 두어야 한다. 여러 배치안을 비교할 때는 작업의 총 이동 거리(또는 비용)를 기준으로 비교한다. 이러한 거리나 비용을 최소화하는 것이 최상의 배치이다. 각 설비에서 대기 중인 작업도 효과적으로 스케줄되어야 한다.

〈예제 7-2〉는 하루 총 이동 거리를 최소화하기 위한 공장 배치 분석을 보여준다(일반적으로 총 이동 거리를 최소화함으로써 총 이동 비용도 최소화된다고 가정함). 〈예제 7-2〉에서 기존보다 더 나은 배치를 찾았지만, 이 배치가 최적의 배치는 아닐 수 있다(6개 부서의 경우, 6! = 720개의 배치를 비교해야 함). 고려해야 하는 부서의 수가 많은 경우, 소프트웨어를 통해 최적의 배치안을 도출하기도 한다.

예제 7-2   **프로세스 중심 배치 분석**

Hayleyton Machine Shop은 평균 작업 소요 시간 단축을 목표로 더욱 효과적인 배치 설계를 위한 작업 흐름 분석을 수행하였다. 6개 부서가 아래와 같이 배치되어 있다. 부서 간 수직 거리는 45피트이고 수평 거리는 60피트다. 예를 들어 부서 B에서 부서 E로 이동하려면, 두 번의 수평 이동(120피트)과 한 번의 수직 이동(45피트)이 필요하다. 대각선 이동은 불가능하다고 가정한다. 아래 표는 하루 동안 부서 간 평균적인 이동 횟수를 나타낸다.

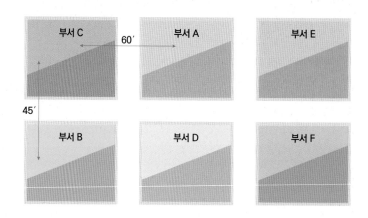

부서 간 이동 횟수/하루						
	부서 A	부서 B	부서 C	부서 D	부서 E	부서 F
부서 A	–	6	4	5	8	10
부서 B	2	–	9	8	0	3
부서 C	4	2	–	0	4	4
부서 D	2	8	4	–	6	2
부서 E	7	4	3	6	–	2
부서 F	8	2	0	2	4	–

다음 표는 (부서 간 이동 횟수 × 이동 거리)를 나타낸 것으로, 총합 1만 2,510피트가 현재 배치에서의 하루 총 이동 거리이다.

부서 간 이동 거리/하루						
	부서 A	부서 B	부서 C	부서 D	부서 E	부서 F
부서 A	–	270	240	525	960	1,650
부서 B	90	–	945	480	0	360
부서 C	240	210	–	0	240	420
부서 D	210	480	180	–	630	120
부서 E	840	660	180	630	–	90
부서 F	1,320	240	0	120	180	–

부서 간 양방향으로 이동하는 거리를 고려할 때, 이동량이 많은 A-F, A-E, B-C 부서들은 가까이 위치해야 한다. 따라서 부서 A와 C의 위치를 교환한 새로운 배치를 고려해볼 수 있다.

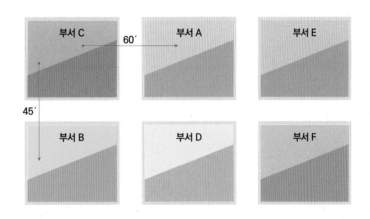

부서 간 이동 거리/하루						
	부서 A	부서 B	부서 C	부서 D	부서 E	부서 F
부서 A	–	630	240	225	480	1,050
부서 B	210	–	405	480	0	360
부서 C	240	90	–	0	480	660
부서 D	90	480	420	–	630	120
부서 E	420	660	360	630	–	90
부서 F	840	240	0	120	180	–

새로운 배치에서 총 이동 거리는 1,680피트(13%) 줄어든 1만 830피트이다. 배치 설계를 할 때는 가능한 경우의 수를 고려하여 최적의(또는 개선된) 배치를 찾아야 한다. 하지만 가능한 경우의 수가 매우 많은 경우, 상당한 계산 시간이 소요된다. 이런 경우, 설계 배치 소프트웨어를 통해 시간을 단축할 수 있다.

③ 사무실 배치

사무실 배치(office layouts)는 서로 선호하는 또는 연관 있는 부서(⑩ 서기 부서와 파일 저장소)를 가깝게 배치해야 한다. 즉, 이동 횟수보다는 사무실 간의 관계가 더욱 중요하다. 예를 들어, 소아과 진료실과 X-ray 촬영실은 서로 멀리 떨어트려 놓는 것이 바람직하다. 이러한 관계를 부서 간 근접 만족도 등급(closeness desirability rating)으로 정의할 수 있으며, 전체 사무실의 만족도를 최

대화하는 배치를 설계하는 것을 목표로 한다. 〈예제 7-3〉은 만족도 개념을 바탕으로 한 배치 설계를 보여준다. 이 분석에서는 적어도 한 벽의 일부를 다른 부서와 공유하는 쌍만 고려한다. 그렇지 않은 부서 간 만족도 점수는 제외한다. 그리고 주어진 배치에 대해 〈예제 7-2〉에서 시행한 분석을 적용할 수 있다. 이를 통해 부서 간 이동 거리는 최소화하고 근접 만족도는 최대화하는 배치를 도출할 수 있다.

예제 7-3   근접 만족도를 이용한 사무실 배치 분석

Faith Consulting Company는 연관 있는 부서들은 서로 가깝게 배치하고, 그렇지 않은 부서들은 멀리 떨어져 있는 배치를 설계하려고 한다. 경영진은 만족도를 -1부터 3으로 측정했다(-1 = 바람직하지 않음, 0 = 중요하지 않음, 1 = 약간 중요, 2 = 중요, 3 = 매우 중요). 이를 사무실 간 근접 만족도 등급을 바탕으로, 현재 사무실 배치를 평가하고 개선된 배치를 찾고자 한다.

- 만족도 등급

	B	C	D	E	F	G	H
A	2	0	−1	2	2	3	−1
B		0	2	1	1	0	3
C			2	2	0	0	1
D				1	−1	−1	3
E					3	1	2
F						3	1
G							0

• 현재 배치

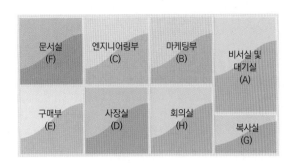

• 현재 배치의 근접 만족도

(A-B: 2) + (A-H: -1) + (A-G: 3) + (B-C: 0) + (B-H: 3) + (C-F: 0) + (C-D: 2) + (D-E: 1) + (D-H: 3) + (E-F: 3) + (G-H: 0) = 16

※ 서로 맞닿아 있는 쌍만 한 번씩(중복 없이) 계산(F-D, E-H, B-G 등은 고려하지 않음)

문서실(F)을 복사실(G) 옆으로 이동하고, 사장실(D)을 현재 문서실(F) 위치로 옮긴 새로운 배치는 아래와 같다.

• 새로운 배치

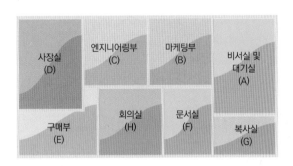

• 새로운 배치의 근접 만족도

(A-B: 2) + (A-F: 2) + (A-G: 3) + (B-C: 0) + (B-H: 3) + (B-F: 1) + (C-D: 2) + (C-E: 2) + (C-H: 1) + (D-E: 1) + (E-H: 2) + (H-F: 1) + (F-G: 3) = 23

분석 결과, 새로운 배치안이 더 낫다는 결론을 내릴 수 있다. 이전 예와 마찬가지로 잠재적인 경우의 수가 많으므로 최적의 배치를 선택하기 위해서는 여러 가지 배치안을 평가해야 한다.

④ 소매점 배치

소매점의 배치는 고객의 마음을 사로잡을 수 있는 환경을 조성하여 매출을 극대화하는 것을 목표로 한다. 이런 목표를 달성하기 위해서는 서비스스케이프(servicescapes)와 결합한 배치를 설계해야 한다. 서비스스케이프는 서비스 공간의 물리적 환경을 말하며, 쾌적한 조명과 온도, 배경 음악을 포함한다. 그리고 잘 배치된 간판, 넓은 통로, 카펫, 벽의 색상 등을 포함하며, 흔히 장난감 가게나 음반 가게에서 볼 수 있는 체험 공간도 고려될 수 있다. 서비스에 적합한 분위기 조성은 고객의 재방문에 큰 영향을 미치는 요소이다.

소매점의 경우, 고객이 매장에 체류하는 동안 최대한 많은 제품에 노출되도록 하는 것이 좋은 배치이다. 앞서 언급한 바와 같이, 소매점 배치의 목표는 (단위 면적당) 매출 극대화다. 이것이 고객들의 주요 구매 품목인 우유와 계란이 보통 식료품점 뒤에 있는 이유이고, 사탕과 껌 그리고 잡지와 같은 충동구매 품목이 계산대 근처에 놓여 있는 이유이다(그림 7-7). 또 다른 목표는 수준 높은 고객 서비스를 제공하는 것이다.

소매점 배치를 계획할 때는 일반적으로 다음의 사항들을 고려한다.

① 수요가 많은 품목은 가장 먼 곳에 배치한다.

② 높은 이윤과 충동 구매성 품목은 노출을 극대화하기 위해 매장 앞이나 포장대 근처에 배치한다.

③ 품목별 인기 제품을 배치해 노출을 극대화한다.

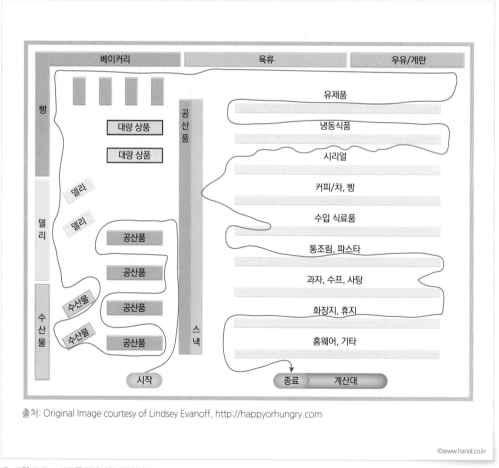

출처: Original Image courtesy of Lindsey Evanoff, http://happyorhungry.com

© www.hanol.co.kr

⬥ 그림 7-7_ 식료품점에서의 고객 경로

5 프로젝트 배치

프로젝트 배치(project layouts)는 위치 고정형 배치(fixed-position layouts)라고도 불리며, 제조물(뗸 건물, 유람선)은 고정되어 있고 작업자와 장비가 제조물의 위치로 이동해 예정된 일정에 따라 작업한다. 효과적인 프로젝트 배치를 위해서는 프로세스들의 작업 순서, 향후 필요한 자재의 배치, 프로젝트 본연의 특징을 고려해야 한다. 예를 들어, 집을 지을 때 지하를 만들기 전에 시멘트부터 부을 수는 없다. 프로젝트

프로젝트 배치에서는 고정된 제품으로 작업자와 장비가 이동한다.

가 진행됨에 따라 일정 지연이 발생하지 않도록 신속하게 처리되어야 하는 작업도 있다. 프로젝트에 대한 주제들은 11장에서 자세히 다루기로 한다.

프로젝트의 리드 타임과 총비용을 줄이기 위해 일부 프로젝트는 조립라인 방식으로 이루어지기도 한다. 조립형 주택이 대표적인 예이다. 조립형 주택은 전통 방식으로 지어진 주택에 비해 저렴하고 건축 시간이 짧다. 이런 이유로 미국에서는 2018년 기준 조립형 주택의 판매가 매년 약 9%씩 성장하고 있다. 2017년에 판매된 약 9만 3,000채의 조립형 주택의 평균 판매가는 7만 600달러에 불과했다. 아울러, 프로젝트에 배치되는 많은 조립품이 프로젝트 현장이 아닌 외부 조립라인에서 만들어지고, 현장에서는 최종 조립되거나 고정 및 부착되기만 하면 된다(뗸 주택 건설의 금속 및 목재 프레임 및 캐비닛). 이를 통해 프로젝트 완료 시간을 단축하면서 비용을 줄일 수 있다.

6 배치 설계의 트렌드

6. 배치 설계의
최신 동향

이 장에서는 사무실, 소매점, 식당에 관한 배치 설계의 최신 동향을 살펴본다.

1 사무실

오늘날의 사무실은 벽을 허물고 개방된 공간으로 변화하고 있다. 많은 기업이 기존의 계층적 부서 배치에서 개방형 사무실로 전환하고 있다. 휴게 공간 같은 분위기에서 업무를 보기도 하고, 야외에 휴식 공간을 만들기도 한다.

다음은 캘리포니아에 있는 직원 수 400명인 한 병원의 사례다. 이 병원에서는 직원들이 공유하며 사용할 수 있는 책상 400개를 한 공간에 배치하였다.

Newport Beach에 위치한 건축 및 인테리어 디자인 회사 H. Hendy Associates의 전략 계획 담당 이사인 Drew Carter는 "기업들은 근로자를 위한 공간과 가구에 많은 돈을 쓴다. 하지만 직원들은 책상에 그리 오래 앉아 있지 않을 수도 있다"고 말한다. "병원 이사진은 책상 수를 100개로 줄이기로 결정했고, 이에 직원당 필요 공간이 줄어들었다"라고 덧붙였다. "언테더링(untethering)"이라고 불리는 이 개념은 직원들이 필요한 시간 동안만 이용할 책상이나 사무실을 예약하거나 사용하는 것을 의미한다. Carter는 "직원들은 어느 책상에서나 온라인으로 모든 장치에 접속할 수 있고, 중단했던 작업을 이어갈 수 있다"라고 말한다.

그리고 편안한 분위기를 조성하기 위해 레스토랑 스타일의 4인 회의실이 마련되었고, 200ft²이었던 개인 사무실을 64ft²로 축소하였다. 아울러 JLL의 Irvine 사무소의 개발 부사장인 Daniel Walker는 "1980년대 후반과 1990년대에 유행했던 체리색의 나무문은 더 이상 유행이 아니다"라고 말한다.

② 소매점

소매점은 비주얼 머천다이징(visual merchandising) 개념을 바탕으로 배치하고 분위기를 조성하는 추세이다. 통로 끝에 있는 진열대에 조명이나 색상을 활용해 제품을 강조한다. 통로 중앙에는 마이크로 머천다이징(micro-merchandising)의 개념으로 비슷한 종류의 제품군을 배치한다. 시각적 효과를 위해 가장자리가 둥근 선반을 사용하며, 진열대의 높이를 낮추어 고객이 매장의 다른 구역도 볼 수 있도록 한다.

오늘날 소매점은 고객의 매장 방문을 유도하고 더 오래 머무르도록 비주얼 머천다이징을 이용한다.

또한 고객이 매장을 들어올 때 가장 먼저 마주하는 공간인 매장 입구를 재설계하는 데 큰 노력을 기울이고 있다. 고객은 매장에 들어온 뒤 처음 1~4m 영역에서 상점이 취급하는 제품이 얼마나 싸거나 비싼지, 어떤 품목의 유형을 파는지를 판단한다. 다음은 매장의 오른쪽 영역이다. 일반적으로 고객은 매장에 들어서면 오른쪽부터 향한다. 따라서 매장 관리자는 관심을 끌 수 있고 수요가 많으며 수익성이 높은 품목을 매장 오른쪽 영역에 배치한다. 이후 고객은 원형을 그리며 매장을 돌며 구매할 제품을 매장 전면부로 가져온다.

이 과정에서 매장 관리자는 고객의 이동 속도를 늦추기 위해 '과속 방지턱'을 만든다. 이것은 간판, 통로의 휴식 공간 또는 전시물 등 무엇이든 될 수 있다. 그리고 통로를 넓게 하여 고객에게 더 넓고 쾌적한 개인 공간을 제공한다. 마지막으로, 전략적으로 편안한 좌석을 배치하여 고객이 매장에서 더 오래 머무를 수 있도록 한다.

❸ 레스토랑

사람의 뇌는 시각적 자극을 가장 빠르게 받아들인다. 따라서 레스토랑 배치에서 색상은 매우 중요하다. 빨간색과 노란색은 무의식적으로 배고픔과 흥분을 유발한다. 이에 많은 레스토랑에서 이 2가지 색을 활용한다. 밝은 조명은 서비스 속도와 고객 회전율 향상에 긍정적인 효과가 있어 패스트푸드점에서 많이 사용한다. 반대로 고객이 더 오래 머물며 천천히 즐기도록 유도하려는 목적이라면, 어두운 조명이 도움이 될 수 있다.

Dunkin은 밝은 조명과 색상으로 고객을 유치한다.

레스토랑 배치의 또 다른 전략은 고객 시선(sight lines)을 활용하는 것이다. 고객들이 부엌 내부를 들여다볼 수 있도록 노출함으로써 극적 효과와 신선함을 일으킬 수 있다. 오하이오에 본사를 둔 컨설팅 회사 WD 파트너스의 식품 서비스 전략 담당 임원은 "무언가를 숨기려 하는 것처럼 보이지 않도록, 고객들이 레스토랑의 뒤쪽을 충분히 볼 수 있어야 합니다"라고 말한다. 블림피 샌드위치 가게는 고객들이 샌드위치를 만드는 과정을 볼 수 있도록 매장 배치를 수정하였다. 그리고 개방된 좌석 공간을 통해 고객들이 공동체 의식을 느낄 수 있도록 하였다. 블림피 샌드위치의 운영자 Bill Morris는 "고객들이 환영받고, 서두르지 않는 분위기를 조성하고 싶다"고 말한다.

 요약

이 장에서는 6장의 재고 관리 주제를 확장하고 운영 관리에 중요한 다양한 자재 흐름 관리법을 다루었다. 자재 흐름은 고객에게 적시에 고품질 제품을 제공하는 능력과 회사의 비용에 큰 영향을 미칠 수 있다. 오늘날의 글로벌 마켓에서 프로세스 흐름을 모니터링하고 변화하는 수요 패턴에 빠르게 적응할 수 있는 유연성은 필수 경쟁 무기이다. 이는

이 장에서 논의된 많은 자재 흐름 개념의 적용을 통해 달성할 수 있다. 이 장에는 자재 흐름도 작성 및 분석, 공장, 소매점 및 사무실 배치에 대한 개념을 소개하였고, 제품 또는 프로세스 중심 배치, 그룹 테크놀로지, 프로젝트 배치 등 다양한 배치 방법론을 다루었다. 마지막으로 사무실, 소매점, 레스토랑에서의 최신 배치 동향에 대해 논의하였다.

주요용어

- **가치 흐름도**(value stream mapping)　자재 흐름도 참조
- **공정도**(process mapping)　자재 흐름도 참조
- **공정 흐름도**(process flo설비harting)　자재 흐름도 참조
- **그룹 테크놀로지 배치**(group technology layouts)　셀룰러 배치 참조
- **근접 만족도 등급**(closeness desirability rating)　사무실 배치에 사용되는 등급 시스템. 부서 쌍 간의 근접성

을 기준으로 부여된 수치 등급. 만족도 등급이 가장 높은 배치를 생성하는 것을 목표로 함

- **단속 프로세스 배치**(intermittent process layouts)　프로세스 중심 배치 참조

- **드럼, 버퍼, 로프**(DBR; drum, buffer, rope) **개념**(concept)　제약이론을 설명하는 개념

- **라인 밸런싱**(balancing the line)　작업을 균등하게 나누어 직원들에게 공평하게 작업 할당하는 것. 병목 현상의 가능성과 위험도를 낮춤으로써 라인 흐름이 원활해지고 잠재적으로 생산량이 증대. 목표생산량, 하루 작업시간, 작업자 수, 작업시간 등을 고려하여 수행

- **마이크로 머천다이징**(micro-merchandising)　비슷한 종류의 제품군을 중앙 통로에 배치. 시각적 효과를 위해 때로는 둥근 선반을 사용

- **머신 샵 배치**(machine shop layouts)　프로세스 중심 배치 참조

- **비주얼 머천다이징**(visual merchandising)　통로 끝에 있는 진열대에 조명이나 색상을 활용해 제품을 강조

- **사이클 타임**(cycle time)　조립라인의 속도를 설정하는 데 사용되는 시간 개념. 각 워크센터가 한 단위의 제품 생산을 위해 사용할 수 있는 최대 시간. 조립라인 끝에서 하나의 제품이 생산되는 주기

- **사이트 라인**(sight lines)　레스토랑 및 소매점에서 손님들이 부엌이나 내부의 다른 부분을 볼 수 있도록 하는 것

- **서비스스케이프**(servicescapes)　소매점의 물리적 환경. 쾌적한 조명 및 온도, 배경 음악 사용을 포함. 잘 배치된 간판, 넓은 통로, 카펫 사용, 쾌적한 벽의 색상, 체험 공간 등도 고려될 수 있음

- **셀룰러 배치**(cellular layouts)　동일한 가공 장비가 필요한 부품 및 조립품을 식별하고 부품군(제품군)으로 그룹화하는 배치. 이러한 부품군을 가공하기 위해 제조 "셀" 또는 소규모 조립 영역을 마련. 그룹 테크놀로지 배치(또는 GT 셀)라고도 함

- **위치 고정형 배치**(fixed-position layouts)　제조물(⑩ 건물, 유람선)은 고정되어 있고 작업자와 장비가 제조물의 위치로 이동해 예정된 일정에 따라 작업하는 배치(프로젝트 배치)

- **유연 제조 시스템**(FMS; flexible manufacturing system)　중앙 집중식 컴퓨터, CNC 기계, 물류 자동화(AMHS) 시스템을 바탕으로 하는 자동화 시스템. AMHS는 자동화된 컨베이어, 무인 운반차(AGV)와 자동화된 저장 및 검색 시스템(AR/RS)을 갖춘 물류 시스템. FMS는 소량 배치를 위한 효율적인 일정 관리, 부품의 경로 설정과 용이한 보관 그리고 유사 제품을 조립하는 작업 공간에서 설비의 효율적인 운영과 제어를 가능케 함. FMS를 통해 제조 유연성을 높이고, 빠르고 생산적인 제조 시스템을 구축할 수 있음

- **자재 흐름도**(material flow analysis)　프로세스를 구성하는 활동 순서를 식별하고 자재 흐름을 이해하는 방법. 목표는 부가가치가 없는 활동을 식별 및 평가하여 제거한 다음 나머지 프로세스 활동을 개선

- **자재 흐름 분석**(material flow analysis)　자재 흐름도를 작성함으로써 자재(또는 재고)가 저장되는 위치, 재고가 이동하는 경로, 프로세스를 구성하는 순서 등을 명확히 하고, 지연이 발생하는 위치를 파악할 수 있음. 이를 바탕으로 자재의 이동 거리와 시간, 저장 및 처리 시간, 대기 시간 등을 측정할 수 있음. 그리고 인력, 설비, 자재의 이동 경로 개선과 설비 및 부서의 재배치에 활용할 수 있음

- **작업 준비**(setups)　조립라인에서는 동일한 제품의 여러 모델을 생산하므로, 생산 모델을 변경하기 전에 수행하는 설비 재설정, 공구 교체, 재고 변경, 작업 변경 등을 일컬음

- **제조 유연성**(manufacturing flexibility)　다양한 유형의 제품을 만들고, 공정 운영 방식을 변경하거나, 예측된 또는 예측하지 못한 수요 변화에 대응하여 공정 용량을 변경할 수 있는 능력

- **제품 중심 배치**(product-focused layouts)　조립라인 배치 참조

- **조립라인 배치**(assembly-line layouts)　표준화된 제품의 대량 생산에 적합한 배치. 공정 단계는 표준화되어 있으며 비슷한 작업시간을 갖는 그룹으로 공정들을 그룹화해 운영. 이 그룹을 워크센터에 배정하여 처리

되도록 하며, 전문화가 이뤄지도록 함

- **컴퓨터 수치 제어**(CNC: computer numerically controlled) **기계**(machines)　선반이나 절삭기 등 공작 기계를 이용한 가공을 컴퓨터를 이용해 프로그래밍하여 제어하는 기계

- **컴퓨터 지원 설계**(CAD: computer-aided design)　컴퓨터 그래픽 애플리케이션을 이용한 제품 설계

- **컴퓨터 지원 제조**(CAM: computer-assisted manufacturing)　제조 공정에서 컴퓨터를 사용하는 것. CAM 애플리케이션에는 용접 또는 도장 로봇, CNC 기계 등을 포함

- **컴퓨터 통합 제조**(computer-integrated manufacturing)　중앙 컴퓨터를 이용해 생산 계획과 일정계획 수립 그리고 의사결정을 내리고 관리하는 것. 유연 제조 프로세스를 상호 연결하여 전체를 관리하는 시스템

- **택 타임**(TT: takt time)　사이클 타임 참조

- **프로세스 중심 배치**(process-focused layouts)　유사한 기능의 장비별로 구분된 배치. 다품종 소량 생산에 적합. 제조 유연성 향상에 도움. 단속 프로세스 배치 또는 머신 샵 배치라고도 함

- **프로젝트 배치**(project layouts)　위치 고정형 배치 참조

- **협업 로봇**(collaborative robots)　스스로 생각할 수 있으며 주변 환경을 학습할 수 있는 로봇. 많은 작업을 처리할 수 있고, 인간과 함께 안전하게 일할 수 있음. 작업자 고령화 및 고객 맞춤화에 대한 많은 요구사항을 해결할 수 있음

- **휴리스틱 솔루션**(heuristic solutions)　짧은 시간 내에 합리적인 솔루션을 구할 수 있는 절차

공식 정리

- 택 타임(또는 사이클 타임): $TT = \dfrac{\text{하루 작업 시간}}{\text{하루 목표 생산량}}$

- 조립라인 최소 워크센터 수: $W_{min} = \dfrac{\text{전체 작업 시간의 합}}{TT}$

- 조립라인 효율성: 효율성 $= \dfrac{\text{전체 작업 시간의 합}}{(\text{워크센터 수} \times TT)}$

문제해결

1. 다음은 조립라인에 대한 정보이다.

　a) 공정의 선후관계를 바탕으로, 공정을 화살표로 연결한 공정 흐름도를 완성하라.

　b) 하루 작업시간 = 8시간, 하루 목표생산량 = 800개로 가정할 때, TT와 W_{min}을 구하라.

　c) 라인 밸런싱 수행하여 조립라인의 효율성, 하루 총 근무 시간과 유휴시간을 구하라. (단, 워크센터당 한 명의 작업자를 배정한다고 가정)

공정	시간(초)	후속 공정
A	14	–
B	23	–
C	19	A
D	11	B
E	17	C, D
F	28	E
합	112	

d) 한 공정에 한 명의 작업자를 배정한다고 가정하고, TT, 하루 최대 생산량, 효율성을 구하라.

정답

a)

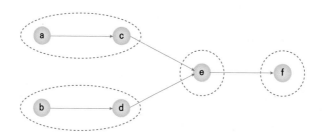

b) $TT = \dfrac{\text{하루 작업 시간}}{\text{하루 목표 생산량}} = \dfrac{8(60)(60)}{800} = 36초/개$

$W_{min} = \dfrac{\text{전체 작업 시간의 합}}{TT} = \dfrac{112}{3.6} = 3.1,$ 최소 4개의 워크센터

c) 효율성 $= \dfrac{\text{전체 작업 시간의 합}}{(\text{워크센터 수} \times TT)} = \dfrac{112}{4(36)} = 0.778 = 77.8\%$

- 필요 작업자 수: 4명
- 하루 총 근무 시간: 4명 × 8시간 = 32시간
- 하루 총 작업 시간: 800개 × 112초/개 = 8만 9,600초 = 24.89시간
- 하루 총 유휴 시간: 32 – 24.89 = 7.11시간

d) 6개 워크센터로 라인 운영 시 TT = 28초
- 최대 생산 가능량: 8시간/28초 = 1,028.6개 또는 1,028개
- 효율성: 112/(6×28) = 0.667 = 66.7%

2. 다음은 현재의 프로세스 중심 부서 배치도와 하루 동안 부서 간 평균적인 이동 횟수와 이동에 대한 비용을 나타낸 것이다. 부서 간 수직, 수평, 대각 이동은 각각 1달러의 비용이 발생하며, 두 칸을 이동하면 2달러의 비용이 발생한다. 현재 배치에서 하루 동안 총 이동 비용을 구하고, 개선된 배치를 설계하라.

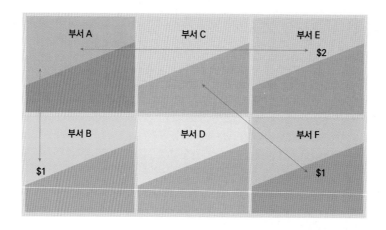

부서 간 이동 횟수/하루					
	부서 B	부서 C	부서 D	부서 E	부서 F
부서 A	6	8	12	7	15
부서 B	–	10	13	8	12
부서 C	–	–	8	12	9
부서 D	–	–	–	8	4
부서 E	–	–	–	–	7

정답

- 비용 매트릭스

부서 간 이동 비용/하루					
	부서 B	부서 C	부서 D	부서 E	부서 F
부서 A	6	8	12	14	30
부서 B	–	10	13	16	24
부서 C	–	–	8	12	9
부서 D	–	–	–	8	4
부서 E	–	–	–	–	7

총 이동 비용/하루 = 181달러

현재 배치는 A – F와 B – F에서 가장 큰 비용이 발생한다. 이를 줄일 수 있는 가능한 방안은 부서 C와 F의 위치를 바꾸는 것이다. 이 경우 새로운 비용 매트릭스는 다음과 같다.

부서 간 이동 비용/하루					
	부서 B	부서 C	부서 D	부서 E	부서 F
부서 A	6	16	12	14	15
부서 B	–	20	13	16	12
부서 C	–	–	8	12	9
부서 D	–	–	–	8	4
부서 E	–	–	–	–	7

새로운 배치에서 하루 총 이동비용은 172달러로, 이전보다 9달러 줄었다. 더욱 좋은 배치가 있을 수 있지만, 6! = 720가지 배치를 확인해야 한다.

3. 아래의 근접 만족도를 바탕으로 문제 2에서 주어진 배치를 평가하고 더 나은 배치를 설계하라. 단, 적어도 하나의 벽을 다른 부서와 공유하는 쌍만 고려한다.

(-1 = 바람직하지 않음, 0 = 중요하지 않음, 1 = 약간 중요, 2 = 중요, 3 = 매우 중요)

근접 만족도					
	부서 B	부서 C	부서 D	부서 E	부서 F
부서 A	1	0	2	2	1
부서 B	–	0	-1	3	3
부서 C	–	–	3	1	-1
부서 D	–	–	–	0	2
부서 E	–	–	–	–	1

정답

- 현재 배치의 근접 만족도

  (A-B: 1) + (A-C: 0) + (B-D: −1) + (C-D: 3) + (C-E: 1) + (D-F: 2) + (E-F: 1) = 7

  개선 시도: (B-F)와 (A-E)는 만족도가 높고 (B-D)는 바람직하지 않은 쌍이므로 B와 E의 위치를 교환한다.

- 새로운 배치의 근접 만족도

  (A-E: 2) + (A-C: 0) + (C-D: 3) + (C-B: 0) + (D-F: 2) + (B-F: 3) = 10(개선 확인)

검토해보기

1. 자재 흐름 분석의 목적은 무엇인가?
2. 병목 현상이란 무엇인가?
3. 제약 이론(TOC)을 설명하라.
4. 드럼, 버퍼, 로프(DBR) 개념과 TOC와의 관계를 설명하라.
5. 제조 유연성이란 무엇인가?
6. 유연 제조 시스템과 컴퓨터 통합 제조 시스템의 차이점을 설명하라.
7. 대량 고객화의 예를 제시하라.
8. 제품 중심 배치의 목적은 무엇인가? 어떤 제품의 생산에 적합한가?
9. 택타임이란 무엇인가?
10. 조립라인 밸런싱의 장단점은 무엇인가?
11. 그룹 테크놀로지 배치란 무엇인가?
12. 프로세스 중심 배치는 무엇이며, 그 예는 무엇인가?
13. 제품 중심 배치와 프로세스 중심 배치의 장단점은 무엇인가?
14. 프로세스 중심 배치를 설계할 때 일반적인 목적은 무엇인가?
15. 제품 중심 배치와 프로세스 중심 배치에서의 일정계획 문제는 무엇인가?
16. '서비스스케이프'란 무엇인가?
17. 프로젝트 배치와 제품 및 프로세스 중심의 배치는 어떻게 다른가?
18. 비주얼 머천다이징과 마이크로 머천다이징이란 무엇인가?
19. 레스토랑에서 고객 시선을 활용한 배치는 무엇인가?

토론해보기

1. 조직에서 정보와 자재의 흐름을 이해하는 것이 중요한 이유는 무엇인가?
2. 패스트푸드 사업 또는 당신이 선택한 사업을 위한 프로세스 맵을 작성하라.
3. 2에서 작성한 프로세스 맵을 이용해 수행할 수 있는 프로세스 분석은 무엇인가?

4. 동네 식료품점에서 제약 이론은 어떻게 적용될 수 있는가?

5. 경영 효율성 향상을 위해 제약 이론을 적용할 수 있는가?

6. 제조 유연성이 중요한 이유는 무엇인가? 이것이 바람직하지 않은 조직도 존재하는가?

7. 제품 중심 배치에서 제약 이론이 어떻게 사용될 수 있는지 설명하라.

8. 제너럴 모터스의 택타임은 8분/대 정도이다. 이것은 무엇을 의미하는가? 1년에 몇 대를 생산할 수 있는가?

9. 그룹 테크놀로지 배치는 언제 어떤 유형의 시설에 가장 적합한가?

10. 제조 설비 배치를 근접성 만족도 관점에서 분석할 수 있는가?

11. 비용 최소화 및 근접성 만족도 관점에서 배치를 분석할 때 이점은 무엇인가?

12. 교실에서는 서비스스케이프를 어떻게 사용할 수 있는가?

13. 대학 내 서점에서는 비주얼 머천다이징과 마이크로 머천다이징을 어떻게 적용할 수 있는가?

연습해보기

1. 업체를 한 곳 선정하여 자재 또는 작업자 흐름도를 작성한다. 그리고 관리자의 도움을 받아 흐름을 분석을 수행한다.

2. 제약 이론을 이용해 본인의 숙제와 학습 활동을 분석한다. 제약 조건을 개선하거나 제거하여 이 프로세스를 개선할 방법에 관해 설명한다.

3. 대량 고객화의 3가지 예를 찾아보고 해당 회사에 대한 보고서를 작성한다.

연습문제

1. 주어진 표의 공정과 선후관계를 바탕으로 공정 흐름도를 작성한다. 하루 8시간 동안 목표생산량 50대를 달성하기 위한 택타임과 최소 워크스테이션 수를 구하라.

공정	시간(분)	후속 공정
A	2	–
B	1.5	A
C	5	A
D	3	A
E	1	B, C, D
F	2	E
합	14.5	

3. 1에서 주어진 공정 정보를 바탕으로, 조립라인 밸런싱을 수행하라. 이때, 조립라인의 효율성, 하루 총 근무 시간, 작업시간, 유휴시간을 계산하라.

4. 1에서 주어진 공정 정보를 사용하여, 최소 택타임을 구하고, 이에 상응하는 생산량을 계산하라.

5. 어느 공장은 2교대로 하루 16시간 가동하고 하루 목표생산량은 4,000개라고 한다. 택타임(초)은 얼마인가?

6. Mary Kay Bakery는 빵 생산량을 증대를 위해 공정을 조정하기로 하였다. 각 공정에 대한 정보는 아래에 주어져 있다. 하루 8시간 동안 목표생산량은 120개이다. 주어진 정보를 바탕으로 조립라인 밸런싱을 수행하고, 택타임, 최소 워크스테이션 수, 조립라인 효율성을 계산하라. 그리고 하루 총 근무 시간, 작업시간 및 유휴시간도 계산하라.

공정	시간(분)
A	2
B	1
C	3
D	3
E	3
F	2
G	2
H	3
합	19

7. 5에서 주어진 조립라인의 최소 택타임은 얼마인가? 이때 하루 생산량, 조립라인 효율성과 작업시간, 유휴시간을 계산하라.

8. 전체 공정시간이 48분이고, 목표생산량은 하루 80대이며, 하루 8시간씩 2교대로 작업할 경우, 택타임은 얼마인가? 최소 워크센터는 몇 개인가? 조립라인 밸런싱 결과 6개의 워크센터에 배정했다면 효율성은 얼마인가?

9. 다음은 조립라인에 대한 정보를 바탕으로 공정 흐름도를 완성하라. 하루 8시간 동안 목표생산량 45개를 달성하기 위한 TT와 W_{min}을 구하고 라인 밸런싱을 수행하라. 결과를 바탕으로 조립라인의 효율성, 하루 총 작업시간과 유휴시간을 구하라.

공정	시간(분)	후속 공정
A	6	–
B	4	A
C	2	A
D	7	B
E	3	C
F	6	D, E

10. 8번에서 주어진 조립라인에서 공정당 한 명의 작업자를 배정할 경우, 최소 택타임과 하루 생산 가능량, 라인 효율성, 총 유휴시간을 구하라.

11. 어느 회사에는 5개의 부서가 있으며, 그림과 같이 배치되어 있다. 부서 간 수직 거리는 25ft, 수평 거리는 30ft이다. A 부서에서 D 부서로 걸어가려면 복도나 대각선 이동이 없다고 가정할 때 수직 이동(25피트)과 수평 이동(30피트)이 필요하다. 하루 동안 부서 간 평균 이동 횟수는

아래 표에 나와 있다. 현재 배치에서 하루 총 이동거리를 구하고, 개선된 배치를 설계하라.

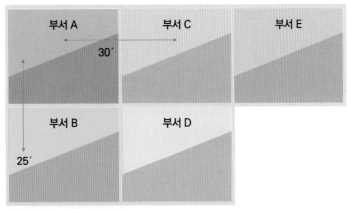

부서 간 이동 횟수/하루					
	부서 A	부서 B	부서 C	부서 D	부서 E
부서 A	–	10	8	22	7
부서 B	4	–	15	8	18
부서 C	6	10	–	0	6
부서 D	15	9	12	–	10
부서 E	6	14	5	14	–

12. 어느 회사에는 6개의 부서가 있으며, 그림과 같이 배치되어 있다. 상하 또는 좌우 부서 간 이동 비용은 1달러이고, 대각 부서 간 이동 비용은 2달러이다. 하루 동안 부서 간 평균 이동 횟수는 아래 표에 나와 있다. 현재 배치에서 하루 총 이동 비용을 구하고, 개선된 배치를 설계하라.

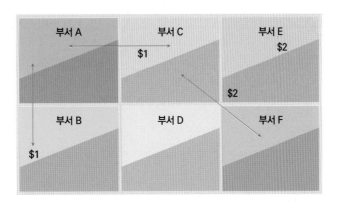

부서 간 이동 횟수/하루(양방향)					
	부서 B	부서 C	부서 D	부서 E	부서 F
부서 A	22	18	16	27	13
부서 B	–	12	0	12	17
부서 C	–	–	8	17	21
부서 D	–	–	–	24	0
부서 E	–	–	–	–	17

13. 주어진 배치도와 근접 만족도를 바탕으로 개선된 배치를 설계하라. 단, 배치에 보이는 복도는 존재하지 않는 것으로 간주한다. 즉, 생산 부서와 회계 부서는 붙어 있다. (-1 = 바람직하지 않음, 0 = 중요하지 않음, 1 = 약간 중요, 2 = 중요, 3 = 매우 중요)

배치를 평가할 때 총 이동 거리와 근접 만족도를 모두 사용할 수 있는가?

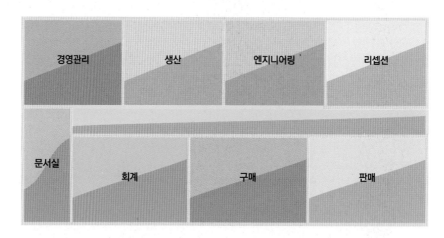

근접 만족도							
	(2)	(3)	(4)	(5)	(6)	(7)	(8)
(1)	2	2	-1	0	1	3	3
(2)		3	0	0	0	3	1
(3)			0	2	0	2	3
(4)				3	1	2	2
(5)					2	2	1
(6)						0	2
(7)							1

14. 주어진 배치도와 근접 만족도를 바탕으로 개선된 배치를 설계하라. 단, 최소 한쪽 면이 붙어 있는 쌍만 고려한다. (-3 = 바람직하지 않음, 0 = 중요하지 않음, 1 = 약간 중요, 2 = 중요, 3 = 매우 중요)

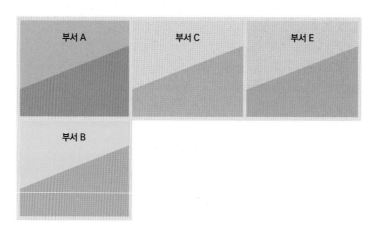

근접 만족도			
	부서 B	부서 C	부서 D
부서 A	-3	2	1
부서 B	–	2	2
부서 C	–	–	0

15. 13에 주어진 배치도에서, 붙어 있는 부서 간 수직 거리는 40ft, 수평 거리는 60ft로 가정한다. 다음 표는 부서 간 하루 평균 이동 횟수이다. 이를 바탕으로 현재 배치에서 하루 총 이동 거리를 구하라. 그리고 근접 만족도와 이동 거리를 모두 개선할 수 있는 배치를 설계하라.

부서 간 이동 횟수/하루 (양방향)			
	부서 B	부서 C	부서 D
부서 A	20	32	28
부서 B	–	26	42
부서 C	–	–	18

16. 다음 표는 각 부품에 필요한 기계를 표시한 것이다. 표를 바탕으로 부품군을 결정하고 부품군에 대한 제조 셀을 지정하라. 그러면 몇 대의 기계가 필요한가?

부품	선반	드릴	밀링	도장	톱	플레이너	샌더	그라인더	버퍼
001	X				X		X	X	
002		X	X						X
003	X			X		X			X
004			X	X				X	
005	X	X					X	X	
006			X	X			X		X
007			X				X	X	
008	X	X	X				X		X
009			X	X			X		
010		X			X	X			X

CASE Study

Case 1 | The Chandler Hotel

일리노이주 출신의 사업가인 피트는 최근 중심가에 있는 오래된 상점 건물을 매입하였다. 그는 이곳에 부티크 호텔을 열 계획이다. 1층과 2층에는 각각 6개의 서비스 및 운영 공간을 마련할 것이고, 건물의 지지 기둥과 보로 인해 그림처럼 배치해야 한다. 그는 호텔 운영과 고객 서비스를 위해 리셉션, 피아노 바, 비즈니스 센터, 화장실, 커피숍, 수영장, 운동실, 정비소, 세탁소를 설치할 계획이며, 1층에 위치하지 못하는 서비스는 2층에 설치된다. 2층에는 2개의 회의실과 하나의 화장실이 함께 마련된다. 각 서비스는 거의 동일한 공간을 차지한다. 피트는 호텔에 들어오는 고객들을 곧바로 응접할 수 있는 공간을 확보하길 바란다. 호텔의 정면과 한쪽에는 창문이 있다.

건물 전면부 창

건물 측면부 창

피트는 1층과 2층의 배치를 고민하고 있으며, 이 배치를 호텔의 성공에 가장 중요한 요소로 생각하고 있다.

🔍 질문

1. 각 층에 어떤 서비스를 어떤 방법으로 배치하겠는가? 근거와 논리는 무엇인가?

2. 1층에 배치할 서비스에 대한 근접 만족도를 작성하고, 그것을 바탕으로 한 배치도의 근접 만족도 점수를 산출하라.

Case 2 | Third Midwest Bank에서의 흐름

Third Midwest Bank는 10개 오프라인 지점과 온라인 뱅킹을 통한 서비스를 제공하고 있다. 최근 은행장인 Bob Thunderbird는 은행 업무 분석을 위해 컨설팅 회사에 의뢰하였고, 새로운 ERP 시스템을 구축하기로 하였다. 시스템을 적절하게 구현하기 위해서는 은행의 현재 프로세스를 이해하고 ERP 시스템이 완전히 구현되었을 때를 위한 '예정' 프로세스를 계획하는 것이 중요했다.

은행에서의 흐름은 대부분 은행 거래와 관련된 문서와 정보(서류, 상업 어음, 화폐 및 정보 흐름)이며 은행에서의 다양한 거래 유형과 관련되어 있다(당좌 및 저축 계좌 개설, 예금 및 당좌 예금 또는 출금, 다양한 유형의 대출 신청 및 처리, 부동산 담보 대출 및 처리, 장부의 일일, 주별, 월별 및 연간 마감). 또한 다른 비즈니스와 마찬가지로 모든 인력, 구매 및 청구서 지불 프로세스도 포함한다. 이러한 모든 프로세스는 새로운 ERP 시스템으로 구현되어야 한다.

여기서 어려운 점은, 한 사람이 여러 업무에 관여하고 그에 대한 흐름에 포함된다는 것이다. 예를 들어, 어떤 은행원은 대출 업무와 함께 저축 및 당좌 예금 업무를 수행한다.

현재 은행은 모든 흐름에 대해서 정확히 파악하지 못하고 있다. 또한, 의미 없는 보고서가 매일, 매월 만들어지고 있었으며, 출납원의 야간 마감 횟수는 업계 평균보다 훨씬 높았다. 게다가 은행은 관리 부족 문제로 당국으로부터 일부 부정적인 평가를 받았다.

은행장은 은행 직원들 모두 열심히 일하고 있다고 믿는다. 은행 직원 모두 바쁘고 시간을 낭비하는 직원은 없어 보인다. 그러나 직원들은 매일 많은 시간(최대 30%)을 다른 사람에게서 받은 작업을 '수정'하는 데 보내고 있었다. 다시 말해, 직원 간 업무 인계가 제대로 이뤄지지 않고, 이로 인한 재작업, 시간 낭비, 생산성 손실이 과다하였다.

질문

1. 은행은 프로세스 정리를 위해 어떤 조치가 필요한가?
2. 더 나은 프로세스를 만들기 위해 고객의 의견을 포함해야 하는가?
3. 수정한 것이 성공하려면 어떻게 모니터링해야 하는가?

참고

제시된 사례들은 Rockford 대학의 Jeffrey W. Fahrenwald 교수가 수업 중 토론을 위해 설정한 상황으로, 경영 상황에 대한 효과적 또는 비효율적 대처방안을 설명하기 위한 자료가 아니다.

- "2018 Manufactured Housing Facts Industry Overview, updated June2018, https://www.manufactured-housing.org/wp-con- tent/uploads/2018/06/2018-MHI-Quick-Facts-updated-6-2018.pdf. Accessed March 22, 2020.

- "Toyota Factory Tour in Georgetown, KY," Your Guide to Factory Tours, http://www.factorytour.com/tours/toyota.cfm. Accessed March 22, 2020.

- A. Loudin, "The Right Recipe," *Food Logistics*, June 10, 2010, 16-18.

- B. Breen, "Living in Dell Time," *Fast Company, November* 2004, 86-92.

- Definition found at Lean Six Sigma Definition's glossary: http://www.leansixsigmadefinition.com/glossary/takt-time. Accessed March 22, 2020.

- For more information on Dr. Goldratt, see the AGI Goldratt Institute: www.goldratt.com.

- G. Adil and D. Rajamani, "The Trade-Off between Intracell and Intercell Moves in Group Technology Cell Formation," *Journal of Manufacturing Systems* 19, no.5(2000): 305-17.

- Guyette, "Innovative Repairers."

- H. Canaday, "Leaning Out Time in Engine Shops," *Air Transport World 46*, no.4(2009): 71-74.

- H. Khan, "How to Create Retail Store Interiors That Get People to Purchase Your Products," *Shopify*(blog), March 19, 2014, http://www.shopify.com/blog/12927757.

- J. Goncalves and J. de Almeida, "A Hybrid Genetic Algorithm for Assembly Line Balancing," *Journal of Heuristics* 8, no.6(2001): 629-42.

- J. Guyette, "Innovative Repairers," *Automotive Body Repair Network* 55, no.6(2016): 29-30, 32.

- J. Nunes, "SCARA Robots: Still Speedy and Dependable," *Robotics World* 23, no.3(2005): 4-5.

- L. Young, "Analytics Give Andrea Scheelar HR Edge," *Canadian HR Reporter* 30, no.19(2017): 17, 21.

- M. Avant, "Mind over Matter," *QSR Magazine*, June 2014, http://www.qsrmagazine.com/store/mind-over-matter.

- P. Brennan, "Office Trends Lean toward Cool over Traditional," *Orange County Business Journal* 41, no.29(2018): 16, 19.

- P. Marsh, "The Delicate Touch of the Assembly Line: The Art of Manufacturing, Part II," *Financial Times*, August 1, 2001, 11.

- R. Meczes, "Make the Right Move," *Works Management*, Spring 2005, 40-44.

- R. Meller and R. DeShazo, "Manufacturing System Design Case Study: Multi-channel Manufacturing at Electrical Box & Enclosures," *Journal of Manufacturing* 20, no.6(2002): 445-57.

- S. Thompson, "North America's Robotics Renaissance," *Area Development Site and Facility Planning* 51, no.4(2016): 40-41.

- See the Theory of Constraints International Certification Organization success stories at https://www. tocico.org/page/tls_portal. Accessed on March 22, 2020.
- See: M. Hudson, "5 Most Important Elements of Visual Merchandising," January 14, 2020. Found at: https://www.thebal- ancesmb.com/the-5-most-important-elements-of-visual-merchandising-2890501; "Micro Merchandising," March 1, 2005, found at: https://risnews.com/micro-merchandising.
- T. Cox, "Ergonomic Solutions to the Rescue: Leading Suppliers Identify Ways to Reduce Worker Fatigue and Strain," PalletEnteprise, 2017, http://palletenterprise.com/view_article/4640/Ergonomic-Solutions-to-the-Rescue:-Leading-Suppliers-Identify-Ways-to-Reduce-Worker-Fatigue-and-Strain-.
- V. Mabin and S. Balderstone, "The Performance of the Theory of Constraints Methodology: Analysis and Discussion of Successful TOC Applications," *International Journal of Operations & Production Management* 23, no.6(2003): 568–95.
- W. Key, "Assembly-Line Job Satisfaction and Productivity," *Industrial Engineering* 26, no.11(1994): 44–45.

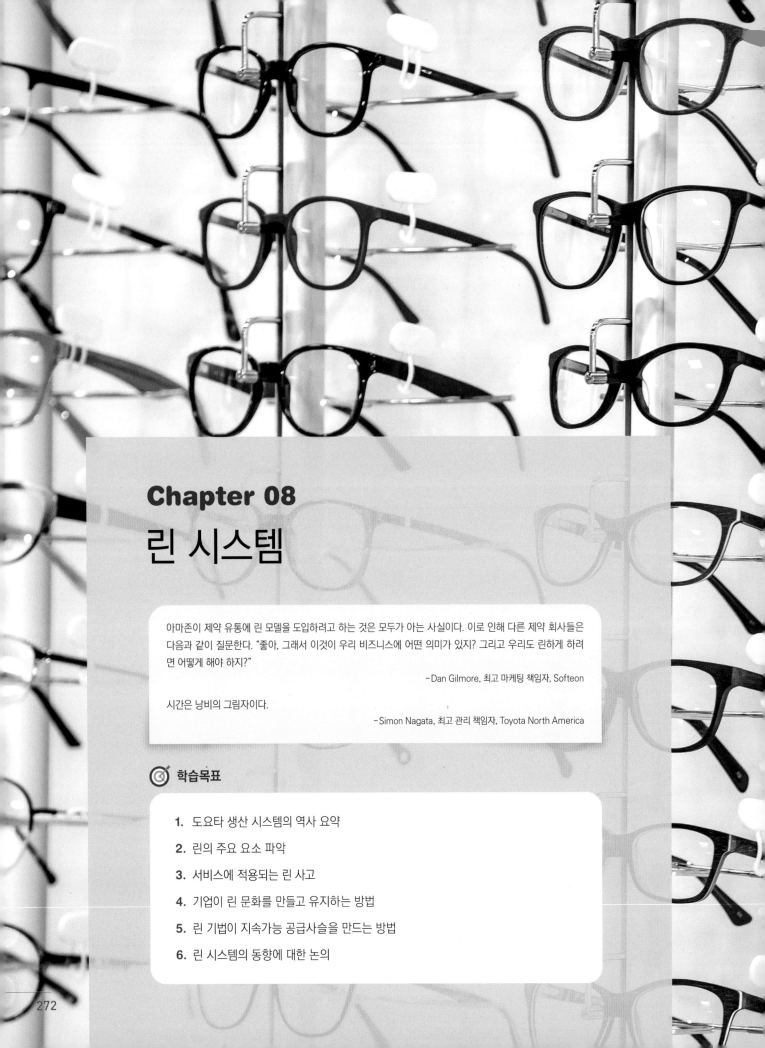

Chapter 08
린 시스템

아마존이 제약 유통에 린 모델을 도입하려고 하는 것은 모두가 아는 사실이다. 이로 인해 다른 제약 회사들은 다음과 같이 질문한다. "좋아, 그래서 이것이 우리 비즈니스에 어떤 의미가 있지? 그리고 우리도 린하게 하려면 어떻게 해야 하지?"

-Dan Gilmore, 최고 마케팅 책임자, Softeon

시간은 낭비의 그림자이다.

-Simon Nagata, 최고 관리 책임자, Toyota North America

🎯 학습목표

1. 도요타 생산 시스템의 역사 요약

2. 린의 주요 요소 파악

3. 서비스에 적용되는 린 사고

4. 기업이 린 문화를 만들고 유지하는 방법

5. 린 기법이 지속가능 공급사슬을 만드는 방법

6. 린 시스템의 동향에 대한 논의

Luxottica의 린 생산과 배송 복합단지

2017년 이탈리아 안경 제조업체인 Luxottica Group은 조지아주 McDonough에 110만 평방피트 규모의 복합 배송 센터를 설립하였을 때, 북미지역 물류 기획 부사장인 Massimo Sapone은 몇 가지 목표를 세웠다. 첫 번째 목표는 현재 모든 지역의 배송 센터를 하나의 북미 허브로 통합하여 고객에게 단일 접점을 제공함으로써 린 사례를 구현하는 것이었다. McDonough 허브에는 반품 처리 센터도 포함되어 있으며, 물류와 생산 운영을 담당하는 인력이 2,000명에 달한다.

또 다른 목표는 시장에 대한 반응 속도를 높이는 것이다. "주된 아이디어는 더 단순해지고 더 빨라지려고 하는 것인데, 이것은 시설들의 통합과 프로세스들의 단순화를 통해서 할 수 있다"고 Sapone은 말한다. 여러 지역의 배송 센터를 통합시키고 시장 반응 속도를 개선함으로써 Luxottica는 고객 서비스와 관련하여 업계 선두주자가 될 수 있을 것이다. Sapone은 "우리의 비전은 우리 산업에서 1위 운영을 달성하는 것이고, 이미 경쟁자보다 앞서 있다고 믿는다"고 언급하며, "이 프로젝트는 처음부터 캠퍼스를 지으면서 2016년에 시작한 대규모 프로젝트이다"라고 덧붙였다. 또한 "전반적으로, 이 프로젝트는 당신이 상상할 수 있는 거대한 프로젝트이며 25만 평방피트에서 110만 평방피트로, 그리고 400명에서 2,000명의 직원으로 확대해왔다"고 말했다.

린 설비는 단순성을 지향한다. 예를 들어, 배송과 생산이 하나의 시설에서 통합되고, 이 시설은 2층에 있는 생산 랩에서 Luxottica 사업의 썬글라스와 처방 안경 부분을 다룬다. 이 시설은 또한 회전율이 빠른 많은 수의 재고(SKU)를 다룰 수 있는데, 이것은 피킹이 활발한 장소에서 제품들, 부품들, 완성품들의 효율적인 피킹에 중점을 둔다는 것을 의미한다. "대부분의 피킹이 단일 피킹이고, 대부분의 주문이 두 물품 이하이다"라고 Sapone은 말한다. 추가적으로, 5,000개의 새로운 재고가 매 분기마다 공급사슬로 주입된다. "우리는 이제 지속적인 개선, 직원의 린 자격 취득, 식스 시그마 쪽으로의 이동에 중점을 두고 있으며, 어떻게 과정들을 표준화하고 단순화할 수 있으며 최선의 물류 기업이 가능해지는지를 꾸준히 지켜보고 있다"고 Sapone은 덧붙였다.

오늘날 린 사고(lean thinking)는 1장에서 논의된 8가지 주요 공급사슬 프로세스 중 하나인 자재 흐름 관리의 성공에 중심이 되는 운영 철학을 대변한다. 린 기업들은 높은 품질, 빠른 대응, 적은 낭비(그로 인한 낮은 비용)의 목적들을 동시에 추구한다. 린은 또한 적시생산시스템(JIT: Just In Time)과 밀접하게 관련되어 있다. 대부분이 Henry Ford와 그의 회사가 JIT 기법들을 고안했다고 주장하지만, just-in-time이라는 용어는 원래 Taiichi Ohno와 같은 도요타 관리자들 및 그의 칸반(kanban) 시스템과 관련이 있으며, 낭비를 없애고 품질을 높이기 위한 지속적인 문제 해결 방식을 아우른다.

린 사고라는 용어의 사용과 그것의 다른 이름들(린 시스템, 린 제조, 린 생산 또는 단순히 린과 같은)은 오늘날 거의 JIT라는 용어 대신 사용되고 있다. 도요타 생산시스템에 기초를 두고 있는 린 시스템은 생산성과 품질을 향상시킴과 동시에 시간, 인력, 자산 활용의 최적화를 목표로 한다. 1980년대 초반에 이러한 방식은 JIT라는 이름으로 서양에 알려졌고, 오늘날에는 린으로 알려지고 있다.

낭비를 줄이는 것은 린 시스템의 사용에 가장 핵심적인 요소이다. 초과재고는 낭비의 근본 형태로 여겨지며, 재고가 줄어들면서 리드타임, 품질, 공급자 배송, 시기 선정과 관련한 문제들이 발견된다. 궁극적으로, 이러한 문제들의 해결책이 마련되면, 더 높은 수준의 품질과 고객 서비스로 이어진다. 재고 및 다른 형태의 낭비를 줄이고자 하는 노력이 지속되면서, 생산 시스템 전반의 품질과 리드타임 향상이 뒤따라온다.* 따라서 린을 추구하기 위해서 기업은 품질 향상 방안을 도입해야 한다(이것은 12장에서 논의된다).

* 공급자 배송이 늦어지거나 품질 문제가 발생할 때 초과재고는 보통 안전재고의 역할을 하기 때문이다.

① 린과 도요타 생산 시스템의 역사

1. 도요타 생산 시스템의 역사 요약

린의 기원은 도요타 및 도요타 생산시스템과 밀접하게 관련되어 있다. 1926년, Sakichi Toyota는 Toyota Automatic Loom Works를 설립하였다. 그리고 1937년, 그는 그 당시 일본에서 생산되는 운송 수단의 90%를 담당하고 있는 Ford와 General Motors에 대항하는 자동차 제조공장을 세우기 위해 직조기 특허를 팔아 자금을 마련하였으며, 새 공장의 관리 이사는 Sakichi의 아들 Kiichiro Toyota가 맡았다.

Kiichiro는 디트로이트에서 1년간 Ford 생산시스템과 다른 여러 시스템을 공부했다. 일본으로 돌아온 후, 그는 배운 것을 자동차의 소량 생산에 적용해 소량의 자재를 자주 발주하는 방식에 활용했다. 그 시기에, 미국의 Ford 시스템은 공장에서 제작된 부품들이 바로 조립라인으로 배송되어 즉시 하나의 차량으로 조립되도록 설계되었다. Henry Ford는 이것을 "흐름 생산(flow production)"이라고 불렀다.

1950년 회사는 Toyota Automobile Works로 이름을 바꾸고 Sakichi의 조카인 Eiji Toyota가 이곳의 관리 이사를 맡았다. Eiji 역시 디트로이트에서 Ford의 자동차 생산시스템을 공부하였으며, 특히 품질 개선 활동에 관심을 가졌다. 그는 Ford의 자동차 일일 생산량이 7,000대로, 그 당시 도요타의 13년간 자동차 누적 생산량인 2,700대보다 월등히 많다는 사실에 충격을 받았다. 일본으로 돌아온 Eiji는 그가 Ford에

Taiichi Ohno는 도요타에서 린의 아버지라 불린다.

서 봤던 흐름 생산 개념을 구현했고 이것은 후에 도요타 생산시스템의 기초 요소가 되었다.

1957년 이 회사는 이름을 Toyota Company로 바꾸었다. 미국에서 여러 번의 설계 실패 후에, Toyota는 1965년 좋은 외관과 높은 품질을 가진 자동차 Corona를 출시했고, 1972년까지 미국에서의 판매량은 100만 대에 이르렀다. 1982년에 Eiji는 Toyota Motor Sales USA를 설립하고, 1983년 이 글로벌 기업은 마침내 Toyota Motor Corporation이 되었다.

초창기부터 Toyota에서 일했던 Taiichi Ohno는 부품들을 조립에 필요한 때만 생산할 수 있는 방법을 개발하여 Kiichiro와 Eiji가 세운 개념을 확장시켰다. 그 역시 자동차 생산 기술들을 관찰하기 위해 디트로이트를 여러 번 방문하였다. 2차 세계대전 후, 전쟁으로 파손된 Toyota 생산시설들이 재건되었는데, 이때 이전에 개발했던 소규모 배치 생산(low-batch production) 개념을 확립하는데 Taiichi가 큰 역할을 하였다. 이러한 원리들은 그 당시에 아주 가치 있음이 입증되었는데, 전후 일본은 심각한 자재부족을 겪고 있었기 때문이다. 게다가, 부품들은 제조공정에서 다음 단계에 필요한 경우에만 생산되었다. 자재 이동이나 제조 신호 또는 카드(칸반이라 부름)를 사용함으로써 시스템은 더욱 효과적으로 변모하였다. Toyota 내부에서는 이를 칸반(kanban)이나 JIT 시스템이라고 부르기 시작했다.

도요타 생산시스템 개발에 있어서 마지막 두 명의 주목할 만한 사람들은 Toyota에 품질 컨설턴트로 고용된 Shigeo Shingo와 전쟁 후에 국가 인구조사 하는 것을 돕기 위해 일본을 방문했던 미국 통계학자 W. Edwards Deming이다. 그 당시 Deming은 통계적 품질 기법에 대한 논의를 위해 일본에서 열린 전문 엔지니어 학회에 참석했다. 1950년 일본에 추가 방문한 Deming은 14가지 품질관리 지침을 만들었고, Toyota를 포함해서 많은 일본의 생산 엔지니어와 관리자들에게 이러한 아이디어를 공유하였다.

Shigeo Shingo는 Toyota에 컨설턴트로 일하면서 1961년에 포카요케(poka-yoke)의 개념을 개발했다. 포카요케는 오류 또는 실수 방지를 의미한다. 포카요케의 개념은 실수나 불량이 일어나는 것을 사전에 방지하고, 그럼에도 실수나 불량이 발생했다면 더 이상 발생하지 않도록 프로세스를 설계하는 것이다. 이러한 실패 방지

방법들은 문제, 오류, 불량을 방지할 전기적, 기계적, 시각적, 절차적 또는 어떠한 방식이 될 수 있으며, 또한 기업 내 어디에서건 구현할 수 있다.

초기에, 도요타는 빠르게 생산을 증대하는 반면에, 미국 내 판매에 영향을 줄 품질문제도 경험했다. 이를 해결하기 위해 도요타는 칸반 시스템과 함께 전사적품질관리(TQC: Total Quality Control)를 시행했다. 그리고 이것은 도요타 생산시스템의 결정판이 되었고, 그 후에 개선이 되어 전사적품질경영(TQM: Total Quality Management)으로 이름이 바뀌었다. 2007년 1분기에 도요타는 76년간 세계에서 가장 큰 자동차 제조사라는 타이틀(오늘날, GM과 도요타는 기본적으로 이 타이틀을 공유한다)을 갖고 있던 General Motors보다 더 많은 차량을 판매했다.

흥미롭게도, 린 생산이라는 용어는 도요타에서 유래되지 않았다. 린 생산은 MIT의 국제 자동차 프로그램(IMVP; International Motor Vehicle Program)에 의해 수행된 벤치마킹 연구에서 처음 사용되었다. IMVP는 글로벌 자동차회사의 품질과 생산성에 대한 벤치마킹 연구를 수행하여 1990년에 도서 「The Machine That Changed the World」를 출간했다. 이 책에서 James Womack 박사는 일본 공장(도요타를 포함한)을 미국 공장과 비교하여 묘사하기 위해 린이라는 단어를 사용했다. 일본 공장들은 새로운 자동차 모델을 생산하기 위해 미국 자동차 제조사와 비교해서 절반의 제조인력, 절반의 공간, 절반의 엔지니어링 시간을 사용했다. 그들은 또한 동일한 수의 차량을 생산하기 위해 더 적은 불량으로 평균 재고 수준의 절반 이하를 사용했다. 이 연구로부터, 린이란 용어의 사용이 시작되었고, 이에 따라 JIT, 낮은 재고, 적은 낭비, 마지막으로 도요타 생산 시스템과 연관성을 지니게 되었다.

② 린 사례

2. 린의 주요 요소 파악

린 사례는 수년간 다양한 산업의 수많은 제조업체들 사이에서 급속도로 확산되었다. 린 사례는 제조뿐만 아니라 서비스, 소규모 비즈니스, 비영리기관에서도 자주 사용된다. 린을 구현하는 것은 단순히 무언가를 주시하는 것으로 시작할 수 있다. "린을 탐구하고자 한다면, 당신이 필요한 첫 번째 도구는 당신이 해야 할 일을 누군가가 하는 것을 볼 수 있는 스톱워치가 되어야 할 것이다." 일

리노이에 위치한 Bosch Rexroth Linear Motion and Assembly Technologies의 린 전문가 Kevin Gingerich는 "각 제조 공정이나 조립공정에 대한 시간을 재보면, 얼마나 시간이 낭비되고 있는지 알 수 있다"고 말한다.

많은 병원에서 직원들의 생산성과 환자의 흐름을 개선하고(그래서 병원에서 환자의 시간을 줄이고) 자재비용을 줄이기 위해 린 프로그램을 구현해왔다. 호주에 있는 Flinders Medical Centre는 린 사고를 활용하여 응급진료 구역의 환자 흐름 지도를 만들었다. 이를 통해 응급실 혼잡을 줄임과 동시에 치료를 받지 못하고 떠나는 환자를 50%나 줄일 수 있었다. 소규모 비즈니스 역시 린 사고를 통해 효과를 볼 수 있다. 커네티컷에 위치한 Cadco Ltd.는 Mike Shanahan이 공동 소유자로 되어 있는 작은 제조업체다. 이 회사는 생산 리드타임을 줄이고 설비의 배치를 바꾸기 위해 린 사고를 사용했다. Shanahan에 따르면, "린의 개념은 우리가 생각했던 바와 전혀 다르다. 그것은 복잡할 필요도, 다루기 어려울 필요도, 비용이 많이 들 필요도 없다. 내가 보기에 린 사고라는 것은 작업이나 운영을 해내는 가장 단순한 방법을 찾는 것이 전부다. 그리고 우리는 아주 작은 성과에서 괄목할 만한 성과에 이르기까지 어떤 것으로든 린 사고의 성과를 측정할 수 있다. 어느 쪽이든 린 사고는 다양한 종류의 운영상황 및 규모에도 적용할 수 있다." 끝으로, 미 해군은 군수품 발주 프로세스를 분석하기 위해 린 사고를 사용하여 각 단계의 접점과 프로세스 시간을 측정한 발주 프로세스 지도를 만들었다. 몇 차례 수정을 거친 결과, 발주 주기시간(cycle time)을 약 50% 감소시켰고, 이는 결국 이월 주문을 줄이는 결과로 이어졌다. 아래 Manufacturing Spotlight은 AccuRound의 린 생산 설비에 대해 설명한다.

린 공급 사슬을 적용한 좋은 예들이 많이 있다. Kimberly-Clark은 개인 생활용품을 생산하는 기업으로, 매출이 200억 달러에 달하는 글로벌 기업이다. Kimberly-Clark은 린 사고를 이용하여 북미지역 70개의 물류센터를 9개의 거대 지역 센터로 축소시켰다. 2006년부터 2008년까지 이 "린에 가까운 네트워크(leaner network)"는 Kimberly-Clark의 물류센터와 고객 간 이동 거리를 2,400만 마일이나 감소시켰으며, 이를 통해 수백만 갤런의 경유를 절약했을 뿐 아니라 고객까지의 평균 수송시간을 줄일 수 있었다. 펜실베니아에 위치한 열 성형 제조사인 MaClarin Plastics는 린 공급 사슬을 위한 인증 수업을 직원, 공급자, 고객에게 제공한다. 목표는 낭비, 공급자 회전율, 제조 공간과 시간을 줄이는 것이다.

많은 기업들은 린과 관련한 모든 활동을 하기보다 자원, 제품 특성, 고객 요구, 공급자 용량을 기반으로 실행할 항목들을 선택한다. 대형 커피체인인 Starbucks의 부사장은 그의 린 팀과 함께 여러 지역으로 다니면서 바리스타들의 낭비되는 움직임을 줄이도록 하는 방법을 찾도록 했다. 그 결과 바리스타들은 고객들과 더 많은 시간 소통할 수 있었고 Starbucks에 대한 고객 경험을 개선했다. 그 결과 운영의 능률과 고객의 만족도가 증가하여 더 나은 성과를 낼 수 있었다.

Manufacturing SPOTLIGHT

AccuRounds의 린 제조 설비

메사추세스주에 위치한 AccuRounds는 1976년에 Len Tamas에 의해 세워졌다. AccuRounds의 주력 제품은 고정밀 곡선 부품이다. CNC Swiss 스크루 기계의 1차 협력사로서 복합 부품을 빠르게 제조할 수 있었던 AccuRounds는 초기 우위를 선점했다. "우리는 항상 최첨단이 되고자 한다." 대표이자 CEO인 Michael Tamasi는 말했다. "우리는 초기에 변화의 바람을 감지했고, 이 기계들로 어떤 작업을 해야 고객까지의 배송 시간을 단축시킬 수 있을지 알고 있었다."

이렇게 공고한 기술력과 함께, AccuRounds는 리드타임을 줄이고 가격 경쟁력을 확보하기 위한 린 제조에 각별한 관심을 기울였다. AccuRounds는 Operational Excellence 프로그램을 통해 생산 현장을 가치의 흐름에 따라 조직하였다. 그 결과, 비부가가치 활동을 줄이고, 재공품 재고를 낮추고, 제품과 정보의 흐름을 개선할 수 있었다. 이를 달성하기 위해 AccuRounds는 교육에 많은 투자를 감행했다. 직원들은 "감사(Gratitude), 우수(Excellence), 팀 우선(Team First), 진취(Initiative), 믿음(Trust)"의 약자를 나타내는 "GETFIT"이라 불리는 가치체계를 따른다. AccuRounds는 또한 평생 학습 대학을 시작하고, 이것은 각 직원에 대해 전문적 훈련 체계를 제공한다.

AccuRounds는 지역 학생들에게 관심을 불러일으키기 위해 연중 내내 견학의 문을 열어놓았다. 외부적으로, AccuRounds는 직업기술 학교의 자문 위원회와 후원자로 참여하고 지역 학교의 로봇 팀을 위해 부품을 제작한다. "일반인들은 여전히 생산 공장이 우중충하고 더럽다는 인식을 갖고 있지만, 현실은 그것과는 다르다. 그곳은 항상 냉난방이 가동되고 환하게 불이 켜져 있을 뿐 아니라 최첨단 기술이 사용되는 장소이다"라고 Mamasi 씨는 말한다. "사람들은 우리와 같은 기업들 없이는 전화를 사용하거나, 자동차를 이용하거나 컴퓨터를 켤 수 없다. 왜냐하면 그런 제품들에 들어가는 부품들을 우리가 만들고 있기 때문이다."

출처: "PMPA Member AccuRounds Finds Success in Operational Excellence and Community Leadership," *Production Machining* 19, no. 3 (2019): 16.

1 린의 요소

〈표 8-1〉은 린의 주요 요소들과 각각의 요소에 대한 간략한 설명들을 제시한다. 린 프로그램은 기업의 자원 능력, 생산과 프로세스 방향, 기존에 있던 여타 개선 프로젝트의 성공 여부에 따라서 크게 달라질 수 있다.

1) 낭비 감축

낭비 감축을 통해 얻고자 하는 결과는 가치 증대이다. 기업들은 그들의 생산 시스템으로부터 낭비를 제거함으로써 비용을 줄이고 제품과 서비스에 가치를 더할 수 있다. 낭비는 초과 대기 시간,

표 8-1_ 린의 요소

요소	설명
낭비 감소	린의 주된 관심사로서, 초과 재고, 자재 이동, 생산 단계, 스크랩(scrap) 소실, 불합격품, 재작업을 줄이는 것을 포함한다.
린 공급사슬 관계	기업들이 낭비를 제거하고 속도 및 품질을 개선하려는 상호 목표를 갖고 공급자들과 수요자들과 협력한다. 핵심 공급자들은 파트너로 간주되며, 수요자와 밀접한 관계를 추구한다.
린 배치	각 공정 근처에 재공품 재고를 두고, 설비는 사람과 자재의 움직임을 줄일 수 있도록 배치한다. 프로세스는 작업의 흐름을 매끄럽게 하도록 위치시킨다.
재고와 셋업 비용 감축	재고는 생산 배치 크기, 셋업 시간과 안전재고를 줄임으로써 감축된다. 프로세스 문제점을 발견할 수 있고, 이 문제들이 관리되고 통제된다.
소규모 배치 일정	기업은 생산 일정의 평준화를 위해 빈번한 모형 변화와 함께 소규모 배치 생산을 자주 한다. 공급자에게 더 작고 빈번한 주문을 하고, 더 빈번한 배송을 수요자에게 제공한다. 칸반은 시스템 전체의 WIP(재공품재고)를 줄이기 위해 사용된다.
연속적인 개선	재고가 줄어들면서 문제들이 더 빨리 드러나므로 연속적인 문제 해결과 프로세스 개선이 필요하게 된다. 더 낮은 안전재고를 갖고 있을 때는, 프로세스 폐쇄를 피하기 위해 품질 수준을 높여야 한다.
직원 권한 부여	직원들은 프로세스 유연성을 추가하고 문제 해결 능력을 향상시키기 위해 교차훈련을 받는다. 직원들은 부품들이 프로세스 지역으로 들어올 때, 품질 검사를 하도록 교육을 받는다. 직원들의 역할은 확장되고, 이들에게 최고 경영층의 지원과 문제를 확인하고 개선하기 위한 자원이 주어진다.

재고, 사람과 자재의 이동, 프로세스 단계들과 그 밖의 비부가가치 활동들을 포함한다. 도요타의 Taiichi Ohno는 낭비를 확인하고 줄이기 위한 7가지 낭비라고 부르는 것을 제안했는데, 이것은 이후에 세계 전역에서 많은 산업에 적용이 되었다. 이는 〈표 8-2〉에 정리되어 있다. 7가지 낭비들에는 초과(excess)라는 용어가 공통적으로 들어가 있다. 당연히 기업은 적정 수준의 재고, 자재, 작업자 이동, 프로세스 시간을 필요로 한다. 하지만, 낭비 감축의 기본 개념은 이러한 것들의 최적 수준을 결정하고 이를 달성할 최선의 방법을 결정하는 것이다.

표 8-2_ 7가지 낭비

낭비	설명
과잉 생산	높은 가동률을 유지하기 위해 불필요한 제품을 생산
대기	기계 유휴시간과 운전시간 초과, 재료가 공정을 위해 과도하게 기다리는 경우
수송	프로세스 간 자재의 불필요한 이동, 여러 처리 단계를 거쳐 제품을 장거리로 수송하는 경우
과잉 처리	부가가치 창출이 되지 않는 제조, 처리, 포장, 검사 활동들
초과 재고	원자재, 재공품재고, 완제품의 과잉 보유
초과 움직임	작업 수행에 필요하지 않은 동작들
스크랩과 재작업	품질이 낮은 자재 또는 프로세스로 인한 스크랩과 재작업 활동들

2) 낭비를 줄이는 5S의 사용

낭비 감축에 사용된 한 방법은 5S라는 용어이다. 최초의 5S는 도요타에서 시작된 것으로, 산업 시설관리와 관련된 일본어였다. 5S의 핵심 내용은 작업장을 더욱 깨끗하고 안전하게 정리하여 프로세스 낭비를 줄이고 생산성을 높이는 것이다. 캘리포니아에 위치한 APL Logistics는 수년 동안 린을 적용해왔고 5S를 통해 도매창고의 안전성과 생산성을 향상시켰다. "5S는 모든 것에는 제자리가 있다는 것을 알려준다. 사람들은 다양한 시각적 지표를 통해 시설 내 안전 사항을 준수할 수 있다. 물건들이 정돈되어 있으면 직원들이 제품을 쉽게 찾을 수 있다. 이렇게 잘 관리된 환경에서 직원들은 자신의 일에 더욱 자부심을 갖게 된다"라고 관리 이사 Doug Tatum은 말한다. 〈표 8-3〉은 5S에 해당하는 일본어 단어들을 나열함과 동시에, 똑같이 S로 시작하며 각 단어에 대응하는 영어 단어들을 보여준다(5S의 유튜브 영상에서 본 것처럼 영어 버전의 5S는 기업의 해석에 따라 달라질 수 있다). 처음 두 항목(분류와 정렬)의 목적은 부품과 도구를 찾는 시간을 줄이고, 불필요한 움직임을 지양하며, 도구와 부품의 오용을 줄이는 것이다. seiso(청소)는 작업장 청소 및 유지 보수를 의미하며, seiketsu(표준화)는 비표준화된 활동과 자원을 제거함으로써 프로세스의 분산을 줄이려 하는 것이다. shitsuke(자기훈련)는 효과적인 작업 습관의 형성 및 개선과 관련이 있다.

표 8-3_ 5S

일본어 S 항목	영어 번역	이용되고 있는 영어 S 항목
seiri	정리(organization)	분류(sort)
seiton	정돈(tidiness)	정렬(set in order)
seiso	깨끗함(purity)	청소(sweep)
seiketsu	청결(cleanliness)	표준화(standardize)
shitsuke	훈련(discipline)	자기훈련(self-discipline)

5S는 어떤 서비스나 제조 환경에서든 적용될 수 있다. 린을 위한 노력들은 5S를 구현하는 것에서부터 시작된다. 기업들은 5S를 이용해서 낭비 요소를 찾아낼 수 있고, 그중 중요하지 않은 사항들을 없애거나 개선의 여지를 평가할 수 있다. 어떤 기업들은 안전(safety)을 6번째 S로 추가하여 작업 환경 안전을 평가하고 작업 공간 내 위험 요소를 줄이려는 노력을 기울인다.

2 린 공급사슬 관계

공급자의 배송 시간이 일정하지 않거나 공급 제품의 품질이 규격에 맞지 않는 경우, 구매자는 안전 재고를 확보하려는 경향이 있다. 내부적으로는 까다로운 프로세스 장비를 다루거나 그 외의 생산 관련 문제를 다루는 방법으로 초과 재공품 재고를 비축할 수 있다. 배송 측면에서는, 재고 고갈을 피하고 고객 서비스 수준을 유지하기 위해 여러 달 동안에 몇 개의 사례에서, 배송 전에 완제품을 창고에 저장한다. 이렇게 기업 안팎으로 보유하고 있는 재고는 제품이나 기업의 가치 창출에 기여하지 못하고 비용만 일으킨다. 따라서 이것들은 낭비로 간주된다.

린 공급사슬 관계는 고객 요구 파악, 낭비 제거, 비용 절감, 품질 및 고객 서비스 향상을 위해 기업, 공급자, 고객이 협력하면서 시작된다. 필요할 때마다 공급자에게 소량으로 자주 발주하는 것도 린 사고를 적용한 것으로 볼 수 있다. 〈그림 8-1〉에서 볼 수 있듯이, 주문량을 원래의 반으로 줄이는 경우 평균 재고량을 50% 줄일 수 있는 반면 주문 횟수는 두 배 증가한다. 더 빈번한 배송은 더 높은 입고 수송비용을 의미하는데, 이러한 비용을 줄이기 위해 공급자들은 수요자와 가까이 있는 창고 또는 공장에서 제품을 유통할 수 있다. 공급자가 창고에 이러한 투자를 하도록 유도하기 위해 또는 단순히 더 자주 배송하기 위해, 수요자들은 실적이 가장 좋은 공급자로부터 대부분의 제품을 구매한다. 하지만 소수의 공급자에게 소량의 주문을 빈번하게 하는 경우 이러한 공급자들에게 과하게 의존하게 된다. 보유 재고가 적기 때문에 좋은 품질의 제품이 항상 제시간에 정확한 장소에 정확한 수량만큼 배송되는지는 매우 중요하며, 이것이 바로 실적이 가장 좋은 공급자만 선택되는 이유이다.

기업들은 주요 고객들과도 린 사고를 공유할 수 있다. 고객과의 관계를 진전시키면서, 기업은 소수의 크고 안정된 고객에게 더 높은 수준의 용량을 사용한다. 이러한 고객들 근처에 공장 또는 창고를 배치하여 고객이 필요할 때마다 소량의 완제품을 자주 배송할 수 있으며, 운송 시간과 평균 재고 수준을 낮출 수 있다. 고객들과 린 사고를 공유한다는 것은 가능한 한 낭비를 최소화하면서 고객이 원하는 것을 원하는 시간에 전달할 수 있는 방안을 찾는 것이다. 앨라배마에 있는 제지공장 MeadWestvaco에서는 공장 투자 결정에 있어 고객의 피드백을 활용했으며, 이는 궁극적으로 제품의 품질과 시장수용성의 향상을 가져왔다. "의심할 여지없이, 우리의 사업 모델을 이끌어가는 것은 고객들입니다"라고 방수판 사업부장인 Jack Goldfrank는 말한다. 이 기업은 1년 6개월에 한 번씩 고객 설문을 실시하여 제품, 서비스, 평판, 가격, 가치를 평가하는데, 이를 통해 고객들이 원하는 개선사항 및 동향에 대해 정보를 얻는다.

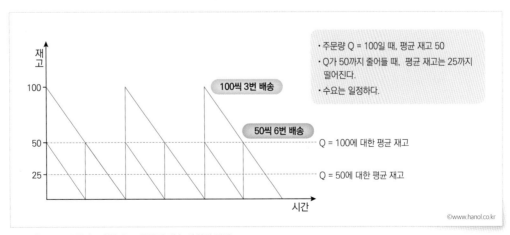

🔵 **그림 8-1_** 주문량, 평균 재고, 공급자 배송 사이의 관계

1) 린 공장배치

린 배치의 설계에 있어 주요 목적은 작업자, 고객 그리고 재공품재고의 불필요한 이동을 줄여 설비 내에서 제품의 흐름을 원활하게 하는 것이다. 생산 현장 주위에서 끊임없이 움직이는 부품과 사람들은 제품의 가치를 높이는 데 도움이 되지 않는다. 린 배치는 사람들과 자재들이 필요한 때에만 필요한 장소로 가능한 한 신속하게 움직일 수 있게 한다. 7장에서 논의했던 것처럼, 그룹 테크놀로지 배치(셀룰러 배치라고도 불린다)는 재고, 작업자, 부품의 이동을 최소화하는 배치의 예로 종종 사용된다. 따라서, 이러한 종류의 배치들을 린 배치라고 볼 수 있다.

린 생산 배치에서는 모든 재고들이 각 작업소의 용기 안에 담겨 있어 현장이 정돈되어 있고 생산 라인을 한눈에 볼 수 있다.

린 배치는 매우 시각적인데, 이것은 가시성이 방해받지 않고, 운영자가 한 처리센터에서 다른 처리센터에서 일어나는 일을 감시하기가 쉽다는 것을 의미한다. 린 생산 설비에서, 모든 구매 물품과 재공품재고는 필요한 지점의 생산 작업장에 위치해 있고, 좋은 가시성은 기계가 고장 나거나 병목 현상이 발생했을 때 재고 보충을 쉽게 해준다. 이러한 문제들이 발생했을 때, 재고가 배치되고 신속히 해결된다. 처리 센터들의 상대적 근접성은 팀웍과 공동으로 문제를 해결하는 것을 가능하게 하고, 전통적인 생산 배치보다 더 작은 작업 공간을 요구한다.

린 배치는 또한 문제들을 좀 더 신속하게 원인들까지 추적할 수 있게 해준다. 자재와 부품들이 한 처리 센터에서 다른 곳으로 이동하면서, 품질 문제가 발생했을 때 일반적으로 이전 작업센터까지 추적할 수 있고, 각 처리단계에서 점검이 수행된다. 영국 Yorkshire에 있는 Aerospace Military Aircraft는 린의 개념을 바탕으로 재설계되었다. 설계 목표 중 하나는 처리 단계들 사이에 부품들이 놓여 있는 곳에서 가치를 추가하지 못하는 기간을 제거하는 것이다. 설비를 재배열하고 나서, 처리를 위해 3킬로미터씩 이동해야 했던 부품들의 이동거리가 10분의 1로 줄었다. 이로 인해 생산성이 20% 증가하고 재고 수준이 55% 줄어들 것으로 추정되었다. 또 다른 예로, 멕시코 Arteaga에 있는 Phillips Industries의 Electrical Harness Division(EHD)은 가장 효율적인 방법으로 가장 높은 품질의 제품을 생산하기 위해 린 기법을 받아들였다. 이 기업의 린 배치는 전사적으로 일관된 프로세스와 업무가 진행될 수 있도록 다음과 같은 구호 아래 표준화되었다. "하나의 기업, 하나의 시스템, 하나의 가치 방법, 하나의 프로세스."

2) 재고 및 준비 시간 감축

초과 재고는 조직 내에서 구매, 생산, 품질과 관련한 많은 문제들을 야기한다. 이러한 문제들은 일단 발견되기만 한다면 해결될 수 있으며, 제품 가치를 높이고 더 낮은 재고수준에서 더 효과적인 시스템 가동이 가능해진다. 예를 들어, 구매 자재의 안전 재고를 줄이는 것은 재고 고갈이나 배송 지연으로 제조 중단 사태를 일으킬 수 있다. 이러한 경우 기업은 공급자와 배송 문제를 해결할 방법을 찾거나 더 믿을 만한 공급자를 찾아야만 한다. 어떤 방식을 택하든, 결론적으로 공급 사슬 내 재고는 줄어든다. 생산 기계의 경우에도 마찬가지이다. 유지보수가 잘된 장비들은 고장 빈도가 낮기 때문에 기계 고장 시에 부품을 공급하는 하위단계의 처리 작업장에 더 적은 안전재고를 보유하게 된다.

재고 수준을 줄일 수 있는 또 다른 방법은 생산 로트 크기를 줄이는 것이다. 〈그림 8-2〉에 나타나는 것과 같이, 재공품재고를 일정하게 사용한다고 가정했을 때 생산 로트 크기가 반으로 줄어들면 평균 재공품재고 역시 반으로 줄어든다. 생산 로트 크기를 줄이면 장비 준비를 여러 번 해야 하는데, 다음 생산을 위해 장비 준비를 하는 것은 소중한 시간을 소비하는 것이기 때문에, 장비 준비 횟수가 증가하는 것은 기업이 준비 시간을 감축할 방법을 찾아야 한다는 것을 의미한다. 재고가 감축되고 흐름 문제가 발견되어 해결되면, 기업은 생산 로트 크기를 더욱 줄여 또 다른 문제를 발견하고 해결할 수 있다. 이러한 재고 감축을 반복하면서 기업은 제품 품질을 높이면서도 더욱 린하고, 낮은 비용으로 신속하게 운영할 수 있다.

3) SMED 시스템

린 제조업체는 "한 자리 시간의 금형 교환(single-minute exchange of die)"을 의미하는 SMED를 달성하고자 노력한다. SMED 시스템은 장비 준비를 분 단위로(궁극적으로는 한 자릿수의 분 단위) 할 수 있도록 하는 일련의 기법이다. 이 시스템은 1950년대 일본의 Shigeo Shingo에 의해 개발되어 1960년대 도요타에서 사용되었다. 그 당시에 자동차 문과 같이 프레스로 만드는 부품을 생산하는 과정에서 준비 시간은 큰 문제였다. 원래 하나의 멀티톤 프레스가 다른 부품의 생산을 위해 준비되려면 12시간에서 36시간의 유휴 시간이 필요했다. SMED 시스템을 도입하면서, 준비 시간은 극적으로 줄어들었다. 수 분 안에 준비하는 것은 프로세스에 따라 매우 어려울 수 있지만, SMED 원리를 따른다면 준비 시간을 크게 줄일 수 있다.

SMED 시스템은 다음에 설명하는 것처럼 기본적으로 세 단계로 이루어져 있다.

• 1단계 - 외부 준비 작업을 파악

많은 준비 활동들이 외부에서 수행될 수 있다(달리 말하면, 제품 전환을 위해 기계들이 중단되기 전). 이러한 활동들은 적합한 인력을 조직하는 것, 다음 생산 운전을 위해 사용될 부품과 도구를 준비하는 것, 도구들을 수리하는 것, 사용할 부품과 도구를 장비와 가능한 가깝게 놓는 것을 포함한다. 이러한 작업들을 외부에서 해두면 실제 공정시간에는 영향을 주지 않으면서 준비 시간을 30~50% 줄일 수 있다.

• 2단계 - 내부 준비 활동을 외부 준비 활동으로 전환

2단계를 성공적으로 시행하기 위해서는 각 준비 활동을 새로운 시각으로 보아야 한다. 운영자는 내부 활동(기계가 작동하지 않을 때 발생하며 실제 셋업 시간을 결정하는 준비 활동을 의미)으로 잘못 알고 있는 활동을 찾기 위해 브레인스토밍을 하거나 준비 작업을 다시 살펴야 한다. 운영자들은 내부 준비 활동들을 외부 준비 활동으로 전환하는 방법을 찾으려고 노력해야 한다.

· 3단계 – 내부와 외부 요소들을 간소화

이 단계에서, 모든 준비 활동들은 지속적으로 개선된다. 이를 위해 각 운영 기능과 목적을 매우 면밀히 관찰해야 한다. 개선은 외부와 내부 준비 개선으로 나눌 수 있는데, 시각적이고 정리된 작업장 유지, 병렬 작업 구현(여러 준비 활동을 동시에 수행), 표준화, 자동화와 같은 접근법을 통해 달성 가능하다.

Post Cereal Brands에서의 SMED 적용

최근, 아칸소주에 위치한 Post Cereal Brands는 기계를 청결하고 안전하게 가동하면서도 19가지 시리얼의 생산 준비 시간을 줄일 수 있는 새로운 방법을 활용하고 있다. 기계 청소를 맡은 작업자는 해당 기계가 식품 안전 기준에 적합한지 확인한다. 공장 관리자인 John Kompa는, "안전에 대한 문화를 만든다는 점에서, 우리는 미 전역의 남녀노소에게 음식을 제공하고 있다는 것을 인지하고 있으며 이에 대해 진지하게 고민하고 있다"고 말한다.

Post의 공장은 Myrtle Consulting Group과 협력해 새로운 청소작업 절차를 시행했으며, '가장 큰 성과' 중 하나는 기계 가동 준비와 청소를 하는 동안 간단히 기계를 점검하고 SMED를 적용할 수 있었다는 것이다. 이 새로운 계획 덕분에 장비 전환이 원활하게 일어났으며, 이에 따라 기계 유휴시간 동안 촉박하게 유지보수 및 수리를 해야 하는 부담이 줄어들었다.

Myrtle은 다른 SMED 시간 절약 기법을 구현하는 것을 도왔다. 예를 들어

- 직원들은 모두 적절한 청소 도구를 갖고 있는데, 한 번에 두 개의 라인을 청소하기 위해 호스를 하나 더 구입한다.
- 비품들은 쉽게 찾을 수 있게 각 작업 현장에 배치되어 있다.
- 사전 준비 점검표에는 청소 작업과 필요한 제품이 명시되어 있다.
- 청소 지침서는 시각 보조 자료를 사용하여 이해하기 쉽다.

Getty images

- 각 라인이 지나가기 전에 수행될 수 있는 작업들이 파악된다. 다른 단계들은 제거되고, 몇 가지들은 준비 시간을 줄이기 위해 동시에 수행된다.
- 청소 공정의 불충분한 감독은 더 이상 문제가 되지 않는다.
- 계획 회의와 검토 세션은 개선이 필요한 부분을 파악한다.

"이것은 실제로 자동차 경주와 같은 사고방식이다"라고 Myrtle의 이사인 Rigo Frias는 말한다. "생산라인이 흘러가면, 모든 사람은 필요한 모든 것을 할 준비가 되어 있다. 때때로 그들은 도구나 화학약품을 찾지 못하기도 하고 그냥 이리저리 돌아다니는데, 그것은 많은 시간 손실이다." 청소가 생각보다 오래 걸려서 청소 팀이 라인을 가동해야 하는 압박을 받을 때 오류가 발생할 수 있다.

출처: R. Shilling, "Keep It Spotless," *Food Engineering* 90, no. 12 (2018): 46–50.

기업은 SMED와 더 빠른 준비 시간으로 생산 유연성, 배송, 품질, 생산성 측면에서 우위를 얻을 수 있다. 이를 통해 관리자는 작업 전환이 더 간단하고 안전하게 일어나며, 재공품재고가 줄어들고, 프로세스가 더욱 표준화되는 것을 알 수 있을 것이다. SMED의 적용은 다음에 보이는 Manufacturing Spotlight에서 논의된다.

4) 소규모 배치 일정

앞서 논의한 것처럼, 〈그림 8-1〉에서, 소규모 배치 구매와 생산 일정계획은 시스템 재고를 줄임으로써 비용을 줄인다. 이는 또한 변화하는 고객 수요를 충족시키기 위해 기업을 좀 더 유연하게 만들어준다. 정해진 수준의 소규모 배치 생산 일정을 유지하면 공급자들은 배송을 예상하고 일정을 세우기 때문에 배송 지연이 줄어든다. 텍사스주에 위치한 National Coupling Co.는 2002년부터 린 생산 기법을 실천해오고 있으며, 오늘날에는 60에서 80개에 이르는 제품군이 관여하는 준비과정을 거치면서도 coupling 조립품을 주당 약 1,500개 생산할 수 있다. "준비 과정이 5분이 채 되지 않기 때문에 아주 빠르고 가변성이 높은 제조 라인을 운영할 수 있습니다." 운영 부사장인 Ken Oberholz는 말한다. 이 유연성은 기업이 고객요구사항으로 들어온 모든 것에 적절한 시간에 적절한 조립을 항상 할 수 있게 한다.

5) 칸반

린 생산 설비를 통해 작은 생산 배치가 움직이는 것은 칸반(kanban)의 사용으로 달성될 수 있다. 제조 셀에서는 어떤 부품이나 자재가 필요할 때, 칸반을 써서 후방(upstream) 제조 셀이나 처리 장치 또는 외부 공급자에게 필요를 알린다. 이렇게 하면 전방(downstream)의 수요가 생기기 전까지는 아무것도 제공되지 않는다. 이것이 바로 린 시스템이 풀 시스템(pull system)이라고도 불리는 이유이다. 개념적으로는, 부품들이 표준화된 용기에 담겨 있고 각 용기들은 칸반에 의해 관리된다. 〈그림 8-2〉는 칸반 풀 시스템이 작동하는 원리를 보여준다.

〈그림 8-2〉를 보면, 완성된 부품이 작업 셀 B에서 마지막 조립라인으로 옮겨질 때, 다음과 같은 일들이 일어난다.

❶ 작업 셀 B의 출력 구역에서는 완성 부품을 담아두는 용기가 비워지고, 생산칸반(빛, 깃발, 또는 카드)은 작업 셀 B에게 출력 구역에서 비워진 용기를 더 많은 부품으로 채우는 작업을 시작하도록 말하는 데 사용된다.

❷ 이 단계에서는, 부품들이 작업 셀 B의 입력 구역에서 처리 구역으로 옮겨질 때, 이 부품들을 담고 있던 용기가 비워지고, 이 비워진 용기에 추가 부품이 필요하다고 작업 셀 A에게 알려주는 수거 칸반 또는 이동칸반(빛, 깃발 또는 카드)이 사용된다. 이렇게 하면 부품이 채워진 용기가 작업 셀 A의 출력 구역에서 작업 셀 B의 입력 구역으로 옮겨가며, 빈 용기는 작업 셀 A의 출력 구역으로 옮겨진다.

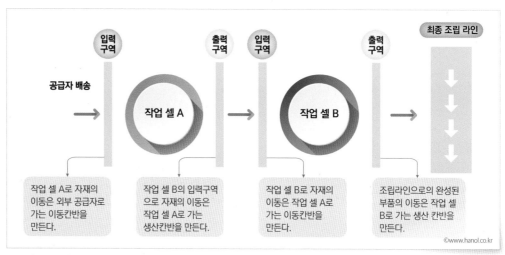

작업 셀 A로 자재의
이동은 외부 공급자로
가는 이동칸반을
만든다.

작업 셀 B의 입력구역
으로 자재의 이동은
작업 셀 A로 가는
생산칸반을 만든다.

작업 셀 B로 자재의
이동은 작업 셀 A로
가는 이동칸반을
만든다.

조립라인으로의 완성된
부품의 이동은 작업 셀
B로 가는 생산 칸반을
만든다.

©www.hanol.co.kr

⬥ 그림 8-2_ 칸반 풀 시스템

❸ 부품들이 이렇게 이동하고 나면, 생산 칸반이 사용되어 작업 셀 A에게 출력 구역에 비어 있
는 용기를 작업 셀 A에 다시 채워넣도록 한다.

❹ 마지막으로, 부품이 채워진 용기들이 비워지고 작업 셀 A의 처리구역에서 사용되면서, 작업
셀 A의 입력구역에 비워진 용기들은 외부 공급자에 의해 보여진 수거 칸반을 만든다, 그리고
이 외부공급자는 입력 구역에서 작업 셀 A의 비워진 용기를 다시 채운다.

따라서 칸반은 시설 전반의 재고 흐름을 통
제하는 데 사용됨을 알 수 있다. 재고는 각 용기
의 용량과 시스템에 있는 용기의 수를 초과하
여 쌓아둘 수 없다. 용기가 가득 차면, 또 다른
생산 칸반이 보일 때까지 생산이 중단된다. 오
늘날 칸반은 실물 카드가 아니어도 된다. 테네
시주에 있는 음식점 용품 제조업체인 Franke
Foodservice Systems에서 직원들은 클라우드

이들 선반에는 칸반카드가 부착된 표준화 부품 용기가 보관되어
있다.

기반의 전자 칸반(활용이 아주 보편화된)을 사용한다. 이 칸반 어플(application)은 핵심 공급업체 두 군데
의 자재 데이터와 통합되었고, 차후 더 많은 데이터들이 통합될 예정이다.

6) 필요한 용기의 수 계산하기

간단한 관계식을 사용하여 린 생산 시스템에 필요한 용기의 수를 결정할 수 있다.

$$K = \frac{DT(1 + S)}{C}$$

여기서

K = 용기의 수

D = 조립라인의 수요율

T = 용기가 시스템을 통해 채워지고, 옮겨지고, 비워지고, 다시 채워지는 데 걸리는 전체 순환 시간

C = 부품의 수로 측정한 용기의 크기

S = 안전 재고 수준(0%에서 100% 사이 값)

린 시스템에서는 시스템 내 용기의 수를 줄이면 재고가 줄어든다. 용기의 수가 줄어들면 같은 양의 수요를 충족시키기 위해서 각 용기의 순환 시간 T 역시 줄어들어야 한다. 이를 위해서는 준비시간, 처리 시간, 대기 시간, 이동 시간 중 하나 또는 여럿을 줄여야 한다. 〈예제 8-1〉은 린 시스템에서 용기의 수를 계산하는 것을 보여준다.

예제 8-1 **린 시스템에서 재고 용기 수 결정하기**

Bichsel Bicycle Co.는 공장 전체에서 린을 구현하고 있으며, 작업 센터 몇 군데에서 필요한 용기의 수를 결정해야 한다. 그중 한 작업 센터에서는 수요가 시간당 부품 20개로 나타났으며, 이 부품에 사용할 용기는 5개의 부품을 담을 수 있다. 가득 찬 용기가 작업 셀을 지나 입력 구역에 돌아오기까지 보통 2시간 소요되며 시스템 내 적정 안전재고가 10%인 경우, 이 시스템에 필요한 용기의 수는

$$K = \frac{DT(1 + S)}{C} = \frac{20(2)(1.1)}{5} = 8.8 \text{ or } 9(\text{반올림})$$

이 부품에 대한 최대 재고는 용기의 총 수에 용기의 크기를 곱한 값, 9 × 5 = 45개이다.

7) 연속적 개선

이미 언급했던 것처럼, 린 시스템은 끝없이 낭비를 찾는 일을 계속해나가는 것이다. 작은 공간의 배치는 작업이 설비를 통해 연속적으로 신속하게 흘러가도록 설계된다. 재고는 공급자 배송 차량에서 생산 현장으로 옮겨지고, 작업 셀 저장 구역에 있는 용기에 담긴다.

주문량과 생산 배치는 작다. 이 시스템에서 문제점은 종종 수면 위로 나올 것이다. 적어도 초기에는, 공급자들이 자주 정시에 배송하기 위해 노력을 하고 작업자는 하루 동안에 더 많은 시간을 소비하면서 출력 수준을 유지하려고 애쓰고, 기계는 작은 생산을 여러 번 하도록 설정된다. 린 시스템을 더 잘 작동하도록 하기 위해서, 직원들은 계속해서 공급자 배송과 품질문제를 줄이는 방법을 찾고 생산 현장에서는 이동 문제, 가시화 문제, 기계 고장 문제, 기계 설정 문제, 내부 품질 문제를 해결한다.

일본의 생산 설비에서, 이러한 연속적 개선 노력은 카이젠(kaizen)으로 알려져 있다. 카이젠(kaizen)은 일본어에서 변화를 뜻하는 카이(kai)와 더 나은 것을 뜻하는 젠(zen)의 합성어이다. 미국 기업들 사이에서는 카이젠 공세(Kaizen Blitz)가 인기를 얻었는데, 이는 일반적으로 기업 내 많은 직원들이 관여하여 한 번에 많은 분야를 개선하는 일주일 프로그램을 일컫는다.

8) 구성원 권한부여

린 시스템의 성공은 낭비 감축과 연속적 개선에 의해 좌우되기 때문에 직원의 권한 위임은 이 프로세스에서 중요한 역할을 한다. 관리자들은 직원들에게 기술, 장비, 시간, 권한과 다른 필요한 자원을 제공해서 프로세스의 문제를 파악하고 해결책을 구현하도록 함으로써 린 생산에 많은 노력을 지원한다. 관리자들은 문제가 있을 때 작업자들이 목소리를 낼 수 있게 독려를 하는 문화를 만든다. 스웨덴에 있는 엔진 공장인 Scania에서는 매주 수요일 오전 8시에 26분간 설비를 멈추고 모든 작업 팀은 화이트보드에 수집된 아이디어를 기반으로 작업 개선을 위한 회의를 한다. 작업자들은 각 아이디어의 진척도를 점검하여 완료된 것은 지우고 그 주 동안 붙어 있었던 새로운 것은 함께 의논한다. 만일 추가적인 자원이나 승인이 필요하면, 아이디어는 상부 경영진의 화이트보드에 옮겨둔다. 모든 화이트보드는 공개되어 있는데, 모든 사람들이 일의 진행 상황을 파악할 수 있도록 최고경영층의 화이트보드는 공장 중앙에 배치한다.

3 서비스에서의 린 사고

3. 서비스에 적용되는 린 사고

서비스는 많은 측면에서 제조와 유사하다. 서비스에도 재고, 직원, 절차, 지역, 장비, 공급자, 고객이 존재한다. 다시 말하면, 대부분의 서비스 프로세스에서도 다양한 형태의 낭비가 있으며 이를 제거할 수 있다. 린 사례는 은행, 금융 서비스, 보험, 보건, 유틸리티, 소매, 정부 기관에 높은 품질과 낮은 비용의 서비스를 증가하는 수요 고객

에 전달하기 위해 사용되고 있다. 린 서비스는 고객의 니즈에 집중을 한다. 이것은 고객을 만족시킬 프로세스를 개선하고 표준화하기 위한 창의적 문제해결 능력을 개발하고, 동시에 품질을 향상시키고, 낭비를 줄이고, 서비스 배송을 개선하기 위한 방법을 사용한다. 다음 절에서는 린 서비스에서 사용되는 주제 및 활용 도구들을 논의한다.

❶ 고객에서 시작하라

린 서비스는 고객이 원하는 것을 파악하려고 시간을 소비한다. 예를 들어, 서비스 기업은 고객이 갖고 있을 문제점, 기업의 강점이 무엇인지, 기업이 제공하지 않는 것을 고객이 원하는 것이 무엇인지를 이해하기 위해 현재와 과거 고객으로 구성된 표적 집단을 구성한다. 아래는 고객 표적 집단을 기획하고 시행하기 위한 정보들이다.

❶ 8명에서 10명 이하의 고객들로 집단을 구성하라.

❷ 논의할 주제의 목록을 미리 만들어라.

❸ 각 주제에 할애할 시간을 정해두라(대개 1시간에서 2시간이 좋다).

❹ 논의가 원활하게 진행될 수 있도록 질문을 만들되, 예/아니오 또는 참/거짓과 같은 단답형 질문은 피하라.

❺ 모든 사람이 의견을 말할 수 있도록 "아이스 브레이커"와 함께 세션을 시작하라. 각자 의견들이 기여를 할 수 있을 것이라고 예상되는 것을 알게 하라.

❻ 숙련된 회의록 작성자를 참석시키고, 가능하면 세션을 녹음 또는 녹화하라.

❼ 논의 후, 메모, 테이프, 대본을 검토하고 중요도에 따라 순서를 매겨 요점을 정리하라.

추가로, 기업들은 고객을 대상으로 설문을 할 수 있다. 주기적인 설문은 사업을 성공적으로 이끄는 데 중요한 요소이다. 기업은 설문을 통해 제공되는 서비스에 대한 만족도를 측정하고, 핵심 니즈를 파악할 수 있으며, 고객과 관계를 맺을 수 있는 기회를 제공한다. 설문을 통해 얻은 정보를 기반으로 고객의 니즈를 충족시키면 고객 충성도를 높일 수도 있다. 다음은 고객 설문을 위한 몇 가지 정보이다.

• 고객이 구체적이고 실행 가능한 피드백을 줄 수 있는 주관식 문제들을 포함하라. 등급을 매기는 식의 설문은 경우에 따라서 충분하지 않다. 예를 들어, 한 고객이 가장 높은 등급으로 답변을 하는 경우 관리자는 그 이유를 알아야 다른 고객에게 동일한 경험을 제공할 수 있을 것이다.

• 솔직하고 객관적인 고객 반응을 얻기 위한 설문을 설계하라. 예를 들어, 세 개 이상의 긍정적 평점이 있는 5점 척도를 사용하면 결과가 편향될 것이다. 만족하거나 불만족할 것 같은 고객에게만 설문을 하는 것 또한 한쪽으로 치우친 결과를 가져온다. 마지막으로, 설문을 너무 길게(5개나 7개 질문) 만들거나 응답 척도를 너무 크게(5점 척도 이상) 하면 응답자는 피로를 느끼고, 이에 따라 답변율이 낮아지거나 정직하지 않은 답변을 하게 된다.

• 실시간으로 실제 정보를 얻을 수 있는 설문조사를 사용하라. 기업의 웹사이트에 있는 온라인 설문조사나 이메일을 이용한 설문조사는 우편 설문조사보다 훨씬 더 좋은 결과를 가져온다.

• 설문조사 결과에 대한 조치를 취하라. 고객들에게 연락하여 문제를 해결하라. 고객들과 연결하라. "많은 기업들이 피드백을 위해 고객들에게 절대 다가가지 않는다"고 지불추심서비스 업체 WePay의 대표이사인 Bill Clerico는 말한다. "기업들은 고객에게 연락하여 문제를 해결하는

과정을 통해 성실하게 고객의 의견에 주의를 기울이고 고객 피드백에 조치를 취하고 있다는 인상을 줄 수 있다."

- 설문결과를 분석하고 직원 및 고객들과 공유하라. 결과가 긍정적이지 않다고 해서 그것을 폐기하지는 말라. 피드백을 받아들이고 그것에 대해 뭔가 하라.

② 프로세스를 가시화하라

많은 서비스 프로세스들은 다수의 의사결정이 필요한 복잡한 것이며, 서비스 제공자의 머릿속에서 일어난다(건강관리와 관련한 복잡한 문의사항에 답하는 콜 센터 담당자들을 예로 들 수 있다). 린은 프로세스 표준화와 관련이 있기 때문에, 표준화 작업에 앞서 프로세스 가시성을 확보해야 한다. 프로세스 가시성은 프로세스 내에서 일어나는 거래 및 활동을 사용자에게 알리는 것, 그리고 이것들이 정확하게 수행되는 것을 의미한다. 프로세스 가시성을 통해 프로세스들을 핵심 사업 목표와 정확히 연계시킬 수 있다. 사업 프로세스를 모니터링함으로써 이러한 가시성을 확보할 수 있고, 이를 통해 잠재 문제들을 파악할 수 있다.

작업자들의 프로세스 단계를 기술하기 위해 포스트잇을 사용하면 프로세스를 한눈에 파악할 수 있어 개선이 용이하다.

프로세스 가시화를 확인하는 간단한 방법 하나는 포스트잇 실험을 해보는 것이다. 고객의 전화에 응대하는 것과 같이 같은 작업을 수행하는 서비스 팀을 찾아라. 그리고 이 팀의 구성원에게 각각 다른 색의 포스트잇을 주고 각자

ATM은 오늘날 많은 은행 프로세스를 표준화시키고 단순화시켰다.

취하고 있는 업무 단계를 쓰도록 하라. 모두 끝났으면 각 사람이 화이트보드에 자기의 포스트잇을 한 줄로 붙이도록 하라. 대부분의 경우 모든 줄은 서로 다른 단계들이 다른 순서로 배열되어 길이가 다를 것이다. 만약 팀원들이 같은 일을 다른 방식으로 하고 있다면, 고객들이 항상 일관되고 품질 좋은 서비스를 받고 있다고 말하기는 힘들 것이다.

서비스 프로세스를 가시화하는 또 다른 방법은 7장에서 다루었던 것과 유사한 프로세스 흐름 지도나 가치 흐름 지도를 만드는 것이다(고객 흐름을 사용해서 9장에서도 논의될 것임). 일단 프로세스 단계들이 파악되고 가시화되면, 문제가 되는 부분이나 개선이 필요한 낭비 요소를 파악하기 위해 검토지와 시간연구가 수행될 수 있다. 프로세스 내에서 가치창출이 일어나지 않는 단계들은 제거될 수 있다.

❸ 기술을 사용하라

서비스 프로세스들의 자동화는 서비스 시간과 서비스 비용을 대폭 줄이면서 프로세스를 표준화하는 기술로 널리 사용되어왔다. 좋은 예로 책의 구매를 들 수 있다. 수년 전에, 사람들은 미시간에 위치한 대형 서점인 Borders로 직접 찾아가서 책을 읽어보고 구매했다. 그 후, Amazon이 등장하여 고객들은 책을 온라인으로 검색하고 같은 책을 Borders의 가격보다 저렴하게 살 수 있었다. 사업 시작 40년 만인 2011년, Borders는 고객들을 유치하기 위한 기술 및 서비스를 개발하지 못하고 사업을 접었다. 뉴욕에 위치한 Barnes & Noble은 한동안은 그럭저럭 사업을 유지했지만 수많은 매장 폐쇄 후 2018년에 매각 계획을 발표했다.

은행산업 역시 기술과 인터넷 덕분에 과거 20년 동안 극적으로 변화했다. 고객들은 온라인으로 대출을 받고, 급여를 그들의 계좌로 직접 받으며, 온라인으로 청구서를 지불하고 돈을 이체한다. 또한, 고객들은 체크카드로 ATM에서 현금을 인출한다. 사실, 오늘날 고객들이 실제로 은행을 방문하는 일은 드물다. Ally Bank, Discover Bank, Salem Five Direct, Radius Bank, E-Trade Bank와 같은 미국의 주요 직거래 은행들은(인터넷 전용 은행이라고도 불리며, 이러한 은행들은 물리적인 시설이 없는 가상 은행이다) 오프라인 경쟁업체들을 앞지르기 시작했다. 모든 은행은 현재 어떤 형태로든 인터넷 뱅킹을 제공하고 있다. 속도, 편리성, 더 나은 금리가 직거래 은행의 주요 판매 포인트이다.

❹ 린 문화 만들기

4. 기업이 린 문화를 만들고 유지하는 방법

린 기법을 시행하면서, 기업들은 린 개선의 가장 큰 장애물로 린 문화의 부족을 꼽는다. 근본 원인은 조직이 가지고 있는 나쁜 관행에 있다. 조직의 문화는 그 조직의 리더 및 다른 직원들의 개인 행동과 밀접하게 연관되어 있다. 나쁜 관행을 변화시키기 위해서는 연습이 중요하다. 충분한 연습을 통해 좋은 관행들이 나쁜 관행을 대체하여 문화 변화가 일어날 수 있다.

많은 기업들이 린 전환에 실패하는 지점이 바로 이곳이다. 린과 관련된 많은 활동들을 성공적으로 도입하기는 하지만 이러한 활동들을 조직 전반에 걸쳐 습관화하는 데는 실패한다. 린 문화의 관리적 측면은 어떻게 행동과 장애 극복을 가진 기업의 린 변환을 체계적으로 추구하는지를 매일 다른 사람들에게 교육하는 것이 필요하다. 평생 학습과 개선에 대한 활동들은 기업의 리더들이 일상적으로 교육해야 한다. 관리자들은 "앞서가고 정복하라"는 나쁜 관행 때문에 나아가야 할 방향을 잃을 수 있다. 조직에서 이런 일이 일어날 때, 린은 단지 유행으로 끝나고 말 것이다. 리더는 조직에서 지속적으로 린에 대해 가르쳐야 하며, 이것이 린 문화를 이끌 수 있다.

2013년 조지아주 Atlanta에 위치한 Cbeyond Communications는 인도에 있는 Tech Mahindra에 많은 IT 서비스를 아웃소싱했다. Cbeyond는 강한 린 문화를 가지고 있었기 때문에, 이러한 문화를 Tech Mahindra에도 확산시키길 원했다. 린 문화를 이식하고 유지하기 위해서 Atlanta에서 사용되었던 것과 같은 방식이 사용되었다. 관리자 및 직원과의 일일 회의, 실시간 감독, 정기적인 근본 원인 분석, 그 외 다른 린 활동들. 성과가 계속해서 나타나고, 두 기업 전체에 걸쳐 전달되었다. 지금까지도 이러한 린 문화는

지속적 리더십, 비전, 목표, 계획과 연계되어 두 기업에서 이어지고 있다.

품질을 높이고, 낭비를 제거하며, 효율성을 향상시키기 위해 린 사고를 습득하면 직원에게 권한을 부여하여 린을 시행하는 데 지속적인 관심을 가지도록 할 수 있다. 펜실베니아에 위치한 Keystone Custom Homes의 내부 운영 이사인 Matt Collins는 "훈련이 중요하다. 훈련 없이는 관리자들이 낭비를 해결하기 위한 방안들을 생각해낸다 하더라도 그 방안들은 메모지에만 남아 실제 린은 실행되지 못한다. 가장 큰 장애물은 이미 린을 이루었다고 믿는 것이다. 이러한 믿음에는 린이 과정이 아니라 어떤 상태를 의미한다는 생각이 깔려 있다. 린이 끊임없는 여정이라는 것을 이해하지 못하는 기업은 린을 시작할 수조차 없을 것이다."

린을 시행하는 많은 조직의 관리자들은 린 문화를 유지하기 위해 〈표 8-4〉에 있는 6E와 같은 양식을 활용한다. 애리조나에 위치한 가구 제조업체인 Pacific Manufacturing은 2005년 린 사업 모델을 시행했다. 5S, 프로세스 통합, 셀 배치, 교육, 팀워크와 같은 활동을 시작한 지 얼마 되지 않아 운영이 순조로워졌으며 몇 년 후에는 불경기를 극복할 수 있었다. 현재 린 문화는 이 기업의 모든 곳에서 나타나고 있으며, 최고경영자인 Mark Erwin은 이러한 성과의 주요 원인으로 적극적이고 열의 있는 직원들을 꼽는다. "Pacific Manufacturing에서 린의 성공 요인은 무엇입니까?"라고 묻는 질문에 그는 3가지 경영의 핵심 요소로 헌신, 헌신, 또 헌신을 강조했으며, 린의 6E 도입을 언급했다.

⚙️ 표 8-4_ **린의 6E**

E 항목	설명
요청(enlist)	모든 스텝으로부터의 도움과 협조를 요청
가능(enable)	프로세스들의 계속적인 개선을 실행에 옮기도록 직원들을 교육
참여(engage)	직원들이 프로세스의 변화에 참여하도록 함
열정(excite)	직원들이 문제를 찾고 고치는 것에 적극적이 되도록 독려
권한부여(empower)	직원들이 담당 구역을 변화시킬 수 있게 권한을 부여
독려(encourage)	창의적이고 혁신적인 역량을 가질 수 있게 독려하고, 성공을 자주 기념해줌

출처: S. Sedam, "Creating a Lean Culture - Builders Speak Out," Probuilder.com, Feb. 27, 2011. Found at https://www.probuilder.com/creating-lean-culture-builders-speak-out. Accessed March 23, 2020.

① 기업들은 과도하게 린이 될 수 있을까?

이것은 흥미로운 질문이며, 그에 대한 답은 다소 복합적이다. 이 장에서 린은 매우 긍정적으로 그려졌다. 하지만, 린 기업들이 재고 또는 공급자를 더 많이 보유하지 못한 것을 후회하는 경우가 발생할 수 있다. 이런 사례는 드물기는 해도 발생 가능한 일이다. 예를 들어, 도요타는 2011년 3월 일본 북부를 강타한 지진과 쓰나미로 인해 인명 손실 및 사업 손실을 입었다. 그 당시 도요타는 린 운영방식으로 세계 최고의 자동차 제조업체로 급부상하던 중이었다. 오랜 기간 최소의 공급자에게 필요할 때 부품을 공급받는 방식으로 초과 재고를 보유하지 않았다. 몇 안 되는 핵심 공급자들이 쓰나미로 인해 부품을 공급할 수 없게 되자 말 그대로 중국과 북미까지 이어지는 조립라인이 멈춰 버렸다. 전세계적으로 2011년 3월 도요타의 생산 수준은 30% 감소했다. 도요타의 공급자들이 필요한 양의 부품을 다시 공급하게 되기까지 6개월이 걸렸다. 그 후, 도요타는 구매 물품을 공급업체에 고르게 할당하고 이전보다 많은 재고를 보유하기를 요청했다. 그리고 2008년과 2009년의 경기 침체 동안에, 많은 기업들이 인력, 생산, 자재 구매를 상당히 감축했다. 경기침체가 끝나고, 이런 몇몇 기업들은 그들이 너무 과도하게 린을 해서 갑작스런 수요 상승에 대처하기 어렵게 되었다는 것을 깨달았다.

⑤ 린과 지속가능 공급사슬

5. 린 기법이 지속가능 공급사슬을 만드는 방법

린 시스템은 기업과 공급사슬 전반에 걸쳐 낭비를 제거하는 것을 목표로 하기 때문에, 린과 지속가능성은 확실히 연관되어 있다. 린 방법을 도입하면 낭비를 줄일 수 있을 뿐 아니라 환경성과 및 수익성이 향상된다. 기업들은 린 시스템을 통해 더욱 발전된 환경 경영 시스템을 도입할 가능성이 높아지며, 이는 성과를 더욱 개선시킨다. King 교수와 Lennox 교수는 1990년대 초반 수천 개의 기업들을 분석하여 린과 환경 간 연관성에 대한 충분한 증거를 찾아냈다. 그들은 재고를 최소화하고 품질 표준을 도입한 기업들은 오염 방지를 위해 노력하고 독성 화학물질 방출을 낮추려고 한다는 것을 발견했다.

제조와 서비스 모두에 있어서 다른 예시들이 풍부하다. 일리노이주에 있는 제약 관련 제품 제조사인 Hospira는 모든 생산 현장에서 낭비를 줄이는 데 심혈을 기울일 뿐 아니라 미국의 병원에서 매년 배출하는 24억 파운드의 폐기물을 줄이는 일을 진행하고 있다. 일례로, Hospira는 다른 정맥주사 주머니보다 폐기물을 40%에서 70% 적게 배출하는 새로운 정맥주사 주머니를 개발 및 출시했다. 뉴저지에 있는 프린터 회사인 Pictorial Offset Corporation의 경영진은 폐기물 감량을 위해 공장에서 300가지 화학제품을 없애고 일부 폐기물을 재활용하기 시작했다. 이 기업은 품질 기반 ISO 9000과 환경 기반 ISO 14000 인증을 동시에 획득하는 등 산업 환경과 관련하여 많은 선도적인 결과를 달성했다. 또한 뉴저지에 5,000그루의 나무를 심어 제조 과정에서 발생한 탄소 발자국을 상쇄시키고자 했으며, 이로 인해 탄소 중립 기업으로 인정받았다. 이러한 활동들은 Pictorial Offset의 매출에도 도움을 주었다. 이 기업의 환경과 관련한 명성 때문에 이 기업을 택한 고객들을 많이 확보할 수 있었던 것이다.

수송 산업에서, 린과 지속가능성은 잘 어울린다. Datatrac Corporation의 마케팅 부사장인 John Tucker에 따르면, "동선을 추적하지 않아서 배송기사들이 이리저리 돌아다니고 미배송 또는 오배송으로 같은 곳을 서너 번 더 가야 한다면, 이건 완전히 비효율적이다. 이것은 비즈니스 자원을 소모하는 일이며, 필요한 거리보다 세 배를 더 이동하게 되므로 환경에 해롭다." 마지막으로, 다음에 보여줄 Manufacturing Spotlight에서 Nike의 린과 지속가능한 공급사슬에 대해 소개한다. Nike의 사장이자 대표이사인 Marker Parker에 따르면, "우리의 비즈니스를 더 지속가능하게 만들면 고객들은 환경 영향이 적은 제품과 경험을 얻을 수 있고, 계약직 공장 직원들은 좀 더 지속가능한 생산으로 이익을 얻을 수 있으며, 직원들과 주주들은 기업의 미래를 보장받을 수 있다."

Manufacturing SPOTLIGHT

Nike의 린과 지속가능 공급사슬

신발 제조업체인 Nike는 제조 계약을 맺은 업체들과 협업하면서 린 규칙을 바탕으로 그들을 훈련시키고 있다. 이로 인해 작업자들은 더 많이 그리고 더 빨리 의사결정을 할 수 있다. 이러한 특성 때문에 Nike는 더욱 린하고 환경적이며 자율적이고 공정한 공급 사슬을 구축할 수 있었다.

Nike의 기업 책임 전략은 위험관리, 자선사업, 규정 준수 모형으로부터 혁신과 협력에 초점을 둔 장기 전략으로 진화하여 Nike가 지속가능 경제를 준비할 수 있도록 도왔다. 이 기업은 비즈니스, 지역사회, 공장 직원들, 고객들과 세계에 더 큰 보상을 제공하기 위해 지속가능 비즈니스와 혁신에 대한 관심을 증가시키고 있다.

"Nike의 성장과 혁신에 있어 핵심은 지속가능성이다"라고 사장이자 CEO인 Mark Parker는 말한다. 천연 자원 감소와 저탄소 경제 전환의 필요성에 대해 인식하면서, Nike의 목표는 공급사슬에서 낭비를 없애고 계속해서 다시 사용할 수 있는 제품과 자원을 확보하는 것이다.

"지속가능성과 고도성장한 기업으로써 Nike의 연관성이 이보다 분명할 수는 없다"고 지속가능 비즈니스 혁신 부사장인 Hannah Jones는 말한다. 오늘날 이 회사는 낭비와 유

해물질을 줄이고 제품 라인 전체를 통해 환경 친화적 자재의 사용을 늘리고 있다.

출처: "Nike Reveals Global Strategy."

6 린 시스템의 동향

린 사례는 수십 년 동안 이어져왔지만, 린 시스템을 설계하고 린 사고를 적용하는 새롭고 더 좋은 방법이 여전히 발견될 수 있다. 기술적 변화는 린 시스템을 위한 새로운 기회들을 제공해왔고, 이것은 기업의 다른 영역에 린 규칙들을 적용하기 위한 아이디어와 함께 다음 절에서 논의된다.

1 린에 지능을 결합

자재 이동과 생산 활동이 칸반 신호에 의해 제어되는 수요-풀 시스템은 일반적으로 린 생산의 핵심으로 여겨진다. 이러한 아이디어를 확장하여, 사물 인터넷, 빅데이터, 클라우드 컴퓨팅, 모바일 접근은 다양한 운영 프로세스에 적용될 수 있는 멀티도메인 풀 시스템을 만들어내고 있다. 린 시스템에 지능을 결합함으로써 이러한 개념의 확장이 일어나며, 이러한

능력은 스마트 풀이라는 용어로 불린다. 스마트 풀 플랫폼은 품질, 유지보수, 근태, 자재와 제조, 정보 수집을 포함한 운영관리의 모든 기능적 영역을 파악할 수 있다. 이 플랫폼은 다양한 자동화 장비와 스마트 장치를 연결하는 기계 통합 능력을 탑재하고 있어야 한다. 연결된 제조 프로세스에서 나오는 실시간 데이터를 이용하면 다음과 같은 활동들이 가능하다. 칸반 순환에서의 "교통 체증"을 모니터링하여 파라미터(parameters)를 신속하게 조정할 수 있다. 상황을 파악하여 필요한 인력에게 알려줄 수 있다. 설비 전반을 벤치마킹하여 프로세스를 광범위하게 전개할 수 있다. 재고 보충량 및 안전 재고 수준의 최적값을 찾기 위해 다양한 사건으로부터 나오는 정보를 활용할 수 있다. RFID 센서로 자재 소비를 감지하여 공급자가 원격으로 재고를 보충하도록 할 수 있다.

캘리포니아에 위치한 제조 소프트웨어 솔루션 제공업체인 Apriso는 2013년 스마트 풀 소프트웨어 제품을 출시했는데, 이 제품은 전자 칸반이 실시간 프로세스 데이터를 기반으로 계절적 수요 변동, 공급자 성과, 직원 지식을 이용하여 보다 정확한 주문 보충 신호를 낼 수 있도록 하는 것이다. "최근 모빌리티, 소셜 미디어, 센싱 기술의 발전은 수집할 수 있는 실시간 데이터의 범위를 완전히 바꾸었다. 이러한 정보를 실행 가능한 사항을 신속하게 추출할 수 있는 능력과 결합하면 고도의 효율적인 프로세스를 구축하고 실행할 수 있게 된다. 이를 통해 제조 및 공급 사슬 운영에 있어 대응성을 극적으로 개선시킬 수 있다"라고 Apriso의 솔루션 전략 비즈니스 개발 담당 이사인 James Mok은 말한다. 일본에 위치한 기기 제조업체인 Ebara Corporation은 Apriso 솔루션을 성공적으로 사용하고 있는 기업이다. 이 기업은 비용은 줄이면서 재고 정확도와 가시성을 개선하기 위해 의사 결정 및 실행을 자동화하는 스마트 풀 시스템을 이용하고 있다.

② 다른 규칙들에 린 사고를 적용

이 장의 초반에 언급한 것처럼, 린 사고는 대개 문제를 해결하고 낭비를 최소화하는 가운데 고객의 요구사항을 신속하게 충족시키는 것을 일컫는다. 오늘날 이러한 철학은 단순히 운영 관리에서만 적용되는 것이 아니라 조직 전반에 걸쳐 적용된다. 텍사스에 있는 건설 컨설팅 기업인 Pinnacle Development Group의 사장  인 Brad Humphrey는 도급업자를 위한 자금 관리에 린이 어떻게 적용될 수 있는지 설명한다. 기업이 재정적으로 성공하기 위해서는 쓸데없고, 개인적이며, 사업과 관계 없는 지출을 최소화하면서 지출의 우선순위를 매겨야 한다. 재정적 성공을 위한 그의 4가지 린 법칙은 다음과 같다.

• 예산을 개발하고 관리하라.

예산을 정하고 매주 검토하라. 그리고 만일 예산이 정한 액수와 차이가 나면, 재무담당자와 고위 관리자들은 왜 실제 숫자가 너무 높거나 낮은지 알아내야 한다.

• 필요한 곳에 지출하도록 하라.

몇몇 계약자들은 새로운 기구를 사거나 차량을 매년 최신 모델로 바꾸고 싶어 한다. 다른 사람들은 시민과 지역사회의 필요와 같은 가치 있는 곳에 돈을 소비하려고 한다. 이러한 지출을 주의 깊게 관리하지 않으면, 비즈니스 내에 필요한 현금 흐름을 망칠 수 있다. 성공적인 기업들은 매년 기부하는 것에 우선순위를 둔다.

• 더 나은 자금 관리를 위한 "경고" 신호를 정하라.

최고 관리자는 자금이 잘못된 방향으로 흘러가고 있을 때마다 경고를 받아야 한다. 경고 신호로 볼 수 있는 상황들은 다음과 같다. 현금 흐름이 하한에 도달했을 때, 구매가 예산을 벗어났을 때, 필요한 부품, 자재, 서비스 비용이 과거에 비해 증가했을 때, 수량 할인 레버리지에 실패하여 잘못된 구매 결정을 내렸을 때.

• 낭비적인 소비와 위급한 소비 문제를 해결하라.

예를 들어, 한 콘크리트 도급업체에서 콘크리트 자재를 허용 수준보다 적게 받는데 주문량 변화 없이 같은 공급자에게 계속 추가 주문을 하는 경우가 있다면 이것은 분명히 미래에 문제가 된다. 관리자들은 근본 원인을 생각하고 해결책을 생각해야 한다. 위급한 소비는 대부분 잘못된 계획, 잘못된 구성, 부실한 준비와 관련이 있다. 위급한 소비는 대부분 매우 비싸고 비용을 불필요하게 증가시킨다.

Humphrey는 린 재무 사고에 대해 마지막으로 몇 가지 시사점을 제시한다. 단기간의 지출보다는 장기적인 성공을 유지하라. "스크루지"가 되지는 않되, 돈에 대해 엄격하라. 채무를 지면 안 된다. 비용 절감 아이디어에 대해서 충분히 보상하라.

요약

이 장에서는 적시생산의 개념과 오늘날 대부분의 린 사례를 이끈 도요타 생산 시스템의 역사를 포함하여 린과 관련한 주제를 살펴보았다. 린 기업은 재고 및 리드타임을 줄이기 위해 자재 흐름을 관리하여 낭비를 줄이는데, 이를 통해 비용을 절감하고 고객 서비스를 향상시킬 수 있다. 린의 주

요 요소로는 낭비 감축, 린 공급 사슬 관계, 린 배치, 재고 및 준비 시간 감축, 소규모 배치 일정, 연속적 개선, 직원 권한 위임이 있다. 이 장의 마지막에는 서비스에서 린의 개념 및 적용, 린 문화 형성, 린이 환경에 미치는 영향과 린의 동향과 관련한 내용이 포함되어 있다.

주요용어

- **탄소 중립**(carbon-neutral) 제조 과정에서 발생한 탄소 발자국을 나무 심기와 같은 활동으로 상쇄시키는 기업을 묘사하기 위해 사용하는 말

- **직거래 은행**(direct banks) 오프라인 거래를 할 장소가 없는 인터넷 은행

- **장비 셋업**(equipment setups) 다음 생산을 가동하기 위해 생산 장비를 준비하는 프로세스

- **외부 준비 활동**(external setup activities) 장비가 이전 제품을 만들고 있는 동안에 수행되는 준비 활동들

- **5S**(Five-S's) 산업 현장 관리를 위해 도요타에서 사용한 일본 단어. 5S의 핵심은 깨끗하고 정돈되며 안전한 작업장을 만들어 공정의 낭비를 줄이고 생산성을 향상하는 것

- **내부 준비 활동**(internal setup activities) 기계가 가동되지 않을 때 일어나는 준비 활동. 이들 활동은 실제 준비 시간에 직접적으로 포함됨

- **카이젠**(kaizen) 연속적인 개선 노력. 카이젠은 일본어 카이(변화)와 젠(더 잘함)으로부터 옴

- **카이젠 공세**(kaizen blitz) 보통 일주일간 한 번에 많은 영역에서 많은 작업자들이 참여하는 개선 노력

- **칸반**(kanban) 자재의 이동이나 생산의 신호 또는 카드

- **린**(lean) 린 사고를 참조

- **린 문화**(lean culture) 문제를 찾고 고쳐나가는 린의 여정을 지속할 수 있도록 장기간에 걸쳐 직원들에게 리더십, 훈련, 의사소통, 열정, 자원 등을 제공하는 기업의 문화

- **린 배치**(lean layouts) 시야가 트여 있어 관리자가 다른 프로세스 센터에서 일어나는 일을 또 다른 프로세스 센터에서 쉽게 감독할 수 있도록 하는 시각적 배치. 린 배치에서는 모든 구매 제품과 재공품 재고가 필요한 장소에 놓여 있으며, 덕분에 기계 고장이나 병목 현상이 발생했을 때 어디에 재고를 보충해야 하는지 쉽게 알 수 있음

- **린 제조**(lean manufacturing) 린 사고를 참조

- **린 생산**(lean production) 린 사고를 참조

- **린 서비스**(lean services) 고객 요구에 초점을 맞춘 배송 시스템. 품질 향상, 폐기물 감소 및 서비스 전달 개선을 위한 도구를 사용하는 동시에 고객이 만족할 수 있도록 프로세스를 개선하고 표준화할 수 있는 창의적인 문제 해결 능력을 개발함

- **린 시스템**(lean systems) 린 사고를 참조

- **린 사고**(lean thinking) 높은 품질, 빠른 대응, 기업 내부 및 공급사슬 거래 파트너들 간 낭비 절감과 같은 목표들을 총망라하는 운영 철학. 린 시스템, 린 생산, 린 제조, 린으로도 알려짐

- **포카요케**(poka-yoke) 오류 및 실수 방지 프로세스

- **프로세스 가시성**(process visibility) 프로세스 내 거래와 다른 활동들이 사용자들에게 알려지고 정확하게 수행될 수 있도록 설정된 것

- **생산 칸반**(production kanban) 작업 셀이 출력 구역의 빈 용기에 부품을 채워 넣을 수 있도록 지시하는 빛, 깃발 또는 카드

- **풀 시스템**(pull system) 제조 셀에서 부품 또는 자재가 필요할 때 칸반을 이용하여 후방 제조 셀, 처리 장치, 또는 외부 공급업자에게 필요한 제품을 알려주는 방식으로 운영되는 시스템. 이렇게 하면 전방의 수요가 발생하기 전까지는 아무것도 제공되지 않음

- **7가지 낭비**(seven wastes) 도요타의 Taiichi Ohno가 낭비 파악 및 감축을 위해 도요타 생산 시스템에 적용했던 내용을 기술한 것. 7가지 낭비에 공통으로 들어가는 단어는 '초과'임

- **스마트 풀**(smart pull) 칸반 개념을 확장하여 린 시스템에 지능을 결합한 프로세스

- **SMED** "한 자리 수의 시간에 금형 교환(Single-minute exchange of die)"의 약자

- **SMED 시스템**(SMED system) 분 단위(1분에서 9분 사이의 한 자릿수 단위)로 장비 준비를 수행하는 것이 가능하도록 하는 기술들의 집합. 이 시스템은 1950년대에 일본의 Shigeo Shingo에 의해 개발되었고 1960년대에 도요타에 적용되었음

- **도요타 생산 시스템**(Toyota Production System) 최적화된 시간, 인력 자원, 자산으로 생산성, 품질, 고객 서비스를 개선하는 생산 시스템. 낭비를 줄이고자 하는 생각에서 나옴

- **수거 칸반**(withdrawal kanban) 더 많은 부품이 필요하다고 후방 작업 셀에 알려주는 데 사용하는 빛, 깃발, 카드. 수거 칸반이 사용되면 부품으로 가득 찬 용기는 전방 작업 셀의 입력 구역으로 옮겨짐. 이동 칸반이라고도 부름

- **구성원 권한부여**(workforce empowerment) 직원들이 프로세스의 문제를 파악하고 해결할 수 있도록 기술, 도구, 시간, 권한, 다른 필요 자원들을 제공함으로써 린 생산 노력을 지원하는 관리자들의 문화. 관리자들은 직원이 문제가 있을 때 공개적으로 말할 수 있도록 독려하는 문화를 만듦

공식 정리

린 시스템에서 용기의 수 K $= \dfrac{DT(1 + S)}{C}$, 여기서 D = 조립라인의 수요율, T = 용기가 시스템을 통해서 채워지고, 이동하고, 비워지고, 다시 채워지는 데 걸리는 순환 시간, C = 부품의 숫자로 측정되는 용기 크기, S = 안전 재고 수준(0%에서 100% 사이 값)

문제해결

1. 한 작업 센터에서 부품의 수요는 70parts/hr이다. 작업 센터는 12개의 용기를 사용하고 각 용기는 이 부품 10개를 담을 수 있다. 기업이 시스템에 5%의 초과 안전재고를 보유하고자 하는 경우, 용기들이 시스템을 통과하는 데 걸리는 시간을 계산하라. 또한 시스템에 보유할 수 있는 최대 재고를 결정하라.

정답

용기의 수 K = $\dfrac{DT(1 + S)}{C}$, T에 대해 풀면, 우리는 다음을 얻는다.

T = $\dfrac{C(K)}{D(1 + S)}$ = $\dfrac{10(12)}{70(1.05)}$ = 1.6

최대 재고는 10(12) = 120이다.

검토해보기

1. 린 사고는 무엇이고 JIT와는 어떻게 다른가?

2. 도요타 생산시스템은 JIT, 린과 어떤 관계가 있는가?

3. 린 철학의 가장 근본적인 요소는 무엇인가? 왜 그런가?

4. 도요타에서 어떤 사람 또는 사람들이 JIT 개념을 개발하는 데 책임이 있는가?

5. 도요타 생산시스템을 어떻게 시작할 수 있는가?

6. 포카요케는 무엇이고, 누가 그 개념을 개발했으며, 린과 어떤 관계가 있다고 생각하는가?

7. 7가지 낭비는 무엇인가?

8. 5S는 무엇이고, 어디에서 기원했는가?

9. SMED는 무엇이며, 린 생산자들이 SMED를 달성하기를 원하는 이유는 무엇인가?

10. 칸반은 무엇이고, 왜 린 시스템에서 사용하는가?

11. 칸반 공세는 칸반과 어떻게 다른가?

12. 린 서비스는 린 생산과 어떤 점에서 같고 어떤 점에서 다른가?

13. 프로세스 가시화는 효과적인 린 시스템을 위해 왜 중요한가?

14. 린 시스템과 지속가능성의 연관성을 논하라.

15. 기업이 린 문화를 만들 수 있는 방법은 무엇인가?

토론해보기

1. 당신에게 친숙한 비즈니스의 관점에서 7가지 낭비를 논하라.

2. 집안일이나 숙제하는 방법을 개선하기 위해 5S를 적용하라.

3. 공급자 그리고 고객과 함께 린 사고를 활용할 수 있는 방안을 예를 들어 설명하라.

4. 공급자와 고객이 린 사례를 적용하지 않는다면 당신의 기업은 린할 수 있는가? 설명하라.

5. 소수의 공급자에게 적게 자주 구매하는 것의 이득과 손해는 무엇인가? 손해는 어떻게 극복해야 하는가?

6. 린 배치는 왜 시각적이어야 하는가? 이것을 어떻게 달성할 수 있는가?

7. 생산 로트 크기를 줄이고 장비 준비 횟수를 늘리는 것은 대부분의 린 생산에 일반적인 설정이다. 왜 그런가? 이것을 어떻게 달성할 수 있는가?

8. 학교에서는 린을 어떻게 실행하며, 린 문화를 어떻게 유지할 수 있는가?

연습해보기

1. 온라인을 검색해서 이 장에서 언급은 되지 않았으나 린을 구현한 제조사나 서비스 기업을 찾아서 그들의 사례와 성과를 보고하라.

2. 기계공장에 가서 SMED에 관한 보고서를 작성한다고 하고 그들이 준비 시간을 줄이려는 노력을 하고 있는지, SMED를 유용하다고 생각하는지 질문하라. 그리고 그 결과를 보고하라.

3. 당신의 학교에서의 일상과 공부 습관에 린 사항을 적용하여 실천한 뒤, 이에 대해 보고서를 작성하라.

연습문제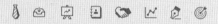

1. Boehm Compressors는 콤프레셔 조립라인에 린 생산 방식을 활용한다. 한 조립 구역의 일일 수요는 100개이며, 근무 시간은 하루 8시간이다. 조립라인에서는 8개의 부품을 담을 수 있는 용기를 사용한다. 용기 하나가 한 작업 센터에서 다른 곳으로 갔다가 다시 돌아오는 데 보통 6시간이 걸린다. 이 시스템에서는 해당 부품의 안전재고를 15% 수준으로 유지하려고 한다.

a) Boehm Compressors는 얼마나 많은 용기를 사용해야 하는가?

b) 이 부품의 최대 시스템 재고를 계산하라.

c) 다른 것이 모두 일정할 때 용기의 수를 하나 감소시키면, 용기의 왕복시간은 어떻게 변하는가?

2. 다음의 특성을 가진 린 시스템이 있다.

수요율 = 시간당 20개의 부품, 안전재고 = 5%, 사용되는 용기 수 = 14, 주문 보충 리드타임 = 6시간

a) 용기가 14개일 때, 용기의 크기를 계산하라.

b) 최대 시스템 재고를 계산하라.

c) 만일 필요한 안전재고가 0으로 바뀐다면, 이것은 용기 크기에 어떤 영향을 주는가?

3. 린 시스템이 22개 용기를 사용하고, 각 용기는 15개의 부품을 담을 수 있다. 시스템을 통과하는 한 용기의 왕복 운행을 위해 필요한 리드타임은 일반적으로 4시간이다. 평상시 안전재고수준은 10%이다.

a) 이 시스템이 수용할 수 있는 최대 수요율은 무엇인가?

b) a)에서 계산한 수요가 연말에 두 배로 늘어날 것이라고 예상되면, 시스템이 이러한 변화를 수용할 수 있는 방법은 무엇인가?

4. 어떤 제조 조립라인에서는 특정 부품의 수요가 하루 8시간당 1,200개이다. 이 기업은 용기들을 사용하는 린 시스템을 설계하고자 한다. 한 용기가 한 작업센터에서 다음 센터로 가서 돌아오는 왕복운행에 약 4시간이 걸린다. 시스템에 이 부품의 안전재고는 10%를 유지하고자 한다.

a) 용기 시스템을 설계하라. 필요한 용기의 개수와 각 용기의 크기를 구하라.

b) 이 부품의 최대 시스템 재고를 계산하라.

CASE Study

Case 1 | 자연식료품점

자연식료품점(Natural Foods Grocery)은 이름에서 알 수 있듯 자연 그대로의 유기농 식품만 판매하는 식료품점으로, 지역 내에서 소규모로 운영되고 있다. 이곳은 인구 20만 명인 도시에서 유기농 식품을 전문 판매하는 유일한 식료품점이다. 다른 지역 식료품점에 유기농 식품 코너가 따로 있기는 하지만, 자연적이고 유기농인 식품만 전문적으로 취급하지는 않는다. Sam Raven과 Wendy Raven은 다른 식료품점의 식품 코너 구분에 불만을 느끼고 이 가게를 열었다. Wendy는 영양학에 대한 배경 지식을 가지고 있었고, Sam은 수년간 농사를 짓고 있어서 유기농 식품에 대해 잘 알고 있었지만 둘 다 소매업이나 식료품점 사업을 해본 적은 없었다. 이 때문에 자신들이 맞다고 생각하는 방식으로 가게를 열었고, 이는 유기농 식품을 취급하는 다른 가게들에 비해 비용이 많이 드는 방식이었다. 현재, 사업은 잘되고 있지만 수익은 낮다.

이 가게의 앞쪽에는 5개의 계산대가 놓여 있다. Raven 부부는 최소 4명의 계산원을 항상 배치하고, 피크타임에는 5명의 계산원을 배치하고자 한다. 이렇게 하면 계산이 많지 않은 날은 계산원들이 대부분은 그냥 서 있게 된다. 가게에 있는 제품들은 공급자별로 정리되어 있기 때문에 진열 작업은 쉽다. 하지만 고객이 제품 비교를 위해 한곳에 있던 제품을 비슷한 제품이 있는 다른 곳으로 가져갔다가 비교만 해보고 제자리에 두지 않는 일이 많다. 게다가, 고객들은 찾고 있는 제품의 공급자를 모를 때 직원들에게 도움을 요청하기도 한다. 이에 Raven 부부는 가게의 지도를 만들어 제품별로 해당 제품의 공급자를 나열하여 고객들이 다양한 제품을 찾을 수 있도록 했다. 제품은 공급자별로 진열되어 있어서, 한 공급자가 새로운 제품을 들여오면 그 제품을 같은 선반에 진열하기 위해서 다른 제품들을 많이 옮겨야 한다. 또한 Raven 부부는 수량 할인을 받기 위해 제품을 많이 구매한다. 진열된 제품은 개별적으로 가격이 표시되어 있어서 고객들이 가격을 바로 알 수 있다.

가게를 시작할 때 비용을 절약하기 위해, 지금 기준으로 상당히 수동으로 조작되는 중고 계산대를 구매했다. 이 계산대로는 제품을 스캔할 수 없기 때문에 계산원은 제품에 있는 가격을 계산대에 입력해야 한다. 따라서 고객이 많아서 줄이 길어지면 급해진 계산원이 실수를 많이 해서 실제 계산 시간이 길어지게 된다. 기다리면서 불만을 갖는 고객들을 위해 Raven 부부는 대기열마다 CRT 스크린을 설치하여 건강식품에 관한 짧은 정보를 제공하고 있다. Raven 부부는 최근 사업에 관한 많은 간행물들을 읽다가 린 요소를 식료품점에 적용하는 기사를 보게 되었다. 현재 그들은 이러한 기법들을 도입하는 것을 고려하고 있다.

 질문

1. 만일 당신이 고객이라면, 문제 해결을 위한 Natural Foods의 관리 팀의 활동에 대해 어떻게 반응할 것인가?

2. 이 사례는 〈표 8-2〉에서 봤던 7가지 낭비 중에 어떤 것에 해당된다고 보는가? 해당되는 또 다른 항목들이 있는가? 설명하라.

3. Raven 부부가 린 운영을 도입하는 데 당신이 추천하고 싶은 단계들은 무엇인가? 〈표 8-1〉을 참고하라.

Case 2 대학에서 린 규칙을 적용하기

현재 대부분의 미국 주 경제 상황하에서 대학들의 예산이 삭감되고 있다. 대학들은 더 적은 예산으로 더 많은 것을 해야 한다. 역사적으로, 예산이 삭감되는 경우 대학들은 예산 부족분을 채우기 위해 등록금을 올릴 수 있었다. 하지만 이러한 선택지는 이미 충분히 높은 교육비와 학자금 대출 규모 때문에 요즘 더욱 줄어들고 있다. 따라서 대학들은 교육의 질은 향상시키면서도 비용을 절감할 수 있는 방법을 모색하고 있다. 어떤 경우에 대학들은 소규모의 프로그램들을 없애고, 강의 부담을 높이고, 인프라 개선 및 유지보수를 연기하며, 수업 규모를 늘렸다. 이러한 모든 변화는 장기적으로 학생이 받는 교육의 품질을 개선하는 것을 더 어렵게 만들 것이다.

그와 동시에, 시민 단체, 미국 교육부, 여러 주립 기관들은 대학이 성과를 입증하도록 압력을 가하고 있다. 납세자와 정치가들은 대학이 개선 사항과 성과를 수량화하여 보여주기를 기대하고 있다.

당신은 지난 10년간 린 기술을 구현하기 위해 조직과 협력하며 컨설턴트로 일을 해왔다. 당신은 린의 요소들(낭비 감소, 린 공급사슬 관계, 린 배치, 재고와 준비 시간 감축, 소규모 배치 생산 일정, 연속적인 개선, 구성원 권한부여)에 대해 잘 이해하고 있다. 당신은 가장 큰 공립 대학으로부터 그 대학 시스템에 적용할 수 있는 린 요소를 추천해달라고 요청받았다.

 질문

1. 대학 시스템에 성공적으로 적용될 가능성이 높은 린 규칙으로 어떤 것을 추천하고 싶은가? 왜 그런가?

2. 〈표 8-2〉에 봤던 7가지 낭비 중 대학 시스템에서 가장 많이 발견할 수 있는 것은 무엇인가? 여러 예를 들어보아라.

3. 대학이 높은 품질의 교육을 효율적이고 효과적으로 제공하는 데 린 규칙들이 도움이 되는가? 왜 그런가 또는 왜 그렇지 않은가?

- A. King and M. Lenox, "Lean and Green? An Empirical Examination of the Relationship between Lean Production and Environmental Performance," *Production and Operations Management* 10, no.3(2001):244-56.

- A. Robinson and D. Shroeder, "The Role of Front-Line Ideas in Lean Performance Improvement," *Quality Management Journal* 16, no.4(2009):27-40.

- B. Humphrey, "Lean Financial Management, Part 1," For Construction Pros, June 17, 2014, 1.

- B. McCrea, "Delivering Pills on Demand," *Modern Materials Handling* 73, no.12(2018):50.

- B. Trebilcock, "Luxottica Keeps It Simple," *Modern Materials Handling* 74, no.3(2019):98-100, 102-3.

- D. Albright and A. Lo, "Transportation Management's Role in Supply Chain Excellence," *Logistics Management* 48, no.10(2009):44.

- D. Ben-Tovim, J. Bassham, D. Bolch, and M. Martin, "Lean Thinking across a Hospital: Redesigning Care at the Flinders Medical Centre," *Australian Health Review* 31, no.1(2007):10-15.

- D. Blanchard, "Diagnosis: Green and Lean," *IndustryWeek* 255, no.9(2006): 13.

- D. McCue, "Technology and Sustainability: When Lean and Green Converge," *World Trade* 25, no.10(2012):26-30.

- F. Thomas, "Beyond Lean: Adding Intelligence to Unlock the Power of Smart Pull," *Industrial Maintenance & Plant Operation*, October 6, 2014, 1.

- For histories of lean and the Toyota Production System, see, for instance, R. Becker, "Learning to Think Lean: Lean Manufacturing and the Toyota Production system," *Automative Manufacturing & Production* 113, no.6(2001):64-65; J. Dahlgaard and S. Dahlgaard-Park, "Lean Production, Six Sigma Quality, TQM and Company Culture," *TQM Magazine* 18, no.3(2006):263-77.

- G. Roughead, "Featured Company: U.S. Navy," *ASQ Six Sigma Forum Magazine* 8, no.3(2009):40.

- J. Arndorfer, C. Atkinson, J. Bloom, and M. Cardona, "The Biggest Moments in the Last 75 Years of Advertising History," *Advertising Age* 7, no.13(2005):12-15.

- J. Jargon, "Latest Starbucks Buzzword: 'Lean' Japanese Techniques," *Wall Street Journal*, August 4, 2009, A1.

- J. Lewis, "What Makes Lean Successful?," *CabinetMaker +FDM* 26, no.6(2012):18-22.

- J. Rogers, "Customer Surveys: 5 Things You Need to Know," *Huffington Post*, February 27, 2012, 1.

- J. Womack, D. Jones, and D. Roos, *The Machine That Changed the World*(New York:MacMillan International, 1990).

- K. Marchese and B. Lam, "How to Build an Anticipatory Supply Chain," *IndustryWeek*, June 13, 2014, 1.

- K. Ross, "Lean Is Even More Important in Services than Manufacturing," *IndustryWeek*, December 13, 2013, 1.

- L. Kempfer, "The Safety Mosaic," *Material Handling Management* 62, no.4(2007):44-45.

- M. Nakamoto and J. Reed, "Toyota Claims Global Top Spot from GM," *Financial Times*, April 24, 2007, 1.

- M. Shaw, "Customers Drive End-Product Attributes, Technology Choices at MeadWestvaco Mill," *Pulp*

Paper 78, no.1(2004):40.

- M. Smith, "Going Green Drives Sales," *Printing Impressions* 49, no.10(2007):60-61.

- P. Ericksen, "Yes, There Is a Supplier Lean Metric-and It's Very Useful," *Industry Week*, April 1, 2019, 1.

- P. Varley, "All-Inclusive Deal," *Supply Management* 4, no.21(1999):40-41.

- P. Waurzyniak, "Lean Automation," *Manufacturing Engineering* 142, no.2(2009):5-71.

- R. Michel, "Cloud Computing Moves toward the Factory," *Manufacturing Business Technology* 27, no.5(2009):10.

- R. Shilling, "Keep It Spotless," Food Engineering 90, no.12(2018):46-50.

- S. Chakravorty and R. Franza, "Kaizen Blitz," *Industrial Engineer* 44, no.4(2012), 28-33.

- S. Manivannan, "Error-Proofing Enhances Quality," *Manufacturing Engineering* 137, no.5(2006):99-105.

- S. Sedam, "Creating a Lean Culture - Builders Speak Out," *Professional Builder*, February 2011, 1.

- See, for example, http://www.axios.com/robots-replace-humans-automation-jobs-0729c5a0-de79-4dc6-9b39-378adb60c5d1.html.

- See, for example, L. Carlozo, "Best Online Banks," U.S. News and World Report online, http://money.us-news.com/banking/online-banks.Accessed March 23, 2020.

- See C. Vincent, "Kata Culture," *AQ Six Sigma Forum Magazine* 13, no.3(2014):30-31; "The Coaching Kata," http://www-personal.umich.edu/~mrother/Homepage.html.Accessed March 23, 2020.

- See "Our Story," Wepay; http://go.wepay.com/about-wepay. Accessed on March 23, 2020.

- Thomas, "Beyond Lean."

- Y. Noguchi, "WhyBorders Failed while Barnes & Noble Survived," NPR, August 20, 2011, http://www.npr.org/2011/07/19/138514209/why-borders failed while barnes and noble survied. Accessed March 23, 2020.

- "A Brief History of Lean," Lean Enterprise Institute, http://www.lean.org/WhatsLean/History.cfm. Accessed March 23, 2020.

- "Apriso Launches Industry's First Smart Pull Manufacturing Solution," *Business Wire*, June 25, 2013, 1.

- "A Small Company Makes Big Gains Implementing Lean," *Management Services* 50, no.3(2006):28-31.

- "Expert Answers," *Quality Progress* 47, no.9(2014): 87-89.

- "Nike Reveals Global Strategy for Creating a More Sustainable Business," *Entertainment Close-Up*, January 30, 2010, 1.

- "Phillips Industries Moves Electrical Harness Division to Larger Arteaga, Mexico Facility," *Trailer/Body Builders* 56, no.3(2015):16.

- "PMPA Member AccuRounds Finds Success in Operational Excellence and Community Leadership," Production Machining 19, no.3(2019):16.

- "Strategies for Introducing Change and Evaluating Effectiveness in Your Safety and Health Program," *Safety Compliance Letter*, January 2005, 7-11.

- "Taking Lean beyond the Plant Floor," *IndustryWeek* 257, no.8(2008):15.

- "What is SMED and Why Is It Important?," Lean Accountants, December 22, 2011, http://www.leanac-countants.com/2011/12/what-is-smed-and-why-is-it-important.html; and"SMED," Makigami.info, http://www.makigami.info/cms/smed. Accessed March 23, 2020.

Chapter 09
고객 흐름 및 작업 흐름 관리

고객들은 환전이나 현금 서비스를 위해 은행 지점을 가는 것이 아니라, 나이가 들었거나, 아이를 가졌거나, 최신 삼성 스마트폰을 갖고 싶기 때문에 자산 재배분을 의논하고자 가는 것이다. 우리는 더 큰 상상력이 필요하다.

-Gonzalo Gortazar, CEO Caixa-Bank, Spain

Home Depot에서 이뤄지는 모든 일의 중심에 기술이 있으며, 이는 직원 관리를 포함한다. 우리는 계속해서 기술에 투자함으로써 직원들이 자신의 길을 개척할 수 있도록 하고, 그 어느 때보다 신속하게 새 식구를 맞이하고 있다.

-Tim Hourigan, executive vice president of human resources, Home Depot

🎯 학습목표

1. 고객 흐름도의 설계 및 이점

2. 서비스 설계도의 구축과 용도

3. 서비스 용량의 관리 방법

4. 고객 대기열 시스템 설계 및 운영 방법

5. 작업 흐름의 정의 및 운영 방법

Noah's의 새로운 지점 디자인 콘셉트 소개

    Noah's New York Bagels가 최근 캘리포니아 오클랜드에 오픈한 새 지점은 미래 리모델링 디자인의 특징을 잘 보여준다. Einstein Noah Restaurant Group의 한 부서인 Noah's는 모던한 내부 인테리어와 탭 커피, 차 시스템과 같은 새로운 요소들을 보여줬다. 그뿐만 아니라 새로운 고객 흐름과 결제 방식을 통해 운영을 간소화하는 모습도 보여줬다. Taylor Ricks 사장은 "매장들에 선결제 시스템을 도입했다"라고 말하면서 주문과 결제가 나누어져 있던 기존의 방식과 달리 이를 한곳에서 모두 처리하는 시스템을 소개했다.

    Noah's는 이러한 새로운 시스템을 접목한 지점들을 추가할 계획이다. Ricks는 "지난 20년 동안 5개의 지점밖에 오픈하지 않았지만, 향후 일 년 안으로 5개의 새 지점과 15개 지점의 리모델링을 계획 중"이라고 밝혔다.

    오클랜드의 새 지점은 기존의 지점들에 비해 30%가량 넓으며, 최대 40명의 고객을 받을 수 있다. 손님들을 위한 콘센트와 와이파이 또한 설치되어 있다. 지점 한가운데와 구석에는 전체 면적의 70% 정도를 차지하는 조리 공간 및 조리 장비를 위한 공간이 있으며, 이와 같은 배치가 지점의 트레이드마크라고 한다. 또 다른 특징으로는 앞서 언급한 탭 시스템인데, 오클랜드 지점에는 6개의 콜드브루 커피, 콜드브루 차 탭이 있다고 한다. 이는 흔히 술집에서 볼 수 있는 탭처럼 생겨서 마치 바에 있는 것과 같이 앉아서 커피와 차를 즐길 수 있다.

    이런 Noah's의 새 콘셉트는 디자인·브랜딩 회사인 Tesser가 맡아 진행했다. 수석 기획자 Tre Musco는 "고객들에게 Noah's를 생각하면 매일 신선한 베이글이 구워지는 모습이 떠오르게 하기 위해, 조리대를 가운데에 배치함으로써 빵 굽는 과정을 보여주도록 했다"라고 말하면서, 투명한 유리창을 통해 고객들은 제빵사가 신선한 베이글을 굽는 모습을 볼 수 있다고 한다.

서비스 회사들에게 고객 흐름의 관리는 고객 만족도를 위해서뿐만 아니라 기업의 경쟁력 유지를 위해서라도 매우 중요하다. 독자들은 고객 흐름 관리가 공급사슬경영에서 가장 중요한 8요소 중 하나임을 기억해야 한다. 고객 흐름이란 고객들이 시설을 통해 서비스를 받는 물리적 방식, 자동 응답 시스템이나 콜 센터 또는 인터넷 사이트에서 관리되는 방식을 설명한다. 고객들이 서비스 대기줄에 서게 되면 관리자는 고민에 빠지게 되는데, 한편으로는 고객들의 이러한 대기줄이 해당 상품의 잠재적 수요를 보여주기 때문에 좋으면서도, 다른 한편으로 긴 고객 대기줄은 고객 흐름의 이상을 나타내며 고객들의 불만과 판매 감소로 이어질 것이기 때문이다. 이 장의 초반에 제시된 Noah's New York Bagels 사례는 대기시간을 줄이고 고객서비스를 향상시키기 위한 이들의 노력들을 잘 보여준다.

고객들은 개인별로 서로 다른 사고방식을 가지고 있고 각자 요구 사항 또한 다르기 때문에, 이런 고객 흐름을 잘 관리하는 것이 어려울 수 있다. 서비스 관리자들은 고객 흐름을 효과적으로 관리하기 위한 방법들을 활용할 수 있는데, 이와 관련하여 고객 흐름 지도, 서비스 전달 시스템 설계, 서비스 용량 이용률, 서버 일정 그리고 고객 대기열 관리가 다음 절에 소개된다.

또한 본 장의 마지막 부분에서는 작업 흐름에 대해 언급하고 있다. 작업 흐름이란 문서와 정보가 조직 내 직원들 사이에서, 혹은 다른 조직 및 파트너들 사이에서 교환될 때 발생한다. 상품 혹은 서비스가 생성되고 고객에게 전달이 될 때 이들의 작업 흐름을 관리하는 것은 총 비용, 서비스의 질과 생산성에 큰 영향을 끼친다. 예상하겠지만, 작업 흐름을 관리하기 위한 소프트웨어의 사용은 보편화되어 있으며, 이와 관련한 내용도 다루어질 것이다.

고객 대기열 예시. 과도한 대기열은 예약 관리, 대기열 관리, 서비스 질 관리에 잠재적 문제가 있음을 의미한다.

1 고객 흐름도

1. 고객 흐름도의 설계 및 이점

자재 흐름도와 비슷하게, 고객 흐름도는 서비스 전달 시스템 내 고객의 흐름을 시각화함으로써 잠재적으로 발생할 수 있는 문제점을 파악할 수 있게 한다. 이러한 문제는 주로 장기간 대기, 불공정 대기, 불편한 대기 등의 형태로 나타나게 된다. 하지만 매우 인기 있는 식당 혹은 놀이공원의 경우에도 적절한 관리가 이뤄진다면 고객 대기 문제는 잘 해결될 수 있다.

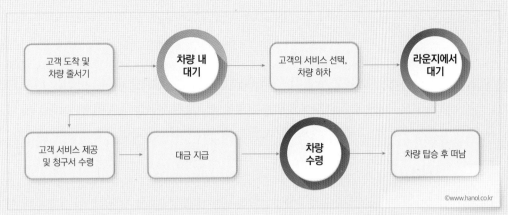

○ **그림 9-1_** Jaimie's Quick-Lube Shop의 고객 흐름도

〈그림 9-1〉은 엔진 오일 센터의 고객 흐름도를 나타내고 있다. 고객 흐름도를 작성하여 분석하고 고객들을 직접 인터뷰한 결과 해당 상점의 관리자는 문제영역들을 파악할 수 있었다. 파악된 문제점으로는, 상점에 도착한 직후 고객들이 차량을 어디에 주차해야 하는지 모른다는 점과 직원이 응대하기 전 너무 오래 기다려야 한다는 점, 수리가 끝날 때까지 고객들이 할 수 있는 게 없다는 점, 수리 과정을 직접 볼 수 없다는 점 등이 있었다. 이러한 문제점들을 해결하기 위한 방법은 다음과 같다.

· 오일 교환 및 검사를 위해 방문한 고객들을 위해 개선된 안내판 설치
· 고객 응대와 서비스 요청서 작성만을 담당하는 직원 배치
· 보다 편안한 대기 공간 설계(TV, 커피, 음료, 잡지 등)
· 대기 공간에서 작업 과정을 볼 수 있는 창문 설치

하루 중 시간에 따라 배치된 작업자의 수에 따른 대기열의 특징을 결정하기 위해서 대기열 분석 또한 가능할 것이다(이에 대한 세부적인 내용은 이 장 뒷부분에 나온다). 해당 분석을 통해 도출된 정보들은 더 효율적인 작업자 일정 관리, 광고 촉진, 수요 관리 기법을 위해 이용될 수 있을 것이다.

플로리다에 본사를 둔 Esserman International 자동차 대리점은 서비스 부서의 수익성을 개선하기 위해 비즈니스 개발 센터를 활용한다. Esserman의 운영 매니저인 Ruth Tomczyk는 별도의 콜센터가 유선 혹은 이메일로 예약을 받기 때문에, 서비스 직원들은 대면 고객에게 집중할 수 있다고 한다. 이러한 분업은 효율적인 고객 흐름을 가능하게 해 수리 건수와 이윤의 향상으로 이어졌다.

미국 레스토랑 체인인 Ruby Tuesday는 비즈니스 인텔리전스 소프트웨어를 사용하여 각 지점의 고객 대기 시간 등을 측정한다. 이 시스템이 한 지점에서 평균보다 높은 대기 시간을 포착했을 때, 기업 관리자들은 이 시스템을 사용하여 문제의 원인을 파악하기 시작했다. 그들은 해당 지점이 최근 경기 호황으로 인해 계속해서 만석이었음을 알게 되었다.

회사는 주방과 종업원들의 생산성이 향상될 수 있도록 변화를 주었고, 그 결과 회전율이 10% 증가하며 대기 시간이 감소하였다. 다음 절에서는 서비스 전달 시스템에 대해 보다 상세히 다루도록 한다.

2 서비스 전달 시스템 설계

기존 서비스 프로세스를 분석하거나 새로운 시스템을 설계할 때, 서비스 시스템은 각 프로세스별로 필요한 고객과의 상호작용 수준과 함께 시스템의 목적을 고려해야 한다. 〈그림 9-2〉의 오일센터 예시를 보면, 고객이 정비 공간에서 정비사와 직접 소통하는 것은 안전하지도 않고 생산성도 떨어진다. 또 다른 잠재적 문제는 고객이 도움을 요청할 직원들을 찾을 수 없을 때 발생할 수 있을 것이다. 이렇게 의도적이든 그렇지 않든 간에 고객이 직원과 상호작용할 때, 이러한 상호작용들을 고객접점(customer contact point)이라고 한다. 오일 센터 예시에서 고객이 도착했을 때나 청구서를 지불할 때와 같이 몇몇 서비스 프로세스에서는 고객과의 접촉이 필요한 경우가 있다. 고객이 멀리서 작업 진행상황을 지켜보기만 하도록 하는 프로세스와 같이 다른 프로세스에서는 중간 혹은 최소한의 고객과의 접촉이 적절한 경우도 있다. 그 외 직원 훈련이라든가 장부 정리와 같은 프로세스에서는 아예 고객과의 접촉이 불필요한 경우도 있다. 따라서 적절한 고객 상호작용 정도를 제공하기 위해 각 서비스 프로세스별로 고객과의 상호작용 수준을 판단하는 것이 중요하다. 이를 서비스 청사진이라고 하며 다음 절에서 논의된다.

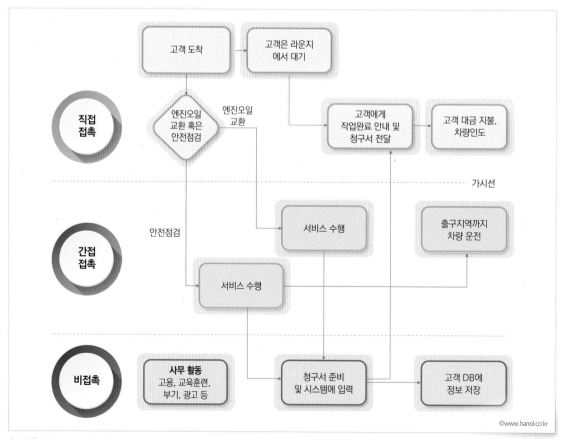

🔺 **그림 9-2_** Jaimie's Quick-Change Lube Shop의 서비스 설계도

❶ 서비스 청사진

3장에서 처음으로 소개된 서비스 청사진을 통해 관리자는 고객과의 접촉이 필요한 프로세스와 필요하지 않은 프로세스를 분리할 수 있다. 이를 통해 각기 다른 운용 관리와 인사 방식을 채택하여 생산성과 고객 만족도 향상을 이끌어낼 수 있다. 서비스 청사진은 서비스 전달 프로세스를 구성하는 모든 활동을 나타낸다. 〈그림 9-2〉는 〈그림 9-1〉에서 예시로 든 오일 센터의 서비스 청사진을 나타낸다.

그림에서 직사각형은 서비스 중에 발생하는 활동을 의미하고 마름모는 프로세스 결정을 나타낸다. 관리선호도, 고객 흐름 및 프로세스 설계에 따라, 해당 오일 센터의 서비스는 직접적 고객 응대가 필요한 활동, 제한적 고객 응대 활동 그리고 고객 응대 불필요 활동으로 나뉜다. 각 고객 응대 수준별로 서로 다른 경영관리 기법 및 배치 방안이 제안된다. 직접적 고객 응대가 필요한 수준에서는, 직원들은 영업 및 고객과의 좋은 관계를 형성하고 유지하는 방법들에 대해 훈련을 받을 필요가 있다. 예시의 오일 센터 대기실처럼 셀프 서비스 채택 또한 고려할 수 있다. 이 외에도 표지판, 접근성, 주차 및 고객 편의 시설 등에 대한 고려가 필요하다.

간접적 고객 응대가 필요한 수준에서 고객은 직접적으로 직원을 만나거나 직접적인 프로세스상의 개입이 없어야 한다. 오일 센터 예시에서는, 창문이 나 있는 벽은 작업자와 고객을 분리하는 동시에 고객이 작업자가 작업하는 모습을 볼 수 있도록 한다. 해당 단계의 작업에서는 오직 해당 작업을 잘 수행할 수 있는 직원을 고용하는 데에만 집중하면 된다. 직원들이 직접적으로 고객들을 만날 일은 거의 없으므로, 최소한의 고객 응대 훈련만이 필요하다. 그 외 고려 사항으로는 효율성과 서비스 수용력 증대를 위한 공정 자동화가 있다.

하지만 고객 응대와 관련된 활동 중에 공정 자동화가 도입이 되면 이는 때로 문제가 되기도 한다. 몇몇 고객들은 이런 셀프 서비스를 매우 싫어하기도 하는데, 그 이유는 사용법을 익혀야 한다는 불편함과 낮은 서비스의 질 때문이다. 우리 대부분은 한 번쯤 셀프 계산대, 자동 응답 서비스, 키오스크 등을 사용할 때 불편함을 느낀 적이 있을 것이다. 이를 인식한 미국의 한 할인 업체인 Trader Joe's는 이런 자동화 시스템 대신 좀 더 개인화되고 고객들과 직접 소통하는 방식을 채택했다. 반면 사용법이 어렵지 않은 공정 자동화는 생산성 향상을 불러올뿐더러 고객들에게 긍정적 반응을 이끌어낼 수 있다. 예를 들어 항공사의 경우 고객들을 직접 응대하는 서비스를 유지하면서 온라인 티켓 판매, 공항 셀프 체크인 키오스크와 같은 기술을 확대 적용함으로써 그 균형을 잘 잡아냈다고 볼 수 있다.

고객 응대가 불필요한 경우 고객은 프로세스 활동에서 완전히 분리되어야 한다. 오일 센터 예시에서도 이와 관련된 활동 몇 가지를 확인할 수 있다. 예를 들어, 인사 과정에서는 각 활동 영역의 전문가들을 가려내는 데에만 초점을 두고, 마케팅 과정에서는 고객 정보를 이용하여 매 90일에 한 번씩 오일 교체 안내문을 보내는 작업만 수행하면 된다. 이 단계에서는 비영업 부서의 생산성 향상을 위해 정보 시스템 관리나 다른 사무 자동화가 상당히 이루어진다.

고객 흐름도 및 서비스 청사진을 통해 경영진은 서비스 전달 시스템의 전체적인 모습을 파악할 수 있으며, 그에 대한 아이디어와 개선 방향을 파악할 수 있다. 〈그림 9-1〉과 〈그림 9-2〉의 오일 센터 관리자는 이러한 방법론을 사용하여 고객 흐름 및 서비스 설계 문제를 파악하고 더불어 해결책을 찾아낼 수 있어야 한다. 고객 흐름도와 서비스 청사진을 완성하기 위해서 평균 대기 시간, 프로세스 용량 및 비용, 평균 처리량과 시간, 고객 도착 패턴, 대기열 길이 및 고객 피드백 등과 같은 다양한 서비스 요소에 대한 유용한 통계치들이 사용될 수 있다. 이러한 정보를 이용하면 간판, 서비스 시스템 배치, 직원 채용 및 교육 절차, 장비, 하드웨어 및 소프트웨어, 보고서 작성과 같은 설계 요소를 수정하는 결정도 내릴 수 있다.

3 수요 변동성 및 서비스 용량

3. 서비스 용량의 관리방법

고객들은 기다리는 것을 원치 않는다. 따라서 서비스 프로세스를 통해 성공적으로 고객과의 관계를 관리하고 원활한 고객 흐름을 유지하기 위해, 회사는 언제 고객들의 방문이 가장 많은지, 그리고 수요 변동이 서비스 용량 및 고객 대기 시간에 미치는 영향이 어느 정도인지를 파악하는 것이 매우 중요하다. 종종 예상치 못한 수요가 서비스 용량 한계치를 초과함에 따라 병목 현상이 발생할 수 있으며, 경영진들은 더 나은 용량 관리 및 수요 관리 방법론을 이용하여 이러한 문제가 발생할 가능성을 낮춰야 한다. 해당 주제는 4, 5장에 소개되어 있지만, 본 장에서는 특히 서비스 용량을 다루는 여러 가지 방법론들을 제시할 것이다.

❶ 서비스 용량 관리 기법

일반적으로 서비스 용량을 관리하기 위해 사용되는 방법론으로는 직원 일정 관리, 수율·수익 관리, 용량 공유, 직원 교차 교육, 그리고 셀프 서비스 등이 있다. 이러한 기법들은 〈표 9-1〉에 나타나 있으며 다음 절에 설명되어 있다.

1) 직원 일정 관리

효과적으로 서비스 일정을 짜면 배정된 직원 수(서비스 용량)가 고객 수요에 완전히 일치하여 직원 유휴 시간과 고객 대기 시간이 최소화된다. 서비스 용량이 너무 적으면 고객 대기 시간이 길어지고 매출 손실이 발행하는 반면, 용량 초과는 유휴 직원 발생과 높은 인건비 발생을 초래한다. 여기서 우리가 유념해야 하는 사실은 초과 서비스 용량은 저장했다가 나중에 사용될 수는 없다는 것이다. 따라서 경영진은 추가적인 서비스 용량을 늘림으로써 발생하는 비용과 고객 대기 시간으로 인해 발생하는 비용을 비교하고 절충해야 한다.

표 9-1_ 서비스 용량 관리 기법

기법	설명
직원 일정 관리	서비스 용량이 고객 수요와 완전히 일치할 때 고객 대기 시간이 최소화됨
수율·수익 관리	고객군별 가격 차별화와 더불어, 초과 예약과 고객군별 용량 할당을 결합
용량 공유	용량 여유분에 대한 재배치
직원 교차 교육	유휴 프로세스의 직원을 초과 수요가 발생한 다른 바쁜 프로세스로 잠시 옮겨 일시적인 용량 증대로 고객 대기 시간 감소
셀프 서비스	고객이 직접 서비스 진행

식당, 은행, 병원 응급실 및 고객 콜센터와 같이 수요 변동성이 큰 경우에는 직원 일정 관리가 어려울 수 있다. 하지만 기업들은 발달된 수요 예측 기법과 소프트웨어를 사용하여 일정 관리를 개선하고 있다. 그 예로 미국의 철도회사 중 하나인 BNSF를 들 수 있다. BNSF의 인력 관리 책임자인 Jennifer Martin은 "우리의 과제는 연방 규정을 유지하면서 13개의 노동 계약 요건을 충족할 수 있는 단일 소프트웨어 솔루션을 개발하는 것이었다"라며 "100개 이상의 다른 지역에서 서로 다른 일정을 가진 직원들을 교육해야 한다는 점이 이 문제를 더 어렵게 했다"라고 말한다. BNSF는 효율적인 일정 관리를 위한 소프트웨어 개발과 교육 과정 제공을 제공하는 데 339만 달러를 투자하였다. 최종 목표는 직원 일정을 직접 관리하는 관리자들로 하여금 해당 소프트웨어의 운영권을 주는 것이다.

일정 관리 문제에 대한 가장 간단한 접근 방식으로는 시간당 수요의 예측값을 사용하여 요일별로 직원을 배치하는 것이다. 직원들은 일별로 요구되는 직원들 수에 근접하게끔 배치된다. 요구되는 고객 서비스 수준에 따라 초과 인력 배치가 이뤄질 수도 있다. 수요의 변동성이 큰 경우에는 서비스 용량과 수요를 더 잘 맞추기 위해 대기·유동 인력을 배치할 수 있다. 관리자는 그 외에도 초과 근무 비용, 휴무 요건 및 기타 근로 계약 조건들을 고려해야 하는데, 이런 요소들이 일정 관리 문제를 더욱 복잡하게 만든다. 아래 〈예제 9-1〉은 근로자가 매주 연속 2일을 쉴 수 있는 경우의 간단한 휴리스틱 접근법을 보여준다.

해당 예제에서 관리자는 가용한 정보를 기반으로 선호도 또는 고객 서비스 목표에 따라 일정을 변경할 수 있다. 예를 들어 정규직 직원 3은 목요일에 필요하지 않다. 대신 목, 금 휴일을 주고 직원 4를 월, 수, 금에, 직원 5를 금요일에 근무하게 할 수도 있다. 또는 직원 3을 원래 계획대로 근무하게 함으로써, 회사는 목요일에 초과 용량(필요시 추가 투입이 가능한 인력)을 보유하게 되는 것이다(목요일에는 수요 변동이 크기 때문에 초과 용량을 갖는 것이 바람직하다).

예제 9-1 연속 휴일이 있는 경우 직원 배치 방법

Chris와 Nancy는 세 명의 정규직 직원들과 몇몇 아르바이트생들과 함께 컴퓨터 컨설팅 사업을 하고 있다. 그들은 모든 근로자가 일주일에 연속 이틀 쉴 수 있는 주간 일정을 만들어야 한다. 차주에 대한 수요 예측을 종합하여 직원 필요량을 아래에 나타내었다. 직원들이 쉬는 요일에 대한 선호도가 없다는 가정하에, 구성 절차는 다음과 같다.

1. 일일 수요량을 첫 번째 행인 직원 1의 행에 그대로 복제한 뒤, 연속하는 두 요일의 쌍들 중에서 일일 수요량이 가장 적은 쌍을 찾아 동그라미 친다. 만약 동점이 있을 경우 수요량이 적은 요일에 붙어 있는 요일의 쌍을 선택한다. 그럼에도 동점이 있을 경우 더 이른 요일의 쌍을 선택한다. 동그라미가 없는 요일에 직원 1을 배정한다.

2. 직원 1이 배정된 요일의 일일 수요량에서 1을 빼서 새로운 일일 수요량을 계산한다. 그 뒤 새로운 일일 수요량을 두 번째 행인 직원 2의 행에 쓴다(직원 2의 경우 같은 수요량을 가지는 요일쌍이 3쌍 있지만, 동그라미 친 요일쌍에 근접한 수요량이 가장 적다). 직원 2에 대해 1단계를 반복하고, 더 이상 직원이 필요 없을 때까지 남은 직원들에 대해 같은 작업을 반복한다.

	월	화	수	목	금	토	일
일별 작업자 최소 수요량	4	3	4	2	3	1	2
직원 1	4	3	4	2	3	①	②
직원 2	3	2	3	1	②	①	2
직원 3	2	1	2	0	2	①	①
직원 4	1	⓪	①	0	1	1	1
직원 5	0	0	1	0	0	0	0

- 작업 일정 : 직원 1은 토·일, 직원 2는 금·토에 휴일을 갖고 아르바이트생인 직원 3, 직원 4는 각각 목·토·일, 화·수·목 휴일을 갖고 직원 5는 수요일에만 일하게 된다.
- 아르바이트생은 수요에 따라 서비스 용량을 조절할 수 있는 유연성을 가진다. 실제로 현재 노동 시장에서는 은퇴한 사람들이 훌륭한 아르바이트생이 된다. 최근 몇 년간 뉴욕 로체스터의 YMCA는 4시 반에 시작하는 아침 교대로 일할 사람 구하는 것을 어려워했는데, 요즘은 보통 나이 든 직원들이 맡아서 하고 있다. 인사 담당 부사장인 Fernan Cepero는 "그분들은 여가 시간을 활용할 수 있어서 아르바이트를 선호한다"고 말한다. 최근 미국 노동력 증가율 90% 이상은 55세 이상에서 나타난다.

2) 수율·수익 관리

수율 관리 혹은 수익 관리는 한정된 용량의 서비스를 고객들에게 다양한 가격에 판매하여 이익을 극대화하는 프로세스를 의미한다. 일반적으로 항공사, 여객 철도, 호텔, 크루즈, 자동차 렌트 산업에서 이 같은 관리 방법을 사용한다. Sabre 컴퓨터 예약 시스템을 채택한 아메리칸 항공은 흔히 1978년 항공 산업의 규제 완화 이후 수율 관리 분야를 개척했다고 알려져 있

다. 해당 항공사의 수율 관리 전략은 일부 좌석을 싼 가격에 판매하여 신생 항공사들과 경쟁하는 한편, 나머지 좌석들에 대해서는 차등 가격을 적용하는 것이다. 차등 가격이란 동일한 제품을 고객들에게 각기 다른 가격으로 판매하는 것을 말한다. 1992년 아메리칸 항공은 이러한 자사의 시스템을 사용하여 3년 동안 14억 달러의 추가 매출을 올렸다고 보고했다. 마찬가지로, Hertz 렌터카는

1995년에 수익 관리 시스템을 사용하여 고객당 평균 수익이 5% 증가했다고 보고했다. 그러나 다른 소프트웨어와 마찬가지로 이런 관리 시스템은 문제를 일으키기도 한다. 2012년 유나이티드 항공은 4억 4,800만 달러의 손실을 냈는데, 그중 2억 8,600만 달러가 투자 및 수익 관리 시스템의 '결함' 탓으로 여겨진다. 예약 키오스크가 한동안 작동하지 않아 직원들에게 고객들이 몰렸고, 좌석들이 팔리지 않거나 너무 낮은 가격에 팔리곤 했다. 아래 Service Spotlight에서는 독자적인 수율 관리 시스템을 사용하여 단기 사무 공간을 임대하는 Breather이라는 회사를 소개한다.

수율 관리 전략은 고객군에 따라 차등 가격을 사용하는 동시에 초과 예약과 서비스 용량 할당 기법을 적절히 조합하는 전략이다. 초과 예약은 수용할 수 있는 양보다 더 많은 예약을 받는 것을 의미한다. 항공사의 경우 예약을 한 일부 고객은 공항에 오지 않는다. 이때 항공사가 초과 예약을 받지 않을 경우 빈 좌석은 손실로 이어진다.

Breather의 수율 관리 및 유연한 작업 공간

캐나다에 본사를 둔 Breather는 시간 단위에서 월 단위까지 유연하게 개인 사무공간을 제공하는 세계적인 선두 업체이다. Breather는 최근 빠르게 변하는 사무실 트렌드에 맞춰 건물주들과 파트너 관계를 맺고 개인 업무 공간 솔루션을 개발했다. 이 회사는 모든 규모의 기업에 단기 임대 부동산 솔루션을 제공할 수 있는 머신러닝 기법을 통해 시스템 최적화를 진행했다.

수율 관리를 통한 Breather의 우선 예약 및 접근 기술이 이와 같은 유연성의 핵심이다. 주 고객 중 한 곳인 La Caisse의 부사장 Christian Dube는 "Breather는 젊고 혁신적이며 빠르게 성장하는 기업이다"라고 말하면서 Breather는 그들만의 독특하고 혁신적인 비즈니스 모델을 통해 머신러닝을 이용한 수율 관리 최적화를 이뤄내는 등 기술 개발에 집중해 선두 기업들 사이에서 입지를 굳힐 수 있었다고 말한다. "Breather가 새로운 시장 확장을 위해 우리들의 잘 구축된 글로벌 네트워크를 잘 활용하길 바란다"라고 덧붙였다.

Breather와 함께 일하는 또 다른 싱가폴 글로벌 투자 회사인 Ascendas-Singbridge는 Breather가 보여주는 새로운 기회를 인지하고 있다. CEO Yi Ta Chng은 "아시아뿐만 아니라 전세계에서 전통적인 임대 계약이나 장기 계약보다 좀 더 유연한 형태의 부동산 옵션에 대한 수요가 늘어나고 있다. 우리는 '서비스로서의 공간'에 대한 Breather의 혁신

적인 접근 방식이 Co-working과 같은 다른 모델이 만족시키지 못했던 시장의 니즈를 해결할 것이라고 보며, 이러한 미래를 실현할 수 있도록 지원할 것이다"라고 말한다.

현재 Breather는 전세계 10개 도시의 30여 개 건물에서 50만 평방피트 이상의 면적을 사무실 공간으로 임대하고 있다. Breather의 설립자이자 CEO인 Julien Smith는 "우리의 고객은 성장하는 스타트업부터 상장기업까지 다양하며 고객들의 요구에 맞춰 확장 가능한 공간 솔루션을 제공한다"라고 말하면서, Breather를 통해 기업은 필요할 때 필요한 공간만큼 소유할 수 있으며 원할 때 사용량을 늘리거나 줄일 수 있다고 전한다.

출처: "Flexible Workspace Provider Breather Raises $45 Million in Funding Led by La Caisse, Temasek, and Ascendas-Singbridge," *PR Newswire Europe*, June 12, 2018, 1.

역사적으로 많은 업종에서 초과 예약에 대해 주장하는 바는 간단하다. 초과 예약을 받는 기업은 그렇지 않은 기업보다 훨씬 더 많은 수입을 올리게 되어 있다. 문제는 초과 예약 시행 여부가 아닌, 얼마나 초과 예약을 받을 것인지에 있다. 예를 들어, 대부분의 항공사들은 독자적인 컴퓨터 알고리즘을 사용하여 일정 비율의 좌석수만큼 초과 예약을 받는다. 이러한 컴퓨터 시스템은 예약 고객을 놓치는 비용, 다른 비행편 제공에 대한 비용, 빈 좌석에 대한 비용을 모두 고려한 최적의 초과 예약 정책을 개발한다. 아래 〈예제 9-2〉는 레스토랑의 초과 예약 의사결정을 보여준다.

아래 〈예제 9-2〉에서 초과 예약을 받지 않을 경우(예약을 28건만 받을 경우)에는 총 기대수익이 1,557 달러로 계산된다. 이 기대수익은 아래처럼 5가지의 노쇼(no-show) 확률 상황을 모두 고려하여 계산되었다.

예상 순이익 = (테이블 이익 – 초과수요 비용) × 노쇼 확률
= [(손님 앉은 테이블 수 × 테이블당 이익) - (초과수요량 × 초과수요당 비용)] × 노쇼 확률

예제 9-2

Grebson's Bar-B-Que의 예약 관리자인 Deborah는 레스토랑의 최근 예약 이력에서 얻은 정보를 수집해, 노쇼의 가능성을 판단하고 최적의 초과 예약 정책을 결정하고자 했다. 해당 식당의 정원은 28테이블로 정해져 있다. 아래 첫 번째 표는 과거 노쇼 기록에 기반한 노쇼 발생 확률을 나타낸다. Deborah에게 의문은, 노쇼의 가능성을 고려할 때 얼마나 많은 예약을 받아야 하는가이다. 테이블당 평균 수익은 60달러이며 테이블이 없어 고객을 받지 못할 때 발생하는 비용은 30달러이다. 테이블당 기대수익이 초과 수요로 인한 비용보다 크기 때문에 초과 예약을 하는 것이 바람직하다.

노쇼(예약 불이행) 발생건수	확률
0	0.10
1	0.25
2	0.30
3	0.20
4	0.15

노쇼 건수	확률	예약 이행 건수				
		28	29	30	31	32
0	0.10	28	29	30	31	32
1	0.25	27	28	29	30	31
2	0.30	26	27	28	29	30
3	0.20	25	26	27	28	29
4	0.15	24	25	26	27	28

두 번째 표는 다양한 초과 예약 정책에 따른 결과를 보여준다. 예를 들어 노쇼가 1건 발생했을 때 예약을 받은 건 수보다 실제 손님이 앉은 테이블 수는 1만큼 적을 것이다. 노쇼가 4건 일어나는 최악의 경우에도 28좌석을 다 채울 수 있기 때문에 예약을 받을 때 32개보다 더 많은 예약을 받을 필요는 없음을 유념하자. 그렇다면 각 상황에 따라 기 대수익을 계산할 수 있으며, 그에 따라 최적의 정책을 결정할 수 있다. 마지막 표는 그 결과를 보여준다.

28개 테이블 예약 수령 시 기대이익					
노쇼 건수	0	1	2	3	4
방문고객 수	28	27	26	25	24
테이블 개수	28	27	26	25	24
이익 ($)	1,680	1,620	1,560	1,500	1,440
(초과예약으로 인한) 미입장 고객수	0	0	0	0	0
비용 ($)	0	0	0	0	0
순익	1,680	1,620	1,560	1,500	1,440
확률	0.10	0.25	0.30	0.20	0.15
기대순익	168	405	468	300	216

총 기대이익 $1557

29개 테이블 예약 수령 시 기대이익					
노쇼 건수	0	1	2	3	4
방문고객 수	29	28	27	26	25
테이블 개수	28	28	27	26	25
이익 ($)	1,680	1,680	1,620	1,560	1,500
(초과예약으로 인한) 미입장 고객수	1	0	0	0	0
비용 ($)	30	0	0	0	0
순익	1,650	1,680	1,620	1,560	1,500
확률	0.10	0.25	0.30	0.20	0.15
기대순익	165	420	486	312	225

총 기대이익 $1608

30개 테이블 예약 수령 시 기대이익					
노쇼 건수	0	1	2	3	4
방문고객 수	30	29	28	27	26
테이블 개수	28	28	28	27	26
이익 ($)	1,680	1,680	1,680	1,620	1,560
(초과예약으로 인한) 미입장 고객수	2	1	0	0	0
비용 ($)	60	30	0	0	0
순익	1,620	1,650	1,680	1,620	1,560
확률	0.10	0.25	0.30	0.20	0.15
기대순익	162	412.5	504	324	234

총 기대이익 $1636.5

31개 테이블 예약 수령 시 기대이익					
노쇼 건수	0	1	2	3	4
방문고객 수	31	30	29	28	27
테이블 개수	28	28	28	28	27
이익 ($)	1,680	1,680	1,680	1,680	1,620
(초과예약으로 인한) 미입장 고객수	3	2	1	0	0
비용 ($)	90	60	30	0	0
순익	1,590	1,620	1,650	1,680	1,620
확률	0.10	0.25	0.30	0.20	0.15
기대순익	159	405	495	336	243

총 기대이익 $1638

32개 테이블 예약 수령 시 기대이익					
노쇼 건수	0	1	2	3	4
방문고객 수	32	31	30	29	28
테이블 개수	28	28	28	28	28
이익 ($)	1,680	1,680	1,680	1,680	1,680
(초과예약으로 인한) 미입장 고객수	4	3	2	1	0
비용 ($)	120	90	60	30	0
순익	1,560	1,590	1,620	1,650	1,680
확률	0.10	0.25	0.30	0.20	0.15
기대순익	156	397.5	486	330	252

총 기대이익 $1,621.5

그리고 나서 각 예약 수에 따른 이윤을 모두 더하여 최종 기대수익을 구하게 된다. 29건의 예약을 받는 경우(초과 예약 1건) 모든 고객들이 도착하면 한 테이블의 고객을 돌려보내야 한다. 이 시나리오에서는 28건의 예약을 받는 경우보다 기대수익이 더 높게 나타난다. 이와 같이, 테이블당 기대수익, 초과수요 발생 시 비용 그리고 노쇼 확률을 모두 고려했을 때, 최적 정책은 3건의 초과 예약을 받는 것이다(31건 예약). 이때 기대수익은 1,638달러로 계산된다. 만약 기대수익, 비용 등 조건이 변경될 시, Deborah는 위의 과정대로 다시 수익을 계산하여 정책을 산출해야 한다.

특정 고객군을 위해 일정량의 용량을 남겨놓는 것도 수율 관리의 또 다른 고려 대상이다. 이는 더 많은 수익을 가져다줄 고객이 나중에 올 것을 예상하고 용량 확보를 위해 특정 고객을 받지 않을 시점을 결정하는 것이다. 예를 들어 항공사의 경우 많은 비용을 지불하는 비즈니스 여행객들은 출발일에 가까운 시점에 예약을 하는 경향이 있는 반면, 적은 비용을 지불하는 피서객들은 훨씬 더 일찍 예약을 하는 경향이 있다. 따라서 고수익 승객 예약이 들어올 것으로 예상하여 수익이 낮은 고객을 위한 예약을 종료할 시점을 결정해야 한다. 간단한 방법으로는 일정 수만큼 고수익 승객들에게 배정하고 나머지는 저수익 승객들에게 배분하는 것이다.

계속해서 항공사의 사례를 들어보자면, 회사는 고수익 고객에게 75%의 좌석을, 저수익 고객에게 25%의 좌석을 배정할 수 있다. 고수익 고객들을 놓치지 않기 위해, 저수익 고객 자리를 두 고객군 모두에게 판매 가능하도록 할 수도 있다. 고객군에 따라 좌석을 배정하는 이 같은 방식에 따라 좌석이 남는 경우가 생길 수 있으며, 이는 여행 직전 마지막 순간에 싼 여행 상품을 찾을 수 있는 이유를 설명한다.

수율 관리의 마지막 주제는 차등 가격 책정이다. 여기서의 아이디어는 고객들을 각기 다른 범주로 분류하여, 높은 가격에도 구매하고자 하는 고객에게는 그대로 판매하고, 해당 가격에는 사지 않으려는 고객에게는 낮은 가격에 판매하는 것이다. 예를 들어 일반적인 항공사는 이코노미, 비즈니스, 퍼스트 클래스로 총 3가지 지정석이 존재한다. 동일한 항공편임에도 불구하고 대부분 이코노미 클래스 티켓은 퍼스트 클래스의 1/10 가격이고 비즈니스 클래스의 1/3에서 1/2까지도 한다. 또한 출발 날짜가 가까워짐에 따라 세 등급의 가격은 수율 관리 시스템의 자동화된 결정에 따라 변동하게 된다. 이로 인해 많은 항공사들이 매우 복잡한 요금 구조를 가지고 있다.

고객들은 차등 가격 책정뿐만 아니라 일반적으로 수율 관리가 불공평하다고 느낄 수 있다. 예를 들어 2000년 9월 온라인 소매업체 아마존의 일부 고객들은 이전의 구매 패턴에 따라 DVD 영화에 대해 서로 다른 가격을 지불하고 있었음을 알게 되었다. 인터넷 채팅 사이트에서는 해당 회사에 대한 불만이 쇄도하기 시작했다. 아마존은 단지 다양한 가격에 대한 소비자의 반응을 테스트하고자 했다는 성명을 발표했고, 즉시 차등 가격 정책을 폐지했으며, DVD에 더 많은 돈을 지불한 사람들에게 차액만큼 환불해주기로 했다.

3) 용량 공유

많은 서비스 전달 프로세스의 높은 비용 때문에, 기업들은 낮은 활용률로 생긴 유휴 서비스 용량을 다른 방식으로 사용할 방법을 강구한다. 예를 들어 항공사는 공항 게이트나 수하물 취급 장비 및 지상 요원을 공유할 수 있다. 항공 화물 운송 업체는 여러 목적지 간에 용량 공유 계약을 체결함으로써 운송 불가 사례를 줄이기도 한다. 여객 항공 산업의 경우에는 코드 공유 형태로 용량 공유가 이뤄지게 된다. 항공사 간의 코드 공유 계약은 예약 시스템 혹은 항공기 용량 공유를 위한 완전 합병이나 단기 계약 형태로 이뤄지게 되며, 더 낮은 비용으로 새로운 서비스를 창출함으로써 경쟁력을 갖춘다는 주장이 있는 반면 더 적은 용량을 제공함으로써 요금을 올린다는 주장 또한 있다. 2010년 Aeroflot Russian Airlines는 Air France와 두 나라와 인근 국가들 사이에 더 많은 승객 수송 능력을 창출하기 위해 코드 공유 협정을 체결했다.

용량 공유의 다른 예로, 리조트 호텔은 비수기 동안 컨벤션 관련자들에게 객실 상당 부분을 임대할 수 있고, 스키 리조트는 여름기간 동안 콘서트 진행자들에게 시설을 빌려줄 수 있다. 다른 형태의 용량 공유는 서비스의 용량 유연성을 높이고 초과 예약 비용을 절감할 수 있도록 한다. 예를 들어 호텔들은 한 숙박업소에 빈방이 없을 때 다른 숙박업소의 빈 객실을 이용하기로 공식적인 계약을 체결할 수 있다.

4) 교차 직원 교육

여러 프로세스를 가진 서비스의 경우, 유휴 프로세스에 배정된 직원은 일손이 부족한 프로세스로 잠시 이동하여 해당 프로세스의 용량을 늘리고 고객 대기 시간을 줄일 수 있다. 이를 위해서는 직원들로 하여금 여러 프로세스에 대한 교차 교육을 받게 해야 한다. 이런 교육의 장점은 백화점이나 슈퍼마켓과 같은 사업에서 분명하게 드러난다. 예를 들어 계산대의 줄이 길어지면 대기줄이 사라질 때까지 판매원을 계산대로 보낼 수 있다. 그러나 일부 관리자들은 임시로 직원을 이동시키면 직원들이 프로세스를 재학습해야 하므로 단기적으로는 서비스 품질이 저하될 것이라 믿고 있다. 실제로, 연구원인 Pinker와 Shumsky는 직원을 재배치하면 작업 숙련도가 지속적으로 낮아진다고 말했다. 이들은 이러한 교차 근무자가 각 공정에서 충분한 경험을 쌓지 못하게 되면서 양질의 서비스를 제공할 수 없고, 효율성에서 얻는 장점은 서비스 품질 하락으로 상쇄된다고 경고한다.

댈러스의 Texas Scottish Rite 병원에서는 그들의 '교차 기능' 시스템이 이런 문제를 해결할 수 있다고 한다. 인원이 부족한 접수처가 가장 두드러지는 예다. 직원이 병가를 내고 환자가 물밀 듯이 들어온다고 하자. "이때 기존 매뉴얼은 상관하지 않고 교차 훈련된 직원을 불러서 최선을 다하게끔 요구한다"고 접수 담당자 Mike Potter는 말한다. 보통 이러한 방식은 그다지 성공적이지 않다. 그래서 해당 부서는 교차 기능이라는 시스템을 통해 새로운 접근을 하고자 했다. 이는 등록과 예약을 결합한 '체크 등록'이라는 프로세스와 비슷하다. Potter는 해당 프로세스를 "교차 훈련 시 생길 수 있는 문제없이, 한 직원에게 여러 역할을 수행할 수 있게 하는 방식"이라고 설명한다.

로드아일랜드에 위치한 제조업체인 Herrick&White의 사장 Ken Bertam은 Pinker와 Shumsky의 이 같은 연구결과에 동의하지 않을 것이다. 그는 교차 교육이 작업 부하를 줄일 수 있다고 보고 있다. 그는 "우리는 내부적으로 몇 명의 직원들에게 Access와 AutoCAD 교육을 진행했다. 이제 설계, 생산 둘 다 작업할 수 있는 직원이 6명이 되어간다. 만약 설계 파트에서 작업이 많을 경우 그들을 설계 부서에 배치해 돕도록 한다. 해당 직원들이 전체 프로세스를 이해하고 있다보니 교차 업무를 더 잘 수행하며, 생산 부서에서 일할 때도 설계의 관점에서 접근하는 모습을 보이기도 한다"라고 말한다.

5) 셀프 서비스 이용

상당수의 서비스가 고객으로 하여금 스스로 서비스를 제공하게 할 수 있으며, 대부분의 경우 고객들은 이를 긍정적으로 바라본다. 고객들은 본인들이 원하는 대로 서비스를 즐길 수 있으며, 시간을 아낄 수 있을 뿐 아니라 잠정적으로는 이와 같은 서비스를 제공하는 회사는 더 낮은 가격으로 물건을 팔지 않을까 하는 기대감으로 돈도 아낄 수 있다고 생각한다.

또한 고객들은 본인들이 필요한 정확한 시점에 서비스를 사용하는 것이기 때문에 서비스 용량도 훨씬 유연해진다. 하지만 일부 서비스의 경우 고객들이 사용법을 숙지하는 게 어려울 수 있기 때문에 사용법을 안내하는 적절한 안내문이 필요하다. 서비스 제공업체 측에서는 고객이 할 수 있는 실수를 미리 예측하고, 그에 맞는 대응책을 상황에 따라 제공할 수 있어야 한다.

적절한 안내문이 제공되어 있다면, 셀프 서비스는 고객들에게 긍정적인 반응을 이끌어낸다.

웹 기반 기술로 고객과 직원 모두는 회사에 대한 정보를 빠르게 구할 수 있으며, 반복적이거나 시간이 오래 걸리는 일들이 줄어들었다. 오늘날 많은 기업들은 직원들이 개인기록, 급여, 세금 내역뿐 아니라 교육 자료나 관련 문서들도 열람할 수 있는 자동 인적 관리 시스템을 사용한다. 이를 통해 인사과는 채용 및 교육 같은 좀 더 중요한 일에 집중할 수 있게 되었다.

2 서비스 수요 관리 기법

수요 관리에 관한 내용은 예측 오류로 인해 재고 부족이나 재고 과잉 상황이 일어났을 때 수요를 관리하기 위한 도구로 5장에서 소개되었다. 변동성을 갖는 수요 패턴 때문에 서비스 용량이나 고객 대기열에 문제가 생겼을 경우 회사는 서비스 용량 관리 기법뿐만 아니라 수요 관리 기법을 사용해서도 서비스 용량을 관리할 수 있다. 서비스 산업의 경우 수요를 조절하기 위한 방법으로는 예약제 사용, 부가 서비스, 수요 분류 그리고 가격 정책 및 판촉이 있다. 이 방법들에 대한 간략한 설명은 〈표 9-2〉에 제시되어 있으며 다음 절에서 더 세부적으로 논의된다.

표 9-2_ 서비스 수요 관리 기법

방법	설명
예약제	예약제를 통해 수요를 고르게 배분할 수 있음
부가 서비스	대기 시간 동안 할 수 있는 다양한 서비스 제공
수요 분류	고객들이 도착한 직후 필요한 서비스 분류를 파악해 해당하는 부서로 안내함으로써 총 대기 시간 감소
가격 정책 및 판촉	비수기나 휴일, 저녁, 주말 같은 시기에 광고를 통해 수요에 변화를 주면서 동시에 가격 또한 변화를 줌

1) 예약제 전환

병원의 진료실이나 저녁시간의 식당처럼 수요에 비해 서비스 용량이 제한되어 있을 경우, 예약제를 통해 수요가 조절될 수 있다. 예약제를 통해 고객 유입을 통제하고 수요를 분산시킴으로써 직원 일정을 원활하게 관리하고 가능한 서비스 용량 안에서 효율적으로 운용할 수 있다. 예약제를 실시하기 위해서는 고객 안내에 대한 사전 계획이 수반되어야 하며, 예약 시스템 구축과 직원 교육으로 인한 추가 비용이 발생한다. 그럼에도 적절하게만 사용된다면 예약제는 고객들에게 오래 기다리게 하는 것보다 더 바람직하고, 공정하다는 인식을 받는다. 예를 들어 디즈니의 fastpass는 인기 놀이 기구에서 오래 기다리고 있지 않도록 해주는 무료 예약 시스템이다. 결과는 어떨까? 고객들은 30분에서 2시간까지도 기다릴 수 있는 대기 시간을 단축시켜줬다는 점에서 아주 좋다고 말한다. 기존에는 줄을 서면서 기다려야 했다면, 이제는 음식이나 음료를 즐길 수 있게 되었다.

온라인 예약 시스템은 이미 항공사나 호텔 예약에서 흔히 사용되고 있으며, 기업 차원에서 이러한 시스템을 이용하면 수백만 달러의 이동 비용이 절약된다. 예를 들어 캘리포니아의 컴퓨터 네트워크, 라우팅 제조업체인 Cisco Systems는 1990년대에 온라인 여행사를 이용하기 시작했으며 2004년에만 1,400만 달러의 출장 비용을 절감한 것으로 추산된다. 최근에는 저녁식사 예약이 가능한 온라인 예약 시스템이 인기를 얻고 있다.

2) 부가 서비스 사용

부가 서비스 또한 서비스 용량 문제를 줄이는 데에 사용될 수 있다. 예를 들어 라운지나 바 공간은 레스토랑에서 자리를 기다리는 손님들을 수용할 수 있는 한 가지 방법이다. 골프장에서는 식당이나 드라이빙 레인지 혹은 골프 용품 샵 같은 시설들이 티(tee) 타임을 기다리는 손님들을 수용할 수 있다. 영화관에는 영화가 시작하기 전 고객들이 즐길 수 있는 비디오 게임방이 있다. 이러한 부가적 서비스들은

일부 스키장은 여름에 산악 자전거 코스를 개장하기도 한다.

고객들의 대기 시간을 채워줄 수 있을 뿐만 아니라 추가적인 수익을 가져올 수도 있다. 연중 특정 기간에만 영업이 가능한 시즌성 서비스들 또한 이런 부가 서비스를 운영한다. 그 예시로는 보일러 수리 서비스도 제공하는 에어컨 수리업체, 여름에 산악자전거 투어를 제공하는 스키장, 스노우모빌도 판매하는 스키보트 판매 업체 등이 있다.

3) 수요 분류

때로는 고객이 지점에 처음 도착했을 때 초기 '분류'를 통해 유관 부서 혹은 직원에게 보내면 전

Chapter 09_ 고객 흐름 및 직업 흐름 관리

체 대기 시간을 줄일 수 있다. 예를 들어 도시의 교통운수국에서는 출입문 바로 앞에 고객들을 안내하는 구역을 둘 수 있으며, 이는 잘못된 줄에서 기다리는 고객 발생을 줄일 수 있다. 자동 응답 서비스는 발신자에게 다양한 서비스 중 하나를 선택하게 하여 수요를 분류한다. 그리고 마지막으로 비행기 승객들은 탑승에 걸리는 총 시간을 줄이기 위해 좌석 배정에 따라 분류되어 비행기 뒤쪽부터 탑승하게 된다. 수요 분류 시스템은 고객 중요도, 고객 선호도 혹은 고객 가치를 기반으로 수행되기도 한다. 예를 들어 네바다주 라스베가스에서는 많은 레스토랑 뷔페나 리조트 쇼가 VIP 라인을 별도로 갖추고 있어, 많은 비용을 지불하는 고객들이 긴 줄을 서는 것을 방지할 수 있다.

4) 가격 정책 및 프로모션 사용

대부분의 서비스는 가격을 낮출 때 고객 구매가 증가하고 반대로 가격을 올리면 구매가 감소한다. 수요가 적은 기간 동안 가격을 인하하거나 수요가 많은 기간 동안 가격을 인상하면 수요를 안정시키고 고객 흐름 문제를 줄일 수 있다. 예를 들어 네바다의 NV energy는 피크타임에 몇 분 동안 전기를 끄는 고객에게 돈을 지불함으로써 수요 감소 프로그램에 참여할 수 있도록 한다. 이를 통해 NV energy는 전력 용량을 더 잘 관리하고 피크 기간에 다른 전력회사로부터 비싼 가격으로 전기를 구입하지 않아도 된다. 일부 식당에서는 손님들이 일찍 오게끔 하기 위해 이른 저녁 시간 음식값을 할인해주기도 한다. 영화관들 또한 낮 시간 상영 가격을 낮추기도 한다.

광고 프로모션은 비수기, 휴일, 저녁 및 주말 수요에 더 큰 변화를 주기 위해 일반적으로 가격 변경과 함께 사용된다. 호텔과 리조트는 계절적 비수기에 컨벤션이나 비즈니스 미팅을 위한 시설로 홍보할 수 있다. 휴대폰 회사들은 주말 일정 시간 동안 요금 무료 정책을 시행할 수도 있고, 주유소들은 주중에 더 싼 가격으로 판매함을 홍보하고, 식료품 가게들은 더블 할인 쿠폰을 홍보한다. 이러한 모든 프로모션 및 가격 전략은 수요가 많은 기간 동안의 수요를 줄이면서 서비스 용량을 더 효율적으로 활용할 수 있으며 고객 대기 시간을 줄이고 전체적인 생산성을 높일 수 있다.

4 고객 대기열 관리

4. 고객 대기열 시스템 설계 및 운영방법

서비스 용량과 고객 수요를 이상적으로 관리하더라도 긴 대기열은 여전히 발생한다. 이는 서비스의 변동성 때문이다. 다양한 요구사항을 가진 고객들이 예상치 못한 시간에 무작위로 서비스를 찾으며, 서비스 시스템 용량은 직원 수와 능력에 따라 달라진다. 가끔 이 두 요소가 서로 일치하지 않는 순간, 고객 대기 시간이 증가하게 된다. 그러나 약간의 행운과 대기열 관리 기술만 있다면 병목 현상은 잘 일어나지 않을뿐더러 일어나더라도 짧은 시간에 한해 발생한다. 하지만 고객들은 짧은 시간에도 불만을 터뜨리거나 더 이상 기다리지 않는다. Marketing Week에서 3,000명의 소비자

323

를 대상으로 실시한 설문조사에 따르면, 약 90%는 긴 줄 때문에 물건 사는 것을 포기했다고 말했고, 45%는 이 점이 온라인 쇼핑을 선호하는 이유라고 말했다. 아래의 Service Spotlight 사례에서는 식료품점과 주유소에서 대기 시간을 줄이기 위한 Albertsons의 노력을 보여준다.

따라서 경영진은 고객들을 기다리게 하는 비용(고객의 현재 및 미래 구매 손실, 부정적 평판)과 서비스 용량의 증가(직원 수 증가, 교육, 자동화, 시설 증대)의 균형을 맞춰야 한다. 최근 기업들은 아래 Service Spotlight에서 보듯이 대기열 문제를 줄이기 위해 소프트웨어 애플리케이션을 사용하고 있다.

서비스 용량의 증대는 큰 비용이 드는 문제인 만큼, 기업은 고객들의 심리를 잘 활용하여 고객이 대기하는 시간에 둔감하게끔 함으로써 고객 대기 비용을 줄일 수 있다. 이로써 서비스 용량을 증가하거나 예비 용량을 둘 필요성이 줄어들게 된다. 이 주제들은 다음 절에 이어지며, 대기열 분석과 설계에 대해 이어서 살펴본다.

Service SPOTLIGHT — Microsoft Azure 시스템을 이용해 대기 시간을 단축한 Albertsons

아이다호에 본사를 둔 Albertsons은 고객들의 멀티채널 쇼핑 경험과 직원들의 생산적인 작업 환경을 위해 Microsoft와 협력하고 있다. Albertsons는 이번 협력을 통해 Microsoft의 Azure 시스템을 이용하여 고객들과의 상호작용 방식을 변화시키고 운영을 개선하며 더 나은 상품과 서비스를 제공할 수 있게 됐다. Albertsons의 부사장인 Anuj Dhanda는 "우리는 고객들이 원하는 대로 모든 채널에서 서비스를 받을 수 있는 새로운 미래를 그리고 있다"라고 하며 "우리의 파트너십은 이미 주유소에서 시간을 절약할 수 있는 혁신적인 방법을 만들어냈다"라고 말했다. 고객들에게는 상품을 쉽게 찾을 수 있고 신선 제품, 정육점, 계산대 등에서 대기 시간을 줄일 수 있도록 했다. 관리 측면에서는 Microsoft의 솔루션을 통해 매장 관리자들이 재고와 잘못 배치된 제품을 관리할 수 있도록 해준다. Albertsons의 총괄 부사장인 Ramiyalyer는 "우리는 소비자들이 우리와 소통하는 방식을 바꾸고 있다는 것을 알고 있기 때문에 그들과 함께 나아가며 그들이 원하는 곳에 있기를 원한다"라고 말했다.

Albertsons는 One Touch Fuel이라고 불리는 모바일 앱을 27개의 주유소에서 시범 운영하고 있다. 이 앱을 통해 고객은 스마트폰을 누르기만 해도 기름값을 지불하고, 포인트를 받고, 주유까지 할 수 있기 때문에 평균 90초를 절약할 수 있다. 디지털 영수증이 저장되며 Albertsons의 just for

u 보상 프로그램의 할인이 자동으로 적용된다. 고객도 신용 카드 정보를 저장할 수 있어 카드 번호나 주소, 기타 주유 정보를 입력할 필요가 없다. Albertsons 의 fuel and convenience 부서 이사인 Mark Schumacher는 "이 앱을 사용하는 모든 사람들은 이 앱을 매우 편리하다고 생각하고 시간을 절약해주는 점을 마음에 들어한다"라고 말한다.

"오늘날 소비자들은 어떤 것이든 이를 어디서 구매할 것인지에 대한 무한한 선택지를 가지고 있다." Microsoft의 글로벌 판매 부사장인 Shelley Bransten은 이렇게 말하면서, "Azure와 Azure AI가 Albertsons에 제공할 수 있는 경험으로 인해 치열한 경쟁 속에서 고객충성도를 높일 수 있게 되어 기쁘다"라고 덧붙였다.

출처: R. Redman, "Albertsons Eyes 'Frictionless' Grocery Shopping," *Supermarket News*, February 23, 2019, 1.

❶ 기다림의 심리학

고객들이 대기줄에서 기다릴 때 심리를 연구한 David Maister의 오래된 논문은, 이 문제를 다루는 데에 표본이 되었다. 그의 관찰은 서비스의 제1법칙, 제2법칙으로 나뉘게 된다.

• 서비스 제1법칙 : 만족도 = 인식 - 기대

고객들은 서비스를 받을 때 기대를 가지고 시작한다. 만약 서비스가 끝난 후 그들이 받은 인식이 기대치를 초과한다면 만족하는 것이고, 기대치보다 낮다면 실망하게 되는 것이다.

• 서비스 제2법칙 : 뒤집기 어렵다

서비스가 시작이 좋으면 고객 만족을 유지하기 쉽다. 반대로 서비스 도중에 고객이 실망하게 되면 되돌리기 매우 어렵다.

제1법칙은 고객의 인식과 기대치가 실제 현실에 기초하지 않을 수 있고 고객들마다 각기 다를 수 있다는 점에서 흥미롭다. 고객의 기대는 이전의 경험, 안내문, 광고, 타인으로부터 얻은 정보로부터 형성되는 반면, 고객의 인식은 서비스를 받는 동안 친절한 직원, 분위기 있는 음악, 쾌적한 환경, 기타 다양한 것들에 의해 영향을 받는다. 제1법칙에서 나온 한 가지 관행은 "기대는 최소한으로, 서비스는 최대한으로" 하는 것이다. 제2법칙은 서비스를 개선하려고 할 때 기억하기 좋다. 서비스 개선 시, 시작이 좋게끔 하기 위해 최대한 초기 단계 또는 최초의 접점에 투자하면 좋은 효과를 볼 수 있을 것이다.

기업들은 대기줄에서 고객이 어떤 것으로부터 영향을 받는지 관찰하고 이해함으로써 고객의 인식과 기대치를 모두 조절할 수 있다. 앞선 Maister의 관찰로부터 만들어진 대기열 관리 기법으로는 고객들의 주의를 계속 분산시키고, 지속적으로 정보를 제공하며, 공정한 대기 시스템을 설계하고, 고객을 그룹화하는 방법이 있다. 이 방식들은 간략하게 다음과 같다.

- **고객들의 주의를 분산시키기**   한 가지 방법은 기다리는 고객들에게 계속해서 무언가를 하게끔 하는 것이다. 그 예시로는 통화 대기 중 음악을 들려주는 것, 대기실에서 볼 수 있는 TV를 설치하는 것, 엘리베이터 옆에 거울을 설치하는 것 등이 대표적이다. 그 결과 고객들은 더 편안함을 느끼고, 대기 시간이 더 짧다고 인식하게 된다.
- **고객에게 지속적인 정보 제공**   대기 시간의 불확실성은 불안감을 조성하고 기다림을 더 길게 느껴지게 한다. 따라서 또 다른 대기열 관리 전략은 고객에게 대략적으로 남은 대기 시간을 계속 알려주는 것이다. 다양한 버스 노선들의 시내버스는 각자 도착 시간을 보여주고, 놀이공원에는 대기줄 중간중간 남은 시간을 알리는 표지판이 붙어 있고, 자동차 면허 시험장에서는 대기열마다 남은 시간을 보여준다. 예를 들어 알래스카에서는 교통관리국 실시간 웹 카메라를 통해 사무실이나 집을 나서기 전에 교통 혼잡도를 확인할 수 있다.
- **공정한 대기 시스템 설계**   불공평해 보이는 대기줄은 고객들에게 불안을 야기하고 기다림을 길어 보이게 할 수 있다. 기업은 별도의 대기줄을 여러 개 만드는 것보다 한 줄 서기를 활용하여 공정

성에 대한 인식을 높일 수 있다. 오늘날 일부 소매업체는 전자 대기줄 관리 시스템으로 대기열을 관리해 고객들을 보다 빠르고 공정하게 처리하고 있다. 해당 시스템은 각 계산대에 설치된 디스플레이 장치의 조명과 음향 효과를 통해 다음 고객에게 사용 가능한 계산대를 안내함으로써 계산대의 혼잡을 줄이고 교통정리를 위한 직원의 필요성을 없앤다.

- **고객의 그룹화** 다른 고객과 소통하면 대기 시간을 짧게 느끼게 할 수 있다. 많은 기업들은 서로 간의 대화를 이끌어내는 대기 공간을 설계하고자 많이 노력해왔다. 의자, 테이블, 소파 그리고 커피포트 등을 어떻게 배치하는지에 따라 고객들 사이의 대화를 촉진시킬 수 있고, 이는 주의를 분산시키기에 좋다.

이렇게 고객의 인식을 관리하는 것은 수요 관리의 한 형태이며, 실제 대기 시간을 관리하는 것만큼 중요하다. 고객이 느끼는 대기 시간이 초기 기대 수준보다 낮거나 같으면 전반적인 서비스 경험에 긍정적으로 영향을 끼친다. 반면 대기 시간이 너무 길다고 인식할 때는 실제 대기시간과 상관없이 향후 방문 가능성에 부정적인 영향을 미친다.

② 가상 대기열 사용

고객의 실제 대기 시간과 심리적 대기 시간을 줄이기 위한 모든 노력에도 불구하고 대기열 문제가 지속되는 경우가 여전히 있을 수 있다. 특히 서비스 용량 확대가 어렵거나 비용이 많이 드는 경우 더욱 그렇다. 이러한 상황에서는 가상 대기열을 사용할 수 있다. 예를 들어 쇼핑몰에 위치한 레스토랑들은 고객들에게 진동벨을 제공할 수 있는데, 고객은 빈 자리가 나올 때까지 돌아다

니고 쇼핑하면서 가상 대기열에서 순서를 기다리게 된다. 캘리포니아 샌프란시스코에 있는 Union Square의 아이스 스케이트장은 2013년 겨울 시즌에 휴대폰 앱을 출시하여 방문객들에게 가상 대기열을 제공했다. 가상 대기열을 통해 고객들은 스케이트를 탈 차례를 기다리는 동안 Union Square를 자유롭게 둘러볼 수 있었다.

플로리다에 있는 Walt Disney World는 가상 대기열을 최초로 설계한 회사이다. fastpass라고 불리는 이 시스템은 1999년에 이 놀이공원에 가장 인기 있는 놀이기구 5곳에 설치됐다. 놀이공원 이용객이 입장권을 통해 그들이 타고 싶은 놀이기구를 등록하면, 전산시스템은 각 놀이기구의 대기시간을 측정하여 이용객들이 언제 놀이기구를 타러 돌아와야 하는지 알려주었다. 해당 고객들의 자리는 가상 대기열로 관리되고 있었다. 고객들은 정해진 시간에 돌아오면 기다리지 않고 바로 놀이기구를 탈 수 있었다. 고객들의 반응은 폭발적이었고, Disney World는 대기 시간을 줄이면 고객들이 돈을 더 많이 쓰고, 더 많은 곳의 놀이기구를 탈 수 있다는 것을 발견했다. 현재 fastpass는 전세계 모든 디즈니 놀이공원에서 사용되고 있다.

3 대기열 시스템 분석

　고객들이 대기열에서 기다려야 할 때, 기업들은 고객들을 위한 가장 효과적인 시스템을 설계해야 한다. 효과적인 대기열 시스템을 개발하기 위해 관리자는 특정 대기열 시스템에서의 고객 대기시간뿐 아니라 추가 대기열, 구성 혹은 장비가 대기 시간에 얼마나 영향을 끼치는지 알아야 한다. 또한 관리자는 고객들이 대기하는 것을 도중에 포기하는 리니깅(reneging)이나 구매 자체를 애초에 포기하는 벌킹(balking)이 없게끔 하기 위해서 대기열은 얼마나 짧아야 하는지 알아야 한다. 따라서 효과적인 대기열 시스템 설계는 실제 관찰을 통해 이뤄져야 한다. 물론 미래의 정확한 수요를 알수는 없지만, 수요 예측을 통해 시스템의 기반을 다질 수 있을 것이다. 대기열 시스템이 구축되고 난 후에 관리자는 실제 수요와 그에 따른 고객 행동을 관찰하고 이를 바탕으로 시스템을 조정해야 한다. 이런 조정을 통해 대기 시간을 줄이고 대기열의 효율을 높이며 고객 만족도를 높일 수 있다.

　많은 경우 대기열 시스템은 복잡하며 시스템 특성에 대한 적절한 분석과 예측을 위한 컴퓨터 시뮬레이션이 필요하다. 이런 경우 대부분 R. Wolff의 Stochastic Modeling and the Theory of Queues와 같이 세부적인 방법론을 살펴보게 된다. 이 절에서는 하나의 대기열과 한 개 혹은 두 개의 서버를 두고 있는 비교적 단순한 기본 시스템의 분석 방법에 대해 알아본다. 수요처, 고객 도착 속도, 서비스 처리 속도가 주어진다면 대기열 이론을 사용하여 평균 대기열 길이, 시스템 내 인원 수, 평균 대기 시간, 시스템 이용률을 추정할 수 있다.

　〈그림 9-3〉은 하나의 대기열, 두 개의 서버로 구성된 기본 대기열 시스템을 보여준다. 이 경우 'snake-line'이라는 용어를 쓸 수 있다. 이와 다른 구성으로는 각 서버마다 대기열을 하나씩 갖는 경우가 있다. 대기열이 너무 길게 나타날 경우 고객은 대기열에 들어가기 전에 망설일 수 있다. 고객은 일정 규칙에 따라 대기열에 들어가고 처리된다. 해당 서비스 프로세스는 두 개의 서버가 병렬로 배치되어 있다. 전체 서비스가 완료되면 고객은 시스템을 나가게 된다.

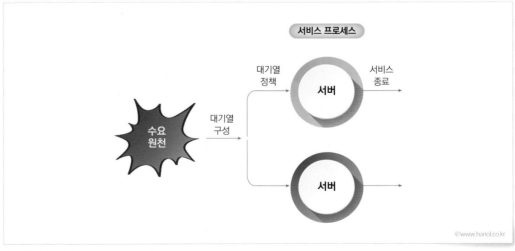

🔺 그림 9-3_ A basic queuing system.

고객은 수요처로부터 일정 패턴에 따라 도착하게 된다. 수요처에 있는 고객의 수는 한정되어 있을 수도, 무한일 수도 있다. 예를 들어 사무실 사탕 기계의 수요처는 정확히 10명의 직원으로 한정될 수 있는 반면, 대도시에 있는 레스토랑의 수요처는 무한대로 간주될 수 있다.

도착 패턴은 고객 도착 시간 간격 혹은 도착 시간 분포를 나타낸다. 이 분야에 대한 연구에 따르면 대부분 고객 도착 시간이 포아송 분포를 띤다고 한다. 다시 말해, 고객들은 특정 시간 동안 그룹 지어서 방문하거나 연속해서 도착하는 경향이 있다. 이는 식당의 점심시간이나 저녁시간처럼 대기열 시스템 설계가 가장 중요한 때이다. 포아송 분포를 사용하면 특정 기간 t 안에 n명의 고객이 도착할 확률은 다음과 같이 표현된다.

$$P_{n(t)} = \frac{(\lambda t)^n e^{-\lambda t}}{n!}$$

λ = t 시간 동안 방문하는 평균 고객 수
t = 시간 단위 수(보통 1)
n = 도착 고객 수
e = 로그 상수(2.71828)

〈예제 9-3〉에서 위 식을 사용한다.

1) 대기열 구성

대기열 구성은 대기열 수와 유형을 나타낸다. 예를 들어 은행의 창구 배열은 세 명의 은행 창구 직원이 하나의 대기열을 같이 맡을 수 있다. 이런 방식은 선착순 방침을 보장하고 고객들이 줄을 바꾸는 일이 없게끔 하기 때문에 가장 공정한 방식으로 여겨진다. 또 다른 예로 맥도날드와 같은 패스트푸드 식당은 3개의 서버, 3개의 대기열로 구성되어 있을 수 있다. 이렇게 여러 개의 대기열이 활용되는 경우 고객은 줄을 설 대기열을 결정해야 하는데, 결정한 대기열의 속도에 따라 고객 불만이 일어나거나 줄을 바꾸는 일이 생긴다. 그러나 대기열이 여러 개일 때의 장점은 신속 대기열을 별도로 활용할 수 있다는 점, 서버를 자유롭게 선택할 수 있다는 점, 대기열을 짧아 보이게 하여 대기 자체를 포기하는 일(balking)을 방지할 수 있다는 점이다. 마지막으로 정육점의 경우 고객들로 하여금 번호표를 뽑을 수 있게 할 수 있는데, 이는 앞서 언급한 가상 대기열과 그 맥락이 같다. 이러한 3가지 예들은 대기열 구성의 가장 일반적인 3가지 경우이다.

예제 9-3 Jeremiah's Quick-Change Lube Shop의 고객 도착 확률

Jeremiah's Quick-Change Lube Shop은 시간당 평균 4대의 차량을 처리할 수 있으며, 매니저는 다양한 고객 도착률을 계산하고자 한다. 시간당 평균적으로 3명의 고객이 도착한다면, 포아송 분포를 사용하여 시간당 다양한

고객 도착 확률을 아래와 같이 계산할 수 있다.

도착 고객 수, n	$P_n(t = 1시간동안 n명 도착 수) = \dfrac{3^n e^{-3}}{n!}$	누적확률
0	0.0498	0.0498
1	0.1494	0.1992
2	0.2240	0.4232
3	0.2240	0.6472
4	0.1680	0.8152

각 경우의 도착률에 대한 확률을 합산함으로써 Jeremiah는 그의 가게가 전체 시간 중 82% 동안 수요를 맞출 수 있다고 계산했다. 이를 1.0에서 빼면 18% 기간 동안 수요가 4명의 고객보다 많아져 대기열이 발생할 것으로 보고 있다. 이 문제는 다음과 같이 스프레드시트를 사용하여 해결할 수 있다.

	A	B	
1	0	0.049787	B1:=POWER(3,A1)*Exp(-3)/FACT(A1)
2	1	0.149361	
3	2	0.224042	
4	3	0.224042	
5	4	0.168031	B5:=POWER(3,A5)*Exp(-3)FACT(A5)

2) 대기열 규칙

대기열 규칙이란 대기열에서 다음 순서를 선택하는 데 사용되는 규칙을 말한다. 대기열에서 기다리고 있는 사람들에게 가장 좋은 평을 받는 방식은 선착순(first-come-first-served) 방식이다. 다른 방식으로는 대기열 분할이 있다. 예를 들어 자동차 정비소에는 오일 교환, 타이어 수리 또는 엔진 점검 등의 작업에 따라 별도의 대기열이 있을 수 있다. 하지만 각 대기열에 한해서는 선착순 규칙이 사용되는 것이 일반적이다. 병원 응급실은 응급 환자

VIP 대기줄은 일부 사람들이 대기 없이 들어가게끔 하며, 간혹 불공정한 규칙으로 간주될 수 있다.

순으로 대기열을 관리하는 반면 나이트클럽에서는 중요한 고객, VIP 우선 순으로 대기열을 관리할 수도 있다.

3) 서비스 프로세스

서비스 프로세스는 서버, 프로세스 시간 분포, 서버 배열 및 서버 관리 정책으로 구성된다. 이발, 패스트푸드, 계산대 지폐 교환 등 비교적 쉽고 짧은 서비스 프로세스의 경우 서비스 시간이 지수

분포를 띠는 것으로 나타났다. 서비스에 병렬 서버를 사용하면 수요의 변동성에 맞춰 관리자가 서비스 용량을 빠르게 변경할 수 있다. 이 경우 직원들에게 교차 교육을 진행함으로써 서버 비용을 최소화하면서 여러 서비스 프로세스에 용량 변화를 줄 수 있도록 한다.

서버 자체가 대기열 길이에 상당한 영향을 끼칠 수 있다. 어떤 서버들은 별다른 노력 없이도 대화하면서 장비를 조작하고 고객 응대까지 할 수 있는 반면, 어떤 서버는 고객에게 집중을 못 하거나 한 번에 2가지 이상을 못하는 경우도 있다. 이러한 차이는 다양한 고객 요구사항과 맞물려 서버별 서비스 시간을 다르게 만들어 대기열 길이와 고객 만족도에 큰 영향을 미친다. 대기열 길이에 영향을 미치는 다른 요인으로는 줄을 서려는 고객의 의지와 서비스 품질 인식이 있다.

4) 대기열 시스템 운영 특성

관리자는 몇 가지 가정을 기반으로 간단한 대기열 시스템의 운영 특성을 결정하여 적용할 수 있으며, 이를 통해 서버 비용을 최소화하면서 고객에게 서비스를 성공적으로 제공할 수 있다. 앞에서 언급된 것처럼 관리자는 이러한 특성을 사용하여 효과적인 대기열 시스템을 설계할 수 있다. 하지만 시스템 구현 후 실제 고객 행동을 관찰하는 과정을 거쳐야 한다. 그런 다음 고객들이 인식하는 대기 시간을 최소화하고 적절한 수준의 서비스를 제공하도록 회사의 능력을 극대화하기 위한 방법을 찾아야 한다. 보다 복잡한 서비스에서는 대기열 시스템을 모델링하기 위해 시스템 시뮬레이션을 사용해야 한다.

다음과 같은 가정하의 단순한 단일 서버, 단일 대기열 서비스는 매우 간단한 특성을 보인다.
· 고객의 수는 무한하며, 도착률은 포아송 분포를 따른다.
· 줄 바꿈이나 대기 포기가 허용되지 않는 단일 대기 라인을 사용한다.
· 대기열 규칙은 선착순 규칙이다.
· 하나의 서버가 사용되며 서비스 시간은 지수 분포를 따른다.
· 평균 서비스 속도가 도착 속도보다 빠르다.

단일 서버, 단일 대기열 시스템의 특성을 결정하는 데에 사용되는 기호와 식은 다음과 같다.

λ = 평균 도착률

μ = 평균 서비스율

ρ = 평균 서버 이용률 $= \dfrac{\lambda}{\mu}$

L_q = 대기줄에 있는 평균 고객 수 $= \dfrac{\rho \lambda}{\mu - \lambda}$

L_s = 시스템 내 있는 평균 고객 수 $= L_q + \rho$

W_q = 대기열에서 평균 대기 시간 $= \dfrac{L_q}{\lambda}$

W_s = 시스템 내 평균 대기 시간 $= W_q + \dfrac{1}{\mu}$

P_0 = 시스템 내 고객이 없을 확률 = $1 - \rho$

P_n = 시스템 내 n명의 고객이 있을 확률 = $\rho^n(1 - \rho)$

〈예제 9-4〉는 이러한 대기열 시스템 운영 특성과 관련한 연습문제이다.

예제 9-4   Operating Characteristics at Stephen's Bookstore

Stephen은 작은 서점을 운영하고 있다. 그는 최근에 사람들이 책을 사기 위해 너무 오래 기다리는 것은 아닌지 궁금했다. 그래서 그는 고객의 방문을 관찰하고 몇 가지 운영 특성을 알아보고자 했다. 그는 보통 3분에 1명의 고객을 응대할 수 있었고, 일 영업 시간인 8시간 동안 100명 정도의 고객을 맞는다. 그는 일반적인 가정을 통해 상점의 특성을 다음과 같이 계산한다.

λ = 시간당 12.5명의 고객 방문, μ = 시간당 20명의 고객 응대

$\rho = \dfrac{12.5}{20}$ = 0.625 혹은 62.5% 이용률

$L_q = \dfrac{(.625)(12.5)}{20-12.5}$ = 1.04명, L_s = 1.04 + 0.625 = 1.7명

$W_q = \dfrac{1.04}{12.5}$ 시간 × 60분/시간 = 5분

W_s = 5분 × ($\dfrac{1}{20}$ 시간 × 60분/시간) = 8분

$P_{>1}$ = 시스템 내 1명 이상의 고객이 있을 확률 = 1− ($P_0 + P_1$)

P_0 = 1− ρ = 1− 0.625 = 0.375

$P_1 = \rho(P_0)$ = (.625)(.375) = 0.234

따라서, $P_{>1}$ = 1− (0.375 + 0.234) = 0.391 = 39.1%

따라서 전체 시간의 거의 40%의 시간 동안, 한 명 이상의 고객이 시스템에 있을 것이다. Stephen은 이 수치가 수용 가능한 수준인지 결정해야 한다.

5 작업 흐름 관리

최근 소프트웨어 솔루션 공급업체들이 작업 흐름 자동화를 위한 응용 프로그램을 개발하면서 작업 흐름 관리에 대한 관심이 상당히 커지고 있다. 기본적으로 작업 흐름이란 다음과 같이 정의된다.

- 일련의 절차에 의해 고객 혹은 수요처로부터 조직 프로세스로 작업이 이동 혹은 이전되는 것
- 여기서 작업이란 처리를 위해 다음 수신자로 전달되는 문서, 정보, 업무를 포함한다.

다시 말해 작업 흐름은 최종 수신자나 사용자에게 최종 전달될 때까지의 일부 서비스나 생산 작업을 수반하는 업무, 정보 및 문서의 이동을 뜻한다. 작업 흐름은 일반적으로 수동 혹은 기계 활동과 관련된 여러 논리적·암묵적 단계로 구성된다. 작업 흐름을 자동화하는 것은 조직의 생산성을 크게 높일 수 있기 때문에, 오늘날 자동화된 정보 시스템 개발 분야에서 매우 중요한 주제이다. 실제로 최근 업무 프로세스 자동화 및 작업 흐름은 사실상 동의어로 쓰인다. 그 예로 현금 자동 입출금기(ATM: Automated Teller Machine)를 생각해보자. 이 개념은 은행이 예금자를 위해 돈을 관리하는 방식에 혁신을 일으켰고, 은행 직원의 활용에 큰 영향을 미쳤으며, 고객이 은행과 상호작용하는 방식을 크게 변화시켰다. 최근 인터넷 뱅킹은 다시 한번 고객이 은행과 상호작용하는 법과 자금 흐름을 관리하는 방식을 변화시켰다.

1 작업 흐름 분석

관리자는 업무와 업무 흐름을 분석하여 조직이 어떻게 가치를 창출할지 결정한다. 또한 자동화 소프트웨어가 조직의 생산성과 가치를 어떻게 개선할 수 있는지도 고려한다. 작업 흐름 분석은 다음 질문에 대한 답을 찾아야 한다.

① 누가, 얼마나 자주 그 작업을 필요로 하는가?
② 해당 작업이 조직에 가치를 창출하는가?
③ 누가 그 일을 수행하는가?
④ 조직 내에서 업무는 어떻게 진행되는가?
⑤ 가치와 생산성의 향상을 위해 작업이 자동화되거나 단순화될 수 있는가?

작업 흐름 분석은 조직이 하는 일과 내부·외부 사용자의 수요 간 연결성을 높이기 위해 사용될 수 있다. 앞서 제시된 질문들을 통해 회사는 작업 프로세스를 재고하고 재설계할 수 있으며, 이로 인해 작업 흐름을 개선할 수 있다. 작업 흐름을 분석함으로써 제거하거나 통합시켜야 하는 작업을 식별하여 비용을 줄이고 고객 서비스를 개선시킬 수 있는 것이다. 의료 산업에서 INIFY prostate 인공지능 앱은 정확한 암 구조를 식별하기 위해 방대한 양의 다중 항체 전립선 샘플 데이터를 분석

했다. 해당 앱은 병리학자에게 최악의 경우부터 순서대로 작업을 제시하기 때문에 기존 방식에 비해 더 쉬운 작업 흐름 분석을 제공한다. 이는 최고의 치료 성과를 내기 위해 암 발생률이 가장 높은 환자의 슬라이드가 우선 진료되게 한다는 의미이다. 이 플랫폼은 정량화된 보고서를 생성하여 병리학자 간 진단 오차를 줄이면서 통상적인 분석의 효율성, 정확성 및 속도를 향상시킨다.

조직에서 작업 흐름을 분석하는 것은 복잡한 작업이 될 수 있다. 대부분의 사람들은 본인의 업무를 수행하는 법은 이해하지만 프로세스의 다음 단계에 대해서는 모를 수 있다. 전체 작업이 어떻게 수행되고 있고 어떻게 수행되어야 하는지 설명하기 위해서 보통 여러 부서에 있는 여러 사람들의 참여가 필요하다. Babson College의 CIO인 Richard Kesner는 "사람들이 전체 업무 프로세스에 대해 생각하게 해야 합니다. 보통 사람들은 본인들의 업무에 대해서 좁게만 생각하기 때문에, 이는 사실 쉬운 일이 아닙니다"라고 말했다.

대표적인 예로는 대출기관에서의 주택대출 신청 및 승인 절차가 있다. 오늘날 은행과 다른 주택담보 대출업자들이 일반적으로 사용하는 자동 대출 절차가 존재하기 전에는, 고객의 대출 신청서가 대출 기관에 전달되고, 그 후 대출 사무원에게 전달되었다. 해당 직원은 서류 내용을 확인하고 추가 정보를 위해 신청인에게 돌려주거나, 대출 요건을 만족하지 못한다는 이유로 거절하거나, 회사 대출 서류 데이터베이스에 신청서를 입력한 후 승인 담당자나 대출담당자에게 신청서를 전달했다. 그다음 단계는 대출 및 상환 내역, 부채 수준, 소득 및 기타 관련 정보를 검토하여 신청자의 위험 수준을 확인하는 것이다. 검토 결과는 고용주와 은행으로 보내진다. 대출 결정은 결정권자 혹은 위원회에서 이루어지며, 승인되면 자금을 사용할 수 있게 되고 대출 과정은 종료된다. 이 과정은 완료될 때까지 몇 주의 시간이 걸릴 수도 있다.

오늘날에는 작업 흐름 지도로 인해 많은 사무 작업 흐름이 자동화되었다. 대출의 예시를 계속해서 들자면, 지난 10~15년 사이에 기술의 발전 덕분에 대출 신청 및 승인 프로세스가 크게 간소화되었다. 대출 담당자는 주택담보대출 신청을 완료하고 구매자가 주택 구매 의사를 밝힐 수 있도록 사전 승인을 빠르게 받을 수 있다. 소프트웨어 시스템을 통해 대출 담당자는 대부분 몇 분 안에 신용 보고서를 작성하고, 대출자 예비 심사를 거쳐 신청서를 제출하고 담보 여부를 결정받을 수 있다. 이처럼 담보 대출 프로세스는 프로세스 지도와 기술의 발전을 통해 중요한 의사 결정 단계의 작업 흐름을 간소화함으로써 기존에 수동으로 진행되었던 모습에서 지금은 고도로 자동화된 프로세스로 전환되었다. 기술의 발전은 기존 한 개 정도 처리할 수 있던 보고서를 이제는 같은 시간 동안 수십 개도 처리할 수 있게 해주었다.

② 사무실 내 작업 흐름 관리

이전 부분에서 설명한 바와 같이, 기술은 일부 조직과 프로세스의 작업 흐름을 크게 개선했다. 그러나 미국의 경영 컨설턴트이자 Fast Company지에서 "생산성에 있어 가장 영향력 있는 인물 중 한 명"으로 뽑힌 David Alien에 의하면 기술은 반대로 작업 흐름 문제를 야기시키고 직원들이 생산성을 발휘하는 것을 더 어렵게 만들 수도 있다. 매일 몇 개의 중요한 이메일을 찾기 위해 수십 개의 원치 않는 이메일을 걸러내야 하는 것이 그 예시 중 하나이다. 일상 업무를 잘 수행하기 위해 Alien이 제시한 몇 가지 제안으로는 24시간에서 48시간마다 메일함을 비우는 것, 2분 미만의 작업은 바로 수행하는 것, 할 일 목록을 작업 범주로 분류하는 것, 매일 일정과 작업 목록을 검토하는 것, 마지막으로 요구 작업, 유휴 시간과 에너지, 작업 우선순위에 따라 업무를 수행하는 것 등이 있다.

또한 사무실 작업 흐름 관리를 단순한 사무실 업무 자동화로 생각하지 않도록 주의해야 한다. 오히려, 작업 흐름 관리의 전반적인 목표는 작업 과정을 보다 단순하고 유동적이며 매끄럽고 가시적으로 재설계하는 것이어야 한다. 오늘날 사무실 작업 흐름은 여러 상하 관계와 의사 결정 나무 혹은 가설 기반 시나리오가 포함된 복잡한 병렬 프로세스 경로를 수반한다. 사무실 작업 흐름은 일반적으로 인터넷, 데스크톱 애플리케이션, 네트워크, 다중 서버, 이메일, 전화 및 팩스 통신 사용을 포함한다. 따라서 정보 시스템·네트워크 관리자는 일반적으로 사용자가 적절한 문서와 함께 올바른 프로세스 단계를 밟을 수 있는 솔루션 개발을 다룬다. 대규모의 사무실에서는 일반적으로 상용 솔루션보다는 필요한 결과물을 뽑아낼 수 있는 맞춤형 솔루션을 사용해야 한다.

예를 들어 로펌의 경우 사건 문서, 법원 캘린더, 전화 통화, 이메일, 고객 연락처, 송장, 근무 시간표뿐만 아니라 기타 문서 관리가 필요하며, 로펌들을 위한 사무 관리 소프트웨어가 개발되면서 점점 디지털상에서 자료를 관리하고 있다. 이러한 환경 혹은 다른 환경에서도 호환성, 교육 방식 혹은 보완 문제로 인한 부담을 갖지 않고 직원들이 작업 흐름을 관리할 수 있는 도구가 개발되고 있다. 병원 혹은 치과와 같은 소규모 사무실 환경에서 작업 흐름 관리는 진료 수준 개선, 약물 오용 감소, 비용 절감, 직원 상호 작용 개선 및 사무실 생산성 향상을 의미한다. 다음 부분에서는 공급망 거래 파트너 간의 작업 흐름 관리에 대해 논의한다.

3 공급사슬 내 작업 흐름 관리

최근 공급사슬 내 수요, 수용량, 공급, 기술 및 경쟁의 잦은 변화로, 파트너사들과의 신속하고 효과적인 정보 공유 및 의사소통의 중요성이 부각되고 있다. 응급서비스 산업만큼 이런 현상이 뚜렷한 곳은 없다. 테러 공격, 자연재해, 전염병 및 지진은 각 공급망의 정보 흐름 관리 능력을 극한으로 시험한다. 예를 들어 현재 많은 병원들의 재고 관리자는 공급망 관리 시스템을 통해 제품과 장비를 부서별로 파악하고 사용 패턴을 분석할 수 있다. 이러한 시스템은 구매 주문서부터 수령 확인, 청구서 작성까지 거래를 효율적으로 처리한다. 직원들은 물품의 수를 세거나 받는 데에 시간을 쓸 필요가 없으며 의료진들은 환자들에게 더 집중하고 응급 상황에 더 수월하게 대처할 수 있다.

오늘날 기업들은 정교한 ERP 시스템을 통해 거래 파트너들에게 실시간으로 정보를 제공할 수 있게 되었으며, 이러한 정보 제공 능력을 통해 이례적인 상황 대응, 파트너사들의 실적 파악, 출하량 모니터링, 주문 요청 대응 등이 가능하게 됐다. 그 결과 대처 능력이 향상되고, 안전 재고 수준이 낮아지고, 고객 서비스가 개선되었으며, 계획 수립이 수월해졌다. 복사기 및 관련 문서 관리 시스템 업체인 Lanier Worldwide의 경우 이와 같은 개선은 물류 가시성과 제어 시스템상에서 초 단위로 반영된다. 일리노이에 본사를 둔 Philips Lighting Electronics는 일본의 작업 흐름 시스템 컨설팅 회사인 Zuken의 서비스를 사용하여 엔지니어링 CAD 시스템을 구매 부서와 연결함으로써 내부 공급망을 자동화했다. 그 결과 세부 요소 선택 과정과 데이터의 흐름이 엔지니어링 부서에서 구매, 생산에 이르기까지 자동화되었다.

오늘날 일반적인 글로벌 기업은 전세계 다양한 설비에 다양한 재고 관리 시스템을 갖추고 있으며, 조직 전체와 거래 파트너에 다양한 수준의 연결성과 가시성을 제공한다. 이러한 시스템으로 작업 흐름을 관리하는 것은 매우 복잡한 작업으로, 현재 공급망을 통해 제품과 정보를 보내고 받을 수 있는 수많은 응용프로그램이 존재한다. 아래 Service Spotlight에서는 Mr.Price Group의 자동화된 공급망 기능을 소개한다.

공급망 이벤트 관리(supply chain event management) 소프트웨어는 여러 공급망 소스에서 실시간으로 데이터를 수집하여 의미 있는 정보로 변환시킴으로써 관리자로 하여금 공급망이 어떻게 작동

Mr. Price Group의 공급망 자동화

글로벌 공급망 솔루션 업체 HighJump는 패션 유통업체 Mr.Price Group Limited의 자동화 공급망에 혁신을 불어넣기 위해 글로벌 유통 컨설팅 업체 Fortna와, 독자 소프트웨어 개발업체 iWMS와 협업하고 있다.

HighJump의 수석 부사장 David S. Houser는 "지금은 공급망 산업에 있어 혁신적인 시대이며, 기술이 급부상하여 이전과는 전혀 다른 프로세스 개선을 보이고 있다"고 말한다. 동시에 "오랜 고객이었던 Mr. Price Group Limited와 함께한 이 프로젝트의 성공은 창의적인 자동화 인식 솔루션을 통해 기업들의 잠재력을 최대한으로 끌어올리고자 하는 파트너사와 우리의 헌신을 보여준다"고 덧붙였다. 단 4개월 만에 프로젝트 팀은 자동화되지 않은 두 개의 사업체를 6만 1,000평방미터의 단일 시설로 통합하고 자동화했다. Mr. Price Group의 새로운 설비는 인라인 라벨 인쇄와 상자 및 제품 분류 설비를 결합시켰다. 이러한 변화에는 500명에 대한 새로운 교육이 필요했다. 양사는 빌딩 설계, 자동화 요건, 프로세스 및 Fortna Warehouse Execution System (WES)가 잘 통합될 수 있도록 긴밀히 협력했다.

HighJump와 Frotna는 이 프로젝트의 시험 및 구현 단계

에서 Mr.Price Group의 물류 및 IT 팀과 함께 협력하는 혁신적인 문제 해결 방식을 채택해야 했다. Fortna의 Marc Austin 전무는 "Hammarsdale에 위치한 이 물류 센터는 대륙에서 가장 자동화된 시설 중 하나"라고 말하면서 "Fortna와 Mr.Price는 Mr.Price의 세부적인 요구사항을 만족시키고 Mr.Price를 향후 고객들을 지속적으로 만족시킬 수 있는 세계적 수준의 시설로 만들기 위해 운영 시스템을 설계하고 구현했다"라고 언급했다.

출처: "HighJump Revolutionizes Supply Chain for Mr. Price Group Limited," PR *Newswire Europe*, February 5, 2019, 1.

하는지 파악 가능하도록 한다. 이 소프트웨어는 문제가 발견되면 관련 담당자에게 이메일, 팩스, 휴대폰으로 알림을 보내고 개선방안까지 내놓는다. 앨라배마의 전자제품 제조업체인 SCI Systems 은 공급망의 성능을 분석하기 위해 SeeChain을 사용한다. SCI Systems 최고정보책임자(CFO) Vincent Melvin은 "SeeChain을 통해 공급자 성과를 확인하고 수요 변화에 대응할 수 있으며 고객들의 사업 성과를 효율적으로 높일 수 있다"라고 말했다.

기술을 효과적으로 사용하면 기업과 거래 파트너가 업무를 구조화하고, 정보를 교환하며, 시장 변화에 대응하고, 일반적으로 더 나은 의사결정을 보다 빠르게 내릴 수 있다. 그러나 기술을 효과적으로 사용하기 위해서 기업들은 프로세스 자체를 고려할 뿐 아니라 작업 수행 방식을 크게 변화시키는 문화 변화 또한 고려해야 할 것이다.

요약

이 장에서는 고객 흐름 및 작업 흐름 관리에 대해 논의했다. 고객 흐름은 흐름도와 서비스 청사진으로 분석할 수 있으며, 이를 통해 관리자들은 고객들이 서비스 시스템 내에서 어떻게 상호작용하고 이동하는지 시각화할 수 있다. 고객 흐름은 서비스 용량에 의해 영향을 받으며, 이와 관련한 주제로 직원 일정 관리, 수율 관리, 직원 교차 교육 및 셀프 서비스의 용량 관리 기술이 제시되었다. 수요 관리 전략은 서비스 용량과 상호 작용하여 고객 흐름에 영향을 미치기 때문에 이 주제에 대한 논의도 이뤄졌다. 대기열 시스템 설계는 고객 서비스 방식에 직접적인 영향을 미치며, 다양한 대기열 관리 방법이 기다림의 심리에 미치는 영향과 함께 여러 대기열 시스템이 논의되었다. 작업 흐름은 서비스와 제품이 기업 조직을 통해 고객들에게 전달되면서 발생하는데, 이는 기업의 경쟁력을 극대화하기 위해 효과적으로 관리되어야 한다. 마지막으로, 작업 흐름의 개념 및 기술이 작업 흐름에 미치는 영향을 함께 살펴보았다.

주요용어
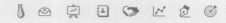

- **가상 대기열**(virtual queue) 컴퓨터로 관리되는 대기열. 예를 들어 쇼핑몰에 있는 레스토랑의 경우 고객들에게 진동벨을 나눠주어 고객은 가상 대기열에서 기다리는 동안 쇼핑몰을 돌아다니고 쇼핑까지 즐길 수 있음
- **고객 접촉 지점**(customer contact points) 고객이 회사 직원과 의도적이거나 의도하지 않게 상호 작용하는 지점
- **고객 흐름도**(customer flow map) 잠재적인 고객 흐름 문제를 파악하기 위한 목적으로 서비스 전달 시스템을 내 고객의 흐름으로 시각화한 것
- **공급망 이벤트 관리**(supply chain event management) 여러 공급망 소스에서 실시간으로 데이터를 수집해 문제 발생 시 관리자로 하여금 공급망이 어떻게 작동하는지 파악할 수 있도록 의미 있는 정보로 변환해주는 소프트웨어
- **대기열 구성**(queue configuration) 대기열의 구조(ex. 다중 서버, 단일 대기열 또는 다중 서버, 다중 대기열)
- **대기열 규칙**(queue discipline) 대기열에 있는 다음 고객을 선택하는 데 사용되는 정책
- **대기열 분할**(queue segments) 대기열을 분할하는 행위(ex. 자동차 정비소에는 오일 교환, 타이어 수리 혹은 엔진 점검 등 수행할 작업에 따라 별도의 대기열이 있을 수 있음)

- **도착 패턴**(arrival pattern)　고객 도착 시간 또는 도착 시간 분포
- **리니깅**(reneging)　대기열에 있던 고객들이 포기하고 이탈하는 현상
- **벌킹**(balking)　대기열이 너무 길어 고객들이 줄을 서지 않는 현상
- **부가 서비스**(complementary services)　고객이 기다리는 시간 동안 주위를 분산시키면서 추가 수익을 불러오는 다양한 서비스 예시. 레스토랑에서 라운지 공간이나 바는 기다리는 고객이 시간을 보낼 수 있는 장소의 역할을 함
- **서비스 제1법칙**(First Law of Service)　만족 = 인식 - 기대
- **서비스 제2법칙**(Second Law of Service)　뒤집기 어려움
- **서비스 청사진**(service blueprinting)　기존 서비스를 재구성하거나, 혹은 새 서비스를 설계하고 평가할 때 사용하는 흐름도 작성법. 서비스 전달 프로세스를 구성하는 모든 활동을 보여주며, 고객과 접촉이 필요하지 않은 활동을 분리해내는 데 도움이 됨
- **수요 분류**(demand sorting)　고객이 서비스 시스템에 처음으로 들어왔을 때 맞는 서비스 프로세스 혹은 사용 가능한 서버로 안내하여 전체적인 대기 시간을 단축해주는 초기 정렬 방식
- **수요처**(demand source)　고객들의 집합. 한정된 수이거나 매우 많은(주로 무한) 수의 고객을 가질 수 있으며, 비슷한 사람들로 이루어지거나 다른 사람들로 이루어질 수 있음
- **수율 관리**(yield management)　수익을 극대화하기 위해 서비스 용량 일부를 다양한 가격으로 고객에게 판매하는 방법
- **수익 관리**(revenue management)　수율 관리 참고
- **자킹**(jockeying)　고객이 대기열을 바꾸는 현상
- **작업 흐름**(workflow)　일련의 절차에 의해 고객 혹은 수요처로부터 조직 프로세스로 작업이 이동 혹은 이전되는 것. 여기서 작업이란 다음 수신자로 전달되는 문서, 정보, 업무 등을 포함
- **작업 흐름 분석**(workflow analysis)　비용 감소 및 고객 서비스 개선을 위해 제거하거나 통합이 필요한 작업을 식별해내는 과정
- **차등 가격**(differential pricing)　수익률 관리에 사용되는 같은 제품이라도 고객들마다 다른 가격으로 판매하는 방법
- **초과 예약**(overbooking)　수익을 극대화하기 위해 수용 가능한 정도보다 더 많은 예약을 받는 행위
- **코드 공유**(code sharing)　항공 업계에서 용량 공유를 하는 방법 중 하나

공식 정리

- **예상 순이익**　= (테이블 이익 - 초과수요 비용) × 노쇼 확률

  = [(손님 앉은 테이블 수 × 테이블당 이익) - (초과수요량 * 초과수요당 비용)] × 노쇼 확률

- **t 시간 내에 n명의 고객이 도착할 확률**　$P_{n(t)} = \dfrac{(\lambda t)^n e^{-\lambda t}}{n!}$, λ = 단위시간 동안 도착하는 평균 고객 수

  t = 시간 단위 수(주로 1)

  n = 도착 고객 수, e = 자연 로그 상수(2.71828)

- **평균 서버 이용률** $\rho = \dfrac{\lambda}{\mu}$, λ=평균 도착률, μ = 평균 서비스율

- **대기줄에 있는 평균 고객 수** $L_q = \dfrac{\rho\lambda}{\mu - \lambda}$

- **시스템 내 있는 평균 고객 수** $L_s = L_q + \rho$

- **대기줄에서 평균 대기 시간** $W_q = \dfrac{L_q}{\lambda}$

- **시스템 내 평균 대기 시간** $W_s = W_q + \dfrac{1}{\mu}$

- **시스템 내 고객이 없을 확률** $P_o = 1 - \rho$

- **시스템 내 n명의 고객이 있을 확률** $P_n = \rho^n(1 - \rho)$

문제해결

1. 다음 직원 수 요건을 만족하도록 각 직원의 연속 휴무일정을 정하고, 필요시 시간제 근로자를 사용하라.

정답

	월	화	수	목	금	토	일
일별 작업자 최소 수요량	5	3	4	4	2	5	5
직원 1	5	3	4	4	2	5	5
직원 2	4	2	3	4	2	4	4
직원 3	3	2	3	3	1	3	3
직원 4	2	1	2	3	1	2	2
직원 5	1	1	2	2	0	1	1
직원 6	0	0	1	1	0	1	0

- 해당 일정에는 정규 인원 5명과 파트타임 1명이 필요하다.

2. 모텔의 최적 초과 예약 정책을 결정하라. 모텔에는 총 40개의 방이 있으며 일반적으로 하루 동안 발생하는 노쇼 횟수와 발생 확률은 아래와 같다. 객실당 평균 수익은 45달러, 초과 예약으로 인한 손실 비용은 약 40달러이다.

노쇼 건수	확률	예약 이행 건수			
		40	41	42	43
0	0.30	40	41	42	43
1	0.40	39	40	41	42
2	0.20	38	39	40	41
3	0.10	37	38	39	40

- 주의: 하루에 노쇼가 3번 이상 발생하지 않으므로 3개 이상의 초과 예약을 받을 필요는 없다.

정답

40개 테이블 예약 수령 시 기대이익				
노쇼 건수	0	1	2	3
방문고객 수	40	39	38	37
테이블 개수	40	39	38	37
이익 ($)	1,800	1,755	1,710	1,665
(초과예약으로 인한) 미입장 고객수	0	0	0	0
비용 ($)	0	0	0	0
순익	1,800	1,755	1,710	1,665
확률	0.3	0.4	0.2	0.1
기대순익	540	702	342	167

총 기대이익 $1751

41개 테이블 예약 수령 시 기대이익				
노쇼 건수	0	1	2	3
방문고객 수	41	40	39	38
테이블 개수	40	40	39	38
이익 ($)	1,800	1,800	1,755	1,710
(초과예약으로 인한) 미입장 고객수	1	0	0	0
비용 ($)	40	0	0	0
순익	1,760	1,800	1,755	1,710
확률	0.3	0.4	0.2	0.1
기대순익	528	720	351	171

총 기대이익 $1770

42개 테이블 예약 수령 시 기대이익				
노쇼 건수	0	1	2	3
방문고객 수	42	41	40	39
테이블 개수	40	40	40	39
이익 ($)	1,800	1,800	1,800	1,755
(초과예약으로 인한) 미입장 고객수	2	1	0	0
비용 ($)	80	40	0	0
순익	1,720	1,760	1,800	1,755
확률	0.3	0.4	0.2	0.1
기대순익	516	704	360	176

총 기대이익 $1756

43개 테이블 예약 수령 시 기대이익				
노쇼 건수	0	1	2	3
방문고객 수				
테이블 개수				
이익($)				
(초과예약으로 인한) 미입장 고객수				
비용($)				
순익				
확률				
기대순익				
총 기대이익 $1,724				

- 객실 1개 초과 예약 혹은 총 41개실 예약 시 기대수익이 최대가 된다.

3. Gillian's Bookstore는 시간당 평균 10명의 고객을 응대할 수 있으며, 관리자는 고객 도착률에 대한 확률을 계산하고자 한다.

a) 고객 도착률이 시간당 평균 4명일 때, 포아송 분포를 사용해 다양한 고객 도착에 대한 확률을 구하라.

정답

도착 수, n	$P_n(t = 1시간동안 \ n명 \ 토착 \ 수) = \dfrac{4^n e^4}{n!}$	누적확률
0	0.0183	0.0183
1	0.0732	0.0915
2	0.1465	0.2380
3	0.1954	0.4334
4	0.1954	0.6288
5	0.1563	0.7851

b) 1시간 내에 5명보다 많은 고객이 올 일은 얼마나 자주 일어나는지 구하라.

정답

0~5명의 도착 확률을 합산한 후 1에서 뺀다(1 - 0.7851 = 0.2149). 따라서 21%의 확률로 1시간 내에 5명보다 많은 손님이 도착한다.

c) 해당 서점에 서버가 하나만 있을 경우 이 시스템의 대기열 특성을 구하라.

정답

ρ = 평균 서버 이용률 = $\dfrac{\lambda}{\mu}$ = 4/10 = 40%

L_q = 대기줄에 있는 평균 고객 수 = $\dfrac{\rho\lambda}{\mu - \lambda}$ = $\dfrac{0.4(4)}{(10-4)}$ = 0.267

L_s = 시스템 내 있는 평균 고객 수 = $L_q + \rho$ = 0.267+0.4 = 0.667

W_q = 대기줄에서 평균 대기 시간 = $\dfrac{L_q}{\lambda}$ = 0.267/4 = 0.067시간 = 4분

W_s = 시스템 내 평균 대기 시간 = $W_q + \dfrac{1}{\mu}$ = 0.067 + 0.1 = 0.167시간 = 10분

P_o = 시스템 내 고객이 없을 확률 = 1− ρ = 0.6 혹은 60%

검토해보기

1. 고객 흐름도의 장점은 무엇인가?

2. 고객 접점이란 무엇인가? 기업들은 이것들을 최소화해야 하는가?

3. 서비스 청사진은 고객 접점과 무슨 연관성이 있는가?

4. '진실의 순간'의 개념을 설명하라.

5. 직원 일정 관리는 서비스 용량에 어떤 영향을 미치는가? 서비스 용량 관리에 사용되는 다른 기술은 어떤 것이 있는가?

6. 수율 관리의 정의와 목적은 무엇인가? 예를 들어보자.

7. 초과 예약은 수율 관리에서 얼마나 중요한가?

8. 차등 가격을 설명하고 이를 사용하는 상황을 설명하라.

9. 서비스 법칙 제1법칙, 제2법칙은 무엇인가?

10. 고객들이 줄 서서 기다리고 있다는 인식을 덜하도록 서비스 회사가 사용하는 심리학적인 방법은 무엇인가?

11. 가상 대기열의 장점은 무엇인가?

12. 수요 관리를 정의하고 그 예시를 들어라.

13. 대기열 규칙이란 무엇인가?

14. 본문에서 사용된 작업의 의미를 정의한 후 작업 흐름을 설명하라.

15. 조직 또는 공급망에서 작업 흐름을 분석할 수 있는 방법을 설명하라.

16. 기술은 어떻게 오늘날 조직의 업무 관리 방식을 바꾸었는지 설명하라.

17. 자동화된 작업 흐름이 공급망에 미치는 영향을 설명하라.

토론해보기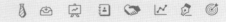

1. 가장 좋아하는 식당의 고객 접점을 설명해보고 접점이 적어야 하는지 더 많아야 하는지 논의해보라.

2. 병원에서 차등 가격을 어떻게 적용할 수 있을지 설명해보라.

3. 서비스 수요를 관리하거나 영향을 미칠 수 있는 방법들을 제시하라.

4. 실제 비즈니스 사례에서 찾아낼 수 있는 서비스 제1법칙, 제2법칙을 찾아보라.

5. 의사 진료실에서 수요 관리를 사용할 수 있는 방법들을 설명해보라.

6. 학교에서 수업 등록 시 어떤 대기열 규칙을 사용하는가?

7. 왜 식당 관리자는 본인 식당의 대기열 특성을 알아야 하는 것인가?

8. 주거래 은행의 작업 흐름을 설명하라.

9. 위 은행의 작업 흐름을 분석할 수 있는 방법으로는 어떤 것들이 있는가?

10. 위 은행의 작업 흐름에 기술이 어떤 영향을 끼칠 수 있는지 설명하라.

연습해보기

1. 근처 식당에 가서 고객 흐름도를 작성하고 고객 흐름과 관련된 문제를 찾아보자. 해당 식당의 서비스 청사진을 작성하고 흐름도와 청사진을 바탕으로 레스토랑에 제안할 수 있는 개선점을 찾아보자. 진실의 순간들을 모두 나열하고 서버에 의해 어떻게 해결됐는지 설명하라.

2. 오늘날 영화관들이 수율 관리 및 수요 관리 기술을 어떻게 사용하는지 설명하라.

3. 붐비는 토요일 월마트에 가서 한두 시간 동안 대기열을 살펴보자. 어떤 대기 활동을 볼 수 있었는가? 고객들은 기다리는 동안 어떤 심리학적 영향을 받는가? 몇 가지 대기열 시스템 운영 특성을 계산해보라.

연습문제

1. Kimberly's Candy Shop의 매니저는 매장 직원의 휴무일이 이어지게 결정하려고 한다. 다음 일일 수요량을 사용하고, 필요시 시간제 근로자를 활용하라.

	월	화	수	목	금	토	일
일별 작업자 최소 수요량	6	4	5	4	3	2	2

2. 다음 일일 직원 요구 사항을 만족하면서 연속 휴무일을 정하고, 필요시 시간제근로자를 활용하라.

	월	화	수	목	금	토	일
일별 작업자 최소 수요량	12	13	15	10	17	9	6

3. 다음 정보를 고려하여 Lindi's Beauty Salon을 위한 최적의 초과 예약 정책을 결정하라. 해당 미용실은 8명의 손님을 수용할 수 있고 일반적으로 발생하는 노쇼 횟수와 발생 확률은 아

래 표와 같다. 고객 한 명당 평균 수익은 100달러이며 초과 예약으로 인한 손실 비용은 고객 한 명당 약 50달러이다.

노쇼 발생건수	확률
0	0.50
1	0.30
2	0.20

4. 다음 정보를 고려하여 최적의 초과 예약 정책을 결정하라. 해당 식당의 정원은 24테이블이고, 일반적으로 발생하는 노쇼 횟수와 발생 확률은 아래 표와 같다. 테이블당 평균 수익은 125달러이고, 초과 예약으로 인한 손실 비용은 테이블당 약 250달러이다.

노쇼 발생건수	확률
0	0.25
1	0.45
2	0.20
3	0.10

5. 평균 도착률이 시간당 20명이고 도착 시간 간격이 지수분포를 따를 때 한 시간에 정확히 10명의 고객이 도착할 확률은 얼마인가?

6. 문제 5의 상황에서 한 시간에 5명 미만의 고객이 도착할 확률은 얼마인가?

7. Bernie and Gayle's Car Wash는 평균 12대의 자동차를 처리할 수 있다. 시간당 평균 8명의 고객이 도착할 경우, 포아송 분포를 사용하여 세차장에서 수요를 감당할 수 있는 확률을 계산하라. 세차장의 시간당 수요는 얼마나 자주 10대를 넘는가? 그리고 얼마나 자주 15대를 넘는가?

8. 평균 도착률이 시간당 2명이고, 도착 간 간격이 지수분포를 따를 때, 한 시간에 2명 이상의 고객이 도착할 확률을 구하라.

9. Josh's Hot Dogs는 1인용 핫도그 판매대로, 보통 시간당 10명 정도의 손님을 받는다. Josh가 약 3분 안에 고객 한 명을 응대할 수 있다고 가정하고 해당 매대의 대기열 특성을 계산하라. 임의의 시간에 시스템 내에 둘 이상의 고객이 있을 확률은 얼마인가? Josh가 허용 가능한 정도의 대기열 시스템을 구축했다고 생각하는가?

10. 질문 9에서 손님 도착률을 시간당 6명으로 변경해보자. 이는 대기열 특성에 어떤 영향을 끼치는가? 임의의 시간에 시스템 내에 둘 이상의 고객이 있을 확률은 얼마인가? Josh가 허용 가능한 정도의 대기열 시스템을 구축했다고 생각하는가?

11. 질문 9에서 손님 도착률을 시간당 14명으로 변경해보자. 이는 대기열 특성에 어떤 영향을 끼치는가? 임의의 시간에 시스템 내에 둘 이상의 고객이 있을 확률은 얼마인가? Josh가 허용 가능한 정도의 대기열 시스템을 구축했다고 생각하는가?

CASE Study

Case 1 | Naturally Yours, Inc.

Naturally Yours, Inc.는 유기농 식품, 화장품, 영양 제품을 내세워 홍보한다. Naturally Yours는 25년 전 천연 유기농 건강 식품을 판매하는 것으로 시작했다. 전국적으로 건강에 대한 관심이 높아지면서 식품 혹은 화장품의 대체재를 찾는 소비자들이 많아졌기 때문이다. 현재 Naturally Yours는 비어 있던 백화점에 입주한 지 5년 만에 3만 평방피트 전체 면적을 사용하고 있다.

영양 및 건강 부서는 영양 보충제, 건강 평가, 개인 건강 및 운동 상담 서비스를 제공한다. 해당 부서에서는 건강 쉐이크를 시음하고 구매할 수 있는 작은 공간이 마련되어 있다. 이 부서를 관찰하면 정신없다고 느낄 수 있는데, 특히 고객들이 계산대에서 상담을 받을 때 서비스 속도가 현저하게 느려진다. 일부 고객들은 식품 라벨에 표시된 재료에 대한 정보를 물어보거나, 식단에 음식을 추가하는 데에 자문을 구하고자 이 부서를 찾아온다. 이 부서의 여러 직원들은 영양학 학위나 자격증을 취득했으며, 고객 서비스와 영양에 대한 교육을 잘 받았다.

유기농 식품 부서는 상당한 성장을 이뤄냈으며 현재 Naturally Yours 연간 매출의 60% 이상을 차지하고 있다. 식료품 계산대 5개가 매장 정면에 위치해 있으며 식료품, 화장품, 영양제 등을 판매한다. 계산대 직원들은 계산 업무와 기본적인 고객 응대에 대한 교육을 받았지만 천연 및 유기농 제품에 대한 교육을 받거나 자격증을 취득하진 않았다.

Naturally Yours는 유기농 식품에 대한 수요가 늘어가는 트렌드에 편승한 것에 이어 유기농 식품에 대한 소비자 인식과 수요에 맞춰 틈새시장을 개척했다. 여기에는 재배, 가공, 유통 전 분야에 걸쳐 친환경 운동을 강조하는 것도 포함된다. Naturally Yours가 잘했다고 평가받는 또 다른 점은 전세계적으로도 트렌드인 '현지 구매'의 이점을 활용했다는 점이다. Naturally Yours는 지역 농가로부터 원료를 구매하여 운송비를 통제할 수 있었다. 게다가, 엄격한 기준을 통과한 업체와만 계약을 맺음으로써 유기농 식품 업체로서 성공을 거둘 수 있었다.

Naturally Yours의 이러한 고객 중심 운영은 놀라운 재구매율로 이어지게 되었다. 처음 방문한 고객의 약 68% 정도가 반품률, 사용 기간, 거래 금액 측면에서 충성 고객이 되었다. 이 데이터를 기반으로 해당 회사는 잠재 고객을 문으로 끌어들이기 위한 전략을 개발했다. 모든 홍보물은 음식에 열광하는 사람들에게 초점을 맞추어 Naturally Yours 제품과 최상의 제품을 위한 지역 및 국내 공급업체 발굴 능력을 어필한다. 이러한 지역 홍보 캠페인은 매우 성공적이었다.

Naturally Yours는 유기농 식품 선두주자 Whole Foods Market에 대해 연구하고 그들과 최대한 차별화하고자 했다. Naturally Yours는 건강에 관심을 가지는 소비자들에게 간편 식품으로 어필하는 새로운 접근을 취했다. Naturally Yours는 전통적인 식료품점에서 옮겨온 신규 고객의 급격한 증가세가 안정되고 유기농 음식 제품 경쟁이 치열해질 것을 우려하고 있다. Naturally Yours

는 상품 안내, 상담, 편리성 등 쇼핑 경험 전반에 걸쳐 우수한 서비스를 제공하고 있기 때문에 경쟁에서 우위를 예상하고 있다.

유기농 화장품은 Naturally Yours 제품군에 새롭게 추가되었으며 화장품 부서는 현지 브랜드 및 제조업자 상표 부착 브랜드를 모두 보유하고 있다. 해당 부서는 피부 미용 상담을 진행하는 서비스 부스를 제공할 계획이다. 현재는 해당 부스가 없고, 고객 문의는 계산대에서 진행하고 있다. 일부 고객들은 재고 정리하는 직원이나 식품 매대에 가서 질문을 하는 경우가 있어 계산대에 과도한 대기 시간이 발생하고 있다.

식품, 화장품, 영양 식품 총 3개의 부서가 상담 서비스와 함께 Naturally Yours의 강력한 경쟁 우위로 꼽힌다. 다만 고객들이 계산대로 잘못 가서 질문을 하는 바람에 생긴 긴 대기열과 대기 시간 때문에 고객들의 불만이 표출되고 있다. 고객들은 계산대에 들어가기 전까지 상담을 해줄 수 있는 직원이 없다는 점에 대하여 불만을 표시하기도 한다. 따라서 고객 만족도를 높이기 위한 가장 쉬운 방법은 대기 시간을 줄이는 것에 있을 것이다.

🔍 질문

1. 위 사례를 보았을 때, 대기열의 구조는 어떠한가?
2. Naturally Yours에서 대기열 성과를 평가하려면 어떤 계산이 필요한가? 이러한 계산이 성과 개선에 어떻게 도움이 되는가?
3. Naturally Yours의 서비스 시스템(대기줄, 시설)에 대해 설명한 후 개선 가능한 점들을 제안해보자.
4. 고객 만족도를 향상시키기 위해 Naturally Yours에게 할 수 있는 다른 제안사항은 무엇이 있는가?

🔍 참고

Athens에 있는 오하이오대학의 Brian Hoyt 박사가 작성한 사례로, 위 회사는 허구이며 만약 특정 회사와 비슷한 점이 있다면 우연의 일치임을 밝힌다. 해당 예시는 오직 강의 내 토론을 위해 제작되었다. 저자는 경영 상황에 대처하는 능력에 대해 다룰 의도가 없다.

Case 2 | PJ Graphics

PJ Graphics는 홍보 인쇄물과 사무실 홍보 제품(펜, 머그잔)을 디자인하는 마케팅 서비스 회사로, 재택 오피스로 시작했다. 이 회사는 영업부, 구매부, 창고까지 있는 빌딩으로 이전이 필요할 정도로 모든 홍보 품목(임원 선물, 골프용품, 배지, 목걸이, 가방 등)을 제공하는 전면 홍보 및 마케팅 서비스 회사로 빠르게 성장했다.

그 후, 수익성이 좋은 의류와 모자 제품을 추가하면서부터는 성장에 추진력이 붙었다. 추가 제품

라인은 3배 이상의 매출을 올렸고, 주문 맞춤 생산 의류를 생산하기 위한 추가 작업 공간이 필요했다. 새로운 업무 공간에는 영업부, 구매부 사무 공간, 그래픽 디자이너를 위한 공간, 열프레스기와 자수장비실, 재고 창고, 샘플 상품 전시실 그리고 진열 매장이 마련됐다.

PJ Graphics에는 수백 개의 공급업체들이 있으며 거의 모든 제품은 맞춤형으로 로고 혹은 문구가 들어간다. 배송 송장 등 견적과 주문에 대한 내부 프로세스는 표준화되어 있지 않고, 맞춤 생산까지 추가되면서 주문 오류 건수가 늘었다. 견적 및 주문은 이메일, 팩스, 웹사이트, 전화 및 현장 방문으로 이루어진다. 대부분의 견적과 주문은 영업부(현장 영업 및 고객 서비스 직원)에서 내부적으로 개시되며, 초과 주문이 들어올 경우 구매 부서, 그래픽 아티스트, 판매 부서가 투입된다. 많은 재방문 고객들은 마지막 주문을 처리한 직원에게 후속 주문을 하며, 이 때문에 영업부 이외의 직원으로부터 더 많은 견적 및 주문서가 발행된다. 일부 견적에서는 표준화된 공급 업체 가격표를 사용할 수 있지만, 많은 경우 주문 요구사항에 따라 제품 비용, 디자인 비용, 인쇄 혹은 장식 비용, 배송 비용 등이 상이하다.

고객의 요구 사항과 공급 업체에 따라, 기본 제품이 공급 업체로부터 만들어지면 인쇄, 자수 또는 장식은 공급업체나 타사 벤더 업체 혹은 PJ Graphics 내에서 진행한다. 물류 및 배송은 PJ Graphics에 의해 진행되며, 고객으로 보내기 전 스크린 인쇄를 위한 제품을 3차 벤더사에 보내거나 완제품을 바로 고객에게 배송한다. 그 외 다른 주문은 PJ Graphics에서 마무리해 배송하거나 현장에서 찾아간다. 주문량의 증가와 서비스에 대한 소비자들의 기대감 상승은 PJ Graphics가 지속적인 성공을 위해 이런 운영 방식을 정리할 필요성을 부각하고 있다.

질문

1. PJ Graphics는 어디서 작업 흐름을 개선하고 오류를 줄이고 생산성을 높일 수 있는가?
2. PJ Graphics가 작업 흐름 개선의 일환으로 페이퍼리스 시스템으로 전환하기로 결정했다면, 맨 처음으로 추진할 수 있는 단계로는 어떤 것이 있는가?
3. 작업 흐름을 개선할 경우 PJ Graphics에게 돌아올 이점에 대해 논의해보자.

참고

Athens에 있는 오하이오대학의 Brian Hoyt 박사가 작성한 사례로, 해당 예시는 오직 강의 내 토론을 위해 제작되었다. 저자는 경영 상황에 대처하는 능력에 대해 다룰 의도가 없다.

 Case 3 | Sammie's

Sammie's 는 뉴잉글랜드 해변 마을의 부티크, 식당, 지역 생산품 판매를 모두 아우르는 올인원 쇼핑 경험을 제공한다. Sammie's 는 이 작은 마을의 중심에 있는 5개의 오래된 건물 맨 아래층에 위치해 있으며, 각 건물 위층은 여름 피서객들을 위한 고급 임대 주택이다. 해당 마을은 뉴잉글랜드에서 대서양 해안선을 따라 있는 유명한 1번 국도에 위치해 있다. Sammie's는 1A번 국도에 있는데, 이 국도는 여름철 교통 체증을 피하고 다른 작은 마을들을 지나지 않기 위해 새로 뚫린 현재 국도의 이전 길이다. 비수기에는 마을 인구가 5,000명이 겨우 넘지만 여름에는 경치 좋은 1A 루트로 더 많은 관광객이 몰려서 인구 수가 5만 명 이상으로 늘어난다. Sammie's는 독특한 위치, 이국적인 음식, 항구가 내려다보이는 음식점 및 커피숍, 기념품 가게, 지역 식품 매장을 갖춘 랜드마크이다. Sammie's는 5개의 매장으로 나누어져 있어 한 매장을 나오면 보도 블록을 따라 걸어와야만 다시 들어갈 수 있도록 되어 있다. 각 매장마다 야외 지붕이 있으며 음식점과 커피숍에서는 임시 천막이 있어 야외 식사가 가능하도록 되어 있다.

Sammie's는 음식점과 커피숍을 리모델링하여 아침과 점심뿐만 아니라 저녁도 제공할 수 있도록 계획하고 있다. 또한 Sammie's 관리자들은 모든 가게들을 하나로 연결하는 것을 고려하고 있다. Sammie's는 건축설계사를 통해 5개 동을 모두 연결하는 디자인을 선보이며, 특히 고객들이 매장 사이를 다닐 수 있도록 하고 식당 자리를 기다리는 고객들에게 색다른 경험을 제공하고자 한다. 큰 캐노피를 통해 사이사이의 보도 블록과 외부 식당 공간을 모두 덮는 디자인이다. 이는 식당의 매출 증가 외에도 여행 후기에서 자주 언급되는, "항상 기다려야 한다"는 리뷰를 바꿀 수 있는 기회이다. 대기 공간 재설계, 대기 시간 및 비용 감소가 이번 리모델링의 주 목표가 될 것이다. 리모델링된 공간을 통해 주얼리 매장은 이번 여름에 개인 및 소규모 단체를 대상으로 진행하던 보석 제작 강좌를 확대 운영할 수 있을 것이다. 이러한 설계안은 시의회 및 기획 부서와의 오랜 싸움 끝에 마침내 승인된 상태이다.

🔍 질문

1. Sammie's가 리모델링을 시작할 때 서비스 대기 환경을 개선하기 위해 고려해야 할 몇 가지 접근 방식에 대해 이야기해보라.

2. Sammie's 관리자들은 가상 대기열 적용에 대한 논의를 해왔다. Sammie's에 적용 가능할 만한 방안이 있는가?

3. 각 유형(식료품, 보석, 기념품, 식당)의 수많은 독립적인 경쟁업체들이 바로 근처에 있는 가운데, Sammie's의 관리자들은 고객들이 대기줄에서 리니깅 혹은 벌킹하는 점을 우려하고 있다. 그들은 이 문제를 해결하기 위해 다른 대기열 시스템 도입을 고려하고 있다. 그들을 돕기 위해 어떤 제안을 할 수 있는가?

🔍 참고

Athens에 있는 오하이오대학의 Brian Hoyt 박사가 작성한 사례로, 해당 예시는 오직 강의 내 토론을 위해 제작되었다. 저자는 경영 상황에 대처하는 능력에 대해 다룰 의도가 없다.

- "A Five-Step Process for Managing Workflow and Boosting Your Performance Output," *IOMAs Report on Managing Training & Development* 5, no.4(2005): 4-6.

- "Companies & Markets," *Russia & CIS Business & Investment Weekly,* March 26, 2010, 1.

- "Contextvision Earns Acclaim from Frost & Sullivan for Its AI-Powered Inify" Prostate Cancer Screening Platform," PR *Newswire Europe,* April 2, 2019, 1.

- "Doing More with Less Staff? Cross-Training Is Not Enough," *Hospital Access Management* 38, no.4(2019): 1.

- "The Safeway Holiday Ice Rink in Union Square," *Journal of Transportation,* December 21, 2013, 39.

- "Theme Parks Queue Jumping: Ride on Time," *Travel Trade Gazette,* April 6, 2007, 46.

- B. Castro, "Line Up Customers and Sales," *Chain Store Age* 80, no.6(2004): 85.

- C. Hroncich, "Home Depot Turns to Tech to Help Fill 80, 000 Roles," March 18, 2019, 1. Found at https://www.benefitnews.cominews/home-depot-turns-to-hr-tech-to-help-hire-80-000-positions. Accessed March 24, 2020.

- D. Dickson, R. Ford, and B. Laval, "Managing Real and Virtual Waits in Hospitality and Service Organizations," *Cornell Hotel and Restaurant Administration Quarterly* 46, no.1(2005): 52-68.

- D. Maister, "The Psychology of Waiting Lines," in *The Service Encounter,* ed. J. Czepiel, M. Solomon, and C. Suprenant(Lexington, MA: Heath), 113-23.

- D. O'Neill, "Electronic Orders—Critical Technology to Fulfill the Mortgage Origination Process," *Mortgage Banking* 63, no.5(2003): 83-84.

- E. Pinker and R. Shumsky, "The Efficiency-Quality Trade-Off of Cross-Trained Workers," *Manufacturing and Service Operations Management* 2, no.1(2000): 32-48.

- J. Cox, "Can Differential Prices Be Fair?," *Journal of Product and Brand Management* 10, no.4/5(2001): 264-75.

- J. Gelsomino, "True Tales of Customer-Centric Retailing," *Chain Store Age,* October 2004, 44A.

- J. Laing, "On the Runway, Ready for Takeoff," *Barron's* 92, no.19(2012): 23-24.

- J. Macknight, "Constructing the Branch of the Future," 1, 2018, 20.

- J. Wirtz, S. Kimes, J. Theng, and P. Patterson, "Revenue Management: Resolving Potential Customer Conflicts," *Journal of Revenue and Pricing Management 2,* no.3(2003): 216-23.

- J. Wyatt, "Code Red: Ready to Roll," *Health Management Technology* 24, no.11(2003): 26.

- K. Forth, "Project Managing for Success," FDM 81, no.8(2009): 20-23.

- L. Handley, "Shopping: Time to Brush Up on Your Floor Play?," *Marketing Week, March 17,* 2011, 20-22.

- L. Liebmann, "Managing Workflow—Chart Your Gameplan," *Communications Week,* February 5, 1996, 43.

- L. Sullivan, "Philips Cuts Costs by Aligning Procurement, Engineering," *EBN,* October 13, 2003, 1.

- L. Weatherly, "HR Technology: Leveraging the Shift to Self-Service—It's Time to Go Strategic," HR *Magazine* 50, no.3(2005): Al-All.

- M. Levinson, "The Brains behind the Big, Bad Burger and Other Tales of Business Intelligence," *CIO* 18, no.11(2005): 1.

- M. Weinstein, "BNSF Railway Co.: Engineering Training Excellence," *Training* 56, no.2(2019): 42-44.

- Maister, "Psychology of Waiting Lines."

- P. Mann, "Tweak the Supply Chain," MSI 20, no.2(2002): 57-58.

- R. Michel, "Reaching beyond the Four Walls," *Modern Materials Handling* 60, no.7(2005): 43.

- R. Ruggless, "Noah's Pulls the Wraps off Redesign," Restaurant March 16, 2018, 1.

- R. Wolff, *Stochastic modeling and the theory of queues*(Englewood Cliffs, NJ: Prentice Hall, 1989).

- S. McGavin, "Call option: Dealerships' Service Call Center Helps Boost Repair Orders and *Profits,"Automotive News,* suppl. *Fixed Ops Journal,* December 17, 2018, S032.

- T. Benoit, "Opinion: Maine Learns to Drive," *Knight Ridder Tribune Business News,* August 13, 2005, 1.

- W. Armbruster, "With Oliver Evans, Executive VP of Cargo, Swiss International Airlines," *Journal of Commerce,* July 7, 2003, 1.

- W. Atkinson, "Travel Spend Flies onto Procurement Radar," *Purchasing* 134, no.10(2005): 18-19.

- T. Lytle, "Benefits for Older Workers," *HRMagazine* 57, no.3(2012): 53-58.

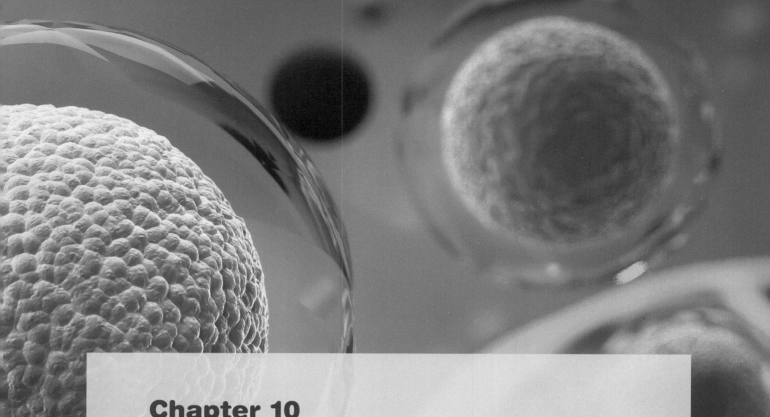

Chapter 10
정보 흐름 관리 – MRP 및 ERP

글로벌 무역 관리(GTM)는 수익을 창출하는 것이 아니다. 하지만 회사에서 공급망을 조정하고, 자유로운 무역 협약을 체결할 때 요긴하게 사용된다.　　　　　　　　　－Clint Reiser, 시장조사기관 ARC Advisory의 리서치 애널리스트

오늘날 우리는 조직과 일상 업무를 가이드하는 방식으로 데이터를 사용하고 있고, 이는 동료들과 상호작용하는 방식뿐만 아니라 고객 및 공급업체와 상호작용하는 방식을 변화시킨다.
　　　　　　　　　　　　　　　　　　　　　　　　－Tracy Walker, West Liberty Foods의 운영관리자

우리는 CRM을 탐색하는 회사에서 나아가, 클라우드에 ERP 및 MRP 시스템을 구축하고, 클라우드에 저장된 정보를 이용하여 실행 가능하고 효과적인 의사결정을 내리는 회사로 변모하고 있다.
　　　　　　　　　　　　　　　　　　　　－Charlie Marrow, Merrow Sewing Machine Company의 CEO

🎯 학습목표

1. 정보 흐름 지도 작성

2. MRP, DRP, MRP II 시스템 사용에 대한 설명

3. ERP 시스템의 역사적 발전과 활용

4. 비즈니스 프로세스 관리의 기본원칙

5. 전사적 자원관리에서 중요한 3가지 동향

Gallus Biopharmaceuticals, ERP 시스템의 신속한 구현

Getty images

Gallus BioPharmaceuticals(현재 노스캐롤라이나에 본사를 둔 Patheon의 자회사)는 일부 필요에 따라 좀 더 빠르고 비용이 적게 드는 ERP 시스템을 구현했다. 2011년에는 Johnson & Johnson의 시설을 인수했으며, 120일에 걸쳐 해당 시설에 있는 Johnson & Johnson의 IT 인프라를 Gallus의 ERP 시스템으로 전환했다. Gallus의 CFO인 Steven Kasok은 "우리 기업은 예방적 유지보수에서 세포 성능 데이터에 이르기까지 모든 것을 추적해야 한다"라고 말했다.

Gallus 경영진은 회사가 보유한 IT 직원의 수가 부족했기 때문에 120일의 시스템 구현 일정이 매우 촉박하다는 것을 알고 있었다. 이러한 문제를 해결할 수 있는 방법은 단순하면서 사용자에 종속되지 않은 시스템을 구현하는 것이었다. 바이오 제약 산업에 적합한 '저가형 ERP'가 없었기 때문에 Gallus는 수백만 달러에 EzPharma의 ERP 시스템을 구입하여 시스템 도입 비용을 절감했다. 시스템의 도입을 체계적으로 관리하기 위해 전문 컨설턴트를 고용했지만, 가능한 한 자체 직원을 활용하고 컨설턴트 활용을 최소화했다.

Gallus는 소비재를 생산하기 때문에 다른 제조업체보다 훨씬 더 규제가 많다. 필수 규제 소프트웨어 요소를 제외하고, Gallus는 기본형 ERP 시스템을 패키지 그대로 구현했다. Kasok은, "컨설턴트는 다음 단계에서 '추가적인 변경 구축'을 언급하곤 했다. 하지만 나는 항상, '이것이 유일한 단계입니다'라고 했다"고 설명했다. 또 그는 "이상적인 상황에서는 Johnson & Johnson이 이미 가지고 있는 것 대신에 필요한 것만 구현했을 것이다"라며, "우리는 가능한 한 비용 효율적으로 이 작업을 수행했으며, 덕분에 비즈니스를 계속할 수 있다"라고 말했다.

회사 내부 및 거래 파트너와 상호작용하는 모든 부문에서 정보를 체계적으로 관리하는 것은 오늘날 회사가 직면한 가장 중요한 프로세스 중 하나이다. 정보의 가치와 회사에서 정보가 사용되는 방식은 재고에서 예측, 고객 서비스, 생산 능력 및 지속가능성에 이르기까지 본 교재의 여러 장에 걸쳐 이미 소개하였다. 또한 정보관리를 위한 기술과 소프트웨어 제품은 매우 빠른 속도로 변화하고 있다. 대부분의 기업은 온갖 좋은 정보 혹은 나쁜 정보로 가득 차 있고, 이러한 정보의 흐름을 체계적으로 관리함으로써 더욱 효과적인 조직으로 발전할 수 있다. 예를 들어, 자동차 공급망을 연구하는 연구원들은 거래 파트너 간의 정보 흐름이 지연되거나, 가려지거나, 왜곡되거나, 누락된다는 사실을 발견했다. 그리고 이러한 좋은 정보의 부족은 황소채찍효과(Bullwhip Effect) 관점에서만 보더라도 기업의 총 비용을 20%나 증가시킬 수 있을 만큼 큰 비용을 발생시킨다. 자재소요량계획(MRP), 제조자원계획(MRPII), 그리고 전사적자원관리(ERP) 시스템 개발은 고객관계관리(CRM), 창고관리(WM), 제조실행시스템(MES)과 같은 기타 정보 시스템과 함께 조직의 계획과 의사결정을 더욱 활발하게 한다.

경쟁력을 유지하기 위해 기업은 해외에 제조, 소매 시설을 구축하고, 글로벌 유통 네트워크를 구축하며, 해외 기업과 파트너 관계를 맺음으로써 점점 더 글로벌화되고 있다. 이에 따라 재고 수준을 전달하고 보다 정확한 예측을 생성하며, 주문 납기 시간을 단축하기 위해 글로벌 차원의 정보 가시성이 중요하게 되었다. 이처럼 기업의 확장은 정보의 흐름과 가시성을 더 잘 관리해야 하는 요구를 충족시키는 동시에 방대한 양의 정보를 생성하게 되었다.

정보기술이 변화함에 따라 관리자는 비즈니스 프로세스 관리와 같은 자동화된 프로세스 관리 소프트웨어 응용 프로그램(application)을 사용하여 기존 정보 계층에 추가하려는 유혹을 더 많이 받게 된다. 이 장에서는 정보 흐름의 개념과 정보시스템 응용 프로그램의 발전 과정을 살피고, 많은 정보의 흐름을 관리하기 위해 이러한 도구를 어떻게 사용할 수 있는지 알아본다.

1 정보 흐름의 개념

1. 정보 흐름 지도 작성

정보와 정보의 흐름 간 관계는 기업에서의 재료와 고객 흐름 간 관계와 같은 방식으로 이해할 수 있다. 사실, 공급망은 똑같이 중요한 2가지 하위 구조, 즉 '물리적 품목·고객 흐름 시스템'(7장과 9장에서 자세히 논의)과 '정보 흐름 시스템'으로 구성된다. 중앙 집중식 컴퓨터 예약 시스템과 함께 많은 항공사에서 운영하는 허브 앤 스포크(hub-and-spoke) 운송 네트워크는 물리적 항목과 정보의 개별 흐름을 보여주는 좋은 예이다. 승객과 화물은 항공사의 주요 허브를 통해 목적지에 도달한다. 항공사의 예약 시스템은 여행사, 항공사 사무소, 온라인 여행 사이트에서 사용하는 컴퓨터와 연결되어 승객 및 화물에 대한 정보를 사용자에게 전달해준다.

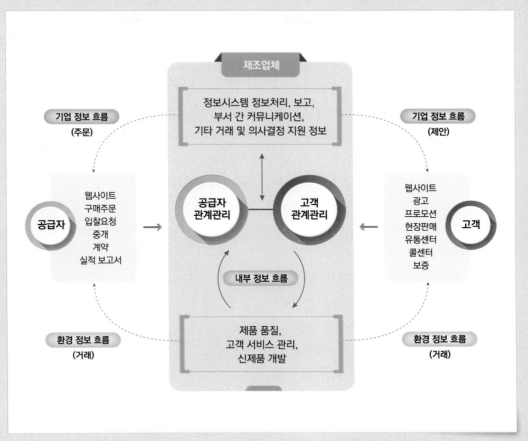

△ 그림 10-1_ 정보 흐름 지도

이와 같이 정보는 물리적인 자재와 마찬가지로 가치가 있는데, 이는 자산 또는 더 정확하게는 지적자산이라고 할 수 있다. 정보기술은 정보의 조직화 방식에 영향을 미치고 불확실성을 줄이며, 의사결정을 개선하고 새로운 정보 조직 구조를 만들어낸다.

대부분 조직에는 3가지 중요한 정보 흐름이 있다. 기업에서 고객으로의 정보 흐름인 기업 정보 흐름, 고객에서 기업으로의 흐름인 환경 정보 흐름, 기업 내 정보 흐름인 내부 정보 흐름이 그것이다. 이러한 정보의 흐름은 〈그림 10-1〉에 나타난다. 각각의 경우에 관리자는 3가지 흐름이 상호 작용하는 가운데 정보의 포착, 변환 및 교환 방법을 고려해야 하며, 또한 자체 정보 시스템 하드웨어 및 소프트웨어의 정보처리 능력을 고려해야 한다. 예를 들어, 다음은 은행의 주요 정보 흐름에 대한 설명이다.

기업 웹사이트, 이메일로 발송되는 월별 명세서, 그리고 광고는 기업 정보 흐름으로 고객에게 거래 기회를 제공한다. 이러한 정보에 응하여 고객은 ATM에서 계좌를 개설하고 온라인으로 청구금액을 지불함으로써 거래를 발생시키며, 이를 통해 다양한 정보 흐름을 만들어낸다. 거래를 지원하기 위해 데이터 처리, 고객 계정 업데이트, 보고서 작성과 같은 내부 정보 흐름이 발생하며, 이는 새로운 환경적 정보의 효과적인 관리에 필요하다. 오늘날 은행 관련 정보기술은 더욱 발전하여 이제 대부분의 고객은 은행 지점에 거의 방문하지 않아도 된다.

자재의 경우와 마찬가지로 정보의 흐름 역시 내·외부 중개자의 수와 정보 변환 지연에 따라 방해를 받거나 반대로 더 빠르게 이동할 수 있다. 정보처리를 수행하는 장소가 많을수록 정보는 느리게 흐르고 왜곡될 가능성이 높아져서 정보의 가치가 감소하는 경향이 있다. 따라서 조직은 정보가 처리되는 장소의 개수를 줄임으로써 내·외부 정보의 흐름을 관리할 수 있다. 예를 들어, Dell Computer Corporation은 공급망 내에서 부가가치가 없는 정보 흐름을 줄임으로써 공급망을 재설계하고 더 잘 통합하였다. 오늘날 Dell의 공급망은 Dell의 최종 품목 판매 장소에서 원자재 공급업체로 매우 효과적으로 정보가 전달되어 보다 간결하고 빨라졌다. 그 결과 더 높은 수준의 품질과 더 맞춤화되고 빠른 배송이 가능해지게 되었다.

정보의 속도는 정보가 한 프로세스에서 다른 프로세스로 얼마나 빠르게 흐르는지 기술하기 위해 사용되는 용어이다. 웹 서버와 같이 전자상거래 트랜잭션을 처리하는 시스템의 경우, 크리스마스 구매 시즌과 같이 정보 속도의 변동이 클 때에 성과에 부정적인 영향을 미치지 않으면서 이를 허용할 수 있는 능력이 필요하다. 하지만 인간 상호작용 및 의사결정 단계가 많이 있으며 자동화가 잘되지 않은 시스템에서는 정보 속도와 정보 자체가 부정적인 영향을

정보 변동성은 잘못된 의사결정, 재고 부족, 공급업체 및 고객 관계의 손상으로 이어질 수 있다.

받을 수 있다. 예를 들어, 몇 년 전 미국 자동차 산업의 주요 공급업체 중 한 곳의 최고경영자는 다음과 같이 말했다. "우리 회사의 자재 요구사항으로 특정 유형의 모델 판매가 증가하는 경우, 이 정보가 자동차 제조업체에서 우리에게 전달되기까지는 2주 또는 그 이상이 걸린다. 이로 인해 우리는 재고관리를 나중으로 미루게 되어 공급망을 관리하는 데 약 일주일을 추가로 더 소요한다."

정보 변동성은 정보 흐름과 관련된 또 다른 일반적인 용어이다. 변동성은 정보 내용, 형식 또는 타이밍과 관련된 불확실성을 나타낸다. 예를 들어, 일일 웹페이지 트랜잭션의 급증이나 감소는 정보 변동성과 관련이 있다. 이러한 변동성은 휴일 및 특정 시즌 동안 증가할 수 있으며, 기업은 이러한 정보 변동성을 수용할 수 있어야 한다. 기업은 추가 시스템 용량으로 과거 데이터와 예측 기능을 사용하여 이러한 시기를 사전에 대비할 수 있다.

공급업체 및 고객과의 관계는 정보 및 정보의 가용성, 속도, 변동성에 의해 영향을 받는다. 컴퓨터와 컴퓨터 네트워크 및 소프트웨어 응용 프로그램의 출현으로 관리자는 매우 많은 양의 정보를 저장, 검색, 처리하고, 조직 내 사용자와 거래 파트너 간에 합리적인 비용으로 매우 빠르게 배포할 수 있다. 따라서 관리자는 정보 흐름이 공급망에 어떤 영향을 미치고 가치를 추가하는지를 고려해야 한다. 자재의 흐름과 마찬가지로 정보 흐름을 매핑하여 자재의 사용과 가치를 더 잘 이해하고 최적화하는 것은 중요하며, 이와 관련된 주제는 다음에 논의된다.

❶ 정보 흐름 지도

정보 흐름 지도를 통해 관리자는 정보가 기업 내·외부에 걸쳐 한 지점에서 다른 지점으로 전송되는 방식을 구체화할 수 있다. 기업의 정보 수집과 전송 능력을 내·외부 사용자의 정보 요구와 연계시키는 것은 중요한데, 이때 흐름 지도는 정보 요구 및 필수 서비스를 분석하기 위한 기초 역할을 한다. 정보 흐름 지도를 만들 때는 다음과 같은 일련의 단계가 포함된다.

① 정보 감사를 실시하라. 내·외부 정보의 현재 사용자를 결정하고 정보 요구 사항을 추정하라. 관심을 가져야 할 항목으로는 상품 및 서비스, 운영 환경, 정보 출처 및 시스템 아키텍처, 소프트웨어 응용 프로그램, 그리고 정보사용에 영향을 미치는 기타 요소에 대한 지식이 포함된다. 감사는 현재 정보 출처와 용도를 밝혀야 한다.

② 내·외부 사용자의 정보 흐름 지도를 만들어라. 이를 통해 분석가는 어디에서 중복이 일어나는지, 어떤 곳의 정보사용 및 출처를 제거, 통합, 또는 확장해야 할지 알 수 있다.

③ 현재 충족되지 않는 정보 요구사항을 파악하라. 모든 내·외부 사용자와 이러한 잠재적 요구사항에 대해 논의해야 한다. 공통된 정보 요구사항을 결정하고, 각 정보 요구사항에 대한 동의 수준에 따라 요구사항의 우선순위를 정하라. 그러면 분석가는 정보 흐름을 위한 보다 최적의 솔루션을 제안할 수 있게 된다.

④ 변경사항에 따라 지도상에 정보 흐름을 바꿔라. 이러한 변경 추가 작업 때문에 정보 흐름 지도의 설계는 동적인 프로세스라고 할 수 있다. 기술의 더 나은 사용, 더 나은 흐름 배열 또는 새로운 정보 요구사항을 식별하기 위해 흐름도를 주기적으로 재검토하는 것이 필요하다.

〈그림 10-1〉에 표시된 기본적인 정보 흐름 지도는 제조업체의 내·외부 정보 흐름을 나타낸다. 흐름 지도를 보면, 제조업체가 공급자 웹사이트, 우편이나 팩스로 보내는 전통적인 발주, 입찰 요청, 외국 대리인 및 선적 통합자와 같은 중개자, 기존 공급자 계약을 통해 기업 정보 또는 주문을 공급자에게 전달하는 것을 알 수 있다. 공급자가 이러한 주문에 따라 움직이면, 이것은 환경적 정보 흐름 또는 거래가 된다. 제조업체는 또한 회사 웹사이트, 미디어 광고 및 판촉, 현장 영업 담당자 및 유통센터를 통해 고객에게 기업 정보 또는 제안 사항을 전달한다. 고객은 상품과 서비스를 구매하고 환경 정보 흐름이나 거래를 생성함으로써 이러한 제안에 반응하게 된다.

공급업체와 고객이 생성한 시스템 환경 정보는 회사의 정보 시스템 네트워크 및 소프트웨어 응용 프로그램을 사용하여 포착 및 처리된다. 〈그림 10-1〉에 표시된 대로 정보는 제조업체의 공급자관계관리(SRM)와 고객관계관리(CRM) 소프트웨어 응용 프로그램으로 전송되어 공급자 및 고객의 정보 파일에 추가된다. 내부 정보 흐름은 새로운 구매 및 제품 마케팅 전략 수립, 성과 보고서 작성, 부서 간 커뮤니케이션, 제품 품질 평가 및 개선 노력, 그리고 여타 의사결정 지원 목적으로 공급사 및 고객의 정보가 분석되고 사용될 때 생성된다. 더 많은 정보에 대한 요구사항이 발견되면, 회사는 추가적인 정보시스템 응용 프로그램의 도입을 고려하게 된다.

❷ 공급망 거래 파트너 간 정보 흐름

2019년 2월, 국제 배송업체 DHL Express는 무역, 자본, 정보 및 인력의 국제적 흐름을 통해 세계화 수준을 측정한 '2018 글로벌 연결성 지수(GCI)'를 발표했다. DHL Express의 CEO인 John Pearson은 "글로벌화 수준이 지속적으로 확대되는 상태임에도 불구하고, 전세계는 여전히 엄청난 잠재력이 있다"라고 말했다. 그리고 "GCI에 따르면 현재 우리가 보고 있는 대부분의 활동과 교류가 국제적이라기보다는 국내적인 것으로 나타나지만, 우리는 글로벌화가 성장과 번영의 결정적 요인이라는 것을 알고 있다. 국제 협력의 증가는 계속해서 안정화에 기여하므로 글로벌화를 수용하는 기업과 국가는 엄청난 이익을 얻게 된다"라고 말한다. DHL 보고서는 169개 국가 및 지역의 정보를 기반으로 작성됐다. 세계에서 가장 글로벌하게 연결된 상위 5개국은 네덜란드, 싱가포르, 스위스, 벨기에, 아랍에미리트인 것으로 나타났다.

공급망에서 거래 파트너는 효과적인 정보 지원에 크게 의존한다. 공급망 파트너는 현재 재고 수준, 주문 및 배송 상태, 생산 및 예측 변경, 제품 설계 변경과 같은 정보가 필요하다. 여기서 어려운 점은 이 모든 정보를 어떻게 통합하고, 분석하고, 회사 내부 및 거래 파트너에게 전송하는가에 있다. 공급망을 따라 흐르는 정보 흐름에 대한 통합은 이 장의 뒷부분에서 자세히 설명할 것이다.

Dart가 운전사 및 배송 일정계획에 사용한 기술

미네소타에 본사를 두고 있는 Dart Transit Company는 적절한 기술을 활용하여 더 많은 트럭 운전사를 유치하고, 운전자의 매일 밤 귀가를 보장하고 있다. 이는 더 나은 선적 계획 및 일정계획을 의미하는 것이다. 새로운 계획은 바로 모든 운전자가 매일 왕복 500마일을 운전하는 것이다. 운영자와 Dart 간의 정보가 계속해서 공유되기 때문에, 모든 사람들은 네트워크 전체에서 화물 가용성을 알고 픽업을 위해 도착할 시간을 계획할 수 있다.

트럭에 추적 기술을 적용하고 실시간으로 정보를 제공함으로써 Dart는 배송업체 및 고객과의 협업을 개선하고, 약속 시간, 운전사 및 트럭을 효과적으로 관리하고 있다. Dart는 일부 고객에게 전용 트럭을 제공하고, 다른 고객의 배송을 적절히 공유하여 Dart의 배송 경로의 격차를 메우기 위해 그들과 협력하고 있다. 이를 위해서는 고객과의 직접적인 커뮤니케이션 링크가 필요하다. 현재 시스템에서는 Dart의

서버와 고객의 서버 간 정보가 직접적으로 전달된다. 이전에는 타사 네트워크를 사용하여 정보를 교환했는데, 시간이 더 많이 걸렸다.

출처: T. Andel, "Managing Your Information Supply Chain," *Material Handling & Logistics*, October 13, 2011, 1.

정보 흐름 문제는 매우 흔하게 나타나는데, 건설 산업에서 그 예를 찾아볼 수 있다. 건설 프로젝트에는 건축사, 건설사, 엔지니어링 회사, 외주업체를 포함한 수많은 기업들이 밀접하게 연관되어 분초를 다투는 상황에서 작업한다. 설계 도면, 계약서, 구매 주문에서부터 건축 허가증, 건축 일정, 배송 일정에 이르기까지 많은 문서들이 기업들 사이에서 왔다 갔다 한다. 이러한 프로젝트에는 보통 종이가 많이 쓰여서, 코드 문제, 노동력 가용성, 물품 배송 지연 문제로 프로젝트 속도가 느려질 수 있다. 예를 들어, 초기의 프로젝트 입찰가는 정보의 가용성과 정확도에 따라 너무 높거나 낮아져서 건설비용이 초과되거나 작업이 완료되지 못할 수 있다. 건설 프로젝트 관리에서 정보기술을 사용하면 정보의 적시 공유, 오류와 낭비 감축, 정보의 더 나은 활용을 촉진할 수 있다. Service Spotlight은 Dart Transit Company에서 실시간으로 기사들과 정보 교류를 하기 위해 기술을 활용한 사례를 보여준다. 정보가 거래 파트너 내·외부로 흐르는 상황에서 정보시스템 응용 프로그램의 사용과 의사소통 도구의 호환성은 공급망 성과를 고려할 때 매우 중요한 주제이며, 이는 다음 절에서 논의된다.

2 종속 수요 재고관리

2. MRP, DRP, MRP II 시스템 사용에 대한 설명

제조사의 완제품을 구매하는 경우, 이 완제품은 회사의 독립적인 수요로 볼 수 있다. 이러한 완제품 재고에 대한 관리는 앞서 제6장에서 살펴보았다. 제조업체의 완제품이 유통될 때, 완제품을 구성하는 원자재, 부품 및 하위 조립품에 대한 제조업체 내부 수요가 발생한다. 이들 최종 품목 생산에 필요한 부품의 수량은 완제품의 외부 수요에 따라 다르다. 이러한 종속 수요 품목을 관리하기 위해 대부분의 기업은 완제품 수요를 충족하기 위한 생산 주문 및 구매 주문 시기와 양을 식별하는 일종의 재고관리시스템을 필요로 한다. 이는 자재소요량계획(MRP: Material Requirements Planning) 시스템을 활용하여 수행할 수 있다.

1 MRP 시스템

〈그림 10-2〉는 자재소요량계획(MRP) 시스템의 입력과 출력을 보여준다. MRP 시스템은 부품이 많고 디자인이 복잡한 제품을 다루는 기업들에 의해 1970년대부터 널리 사용되고 있지만, 오늘날에도 상당히 고가인 소프트웨어 응용 프로그램이다. MRP 시스템은 회사의 기존 내부 조건을 분석하고, 주어진 제품 제조 일정에 대한 조립 및 구매 요구사항을 결정한다. 이러한 시스템은 수년 동안 매우 인기가 있었으며, MRP 소프트웨어 공급자는 더 나은 고객 서비스와 수요 응답성, 재고 수준을 달성하는 한편 더 높은 생산능력 활용도를 달성할 수 있도록 지원하기 위해 노력해왔다.

오늘날 MRP 소프트웨어는 여전히 매우 인기가 있다. 위스콘신에 본사를 둔 Software Connect가 최근 미국 제조업체를 대상으로 실시한 설문조사 결과, 25% 이상이 2018년에 새로운 MRP 시스템을 도입할 계획이 있는 것으로 나타났다. 많은 제조업체는 주문이 증가한 후에서야 MRP 시스템에 투자를 하게 된다. 주문량이 늘어남에 따라 효율적인 일정관리가 더욱 어려워지고, 이때 제조업체는 도움을 요청하게 된다. 기업은 MRP 시스템이 재료와 노동력을 최적화하기를 원한다. 따라서 이 시스템은 낭비를 최소화하는 데 도움이 될수록 더 좋은 시스템이라 할 수 있다.

1960년대 중반 매우 기초적인 MRP 시스템을 구현한 최초의 컴퓨터인 IBM 305 RAMAC

MRP 시스템 도입을 위해서는 소프트웨어 비용 외에도 잠재적으로 비용이 많이 드는 교육 및 하드웨어 지출이 있으며, 시스템 구현 기간은 1~2개월에서 길게는 1~2년이 소요될 수 있다. 그리고 모든 소프트웨어 응용 프로그램과 마찬가지로 '가비지 인 가비지 아웃(GIGO; garbage-in-garbage-out)' 규칙이 적용된다. 이는 MRP 시스템이 제대로 작동하려면 최신의 정확한 자료를 MRP에서 지속적으로 사용할 수 있어야 한다는 것이다. 그렇지 않으면 시스템이 부정확한 출력물을 생성하여

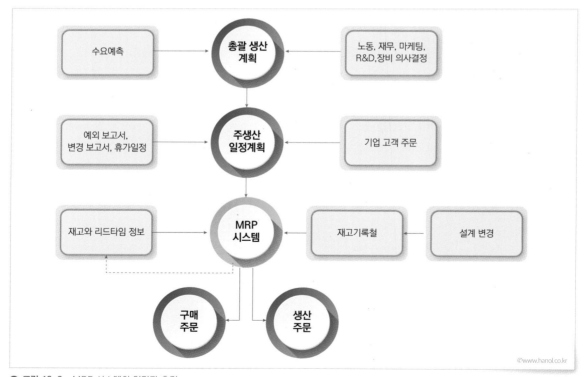

◎ 그림 10-2_ MRP 시스템의 입력과 출력

조직에는 별다른 가치를 주지 못하며, 재고의 부족 또는 초과 현상을 유발해 상당한 피해를 줄 수도 있다. 때때로 기업은 MRP 시스템의 요구사항을 수용하기 위해 작업 방식을 변경해야 할 수도 있다. 실제로 MRP 시스템의 구현이 실패하는 주된 이유 중 하나는 기업이 단순히 MRP 시스템의 요구사항을 과소평가하기 때문이다. MRP 시스템이 기업의 생산 및 구매 주문 관리 목표를 성공적으로 달성하기 위해서는 온전한 시스템으로 구현되어야 하는 것이다.

1) MRP 시스템의 입력

직접적인 MRP의 입력은 주생산 일정계획, 현재 재고 및 리드타임 정보, 자재명세서(BOM: Bill of materials) 정보이다. 이들 각각은 다음과 같다.

2) 주생산 일정계획

주생산 일정계획(MPS: Master Production Schedule)은 어떤 최종 제품을 언제까지, 얼마나 많이 만들어야 하는지 명시한다. 이는 일반적으로 주간 단위의 생산 일정계획처럼 만들어져서 MRP 시스템에 입력된다. MPS는 총괄생산계획, 기존 또는 확정된 고객 주문, 제조 시설의 생산능력에 관한 현재 정보를 기반으로 한다. 작업 현장의 생산능력은 인력 배치 및 사용 장비에 따라 달라지므로 MPS를 담당하는 직원은 인력의 변화가 향후 몇 개월, 몇 년 내에 어떻게 달라질지, 그리고 어떤 장비가 온라인 방식으로 전환되거나 사용이 중단될지를 알고 있어야 한다. 최신의 자동화된 제조시스템 중 일부에는 MPS 기능이 있지만, 대부분의 경우 회사의 생산 특성에 대해 잘 알고 있는 MPS 담당 직원이 직접 사무실에서 관련 활동을 수행하는 것이 일반적이다.

인력이나 생산 장비의 예상치 못한 변화로 인해 회사의 생산능력이 변경되면 MPS를 수정해야 한다. 현장의 영업 사원 및 지역 유통센터에서 고객 주문이 들어오면, 이 정보를 기존 MPS 수량과 비교할 수 있으므로 생산 일정을 추가로 수정할 수 있다. MPS에 대한 이러한 수정 및 기타 수정은 생산 프로세스가 대응할 수 있도록 사전에 충분히 이루어져야 한다. 이를 위해서는 MPS가 고정 최소생산시간대(frozen time fence) 또는 주간 생산 일정에 변경이 허용되지 않는 시간대를 적용해야 한다. 이 기간은 최소 부품을 구매하고 완제품을 조립하는 데 필요한 리드타임만큼 길다.

총괄생산계획은 MPS 담당 직원에게 각 제품군에 대한 연간 생산 일정계획을 제공한다. 그런 다음 MPS 담당 직원은 총괄생산계획을 세분화하여 개별 제품에 대한 주간 단위의 생산 요구사항(MPS)으로 전환한다. 매주 MPS는 고정 최소생산시간대를 세팅하기 위해 주간 생산 일정계획을 확장하고, 그 해의 나머지 부분에 대한 작업 일정계획을 수립한다. 이를 '롤링 생산일정 계획'(rolling production schedule)이라고 한다.

3) 재고 및 리드타임 정보

MRP의 또 다른 입력은 모든 원자재, 재공품 재고, 완제품의 정확한 재고 및 리드타임 정보이다. 정확한 구매 및 생산 주문을 위해서 MRP 시스템은 모든 입고 부품의 구매 리드타임, 작업 현장에 있는 각 조립품의 조립 리드타임을 알아야 한다. MRP 시스템은 또한 작업 현장 및 창고에 있는 구매 부품, 조립 부품, 완제품의 현재 재고 수준을 알아야 한다. 이 같은 정보들은 특히 문제가 되는데, 공급자가 대체되거나, 제품 설계가 바뀌거나, 부품들이 창고 및 생산 설비를 드나들면서 리드타임과 재고 수준이 바뀔 수 있기 때문이다. 만약 이러한 정보들이 발생 즉시 MRP 시스템에 업데이트되지 않는다면, MRP는 가비지-인-가비지-아웃(garbage-in-garbage-out) 규칙에 따라 부정확한 정보들을 산출할 것이다. 많은 기업에서 이러한 문제가 지속되고 있으며, 이로 인해 MRP 시스템을 멈추고 정보를 업데이트해야 하는 불상사가 생긴다.

4) 자재명세서

MPS에는 각각의 최종 제품에 대해 자재명세서(BOM: Bill of Material)가 있다. 간단히 말해서, BOM은 특정 제품의 레시피라 할 수 있다. BOM은 각 제품의 제조에 필요한 모든 원자재, 부품 및 조립품을 알려줄 뿐 아니라 필요한 부품의 수, 조립품에 들어가는 부품 수, 조립의 순서를 포함하게 된다. BOM이 취할 수 있는 가장 간단한 형태는 〈그림 10-3〉과 같은 제품 구조 다이어그램이다.

BOM이 작성된 후에는 MRP 시스템이 BOM을 분해 및 세분화하여 BOM의 각 수준에서 필요한 부품과 처리 방식을 결정한다. 레벨 0 품목(완제품)의 필요 수량은 MPS에서 요구하는 생산량에서 완제품의 현재 보유 재고를 빼서 먼저 결정된다. 그다음 동일한 방식으로 레벨 1 품목의 필요 수량이 결정되며, 이는 모든 레벨에 있는 품목의 필요 수량을 다 구할 때까지 순차적으로 진행된다. 예를 들어, 〈그림 10-3〉에서 최종 완제품인 테이블 50개의 순 소요량에 대해 회사는 50개의 상판 조립품과 100개의 스커트 조립품을 만들고 200개의 다리를 구매해야 함을 알 수 있다.*

> *'다리' 아래 괄호 안의 '4'는 각 테이블에 4개의 다리가 필요함을 의미하는 것이다. 마찬가지로 테이블당 2개의 스커트 조립품이 필요하고, 각 스커트 조립품에 2개의 모서리 브래킷이 필요하므로 테이블 하나당 총 4개의 모서리 브래킷이 필요하다.

BOM을 품목별 리드타임 정보와 함께 활용하면 제품에 대한 최소 리드타임 또는 고정 최소생산시간대(frozen time fence)를 결정할 수 있다. 〈그림 10-3〉에는 BOM의 모든 품목에 대한 리드타임이 나와 있다. 시각화된 표(time line)와 상향식 접근 방식을 사용하여 스커트 조립품을 완성하는 데 8일이 소요됨을 알 수 있다. 절단된 목재는 time(0)에 구입하고, 모서리 브래킷은 time(1)에 구입한다. 2가지 부품 모두 time(7)에 사용할 수 있으며, 스커트 조립품을 완성하는 데 1일 더 걸린다. 상판 조립도 같은 8일 안에 완료할 수 있다. time(2)에서 다리를 구입할 수 있다. 최종 테이블 조립에는 2일이 추가로 소요되며, 총 구매 및 생산 리드타임은 10일이 소요된다. 이 테이블에 대한 고정 최소생산시간대는 최소 10일이어야 하며, 구매 주문 및 생산 리드타임 변동 시 이는 더 길어질 수 있다. 재고유지에 따르는 비용을 최소화하기 위해 부품 구매는 가능한 한 지연시키는 점을 눈여겨

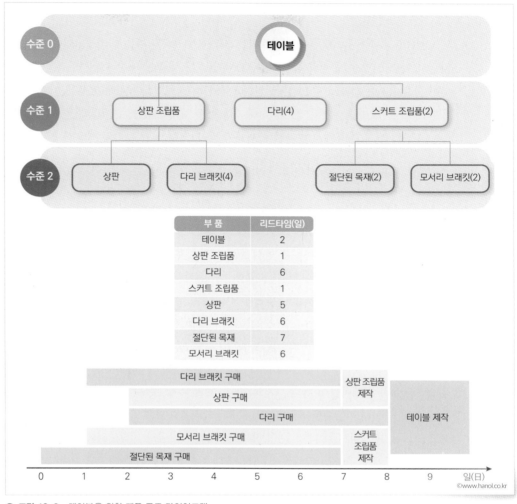

▲ 그림 10-3_ 테이블을 위한 제품 구조 다이어그램

보라. 이 고정 최소생산시간대 내의 MPS 증가에 대해서는 가능한 한 신속하게 처리해야 하는데, 이는 회사에 추가적인 비용을 유발한다.

5) MRP 시스템의 출력

MRP 시스템의 출력은 구매 주문, 생산 주문 및 작업 현장의 생산능력에 대한 피드백 정보로 구성되며, 이는 기한을 놓친 주문, 프로세스 생산능력 변경, 그리고 제품을 만들기 위한 생산 시설의 능력에 영향을 미치는 기타 정보의 형태로 MPS 담당 직원에게 전송된다. 구매 주문 및 생산 주문은 BOM의 각 항목에 대한 MRP 시스템의 주문 발주량 계산을 통해 직접 읽어온다. 이러한 계산은 MPS의 실행 가능성을 결정한다. BOM의 각 품목에 대한 계획 주문 발주량은 다음과 같이 계산한다.

6) MRP 부품 기록

BOM의 각 항목은 〈표 10-1〉에 보이는 것과 같이 부품 기록과 연결되어야 한다. 〈그림 10-3〉에 있는 테이블 BOM에 8개의 품목이 나타나므로, 이 제품에 대한 MRP 시스템에서 8개의 부품 기록이 만들어져야 한다. 〈표 10-1〉은 완성된 테이블을 포함하여 8개 부품에 대한 계획 주문 발주량을 계산하는 방법을 보여준다. 각 부품 기록에는 고정 최소생산시간대인 10일이 포함되어 있다. 〈표 10-1〉의 부품 기록에서 숫자를 채워나갈 때 기억해야 할 규칙은 다음과 같다.

조립된 부품(상위 품목)의 계획 주문 발주량은 구성 부품(하위 품목)의 총 소요량을 결정한다.

7) Level(0) 부품 기록

첫 번째로 완성된 부품 기록은 항상 Level(0) 품목 또는 완제품(이 경우, 테이블)이어야 한다. Level(0) 품목에 대한 총 소요량 항목은 고정 최소생산시간대 동안의 MPS 수량이다. 현재 또는 시작 재고는 1기(period 1)의 예상 보유 재고를 기록하는 공간 앞쪽에 표시된다. 생산 주문이 이미 진행 중인 경우에는 예상 배송량이 입고예정 수량 행에 표시된다(이 경우 10개 단위가 1기의 예정된 입고로 표시됨). 기말 예상 보유 재고는 이전 기간의 기말 재고, 현재 기간의 입고예정 수량과 완료된 주문량의 합계에서 현재 기간의 총 소요량을 뺀 값으로 계산할 수 있다. 1기의 경우, 예상 보유 재고는 30+10-10=30개 테이블이 된다. 3기의 경우, 초기 예상 보유 재고는 20-20=0개의 테이블로 예상된다. 다만 안전재고 요구량(또는 SS)은 15개의 테이블이므로 순 소요량은 15개이다. 하지만 필요한 로트 크기는 10개이므로, 매번 10의 배수로만 만들 수 있다.

따라서 1기에서 20개의 테이블에 대한 계획 주문 발주량이 작성되고, 이는 3기(리드타임 또는 LT가 2일이므로)에 배송 완료된다. 이 경우 3기에서 업데이트된 예상 보유 재고는 테이블 20개이다. 현재 기간(1기)에는 이 20개의 테이블 중 어느 것도 생산 진행이 이루어지지 않고 있다. 따라서 주문은 3기에서 예정된 입고로 표시되지 않는다. 비슷한 방식으로, 3, 6, 7, 8기에 계획 주문 발주량이 만들어진다.

8) 스커트 조립품 기록 - Level(1)

테이블의 계획 주문 발주량이 계산되면, 스커트 조립품(다른 두 개의 Level(1) 품목과 함께)의 총 소요량을 결정할 수 있다. 각 테이블에 두 개의 스커트 조립품이 필요하기 때문에(BOM에 표시됨) 스커트 조립품의 총 소요량은 테이블 계획 주문 발주량의 두 배이다(앞서 언급한 상위-하위 규칙을 기억하라). 그런 다음 예상 보유 재고가 결정되고, 이 숫자가 0 아래로 떨어지면(이 경우 안전 재고가 필요하지 않음) 계획 주문 발주량이 생성되어야 한다. 스커트 조립품의 로트 크기는 로트-대-로트(LFL; Lot-for-Lot)로, 주문 때마다 재고를 0으로 유지할 만큼만 조립하게 된다. 계획 주문 발주량은 2, 5, 6, 7기에서 만들어진다.

표 10-1_ 〈그림 10-3〉의 테이블을 위한 MRP 부품 레코드

테이블-Level 0		1	2	3	4	5	6	7	8	9	10
총 소요량		10	10	20	0	20	0	0	20	10	15
입고 예정 수량		10									
예상 보유 재고	30	30	20	20	20	20	20	20	20	20	15
순 소요량				15		15			15	5	10
계획 주문 발주량		20	20	20	10	10					

Q = 10; LT = 2; SS = 15

스커트 조립품-Level 1		1	2	3	4	5	6	7	8	9	10
총 소요량		40	0	40	0	0	40	20	20	0	0
입고 예정 수량		20									
예상 보유 재고	25	5	5	0	0	0	0	0	0	0	0
순 소요량				35			40	20	20		
계획 주문 발주량			35			40	20	20			

Q = LFL; LT = 1; SS = 0

모서리 브래킷-Level 2		1	2	3	4	5	6	7	8	9	10
총 소요량		0	70	0	0	80	40	40	0	0	0
입고 예정 수량				60	60						
예상 보유 재고	90	90	20	80	140	60	20	10	10	10	10
순 소요량							30				
계획 주문 발주량		30									

Q = 30; LT = 6; SS = 10

절단된 목재 -Level 2		1	2	3	4	5	6	7	8	9	10
총 소요량		0	70	0	0	80	40	40	0	0	0
입고 예정 수량					150	50					
예상 보유 재고	92	92	22	22	172	142	102	62	62	62	62
순 소요량											
계획 주문 발주량											

Q = 50; LT = 7; SS = 20

다리-Level 1		1	2	3	4	5	6	7	8	9	10
총 소요량		80	0	80	0	0	80	40	40	0	0
입고 예정 수량											
예상 보유 재고	300	220	220	140	140	140	60	120	80	0	0
순 소요량								20			
계획 주문 발주량		100									

Q = 100; LT = 6; SS = 40

테이블-Level 0		1	2	3	4	5	6	7	8	9	10
총 소요량		10	10	20	0	20	0	0	20	10	15
입고 예정 수량		10									
예상 보유 재고	30	30	20	20	20	20	20	20	20	20	15
순 소요량				15	15	15	5	10			
계획 주문 발주량		20		20			20	10	10		

Q = 10; LT = 2; SS = 15

×1   ×1   ×1 ×1 ×1

상판 조립품-Level 1		1	2	3	4	5	6	7	8	9	10
총 소요량		20	0	20	0	0	20	10	10	0	0
입고 예정 수량		10									
예상 보유 재고	10	0	0	0	0	0	0	0	0	0	0
순 소요량				20			20	10	10		
계획 주문 발주량			20			20	10	10			

Q = LFL; LT = 1; SS = 0

×4   ×4 ×4 ×4

다리 브래킷-Level 2		1	2	3	4	5	6	7	8	9	10
총 소요량		0	80	0	0	80	40	40	0	0	0
입고 예정 수량				50	50	50					
예상 보유 재고	100	100	20	70	120	90	50	60	60	60	60
순 소요량								10			
계획 주문 발주량		50									

Q = 50; LT = 6; SS = 20

×1   ×1 ×1 ×1

상판-Level 2		1	2	3	4	5	6	7	8	9	10
총 소요량		0	20	0	0	20	10	10	0	0	0
입고 예정 수량					30						
예상 보유 재고	30	30	10	10	40	20	10	40	40	40	40
순 소요량								10			
계획 주문 발주량			40								

Q = 40; LT = 5; SS = 10

9) 코너 브래킷 및 미리 절단된 목재 부품 기록 - Level(2)

BOM에서 스커트 조립품을 만드는 데 있어 이러한 부품이 각각 2개가 필요하다는 점에 유의하라. 결과적으로 스커트 조립품에 대한 각 계획 주문 발주량에 2를 곱하여 이 2가지 부품에 대한 총 소요량을 결정한다. 부품 기록 입력을 완료한 후, 1기(구매 주문)에 코너 브래킷의 계획 주문 발주량 입력이 필요하고, 미리 절단된 목재에 대해서는 필요하지 않다는 것을 알 수 있다.

10) 다리 부품 기록 - Level(1)

BOM에 따르면, 각 테이블을 조립하려면 4개의 다리가 필요하다. 따라서 테이블에 대한 각 계획 주문 발주량에 4를 곱하여 다리 부품의 총 소요량을 결정한다. 부품 기록이 완성되면 7기에 순 소요량 20이 존재하고, 1기에 100의 주문 발주량 입력이 필요하다는 것을 알 수 있다(다리 부품의 안전재고는 40이고, 주문은 100의 배수로 해야 함).

11) 상위 조립품 부품 기록 - Level(1)

최상위 조립품 총 소요량은 테이블의 계획 주문 발주량을 보고 만들어야 한다. 예상 보유 재고 수준을 0으로 유지하려면, 2, 5, 6, 7기에 계획 주문 발주량을 입력해야 한다.

12) 다리 브래킷 부품 기록 - Level(2)

각 상판 조립품에는 4개의 다리 브래킷이 필요하다. 따라서 상판 조립품의 계획 주문 발주량에 4를 곱하여 다리 브래킷 총 소요량을 계산할 수 있다. 안전재고를 20단위로 유지하려면, 7기에 순 소요량 10단위가 필요하다. 로트 크기가 50이므로, 1기(리드타임은 6일)에 계획 주문 발주량 50이 생성된다.

13) 상위 부품 기록 - Level(2)

각 상판 조립품에는 하나의 상판이 필요하다. 따라서 상판 조립품의 계획 주문 발주량을 상판의 총 소요량으로 바로 바꿀 수 있다. 계획 주문 발주량 40이 2기에 만들어진다.

MRP의 출력은 〈표 10-1〉에서 볼 수 있다. 테이블 조립 작업 센터는 테이블을 언제 얼마만큼 조립해야 할지 알 수 있다. 스커트 조립품 및 상판 조립품 작업 센터 역시 각 조립품을 언제 얼마만큼 만들어야 하는지 알 수 있다. 마지막으로, 회사의 구매자는 모서리 브래킷, 절단된 목재, 다리, 다리 브래킷 및 상판을 언제, 몇 개를 구매할지를 알 수 있다.

예를 들어, 6기에 절단된 목재가 추가로 필요하다는 것이 밝혀졌다면, 이때 남아 있는 시간은 구매 주문을 넣기에 충분하지 않다(구매 리드타임은 7일이다). 이 경우 절단된 목재의 구매가 신속하게 이루어져야 하고, MPS 담당 직원에게 예외 보고서를 전송하여 향후 테이블 생산량을 수정할 수 있게 해야 한다. 또는 생산능력을 추가로 늘리기 위해 현장 직원 또는 장비를 이동할 수 있다. 아래의 Manufacturing Spotlight에서는 재봉틀 제조회사인 Merrow에서 ERP 및 MRP 시스템을 구현하는 방법에 관해 설명한다.

Manufacturing SPOTLIGHT

구형 기계에 새로운 수를 놓은 Merrow

1838년에 설립된 매사추세츠주 소재 Merrow Sewing Machine Company는 세계적으로 경쟁력 있는 기계 제조업체가 되는 데 어려움을 겪고 있었다. 그것은 불과 15년 전 이야기이다. 오늘날 Merrow는 색인 카드에 기록된 BOM, 캐비닛에 보관된 고객 주문, 주요 주문 방식인 팩스에서 ERP 시스템을 갖춘 디지털 세계로 옮겨왔다. CEO인 Charlie Merrow는 "ERP의 도입은 우리를 거의 침몰시켰다. 대부분의 프로세스가 더 어렵게, 덜 효율적이게 진행되었으며, 그에 대한 보고는 전혀 도움이 되지 않았을 뿐 아니라 도움이 되지 않는 데이터 투성이었다. 다행히, 회사 운영자인 내가 기술적 배경지식이 있었다. 직원들을 압박하거나 돈으로 해결하려고 하는 대신 우리는 변화했다. 우리는 빠르게 변화했고, 운이 좋았다고 생각한다"라고 말했다.

Merrow는 수십 개의 소규모 맞춤형 응용 프로그램과 함께 Kenandy ERP 및 MRP, Salesforce CRM을 구현했다. 이러한 변화로 인해 회사는 오래된 재봉틀 제조업체에서 인큐베이터로 변모했다. Merrow는 언젠가 여러 브랜드의 지주회사가 되는 것을 상상할 수 있을 정도로 달라졌다. "우리는 지난달 몇 대의 재봉틀을 판매했는지 파악하고, 시스템에서 데이터를 선택하고, 수십 명의 다른 사람들이 Excel 시트를 관리하는 것에서 나아가, 핵심 사업을 운영하고 스타트업 인큐베이터가 될 정도로 우리가 하는 일에 대해 충분히 효율적이고 자신감을 갖도록 변모했다"라고 Merrow는 설명한다.

"2012년 우리의 목표는 회사 규모를 두 배로 늘리는 것이었다. 패션 트렌드의 변화가 있을 때는 핵심 비즈니스가 매우 빠르게 성장할 수 있겠지만, 성장 속도가 이를 따라가지 못하는 상황이 발생하는 경우 어떻게 할 것인가? 우리는 한동안 내 머릿속에 스며든 아이디어 중 일부를 실행하기로 결정했으며, 이를 수행할 수 있는 자원(기술 인프라)과 실행가능한 아이디어가 있었고, 사내에서 수행할 수 있는 기술을 보유하고 있었다. 그래서 그것은 우리 회사 성장 전략의 일부가 되었다. 수익을 두 배로 늘리는 방법은 무엇일까? 매우 빠르게 성장할 수 있는 여건을 만들고, 그것을 스핀오프시키는 것이다. 그것이 바로 우리가 지금 하고 있는 일이다. 물건을 만들고, 훌륭한 아이디어를 가진 똑똑한 사람들을 데려오고, 그 아이디어를 키워서 이를 기반으로 새로운 비즈니스를 구축하고 실행하는 것. 이 모든 것이 이제 우리 전략의 일부다"라고 Merrow는 말한다.

출처: LaWell, "An Old Company Stitches."

2 배송소요량계획 시스템

배송소요량계획(DRP; Distribution Requirements Planning) 시스템을 사용하면 회사의 물류센터에서 MRP에 확정 주문을 전달하는 것이 가능해진다. 소매업체 및 기타 고객이 제조업체에서 상품을 주문하면, 그때마다 해당 주문은 물류센터에 쌓인다. 그러다 어느 시점에 각 품목에 대한 주문 수량이 물류센터의 재주문점(ROP; Reorder Point)에 도달하고, 주문이 공장으로 전송된다. 이러한 각 시설로의 재고 이동을 관리하고, 공장 및 물류센터의 재고 부족 또는 초과 재고 상황을 방지하며, 배송 차량 및 물류센터 용량을 미리 계획하기 위해서는 계획 시스템이 필요하다.

Prologis의 연구에 따르면, 비용을 최소화하면서 고객 요구를 충족할 수 있는 네트워크를 구축하는 것은 공급망 관리자가 당면한 가장 큰 과제이다. 공장의 MRP 시스템에 연결된 물류센터의 DRP 시스템은 본질적으로 린 시스템(8장에서 논의됨)이 만들려고 하는 고객 중심 또는 공급망 풀 지향 시스템을 구축하고 있다. 오늘날 도입이 완료된 많은 전사적자원관리(ERP; Enterprise Resource Planning) 시스템(이 장의 뒷부분에서 설명)에는 MRP 및 DRP 모듈이 포함되어 있다.

DRP 기록은 MRP 부품 기록과 매우 유사하다. 각 물류센터의 수요 프로파일은 각 기간에 대한 수요예측으로 변환되며, 이는 MRP에서 사용된 총 소요량을 대체한다. 예상 소요량은 물류센터의 현재 보유 재고 및 계획 입고에서 뺀다. 안전재고 수준에 도달하면 순 소요량이 생성되고 배송 리드타임을 기준으로 계획 선적 수량이 생성된다(MRP의 계획 주문 발주량과 유사). 그런 다음 회사의 모든 물류센터에 대한 계획 선적 수량은 제조 시설에 대한 시간대별 소요량으로 집계된다. DRP 기록은 〈표 10-2〉에 나와 있다.

DRP 계획 선적 수량은 제조 시설에 있어 매우 중요한 정보이다. MPS의 일정관리 기능은 이 정보를 사용하여 향후 MPS 수량을 조정함으로써 실수요를 더 잘 충족시킬 수 있다. 또한 이를 통해 회사의 최고경영자는 총괄생산계획을 준비하는 데 사용된 정보를 연중 내내 다양한 시장 수요 특성과 비교할 수 있을 뿐만 아니라 수요를 충족시키는 회사의 능력을 보여줄 수 있다. 마지막으로 전체 수요, 자재 가용성 또는 생산능력의 예상치 못한 변화로 인해 재고가 부족할 때 DRP를 사용하여 배송이 언제 도착할 것인지 창고에 알리고 회사의 물류센터 별로 수량을 할당할 수 있다.

이상적으로는, DRP를 사용함으로써 완제품이 정확한 시간과 수량으로 유통업체와 소매업체의 하역장에 도착한다. 다른 많은 공급망관리 전략과 마찬가지로 Walmart는 매일 수차례 업데이트되는 각 매장의 판매시점(POS; Point-of-Sale) 데이터를 공급업체에 제공하여 공급업체가 실제 판매되는 현장의 데이터를 근거로 선적 및 제조 활동을 조정할 수 있도록 하는 방법을 선도하고 있다.

표 10-2_ 물류센터 DRP 레코드

• 6번 물류센터

제품: 테이블	1	2	3	4	5	6	7	8	9	10
예측 소요량	2	4	3	6	5	4	8	0	3	5
운송 중 재고		30								
예상 현재고	6	4	30	27	21	16	12	4	4	31	26
순 소요량									2	
예정 배송량							30			

Q=30, LT=2, SS=3

MRP 시스템에 전달 예정인 주문량

❸ 제조자원계획

MRP 및 DRP 시스템이 제대로 작동되면서 사용자가 계획, 구매 및 제조에 대한 제어 목적을 위해 이들 시스템으로부터 산출된 정보의 이점을 경험하게 되었고, 그 결과 1980년대부터 회사의 다양한 기능 영역에 있는 직원들이 훨씬 더 큰 규모의 계획 도구로 MRP를 사용하려는 욕구가 생겨났다. 초기 MRP의 확장은 생산능력 요구 계획을 위한 것이었다. 비용 정보를 각 BOM에 통합할 수 있다면, 총괄생산계획을 달성하기 위해 예상되는 재무적 요구사항을 결정할 수 있다. 마케팅 담당자는 MRP 시스템을 사용하여 계획된 판촉 캠페인에 대한 제조 요구사항을 결정할 수 있다. 인사 담당자는 MRP 시스템을 사용하여 회사의 장단기 확장 계획에 따른 예상 노동력을 산출해 낼 수 있다. 작업 현장 관리자는 초과 근무 계획 및 작업자 일정을 위해 MRP 시스템을 사용할 수 있다. 제조 엔지니어는 이 시스템을 사용하여 시설 확장을 계획할 수 있다. 이처럼 예측 활동을 수행하거나 계획 목적으로 가상(what-if) 시나리오를 사용하려는 욕구는 제조자원계획(MRP II: Manufacturing Resource Planning) 시스템 개발의 원동력이 되었다.

오늘날 대부분의 MRP II 시스템에는 관리자가 what-if 분석을 수행하고, 생산능력 또는 생산 시기 결정이 내려졌을 때 예상되는 결과를 이해할 수 있도록 하는 시뮬레이션 기능이 있다. 그 외 다른 소프트웨어 모듈도 MRP II 시스템에 포함되어 있어 다양한 기능 영역에 속한 직원들이 중앙 데이터베이스를 사용하여 MRP II 시스템과 상호작용할 수 있다. 그런 다음 생산, 마케팅, 인적자원 및 재무 담당자가 함께 협력하여 사용 가능한 자금, 장비, 광고 계획 및 인력을 기반으로 실행 가능한 종합 계획을 개발한다. 이러한 방식으로 모든 기능 영역은 전체 계획을 달성하는 데 기여할 수 있게 된다. 1990년대 초 미국에서 시작하여 오늘날에도 계속되고 있는 많은 MRP II 시스템이 시스템 전체의 ERP 응용 프로그램에 통합되었다. 그러나 독립 실행형 시스템이든 대규모 ERP 시스템의 일부이든 MRP II 시스템의 기능은 그대로 유지된다.

1) 생산능력 요구사항 계획 기능

MRP II의 가장 중요한 기능 중 하나는 생산능력 요구사항 계획 기능이다. MPS 수량, MRP의 계획 주문 발주량, 현재 작업장의 생산량, 부품 분배 정보, 처리 및 구매 리드타임이 주어지면, 전체 생산 시설에 대한 단기 생산능력 요구사항을 개발할 수 있다. 처음에는 작업장의 현재 작업량과 각 작업 센터의 생산능력을 고려할 때, MPS가 실행 불가능한 것으로 판명될 수 있다. 이 경우 선택 사항은 생산능력을 늘리거나 MPS를 줄이거나 지연시키는 것이다. MRP II 시스템은 일련의 기간 동안 각 작업 센터에 대한 작업 부하 보고서를 생성하는데, 여기서 작업 부하 보고서는 주어진 MPS에 필요한 생산능력을 예상 가용 생산능력과 비교한다. 이러한 정보가 주어지면 생산 관리자는 작업 부하를 나중으로 전환해야 하는지, 초과 근무 일정을 잡아야 하는지, 또는 아웃소싱을 해야 하는지 등을 결정할 수 있다. 궁극적으로 실현 가능한 생산 일정과 생산능력 계획이 결정된다는 것이다.

실제 작업이 시작되면 MRP II 시스템에서 생성된 보고서를 통해 작업 진행 상황을 모니터링하고 관리자가 일정에 맞게 작업 흐름을 유지할 수 있도록 생산능력을 조정할 수 있다. 그러나 작업 부하 보고서에 실행 가능한 일정이 표시되어 있더라도 처리 시간 및 부품 배송의 변동성은 여전히 생산시스템 지연 및 병목 현상을 일으켜 추가 생산능력 조정 또는 가속화가 필요하거나, 단순히 일부 생산 주문이 지연되는 결과를 초래할 수 있다. 또한 생산능력 요구사항 계획 기능을 통해 기업은 주요 고객에게 계획된 배송을 적시에 완료할 수 있다.

2) MRP II의 확장

MRP II 시스템은 자재 및 작업자의 일정이 복잡하고 시장 대안 분석을 필요로 하는 대규모 서비스에서 적용될 수 있다. 대규모 리조트·호텔 단지가 그러한 예이다. MRP II 시스템은 다양한 리조트 레스토랑의 식품 공급 추적, 성장 및 고용 계획에 사용될 수 있으며, 대규모 콘서트 또는 컨벤션이 리조트의 호텔 객실, 레스토랑 및 기타 편의 시설에 미치는 영향을 분석하는 데 사용할 수 있다. 코네티컷의 Foxwoods Resort Casino는 29개의 식음료 매장, 11개의 카지노 서비스 매장, 5개의 레스토랑 서비스 매장, 5개의 카지노 라운지, 3,700개의 식음료 품목이 필요한 5개의 생산 주방이 있는 470만 평방피트 규모의 시설이다. 한때는 식품 서비스 프로세스가 모두 수동으로 관리되어 생산성, 속도, 일관성 및 정확성이 떨어졌다. 2005년 1월 Foxwoods는 식품 서비스 운영을 개선하기 위해 자동화된 식품 및 음료 재고, 레시피 제어 프로세스를 도입했다. 이 시스템은 POS 데이터를 수집하여 ERP 시스템에 공급하여 구매 주문 생성, 재고 모니터링, 주문 요청 및 전달 실행, 생산관리, 레시피 유지, 식품 원가 분석 등 모든 프로세스를 지원한다.

3 ERP 시스템의 진화와 사용

3. ERP 시스템의 역사적 발전과 활용

정보를 실시간으로 제공하게 되면, 불확실성과 리드타임을 줄이고 자재 및 제품 추적도 개선할 수 있다. 불행하게도 정보는 항상 쉽게 접근할 수 있거나 신뢰할 수 있는 것은 아니며, 생산 시설, 제품, 부품, 공급업체, 유통센터, 고객 및 상호작용의 수가 증가함에 따라 극도로 복잡해질 수 있다. 이러한 문제에 더하여 독립적 거래 관계의 존재와 일반적인 신뢰 부족은 정보 공유와 프로세스 통합에 대한 생각을 다소 비현실적이게 만든다. 오늘날 조직은 부서 간에 정보를 공유하고 거래 파트너로 확장하는 것이 궁극적으로 최종 소비자와 공급망 구성요소에 유익하다는 것을 깨닫고 있다.

이러한 인식 변화에는 기능 영역 직원이 시스템과 상호작용하고, 실시간 정보를 얻고, 기업 단위 내에서 공유된 데이터베이스를 사용하여 가정 분석을 수행할 수 있는 MRP II 시스템의 성장이 있었다. 여전히 전세계적으로 널리 사용되고 있지만, MRP II 응용 프로그램 중 상당수는 오늘날

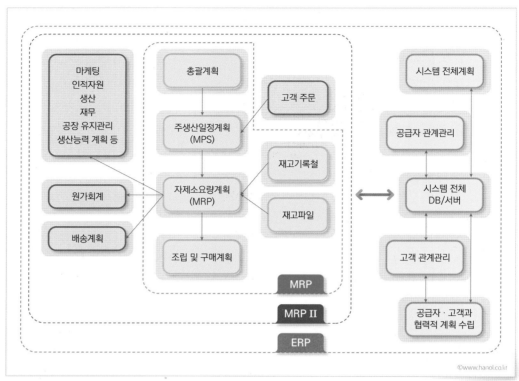

⬟ **그림 10-4_** ERP 시스템

ERP 시스템으로 진화하고 있다. 많은 공급망에서 ERP 시스템은 공급자와 구매자 간의 의사소통을 자동화하는 데 사용된다. 포괄적인 용어인 전사적 자원 관리는 실제로 글로벌 정보기술 산업에 대한 연구·분석·컨설팅 서비스를 제공하는 Gartner Inc.의 1990년 보고서에서 처음 사용되었다. 한편 Deloitte는 1999년 뉴스 기사에서 ERP에 대한 더욱 포괄적인 정의를 제시했다.

　　ERP는 기업이 거의 모든 비즈니스 프로세스를 자동화 및 통합하며, 기업 전체에 걸쳐 공통 데이터와 업무방식을 공유하고, 실시간 환경에서 정보를 생성 및 액세스할 수 있도록 하는 패키지형 비즈니스 소프트웨어 시스템이다.

〈그림 10-4〉는 ERP 시스템을 보여주고 있는데, MRP, MRP Ⅱ 등 기존의 계획 시스템들이 ERP에 어떻게 수렴되는지를 보여준다. 이어지는 절에서는 이러한 시스템들의 역사적 발전 과정에 대해 설명한다.

① ERP로 이어지는 주목할 만한 역사적 발전

　　1960년대 초반부터 몇 가지 MRP 타입의 시스템이 사용되었지만, 당시 컴퓨팅 성능으로 인해 시스템은 극히 기초적인 수준이었다. 앞서 언급했듯이 최초의 MRP 응용 프로그램은 IBM 305 및

IBM 650 RAMAC(회계 및 제어에 대한 임의 접근 방식) 시스템에서 실행되었으며, 가장 기본적인 자재 소요량의 순 변경량에 대한 계산만 할 수 있었다. 1961년 위스콘신주 라신에 있는 Case 트랙터 제조 시설에서 IBM의 Ted Musial과 Gene Thomas, Case의 Joe Orlicky 및 AR Brani는 다른 IBM 및 Case 직원과 함께 IBM 305 및 650 RAMAC을 사용하여 최초의 연속 순변경식 MRP 시스템을 설계하고 설치했다.

MRP 개념을 개발하고 발전시키는 데 가장 핵심적인 역할을 한 사람은 Joe Orlicky, George Plossl, Oliver Wight였다. Orlicky는 Case를 떠나 1962년에 IBM으로 자리를 옮겼다. 그는 나중에 코네티컷에 있는 기구 제조업체인 Stanley Works에서 일하고 있던 Wight를 만났다. 1965년 Wight는 IBM에 합류하여 1968년까지 그곳에 머물렀다가 Stanley Works에서 Wight와 함께 엔지니어로 일했던 Plossl과 함께 일하기 위해 회사를 떠났다. 1971년까지 Orlicky, Plossl, Wight는 APICS(American Production and Inventory Control Society)가 소위 MRP 캠페인을 공식적으로 시작하도록 설득하여 미국 제조업체들 사이에서 MRP에 대한 높은 관심을 불러일으켰다. Orlicky는 1975년에 MRP에 관한 책을 저술했고, 이들은 결국 공동으로 MRP 및 관련 주제로 대한 많은 책을 저술하여 인기 있는 연사이자 컨설턴트가 되었다.

하지만 MRP의 개념이 본격적으로 생겨난 것은 1978년 IBM의 System 36 미니 컴퓨터에서 실행되는 MAPICS(제조, 회계 및 생산 정보 제어 시스템의 약자)라는 IBM의 MRP 시스템이 생기고 나서부터이다. MAPICS는 당시 가장 인기 있는 MRP 시스템이 되었다. 1981년까지 8,000개의 MRP 시스템 구현사례가 보고되었다. 1993년 IBM은 MAPICS를 Marcam Corporation에 매각했으며, 이후 1997년 MAPICS는 자체 상장 회사로 분사되었다. 당시 전세계적으로 약 1만 5,000개의 MAPICS 응용 프로그램이 있었다. MAPICS는 2005년에 Infor Global Solutions의 자회사인 Infor International Limited에 인수되어 오늘날 Infor XA로 알려져 있으며, 이것이 바로 ERP 시스템이다.

1981년 Wight는 제조자원계획(manufacturing resource planning) 또는 MRP II(그가 만든 용어)에 관한 책을 저술했다. 이 책은 원래의 MRP 아이디어를 재무관리시스템과 함께 작업 현장 및 회계 기능을 포함하여 '가상시나리오(what-if)' 분석 기능을 제공할 수 있도록 확장하였다. 따라서 기업이 원하는 생산 계획이 제공될 때 재무적 영향과 함께 자재 및 생산능력 요구사항을 제공하는 통합 비즈니스 시스템을 가질 수 있게 되었다. What-if 분석 기능과 함께 MRP 로직은 다양한 기능적 계획 활동을 가능하게 하여 MRP II를 매우 대중적으로 만들었다. 1984년에만 16개 회사가 MRP II 소프트웨어로 4억 달러의 매출을 올렸으며, 1989년에는 연간 매출이 12억 달러를 넘어섰다. MRP II의 가장 핵심적인 특징은 회사의 모든 부서를 하나의 컴퓨터 시스템으로 연결하여 모든 직원이 사용할 수 있는 공통 데이터베이스를 형성하는 것이다. 기업의 구성원들이 정보에 쉽게 접근할 수 있게 되면서 더 많은 계획이 수립되었고, 이로 인해 더욱 선진화된 제조 제어 및 투자 결정이 가능해졌다. 한편 MRP II는 하나의 조직 내에서 부서를 서로 연결하는 시스템으로, 해외 조직과 국내 조직을 연결하는 기능은 부족하다는 것이 MRP II의 약점으로 꼽혔다. 또한 기업 외부의 공급업체 또는 고객과 연결도 어려운 한계를 가졌다. 이러한 이유로 기업 전체를 포괄하는 응용 프로그램이 개발되기 시작했다.

1972년 5명의 전직 IBM 시스템 분석가가 독일 만하임에 SAP(Systemanalyse and Program-mentwicklung 또는 Systems Analysis and Program Development)라는 회사를 설립했다. 그들의 비전은 사용자가 PC 화면을 통해 실시간으로 모든 데이터를 대화식으로 처리할 수 있는 소프트웨어를 개발하는 것이었다. 그들의 첫 번째 제품은 1973년 재무회계 소프트웨어였으며, 나중에 R/1 시스템으로 알려지게 되었다(여기서 'R'은 실시간 데이터 처리를 나타냄). 1979년 SAP는 메인프레임용 R/2 시스템을 출시했으며, 1992년에는 R/3 클라이언트-서버 소프트웨어 시스템을 출시했다. SAP는 자재관리, 자산회계, 원가회계, 인사관리, 공장 유지관리, 생산 계획 및 제어 응용 프로그램을 포함하여 수년 동안 시스템에 패키지를 계속 추가했다. 1993년 SAP는 3,500개 회사를 글로벌 고객으로 확보하고, 15개의 글로벌 자회사를 두었으며, 14개 언어로 된 소프트웨어를 판매했다. 2005년에는 120국에 있는 약 1,200만 명의 사용자가 매일 25개 이상의 SAP 비즈니스 소프트웨어 응용 프로그램을 사용하고 있었다. 오늘날 SAP는 전세계 ERP 시장의 약 26%를 점유하고 있는 세계에서 네 번째로 큰 소프트웨어 개발업체이자 최대 ERP 소프트웨어 제공업체이다. SAP의 가장 큰 경쟁자인 Oracle은 경쟁업체를 인수하는 데 매우 바빴다. PeopleSoft, JD Edwards, Siebel Systems, Retek, ProfitLogic을 포함한 12개 이상의 회사를 인수하는 데 수십억 달러를 투자했다. 2016년, 최초의 클라우드 ERP 제공업체인 NetSuite의 최근 인수는 90억 달러가 넘는 가치가 있다. ERP 시장은 오늘날 매년 약 7%의 성장률을 보이고 있으며, 전세계 연간 매출은 2023년까지 970억 달러를 넘어설 것으로 예상된다.

1990년대에는 컴퓨터 속도와 기술이 발전하면서 ERP 시스템은 클라이언트 서버에서 실행할 수 있는 번들 응용 프로그램 제품군으로 개발되어 더 큰 확장성, 더 많은 동시 사용자 지원, 그리고 더 낮은 비용의 하드웨어를 가능하게 만들었다. 오늘날 이러한 시스템 중 상당수는 MRP II 시스템의 계획 기능과 함께 원래의 MRP 기반 순 소요량 및 주문 발주 계산 기능을 여전히 사용한다. 이것이 〈그림 10-4〉에서 ERP가 이러한 초기 시스템 모두를 하위 모듈로 포함하는 이유이기도 하다. 광범 위한 기존 또는 레거시 시스템을 보유한 많은 기업에서, ERP 공급업체는 이러한 응용 프로그램을 연결할 뿐만 아니라 다른 맞춤형 응용 프로그램을 제공하여 ERP 시스템이 조직의 모든 부서와 원거리 유닛을 위한 중앙 정보 저장소 및 데이터 배포 시설이 될 수 있도록 지원한다.

재고 감소, 리드타임 단축, 린 제조 방식으로의 이동이 계속됨에 따라 ERP 시스템은 조직의 모든 글로벌 사업부는 물론 거래 파트너 간 실시간 정보 가시성을 제공하는 데 집중하고 있으며, 이를 위해 다양한 성과 지표를 추적하고, 고객 관계 관리, 공급자 관계 관리 및 품질 관리 소프트웨어 응용 프로그램을 통해 협업을 촉진한다.

현재 SAP과 Oracle은 ERP 소프트웨어 시장의 약 40%를 차지하고 있다.

실제로 공급자 관계 관리, 창고 관리, 운송 관리 및 고객관계관리 모듈을 포함한 ERP 시스템 응용 프로그램을 사용하여 실시간으로 공급망 거래 파트너와 프로세스를 통합하는 아이디어는 Gartner의 2000년 보고서 주제이기도 했으며(Gartner가 최초로 ERP 용어를 만들었다는 점을 기억하라), 이를 토대로 후속 명칭인 "ERP II"를 만들려고 했다. 반면에 AMR Research는 '기업 상거래 관리' 또는 'ECM'이라는 새로운 명칭을 선호한다. 어떤 이름을 사용하든 CRM 및 SRM과 같은 외부 응용 프로그램을 내부 집중적인 ERP 응용 프로그램과 실시간으로 통합한다는 개념은 오늘날 많은 기업과 소프트웨어 제공업체가 채택하고 추진하는 비전이다. 결과적으로 기업은 실시간 공급망 정보 공유 및 협업을 수행하기 위해 원래 ERP 투자에 '추가 기능' 또는 기타 응용 프로그램에 대한 추가 투자가 필요하다는 현실을 직시해야 한다(추가 기능 응용 프로그램은 이 장의 후반부에서 논의된다). 이는 또한 대부분의 기업 정보 시스템이 시간이 지남에 따라 여러 공급업체로부터 응용 프로그램을 구입하게 되면서 동급 최고의 시스템으로 여겨지거나 여겨질 것임을 의미한다. 결과적으로 응용 프로그램 호환성은 많은 ERP 시스템 소유자에게 큰 관심사가 되었다.

② 클라우드 기반 ERP 시스템

전통적인 ERP 시스템은 현장에 설치 및 유지 관리되며, 대규모 다국적 기업에서 여전히 대부분 그렇게 하고 있다. 그러나 소수의 사용자와 IT 직원이 있는 중소 규모 조직의 경우에는 클라우드 기반 ERP 시스템을 선호한다. SaaS(software-as-a-service) 시스템이라고도 하는 클라우드 ERP는 인터넷 연결을 통해 웹 브라우저를 통해서만 제공된다. 클라우드 ERP 모델에서 소프트웨어 공급업체는 소프트웨어를 보관 및 관리하고, 사용자 회사는 일반적으로 월 단위로 사용자당 소프트웨어 사용료를 지불한다. 따라서 직원은 온라인 기능이 있는 모든 장치를 통해 비즈니스 데이터에 원격으로 접근할 수 있다. 클라우드 ERP 시스템을 사용하면 기업이 자체 컴퓨터에서 소프트웨어와 데이터를 소유하고 유지 관리할 필요가 없다. 클라우드 시스템을 사용하면 보안도 훨씬 향상될 수 있다. 대부분의 대규모 공급업체는 많은 현장 ERP 시스템에 대해 비용이 많이 드는 엄격한 보안, 재해 복구 및 백업 절차를 제공한다. 대표적인 클라우드 ERP 시스템은 Oracle의 NetSuite, Sage, Microsoft Dynamics, SAP 등에서 제공되며, 아래의 Service Spotlight는 Headland Machinery의 클라우드 ERP 시스템에 대해 설명한다.

ERP 시스템 관련 비용은 클라우드 기반 시스템의 개발, 공급업체간 경쟁심화, 하드웨어 가격의 하락으로 인해 최근 몇 년 동안 상당히 떨어졌지만, 여전히 비싸게 인식되기도 한다. 50명의 동시 사용자가 있는 중간 규모의 회사는 라이선스 및 유지관리 비용, 컨설팅 및 사용자 지정 비용, 장비 업그레이드 및 인건비로 약 50만 달러를 지불하게 되며, 연간 업그레이드 및 사용자 지정 비용이 연간 20% 추가로 발생할 수 있다. 비슷한 크기의 클라우드 기반 시스템은 사용자 비용으로 연간 10만 달러의 비용이 들 수 있으므로, 회사의 규모가 성장함에 따라 구매한 시스템이 나아 보일 것이다. 하지만 사용자가 적은 소규모 회사의 경우, 클라우드 기반 시스템은 초기 비용으로 수천 달러가 들 수 있으며 한 달에 수백에서 수천 달러의 비용이 들 수 있다.

Service Shop에 대한 클라우드 ERP 구현

호주에 소재한 Headland Machinery는 최근 프로젝트 관리 문제에 대한 솔루션이 필요하다는 것을 인식하게 되었다. 사업이 확장됨에 따라 Headland의 관리팀은 증가하는 서비스 인력에게 프로젝트를 할당하고 관리하는 것이 점점 더 어려워짐을 알게 되었다. 한때 Headland는 조직 효율성을 확보하기 위해 3개의 시스템을 동시에 사용하고 있었다. 현장 엔지니어로 구성된 서비스팀과 데이터베이스에 접속해야 하는 사무실 직원이 있는 Headland는 고객 데이터를 관리하고, 서비스 요청을 예약하고, 유지관리를 자동화하거나, 청구를 간소화하는 데 많은 어려움을 겪고 있었다. 이러한 상황은 기업의 생산성을 떨어뜨리고, 의사소통에 있어 오류를 만들어내고 있었다.

2011년 Headland는 호주 운영 및 해외 사업을 담당하는 Aotea Machinery에 NetSuite의 클라우드 ERP 시스템을 도입했다. ERP 솔루션은 프로젝트에 대한 전체에 대한 실시간 정보를 제공했다. 이 시스템은 Headland의 유지보수 및 수리 작업 일정, 설치 프로젝트 및 고장 지원에 대해 더욱 정확하고 빠르게 응답했으며 더 나은 문제 해결법을 제공했다.

이 시스템은 인터넷을 통한 단일 대시보드 보기 기능을 통해 모든 계정 서비스를 관리하며, 모든 백업, 업그레이드 및 설치를 자동으로 완료한다. 모바일 통합을 통해 스마트폰, 태블릿, 노트북으로 시스템에 접근할 수 있으므로 현장 사용자는 현장에서 작업을 수락하고, 송장을 보내고, 이동 시간을 기록할 수 있다. 인력관리 자동화 기능은 간소화된 작업 흐름을 위해 보다 효율적인 계획, 일정 및 관리를 할 수 있게 해준다.

출처: "Case Study: Headland Machinery Addresses Business Pain Points with NetSuite ERP/CRM Solution," *Manufacturers' Monthly*, May 2014, 1.

③ ERP 시스템의 장점과 단점

ERP 시스템의 단점은 〈표 10-3〉에서 확인할 수 있다. 1999년 말까지 많은 회사에서 ERP 구현은 당시 많은 정보 시스템에 존재한다고 생각되었던 Y2K 문제에 대한 솔루션으로 여겨졌다. Y2K 기한이 가까워오면서 시급하게 ERP를 시행하는 바람에 회사와 교육을 받지 않은 직원들은 구매한 다양한 ERP 응용 프로그램을 제대로 활용할 준비가 되어 있지 않았다. 결과적으로 많은 사람들이 이러한 시스템의 잠재력을 완전히 깨닫지 못했다. 그리고 당시 시스템 자체가 가진 많은 문제점에 대해 비난을 받기도 했다. 이러한 준비 부족으로 인해 시간이 지난 뒤 원래의 (그리고 값비싼) ERP 투자를 보다 완벽하게 최적화하여 구현하기 위한 시도가 다시 일어났다.

지난 20년 동안 수많은 유명 ERP 시스템이 실패해왔다. 실제로 Fortune 500대 기업 중 64개를 대상으로 한 연구에서 25%의 기업이 ERP 시스템이 가동되었을 때 성과가 오히려 떨어졌다고 응답했다. 1994년부터 ERP 구현을 추적한 또 다른 연구에서는 절반 이상이 예산을 초과하며 일정을 지키지 못했고, 거의 1/3 정도는 중도 하차한 것으로 나타났다. 주목할 만한 예로 Hershey Company를 들 수 있다. Hershey는 SAP, Manugistics, Siebel에서 공급하는 ERP 모듈을 설치하는 데 1억 1,200만 달러를 지출한 후, 원래 계획보다 18개월 이른 1999년 할로윈 시즌 직전에 3가지 시스템 모두를 한 번에 가동하기로 결정했다. 결과적으로 Hershey는 시스템 오류로 인해 그해 할로윈

표 10-3_ ERP의 단점

- 대규모 초기 및 추가 비용
- 상당한 교육 비용
- 재고 기록이 정확하고 지속적으로 업데이트 되어야 하며, 사용자에게 전달되어야 함
- 긴 구현 기간
- 소프트웨어를 수용하려면 업무 프로세스를 변경해야 함
- 소프트웨어 사용자 지정이 필요할 수 있음

과 크리스마스 시즌 모두 주문을 효과적으로 충족시킬 수 없었고, 그 결과 1999년 수익이 12%나 감소했다.

1999년 가을, Whirlpool은 새로운 ERP 구현과 관련된 문제로 인해 장기간의 배송 지연을 경험했다. 하지만 대부분의 전문가들은 Whirlpool의 실패가 잘못된 훈련의 결과라는 데 동의한다. 보스턴에 소재한 AMR Research의 Jim Shepherd는 "ERP 시스템 자체(실제 소프트웨어)가 실패하는 경우는 매우 드물다"라며, "시스템 구현 실패를 탓하는 것은 분기말(수익) 목표를 달성하지 못한 기업 입장에서 손쉬운 변명거리가 되고 있다"라고 말한다.

ERP 시스템을 사용하면 고객 서비스 담당자가 고객과 훨씬 더 적극적으로 소통할 수 있게 된다. 고객이 문의를 하면 상담원은 고객의 신용등급, 구매 및 반품 내역, 수신한 메일 등을 빠르게 조회할 수 있다. 이 상담 문의에 어떤 자원을 할당해야 할까? 고객이 제시간에 지불할 가능성이 있을까? 다른 제품에 관심을 가질 수 있는가? 요청한 대로 주문을 채우고 배송할 수 있을까? 이는 고객 서비스 담당자가 ERP 시스템을 사용하는 동안 매일 처리해야 하는 질문이며, 고객의 평생 구매는 물론 회사의 평판에도 영향을 미칠 수 있다.

서류 기반의 수작업을 통해 재고 수준을 관리하던 창고 작업자는 이제 ERP 시스템에 정확한 재고 수준을 입력하고 항상 업데이트해야 한다. 이렇게 하지 않으면 고객 서비스 담당자가 시스템의 재고 수준을 낮게 잘못 보고 고객에게 원하는 제품이 품절되었음을 알릴 수도 있다. 조직에서 ERP를 구현할 때는 책임, 정보 가시성, 커뮤니케이션 용이성, 적절한 시스템 교육이 모두 필요하다.

앞서 언급했듯이 현장에서 ERP 시스템 구현과 관련한 요구사항은 상당히 까다로울 수 있다. ERP가 공유하는 데이터베이스는 조직의 여러 부문에 있어 진실(투명성)의 원천이 된다. 이제 더 이상 재무부서와 구매, 판매 및 마케팅 간에 서로 상이한 수치의 자료가 있을 수 없다. 다양한 사업부별 수익 기여도는 모두가 동일한 시스템을 사용하고 있기 때문에 모든 사람에게 곧바로 알려지게 된다. 최대 2년까지 지속된 구현기간 동안 기업은 중요한 프로세스 중 일부가 ERP 소프트웨어에서 제대로 지원되지 못한다는 사실을 발견하기도 한다. 이 시점에 회사는 ERP를 수용하기 위해 변경조치를 취해야 한다(이는 회사의 문화, 사명, 프로세스 또는 직원의 상당한 변화를 의미할 수 있음). 또는 회사의 프로세스에 맞게 소프트웨어를 수정해야 할 때도 있는데, 수정 과정은 시스템 구현 프로세스를 상당히 느리게 하고, 전체 ERP 청구서에 사용자 정의 및 교육비용을 추가하고, 향후 업그레이드를 더 어렵게 만들고, 시스템에 버그를 발생시킬 수도 있다.

ERP 구현에서 예상되는 이점과 관련하여 ERP 공급업체의 '과장'이 적지는 않지만, 대다수 ERP 사용자는 다양한 이점을 확인했으며, 이는 〈표 10-4〉에서 확인할 수 있다. 이들 중 일부는 클라우드 시스템과 연관이 있다. 이들 이점 중 상당수는 구현 후 단계에서 다양한 기간에 걸쳐 발생하는 것이다.

구현 직후, 그리고 약 1년의 기간 동안 기업은 ERP 시스템 도입에 따른 프로세스의 변경사항에 적응하는 시간을 거친다. 이를 안정화 단계라고 할 수 있으며, 초기의 기대가 아직 구체화되지 않았기 때문에 많은 사용자가 ERP 시스템이 실패했다고 말할 수 있는 시기이다. 이후 약 2년(종합화

표 10-4_ ERP의 이점

- 의사결정 개선
- 재무관리 개선
- 고객 서비스 및 유지 수준 개선
- 신속하고, 더 정확한 거래
- 인력 감축
- 주기 시간 단축
- 재고, 자산관리 개선
- 물류비용 절감
- 창고관리 개선
- 수요예측 향상
- 전개 속도(클라우드)
- 확장, 업그레이드, 유연성 용이(클라우드)
- 비용 절감(클라우드)

단계) 동안 기업은 프로세스 개선, 보완 소프트웨어 응용 프로그램 추가, ERP 시스템 사용 숙달 및 시스템에 대한 추가 지원 확보를 통해 조직적 개선을 모색하게 된다. 3년 후 ERP 시스템은 사용자와 함께 시스템 최적화가 일어날 가능성이 가장 높은 성숙 단계에 도달하며, 이를 시너지 단계라고도 한다. ERP 시스템 도입에 따른 이점과 관련한 마지막 참고 사항은 여기에서 언급할 가치가 있다. 다수의 고질적인 문제를 가지고 제대로 관리되지 않는 조직의 경우, ERP 시스템을 구현한 후 갑자기 대처 능력이 생기지는 않는다. 즉, 장기적으로 기업의 성공은 기업이 사용하는 정보시스템보다 구성원들의 집합적인 지식과 경험에 더 많이 좌우된다는 것이다.

앞서 간략하게 설명한 몇 가지 실패와 마찬가지로 주목할 만한 ERP 시스템 성공사례가 분명 다수 존재한다. 수십억 달러 규모의 글로벌 소비재 기업인 Colgate-Palmolive Company는 1993년에 SAP의 R/3 시스템을 구현했으며, 결과적으로 완성품 재고 수준을 50%까지 줄이고, 상위 50개 고객에 대해 주문 입고에서 배송까지의 시간을 12일에서 5일로 단축했다. 2000년 텍사스 휴스턴에 본사를 둔 수십억 달러의 통합 에너지 회사인 Marathon Oil은 주요 비즈니스 프로세스를 하나의 중앙 정보 시스템으로 통합하기를 원했고, 이에 SAP의 핵심 ERP 시스템을 선택했다. 당시에 세간의 이목을 끌었던 수많은 실패의 경고에 귀를 기울인 Marathon Oil은 단 13개월 만에 8개의 엔터프라이즈 응용 프로그램 모듈을 글로벌하게 구현할 수 있었다. 몇 년 후 Marathon ERP 구현 팀은 구현 프로세스에서 배운 몇 가지 교훈을 다음과 같이 제시했다.

- 작업을 계획하고 계획을 실행하라. 제대로 된 프로젝트 관리 기술을 사용하라.
- 모든 것은 사람에 관한 것이다. 그들이 전체 프로젝트에 완전히 참여했는지 확인하라.
- 지원에는 최고경영자의 후원과 가시적인 참여가 포함되어야 한다.
- 변화관리를 프로젝트의 필수 분야로 만들어라.
- 조정의 미끼에 굴복하지 말고, 시스템 변경을 최소화하라. 시간과 비용만 추가될 뿐이다.
- 소유권을 통째로 이전하라. 사용자가 새로운 도구를 사용할 수 있는 지식과 올바르게 작동하도록 할 책임을 가지고, 새로운 기능을 신속하게 활용하려는 비전을 갖도록 하라.

❹ ERP에 응용 프로그램 추가

시스템을 구현하고 익숙해지는 시간을 줄이기 위해 많은 조직이 기존 MRP, MRP II 또는 기타 레거시 시스템과 결합하거나 이들을 대체하는 기본 ERP 시스템에 투자하여 소규모로 시작하는 경향이 있다. 나중에 사용자가 시스템 기능에 익숙해지면 〈표 10-5〉에 나열된 응용 프로그램 추가 기능의 형태로 사용자 지정이 필요하다.

표 10-5_ ERP 응용 프로그램 추가

추가 기능	설 명
재무관리 모듈	총계정원장, 미수금·지급금, 고정자산, 현금관리, 재무제표 준비, 비용관리 및 예산 책정 응용 프로그램 포함
생산관리 모듈	ERP에서 생산 현장까지 제조계획을 전달하고, 작업 현장의 실제 생산 데이터를 ERP로 다시 보냄
물류관리 모듈	운송관리시스템, 창고관리시스템, 반품관리시스템을 포함한 물류 지향 소프트웨어 응용 프로그램 제품군

또한 제품, 시장 및 경쟁이 변화함에 따라 기업은 변화하는 요구사항을 충족할 수 있는 모듈을 찾고 있으며, 공급업체는 해당 모듈을 판매할 수 있는 적합하고 호환되는 응용 프로그램을 보유하는 경향이 있다. 예를 들어, 글로벌 대기업 Colgate-Palmolive Company는 ERP 시스템을 구현한 후 나중에 공급업체 관리 재고 응용 프로그램을 추가하고 나서 모든 제조 및 유통 시설에 공급 네트워크 계획 모듈을 도입했다. 마지막으로 생산 계획, 일정 및 수요 계획 모듈을 추가하고, 창고 관리 소프트웨어와 통합했다.

ERP 공급업체는 ERP 시스템을 생산 및 다른 영역(유통, 금융, 영업 및 마케팅, 인적자원 및 기타 산업별 응용 프로그램 등)에서 레거시 응용 프로그램, 기타 비즈니스 시스템 및 미래의 추가 응용 프로그램을 연결할 수 있는 능력을 갖춘 중앙 정보 저장소로 만들어 자사 제품이 기업의 계획 시스템 인프라의 기초가 되기를 희망한다. ERP 응용 프로그램 공급업체인 Vastera, Inc.의 마케팅 부사장인 Larry Ferrrere는 "패키지 응용 프로그램은 출발점을 제공한다. 기본 시스템은 다시 개발될 필요가 없으며, 사용자는 개별 비즈니스 프로세스에 맞춰진 단위 시스템에만 집중하면 됩니다"라고 말한다.

대부분의 ERP 시스템에서는 재무, 마케팅·영업, 인사·급여, 생산, 물류, 재고·구매, 품질관리, 공장 유지관리, 프로젝트 관리, 은행 업무, 의사결정 지원을 포함하여 매우 다양한 모듈이 포함돼 있다. 이 중 재무, 생산, 물류 모듈이 가장 일반적으로 사용된다.

1) 재무관리 모듈

재무관리 모듈은 총계정원장, 미수금·지급금, 고정 자산, 현금 관리, 재무제표 준비, 원가 관리 및 예산 책정과 같은 응용 프로그램을 포함하는 것으로서 ERP 시스템에서 가장 중요한 모듈 중 하나이다. 많은 경우 ERP 재무관리 기능에는 활동 기반 원가계산, 제품수명주기 원가계산, 주식 구매, 지속적인 내부 감사 기능, 재무비율 분석, 수익성 분석 및 성과 모니터링을 위한 균형성과표도 포함된다. 이러한 시스템 중 상당수는 사기(fraud)를 인식할 수 있는 패턴 인식 기능도 가지고 있다. 이러한 기술을 통해 회계사 및 기타 재무 전문가는 기존의 단순 점수기록원(score keeper)에서 이제는 의사결정자로 그 역할이 변화했다.

세계화, 경쟁, 인수합병, 아웃소싱은 모두 비용 절감, 프로세스 성능 및 품질 개선, 고객 서비스 개선을 위한 더 빠른 납기를 통한 효율성 개선에 기여했다. 결과적으로 기업은 재무 및 기타 유형의 결정을 더 빠르게 자주 내릴 것을 요구받고 있다. 따라서 재무부서는 신속한 의사결정을 지원하기 위해 모든 사업부와 부서에서 실시간으로 정보에 접근할 수 있어야 한다. 또한 조직에서 비효율적인 결정을 내리지 않도록 올바른 유형의 정보를 수집하고 분석해야 한다.

Enron, WorldCom, Arthur Andersen과 같은 회사에서 발생한 회계부정 사례는 부분적으로 증권거래위원회가 감독하는 기업 책임법인 2002년 미국 Sarbanes-Oxley(SOX)법으로 이어졌다. 따라서 이제 다수의 ERP 재무관리 모듈에 SOX 규정 준수를 다루는 섹션이 포함되었고, 이는 회계 프로세스의 자동화를 통해 SOX 재무 규칙을 준수하는 데 필요한 시간을 크게 단축한다.

2) 생산관리 모듈

제조실행시스템(MES: Manufacturing Execution System) 모듈이라고도 하는 ERP 시스템의 추가 기능은 관리 계획을 제조 현장에 적용하는 수단으로 오랫동안 이용되어왔다. 작업 현장 제어 시스템을 사용하는 제조업체는 서류 작업을 없애고 생산일정을 잡고 재공품 재고를 관리하는 자동화 시스템인 MES의 가치를 깨닫고 있다. 하지만 문제는 ERP 시스템에서 실시간으로 작업 현장 데이터에 접근할 수 있다는 것이다. 이러한 작업을 수행하는 사람들이 전세계 모든 시설에서 일어나는 일을 실시간으로 파악하고 결정할 수 없다면, 글로벌 기업 수준에서 주문을 받고 생산 계획을 수립하는 것이 효과적으로 이루어질 수 없다. 작업 현장 직원이 제조 관련 데이터를 ERP 시스템에 수동으로 입력해야 한다. MES가 ERP에 적절하게 통합되지 않은 경우에 작업 현장 데이터 입력 오류는 기업 전체의 계획 및 실행에 있어 중대한 문제를 일으킬 수도 있다(가비지 인 가비지 아웃 문제).

MES 소프트웨어는 ERP에서 생산현장으로 제조계획을 전달한다. 그런 다음 제품이 제조되면 MES가 작업 현장의 실제 생산 데이터를 ERP로 다시 보낸다. 이 피드백은 적절한 양의 자재를 구매하고, 적절한 양의 제품을 생산하고, 또한 고객 납기를 충족할 수 있는지 확인하는 데 필요하다. MES 응용 프로그램은 데이터 기록 및 전송을 자동화하여 오류와 정보 전송 시간을 줄인다. 작업 현장 활동에 대한 전자 기록이 생성되어 ERP 수준에서 계획 및 의사결정에 사용하기 위해 데이터 베이스에 배치된다. 핀란드의 통신 제조업체인 Elcoteq에서 운영책임자를 맡고 있는 Geir Einset는 "표준 MES를 사용하면 공장에서 계획을 수립하는 프로세스를 간소화하고 기업 수준에서 중요한 결정을 내리는 데 필요한 생산 정보를 제공함으로써 민첩성을 높일 수 있는 IT 인프라를 얻을 수 있다"라고 말했다.

모든 소프트웨어 구현과 마찬가지로 구현 시간, 사용자 교육 및 사용자 정의 비용과 관련된 문제가 있을 수 있다. 응용 프로그램을 기존 ERP 시스템과 통합해야 하는 경우 호환성 및 구성 문제도 극복해야 한다. 또 다른 고려사항은 전체 MES를 한 번에 구현할지 아니면 부분적으로(비용 및 구현 시간을 줄이기 위해) 구현할지 여부이다. KMI의 IT 컨설팅 서비스 부국장인 Mark Roache에 따르면, "MES를 완전히 구현하지 않으면 일부 필수 기능이 손상을 입을 수 있다. MES는 당초 구현하겠다고 말한 것의 80%를 완료했는데, 모든 가치는 나머지 20%에 있는 그런 문제가 생길 수 있다."

3) 물류관리 모듈

물류관리 모듈은 물류 실행 제품군(logistics execution suits)이라고도 하며, 운송관리시스템(TMS), 창고관리시스템(WMS), 반품관리시스템(RMS)을 포함한 물류 관련 소프트웨어 응용 프로그램 제품군에 대한 포괄적인 용어이다. 기업은 기본 ERP 시스템을 물류 실행 제품군과 통합함으로써 상당한 이점을 얻고 있다. SAP의 공급망 실행 관련 비즈니스 개발 이사인 Tillman Estes는 이러한 ERP 시스템이 "전세계를 대상으로 네트워크화된 관점"을 제공한다고 말한다. "주문 전달, 운송 계획 및 실행에서 이벤트 관리, 소비자, 그리고 그 사이의 모든 자원과 사람이 여기에 포함될 것이다"라고 그는 덧붙인다. 이 3가지 물류 응용 프로그램은 각각 다음에서 논의된다.

4) 운송관리시스템

운송관리시스템(TMS; Transportation Management System) 응용 프로그램을 통해 기업이 할 수 있는 것을 예를 들면 운송 서비스와 비용 책정에 있어 최상의 조합 선택, 컨테이너 또는 트럭 트레일러의 최상의 사용 결정, 운송 계약 관리, 운송 옵션 순위 매기기, 통관 처리, 제품 이동 추적, 운송업체 성능 모니터링 등이 있다. 유타에 위치한 냉동 빵 반죽 제조업체인 Rhodes International은 TMS를 사용하여 트럭에 화물을 적재하고, 선적 경로를 결정하며, 창고를 떠난 후 계속적으로 추적한다. 이러한 시스템에서는 가시성과 보안이 매우 중요하다. 화주, 정부, 고객은 모두 상품의 현재 위치를 알고 싶어 한다. 즉, 입고 및 최종 목적지까지 배송하는 동안 상품의 위치에 대한 실시간 정보가 필요하게 된다. 결과적으로 제품이 글로벌 공급망을 통해 이동함에 따라 제조업체, 제3자 물류 제공업체, 에이전트, 화물 운송업체 및 기타 업체에서 실시간으로 정보를 제공해야 한다.

테러의 우려로 인해 원치 않는 선적에 대해 국경을 보호하려는 욕구가 높아져 많은 정부가 국경을 넘는 상품의 흐름을 더욱 엄격하게 규제하게 되었다. 이로 인해 회사가 다양한 국경 진입 사이트에서 추가된 통관 및 보고 체계를 적용함에 따라 운송 지연의 위험이 증가했다. 따라서 오늘날 많은 TMS 소프트웨어 응용 프로그램에는 세관 신고, 관세 계산 및 지불, 관세 및 관세 환급, 선적 적하목록의 고급 파일링 기능이 추가되었다.

5) 창고관리시스템

TMS가 창고관리시스템(WMS: Warehouse Management System)과 적절히 결합되면 공급망 효율성이 더욱 향상될 수 있다. 예를 들어, 회사는 WMS에서 제공한 데이터를 기반으로 TMS를 사용하여 처리량을 예측한 다음 가장 효율적인 배송 모드를 보고할 수 있다. 그런 다음 WMS는 TMS의 배송 요구사항에 따라 창고 항목 선택을 결정할 수 있다. 한 가지 결과는 부분적으로 적재된 두 대의 트럭 대신에 완전히 적재된 한 대의 트럭이 배달을 위해 파견될 수 있다는 것이다. WMS는 상품이 고객에게 아웃바운드 선적을 위해 배송될 때까지 물류센터의 입고 부두에서 상품의 흐름을 추적하고 제어한다. 물류센터 내의 제품 및 팔레트에 부착된 무선 주파수 식별 태그(RFID: Radio Frequency Identification Tags)는 상품의 흐름을 제어하는 데 중심적인 역할을 한다. WMS의 목표에는 물류센터 인건비 절감, 상품 흐름 간소화, 물류센터에서 상품 소비 시간 단축, 물류센터 용량 관리, 서류 작업 감소, 크로스 도킹 프로세스 관리가 포함된다.

미시간에 소재한 가구 제조업체 Haworth는 2004년에 1,400만 달러 규모의 TMS 및 WMS 도입을 완료하여 화물비용을 크게 줄이고 창고 작업자 효율성을 높였다. TMS는 고객 주문, 공장 일정, 운송업체 요금 및 가용성, 배송 비용을 고려한 다음 최적의 최저 비용 배송 계획을 만들어낸다. 계획은 15분마다 업데이트되며, Haworth가 운송업체와 배송을 협상할 수 있도록 하는 자동화된 시스템도 제공한다. WMS는 Haworth의 3개 물류센터에서 고객 사이트까지 완제품을 추적한다. TMS의 운송 계획에 따라 WMS는 공간, 장비, 재고 및 인력에 대한 실시간 데이터를 기반으로 상품의 이동을 지시한다.

6) 반품관리시스템

앞으로 15장에서 추가적으로 논의되는 역물류(reverse logistics)는 교체, 수리 또는 환불을 위해 완제품을 반환하는 과정이며, 필수불가결한 요소지만 비용이 많이 드는 공급망관리 활동이다. 일부 연구에 따르면, 제품의 약 20%가 반품되며 반품된 상품 1달러당 약 1.50달러의 비용이 추가되는 것으로 나타났다. 따라서 반품관리시스템(RMS: Returns Management System)은 역물류 비용을 최소화하면서 제품 반품에 대한 글로벌 가시성, 표준화 및 문서화를 제공하기 위해 개발되었다. 반품 관리 외에도 RMS는 팔레트, 플랫폼 및 컨테이너와 같은 반품 가능한 자산을 관리하도록 설계할 수도 있다.

대부분의 경우 반품 기능은 WMS 응용 프로그램에 내장되어 있다. 일부 회사는 WMS를 사용하여 원래 제품이 배송되기도 전에 반품 프로세스를 용이하게 하기도 한다. 위스콘신에 소재한 물류 소프트웨어 시스템 제공업체(현재 JDA 소프트웨어 그룹의 일부)인 RedPrairie의 산업전략부문장인 Noah Dixon은 "다수의 소비자 직거래 회사가 초기 문서 작업을 인쇄할 때, WMS에서 반품 레이블을 생성한다. 고객은 FedEx, UPS 또는 우체국과 같은 배송업체로 이동하여 해당 레이블을 사용하여 반품 처리를 할 수 있다"라고 말한다. 제품 리콜은 WMS와 함께 RMS를 사용하여 처리할 수도 있다. 예를 들어, 로트 및 일련번호 추적 기능이 있는 WMS를 통해 회사는 특정 결함으로 식별된 제품만 다시 회수할 수도 있다.

⑤ 공급망 거래 파트너와 ERP 통합

공급망관리의 핵심 아이디어는 공급망에 속한 기업 간에 원활하게 정보를 공유하고, 의사소통하고, 프로세스에 대해 협력하여 고객이 원하는 것을 원할 때 원하는 수준의 품질과 가격으로 구매할 수 있도록 하는 것이다. 기술적 요소는 이를 그 어느 때보다 더 효과적이고 효율적으로 가능하게 한다. 다음은 매우 간단한 예다. 개별 기업이 응용 프로그램을 상호 공유하는 형태로 전환하게 되면, 한 회사에서 다른 회사로 정보가 전달될 때 데이터를 수동으로 다시 입력할 필요가 없다. 그리고 이 문제는 오늘날 많은 거래 파트너들 사이에서 매우 일반적이다. 이처럼 중복 작업 제거는 기업 정보시스템의 통합을 고려할 때 비용 절감을 위한 가장 분명한 방법 중 하나이다. 좀더 구체적으로 말하면, 기업 응용 프로그램 통합(enterprise application integration)이라는 용어는 컴퓨터 응용 프로그램을 최신화, 통합, 조정하도록 설계된 계획, 방법 및 도구의 사용을 의미한다.

본질적으로 ERP 응용 프로그램은 대화형이다. 많은 추가 응용 프로그램은 프로세스 데이터 및 기타 정보를 부서 간에 서로 공유하고, 외부적으로는 회사의 공급업체 또는 고객과 공유해야 한다. 이로 인해 다양한 응용 프로그램과 ERP 간의 내부 통합과 거래 파트너의 ERP 시스템에 연결된 응용 프로그램의 외부 통합이 필요하다. 이를 실시간으로 달성하면 제조 및 배송 프로세스의 속도가 크게 개선되며 오류와 중복 작업이 줄어든다. 결과적으로 많은 조직에서 다른 통합 솔루션과 함께 미들웨어(middleware)라고도 하는 내부 및 외부 응용 프로그램 통합 소프트웨어에 투자하고 있다. 이들 중 몇 가지는 다음 부분에서 논의한다.

1) 내부 엔터프라이즈 응용 프로그램 통합

기업이 다양한 응용 프로그램에 투자를 늘려감에 따라 이러한 응용 프로그램과 다른 기존 응용 프로그램 간에 정보를 공유해야 한다는 사실을 인식하게 되었다. 이를 적절하게 관리하지 않으면 시간과 비용이 많이 드는 프로세스가 될 수 있기 때문이다. 문제를 피하는 한 가지 방법은 MES, WMS, TMS 및 RMS와 같은 광범위한 응용 프로그램을 포괄하는 하나의 공급업체로부터 통합 패키지 형태로 응용 프로그램 모듈 제품군을 구입하는 것이다. 이러한 방식으로 수행하는 통합 기능은 이미 패키지형 응용 프로그램에 설계되어 있다.

응용 프로그램을 각기 다른 공급업체에서 구입할 때 사용자는 일반적으로 통합 미들웨어를 사용하여 응용 프로그램을 함께 묶어야 한다. 앞서 언급한 Haworth는 캘리포니아 SeeBeyond Technology Corporation의 통합 도구인 eGate Integrator를 사용하여 TMS와 WMS 응용 프로그램을 연결했다. 이 소프트웨어는 2가지 응용 프로그램과 Haworth의 다른 시스템 간에 고객 주문, 배송 계획 및 배송 알림을 전달한다. Oracle은 CAD(Computer-Aided Design) 시스템 정보와 ERP를 통합하기 위해 Fusion Middleware를 개발했다. 소규모 제조업체라도 10개 또는 15개의 서로 다른 제조시스템을 보유할 수 있으며, BOM이 변경될 때마다 모든 시스템이 해당 변경사항을 즉각 반영할 수 있어야 한다.

응용 프로그램을 통합하는 또 다른 방법은 특정 응용 프로그램을 서로 다른 공급업체로부터 서로 다른 시기에 구매할 때 3자(third-party) 웹 서비스를 사용하는 것이다. 웹서비스를 이용하면 호환되지 않는 하드웨어, 소프트웨어 및 운영 체제로 인한 장벽이 사라지므로 응용 프로그램이 서로 통신할 때 사용자 정의 코딩을 할 필요가 없다. 이를 통해 기업은 시간이 지남에 따라 ERP 시스템에 다양한 응용 프로그램이 추가되는 상황에서 내부 통합을 달성할 수 있다. 또한 웹 서비스는 거래 파트너 ERP 시스템 간의 통합을 달성하는 데 유용하게 사용할 수 있다.

2) 외부 기업 응용 프로그램 통합

기본적인 공급망 상호작용에서 정보의 흐름은 구매 주문에서부터 재고관리, 배송, 수령, 지불 계정으로 진행된다. ERP와 최신 데이터 교환 기술이 등장하기 전에는 일반적으로 구매자와 공급자 간의 전화 대화, 팩스, 이메일이 통신에 사용되었다. 오늘날 구매자의 ERP 커뮤니케이션은 미들웨어 응용 프로그램에 의해 공급업체의 ERP 시스템으로 또는 그 반대로 연결될 수 있다. 구매자의 ERP 시스템은 주문을 생성하여 공급자의 ERP 시스템으로 전송한 다음 공급자의 시스템에서 주문 확인, 배송 통지 및 송장을 수신할 수 있다. 따라서 미들웨어는 통합 공급망에서 정보 중개자의 역할을 한다고 볼 수 있다.

Mike's Hard Lemonade의 소유주인 캐나다 소재 Mark Anthony Group은 외부 통합 정보 시스템 사용의 좋은 예가 된다. 이 기업은 직접 시설을 소유하지 않고 제조, 병입 및 배송 프로세스를 아웃소싱한다. 이를 관리하기 위해 이 기업은 Microsoft의 BizTalk를 기반으로 Synaptic Solutions에서 설치한 자체 통합 플랫폼 또는 미들웨어를 설계했으며, 미들웨어를 통해 Mark Anthony와 파트너의 여러 정보시스템 응용 프로그램을 사용하여 재고 수준, 배송 패턴 및 제품 제조방법을 모니터링할 수 있었다.

거래 파트너 프로세스와 응용 프로그램을 통합하는 또 다른 방법은 웹 포털(web portal)을 사용하는 것인데, 이는 비즈니스 파트너에게 데이터, 응용 프로그램 및 서비스에 대한 보안 액세스를 제공하는 웹사이트이다. 포털은 여러 언어, 플랫폼 및 소프트웨어 콘텐츠를 지원한다. 소프트웨어 제조업체 RedPrairie의 제품 마케팅 리더인 Tom Kozenski는 "웹 기반 프론트 엔드를 사용하면 공급업체가 사전 배송 알림을 제공할 수 있다. 또한 공급업체가 당신 대신 제품을 하역하고, 재고를 저장하고, 창고로 주문을 배송할 수 있게 해준다. 그리고 그러한 웹 기반 프론트 엔드는 통합되어 있기 때문에 이제 물류 네트워크의 일부가 될 수 있다"라고 말한다. 그리고 "BMW는 포털 사용을 통해 공급자 재고 관리를 시행하는 것은 물론 예측, 생산 계획 및 재고를 교환하는 3,500개 이상의 공급업체를 보유하고 있다"라고 덧붙여 말한다.

하지만 자동화된 공유 프로세스에 지나치게 의존하지 않도록 주의해야 한다. 예를 들어, 프로세스 통합으로 인해 대면 또는 전화 통신이 과도하게 감소하면 공급업체와의 좋은 관계가 위험에 처할 수도 있다. 즉, 소프트웨어 응용 프로그램이 관계 구축 활동을 대체할 수는 없다는 것이다. 세계적 수준의 공급망은 소프트웨어와 소프트웨어가 통신하는 것뿐만 아니라 직원 간 소통을 통해 성공적으로 구축되고 있다.

4 프로세스 관리 자동화

4. 비즈니스 프로세스 관리의 기본원칙

비즈니스 프로세스 관리(BPM: Business Process Management)라는 용어는 오늘날 자동화된 프로세스 관리를 가능케 하거나 기업이 비즈니스 프로세스를 관리하고 자동화할 수 있도록 지원하는 모든 소프트웨어 응용 프로그램으로 인식되고 있다. BPM은 보통 다양한 ERP 응용 프로그램들과 함께 사용되며, 이와 관련한 내용이 다음 절에서 논의된다.

1 비즈니스 프로세스 관리

1장에서 다룬 바와 같이, 프로세스는 간단히 말해서 특정 결과를 달성하기 위해 설계된 일련의 활동임을 기억하자. 비즈니스 프로세스는 비즈니스가 수행하는 작업의 집합으로서 사업의 성패를 가르는 원인이 된다. 또한 비즈니스 프로세스는 비즈니스가 고객의 요구사항에 대응하는 방식이다. 관리자는 이러한 프로세스를 신중하게 설계, 평가 및 개선하여 고객이 원할 때 합리적인 가격으로 최고 품질의 제품과 서비스를 얻을 수 있도록 큰 관심을 기울여야 한다.

핵심적인 비즈니스 프로세스를 관리하기 위한 이런 지속적인 노력이 없다면, 회사는 결국 끊임없이 변화하는 고객 요구사항에 보다 주도적으로 대처하는 기업에 경쟁적 지위를 빼앗길 것이다. BPM은 이러한 노력에 대해 체계적이고 표준화된 분석적 접근 방식을 제공한다. BPM의 목표는 비즈니스가 프로세스를 운영하는 방법을 확인한 다음 해당 프로세스를 개선하고 앞으로도 효과적으로 운영할 수 있도록 하는 것이다. 아래의 Service Spotlight에 설명된 대로 Skandia는 BPM을 사용하여 많은 프로세스를 자동화하고, 서류 작업을 줄이며, 정보에 더 쉽게 접근할 수 있도록 하여 직원의 생산성을 높이고 작업을 더 빨리 완료할 수 있도록 해준다.

BPM의 기본원칙은 다음과 같다.

• 프로세스는 적절히 도표화 및 문서화되어야 한다.
• 핵심 프로세스는 고객에 초점을 맞춰야 한다.
• 품질 성과의 일관성과 반복성을 보장하기 위해 절차를 문서화해야 한다.
• 측정 활동은 개별 프로세스를 대상으로 실행해야 한다.

BPM을 통한 Skandia의 비용 절감

영국의 글로벌 보험 회사인 Skandia는 BPM 응용 프로그램 도입을 통해 고객 민원 처리를 간소화했다. 원래는 직원이 고객들의 민원을 데이터베이스에 기록한 다음 관련 부서에 배포하고, 궁극적으로 여러 최종 사용자 시스템으로 전송했다. Skandia는 BPM을 사용하여 프로세스를 단일 시스템으로 중앙 집중화했다. 이로 인해 많은 노동 집약적인 작업이 제거되어 직원들이 고객을 돕고 문제를 해결하며 제품을 판매하는 데 더 많은 시간을 할애할 수 있게 되었다.

이러한 개선 노력으로 Skandia는 연간 약 £250,000를 절약했음에도 불구하고, 비즈니스 외형을 키우는 등 중앙 집중화된 노력을 통해 일자리 손실을 일으키지 않았다. 또한 Skandia는 종이, 인쇄 및 보관비용을 연간 £150,000 절약할 것으로 예상했다. 이 외에 또 다른 이점은 직원 만족도가 향상되었다는 것이다.

현재 직원들은 회사 및 직무에 대해 더 높은 몰입감을 느

끼고 있다. 회사의 개선 과정을 통해 작업자는 고객을 돕고 이메일과 전화를 사용하는 데 더 많은 시간을 할애할 수 있다. 이처럼 Skandia의 사례는 BPM이 소규모 프로젝트뿐만 아니라 더 큰 규모의 비즈니스 전체 프로젝트에서도 작동할 수 있다는 아이디어를 뒷받침하는 것이다.

출처: S. Pritchard, "Did IT Work? BPM Is Finally Aligning Business and IT," *Financial Times*, November 2, 2009, 1.

- 프로세스 관리는 문제 해결을 통한 끊임없는 최적화를 토대로 해야 한다.
- 프로세스 관리는 탁월한 경쟁력을 확보할 수 있도록 모범 사례(best practices)를 참고해야 한다.

구체적으로, 〈그림 10-5〉와 같이 BPM 활동에는 모든 핵심 프로세스 식별, 프로세스 도표화 또는 모형화, 성능 모니터링, 문제 식별, 개선 활동 선택 및 최종적으로 새로운 프로세스 설계 구현이 포함되어야 한다. BPM 응용 프로그램은 프로세스 관리에 대한 실시간 가시성, 책임성 및 보고 기능을 제공한다. BPM이 ERP 시스템 및 관련 응용 시스템과 통합될 때, 관리자는 전체 조직에서 프로세스가 어떻게 수행되고 있는지 확인하고, 프로세스의 강점과 약점을 식별하며, 프로세스 설계를 우수한 형태로 개선할 수 있다.

오늘날 BPM 소프트웨어 솔루션은 모든 산업 분야에서 널리 사용되고 있다. 많은 경우 기업은 규정 준수 및 고객 서비스 프로세스를 개선하기 위해 BPM 소프트웨어를 구매한다. BPM 소프트웨어를 통해 기업은 모델링 및 시뮬레이션, 성능 모니터링, 보고 기능과 같은 도구를 사용함으로써 비즈니스 프로세스를 설계하고 최적화할 수 있다. 또한 기성품으로 만들어진 BPM 응용 프로그램을 사용하여 프로세스 시간을 크게 줄일 수 있다. 예를 들어, 뮤추얼 펀드 회사에서 사용하는 자동 서신 처리 템플릿을 통해 편지의 문구를 미리 구성하고 주소를 통합하고 고객 서신을 인쇄, 팩스,

● 그림 10-5_ BPM 활동

우편 또는 이메일로 보낼 수 있다. 이 외에도 일정, 재정 상담, 등록, 청구 처리 및 지불 처리를 위한 의료 제공자 템플릿, 대출 조건 이행, 평가 및 브로커 커뮤니케이션을 위한 모기지 대출 템플릿, 기업이 여러 다른 응용 프로그램에서 신속하게 고객 정보를 얻고 컴퓨터 전화 통신, 디지털 통화 녹음 및 인터넷과 통합할 수 있도록 하는 콜센터 응용 프로그램 등은 BPM 응용 프로그램을 사용하여 프로세스 시간을 줄일 수 있는 또 다른 사례들이다.

유타에 본사를 둔 직원 표창 상품 및 서비스 유통업체인 O.C. Tanner는 고도로 맞춤화된 직원 표창 프로그램을 추적, 유지 관리하기 위해 BPM 응용 프로그램을 도입했다. 이를 통해 전체 프로세스를 완전히 가시화했을 뿐 아니라 신규 고객을 확보하는 데 걸리는 시간을 12일에서 7일로 단축할 수 있었다. 노스캐롤라이나 소재 바베큐 그릴 프로판 탱크 유통업체인 Blue Rhino는 금융 거래에 대한 BPM 제어를 구현했으며, 이를 통해 감사를 수행하는 데 필요한 시간을 줄일 수 있었다. 또한 캐나다에 위치한 Cambrian Credit Union은 대출 프로세스를 자동화하기 위해 BPM 소프트웨어를 설치했다. 이 소프트웨어를 통해 보험업자 및 기타 직원은 필요에 따라 의견, 지원 문서 및 기타 자료를 추가할 수 있었다. 신용협동조합은 BPM 도입 이전에 월 650건의 대출을 처리했는데, 도입 이후 월 800건으로 대출 처리율을 개선할 수 있었다.

최근 기업들은 ERP 시스템에 대한 내·외부 정보의 공유를 장려하기 위한 수단으로 BPM 응용 프로그램에 기대를 걸고 있다. 고객, 거래 파트너 및 지리적으로 떨어져 있는 부서의 직원들은 조직의 주요 프로세스에 실시간으로 접속할 수 있어야 한다. ERP 시스템 및 기타 기업 응용 프로그램과 통합할 수 있고, 주요 프로세스 정보에 대한 액세스를 허용하는 BPM 솔루션을 통해 기업은 외부 및 내부 환경 변화에 매우 빠르게 대응할 수 있는 훨씬 더 민첩한 조직이 될 수 있다. CEO 및 기타 관리자는 BPM을 사용하여 사전에 정의된 수백 개의 보고서를 실시간으로 검색하고 수정하거나 새 보고서를 작성할 수 있다. 뉴저지 소재 지붕 및 건축 자재 제조업체인 GAF는 전사적 BPM 도구를 사용하여 공급망, 판매, 유통 및 재무부서가 동일한 예측치를 기반으로 작업할 수 있도록 한다. GAF의 공급망 계획 및 비즈니스 인텔리전스 담당이사인 Rick Stevenson은 "일단 판매 예측을 결정하면 BPM 솔루션을 통해 생산능력, 원자재, 비용, 납품 비용, 예산 책정 등 예측 활동을 수행하는 데 필요한 모든 공급망관리 정보를 얻을 수 있다"라고 말한다.

5 ERP의 트렌드

5. 전사적 자원관리에서 중요한 3가지 동향

2009년 글로벌 경기침체가 시작된 이후 몇 년 동안 기업들은 경쟁력과 수익성을 유지하기 위해 그들의 운영방식을 조정하고 진화시켜야 했다. 이러한 새로운 비즈니스 환경에 직면하여 급격히 변화하고 있는 분야 중 하나는 ERP이다. ERP 시스템은 주로 SAP, Oracle과 같은 대기업의 대규모 사내 시스템을 출시하는 형태가 일반적이었다. 하지만 이러한 ERP 시스템의 복잡성으로 인해 규모가 크고, 비용이 많이 들며, 구현이 어렵거나 시간이 많이 소요되는 경향이 있었다.

하지만 오늘날 ERP 시스템은 보다 유연하고 반응속도가 빨라졌으며, 이에 기업은 변화하는 고객 니즈에 신속하게 적응할 수 있게 되었다. 또한 ERP는 비즈니스 관리자의 요구에 더욱 민감하게 반응하며 의사 결정자에게 적시에 정확한 정보를 제공하고 있다. Deloitte의 기술 파트너인 Peter Ryan은 "사람들은 고객이 원하는 것에 진정으로 집중해야 했는데, ERP도 그렇게 진화했다. 기본적으로 이것은 고객에 관한 것이지만, 고객에게 서비스하는 기업의 관점에서 적절한 장치를 통해 꼭 필요한 시간에, 필요한 사람들에게, 필요한 정보를 제공하는 것이기도 하다"라고 말한다.

아마도 ERP와 관련한 대세는 앞에서도 논의한 바와 같이 '클라우드 컴퓨팅'(cloud computing)일 것이다. 클라우드 기반 시스템 제공업체 NetSuite의 전무이사인 Mark Troselj는 "모든 주요 ERP 시스템 제공업체가 클라우드로 이동하고 있다. 그것이 ERP 시스템이 지향하는 방향이다"라며, "이는 ERP의 근본적인 변화로 볼 수 있다"고 말했다. 클라우드 기반 ERP는 인프라, 데이터 센터, 서버 및 플랫폼 관리가 없다. 또한 기업이 응용 프로그램을 쉽게 추가할 수 있도록 유연성을 제공한다. Deloitte의 Peter Ryan은 "클라우드 기반 ERP를 활용하면 기업이 더 낮은 초기 자본 비용으로 서비스, 제품 및 개선 사항을 훨씬 더 빠르게 시장에 출시할 수 있다"라고 말한다. 전세계 클라우드 기반 ERP 시장은 2017년에 147억 달러로 평가되었으며, 연간 약 14%의 속도로 성장하여 2023년 말까지 315억 달러에 이를 것으로 예상된다. 오늘날 클라우드 ERP 시스템은 전체 ERP 시스템 세계 시장의 약 60~70%를 차지하고 있다.

ERP 시스템과 관련된 또 다른 2가지의 트렌드는 '빅데이터'(big data)와 '소셜미디어'(social media)이다. 빅데이터 분석은 엄청난 양의 데이터를 채굴하여 그 데이터 안에서 경쟁 우위를 만들어낼 수 있는 요소를 찾는 활동으로, 이를 통해 ERP 시스템이 고객 동향을 더 잘 인식하고 대응할 수 있게 된다. 예를 들어, 모든 매출 데이터를 가지고 있는 소매업체에서는 빅데이터 분석을 통해 판매 동향을 파악할 수 있으므로, 더욱 정확하고 시의적절한 가격 책정 및 마케팅 의사결정을 내릴 수 있다. 빅데이터 역량은 페이스북, 트위터와 같은 소셜미디어의 정보와 통합할 수 있다. ERP 시스템에는 고객관계관리(CRM) 응용 프로그램이 포함되어 있으므로, 관리자에게 많은 고객 중심 분석 기능을 제공하여 고객과 고객의 요구를 더 잘 이해할 수 있도록 해주는 매우 유용하고 저렴한 도구가 된다.

마지막으로, 지속가능성 응용 프로그램은 ERP 시스템과 짝을 이루어 공급망이 지속가능성 계획을 구현하고 추적할 수 있도록 한다. 공급망의 환경 발자국을 추적하는 데 필요한 정보는 상당한 수준에 이른다. 환경과 관련한 규정을 준수하고 고객의 요구사항을 보장하려면 공급망관리, 계약 관리, BOM 및 연계, 다중 사이트·회사 간 거래의 통합이 필요하다. 이러한 데이터는 ERP 내에 상주하므로 공급망 지속가능성 관리를 위해 자연스럽게 ERP가 활용된다. 환경적 측면의 성과 측정은 비즈니스 성공을 측정하기 위해 다른 성과 지표와 함께 분석되어야 하며, ERP는 고위 경영진이 이 작업을 수행하는 데 사용하는 플랫폼이다. 오늘날에는 사내 또는 클라우드 기반 ERP 시스템에 해당 응용 프로그램을 추가 설치함으로써 공급망 탄소 발자국 추적이 가능하게 되었다.

요약

이 장에서는 고객, 재고 및 공급업체를 추적하는 기업의 능력에 영향을 줄 수 있는 정보 흐름 관리에 대해 자세히 논의했다. 관리자는 회사가 필요로 하는 정보의 유형을 알고 있어야 하며, 회사 내부 및 외부에서 이 정보를 가장 잘 관리하는 방법을 결정해야 한다. MRP, MRP II 및 ERP와 같은 시스템은 일반적으로 대부분의 기업 응용 프로그램에 동반하는 많은 시스템 모듈과 함께 기업 전반의 정보를 관리하는 데 핵심적인 역할을 한다. 정보시스템 기술의 발전으로 오늘날 프로세스 관리가 자동화되어 비용이 절감되고, 생산성과 고객 서비스가 향상되었다. ERP 시스템의 최근 발전 중 대표적인 트렌드는 클라우드 시스템, 빅데이터 분석 사용, 지속가능한 환경 ERP 응용 프로그램이 있다.

주요용어

- **고정 최소생산시간대**(frozen time fence) 주간 생산일정을 변경할 수 없는 기간으로서, 이 기간은 최소한 부품을 구매하고 완제품을 조립하는 데 필요한 리드타임만큼 길게 걸림
- **기업 애플리케이션 통합**(enterprise application integration) 컴퓨터 응용 프로그램을 최신화, 통합 및 조정하도록 설계된 계획 및 방법, 그리고 관련 도구의 사용
- **기업 정보 흐름**(corporate information flow) 기업에서 고객으로 가는 정보의 흐름

- **내부 정보 흐름**(internal information flow)   기업 내부의 정보 흐름
- **레거시 시스템**(legacy systems)   기존에 도입된 다양한 형태의 정보시스템
- **롤링 생산일정계획**(rolling production schedule)   MPS는 매주 고정된 주간 생산일정을 미리 설정된 최소 고정생산기간 동안 연장하고, 나머지 부분에 대한 작업 일정을 계획하는 일정관리 시스템
- **물류 실행 제품군**(logistics execution suites)   운송관리시스템, 창고관리시스템 및 반품관리시스템 등을 포함하는 물류 관련 소프트웨어 응용 프로그램 제품군에 대한 포괄적인 용어로써 기업은 기본 ERP 시스템을 물류 실행 제품군과 통합함으로써 상당한 이점을 얻을 수 있음
- **미들웨어**(middleware)   내부와 외부의 애플리케이션에 대한 통합 기능을 하는 소프트웨어
- **반품관리시스템**(RMS; returns management systems)   역물류 비용을 최소화하면서 글로벌 가시성, 표준화 및 제품 반품 문서화를 제공하는 시스템. 반품관리 외에도 RMS는 팔레트, 플랫폼, 콘테이너 등과 같은 반품 가능한 자산을 처리하도록 설계할 수 있음
- **배송소요량계획**(DRP; distribution requirements planning) **시스템**   회사의 물류센터에서 확정된 주문을 MRP에 전달할 수 있는 시스템으로 소매업체 및 기타 고객이 제조업체에서 상품을 주문하면 주문이 물류센터에서 채워짐. 결국 물류센터의 품목별 재주문 시점에 도달하고, 주문이 공장으로 전달됨. DRP 시스템은 이러한 각 시설로의 재고 이동을 관리하는 데 필요함
- **비즈니스 프로세스 관리**(BPM; business process management)   자동화된 프로세스 관리 및 다양한 소프트웨어 애플리케이션으로 기업이 비즈니스 프로세스를 관리하고 자동화할 수 있도록 지원
- **생산능력 요구사항 계획**(capacity requirements planning)   MPS 수량, MRP의 계획 주문 목록, 현재 작업장별 작업량, 부품별 보유 정보, 생산 처리, 구매 리드타임 등이 주어지면, 전체 생산 설비에 대해 단기 생산능력 요구사항을 개발할 수 있음. 처음에는 작업장별 현재 작업량과 각 작업장의 생산능력을 고려할 때, MPS가 실행 불가능한 것으로 판명될 수 있는데, 이 경우 선택 가능한 대안은 작업장의 생산능력을 늘리거나, MPS를 줄이거나 지연시키는 것임
- **시너지 단계**(synergize phase)   ERP를 도입한지 대략 3년이 지난 시점에 사용자의 증가와 함께 시스템 최적화가 가장 많이 일어날 수 있는 성숙도에 도달하는 단계
- **안정화 단계**(stabilize phase)   ERP 구현 직후, 또는 대략 1년 동안 기업이 시스템 구축 및 사용으로 인해 발생한 프로세스 변경 사항에 익숙해지는 단계
- **운송관리시스템**(TMS; transportation management system)   기업이 운송 서비스와 가격의 최적 조합 선택, 컨테이너 또는 트럭 트레일러의 최적 이용 결정, 운송 계약의 효율적인 관리, 운송 옵션 순위 설정, 통관, 제품 이동 추적, 캐리어 성능 모니터링 등을 가능하게 하는 시스템
- **웹 서비스**(web services)   사용자별로 특수하게 지정된 방식이 없이 응용 프로그램 간에 서로 통신할 수 있도록 하여 서로 호환되지 않는 하드웨어, 소프트웨어 및 운영 체제로 인한 장벽을 제거하는 인터넷 서비스. 이를 통해 기업은 시간이 지남에 따라 ERP 시스템에 다양한 애플리케이션이 추가되었을 때, 성공적인 내부 통합 달성이 가능
- **웹 포털**(web portal)   비즈니스 파트너에게 데이터, 애플리케이션 및 서비스에 대한 보안 접속을 제공하는 웹사이트. 포털은 다양한 언어, 플랫폼 및 소프트웨어 콘텐츠를 지원
- **응용 프로그램 추가 기능**(application add-ons)   ERP 시스템의 기능을 사용자에 맞춤형으로 구성
- **자재명세서**(BOM; bill of materials)   제품 제조에 필요한 모든 원자재, 부품 및 조립품, 그리고 필요한 각 부품 수, 각 조립품에 들어가는 부품 수, 조립 순서에 관한 정보를 제공

- **자재소요량계획**(MRP; material requirements planning) 기존의 기업 내부 조건을 분석하고, 주어진 제품 제조 일정에 대한 조립 및 구매 요구사항을 결정하는 소프트웨어 응용 프로그램

- **작업 부하 보고서**(load reports) 주어진 MPS에 필요한 생산능력을 예상되는 가용 생산능력과 비교해봤을 때, 이 정보가 주어지면 생산 관리자는 가용 생산능력을 초과하는 작업 부하를 나중의 기간으로 전환해야 하는지, 초과 근무 일정을 잡아야 하는지, 또는 작업을 외부 전문업체와 아웃소싱 계약을 해야 하는지 등을 결정함

- **전사적자원관리**(ERP; enterprise resource planning) **시스템** 공급업체와 구매자 간의 커뮤니케이션을 자동화하기 위해 많은 공급망에서 사용되는 기업 통합정보시스템

- **정보 감사**(information audit) 회사의 현재 내·외부 정보 사용자를 결정하고, 이들의 정보 요구사항을 추정하는 프로세스

- **정보 변동성**(information volatility) 정보 내용, 형식 또는 타이밍과 관련된 불확실성

- **정보 속도**(information velocity) 정보가 한 프로세스에서 다른 프로세스로 흐르는 속도

- **제조실행시스템**(MES; manufacturing execution system) **모듈**(module) ERP 시스템은 관리 계획을 제조 현장과 연결함으로써 생산 현장으로 제조 계획을 전달하고, 그런 다음 제품이 제조되고 나면 MES가 작업 현장의 실제 생산 데이터를 ERP로 다시 보냄

- **제조자원계획**(MRP II; manufacturing resource planning) **시스템** 오늘날 대부분의 MRP II 시스템에는 시뮬레이션 기능이 있으며, 이를 통해 관리자가 가상 시나리오(what-if) 분석을 수행하고, 생산능력 또는 생산 시기의 결정이 내려졌을 때 가능한 결과를 이해할 수 있도록 지원. 다른 소프트웨어 모듈도 MRP II 시스템에 포함되어 있어 다양한 기능 영역 직원이 중앙 데이터베이스를 사용하여 MRP II 시스템과 상호 작용할 수 있음. 그런 다음 생산, 마케팅, 인적자원, 재무관리 담당자가 함께 협력하여 사용 가능한 자금, 장비, 광고 계획, 노동력 등을 기반으로 실행 가능한 종합 계획을 개발

- **제품 구조도**(product structure diagram) BOM이 취할 수 있는 가장 간단한 형태

- **종합화 단계**(synthesize phase) ERP 구현 1년 후, 기업은 프로세스 개선, 보완 소프트웨어 애플리케이션 추가, ERP 시스템 마스터링 및 시스템에 대한 추가 지원 확보를 통해 조직 개선을 모색하는 단계

- **주생산일정계획**(MPS; master production schedule) 어떤 최종 제품을 만들 것인지, 얼마나 많이 필요한지, 언제 완성해야 하는지에 관한 생산일정을 계획하는 시스템으로써 일반적으로 주간 생산일정의 형태를 취함. MRP 시스템의 입력(input) 요소가 됨

- **지적자산**(intellectual asset) 가치가 있는 정보

- **창고관리시스템**(WMS; warehouse management system) 고객에게 아웃바운드 선적을 위해 상품이 선적될 때까지 물류센터의 입고 부두에서 상품의 흐름을 추적하고 제어하는 시스템

- **최상의 소프트웨어 시스템**(best-of-breed systems) 시간적 흐름에 따라 여러 공급업체에서 가장 뛰어난 소프트웨어를 구입하여 조합한 시스템

- **클라우드 기반 ERP 시스템**(cloud-based ERP system) SaaS(Software-as-a-Service) 시스템이라고도 하며, 인터넷 연결 및 웹 브라우저를 통해서만 전달되는 시스템. 클라우드 ERP 모델에서 소프트웨어 공급업체는 소프트웨어를 관리하고, 고객 회사는 일반적으로 월 단위로 소프트웨어에 대한 사용자당 구독료를 지불

- **환경 정보 흐름**(environmental information flow) 고객에서 기업으로 가는 정보의 흐름

1. 다음 MRP 부품 레코드를 완성하라.

부품 A		1	2	3	4	5	6	7	8	9	10
총 소요량		32	16	34	40	51	26	19	42	34	29
예정 입고량			24								
예상 현재고	56	24	32	5	5	5	5	5	5	5	5
순 소요량				7	40	51	26	19	42	34	29
계획 주문 지시량		7	40	51	26	19	42	34	29		

Q=LFL, LT=2, SS=5

정답

- 부품 레코드의 완료된 부분은 주황색으로 표시하였다.

- 설명 : 예상 현재고는 주문 상황이 일어날 필요가 있는 시점에 대한 기준 값이다. 본 문제의 경우, 재고관리의 목표는 기말 재고가 5단위(안전재고) 미만이 되지 않도록 하는 것이다. 기간 1에서 기말 재고는 56-32=24이다. 기간 2에서 기말 재고는 24+24-16=32이다. 그다음 기간 3에서는 재고가 0보다 작을 것으로 예상되므로 주문을 계획해야 한다. 기간 3의 순 소요량은 32+7-34=5(안전재고)이므로 7이다. 따라서 리드타임=2 기간이므로 계획 주문 지시는 기간 1에 이루어져야 한다. LFL(Lot for Lot, 대응주문) 주문량이 사용되기 때문에 기간 1의 계획 주문 지시량=기간 3의 순 소요량. 나머지 예상 현재고, 순 소요량, 계획 주문 지시량도 비슷하게 계산된다.

2. 다음 자료를 보고, 의자를 제작하는 데 있어 최소 리드타임을 계산하라.

부품	리드타임
의자	2
다리 어셈블리	3
다리	4
하드웨어	3
시트	4

```
            의자
             |
    ┌────────┴────────┐
 다리 어셈블리         시트
    |
┌───┴───┐
다리(4)  하드웨어
```

정답

- 다리와 하드웨어는 4일 안에 동시에 구입할 수 있으므로, 다리 어셈블리는 3일 후에 완료될 수 있다. 그리고 이 7일 동안에 시트를 구매할 수 있기 때문에 2일 만에 다리 어셈블리와 시트를 조립하여 의자로 만들 수 있다. 따라서 최소 리드타임은 총 9일이다.

3. 문제 2의 정보를 사용하여 다음 부품 레코드를 완성하라.

의자	1	2	3	4	5	6	7	8	9	10
총 소요량	16	8	9	12	14	11	6	18	12	10

의자		1	2	3	4	5	6	7	8	9	10
예정 입고량		5									
예상 현재고	22	11	3	3	3	3	3	3	3	3	3
순 소요량				9	12	14	11	6	18	12	10
계획 주문 지시량		9	12	14	11	6	18	12	10		

Q=LFL, LT=2, SS=3

다리 어셈블리		1	2	3	4	5	6	7	8	9	10
총 소요량		9	12	14	11	6	18	12	10		
예정 입고량		20									
예상 현재고	40	51	39	25	14	28	10	18	28	28	28
순 소요량						2		12	2		
계획 주문 지시량			20		20	20					

Q=20, LT=3, SS=10

다리		1	2	3	4	5	6	7	8	9	10
총 소요량			80		80	80					
예정 입고량		100									
예상 현재고	100	200	120	120	40	60	60	60	60	60	60
순 소요량						60					
계획 주문 지시량		100									

Q=50, LT=4, SS=20

정답

완성된 부품 레코드 정보는 위 표에서 주황색으로 표시된다. 예상 현재고는 항상 기말의 금액이며, (이전 기간의 재고량) + (현재 기간 예정된 입고량) – (총 소요량)으로 계산된다. 순 소요량은 항상 현재 기말 재고가 0 또는 필수 안전재고가 되도록 이전 기간의 예상 현재고에 추가하는 데 필요한 재고량이다. 계획 주문 지시량은 항상 순 소요량을 충족하는 데 필요한 Q의 배수가 된다.

Q = LFL이면, 계획 주문 지시량은 항상 순 소요량과 동일하다. 반대로 Q가 고정된 수량이라면, Q가 반드시 순 소요량과 같지는 않다. 계획 주문 지시량은 해당 기간에 구매하거나 조립하는 데 필요한 재고량을 의미한다.

검토해보기

1. 정보가 지적자산으로 간주되는 이유는 무엇인가?

2. 대부분의 조직에서 이루어지는 3가지 핵심 정보 흐름을 정의하라.

3. 정보 속도를 정의하고, 기업에 대한 정보 속도의 중요성과 영향을 설명하라.

4. 정보 변동성을 정의하고, 기업에 대한 정보 변동성의 중요성과 영향을 설명하라.

5. 정보 흐름 지도는 어디에 사용되며, 흐름 지도에서 정보 감사는 어떤 역할을 하는가?

6. 종속적 수요를 정의하라.

7. MRP가 무엇이며, 어떤 역할을 하는지 간략하게 설명하라.

8. MPS의 생산 수치는 어디에서 구할 수 있는가?

9. MPS에서 고정 최소생산시간대(frozen time period) 또는 타임펜스(time fence)란 무엇인가?

10. MPS의 롤링 생산일정 계획(rolling production schedule)이란 무엇인가?

11. 정확한 재고 및 리드타임 정보가 MRP에 중요한 이유는 무엇인가?

12. BOM(Bill of Material)이란 무엇이며, MRP에 중요한 이유는 무엇인가?

13. MRP 부품 기록 규칙이란 무엇인가?

14. DRP는 어떤 역할을 하며, MRP와 어떻게 연계되는가?

15. DRP 계획 선적 수량은 왜 그렇게 중요한가?

16. MRP II 개발의 원동력은 무엇인가?

17. MRP II 시스템은 생산능력 요구사항 계획을 어떻게 수행하는가?

18. ERP란 무엇이며, MRP II와 어떻게 다른가?

19. 오늘날의 ERP 시스템으로 이어지는 역사적 발전을 설명하라.

20. 클라우드 기반 ERP 시스템이란 무엇이며, 기업에서 사용하는 이유는 무엇인가?

21. 과거에 ERP 구현이 간혹 실패했던 이유는 무엇인가?

22. ERP 시스템의 장점은 무엇인가?

23. 동종 최고의 ERP 시스템이란 무엇인가? 이러한 유형의 시스템에 어떤 문제가 있을까?

24. ERP 시스템 사용자를 위한 3가지 사후 구현 단계를 설명하라.

25. ERP 시스템 응용 프로그램 추가 기능은 어떤 것이 있으며, 가장 널리 알려진 것은 무엇인가?

26. 배송관리시스템은 무엇으로 구성되며, 이를 사용하는 기업에게 왜 중요하게 인식되는가?

27. RMS는 무엇이며, 어떻게 사용되는가?

28. 기업 응용 프로그램 통합은 무엇을 의미하며, 이는 어떻게 달성되는가?

29. 기업의 내부 응용 프로그램 통합은 어떻게 달성되는가?

30. 기업의 외부 응용 프로그램 통합은 일반적으로 어떻게 달성되는가?

31. BPM(비즈니스 프로세스 관리)이란 무엇이며, 어떻게 달성되는가?

32. BPM 솔루션을 ERP와 통합할 수 있는가?

33. 오늘날 ERP 시스템 응용 프로그램의 트렌드는 무엇인가?

토론해보기

1. Amazon.com에서 발생할 수 있는 주요 정보 흐름을 설명하라.

2. 〈그림 10-1〉에 표시된 것과 다른 특정 유형의 회사에 대한 정보 흐름 지도를 설계하라.

3. 기업의 다양한 기능 그룹이나 부서에서 MRP II 시스템을 사용할 수 있는 몇 가지 방법을 설명하라.

4. MRP II가 학교와 같은 서비스 조직에서 어떻게 사용될 수 있는지에 대한 사례를 제시하라.

5. TMS와 WMS를 결합하는 것이 좋은 생각인가? 이유는 무엇인가?

6. BPM 솔루션을 ERP 시스템과 결합하는 것이 좋은 생각인가? 이유는 무엇인가?

연습해보기

1. 직장과 같이 모니터링할 수 있는 프로세스가 있는 회사 또는 부서를 선택한다. 정보 감사를 수행하고, 결과를 보고서에 기술하라. 보고서의 일부로서 정보 흐름 지도를 작성하라.

2. ERP 시스템 구현 경험과 관련한 최근 사례를 온라인에서 찾아라. 해당 회사의 ERP 시스템, 사용자 정의 및 경험에 대한 보고서를 작성하라.

3. 지속가능한 ERP에 대한 보고서를 작성하고, 이러한 응용 프로그램을 사용하는 기업의 사례를 제시하라.

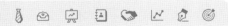

연습문제

➲ **다음의 표와 그림을 사용하여 문제 1과 2에 답하라.**

부품	리드타임
A	2
B	4
C	3
D	3

1. 현재 재고가 없는 상태에서 시작하여 부품 A를 만드는 데 필요한 최소 일수를 결정하라.

2. 부품 A 50개를 만드는 데 필요한 부품 B, C, D의 각 수량을 결정하라.

⊙ **다음의 표와 그림을 사용하여 문제 3과 4에 답하라.**

부품	리드타임
A	2
B	4
C	3
D	3
E	2

3. 현재 재고가 없는 상태에서 부품 A를 만드는 데 필요한 최소 일수를 결정하라.

4. 100개의 부품 A를 만드는 데 필요한 각 부품별 수량을 결정하라.

5. 다음 MRP 부품 레코드를 완성하라(로트 크기(Q), 리드타임(LT), 안전재고(SS) 참고).

의자		1	2	3	4	5	6	7	8	9	10
총 소요량		15	26	14	20	16	0	10	12	16	19
예정 입고량		20									
예상 현재고	40										
순 소요량											
계획 주문 지시량											

Q=20, LT=3, SS=4

6. 다음 MRP 부품 레코드를 완성하라(로트 크기(Q), 리드타임(LT), 안전재고(SS) 참고).

의자		1	2	3	4	5	6	7	8	9	10
총 소요량		12	4	22	15	19	10	15	12	19	24
예정 입고량		10									
예상 현재고	16										
순 소요량											
계획 주문 지시량											

Q=LFL, LT=2, SS=6

7. 다음 MRP 부품 레코드를 완성하라(로트 크기(Q), 리드타임(LT), 안전재고(SS) 참고).

의자		1	2	3	4	5	6	7	8	9	10
총 소요량		15	10	20	25	30	20	25	15	20	25
예정 입고량		25									
예상 현재고	30										
순 소요량											
계획 주문 지시량											

Q=LFL, LT=3, SS=0

8. 다음 MRP 부품 레코드를 완성하라(로트 크기(Q), 리드타임(LT), 안전재고(SS) 참고).

의자		1	2	3	4	5	6	7	8	9	10
총 소요량		45	36	40	19	42	86	29	45	60	32
예정 입고량		35		70							
예상 현재고	105										
순 소요량											
계획 주문 지시량											

Q=35, LT=3, SS=30

9. 다음과 같이 정보가 주어졌을 때, 4개 부품 모두에 대한 부품 레코드를 완성하라. 모든 부품에 로트 크기는 LFL 주문량을 사용하라. 안전재고는 필요하지 않으며, 예정된 입고량도 없다. 부품 A에 대해 다음 총 소요량을 사용하라.

부품A	기간							
	1	2	3	4	5	6	7	8
총 소요량	4	3	5	3	7	6	9	4

부품	리드타임	초기 재고량
A	2	12
B	4	40
C	1	65
D	3	30

10. 다음과 같은 정보가 주어졌을 때, 각 부품에 대한 부품 레코드를 완성하라.

a) 현재 재고가 없는 상태에서 부품 A를 만들기 위한 최소 리드타임을 결정하라.

b) 현재 재고가 없는 상태에서 시작하여 100개의 부품 A를 만드는 데 필요한 각 부품의 수량을 결정하라.

부품	리드타임 (일)	초기 재고량	주문량	안전재고
A	3	40	LFL	4
B	1	80	LFL	12
C	1	300	25	20
D	2	225	25	10

11. 다음과 같은 제품 구조 다이어그램과 기타 정보를 사용하여 6개 부품 각각에 대한 부품 레코드를 완성하라. 부품D는 두 위치에 나타나지만, 하나의 부품 레코드로 결합되어야 하며, 예정 입고량이 없다는 점에 유의하라. 또한 8개 기간별 구매 및 생산 계획을 구하라.

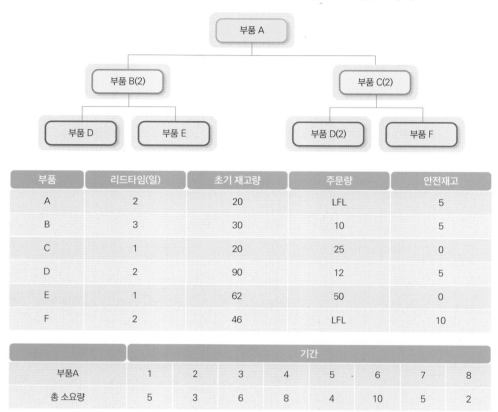

부품	리드타임(일)	초기 재고량	주문량	안전재고
A	2	20	LFL	5
B	3	30	10	5
C	1	20	25	0
D	2	90	12	5
E	1	62	50	0
F	2	46	LFL	10

	기간							
부품A	1	2	3	4	5	6	7	8
총 소요량	5	3	6	8	4	10	5	2

12. 문제 11의 정보를 사용하여 현재 재고가 없다고 가정하고, 부품 A, B, C를 만들기 위한 최소 리드타임을 결정하라. 그리고 100개의 부품 A가 필요한 경우, 현재 재고가 없다고 가정할 때, 다른 부품이 각각 몇 개가 필요한가?

CASE Study

Case 1 | T40 Enterprises의 ERP 시스템 구현 결정

공급망관리 학사 및 정보기술 부전공으로 대학을 졸업한 Bill은 고대해온 ERP 시스템 구현에 대한 프로젝트를 수행하게 되었다. 그는 수업을 통해 프로젝트의 계획 단계에서 여러 가지 중요한 결정을 내려야 한다는 것을 알고 있었고, 진행 방법을 고민하고 있었다. 그는 자신이 수행해야 하는 몇

가지 중요한 의사결정 목록을 바라보고 있었다.

Bill은 시스템 구현 이전의 중요한 단계인 T40 Enterprises의 정보 흐름 지도 작성을 시작했다. 어떤 정보가 어떤 프로세스와 어떤 기능 간에 교환되었는지 이해하는 것이 중요했다. 이러한 프로세스 지도 작성 작업을 꽤 오랫동안 수행해봤기 때문에 Bill은 상당한 프로세스 개선 및 효율성을 발견하게 된 것을 뿌듯하게 생각했다.

이러한 최적화된 프로세스를 갖춘 Bill은 시스템에서 T40의 프로세스를 나타낼 수 있는 적절한 ERP 시스템 공급업체를 찾기 시작했지만, 불행하게도 거기에 맞아떨어지는 공급업체를 찾을 수 없었다. 그래서 그는 이러한 프로세스를 처리하는 ERP 시스템에 맞추어 T40의 내부 프로세스를 수정하거나, T40의 프로세스와 일치하도록 공급업체의 표준 ERP 솔루션을 수정해야 했다. 2가지 접근방식 모두 장단점이 있었고, 쉽게 결정을 내릴 수 없었다. 이에 그는 브레인스토밍을 위해 할 일의 목록을 작성하고, 2가지 접근방식에 대한 장단점을 기록했다.

다양한 시스템 공급업체를 조사하면서 그가 직면한 또 다른 딜레마는 모든 공급업체마다 각기 장단점이 있다는 것이었다. 예를 들어, 한 ERP 시스템 공급업체는 전문지식이 뛰어나 창고관리 프로세스가 정교했지만, 공급관리는 그다지 우수하지 않았다. 따라서 Bill은 각 공급업체에서 최상의 응용 프로그램을 선택한 다음 이를 통합할지 여부를 고려하게 되었다. 그는 몇몇 회사가 이 '동종 최고의' 접근방식으로 매우 성공적이었다는 소식을 들었지만, T40의 잠재적인 단점 중 일부에 대해 브레인스토밍을 하고 싶었다. 이것은 그의 할 일 목록에서 또 다른 작업이 되었다.

Bill이 ERP 시스템 공급업체를 선택할 때 추가로 고려한 사항은 기존의 대규모 ERP 시스템 공급업체 중 하나가 더 나은지, 아니면 소규모 공급업체가 T40에 더 유리할 수 있는지 여부였다. 그는 이것을 할 일 목록의 추가사항으로 기록했다.

이것은 Bill이 내려야 하는 상당히 중요한 결정이었다. 하지만 그는 여기서 멈추고 싶지 않았다. 그는 또한 공급업체가 선택되면, ERP 시스템 구현의 다음 단계에 대해서도 미리 생각하고 싶었다. 그가 결정해야 하는 한 가지 문제는 시스템을 소위 '빅뱅' 방식으로 구현할지, 아니면 단계적 접근방식으로 구현할지였다. '빅뱅' 접근방식은 ERP 시스템의 모든 구성요소와 모듈을 한 번에 구현한 다음 모든 구성요소를 동시에 실행하는 것을 포함하는 것이다. 이것은 모든 부서와 기능이 동시에 새로운 시스템을 갖게 된다는 것을 의미한다. 단계적 접근방식은 예를 들어 회계와 같은 하나의 기능으로 우선 가동이 시작됨을 의미한다. 회계 업무를 얼마 동안 새 시스템으로 작업한 후 두 번째 기능의 도입 혹은 활용이 뒤따르는 것이다. 선택은 간단하지 않았기 때문에 그는 자신의 할 일 목록에 이 문제를 추가했다.

Bill이 마지막으로 생각하고 싶었던 문제는 사용자에게 새 시스템을 도입하는 방법이었다. 그는 ERP 시스템의 성공 여부는 정보시스템 관점에서 성공적인 구현뿐만 아니라 ERP 시스템에 대한 사용자의 만족도에 달려 있음을 알고 있었다. 사용자가 시스템에 만족하지 않으면 잠재적으로 시스템 사용을 피하거나 생산성이 저하될 수 있다. 따라서 Bill은 사용자가 시스템에 만족하고 실제로 더 생산적으로 사용할 수 있도록 하는 방법에 대한 전략을 마련하려고 했다. 이것은 현재 그의 할 일 목록에 추가된 마지막 작업이었다. 분명히 고려해야 할 문제가 이 외에도 더 많았지만, Bill은 이것으로도 충분히 좋은 시작이라고 생각했다.

🔍 질문

1. Bill이 ERP 시스템 구현을 위한 준비 단계로 회사 프로세스를 지도로 작성할 때, 상당한 프로세스 개선 및 효율성을 발견할 수 있었던 이유는 무엇인가?

2. 이러한 프로세스를 처리하는 ERP 시스템에 맞추어 T40의 내부 프로세스를 수정할 것인지, 아니면 T40의 프로세스와 일치하도록 공급업체의 표준 ERP 솔루션을 수정할 것인지에 대한 Bill의 결정을 생각해보라. 이러한 각 접근방식의 장점과 단점은 무엇인가?

3. '동종 최고의' 접근방식의 단점은 무엇인가?

4. 잘 알려진 대규모 ERP 시스템 공급업체와 계약할 때의 장단점은 무엇인가?

5. Bill은 ERP 시스템을 '빅뱅' 방식으로 구현할지, 아니면 단계적 접근방식으로 구현할지 결정할 때 무엇을 고려해야 하는가?

6. 사용자가 시스템에 만족하고 실제로 더 생산적으로 사용할 수 있도록 하는 전략은 무엇인가?

🔍 참고

이 사례는 Michigan State University의 Tobias Schoenherr 박사가 작성했으며, 오로지 학급 토론을 위한 자료를 제공하기 위해 준비되었다. 저자는 관리 상황의 효과적이거나 비효율적인 처리를 설명하려는 것이 아님을 밝힌다.

Case 2 | Lansing Corporation의 프로세스 효율성

Andrew는 큰 과제에 직면했다. 그는 내년 초에 수행될 예정인 'ERP 시스템 구현을 통해 얻을 수 있는 프로세스 효율성'과 관련한 사례를 개발하라는 요청을 받았다. 그의 상사는 이 작업의 중요성에 대해 설명하며, 새로운 ERP 시스템이 기존 시스템의 상당한 변화를 가져올 것이고 일부 사용자 그룹은 이에 저항할 수도 있다고 말했다. 따라서 그는 동료들과 ERP 시스템 도입에 대한 기대를 공유할 수 있도록 준비하기를 원했다. 그의 의도는 새로운 시스템에서 파생된 기능별 사례와 이점에 대한 시연을 통해 사람들이 ERP 시스템을 선택 및 사용할 가능성이 더 높아지도록 하는 것이었다.

그의 상사는 그에게 구매 주문 프로세스가 촉진됨에 따라 관련 인력의 업무가 줄어드는 사례로 시작할 것을 요청했다. 그의 상사는 그에게 현재 프로세스를 다음과 같이 설명했다. 구매부서에서 공급업체 중 하나에 구매 주문(PO)을 발행하기를 원할 때 이는 기능별 구매 시스템에서 처리되어야 한다. 모든 데이터가 입력되면 PO가 완료되고, 시스템에서 문서 사본 5부를 인쇄하여 다음 부서로 전달한다. 제조(자재 주문이 이루어졌음을 알려 관련 일정을 수립하도록), 수령(배송을 기다려야 함을 안내), 재고관리 (보충 요청이 이행되었음을 안내), 회계(공급업체로부터 송장이 예상됨을 안내), 마지막으로 중요한 것은 공급업체이다. 이 문서는 회사 우편으로 발송된다. 부서에서 수신한 문서의 정보는 해당 컴퓨터 시스템(즉, 제조 시스템, 재고관리시스템 등)에 입력된다.

현재 프로세스에서 공통적으로 우려되는 문제는 데이터가 기능별 시스템에 잘못 입력되어 의사 결정에 부정확한 정보가 사용될 수 있다는 것이었다. 통합 ERP 시스템을 사용하면 번거로운 인쇄, 우편 발송 및 정보 재입력을 충분히 피할 수 있다. 또한 정보는 현재와 같이 지연 없이 즉시 전달될 수 있다. 이들은 시스템 도입이 가져올, 대부분은 효율성에 중점을 둔 몇 가지 이점일 뿐이지만 명백하게 기업의 이익에 공헌하는 것이다. 이제 Andrew의 작업은 ERP 시스템, 특히 PO 프로세스에 중점을 둔 추가 프로세스의 효율성을 구체화하는 것이 되었다.

🔍 질 문

1. ERP 시스템이 자재 수령을 관리하는 방법에 대해 어떤 이점을 제공할 수 있는가? 자재를 수령 받는 부서의 효율성과 제품을 받은 후 관련되는 다른 부서의 효율성에 대해 생각해보라.

2. ERP 시스템을 통해 효율성을 향상시킬 수 있는 다른 프로세스는 무엇이며, 어떻게 달성할 수 있는가?

🔍 참 고

Michigan State University의 Tobias Schoenherr 박사가 작성했으며, 오로지 학급 토론을 위한 자료를 제공하기 위해 준비되었다. 저자는 관리 상황의 효과적이거나 비효율적인 처리를 설명할 의도가 없음을 밝힌다.

Case 3 | Beta Corporation의 ERP 시스템 구현 성공: 이것은 실수였을까?

Beta Corporation의 정보기술 인프라를 책임지고 있는 Amy는 서둘러 사무실로 걸어가고 있었다. 그녀는 ERP 시스템 구현과 그 결과에 대한 보고서 준비를 맡았던, 여름 인턴 중 한 명인 Kevin

과의 전화를 막 끊었다. Amy는 올해 초 이 프로젝트를 감독했다. 그녀는 자신이 이룬 성취에 대해 매우 자랑스러워했기 때문에 보고서를 읽고 ERP 시스템 구현을 통해 성취할 수 있었던 개선사항을 살펴보고 싶었다. ERP 시스템 구현은 큰 결함 없이 이루어졌다. 기존 레거시 시스템에서 새 ERP 스템으로의 전환은 순조로웠고, 내부 사용자는 새 시스템에 대해 성공적으로 교육을 받았다. 현재 Amy가 보고서에서 찾고 싶은 것은 시스템 구현에서 기대했던 상당한 프로세스 효율성 향상이 이루어졌다는 증거였다. 이것은 결국 새로운 시스템의 구현이 성공적이었는지에 대한 실질적인 테스트였다.

Amy는 사무실에 도착했고, 흥분한 마음으로 보고서를 살펴보기 위해 자리에 앉았다. 하지만 그녀의 얼굴에 있던 미소는 곧 걱정스럽고 혼란스러운 표정으로 바뀌었다. 그녀는 보고서의 요약을 훑어보고 있었는데, 기대했던 좋은 결과는 어떤 것도 발견할 수 없었다. 그녀는 제목 페이지로 돌아가서 이것이 실제로 자신이 Kevin에게 준비하도록 요청한 보고서인지, 그리고 실제로 그녀가 감독한 ERP 시스템 구현에 관한 것인지 다시 한번 확인했다. "도대체 무슨 일이 일어난 거지?" Amy는 큰 소리로 외쳤다.

보고서의 전반적인 결과는 실망스러웠다. ERP 시스템은 제대로 작동하는 것처럼 보였지만, 주문처리, 송장 지불, 생산 계획 등과 같은 여러 차원에서 전반적인 생산성 측정치가 저하된 것으로 나타났다. 이는 Amy가 ERP 시스템의 통합 특성과 기능 간에 쉽게 정보를 전달하고 공유할 수 있는 능력으로 인해 개선되기를 바랐던 바로 그 지표였다. ERP 시스템 구축이 실수였을까? 그녀가 잘못한 것이 있는가? 이러한 지표들이 개선되지 않고 오히려 악화되는 이유는 무엇일까? 그녀는 Kevin이 보고서를 준비했기 때문에 그녀의 사무실로 전화하기 위해 전화기를 들었다. 어쩌면 그는 그녀에게 왜 이런 일이 일어났는지에 대한 몇 가지 통찰력을 제공할 수 있을 것이다.

질문

1. 생산성 측정치가 감소한 이유로 어떤 것을 생각해볼 수 있는가?
2. Amy는 ERP 시스템의 성능 저하를 방지하기 위해 무엇을 할 수 있었는가?
3. ERP 시스템의 성공을 평가하는 좋은 방법은 무엇인가?

참고

이 사례는 Michigan State University의 Tobias Schoenherr에 의해 작성되었으며, 오로지 강의의 토론을 위한 자료를 제공하기 위해 준비되었다. 저자는 경영관리 상황의 효과적이거나 비효율적인 처리를 설명하려는 의도는 없음을 밝힌다.

참고문헌

- A. Coia, "Smoothing Reverse Flow," *Frontline Solutions*, vol. 6, no.5(2005): 34–36.

- A. Lejeune and T. Roehl, "Hard and Soft Ways to Create Value from Information Flows: Lessons from the Canadian Financial Services Industry," *Canadian Journal of Administrative Sciences*, vol. 20, no.1(2003): 35–53.

- A. Radding, "ERP—More than an Application," Information Week, April 5, 1999, 1A.

- A. Zuckerman, "What's Working(and What Isn't) in Integrated Supply Chain Technology," *World Trade*, vol. 18, no.6(2005): 50–54.

- B. McCrea, "GTM: Navigating Uncertain Global Waters," *Logistics Management*, vol. 58, no.2(2019), 34–37.

- B. Power, "Enterprise Resource Planning Comes of Age," *Charter*, vol. 85, no.1(2014): 30–31.

- B. Trebilcock, "Managing Returns with WMS," *Modern Materials Handling*, vol. 59, no.10(2004): 33–36

- B. Waddell, "MRP on the Rocks," *Evolving Excellence*, Dec. 14, 2005, found at: http://kevinmeyer.com/blog/2005/12/mrp_on_the_rock.html.

- B. Wang and F. Nah, "ERP +E-Business = A New Vision of Enterprise System," in Managing Internet Technologies in Organizations: Challenges and Opportunities, ed. S. Dasgupta(Hershey, PA: Idea Group, 2001): 147–164.

- Based in part on B. Hibberd and A. Evatt, "Mapping Information Flows: A Practical Guide," *Information Management Journal*, vol. 38, no.1(2004): 58.

- C. Koch, "Hershey's Bittersweet Lesson," CIO, November 15, 2002, found at: https://www.cio.com/article/2440386/supply-chain---hershey-s-bittersweet-lesson.html.

- D. Snyder, "Foxwoods Sees the Wonder of a Strong Back Office Thanks to EatecNetX," *Nation's Restaurant News*, vol. 39, no.26, (2005): S26–S27.

- G. Anthes, "Refurnishing the Supply Chain," *Computerworld*, vol. 38, no.23(2004): 39–40.

- G. Ruderman, "Relieve the Burden of Regulatory Compliance," *MSI*, vol. 22, no.6(2004): 34–37.

- G. Stapleton and C. Rezak, "Change Management Underpins a Successful ERP Implementation at Marathon Oil," *Journal of Organizational Excellence*, vol. 23, no.4(2004): 15–22.

- Hawking, Stein, and Foster, "Revisiting ERP Systems."

- I. Lewis and A. Talayevsky, "Improving the Interorganizational Supply Chain through Optimization of Information Flows," *Journal of Enterprise Information*, vol. 17, no.3(2004): 229–38.

- J. Fulcher, "Global Execution," *Manufacturing Business Technology*, vol. 24, no.3(2006): 38.

- J. Lamont, "BPM: From the User's Perspective," *KM World*, vol. 15, no.1(2006): 14–15.

- J. Muscatello and D. Parente, "Enterprise Resource Planning(ERP): A Postimplementation Cross-Case Analysis," *Information Resources Management Journal*, vol. 19, no.3(2006): 61–62, 66–68, 73–80.

- J. Orlicky, "Net Change Material Requirements Planning," *IBM System Journal*, 1(1973): 2-29, found at https://www.semanticscholar.org/paper/Net-Change-Material-Requirements-Planning-Orlicky/a2f090ec2b4d58867d553f3fdde455844e62fa3e. The author is most appreciative of discussions held with Gene Thomas regarding the history of MRP, and his role in its development.

- J. Stoller, "Navigating the Inter-application Zone," *CMA Management*, vol. 78, no.7(2004): 32-35.

- K. Tom, "Execution Software's Virtual Company," *Frontline Solutions*, vol. 6, no.6(2005): 26.

- L. Mendoza, M. Perez, and A. Griman, "Critical Success Factors for Managing Systems Integration," *Information Systems Management*, vol. 23, no.2(2006): 56-75.

- Lejeune and Roehl, "Hard and Soft Ways."

- M. Burns, "What does an ERP system cost?," CPA Canada, 2011, http://www.camagazine.com/archives/print-edition/2011/aug/columns/camagazine50480.aspx

- M. LaWell, "An Old Company Stitches Together a New Perspective," *Industry Week*, February 7, 2017, 1.

- MAPICS, "History," http://www.fundinguniverse.com/company-histories/mapics-inc-history. Accessed March 27, 2020

- O. Wight, *Manufacturing Resource Planning*: MRP II: Unlocking America's Productivity Potential(Boston: CBI, 1981).

- P. Britt, "How to Get There from Here," *Bank Systems & Technology*, vol. 42, no.12(2005): 39.

- P. Childerhouse, R. Hermiz, R. Mason-Jones, A. Popp, and D. Towill, "Information Flow in Automotive Supply Chains—Identifying and Learning to Overcome Barriers to Change," *Industrial Management & Data Systems*, vol. 103, no.7(2003): 491-502.

- P. Trunick, "How to Design a Cost-Effective DC," *Logistics Today*, vol. 46, no.5(2005): 42-44.

- Power, "Enterprise Resource Planning."

- R. Lee and B. Dale, "Business Process Management: A Review and Evaluation," *Business Process Management Journal*, vol. 4, no.3S(1998): 214-23.

- R. Puccinelli, "BPM Templates," *KM World*, vol. 14, no.1(2005): S4-S5.

- R. Russell, "Manufacturing Execution Systems: Moving to the Next Level," *Pharmaceutical Technology*, vol. 28, no.1(2004): 38-43

- S. Overby "ERP on Speed," *CIO*, vol. 25, no.9(2012): 1.

- See, for example, G. Plossl and O. Wight, *Production and Inventory Control: Principles and Techniques*(New York: Prentice Hall, 1967); J. Orlicky, *Material Requirements Planning: The New Way of Life in Production and Inventory Management*(New York: McGraw-Hill, 1975); O. Wight, The Executive's Guide to Successful MRP II(Hoboken, NJ: Wiley, 1982).

- See, for example, L. Columbus, "Five Catalysts Accelerating Cloud ERP Growth in 2015," Forbes, January 27, 2015, http://www.forbes.com/sites/louiscolumbus/2015/01/27/five-catalysts-accelerating-cloud-erp-growth-in-2015; "Global Cloud-Based ERP Market Is Growing at an Exponential Rate in Upcoming Years," *ERP News*, December 1, 2018, 1.

- See, for example, P. Hawking, A. Stein, and S. Foster, "Revisiting ERP Systems: Benefit Realization," Proceedings of the 37th Hawaii International Conference on System Sciences(2004): 1–8; B. McCrea, "Putting the Spotlight on ERP," *Logistics Management*, vol. 50, no.6, (2011): 32–35; G. Brown, "Your IT Strategy & Cloud Computing: Where Does It Fit?," RAND Group, 2013, http://www.randgroup.com/insights/your-it-strategyand-cloud-computing-where-does-it-fit.

- Stapleton and Rezak, "Change Management Underpins."

- T. Leahy, "Solutions for Supply Chain Woes," *Business Finance*, vol. 11, no.9(2005): 37–39.

- Tom, "Execution Software's Virtual Company."

- W. Hopp and M. Spearman, "To Pull or Not to Pull: What Is the Question?," *Manufacturing & Service Operations Management*, vol. 6, no.2(2004): 133–48.

- W. Labs, C. Lindell, and D. Schug, "2018 Food Automation & Manufacturing Conference and Expo," *Food Engineering*, vol. 90, no.7(2018): 20–24, 26, 28, 30, 32.

- Wang and Nah, "ERP +E-Business."

- Zuckerman, "What's Working."

- "Enterprise Resource Planning", December 28, 2004, Darwin's Executive Guides, found at: http://guide.darwinmag.com/technology/enterprise/erp/index.html.

- "ERP Training Stinks," *CIO*, June 1, 2000, found at: https://www.cio.com/article/2437803/erp-training-stinks.html.

- "Globalization Hits New Record High," *Material Handling & Logistics*, February 15, 2019, 2020.

- "How Much Does an ERP System Cost?," found at: https://www.calsoft.com/blogs/how-much-does-an-erp-system-cost. Accessed March 27, 2020.

- "Manufacturers MRP Software Plans for 2018," *Manufacturing Business Technology*, April 27, 2018, 1.

- "Oracle Details Postmerger Plans," https://www.cnet.com/news/oracle-details-postmerger-plans. Accessed March 27, 2020. See also "Enterprise resource planning(ERP) software market revenues worldwide from 2018 to 2023" https://www.statista.com/statistics/605888/worldwide-enterprise-resource-planning-market-forecast. Accessed March 27, 2020.

- "Production Engineering—Production Software: The Hub of the Matter," *Engineer*, January 30, 2006, 36–38.

- "SAP: A 47-Year History of Success," https://www.sap.com/corporate/en/company/history.html. Accessed March 27, 2020.

Chapter 11
프로젝트 관리

뉴어크 만(Newark Bay) 프로젝트에서 완벽한 팀워크를 보여준 모든 참여자에게 경의를 표한다. 프로젝트를 시작할 때, 이 복잡한 프로젝트를 성공시키기 위해서는 안전하고 적시에 프로젝트를 완료할 수 있는 전문가들로 팀을 구성하여 협력해야 한다고 생각했다. 모든 참여자의 공로에 감사드린다.

　　　　　　　　　　　　　　　　　　　　　-John Ribardo, Public Service Electric and Gas 수석 이사

정부 기관에서는 핵심 영역이라고 여기지 않았던 프로젝트 및 성과 관리를 직원들에게 교육해야 한다. 이런 교육을 받은 전문가들이 향상된 기술력과 더 높은 수준의 동기 부여로 더 높은 생산성을 보인다. 즉, 이러한 전문가가 많아지면 조직의 성과는 더욱 높아질 것이다.

　　　　　　　　　　　　　　　　　　　　　-Alexandru Roman, 캘리포니아 주립대 교수

🎯 학습목표

1. 프로젝트 관리의 목표와 주요 고려사항

2. 업무 분업 구조와 간트 차트 작성

3. 주경로법과 프로그램 평가 및 검토 기법

4. 프로젝트 단축의 수행

5. 프로젝트 리스크 관리

6. 클라우드 기반 프로젝트 관리 프로그램의 장단점

중국의 친환경 병원 프로젝트

중국은 향후 몇 년 동안 중국 전역에 지어질 의과대학에 새로운 친환경 병원 모델을 제공할 계획이다. 2019년에 개원한 중국 남방의과대학 병원은 300만ft^2 규모로, 캘리포니아에 본사를 둔 HMC Architects가 설계한 병원이다. 이 병원은 2,000병상 규모의 입원센터, 매일 6,000명의 환자를 치료할 수 있는 구급 요양센터, 의료 연구 및 감염병 건물과 암센터를 갖추고 있다. 이 병원의 건축 프로젝트는 많은 설계 대안들을 고려하였다. 이 프로젝트의 목적은 서구의 의료 혁신과 중국 현지 특징을 결합한 병원을 설계하는 것이었다. HMC Architects의 친환경 설계는 2002년 중국 남부에서 수백 명을 사망에 이르게 한 중증급성호흡기증후군(SARS)의 창궐에 영향을 받은 것이다. 이 친환경 설계 덕분에 병원은 운영비용을 절감하고 있다. HMC Architects의 Chief Practice Officer(CPO) Kirk Rose는 "지속가능한 디자인은 이 지역의 의료 센터에 매우 새로운 개념이다. 역동적이고 구부러진 스파인(spine) 형태의 건물 배치는 감염 위험을 최소화하면서 매일 7,000명의 외래 환자를 수용할 수 있는 'eco-atrium'을 만든다"라고 하였다.

병원의 수로와 테라코타(terracotta) 제조 방식을 반영한 야외 광장도 혁신적인 디자인으로 설계되었으며, 이는 친환경적으로 개방된 공간의 커뮤니티 역할을 한다. 그리고 자연 환기 및 냉각 빔(chilled beam) 시스템은 병원의 냉방에 도움을 주며, 태양핀(fin)과 태양광 패널을 통해 에너지를 절감한다. 또한 자연 통풍이 가능한 5층 아트리움, 물의 재활용, 자연 채광으로 병원을 더욱 친환경적으로 운영할 수 있다. 병원을 건설하는 과정에서도 현지에서 조달한 자재를 이용해 비용을 절감했다.

프로젝트 관리란 프로젝트 수행에 요구되는 자원에 대한 계획, 일정 수립 그리고 통제에 관한 활동이다. 프로젝트의 범위는 비교적 간단한 것(공급업체 선정)부터 매우 복잡하고 오랜 시간이 소요되는 것(새로운 자동차 모델 개발)까지 다양하다. 잘못된 프로젝트 관리로 프로젝트가 실패하게 되면 과도한 비용 지출과 시간 손실 또는 저성과를 초래한다. 프로젝트 목표 달성을 위해 지리적으로 서로 흩어져 있는 팀원들을 이끌 수 있는 역량도 점점 중요해지고 있다. 이 장에서는 프로젝트 관리자가 적시에, 적절한 비용으로, 올바른 결정을 내릴 수 있도록 도울 수 있는 주제와 방법론을 학습한다.

프로젝트 관리 기법은 꽤 오래전에 개발되었다. 하지만 오늘날 경영 환경에서 프로젝트 관리자는 프로젝트 성공 가능성과 리스크를 더욱 신중하게 평가해야 하고, 실패 가능성과 비상 상황에 대비한 계획을 수립해야 한다. 최근에는 클라우드 기반 컴퓨팅(cloud-based computing)과 오픈소스 소프트웨어를 활용하여 프로젝트 관리가 더욱 용이해졌으며, 기업은 비용을 절감할 수 있게 되었다.

본 장에서는 간트 차트(Gantt chart)와 주경로법 (CPM: Critical Path Method)을 이용하여 프로젝트의 중요 활동 식별, 시간-비용 분석을 통한 프로젝트 시간 단축 방법에 대해 학습한다. 이러한 프로젝트 관리 기법을 통해 관리자는 더욱 현실적인 프로젝트 완료 시점과 비용을 예측하고 협상할 수 있다. 그리고 프로젝트 목표를 적시에 계획된 예산 범위 내에서 달성함으로써 프로젝트를 성공적으로 완수할 수 있다.

1 프로젝트 관리란?

1. 프로젝트 관리의 목표와 주요 고려사항

프로젝트(project)란 무엇인가? 미국 프로젝트 관리 협회는 "특별한 제품, 서비스 또는 결과를 생산하기 위한 임시 그룹 활동"으로 정의한다. 프로젝트는 구체적으로 시작과 완료가 정의되어야 하며, 프로젝트의 목표와 활동 그리고 요구되는 자원이 정의되어야 한다. 이것은 일상적인 업무나 활동과는 다르며, 일련의 운영 및 활동을 수행하기 위한 숙련된 전문가(디자이너, 엔지니어, 건축가 등) 그룹의 참여가 요구된다. 즉, 터널, 다리, 고층 건물 등의 토목 또는 건축, 소프트웨어 개발, 재해 피해자 구호 물품 전달과 같은 프로젝트를 위해 특별히 모인 전문가 그룹을 말한다. 〈표 11-1〉에서는 규모가 크고 큰 비용이 소요되었던 대표적인 프로젝트들을 소개한다.

프로젝트 관리(Managing projects)란 프로젝트의 목표(완료 날짜, 예산, 비용, 요구조건)를 달성하기 위한

표 11-1_ 대규모 프로젝트 예

프로젝트	설명
채널 터널	영국과 프랑스를 연결하는 31마일의 해저터널(공사 기간: 1988~1994) 계획된 예산보다 80% 초과한 210억 달러 투입
홍콩 국제공항	200억 달러가 투입된 가장 비싼 공항(공사 기간: 1991~1998) 연간 7,100만 명의 승객이 이용
국제 우주 정거장	15개국의 수백 개 회사가 참여하는 역사상 가장 큰 비용의 건설 프로젝트 초기 모듈은 2000년에 궤도에 올랐고, 가장 최근에 추가된 것은 2011년 지금까지 미국은 750억 달러를 지출하였고, 총비용은 1,000억 달러 이상
싼샤 댐	양쯔강을 가로질러 건설된 7,660피트 길이의 수력 발전 댐(공사 기간: 1994~2006) 260억 달러 투입
안틸라 타워	억만장자 Mukesh Ambani가 소유한 인도 뭄바이의 27층 건물(건축 비용 18억 달러) 3개의 헬기장, 6개 층의 주차장, 접견실, 스위트룸, 극장, 사원, 무도회장을 갖춤

자원(자본, 인력, 자재, 장비)의 계획, 일정계획 및 통제이다. 프로젝트 목표는 일반적으로 프로젝트의 완료 시기, 완료된 프로젝트의 수행 방식 및 완료에 해당하는 조건과 같은 고객의 요구사항에 따라 결정된다. 모든 프로젝트에는 비용, 시간 및 성과 간의 상충(trade-off) 관계가 있다. 예를 들어, 더 큰 비용을 지출하거나 요구사항을 줄임으로써 완료 시간을 앞당길 수 있다. 하지만 비용, 시간, 성과의 균형을 맞추는 것은 종종 프로젝트 관리자에게 매우 어려운 과업이다.

〈표 11-1〉과 같이 프로젝트는 목표와 요구사항, 필요 자원에 따라 그 성격이나 특징이 매우 다르다. 예를 들어, 2010년 130만 명의 이재민이 발생한 아이티 남부 지진의 생존자들에게 구호품을 전달하는 프로젝트와 애플의 맥북 프로 개발 프로젝트는 명백히 다른 프로젝트다. 그러나 이 2가지 프로젝트 모두 숙련된 관리자와 인력뿐 아니라 성공적인 프로젝트 마감을 위해 적절한 자원이 필요하다. 따라서 본 장에서는 프로젝트의 성격이 다르더라도 적용될 수 있는 프로젝트 관리의 일반적인 방법론을 다루기로 한다.

2 프로젝트 계획과 간트 차트

2. 업무 분업 구조 와 간트 차트 작성

프로젝트 계획 수립은 프로젝트를 성공적으로 완료하기 위한 가장 중요한 단계다. 여러분은 '계획의 7P'에 대해 들어봤을 것이다.* 이것은 프로젝트 관리에도 적용된다. 예를 들어, 코네티컷에 본사를 둔 META Group의 연구에 따르면, 신규 소프트웨어 프로젝트 실패 원인의 1/3은 잘못된 프로젝트 계획 때문이다. 또한, 학술지 IEEE Software에 따르면, 프로젝트 관리에 있어 가장 치명적인 2가지 잘못은 (1) 전혀 계획을 세우지 않고 (2) 위험에 대비한 계획을 하지 않는 것이다. 마지막으로, Project Masters의 사장 Rob Black에 따르면 "거의 모든 실패 원인은 잘못된 계획 때문"이라고 한다.

* Prior Proper Planning Prevents Perilously Poor Performance: 사전의 적합한 계획은 위험한 수준의 저성과를 방지한다.

프로젝트 계획 단계에서는 해당 프로젝트를 위한 모든 과업이 최대한 정의되어야 한다. 그리고 관련된 시간 및 비용 추정과 자원 할당, 제어 시스템이 설계되어야 한다. 프로젝트 비용에 영향을 미치는 항목을 사전에 파악할 수 있는지 여부에 따라 프로젝트의 성공 또는 실패가 결정되기도 한다(Service Spolight 참고). 한편, 프로젝트를 구성하는 과업들을 기술한 것을 업무 분업 구조(WBS: Work Breakdown Structure)라고 하며, 이는 제조 자재 명세서(bill of materials)와 유사하다. 〈그림 11-1〉은 공원 정비 프로젝트를 위한 업무 분업 구조의 예를 보여준다. 계층적 구조를 갖는 WBS의 가장 상위 수준에는 프로젝트의 완성을 표현하고, 하위 수준은 상위 수준의 과업을 구성하는 세부 작업을 표현한다.

완성된 WBS를 통해 프로젝트를 구성하는 각 과업의 소요 시간 추정, 작업자 할당 그리고 예상 비용을 산출한다. 〈표 11-2〉는 공원 정비 프로젝트를 위한 각 과업에 수반되는 활동들이 기술되어 있다. 그리고 각 활동에 대한 설명과 예상 시간, 비용, 활동 간의 선후관계를 보여준다. 이 프로젝트의 총비용은 905달러이고, 산출된 예상 비용은 입찰이나 협상 목적으로 사용할 수 있다.

대기오염에 의한 태양광 패널 발전량 감소 연구 프로젝트

MIT 연구원 Ian Marius Peters는 태양광 패널 회사 CleanTech Energy와 함께 대기오염이 태양광 패널의 발전량에 미치는 영향을 계량화하기 위한 프로젝트를 수행하였다. 연구팀은 햇빛이 태양광 패널에 도달하기 전 대기오염에 의해 산란되거나 흡수되는 양을 분석하기 위해, 인도 델리에서 2년간 데이터를 수집하였다. 분석 결과, 대기오염으로 인한 발전량 감소가 연평균 12%에 이르는 것을 확인하였다. 이 경우, 태양광 패널의 연 수익률보다 감소량이 크기 때문에, 태양광 패널 설치는 오히려 경제적 손실을 초래한다. Peters는 "태양광 패널 설치 계획을 세울 때 대기오염을 고려하지 않으면 투자 규모를 축소해야 하거나, 잘못된 투자 수익률을 추정하게 될 것"이라고 말했다.

연구팀은 또한 전 세계 16개 도시의 데이터를 분석했다. 싱가포르의 경우 2%, 베이징, 다카, 울란바토르, 콜카타는 9%에 이르는 발전량 감소를 확인하였다. 그리고 태양광 패널의 종류에 따라서도 대기오염에 의한 감소량에 차이가 있는 것으로 나타났다.

많은 나라들이 태양광 발전 설비 증설에 나서고 있다. 특

히 인도와 중국은 태양광을 통해 각각 40GW, 22GW의 전력 생산을 목표로 하고 있다. 하지만 대부분 도시 지역에 태양광이 설치되고 있어서, 대기오염으로 인한 전력 생산량 감소가 상당히 심각할 수 있다. 연구팀은 대기오염으로 인한 잠재적 손실이 연간 수억 달러에 이를 수 있다고 예측하였다. Peters는 "이 연구가 도시의 대기 질을 개선해야 한다는 것을 보여주는 하나의 증표가 되기를 바란다"고 말했다.

출처: "Air Pollution Puts Dent in Solar Power," *Laboratory Equipment*, August 29, 2018, 1.

● 그림 11-1_ 공원 정비 프로젝트의 업무 분업 구조

표 11-2_ 공원 정비 프로젝트의 시간, 비용, 선행활동 정보

과업	활동	내용	소요 시간(hrs.)	비용($15/hr.)	선행활동
1.1 청소 및 수리	1.1.1 쓰레기 치우기	쓰레기통 비우기 공원 내 쓰레기 치우기	2	30	1.5
	1.1.2 잘라낸 잔디, 나무 정리	잘라낸 잔디와 덤불, 나무 정리	2	30	1.2.1 1.3
	1.1.3 폐기장으로 운반	쓰레기, 풀, 나무를 폐기장으로 운반	1	15	1.1.1 1.1.2
	1.1.4 운동장 청소, 정비	운동장 기구 수리, 정비, 청소	8	120 + 250	1.5
1.2 잔디 정리	1.2.1 잔디 깎기	제초기로 잔디 깎기	5	75	1.1.1
1.3 수목 전지작업	1.3.1 울타리 정비	울타리와 덤불 다듬기	4	60	1.5
	1.3.2 나무 전지작업	나무 다듬기	6	90	1.5
1.4 스프링클러 정비	1.4.1 스프링클러 점검, 수리	스프링클러와 음수대 정비	5	75 + 50	1.5
1.5 준비 작업	1.5.1 재고 보충, 장비 연료 보충	장비·부품 재고 보충, 장비 정비 (연료 보충, 충전)	4	60 + 50	–
			합계	$905	

① 간트 차트

간트 차트(Gantt chart)는 기계 공학자인 Henry L. Gantt(1861~1919)가 개발한 것으로, 프로젝트를 구성하는 활동들의 순서와 시간을 보여주는 도표다. Gantt는 '과학적 관리'(Scientific Management)를 저술한 Frederik Taylor(1856~1915)와 함께 과학적 경영에 관한 아이디어를 개발하기도 하였다. Gantt는 1919년 그의 저서 'Organizing for Work'에서 프로젝트의 진행이 예정보다 빠른지 혹은 느린지를 관리자들이 신속히 판단할 수 있도록 도표를 이용해 설명하였다. 〈그림 11-2〉는 공원 정비 프로젝트의 WBS와 〈표 11-2〉의 정보를 바탕으로 구성한 간트 차트다. 간트 차트에서 수평축은 시간을 나타낸다. 각 활동은 시작 시각과 종료 시각을 기준으로 막대(bar) 형태로 그려지며, 작업자 또는 관리자가 활동 시간과 순서를 빠르게 파악할 수 있다. 〈그림 11-2〉의 간트 차트를 통해 공원 정비 프로젝트를 완료하는 데 14시간이 필요한 것을 확인할 수 있다.

간트 차트를 바탕으로 프로젝트의 각 활동에 작업자를 배정할 수도 있다(이 결정은 경영진의 판단이나 선호도에 의존하기도 한다). 예를 들어, 한 명의 작업자가 1.5 작업 준비를 한 뒤, 1.1.1 → 1.2 → 1.1.2 → 1.1.3의 순서로 작업을 수행할 수 있다. 하지만, 작업 1.3.1, 1.3.2, 1.4, 1.1.4가 동시에 시작하므로, 4명의 인력이 더 필요하다. 그런데 만약 작업 1.4의 시작을 시점 8로 미룬다면, 한 명의 작업자가 작업 1.3.1을 한 뒤 작업 1.4를 수행할 수 있다. 그러면 프로젝트 예상 완료 시간 14를 초과하지 않으면서, 인력을 1명 줄일 수 있다. 이처럼 간단한 프로젝트의 경우, 비교적 이해하기 쉽고 구성이 간단한 간트 차트를 통해 관리할 수 있다.

하지만 〈표 11-1〉과 같은 대형, 대규모의 프로젝트는 수백 또는 수천 가지의 활동과 긴 시간이 필요하며, 활동 간의 관계가 매우 복잡하다. 따라서 WBS, 간트 차트와 함께 프로젝트 활동 간의 상호 의존성과 우선순위 관계를 고려하는 방법론이 필요하다. 이에 본 장에서는 가장 보편적으로 사용되는 전산화된 2가지 프로젝트 관리 기법 CPM과 PERT를 소개한다.

🔵 그림 11-2_ 공원 정비 프로젝트의 간트 차트

3 CPM & PERT

**3. 주경로법과
프로그램 평가
및 검토 기법**

가장 잘 알려진 프로젝트 관리 기법은 주경로법 (CPM: Critical Path Method)과 프로그램 평가 및 검토 기법(PERT; Program Evaluation and Review Technique) 이다. 두 방법 모두 1950년대 후반 개발되었으며, 현대적 프로젝트 관리의 시작이라고 여겨진다. CPM은 듀폰의 수학자 Morgan Walker와 레밍턴 랜드의 James Kelley가 개발하였다. 레밍턴 랜드에서 제작한 최초의 상업용 컴퓨터 UNIVAC 를 구매한 듀폰에서 이를 이용해 프로젝트의 계획, 일정 수립, 활동 견적에 사용할 수 있는 알고리즘으로 개발한 것이다. 이 알고리즘은 최초의 컴퓨터 응용 프로그램 중 하나로 여겨진다. PERT는 부즈 알렌 해밀턴이라는 회사가 미국 해군을 위해 개발한 것으로, 미국의 폴라리스 미사일 프로

젝트에 적용되었다. PERT 적용으로 예상 완료 시점보다 2년을 단축한 것으로 인정받고 있다.

CPM과 PERT의 세부 사항은 다르지만, 두 방법 모두 전체 프로젝트의 완료 시간 산출을 위한 주경로(critical path) 결정을 목표로 한다. 주경로는 선후관계로 연결된 활동(이를 경로라 한다) 중 가장 긴 시간의 경로를 말한다. 주경로에 포함된 활동들의 총소요시간이 전체 프로젝트의 완료 시간이 된다. 따라서 주경로의 활동이 지연되면 전체 프로젝트가 지연될 수 있다. 프로젝트가 제시간에 완료될 수 있도록 주경로상의 활동을 주의 깊게 관리해야 한다. 프로젝트에 따라 다수의 주경로가 존재할 수 있으며, 지연이 발생하면 새로운 주경로로 변경될 수 있다. 이후에는 CPM과 PERT를 구분하지 않고 다루기로 한다.

시작에 앞서 주경로 결정과 여유시간(slack time)을 계산한다.

① 프로젝트의 모든 활동과 각 활동을 완료하는 데 필요한 시간을 확인한다.

② 모든 활동 간의 선후관계를 결정한다(WBS 참고).

③ 1, 2단계의 정보를 바탕으로 활동 네트워크를 구성한다.

④ 주경로(네트워크를 통과하는 가장 긴 경로)를 결정한다.

⑤ 주경로를 기초로, 각 활동의 조기 시작/종료(early start/finish)와 늦은 시작/종료(late start/finish)를 계산한다. 여기서 (늦은 시작-조기 시작) 또는 (늦은 종료-조기 종료)는 각 활동의 여유시간이 된다.

〈예제 11-1〉은 앞서 설명한 공원 정비 프로젝트의 활동 네트워크 구축 과정을 보여준다.

예제 11-1 공원 정비 프로젝트의 활동 네트워크

활동	시간(hrs.)	직전 활동(들)
1.1.1	2	1.5.1
1.1.2	2	1.2.1, 1.3.1, 1.3.2
1.1.3	1	1.1.1, 1.1.2
1.1.4	8	1.5.1
1.2.1	5	1.1.1
1.3.1	4	1.5.1
1.3.2	6	1.5.1
1.4.1	5	1.5.1
1.5.1	4	None

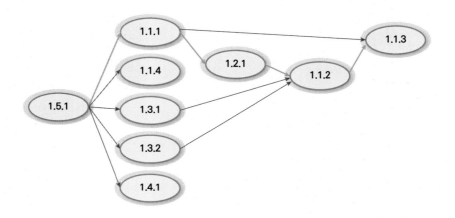

타원과 화살표는 각각 활동과 선후관계를 나타낸다. 활동 1.5.1이 완료되어야 활동 1.1.1, 1.1.4, 1.3.1, 1.3.2, 1.4.1을 시작할 수 있다. 마찬가지로 1.1.2는 1.2.1, 1.3.1, 1.3.2가 완료되어야 시작할 수 있다. 1.1.3, 1.1.4 및 1.4.1은 후속 활동이 없는 경로 종료 작업이다. 주황색 화살표로 연결된 경로가 주경로이다.

1 주경로 결정

주경로는 활동네트워크에서 소요 시간이 가장 긴 경로를 구성하는 활동들의 집합으로, 전체 프로젝트의 완료 시간을 결정할 가능성이 크다. 〈예제 11-1〉의 공원 정비 프로젝트를 위한 활동 네트워크를 살펴보면 6개의 경로가 존재하고, 각 경로의 완료 시간은 다음과 같다.

① 1.5.1 → 1.1.1 → 1.1.3 = 7시간

② 1.5.1 → 1.1.1 → 1.2.1 → 1.1.2 → 1.1.3 = 14시간

③ 1.5.1 → 1.1.4 = 12시간

④ 1.5.1 → 1.3.1 → 1.1.2 → 1.1.3 = 11시간

⑤ 1.5.1 → 1.3.2 → 1.1.2 → 1.1.3 = 13시간

⑥ 1.5.1 → 1.4.1 = 9시간

6개의 경로 중 가장 긴 시간이 소요되는 경로 2가 주경로가 되며, 〈예제 11-1〉의 활동 네트워크에서 주황색으로 표시되어 있다. 주경로상의 활동(critical activities)은 프로젝트 완료 시간을 결정하고, 이 활동들의 지연은 전체 프로젝트를 지연시킨다. 따라서 계획한 기간 내에 프로젝트를 완료할 수 있도록 주경로상의 활동을 면밀히 관리하여 지연을 최소화해야 한다.

❷ 조기 시작/종료 및 늦은 시작/종료 계산

주경로가 아닌 활동의 경우, 해당 활동의 완료와 후속 활동의 시작 사이에 여유시간이 발생할 수 있다. 여유시간은 전체 프로젝트 완료 일정에 영향을 주지 않으면서 해당 활동을 지연시킬 수 있는 시간을 의미한다. 조기 시작은 해당 활동을 가장 빨리 시작할 수 있는 시간을 의미한다. 반대로 늦은 시작은 프로젝트 완료를 지연하지 않으면서 가장 늦게 시작할 수 있는 시간을 의미한다. 〈예제 11-2〉에는 각 활동의 조기 시작(ES)과 조기 종료(EF), 늦은 시작(LS)과 늦은 종료(LF)가 표시되어 있고, 여유시간 계산을 보여준다. 여유시간은 (LS − ES) 또는 (LF − EF)로 계산된다.

주경로상에 있는 활동들의 여유시간은 모두 0이다. 따라서 이 활동들의 지연은 전체 프로젝트의 지연을 유발한다. 그리고 1.3.2와 같이 작은 여유시간(1)을 갖는 활동이 지연될 경우, 새로운 주경로가 생성될 수 있고, 이로 인해 전체 프로젝트가 지연될 수 있다. 그러므로 이러한 활동들도 지연되지 않도록 주의 깊게 관리해야 한다.

공원 정비 프로젝트에서 각 활동의 여유시간은 다음과 같이 계산할 수 있다. 먼저 주경로의 활동들을 계산한다. 첫 번째 활동인 1.5.1부터 시작하고 ES = 0으로 설정한다. 소요 시간은 4이므로 EF = 4가 된다. 주경로의 활동은 여유시간이 0이므로 LS = 0, LF = 4가 된다. 다음 주경로 활동 1.1.1은 1.5.1이 완료된 다음 시작할 수 있으므로 ES = LS = 4, EF = LF = 6이 된다. 같은 방법으로 주경로의 활동들 1.2.1, 1.1.2, 1.1.3에 대해 여유시간 없이 ES/EF, LS/LF를 계산하면 프로젝트 완료 시간은 14가 된다.

다음으로 1.5.1의 후속 활동 1.1.4, 1.3.1, 1.3.2, 1.4.1의 ES = 4(= 1.5.1이 종료되는 시간)가 된다. 활동 1.1.4는 종료 활동이기 때문에 LF=14, LS=6(= 14-8)이 된다. 이는 전체 프로젝트의 일정을 지연시키지 않는 늦은 시작/종료 시각이다. 같은 방법으로 활동 1.4.1의 LF = 14, LS = 9(= 14-5)로 계산된다. 각 활동의 ES/EF, LS/LF를 알면 여유시간을 계산할 수 있다.

지금까지는 모든 활동 시간이 사전에 주어지고 일정한 것으로 가정하였다. 그러나 실제 프로젝트의 진행은 여러 요인과 상황에 따라 달라질 수 있다. 가령 납품업체의 배송 지연, 기계 고장, 직원의 휴가·병가, 좋지 않은 날씨 등의 영향으로 지연될 수 있다. 이러한 예상치 못한 문제는 많은 지

연을 일으킬 수 있으므로, 계획 단계에서 시간적 변동성을 고려해야 한다. 다음 절에서는 이러한 시간 변동을 고려한다.

예제 11-2   공원 정비 프로젝트의 일정

활동	시간(hrs.)	LS-ES(hrs.)	여유시간(hrs.)
1.1.1	2	4-4	0
1.1.2	2	11-11	0
1.1.3	1	13-13	0
1.1.4	8	6-4	2
1.2.1	5	6-6	0
1.3.1	4	7-4	3
1.3.2	6	5-4	1
1.4.1	5	9-4	5
1.5.1	4	0-0	0

주경로 활동들

네트워크에서 사각형은 활동을 나타내며, 주황색 화살표는 주경로를 나타낸다.

- 여유시간 = (LS - ES) 또는 (LF - EF)
- 주경로의 여유시간 = 0

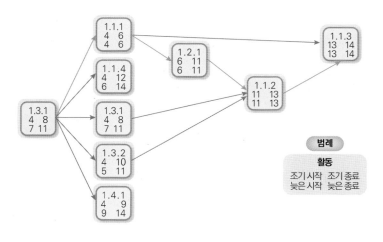

범례
활동
조기시작 조기종료
늦은시작 늦은종료

---

③ 3가지 활동 시간 예측

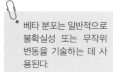

* 베타 분포는 일반적으로 불확실성 또는 무작위 변동을 기술하는 데 사용된다.

PERT는 각 활동에 대하여 3가지 시간 추정치에 근거한 베타 분포를 사용한다.* 3가지 시간 추정치는 다음과 같이 정의된다.

- **낙관적 완료 시간**(optimistic completion time, a)   모든 상황이 최상으로 진행될 때 가장 빠른 완료 시간

- **정상 완료 시간**(most likely completion time, m)　정상적인 조건에서 활동 시간
- **비관적 완료 시간**(pessimistic completion time, b)　모든 상황이 최악으로 진행될 때 가장 늦은 완료 시간

베타 분포 가중치를 적용해 3가지 시간을 가중 평균하여 활동 시간 추정치 t를 아래와 같이 구한다.

$$t = (a + 4m + b)/6$$

활동 A에 대한 예상 활동 시간의 분산은 다음 식을 이용하여 구한다.*

$$\sigma_A^2 = \left[\frac{(b-a)}{6}\right]^2$$

> * 분산 공식은 베타 분포의 양 끝이 평균으로부터 ±3 표준편차에 있다고 가정한다. 따라서 표준편차 $(b-a)/6$이고, 분산은 $[(b-a)/2]^2$으로 계산한다.

식에서 'A'는 활동을 나타낸다.

〈예제 11-3〉은 공원 정비 프로젝트의 활동 시간 추정치와 분산의 계산을 보여준다.

예제 11-3　공원 정비 프로젝트의 활동 시간 추정치와 분산의 계산

활동	낙관적 완료시간 a	정상 완료시간 m	비관적 완료시간 b	예상 활동 시간 t	분산 σ_A^2
1.1.1	1.5	2	3	2.08	0.063
1.1.2	1.5	2	2.5	2.0	0.028
1.1.3	0.8	1	1.2	1.0	0.004
1.1.4	5	8	10	7.83	0.694
1.2.1	4	5	8	5.33	0.444
1.3.1	3	4	6	4.16	0.25
1.3.2	3.5	6	10	6.25	1.174
1.4.1	4	5	7	5.17	0.25
1.5.1	3.5	4	4.5	4.0	0.028

주경로 활동들

- 〈예제 11-1, 11-2〉에 주어진 시간은 이 예제에서 정상 완료 시간(m)으로 가정
- 활동 1.1.1, t = (a + 4m + b)/6 = (1.5 + 2 · 4 + 3)/6 = 2.08
- 분산 = $[(3 - 1.5)/6]^2$ = 0.063
- 전체 프로젝트의 예상 완료 시간 = 주경로 활동들의 활동 시간 추정치 총합
  2.08 + 2 + 1 + 5.33 + 4 = 14.41시간

※ 낙관적 완료 시간과 비관적 완료 시간 사이의 산포가 증가하면 분산도 증가한다.

1) 프로젝트 완료 목표 시간에 대한 확률 계산

CPM으로 산출한 공원 정비 프로젝트의 완료 시간은 14시간이었다. 한편, 〈예제 11-3〉에서 활동 시간 추정치를 바탕으로 산출한 프로젝트 예상 완료 시간은 14.41시간이었고, 변동성을 고려한다면 이보다 늦어질 수도 있다. 주경로 활동의 시간적 변화는 전체 프로젝트에 영향을 주므로 매우 중요하다. 전체 프로젝트 완료 시간에 대한 분산은 주경로 활동들의 분산을 합산하여 구한다.

$$\sigma_p^2 = \Sigma(\text{주경로 활동 분산})$$

이 식으로 〈예제 11-3〉의 공원 정비 프로젝트 주경로 활동들의 분산과 표준편차를 계산하면 아래와 같다.

$$\sigma_p^2 = 0.063 + 0.028 + 0.004 + 0.444 + 0.028 = 0.567$$

$$\sigma_p = \sqrt{\sigma_p^2} = \sqrt{0.567} = 0.753\text{시간}$$

프로젝트 완료 시간은 앞에서 구한 프로젝트 예상 완료 시간(평균, expected completion date)과 표준편차(σ_p)를 갖는 정규분포를 이룬다고 가정한다. 그러면 프로젝트 완료 목표 시간(desired completion date)에 대한 확률은 표준정규분포(또는 Z 분포)를 이용해 계산할 수 있다. Z값을 구하기 위한 정규화 식은 아래와 같다.

$$Z = (\text{프로젝트 완료 목표 시간} - \text{프로젝트 예상 완료 시간}) / \sigma_p$$

〈예제 11-4〉는 공원 정비 프로젝트 완료 목표 시간 = 15시간에 대한 확률 계산을 보여준다.

예제 11-4　공원 정비 프로젝트의 완료 시간에 대한 확률 계산

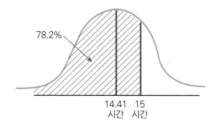

15시간 이내에 프로젝트를 마칠 확률 계산을 위한 Z값
$$Z = (\text{프로젝트 완료 목표 시간} - \text{프로젝트 예상 완료 시간}) / \sigma_p$$
$$= (15 - 14.41)/0.753 = 0.78$$

보충설명 표준정규분포표를 이용하면 Z = 0.78의 확률은 약 78.2%

∴ 공원 정비 프로젝트를 15시간 이내에 마칠 확률 = 78.2%

2) 주어진 확률에 대한 프로젝트 완료 시간 계산

고객과 프로젝트 납기일을 협상한다고 가정해보자. 그렇다면 프로젝트 완료 시간에 대한 신뢰도가 매우 중요하다. 따라서 프로젝트 완료 시간에 대한 확률을 높게 설정해야 할 것이다(예를 들어 99%). 그러면 이 확률에 대한 프로젝트 완료 시간을 표준정규분포표와 아래의 공식으로 계산할 수 있다.

프로젝트 완료 목표 시간 = $(Z \cdot \sigma_p)$ + 프로젝트 예상 완료 시간

〈예제 11-5〉는 99% 확률에 대한 예상 완료 시간 계산을 보여준다.

예제 11-5   99%의 확률을 갖는 완료 시간에 대한 계산

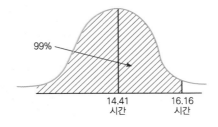

99% 확률을 갖는 완료 시간에 대한 계산

프로젝트 완료 목표 시간 = $Z \cdot \sigma_p$ + 프로젝트 예상 완료 시간

2.33(0.753) + 14.41 = 16.16시간

보충설명 표준정규분포표를 이용하면 99% 확률에 대한 Z = 2.33이다. 따라서 공원 정비 프로젝트는 99%의 확률로 16.16시간 이내에 마칠 수 있다.

4 주경로가 아닌 활동들의 변동성 모니터링

주경로에 해당하지 않지만, 상대적으로 변동성이 높은 활동의 지연도 프로젝트 지연을 초래할 수 있다. 〈예제 11-1〉의 경로 5에 포함된 활동 1.3.2를 살펴보자. 여유시간 = 1시간이고, 비관적 완료 시간(10)과 분산(1.174)이 상대적으로 크다. 이 활동이 지연되면 주경로 활동이 아님에도 불구하고 전체 프로젝트가 지연될 가능성이 커진다. 따라서 프로젝트 관리자는 진행 상황을 모니터링하며 일정에 뒤처지지 않도록 주경로 활동과 그렇지 않은 활동을 긴밀하게 연계해서 관리해야 한다.

4 프로젝트의 시간-비용 상충관계

프로젝트 관리자는 더 많은 자원을 할당하여 프로젝트 완료 시간을 단축할 수 있다. 즉, 더 많은 작업자 또는 설비를 투입하거나 초과근무를 지시할 수 있다. 하지만 이런 자원 추가는 비용이 필요하다. 이를 프로젝트 관리에서 시간과 비용 간 상충관계(trade-off)라고 한다. 추가 비용과 자원을 들여 프로젝트 완료 시간을 앞당기는 것을 프로젝트 단축(project crashing)이라고 한다. 프로젝트의 각 활동에는 정상적인 조건에서 소요되는 정상 시간(normal time)과 정상 비용(normal cost)이 있으며, 자원을 추가 투입하여 달성할 수 있는 최단 활동 시간인 단축 시간(crash time)과 이때 소요되는 단축 비용(crash cost)이 있다.

프로젝트 관리자는 최소의 추가 비용으로 프로젝트를 단축시키길 원한다. 따라서 어떤 활동을 단축해야 하고 이를 위해서는 얼마의 비용이 소요되는지 분석해야 한다. 프로젝트 단축을 위해서는 주경로를 단축해야 하는데, 그 결과 주경로가 아니었던 다른 경로가 주경로로 바뀔 수 있다. 따라서 프로젝트 단축은 프로젝트의 모든 활동 및 경로에 미치는 영향을 고려해야 한다. 다음 3단계는 최소비용으로 프로젝트를 단축하는 절차이다.

① 다음 공식(모든 비용이 선형이라고 가정)을 사용하여 모든 프로젝트 활동에 대해 단위 기간당 단축 비용(crash cost per period)을 계산한다.

$$\text{기간당 단축 비용} = \frac{(\text{단축 비용} - \text{정상 비용})}{(\text{정상 시간} - \text{단축 시간})}$$

〈표 11-3〉은 공원 정비 프로젝트의 정상 시간 및 비용과 단축 시간 및 비용을 보여준다. 주경로의 단위 시간당 단축 비용은 주황색으로 표시되어 있다.

활동	정상시간(hrs.)	정상비용($)	단축시간(hrs.)	단축비용($)	단위 기간당 단축 비용($)
1.1.1	2	30	1	60	30
1.1.2	2	30	1	60	30
1.1.3	1	15	1	15	–
1.1.4	8	370	2	730	60
1.2.1	5	75	3	135	30
1.3.1	4	60	1	240	60
1.3.2	6	90	2	270	45
1.4.1	5	125	2.5	200	30
1.5.1	4	110	2	170	30
		$905			

② 목표 완료 시간과 주경로를 결정한다(정상 시간 추정치 사용). 주경로의 활동 중 단위 기간당 단축 비용이 가장 낮은 활동을 선택한다. 만약 단위 기간당 단축 비용이 가장 낮은 활동이 다수라면, 최대로 단축될 수 있는 활동을 선택한다. 목표 완료 시간을 고려해 선택한 활동을 최대한 단축한다.

③ 주경로의 시간을 수정하고 비용을 계산한다. 목표 완료 시간이 달성되지 않았다면 2단계로 돌아간다.

〈예제 11-6〉은 공원 정비 프로젝트의 단축 결과를 보여준다.

예제 11-6 공원 정비 프로젝트의 단축 결과

시 관리부는 정상 완료 시간(14시간)보다 3시간 단축된 11시간 안에 공원 정비 프로젝트를 완료하고자 한다. 다음 표에서는 주경로 활동의 단위 기간당 단축 비용을 주황색으로 표시했다. 표에서 주경로 활동들의 시간당 단축 비용은 모두 같다. 이 경우 단축 가능한 시간이 가장 많고 모든 경로에 포함된 활동 1.5.1을 선택한다. 모든 경로에 활동 1.5.1이 포함되어 있으므로 이를 단축하면 모든 경로가 동시에 단축된다.

활동	정상시간(hrs.)	정상비용($)	단축시간(hrs.)	단축비용($)	단위 기간당 단축비용($)
1.1.1	2	30	1	60	30
1.1.2	2→1	30	1	60	30
1.1.3	1	15	1	15	–
1.1.4	8	370	2	730	60
1.2.1	5	75	3	135	30
1.3.1	4	60	1	240	60
1.3.2	6	90	2	270	45
1.4.1	5	125	2.5	200	30
1.5.1	4→2	110	2	170	30

활동 1.5.1을 60달러의 추가 비용으로 2시간 단축하면, 주경로는 12시간으로 단축된다. 목표 시간까지 1시간 더 단축해야 한다. 따라서, 여러 경로에 속해 있는 활동 1.1.2를 선택하고 추가 비용 30달러로 1시간 단축한다. 각 경로의 단축된 시간은 다음과 같다.

경로	시간(hrs.)
1.5.1-1.1.1-1.1.3	5
1.5.1-1.1.1-1.2.1-1.1.2-1.1.3	11
1.5.1-1.1.4	10
1.5.1-1.3.1-1.1.2-1.1.3	8
1.5.1-1.3.2-1.1.2-1.1.3	10
1.5.1-1.4.1	7

단축 후 주경로의 완료 시간은 11시간이며 총 프로젝트 비용은 $905 + $90 = $995이다. 추가로 활동 1.1.1을 30달러의 비용으로 1시간 더 단축할 수 있다.

5 프로젝트 리스크 관리

프로젝트 리스크(project risk)는 모든 프로젝트의 주요 관심사이다. 미국 프로젝트 관리 협회에서는 프로젝트 리스크를 "프로젝트 목표에 긍정적 또는 부정적 영향을 미치는 불확실한 사건 또는 조건"으로 정의한다. 프로젝트 관리자는 잠재적 리스크를 식별하고 발생 가능성을 평가한 다음, 리스크를 완화할 수 있는 계획과 리스크 발생 시 대처하기 위한 비상계획을 수립해야 한다.

리스크 관리 계획이 부재한 상태에서 예상치 못한 문제가 발생하면 막대한 비용을 초래할 수 있다. 〈표 11-1〉에 언급된 채널 터널 프로젝트가 대표적 예이다. 또한 5장에서 소개된 MGM Mirage의 CityCenter 프로젝트는 복합 리조트·카지노 단지 건설 기간 중 발생한 경기침체에 대비하지 않아 90억 달러의 비용이 투입되었다. 아래 Service Spotlight에서는 2012년 런던 올림픽 공원에서의 프로젝트 위험 관리를 소개한다.

일반적으로 프로젝트 관리 위험에는 5가지 범주가 있다.

❶ **외부 리스크** 통제할 수 없는 기업 외부의 리스크-경제 상황의 변화, 정부 규제 변화, 법률 입안, 날씨 장애, 시장의 신제품 또는 경쟁업체 등

런던 올림픽 공원의 프로젝트 리스크 관리

2012 런던 올림픽 공원의 건설 프로젝트는 프로젝트 리스크 관리의 좋은 사례이다. 2005년부터 시작된 프로젝트는 2011년 10월까지 부상자는 114명, 위험 사고는 단 8건에 불과하였다.

이러한 수준의 성과를 달성하기 위해 정부 기관은 여러 가지 안전 및 건강에 대한 위험관리 기법들을 도입하였다. 이에 올림픽 공원 건설 기간 동안 건설업자, 설계자 및 건설 코디네이터는 회사의 건강 및 안전 위험성과에 대한 월간 보고서를 모니터링하고 제출하였다. 이뿐만 아니라 사고를 통해 얻은 교훈을 근로자들과 공유하였다. 예를 들어, 일일 활동 보고에 작업과 관련된 다양한 건강 및 안전 요구사항을 포함하여 보고하였다.

건설 현장에 대한 리스크 관리도 이뤄졌다. 한 예로, 트럭에서 자재가 떨어졌을 때 사고를 방지하기 위해 트럭과 보행자가 일정 거리를 유지하도록 하였다. 또한, 런던 스타디움에

서 콘크리트를 시추하는 드릴 작업을 수행하는 작업자들은 손과 팔의 진동 및 소음 노출을 포함한 여러 가지 위험에 노출되었다. 이러한 위험을 줄이기 위해 드릴을 고정할 수 있는 장치를 개발하였고, 이를 통해 진동량과 소음 수준을 줄일 수 있었다.

출처: S. Veysey, "Olympic Park a Risk Management Model," *Business Insurance* 45, no. 47 (2011): 4, 28.

❷ **비용 리스크** 대부분 회사 내부에서 통제 가능한 리스크-공급업체와 하도급업체에 의한 비용 초과, 프로젝트 중 발생하는 설계 변경, 활동비용에 대한 부정확한 추정 등

❸ **일정 리스크** 대부분 회사 내부에서 통제 가능한 리스크-비현실적인 활동 시간 추정, 부정확한 기술 및 운영 요구사항, 부족한 자원 등

❹ **기술적 리스크** 회사 내부 또는 외부에 존재-익숙하지 않은 기술 또는 소프트웨어의 사용, 기술과 소프트웨어의 장애 또는 고장, 소프트웨어 통합 문제 등

❺ **운영상의 리스크** 회사 내부에서 통제 가능한 리스크-부정확한 활동 일정 수립, 잘못된 예측, 잘못된 공급업체 선택, 주요 인력 간의 커뮤니케이션 부족, 부적절한 생산 설계 또는 준비 등

❶ 프로젝트 리스크 식별

프로젝트 초기 계획 단계에서는 잠재적인 리스크의 발생 가능성을 탐색한다. 그리고 해당 리스크를 평가하고 이를 관리하기 위한 자원을 할당한다. 잠재적인 리스크를 평가할 때는 발생 가능성, 프로젝트에 미치는 영향의 심각성 및 위험의 통제 가능성을 평가한다. 〈예제 11-7〉은 잠재적인 리스크를 계량화하여 평가하고 순위를 산정하는 방법을 보여준다.

예제 11-7 프로젝트 리스크 평가

케이시 엔지니어 컴퍼니는 최근 계획 중인 프로젝트의 5가지 잠재적 리스크를 식별하여 평가하였다. 다음은 잠재적 리스크의 평가표이다.

리스크	발생 가능성	영향도	통제 가능성	합계
법적 측면	7	3	2	12
공급업체	5	7	4	16
파업	3	9	4	16
소프트웨어 문제	3	4	2	9
부정확한 예측	5	4	8	17

발생 가능성, 영향도, 통제 가능성 모두 동일한 가중치 부여

1 = 매우 낮은 우려 수준, 10 = 매우 높은 우려 수준

공급업체, 파업 및 부정확한 예측은 상대적으로 리스크 수준이 높지만, 법적 측면과 소프트웨어 문제는 낮은 수준의 리스크로 평가된다.

리스크 평가 결과, 높은 수준의 리스크에 대해서는 전체 프로젝트에 미치는 영향을 완화 또는 최소화할 수 있는 계획을 수립하고 주의 깊게 모니터링한다. 리스크 수준은 프로젝트 수행 중에 주기적으로 업데이트한다. 아울러, 잠재적인 비용 발생의 가능성이 큰 프로젝트의 경우, 전담 관리팀을

구성해 운영한다. 만약, 리스크가 너무 크다고 판단할 경우, 기업은 프로젝트를 포기해야 할 수도 있다.

② 프로젝트 리스크 완화 및 비상시 계획

식별된 위험에 대해 다음 2가지 조치가 요구된다. (1) 위험 축소 또는 완화 계획, (2) 사건이 발생했을 때 실행될 수 있는 비상계획. 〈예제 11-7〉에서 소개한 기업의 경우, 관리자들은 부정확한 예측으로 인한 리스크를 낮추기 위해 다양한 방법으로 예측을 수행하거나, 과거의 예측 오류를 검토할 수 있다. 고객과 보증 계약을 협상할  수도 있다. 그리고 파업에 대한 리스크를 낮추기 위해 노동조합과의 교섭을 마무리하고, 더 신뢰할 수 있는 공급업체를 찾아볼 수 있다. 이러한 조치는 모두 리스크를 완화하기 위한 계획이다.

관리자는 비상계획을 수립할 때 중간 및 최악의 시나리오를 고려해야 한다. 잘 설계된 비상계획은 리스크 발생 시 그 영향을 완화할 수 있다. 그리고 과소 예측뿐만 아니라 과대 예측의 결과도 예측하여 이러한 결과를 어떻게 처리할 것인지 계획해야 한다. 대체 인력 및 공급업체를 사전에 파악하는 것도 좋은 방법이다. 비상계획과 지침은 가능한 한 상세하게 작성하여 관련자들에게 전달되어야 한다. 그리고 프로젝트가 진행되면서 변화하는 상황에 맞게 비상계획을 수정한다.

기업은 다양한 프로젝트를 계획하고 수행하면서, 여러 유형의 프로젝트와 리스크에 대한 자료, 특징, 노하우 등을 습득하게 된다. 어떤 리스크가 중요하고, 어떤 완화 노력이 효과적이었고, 그리고 어떤 비상계획이 가장 성공적이었는지 알 수 있다. 이러한 지식은 향후 프로젝트 실패와 비용 또는 시간 초과를 줄이는 데 도움이 될 것이다.

⑥ 프로젝트 관리 최신 동향

6. 클라우드 기반 프로젝트 관리 프로그램의 장단점

지금까지 (규모가 작은) 공원 정비 프로젝트를 예로 들어 프로젝트 관리 방법론에 대해 살펴봤다. 이번에는 국제적인 참여자가 많거나 대규모인 경우에 사용할 수 있는 프로젝트 관리 프로그램과 클라우드 기반 시스템에 대해 알아본다. 이러한 프로그램을 통해 프로젝트 참여자는 온라인으로 프로젝트 정보를 공유, 수정 및 업데이트할 수 있다. 따라서 프로젝트 관리 프로그램으로 프로젝트의 진행 상황을 추적할 수 있다. 아래의 Service Spotlight에서는 프로젝트 관리 프로그램을 사용한 뉴욕시의 Governor Cuomo Bridge 건설 프로젝트를 소개한다.

프로젝트 관리 프로그램 적용 사례
-Governor Cuomo Bridge 건설 프로젝트

1955년에 완공된 뉴욕시의 Tappan Zee Bridge는 설계 수명이 50년이었다. 이 다리는 60년 이상 이용된 후, 2017년 10월에 폐쇄되었다. 그리고 이를 대체할, 연간 5,100만 대 이상의 차량을 수용할 수 있는 40억 달러 규모의 Governor Cuomo Bridge가 2018년 9월 개통되었다.

이 건설 프로젝트의 수석 디자이너인 Connor Christian은 프로젝트 기획안과 링크된 3D 모델을 요청받았다. 이 요구사항은 프로젝트가 시작된 2012년의 기술 수준을 고려할 때, 당시 표준 관행과는 거리가 멀었다. 이를 위해서는 3D 모델에서 100만 개 이상의 설계 요소를 해당 기획서에 하이퍼링크로 연결해야 했다. Christian은 "이런 식으로 1분마다 하나씩 연결하고, 이것을 1년 내내 하면 11년 넘게 걸릴 것"이라고 말했다.

Chistian은 이러한 문제를 해결하기 위해 3D 모델의 각 요소에 필요 정보를 남겼다. 예를 들면 "동쪽의 5번 대들보, 간격 26, 7번 유닛"과 같은 방식으로 정보를 남겼고, 이를 시공, 설치 및 유지관리, 시공 사진, 도면 등과 같은 다른 정보에 연결하였다. 동시에, 접근이 허락된 사람들만이 각 요소에 접근할 수 있도록 하여 정보 보호 문제를 해결하고자 하

였다.

이를 위해, Christian은 프로젝트 과정 동안 수많은 프로젝트 관리 프로그램을 사용하였고, 모든 데이터가 통합 구성되고 올바른 매개 변수가 최적화되면 하이퍼링크가 자동 생성되도록 시스템을 구축하였다. 이제 Christian은 뉴욕주 고속도로 관리국에서 다리의 유지보수 및 성능 문제를 더 잘 추적할 수 있도록 데이터 관리 방법을 교육하고 있다.

출처: "A Million Small Connections: Designing the New NY Bridge." *Building Design & Construction*, November 30, 2017, 1.

대규모 프로젝트에서는 관계가 매우 복잡한 과업들이 포함되어 있으므로 주의 깊고 면밀한 관리가 요구된다. 프로젝트 구성원들의 작업 내용, 수정사항, 품질 및 비용 등을 지속적으로 모니터링하고 업데이트하며, 필요할 경우 계획을 수정해야 한다. 아울러 프로젝트 관리자는 구성원들과 효과적으로 소통하고 협력해야 한다. 그리고 프로젝트 관리 프로그램을 이용해 잠재적인 문제를 신속하게 파악하고, 프로젝트의 범위와 구성원의 책임을 명확히 하며, 자원을 최적화해야 한다. 또한 완료된 작업에 대한 비용 지급이 효과적으로 이뤄져야 한다. 이러한 요구사항들은 프로젝트 관리 프로그램을 사용하여 충족시킬 수 있다. 하지만 프로그램 사용이 프로젝트의 성공을 보장하는 것은 아니다. 프로그램을 이용함으로써 언급한 목적을 달성하기 위해서는 프로그램을 사용하는 사용자의 역량과 좋은 데이터가 수반되어야 한다.

반면, 비교적 간단한 프로젝트를 진행하는 중소기업에서는 무료 또는 오픈소스 소프트웨어 제품을 고려해볼 수 있다. 무료 소프트웨어 제품 중에는 간트 차트 작성이나 주경로 결정 같은 기본 프로젝트 관리 도구를 지원하는 것들이 있다. 하지만, 리스크 관리 기능이나 기술 지원, 상세 설명

서 및 사용자 정의 기능과 같은 서비스는 제공하지 않는다.

본 서에서는 유용한 무료 제품 두 개를 소개한다.

- **ProjectLibre**　Microsoft Project를 대체할 수 있는 수준의 프로그램
- **GanttProjcct**　프로젝트의 진행 상황을 따라가며 관리하는 프로그램

① 클라우드 기반 프로젝트 관리

클라우드 컴퓨팅(cloud computing)은 사용자의 필요에 따라 소프트웨어, 운영 체제 및 서버를 포함한 컴퓨터 시스템 자원을 제공하는 것을 말하며, 서비스를 제공받는 대가로 사용자는 일정 금액을 지불한다. 예를 들어, 데이터베이스 구축 프로젝트를 수행할 기업 선정 공모가 진행 중이라고 가정해보자. JPEG로 저장된 정부 문서들로 데이터베이스를 구축하는 프로젝트로, 프로젝트 기한은 2주이다. 이 프로젝트는 먼저 각 이미지를 PDF 형식으로 변환한 다음 광학 문자 인식(OCR)을 사용하여 검색 가능한 텍스트로 변환해야 한다. 이 작업은 페이지당 약 30초가 걸릴 것으로 예상된다. 당신의 회사 서버와 변환할 이미지 수를 고려하면 프로젝트를 완료하기까지 139일이 걸릴 것이다. 이 경우, 당신의 회사에서는 이 프로젝트를 맡을 것인가? 그렇다면, 기한 내에 완료하기 위해 30대의 서버를 추가 구매 또는 대여하거나, 클라우드 컴퓨팅 솔루션을 이용할 수 있다. 이것은 실제 사례로, 해당 기업은 약 300만 달러로 클라우드 컴퓨팅 솔루션을 이용하였다.

이 예는 클라우드 컴퓨팅의 기능과 장점을 보여준다. 클라우드 컴퓨팅은 정보 시스템에 대규모 투자가 어려운 중소기업에게 대기업과 경쟁할 수 있는 역량을 제공한다. 기업은 필요한 만큼만 컴퓨팅 자원을 사용하고 비용을 지불하면 되므로 매우 경제적이다. 또 다른 예는 미국 행정관리 예산국에서 2010년 지시한 클라우드 컴퓨팅으로의 정보 이전이다. 미 정부는 탄소 배출량 저감을 위해 기존 데이터 센터의 40%를 줄였다. 대신 신뢰할 수 있고 비용 효율적인 클라우드 솔루션으로 모든 연방 기관의 정보를 이전할 것을 지시했다.

InformationWeek에서 2012년 수행한 조사에 따르면, 응답한 기업 관리자 중 약 60%는 상업용 프로젝트 관리 소프트웨어를 사용하는 프로젝트 관리 부서를 보유하고 있다고 답하였다. 나머지는 스프레드시트 같은 간단한 프로그램과 클라우드 솔루션을 함께 사용한다고 답하였다. 한편, 클라우드 솔루션 사용을 꺼리는 관리자들은 데이터 보안, 가용성, 숨겨진 수수료 및 비용 상승을 우려하였다. 특히, 가장 우려하는 부분은 데이터 보안이었다. 하지만 모든 클라우드 솔루션은 128-bit 또는 256-bit로 데이터를 암호화해 안전하다. 현대의 컴퓨터로 128-bit 수준에서 가능한 모든 암호 해독 키를 해독하는 데는 말 그대로 영원의 시간이 걸린다. 또한, 인터넷에 연결된 대부분의

가정용 컴퓨터보다 클라우드 시스템이 더욱 안전하다.

Wrike는 클라우드 기반 프로젝트 관리 솔루션 중 하나이다. Wrike는 집중 배치 또는 분산 배치 모두에서 작업 속도와 효율성 향상을 위해 설계된 온라인 프로젝트 관리 프로그램이다. Wrike가 제공하는 유연성을 바탕으로 여러 그룹이 효과적으로 협업할 수 있고, 사용자는 실시간으로 작업 및 진행 상황을 예약, 우선순위 지정, 토론 및 모니터링할 수 있다. Wrike는 소규모 팀에게는 무료로 제공되며, 대기업의 경우 사용자당 월 최대 25달러의 이용료를 부과한다.

요 약

관리자에게 프로젝트는 매우 중요한 관리 요소 중 하나다. 프로젝트를 성공적으로 이끌기 위해서는 다양한 작업 그룹과 글로벌 파트너를 효과적으로 다룰 수 있는 행동적 기술 그리고 동시에 여러 복잡한 프로젝트를 계획하고 실행할 수 있는 능력이 요구된다. 이 장에서는 업무 분업 구조, 간트 차트, 주경로법, 프로젝트 완료 시간에 대한 확률 계산, 프로젝트 리스크 그리고 클라우드 기반 프로젝트 관리에 이르기까지 다양한 프로젝트 관리의 필수 사항과 방법론을 다루었다. 모든 프로젝트의 목표는 제한된 예산 내에서 계획된 시간에 프로젝트를 올바르게 완료하는 것이다. 소개된 프로젝트 관리 방법론과 도구는 프로젝트 목표 달성에 도움이 될 것이다.

주요용어

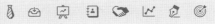

- **활동 시간의 분산**(activity completion time variance) $\sigma_A^2 = [(b-a)/6]^2$

- **클라우드 기반 프로젝트 관리 솔루션**(cloud-based project management solution) 클라우드 환경의 프로젝트 관리 프로그램

- **클라우드 컴퓨팅**(cloud computing) 소프트웨어, 운영 체제 및 서버를 포함한 정보 기술 리소스를 필요에 따라 일정 요금을 받고 액세스 및 제공

- **비용 리스크**(cost risks) 공급업체 또는 하도급업체에 의한 비용 초과, 프로젝트 중에 발생하는 설계 변경, 활동 비용 추정 불량 등의 리스크(대부분 회사가 통제하고 있는 리스크)

- **단축 비용**(crash cost) 단축 시간을 달성하기 위한 비용

- **단축 시간**(crash time) 추가 자원 투입으로 달성할 수 있는 최단 활동 시간

- **주경로 활동**(critical activities) 주경로상의 활동

- **주경로**(critical path) 선후관계로 연결된 활동(경로) 중 가장 긴 시간의 경로. 주경로에 포함된 활동들의 총 소요 시간이 전체 프로젝트의 완료 시간이 됨. 따라서 주경로의 활동이 지연되면 전체 프로젝트가 지연되므로, 주경로상의 활동을 주의 깊게 관리해야 함

- **주경로법**(CPM: critical path method) 프로젝트의 가장 긴 활동 경로(주경로)를 결정하기 위해 1950년대에 개발된 방법. 전체 프로젝트의 완료 시간을 결정함

- **활동 시간 추정치**(expected activity completion time) 베타 분포 가중치를 적용해 3가지 시간을 가중 평균한 시간 추정치, $t = (a + 4m + b) / 6$

- **외부 리스크**(external risks) 프로젝트 지연을 유발하는 통제할 수 없는 기업 외부의 리스크

- **간트 차트**(Gantt chart) 프로젝트를 구성하는 활동들의 시간 길이와 순서를 보여주는 타임라인

- **프로젝트 관리**(managing projects)   프로젝트의 목표(완료 날짜, 예산, 비용, 요구조건)를 달성하기 위한 자원(자본, 인력, 자재, 장비)의 계획, 일정계획 및 통제 활동

- **정상 완료 시간**(most likely completion time)   정상적인 조건에서 활동 시간

- **오픈소스 소프트웨어**(open-source software)   비교적 덜 복잡한 프로젝트를 수행하는 소규모 기업을 위한 무료 소프트웨어

- **운영상의 리스크**(operational risks)   부정확한 활동 일정 수립, 잘못된 예측, 잘못된 공급업체 선택, 주요 인력 간의 커뮤니케이션 부족, 부적절한 생산 설계 또는 준비 등으로 인한 리스크

- **낙관적 완료시간**(optimistic completion time)   모든 것이 최상의 상황에서 계획대로 진행될 때 가장 빠른 완료 시간

- **비관적 완료시간**(pessimistic completion time)   모든 상황이 최악으로 진행될 때 가장 늦은 완료 시간

- **프로젝트 완료 목표 시간에 대한 확률**(probability of completing a project by a given time)   표준정규분포(Z-분포)를 이용해 구한 확률, Z = (프로젝트 완료 목표 시간 – 프로젝트 예상 완료 시간) / σ_p

- **프로젝트 평가 및 검토 기법**(PERT: program evaluation and review technique)   주경로법 참조

- **프로젝트**(project)   특별한 제품, 서비스 또는 결과를 생산하기 위한 임시 그룹 활동. 프로젝트는 구체적인 목표와 활동, 요구되는 자원과 함께 명확한 시작과 완료가 정의되어야 함

- **프로젝트 단축**(project crashing)   더 많은 리소스를 사용하여 프로젝트 완료 시간을 단축하는 전략

- **프로젝트 관리 소프트웨어**(project management software)   프로젝트 진행률을 추적하기 위한 소프트웨어

- **프로젝트 리스크**(project risk)   프로젝트 완료 시간 지연 또는 비용 초과를 유발할 수 있는 예기치 않은 이벤트

- **리스크 완화 계획**(risk mitigation plans)   프로젝트 리스크를 줄이기 위한 조치 또는 계획

- **일정 리스크**(schedule risks)   비현실적인 활동 시간 추정, 부정확한 기술 및 운영 요구사항, 부족한 자원 등으로 인한 일정 지연의 리스크

- **여유 시간**(slack time)   (늦은 시작 시각 - 조기 시작 시각) 또는 (늦은 종료 시각 - 조기 종료 시각)

- **기술 리스크**(technology risks)   익숙하지 않은 기술 또는 소프트웨어의 사용, 기술과 소프트웨어의 장애 또는 고장, 소프트웨어 통합 문제 등으로 인한 리스크

- **업무 분업 구조**(WBS; work breakdown structure)   프로젝트를 구성하는 독립적인 세부 과업들을 기술한 것

공식 정리

- **활동 시간 추정치**   t = (a + 4m +b) / 6, a = 낙관적 완료 시간, m = 정상 완료 시간, b = 비관적 완료 시간

- **예상 활동 시간의 분산** $\sigma_A^2 = [(b-a)/6]^2$, a=낙관적 완료 시간, b=비관적 완료 시간

- **전체 프로젝트 완성 시간에 대한 분산** σ_P^2 = 주경로 활동들의 분산 총합

- **프로젝트 완료 목표 시간에 대한 확률**   (1) Z = (프로젝트 완료 목표 시간 – 프로젝트 예상 완료 시간)/σ_P (2) 표준정규분포표를 이용해 Z에 해당하는 확률 확인

- **주어진 확률에 대한 프로젝트 완료 시간 계산**   (1) 표준정규분포표에서 주어진 확률에 해당하는 Z값

확인 (2) 프로젝트 완료 시간 계산 = $(Z \cdot \sigma_p)$ + 프로젝트 예상 완료 시간

· **단위 기간당 단축 비용**   (단축비용 – 정상비용) / (정상시간 – 단축시간)

문제해결

1. 다음 프로젝트 대한 간트 차트를 작성하고 프로젝트 완료 시간을 구하라.

활동	선행활동	소요 시간(일)
A	–	1
B	A	2
C	A	3
D	B	2
E	B, C	1
F	E	1

정답

· 6일

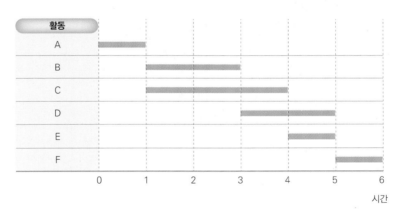

2. 문제 1에서 주어진 프로젝트의 네트워크를 그리고, 가능한 경로를 모두 구한 뒤 주경로를 찾아 프로젝트 완료 시간을 구하라.

정답

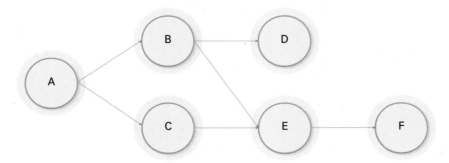

- A-B-D: 5일
- A-B-E-F: 5일
- A-C-E-F: 6일(주경로)

3. 문제 1에서 주어진 프로젝트의 각 활동에 대한 조기시작/종료시간(ES/EF), 늦은 시작/종료시간(LS/LF) 그리고 여유시간을 구하라.

정답

활동	소요 시간(일)	ES	EF	LS	LF	여유시간
A	1	0	1	0	1	0
B	2	1	3	2	4	1
C	3	1	4	1	4	0
D	2	3	5	4	6	1
E	1	4	5	4	5	0
F	1	5	6	5	6	0

4. 문제 1에서 주어진 프로젝트에 대한 3가지 시간 추정치는 아래와 같다.

활동	낙관적	정상	비관적
A	0.5	1	2.0
B	1	2	2.5
C	2.5	3	3.5
D	1	2	3
E	0.9	1	1.1
F	0.5	1	1.5

a) 각 활동의 예상 활동 시간 추정치와 분산을 구하라.

b) 프로젝트의 예상 완료 시간을 구하라.

정답

a)

활동	낙관적	정상	비관적	추정치(t)	분산(σ_A^2)
A	0.5	1	2.0	1.08	0.063
B	1	2	2.5	1.92	0.063
C	2.5	3	3.5	3	0.028
D	1	2	3	2	0.111
E	0.9	1	1.1	1	0.001
F	0.5	1	1.5	1	0.028

b) 프로젝트 예상 완료 시간 = 1.08 + 3 + 1 + 1 = 6.08일

5. 문제 4에서 주어진 자료를 바탕으로, 프로젝트 완료 시간에 대한 분산과 표준편차를 구하라.

   a) 프로젝트가 6.5일 이내에 끝날 확률은 얼마인가?

   b) 95% 신뢰수준에 해당하는 완료일은 며칠인가?

   c) 주경로가 아닌 활동 중에서도 특별히 모니터링이 필요한 활동은 무엇인가?

   정답

   • 프로젝트 완료 시간에 대한 분산과 표준편차 = 주경로의 분산과 표준편차

   • 분산 = 0.063 + 0.028 + 0.001 + 0.028 = 0.12

   • 표준편차 = $\sqrt{0.12}$ = 0.346일

      a) Z = (6.5 - 6.08)/0.346 = 1.21, 표준정규분포표에서 Z = 1.21의 확률 88.69%

      b) 표준정규분포표에서 95%에 가장 가까운 Z = 1.64, 1.64(0.346) + 6.08 = 6.65일

      c) 주경로가 아닌 활동 중, 분산이 상대적으로 큰 활동 D에 대한 모니터링이 필요하다.

6. 문제 4에서 주어진 프로젝트에 대한 시간-비용 자료가 다음과 같이 주어졌다.

활동	정상시간(일)	정상비용($)	단축시간(일)	단축비용($)
A	1	500	0.5	750
B	2	1,500	1.5	2,000
C	3	2,000	2.5	2,750
D	2	1,000	1.0	2,000
E	1	300	1.0	300
F	1	600	0.5	1,100

   a) 각 활동의 기간당 단축 비용을 구하라.

   b) 프로젝트 완료 목표일이 5일이라고 할 때, 단축이 필요한 활동과 단축 비용을 포함한 총비용을 구하라.

   c) 이 프로젝트의 가능한 최단 완료일과 총단축 비용을 구하라.

   정답

   a)

활동	정상시간(일)	정상비용($)	단축시간(일)	단축비용($)	기간당 단축 비용($)
A	1	500	0.5	750	500
B	2	1,500	1.5	2,000	1,000
C	3	2,000	2.5	2,750	1,500
D	2	1,000	1.0	2,000	1,000
E	1	300	1.0	300	-
F	1	600	0.5	1,100	1,000

b) 현재 주경로 A–C–E–F 6일, 목표 시간 5일

　① 주경로 활동 중 기간당 단축 비용이 가장 낮은 A를 0.5일 단축 (+ $250) → 단축된 프로젝트 완료 시간 5.5일

　② F를 0.5일 단축 (+ $500) → 단축된 프로젝트 완료 시간 5일 (목표 시간 달성)

　총비용 = $5,900 + $750 = $6,650

　주경로는 여전히 A–C–E–F

c) 최대로 단축했을 때 각 경로의 최단 시간

　A–B–D = 3일

　A–B–E–F = 3.5일

　A–C–E–F = 4.5일 (← 프로젝트 최단 완료일, 단축 비용 $1,500)

　총비용 = $5,900 + $1,500 = $7,400

7. 다음 표는 어느 기업의 해외 신사업 프로젝트에 대한 리스크 분석 내용이다.

(1 = 낮은 우려 수준, 10 = 높은 우려 수준)

리스크 목록	발생 가능성	심각성	통제 가능성
세금 문제	5	4	4
법적 문제	6	5	8
노조 문제	4	8	2
정치적 문제	6	5	8
공급자 문제	4	7	3

- 각 리스크의 평가 점수와 순위를 구하라(단, 3가지 평가 요소에 대한 가중치는 같다).

정답

- 가중치가 같으므로 평가 점수는 (발생 가능성 + 심각성 + 통제 가능성)으로 구한다.

　법적 문제(19), 정치적 문제(19) – 노조 문제(14), 공급자 문제(14) – 세금 문제(13)

검토해보기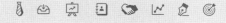

1. 프로젝트란 무엇인가?

2. 프로젝트 계획의 중요성을 설명하라.

3. 업무 분업 구조란 무엇인가?

4. 간트 차트란 무엇인가?

5. CPM과 PERT의 목적은 무엇인가?

6. 주경로란 무엇이고 프로젝트 관리에 있어 왜 중요한가?

7. 주경로상의 활동은 무엇이고, 여유시간은 어떻게 구하는가?

8. 프로젝트 단축, 단축 시간, 단축 비용이란 무엇인가? 프로젝트 단축은 언제 이뤄지는가?

9. 프로젝트 리스크란 무엇이며 프로젝트 리스크의 범주는 무엇인가? 프로젝트 리스크를 고려

해야 하는 이유는 무엇인가?

10. 리스크 완화란 무엇이고, 비상시 계획과 어떻게 관련이 있는가?

토론해보기

1. 주경로가 아닌 경로가 주경로로 바뀔 수 있는가?

2. 조기 시작/종료시간, 늦은 시작/종료시간을 계산하는 이유는 무엇인가?

3. 3가지 활동 시간 추정치를 사용하는 이유와 목적은 무엇인가?

4. 활동 시간의 변동은 프로젝트에 어떤 영향을 주는가?

5. 프로젝트 관리 프로그램과 클라우드 기반 관리 프로그램의 장점은 무엇인가?

연습해보기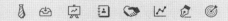

1. 〈표 11-1〉에 소개된 것과 유사한 대형 프로젝트에 대한 정보를 찾고 가능한 한 많은 프로젝트 요소를 설명하는 보고서를 작성하라.

2. 이번 학기의 한 주를 하나의 프로젝트로 생각하고, 업무 분류 구조와 예상 활동 완료 시간 및 분산을 계산하라.

연습문제

1. 다음 프로젝트 대한 간트 차트를 작성하고 프로젝트 완료 시간을 구하라.

활동	선행활동	소요 시간(일)	활동	선행활동	소요 시간(일)
A	-	1	E	B	3
B	A	3	F	C, D	1
C	A	2	G	F	2
D	A	4	H	E, G	4

2. 문제 1에서 주어진 프로젝트의 네트워크와 가능한 경로를 모두 구한 뒤 주경로를 찾아 프로젝트 완료 시간을 구하라.

3. 다음 프로젝트 대한 간트 차트를 작성하고 프로젝트 완료 시간을 구하라.

활동	선행활동	소요 시간(일)	활동	선행활동	소요 시간(일)
A	-	3	D	A, B	3
B	-	4	E	B, C	1
C	-	2	F	D, E	3

4. 문제 3에서 주어진 프로젝트의 네트워크와 가능한 경로를 모두 구한 뒤 주경로를 찾아 프로젝트 완료 시간을 구하라.

5. 다음 프로젝트 대한 간트 차트를 작성하고 프로젝트 완료 시간을 구하라.

활동	선행활동	소요 시간(일)	활동	선행활동	소요 시간(일)
A	–	2	E	C, D	4
B	–	1	F	E	2
C	A	3	G	D	3
D	B	1	H	G	2

6. 문제 5에서 주어진 프로젝트의 네트워크와 가능한 모든 경로를 구한 뒤 주경로를 찾아 프로젝트 완료 시간을 구하라.

7. 문제 5에서 주어진 프로젝트의 각 활동에 대한 조기시작/종료시간(ES/EF), 늦은 시작/종료시간(LS/LF) 그리고 여유시간을 구하라.

🔘 **문제 6에서 구한 주경로와 아래 정보를 바탕으로 다음 문항을 해결하라.**

활동	낙관적	정상	비관적	활동	낙관적	정상	비관적
A	1.5	2	2.3	E	2.5	4	6
B	1	1	1	F	1.5	2	4.5
C	2	3	4	G	2	3	6.5
D	0.5	1	2.5	H	1	2	3.5

8. 각 활동의 예상 완료 시간과 분산을 구하라.

9. 프로젝트 예상 완료 시간을 구하라.

10. 프로젝트 예상 완료 시간에 대한 분산과 표준편차를 구하라.

11. 프로젝트가 14일 이내에 완료될 확률을 구하라.

12. 98% 신뢰도를 갖는 프로젝트 완료일을 구하라. 주경로가 아닌 활동 중에서도 특별히 모니터링이 필요한 활동은 무엇인가?

🔘 **아래 정보를 바탕으로 다음 문항을 해결하라.**

활동	정상시간(일)	정상비용($)	단축시간(일)	단축비용($)
A	2	1,000	1.5	1,250
B	1	200	1	0
C	3	2,200	1.5	2,600
D	1	850	0.5	1,080
E	4	3,000	2	3,800
F	2	1,500	1.5	1,550
G	3	2,500	2	2,750
H	2	2,700	0.5	3,900

13. 각 활동의 단위 기간당 단축 비용을 구하라.

14. 현재 주경로는 A-C-E-F이다. 만약 희망 목표 완료일을 10일로 한다면, 어떤 활동을 단축해야 하는가? 이때, 단축 비용을 포함한 총비용은 얼마인가?

15. 문제 6에서 구한 네트워크를 바탕으로, 최소 완료 시간과 총비용을 구하라.

16. 어느 여행사는 유럽에 새로운 지점 개설을 계획 중이다. 관련된 리스크를 분석한 내용은 다음과 같다. (1 = 낮은 불만 사항, 10 = 높은 불만 사항)

리스크 목록	발생 가능성	심각성	통제 가능성
세금 문제	8	2	8
부동산 문제	3	7	5
노조 문제	6	9	3
정치적 문제	2	8	6
기술적 문제	3	7	4

3가지 평가 요소에 대한 가중치는 동일한 것으로 가정하고, 각 리스크의 평가 점수와 순위를 구하라.

CASE **Study**

Case 1 | **The Move**

미국의 한 전자상거래 업체인 MRO 서플라이는 미국 중서부 지역과 일본에 있는 고객 및 공급업체와 주로 거래한다. 전화나 이메일을 통해 거래하며, 일반적인 거래 절차는 다음과 같다. 고객으로부터 견적 요청(RFQ)을 받으면 1~3개 정도의 공급업체로 보내 견적을 받고, 그중 가장 좋은 견적서를 고객에게 전달한다. 고객이 견적을 승낙하고 주문을 넣 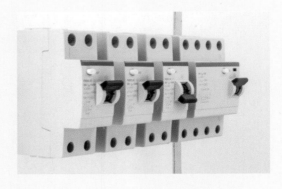 으면 공급업체에 전달해 물품을 배송하도록 요청한다. 이 과정은 보통 영업일로 5일이 걸린다. MRO Supply는 하루 평균 약 300개의 RFQ를 수신하며, 이는 현재 인력이 하루에 8시간 근무하며 처리할 수 있는 적정량으로 보고 있다.

1월의 어느 월요일 오후 4시, 이 기업 COO Jeff는 지역 전기 공급업체를 운영하는 친구 Paul의 전화를 받는다. Paul은 Jeff에게, MRO 서플라이가 위치한 건물의 소유주가 1년 동안 전기요금을 연체 중이고 납부 의사가 없는 것으로 보여, 2월 20일 해당 건물에 전기 공급을 중단할 계획을 알린다. 해당 건물에는 MRO 서플라이 외에도 40여 업체가 임대해 사용 중이다. 불행하게도, MRO 서플라이와 다른 업체들이 연체료를 지불하더라도, 건물 소유주는 앞으로도 계속해서 요금을 연체할 것 같다. 또한, 세입자는 건물에 대한 책임이 없으므로, 전기 공급업체는 세입자들로부터 직접 요금을 받을 수 있는지조차 분명하지 않다.

Jeff는 전기 공급 중단까지 남은 30일 이내에 사업장을 성공적으로 이전하면 고객 서비스 중단 없이 운영이 가능할 것으로 판단한다. 만약, 사업장 이전이 원활히 되지 않아 고객 서비스를 중단하거나 운영에 차질이 생기면 직원의 15%를 해고해야 할 수도 있는 상황이다.

현재 MRO 서플라이가 있는 곳은 인구 20만의 도시이고 모든 근로자가 근거리에서 거주하며 통근한다. 따라서 현 도시에서 먼 곳으로 옮기는 것은 현실적으로 어렵고, 회사 또한 지금의 도시에 머무르기를 원한다. Jeff는 새로운 사업장이 2만 제곱피트(ft²)의 규모에 50대의 주차 공간을 보유하며, 향후 확장이 가능한 장소여야 한다고 생각한다. 주변에 이러한 조건과 부합한 10곳 정도를 확인하였는데, 모두 약간의 리모델링이 필요하다. Jeff는 리모델링 업체 세 곳을 알아보았으나 기간 내에 리모델링이 끝나지 않을 수도 있다. 그리고 2월 20일까지 새로운 사업장을 설치하고 모든 서버를 옮겨, 업무를 수행할 수 있는 준비를 마쳐야 한다.

  사장은 Jeff에서 회사 이전 계획을 세울 것을 지시하면서, 그가 선택할 수 있도록 두 개의 장소를 제안해달라고 요구한다. 계획에는 예산, 구체적인 실행 단계, 업무에 대한 책임 그리고 이전하는 동안 고객 서비스 대응 전략이 포함되어야 한다. Jeff는 자신과 같은 직급의 IT 및 재무관리자 그리고 자신에게 보고하는 4명의 주요 관리자(통계, 구매, 고객 서비스 및 공급업체 개발)와 TF팀을 구성한다. Jeff는 사업장 이전을 위해 모든 직원의 업무량이 약 20% 증가할 것으로 예상한다. 기간이 짧으므로 신규 채용은 불가능하고, 추가 인원 없이 이전을 서둘러야 한다. 그리고 IT 장비와 서버를 옮기기 위한 전문 업체와 기타 이삿짐 운송업체를 이용하려 한다.

질문

1. Jeff가 이 문제를 해결하기 위해 취해야 할 첫 번째 조치는 무엇인가?

2. 이 프로젝트의 주요 과제는 무엇인가?

3. 이 프로젝트와 관련된 리스크는 무엇인가?

4. Jeff가 이러한 리스크를 최소화하기 위해 취할 수 있는 조치는 무엇인가?

Case 2 | Transforming a Community

  Mike는 인구 50만의, 미국에서 가장 살기 어려운 지역 중 하나로 평가된 지역에서 살고 있다. 최근, 이 지역을 10년 안에 미국에서 가장 살기 좋은 25개 지역 중 하나로 만드는 것을 목표로 지역 위원회가 구성되었다. 위원회는 지역의 기업가들 위주로 구성되었으며, Mike는 위원회의 전무이사로 고용되었다.

  Mike는 지역 혁신 성공 사례를 조사하여 위원회 리더들과 공유하였다. 이후, 지역 사회의 비전을 작성하기 위한 세션이 열렸고, 이 세션은 지역 시민, 기업가, 정치인들의 폭넓은 지지를 받는 지역 사회의 비전 개발을 이끌었다. 그 결과, 지역 사회가 변화하기 위해 다루어야 할 11개의 핵심 영역을 선별하였다.

- 안전(범죄율 감소)
- 건강한 생활 습관(비만율 감소 및 체력 증진)
- 교육(교육 수준 향상 및 중퇴율 감소)
- 경제 및 일자리(높은 급여, 양질의 일자리 창출)
- 계획(측정 가능한 성과가 가능한 계획)
- 자금 지원 및 조정(같은 방향으로 움직이는 공동체)
- 물리적 인프라(교통, 도로 및 기타 형태의 인프라 개선)
- 가족과 이웃(사람들이 살고 방문하기에 좋은 장소 만들기)
- 리더십과 청년(현재와 미래를 위한 리더 양성)

• 예술 및 레크리에이션(놀기 좋은 지역 조성)

• 연결성(타 지역과의 연결성)

위원회는 11개 영역별 목표 달성을 위해 그룹을 조직하고 필요한 사람들을 모집하였다. 각 그룹은 관련된 지식과 소유권을 보유하고 있는 (공공 및 민간) 조직을 파악하였다. 그리고 각 작업의 규모와 범위를 정의하고, 이 혁신을 관리할 다양한 방법들을 모색하고 있다.

🔍 질문

1. 이 지역의 개선 사업은 프로젝트 관리 및 관련 기술에 적합한 범주인가?

2. 프로젝트 관리 도구와 기술을 활용해 이 사업을 추진할 때 단점과 리스크는 무엇인가?

3. Mike는 이 프로젝트를 대규모로 운영하기로 하였다면, 각 영역의 리더들에게 어떤 방향을 제시해야 하는가?

🔍 참고

제시된 사례들은 Rockford 대학의 Jeffrey W. Fahrenwald 교수가 수업 중 토론을 위해 설정한 상황으로, 경영 상황에 대한 효과적 또는 비효율적 대처방안을 설명하기 위한 자료가 아니다.

참고문헌

- M. Garcia, "About the Space Station: Facts and Figures:' NASA, http://www.nasa.gov/mission_pages/ station/main/onthestation/facts_and_ figures.html; "Ten Surprising Facts about the International Space Station: , PBS, http://www.pbs.org/spacestation/station/issfactsheet.htm; M. Smith, "NASA IG: ISS Cost U.S. $75 Billion So Far, Estimates of Future Costs Overly Optimistic:' SpacePolicyOnline.com, http:// www. spacepolicyonline.com/news/nasa-ig-iss-cost-u-s-75-billion-so-far-estimates-of-future-costs-overly-optimistic. Accessed March 28, 2020.

- "Hong Kong International Airport, M Wikipedia, last modified February 25, 2020, http://en.wikipedia. org/wiki/Hong_Kong_International_ Airport; "HKIA Fact Sheets:' Hong Kong International Airport, https://www.hongkongairport.com/en/the-airport/hkia-at-a-glance/fact-figures.page. Accessed March 28, 2020.

- "The $1 Billion Antilia, Mumbai, India, M CBS News, http://www.cbsnews.com/media/10-of-the-worlds-most-expensive-homes/. Accessed March 28, 2020.

- Found at https://www.pmi.org. Accessed March 28, 2020.

- J. Axelrod, "Procurement Teams Need Training in Non-traditional Areas," *American City & Country*, May 13, 2019, 1.

- J. Barnes, "It's Official: China Opens First Green Hospital, Designed by HMC Architects," *Building Design & Construction*, April 15, 2019, 1.

- J. King, "Poor Planning Kills Projects, Pushes Costs Up," *Computerworld* 31, no.38(1997): 6.

- J. Opiola and S. Lockwood, "Getting Clear about the Cloud," *Public Manager* 41, no.2(2012): 10-12.

- K. Quagliata, "Buyer's guide: SaaS Project Management Tools," *InformationWeek*, June 6, 1.

- L. Krystek, "The Channel Tunnel," Museum of Unnatural Mystery, 2011, http://www.unmuseum. org/7wonders/chunnel.htm.

- M. Mehta, "Transmission Weaves through a Complex Urban Web," *Transmission & Distribution World*, November 21, 2018, 1.

- Opiola and Lockwood. "Getting Clear."

- R. Black, "Proper Planning Can Help Project Managers Avoid Raging Fires," Computing Canada, 31, no.16(2005): 30.

- R. Margea and C. Margea, "Open Source Approach to Project Management Tools," *Informatica Economica* 15, no.1(2011): 196-206.

- R. Olsen, "Can Project Management Be Defined?," Project Management Institute, 1971, http://www. pmi. org/learning/project-management-defined-concept-1950.
- S. McConnell, "The Nine Deadly Sins of Project Planning," *IEEE Software*, Setember/October 2001, 5-7.
- "Three Gorges Dam," Wikipedia, last modified February 23, 2020, http://en.wikipedia.org/wiki/Three_ Gorges_Dam.
- "Critical Path Method," Reference for Business, https://www.referenceforbusiness.com/encyclopedia/ Cos-Des/Critical-Path-Method.html. Accessed March 28, 2020.
- "Henry Gantt's Legacy to Management Is the Gant Chart," Gantt Charts, http://www.ganttchart.com/ history.html; "Gantt Charts: A Centenary Appreciation," *European Journal of Operational Research* 149, no.2(2003):430-437.
- "Wrike Reiew," found at https://reviews.financesonline.com/p/wrike/#review. Accessed March 28, 2020.

생산 운영관리
Operations
Management

Chapter 12
식스 시그마 품질 관리

"언제나 같은 행동을 하면서 다른 결과를 기대하는 것"이야말로 미친 짓이다.　　　　　　　　　　　－Albert Einstein

Kuss는 우리의 운영관리 시스템과 식스 시그마와 린 생산 기술의 활용을 통한 품질 유지에 집중하고 있으며, 이를 통해 설계와 혁신, 그리고 제품 우수성에 대한 인식과 많은 표창뿐 아니라 ISO/TS 16949 인증까지 얻게 되었다.　　　　　　　　　　　－오하이오 기반 Kuss Filtration의 사장이자 CEO인 Hasnain Merchant

처음 훈련 프로그램을 시작할 때는 적어도 각 부서마다 한 명 이상 식스 시그마 그린 벨트 인증을 받는 것이 목표였다. 최근 그 목표를 달성하였다. 이제 우리는 이 지역에 28명의 식스 시그마 그린 벨트를 보유하고 있으며, 나는 그들과 함께 특별한 품질 프로젝트를 수행하고 있다.

　　　　　　　　　　　－플로리다 코랄 게이블시의 정보 기술 감독관 Raimundo Rodulfo

🎯 학습목표

1. 식스 시그마의 기원

2. 린 프로그램과 식스 시그마 간의 연결성

3. 식스 시그마의 주목할 만한 기여

4. 식스 시그마의 다양한 통계적 도구

5. 식스 시그마의 새로운 애플리케이션

업계 최고의 휠을 만들기 위해
Winona PVD는 식스 시그마를 사용한다

인디애나를 근거지로 하는 Winona PVD Coatings는 품질을 매우 중시한다. 지난 10년간 400만 대가량의 자동차 휠을 납품하였는데, 이 기간 중 불량품의 총합은 두 손에 꼽을 정도이다. "물리적 기상 증착(PVD: Physical Vapor Deposition)" 코팅은 도장한 휠에 크롬 형상을 입힐 수 있으며, 이를 통해 각 휠의 무게를 1~2파운드 가량을 감소시킬 수 있다. 회사는 Nissan, Toyota, BMW와 함께 포드의 F-150 트럭에 쓰이는 휠도 코팅하고 있다. 회사는 지속적인 개선과 로봇 생산 방식(생산 과정에서 휠은 한 번도 사람의 손을 거치지 않는다)을 통한 품질 유지에 집중하고 있다. 회사는 식스 시그마, 통계적 공정 관리, 이시카와 다이어그램을 포함한 수많은 품질 지침을 사용하고 있다. 고객의 제품 거부를 막기 위해 회사는 공정을 면밀하게 모니터링하고, 문제가 발생되면 즉각적인 개선 활동을 진행하며, 근본적인 원인을 찾아낸다. "지속적인 품질 개선은 우리의 핵심 가치의 한 부분입니다." Winona의 최고 운영 책임자인 Frank Browning의 말이다.

"포드는 결과물에 대한 확신 없이 새로운 기술을 가진 새 회사를 허용하지 않습니다"라고 Winona의 Larry Beals 부사장은 말하고 있다. 초기에는, 포드는 Winona가 성과를 낼 수 있는가를 확인하기 위해 적은 양의 주문만 발주하였다. Winona가 30만 개의 휠을 결함품 없이 공급하자 주문량을 늘렸으며, 종국에는 전체 F-150 플랫폼을 맡기게 되었다. "그 이후로, 우리는 실망시킨 적이 없습니다." Beals 부사장의 말이다. Beals는 식스 시그마 블랙 벨트 인증을 받았으며, 회사는 몇 명의 식스 시그마 리더를 더 보유하고 있는데, 이러한 구성은 소규모 조직에 매우 적합하다.

공장 바닥은 휠 더미로 복잡하다. 현장에서, 운영자들은 공정을 지켜보고 휠을 검사한다. 휠이 라인에 올려지면, 로봇이 위치한다. 생산 공정은 간단해 보이지만 실제로는 많은 일이 일어난다. 공정은 도색된 상태로 준비된 초기 주물에서 시작된다. 이 과정은 기본 코팅, 파우더 코팅, 경화, 진공실, 휠 위의 알로이 도장의 과정을 거친 후, 번쩍이는 휠이 완성되면 감압실 공정으로 이어지게 된다.

Winona의 1차 공급자 중의 하나인 Dynavac은 오늘날의 대량 생산업체로 성장할 때까지 회사를 지켜보아왔다. Dynavac의 CEO인 Tom Foley는 "자동차 산업은 아마도 당신들이 찾아볼 수 있는 산업 중 가장 높은 품질 기준을 가지고 있을 것입니다"라고 말한다. "대량 생산 과정에서 자동차의 기능과 외형에 투입되는 정말 많은 부품을 관리해야 합니다." Winona는 진짜 성공 스토리이다.

이전 장에서 설명한 것처럼, 오늘날의 고객들은 무엇보다도 가격에 근거해 제품과 서비스의 구매를 결정하게 된다. 이로 인해 회사들은 속도와 혁신, 통합, 품질, 그리고 효율성을 강조하는 전략을 적용할 필요가 생긴다. 식스 시그마(Six Sigma)는 낮은 가격과 높은 품질 그리고 빠른 반응 목표를 동시에 추구하는 경우 발생할 수 있는 트레이드-오프(Trade-Offs)를 해결함과 동시에 이러한 전략 지침을 확보하도록 도와주는 품질 철학이다.

품질 평가와 개선은 8장의 주제인 린 생산을 위해 함께 병행되어야 한다. 린 시스템이 낭비를 없애고 재고를 줄이기 시작하면, 병목 공정에서의 문제와 품질 저하, 배송 시간의

문제가 생산 과정과 내·외부 제품 모두에서 자연스럽게 나타나게 된다. 식스 시그마 도구를 사용하면 이러한 문제를 해결할 수 있으며, 결과적으로 더 높은 수준의 품질과 고객 서비스로 이어지게 된다. 그러므로, 재고와 낭비를 줄이려는 활동이 계속되면서 생산 시스템 전반에 걸쳐 지속적으로 품질을 개선하려는 노력도 계속된다. 식스 시그마는 고객의 기대에 대한 정

의와 이러한 기대에 부응하고 이를 뛰어넘기 위한 탁월함을 위한 장기간의 규칙을 강조한다. 이 장의 여는 이야기에서 보여준 것처럼 Winona PVC는 이런 일에 탁월하다. 기술의 변화처럼 환경이 바뀌고(최근의 글로벌 불황처럼) 경쟁이 고객의 기대를 변화시키기 때문에, 기업들은 지속적인 재평가와 개선 프로그램을 시행해야 한다. 이것 역시 식스 시그마의 일부분이다. 이 장에서는 식스 시그마 개선 활동에서 사용되는 도구와 함께 식스 시그마의 철학을 논의할 것이다. 다음 섹션에서는 시그마 식스의 시기에 따른 개발과정을 보여준다.

1 식스 시그마의 기원

1. 식스 시그마의 기원

식스 시그마는 1987년 세계적인 통신 회사인 모토로라가 개발하였으며, 가치가 부가되는 과정에서 의미 있는 품질 개선을 이루기 위한 통계 기반의 의사결정 프레임워크이다.* 식스 시그마는 실제로 모토로라의 등록상표이며 항상 대문자 S(Six Sigma)로 사용된다. 1980년대에 모토로라의 수석 엔지니어였던 Mikel Harry는 통계적 분석법을 이용해 문제를 해결하는 실험을 수행할 엔지니어 조직을 만들었다. 해당 시기에 모토로라의 고객 서비스 담당 부사장이었던 Richard Schroeder는 Harry의 업적을 듣고 모토로라 내의 자신의 업무에 이 방법론을 적용하였다. 오래지 않아, 두 그룹은 오류와 그에 따른 비

* 2011년에 모토로라는 모토로라 모빌리티와 모토로라 솔루션이라는 두 회사로 분할, 매각되었다.

표 12-1_ **식스 시그마 수준**

시그마 수준 (평균 초과 표준편차)	백만 기회당 결함수 (DPMO; Defects Per Million Opportunities)	무결점 비율(%)
2	308.537	69.15
2.5	158,686	84.13
3	66,807	93.32
3.5	22,750	97.73
4	6,210	99.38
4.5	1,350	99.865
5	233	99.977
5.5	32	99.9968
6	3.4	99.99966

용의 대규모 감소 효과를 발표하였다. 종국에는, 두 사람은 모토로라를 떠나서 Six Sigma Academy라는 회사를 창업하였다. 2005년에 이 회사는 많은 투자자들이 참여하고 SSA & Company라는 뉴욕시 소재 회사로 바뀌었다. 현재 이 회사는 기업들에게 어떻게 하면 린과 식스 시그마를 결합해 놀라운 결과를 만들어내는지를 보여주는 역할에 집중하고 있다(이 장의 뒷부분에 설명할 것이다).

General Electric은 모토로라 이후 식스 시그마의 첫 번째 대규모 적용자이자 식스 시그마의 옹호자이며, 이 회사가 식스 시그마를 통해 빠르게 달성한 성과를 주시하는 대부분의 전문가들이 주목하고 있다. GE(General Electric)의 홈페이지에는 주목할 만한 묘사가 있다. "오늘날 경쟁 환경은 실수를 허용하지 않습니다. 이것이 식스 시그마가 우리의 기업 문화의 한 부분이 된 이유입니다." GE의 전 회장이자 CEO인 故 Jack Welch가 식스 시그마에 대해 언급한 동영상을 시청하길 바란다.

품질 완벽화(Quality Perfection)의 목표는 식스 시그마라는 용어로 표현할 수 있다. 통계적으로 말하자면, 공정이 정규 분포 데이터로 관리되고 있다고 가정할 때 식스 시그마는 공정 표본 평균이 실제 공정 평균에서 여섯 배의 표준편차(즉, 시그마) 범위 내에 포함될 확률이 99.99966%라는 것을 의미한다. 이것은 전체 공정 시간 중 0.00034%의 공정, 즉 백만 번의 측정 기회 중 3.4회만 결함이 발생해, 사실상 완벽에 가까울 것을 말하는 개념이다. 〈표 12-1〉은 식스 시그마 방법론을 사용할 경우 나타나는 백만 기회당 결함수(DPMO; Defects per Million Opportunities)별로 나타나는 식스 시그마 수준(즉, 무결점 비율)을 보여준다.

오늘날 초기 적용자인 허니웰, 제네럴 일렉트릭(GE), 다우 케미컬 등과 같이 많은 조직에서 식스 시그마를 실무에 활용하고 있다. 더 최근에는 캐터필러, 델, 보잉, 벡텔과 같은 회사들이 식스 시그마를 성공적으로 적용하고 있다. iSixSigma 매거진의 기사에 따르면, 최근 20년의 연구 기간 동안 식스 시그마의 활용이 포춘 500대 기업들로 해금 4,270억 달러가량을 절약하는 성과를 가져다주었다. "우리의 데이터에 따르면, 전체적으로 식스 시그마를 적용하면 평균적으로 연간 매출의 2%

를 아낄 수 있습니다"라고 iSixSigma의 연구 관리자인 Micheal Marx가 말했다. 성공의 척도를 설명하기 위해, Marx는 "포춘 500대 기업의 53%, 포춘 100대 기업의 82%가 현재 식스 시그마를 적용 중입니다"라고 덧붙였다.

1999년 포드 자동차는 미국의 자동차 회사 중 처음으로 식스 시그마를 도입하였다. 자동차 생산은 식스 시그마 사고의 필요성을 보여주는 좋은 사례가 되고 있다. 자동차는 대략 2만 개의 부품이나 결함 발생 가능성(OFD; Opportunities for a defect to occur)을 가지고 있으며, 5시그마 수준(233 DPMO)으로 운영된다고 가정할 때 차량 한 대당 4.6개의 결점이 발생할 수 있기 때문이다. 6시그마 운영 수준으로 개선될 경우 각 자동차에서 발생하는 결점은 0.12건으로 크게 향상된다. DPMO의 개선식은 다음의 공식을 적용할 수 있다.

$$DPMO = \frac{결점의\ 수}{(한\ Unit당\ OFD)(Unit의\ 수)} = \times\ 1,000,000$$

〈예제 12-1〉은 〈표 12-1〉의 이용법과 DPMO의 계산을 나타낸 것이다.

예제 12-1 루크 신속 배달의 DPMO와 식스 시그마 오류 수준 계산

홈 딜리버리 서비스 업체인 루크 신속 배달의 오너인 루크는 고객 불만족을 추적하고 있다. 각 배달은 늦은 배송, 배송 시 취급 부주의, 오배송 등의 3가지 불만족 유형이 있다. 매주마다, 루크는 모든 배송에서의 배송 오류 발생률을 계산하고, 이 정보를 회사의 식스 시그마 품질 수준을 결정하는 데 활용하고 있다. 지난 주, 회사는 620건의 배송이 있었다. 드라이버들은 16건의 늦은 배송, 19건의 배송 취급 부주의, 5건의 오배송으로 인한 불만족이 있었다.

루크의 백만 기회당 결함수, 즉 DPMO는 다음과 같다.

$$DPMO = \frac{결점의\ 수}{(한\ Unit당\ OFD)(Unit의\ 수)} \times 1,000,000 = \frac{40}{(3)(620)} \times 1,000,000 = 21,505건$$

〈표 12-1〉을 적용할 경우 식스 시그마 수준은 3.5보다 다소 좋은 수치이다.

회사들은 비용을 아끼거나 공정 개선을 통한 매출 증가를 이루어내기 위해 식스 시그마 프로그램을 지속적으로 사용한다. 실제로, 모토로라는 식스 시그마를 적용해 절약한 비용이 170억 달러를 넘는다고 발표한 적도 있다. 회사들이 고객의 요구를 정의하고, 실수나 결함이 발생할 가능성을 밝혀내며, 식스 시그마 성과 기준에 맞는지 성과를 점검한 후, 이러한 기준에 도달하도록 관련 활동을 진행한다면 유의미한 회계적 성과를 얻을 수 있다. 가장 성공적인 프로젝트는 전략적인 비즈니스 목표의 도달, 제품과 서비스의 유형의 최적화, 고객이 만족할 수 있는 제품과 서비스의 생산에 도달하게 된다.

다른 개선 프로그램처럼, 식스 시그마가 비즈니스의 성과가 지속되는 것을 보장하는 것은 아니다. 변화에 적극적이지 못한 기업문화, 경영 의사결정과 투자의 부족이 최고 수준의 식스 시그마 적용 의도를 훼손할 수도 있다. 식스 시그마의 창안자인 모토로라는 수년간 재정적인 압박으로 2000년부터 2007년까지 수만 명의 직원을 감원해야 했다. 카메라와 필름 제조사이자 식스 시그마의 또 다른 초기 사용자인 폴라로이드는 2001년에 챕터 11 파산보호법을 신청하였고, 이듬해에는 사명과 모든 자산을 일리노이주에 위치한 Bank One의 계열사에 매각하였다.

2 식스 시그마와 린의 비교

2. 린 프로그램과 식스 시그마 간의 연결성

식스 시그마와 린 철학은 많은 유사점을 가지고 있다. 린의 실행이 성공적이기 위해서는 (회사가 소량의 재고를 운영하도록 하는 등) 부품 구매와 조립, 재공품(WIP), 최종 제품이 모두 품질 지침을 맞추거나 상회해야 한다. 8장에서 린의 요소 중 하나가 지속적인 개선임도 되짚어보자. 식스 시그마의 실행이 린 시스템에서 적절하게 인용될 수 있는 부분이다. 많은 경우, 회사들은 이러한 지침들을 동시에 추구하게 된다. 코넥티컷에 본사가 있는 고위급 인력 채용 대행 회사인 Avery Point Group은 매해 인터넷 채용 공고를 샘플링해 절반 정도의 회사들이 다른 역량과 함께 식스 시그마나 린 역량을 함께 요구하는 것을 알게 되었다.

오랜 기간 동안, 성공적인 회사들은 납득할 만한 수준의 고객 서비스를 제공하는 한편, 고품질의 제품을 적정한 가격에 제공해야 했다. 예를 들어, 공장 플로어의 배치를 재구성하고, 뱃치의 크기를 변경하는 것은 제조 리드 타임과 재고 수준을 줄이고, 배송 효율의 개선과 비용의 감소도 불러온다. 이러한 것들은 린 생산 지침이다. 공정을 점검하기 위해 통계적인 품질 관리 차트를 사용하고, 고품질 공급자들과 장기적인 관계를 형성하고, 배송 문제를 줄이는 것은 식스 시그마 활동의 영역에 포함된다. 이것은 더 좋은 종합적 업무 성과를 얻기 위해 어떻게 하면 2가지의 개념이 함께 역할을 할 수 있는가를 설명한다. 린은 낭비를 줄이는 것 그 자체인 반면, 식스 시그마는 품질을 개선하는 것 그 자체이다. 이것은 결국 낭비를 줄이는 것이 된다.

1 린 식스 시그마

린과 식스 시그마를 묶어서 표현하려고 할 때 사용하는 표현이 린 식스 시그마(간략하게 린 식스)이다. 2009년 미국 해군 의뢰로 건립한 핵 추진 항공모함 USS George H.W. Bush호는 글로벌 군사 기업인 Northrop Grumman이 품질을 개선하고, 비용을 줄이고, 사이클 타임을 줄이기 위해 린 생산과 식스 시그마를 광범위하게 사용한 대표적인 사례이다.

2001년의 닷컴 붕괴 이후, 많은 회사들은 린 또는 식스 시그마의 특정한 형태를 적용하거나 융합하는 시도를 고려하기 시작했다. 2001년 이후 린과 식스 시그마를 동시에 적용한 특별한 네 회

* 캐나다 기반의 Celestica, 아리조나에 본사가 있는 On SEmiconductor, 캘리포니아 기반의 Solectron, 코넥티컷에 본사가 있는 Xerox

사*가 2006년 Electronic Business 매거진에서 다루어졌다. 네 회사 모두 2001년보다 2006년에 더 튼실해졌고, 이 중 세 회사는 린 식스 시그마 접근법이 비즈니스의 실적 개선을 이끈 직접적인 원인이라고 설명하였다. 오늘날 미국 내 병원 20% 이상이 린 식스 시그마의 한 형태를 활용하고 있으며, 다음의 Service Spotlight에서는 Mercy Medical Center의 린 식스 시그마 사례를 설명하고 있다.

Mercy Medical은 의료 사업에 린 식스 시그마 접근법을 사용한다

린과 식스 시그마는 효율성과 진료 품질을 개선하기 위해 노력하는 Mercy Medical Center에서 사용이 늘어나고 있는 용어이다. Mercy Medical Center는 뉴 잉글랜드의 Trinity Health의 한 부문으로 "섭리의 자매들"이 125년 전에 설립하였으며, 지역 거주민(특히 전통적으로 도움을 충분히 받지 못하는 계층)을 보호하는 것을 미션으로 강조하고 있다. 전 이사장이자 CEO인 Mark Fulco에 따르면, 근래 들어 이 병원은 린 식스 시그마 접근법을 의료 분야에 적용하기 위해 자동차 산업으로부터 배우고 있다.

"우리의 업무를 바꾸고 효율성을 높이기 위한 핵심 측정 항목에 집중하도록 돕는다는 점에서 우리에게는 분수령이 되어왔습니다." Fulco의 말이다. 이 병원의 린 활동은 ER(Emergency Room, 응급실)에서의 대기 시간 감소, 병상의 추가 운영을 통한 퇴원율 증가, 각 퇴원에 소요된 총 비용의 대략 1,100달러 수준 감소, 영상 컨퍼런스 기술을 활용한 출장 비용 감소 등의 결과로 나타났다. Mercy는 언제라도 발생할 수 있는 낭비를 줄이고 모든 부서에서 효율성을 일구어냈으며, 서비스를 개선하기 위한 방법을 지속적으로 찾고 있다. 이러한 활동은 Trinity Health 관리 시스템의 한 부분이다. 매일 오전 8시, 50명가량의 사람들이 "Huddles"이라는 논란 거리를 토론하고, 문제를 정의하고, 대안을 만들어내는 독특한 세션을 위해 모인다. "우리는 매일 아침 몇 가지의 허들을 가지고 오며, 그중 하나는 전체 병원에서 리더들을 동행하게 되는 '3등급 허들'입니다." Fulco의 말이다. "우리가 가장 먼저 이야기하는 것은 환자의 안전이나 지난 밤 발생한 문제들, 또는 어떤 문제를 아슬아슬하게 비껴갔다는 등의 안전장치 관련 사항입니다. 더 좋아지도록 그리고 환자들을 더 안전하게 보호하기 위해 가장 먼저 그리고 가장 중요하게 알아야 하는 것들이기 때문입니다. 이것이 우리의 조기 경보 시스템입니다."

또 다른 활동은 "29분 서약"이라고 불린다. 이것은 Mercy의 응급실 방문자가 의사나 의사 보조자를 만날 때까지 소요되는 최대 시간을 나타낸다. "우리는 입구에서 응급실 입구에 들어서서 담당자를 만날 때까지 29분 소요 시간을 약속합니다." Fulco의 설명이다. "29분은 우리가 서약을 지킬 수 있는 평균 시간을 나타냅니다. 실제 평균 시간은 16분입니다."

Fulco는 Trinity Health 관리 시스템은 품질 지표에 집중하고 있으며, 지속적인 개선을 위해 이를 주의 깊게 관리하고 있다고 말한다. 한 예로, 그는 모든 병원에 중요한 이슈인 감염률에 대해 "우리 병원의 감염률은 목표 수준보다 낮은 상태를 유지하고 있으며, Mercy와 비슷한 수준의 병원 수준보다 낮은 상태입니다. 실제로 94~5개소의 Trinity 병원을 통틀어 가장 낮은 감염률을 나타내는 20개 병원 가운데 하나입니다"라고 말하며, "우리의 목표는 으뜸이 되는 것이고 그 목표에 도달할 때까지 멈추지 않을 것입니다. 그리고 그때가 되면 우리는 그 위치를 유지해야 하며, 그것은 점차 더 어려워질 것입니다. 하지만 우리는 한 단계 더 좋아졌으며, 분명히 앞으로 나아가고 있습니다"라고 강조한다.

출처: G. O'Brien, "Lean—but Not Mean," BusinessWest 35, no. 20 (2019): 29–30, 32–33, 36.

3 식스 시그마의 구성요소

3. 식스 시그마의 주목할만한 기여

식스 시그마의 철학과 도구는 W. Edwards Deming, Philip Crosby, Joseph Juran과 같은 품질 전문가, 말콤 볼드리지 국가 품질상과 세계 표준화 기구의 ISO 9000, 14000 계열 표준들, Motorola와 General Electric의 식스 시그마 관련 실행, 그리고 1920년대(13장의 주제이다) Bell 연구소에서 Walter Shewhart가 개발한 통계 기반의 관리 기법과 같은 다양한 원천에서 빌려온 것이다. 이들 원천으로부터 오늘날 식스 시그마라고 묶여서 표현되고 흔히 사용되는 수많은 구성요소들이 나타났다. 다음 부분에서는 몇 가지 품질 자원들이 논의되며, 이어서 식스 시그마의 정성적 · 정량적 구성요소들이 논의될 것이다.

1 Deming의 품질 관리 기법 기여

그의 저서인 위기 탈출(Out of the Crisis)에서 설명된 W. Edwards Deming의 관리 이론은 조직의 업무 체계를 만드는 것은 관리자의 책임이기 때문에 조직의 문제에 대해서도 역시 책임을 져야 한다고 말한다. 그러므로, 적합한 도구와 자원, 격려, 보장, 문화의 변화를 적용해 문제를 해결하는 것도 관리자만의 역할이라고 할 수 있다. Deming(1993년에 사망하였다)의 관리이론은 전 세계를 아우르는 그의 가르침의 핵심이며 〈표 12-2〉에서 제시된 관리의 14가지 지침을 포함하고 있다.

1950년 Deming은 일본 과학기술연맹의 초청을 받았다. 그는 8일간 도쿄에서 품질 관리에 관한 강의를 진행하였고, 최고 관리자를 위한 하루 특강도 이어서 진행하였다. Deming은 경영자, 관리자, 기술자에게 통계적 품질 관리의 기초를 쉽고 꼼꼼하게 가르쳤다. 그의 강의는 참가자들에게 깊은 인상을 심어주었고 일본 지역에 품질 관리에 대한 엄청난 자극을 주게 되었는데, 이것은 아직 초창기였다. Deming의 일본에서의 다양한 활동을 기리며 1951년에는 Deming상이 제정되었고 이것은 곧 세계에서 가장 권위 있는 품질관리상의 하나로 자리 잡게 되었다. 이 상은 매년 네다섯 개의 회사들이 수상한다.

〈표 12-2〉에 정리된 Deming의 14가지 관리 지침은 모두 식스 시그마 이론에 관련된 것으로 품질 관리의 정량적인 관점과 정성적인 관점을 모두 아우르고 있다. 그는 고품질은 개인과 조직의 성장에 초점을 둔 포괄적인 철학의 산물이라고 확신하였다. 또한 그는 성장은 최상위 관리층의 비전(Vision), 지원, 그리고 모든 직원과 공급자들에게 부여된 가치를 통해 얻을 수 있다고 주장하였다. 가치는 훈련, 설비, 끊임없는 교육, 문제를 찾고 해결하기 위한 지원, 그리고 회사와 공급자들 사이의 팀워크에 투자함으로써 나타나는 것이다. 통계적 방법론의 사용, 검문식 품질 정책의 폐지, 그리고 오직 비용에 관심을 둔 의사결정의 폐지도 품질 개선을 위해 필요하다.

표 12-2_ Deming의 14가지 관리 지침

요점	설명
1. 제품과 서비스의 개선 목표를 지속적으로 만들어라.	경영진과 직원에게 장기적인 방향성을 주기 위한 가치, 미션, 비전을 정의하라. 혁신, 훈련, 연구에 투자하라.
2. 새로운 철학을 도입하라.	적대적인 노사관계와 할당제 시스템은 오늘날의 업무 환경에 맞지 않다. 경영자들은 품질과 고객 만족도를 높이기 위한 협력적인 관계를 형성해야 한다.
3. 대량 검사에 의존하지 말라.	제품을 검사하는 것이 가치를 만들거나 낮은 품질을 막는 것이 아니다. 품질을 높이려면 근무자들이 통계적인 공정 관리 방법을 사용해야 한다.
4. 가격표만을 근거로 비즈니스를 평가하는 관습을 버려라.	낮은 가격 때문에 구매하면 안 된다. 구매 담당자는 소수의 좋은 공급자들과 장기적인 관계를 형성해야 한다.
5. 지속적으로 품질과 서비스 체계를 개선하라.	의미 있는 품질 개선은 변이를 줄이고 일상적인 원인을 제거하는 지속적이고 점진적인 개선에서 나온다.
6. 훈련을 도입하라.	경영진들은 어떻게 회사가 일을 하는지를 배워야 한다. 직원은 적합한 직무 훈련과 통계적인 공정 관리 훈련을 받아야 한다.
7. 리더십을 채택, 도입하라.	경영진들은 감시자가 아니라 리더이다. 그들은 직원을 돕고, 코치하고, 북돋아주고, 안내해 줘야 한다.
8. 두려움을 몰아내라.	북돋우는 조직은 앙갚음, 실패, 변화, 불확실, 통제 상실 등의 두려움을 걷어낼 것이다. 두려움은 단기적 사고를 유발한다.
9. 부서 간의 장벽을 걷어내라.	다기능 조직(Cross-functional Departments)은 직원에 집중하고, 부서간 장벽을 걷어내며, 직원들이 큰 그림을 볼 수 있도록 만든다.
10. 슬로건, 훈계, 목표를 없애라.	슬로건과 동기유발 프로그램은 엉뚱한 사람을 대상으로 하게 된다. 이러한 것들은 직원들이 더 좋은 일을 하도록 돕는 것이 아니라 좌절감과 분노를 유발한다.
11. 직원과 관리자 대상의 숫자로 된 할당량을 제거하라.	할당량은 단기적인 사고이며 두려움을 유발한다. 숫자로 된 목표는 이것들이 성취될 수 있는 방법론이 존재하지 않으면 가치가 없다.
12. 기량에 대한 자부심을 빼앗는 장벽을 제거하라.	장벽은 성과와 성과 측정을 말한다. 직원들은 점점 소모품이 되어간다. 적합한 도구 없이 따분한 일이 주어지고, 성과는 일에 대해 아무것도 모르는 관리자에 의해 평가된다. 관리자들은 작업자의 제안에 반응하지 않을 것이다. 바뀌어야 한다.
13. 모든 구성원을 대상으로 하는 교육과 자기 성장을 독려하라.	모든 종업원은 자신의 기술을 더 연마하도록 독려받고 지속적인 교육을 통해 성장해야 한다.
14. 변화를 성취하기 위한 활동을 취하라.	경영진은 전통을 깰 수 있는 용기를 가져야 하고 변화는 모든 사람이 참여해야 한다고 한계에 직면한 사람들에게 설명해야 한다. 경영진은 한목소리로 말해야 한다.

오늘날에도 Deming의 성취는 그의 이론과 비전을 널리 이해시키기 위해 설립한 비영리 조직인 W. Edwards Deming Institute를 통해 살아 있다. 이 연구소는 Deming의 철학을 활용하는 방법을 찾고 있는 관리자들을 대상으로 콘퍼런스, 세미나, 훈련 자료를 제공한다.

❷ Crosby의 품질 관리 기법 기여

뉴욕에 자리한 제조사인 ITT Corporation에서 품질 담당 부사장을 지낸 Philip Crosby(2001년 작고)는 삶의 후반기 동안 품질 컨설턴트로 활동하면서 잘 알려진 "Quality is Free"와 "Quality without Tears"를 포함한 14권의 품질 관련 책을 저술하였다. "Quality is Free"에 제시된 바와

표 12-3_ Crosby의 품질에 관한 네 가지 절대 원칙

절대 원칙	설명
1. 품질의 정의는 요구에 대한 적합성이다.	"처음부터 정확하게 하라"는 자세를 적용하라. 절대 고객에게 결함 제품을 팔지 말라.
2. 품질 시스템은 예방이다.	예방 시스템의 일부로 통계적 공정 관리를 사용하라. 문제가 발생하면 정확한 변화를 실행하라. 예방 활동을 진행하라.
3. 성과의 표준은 무결점이다.	공급자와 작업자로부터의 무결점을 강조하라. 교육, 훈련, 참여가 결점을 없앤다.
4. 품질의 척도는 부적합의 대가이다.	낮은 품질에 따른 비용이 바로 부적합에 대한 대가이다. 예방 프로그램의 적용이 이것을 줄일 수 있다.

같이, 그의 품질 개선 프로그램에 대한 연구는 이러한 프로그램을 위해 지출된 것보다 더 많은 가치를 가지고 있다는 것을 보여준다. "Quality without Tears"에서 Crosby는 〈표 12-3〉에 제시된 네 가지의 절대적인 품질원칙을 논하였다. IBM과 General Motors 같은 회사들은 Crosby의 아이디어를 적용해 커다란 성취를 얻을 수 있었다.

많은 해를 품질 개선 컨설턴트로 활동하면서 Crosby는 "처음부터 바르게 하라"는 메시지를 강조하고 결점 제로 추구의 중요성을 소개하는 것으로 유명해졌다. 그는 또한 다음의 이론들을 전문가들에게 알려주는 것으로도 유명해졌다. 부적합의 대가는 품질 저하의 척도로 나타난다. 방지는 품질 문제를 제거하는 것을 뜻한다. 진보를 위해 리더십이 필요하다. 팀워크는 업무의 원칙이다. 고객의 요구가 품질 성과의 기준을 정의한다. Crosby는 최고 경영진의 품질 개선에 대한 약속, 결점 방지 시스템의 개발, 직원의 교육과 훈련, 지속적인 평가를 강조하였는데, 이 모든 것은 Deming의 생각과 유사하다. 그의 컨설팅 활동의 교육 부분인 Crosby의 품질 대학은 1979년에 시작되었다. 이 대학은 2001년 Crosby가 사망하기 전까지 전 세계적으로 10만 명 이상의 관리자와 최고 경영진에게 다양한 품질 개념에 대해 가르쳤다.

3 Juran의 품질 관리 기법 기여

Joseph Juran은 1979년에 설립된 Juran Institute(지금은 간단히 Juran으로 불린다)의 설립자이며, 1951년 처음 발간된 "Quality Control Handbook"의 집필과 개정을 도왔을 뿐 아니라 품질에 대한 다른 다수의 서적을 집필하였다. Juran은 1904년에 태어나 2008년에 103세의 나이로 사망할 때까지 현역 강의자로 활동하였다. 또한 Juran Foundation의 감독 활동도 계속하였다. Juran은 "나와 함께하는 이의 부(富)에 기여하는 것은 끝나지 않는 위대한 일이다"라고 말했다.

Deming처럼 Juran 역시 1950년대에 시작한 일본의 품질 혁명의 설계에 도움을 주었다. Juran 역시 Crosby와 Deming처럼 품질에 대한 새로운 형태의 사고를 비즈니스 관리자와 직원들에게 소개하기 위해 노력하였지만, Juran의 믿음은 Crosby와 Deming과는 다른 부분이 있었다. 그는 각 개인의 인적 요소를 품질 개선에 활용한 것으로 일컬어진다. 그는 관리자들이 들으려는 메시지는 돈의 가치로 제시되어야 하며, 작업자들이 듣게 되는 것은 특정한 것에 관한 주제여야 한다고 믿었다. 그래서 그는 낮은 품질에 대한 비용에 대해 관리자들의 주의를 기울일 것을 논의하였고, 그와 함께 작업자들과 통계적인 품질 관리 방법론에 대해 논의하였다.

〈표 12-4〉에 정리된 것처럼 Juran의 권고는 품질 삼부작(Trilogy)에 집중하고 있다. 그가 회사를 상대할 때, Juran은 대부분은 품질 관리에 큰 비중을 두고 있었지만 품질 계획과 개선에는 주의를 크게 기울이지 않는 것을 알게 되었다. 이에 따라, 1950년대 이후 일본과 미국의 기업 모두 품질 관리 기술을 사용해왔었지만, 미국의 비즈니스 관리자들이 품질의 계획과 개선에 더 많이 집중하게 되면서 일본의 전체적인 품질 수준이 더 빠르게 향상되었다.

Deming, Crosby, Juran의 품질 철학은 많은 부분에서 매우 비슷하다. 3가지 모두 최고 경영진의 참여, 지속적인 개선 활동의 필요, 훈련, 그리고 품질 관리를 목적으로 하는 통계적 방법론의 사용에 집중하고 있다.

④ 말콤 볼드리지 국가 품질상

Baldrige Quality Award(볼드리지 품질상)은 1987년 8월 20일에 제정된 상으로, 이 상을 처음 기안한 후, 이 상이 시행되기 한 달 전 로데오용 송아지 밧줄 사고로 안타깝게도 사망한 로널드 레이건 정부의 상무 장관을 기리는 의미에서 명명되었다. (미국의 기업에만 주어지는) 이 상의 목적은 품질과 생산성을 개선하도록 기업들을 자극하고, 이 회사들의 품질에 대한 성취를 깨닫게 하고, 각 조직들이 독립적으로 그들 고유의 품질 개선 활동을 평가할 수 있는 기준과 가이드라인을 세우고, 어떻게 품질과 생산성을 관리하고 개선할 수 있는지를 배우려고 하는 그 기업들에게 사례와 지침을 제공하는 것이다.

볼드리지 상은 미국 상무부의 국립표준기술연구소에서 운영하고 있다. 이 상은 매해 11월 중소기업, 서비스, 제조, 교육, 의료, 비영리 등의 여섯 분야의 미국 기업에게 미국 대통령 명의로 수여된다. 대상자들은 리더십, 전략 계획, 고객 중시, 평가, 분석 및 지식 관리, 노동력 중시, 운영 중시, 결과 등의 일곱 가지 영역으로 평가된다. 이들 각 여섯 분야의 기업들 중 세 곳 정도가 매년 상을 받는다.

표 12-4_ **Juran의 품질 삼부작**

절대 원칙	설명
1. 품질 계획	품질 목표에 도달하기 위한 준비 과정이다. 내부와 외부 고객을 정의하고, 그들의 니즈를 결정하고, 그 니즈를 만족시킬 수 있는 제품을 개발하라. 관리자들은 단기와 장기적 목표를 수립하고, 우선순위를 설정하고, 이전 계획과 결과를 비교한다.
2. 품질 관리	운영 중 품질 목표에 도달하기 위한 과정이다. 관리자는 무엇을 관리하고 측정 기준과 성과 기준을 수립하고, 성과를 측정하고, 실제 측정결과와 기준 사이의 차이점을 해석하고, 필요하다면 조치를 취한다.
3. 품질 개선	품질 성과의 더 높은 수준을 획득하기 위한 과정이다. 개선의 목적을 보이고, 개선을 위한 프로젝트를 정의하고, 프로젝트를 위한 지원을 꾸리고, 원인을 분석하고 원인에 대한 대책을 적용하고 개선을 유지하기 위한 관리를 제공한다.

2018년까지 1,600개 이상의 신청서가 제출되었고, 이 중 118개의 조직들이 상을 받았다. 여덟 개의 조직은 상을 2회 수상하였다. 포춘 500 기업 중에서는 네 곳(Motorola, 1988년·FedEx, 1990년·Eastman Chemical Company, 1993년·Solectron, 1991년과 1997년)이 수상을 하였다. 미국의 50개 주는 거의 모두 자체적인 볼드리지 상을 운영하고 있으며, 국제적으로도 볼드리지 상을 모델로 하는 100개 이상의 품질상이 존재한다. 2012년을 기준으로, 각 주의 수상자들만이 볼드리지 상을 신청할 자격이 있다.

수상을 희망하는 모든 지원자들은 대략 1,000시간 동안 품질 전문가로 구성된 지원자들의 심사를 받게 되며, 여기서 정리된 일곱 가지 기준에 맞게 성과 점수가 책정된다. 최종 진출자들은 정보를 정리하고 평가를 다시 진행하려는 평가자들의 방문을 받게 된다. 수상자들은 이 그룹에서 선별된다. 수상 기업 중 하나인 Adventist Health Castle은 다음의 Service Spotlight에서 설명하고 있다. NIST는 모든 조직들이 볼드리지 상의 평가 기준 복사본을 받고, 이 양식과 평가 지침에 따라 자기 평가를 수행할 수 있도록 독려한다. 볼드리지 상의 기준을 이용해 자기 평가를 완료하는 것은

Adventist Health Castle이
2017년 볼드리지 상을 수상하다

하와이 지역의 Adventist Health Castle(AHC)은 2017년도 의료 분야 말콤 볼드리지 국가품질상 수상자이다. 하와이에서는 처음으로 볼드리지 상을 수상한 AHC는 지속적인 교육, 개선을 위한 갈망, 조직의 목적과 가치, 미션에 도달하기 위한 프로그램의 개발을 촉진한다. AHC의 리더들은 그들 조직 전략을 실행하는 능력, 의료적 우수성, 모든 구성원의 환자에 대한 사랑의 표현과 같은 3가지의 핵심 경쟁력에서 탁월하다.

상부 리더십 계층에서는 환자의 경험을 개선하거나 당뇨병 환자의 평균 혈당량을 개선하는 등의 평가 가능한 지표가 있는 조직 차원의 목표를 설정한다. 각 부서들은 이러한 조직 차원의 목표에 맞는 자체적인 목표를 설정한다. 부서별 목표는 소프트웨어 도구를 이용해 관리된다. 부서들은 각 목표에 맞는 90일 활동 계획을 개발해야 하며, 이것은 달마다 상부 계층이 점검한다. 다섯 가지 조직 차원의 목표의 현재 성과와 이에 맞는 다섯 가지 부서별 목표는 각 부서의 대시보드에 표시된다. 대시보드는 달마다 갱신되며, 담당자들은 각 성과 분야의 개선을 위한 활동을 취하기 위해 부서 모임을 운영한다.

AHC는 전 지역에 걸쳐 환자들에게 위해가 되는 요소의

제거에 열중한다. 몇 가지 성공 사례를 들자면 병원 내에서의 감염과 환자 부상 비율은 0~1% 수준이며 AHC는 환자 안전, 증상 기반 치료, 임상 치료 과정에서의 치명률의 종합 평가가 2014년에서 2016년 사이에 12% 이상 개선되었고 AHC는 입원 치료 부문에서 국립 의료 기관의 상위 3%에 위치하고 있다.

병원은 이러한 성공을 학습과 최신 연구를 찾아서 업계 내 고성과자들의 우수 사례를 적용하고, 전문가 세미나와 벤치마킹 협력 참여를 독려한 것에 돌리고 있다. 목표는 더 좋은 새로운 방법을 찾는 것이다.

출처: K. Raethel, "Adventist Health Castle's Journey to Baldrige," *Healthcare Executive* 33, no. 3 (2018): 56-57.

그 기업의 장점과 단점을 정의하고, 품질 개선 지침을 적용하는 데 도움을 줄 수 있다. 최근까지, 수천의 많은 기업들이 공식 신청서와 평가 가이드라인의 복사본을 요청해왔다.

5 ISO 9000, 14000 계열 관리 표준

1946년 25개국에서 온 대표자들이 런던에서 회의를 가지고, 산업 표준의 국제 협력과 단일화를 촉진하기 위해 새로운 국제 기구를 만들기로 의결하였다. 이 새로운 기구는 국제 표준화 기구(ISO: International Organization for Standardization)라고 명명되었고, 1947년 2월 23일에 공식적인 활동을 시작하였다. 2019년을 기점으로 스위스 제너바에 위치한 ISO는 164개의 회원국이 참여하고 있으며 거의 모든 기술과 비즈니스 관점을 망라하는 2만 2,000개 이상의 국제 표준을 발간해왔다.

ISO 표준은 시장 수요에 대응하기 위해 개발되었고, 회원국 간의 동의에 근거하고 있다. 이것은 표준의 광범위한 활용 가능성을 보장하는 것이다. ISO는 적어도 매 5년마다 유지, 개선, 폐기되어야 할지 표준의 검토를 요구함으로써 기술의 진전과 회원의 관심사를 확인하고 있다. 이러한 방법으로 ISO 표준은 최신의 상태로 자리매김하고 있다.

국제적인 범위에서 ISO 표준에 대한 의견 일치를 개발하는 것이 주요 역할이다. 전체적으로, ISO 표준을 개발하기 위해 연간 5만여 명의 전문가들이 3,000여 ISO 기술 그룹에 참여하고 있다. 그 예로, 농업과 건설, 기계공학, 의료 기기, 멀티미디어 응용 프로그램을 위한 시청각 신호의 디지털 코딩과 같은 정보기술 개발이 여기에 포함된다.

1987년에 ISO는 ISO 9000 계열이라는 5가지의 국제 품질 표준을 적용하였고, 여러 해에 걸쳐 이 표준들을 여러 번 개정하였다(가장 최근 개정은 2015년이었다). 이들 표준은 ISO의 가장 유명한 기준이 되었으며, 미국의 American National Standards Institute(미국 국립 표준 연구소)와 American Society for Quality(미국 품질 협회)에도 적용되었다. 이들 표준은 모든 형태의 비즈니스에 적용이 된다. 전 세계적으로 많은 사례들에서, 회사들은 ISO 9000 인증을 보유하지 않는 공급자들과 거래를 하지 않을 것이다. 오늘날 전 세계 100만 개 이상의 회사들이 ISO 9001(ISO 9000의 품질 관리 시스템 분야)의 인증을 받고 있다.

ISO 9000의 빠른 채택과 전 세계에 걸친 환경 인식의 증가 이후, ISO는 국제적인 환경관리 표준의 필요성을 인지하였다. 1991년에는 환경 자문 그룹을 조직하였는데, 이것은 1997년 ISO 14000 계열 국제 환경관리 표준의 채택으로 이어지게 된다. 최근 가장 많이 적용되는 몇 가지 ISO 14000 표준 중에는 온실 가스 회계 및 검증을 위한 ISO 14064 표준, 이러한 활동을 수행하는 기관 인증에 필요한 요구 사항을 제공하는 ISO 14065 표준이 있다. 이들 표준은 조직들로 해금 기후 변화에 대응하고 배출권 거래제를 지원하는 활동에 도움을 줄 것이다. 가장 최근의 ISO 14000 개정은 2015년에 진행되었고, 오늘날 전세계 30만 개 이상의 조직들이 ISO 14001(ISO 14000의 환경 관리 시스템 부문) 인증을 받고 있다.

⑥ DMAIC 개선 사이클

DMAIC 개선 사이클은 식스 시그마의 중요한 부분으로 공정 개선을 촉진하기 위해 필요한 다섯 단계로 이루어져 있다(표 12-5). 이 사이클은 서비스와 제조 회사 모두 어느 공정이나 프로젝트라도 적용이 가능하다. 이 개선 사이클은 고객의 요구에 대한 정의에서 시작해 공정 또는 프로젝트를 이러한 요구 조건에 맞게 분석하고 수정하게 된다.

DMAIC 개선 사이클은 조직들로 하여금 고객 요구 사항과 연결된 공정을 체계적으로 감시하고 개선하도록 한다. 이러한 공정에 집중함으로써, 기업들은 품질과 고객 만족 면에서 의미 있는 개선을 이룰 수 있다. 예를 들어, 오하이오에 위치한 톨레도대학 의료센터(University of Toledo Medical Center)는 신장 이식 프로세스를 개선하기 위한 식스 시그마 프로젝트와 DMAIC 사이클을 엮어서 사용하였다. 이 프로젝트의 직접적인 결과로 환자들은 더 빠른 이식을 받고 생명을 구할 수 있었다.

⑦ 식스 시그마 훈련 수준

많은 조직들은 식스 시그마 방법론에 대한 다양한 훈련 코스와 인증을 제공하며, 몇 가지 표준 훈련 수준이 〈표 12-6〉에 요약되어 있다. 글로벌 제조 대기업인 GE는 1980년대에 식스 시그마를 사용하기 시작했으며, 오늘날 GE 직원들은 여전히 식스 시그마의 전략과 도구, 기술 훈련을 받고 있다.

한 예로, GE의 조명 솔루션(Lighting Solutions) 부문의 웹사이트에서는 "식스 시그마와 함께한 우리의 성공은 가장 낙관적인 예측도 뛰어넘었습니다. GE의 조명 솔루션 전반에 걸쳐, 우리의 담당자들은 식스 시그마의 고객 중심, 데이터 기반 철학을 포용하고 모든 일에 적용합니다. 우리는 모든 비즈니스 분야에 우수 사례를 공유하고 더 우수하고 빠른 고객 솔루션을 위한 도전을 뒷받침할 수 있도록 식스 시그마의 전력을 쏟아냄으로써 성공을 이루었습니다"라고 했다.

표 12-5_ DMAIC 개선 사이클

요소	설명
정의(Define)	고객과 고객 만족을 얻기 위해 중요하다고 여겨지는 요구사항(CTQ; Critical-to-Quality 특성이라고 불린다)을 정의한다. CTQ 특성과 공정 결과물 사이의 차이점을 정의한다. 차이가 존재하면, 차이점을 없애기 위한 식스 시그마 프로젝트를 개설한다.
측정(Measure)	차이가 존재하는 각 공정에서 성과를 측정하기 위한 방법을 정의하고 데이터 수집 계획을 준비한다. 데이터를 구성하기 위해 체크 시트를 이용한다.
분석(Analyze)	수집된 성과 데이터를 분석한다. 낮은 공정 성과의 원인의 정의를 돕기 위해 파레토 차트와 생선뼈 다이어그램을 사용한다.
개선(Improve)	낮은 성과의 원인을 없애기 위해 개선 계획을 설계하고 적용한다. 공정의 수정, 재설계, 리엔지니어링이 필요할 수 있다. 개선 활동을 문서화하고 공정상의 차이점이 유의미하게 감소 혹은 제거되었는지를 추가로 관찰, 확인한다.
관리(Control)	성과 수준이 유지되는지를 확인하기 위한 공정 관찰을 지속한다. 지속적인 관찰과 공정 관리를 위해 품질 관리 차트를 설계하고 사용한다. 성과 차이가 다시 나타나면 1~5단계를 반복한다.

⚙ 표 12-6_ 식스 시그마 훈련 수준

훈련 수준	설명
Yellow Belt	프로세스 매핑, 인과 도구, 기초적인 데이터 분석, 공정 개선 및 관리 방법과 같은 식스 시그마 방법론과 DMAIC 문제해결 도구에 대한 기초적인 이해를 하고 있다.
Green Belt	전임 담당자보다는 적게 소요되는 소규모의 조심스럽게 정의된 식스 시그마 프로젝트에 참여하도록 허락을 받은 훈련된 팀 구성원을 말한다. 확장된 문제 해결 역량을 가지고 있으며 데이터를 모으고 프로젝트 실험을 수행할 수 있다. 통상적으로 식스 시그마 프로젝트에 25% 정도의 업무 시간을 할애한다.
Black Belt	식스 시그마 철학과 원칙에 대한 통찰력을 가지고 있다. 팀 리더로 활동하며 팀의 역학 구조를 이해하고 있으며, 역할과 책임에 따라 팀 구성원을 배치한다. DMAIC 프로세스에 대해 완벽하게 이해하고 있으며 린 개념에 대해서도 기본적인 지식을 갖추고 있다. 높은 수준의 통계 방법에 대한 지식을 갖추고 활용할 수 있으며, 성공적인 프로젝트 팀을 코칭할 수 있고, 그룹 평가를 제공하게 된다. 프로젝트를 정의하고 프로젝트의 팀 구성원을 선별하고 내부 컨설턴트이자 Green Belt와 프로젝트 팀의 멘토 역할을 수행하고, 관리자에게 피드백을 제공한다.
Master Black Belt	공정 변동성의 감소, 낭비 감소, 성장 이론에 대해 검증된 전문성을 가지고 있다. 관습적인 지혜에 대해 도전하고, 식스 시그마를 이용해 조직을 이끌고 바꿀 수 있는 지침과 지식을 제공한다. 식스 시그마 프로젝트의 성과에 대해 Black Belt와 Green Belt를 지도함과 동시에 Black Belt 후보자들의 기술적 숙련도와 프로젝트의 선택, 식스 시그마 프로그램의 전반적인 건전성을 고려해 관리팀을 이끈다.

출처: Six Sigma belts, executives, and champions-what does it all mean?, http://asq.org/learn-about-quality/six-sigma/overview/beltsexecutives-champions.html.

식스 시그마 훈련은 확산되고 있으며, 일부에서는 Master Black Belt와 Black Belt를 보유한 직원들에 대한 높은 수요와 연봉으로 나타나고 있다. 매년, 연봉 조사에서 식스 시그마 훈련에 대한 지출이 드러나고 있다. 예를 들어, 2019년에는 미국 내 식스 시그마 Master Black Belt의 평균 연봉은 12만 3,732달러였다. 이 추정치는 식스 시그마 Master Black Belt를 가진 직원들이 익명으로 제출한 48명의 급여를 활용한 것이다. 다음에는 식스 시그마의 몇 가지 유용한 도구들을 설명하도록 한다.

④ 식스 시그마 도구

① 프로세스 맵

4. 식스 시그마의 다양한 통계적 도구

프로세스 다이어그램(Process Diagrams) 또는 흐름 다이어그램(Flow Diagrams)이라고도 불리는 것으로, 제조나 서비스 공정을 평가하기 위해 필요한 첫 번째 단계에 해당하는 도구이다. 이전의 몇몇 장에서 설명한 것처럼, 프로세스 맵(Process Maps)은 공정의 작업 요소를 나타내는 사각형, 대기 기간을 나타내는 타원을 사용하며, 공정에 다른 제품이나 고객의 흐름을 나타내기 위한 화살표로 연결한다. 프로세스 또는 일련의 프로세스가 매핑되면, 잠재적인 문제 영역의 정의와 초과 재고, 대기 시간, 생산능력 문제와 같은 사항에 대한 추가 평가도 가능하다. 〈그림 12-1〉은 레스토랑에서의 고객 흐름 다이어그램의 한 예시이다. 다이어그램을 이용함으로써 레스토랑 매니저는 심화 분석을 요구하는 잠재적인 문제를 찾기 위해 공정 활동과 대기시간을 관찰할 수 있다.

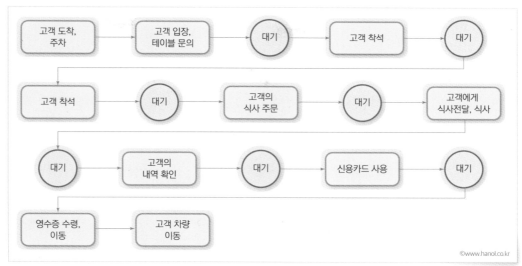

▲ 그림 12-1_ 레스토랑에서의 고객 흐름에 대한 프로세스 맵

② 체크 시트

체크 시트(Check Sheets)는 사용자들이 특정한 문제의 빈도를 결정하도록 도와준다. 〈그림 12-1〉의 레스토랑 예시에서 관리자들은 관찰 결과를 토대로 잠재적인 문제 목록을 만들 수 있었고, 종업원들에게 주어진 (진짜 문제 수준을 결정할 수 있을 만큼 충분히 긴) 시간 동안 각각의 문제들의 발생 횟수를 체크시트에 기입하도록 지시한다. 데이터 수집 기간이 끝나면, 문제 발생 빈도가 집계된다. 〈그림 12-2〉는 해시마크를 활용해 문제 발생 수를 확인하도록 레스토랑에서 사용할 수 있는 체크 시트를 보여준다.

문제	월	화	수	목	금	토	일	소계	비중(%)
장기 대기	卌 /	卌	卌 ///	卌 /	卌 ////	卌 卌	////	48	26.5
식은 음식		//	/	/	///	//		9	5.0
상한 음식	//	/	///		/	////		11	6.1
잘못된 음식	卌	//	/	//	卌	///	/	19	10.5
응대 서버 문제	卌 /	///	卌	/	卌 /	//	/	24	13.3
자리 상태		/	//		/	///	/	8	4.4
내부 온도			//	///	卌	卌		15	8.3
비싼 가격	/	//	/	/	///	//		11	6.1
주차장 없음			//		卌	卌 //		14	7.7
교환 실수	卌 /	/	////		////	///		18	9.9
기타		/	//			/		4	2.2
총계	26	18	31	14	42	43	7	181	100

▲ 그림 12-2_ 레스토랑의 문제 체크 시트

③ 파레토 차트

파레토 차트(Pareto Charts)는 많은 응용 프로그램에서 유용한 도구로, 유명한 19세기 이탈리아 경제학자 겸 수학자였던 Vilfredo Pareto의 저작물에서 가져온 것이다. 1906년에 Pareto는 그의 조국에서 나타난 불평등한 부의 분배(인구의 20%가 전체 부의 80% 가량을 소유하고 있는)를 설명하였다. 품질 개선 활동에서, 파레토 차트는 문제의 크기를 가장 큰 것부터 가장 작은 것까지 정렬해 보여준다. 수십 년 후 Joseph Juran은 무언가의 20%가 통상적으로 결과 중 80%의 비중을 가지는 현상을 발견하고, Pareto의 법칙이라고 명명하였다. 나중에는, 이러한 아이디어는 파레토의 법칙 또는 80/20 규칙으로 널리 알려지게 된다. 품질 개선에 적용해보면, 발생하는 대부분의 문제는 몇 가지의 회사 문제에서 기인한다는 일반적인 관찰 결과를 반영한다. 즉, 회사들은 제일 먼저 몇 가지의 가장 큰 문제를 해결해야 한다는 뜻이다.

파레토 차트는 각 문제들의 누적 발생률과 함께 가장 심각한 것에서 가장 덜 심각한 것까지의 공정상의 문제나 결함을 보여주는 체계적인 형식으로 데이터를 나타낸다. 회사의 한정적인 자원을 활용해 가장 심각한 문제를 제일 먼저 해결한다는 점에서 설득력을 가지고 있다. 〈그림 12-3〉에서 제시된 것처럼, 〈그림 12-2〉의 체크 시트에서 나타난 '장시간 대기'라는 레스토랑 문제가 가장 심각한 문제이며 초기 개선 활동의 주제가 되어야 한다.*

> * 이 예시에서 전체 10가지의 문제 중 가장 큰 2가지의 문제가 발생 빈도의 40% 가량임을 주지하자.

④ 인과관계 다이어그램

중대한 문제가 정의되면, 인과관계 다이어그램(Fishbone Diagrams; 생선뼈 다이어그램 또는 Ishikawa Diagram; 이시카와 다이어그램)이 문제의 원인에 대한 브레인스토밍을 위해 사용될 수 있다. 〈그림 12-4〉는

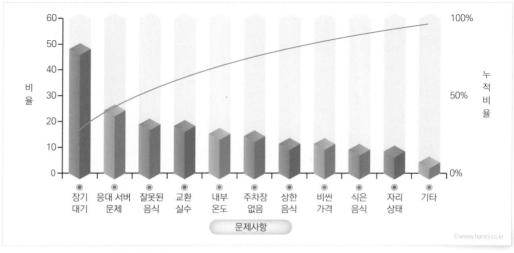

▲ 그림 12-3_ 레스토랑 문제의 파레토 차트

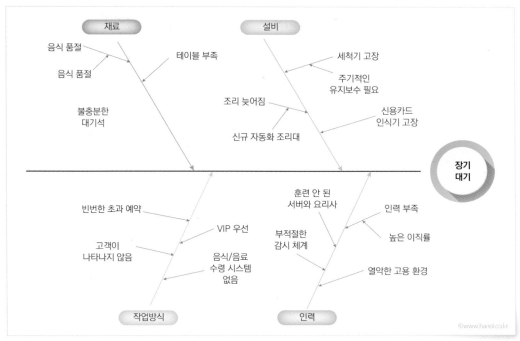

○ **그림 12-4_** 장시간 대기 문제의 인과관계 다이어그램

〈그림 12-3〉에서 가장 심각한 것으로 나타난 '장시간 대기' 문제를 인과관계 다이어그램으로 묘사하였다. 문제는 생선뼈 그림의 오른쪽에 나타나 있다. 그림의 네 가지 대각석은 잠재적인 원인 그룹을 나타낸다. 여기에 나타난 네 가지의 원인 그룹인 재료(Material), 설비(Machine), 작업방식(Method), 인력(Manpower) 문제(흔히 4Ms라고 한다)의 원인을 정의하기 위한 표준 분류 체계이다. 대부분의 경우, 문제의 원인은 이 4가지 영역 중 하나 또는 그 이상에서 발견될 수 있다.

일반적으로, 식스 시그마 팀 구성원들은 이들 네 영역에서 문제의 잠재적인 원인을 브레인스토밍하기 위해 모이게 된다(근본 원인 분석이라고 칭해진다). 〈그림 12-4〉에서 네 대각선 중 하나에 붙어 있는 각각의 가지는 하나의 잠재적인 원인을 나타낸다. 하위 원인들 또한 브레인스토밍 과정의 부분으로, 각 1차 원인에 붙어 있는 작은 가지들로 표시된다. 각각의 잠재된 원인에 대해 "왜?"라는 질문을 던지는 것이 잠재적인 하위 원인을 드러내게 된다. 이러한 방식으로 문제를 잠재 원인과 하부 원인으로 분해하는 것은 작업자가 근본적인 문제로 돌아가서 더 특화된 체크리스트와 파레토 차트를 다시 사용해 각 원인과 하부 원인의 상대적 중요성을 결정할 수 있도록 한다. 궁극적으로는, 회사는 문제의 가장 근본적인 원인을 정의하고, 대부분 또는 모든 문제의 영향력이 사라질 때까지 그것들을 제거하는 적절한 단계를 이행할 수 있게 된다. 다음의 Manufacturing Spotlight에서는 Boeing의 매우 성공적인 근본 원인 분석 그룹에 대해 묘사한다.

상세한 인과관계 다이어그램은 식스 시그마 개선 활동의 용도로 쓰이는 매우 강력한 도구가 될 수 있다. 이것의 사용 없이는, 작업자와 관리자들이 당면한 문제의 해결에 큰 도움이 되지 않는 문제를 제거하려고 하거나, 더 중요한 문제 원인에 비해 영향력이 떨어지는 원인에 몰두할 우려가 있다.

한번 문제의 원인 대부분이 정의되고 제거되면, 문제 그 자체는 관리 가능한 수준으로 돌아와야 한다. 이러한 관점에서 기업들은 다음 부록 부분에서 논의될 통계적인 공정 관리 차트를 설계하고 사용하기 시작할 수 있다.

5 식스 시그마의 트렌드

5. 식스 시그마의 새로운 애플리 케이션

식스 시그마의 철학과 실천이 25년 이상 진행되어왔지만, 식스 시그마의 새로운 응용이 지속적으로 논의되어왔으며 연구 저널과 사업 간행물로 출간되어왔다. 여기에서는 가장 최근의 2가지 응용 형태를 정리한다.

Boeing의 근본 원인 분석 활용

Boeing의 기업 문제 관리(EPM; Enterprise Problem Management) 프로그램은 세계적 수준의 근본 원인 분석(RCA; Root Cause Analysis) 활동이다. EPM 그룹은 모든 솔루션을 적용한 후 문제의 재발 방지 성공률이 100%에 이르고 있다. RCA를 끝내기까지 소요되는 시간을 줄이는 것은 조직 차원의 위협을 감소하는 데 중요한 요인이다. 처음 5년간, 이 그룹은 RCA를 종결하는 시간을 42% 감소할 수 있었다.

EPM 그룹의 우수 사례로는 (1) RCA 프로그램을 최대한 빨리 적용하고, 조직의 목적에 맞게 프로그램의 목표를 설정하였으며 (2) RCA의 성과를 측정하였다. 보잉은 각 RCA 활동을 완수하는 데 소요된 시간, 매해 팀이 완수한 RCA의 수, 대안의 유효성, 프로그램을 통해 만들어낸 절약으로 설정한다.

대안을 적용하기까지 소요된 시간은 회사가 문제의 재발에 취약할 수밖에 없었기 때문에, 이 지표의 사용은 모든 구성원이 최대한 빠르게 효과적인 대안을 찾는 데 집중할 것을 요구하는 것이다. RCA를 완수하는 능력을 개선하고 위험에의 노출을 줄이기 위해, Boeing은 지출을 승인하고 대안의 적용을 저해하는 걸림돌을 제거하는 상급자 위원회를 조직하였다. Boeing은 다른 지역의 RCA 팀 구성원을 비용 효율적인 방법으로 모으기 위한 가상의 팀 활동 도구를 통해 증

명자료를 수집할 수 있는 전자 제출 방식을 사용한다. 이러한 방식은 최대한 빠르게 모든 증명과 데이터를 모으고 카탈로그화할 수 있도록 보장한다. 마지막으로, 완수된 RCA를 다른 조사자들이 찾을 수 있도록 저장한다. 어떤 문제가 발생하게 되면, 효율적인 초기 단계는 같은 혹은 유사한 사항과 관련해서 진행되었던 RCA의 기록을 찾는 것이다. 이것은 팀으로 해금 원인과 효율적인 대안을 빠르게 확인할 수 있도록 돕는다.

출처: M. Hall, "A Solution for IT," *Industrial Engineer* 42, no. 5 (2010): 47-52.

1 식스 시그마와 매출 관리

조직에서 매출을 최적화하는 한 가지 접근법은 적합한 장소에서 적시에 고객에게 적합한 서비스를 제공하는 것이다. 항공기 좌석이나 호텔 객실처럼 소멸하기 쉬운 서비스에 제공할 경우, 이것은 매출 관리 또는 수율 관리(9장에서 논의되었던 주제이다)로 인식된다. 식스 시그마를 매출 관리에 적용하면, 기업에게 있어 매출은 최대화하면서 비용은 감소하도록 하며 나아가서는 이익이 개선될 수 있다.

매출 관리 측면에서, 서비스를 언제 누구에게 제공하고, 얼마나 청구할 것인가의 문제가 강조된다. 만약 임대되지 못한 호텔 객실이나 텅 빈 항공기 좌석이 결함으로 인식된다면, 식스 시그마는 이러한 결점의 근본 원인을 찾고 제거하고, 궁극적으로는 기업의 재무적 성과를 개선하는 데 활용될 수 있다. 식스 시그마는 또한 매출 관리자가 정확한 예측, 초과 예약 대응, 시장 세분화 등을 진행하도록 도울 수 있다. 특별히, DMAIC 개선 사이클이 매출 관리를 개선하는 데 활용될 수 있다. 최근에는 Starwood Hotels & Reports와 같은 대형 호텔 체인이 이러한 접근법을 실험하고 있다.

2 식스 시그마와 제약조건 이론

병목 공정을 개선하기 위해 식스 시그마를 활용하는 한편, 병목(7장에서 설명하였음)을 정의하기 위해 제약조건 이론(TOC; Theory of Constraints)을 사용하는 것은 근본 원인을 빠르게 찾아내고 조직의 역량을 개선하기 위한 강력한 조합을 제공한다. 미국의 한 채굴 업체는 이러한 조합(회사는 6TOC라고 호칭함)을 역량은 최대화하면서 가격은 낮추기 위해 실험을 진행하였다. 한 예로, 이 회사는 암석을 운반해 1차 분쇄기에 밀어넣는 방식을 공부함으로써 트럭 운반 병목 부분을 개선하기 위해 식스 시그마를 활용하였다. 궁극적으로는, 회사는 트럭 운반 사이클을 감소시킬 수 있었으며, 생산성을 높이고 다른 트럭의 구매와 운전자의 고용에 소요되는 지출을 늦출 수 있었다.

 요약

운영관리 측면에서, 품질 관리를 위한 식스 시그마의 활용은 기업들에게 확실한 경쟁 우위를 제공할 수 있다. 이 장에서는 식스 시그마의 철학, 도구, 그리고 기여자들에 대한 논의를 제공하였다. 린 시스템이 식스 시그마의 품질 개선 방법과 도구를 필요로 하기 때문에 린과 식스 시그마에 대한 논의도 함께 진행하였다. 이 장에서는 회사들의 품질 개선 노력을 도울 수 있는 중요한 식스 시그마 사례들을 다양하게 살펴보았다. 기업이 제조사 혹은 서비스사인가를 구분할 필요 없이 도구들은 현재 실무와 프로세스를 평가하고 지속적인 품질 개선으로 이어지도록 활용될 수 있다.

- **볼드리지 품질상**(baldrige quality award) 1987년 8월 20일에 법제화된 품질상. 기업들이 품질과 생산성을 개선하도록 자극하고, 품질 성취도를 인식하게 하며, 독자적으로 자신만의 품질 개선 노력을 평가할 수 있는 평가 기준과 가이드라인을 마련함과 동시에 품질과 생산성을 개선하고 유지하는 방법을 배우려는 기업들에게 사례와 가이드라인을 제공하는 것이 이 상의 목적

- **인과 다이어그램**(cause-and-effect diagrams) 문제의 원인을 찾기 위한 브레인스토밍에서 사용되는 다이어그램. 문제는 다이어그램의 오른쪽에 표시하며 그림의 네 방면 대각선은 잠재적인 원인 그룹을 표시함. 생선뼈 다이어그램 또는 이시카와 다이어그램이라고도 불림

- **체크 시트**(check sheets) 사용자들이 특정 문제의 발생 빈도를 판단하도록 돕는 관찰 체계. 관리자들은 지켜본 결과를 바탕으로 잠재적인 문제 영역의 목록을 작성한 후 일정 기간 동안 직원들에게 각 문제들의 발생 횟수를 측정하도록 지시함

- **핵심품질인자**(CTQ: critical-to-quality characteristics) 고객 만족을 얻기 위한 핵심적인 고객 요구사항

- **백만 기회당 결함 수**(defect per million opportunities) 식스 시그마에서 사용되는 표준 성능 지표

- **Deming의 관리 이론**(Deming's theory of management) 관리자들은 기업이 일을 하도록 만드는 체계를 구현하는 책임이 있기 때문에 기업의 문제에 대해서도 책임을 져야 한다고 강조하는 이론. 따라서 관리계층만이 정확한 도구, 자원, 격려, 몰입, 문화의 변화를 활용해 문제를 해결할 수 있음

- **DMAIC 개선 사이클**(DMAIC Improvement cycle) 식스 시그마의 중요한 요인. 공정의 개선을 이끌어내기 위해 필요한 순차적인 다섯 가지의 단계로 이루어져 있음(정의, 측정, 평가, 개선, 관리, 통제)

- **생선뼈 다이어그램**(fishbone diagrams) 인과 다이어그램 참조

- **흐름 다이어그램**(flow diagrams) 프로세스 다이어그램 참조

- **4M**(4Ms) 인과 다이어그램에서 활용하는 네 가지 원인 단위: 소재·자재(material), 기계(machine), 방법(methods), 인력(manpower)

- **이시카와 다이어그램**(ishkawa diagram) 인과 다이어그램 참조

- **ISO 표준**(ISO standards) 시장 수요에 대응해 회원국가 간의 합의를 통해 국제 표준화 기구(ISO: international organization for standardization)가 개발한 표준체계

- **ISO 9000** ISO가 1987년에 적용한 다섯 가지의 국제 품질 표준 계열. 가장 유명한 품질 체계임

- **ISO 14000** ISO가 1997년에 적용한 국제 환경 경영 표준 계열

- **린 식스 시그마**(lean six sigma) 린과 식스 시그마의 결합 형태로 린 식스라고도 불림

- **OFD 결함 발생 가능성**(opportunities for a defect to occur) DPMO의 계산을 위해 활용되는 변수로 유닛당 발생할 수 있는 결함의 최대 수

- **파레토 차트**(pareto charts) 문제를 가장 큰 문제에서 가장 작은 문제까지 순서대로 수치화해 보여주는 차트. 19세기 이탈리아의 저명한 경제학자이자 수학자인 Vilfredo Pareto의 업적에 일정 부분 의존함

- **파레토 이론**(pareto principle) Juran이 개발한 이론으로 무언가의 20%가 결과의 80%에 영향을 주는 것을 의미함. 80/20 법칙으로도 불림

- **프로세스 다이어그램**(process diagrams)　제조나 서비스 프로세스를 평가하기 위해 필요한 첫 번째 단계. 프로세스 활동 요소를 표현하는 사각형, 대기 기간을 나타내는 타원, 프로세스를 통해 이루어지는 제품이나 고객의 흐름을 나타내는 화살표로 구성됨. 프로세스 맵이나 흐름 다이어그램으로도 표현함

- **프로세스 맵**(process maps)　프로세스 다이어그램 참조

- **매출 관리**(revenue management)　적시에 적합한 가격으로 고객에게 적합한 서비스를 제공하는 활동. 수익 경영으로도 표현함

- **근본 원인 분석**(root cause analysis)　4Ms에 근거해 잠재적인 문제의 원인을 브레인스토밍하는 활동. 네 개의 대각선 중 하나에 표현된 각 가지들이 각각의 잠재적인 원인을 뜻함. 세부 원인(또는 하위 원인)들 또한 브레인스토밍 과정의 산물이며, 각 주요 원인에 연결되어 있는 더 작은 가지들로 표현됨. 각각의 잠재적 원인에 "왜?"라는 질문을 함으로써 잠재적인 세부 원인을 밝혀낼 수 있음. 원인과 세부 원인을 깊게 파헤치면 문제의 해결책으로 이어질 수 있음

- **식스 시그마**(Six Sigma)　기업이 낮은 가격과 고품질, 빠른 반응의 목표를 동시에 추구하면서 발생할 수 있는 트레이드-오프를 해결함과 동시에 전략적 지침을 수립하도록 돕는 품질 철학

- **수익 경영**(Yield Management)　매출 관리 참조

공식 정리

- **백만 기회당 결함 수** DPMO = $\dfrac{\text{결점의 수}}{(\text{한 Unit당 OFD})(\text{Unit의 수})}$ × 1,000,000

- **OFD** = 결함 발생 가능성(opportunities for a defect to occur)

문제해결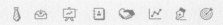

Vickie와 Todd는 인터넷 주문형 개 간식 사업인 Good Boys Bakery를 운영하고 있다. 그들은 품질 추적을 위해서 백만 기회당 결함 수(DPMO)를 매달 측정하기로 하였다. 판매하는 개 간식 봉지당 네 가지 유형의 결함 또는 고객 불만(사료 자체에 대한 불만, 배송 시간에 따른 불만, 잘못된 주문, 파손된 주문 등)이 발생할 수 있다. Good Boys는 340개의 주문 중 8개의 불만 사항을 접수하였다. DPMO를 계산하고 대략적인 식스 시그마 수준을 파악하라.

정답

- DPMO = $\dfrac{\text{결점의 수}}{(\text{한 Unit당 OFD})(\text{Unit의 수})}$ × 1,000,000

  = $\dfrac{8}{(4)(340)}$ ×1,000,000 = 100만 개당 5,882개의 결함

〈표 12-1〉에 따르면 식스 시그마 수준이 4보다 약간 좋은 수준임을 알 수 있다.

1. 식스 시그마의 기원에 대해 설명하라.

2. 식스 시그마라는 이름을 사용하게 된 이유는 무엇인가?

3. DPMO는 무엇이며, 왜 회사들이 이것을 계산하게 되는가?

4. 식스 시그마는 린 활동과 함께 무엇을 해야 하는가? 린 식스 시그마는 무엇인가?

5. Deming의 관리 이론과 품질을 개선하기 위해 어떻게 활용할 수 있는지 설명하라.

6. Deming 상이란 무엇인가? 어떤 회사들이 받을 수 있는가?

7. Crosby가 품질은 무료라고 믿게 된 이유는 무엇인가?

8. Juran은 경영진 관점에서의 품질과 실무자 관점에서의 품질 간의 차이점을 어떻게 설명하였는가?

9. 가장 널리 사용되는 ISO 표준 2가지는 무엇이고 왜 유명한가? 이것은 어떠한 조직에서라도 사용될 수 있는가? ISO 표준은 기본적으로 품질에 관련된 내용인가?

10. DMAIC 개선 사이클은 무엇이고 언제 사용하는가?

11. 핵심품질인자(CTQ)란 무엇이고, 식스 시그마에서 어떻게 사용되는가?

12. 식스 시그마 노력은 고객 요구 사항에 왜 연결되는가?

13. 식스 시그마 훈련과정에서 Black Belt와 Master Black Belt는 무엇이 다른가?

14. 프로세스 다이어그램을 사용하는 목적은 무엇인가?

15. 체크 시트는 무엇이고 어떻게 사용되는가?

16. 파레토 차트란 무엇이고 왜 품질 개선 노력에서 유용한가?

1. 식스 시그마 수준이 4인 것은 좋은 상태인가? 설명해보라.

2. Deming의 관리 이론에 동의하는가? 설명해보라.

3. 볼드리지 품질상이 미국 기업에만 주어지는 이유는 무엇인가?

4. 기업이 볼드리지 품질상에 실제 지원하지는 않고 지원서를 활용하면 어떠한 이득을 얻을 수 있는가?

5. DMAIC 개선 사이클을 대학의 구내식당 개선에 적용해보라.

6. 식스 시그마 훈련이 필요한 과정이라고 생각하는가? 설명해보라.

7. 다음의 문제에 대해 인과 다이어그램을 구성하고 몇 가지 잠재적 원인을 브레인스토밍해보라.
예) 너무 오래 걸리는 대학교의 강의 신청 프로세스

연습해보기

1. 볼드리지 품질상의 7가지 평가 카테고리를 적용해 당신이 소속된 회사를 평가해보라. 회사는 개선될 수 있다고 생각하는가? 당신이 그렇게 생각하는 이유를 적어라. 만약 회사에 소속되지 않았다면 당신이 다닌 대학교나 최근의 고용처에 적용하라.

2. 당신이 소속된 대학교에서의 등록 프로세스에 대한 흐름 다이어그램을 작성하라. 문제를 정의하기 위해 어느 영역을 더 심도 있게 탐색할 것인가? 당신의 흐름 다이어그램에 정의된 문제 중 하나를 해결하기 위해 DMAIC 사이클을 적용해보라.

연습문제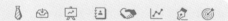

1. Eakin Boat Rentals의 소유주인 Stan과 Laurie는 회사의 품질 분석을 시작하려고 한다. 보트를 대여할 때마다 발생할 수 있는 네 가지 유형의 고객 불만은 다음과 같다 (1) 정상적으로 작동하지 않는 보트 (2) 크기가 맞지 않는 보트 (3) 불편한 보트 (4) 운행 중 멈추는 보트. 지난 주 동안, 회사는 104대의 보트를 대여하였고 총 12건의 고객 불만이 접수되었다.

   a) 지난 주 동안 회사의 DPMO는?

   b) 식스 시그마 수준은 어느 정도인가?

2. 한 제품이 162개의 부품을 가지고 있고, 회사는 1만 대를 생산했으며, 현재까지 1,100개의 품질에 대한 고객 불만이 발생하였다면, 대략적인 DPMO는? 식스 시그마 운영 수준은 어느 정도인가?

3. 회사는 최근 142만 5,000개의 제품을 생산하였고 총 결함 수준은 4,280개이다. 각 제품은 294개의 잠재적인 결함을 가지고 있다.

   a) 회사의 DPMO는?

   b) 식스 시그마 수준은 어느 정도인가?

   c) 회사의 목표는 식스 시그마 실행 수준을 다음 100만 개에서 6에 도달하는 것이다. 목표를 이루려면 결함 수준이 어느 정도에 도달해야 하는가?

4. 제조기 운영자는 특정 부품을 500개 생산하였으며, 이 중, 회사의 설계 사양에 맞추지 못한 것은 4개뿐이었다고 발표하였다. 식스 시그마 기준에 적합한가?

CASE **Study**

│ 휴대용 수술 키트 설계 부서

한 대형 수술 의료 소모품 생산 판매 기업이 새로운 부서 설립을 목적으로 수술용 키트를 만드는 3D 프린터 활용을 테스트 중이다. MSKD(The Mobile Surgical Kit Design; 휴대용 수술 키트 설계) 부서는 일 년간 운영하면서 2가지 분야에 집중하려고 한다. 첫 번째 분야는 전통적인 공급 사슬을 쉽게 접할 수 없거나, 적절한 재고 수준을 유지할 수 없는, 또는 수술 키트에 맞춤형 아이템이 포함되어야 하는

응급 수술 센터이다. 이 영역에서의 현장 시험은 군대에서 충돌지역에 근접한 격리 및 수술지역, 그리고 적절한 의료 장비가 없는 제3세계 국가나 대규모 난민 수용소의 의료 유닛에서 이루어진다. 이러한 2가지의 경우, 정규적인 공급사슬과의 연결이 끊어지게 되며 재고 비축을 할 수 있는 자원도 없는 경우가 빈번하다. 두 번째 분야는 맞춤형 수술 키트 수요가 적은 의료·수술 시설을 대상으로 한다. 이 분야 내 고객은 종종 어떠한 공급사슬 수준에서도 비축되지 않은 맞춤형 수술 키트를 추가 금액을 지불하고 구매하게 된다. 이러한 두 분야 모두 전쟁터나 외떨어진 마을, 임시 응급 의료소와 같이 변화가 큰 환경에서 수술이 이루어지기 때문에 크기와 규격에 표준화된 기준과는 동떨어져 있는 수술 도구를 요구하는 분야이다.

새로운 부서는 현장에서 생산할 수 있는 수술 키트 제품 라인을 구축하려고 한다. 고객들은 현장 요구에 맞게 키트를 생산할 수 있는 엔지니어링 및 생산 팀을 파견하는 계약을 MSKD와 맺게 된다. 두 번째 단계로 MSKD는 3D 프린터, 설계생산 프로세스, 휴대용 제품 주머니를 번들화해, 판매 후 유지보수 서비스와 묶어서 이 제품군 전체를 판매하게 된다. 3D 프린터로 만들어진 수술용 키트는 Kelly hemostat(역자 주: 지혈겸자. 혈관이나 관의 끝을 새지 않게 막는 도구), Needle Driver(역자 주: 바늘겸자. 의료용 바늘을 잡아주는 도구), Tissue Forcep(역자 주: 수술용 핀셋의 일종), Retractor(역자 주: 수술 절개 부위를 넓히거나 잡아주는 도구), Scalpel handle(역자 주: 의료용 메스), Metzenbaum Scissors(역자 주: 의료용 가위)를 포함하게 된다. 이 키트는 3D 프린터로 생산할 수 있는 기능성 의료 키트이다.

운영 관리자는 독자적인 품질 부서에서 사용하는 사내 모델을 사용하기보다는 모든 부서원들을 식스 시그마 방법론을 훈련할 수 있도록 추가 자원을 요구해왔다. 고객의 요구에 적합하고 새로운 경쟁자를 불러오는 3D 프린팅 분야의 범람에서 경쟁 우위를 갖추기 위해서는 3D 프린터로 만들어

진 제품의 품질 수준이 핵심이다. 운영 관리자는 초기 비용에 대한 몇 가지 제안서를 제출하게 될 것이다. 새로운 부서는 영업 및 고객 서비스, 현장 서비스 기술자를 포함한 엔지니어링, 생산, 물류, 그리고 회사에서 지원하지 않았던 지원 스탭과 유지보수, 회계, 마케팅 등의 관리 부서를 포함한 60 명의 직원으로 시작하게 된다.

🔍 질 문

1. 이 부서의 초기 계획에 식스 시그마 프로그램을 포함하는 것이 좋은 아이디어라고 생각하는가? 왜 그런가 혹은 왜 그렇지 않은가? 회사에 제출한 제안서에는 어떠한 것이 반드시 포함되어야 하는가?

2. 훈련이 끝난 후 이 팀이 보유하게 될 식스 시그마 벨트의 색깔과 수를 포함한 직원 대상 품질 훈련 프로그램 결과는 어떠한 모습이 될지 설명하라. 품질 개선팀의 가능한 구성에 대해 논의하라.

3. 부서 관리자는 직군 후보자들이 식스 시그마 훈련을 준비하기에 적합한 기술과 지식, 경험을 갖출 수 있도록 인력 자원 부서에 직군 상세 정보를 추가해야 한다. 구성원들이 즉시 식스 시그마 훈련 프로그램에 투입되기 위해 중요한 기본요소가 될 기술과 역량 목록을 구성하라.

🔍 참 고

Brian Hoyt, PhD, Ohio University, Athens, Ohio가 작성하였다. 이 사례는 강의 내 토론을 위한 자료에서 제공된 것이며 저자는 경영 상태의 관리가 효율적이거나 비효율적인가를 설명하려는 의도는 아니다.

Case 2 | SPECIAL EVENT APPAREL

Special Event Apparel(SEA)는 빠르게 성장하고 있는 대학 캠퍼스 내 고객 주문 인쇄 티셔츠에 특화된 "팝업형" 유통사이다. SEA는 범죄학 전공자인 Andrew, 정보시스템 전공자인 Mitchell, 특수교육 전공자인 Allison 등 세 명의 대학생들의 사업 아이디어에 기인한다. 이 사업은 교내 비치 발리볼팀의 유니폼용 티셔츠 요청에서부터 시작되었다. 세 학생들은 백화점에서 구매하고 열전사된 번호가 새겨지고 변화 없는 표식이나 대학교의 지정 색깔로 이루어진 평범한 티셔츠와는 다른 무언가를 원하였다. 교내 시즌의 시작 전에 배송되는 운동복에 맞춤형 그림을 적용하는 사업을 찾다가 얻게 된 불만은 Special Event Apparel의 자극제로 작용하게 되었다.

회사는 구전 효과(리그에서 가장 멋진 유니폼이라는)를 통해 유기적으로 성장하게 되었고, 옷 주문이 다른 리그(농구, 플래그 축구, 위플볼 등등)로 퍼져나가게 되면서 그들은 대규모 주문을 운영하기 위해서는 의류 공급자와 스크린 인쇄업자와 일하는 방법을 빠르게 배우게 되었다. Andrew와 Mitchell은 그래픽 디자인 업무를 맡았고 Allison은 티셔츠의 구매, 일정 관리, 스크린 인쇄 작업, 교내 고객에게 완성된 주문을 보내줄 운송자 등 공급자들과의 협력을 관리하였다. 사업이 성장함에 따라, 세 사람은 친구들과 룸메이트들을 영업 책임자, 고객 서비스 책임자, 구매 담당자, 사업 관리자·담당자로 고용하였다. 사업은 또한 교내 운동부 외의 영역으로 확대되면서 학생회 콘서트나 기타 캠퍼스 이벤트 등의 특별 이벤트까지 포함하게 되었다.

매출과 수익은 매 학기마다 성장하였고, 전망은 밝아보였다. 이러한 빠른 성공은 긍정적이었지만, 수많은 사업 문제들이 위험 수준으로 증가하였다. 주문 중 사이즈 문제가 발생하였고(하나의 사이즈로 해결되지 않거나 너무 많은 사이즈가 필요하거나), 스타일 문제(잘못된 셔츠 또는 짧은), 색상이나 디자인, 스크린 전사 문제도 발생하였고, 결국 일부만 배송되거나 납기를 못 맞추게 되었다. 팀명, 행사명, 또는 티셔츠 내의 문구에서의 수많은 오타는 특히 난감한 문제였다.

최근까지 SEA는 문제에 대한 이상한 반응을 경험하였다. 많은 문제들에 대한 "컬트적인" 추종자들이 있었고, 티셔츠는 마치 수집품인 것처럼 입혀지는 등 SEA가 창조적인 기업으로 받아들여졌다. 그럼에도 불구하고, 예정된 가격 인상과 함께 SEA는 소유주들이 해야 할 다음의 사업적 활동은 회사 운영을 개선하는 것이라는 것을 깨달았다.

Allison은 최근 들어 어떤 경영 수업을 통해 식스 시그마를 알게 되었다. 그녀는 다른 두 소유주에게 점점 증가하는 주문 오류의 원인인 운영상의 비효율성을 찾기 위한 움직임을 주도할 수 있다고 제안하였다. 여기에 덧붙여, 투자자가 그들에게 접촉하고 프랜차이즈화해 다른 캠퍼스로 영역을 넓힐 수 있도록 대규모의 자본 투자를 SEA에 진행하겠다고 제안하였다. 이때 제시받은 한 가지 조건은 SEA의 운영방식을 개선하는 것이었다.

🔍 질문

1. 잠재적인 프랜차이즈 가맹점들이 통제가 되지 않는 사업 개념에 관심을 두는 이유는 무엇인가?
2. SEA의 프로세스상 문제를 정의하려면 Allison은 어떠한 품질 도구를 사용해야 하는가? 어떻게 사용할 수 있는가?
3. 벤더에게 정보를 전달하기 위해 문제들 중 가장 큰 부분을 정의하는 Pareto 차트를 완료하였다면, 어떠한 도구를 이용해 인과 분석으로 이어지게 되는가?

🔍 참고

Brian Hoyt, PhD, Ohio University, Athens, Ohio가 작성하였다. 이 사례는 강의 내 토론을 위한 자료에서 제공된 것이며 저자는 경영 상태의 관리가 효율적이거나 비효율적인가를 설명하려는 의도는 아니다.

참고문헌

- About the Institute," Deming Institute, https://www.deming.org/about-us/our-story. Accessed March 28, 2020.

- D. Blanchard, "Diagnosis: Green and Lean," *IndustryWeek* 255, no. 9 (2006):13.

- D. Brandt, "Case Study: Solutions in Practice," *Industrial and Systems Engineering at Work* 50, no. 9(2018):48-50.

- E. Phillips, "Six Sigma: The Breakthrough Management Strategy Revolutionizing the World's Top Corporations," *Consulting to Management* 13, no. 4 (2002): 57-69. See also SSA & Co. website: www.ssaandco. com.

- J. Butman and J. Roessner, *An Immigrant's Gift: The Life of Quality Pioneer Joseph M. Juran* (PBS documentary video, produced by Howland Blackiston, copyright 1997, WoodsEnd, Inc.).

- J. Reh, "Pareto's Principle—the 80-20 Rule," Balance Careers, https://www.thebalancecareers.com/pareto-s-principle-the- 80-20-rule-2275148, Accessed March 29, 2020.

- K. Johnson, "Philip B. Crosby's Mark on Quality," *Quality Progress* 34, no. 10 (2001): 25-30.

- M. Bangert, "Winona Coatings Rolls along with PVD, Powder Coatings," *Products Finishing* 83, no.4 (2019): 18.

- M. Franchetti, "Perfect match," *ASQ Six Sigma Forum Magazine* 8, no. 4 (2009): 10-17.

- P. Crosby, *Quality Is Free: The Art of Making Quality Certain* (New York: McGraw-Hill, 1979); P. Crosby, *Quality without Tears* (New York: McGraw-Hill, 1984).

- Phillips, "Six Sigma."

- R. Brodshy, "Deep-Sixing Waste," *Government Executive* 41, no. 12 (2009): 19-20; R. Kucner, "Staying Seaworthy," *Six Sigma Forum Magazine* 8, no. 2 (2009): 25-31; and R. Westervelt, "Clariant Rebuilds Momentum," *Chemical Week* 171, no. 10 (2009): 41.

- T. Harbert, "Lean, Mean, Six Sigma Machines," *Electronic Business* 32, no. 6 (2006): 38-42.

- W. Deming, *Out of the Crisis* (Cambridge, MA: MIT Press, 1986).

- "About ISO," ISO, https://www.iso.org/about-us.html, Accessed March 29, 2020.

- "About US, Who We Are," National Institute of Standards and Technology, http://www.nist.gov/baldrige/about, Accessed March 29, 2020.

- "Business Brief—Primary PDC Inc.: Joint Bankruptcy Plan Filed to Dissolve Former Polaroid," Wall Street Journal, January 17 2003, B3.

- "Five Role-Model Organizations Win 2018 Baldrige National Quality Award," National Institute of Standards and Technology, https://www.nist.gov/news-events/news/2018/11/five-role-model-organizations-win-2018-baldrige-national-quality-award, Accessed March 28, 2020 http://www.nist.gov/baldrige/award_recipients/index.cfm.

- "GE's Redesigned Plant Makes Everything Faster for You," GE Current, http://www.gelighting.com/LightingWeb/na/resources/document-library/#q=six%20sigma&fq=&sortParam=&p=1&pageSize=50, Accessed March 29, 2020.

- "ISO 14000 Family Environmental Management," ISO, https://www.iso.org/iso-14001-environmental-management.html. Accessed March 29, 2020.

- "Lean Is Crushing Six Sigma," *Manufacturing Engineering* 144, no. 4 (2010): 19–20.

- "Operational Excellence & Leadership Quotes," Operational Excellence Consulting, https://www.operational-excellence-consulting.com/operational-excellence-quotes, Accessed March 28, 2020.

- "Report Finds Six Sigma Has Saved Fortune 500 $427B," Reliable Plant, http://www. reliableplant.com/Read/4285/report-finds-six-sigma-has-saved-fortune-500-$427b, Accesses March 28, 2020.

- "Six Sigma Case Study: General Electric," May 22, 2017. Found at https://www.6sigma.us/ge/six-sigma-case-study-general-electric, Accessed March 28, 2020.

- "Six Sigma Master Black Belt Salaries," glassdoor, https://www.glassdoor.com/Salaries/six-sigma-master-black-belt-salary-SRCH_KO0, 27.htm, Accessed March 29, 2020.

- "The Deming Prize and Development of Quality Control/Management in Japan," Union of Japanese Scientists and Engineers, https://www.juse.or.jp/deming_en/award/03.html, Accessed March 28, 2020.

- "USA, China and Brazil," *Entertainment Close-Up*, February 21, 2016, 1.

- "What Is the ISO 9000 Standards Series?" ISO, https://asq.org/quality-resources/iso-9000, Accessed March 29, 2020.

생산 운영관리
Operations
Management

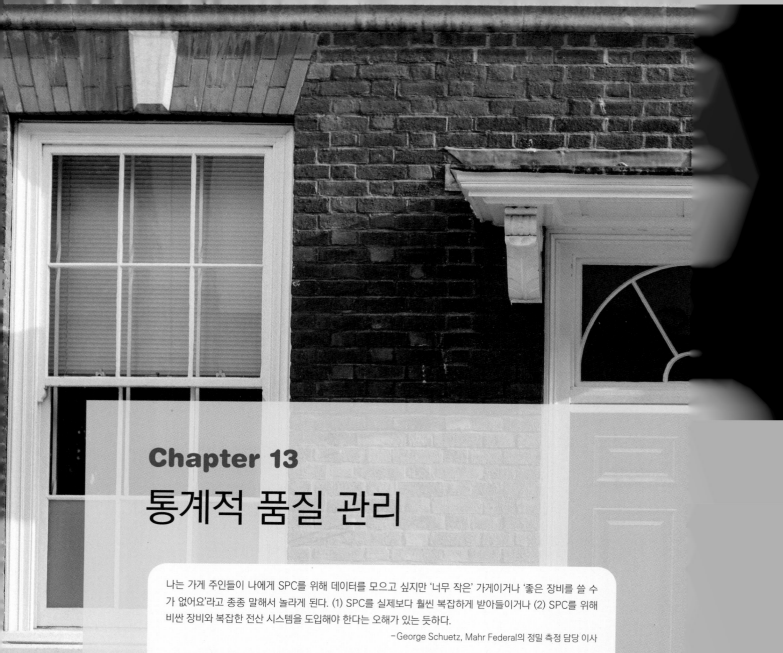

Chapter 13

통계적 품질 관리

나는 가게 주인들이 나에게 SPC를 위해 데이터를 모으고 싶지만 '너무 작은' 가게이거나 '좋은 장비를 쓸 수가 없어요'라고 종종 말해서 놀라게 된다. (1) SPC를 실제보다 훨씬 복잡하게 받아들이거나 (2) SPC를 위해 비싼 장비와 복잡한 전산 시스템을 도입해야 한다는 오해가 있는 듯하다.

-George Schuetz, Mahr Federal의 정밀 측정 담당 이사

과거에는 더 좋은 품질을 제공하기만 하면 기업들이 확실한 경쟁 우위에 있었다. 하지만, 오늘날의 많은 조직에서 고품질은 고객의 기대일 뿐이다. 그렇게 한다고 해도 더는 고객을 기쁘게 하지 못한다. 쉽게 말하자면 맞추지 못하면 고객이 화내는 것이다.

-Geoff Vining, Virginia Tech 박사

🎯 학습목표

1. 공정 격차와 품질 관리를 위한 측정값

2. 계량형 데이터에 맞는 공정 관리도

3. 속성형 데이터에 맞는 공정 관리도

4. 식스 시그마의 다양한 통계적 도구

5. 표본 검사법의 활용

470

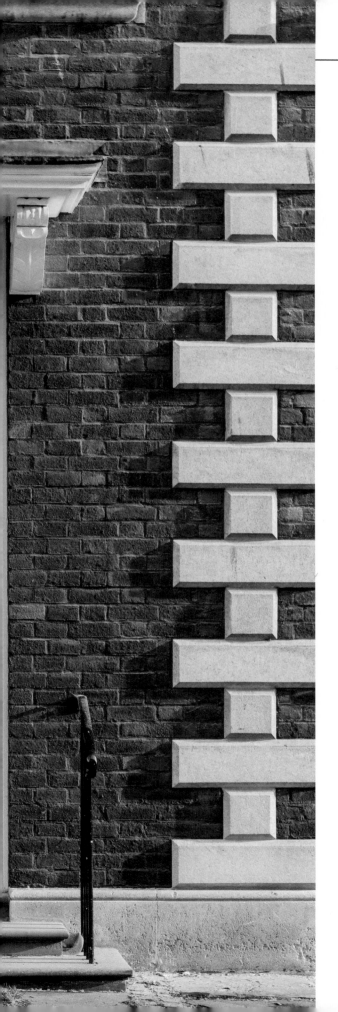

통계적 공정 관리로 벽돌을 개선하다

사우스 캐롤라이나에 있는 Palmetto Brick Company는 품질 좋고 오래가는 벽돌을 적절한 가격에 생산하는 것으로 네 세대에 걸쳐 가치를 만들어온 회사이다. 이 회사의 소유주인 Anderson 가문은 벽돌 생산 공정을 관리하는 통계적 공정관리 소프트웨어를 사용하여 명성을 유지해왔다.

벽돌을 만들기 위해 기초 재료인 진흙은 면밀하게 확인해야 할 정도로 특성이 광범위하다. 색깔과 크기 또한 면밀하게 확인해야 하는데, SPC는 Palmetto가 현재 잘하고 있더라도 문제를 찾아낼 수 있도록 도와준다. 벽돌은 한번 구워지면, 문제를 해결하기에 너무 늦은 상태가 되기 때문에 사양을 맞추지 못한 제품을 내다 버려야 한다.

관리도에 사용하기 위한 품질 측정 활동에는 원료의 반죽 단계, 압출된 벽돌 크기, 벽돌의 수분 함량, 색깔과 밀도, 파손 여부를 위한 육안 검사, 구워진 벽돌의 크기, 포화도 계수 등이 포함된다.

공정 운영자들은 표본 데이터를 응용 프로그램에 입력하고, 실시간 피드백이 모니터에 나타난다. 초록색 점등은 문제가 없는 상태를 뜻하고, 노란색 점등은 결함으로 이어질 수 있는 잠재적인 문제가 나타날 수 있음을 뜻하며, 붉은색 점등은 즉시 대응이 필요한 통제 불능 상태를 의미한다. 이 소프트웨어는 공정 능력 수치와 함께 필요한 관리도를 모두 보여준다. 데이터 분석도 함께 수행할 수 있다.

Palmetto의 품질에 대한 인식은 사업을 수행해온 기간 전체에 걸쳐 회사가 성공을 거둘 수 있도록 도와주었다. 현재 회사는 매년 1억 5,000만 개의 벽돌을 생산하며 150년의 수명을 보장하고 있다.

많은 식스 시그마 또는 품질 개선 활동의 마지막 단계는 통계적 품질 관리(SQC: Statistical Quality Control) 또는 통계적 공정 관리(SPC: Statistical Process Control)의 적용이다. 문제가 정의되고 분석, 개선된 후 관리 단계에 들어가면 작업자들은 공정의 성능 데이터를 모으고, 공정 성능을 확인하기 위해 관리도를 만들며, 지속적인 형태의 표본 측정치를 모으고 표시하고 확인한다. 이러한 SQC 활동은 작업자들이 관리도에 통제 불능 상태의 시작이 나타나면 빠르게 적합한 활동을 취하게 된다. SQC 기법은 공정이 이미 통제 상태가 아닐 경우, 무용지물이 된다는 것을 주지할 필요가 있다. 통제 불능 상태의 공정은 13장에서 설명한 도구들(체크 시트, 파레토 차트, 생선뼈 다이어그램 등)을 활용하여 분석, 개선되어야 한다.

공식적인 통계적 품질 관리는 1924년으로 거슬러 올라가는데, 이 시기는 뉴욕시 Bell 연구소의 Walter Shewhart가 처음으로 관리도를 제시한 시기이다. 이 개념은 이후 일리노이의 Western Electric에서 퓨즈와 제어 장치에 관한 연구 성공에 이바지하게 된다. 관리도는 시기별 공정의 성능과 희망 측정치(관리도의 중심선)와 공정의 관리 상·하한선*을 확인할 수 있도록 도식화한 것이다. 이러한 시각적 효과는 운영자가 관리도를 구성하고 데이터를 표시하고 시간대별 성능을 비교하기 매우 쉽게 한다.

> * 통상적으로 평균 또는 중앙선에서부터 ±3 표준편차로 정리한다.

공정 성능의 표본 측정치가 허용 가능한 관리 기준 내에 포함되고 권장 측정치에 근접한 상태에서 일정 수준 정규분포 형태를 보인다면, 공정은 통계적인 관리 상태에 있고 지속가능한 상태인 것으로 설명된다. 표본 측정치는 시기별로 계속 수집되고 관리도에 표시된다. 특정한 표본값이 허용 한계를 벗어나거나 표시된 수치가 더 이상 정규분포 형태를 보이지 않고 권장 측정치보다 낮으면 통제 불능 상태로 인식된다(관리도의 해석은 어느 정도는 전문적인 면이 있다). 이러한 상황이 발생하면, 12장에서 설명한 것처럼 공정 문제와 그 근본 원인을 정의하고 원인을 제거한다. 그 후, 공정이 다시 통계적 관리 상태로 환원된 것으로 판단되면, 관리도 수치 표시가 재개된다.

1 공정 변동

1. 공정 격차와 품질관리를 위한 측정값

〈그림 13-1〉은 채택 가능한 수준의 관리도 Ⓐ 와 함께 통제 불능을 보여주는 다른 몇 개의 관리도를 보여준다. 관리도 Ⓑ 에서 보이는 것처럼, 만약 하나의 데이터 값이 상·하한선보다 높거나 낮으면 낮은 공정 성능의 원인을 찾아내야 한다. 관리도 Ⓒ 처럼 다섯 개 이상의 데이터가 계속해서 중앙선보다 높거나 낮게 나오면 공정 자체를 조사해야 한다. 관리도 Ⓓ 에서는 데이터값이 이상하거나 중앙선에 근접하지 않고 있다. 관리도 Ⓔ 처럼 우상향 혹은 우하향 성향이 보인다면 공정을 점검해야 한다. 마지막으로 관리도 Ⓕ 에서는 눈에 띄는 데이터 값의 이동을 볼 수 있으며, 이것은 공정에 문제가 있음을 보여주는 것이다.

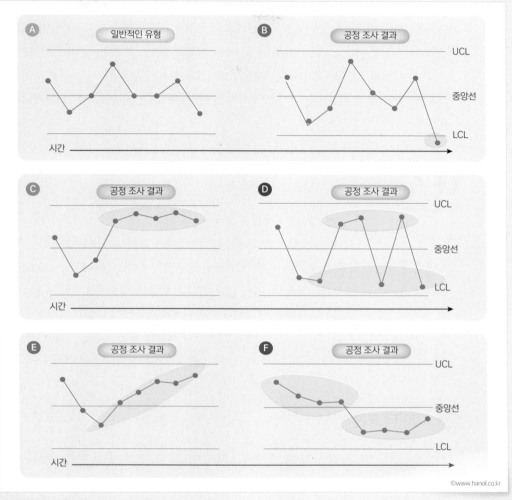

● 그림 13-1_ 관리도의 유형

마지막 단계는 공정이 고객의 요구에 적합한가를 판단하는 것이다. SQC 방법론은 오랜 기간에 걸쳐 다양한 산업 분야에서 활용되었다. 이 장의 남은 부분에서는 몇 가지 데이터 형태에 따른 SQC 도구들을 설명할 것이다.

모든 공정은 정확도를 확보하기 위한 노력에도 불구하고 성능에 따른 격차가 나타난다. 공정 측정상의 격차는 피할 수 없다. 모든 물리적 측정법은 다소의 불확실성이 있기 때

Getty images

1미크론(100만 분의 1미터)까지 정확하게 측정하는 디지털 마이크로미터

문이다. 예를 들어, 화학 분석가가 세심하게 관리를 한다 해도 저울의 정확도까지만 정확하게 무게를 측정할 수 있는 것이다. 예를 들어, 대부분의 분석 저울은 ±0.0001g까지의 정확도를 보인다. 즉, 분석자는 1.0000g의 무게를 ±0.0001g의 오차 내에서 잴 수 있는 것이다. 이러한 이유로, SPC의 사용은 이처럼 정확한 수치 측정에서 레스토랑의 서비스 시간 확인이나 자동차의 페인트 색깔까지 모든 공정 성능을 관찰하는 것이 보장되어야 한다. 다음에는 이러한 격차의 유형과 관리에 대해 설명한다.

1 측정치의 격차

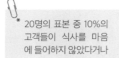

* 습도의 차이는 날씨 상황이나 고속도로 교통 패턴에 따른 운전 시간의 차이에도 영향을 받는다.

공정 측정치의 격차(차이, 오차, 변이)에는 자연적인 격차(변이) 또는 대응 가능한 격차(변이) 2가지가 있다. 모든 공정의 측정값은 환경적인 간섭이나 자연적인 변이가 있을 수 있으며, 이러한 격차에 영향을 받는다. 자연적인 변이만 존재한다면,* 공정은 여전히 통계적 관리 상태에 있다. 이러한 자연적인 변이는 통상 통제할 수 없는 것으로 받아들여진다. 대응 가능한 변이는 반대로 어떠한 "개선 가능한" 요인에 의한 것을 말한다(그림 13-4에서 묘사된 원인과 하부원인처럼). 이렇게 대응 가능한 변이는 정의되고 제거될 수 있는 원인에 따라 만들어지는 것이고, 이것이 바로 통계적인 공정 관리의 목적이라고 할 수 있다.

2 데이터 표본

모든 공정 측정치에는 격차가 존재하기 때문에, 그리고 표본이 다수일수록 표본 크기는 실제 공정 성능에 더 가깝게 나타날 수 있으므로, 데이터 표본을 수집하고 표준 측정값이 관리도에 표시되는 것이다. 표본 측정값은 계량형 데이터(Variable Data) 또는 속성형 데이터(Attribute Data)라고 불리는 것으로, 각각은 저마다의 관리도를 요구하게 된다. 무게, 시간, 길이(예를 들어 곡물 상자의 무게나 고객을 응대하는 시간, 철봉의 길이)는 계량형 데이터이며, 속성형 데이터는 색깔이나 만족도, 업무역량, 외형*과 같은 특정한 속성의 여부를 나타내는 것이다. 속성형 데이터 표본은 각 표본 내에서 결점의 비율을 측정할 때 사용하는* 반면, 계량형

* 자동차가 적합한 색으로 칠해져 있는지 또는 고객이 식사를 좋아했는지, 전구가 작동하는지 등

* 20명의 표본 중 10%의 고객들이 식사를 마음에 들어하지 않았다거나

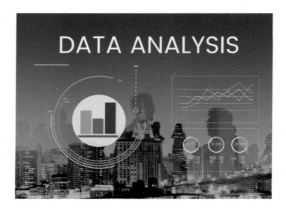

데이터 표본은 표본 측정값의 평균을 구하기 위해(예를 들어, 곡물 상자 표본의 평균이 12.04온스라든지) 사용된다. 다음에는 이러한 2가지 유형의 데이터에서 사용되는 관리도 유형을 알아보기로 한다.

2 계량형 데이터의 공정관리

2. 계량형 데이터에 맞는 공정 관리도

변인 공정 데이터를 모으고, 측정하고, 표시할 때 $\overline{X}$ 관리도(또는 표본 평균 관리도)와 R 관리도(또는 범위 관리도) 등의 2가지 관리도가 사용된다. 범위 관리도는 표본의 범위나 각 표본 내 측정값의 격차를 추적하기 위해 사용하며, 표본 평균 관리도는 표본 평균의 집중 경향(또는 중심 경향, Central Tendency)을 추적하기 위해 사용한다. 공정이 완벽하다면, 목표 측정값과 일치하는 표본 평균을 보이고 표본의 범위는 0(즉, 격차가 없다)을 나타낼 것이다. 계량형 데이터형 공정이 통제 상태인가를 판단하려면 이 2가지 차트를 모두 활용하여 확인할 필요가 있다. 몇 개의 측정값이 목표 측정값보다 넓은 분포를 나타나게 하고 표본의 범위를 크게 만들더라도 평균값은 타당하게 보일 수 있음을 주지하자. 또한 모든 측정값이 목표 측정값과 실질적으로 격차가 있고 표본의 평균이 나쁘게 나오더라도 표본의 범위가 타당하게(표본의 범위가 0에 가까운 것을 말함) 보일 수 있기도 하다. 그러므로, 계량형 데이터의 경우, 공정 자체가 관리되는 상태라고 판단되려면 표본 평균 관리도와 범위 관리도에서 모두 표본이 관리 가능 상태에 있음을 보여주어야 한다.

① 표본 평균 관리도와 범위 관리도의 구현

*12장에서 설명한 것처럼 식스 시그마 방법론을 이용해서 공정은 이미 관리 또는 통제되고 있다고 가정한다.

어떤 관리도라도 첫 단계는 데이터를 모으는 것이다.* 통상적으로 한 주기 동안 5~10개 크기의 표본을 25~30개 정도 모으게 된다. 모은 후에는, 각 표본별로 평균($\overline{X}$)과 범위(R)를 계산한다. 다음에는 모든 표본 평균의 평균($\overline{\overline{X}}$)과 표본 범위의 평균($\overline{R}$)을 계산한다. 표본 평균의 평균과 표본 범위의 평균값은 각 관리도의 중심선(목표 측정값)에 해당한다. 〈예제 13-1〉은 표본 평균 관리도와 범위 관리도의 중심선 계산법을 보여준다. 중간값, 즉 표본 평균의 평균과 표본 범위의 평균은 다음과 같이 계산한다.

$$\overline{\overline{x}} = \frac{\sum_{i=1}^{k} \overline{x}_i}{k} \text{ and } \overline{R} = \frac{\sum_{i=1}^{k} R_i}{k}, \text{ k는 전체 표본 수이며, i는 임의의 표본을 뜻함}$$

예제 13-1 Rick Soup Company의 Soup Can 계량형 데이터

Rich Soup Company는 12온스 캔 생산설비에 사용할 관리도를 구현하기 위해 데이터를 수집해왔다. 수집된 데이터는 20시간마다 한 시간씩 4개 크기의 표본을 20개씩 수집하였다. 각 표본은 다음과 같다.

시간	표본				표본 평균	범위
	1	2	3	4		
1	12	12.2	11.7	11.6	11.88	0.6
2	11.5	11.7	11.6	12.3	11.78	0.8
3	11.9	12.2	12.1	12	12.05	0.3

시간	표본				표본 평균	범위
	1	2	3	4		
4	12.1	11.8	12.1	11.7	11.93	0.4
5	12.2	12.3	11.7	11.9	12.03	0.6
6	12.1	11.9	12.3	12.2	12.13	0.4
7	12	11.7	11.6	12.1	11.85	0.5
8	12	12.1	12.2	12.3	12.15	0.3
9	11.8	11.9	12	12	11.93	0.2
10	12.1	11.9	11.8	11.7	11.88	0.3
11	12.1	12	12.1	11.9	12.03	0.2
12	11.9	11.9	11.7	11.8	11.83	0.2
13	12	12	11.8	12.1	11.98	0.3
14	12.1	11.9	12	11.7	11.93	0.4
15	12	12	11.7	11.2	11.73	0.8
16	12.1	12	12	11.9	12	0.2
17	12.1	12.2	12	11.9	12.05	0.3
18	12.2	12	11.7	11.8	11.93	0.5
19	12	12.1	12.3	12	12.1	0.3
20	12	12.2	11.9	12	12.03	0.3
				평균	11.97	0.39

> * 공정이 통제 불능일 경우, 데이터가 관리도를 기획하기에 아예 납득할 수 없는 수준일 것이고, 표시된 데이터가 그 증거가 될 것임을 주지해야 한다.

〈예제 13-1〉에서 볼 수 있는 것처럼 표본 평균의 평균($\overline{\overline{x}}$)은 11.97이고 범위의 평균($\overline{R}$)은 0.39이다. 이 값들이 Rich Soup Company가 납득할 만한 수준이라면, 이 값들은 관리도를 구현하는 데 사용할 수 있다.* 이들 평균값은 또한 두 관리도의 관리 상한선(UCL; Upper Control Limits)과 관리 하한선(LCL; Lower Control Limits)으로도 사용된다. 이들 관리 한계선들은 통상적으로 표본의 모평균에서 위아래로 표준편차에 3을 곱한 범위 값(표본 표시 값의 99.7%가 이 한계 범위에 포함된다)을 사용한다. 계산식은 다음과 같다.

$$UCL_{\overline{x}} = \overline{\overline{x}} + A_2\overline{R} \text{ and } LCL_{\overline{x}} = \overline{\overline{x}} - A_2\overline{R}$$

$$UCL_R = D_4\overline{R} \text{ and } LCL_R = D_3\overline{R}$$

A2, D3, D4는 각 표본의 크기(n)를 이용하여 계산한 상수로 〈표 13-1〉에 나타나 있다.*

*각 상수는 표본 분포가 정규분포이고 관리 한계선은 모평균 표준편차의 ±3.0배로 설정한 것으로 표본 분포의 99.7%가 이 영역 내에 포함된다.

표 13-1_ 관리 한계선을 계산하기 위해 주어진 상수

관리도 한계선($\pm3\sigma$)			
표본 크기(n)	평균 인자, A_2	UCL, D_4	LCL, D_3
2	1.88	3.268	0
3	1.023	2.574	0
4	0.729	2.282	0
5	0.577	2.115	0
6	0.483	2.004	0
7	0.419	1.924	0.076
8	0.373	1.864	0.136
9	0.337	1.816	0.184
10	0.308	1.777	0.223

예제 13-2 Rich Soup Company 데이터의 스프레드시트 계산 방법

F2:=AVERAGE(B2:E2)

G4:=MAX(B4:E4)−MIN(B4:E4)

F22:=AVERAGE(F2:F21)

G22:=AVERAGE(G2:G21)

	A	B	C	D	E	F	G	H
1	Hour	1	2	3	4	5	$\bar{X}$	R
2	2	1	12	12.2	11.7	11.6	11.88	0.6
3	3	2	11.5	11.7	11.6	12.3	11.78	0.8
4	4	3	11.9	12.2	12.1	12	12.05	0.3
5	5	4	12.1	11.8	12.1	11.7	11.93	0.4
6	6	5	12.2	12.3	11.7	11.9	12.03	0.6
7	7	6	12.1	11.9	12.3	12.2	12.13	0.4
8	8	7	12	11.7	11.6	12.1	11.85	0.5
9	9	8	12	12.1	12.2	12.3	12.15	0.3
10	10	9	11.8	11.9	12	12	11.93	0.2
11	11	10	12.1	11.9	11.8	11.7	11.88	0.4
12	12	11	12.1	12	12.1	11.9	12.03	0.2
13	13	12	11.9	11.9	11.7	11.8	11.83	0.2
14	14	13	12	12	11.8	12.1	11.98	0.3
15	15	14	12.1	11.9	12	11.7	11.93	0.4
16	16	15	12	12	11.7	11.2	11.73	0.8
17	17	16	12.1	12	12	11.9	12	0.2
18	18	17	12.1	12.2	12	11.9	12.05	0.3
19	19	18	12.2	12	11.7	11.8	11.93	0.5
20	20	19	12	12.1	12.3	12	12.1	0.3
21	21	20	12	12.2	11.9	12	12.03	0.3
22	22						11.96	0.39

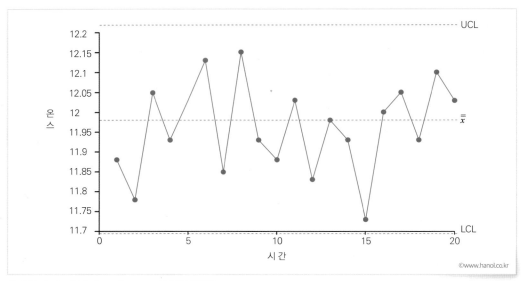

◆ 그림 13-2_ Rich Soup Company의 평균 관리도

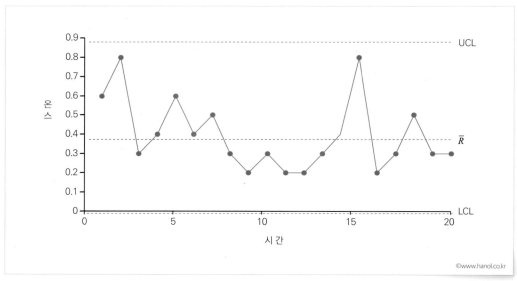

◆ 그림 13-3_ Rich Soup Company의 범위 관리도

〈예제 13-2〉는 스프레드시트를 이용하여 Rich Soup Company의 표본 평균(x̄), 표본 평균의 평균(x̄̄), 범위(R)와 범위 평균(R̄)을 계산하는 방법을 보여준다. 예를 들어, 〈예제 13-1〉의 데이터와 〈표 13-1〉에서 표본 크기가 4인 경우의 상수를 이용하면, 표본 평균 관리도와 범위 관리도의 관리 상한선과 관리 하한선을 다음과 같이 구할 수 있다.

$$\text{UCL}_{\bar{x}} = \bar{\bar{x}} + A_2 \bar{R} = 11.97 + 0.729(0.39) = 12.25$$

$$LCL_{\bar{x}} = \bar{\bar{x}} - A_2\bar{R} = 11.97 - 0.729(0.39) = 11.69 이며,$$

$$UCL_R = D_4\bar{R} = 2.282(0.39) = 0.89$$

$$LCL_R = D_3\bar{R} = 0(0.39) = 0$$

다음으로, 평균값들과 관리 한계선을 2가지의 계량형 데이터 관리도를 구성하는 데 사용한다. 〈그림 13-2〉와 〈그림 13-3〉에는 〈예제 13-2〉의 중심선과 관리 한계선과 함께 표본 평균값과 범위 값이 두 개의 계량형 데이터 관리도에 표시되어 있다. 이 표시 내용으로 보면 공정은 통계적 관리 기준에 해당하는 것으로 보이며, 따라서 Rich Soup Company는 이 관리도를 통조림 공정을 관찰하는 용도로 사용할 수 있다. 만약 두 관리도에서 공정이 허용치를 벗어난 것으로 보인다면 관리도는 사용할 수 없으며 문제와 원인이 정의 및 해결되어 공정이 다시 통계적 관리 상태로 돌아오기 전까지는 사용되지 않음을 주지하자.

관리도의 우수한 세트가 만들어지고 공정에서 나온 표본들이 통계적으로 관찰되고 있다면, 다음의 단계가 이어지게 된다.

① 주기별로 4~5개 크기의 표본을 수집한다(주기는 관찰되는 프로세스에 따라 달라진다).

② 공정을 관찰하면서 표본 평균과 범위값들을 관리도에 표기한다.

③ 공정이 통제값을 벗어나게 되면, 체크 시트, 파레토 차트, 생선뼈 다이어그램 등을 이용하여 원인을 찾고 대응 가능한 공정 변동을 제거한다.

④ 지속적으로 1~3단계를 반복한다.

3 속성형 데이터의 공정관리

3. 속성형 데이터에 맞는 공정 관리도

공정의 성능에 관한 속성형 데이터를 수집할 경우에는, 표본 평균과 범위 관리도는 적용할 수 없다. 이 경우에는 P 관리도(P Chart)라고 불리는 각 표본의 불량률을 확인하는 방식이나 C 관리도 (C Chart)라고 불리는 출력 단위당의 결함 수를 집계하는 방식을 사용하게 된다. 다음에는 이 2가지를 설명하도록 한다.

① P 관리도의 이용과 구현

P 관리도는 속성형 관리도로 가장 흔히 사용하는 형태이다. 데이터를 수집할 때 대량의 표본 크기를 적용한다면, 표본은 정규분포를 이룬다고 가정할 수 있다. 다음의 공식은 P 관리도에서 사용할 중심선과 P 평균(P̄)을 구하는 방법이다.

$$\bar{P} = \frac{\sum_{i=1}^{k} P_i}{k}$$

$\bar{P}$는 전체 수집된 표본 중 평균 불량률을, k는 표본의 수, P는 하나의 표본 중 불량률, i는 임의의 표본을 의미한다.

P 관리도에서 사용되는 관리 상한선과 관리 하한선은 다음과 같이 계산할 수 있다.

$$UCL_p = \bar{P} + Z\sigma_p, \; LCL_p = \bar{P} - Z\sigma_p$$

* 이전에 Z = 3일 경우 관리 한계선 내에 모든 표본 데이터의 99.73%가 포함될 수 있다고 설명하였다.

Z는 평균에서의 표준편차의 수*, σ_p는 표본 분포의 표준편차이다.

표본의 표준편차는 $\sigma_p = \sqrt{\dfrac{(\bar{P})(1-\bar{P})}{n}}$ 이며, n은 각 표본의 크기를 말한다.

〈예제 13-3〉은 $\bar{P}$, σ_P를 계산하는 데 사용되는 데이터와 P 관리도의 관리 한계값을 보여준다. 이 경우는 〈예제 13-3〉에서 나타난 것처럼, $\bar{P}$ = 0.014이다. σ_P의 계산 방법은 다음과 같다.

$$\sigma_p = \sqrt{\frac{(\bar{P})(1-\bar{P})}{n}} = \sqrt{\frac{(0.014)(0.986)}{100}} = 0.012$$

다음으로 (목표 Z값을 3이라고 가정할 경우) 관리 한계선은 다음처럼 계산할 수 있다.

$$UCL_p = \bar{P} + Z\sigma_p = 0.014 + 3(0.012) = 0.05, \; LCL_p = \bar{P} - Z\sigma_p = 0.014 - 3(0.012) = 0$$이 된다.

예제 13-3 Jacob & Lillie's Cakery Company의 속성형 데이터

Jacob & Lillie's Cakery Company는 컵케이크를 생산하며, 공동소유자들은 P 관리도를 이용한 품질 관찰을 시작하기로 하였다. 이에 따라, 과거 30일 이상 데이터를 수집하고 매일 100개의 컵케이크를 평가하였다. 다음 관리도는 표본별 불량률과 전체 평균 불량률($\bar{P}$)을 보여준다.

일수	불량률	일수	불량률	일수	불량률
1	0.01	11	0.02	21	0.02
2	0.02	12	0.03	22	0
3	0	13	0	23	0.01
4	0.03	14	0.04	24	0.02
5	0	15	0.01	25	0.01

일수	불량률	일수	불량률	일수	불량률
6	0.01	16	0.04	26	0.03
7	0.04	17	0	27	0
8	0	18	0	28	0.02
9	0	19	0.01	29	0.01
10	0.02	20	0.03	30	0
				$\bar{P}$	0.014

부분 결함률은 음수가 나올 수 없으므로 LCL이 0으로 치환된 것을 눈여겨보기로 하자. 〈그림 13-4〉는 〈예제 13-3〉의 데이터를 활용하여 부분 결함률을 표기한 Jacob & Lillie's Cakery Company의 P 관리도이다. 관리도를 보면 몇 개의 데이터 위치가 관리 상한선에 가까운 상태이지만, 관리 한계선 내에서 중심선 부근에 무작위로 분포하고 데이터의 절반 정도가 중심선의 양쪽에 있으므로 공정은 여전히 통제 중인 상태로 판단할 수 있다. 따라서 이 회사는 관리도를 이용하여 생산 중인 컵케이크의 품질 관리를 진행할 수 있다. 많은 데이터 위치가 관리 하한선 경계에 있는 것을 살펴보자. 문제가 있다고 판단해야 할까? 그렇지 않다. 이들 데이터의 위치가 결함이 없는 컵케이크 표본임을 보여주고 있기 때문이다.

2 C 관리도의 이용

공정 내 다양한 오류들이 결함으로 이어지는데, 이때 산출물 단위별 오류 발생 수를 관리하기 위해 C 관리도를 사용할 수 있다. C 관리도는 산출 단위별로 드물게 많은 실수와 오류가 발생할 때

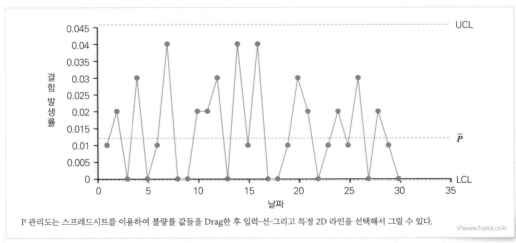

P 관리도는 스프레드시트를 이용하여 불량률 값들을 Drag한 후 입력-선-그리고 특정 2D 라인을 선택해서 그릴 수 있다. ©www.hanol.co.kr

🔵 그림 13-4_ Jacob & Lillie's Cakery Company의 P 관리도

사용할 수 있다. 예를 들어, 호텔 숙박, 도서의 인쇄본, 건설 프로젝트가 여기에 포함될 수 있다. C 관리도의 관리 한계선은 관심 항목(일반적으로 오류가 드물게 발생하는 경우)이 포아송 확률 분포를 보인다는 가정하에 구성된다.

$\bar{c}$ = 측정 단위의 평균 오류(표본의 분산이기도 하다)

$\sqrt{\bar{c}}$ = 표본의 표준편차

$\bar{c} \pm 3\sqrt{\bar{c}}$ = 관리 한계선으로 계산할 수 있다.

〈예제 13-4〉는 C 관리도의 관리 한계선의 계산법을 보여주고 있다. 예제에서 측정 단위는 일수이며, 평균 일별 결함 수는 29.1건이다(중심선임과 동시에 분산이다).

예제 13-4   Elizabet Publishing Company의 편집 오류 관찰

편집보조원들은 회사의 인쇄물에서 발생하는 결함을 월 단위로 관찰하고 있다. 지난 30여 일간 총 872건의 오류가 발생하였다. 중심선과 관리 한계선을 계산하면 다음과 같다.

$$\bar{c} = \frac{872}{30} = 29.1 건/일$$
$$UCL_c = 29.1 + 3\sqrt{29.1} = 45.3$$
$$LCL_c = 29.1 - 3\sqrt{291} = 12.9$$

일별 결함 발생 수는 〈그림 13-4〉의 P 관리도와 유사하게 관찰될 수 있다.

관리 상한선과 관리 하한선은 각각 45.3과 12.9이다. Elizabeth Publishing Company는 일별 편집 오류 확률을 관리하기 위하여 30일간의 오류 데이터에 기초한 C 관리도 중심선과 관리 한계선을 사용할 수 있다.

4 공정 능력

4. 식스 시그마의 다양한 통계적 도구

운영 관리자와 생산 담당자는 공정 능력에 특별한 관심을 가지고 있으며, 공정이 어떻게 고객 요구와 설계 사양을 얼마나 잘 충족하는지를 예측하기 위하여 분석을 실시한다. 설계 사양이 바뀌게 된다면, 통제 상태와 사용 가능한 프로세스들이 갑자기 적절한 제품을 생산하지 못하게 된다. 공정 능력은 이 공정이 지속적으로 설계 사양에 적합한 제품과 서비스를 생산할 수 있는가를 측정한 것이다. 예를 들어, 1ℓ의 물통은 상하 0.05ℓ의 오차 내에서 1ℓ의 물을 담아 두도록 설계된 것이다. 따라서, 설계 사양은 물통이 0.95~1.05ℓ 사이의 물을 담을 수 있게 되어 있을 것이다. 여기에 설명하는 것처럼 충전 기기도 이러한 사양에 맞게 운영되도록 설계되어 있을 것이다.

물 충전 기계의 예에서, 공정이 앞서 논한 도구들을 이용하여 통제 중이라고 한다면, 요구된 설계 사양*에 맞게 운영될 수 있는가를 일정 기간마다 검사할 수 있

자동 액체 충전 기계는 저장 용량과 액체의 종류에 따라 정확도가 상하 5%가량 변화할 수 있다.

> *사양은 이전 예제에서 사용된 상하 3 표준편차 한계보다 더 엄격한 제한을 요구할 수도 있다.

다. 만약 공정이 설계 사양을 맞추지 못한다면, 관리자들에게는 몇 가지 옵션이 있다. 한 가지 옵션은 공정은 그대로 유지하고 사양에 맞지 않는 것이 있는지를 찾아내는 것이다. 이 경우는, 특정한 저품질 제품을 발견하지 못하면, 잠재적인 품질 문제를 일으킬 수 있으며, 검색 비용의 증가로 이어질 수도 있다. 고객 불만 또한 증

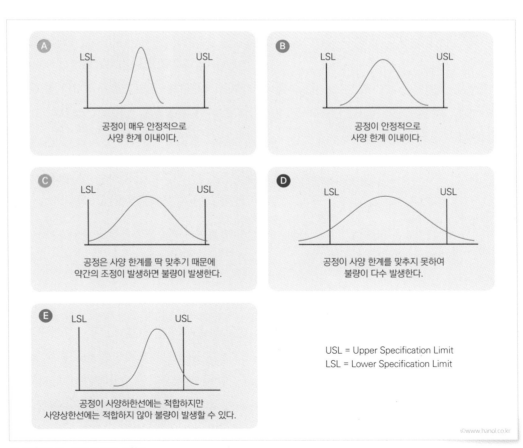

⬤ 그림 13-5_ 공정 능력의 상황들

가할 수 있다. 또 다른 옵션은 설계 사양을 공정 능력에 맞게 조정하는 것인데, 이것도 품질과 고객 만족 저하로 이어질 수 있다. 세 번째 옵션은 공정 재설계와 더 상세한 문제해결 활동을 통해 공정 능력을 개선하는 것이다.

〈그림 13-5〉는 발생 가능한 공정 능력 상황을 보여주고 있다. Ⓐ의 경우, 공정에서 발생하는 공정상의 격차가 설계 사양보다 더 엄격하여서 쉽게 설계 사양을 맞출 수 있다. Ⓑ 역시, 공정이 현재 공정 격차가 설계 사양보다 작아서 설계 사양을 무리 없이 맞출 수 있다. Ⓒ의 경우는 공정 격차가 설계 사양과 동일하기 때문에 대개 공정이 요구조건에 도달할 수 있지만, 간헐적으로 실패할 가능성이 있다. Ⓓ 조건은 공정이 설계 사양에 미달할 수 있다(현재 공정 격차가 설계 사양보다 크다). 공정이 통제되는 상황일지라도, 공정은 결함품을 생산하고, 결국 폐기, 재작업, 고객 불만족으로 이어지게 된다. Ⓔ의 경우 공정은 관리 하한선 이내이지만, 어떤 생산물은 관리 상한선을 벗어날 수도 있다.* Ⓒ, Ⓓ, Ⓔ는 모두 개선이 필요한 상태이다. 그림에서 볼 수 있는 것처럼 공정 능력에 관한 연구는 실제 공정과 설계한 방향을 비교하고 공정 격차를 이해하는 데 도움을 줄 수 있다.

> *사양 범위가 현재 공정 격차 범위보다 더 넓지만, 공정의 평균값이 중심선을 벗어나 있으므로 확실히 통제 불능 상태

① 공정 능력 지수

공정 능력 지수(Process Capability Index: C_{pk})는 공정 평균이 의도한 목표치에서 벗어나 있고 중심선을 벗어났는지를 보여주는 지표이다. 이 지수를 계산하는 것은 공정이 얼마나 잘 운영되고 있는지를 보여준다. 이 지표는 다음의 두 수치 중 작은 수를 이용하여 계산할 수 있다.

$$C_{pk} = Min\left[\frac{(\overline{\overline{x}} - LSL)}{3\sigma} \text{ or } \frac{(USL - \overline{\overline{x}})}{3\sigma}\right]$$

USL, LSL은 사양 상한선과 사양 하한선을 말하며, 3σ는 실제 공정 표준편차의 3배를 뜻한다. $\overline{\overline{X}}$는 공정 평균 또는 관리도의 중심선을 뜻한다.

이 공식에서 제시된 분모값과 분자값을 비교했을 때, C_{pk}가 1보다 큰 경우는 공정이 설계 사양을 충분히 충족하는 것으로 간주한다. 바꿔 말하면, 분모의 설계 한계값이 분모에 표시된 실제 공정의 표준편차의 3배보다 클 경우(공정 평균의 상하 모두), 공정은 설계 사양을 충족할 수 있다. 이것은 〈그림 13-5〉의 (a)와 (b)의 경우와 유사하다. 하지만, 공정 평균값이 사양 한계선 중 어느 쪽에 더 가깝게 옮겨질 수도 있는데, 이것은 새로 표본을 수집해보면, $\overline{\overline{X}}$(표본 평균의 평균)가 사양 한계선 어느 쪽으로 더 가까워지는 경우에 해당한다. C_{pk} 공식의 계산값 중 하나가 1.0보다 작다면, 이것은 〈그림 13-5〉의 (e)의 경우에 해당한다. 〈예제 13-5〉는 공정 능력 지수를 사용하는 예제이다.

예제 13-5 공정 능력 지수의 계산

〈예제 13-1〉의 Rich Soup Company의 사례로 돌아가서, $\bar{\bar{X}}$ = 11.97이고 UCL = 12.25, LCL = 11.69였던 것을 기억해보자. 이번에는 이러한 한계값이 사양 한계선에 해당한다고 가정하도록 한다. 유의미한 생산 주기가 지난 후 새로운 데이터가 수집되었고, 새로운 표본 평균의 평균($\bar{\bar{X}}$)이 12.04이고 표준편차(σ)가 0.01이었다고 하자. C_{pk}는 다음과 같이 계산될 것이다

$$C_{pk} = Min\left[\frac{\bar{\bar{x}} - LSL}{3\sigma} or \frac{USL - \bar{\bar{x}}}{3\sigma}\right] = Min\left[\frac{12.04 - 11.69}{3(0.01)} or \frac{12.25 - 12.04}{3(0.01)}\right]$$

$$= Min (11.67 \text{ or } 7) = 7$$

C_{pk} > 1.0이므로, 공정은 〈그림 13-5〉의 (a) 상황처럼 사양 한계선 내에 충분히 포함될 수 있을 것이다. 두 숫자가 같지 않기 때문에, 공정 평균은 이 경우에는 UCL에 더 가깝게 옮겨져 있다.

만약, σ =0.08이라면, C_{pk}는 다음과 같을 것이다.

$$C_{pk} = Min\left[\frac{12.04 - 11.69}{3(0.08)} or \frac{12.25 - 12.04}{3(0.08)}\right] = Min (1.46 \text{ or } 0.88) = 0.88$$

이번에는 C_{pk} < 1.0이며, 이것은 이 예제에서는 실제 공정 격차가 UCL(관리 상한선)을 넘을 것임을 의미한다. 이 공정은 더 이상 사양을 충족하지 못하며, 〈그림 13-5〉의 (e)와 유사하게 나타날 것이다.

공정 능력 계산은 조직들이 공정의 문제점을 정의하고 공정 솔루션이 적용되도록 돕게 되는데, 이것은 궁극적으로는 성능이 낮은 공정의 비용을 낮추는 효과로 이어지게 된다.

5 표본 검사법

5. 표본 검사법의 활용

공급자로부터 제품 배송이 이루어지거나 고객에게 제품이 전달되기 전에, 선적된 제품 중에서 표본을 추출하여 품질 합격 기준과 비교할 수 있다. 이 경우, 표본의 품질은 제품 전체의 품질을 대표하는 것으로 가정한다.* 이론적으로, 공급 사슬 내에서 믿을 수 있는 전략적 협력자들이 식스 시그마 품질 개선 도구를 이용하여 공급하는 제품의 품질을 유지한다면, 표본 검사법은 불필요할 것이고, 새로운 공급자들이 제품을 공급할 때만 필요할 것이다. 이 경우, 표본 검사법은 선적품을 받을 것인지 혹은 공급자에게 반품할 것인지를 판단하기 위한 기준이 될 것이다.

* 많은 제품 단위로 선적이 이루어진다면, 전체 입·출고품의 품질을 판단하기 위해 모든 묶음을 검사하는 것보다 시간이 적게 소요된다.

① 표본 추출 계획

한 가지 검토할 사항은 테스트 표본의 크기와 사용할 표본 추출 계획의 종류이다. 표본의 품질이 전체 선적품의 품질을 대표한다고 보장하는 방법은 표본의 크기와 선적의 크기를 같게 하는 것이다(즉, 전체를 검사하는 것이다). 많은 경우, 이것은 현실적이지 못하기 때문에(대규모의 선적처럼), 회사들은 표본의 크기에 따라 선적품의 품질을 잘못 판단할 가능성을 가정해봐야 한다. 표본 크기가 작다면, 선적품의 품질을 잘못 판단할 위험도도 커진다.

대규모 선적이 이루어질 경우에는 표본 검사법이 흔히 사용된다.

어떤 표본 추출 계획은 단일상 표본(Single Sample)이라고 불리는데 매 선적품마다 한 단위를 임의 선정하여 테스트하는 방식이다. 이 단위들이 불량이면, 제품은 불량으로 지정된다. 그리고 불량 단위 수가 합격 기준선에 맞는다면 전체 선적품을 받아들인다. 만약 표본이 거부 기준을 넘게 되면 전체 선적품을 반환하게 된다. 또 다른 계획 유형은 이중 표본 추출이다. 만약 첫 번째 표본이 받아들일 수 있는 불량품의 최대 수를 초과할 경우, 다른 표본을 확인하게 된다. 이 아이디어는 선적품의 100%보다 적은 수를 검사함으로써 일어날 수 있는 위험을 감소하기 위한 것이다.

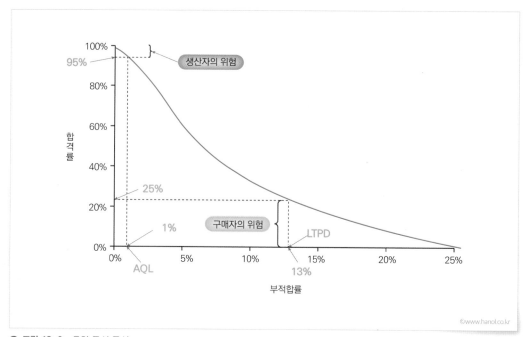

△ 그림 13-6_ 운영 특성 곡선

② 표본 추출의 위험

공급자와 구매자 모두 부정확한 품질 평가가
이루어지면 비용을 부담하게 된다. 구매자가 표
본의 품질이 허용 기준에 미달하여 고품질의
제품 선적을 거부할 경우를 생산자의 위험(Pro-
ducer's risk)이라고 한다. 이런 일이 발생할 경우
를 1종 오류(Type I Error)라고 한다. 반대로 구매
자가 표본이 허용 기준을 통과해서 낮은 품질의

제품 선적을 허용할 경우에는 구매자의 위험(Consumer's Risk)이라고 부르며, 이것은 2종 오류(Type II
Error)에 해당한다. 당연히, 거래 파트너들은 두 결과 모두 발생을 피하거나 최소화하고 싶어 한다.
1종과 2종 오류를 최소화하기 위해서는 구매자와 판매자들이 1종과 2종 오류의 발생을 최소화할
수 있을 만큼의 표본 크기와 불가피한 결함 수준을 협의하여 납득할 만한 표본 추출 계획을 세워
야 한다. 시간이 지난 후, 오류의 수가 감소하면 표본 크기를 줄일 수 있다.

③ 운영 특성 곡선의 활용

앞서 설명된 것처럼, 표본 추출 계획이 달라지면 품질 평가를 정확하게 할 수 있는 능력도 달라
진다. 모든 단위를 확인하면 선적품의 품질을 완벽하게 판단할 수 있다. 하지만, 표본 크기가 감소한
다면, 생산자와 구매자의 위험이 증가하게 된다. 〈그림 13-6〉의 운영 특성 곡선(OC Curve: Operating
Characteristic Curve)은 선적품 품질 함수로 선적 허용 확률을 설명할 때 사용한다.

〈그림 13-6〉의 운영 특성 곡선의 첫 번째 특징은 이 곡선이 S-자의 곡선이라는 것이다. 표본의
부적합 비율이 증가하면 선적 허용 확률이 감소하지만, 직선 형태는 아니다. 일반적으로, 다양한 수
준의 결함이 있는 선적을 허용할 확률을 구할 때 이항형 분포를 사용한다. 실제 운영 특성 곡선의
형태는 표본의 크기와 함께 표본 내 부적합 비율을 고려하여 구매자가 선적품을 허용하려는 태도
에 좌우된다. 그림 내에서 특정한 운영 특성 곡선이 보여주는 것처럼, 1%의 결함 제품이 있는 선적
을 허용할 확률은 95%이다. 이것은 또한 5%의 확률로 이 선적품을 거부할 수도 있음을 의미한다
(생산자의 위험). 덧붙여서, 13%의 불량품이 있다면 선적품을 허용할 가능성은 대략 25% 정도이다.

만약 구매자가 1% 이하의 불량률을 보이는 선적품을 허용하기로 한다면, 이 기준을 허용 품질
수준(AQL; Acceptable Quality Level, 합격 품질 수준이라고도 한다.-역자주)이라고 부른다. 여기에 더하여, 구매
자가 13% 초과의 불량률을 보이는 선적품은 완전히 거부하겠다고 하면, 이 기준점은 로트 허용 불
량률(LTPD; Lot Tolerance Percent Defectives)이라고 불린다. 이것이 고객들이 허용하려는 불량률의 상
한선을 정의한다. 만약 25% 이하의 낮은 품질의 선적품을 허용한다면, 〈그림 13-6〉의 구매자의 위
험으로 나타나게 된다.

요 약

13장에서는 통계적인 공정 관리에서 사용되는 다양한 도구를 설명하였다. 데이터의 기본적인 2가지 유형은 계량형 데이터와 속성형 데이터이다. 각각의 유형은 서로 다른 데이터 샘플과 관리도(Control Chart)를 필요로 하며, 이 내용 역시 논하였다. 이와 더불어, 독자들은 관리도의 구성

기초를 확인하였다. 공정(프로세스)은 사용이 가능한 상태로 간주되는데, 이 내용은 공정 능력 지수의 계산법과 함께 논하였다. 마지막으로, 표본의 허용과 검사 특성 곡선을 다루었다.

주요용어

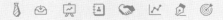

- **허용 가능 품질 수준**(acceptable quality level) 고객이 허용하려는 결함의 비율

- **합격 표본 추출**(acceptance sampling) 공급자에게 선적된 제품을 받거나 상품이 고객에게 배송되기 전에 이루어지는 공정. 표본은 선적된 것에서 추출하며 품질 허용 기준과 비교하게 됨. 그런 후 표본의 품질은 전체 선적량의 품질을 대표하는 것으로 인정하게 됨

- **대응 가능한 격차**(assignable variations) 확정할 수 있는 원인으로 추적이 가능한 공정 변이. 대응 가능한 변이는 정의하고 제거할 수 있는 원인에 의해 발생하며, 이것이 바로 통계적인 공정 관리의 목표임

- **속성형 데이터**(attribute data) 색상, 만족 여부, 가동성 여부, 외형 등(예를 들어, 자동차가 지정된 색으로 도색되었는가, 고객이 식사를 좋아했는가, 전구가 작동하는가 등)의 '예/아니오'나 '통과/실패' 등으로 표현되는 공정 데이터

- **C 차트**(C charts) 생산품 유닛당 결함 발생 수를 측정한 속성형 데이터를 위한 관리도

- **구매자의 위험**(consumer's risk) 표본 측정 결과가 품질 표준에 합당하여 구매자가 저품질 제품의 선적물을 허용하는 문제

- **관리도**(control charts) 관리자들이 공정 성능 표본을 추적 관찰하도록 돕는 차트

- **관리 한계**(control limits) 표본의 분포가 정규분포이고 관리 한계값이 일반적으로 전체 평균에서 표준 편차의 ±3.0배되며, 이 분포가 표본 분포의 99.73%에 해당한다는 가정하에 관리도에 적용되는 통계치

- **로트 허용 불량률**(lot tolerance percent defectives) 고객이 받아들일 수 있는 불량률의 상한선

- **관리 하한선**(LCL; lower control limits) 평균보다 표준편차의 3배 낮은 기준선으로 표본 표시점의 99.7%가 이 기준선 내에 포함됨

- **자연 변이**(natural variations) 날씨 변화로 인한 습도의 변이나 고속도로 교통 상황으로 인한 운전 시간 변화와 같이 통제할 수 없는 변화

- **검사 특성**(OC; operating characteristic) **곡선**(curve) 선적품의 품질에 관한 함수로 선적물을 허용할 가능성을 표현한 S 형태의 곡선

- **P 관리도**(P charts) 각 샘플에서 결함이 발생할 확률을 추적하기 위한 속성형 데이터의 관리도

- **공정 능력**(process capability) 공정이 지속적으로 설계 사양에 적합한 제품과 서비스를 생산할 수 있는가를 측정한 것

- **공정 능력 지수**(process capability index) 공정 평균값이 설계 목표에서 멀어져서 중심선에서 떨어졌는가를 보여주는 통계 수치

- **생산자의 위험**(producer's risk) 표본의 품질 수준이 허용 가능 기준에 미치지 못하여 고품질의 제품 선적을 구매자들이 거부하게 되는 위험
- **표본의 범위**(R) 계량형 데이터에서 각 표본이 나타낼 최댓값과 최솟값 간의 차이
- **범위의 평균**($\bar{R}$) 계량형 데이터에서 R 관리도의 중심선
- **R 관리도**(R chart) 계량형 데이터에서 표본의 범위나 각 표본의 측정값의 변이를 추적하기 위해 사용
- **통계적인 공정 관리**(SPC: statistical process control) 문제가 정의, 분석, 개선되고 통제 가능 상태에 진입하면 실행되는 공정. 작업자들은 공정 성능 데이터를 수집하고, 공정 성능을 감시하기 위해 관리도를 구성하며, 연속적인 형태로 표본 측정값을 수집하고 도표에 표시하고 확인하게 됨. 이러한 활동을 통해 작업자들은 관리도가 통제 불능 상황의 시작을 나타내면 빠르게 개선 단계에 진입할 수 있음
- **통계적인 품질 관리**(SQC: statistical quality control) 통계적인 공정 관리 참조
- **1형 오류**(type I error) 합격 표본 추출 과정에서 생산자의 위험이 발생할 경우에 나타나는 오류
- **2형 오류**(type II error) 합격 표본 추출 과정에서 소비자의 위험이 발생할 경우에 나타나는 오류
- **관리 상한선**(UCL; upper control limits) 평균보다 표준편차의 3배 높은 기준선으로 표본 표시점의 99.7%가 이 기준선 내에 포함됨
- **계량형 데이터**(variable data) 무게, 시간, 길이(곡물 상자의 무게, 고객 대응 시간, 철봉의 길이와 같이)처럼 연속적인 공정 데이터
- **표본 평균**($\bar{X}$) 계량형 데이터에서 표본 측정값의 평균
- **전체 표본군의 평균**($\bar{\bar{X}}$) 계량형 데이터에서 표본 평균 관리의 중심선
- **표본 평균 관리도**($\bar{X}$ chart) 계량형 데이터에서 표본 평균의 중심 성향을 추적하기 위해 사용

공식 정리

- **$\bar{X}$ chart**(표본 평균 관리도)**의 중심선** $\bar{\bar{x}} = \dfrac{\sum_{i=1}^{k}\bar{x}}{k}$, k는 전체 표본 수이며 i는 임의의 표본을 뜻함

- **R chart**(R 관리도)**의 중심선** $\bar{R} = \dfrac{\sum_{i=1}^{k}R}{k}$, k는 전체 표본 수이며, R은 각 표본의 범위, i는 임의의 표본을 뜻함

- **$\bar{X}$ chart**(표본 평균 관리도)**에서의 관리 하한선** $LCL_{\bar{x}} = \bar{\bar{x}} - A_2\bar{R}$, A_2는 각 표본의 크기(n)를 이용하여 도출한 상수, 〈표 13-1〉 참조
- **R chart**(R 관리도)**에서의 관리 하한선** $LCL_R = D_3\bar{R}$, D_3는 〈표 13-1〉에 기재된 상수
- **$\bar{X}$ chart**(표본 평균 관리도)**에서의 관리 상한선** $UCL_{\bar{x}} = \bar{\bar{x}} + A_2\bar{R}$, A_2는 각 표본의 크기(n)를 이용하여 도출한 상수, 〈표 13-1〉 참조
- **R chart**(R 관리도)**에서의 관리 상한선** $UCL_R = D_4\bar{R}$, D_4는 〈표 13-1〉에 기재된 상수

- **P chart**(P 관리도)**의 중심선** $\bar{P} = \dfrac{\sum_{i=1}^{k}P}{k}$, k는 전체 표본 수이며, P는 각 표본의 결함 확률, i는 임의의 표본을 뜻함

- P chart(P 관리도)에서의 관리 하한선 $LCL_p = \overline{P} - Z\sigma_p$, Z는 평균에서의 표준편차의 수(표준편차에 곱해지는 배수), σ_p는 표본 분포의 표준편차

- P chart(P 관리도)에서의 관리 상한선 $UCL_p = \overline{P} + Z\sigma_p$, Z는 평균에서의 표준편차의 수(표준편차에 곱해지는 배수), σ_p는 표본 분포의 표준편차

- 표본 표준편차 $\sigma_p = \sqrt{\dfrac{(\overline{P})(1-\overline{P})}{n}}$, n은 각 표본의 크기

- C 관리도에서의 표본 표준편차 $\sqrt{\overline{c}}$ = $\overline{c}$는 각 표본의 평균결함수

- C 관리도에서의 상한선과 하한선 $\overline{c} \pm 3\sqrt{\overline{c}}$

- 공정 능력 지수 $C_{pk} = Min\left[\dfrac{\overline{x} - LSL}{3\sigma} \text{ or } \dfrac{USL - \overline{x}}{3\sigma}\right]$, USL, LSL은 사양 상한선과 사양 하한선, 3σ는 실제 공정

  표준편차의 3배. $\overline{x}$는 공정 평균 또는 관리도의 중심선을 뜻함

문제해결

1. 다음의 계량형 데이터 표를 활용하여 문제에 답하라.

날짜	표본				표본 평균($\overline{X}$)	범위(R)
	1	2	3	4		
1	14.1	13.2	12.7	10.6	12.7	3.5
2	13.5	11.7	12.6	14.3	13.0	2.6
3	12.9	13.2	12.8	12.6	12.9	0.6
4	12.9	12.8	13.1	11.2	12.5	1.9
5	12.4	13.3	12.1	13.9	12.9	1.8

a) 데이터셋의 표본 평균과 범위를 구하라.

b) 두 개의 관리도 중심선을 구하라.

c) 두 관리도의 상한선과 하한선을 구하라.

d) 데이터를 관리도에 표시하라. 공정이 관리 상태에 있는 것으로 보이는가? 왜인가 혹은 왜 그렇지 않은가?

정답

a) $\overline{x}$는 각 표본의 측정값을 더하여 4로 나눈 값이며 R은 각 표본의 최댓값과 최솟값의 차이를 구한 것이다.

b) $\overline{\overline{x}}$는 $\overline{x}$행 값의 평균이며 12.8이다. $\overline{R}$는 표본의 범위의 평균으로 2.1이다.

c) $UCL_{\overline{x}} = \overline{\overline{x}} + A_2\overline{R}$ = 12.8+0.729(2.1)=14.33, 표본 크기가 4이며, A_2, D_3, D_4는 〈표 13-1〉을 활용한다.

   D_3와 D_4는 다음과 같이 사용할 수 있다.

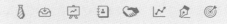

$$LCL_{\overline{x}} = \overline{\overline{x}} - A_2\overline{R} = 12.8 - 0.729(2.1) = 11.26$$
$$UCL_R = D_4\overline{R} = 2.282(2.1) = 4.79$$
$$LCL_R = D_3\overline{R} = 0(2.1) = 0$$

d) x̄관리도

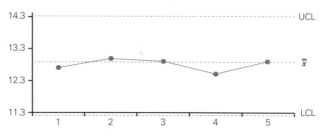

R관리도

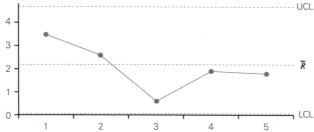

관리도상의 상한선과 하한선을 벗어나지 않고 특이한 패턴 없이 중심선에 가깝게 분포하기 때문에 통제 상태에 있는 것으로 판단할 수 있다.

2. 다음 속성형 데이터를 활용하여 문제에 답하라. 매일 20명의 고객에게 저녁 식사가 마음에 들었는지 질문하였고, "아니오"라고 대답한 수를 10일간 추적하였다.

날짜	"아니오" 대답 수	날짜	"아니오" 대답 수
1	3	6	3
2	0	7	0
3	1	8	2
4	7	9	1
5	2	10	4

a) $\bar{p}$를 계산하라.

b) σ_p를 계산하라.

c) P관리도상의 상한선과 하한선은 계산하라(Z=3).

d) 데이터를 표시하고 공정이 통제 상태에 있는지 판단하라.

정답

a) 먼저, 각 표본의 결함 비율을 계산한다.

날짜	"아니오" 대답 수	날짜	"아니오" 대답 수
1	0.15	6	0.15
2	0	7	0
3	0.05	8	0.10
4	0.35	9	0.05
5	0.10	10	0.20

$\bar{p}$는 결함 비율의 평균이므로 11.5%이다.

b) $\sigma_p = \sqrt{\dfrac{(\overline{P})(1-\overline{P})}{n}} = \sqrt{\dfrac{(.115)(.885)}{20}} = 0.071$

c) truncated numberall

$$UCL_p = \overline{P} + Z\sigma_p = 0.115 + 3(0.071) = 0.329$$

$$LCL_p = \overline{P} - Z\sigma_p = 0.115 - 3(0.071) = 0.0 \text{(소수점 둘째자리 이후 버림)}$$

d) P 관리도

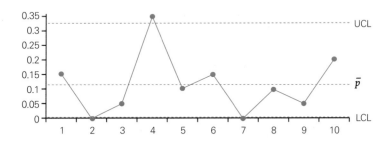

데이터 중 4일 차의 값이 상한선을 넘은 상태이다. 이 경우는, 이후 6일간의 데이터는 좋은 상태로 보여도 확인이 필요하다. 이 경우, 문제를 분석하고 해소할 때까지 공정을 멈추게 될 수도 있다.

3. 지난 10일간 Heavey Hotel은 고객이 접수한 불만 건수를 추적하였다. 다음은 조사 결과이다.

날짜	불만 건수	날짜	불만 건수
1	18	6	13
2	6	7	10
3	12	8	20
4	3	9	16
5	24	10	4

a) $\overline{c}$를 계산하라.

b) C 관리도 표본 표준편차를 구하라.

c) C 관리도의 상한선과 하한선을 구하라.

d) C 관리도에 데이터를 표시하고 호텔의 관리가 통제 상태에 있는지 판단하라.

정답

a) 10일간의 총 불만건수는 126건이므로, $\overline{c}$는 12.6이다.

b) $\sqrt{\overline{c}} = \sqrt{12.6} = 3.55$

c) $UCL_c = \overline{c} + 3\sqrt{\overline{c}} = 12.6 + 3(3.55) = 23.25$

$LCL_c = \overline{c} - 3\sqrt{\overline{c}} = 12.6 - 3(3.55) = 1.95$

$LCL = \overline{P} - Z\sigma_p = 0.115 - 3(0.071) = 0.0$(소수점 둘째자리 이후 버림)

d) C 관리도

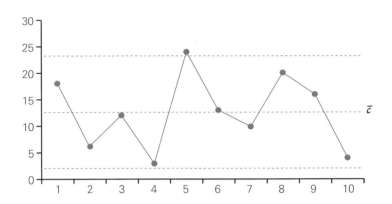

Heavey Hotel은 5일 차에 심각한 불만 건수를 보였으며, 확인이 필요하다. 5일 차를 제외하면 C 관리도는 좋은 상태이다. 관리도상에서 4일 차와 10일 차의 낮은 수치는 문제의 소지는 없다. 호텔 관리자는 이 날짜에 (다른 날짜에 비해 불만 건수가 적기 때문에) 어떠한 조치가 있었는지를 조사하고 반복하고 싶어 할 수 있다.

4. 16온스 피클 병의 사양 한계는 상하 0.5온스까지이다. 한 주기의 생산이 종료된 후 데이터를 수집한 결과 평균 무게가 16.05온스에 σ=0.12로 측정되었다.

a) 공정 능력 지수를 구하라.

b) 이 공정은 사용할 수 있는 수준인가? 왜 그렇게 판단하였나?

정답

a) $C_{pk} = \min\left[\dfrac{\bar{\bar{x}}-LSL}{3\sigma} \text{ or } \dfrac{USL-\bar{\bar{x}}}{3\sigma}\right] = \min\left[\dfrac{16.05-15.5}{3(0.12)} \text{ or } \dfrac{16.5-16.05}{3(0.12)}\right]$ = min [1.53 or 1.25] = 1.25

b) C_{pk}가 1.0을 넘기 때문에 공정은 사양 한계선 내에 있는 것으로 판단된다. 그렇지만, 두 숫자가 상이하기 때문에, UCL에 가깝게 공정 평균은 이동한 것으로 판단한다.

검토해보기

1. 통계적 품질 관리의 체계적인 시작을 만들어낸 사람은 누구인가? 언제 이 업무가 시작되었나?

2. 공정이 "통제 중"인 것과 "통제 불능"인 것은 무엇을 의미하나?

3. 공정 변이의 2가지 형태는 무엇인가? 그리고 통계적인 공정 관리를 통해 제거하는 것은 이 중 무엇인가? 다른 변이에는 어떠한 활동이 가능한가?

4. "계량형 데이터"를 설명하고, 왜 이러한 공정 형태가 통제 상태인 것으로 확인하기 위해서 2가지 형태의 관리도가 필요로 하는지 설명하라.

5. 관리 상한선과 하한선은 계량형 데이터와 속성형 데이터에 각각 일반적으로 어떻게 구현되는가?

6. 경영진은 언제 P 관리도 대신 C 관리도를 사용하려고 하는가?

7. 왜 회사들은 공정 능력 지수를 측정하는가?

8. 합격 표본 추출이란 무엇이고 이것을 사용할 경우의 위험은 어떤 것이 있는가?

9. 운영 특성 곡선이라는 것은 무엇이고 어떻게 형성되는가? 이것은 무엇을 보여주는가?

토론해보기

1. 데이터의 표본을 수집해야 하는 이유는 무엇인가? 왜 한 번의 측정과 표시로는 안 되는가?

2. 공정을 보여주는 표본 측정값이 모두 한계선 내에 존재하여도 통제 불능 상태로 여전히 간주될 수 있는지 설명하라.

3. 당신이 재학 중인 대학교에서 교육의 품질을 추적하기 위해 어떠한 계량형 데이터와 속성형 데이터를 수집할 수 있는가?

4. 좋은 상태에서 구성된 관리도를 활용하는 것이 왜 중요한가? 공정이 통제 불능 상태일 때와 같이 좋지 않은 구성으로 이루어진 관리도라면 어떻게 되는가?

5. P 관리도가 제조 설비에서 어떻게 사용될 수 있는지 설명하라.

6. 왜 속성형 데이터는 규모가 커야 하는가?

7. 왜 P 관리도는 대부분 중심선 주변에 균등하게 분포되지 않는가?

8. 공정 평균이 "중심에서 벗어나도" 여전히 허용 가능할 수 있는지 설명하라.

9. 공정이 통계적인 관리 상태에 있는 것으로 나타나더라도 여전히 사용할 수 없는 것으로 간주될 수 있는지 설명하라.

10. 어떠한 경우에 표본이 아니라 공급자로부터의 선적품 전체를 검사하게 되는가?

연습해보기

1. 관리도를 사용하는 조직의 2가지 사례를 온라인에서 찾고 그 용도를 설명하라. 그중 한 예는 조제 회사로, 다른 하나는 서비스 회사로 하기로 한다.

2. 주식 시장에서 한 개의 주식 종목을 선정하라. 매일의 주식 가격을 수집하고 주당 평균 가격을 구하라(즉, 하나의 평균 주가는 5일간의 평균이다). 이 작업을 8주간 지속하라. 이렇게 수집된 연속형 데이터로 2가지의 관리도를 작성하고 여덟 개의 데이터를 관리도에 표시하라. 이를 통해 무엇을 발견하였는지 설명하라.

연습문제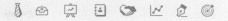

○ Nik and Aubrey's Deli에서 연속 7일간 수집한 일곱 개의 표본을 이용하여 다음의 두 문제에 답하라. 각 날짜마다 다섯 명의 임의의 고객이 대기한 시간을 측정한 것이다.

날짜	대기 시간(분)
1	2.5, 3, 1.5, 3, 4
2	2, 4.5, 3.5, 2, 4
3	1.5, 5, 3.5, 2, 2.5
4	3, 3.5, 5, 2.5, 2
5	2, 5.5, 2.5, 3, 1.5
6	2.5, 3.5, 4, 2, 2.5
7	3.5, 1.5, 2, 4, 2

1. 표본의 $\overline{X}$, $\overline{\overline{X}}$, R, $\overline{R}$ 을 각각 구하라.

2. 평균과 범위 차트에 3-시그마 UCL과 LCL를 정하고 데이터를 표시하라. 이 회사는 대기 시간 프로세스가 통계적으로 관리되고 있는가? 왜인가? 혹은 왜 그렇지 않은가?

○ Boehm Bakery의 도넛 제조 공정 중에 총 12시간 동안 매 시간마다 네 개의 도넛을 취하여 수집한 다음의 표본 정보를 이용하여 다음 문제를 해결하라.

시간	무게(g)	시간	무게(g)
1	110, 105, 98, 100	7	89, 102, 101, 99
2	79, 102, 100, 104	8	100, 101, 98, 96
3	100, 102, 100, 96	9	98, 95, 101, 100
4	94, 98, 99, 101	10	99, 100, 97, 102
5	98, 104, 97, 100	11	102, 97, 100, 101
6	104, 97, 99, 100	12	98, 100, 100, 97

3. 표본의 $\overline{X}$, $\overline{\overline{X}}$, R, $\overline{R}$ 을 각각 구하라.

4. 평균과 범위 차트에 3-시그마 UCL과 LCL를 정하고 데이터를 표시하라. 이 회사는 대기 시간 프로세스가 통계적으로 관리되고 있는가? 왜인가? 혹은 왜 그렇지 않은가?

5. 스프레드 시트 프로그램을 사용하여 문제 3번을 반복하고 $\overline{X}$ 데이터와 R 데이터를 직선 차트로 작성하여라.

6. 피자 배달 시간 표본을 수집, 측정한 후에 Lindi's Pizzeria는 모든 표본의 평균이 27.4분이고, 평균 표본의 범위가 5.2분인 것을 확인하였다. 각 표본을 얻기 위해 총 18시간 동안 매시간마다 네 건의 배달을 추적하였다.

a) 이 예제는 연속형 표본 데이터인가 속성형 표본 데이터인가?

b) $\overline{X}$ 관리도와 R 관리도 각각의 UCL과 LCL을 구하라.

⊙ 다음의 정보를 이용하여 문제를 해결하라.

JCWiz Sushi Bar에서는 시간당 열 명의 고객을 대상으로 계산 담당자가 고객들이 식사를 좋아하였는지를 조사하였으며, 이 중 "아니오"라고 대답한 비율을 12시간 동안 수집하여 표로 작성하였다.

시간	부정적 응답 비율	시간	부정적 응답 비율
1	0	7	0.1
2	0.2	8	0
3	0.4	9	0
4	0.1	10	0.2
5	0.1	11	0
6	0.2	12	0.1

7. $\overline{P}$와 σ_p를 각각 구하라.

8. 3-시그마 UCL과 LCL을 구하고 각 표본에서의 부정적 응답 비율을 관리도에 표시하라. 고객 만족은 통계적으로 관리되고 있는 상태인가? JCWiz는 어떻게 분석 결과를 개선할 수 있는가?

9. 스프레드시트 프로그램을 활용하여 문제 7번을 반복하고 부정적 응답 비율 데이터를 직선 차트로 작성하라.

⊙ 다음의 정보를 이용하여 문제를 해결하라.

Whole Life Insurance Company의 오류 확인 담당자는 매일 100개의 온라인 애플리케이션의 오류를 체크하였다. 다음은 10일간의 오류 발생 애플리케이션 수다.

일차	오류 수	일차	오류 수
1	6	6	2
2	2	7	0
3	8	8	5
4	4	9	6
5	10	10	4

10. $\overline{P}$와 σ_p를 각각 구하라.

11. 3-시그마 UCL과 LCL을 구하고 각 표본에서의 부정적 응답 비율을 관리도에 표시하라. 온라인 애플리케이션은 통계적으로 관리되고 있는 상태인가? 왜 그렇게 판단 혹은 판단하지 않는가?

12. Mary Jane's Stakehouse는 매일의 고객 불만을 추적하고 문제를 해결하도록 조치하고 있다.

최근 30일간 만족하지 못한 고객에게서 총 22개의 다양한 불만을 접수하였다. 이 정보를 이용하여 다음을 계산하라.

a) $\overline{C}$

b) 3-σ 한계선

➡ 다음의 정보를 이용하여 문제를 해결하라.

10일 동안, 한 제조회사는 설계 사양을 충족하지 못한 산출물의 수를 확인하였으며, 그 결과는 다음과 같다.

일차	거부 건수	일차	거부 건수
1	4	6	5
2	2	7	1
3	6	8	2
4	1	9	10
5	5	10	8

13. $\overline{C}$와 C 관리도의 표본 표준편차를 구하라.

14. C 관리도의 UCL과 LCL를 구하고 C 관리도에 데이터를 표시하라. 이 제조회사의 공정은 통제 상태에 있는가? 왜 그런 것으로 혹은 그렇지 않은 것으로 판단하는가?

Jallo Tooling Company는 자동 선반을 보유하고 있으며, 소유주는 이 기기의 부품 직경 가공 능력을 7.620±0.002센티미터 수준으로 유지하려고 한다. 시범 운영 기간 동안 선반은 표본 평균 7.621센티미터의 직경으로 생산하였으며, 이 수치는 표준 편차 0.001센티미터에 해당한다. 이 선반의 C_{pk}를 계산하고, Jallo Tooling이 목표한 대로 부품을 생산할 능력을 갖추었는지 판단하라.

15. 한 기계상점에서는 자동차 산업용 부품을 생산하고 있으며, 한 부품은 길이 4.000인치에 허용 범위 ±0.003인치의 설계사양을 가지고 있다. 부품을 생산하는 제조 센터의 운영자는 각 부품 결과물을 확인하고 20개의 부품을 생산한 후 길이 평균이 4.001인치에 σ는 0.002인치인 것을 확인하였다.

a) 이 부품의 능력 지수는 얼마인가?

b) 현재 공정은 사용할 수 있는 수준인가? 왜 그렇게 판단하는가?

16. Tan Bearnings Company는 직경 2.00센티미터에 표준편차 0.01센티미터인 베어링을 생산하고 있다. 새로운 고객이 직경 1.98센티미터에 허용범위 ±0.055센티미터의 베어링 사양을 요구하였다.

a) C_{pk}를 계산하라.

b) Tan Bearing은 이 베어링을 만들 수 있을까? 왜 그렇게 판단하는가?

CASE Study

Case 1 | **공공 의료와 제품 안전에 대한 관심**

기업들이 원료 그 자체를 최종 제품화하는 경우는 드물다. 많은 회사들은 그들에게 원료를 공급하는 기업에 의존하여 그들의 제품군을 생산하게 된다. 이러한 예 중의 하나가 바닥재이다. 가장 많이 팔리는 제품군 중의 하나가 탄성 바닥재이다. 탄성 바닥재는 여러 가지 원료를 통해 만들어지는데 코르크, 나무, 비닐, 아스팔트, 리놀륨(바닥재의 일종, 역자 주)이 그것이다. 이 중 한 예가 라미네이트 바닥재이고 중국은 라미네이트 바닥재의 주요 생산국이다.

라미네이트 바닥재의 잠재적인 건강 관련 문제는 대량의 포름알데히드가 함유되어 있다는 데에 있다. 포름알데히드는 라미네이트 나무 부분을 구성하는 목재나 플라스틱 층을 구성하는 합성물에서 나오게 된다. 시간이 지나면 포름알데히드는 공기중으로 증발하게 된다. 이 양이 많아지게 되면, 포름알데히드는 호흡기나, 피부, 신경 등의 건강상 문제의 원인이 될 수 있다.

2015년 몇몇의 서로 다른 유통사들이 주도하여 라미네이트 목재를 시험한 결과, 다량의 포름알데히드가 검출되었다. 유통사들이 중국산 라미네이트 목재들의 위험한 포름알데히드 함량을 알고 있었어야 한다는 소송이 제기됐다. 몇몇의 중국산 제품은 허용 수치의 6배에서 20배까지 검출되었다. 이 소식이 알려지게 되자, 회사들은 제품을 리콜하는 지경에 이르게 되었다. 미국 환경 보호청과 미국 법무부가 이들의 과실 여부를 조사하였다.

결과는 심각했다. Lumber Liquidator라는 회사는 1,000만 달러의 벌금을 물게 되었으며, 이 소식으로 인하여 주가는 약 70%까지 떨어지게 되었다. 이 문제는 만약 회사들이 공급업체들 대신 직접 라미네이트 우드를 검사하는 과정을 거쳤다면 막을 수 있었을 것이다. 검사가 이루어졌다면 미국산 제품과 중국산 제품 간의 극명한 차이를 알 수 있었을 것이다. 미국산 라미네이트 우드는 중국산 제품과 동시에 이루어진 검사에서 포름알데히드 함량이 허용 범위 이내였다.

질문

1. 라미네이트 우드의 대규모 선적량을 고려할 경우, 바닥재 유통사가 각각의 공급자로부터 공급받은 라미네이트 우드가 최소한의 사양을 충족하였다고 판단하려면 어떠한 표본 유형을 선택

해야 했을지 설명하라.

2. 생산자의 위험과 구매자의 위험 간의 차이점을 설명하라. 어떠한 오류 유형이 각각의 위험 유형에 해당하는가? 이 사례는 어떠한 오류 유형에 해당하는가?

🔍 참고

Rick Bonsall, D. Mgt., McKendree University, Lebanon, Illino가 작성하였다. 이 사례는 강의 내 토론을 위한 자료에서 제공된 것이며 저자는 경영 상태의 관리가 효율적이거나 비효율적인가를 설명하려는 의도는 아니었다.

Case 2 | Jones Corporation에서의 통계적인 공정 관리

Jones Corporation은 수년 동안 매우 잘해오고 있었다. 업계 내에서 이 회사는 최고로 인정받고 있었다. Henry Jones CEO는 회사가 업계 내에서 최고로 인정받으려면 국가적인 상을 받아야 한다고 생각하였다. 그래서 Henry는 Malcom Baldrige 국가 품질상에 지원하기로 결정하였다. Baldrige 상의 평가 기준은 결과를 중시하기 때문에, Jones Corporation은 회사가 Baldrige 상 대상으로 선택될 자격을 갖추기 위해서는 회사의 공정을 개선하고 결과물을 기록할 필요가 있었다.

Jones와 그의 직원들은 평가 기준 카테고리(리더십, 전략 기획, 고객 중시, 측정, 분석, 지식경영, 인적자원 중시, 운영관리 중시, 결과 등)를 검토하였다. Jones Corporation 내에서 해당 7가지 카테고리에 해당하는 "챔피언"이 선발되었다. Arthur Hopkins는 운영관리 중시, Bill Marley는 고객 중시 부분에 선정되었다. 이 챔피언들은 성과 결과를 판단하기 위해서는 그들의 부서가 데이터를 모으고 분석해야 한다는 것을 알았다. 그들은 상을 받는 핵심은 그들의 소속 부서 각각에서의 프로세스가 통계적인 관리 상태에 있음을 보여주는 것이라고 믿었다. 이에 더불어, 그들이 지속적인 공정 관리에 필요한 도구를 가지고 있고 통제 상태로 유지되기 위해 요구되는 시정 활동을 결정할 필요가 있었다.

Jones Corporation은 제조사였다. 따라서, Arthur는 그의 부서가 계량형 데이터를 모으게 될 것임을 알고 있었다. 이러한 데이터는 완제품을 조립하는 데 걸리는 시간이나 다양한 제품의 허용 한계와 같은 정보를 포함하는 것이다. Bill의 역할은 회사가 고객 중시의 적절한 수준을 유지하고 있는가를 보장하는 것이기 때문에, 그의 부서는 속성형 데이터를 모으게 된다. 그들은 회의의 빈도, 비즈니스 수행의 용이성, 고객 요구에 대한 관심, 효율적인 비용을 갖춘 대안의 제시와 같은 다양한 영역에서 고객의 만족도를 확인하고 분석하게 된다. 몇 가지 데이터는 이미 수집되고 정기적으로 분석되고 있었다. 하지만, 이전에는 측정된 적이 없는 영역도 있었기 때문에 직원들은 통계적인 공정 관리를 지원하기 위해 적합한 도구를 개발하고 적용하게 될 것이다.

질문

1. Arthur의 직원들은 계량형 데이터를 추적하고 분석하기 위해 어떠한 관리도를 사용하게 될 것인가? 각각의 관리도는 어떠한 내용을 담게 될지도 설명하라.

2. Bill의 직원들은 속성형 데이터를 추적하고 분석하기 위해 어떠한 관리도를 사용하게 될 것인가? 각각의 관리도가 어떠한 내용을 담게 될지도 설명하라.

3. 계량형 데이터와 속성형 데이터를 모으기 위해 결정해야 할 것들을 설명하라.

 참고

Rick Bonsall, D. Mgt., McKendree University, Lebanon, Illino가 작성하였다. 이 사례는 강의 내 토론을 위한 자료에서 제공된 것이며 저자는 경영 상태의 관리가 효율적이거나 비효율적인가를 설명하려는 의도는 아니었다.

참고문헌

- G. Schuetz, "Gaging for SPC: Now Even Simpler," *Modern Machine Shop* 87, no.6(2014): 62–64.

- G. Vining, "Survival of the Fittest," *ASQ Six Sigma Forum Magazine* 16, no.1(2016): 26–30.

- J. A. Roche, "Lumber Liquidators Has Reached a $10 Million Settlement with the DOJ, and the Stock Is Soaring," Business Insider, 2015, http://www.businessinsider.com/lumber-liquidators-reaches-settlementwith-doj-2015-10.

- L. Torbeck, "Statistics in the Service of Quality," *Pharmaceutical Technology* 35, no.6(2011): 34–35.

- R. Abrams, "Lumber Liquidators Names a Longtime Director as Chief," *New York Times*, Business Day, November 5, 2015.

- "Baldrige Performance Excellence Program," https://www.nist.gov/baldrige/publications/baldrige-excellenceframework, Accessed March 29, 2020.

- "Control Your Process," *Ceramic Industry* 159, no.2(2009): 30–32; "About Us: History & Legacy," Palmetto Brick Company, http://www.palmettobrick.com/about/default.aspx, Accessed March 29, 2020.

- "Flooring Market Analysis by Product(Soft Coverings, Resilient Flooring, Non-resilient Flooring, Seamless Flooring), by Application(Residential, Commercial, Industry), and Segment Forecasts to 2020," Grand View Research, 2014, http://www.grandviewresearch.com/industry-analysis/flooring-market-analysis.

- "Update on Formaldehyde," Consumer Product Safety Commission, 2013, https://www.cpsc.gov/PageFiles/121919/AN%20UPDATE%20ON%20FORMALDEHYDE%20final%200113.pdf.

PART
3

공급사슬 관리

Chapter 14

글로벌 공급사슬 관리

당사는 우리의 능력과 책임을 바탕으로 전 세계 환경 및 지역사회와 상호 작용하는 방향으로 변화와 개선을 추진하고 있다. 우리는 우리의 공급업체와 파트너들과 지속가능한 공급사슬을 추구하기 위해 협력할 것이다. 이러한 협력은 대중의 인지도를 높이기 위해 다양한 청중들과 소통하는 것을 포함하여 모든 산업 참여자들과의 협력을 필요로 한다.

—Bridgestone Corporation CEO Masaaki Tuya

Jackson은 "IV 솔루션 및 의약품을 포함한 제품에 대한 효과적인 소싱 전략을 위해서는 보다 높은 수준의 투명성이 필요하다"고 말한다. 이러한 제품들의 계약에 관여하는 조직들은 FDA 승인과 공급업체 생산 능력 같은 기본적인 요소들을 넘어서서 제조 현장, 원자재 조달, 성과 등 전반적인 공급사슬의 건전성을 실제로 평가할 필요가 있다.

—HealthTrust 제약그룹 부사장 Vincent Jackson

🎯 학습목표

1. 공급관리의 전략적 중요성

2. 구매 주기의 6단계 프로세스

3. 손익분기점 분석에서 의사결정을 위한 계산 수행

4. 글로벌 소싱의 기회와 과제

5. 공급 기반 합리화의 이점

6. 공급업체 관계 관리에 사용되는 접근 방식

7. 윤리적이고 지속가능한 소싱의 문제와 이점

8. 전자 구매 시스템이 기업의 구매 활동 효율화에 주는 도움

9. 공급업체 개선을 위해 사용되는 현재의 전략 비교

피자배달 아웃소싱

수년간 Albuquerque에 본사를 둔 Il Vicino Wood Oven Pizza의 주인들은 피자를 배달하는 것을 거부했다. "우리는 오랫동안 자랑스럽게 '배달서비스 제공'을 포스팅해왔다"라고 3개 주에서 현재 8개의 사업체를 운영하고 있는 Rick Post는 말한다. 그러나 2018년 Post와 그의 파트너들은 음식 배달에 유리했던 시장의 조건들이 달라지고 있음을 인정했다. "만약 우리가 피자 주문의 빈도를 높이고자 한다면, 배달도 우리가 해야 할 일이다"라고 Rick Post는 말한다.

배달은 매우 까다로운 일이다. 인건비 상승과 전달 프로세스와 관련된 문제 해결부터 품질관리까지 피자 가게 운영자들은 배달 옵션과 관련하여 고려해야 할 것이 많다. 이와 관련하여 선택할 수 있는 사항은 운전기사를 고용하거나 업장 내 배송 팀을 운영하거나, 외부 배송 서비스로 배송을 아웃소싱하는 것이다.

업장에서 배달을 담당하는 경우 피자 가게가 배달 과정을 책임진다. 고객은 해당 직원이 피자 가게의 얼굴이라고 생각하므로 업장에서 직접적으로 배달 담당 직원을 교육 및 통제할 수 있기 때문에 대체로 일관된 배달 서비스를 제공할 수 있다. 업장에서 배달을 담당하는 경우 아웃소싱에 비해 30%까지 비용을 감소시킬 수 있다. 그러나 직접 배달은 다른 여러 가지 문제(인건비, 안전문제, 간접비, 보험문제, 인력채용) 등 다양한 이슈를 야기한다. Il Vicino는 관련 보험금과 인건비 등을 이유로 직접배송을 포기했다.

Grubhub, Uber Eats, DoorDash, 그리고 Postmates와 같은 아웃소싱 배달 업체들이 최근 몇 년 동안 폭발적으로 성장했다. 그리고 Il Vicino는 이러한 성장을 이용하려고 한다. Post는 아웃소싱을 "어차피 음식 배달을 주문하는" 고객들의 시장 점유율을 차지하기 위한 방법으로 생각한다. Il Vicino는 Grubhub에 아웃소싱하여 배달서비스를 제공 중이다. 몇 가지 문제는 여전히 남아 있다. Post는 "배달기사가 늦으면 고객은 Grubhub가 아니라 우리에게 책임을 묻는다"고 전했다.

얼핏 보면 비즈니스를 위해서 재료, 서비스 및 기타 공급품을 구입하는 것이 간단해 보일 수 있다(소매업체나 온라인 공급자에게 가서 물건을 구입하는 것을 생각해보자). 비즈니스 목적으로 재화와 서비스를 구매하는 것(상업적 구매라고도 함)은 그렇게 간단치 않다. 사실, 위와 같이 재화와 서비스를 외부로부터 구매하는 행위는 기업의 핵심 프로세스 중 하나이다.

조직은 구매 과정을 설명하기 위해 여러 용어를 사용한다. 구매 전문가 교육을 전담하는 비영리 단체인 ISM(Institute for Supply Management)은 구매를 "필수 자재, 서비스, 장비 취득을 담당하는 조직의 주요 기능"으로 정의하고 있다. 조달은 '규격개발, 가치분석, 공급업체 시장조사, 협상, 구매활동, 계약과정, 재고관리, 운송, 수령 및 저장'에 관련된 과정을 말하며, 소싱은 구매 명세서 작성, 공급업체 탐색 및 선정, 구매 가격 협상, 공급업체 성과 평가 등을 포함하는 "전체 구매 과정 또는 주기"로 정의된다. 마지막으로 공급관리는 ISM에 의해 "조직이 전략적 목표를 달성하기 위해 필요로 하거나 잠재적으로 필요로 하는 자원의 식별, 획득, 접근, 배치 및 관리"로 정의된다.

'구매'라는 용어가 단순히 상품과 서비스를 구매하는 행위를 묘사하는 반면, 다른 3가지 용어들은 더욱 전략적이며 이러한 용어들은 적절한 공급자를 탐색하고 선정하는 것뿐만 아니라 이렇게 선정한 공급업체가 조직을 위해 역할을 제대로 수행하는지도 포함한다. 지속적인 공급업체 성과를 확신하기 위해 오늘날 많은 기업들은 오랫동안 서로 상생할 수 있는 공급업체 관계를 구축해왔고 이러한 관계적 측면 역시 공급관리의 중요한 요소가 되었다. 사실, 공급자 관계관리는 이 장에서 논의할 8가지 핵심 공급망 프로세스 중 하나이다. 마지막으로, 인터넷은 구매자들이 더 쉽게 해외 공급자들을 찾을 수 있게 한다. 이러한 인터넷의 등장 및 비즈니스에 적용은 더 많은 경쟁을 유발했고, 비용 절감 효과를 야기했으며 공급품의 품질을 향상시켜 '글로벌 공급관리'라는 용어가 탄생했다. 다음 섹션에서 구매 프로세스에 대한 기술의 영향, 공급 기반 합리화, 윤리적 및 지속가능한 소싱, 공급업체 관계 구축을 포함한 글로벌 공급관리의 기본 사항을 살펴보자.

1 공급관리의 전략적 역할

1. 공급관리의 전략적 중요성

공급 관리 인력은 필요한 날짜에 특정 물품을 대량으로 구매하여 조직의 지속적인 요구를 충족시킨다. 예를 들어, 미국 제조업체들은 판매금액의 절반 이상을 물품구매에 사용한다. 구매 지출이라는 용어는 기업이 재화와 용역에 소비하는 자금을 의미한다. 〈표 14-1〉은 미국 제조업체가 연간 재료 지출에 사용한 금액을 보여준다.

⚙ 표 14-1_ 선적 가치에 따른 미국 원자재 비용 비율

품목	구매가격 ($)	전체 선적 가치	비율
2016	2,942,556,208	5,354,694,462	54.95
2015	3,114,223,777	5,519,018,458	56.43
2014	3,486,762,403	5,880,890,398	59.29
2013	3,463,506,989	5,809,744,541	59.62

　또한, 공급관리 인력은 장비 유지보수, 직원 건강 관리, 운송과 관련된 프로세스를 담당한다. 따라서 공급관리 부서가 자재 및 서비스 구매를 효과적이고 효율적으로 관리할 경우 기업의 비용과 수익성에 상당한 영향을 미칠 수 있다. 예를 들어, 연 매출이 10억 달러인 대기업의 경우 구매에 5억 달러를 소비한다. 현명한 구매를 통해 조달 담당자는 연간 구매 지출의 10%(위의 예에서는 5,000만 달러)를 절약할 수 있다. 앞의 사례는 지출관리의 한 예이다. 다시 말해, 구매 지출은 판매 상품 비용의 일부이기 때문에, 지출 감소는 기업의 세전이익(profit before taxes)을 직접적으로 향상시킨다. 이러한 이유로, 공급 관리자들은 오늘날 기업의 중요한 전략적 구성원으로 여겨진다. 2009년부터 시작된 경기침체 시기에 지출관리는 기업들이 열악한 시장에서 수익을 유지할 수 있도록 만든, 가장 기본적인 전략 중 하나였다.

　오늘날 시장에서 구매 지출을 줄이는 것은 여전히 이익을 극대화하는 중요한 방법으로 여겨진다. 예를 들어, 2014년부터 닛산과 제휴 파트너인 르노는 비용 절감을 위해 모델 라인업에 걸쳐 스티어링 휠, 사이드 미러, 도어 손잡이와 같은 품목의 사용을 표준화하기 시작했다. 이러한 노력은 규모의 경제 효과를 극대화하기 위해 공통적인 요소를 사용하는 전략이었다. 더 많은 부품을 공유함으로써, 해당 기업들은 구매 비용을 20~30% 줄이는 것을 목표로 삼았다.

　많은 기업은 구매량과 대금의 규모가 크므로, 공급관리 프로세스의 중요한 요소 중 하나는 공급업체와의 장기적인 이익 관계를 만드는 것이다. 대다수의 경우 기업이 공급업체와 협력하는 것은 가격인하협상 이상의 의미를 가진다. 공급업체의 기술 사용, 생산 및 제공 능력, 신제품 개발 계획 등은 해당 기업과 공유되는 경우가 많다. 따라서, 기업은 공급자와 미래의 제품 설계 및 수요 예측을 공유할 수 있다. 이에 기업의 공급업체 관리부서는 공급사슬에서 비용을 억제하면서 품질과 납품시기를 개선하는 추진요인으로 인식하기 때문에 공급업체들도 같은 방식을 사용하길 바란다. 예를 들어, 세계적인 전자제품 제조업체인 Flex는 전체 구매품목의 90%를 그들 공급업체의 10%로 처리한다. 따라서 Flex는 대량의 부품 구매로 인해 이러한 공급업체에 대한 Flex의 구매이득을 높인다. 또 다른 이점과 관련하여 최고 조달 책임자인 Bob Cusick은 "우리의 지출을 핵심 공급업체기업과 통합하면 더욱 긴밀하게 협력할 수 있다"라고 말한다. "이를 통해 파트너 관계를 더욱 발전시킨 Flex는 공급업체의 제품, 시장 변화 및 신기술에 대한 명확한 통찰력을 얻을 수 있다."

구체적으로 공급관리의 목적은 아래와 같다.

① 고객이 원하는 서비스 수준에서 지속적인 상품과 서비스의 제공 프로세스를 유지한다.

② 재고투자를 최소화하여 다른 업무를 위한 자본을 확보한다.

③ 필요한 수준의 구매 품질을 보장한다.

④ 동급 최고의 공급업체를 발굴하여 개발한다.

⑤ 가능한 한 구매 상품과 서비스를 표준화하여 비용을 절감한다.

⑥ 필요한 재화와 서비스를 최저 비용으로 구매한다.

⑦ 기업의 많은 부서들과 원활한 비즈니스 관계를 달성한다.

⑧ 가능한 한 최저의 운영 비용으로 공급 목표를 달성한다.

⑨ 기업의 경쟁적 우위를 창출할 방법을 모색한다.

이 주제들에 대한 논의는 다음 장에서 다룬다.

2 구매 주기

2. 구매 주기의 6단계 프로세스

구매 주기는 6단계 과정으로 나눌 수 있다. 처음 세 단계는 재화와 용역의 취득을 준비하는 것을 포함하며, 일반적으로 현재 상황을 평가하기 위해 함께 수행된다. 마지막 단계에는 재화와 용역의 실제 취득이 포함된다. 6단계 과정에 대해서 알아보자.

1 내부 평가 수행

구매는 일반적으로 원자재, 고객화된 품목, 표준화된 품목, 서비스 등 공통적인 특성을 가진 일반 지출 범주로 나뉘며, 이렇게 구분된 범주는 더욱 세분화될 수 있다. 예를 들어, 세계적인 엘리베이터와 에스컬레이터 공급자인 Schindler Group은 생산자재와 비생산자재와 용역이라는 2가지 주요 지출 범주가 있다. 생산 재료 범주에는 자동차, 도어, 기계, 전자기계 부품, 전자 조립품, 예비 부품 등으로 나뉜다. 비생산 재료 및 서비스 범주에는 8개의 하위 범주로 더 세분된다. 공급관리 담당자는 다양한 지출 범주 및 하위 범주 중 하나 이상을 전문적으로 이해할 수 있다.

기업은 또한 구매한 품목의 사용자를 식별하고 기존의 공급자와의 관계를 관리하며 다른 잠재적 공급업체를 찾는다. 또한, 마케팅 담당자는 물품구매가 제품 완료 시기에 미칠 수 있는 영향을 이해해야 하며, 물류 담당자는 배송 목적으로 크기 및 무게와 같은 구매 상품 사양을 전달받아야 하며, 재무 담당자는 향후 지출 금액의 규모를 알아야 한다.

② 시장 평가

구매 전문가는 외부 환경의 위험과 기회를 평가한다. 예를 들어, 공급자와 관련하여 기업의 협상력에 대한 평가는 통상적으로 이루어지는 구매량과 현재 및 잠재적 공급자의 수와 규모에 기초하여 이루어져야 한다. 일부 지출 범주는 경쟁력 있는 공급자의 수가 많을 수 있는 반면, 다른 범주는 시장을 지배하는 소수의 대규모 공급자를 가질 수 있다.

사무용품처럼 중요도가 낮은 기능성 물품은 고도로 표준화되어 있고 쉽게 대체되기 때문에, 간단한 계약이나 조달 카드 또는 P-카드(구매 및 결제 프로세스를 간소화하기 위해 설계된 낮은 한도 법인 은행 카드)로 쉽고 저렴하게 구매할 수 있다. 이에 반해 고객화된 사양을 요구하는 일부 아이템은 구매하는 기업 입장에서 리스크가 크고 비용이 많이 드는 아이템으로 꼽힌다. 이것들은 혁신적 상품이라고도 불린다. 공급 중단 위험을 줄이기 위해 예비의 공급업체가 식별될 수도 있다. 예를 들어, 스웨덴의 트럭 제조업체인 Volvo는 브라질 공장에서 자사의 트럭 제조에 들어가는 많은 부품을 구입한다. 제조 현장에서 Volvo는 경쟁우위에 매우 중요한 특수 생산 공정을 갖추고 있다. Volvo는 생산 공정에 필요한 품목을 생산하는 공급업체를 보유하고 있으며, 해당 품목을 사용할 수 없을 경우, 생산 라인을 폐쇄할 수 있다. 이에 따라 Volvo는 공급 차질을 피하기 위해 이들 품목에 대한 안전 재고를 추가적으로 구매한다.

③ 공급자 정보 수집

공급관리담당자가 시장 및 구매형태를 분석할 때는 반드시 현재 및 잠재적 공급업체를 평가해야 한다. 이 정보는 경쟁 입찰 과정이나 협상 과정에서 사용된다. 경쟁입찰에서 계약은 보통 구매자가 가장 발 빠르고 책임감이 있으며 최저가를 제시한 공급업체를 선정하는 것으로 이루어진다. 반응적 입찰은 공급업체가 기업이 요구하는 것에 맞춰서 공급품을 제공할 수 있는지 확인하는 입찰이며, 책임입찰은 공급업체가 정해진 대로 업무를 수행할 능력과 의지가 있는지 확인하는 입찰이다.

공급 관리자와 구매자는 공급자를 평가할 때 다음과 같은 다양한 정보를 활용할 수 있다.
- 과거에 사용되었던 공급자들의 기록
- 공급업체 디렉토리
- 온라인과 인쇄된 카탈로그
- 거래기록 및 사항 관련 잡지
- 공급업체 웹 사이트
- 판매 프레젠테이션

공급업체 정보는 구매자가 구매 기준을 충족하는 공급업체를 선정하는 과정에서 지원한 다양한 공급업체를 선정하기 위해 사용한다. 이러한 정보를 활용하여 기업은 전략적으로 일반적 제품을 공급하는 공급업체를 찾는 시간을 감소시키고 혁신적 부품을 공급하는 공급업체 발굴에는 많은 시간과 에너지를 투여할 수 있다. 예를 들어, 한 기업이 신제품을 개발하는 경우, 기업은 구입한 모든 부품, 구성 요소 및 자재가 신뢰할 수 있는 공급업체로부터 합리적인 비용으로 구입되길 원한다.

4 소싱 전략 개발

공급 관리 담당자는 구매 유형과 공급 시장에 대해 완전히 이해해야 한다. 만약 공급 시장이 경쟁력이 있다면 좋은 가격과 조건이 기대된다. 반면에, 시장이 경쟁력이 없다면, 소싱 전략에는 더

Mars의 지속가능한 소싱 프로그램

Mars는 연 매출이 350억 달러가 넘는 가족 경영 체제의 글로벌 기업이다. CEO인 Grant Reid는 Mars가 글로벌 공급사슬을 포함한 다양한 이슈에 대해 "우리는 어떻게 비즈니스를 운영해야 할지" 운영 방식을 바꾸기 위해 노력하고 있다고 말했다. 해당 노력은 투자, 조직변화, 주요 원자재에 대한 집중, 산업적 협력 등을 통해 "망가졌던" Mars의 글로벌 공급사슬을 고치는 것을 목표로 한다. 이와 관련하여 Mars는 2019년에 Generation Plan의 하나로 Sustainable이라는 프로그램을 개시했다. Mars는 파리에서 논의된 기후와 관련된 목표와 UN이 제시한 지속가능 개발 목표를 달성하기 위해 큰 변화를 준비하고 있다. Mars는 아래와 같이 자체 공급사슬의 변화를 준비하고 있다.

- 수년에 걸쳐 10억 달러를 투자하여 지속가능한 발전 계획을 앞당긴다.
- 기존의 상품 접근 방식에서 벗어나 온실가스 배출, 물 부족, 토지 사용, 인권 및 소득과 같은 주요 지속가능성 과제 해결에 도움이 되도록 주요 농업 자재의 공급 방식을 변경한다.
- 코코아, 생선, 쌀, 민트 등 영향력 있는 10가지 핵심 원료에 대하여 집중한다.
- '지속가능성'을 비즈니스의 핵심으로 한다.
- 산업 간 협업 및 비정부 기구(NGO) 파트너십을 강화한다.

"나는 우리의 사업 방식에 대한 궤적을 바꾸기 위한 계획에 깊이 관여하고 있다. 우리는 기후 변화, 빈곤, 비만, 물 부족을 포함한 지구촌이 직면하고 있는 다양한 문제들을 계속해서 관찰 중이다. 점진적인 개선방식으로는 충분하지 않다. 우리는 다 같이 행동하고 실천해야 한다." Grant Reid는 "본사는 정부, NGO, 그리고 소비자 상품 포럼과 같은 업계 주요 단체들과 협력하여 커다란 변화를 만들고 이를 통해 모든 사람들이 생존 및 번영할 수 있는 건강한 지구를 만들고자 노력하고 있다"고 말한다.

구매 및 지속가능성 최고 책임자인 Barry Parkin은 "오늘날 당면한 과제를 신속하게 해결하기 위해서는 협업이 매우 중요하다"고 말한다. 그는 "공급사슬의 전환은 우리가 상품이라고 부르던 대부분의 재료 및 공급품에 걸쳐 필요하다. 사실, 나는 그동안 원자재 조달 시 주로 출처를 알 수 없는 곳에서 조달하여 순수하게 거래에 따라 가격을 책정하던 시대는 끝났다고 생각한다"고 주장한다.

출처: "Mars Changing How It Does Business One Year from Launch of $1B Sustainable in a Generation Plan," *PR Newswire Europe*, September 18, 2018, 1.

나은 가격 협상 대신 다른 일부 서비스 혜택을 얻기 위해 공급자와 협력하는 방법을 찾는 것을 생각해볼 수 있다.

구매 담당자는 소싱 전략(관리 계획)을 개발할 수 있다. 소싱 전략에 따르면 구매 품목의 공급은 구매 담당자의 분석과 기업의 목표와 연결되며 기업 및 공급망 전략과 연계된다. 예를 들어, 기업의 공급 기반(기업이 현재 사용하고 있는 공급 업체 목록)의 크기를 줄이거나, 현재의 공급 업체 중 일부를 더 발전시키기 위한 프로그램을 고안하거나, 전략적 항목을 제공하는 공급 업체들을 위한 공급업체 인증 프로그램의 도입 및 실행을 고려할 수 있다. 공급업체 인증은 공급업체가 가격을 제시하거나 주문을 받기 전에 이루어지는 경우가 대부분이다. 구매 업체의 교차기능팀은 공급업체의 시설을 방문하여 공급업체의 장비, 인력, 시설 및 품질 시스템을 평가하여 구매 회사의 요구사항을 충족하는지 확인할 수 있다. 또한 ISO 9000 및 14000과 같은 업계 전반의 인증이 공급업체 인증에 사용될 수도 있다. 다음의 예는 Mars Incorporated의 지속가능한 소싱 전략에 관련된 설명이다.

특히 2013년 1,127명의 노동자가 사망한 방글라데시 의류 공장 붕괴(Benetton, J.C. Penney 등 의류 제조 공장)를 생각했을 때, 해외 제조업체로부터 구매하는 기업은 해당 업체 공장 방문점검을 인증프로그램에 포함해야 한다. 전 미국 패션 디자이너 협회 의장인 Diane von Furstenberg에 따르면, "방글라데시에서 일어난 일은 끔찍한 비극이다. 따라서 이러한 것을 교훈 삼아 우리는 우리의 공장이 일하기 안전한 장소로 만들어야 하는 책임감이 있다. 기업의 생산팀이 공급업체 파트너와 직접 제조현장을 방문, 점검하여 근로자들의 근무 조건과 처우를 직접 확인해야 한다. 또한 기업의 작업환경을 감사 및 검사할 수 있는 제3기관이 있다. 직장 내 안전과 공정성을 확보하는 것은 무엇보다 중요하다."

5 입찰 신청 및 평가

공급관리 담당자는 구두(verbal) 견적, 정보 요청, 견적 요청, 제안 요청, 입찰 요청 등 다양한 방법을 이용하여 공급업체로부터 가격 정보와 작업 제안서를 얻을 수 있다. 각각의 설명은 〈표 14-2〉에 요약되어 있다.

제품의 경쟁 입찰 평가에는 경쟁 가격 견적을 비교하는 비교적 일반적인 방법인 총 소유비용(TCO)을 계산하는 것이 포함된다. 이는 최초 취득비용, 예상되는 생애 주기 운영 및 유지비용, 잔존가치, 처분 비용 등이 포함된 예상 비용 견적이다. 여러 공급업체가 제공하는 제품의 TCO를 비교하기 위해서는 공급업체가 제공한 각각의 제품의 기대존속기간에 걸쳐 모든 현금유출액과 유입액을 파악한 후 순현재가치를 계산해야 한다.

TCO = 순현재가치(잔존가치) − 구매비용 − 순현재가치(운영비용 + 유지비용)
순현재가치는 다음과 같이 계산 : $(1 + d)^{전년도 말}$, d = 연간 할인율

표 14-2_ **공급업체의 가격 정보 및 계획 획득 방법**

구분	내용
구두 견적 (Verbal quotes)	• 저비용 비중요 구매 요청. 구매자는 공급자를 선정하고 가격, 구매 수량, 배송 요건과 관련하여 구두 합의가 이루어진다.
정보 요청 (RFI; Request for Information)	• 가격, 제품 디자인, 시기 및 기타 관심 조건에 대한 정보 수집을 요청한다. 공급업체 정보는 구속력이 없지만 구매자가 예산을 준비하거나, 새로운 상품 또는 서비스에 대한 총 구매 비용을 결정하거나, 회사가 보다 자세한 견적 요청을 준비할 수 있도록 지원한다.
견적 요청 (RFQ; Request for Quote)	• 견적 요청은 구매 명세를 구체적으로 할 때 상대적으로 적은 규모의 구매에 사용된다. 구매 담당자는 하나 이상의 잠재적 공급자에게 해당 양식을 요청한다. 공급업체는 지정된 수량 또는 서비스를 기준으로 가격 견적을 제출한다. RFQ는 명시되지 않는 한 구속력이 없으며, 협상의 출발점으로 사용될 수 있다.
제안 요청 (IFB; Invitation to Bid)	• RFQ와 유사하지만 높은 비용과 복잡한 서비스가 포함된다. 많은 공급업체들이 입찰 요청을 받게 된다. • 입찰 개·폐막일 및 계약 체결 근거는 잠재적 공급자에게 전달된다. 일반적으로, 모든 요건을 충족하는 저가 입찰자에게 계약이 주어지지만, 입찰자들은 입찰이 추가 협상의 출발점으로 사용될 것이라는 말을 들을 수도 있다.
입찰 요청 (RFP; Request for Proposal)	• 가격, 서비스 및 요금제에 대한 공식적인 요청으로, 복잡하고 중요한 구매에 사용된다. • 일반적으로 무엇을 원하는지 확신하지 못하는 구매자들로부터 요청된다. 공급업체가 필요한 재료, 프로세스 및 기술에 대한 자체 지식을 바탕으로 제품 및 서비스 사양을 개발할 수 있다. 공급업체의 작업 기술서는 일반적으로 무엇을 어떻게 할 것인지 정확하게 기술하는 데 첨부된다. RFP는 계약을 협상하기 위한 출발점으로 가장 일반적으로 사용된다.

리스비용, 보증(Warranty), 다운타임(작동하지 않는 시간) 및 보험 비용 등과 같은 기타 비용이 TCO에 포함될 수 있다. 기업이 만약 제품 및 상품에 대해 제품생애주기에 대한 현금흐름을 정확하게 추정하지 못하면 잘못된 구매결정으로 이어질 수 있다. 〈표 14-3〉에는 이러한 비용이 자세히 설명되어 있으며, 〈예제 14-1〉에는 TCO의 예시가 나와 있다.

표 14-3_ **총 소유비용의 현금흐름**

구분	내용	
취득비용 (Acquisition costs)	• 공급업체 방문 및 제품 평가 비용 • 구매 가격, 세금, 금융 비용	• 운반비용
소유비용 (Ownership costs)	• 연료 및 에너지 비용 • 유지보수 및 수리 비용 • 보증 비용	• 교육 비용 • 보험 비용
생애 주기 비용 (End-of-life costs)	• 잔존가치	• 처리비용

예제 14-1 **발전기의 총 소유비용 분석**

Del 건설 회사는 10,000와트의 디젤 발전기를 구입하고자 한다. Carol 902와 Ricker 9100의 2가지 모델을 구매하고자 하며 각 항목의 예상 현금흐름은 다음과 같다.

품목	구매가격 ($)	연간 운영비 및 유지비 ($000)					잔존가치 ($)
		1년	2년	3년	4년	5년	
Carol	−6750	−16	−16	−16	−16	−16	+1000
Ricker	−5475	−18	−18	−18	−18	−18	+500
순현재가치 요인	0	.909	.826	.751	.683	.621	.621

- 순현재가치(Carol) = −6750 − 16,000(.909) − 16,000(.826) − 16,000(.751) − 16,000(.683) − 16,000(.621) + 1,000(.621) = −$66,769
- 순현재가치(Ricker) = −5475 − 18,000(.909) − 18,000(.826) − 18,000(.751) − 18,000(.683) − 18,000(.621) + 500(.621) = −$73,385

매입원가와 연간 운영 및 유지비는 (−) 현금흐름으로 나타내며, 잔존가치는 (+) 현금흐름으로 나타난다. 연간 10% 할인을 사용하면 위의 NPV 계수가 산출되며, (1+.1)$^{전년도 말}$과 같이 계산된다. 5년간의 현금흐름을 합산하면 두 발전기의 NPV가 계산된다. 계산 결과, 초기 구매 가격은 Ricer 발전기가 Carol 발전기에 비해 낮지만 연간 운영비 및 유지비 및 잔존가치를 고려하면 Carol 발전기가 더 나은 선택이다.

---

⑥ 선택한 공급업체에 통보 및 계약 이행

공급관리 담당자의 평가를 기반으로 기업은 선호하는 공급자와 계약을 맺는다. 공급업체가 신규인 경우, 신규 공급업체가 해당 기업의 상품 입고, 미지급금, 고객 서비스, 기업에 속해 있는 구성원 등의 이해를 돕기 위하여 커뮤니케이션 계획을 수립한다. 공급자와 제품 성과는 일반적으로 계약기간 동안 평가된다. 그 후 이 정보는 유저 그룹 및 고위 경영진에게 정기적으로 보고된다. 만약 성과가 좋지 않다면 구매 제품에 따라 공급 기반이 바뀔 수 있다. 향후 문제가 발생하는 것을 미연에 방지하기 위하여 공급업체와 있었던 일들을 잘 기록하고 전달해야 한다.

③ Make 혹은 Buy 의사결정

3. 손익분기점 분석에서 의사결정을 위한 계산 수행

1장과 4장에서 논의한 피자 배달의 예에 알 수 있듯이, 아웃소싱은 상품과 서비스를 외부에서 구매하는 것을 말하며 이는 기업의 내부환경에서 직접적으로 해당 상품과 서비스 생산을 중단하는 것을 의미한다. 이러한 것은 Make 혹은 Buy 의사결정의 한 측면이라고 볼 수 있다. 최근 몇 년 동안 아웃소싱은 공급업체와의 지속가능한 관계 형성과 결합되어 더욱 활발히 이루어지고 있으며, 기업은 아웃소싱을 통해 기업 내의 많은 자원을 내부역량 개발에 사용할 수 있게 되었다. 아웃소싱

⚙ 표 14-4_ 아웃소싱 의사결정의 장점

이유	설명
비용절감	비용절감은 아웃소싱의 중요한 이유인데, 특히 구매자가 필요한 일반적인 부품을 전문으로 만드는 공급업체들과 교류하는 경우 그러하다. 구매자가 필요로 하는 수량이 생산 장비에 대한 투자를 정당화하기에는 너무 적을 수 있다. 일부 해외 공급업체는 인건비 및 자재 비용이 낮기 때문에 비용 우위를 제공할 수 있다.
생산용량 부족	기업은 자신의 생산 능력에 맞춰 생산하기 때문에 추가 생산 장비 및 인력 없이는 해당 품목을 인소싱하는 것이 불가능할 수 있다. 또한, 기업은 더욱 중요한 다른 품목 생산에 집중할 수 있는 용량을 확보하기 위해 일부 품목들을 아웃소싱하기도 한다.
기술 또는 전문성 부족	기업은 해당 품목을 제조하는 데 필요한 기술이나 전문지식이 없을 수 있다. 특히 공급자가 기술에 대한 특허를 보유하고 있다면 Make 옵션을 사용할 수조차 없다.
더 나은 품질	공급업체가 더 나은 기술, 프로세스 및 숙련된 노동력을 보유하고 있기 때문에 구입한 구성요소의 품질이 더 우수할 수 있다.

은 낮은 인건비를 제공하는 외국 공급업체들과의 협업으로 이어지기 시작했다. 니어쇼어링(near-shoring, 기업의 모국과 더 가까운 곳에서 구매하거나 생산하는 것)은 점점 더 대중화되고 있다. 전자제품 제조업체인 독일 Sennheiser는 2018년 전달 시간과 총소유비용을 줄이기 위해 생산의 일부를 중국에서 루마니아로 이전했다. 게다가, McKinsey의 설문조사에 응답한 의류 소싱 기업 임원들 중 약 25%는 2025년까지 그들이 소싱하는 옷의 절반 이상이 니어쇼어링으로 공급될 것으로 예측된다고 말했다. 이렇게 니어쇼어링의 의존도가 높아지는 이유는 높은 운송 비용과 리드 타임을 줄이려는 욕구 때문이다.

Make 혹은 Buy 의사결정은 기업의 경쟁적 위치에 영향을 미칠 수 있는 전략적 판단이다. 항공 우주업체 Lockheed Martin은 자사의 글로벌 제조 장비 유지보수를 아웃소싱하여 효율성을 높이

⚙ 표 14-5_ 인소싱 의사결정의 장점

장점	설명
독점기술 보호	기업은 기술, 제품 또는 프로세스를 개발하여 경쟁우위를 유지할 수 있다. 기업은 공급업체에 아웃소싱하거나 공동소싱(Co-sourcing)할 때 본인이 소유한 기술 등을 노출시킬 위험이 있다.
유능한 공급업체의 부재	기업이 필요한 것을 제공할 수 있는 공급업체가 없는 경우, 기업은 내부적으로 제품을 만들어야 할 수도 있다. 기업은 공급업체가 최종적으로 제품을 생산할 수 있는 역량을 창출할 수 있도록 공급업체를 개발시키는 전략을 사용하면서 단기적으로는 제품을 인소싱하는 것을 선택하기도 한다.
품질관리 개선	만약 기업의 생산 능력이 충분하다면 Make 옵션은 고품질의 상품과 서비스 생산을 위해 제품 디자인, 제조, 인력 활용 및 기타 활동 등을 통제할 수 있게 한다.
유휴 생산용량 사용	유휴 여력이 있는 기업의 단기적 해결책은 이를 상품과 서비스를 만드는 데 활용하는 것이다. 유휴 생산용량의 사용은 숙련된 기술자들의 해고를 방지한다. 그리고 비즈니스가 회복되면, 기업은 더 전략적인 아이템을 생산하기 위해 해당 아이템들을 아웃소싱할 수 있다.
리드 타임 및 물류 관리	Make 옵션은 물류비용뿐만 아니라 제품 리드 타임에 대한 더 나은 통제 및 제어권을 보장한다. 왜냐하면 기업이 제품의 설계, 제조 및 유통의 모든 단계를 직접 통제하기 때문이다. 만약 이것들이 기업의 경쟁요소라면, 그 품목들은 아웃소싱되지 않을 것이다.
비용절감	기술, 생산용량 및 노동력을 이용할 수 있는 경우, 특히 지속적이고 대량생산에 해당하는 제품의 경우 Make 옵션이 더 경제적일 수 있다. Make 옵션은 초기 자본 투자로 고정비가 높을 수 있지만, 공급자가 가격을 인상하는 것에서 자유로우며 규모의 경제 효과를 통해 제품의 비용을 낮출 수 있다.

고 경쟁 전략을 지원한다. 유지보수를 담당하는 아웃소싱 공급업체는 Lockheed에게 진단 지원, 예방 정비, 현장 서비스, 교육 및 예비 부품을 제공한다. 〈표 14-4〉는 Buy 의사결정의 장점을, 〈표 14-5〉는 Make 의사결정의 장점을 각각 나타낸다. 예를 들어, 가구점은 배달 서비스를 아웃소싱하는 것을 고려할 수 있다. 그러나 배달 서비스 아웃소싱 공급업체가 제대로 관리되지 않으면 고객의 불만족을 야기할 수 있다. 예를들어, 외부 아웃소싱 업체가 배달 시간을 어기거나 배달 중 가구를 손상시키는 경우를 생각해볼 수 있다.

이러한 이유로, 기업들은 비핵심 비즈니스 활동에만 아웃소싱 옵션을 적용하는 것을 고려할 수 있다. 버지니아에 있는 Diakon Logistics 사장인 Rob Davis에 따르면, 단순히 아웃소싱 파트너에게 해당 비즈니스를 맡기고 끝내는 것이 아니라 반드시 기업 또한 어떻게 아웃소싱을 의뢰한 비즈니스가 진행되고 있는지 계속 확인하고 검토해야 한다고 주장했다. Davis는 "아웃소싱은 상황을 깨끗이 정리하는 것이 아니다"라고 말한다. "이러한 아웃소싱은 파트너십과 참여, 고객이 원하는 것에 대한 커뮤니케이션이 바탕이 되어야 한다", "아웃소싱의 가치는 전문가를 프로세스에 참여시켜 제대로 아웃소싱이 되는지 확인, 관리, 및 평가되어야 하는데 아직도 여전히 이러한 책임을 고객에게 미루고 있는 실정이다"라고 덧붙였다.

반대로, 인소싱은 이전에 아웃소싱되었던 재화와 용역을 만들기 위해 내부 자원을 사용하는 것을 말한다. 이러한 관행을 백소싱(backsourcing), 또는 리쇼어링(reshoring)이라고 한다. 위에서 언급한 가구점이 배달서비스를 아웃소싱한 뒤 해당 가구점의 배달트럭을 판매했다고 가정해보자. 만약 배달서비스 아웃소싱 업체가 가구배달 서비스를 제대로 하지 못할 경우, 해당 가구점은 차량구매 및 운전기사를 고용하여 인소싱 서비스로 전환할 수 있다. 2012년 당시 미국의 대통령이었던 Barack Obama는 인소싱의 중요성을 강조했다. 그는 백악관에서 기술 및 제조 분야의 여러 비즈니스 선도 리더들을 만나 인도, 중국 및 기타 개발도상국으로 가는 작업을 가장 효율적으로 인소싱할 수 있는 방법에 대한 의견을 구한 뒤 "여러분들은 아웃소싱에 대해 한 번이라도 들어본 적이 있을 것이다. 다만, 지금 이 기업들은 인소싱을 하고 있다. 이러한 기업들의 인소싱 정책은 현재 우리가 필요로 하는 가장 중요한 국가에 대한 헌신으로 간주할 수 있다. 특히 지금 우리의 중산층에 있는 사람들과 중산층에 가기를 희망하고 열망하는 사람들에게 있어 이러한 기업의 인소싱 전략 및 추진은 그 사람들의 성패를 좌지우지한다"라고 말했다. 이러한 인소싱 전환의 한 예로, GM(General Motors)은 이전에 HP(Hewlett-Packard)에서 GM 프로젝트에 근무했던 3,000명의 IT 인력을 채용하고 있다. GM은 기존에 HP에 아웃소싱했던 작업의 약 90%를 인소싱으로 전환했다. 아래의 Manufacturing Spotlight는 Alfred State College의 인쇄 서비스 인소싱에 대해 보여준다.

마지막으로, 의사결정이 항상 양자택일(Make 또는 Buy)의 선택은 아니다. 기업은 필요한 장치 중 일부를 인소싱으로 만들고 나머지는 공급업체에 아웃소싱하는 것을 고려할 수 있다. 이렇게 2가지를 한번에 고려하는 것을 Co-sourcing이라고 한다. Co-sourcing 전략에 따르면 일시적으로 수요가 많은 기간 동안에는 외부 근로자를 고용하는 것을 고려할 수 있다. 또한 내부 직원이 가지고 있지 않은 특정 전문지식을 확보하기 위하여 외부 전문가를 고용하는 것을 고려할 수 있다. 다음은 손익분기점 분석에 관한 예시이다.

Manufacturing
SPOTLIGHT

Alfred State College의 인소싱

이 모든 것은 뉴욕의 Alfred State College의 리브랜딩 계획으로 시작됐다. Alfred State College의 PAMS(Print & Mail Services)의 Catherine Chambers 이사는 학교의 로고, 운동 마스코트, 그리고 브랜드 정체성에 관련된 요소 등을 업데이트하는 이 프로젝트의 핵심은 모든 것이 인쇄될 수 있도록 보장하는 것이었다고 말했다. 이름표가 PAMS가 추구해야 할 새로운 응용 프로그램으로 부상한 것은 이 프로젝트가 진행되는 도중에 일어난 일이다. 그때까지 ID 태그는 보통 부서 비서들이 발주하는 외부 공급업체를 이용하여 아웃소싱해왔다.

Chambers는 적절한 장비만 있으면 PAMS가 캠퍼스에서 더 저렴하고 편리하게 공급할 수 있을 것이라 제안했다. 리브랜딩 위원회는 이 제품의 품질과 디자인이 외부소싱에서 제공한 수준과 비슷하게 인소싱할 수 있다는 전제하에 동의했다. 이에 따라 Chambers는 제품 장식 시스템, 색 관리 소프트웨어 및 제품 템플릿의 온라인 라이브러리와 함께 제공되는 통합 데스크톱 장치를 구입했다. 그녀는 "장비 하나를 사고 이렇게 흥분된 적은 오랜만"이라 말했다. 그녀는 이 시스템을 배지와 같은 물건의 표면을 촬영하는 데 필요한 다른 부품인 열 프레스(heat press)와 연결했다.

Chambers는 곧 배지 제작이 가능하다고 발표했고 이후 주문이 쇄도하기 시작했다. 다음 단계에선 Log3Doming 시스템의 도입이 필요했다. 자체 레벨링 수지를 배지의 인쇄면에 수동으로 바르고, 도밍 유닛에서 약 20분간 UV 에너지에 노출시키면 표면에 투명하고 솟아오른 코팅이 형성되어 명확한 3D 돔 효과가 나타난다. 그런 다음 마감 처리를 위해 배지 뒷면에 자기 고정 장치를 부착시킨다.

Chambers는 지금까지 PAMS가 외부 공급업체가 청구한 단가의 절반 수준으로 250개의 ID 태그를 만들어냈다고 했다. 그러나 더 좋은 것은 PAMS가 대학의 브랜드 개편 추진 계획에서 하나의 역할을 맡으며, 대학의 명성과 가치도 높일 수 있다는 점이었다.

PAMS는 배지 장착 방법 연구를 시작한 지 30일도 안돼 본격적인 배지 제작 과정에 돌입했다. 배지 외에 PAMS는 세라믹 온 코스터도 실험했고, 다음으로 Chambers는 마우스 패드를 제작해 배포할 계획이다.

출처: P. Henry, "In-Plant Aids School Rebranding Initiative," *In-Plant Graphics* 69, no. 1 (2019): 28-29.

1 Make 혹은 Buy 의사결정의 손익분기점 분석

전략적 소싱 결정에서 비용이 유일한 고려사항이 되는 것은 아니지만, 손익분기점 분석은 비용을 주요 고려사항으로 둘 때 실시할 수 있는 소싱 도구다. 손익분기점 분석의 전제조건은 단위당 고정 비용과 변동 비용이 일정하게 유지된다는 것이다. 해당 주제는 4장에서 다루었지만, 여기서는 Make 혹은 Buy 의사결정에 사용되는 손익분기점 분석을 다시 검토하고자 한다.

손익분기점을 계산하기 위해, 총 Make 비용은 다음과 같이 총 Buy 비용과 동일하게 설정한다.

$$\text{Make 비용} = \text{Buy 비용, 또는 } F_m + V_m(x) = F_b + V_b(x)$$

F_m = Make 사용 시 발생하는 고정 비용

F_b = Buy 사용 시 발생하는 고정 비용

V_m = Make 사용 시 발생하는 단위당 변동 비용

V_b = Buy 사용 시 발생하는 단위당 변동 비용

x = 단위(Make 혹은 Buy 사용할 때)

위의 x에 대한 방정식을 풀면 손익분기점을 얻을 수 있다. 낮은 생산량이 요구되면 기업은 Buy 전략을 고려하고(낮은 고정 비용 때문에), 많은 생산량이 요구되면 기업은 Make 전략을 고려해야 한다 (낮은 변동 비용 때문에). 〈예제 14-2〉에서는 손익분기점 분석을 제공한다.

예제 14-2 **Make or Buy에 대한 손익분기점 분석**

Pearson Kayak Manufacturing Company는 자사의 카약 모델 중 하나의 핵심 부품을 make할 것인지 buy할 것인지 고민하고 있다. 해당 부품의 예상 소요량은 1만 5,000대이며 신뢰할 수 있는 공급업체는 개당 25달러로 해당 부품을 제작할 수 있다. 대표이사인 John은 부품을 준비하는 데 250달러가 소요될 것으로 예상하며, 회사가 부품을 자체 제작할 때 장비에 대한 추가 투자 비용은 3만 달러, 부품을 만드는 데 발생하는 변동비는 개당 14달러가 들 것으로 예상된다.

$$\text{Make 비용} = \text{Buy 비용, 또는 } F_m + V_m(x) = F_b + V_b(x)$$
$$\$30,000 + \$14(x) = \$250 + \$25(x)$$

x에 대한 방정식을 계산하면 $29,750=$11(x)$, or x = 2,705(대)

Pearson은 1만 5,000개의 부품이 필요하고, 이는 손익분기점보다 크므로 make 결정이 더 효율적이다. 만약 2,705대 미만이 필요한 경우 Pearson은 부품을 buy할 것이다. John은 1만 5,000대를 생산할 경우, 두 방안의 총 비용을 계산하였다.

$$\text{Make cost} = \$30,000 + \$14(15,000) = \$240,000,$$
$$\text{Buy cost} = \$250 + \$25(15,000) = \$375,250$$

다음 그래프에서 손익분기점이 더 명확하게 나타난다.

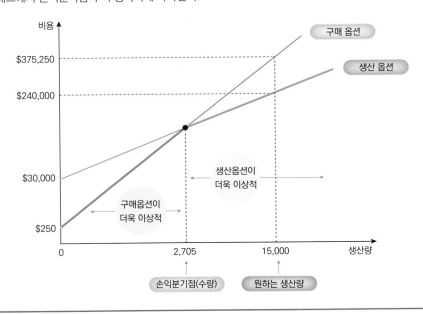

4 글로벌 소싱

최근 자유 무역을 촉진하는 국제 협정의 증가는 많은 기업들에게 그들의 공급 기반을 외국 공급자를 포함하여 확장할 수 있는 기회를 제공했다. 〈표 14-6〉에서 볼 수 있듯이, 2008~2010년 글로벌 경제 위기 동안 급격하게 줄어들었던 세계 및 미국 상품 수입은 현재 크게 반등하여 매년 수조 달러에 달하고 있다. 2018년 세계 4대 상품 수입국은 미국(2조 6,000억 달러), 중국(2조 1,000억 달러), 독일(1조 3,000억 달러), 일본(8,000억 달러)이다. 수입은 선진국에서 매년 2~3%씩, 개발도상국에서 매년 6% 이상 증가할 것으로 보인다. 2020년에 발생한 코로나19는 이러한 수치를 엄청나게 변화시킬 것이다.

이러한 높은 수준의 글로벌 소싱은 기업이 구매 제품 품질, 비용 및 배송 성능을 더욱 개선할 수 있는 많은 기회를 제공하지만 이를 담당하고 있는 공급관리 매니저들에게 많은 과제를 준다. 최근 *World Trade* 100 magazine이 실시한 기업 설문조사에서, 최소 77%가 그들의 구매 일부를 해외 공급자에게 의존하고 있다고 응답했다. 해외 글로벌 소싱을 이용하는 기업 중 약 79%는 낮은 비용을 주요 이점으로 꼽았지만, 이들 중 61%는 배송 지연이 가장 큰 문제라고 지적했다. 더 흥미로운 사실은, 응답 기업의 약 45%가 자신의 기업이 속한 곳과 지리적으로 가까운 곳으로 소싱을 전환하려고 계획 중이라는 것이다.

성공적인 글로벌 소싱을 위해서는 외국 기업 임원 및 판매 직원(영어를 할 수 없는)을 다루는 기술, 장거리 및 기타 물류 문제, 수출입 규제, 세금 문제, 정치적 문제, 그리고 일반적으로 국내 소싱에서 직면하지 않는 많은 다른 문제들을 다루는 기술을 필요로 한다. 이런 이유로 수수료를 받고 수입거래를 하는 수입브로커를 이용할 수 있다. 수입브로커들은 상품에 대한 소유권을 가져가지 않는다. 대신, 해당 상품에 대한 소유권은 판매자로부터 구매자에게 직접 전달된다. 공급 관리 담당자는 수입 품목을 취급하는 에이전트에게서 수입품을 구매하고 그 수입품의 소유권을 가져간 다음 구매자에게 되팔 수 있다.

1 관세와 무역협정의 영향

여러 나라들 사이에 관세와 무역 장벽을 줄이기 위해 고안된 많은 국제무역협정이 있다. 관세는 주로 수입품에 부과되는 세금을 말한다. 따라서 수입품을 구매하는 기업은 관세를 내야 한다. 관세는 일반적으로 국가 및 정부가 자금을 마련하기 위해 고안되었으며 본질적으로 보호무역주의의 성격을 갖는다. 예를 들어, 바나나를 재배하는 농부들이 있는 나라는 자국의 국내 재배자들을 보호하기 위해 수입 바나나에 높은 관세를 부과할 수 있다. 분명히 이러한 보호무역 성격의 관세는 국가 간 무역을 감소시킬 수 있으며, 국가 간 무역의 감소는 기업의 공급 기반의 잠재적 축소를 가져오고 심지어 품질수준이 떨어지는 제품의 국내 생산을 유도하거나 국가 간 무역전쟁을 조장할 가능성도 있다.

표 14-6_ 전 세계 및 미국 상품 수입액(조, 달러)

년도	전 세계 수입 액	미국 수입 액
2018	19.78	2.60
2017	17.94	2.16
2016	16.19	2.12
2015	16.67	2.31

미국에서는 독립전쟁의 비용을 지불하고 미국 정부에 더 많은 자금을 지원할 방법으로 1790년 수입품에 첫 관세가 부과되었다. 이 세금은 일반적으로 5~15% 수준이었고 미국 예산의 90% 이상을 지원했다. 시간이 지나면서, 미국의 정치인들은 어려움을 겪고 있는 자국에서 제조한 상품을 보호하려는 명목으로 수입 품목에 대한 관세 인상을 강행하였다. 예를 들어, 1848년에는 미국의 양모 생산자들을 돕기 위해 수입 양모 제품에 45%의 관세가 부과되었다. 결과적으로, 이러한 조치는 다른 나라들의 격렬한 저항을 불러왔다. 면화와 같이 미국의 성장기 산업에 속하는 수출품의 반입을 다른 나라들은 허용하지 않았다. 그 후 몇 년 동안 보호무역 정책은 미국에서 한동안 인기 있는 정책으로 군림하였다. 현재 수입품의 약 절반 (2015년 수입품의 1/3과 비교)에 세금이 부과되고 있으며, 평균 관세는 2%이다. 불행하게도, 미국 소비자들은 보통 이러한 상품들을 구매할 때 더 높은 가격을 내야 한다.*

꽤 이례적인 예시로는 중국이 있는데, 2019년 5월까지 5,000개 이상의 중국산 제품에 25%의 관세가 부과되었다

제2차 세계 대전 이후, 미국은 세계 관세를 낮추고 회원국 간 무역을 촉진하기 위해 관세 및 무역에 관한 국제 협정(GATT, 1947년)을 설립하는 데 일조하였다. 1995년 GATT는 스위스에 본부를 둔 세계무역기구(WTO)로 대체되었다. 제2차 세계대전 이후 많은 자유무역협정이 생겨났고, 그 중 일부가 〈표 14-7〉에 나열되어 있다.

표 14-7_ 국제무역협정

구분	내용
European Union(EU)	1950년 5월에 설립되었다. 원래는 벨기에, 프랑스, 룩셈부르크, 이탈리아, 네덜란드, 독일로 구성되었다. 현재 EU는 28개 회원국을 보유하고 있다. EU의 주요 무역 목표는 상품과 서비스의 단일 시장을 만들어 EU 회원국이 미국과 같은 시장과 더 잘 경쟁하도록 하는 것이다.
Association of Southeast Asian Nations(ASEAN)	1967년 8월 브루나이, 캄보디아, 인도네시아, 라오스, 말레이시아, 미얀마, 필리핀, 싱가포르, 태국, 베트남 10개국으로 구성되어 있다. 주요 목표는 지역의 경제 성장, 사회 발전, 문화 발전을 지원하는 것이다.
Southern Common Market(MERCOSUR)	1991년 3월 아르헨티나, 브라질, 파라과이, 우루과이 간의 협정이 체결되었다. 경제·정치적 협력을 바탕으로 공동의 시장을 형성하는 것이 목표였다. 2012년 7월 베네수엘라는 회원국이 되었고 파라과이는 유예되었다.
U.S., Mexico, Canada Agreement(USMCA)	2018년 11월 30일 체결된 북미자유무역협정(NAFTA)의 재협상의 결과물이다. 개정안은 2019년 12월 10일 서명되어 3개국에 의해 비준되었다. USMCA의 실행을 통해 회원국 간 더 균형 잡힌 상호 무역 협정을 만드는 것을 목표로 한다.
Common Market for Eastern and Southern Africa(COMESA)	1994년 12월 지역의 무역 통합을 통한 경제적 번영 전략의 일환으로 시작되었으며 현재, 19개의 회원국이 있으며, 총 인구는 4억 명이 넘는다.

자유무역협정 규정에 따르면, 기업들은 관세나 무역 장벽에서 벗어나 회원국에 속한 기업들과 자유롭게 거래할 수 있다. 이를 통해 기업은 공급 기반을 늘리고 잠재적으로 더 낮은 가격과 더 나은 품질의 제품을 찾을 수 있다. 2019년 이후, 현재 미국은 오스트레일리아, 바레인, 캐나다, 칠레, 콜롬비아, 코스타리카, 도미니카 공화국, 엘살바도르, 과테말라, 온두라스, 이스라엘, 요르단, 대한민국, 멕시코, 모로코, 니카라과, 오만, 파나마, 페루, 싱가포르 등 20개국과 자유무역협정을 맺고 있다.

② 글로벌 소싱의 과제

미국에서는 통신 및 운송 기술의 향상과 운송 산업의 규제 완화 덕분에 글로벌 소싱이 성장해왔다. 그러나 해외 공급자를 선정하고 상품에 대한 관세를 다루는 데 수반되는 시간과 비용, 미국의 통관, 환율, 정치, 문화, 노동, 인프라 및 법적 문제를 포함한 글로벌 소싱 과제는 여전히 남아 있다.

국내 공급업체와 거래하는 것과 달리 해외 공급업체를 파악하고 선정하고 평가하는 데 발생하는 비용은 엄청나다. 또한, 공급업체가 지리적으로 멀리 있을 때 운반과정에서 시간이 많이 소요되기 때문에 특히 부패하기 쉬운 제품의 경우 리드 타임 때문에 허용하기 어렵다. 예를 들어, 2015년 미국 서해안 선적 항구의 부두 노동자 파업과 태업으로 인하여 비즈니스가 수개월 동안 중단되었던 사태를 생각해보면 더욱 그렇다. 해외 구매는 잠재적으로 복잡한 선적 및 물류 조건을 충족해야 한다. 국제상공회의소는 국제거래를 위해 Incoterms(국제상업용어)라고 불리는 일관성 있고 동일한 규정을 만들었다. 여기에는 구매자, 판매자, 화주의 운송비용, 위험 및 책임과 관련된 규정 등이 있다.

글로벌 소싱은 때로 수출을 조건으로 수입을 허용하는, 즉 수출된 금액과 비슷한 금액의 상품을 수입하는 무역거래인 대응무역(Countertrade)을 수반하기도 한다. 이러한 대응무역은 러시아 루블화 같은 교환 가능한 통화의 부족과 러시아 원유같이 무역 가능한 상품이 있는 국가에서 사용된다. 이러한 대응무역의 구체적인 예는 중국과 러시아이다. 중국은 동시베리아-태평양 송유관에 250억 달러 규모의 자금을 조달하고 있으며, 그 대가로 러시아는 20년 동안 매년 1억 1,000만 배럴의 석유를 중국에 공급하고 있다.

대응무역이 통화거래보다 복잡한 이유는 대응 무역의 경우 재화가 자주 교환되기 때문이다. 대응무역과 관련된 활동에는 물물교환(barter), 상쇄(offset), 역매수(counterpurchases)가 있다. 물물교환은 상품과 서비스를 교환할 때 화폐를 사용하지 않는 것을 말한다. 상쇄는 군사 관련 수출의 조건으로 산업 재화나 서비스를 교환하는 것을 말하며 특히 항공 우주와 방위 산업 분야에서 흔히 사용된다. 역매입(counterpurchases)은 수출업자가 재화나 용역을 외국 수입업자에게 판매하기로 합의하는 동시에 동일한 외국 수입업자로부터 재화나 용역을 구매하기로 합의하는 협정을 말한다.

5 공급 기반 합리화

5. 공급 기반 합리화의 이점

일반적인 소싱 활동은 최소한으로 실적을 맞추거나 실적이 저조한 공급업체로부터의 구매를 줄이는 동시에 더 나은 성과를 내는 공급업체를 선정하여 해당 업체로부터의 구매를 늘리는 것이다. 이러한 소싱 활동을 실행하는 기업들은 공급 기반 축소 또는 공급 기반 최적화라고도 하는 공급 기반 합리화 전략을 실행에 옮기고 있다.

실제로 기업이 공급업체의 성과와 가치를 높이기 위해 구매자-공급자와의 관계 형성을 목적으로 하는 활동은 공급업체 수가 적을 때 수월하다. 또한, 공급업체의 수가 적다는 것은 선택된 소수의 업체로부터의 구매량이 많다는 것을 의미한다. 기업이 대규모로 구매하면 전반적인 구매 가격 할인 혜택을 초래한다. 따라서 공급 기반 합리화 프로그램의 이용은 최고의 공급업체가 소수로 남아 있기 때문에 대규모 수량 구매로 인한 가격 할인, 관리해야 할 공급업체 감소, 구매자와 공급업체 간 협업 빈도 증가, 전반적인 품질 및 신뢰성 향상 등의 이점이 있다.

공급사슬 관리, 공급업체 관계, 구매 비용 및 제품 품질과 관련된 것 외에도 공급 기반 합리화는 윤리적, 지속가능한 소싱을 만들기 위한 노력과도 일치한다. 기업은 윤리적 및 지속가능한 경영을 하고 있는 공급업체와 더 자주, 그리고 긴밀한 상호 작용을 원할 수 있다. 기업들은 윤리적이고 지속가능한 점을 중점으로 공급 기반 합리화를 시도할 수 있다.

자동차 회사 Ford의 글로벌 구매 담당 매니저 Paul Wood는 Ford의 소싱 프레임워크를 다음과 같이 설명한다. "더 긴밀한 관계를 발전시키는 것이 더 나은 품질, 더 낮은 비용, 그리고 개선된 혁신을 가져올 것이다." 해당 소싱 프레임워크의 운영은 Ford가 연간 구매 지출 중 큰 비중을 차지하는 20개의 품목을 파악하면서 시작됐다. "우리는 이러한 각 품목에 대해 7개, 8개, 9개 또는 그 이상의 공급업체를 보유하고 있음을 확인했다. 우리는 이것을 3~4개의 공급업체로 줄이길 원한다." 따라서 최종 선택된 공급업체들은 더 큰 이익을 얻을 수 있었고, Ford는 공급업체와 혁신을 공유하고, 더 나아진 품질과 낮아진 비용 같은 혜택을 얻는다.

공급 기반 합리화는 간단하고 단순한 소싱 전략이며, 종종 장기적 구매자-공급자 전략적 관계의 형성을 위한 초석이다. 특히, 경제가 어려울 때 기업은 구매와 관련된 지출을 줄이기 위한 한 가지 대안으로 해외의 저가 공급업체로부터의 소싱을 고려할 수 있는데 이러한 해외의 저가 공급업체가 윤리적 문제 혹은 품질과 관련된 문제를 의도적으로 은폐할 경우, 기업은 위기에 직면할 수 있다. 이와 관련하여 영국의 공정무역 조직인 Tradecraft는 기업과 공급업체의 거래가 이익이 될 수 있도록 윤리적 구매가 어떻게 이뤄지는지 보여주기 위하여 많은 가이드라인, 보고서 및 온라인 도구들을 개발하여 활용하고 있다.

6 공급업체 관계 관리

기업의 아웃소싱 의존도가 점점 높아짐에 따라, 해당 기업의 공급업체 성과는 그 기업의 명성에 많은 영향을 미친다. 따라서 공급사슬관리 담당자는 단순히 상품과 서비스를 공급업자로부터 일회성으로 구매하는 것이 아니라 해당 공급업체와의 관계를 관리하는 데 그 어느 때보다 많은 시간을 투자해야 한다.

글로벌 컨설턴트 Accenture에 따르면, 공급업체 관계 관리는 "기업과 공급자 간의 협업, 소싱, 거래 및 성과 모니터링 등을 촉진하는 광범위한 기능을 포함하는 것"을 뜻한다. Supply Chain Management Review 저널이 최근 실시한 설문조사에서 응답자의 약 40%가 공급업체 관계 관리를 시행하고 있다고 답했고, 응답자의 25%는 공급업체 관계 관리 실행을 고려 중이라고 답했다. 요약하자면, 공급업체 관계 관리는 이러한 프로세스를 보다 효율적이고 효과적으로 관리할 수 있는 소프트웨어 앱을 사용하여 기업과 공급자 간의 프로세스 및 커뮤니케이션의 효율을 높이는 것을 말한다. 공급자 관계 관리 소프트웨어는 복잡하고 시간이 많이 소요되는 공급사슬 구성원 간의 정보 공유를 자동화한다.

한 가지 분명한 것은, 기업의 공급사슬에 있는 모든 공급업체가 같은 수준으로 해당 기업에게 중요하지는 않기 때문에 공급업체와의 관계 구축에 많은 시간을 쓸 필요가 없다. 공급업체와의 관계 정도는 그 범위가 단순 거래 관계부터 전략적 파트너십의 범위까지 걸쳐 있다. 전략적 파트너십을 성취한 기업은 공급업체와의 관계에서 가장 큰 이점을 얻을 수 있다.

1 전략적 파트너십 공급업체 관계

공급업체와의 지속적 관계는 전략적 파트너십 혹은 핵심 공급업체 관계로 말할 수 있으며, 이러한 관계를 통해 기업과 공급자는 더 자주 협력하고 더 많은 정보를 공유한다. 기업이 공급자와의 관계를 강화하는 이유는 다음과 같다.

- 품질향상
- 가격 인하 및 수익 개선의 가능성 증가
- 공급자의 매출 증대 욕구(해당 기업으로부터의 추가 구매에 의한) 증가
- 신기술 활용 및 신제품 개발
- 공급 차질에 대비

전략적 파트너십은 비용절감, 품질 개선 및 고객 서비스 강화라는 전반적인 목표 아래 기업과 공급업체 사이에 더 강하고 광범위한 유대 관계를 구축하는 방법으로 볼 수 있다. 전략적 파트너십을 달성하기 위한 세부 계획들은 상호 윈-윈 관계(기업 및 공급업체)를 달성하기 위해 고안되었으며, 파트

너십을 통해 각자의 가치를 향상시킬 수 있다. 전형적인 전략적 제휴 관계에서 기업은 공급자에게 제때 구매 대금을 지불하고, 자신의 문제 해결 팀에 해당 공급자를 포함할 뿐 아니라 일정 수준의 사업을 보장해준다. 그 대가로, 공급자는 약속한 대로 제품을 납품하고, 기업의 어려움에 즉시 대응하며, 해당 기업의 비즈니스를 개선하기 위한 의견을 제공한다.

전략적 파트너십은 공급업체로부터 제공받는 서비스나 재화가 그 기업의 성공에 전략적으로 중요하다고 판단될 때 발생한다. 기업과 공급자들은 자신들의 장기적인 전략에 대한 정보를 공유하고, 각각 상대방의 관점에서 문제를 찾아내고 해결하기 위해 수시로 협력한다. 일반적으로 프로세스 개선은 양 당사자에게 이익을 준다고 알려져 있다. 이러한 프로세스 개선에는 새로운 상품과 서비스의 개발에 대한 공급자의 초기 참여를 포함하여 파트너십을 촉진하기 위한 보다 정교한 메커니즘이 포함된다. 이 경우 핵심 공급자는 기업의 신제품·서비스 개발팀원으로서 역할을 할 수 있으며, 이를 통해 기업은 해당 공급업체가 보유한 새로운 기술을 활용할 수 있고 신제품의 설계 주기를 단축할 수 있으므로 이는 기업의 경쟁우위 달성에 도움이 된다. 신제품 개발팀의 일원으로서 공급업체는 해당 기업에게 더 많은 자신의 제품을 판매할 기회를 가질 수 있다.

예를 들어 Clorox Company는 분무기를 납품하는 공급업체가 생산라인의 효율성을 위해 한 상자당 포장되는 제품의 양을 지나치게 줄인 것을 발견했다. 이렇게 한 상자당 들어가는 제품의 양이 줄어들자, 그만큼 사용이 늘어난 상자의 폐기 비용 역시 증가했다. Clorox의 구매부서는 오랜 협력사인 해당 공급업체를 찾아가 양측이 비용을 절감할 수 있다는 점을 강조하며 500개씩 포장된 골판지 박스 대신 분무기를 5,000개씩 포장된 대량 컨테이너로 선적해달라고 요청했다. 공급업체는 요청한 물량을 선적할 수 있고 최대 10회 재사용이 가능하며 공급품(분무기)을 보호할 수 있는 팔레트 크기의 대규모 운반이 가능한 상자를 발견했다. Clorox는 새로운 배송 상자를 테스트했고 새로운 포장을 성공적으로 수용하기 위해 생산 적재 시스템을 변경할 수 있다는 것을 확인했다. Clorox는 이를 통해 인건비와 상자 폐기 비용를 절감할 수 있었고 공급업체는 유통 비용을 절감하여 양측 모두 혜택을 얻을 수 있었다.

Vendor Managed Inventory

Vendor Managed Inventory(VMI)는 재고를 통제하고 비용을 절감하기 위한 전략적 제휴 기반 접근 방식이다. 기업은 주요 공급업체에 과거 사용량, 현재 재고 수준, 최소 및 최대 재고 수준, 판매 예측 및 향후 프로모션 등의 재고와 관련된 정보를 제공한다. 해당 정보를 전달받으면 공급자는 해당 기업의 재고 보충을 위하여 공급계획을 수립하고 관리하며 및 모니터링하는 책임과 위험을 가진다. 기업은 VMI 기법을 통해 주문 처리 시간 단축, 재고 감소, 재고 관리 및 주문 비용 절감 등의 이점을 누릴 수 있다. 공급자는 향후 구매가 보장되고 구매자의 불규칙한 예측으로 인한 구매 수량의 편차가 감소함으로써 이익을 얻는다(제7장에서 언급한 채찍효과와 관련하여 생각해보면 이해할 수 있다). 예를 들면, 우유, 빵, 계란, 기타 신선한 제품들은 VMI를 이용하여 매일 편의점으로 배달되는데, 이러한 VMI는 진열대에 놓여 있는 상품이 일정 개수 이상 유지될 수 있도록 하며 진열대에 놓여 있는 상품을 늘 신선하게 유지시키고 이와 관련 문서작업을 간단하게 한다.

시카고에 본사를 둔 유지보수 및 수리 제품 공급업체인 Lawson Products는 매우 정교한 VMI 기법을 이용한다. 예를 들어, Lawson의 영업 담당자는 고객 사이트에 방문하여 재고 파악과 주문

Manufacturing SPOTLIGHT

Bossard Holding AG 기업의 VMI 기법을 활용한 나사 및 너트 공급

Bossard Holding AG는 정교한 형태의 VMI를 사용하여 세계 최대 제조 회사에 너트, 볼트, 나사 등의 고정 장치를 공급한다. Bossard가 판매하는 고정 장치는 전통적인 ABC 분석기법을 사용하여 "클래스 C 부품"의 범주에 속해 있으며, 대부분의 제조업체는 이러한 재고의 구매와 관리에 드는 시간과 자원을 최소화하려 노력한다.

그러나 아무리 나사의 가격을 몇 센트 수준으로 낮춘다고 해도, 제조업체의 조립공정에서 그 나사들이 바닥나면 무용지물이 된다. 따라서 Bossard는 "입증된 생산성(Proven Productivity)"이라는 솔루션을 사용하여 나사, 너트, 볼트 등의 부품 이외 실질적으로 중점을 두고 있는 것은 거래처 기업의 핵심 가용성과 비즈니스 연속성을 유지시키는 것이다. 따라서 Bossard는 실질적으로 나사, 너트, 볼트를 비롯한 부품들 뿐만이 아니라 "검증된 생산성"이란 솔루션이 덧붙은 핵심적 가용성과 비즈니스 연속성을 판매하는 것이다.

Bossard의 솔루션 모델의 핵심은 제조업체들이 이러한 고정 장치가 부족해지는 일이 없도록 적절한 장소와 시간에 올바른 정보를 제공하는 것이다. Bossard의 엔지니어들은 생산 조립공정으로 부품이 이동할 때 마지막 100야드 정도의 이동 거리를 개선할 수 있다는 것을 깨달았다. 일반적인 공장 배치에는 인바운드 자재를 보관하기 위한 저장 영역이 포함되어 있으며, 여기서 부품은 조립라인 근처의 부품 보관통에 전달되어 보관된다. 이러한 생산 조립공정 현장에는 보통 두 개의 부품보관통과 일련의 매뉴얼을 사용하는 공장 물류 시스템이 있다. 부품을 운반하는 직원들은 저장 영역과 사용지점 사이를 돌아다니며 생산 조립 공정에 투입되어 소모되는 자재와 부품을 가득 채운다.

Bossard의 스마트팩토리 물류 솔루션 매니저는 부품 배송 직원이 사용하는 정보가 일반적으로 스프레드시트나 메모장에 보관되는 것을 발견했다. 빠르게 움직이는 생산 시스템에서는 이러한 종이 기반의 정보 활용 및 업데이트 속도가

현저히 떨어지고(outdated) 오류가 발생하기 쉬우므로 심각한 재고 부족으로 연결될 수 있다. 이러한 일반적인 현장의 상황들을 바탕으로 Bossard는 제조 생산성을 향상시킬 수 있는 기회를 포착하였다. 고정 장치(나사, 너트, 볼트와 같은) 재고의 데이터를 각 공장의 상세 정보(각 부품이 보관된 곳과 작업장 바닥 배치도)와 결합할 수 있다면 Bossard는 사용 지점에 도달하는 최적화된 솔루션을 도출할 수 있었다.

종이 기반의 가이드라인을 없애고 실시간으로 업데이트된 정보를 활용함으로써 부품을 전달하는 공급업체의 이동 경로를 실시간으로 최적화해 시간과 노력, 오류를 줄일 수 있었다. 부품보관통의 위치와 부품 번호의 모든 변경 사항은 거래처 기업의 ERP 시스템의 접근 권한을 갖고있는 Bossard의 시스템에 통합되어 실시간으로 정보를 파악할 수 있었다.

이로써 Bossard의 스마트팩토리 물류(Smart Factory Logistics)가 탄생했다. 생산현장에 있는 근로자들은 그들이 찾고자 하는 부품보관통을 찾을 때 Bossard의 앱을 이용한다. 터미널로 돌아가 다른 프로그램에 로그인할 필요 없이 즉석에서 부품 정보(설명, 위치, 파라미터 순서 변경)를 변경하거나 업데이트할 수 있게 되었다.

출처: B. Thakur-Weigold, "Bossard Turns Nuts and Bolts into Business Intelligence," *Industrial and Systems Engineering at Work* 50, no. 12 (2018): 28-32.

계산을 처리한다. CEO인 Michael DeCata는 "우리는 고객의 입지를 확장하여 거의 직원처럼 매우 신뢰할 수 있는 파트너가 됩니다"라고 말한다. 공급업체 영업 사원들은 기업의 재고 주기와 관련하여 언제 주문하고 언제 보충해야 하는지 그 타이밍을 잘 예측한다. DeCata는 "우리가 추구하는 것은 우리 덕분에 당신의 재고량을 언제나 충분하게 유지하게 만드는 것이다. 우리에게 내일은 없다. 거래처가 우리를 필요로 할 때, 우리는 지금 당장 그들에게 달려가 재고를 채운다. 매우 힘든 일이지만 이것이 진정한 우리의 목표다"라고 설명하였다. 또 다른 정교한 VMI 기업은 아래 Manufacturing Spotlight에 설명되어 있다.

한 단계 발전한 형태의 VMI는 공급업체를 같은 곳에 위치시키는 것(Supplier Colocation)이다. 공급업체 담당자는 기업의 구매부서에 상주하며 기업과 공급업체의 구매를 모두 담당한다. 또한, 해당 담당자는 기업의 엔지니어링 또는 설계 담당자가 알지 못하는 제품 설계 단계에 참여하여 수정사항 또는 대체 구성 요소를 제안함으로써 해당 기업의 여러 부서(신제품 개발, 가치 설계 및 가치 분석)에 기여할 수 있다. 공급업체는 지속적인 판매 수익을 달성할 수 있는 기회를 얻고, 새로운 프로젝트 설계에 참여할 수 있는 기회를 확대시키며, 기업에게 새로운 제품을 공급하는 등 다양한 혜택을 얻는다.

7 윤리적이고 지속가능한 소싱

7. 윤리적이고 지속가능한 소싱의 문제와 이점

윤리적 소싱은 "조직의 구매 행동을 통해 긍정적인 사회 변화를 가져오는 것"으로 정의할 수 있다. 윤리적 소싱 관행은 다음과 같은 활동을 포함함으로써 다양성을 촉진한다. (1) 중소기업, 소수민족이 운영하는 기업, 여성 소유 기업 등 사회적 조건이 상대적으로 열악한 기업으로부터 부품을 의도적으로 구매 (2) 아동 노동 착취 혹은 노동법을 준수하지 않은 기업으로부터의 구매 중단 (3) 노동 처우 및 환경 보호에 앞장서는 기업으로부터의 소싱 등. 공급 관리자와 기업 임원은 이러한 윤리적 소싱을 지원할 수 있는 조직 문화를 조성하고, 윤리적 소싱을 실천하고자 하는 기업의 니즈를 실현시킬 수 있는 정책을 개발하고, 이러한 정책을 거래 파트너에게 전달한 다음, 윤리적 소싱 계획을 실행함으로써 윤리적 소싱을 촉진하는 데 중심적인 역할을 수행한다. Massachusetts에 본사를 둔 운동화 판매업체 Reebok은 1990년대 초에 윤리적 소싱 프로그램을 시작했다. Reebok은 양질의 생산현장 조건을 개발하고 유지하기 위해 Reebok에 납품하는 공급자의 매니저 역할을 강조했다. Reebok은 또한 그들의 경쟁사들과 공통된 인권 지침을 수립하기 위해 협력하려고 노력하는데, 이러한 노력은 Reebok뿐 아니라 그들의 경쟁기업들도 같은 공급업체에게 부품을 공급받을 수 있기 때문이다.

개발도상국의 공급업체에 아웃소싱하는 기업들은 그 협력사들이 인권, 동물권, 안전 및 환경 규정을 어길 수 있어 위험에 직면할 수 있다. 이와 관련한 사건이 1990년대 중반 러닝 기어 제조업체인 Nike가 파키스탄의 공장과 축구화 제조를 계약하면서 발생했다. Nike 측에 비밀로 한 채 작업 대부분은 지역 주민들에게 떠넘겨졌고, 그곳에서 10살 정도의 아이들이 축구화 제조 과정에 참여 하였다. 그 사건 이후로, Nike는 공급업체로부터의 구매 관행을 개선하기 위해 상당한 노력을 기울였다.

윤리적인 소싱 관행을 실행하는 것은 생각보다 어렵다. 오늘날의 공급사슬은 다양한 노동 문제, 임금, 생활 조건을 가진 많은 나라의 공급자들을 포함한다. 예를 들어, Nike의 글로벌 공급사슬은 52개국, 80만 명의 직원으로 이루어져 있다.

기업들이 구매에 더 윤리적인 소싱 접근법을 추구하면서 최근에는 공정무역제품의 구매가 활발 히 이루어지고 있다. 공정무역제품은 앞서 제2장에서 논의한 것과 같이 경제발전의 혜택으로부터 소외된 저개발 국가의 생산자와 노동자들이 재배한 상품으로 그들에게 정당한 대가를 제공하기 위한 취지로 생겨났다. 공정무역이라는 용어는 개발 도상국에서 생산되어 선진국의 대기업에 수출 되는 커피, 코코아, 설탕, 바나나, 면화와 같은 농산물을 가리킨다. 공정무역재단, 국제공정무역기구, 세계공정무역기구와 같은 기관들은 이러한 종류의 제품들을 찾고 "공정무역 제품"이라고 인증한 다. 주요 유통업체들은 공정무역 상품으로 지정된 품목들을 판매한다. 예를 들어 영국의 소비자들 은 스리랑카에서 만들어진 공정무역 고무장갑을 구매하면 자신이 지불한 금액이 스리랑카 고무 농가가 공정한 가격, 기술적 지원, 농기구 구입 등의 혜택을 받을 수 있다는 것을 안다.

1 지속가능한 소싱

지구의 환경을 보호하는 것은 오랜 시간 동안 관심의 대상이 되어왔고, 최근에는 정치인들과 유 권자들이 지구 온난화의 영향을 논의하며 더욱 관심 있는 주제가 되었다. 1990년에 시작된 Goldman Environmental Prize와 같은 상은 특정 환경 문제에 대한 전 세계인의 경각심을 일깨우면 서 환경 개혁의 지원 메커니즘 역할을 해왔다. 기업들 또한 친환경적 비즈니스의 수행과 운영이 상 당한 추가 이익을 실현하는 데 도움이 된다는 사실을 깨닫고 있다.

환경에 대한 관심이 고조되면서 떠오른 이슈 중 하나는 친환경 구매(Green Purchasing)이다. 친환경 구매란 기업의 환경적 목표를 달성하는 것(폐기물 감수, 유해 물질 제거, 재활용, 재제조 및 자재 재사용)을 목적 으로 하는 제품이나 자재와 관련된 구매 관행을 말한다. 세계적으로 공인된 Institute for Supply Management에 따르면 친환경 구매는 "제품과 공정설계부터 제품 폐기에 이르기까지 전반적인 구매과정에서 환경을 위한 의식 있는 의사결정을 하는 것"으로 정의된다. California에 본사를 둔 의료 서비스 기업 Kaiser Permanente와 맥주 제조사 Anheuser-Busch는 친환경 구매 분야에 서 선구자로 인정받고 있다. 2001년 Kaiser Permanente는 친환경 건물, 친환경 구매, 지속가능한 운영에 초점을 맞춘 환경 관리 위원회를 조직했다. Anheuser-Busch는 네 가지 종류의 캔 뚜껑 직 경을 줄이기 위해 공급업체들과 협력했으며 이러한 변화를 통해 캔을 생산하고 운송하는 데 필요 한 에너지를 줄일 뿐만 아니라 1,750만 파운드의 알루미늄을 절약할 수 있었다.

1장에서 처음 소개된 지속가능성(Sustain-ability)은 친환경 구매뿐만 아니라 기업의 사회적 책임과 재정적 성과를 포함하는 광범위한 용어이다. "경제적, 환경적, 사회적 도전 측면에서 미래 세대의 요구를 충족시키는 능력을 저해하지 않고 현재 공급사슬 구성원의 요구를 충족시킬 수 있는 능력"으로 정의할 수 있다. 기업과 공급사슬 구성원에게 있어서 지속

가능성은 오늘날 경제적 타당성을 실현하는 하나의 방식으로서 '올바른 일'을 하는 것으로 인식된다. 지속가능한 소싱은 지속가능성이라는 큰 범주의 내부에 있는 개념이다. 더 쉽게 말하면, 지속가능성은 "인류, 이익, 그리고 지구에 대한 장기적으로 긍정적 영향을 끼칠 수 있는 상품과 서비스를 구매하는 과정"으로 정의될 수 있다.

지속가능한 소싱을 실현하기 위해 기업은 주요 공급업체 및 고객과의 긴밀한 협력 관계를 만들어야 한다. 많은 음식과 화장품에 사용되는 식물성 기름인 팜유가 좋은 예다. Kraft, Unilever, and Nestlé와 같은 소비재 회사들은 지속가능한 팜유를 구매하고자 한다. 그 결과, World Wildlif Fund와 Unilever는 팜유 재배를 위한 지속가능한 관행을 만들고, 재배자들과 협력하고, 궁극적으로 팜유 생산자들을 인증하기 위해 Roundtable on Sustainable Palm Oil을 만들었다. 현재 해당 프로그램으로부터 인증받은 팜유 생산자들은 Kraft와 Nestlé와 같은 많은 기업들에게 더 높은 가격으로 팜유를 판매하고 있다. 이렇게 높은 가격에 판매된 팜유로 생산된 Kraft와 Nestlé의 상품들은 그 가격이 반영되어 시장에 더 높은 가격으로 제공되고 있으며 많은 소비자들은 높은 가격에도 불구하고 기꺼이 지불 의사를 밝히고 있다.

정부, 도시 및 주요 기업들은 이제 기업이 달성해야 할 명확한 목표 설정에 참여하고 있다. 2005년 Tony Blair 영국 총리는 지속가능한 방식으로 자금이 사용될 수 있는 방법을 알아내기 위해 Sustainable Procurement Task Force라는 비즈니스 단체를 설립했다. 해당 단체의 목적은 지속가능한 구매가 어떻게 기업에 이익을 주고, 사회를 돕고, 경제를 활성화하고, 환경을 보호할 수 있는지 입증하는 것이었다. Seattle도 수년간 지속가능한 구매를 실천해왔다. Seattle의 친환경 구매 프로그램은 온실 가스 배출을 줄이는 데 도움을 주는 상품, 재료, 서비스의 사용을 촉진하는 것이다. 또 Seattle의 구매와 관련된 계약 규정을 살펴보면 양면 문서를 생산하기 위하여 100% 재활용 종이를 의무적으로 사용해야 하며 Seattle시가 구매하는 제품에는 독소가 없는 화학물질을 반드시 사용해야 한다.

기업, 그들의 공급사슬, 그리고 정부 기관 모두는 그들이 하는 모든 구매와 관련된 활두은 전 지구적인 환경에 영향을 미친다는 것을 알고 있고 신중한 소싱은 심지어 경제적 가치를 창출할 수도 있다. 원자재와 완성품의 채취, 운송, 제조 및 폐기는 화석연료를 필요로 한다. 원거리 공급자로부터 운반된 제품은 운송을 위해 더 많은 양의 연료를 필요로 한다. 선박이나 철도를 통해 운송된 제품

은 트럭이나 항공사에 비해 연료를 덜 사용한다. 식물 기반 제품은 석유 기반의 제품보다 일반적으로 환경에 덜 해를 끼친다. 태양이나 풍력 장비에 의해 작동되는 공장은 석유나 석탄에 의해 작동되는 공장보다 환경에 부정적인 영향을 덜 끼친다. 그리고 에너지 효율적인 제품은 에너지를 덜 소비한다.

8 전자 조달 시스템

8. 전자 구매 시스템이 기업의 구매 활동 효율화에 주는 도움

많은 기업이 가능한 한 전자 구매 또는 전자 조달이라고 하는 인터넷 기반의 구매를 기반으로 하는 활동을 통해 종이 기반의 문서를 통한 구매 활동을 간소화할 수 있는 방법을 찾고 있다. 공급 관리 전문가는 전 세계에 있는 공급자들을 평가하고 선정하며 관리한다. 이러한 활동을 지원하기 위해 소프트웨어 회사들은 전자 조달 시스템을 개발했다. 전자 조달 도구는 주로 유지보수, 수리 및 운영(MRO) 소모품(예 사무용품 및 예비 부품)과 같은 소규모 구매에 사용된다.

전자 구매와 관련된 여러 이점은 다음과 같다.

• '종이를 사용한' 서류작업 생략
• 고객의 주문 요구 파악 및 주문 접수까지 걸리는 시간 단축
• 주문 및 주문충족 오류 감소
• 간접비 절감
• 공급 기반을 전략적으로 관리할 수 있는 여유 시간 증가

1 역경매

최근 기업들은 전자 구매의 한 형태인 역경매 방법을 주로 사용하여 구매와 관련된 지출을 줄이기 위해 노력하고 있다. 역경매는 구매 명세가 매우 잘 정의된 공통의 카탈로그 품목 구매에 가장 적합한 방법이다. 예를 들어, John Deere는 역경매를 통해 차량 표지판, 철제 도구, 골판지 포장에 대한 비용을 절약한다. 역경매에서 기업은 구매자로서 자체 개발한 독점 소프트웨어를 사용하거나 제3의 에이전트를 통해 입찰 과정을 통제한다.

모든 잠재적 입찰자(공급업체)는 구매 요건이 공개되고 입찰이 시작되기 전에 사전 자격을 획득한다. 그 후 공급자는 지정된 웹사이트에 접속하여 들어오는 모든 입찰을 지켜보면서 제안을 할 수 있으며 경매가 끝날 때까지 자체 입찰을 줄일 수 있다. 일반적으로 규정에 맞는 최저 입찰가를 제시한 공급업체가 선택된다. 낮은 가격을 제시한 공급업체를 기업(구매자)이 선정하여 얻는 혜택 이외에도 기업은 캘리포니아에 기반을 둔 Ariba와 같은 제3의 역경매 웹사이트 서비스를 이용하여 자

격을 갖춘 방대한 국내외 공급업체 풀을 활용할 수 있어 더 낮은 가격과 높은 품질을 제시한 공급업체를 자유롭게 선정하고 기업의 성과를 강화할 수 있다.

② E-마켓플레이스

E-마켓플레이스(e-marketplaces)라고도 불리는 온라인 시장은 구매자와 판매자가 만나 상품, 서비스, 정보를 거래하고 교환하는 인터넷 장소이다. 대부분의 기업 간(B2B) e-마켓플레이스는 2가지 기능을 담당한다. 그들은 기업들이 구매자나 공급자를 더 쉽게 찾을 수 있도록 하고, 그들은 상품의 협상, 정산, 배송을 위한 효율적인 네트워크를 제공한다. 현재 e-마켓플레이스는 많은 산업을 위해 존재한다. 예를 들어, 글로벌 e-마켓플레이스 범주에서 빠른 검색을 실시한 결과 전 세계 상위 58개의 e-마켓플레이스가 발견되었을 정도로 그 수가 많다.

e-마켓플레이스는 제삼자의 중립적 역할을 수행하는 eBay와 같이 구매자와 공급자에게 거래할 수 있는 기회와 공간을 제공하는 방법으로 구성되고 운영된다. B2B 거래의 대표적인 e-마켓플레이스는 BuyerZone 웹사이트이다. 그러나, 대다수는 구매력을 결집하려는 구매자들로 이루어진 컨소시엄을 통해 수량 할인을 받아 더 낮은 단가를 얻기 위하여 e-마켓플레이스를 설립한다. 예를 들어, 2000년에 General Motors, Ford, Chrysler, Nissan, Renault, 그리고 Puzo는 일반적 부품에 대한 대량 구매를 통해 더 많은 가격혜택뿐만 아니라 더 낮은 가격을 제공하는 공급자를 찾기 위한 목적으로 Covisint라고 불리는 e-마켓플레이스를 설립했다(이 회사는 2017년 Open Text에 인수되어 다른 산업으로 확장됨). 반대로, 공급자들이 모여서 잘 팔리는, 혹은 인기 있는 품목들을 결합하여 그들이 결합한 상품들이 구매자들에게 유리한 조건으로 보이도록 하기 위한 방안으로 e-마켓플레이스를 형성할 수 있다. 다양한 산업 분야의 여러 협력사가 컨소시엄을 이룬 United Raw Material Solutions(www.urms.com)가 대표적이다. 마지막으로, 사적인 e-marketplace가 설립될 수 있는데 이는 한 기업이 그들의 많은 공급자를 선정할 때 혹은 한 명의 공급자가 다양한 구매자들을 갖고 있을 때 채택되어 운영될 수 있다.

③ 소셜 미디어

소셜 미디어는 블로그, 토론 게시판, 온라인 비디오, 팟캐스트, 소셜 네트워크, 위키 등을 포함한다. 2018년 활동하는 사용자 수를 기준으로 상위 5개 소셜 미디어 사이트는 페이스북, 유튜브, 왓츠앱, 메신저, 위챗(페이스북이 왓츠앱과 메신저를 소유하고, 구글은 유튜브를 소유하고 있다는 점에 주목)이었다. 예를 들어, 회사의 관리자나 소유주는 페이스북을 사용하여 완료된 작업을 보여주고 회사가 특정 원인을 지원하는 방법을 전달함으로써 새로운 수요를 창출할 수 있다. 몇 년 동안, 많은 소비자는 실질적 구매를 하기 전에 검색 엔진과 소셜 미디어를 사용해왔다. 실제로 GroupM의 조사에 따르면 인터넷 검색을 처음 사용한 소비자 중 약 40%가 구매 결정을 내리기 전에 소셜 미디어를 사용하는 것으로 나타났다.

9 글로벌 공급관리 동향

오늘날 공급업체의 성과를 측정하고 추적하는 것은 구매자-공급자 관계의 중요한 구성 요소이다. 비공식적인 평가는 소규모 조직들 사이에서 더 일반적으로 많이 발생하는 경향이 있지만 기본적으로, 비공식과 공식적 수단 모두 공급자의 성과를 평가하는 데 사용된다. 비공식적으로, 공급사슬 담당자는 공급업체와 연락을 유지하고 있는 기업 내부의 제품 사용자에게 접근하여 해당 공급업체의 성과를 평가할 수 있다. 공급사슬 관리자는 또한 공급자의 업무수행능력의 충족여부를 파악하기 위하여 컨퍼런스나 회의에서 공급사슬에 속하지 않은 외부 사람들의 의견을 구할 수도 있다. 공식적인 성과 측정과 공급자 보상 시스템의 몇 가지 예에 대하여 알아보자.

1 공급업체 성과 평가 시스템

많은 공급관리 담당 부서들은 평가 시스템을 사용하여 공급자들의 주요 부분과 관련된 성과를 측정하기 위하여 기업 내부 설문조사를 개발한다. 예를 들어 공급업체의 성과 평가 부분은 다음과 같다.

- 제품 및 서비스 품질
- 납품 및 주문 리드 타임 성과
- 총비용 성과
- 고객 서비스 및 지원 관리
- 제품 및 기술 기여도

구매자는 공급자를 평가하기 위해 다양한 데이터 수집 기술을 사용할 수 있다. 일부 기업은 단순히 각 핵심 영역에 대한 기대치가 충족되었는지 그 여부만 확인한다. 다른 기업은 세부 분야별로 구체적인 성과 항목이 있는 경우보다 상세한 평가 양식을 개발할 수 있다. 한 가지 예로는 점수 매기기 시스템(0~100)을 사용하여 주요 영역에 점수를 매긴 다음 전체 문자 등급을 지정하는 것이다. 기업은 중요도에 따라 각 항목의 가중치를 번갈아가며 측정한 다음 전체 가중 점수를 표로 작성할 수 있다.

Walmart와 Target은 모두 공급업체 성과 점수표를 사용하여 그들의 성과를 측정하고 해당 공급업체가 자사 제품과 자사의 지속가능성 계획에 책임을 갖도록 한다. 그들의 점수 시스템은 어떤 공급업체와 거래할 것인지 어떤 공급업체와 거래하지 않을 것인지를 보여준다. 예를 들어, Target 기업의 점수표에는 포장과 관련하여 그들의 공급업체를 평가하고 다루는 항목은 다음과 같다. "제품의 포장이 재활용 또는 지속가능한 물질로 제작되었는지 여부, 완전히 재활용 가능한지의 여부, 제품의 라벨에는 고객에게 포장을 재활용하고 루프를 닫는 방법에 대해 표시하고 있는지 등"이다.

점수표는 일반적으로 공급업체의 성과를 평가하고 경쟁 공급업체를 비교하는 데 사용된다. 일반적으로, 이러한 점수표에 적혀 있는 내용은 공급업체 또한 자신의 품질 개선 시스템에 정보로 활용할 수 있다. 시스템에 대한 입력이다. 일반적인 가중 점수표 형태를 〈예시 14-3〉를 통해 알아본다.

예제 14-3 　가중치가 적용된 공급자 점수표

Donohue의 성과는 7가지 기준을 사용하여 평가되었다. 명심할 점으로 가중치의 합은 100%이다.

각 기준에 대한 실제 성과가 나타나고 그 실체 성과 수치는 구매자의 기대치와 비교하여 등급이 매겨진다. 이때 점수측정을 위해 사용된 평가 척도는 1~10이다. 예를 들어, 가격 기분과 관련하여 살펴보면, 평가 등급은 900/1,250 = 0.72 × 10 = 7.2이다. 가중치 점수는 각각의 기준에 대하여 (가중치) × (등급)으로 계산된다. 총점은 기준 가중 점수를 합산하여 구한다.

공급자 명: Donohue 항목: 8˝ gate valve					
성과기준항목	가중치	실제	기대치	등급	가중치 적용된 점수
정시배송	20%	100%	100%	10	2
가격	10%	$1,250	$900	7.2	0.72
상품가용성	10%	100%	100%	10	1
고객서비스	20%	80%	100%	8	1.6
상품품질	25%	95%	100%	9.5	2.375
주문리드타임	10%	10일	7일	7	0.7
제품보증	5%	5년	5년	10	0.5
				총점	8.895

② 공급업체 성과 총회

기업과 공급업체 대표는 공급업체의 성과에 대해 논의하기 위해 매년 총회를 열 수 있다. 매년 열리는 성과총회는 공급업체에 성과와 관련된 정보를 제공하고, 그와 관련된 경험과 결과를 공유하며, 성과개선 방안을 논의한 후 다음 연도 실행계획을 수립하는 수단으로 활용된다. 성과가 낮은 협력업체에 대해서는 구체적인 목표와 개선계획을 수립하여 차후에 나은 성과를 만들 수 있도록 기다리거나 계약을 해지할 수 있다. 미네소타에 본사를 둔 Hearth & Home Technologies는 공급업체 관리팀이 점수표를 사용하고 매년 열리는 공급업체 총회를 통해 고위 경영진과 공급업체를 연결하고 성과를 관리하고 있다. 기업의 구매부서 담당자는 각각의 공급업체에 대해 12개월 평균 점수를 계산하여 공급업체를 "선호, 승인, 조건부 공급업체"의 세 등급으로 분류한다. 그 후 다음 연례 회의를 통해 공급업체의 품질 및 비용 개선을 유도한다.

③ 공급업체에 대한 인정 및 포상

기업의 구매부서는 성과가 입증된 공급업체에 해당 성과 유지 및 더 나은 발전을 추구하기 위한 동기 부여를 할 수 있다. 예를 들어, 공급업체와의 연례 회의는 "최고 분야" 또는 "가장 개선된 분야"에 대한 인증서를 나타내는 상을 수여할 수 있다. 예를 들어, 2017년 1박 2일 동안 열린 시상식에서 On

Semiconductor는 우수 공급업체로 포상받을 20개의 공급업체를 선정했다. 2017년 수상자는 진보하는 반도체 시장에서 높은 품질과 공급 연속성을 보장하기 위한 노력을 보여준 여러 기업을 대표했다. 홍콩에서 개최된 이번 행사는 반도체 성장의 미래를 예측하고 고객 요구 수준에 맞게 촉진하는 데 중점을 뒀으며, 참여를 위해 많은 결선 진출자들이 모였다. On Semiconductor의 부사장 겸 최고조달책임자(COO)인 Jeffrey Wincel "우리는 글로벌 20순위 안의 반도체 설계 및 제조기업으로 고객의 설계 과제를 해결하고 시장 출시 시간을 단축하기 위해 혁신적인 반도체 및 일반 전자 부품 솔루션을 만든다"고 말했다. "오늘 인정받은 모든 공급업체는 협업과 파트너십에 대한 높은 의지를 보였다. 이러한 긴밀한 관계는 제품 혁신, 고객 만족도 및 성장 영역을 포함한 당사의 비즈니스 전략을 실현하는 데 있어 핵심적이다"라고 주장하였다.

 요약

이 장에서는 기업의 상품 및 서비스 구매와 관련된 여러 가지 이슈에 대해 논의하였다. 기업은 현시점에서 글로벌 아웃소싱의 의존도를 높이고 있고 어려운 경제 상황임에도 불구하고 경쟁력을 유지해야 하므로 공급관리 프로세스의 전략적 관리는 무엇보다 중요해지고 있는 실정이다. 기업은 매출액의 50% 이상을 직간접 재료, 서비스, 그리고 설비에 비용을 지출한다. 신제품 개발 중에는 공급업체가 기업의 교차기능팀의 일원으로 활동하는 경우가 많으므로 기업은 비용 최소화 혹은 품질 향상을 위해서 공급업체의 의견을 적극적으로 수용한다. 또한, SRM 소프트웨어를 이용하여 공급사슬 관리 책임자는 자사의 공급사슬을 효율적으로 관리할 수 있다(공급망 축소, 전략적 자원 조달, 공급업체 개발과 인정 프로그램, 공급업체와의 제휴 등). 또한, 공급사슬관리는 공급사슬의 효율성을 향상할 수 있는 기회를 식별할 수 있고 공급사슬의 효율성을 저해하거나 위협하는 요인을 제거하는 데 용이하다. 예를 들어, 윤리적이고 지속가능한 소싱은 이제 필수일 뿐만 아니라 기업에게 있어 경쟁력을 향상할 수 있는 좋은 방법으로 인식되고 있다. 마지막으로, 기업의 공급망이 글로벌로 확대되고 있음에 따라 글로벌하게 발생하고 있는 다양한 사건, 사고들은 공급관리의 복잡성에 기여한다.

주요용어

• **분석 SRM 소프트웨어**(analytic SRM) 기업의 공급 기반을 분석할 수 있게 하는 소프트웨어. 이 소프트웨어는 다음과 같이 활용될 수 있음. 어떤 공급업체가 장기적인 관계를 구축하는 데 적합한지 여부, 어떤 공

급업체가 기업의 이익창출에 기여하는지 여부 등. 분석 SRM 소프트 웨어를 통해 기업은 장기적인 공급 기반 계획을 수립할 수 있음

- **백소싱**(back sourcing) 인소싱(insourcing) 참고
- **물물교환**(barter) 상품과 서비스를 교환할 때 화폐를 사용하지 않는 것
- **클라우드 기반 SRM**(cloud-based SRM) SRM 소프트웨어 공급업체가 제공하는 서비스. 기업은 인터넷 포털을 통해 공급업체의 SRM 소프트웨어를 사용료를 지불하고 사용함
- **상업적 구매**(commercial buying) 재화와 서비스를 비즈니스의 목적을 충족시키 위해 구입하는 절차
- **경쟁적 입찰**(competitive bidding) 일반적으로 구매자가 적합하다고 판단되는 최저가 입찰자에게 계약을 주는 과정. 반응적 입찰(responsive bidding)이란 입찰 요청에 부합하는 입찰을 말하며 책임적 입찰(responsible bidding)이란 지정된 대로 과업을 수행할 수 있는지와 관련된 입찰을 의미
- **코소싱**(co-sourcing) 일부 필수 유닛은 자체 제작하고 나머지는 공급업체에 아웃소싱하는 제조 시스템
- **역구매**(counterpurchase) 수출업자가 해외 수입업자에게 상품 또는 용역을 판매하여 화폐를 받는 것에 동의하는 동시에 동일한 해외 수입업자에게서 상품 또는 용역을 구입하는 것에 동의하는 협정
- **대응무역**(countertrade) 국내 기업의 상품 또는 서비스를 외국 기업의 상품 또는 서비스(경우에 따라서는 통화)와 교환하는 과정
- **e-마켓플레이스**(E-marketplaces) 구매자와 판매자가 만나 상품, 서비스 및 정보를 거래하는 온라인 마켓플레이스
- **전자조달**(E-procurement) 전자 조달 인터넷을 통해 상품과 서비스를 구매하는 과정
- **전자구매**(E-purchasing) 전자조달(E-procurement) 참조
- **윤리적 소싱**(ethical sourcing) 조직의 구매 행동 및 행위가 사회에 긍정적으로 기여하는 것. 소규모 기업, 소수민족 기업 및 여성이 소유주인 기업에서 제공하는 상품 및 서비스를 고의로 구매, 아동 노동 및 기타 받아들일 수 없는 노동 관행을 사용하는 기업의 상품 혹은 서비스 구매 중단 및 우수한 노동 처우 또는 환경 보호 평판을 가진 기업이 제공하는 상품 및 서비스 구매 등을 포함
- **공정무역 상품**(fairtrade product) 특히, 개발도상국에 위치한 상대적으로 불리한 위치에 있는 생산자가 생산한 제품으로 해당 상품이 공정하게 가격을 받도록 유도
- **기능성 재화**(functional goods) 고도로 표준화되고 쉽게 대체되므로 쉽고 저렴하게 구입할 수 있는 사무용품과 같은 위험성이 낮은 재화
- **글로벌 소싱**(global sourcing) 해외에서 재화 혹은 서비스를 구매하는 행위
- **친환경 구매**(green purchasing) 제품 및 프로세스 설계부터 제품 폐기 단계에 이르기까지 구매 프로세스 전반에 걸쳐 환경을 고려한 결정을 내리는 행위
- **수입 중개업자**(import broker) 유료로 수입과 관련된 거래를 수행하는 서비스. 수입중개업자는 상품에 대한 소유권을 갖지 않는 대신 소유권은 판매자에서 구매자에게 직접 이전
- **수입상**(import merchant) 해외상품의 소유권을 구입하여 구매자에게 재판매하는 서비스
- **국제무역조건**(incoterms) 구매자, 판매자 및 발송인의 배송 비용, 위험 및 책임과 관련하여 국제상공회의소가 상품의 국제 무역을 위해 제정하는 규칙들의 집합
- **혁신품**(innovative products) 구매자에게 높은 리스크와 고비용이라고 생각되는 맞춤형 사양의 특별한 제품

- **인소싱**(insourcing) 이전에 아웃소싱된 상품 및 서비스를 기업의 내부 자원을 사용하여 생산하는 행위
- **주요 공급업체 관계**(key supplier relationship) 전략적 제휴 참조
- **소싱의사결정**(make or buy decision) 기업이 상품 혹은 서비스를 기업의 내부에서 자체적으로 생산할지 아니면 외부에서 구매할지 아니면 이 둘을 조합하여 사용할지에 관련된 전략적 의사결정. 최근 몇 년 동안 소싱과 관련된 의사결정은 지속적인 공급업체 관계 구축과 함께 더 많은 아웃소싱으로 옮겨가고 있는 추세
- **니어쇼어링**(nearshoring) 구매자의 국가와 가까운 곳에서 상품 및 서비스를 구매하는 과정
- **오프셋**(offset) 군사 목적과 관련된 수출의 조건으로의 공산품 또는 서비스의 교환. 일반적으로항공우주 및 방위 분야에서 사용
- **p-카드**(P-cards) 조달 카드 참조
- **조달**(procurement) 사양 개발, 가치 분석, 공급업체 시장 조사, 협상, 구매 활동, 계약 관리, 재고 관리, 물류 관리, 입고, 매장
- **조달 카드**(procurement cards) 구매 및 지불 프로세스를 효율적으로 만들기 위해 설계된 저한도 법인 은행 카드
- **구매 지출**(purchase spend) 기업이 재화와 서비스의 획득을 위해 지불하는 지출액
- **구매**(purchasing) 필요한 재료, 서비스 및 기기의 취득
- **구매 주기**(purchasing cycle) 6단계로 이루어진 과정. 처음의 세 단계는 상품과 서비스의 취득 준비 과정을 포함하며, 일반적으로 현재 진행 상황을 평가하기 위해 함께 수행. 마지막 단계는 상품과 용역의 실제 취득을 포함
- **역경매**(reverse auction) 구매자가 관리하는 입찰 프로세스로, 모든 잠재적 입찰자(공급자)는 구매 요건이 공개되고 입찰을 시작하기 전에 사전 입찰됨. 그 후 공급업체는 지정된 웹사이트에 로그인하여 입찰들에 참여하며 입찰 과정을 지켜보면서 경매가 끝날 때까지 자신의 입찰을 줄일 수 있음. 일반적으로 요구조건을 충족하는 공급업체 중 최저 입찰가를 제출한 공급업체가 선택됨
- **소셜 미디어**(social media) 블로그, 토론 게시판, 온라인 비디오, 팟캐스트, 소셜 네트워크 및 위키 등을 나타냄
- **소싱**(sourcing) 구매 시방서 작성, 공급업체 검색 및 선정, 구매 가격 협상 및 공급업체 성과 평가 등을 포함한 전체 구매와 관련된 프로세스 또는 주기
- **소싱 전략**(sourcing strategy) 기업의 지출 분석 및 목표와 연계되어 기업 및 공급망 전략과 관련 있는 구매 품목의 공급 관리 계획
- **지출 카테고리**(spend categories) 구입 대상 품목을 원자재, 맞춤형 품목, 표준화 품목, 서비스 등 우선 공통적인 특성을 가진 큰 카테고리로 나누어 분류한 뒤 각각의 일반적인 카테고리를 세분화하는 시스템
- **지출관리**(spend management) 조달 비용 절감, 효율성 향상, 통제 및 규정 준수 모니터링을 목적으로 지출 데이터를 수집, 정리, 분류 및 분석하는 프로세스
- **작업명세서**(statement of work) 가격 견적 요청에 따라 공급업체가 첨부한 문서로, 무엇을 어떻게 해야 하는지 정확하게 나타냄
- **전략적 제휴**(strategic alliance) 유익한 공급업체와의 지속적인 관계를 형성하는 것. 전략적 제휴가 제공하는 혜택은 기업과 공급자를 더욱 협력하게 만들고 더 많은 정보를 공유하게 함
- **공급업체 인증 프로그램**(supplier certification program) 공급업체를 승인하기 위한 공식 프로세스. 공급업

체 인증은 공급업체가 가격을 견적하거나 주문을 받기 전에 이루어지는 경우가 대다수

- **공급업체 코로케이션**(supplier colocation) VMI보다 발전된 형태. 구매 회사의 구매 부서에 전임 공급업체 담당자가 상주하며 구매자와 공급업체 대표라는 2가지 직책을 겸임. 또한, 이 담당자는 제품 설계 단계에서 엔지니어링 또는 설계 담당자가 모르는 수정사항 또는 대체 부품을 제안함으로써 구매 기업의 신제품 개발 및 가치 엔지니어링·가치 분석팀에 기여할 수 있음

- **공급업체 관계 관리**(SRM: supplier relationship management) 기업과 거래 파트너 간의 협업, 소싱, 거래 행위 및 성과 모니터링을 촉진하는 광범위한 기업의 총괄적 역량

- **공급업체 스코어 카드**(supplier scorecard) 구매자가 공급업체의 성과를 평가하기 위해 사용하는 시스템

- **공급 기반**(supply base) 기업이 보유하고 사용하고 있는 현재 공급업체 목록

- **공급 기반 최적화**(supply base optimization) 공급 기반 합리화 참조

- **공급 기반 합리화**(supply base rationalization) 실적이 미비한 공급업체로부터의 구매를 줄이면서 보다 바람직한 상위 공급업체로부터의 구매를 늘리는 프로세스

- **공급 기반 축소**(supply base reduction) 공급 기반 합리화 참조

- **공급 관리**(supply management) 기업이 전략적 목표 달성을 위해 필요로 하거나 잠재적으로 필요로 하는 자원의 식별, 획득, 접근, 배치 및 관리

- **지속가능한 소싱**(sustainable sourcing) 사람, 수익성 및 지구 환경에 대한 장기적인 영향을 고려한 상품 및 서비스를 구매하는 프로세스

- **관세**(tarriff) 정부가 현지 산업을 보호하거나 수입을 늘리기 위해 수입품에 부과하는 세금 또는 관세

- **총소유비용**(TCO: total cost ownership) 경쟁 관계에 있는 공급업체들이 제시한 가격의 견적을 비교하는 일반적인 방법으로 최초 취득 비용, 예상 수명 운영 및 유지보수 비용, 수명 만료 회수 및 처분 비용을 포함한 예상 비용을 의미

- **트랜잭셔널 SRM**(transactional SRM) 기업이 주문 계획, 주문 대금 지불, 반품 등과 관련하여 해당 공급업체와의 거래 행위를 상호적으로 추적할 수 있게 해주는 소프트웨어

- **공급자 재고관리**(VMI: vendor managed inventory) 재고 관리 및 비용 절감을 위한 전략적 제휴 기반 접근법. 구매자는 과거의 사용량, 현재 재고 수준, 최소 및 최대 재고 수준, 판매 예측 및 향후 프로모션 등의 재고 정보를 주요 공급업체에 제공. 공급업체는 구매자의 시설에서 재고 보충을 계획, 관리 및 모니터링하는 책임과 위험을 가짐

검토해보기

1. p-card는 무엇이며·사용시기는 언제인지 설명하라.

2. 경쟁 입찰은 어떻게 구매행위에 이용되는지 설명하라.

3. 공급기지가 무엇인지 설명하라.

4. 총소유비용과 어떻게 이를 활용하는지 설명하라.

5. 아웃소싱, 인소싱, 백소싱, 코소싱, 니어쇼어링을 구분하여 설명하라.

6. 공급관리의 손익분기점 분석은 언제 실시되는지 설명하라.

7. 관세가 무엇인지 설명하고 보호무역주의 정책을 지원하기 위해 관세는 어떻게 사용되는지 설명하라.

8. 자유무역이란 무엇이며 자유무역협정의 예는 어떠한 것들이 있으며 왜 형성되었는지 설명하라.

9. 대응무역이 무엇인지 설명하고 기업들이 대응무역을 어떻게 활용하는지 설명하라.

10. 공급기반 합리화가 무엇이며 어떻게 비즈니스에 활용될 수 있는지 설명하라.

11. 공급자 관계관리 소프트웨어가 어떻게 비즈니스에 활용되는지 설명하라.

12. 전략적 제휴 공급업체가 무엇인지 설명하라.

13. 공급업체의 초기 관여는 무엇이며, 어떻게 공급자의 관여도가 구매자와 공급업체 모두에게 이득으로 돌아갈 수 있는지 설명하라.

14. Transactional SRM과 Analytic SRM의 차이점을 설명하라.

15. 윤리적 소싱, 지속가능한 소싱, 그린소싱을 구분하라.

16. 공정무역상품에 대하여 설명하라.

17. e마켓플레이스가 무엇이며 기업에서 어떻게 활용되고 있는지 설명하라.

18. 역경매가 무엇이며 언제 사용하는지 설명하라.

19. 기업은 어떻게 소셜 미디어를 사용하여 상품을 매매하는지 설명하라.

20. 공급업체 스코어카드는 무엇이며 어떻게 사용하는지 설명하라.

토론해보기

1. 인터넷이 기업의 구매프로세스에 어떠한 영향을 주었는지 예를 들어 설명하라.

2. 공정무역 상품의 예를 제시하고 스타벅스가 공정무역 커피를 사용하는 이유를 밝히고 현재 어떤 인증 기관이 참여하고 있는지 설명하라.

3. 공급기반 합리화가 기업의 비즈니스에 언제 부정적으로 영향을 끼치는지 설명하라.

4. 왜 모든 공급업체가 '전략적 공급업체'가 아닌지 설명하라.

연습해보기

1. 소셜 미디어 사이트에서 판매되고 있는 압축기를 검색하고 압축기를 판매하고 있는 회사가 현재 몇 개가 있는지 확인하라.

2. 실제 기업이 어떻게 아웃소싱, 오프쇼어링, 백소싱, 리소싱을 활용하는지 설명하라.

3. 공급업체의 실적을 평가하기 위해 공급업체 스코어카드를 실질적으로 사용하는 두 기업을 선정하여 해당 공급업체의 스코어카드를 비교하라.

연습문제

1. Elizabeth Candies Company는 새로운 로봇 팔레타이저 구매를 고려하고 있으며 the Schibrowski Company와 the Rogers Company라는 두 공급사를 비교하고 있다. Schibrowski 로봇 시스템의 가격은 8만 4,000달러이며, 연간 운영 비용과 유지보수 비용은 2만 2,000달러일 것으로 추산된다. 7년 후 인양가액은 3만 달러다. Rogers 시스템은 10만 2,000달러이며 연간 운영 및 유지보수 비용은 1만 9,000달러, 7년 후 인양 가치는 3만 6,000 달러이다. 연간 12%로 할인율이 적용될 때 어떤 회사의 시스템이 좋은가?

2. 다음 중 어떠한 구매가 잠재적 구매 및 예상 현금 흐름의 순현재가치를 고려할 때 좋은지 논의하라(연간 6% 할인율 적용).

   • 기계 A: 구매 가격 = 3만 2,000달러, 8년 후 인양 가치 = 8,000달러, 연간 운영 및 유지보수 비용 = 3,600달러

   • 기계 B: 구매 가격 = 2만 8,000달러, 8년 후 인양 가치 = 1만 달러, 연간 운영 및 유지보수 비용 = 4,300달러

3. 아이스크림 기계의 초기 가격은 2만 2,000달러이다. 구매 후 4년 뒤에는 4,000달러의 비용을 들여 대규모 유지보수를 해야 한다. 이 회사는 매년 5,000달러의 순이익을 달성할 것으로 예상한다. 이 기계의 연간 운영비는 800달러이며, 8년째에는 1,500달러의 인양가치가 있다. 연간 7%의 할인율을 사용하는 이 기계의 순현재가치는 얼마인가?

4. Velcu Manufacturing Company는 여러 표준화 부품 중 하나를 아웃소싱하여 다른 중요한 품목의 용량 확보를 고려하고 있다. 이 부품은 22달러로 제작되며 연간 1만 2,000개의 부품이 필요하며 연간 고정 비용은 5,000달러이다. 공급 매니저인 Greg는 이 부품을 만드는 2개의 유능한 공급업체를 선정했다. The Spens Company는 제품을 19달러에 판매하지만 선불이고 일회성 계약에 운송료는 4,000달러이다. The Perkins Company의 가격은 개당 19.50달러이며, 다른 수수료는 없다. 손익분기점을 계산하고, 3가지 대안을 그래프로 표시한 뒤, 연간 1만 2,000개의 공급을 원할 때 어떤 대안이 선호되는지 설명하라.

5. A사는 3만 달러의 장비를 사용하여 1대당 총 비용 1.25달러에 제품을 자체 제작할 수 있다. A사는 같은 상품을 1대당 1.65달러에 구입할 수 있다. 몇 개를 생산했을 때 인소싱과 아웃소싱이 유리한지 그 범위를 계산하여 제시하라.

6. A사는 A사에서 제조하는 제품에 사용할 부품을 직접 생산하는 것을 고려하고 있다. A사는 신뢰할 수 있는 공급업체로부터 26달러에 해당 부품을 구입하고 있는 중이다. A사에서 판매하는 제품의 예상 수명주기를 고려할 때 1만 2,000개의 부품이 필요하다. 이와 관련하여 첫 번째 대안은 반자동 기계를 3만 8,000달러에 구입하여 해당 부품을 개당 20달러에 제작하는 것이다. 두 번째 대안은 완전 자동화 가공 센터를 9만 5,000달러에 구입하면 해당 부품을 개당 17달러에 만들 수 있다. 생산량에 따라 어떠한 대안이 선호되는지 설명하라(생산량 범위에 따라서 어떠한 대안이 선호되는지 얘기하라).

7. 한 공급업체의 스코어카드는 아래와 같다. 10점 척도를 사용하여(우수성 = 10) 해당 공급업체의 가중치를 계산하라.

공급자명: Naylor 품목: 사무용품					
성과지표	가중치	실제	이상	평가	가중치가 적용된 점수
정시 배송	20%	80%	100%		
가격	25%	매우 양호	매우 양호		
이용가능성	5%	100%	100%		
고객 서비스	30%	75%	100%		
품질	10%	100%	100%		
주문충족 시간	10%	5일	2일		

8. 가중치가 적용된 스코어 카드는 한 제품에 대하여 아래의 세 공급업체를 비용하는 데 사용된다. 공급업체의 총 가중치 점수를 계산하고 이에 따라 어떠한 공급업체가 선호되는지 결정하라. (10점 척도 사용: 우수 = 10, 양호 = 8, 적정 = 6, 불량 = 4)

성과지표	가중치	이상	공급사 A	공급사 B	공급사 C
정시 배송	30%	100%	92%	98%	96%
가격	25%	$25	$28	$26	$25
고객 서비스	25%	매우 양호	매우 양호	양호	보통
요구된 품질수준 충족	10%	100%	96%	100%	100%
주문변동 요청	10%	매우 양호	보통	양호	미흡

9. 가중치가 적용된 스코어 카드는 한 제품에 대하여 아래의 세 공급업체를 비용하는 데 사용된다. 아래 세 공급업체의 총 가중치 점수를 계산하고 이에 따라 어떠한 공급업체가 선호되는지 결정하라.

성과지표	가중치	공급사 A	공급사 B	공급사 C
정시 배송	23%	8.6	9.2	10
가격	28%	10	8.7	8.3
고객 서비스	20%	9	8	10
요구된 품질수준 충족	15%	9.2	10	9.4
공급자가 자치하는 비중	14%	9	8	8

CASE **Study**

Case 1 **| Acrme Corporation의 역경매 전략**

Acrme Corporation의 최고 구매 책임자인 Deborah는 회사가 새로 시행한 역경매 시스템의 사용 통계를 검토하던 중 신선한 커피를 한 잔 따랐다. 그녀는 잠재적인 사용자인 직원들에게 이러한 유형의 전자 조달의 이점에 대해 교육하기 위해 할 수 있는 모든 것을 다했지만 놀랍게도 그녀의 직원 중 극히 일부만이 이 시스템을 제품이나 서비스의 출처를 찾기 위해

서만 사용하고 있었다. 그녀는 시스템의 유용성을 확신했고 자신의 열정을 직원들에게도 전달했다고 생각했지만, 통계적 수치는 그렇지 않았다.

역경매는 20년 가까이 존재했지만, Acme의 구매자들은 이 시스템이 가지고 있는 부정적인 측면 때문에 이를 꺼렸다. 구매 업체가 개시하는 역경매에서는 사전 자격을 갖춘 공급업체가 온라인으로 견적 요청(이전에 제공)을 받아 입찰서를 제출하도록 초대한다. 경매가 시작되면 공급자는 현재 최저 입찰가를 볼 수 있다(단, 회사 이름은 볼 수 없음). 또한, 사업을 따내기 위해서는 낮은 입찰가를 제출해야 한다. 역경매는 보통 30분에서 60분 정도 이루어진다. 공급업체는 이전에 제출한 제안의 입찰가가 낮은 경우 여러 번 입찰서를 제출할 수 있다. 역경매는 특정 기간(보통 몇 분) 내에 낮은 입찰이 접수되지 않으면 종료된다.

이를 통해 매우 경쟁적인 시나리오가 뒤따를 수 있으므로, 역경매는 상당한 가격 인하를 달성하기 위한 방식으로 여겨져왔으며, 사후 품질 저하를 일으키거나 관계가 멀어진 공급업체에게 불이익을 줄 수단이기도 했다. 이와 관련하여 역경매와 관련된 일반적인 인식은 공급자들이 그들의 이윤을 너무 추구한 나머지 점점 위축되고 있다는 것이고 이러한 인상은 역경매에 대한 부정적 인식을 확산시켰다. 또한 Acme의 다른 부서에서 다음과 같은 경험을 통해 부정적 인식이 또 한 차례 퍼졌다. Smith의 동료 중 한 명이 진행한 경매에서 견적 요청에 응찰하는 공급업체가 없었던 것으로 밝혀졌다. 이러한 무응찰에 대한 원인은 단순히 공급업체들이 역경매에 참가하지 않으려 했기 때문일 수도 있고, 입찰에 내놓은 품목이 주문제작 조립품(Acme의 완성제품에 반드시 필요한 필수 부품)이 될 수 있었기 때문일 수도 있다. 해당 품목이 역경매에 입찰되기에 너무 복잡했을까? 어쨌든 몇 년 전 발생한 이 사건 때문에 Deborah 부서 사람들은 역경매에 대해 부정적으로 생각했다. 그러나 그 이후로 역경매의 애플리케이션에 상당한 발전이 있었고, 모범 사례가 문서화되었기 때문에 Deborah는 이 접근법을 다시 시도하는 것에 신중했다. 이것이 그녀가 그녀의 부서에서만 역경매 실행을 주도하고, 그녀의 직원들에게만 교육을 시킨 이유이다. 그녀는 역경매 접근법에 대해 확고한 지지자였지만, 적절한 경우에만 적용되어야 한다는 점에서 또한 조심스러웠다.

직원들에게 언제 역경매가 가장 적합한지 설명하기 위해, 그녀는 본인의 설명력을 높일 수 있는 주요 특성들을 찾았다. 역경매에 대한 이전의 경험을 통해 확인한 한 가지 주요 특징은 사업에 입찰할 의향이 있고 능력이 있는 자격을 갖춘 공급업체를 최소한 세 곳 이상 보유하고 있다는 것이다. 공급업체가 3개 미만일 경우 경쟁적 상황은 의도한 결과를 초래하기 어렵다. 그녀는 또한 역경매에 이상적인 후보 아이템의 종류에 대해 생각하고 있었다. 그녀는 다른 부서에서 경매에 부쳐진 맞춤 조립품들에 대한 실패 경험을 바탕으로 경매에 부쳐진 품목들은 맞춤 설계나 주문 제작과는 달리 매우 표준적이어야 한다고 언급했다. Deborah는 역경매에 적합한 특징이 있을 것이라고 생각했지만 더 이상 생각나는 것이 없었다. "역경매에 적합한 특징을 찾아내는 것은 구매 부서의 신입사원에게 좋은 프로젝트가 될 것이다"라고 그녀는 생각했고, 가능한 한 많은 특성을 얻기 위해 신입사원에게 이메일을 보내어 역경매와 관련된 얘기를 해달라고 부탁했다. 그녀는 역경매가 더 쉽게 사용될 수 있도록 팀에 가이던스를 제공하는 이번 새로운 고용에 큰 기대를 걸었다.

🔍 질 문

1. 역경매의 장점과 단점은 무엇인가?

2. 역경매에 대한 부정적인 인식은 구매자가 공급자를 고려하지 않고 역경매를 자신들에게 유리하게 사용했기 때문인 것이 부분적으로 입증되었다. 역경매를 적용할 때 구매자-공급자 관계를 해치지 않는 성공적인 사용 전략에 대하여 논의해보라.

3. 만약 여러분이 역경매에 유리한 특성을 최대한 많이 제시해달라는 Deborah의 요청을 받은 신입사원이라고 상상해보라. 역경매의 상황을 용이하게 만들 추가적인 잠재적 특성에 대해 생각해보고, 이 새로운 방식을 성공적으로 사용할 수 있는 방법에 대하여 논의해보라.

Case 2 | 제품 및 아동 노동 문제 해결

WPA Products의 최고 구매 책임자인 Ken은 사무실을 두리번거리고 있었다. 그는 GGI(Great Goods Import)에서 구매 담당 부사장으로 일하던 그의 친구 Burt와 방금 통화를 했다. 대학 시절부터 알고 지내던 Ken과 Burt는 결국 비슷한 진로를 걷게 됐고, 둘 다 현재 수출입 기업의 임원으로 근무하고 있다. Burt는 Ken에게 GGI를 상대로 아동 노동력을 착취한 방글라데시에 있는 주요 공급업체 중 하나에 대한 문제를 얘기했다. Burt는 해당 공급자를 방문하여 그 상황에 대해 잘 파악하고자 공항으로 가는 길이었다. Burt는 Ken이 같은 지역에서 비슷한 공급업체들과 사업을 하고 있었기 때문에 그에게 이와 관련 사실을 알릴 필요가 있다고 생각했다. 두 사람 모두는 해당 사건의 위험성과 어려움에 대해서 잘 이해하고 있었다. 아동 노동이 착취되는 것을 막기 위해 모든 조치를 다 동원해도 여전히 그와 관련된 문제를 완전히 통제할 수 없다는 것을 그들은 알고 있었다. 결국 그러한 문제는 회사 차원의 문제가 아니라 공급자 차원의 문제였다. 하지만, 이 문제가 공론화되면, 그들의 회사 또한 비난으로부터 자유로울 수 없었고 잠재적으로 그들의 명예가 손상된다는 것을 잘 알고 있었다. 이것은 또한 다른 제품의 판매 손실을 초래할 수도 있는 사건이다.

Burt나 그의 직원들은 공정한 노동 관행이 이루어졌는지 확인하기 위해 주기적으로 공급업체를 방문하여 점검해왔다. 이것은 그들의 공급 계약에도 분명히 명시되어 있다. 이런 노력에도 불구하고 아동 노동 착취가 이뤄졌다. 계약서에 명시 및 정기적인 방문·점검 기간 외에 또 다른 조치가 있었을까? 그들의 제품생산에 아동 노동력 착취가 발생했는데 이와 관련하여 그들의 책임은 무엇일까? 아동 노동이 사용되지 않는다고 어떻게 확신할 수 있었을까? 이러한 질문들은 Burt가 공항으로 차를 몰고 가면서 고려하고 있던 몇 가지 질문들이었다. 그는 또한 Ken과 이러한 질문들을 공유했고, Ken이 Dhaka에 있는 그의 호텔에 도착하면 전화를 걸어 의견을 모을 생각이었다.

 질문

1. 왜 Ken이나 Burt는 그들의 공급자 중 한 곳에서 아동 노동력을 사용하는 것에 대해 걱정해야 하는가? 왜 공급자의 문제가 그들의 책임이 될 수 있는가?

2. Ken이나 Burt가 아동 노동을 예방할 수 있는 추가적인 방법은 무엇인가?

3. 아동 노동을 막는 일이 왜 그렇게 어려운 일인가?

- A. Linder and U. Majander, "Transfer of Export Process from Customer to Supplier: The Case of Volvo do Brasil"(master's thesis, Gothenburg University, 2004).

- A. Lua, "21 Top Social Media Sites to Consider for Your Brand," Buffer, https://buffer.com/library/social-media-sites. Accessed March 30, 2020.

- A. Wells, "Lawson Products Takes Business to the Next Level," *Industrial Distribution*, November 6, 2014, 1.

- Adapted from M. R. Leenders, H. E. Fearon, A. E. Flynn, and F. P. Johnson, *Purchasing and Supply Management*, 12th ed.(New York: McGraw-Hill, 2002), 140.

- B. Partida, "Enhance the Value of Your Supplier Relationships," *Supply Chain Management Review* 23 no.2(2019): 62–64.

- C. Kuranko, "The Green Standard," *American City & County* 123, no.9(2008): 40–43.

- D. Berthiaume, "Reebok's Sourcing Strategy Places Ethics First," *Chain Store Age*, January 2006, 32A.

- D. McCue, "Outsourcing Still on the Rise," *World Trade* 27, no.12(2014): 19–21.

- D. Smith, "The Delivery Dilemma," *Pizza Today* 37, no.8(2019): 44, 46.

- D. Smock, "Deere Takes a Giant Leap," *Purchasing, September* 6, 2001, 1.

- F. Gooch, "Playing Fair in Hard Times," *Supply Management* 13, no.24(2008): 42–44.

- G. Mehra, "58 Leading Online Marketplaces Worldwide," Practical Ecommerce, (July 23, 2018), https://www.practicalecommerce.com/ecommerce-marketplaces-worldwide. Accessed March, 30, 2020. "eMarket Directory," eMarket Services, http://www.emarketservices.com/start/eMarket-Directory/index.html.

- H. Greimel, "Nissan Vehicles to Use Common Visible Parts," *Automotive News* 89, no.6658(2015): 16.

- H. Morrissey, "Be a Top Flight Customer," *Supply Management* 11, no.7(2006): 30.

- https://www.commondreams.org/headlines01/1020-01.htm. Accessed March 30, 2020. E. Levenson, "Nike Corporate Citizen," Yompu, https://www.yumpu.com/en/document/view/2732742/nike-corporate-citizenthe-evolution-and-impact-of-nyu. Accessed March 30, 2020.

- I. Worthington, M. Ram, H. Boyal, and M. Shah, "Researching the Drivers of Socially Responsible Purchasing: A Cross-National Study of Supplier Diversity Initiatives," *Journal of Business Ethics* 79, no.3(2008): 319–31.

- J. Carbone, "Flextronics Focuses More Spend with Fewer Suppliers," *Purchasing* 138, no.12(2009): 30–32.

- J. Muller, "Covisint Didn't Die; It Just Went to the Cloud," *Forbes*, June 27, 2012, 1; see also "Covisint," Wikipedia, last modified January 5, 2020, https://en.wikipedia.org/wiki/Covisint.

- K. Ang, "More Accidents Hit Cambodian Plants," *Women's Wear Daily* 205, no.104(2013): 1.

- M. Turner and P. Houston, "Going Green? Start with Sourcing," *Supply Chain Management Review* 13, no.2(2009): 14–20.

- M. Wilson, "Sustainable Packaging," *BrandPackaging* 22, no.3(2018): 10–12.

- N. Mulani, "Sustainable Sourcing: Do Good while Doing Well," *Logistics Management* 47, no.7(2008): 25–26.

- OEC, https://oec.world/en/profile/country/usa/#Imports; Accessed March 30, 2020. Also WTO, https://data.wto.org. Accessed March 30, 2020.

- P. Henry, "In-Plant Aids School Rebranding Initiative," *In-Plant Graphics* 69, no.1(2019): 28–29.

- P. Johnson and A. Flynn, *Purchasing and Supply Management*, 15th ed.(Boston: McGraw-Hill Irwin, 2015), 46–49.

- P. McDougall, "Obama's Insourcing Call Falls on Deft Ears," *InformationWeek*, January 13, 2012, 1.

- R. Barlow, "A Series of Unfortunate IV Events," *Healthcare Purchasing News* 43, no.5(2019): 58, 60, 62.

- R. Ellinor, "Costing the Earth," *Supply Management* 12, no.2(2007): 24.

- R. Ellinor, "Study Shows SRM Leaders," *Supply Management* 10, no.25(2005): 10.

- S. Boggan, "'We Blew It': Nike Admits to Mistakes Over Child Labor" *Independent*, October 20, 2001,

- S. Lim, "Backers Don't Buy 'Friendly' Palm Oil," *Wall Street Journal*, July 15, 2009, C14.

- S. Murray, "Confusion Reigns over Labeling Fair Trade Products," *Financial Times*, Jun 13, 2006, 2. See also "About Fairtrade," http://www.fairtrade.net. Accessed March 30, 2020. "About WFTO," https://wfto.com/who-we-are. Accessed March 30, 2020.

- S. Shehadi, "On the Move," *Foreign Direct Investment*, April 25, 2019, 22.

- See, for instance, "Episodes of Protectionism in U.S. History," *Wall Street Journal*(online), October 8, 2010, https://www.wsj.com/articles/SB10001424052748704696304575538030239055918. Accessed March 30, 2020; D. Irwin, "Changes in U.S. tariffs: The role of import prices and commercial policies" *American Economic Review* 88, no.4(1998): 1015–26; "Tariff Schedules," USTR, https://ustr.gov/issueareas/industry-manufacturing/industrial-tariffs/tariff-schedules. Accessed March 30, 2020; "Trump just ramped up tariffs on $200 billion worth of Chinese goods. Here are all the products that will get hit," *Business Insider*, https://www.businessinsider.com/trump-china-trade-war-list-of-goods-tariffs-2018-9.

- See "Annual Survey of Manufactures," U.S. Census Bureau, https://data.census.gov/cedsci/table?q=Annual%20Survey%20of%20Manufactures&tid=ECNBASIC2017.EC1731BASIC. Accessed March 30, 2020.

- "About ISM," https://www.instituteforsupplymanagement.org/about-ism. Accessed March 30, 2020.

- "Bridgestone Promotes New sustainable Procurement Policy," *Fleet Owner*, February 6, 2018, 1.

- "China Secures Oil Supplies from Russia and Brazil," *Trade Finance*, March 2009, 1.

- "Clorox's Efforts Trigger Comprehensive Savings," *WasteWise Update*, April 2003, 10.

- "Consumers Combine Search, Social Media for Purchasing Decisions," *InformationWeek*, February 24, 2011, 1.

- "Free Trade Agreements," Office of the U.S. Trade Representative, http://www.ustr.gov/trade-agreements/free-trade-agreements. Accessed March 30, 2020.
- "How to Monitor Supplier Performance," *Purchasing* 136, no.15(2007): 54.
- "International Sourcing: Offshore or Near-Shore?," *World Trade* 22, no.5(2009): 46-48.
- "ISO 9000 Family—Quality Management," ISO, https://www.iso.org/iso-9001-quality-management.html. Accessed March 30, 2020.
- "Maintenance Outsourcing as a Global Strategy," *Industry Week* 258, no.5(2009): 22.
- "Mars Changing How It Does Business One Year from Launch of $1B Sustainable in a Generation Plan," *PR Newswire Europe*, September 18, 2018, 1.
- "NAFTA and the Mexican Economy," M. A. Villarreal, (June 3, 2010), https://fas.org/sgp/crs/row/RL34733.pdf. Accessed March 30, 2020. "Mercosur: South America's Fractious Trade Bloc," Council on Foreign Relations, updated July 10, 2019. https://www.cfr.org/backgrounder/mercosur-south-americas-fractious-trade-bloc. Accessed March 30, 2020.
- "On Semiconductor Recognizes 2017 Supplier Award Winners," *Professional Services Close-Up*, April 7, 2018, 1.
- "The Institute for Supply Management," http://www.ism.ws. Accessed March 30, 2020.
- "Urban Mobility Is Our Business" https://www.schindler.com/us/internet/en/mobility-solutions/products.html. Accessed March 30, 2020.

생산 운영관리
Operations
Management

Chapter 15

위치, 물류 및 제품 반품

사람들은 화장실 휴지를 포함한 모든 것이 다음 날 배달되기를 원한다.
— Derek Leathers, 사장 겸 최고경영자, 워너 엔터프라이즈(Werner Enterprise)

이것은 단순한 상자가 아닌 물류센터의 본질이다. 냉동 저장 시설에는 암모니아, 냉장시설, 건물 전체의 배관과 건물 옥상의 거대한 공기조화(HVAC) 시스템 등과 같은 것이 추가적으로 필요하다. 이러한 것들은 냉동저장시설에 반드시 필요한 자본 집약적인 물품이다. 냉동 저장 시설은 건물을 건립한 후 건물 안에 설치된다는 점에서 상자 안의 상자 같은 것이다.
— Matt Walaszek, 산업 및 물류 연구 부국장, CBRE 그룹

🎯 학습목표

1. 입지 분석 기법을 활용한 잠재적 제조 및 서비스 위치 매력도

2. 5가지의 운송수단

3. 창고위험병합과 제곱근 규칙

4. 반품관리의 이점

5. 물류 지속가능성의 환경적 이점

우버와 의료 수송 시장

우버 헬스(Uber Health)는 우버(Uber)의 의료사업 부문으로 2018년 3월에 설립되었으며, 예약 진료자들을 대상으로 온디맨드 (on-demand) 방식의 교통 수단을 제공하기 위해 의료 운송 관리 회사인 아메리칸 로지스틱스(American

Logistics)와 제휴 중이다. 두 회사는 우버의 운전자 네트워크와 아메리칸 로지스틱스의 운송 플랫폼을 결합할 계획이다. 두 회사를 통합함으로써, 의료 기관은 환자들에게 더욱 정확하고 효율적인 승하차 서비스를 제공할 수 있다.

우버 헬스와 아메리칸 로지스틱스 사이의 인터페이스 통합은 스마트폰의 사용 없이도 환자의 필요에 맞는 개인화된 승차 서비스를 가능하게 할 것이다. 이 파트너십은 우버 헬스가 의료 부분 운송관리 회사와 맺은 첫 번째 미국 내 협력 사업으로 기록되었으며, 우버와 의료분야 간 관계를 강화하는 역할을 하였다.

우버 최고경영자인 Dara Khosrowshahi는 우버 헬스가 2018년 2분기와 비교하여 2019년 2분기에는 400% 성장을 달성했다고 설명한다. "업계 최고의 브로커(broker)인 아메리카 로지스틱스와 파트너십을 맺음으로써 우버 헬스가 어떻게 의료 서비스 제공자와 의료 사용자를 위해 가치를 창출하며 수백만 환자들의 건강을 향상시킬지 기대하고 있다"라고 Dan Trigub는 말한다.

아메리칸 로지스틱스의 관점에서 보면, 우버 헬스와의 파트너십은 보행, 휠체어, 수송침대 서비스를 포함한 운송 제공자들의 운송 네트워크를 확장한다. 더 많은 조직에서 교통편 접근성 및 차량공유의 이점에 대해 깨닫게 되면서, 특히 노인의료보험제도(Medicare)와 함께, 환자 운송에 대한 수요가 증가하고 있다. 최근 노인의료보험제도 및 저소득층 의료보장제도 서비스센터(The Center for Medicare & Medicaid Services)는 진료소까지 환자의 운송을 커버하는 계획안을 마무리 지었다.

유사한 과거 사례로, 앤섬(Ahthem)의 자회사인 케어모어(CareMore)는 아메리칸 로지스틱스와 함께 협력하여 회원들에게 교통수단을 제공했다. 이 시기에, 아메리칸 로지스틱스는 리프트(Lyft)와 제휴를 맺었다. 제휴 관계를 통해 승차 비용은 39% 감소하였으며 대기시간은 40% 감소하였다. "케어모어는 고객들의 최적 경험 설계를 위한 아메리칸 로지스틱스의 혁신적인 접근과 보조를 맞추고 있으며, 이것이 가져올 결과를 기대한다"라고 케어모어 사장 및 최고경영자인 Sachin Jain은 말한다.

학습
개요

재화(good)나 서비스를 구매할 때마다 고객들은 판매자가 상품을 약속한 대로 배송할 것을 기대한다. 약속된 날짜와 장소에 상품이 배달되는 경우 배송 프로세스는 고객의 호감도를 높일 수 있는 좋은 기회가 되지만, 그렇지 못한 경우에 기업은 고객을 잃어버릴 위험을 감수해야 한다. 고객들의 배송에 대한 기대를 충족시키기 위해, 몇몇 기업은 원활한 공급이 가능하도록 대다수의 고객들이 있는 지역 부근에 많은 재고를 보유한 창고를 운영할 수 있을 것이다. 하지만 오늘날 기업들은 린 기법(8장에서 언급한 것처럼)을 도입하면서 이와 같이 비용이 많이 소요되는 방식을 지양하고 있다. 또한 기업들은 예측 정확성 및 제품 배송시간을 향상시키기 위해, 5장에서 언급한 것처럼, 계획과 예측 단계에서 서로 협력하고 있다. 결과적으로, 기업들은 주문 리드타임과 재고량을 감축시키고, 제조업자, 도매상, 소매상들을 고객들과 가까운 곳에 위치시키며, 더욱 좋은 고객 서비스와 비용 감소를 위해 다양한 운송 수단을 사용함으로써 공급 사슬을 개선하고 있다. 또한 소프트웨어 응용 프로그램의 활용은 거래 대상 업체들에게 배송 과정을 보여줌으로써 물류의 중요한 역할을 수행한다. 이러한 모든 활동들은 물류관리가 가치 있는 일임을 보여준다.

물류에 대한 다양한 정의들이 있지만, 물류관리협의회(현재 공급사슬 관리 전문가 협의회의 일원)는 물류를 다음과 같이 정의하고 있다.

- **물류** 고객 요구사항을 준수할 목적으로 원산지에서 소비 지점까지 상품, 서비스, 관련 정보의 효율적이며 효과적인 흐름 및 보관을 위한 일련의 계획, 시행, 통제 과정

이 정의에서 중요한 요소들은 재화의 흐름(혹은 운송), 보관, 고객 요구 사항 충족으로, 모든 조달, 판매, 기업 내·외부 물품의 이동 및 제품 반품을 포함하고 있다. 간단히 말해서, 물

물류 활동은 고객들이 원할 때 필요한 곳에 제품을 공급하는 역할을 한다.

류는 정확한 물품을 정확한 시간에 정확한 위치에 배달하는 것이다. 이러한 이유로 물류관리에서 입지는 중요한 역할을 수행한다.

물류 인력은 재화와 서비스가 공급자들로부터 정확하게 수령되며, 조직 안에서 정확하게 이동되고 보관되었는지, 그리고 정확하게 고객들에게 유통되었는지 확인한다. 아마존(Amazon)의 당일 및 익일 배송 서비스에 영향을 받은 고객들은 이제 더 단축된 배송 시간과 더욱더 세분화된 물류 프로세스를 요구하고 있다. 거의 모든 기업이 주문 이행 향상을 위해 노력함에 따라, 물류를 위한 장소를 확보하는 것이 더욱더 어려워지고 있다. 부동산 서비스 회사인 CBRE의 산업 물류 연구 분야의 글로벌 책임자인 David Egan은 "미국의 거의 모든 장소들이 엄격히 통제되어 있다"고 말한다. 또한 그는 "제대로 된 건물을 찾는 것도 중요하지만, 최적의 장소를 찾는 것이 더 어려운 문제다. 그리고 어떻게 드론들(Drones)이 이 모든 물류 프로세스에 부합할지에 대한 문제가 있다. 계속 이 문제를 주시해주길 바란다"라고 덧붙인다.

물류는 주문 이행 프로세스(이는 1장에서 언급한 중요 공급 사슬 프로세스 중 하나임을 기억하라)를 통하여 가치를 창출한다. 재고는 내부와 외부 고객들의 요구를 충족시키기 위해 필요한 시간과 장소에 보관된다. 물류관리자는 구매 물품의 정시 도착, 원재료와 재공품 재고의 보관, 완제품의 창고와 유통센터 보관, 고객의 제품 정시 수령에 대한 책임을 진다. 이러한 일들은 지역적, 국가적, 세계적 규모로 이루어지는데, 만약 제품이 개발도상국의 열악한 교통 인프라를 거쳐 운송되는 상황이 된다면 주문 이행 프로세스는 극도로 복잡해질 것이다. 따라서 물류 관리는 가장 낮은 비용으로 고객 서비스 요구사항을 만족시키는 것을 목표로 창고 위치 계획, 운송 관리, 제품 반품 관리를 포함한다. 이러한 목적을 달성하기 위하여, 기업들은 효율적인 물류 전략과 함께 우수한 시설 네트워크와 정보 능력을 가지고 있어야 한다.

이 장은 입지 계획과 분석, 입지 계획이 물류 의사결정에 미치는 영향, 운송 계획 과정에 관한 논의로 시작한다. 뒤따르는 절에서는 창고 및 반품 관리와 관련된 활동들을 논의할 것이며, 물류 지속성에 관한 논의로 끝맺음을 할 것이다.

1 제조 및 서비스 입지 전략

1. 입지 분석 기법을 활용한 잠재적 제조 및 서비스 위치 매력도

시설 입지는 비용 효율적인 방식으로 재화를 수령하고 분배하며 고객에게 봉사하는 능력에 영향을 미치는 대단히 중요한 (그리고 종종 비용이 많이 드는) 결정이다. 제조 시설, 사무실, 창고, 도매점의 입지는 이러한 시설들로 유입 및 유출되는 재화의 효율적인 흐름에 영향을 미친다. 시설 입지에 관한 결정이 내려지고 나서야 입고(inbound) 및 출고(outbound) 운송 준비가 이루어진다. 따라서 시설 입지는 오랜 시간 동안 지속적으로 기업의 많은 부분에서 공급

캘리포니아주의 Baker시에 있는 Tesla 과금 충전소는 라스베가스와 로스앤젤레스의 중간 지점에 위치한다.

사슬에 영향을 미치며 기업 물류 전략의 필수적인 부분이 된다. 또한, 신속한 운송 및 통신 기술에 대한 투자와 세계화의 증가로, 기업은 공급자 혹은 고객들과 가까운 위치나 그 외 어떤 장소에도 시설을 위치시킬 수 있다.

경쟁 우위의 원천이 되는 입지는 세계시장에 대한 쉬운 접근성, 수많은 국내 및 외국 공급자들, 그리고 적절한 비용의 통신시스템보다 덜 중요해 보일 수 있지만, 오히려 반대이다. 쉬운 접근성, 충분한 공급자들, 쉽게 사용할 수 있는 통신으로 인해 다수의 규모가 작은 사업들이 세계무대에서 경쟁이 가능해졌다. 이로 인해 고객을 만족시키려는 기업들에게 입지 의사 결정은 더욱 중요해졌다.

캘리포니아의 실리콘 밸리(Silicon Valley), 뉴욕의 월스트리트(Wall Street), 그리고 밀라노의 패션산업 같은 비지니스 클러스터(Business Cluster)는 입지가 매우 중요한 고려 사항이라는 것을 보여주는 사례들이다.

입지 결정은 시설들에 대응하는 시장 식별, 잠재적 입지 조사, 그리고 기업의 입지 요구조건에 가장 적합한 장소 선택을 포함하고 있다. 예를 들어, 현지 고객사뿐만 아니라 입지 요구 조건에 가장 잘 맞는 지역에 가성비 좋은 제조시설을 짓는 혼다(Honda)의 글로벌 입지 전략이 회사에 큰 도움이 됐다. 혼다의 '현지화' 제조 전략은 소규모로 시작해 자급자족하는 자율형 공장을 짓고 현지인을 고용한 뒤, 현지 수요가 증가함에 따라 자동차를 생산하는 것이다. 이러한 접근 방법을 통해 기업들은 유연하고 혁신적이며, 효율적이고, 동시에 수익성을 높일 수 있다. 혼다는 미국에 제조 공장을 설립한 최초의 일본 자동차 회사로, 1982년 오하이오 주 메리스빌(Marysville)의 백만 평방피트의 공장에서 어코드(Accord) 모델을 처음으로 생산하였다. 2010년, 공장의 규모는 처음 규모에 비해 거의 네 배까지 확장되었다. 그리고 혼다는 미국 내의 여섯 주에 여덟 군데의 자동차 생산시설을 더 설립했다. 다음 절은 입지 결정에 영향을 주는 다양한 요소들에 관하여 논의한다.

1 입지 고려사항

앞서 언급했던 바와 같이, 입지 의사결정에는 3가지의 일반적인 고려사항이 있다. 시장, 시장의 수요를 충족시킬 수 있는 잠재적 입지, 기업의 요구사항과 각 잠재적 입지 평가에 기반한 장소 선택이 바로 그것이다. 재화는 어떠한 장소로도 수송이 가능하기에 제조 시설과 창고시설은 높은 입지 유연성을 가지는 반면, 서비스는 일반적으로 해당 시장 내에 위치해야 한다. 〈표 15-1〉에 보이듯, 시설 입지는 다양한 요소에 의해 결정된다. 이 요소들은 다음 절에서 논의한다.

표 15-1_ 입지 결정에서 중요한 고려사항

구분	내용
통화 환율 및 안정성	화폐 가치가 저평가된 국가에서는 수익을 내기 어렵다.
노동문제	노동 가용성, 생산성, 교육, 노동조합 설립 유무, 임금 및 수당. 노동법들은 시설 입지 결정에 영향을 주는 중요한 요소이다.
토지 가용성 및 비용	교외 지역은 설립 비용을 감소시키지만 노동력 확보에 어려움이 있으며, 교통 시스템이 낙후되어 있을 가능성이 있다.
국가 경쟁력	생산성 수준을 결정함으로써 국가 경쟁력에 이바지하는 제도, 정책 및 요인들이 고려된다.
시장 근접성	고객 가까이 위치하면 배송 시간이 줄어들며, 이는 제조사와 서비스 제공자들이 고려하는 공통된 전략이다.
공급자 근접성	공급자와 가까운 위치는 신속한 공급자 배달과 저렴한 조달물류 비용을 의미한다.
삶의 질	기업들이 직원들을 새로운 지역으로 배치시킬 때, 종종 직원 복지에 미치는 영향에 관심을 가진다.
지역 무역 협정	지역 무역 협정들은 수입 및 수출 관세와 규제에 영향을 미친다. 2016년 기준으로, 전 세계적으로 625개의 지역 무역 협정이 존재한다.
세금 및 인센티브	지역, 주, 국가 세금은 입지 매력도에 부정적인 영향을 주는 반면, 대외 무역 지대와 수입 관세는 긍정적인 영향을 미칠 수 있다.

1) 통화의 환율 및 안정성

글로벌 기업들의 사업비용, 그리고 궁극적으로는 입지 매력도에 영향을 미치는 하나의 요소는 그 나라의 통화 가치와 통화 안정성이다. 국제 비즈니스와 관련된 모든 조직들은 환율 변동 위험에 노출되기 쉽다. 만약 어떤 국가의 화폐 가치가 국제시장에서 저평가받고 있다면, 해당 국가에서 시설들을 운영하는 기업들은 해당 국가에서 수익을 내거나 그 나라의 화폐를 이용하여 외국 공급자에게 대금을 지불하는 것이 어렵다는 것을 알게 될 것이다. 예를 들어서 맥도날드(McDonald's)는 1990년대에 러시아에서 처음 사업을 시작할 때 루블화(rubles)를 사용하여 모스크바에 사무실 건물을 건설하였는데, 그 후에 러시아에서 사업하기를 원하는 다국적 기업들을 대상으로 사무 공간을 임대하여 루블화를 경화(hard currency)로 바꾸고자 하였다.

2) 노동문제

노동 가용성, 생산성, 교육, 기술, 노동조합의 존재, 임금 및 수당 그리고 노동법 같은 문제들은 시설 입지 결정에 영향을 주는 중요한 요소이다. 멕시코나 중국 같은 국가들은 값싼 노동력을 제공하여 오랫동안 국가 경쟁력을 유지해왔다. 하지만 이러한 경쟁 우위는 쇠퇴하고 있는데, 오늘날 노동력과 운송비용이 증가하는 가운데 베트남 같은 다른 국가들이 더욱 값싼 노동력을 제공하고 있기 때문이다. 예를 들어, 값싼 노동력에 의존하는 의류산업은 중국 남부에서 보다 경쟁력 있는 노동비용을 제공하는 베트남으로 생산기지의 재배치를 시작하고 있다.

노동비용이 중요한 입지 요인으로 계속 인식되고 있지만, 근로자 교육과 기술 또한 경쟁 우위에 영향을 미치는 요인이다. 적절한 사례 중 하나로 인도를 들 수 있다. 인도는 교육 수준이 높고 기술 및 적응력이 뛰어나며, 서양 비즈니스 관행과 기술에 경험이 풍부하고 수준 높은 영어를 구사하는 대규모 인력을 제공하는데, 이러한 인력은 값싼 노동력을 제공하는 경쟁 국가들은 경쟁할 수도 없는 수준이다. 이로 인해 인도는 고학력의 노동력을 요구하는 공학, 정보기술, 은행, 그리고 다른 서비스 분야에 필요한 노동력을 제공하는 이상적인 국가가 되었다. 영국에 있는 딜로이트(Deloitte)의 고위 관리 Sriram Prakash에 따르면, 입지 선택과 관련된 3가지의 가장 중요한 기준은 비용, 기술 가용성, 확장성이다. Prakash는 인도는 여전히 확장성 혹은 증가하는 작업량을 수용할 수 있는 능력에 이점을 가지고 있다고 밝힌다.

3) 토지 가용성 및 비용

도시 지역 위치와 비교하여 외곽 지역이나 교외 지역은 토지비용이 낮고 선택의 폭은 넓기 때문에 매력적이다. 그렇지만 외곽 지역에서는 가용한 노동력을 찾기 힘들며, 발달된 교통망을 사용하기 어렵다. 대부분의 서비스 입지는 외곽 지역이 될 수 없는데 이는 심각한 고객의 감소를 의미하기 때문이다. 앞에서 언급한 것처럼, 혼다는 처음 미국에 공장을 설립하려고 할 때, 주요 인구 중심지인 오하이오주의 콜럼버스(Columbus)시에서 40마일 떨어진 작은 도시인 메르시빌(Marysville)을 선택했다. 혼다는 고속도로 옆의 저렴한 토지를 쉽게 확보할 수 있었으며 콜럼버스 및 그와 가까운 지역에서 노동력을 확보할 수 있었다. 이와 비슷하게, 혼다가 알라바마주에 조립 공장을 설립할 때는, 버밍햄(Birmingham)의 가장 큰 도시에서 40마일 떨어진 링컨(Lincoln)시에 조립 공장을 설립했다.

4) 국가 경쟁력

국가 경쟁력은 다양한 방법으로 정의될 수 있지만, 세계 경제 포럼(스위스 제네바에 위치한 비영리 국제기구)은 국가 경쟁력을 "국가 생산성 수준을 결정하는 일련의 제도, 정책 및 요인들"로 정의하며, 생산성 수준은 다시 경제 번영 수준을 결정한다. 따라서 국가 경쟁력은 국가의 생산성 혹은 투입을 생산으로 변환할 수 있는 능력에 크게 영향을 받는다.

세계 경제 포럼에서 매년 발표하는 세계 경쟁력 보고서는 각 국가의 생산 잠재성에 대한 상세한 평가를 제공한다. 2018년 기준으로 연간 보고서는 혁신, 회계, 기반 시설, 노동 교육과 건강, 그리고 기술을 포함한 가중치가 적용된 12가지 요소 경쟁 지수를 이용하여 140개 국가의 등급 순위를 평가한다. 2018년 보고서에서 상위 10개국으로 평가된 국가들은 미국, 싱가포르, 독일, 스위스, 일본, 네덜란드, 홍콩, 영국, 스웨덴, 덴마크 순서였다. 낮은 경쟁 순위를 기록한 나라들에 비하여, 높은 경쟁 순위를 받은 나라들은 잠재적으로 시설 입지에 더 적합한 후보 지역이다.

5) 시장 근접성

흥미롭게도, 한 설문조사에서 중국에 있는 많은 외국 제조사들이 수출 목적보다는 중국 내수 시장에 대한 접근성을 확보하기 위해 중국에서 사업을 운영하고 있는 것으로 나타났다. 이 장의 앞부분에서 논의한 것처럼, 많은 일본 자동차 제조업체들 또한 비슷한 이유로 미국 자동차 시장 가까이 조립 공장을 설립했다. 서비스 산업에서는 고객과의 근접성이 더욱 중요하다. 좀 더 접근하기 쉬운 다른 대안이 있다면 멀리 떨어진 주유소, 패스트푸드 레스토랑, 혹은 슈퍼마켓에 자주 가는 고객은 거의 없을 것이다. 다음에 있는 Manufacturing Spotlight는 SPX Flow의 입지 전략을 설명하고 있다.

6) 공급자 근접성

많은 제조업체들은 신속하게 자재를 공급받는 한편 입고 운송비를 낮추기 위해 가까운 위치에 있는 공급자들을 선호한다. 공급자의 근접성은 배송 시간에 영향을 미치며 결과적으로 공급사슬 효율성에도 영향을 미친다. 예를 들어, 일본의 전자기기 제조업체들은 대부분의 부품이 중국에서 만들어지기 때문에 중국이 제조 시설 설립에 좋은 장소라는 것을 알게 되었다. 반대로, 미주리주 기반 미국 철도 산업은 철도 차량을 생산할 때 더 나은 사내물류 관리와 엄중한 교통안전 규정을 위하여 미국 공급자만을 사용하는 경향이 있다. 2011년에 캐터필러(Caterpillar)는 공급기지 가까이 위치할 수 있도록 일부 생산 라인을 일본에서 조지아주 아테네(Athens)로 이전한다고 발표했다.

7) 삶의 질

사람에 따라 삶의 질을 다르게 정의하는데, 기업은 직원들을 새로운 지역으로 배치할 때 직원 복지가 어떻게 영향을 받을지 관심을 가진다. 몇 년 전 미국 전역을 대상으로 진행된 삶의 질에 관한 설문에서 사람들은 삶의 질에 대한 정의를 내리도록 요청받았다. 가장 흔한 답변은 "좋은 물건을 가지며, 잘 살며, 평화와 안전, 행복을 누리는 것"이었다. 기업들이 삶의 질이 높은 장소를 찾도록 수년 동안 다양한 지표가 개발되었다. 이 지표들은 공통적으로 물질적 행복, 건강, 정치적 안정, 자유와 안전, 가족과 공동체의 행복, 기후와 공기의 질, 고용 안정과 관련한 내용을 포함하고 있다. 넘비오(Numbeo)가 2019년 발표한 삶의 질 지수에 따르면, 상위 다섯 국가는 덴마크, 스위스, 핀란드, 호주, 아이슬란드였다(미국은 13위). 2019년 기준 상위 다섯 도시는 호주의 캔버라(Canberra), 노스캐롤라이나의 롤리(Raleigh), 호주의 애들레이드(Adelaide), 뉴질랜드의 웰링턴(Wellington), 호주의 브리즈번(Brisbane)이다.

캘리포니아주의 레드랜즈(Redlands) HIT(Human Identification Technologies)는 100명의 법의학 연구

Manufacturing SPOTLIGHT
폴란드에 위치한 SPX Flow의 새 제조시설

낙농 장비를 생산하는 국제 제조업체인 SPX Flow는 2017년 폴란드에 새로운 제조 시설을 설립하여 생산능력을 확장하였다. 폴란드가 선정된 이유는 SPX Flow가 이미 폴란드에 작은 시설을 가지고 있었으며, 폴란드가 중부 유럽에 위치하기 때문이다. SPX Flow의 식음료 마케팅 서비스 이사인 Scott Dillner에 따르면, 초기 착공 후 공장 건설이 완료되기까지 10개월이 걸렸다고 한다. 건물은 2만 8,000제곱미터이고, 대략 2,137제곱미터는 균질화기(homogenizers) 전용 공간이다.

Scott Dillner에 따르면, 새 공장을 설립하는 이유는 간단하다. 고도로 숙련된 노동력, 공급사슬 효율, 더 빠른 리드타임을 제공할 수 있는 능력, 주요 교통 허브에 대한 위치의 근접성은 모두 지리적 영역을 확장하기 위한 투자 결정에서 고려해야 하는 주요 요인들이다. Dillner는 새 공장에 수백만 달러가 투자되었다고 언급했다. 새 공장은 전용 예비품과 애프터 마켓 지원 활동을 제공한다. 창고는 신속한 납품을 위한 일일 출하 목표를 달성하는 데 초점을 맞추고 있으며, 재고는 이러한 창고의 리드타임을 맞추기 위해 관리된다. 게다

SPX Flow의 제조시설

가, 공장은 야간배달이 가능한 주요 운송 업체와 가까운 곳에 위치한다. Dillner는 "우리 공장의 시기적절한 가동개시를 보장하기 위하여 아주 유능한 프로젝트 관리팀이 모든 세부사항을 관리한다. 그리고 새 가공장비, 용접장비, 연마장비의 장비용량을 이용하여 생산주기를 조정하면 시장 출시 속도가 향상된다"고 말한다.

출처: "Expanding in Europe," *Dairy Industries International* 82, no. 3 (2017): 40.

소 직원들이 일할 연구소를 설립할 위치를 찾다가, 삶의 질을 고려하여 인구 1만 8,000명 도시인 미주리주의 커크스빌(Kirksville)을 선택했다. 커크스빌은 전국적으로 인지도가 있는 대학교와 정골 의학 교육을 위한 최고의 시설을 보유하고 있다. 또한, 그 지역의 공립학교 제도는 그 우수성으로 국가상을 받았다. 실제로, 회사의 최고 경영자는 그의 가족들이 이주한 지역에 대단히 감명받았다.

8) 지역 무역 협정

스위스 제네바에 위치한 세계 무역 기구(WTO: World Trade Organization)는 지역 무역 협정의 교섭과 집행에 도움을 준다. 이 기구의 목적은 생산자, 수입자, 수출자들이 원활한 거래를 진행하게 하는 것이다. 14장에서 일부 다루었던 이러한 무역 협정은 입지 매력도와 재화 및 서비스의 흐름에 큰 영향을 미칠 수 있다. 2019년 기준으로 세계 무역 기구는 164개국의 회원국을 보유한 비영리 국제 기구이다. 이 중 한 회원국이 다른 회원국에 세계 무역 기구 내에서 협상된 협정을 위반했다고 판단될 때 무역 분쟁이 발생한다. 예를 들어, 2013년 7월에 일본과 러시아는 러시아가 수입 자동차에 재활용 수수료를 부과하고 있다는 일본의 주장과 관련해 무역 분쟁을 해결하려고 시도했는데, 이는 양국 간의 여러 무역 협정에 어긋나는 것이었다. 최근 중국과 미국에서는 상대방 국가에서 수입되는 제품에 관세를 부과하고 있다. 중국은 미국이 특정 중국 제품에 부과하는 관세에 반대하며 부과된 관세가 공급사슬관리 협정을 위반했다고 주장했다. 세계 무역 기구는 중국의 태양 전지 패널 같은 몇몇 제품에 관한 중국의 주장을 인정하여 미국이 맺은 협정을 준수하도록 지시했다.

9) 세금 및 인센티브

기업에 제공하는 금전적 인센티브를 포함한 지역, 주, 국가 세금은 지역 선정에 중요한 고려사항이다. 연방정부 수준에서 보면, 관세는 정부가 지역 산업 혹은 수익 증진을 위해 수입된 재화에 부과하는 세금이다. 따라서 높은 관세를 부과하는 나라는 자국 기업들이 외국 제품을 수입하는 것을 억제시키며 결과적으로 내수 제품을 판매할 생산 공장을 자국에 설립하는 것을 독려한다. 해외 무역을 촉진시키기 위하여, 많은 정부들은 수출용 상품의 현지 생산을 위한 부품과 원재료 수입 시 면세를 적용하는 대외 무역 지대(Foreign Trade Zones)를 설정하고 있다. 만약 면세가 적용된 제품이 국내에서 판매된다면, 제품이 대외 무역 지대를 떠나는 즉시 관세가 부과된다. 미국 이외 지역에서는 대외 무역 지대를 자유 무역 지대(Free Trade Zones)라고 부르고 있다.

비교적 기업 친화적인 미국의 네바다주는 법인 소득세, 주 개인 소득세, 기업 프렌차이즈 세금 혹은 재고세를 부과하지 않는다. 따라서 아마존 같은 기업들은 네바다주에 대규모 유통센터를 운영하여 이러한 혜택을 이용하고 있다. 2019년 CNBC 순위에 의하면, 미국에서 기업 친화적인 상위 5개 주는 버지니아, 텍사스, 노스캐롤라이나, 유타, 워싱턴주였다. 반대로, 기업 친화적이지 않은 주는 로드아일랜드, 하와이, 미시시피주였다.

② 입지 분석 기법들

이 절에서는 기업들이 입지 결정을 내릴 때 사용하는 가장 기본적인 방법인 가중 요소 평가기법 (The weighted factor rating technique)과 무게 중심 기법(The center-of-gravity technique)을 소개한다. 수학적 프로그래밍 모델(The Mathematical Programming), 시뮬레이션 모델(Simulation Model), 네트워크 계획 모델(Network Planning Model) 같은 다른 입지 분석 기법들이 존재하지만, 이 책이 다루는 범위를 넘어서기 때문에 관심이 있는 독자들은 이 기법들과 관련 있는 다양한 교과서를 참고하기 바란다.

1) 가중 요소 평가기법

가중 요소 평가기법은 14장에서 언급한 가중 공급자 스코어카드(The Weighted Supplier Scorecard) 와 비슷하게 정량적인 차원과 정성적인 차원을 이용하여 잠재적인 제조 혹은 서비스 입지의 매력도를 비교하는 데 사용한다. 이 기법을 사용하여 잠재적 시설 입지를 분석하는 방법은 아래의 절차를 따른다.

① 시설 입지 결정에 중요하다고 판단되는 모든 요소들을 파악한다.

② 상대적 중요도를 기준으로 각 요소에 가중치를 부여한다(가중치의 합은 보통 1이다).

③ 고려하고 있는 각 입지의 개별 요소들에 성과 점수를 부여한다. 예를 들어 만약 노동 가용성이라는 요소를 평가하고자 한다면, 각 입지의 가용 인력 크기에 근거하여 점수를 낼 수 있다. 삶의 질이라는 요소에 대해서는 아마도 더 정성적인 방법들이 사용될 것이다. 일반적인 점수 시스템은 1점부터 10점 혹은 1점부터 100점 사이에서 부여한다.

④ 각 요소 점수에 가중치를 곱하여 가중 점수를 계산한 후, 각 잠재적 입지의 가중 점수 합계를 계산한다.

⑤ 가중 점수 합계가 가장 높은 입지를 선택한다.

가중 요소 점수는 다음과 같이 계산된다.

$$S_A = \sum w_i F_i$$

여기에서

S_A = 입지 A의 가중 요소 점수

w_i = 요소 i에 사용된 가중치

F_i = 요소 i

요소들, 가중치, 총 점수는 분석자의 편향에 의해서 크게 영향을 받을 수 있다. 따라서 잠재적 입지를 선택하고 분석할 때에는 반드시 입지 분석팀이 투입되어야 한다. 분석팀은 마케팅, 구매, 생산, 재무 및 물류 담당자와 해당 지역의 입지 결정에 영향을 받는 주요 공급업체 및 고객 담당자로 구성되어야 한다. 〈예제 15-1〉은 가중 요소 평가기법을 나타내고 있다.

예제 15-1 가중 요소 평가기법

다음의 다섯 요소들이 세 곳의 잠정적 유통센터 입지(로스앤젤레스, 라스베가스, 피닉스)를 분석하기 위해 필요한 것으로 알려져 있다. 분석팀이 분석에 사용한 중요 입지 요소, 가중치, 점수들은 다음과 같다.

입지 요소	가중치	로스앤젤레스	라스베가스	피닉스
토지/건설비용	0.20	64	92	100
숙련된 노동 가용성	0.15	100	78	82
시장까지의 거리	0.30	100	88	70
세금/인센티브	0.25	68	85	100
삶의 질	0.10	94	87	100

[분석]

각 요소에 대하여, 평가팀은 가장 좋은 위치에 100점을 부여하며 나머지 두 곳의 위치는 최고 점수로부터 하향 조정된다. 예를 들어, 토지/건설비용 요소에 관해서는 피닉스가 가장 낮은 예상 비용이 예상되므로 100점을 부여 받았다(1에서 100까지의 범위에서). 라스베거스는 다소 높은 비용이며 반면 로스앤젤레스는 상당히 높은 비용이 예상된다. 피닉스가 3가지 요소들에서 가장 높은 점수를 획득하였으며, 반면에 로스앤젤레스가 나머지 두 요소에서 높은 점수를 획득했다. 총점수는 아래와 같이 계산되었다.

- 로스앤젤레스 = 0.2(64) + 0.15(100) + 0.3(100) + 0.25(68) + 0.1(94) = 84.2
- 라스베가스 = 0.2(92) + 0.15(78) + 0.3(88) + 0.25(85) + 0.1(87) = 86.5
- 피닉스 = 0.2(100) + 0.15(82) + 0.3(70) + 0.25(100) + 0.1(100) = <u>88.3</u>

피닉스가 가장 높은 점수를 받았기 때문에 피닉스가 추천될 수 있다.

2) 무게중심기법

입지 결정에 사용되는 또 다른 일반적인 방법은 단일 시설 입지 선택 시 사용되는 무게 중심 기법(Center of Gravity Technique)이며, 이 방법은 또한 중심 파장 방법(Centroid Method)이라고도 불린다. 이 방법은 제안된 시설과 이 시설이 공급할 시장들 사이에서 발생하는 총 운송비용을 최소화할 수 있는 중심 위치를 구하는 것이다. 여기서 운송비용은 거리에 비례하며 특수 수송비용은 없다고 가정한다. 이 방법을 사용하여 분석하기 위해서는 각 시장별 운송량과 주어진 출발점으로부터의 각 시장에 대한 X 좌표와 Y 좌표가 필요하다. 예를 들어, 어떤 조직의 물류부서에서 여러 시장에 제품을 공급할 유통 센터의 입지 선정 시 운송비용을 최소로 하는 입지를 찾고 싶을 수 있다. 무게중심기법의 X 좌표와 Y 좌표는 다음의 식을 사용하여 계산할 수 있다.

$$C_x = \frac{\sum (V_i d_{xi})}{\sum V_i} \text{ 그리고, } C_y = \frac{\sum (V_i d_{yi})}{\sum V_i}$$

여기에서,

C_x = 무게중심점의 X좌표

C_y = 무게중심점의 Y좌표

V_i = 시장 i까지의 운송량

d_{xi} = 좌표 그리드 원점으로부터 시장 i까지의 X좌표 거리

d_{yi} = 좌표 그리드 원점으로부터 시장 i까지의 Y좌표 거리

무게중심법의 장점은 시장 수요와 좌표상 위치가 결정되고 나면 비교적 사용하기 쉽다는 것이다. 하지만, 무게중심법을 이용하여 결정되는 좌표 위치는 실현 불가능한 위치가 될 수도 있기 때문에 이 방법은 대략적인 위치만을 제공할 가능성도 있다(예를 들어, 호수나 고속도로 중간이 될 수도 있다). 그래서 다음 단계는 운송 수단과 노동력이 쉽게 접근할 수 있는 구역으로서 가장 가까운 실현 가능한 위치를 결정하는 것이다. 〈예제 15-2〉에서는 제시된 물류센터에 관한 문제와 해답을 제공한다.

예제 15-2 **무게중심기법**

스텐리사(Stanley Company)는 중심부에 위치한 물류센터가 네 곳의 시장에 제품을 공급하기를 희망하고 있다. 네 곳의 시장 위치를 포함하는 그리드 시스템이 아래에 나타나 있다. 네 곳의 시장에 대한 X, Y 좌표(단위: 킬로미터)는 M1=(200,860), M2=(800,625), M3=(300,325), M4=(720,280)이다.

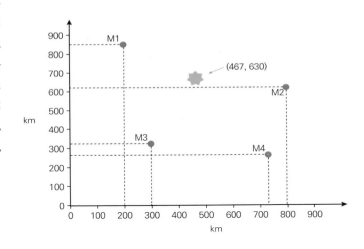

각 시장의 연간 수요는 V1=4000개, V2=3100개, V3=1600개, V4=1200개로 예상된다.

물류센터에 대한 무게중심위치를 구하면,

$$C_x = \frac{\sum(V_i d_{xi})}{\sum V_i} = \frac{(4000 \times 200) + (3100 \times 800) + (1600 \times 300) + (1200 \times 720)}{9900} = 467 \, km$$

$$C_y = \frac{\sum(V_i d_{yi})}{\sum V_i} = \frac{(4000 \times 860) + (3100 \times 625) + (1600 \times 325) + (1200 \times 280)}{9900} = 630 \, km$$

제안된 물류센터의 (X, Y) 위치는 위의 그리드 지도에서 표시된 (467, 630) 위치이다. 시장 1과 시장 2의 높은 수요 때문에 무게중심위치는 시장 1과 시장 2의 가까이에 위치하고 있는 것을 알 수 있다.

③ 입지 분석 소프트웨어

입지에 대한 더 구체적인 요구사항이 있을 때 입지 분석 소프트웨어 솔루션이 사용되며, 이 중 가용한 2가지 솔루션이 이 절에서 논의된다. 코네티컷(Connecticut)주 기반의 전자상거래 솔루션 제공 업체인 피트니 보우즈(Pitney Bowes)에서 제공하는 애니사이트(Anysite®) 플랫폼은 입지를 최적화할 수 있도록 데이터를 제공한다. 애니사이트는 기업 입지 선정 결정을 위한 예측모형의 작성과 예측 분석을 수행한다. 예를 들어, 미국 헬스클럽 운영 회사인 24시 휘트니스는 새로운 지점을 설립하기 위해서 수백만 달러를 들인다. 어떤 지점의 장기간에 걸친 성과를 예측하기 위한 통찰력 있는 데이터와 분석이 없다면, 잘못 결정된 입지로 인한 손실이 상당할 것이다. 애니사이트 플랫폼은 24시 휘트니스가 인구통계학 데이터뿐만 아니라 헬스클럽 산업과 밀접하게 연관된 심리학 및 행동학 관련 데이터를 포함하여 성과를 예측할 수 있게 해준다. 새로운 시설들에 대한 입지 분석을 수행할 때, 24시 휘트니스는 시장 분석, 회원 잠재성 예측, 그리고 정확한 기회 포착을 위해 애니사이트의 분석 결과를 필요로 한다.

지리정보시스템과 운송 소프트웨어 공급자인 메사추세스 기반의 캘리퍼(Caliper)는 지리가 사업에 미치는 영향을 분석하는 데스크탑 맵티튜드 솔루션(Mapitude Solution)을 제공한다. 맵티튜드를 사용하면 기업들이 색다른 방식으로 지리적 데이터를 시각화하여 기업 데이터에 숨겨진 지리적 패턴을 밝힐 수 있다. 하디스(Hardee's)와 칼스 주니어(Carl's Jr.) 패스트푸드점을 소유한 CKE 레스토랑 홀딩스(CKE Restaurant Holdings)는 맵티튜드를 이용하여 자신들이 프랜차이즈 영역을 나타내며, 가맹점들에게 기존 식당의 근접성, 경쟁 식당의 위치들, 미래 성장을 위한 목표 지역을 강조한 지도를 제공한다. CKE의 가맹점들은 자신들이 속한 시장의 복잡한 구성 요소들을 쉽게 이해하기 위해 맵티튜드를 이용한다. 과거 CKE는 새 가맹점의 상권을 분석할 때 기본 인구조사 특성, 경쟁자, 활동 인자에 주로 의존했다. 관련 데이터들은 회사 내 다양한 형태의 플랫폼과 소프트웨어 제품으로 퍼져나갔다. 하지만, 가장 높은 성공 확률을 가진 시장 지역을 선별하기는 쉽지 않았다. 현재 CKE는 맵티튜드를 미래 식당 개발을 위한 청사진을 만드는 데 사용한다.

② 운송계획

운송계획은 한 가지 혹은 그 이상의 운송수단을 배송 제품 종류, 화주와 고객의 필요, 운송 관련 법률과 맞추는 것을 의미한다. 운송계획의 한 가지 목표는 고객의 주문을 성공적으로 이행하도록 운송 시스템을 설계하는 것이다. 운송수단은 제품이 얼마나 빨리 배송되어야 하는지뿐만 아니라, 배송되는 물품의 크기, 무게, 가치, 이용 가능한 운송 수단, 운송 대금을 지불할 수 있는 자금에 의해 결정된다. 다음 절에서는 가장 대중적인 5가지 운송 수단에 관하여 설명한다.

① 운송수단

트럭, 철도, 항공, 해상, 파이프라인(pipeline)이 가장 기본적인 운송 수단들이다. 매년 미국에서 기본 운송 수단(복합 운송 또는 다섯 운송 수단의 혼합운송을 포함한)을 이용하여 운송한 화물량이 〈표 15-2〉에 제시되어 있다. 2015년 대략 19조 달러의 가치를 가진 18억 톤의 화물이 미국의 운송 시스템을 통해 운송되었다. 5가지의 운송 수단 중에서 트럭 운송이 가장 많이 사용된 운송 수단이며, 항공 운송과 복합 운송이 상대적으로 화물량은 적지만 가치가 높은 화물을 운송한 것이 주목할 점이다. 각각의 운송 수단은 고객들에게 차별화된 이점을 제공하며, 이들 운송 수단의 선택은 앞에서 언급한 각각의 요소들을 고려하여 선택된다.

1) 트럭

트럭은 미국에서 400만 마일이 넘는 고속도로를 이동하였으며, 가장 유연한 운송 수단이다. 〈표 15-2〉를 보면 트럭 운송은 다른 운송 수단과 비교하여 낮은 고정비용과 가변비용을 가지고 있으며, 1,000마일 이하의 거리에서는 철도 운송과 항공 운송보다 더 합리적인 운송 수단이다. 트럭 운송의 주요 단점은 날씨와 교통 문제이다. Service Spotlight에서 설명한 것처럼, 2021년부터 뉴욕시에 들어오는 트럭은 25달러의 혼잡 통행료를 지불해야 한다.

2007년 8월 미네소타주 미니애폴리스(Minneapolis) I-35W 다리의 붕괴 사고로 13명이 사망했다. 이 사고는 교통 기반 시설의 중요성을 알려주는 끔찍한 사건이었다. 이 다리는 매일 대략 5,700대의 상업 차량을 포함, 14만 대 이상의 차량들이 이용하는 미네소타주에서 가장 교통량이 많은 다리이다. 이 다리는 2005년 안전 검사에서 가장 낮은 안전 등급을 받아 다리를 수리하거나 교체해야 한다는 의견을 받았다.

트럭운송 업체는 소량화물(LTL; Less-than-truckload) 운송업체와 트럭 단위 화물(TL; truckload) 운송업체로 분류된다. 소량화물 운송업체는 트럭 한 대분의 화물보다 작은 소량 화물 묶음을 운송한다. 소량화물 운송비용은 100단위 중량(hundred weight) 기준으로 트럭 단위 화물 운송보다 비싼데, 이

표 15-2_ 2015년 미국 국내 화물 운송량

운송 수단	톤(백만)	총량의 %	가치($ 억)	총액의 %
트럭	10,776	59.9	11,626	60.7
파이프라인	3,326	18.5	1,450	7.6
철도	1,602	8.9	623	3.3
혼합운송	1,379	7.7	3,590	18.8
해상	884	4.9	596	3.1
항공	10	.06	1,178	6.2
합계	17,978		19,146	

출처: "Bureau of Transportation Statistics," US Department of Transportation, www.bts.dot.gov. Accessed April 1, 2020.

는 배송을 위해서 소량화물들을 한 트럭 분량으로 혼적해야 하고 목적지에 도달해서는 개인 배송을 위하여 다시 한 트럭 분량의 화물을 소량화물로 분류해야 하기 때문이다. 그러나 작은 화물 화주들에게는 소량화물 운송업체를 이용하는 것이 트럭 단위 화물 운송업체를 사용하는 것보다는 훨씬 더 저렴한 대안의 운송수단이다.

미국의 소량화물 산업은 소수의 전국 규모인 대규모 운송 업체들로 구성되어 있다.* 추가로, 2018년 총수익 기준 상위 5개 트럭 단위 화물 운송업체로는 페덱스 프레이트(FedEx Freight), YRC 월드와이드(Worldwide), XPO 로지스틱스(Logistics), 올드 도미니언 프레이트 라인(Old Dominion Freight Line), UPS 프레이트(Freight)가 있다. 반대로, 미국에는 50만 개의 소량화물 운송업체가 존재한다.*

* 2018년에는 단지 39개의 소량화물 운송업체가 5,000만 달러를 조금 넘는 수익을 달성했다.

* 대부분의 소량화물 운송업체는 운전자 개인이 한 대 혹은 두 대의 트럭으로 운영하는 회사이다.

2) 철도

철도 운송업체는 무겁거나 부피가 큰 선적물을 먼 거리로 운송할 때 가장 적합하다. 미국에서는 한때 철도를 이용하여 대부분의 화물들을 운송했다. 하지만 2차 세계대전 이후로는 운송시장에서 철도의 점유율이 지속적으로 감소했다. 2019년 기준으로 미국에서는 일반 운송업체(고정 운임으로 정

Service SPOTLIGHT

뉴욕시의 혼잡 통행료

뉴욕시는 미국에서 처음으로 혼잡 통행료를 부과하는 도시가 되었다. 2021년에 시작하는 교통 이동법(Traffic Mobility Act)은 맨해튼의 교통 혼잡 감소, 공기질의 향상, 대중교통 시스템을 위한 자금 조달원 제공을 목표로 하고 있다. 맨해튼 60번가 이남의 혼잡 구역에 들어가기 위해서 자동차는 12달러, 트럭은 25달러를 지불해야 한다. 이 법규는 매일 대중 교통시스템을 이용하는 수백만 명의 시민들과 환경에 도움이 될 것으로 여겨지고 있다.

혼잡 통행료는 런던, 싱가포르, 스톡홀름 같은 도시에서 시행 중이며 교통량을 감소시키는 효과가 있는 것으로 증명되었다. 2018년 당시 뉴욕시의 가장 혼잡한 지역의 교통 이동속도가 시간당 4.7마일이었던 사실에서 알 수 있듯, 뉴욕시의 이동 속도 저하가 이 법규 시행의 가장 중요한 동기였다. 또한, 뉴욕타임즈에 따르면 최근에는 정시에 출발하는 열차가 25% 감소하였다. 뉴욕 주지사 Andrew Cuomo는 2017년에 비상상태를 선언하였고 이를 "지옥의 여름(the

뉴욕시의 맨해튼 전경

summer of hell)"이라 명명했다.

다른 미국 도시들도 곧 뉴욕시의 사례를 따를 것으로 보인다. 시애틀 시장인 Jenny Durkan은 시애틀의 경우 2021년에 혼잡 통행료가 부과될 것이라고 언급했다. 로스앤젤레스와 워싱턴 DC도 혼잡 통행료를 연구할 계획이라고 언급했다.

출처: M.Flynn, "NYC Congestion Pricing Launching in 2021," *Planning* 85, no.7 (2019):8.

기 노선에서 화물과 여객들을 운송하는 업체)들이 약 700개의 철로를 사용하고 있다. 또한, 미국에는 7개의 1등급(또는 국가) 화물 철로, 21개의 지방 화물 철로, 그리고 14만 마일의 개인 소유 및 유지 보수 철도를 이용하는 510개의 현지 화물철로가 있다(나머지 철도 운송업체는 승객들을 운송했다). 결합 철도 시스템은 세계의 어떤 다른 철도 화물 시스템보다 더 많은 화물을 운송하고 있다. 철도 운송 서비스는 상대적으로

중국의 Shanghai Maglev가 일반적으로 가장 빠른 전기열차로 알려져 있다.

느리며 수송의 유연성도 낮다. 하지만 철도 운송업체는 항공 운송업체나 자동차 운송업체보다 저렴한 가격을 책정한다. 철도 운송의 경쟁력을 향상시키기 위해서, 철도회사들은 트럭 회사를 매입하기 시작하였다. 이를 통해 트럭 트레일러를 운송할 수 있는 무개화차(flat car)와 트럭을 이용하여 점대점(point-to-point) 방식의 픽업 및 배송 서비스를 제공할 수 있게 되었다.*

*이 장의 뒤에서 논의하게 될 협동 일관 수송의 일환인 TOFC(trailer-on-flatcar) 서비스로 알려져 있다.

여객 철도운송에서의 하나의 추세는 고속열차의 사용이다. 고속열차를 정의하는 공식 용어는 존재하지 않지만, 고속열차는 일반적으로 특수열차와 전용 철로를 사용하여 전통적인 철도 교통보다는 상당히 빠르게 운행되는 열차로 정의된다. 오늘날, 미국에서 고속열차는 암트랙(Armtrack)에 의해 북동쪽 지역(보스턴, 뉴욕시, 그리고 워싱턴 DC를 연결하는)에서 운행되고 있다. 암트랙의 전기 고속열차인 아셀라 익스프레스(Acela Express)는 몬트리올에 기반을 둔 운송 및 항공우주 회사인 봄바디어(Bombardier)가 설계 및 제조를 담당했다. 이 전기 고속열차는 최대 속도가 시간당 120마일에 도달하지만, 대략 시간당 70마일의 속도로 워싱턴 DC에서 보스턴까지의 구간을 약 6.5시간 만에 이동한다.* 미국에서는 고속열차와 관련된 다른 프로젝트를 시작하려고 노력하고 있으나 고비용으로 인해 정치적인 반대가 상당하다.

*다른 느린 열차와 직선 선로의 부족 때문에 평균 속도가 줄어든다.

이에 비해, 중국 상하이 자기부상열차(Shanghai Maglev)는 최고 운행 속도가 431kph(268mph)이며 일반적으로 가장 빠른 열차로 알려져 있다. 유럽에서는 2012년에 운행을 시작한 가장 현대적인 고속열차인 AGV가 360kph(224mph)의 속도를 낼 수 있다. 마지막으로 일본의 고속열차인 신칸센(Shinkansen)은 광범위한 선로를 이용하여 수년 동안 수백만 명의 승객을 운송했다.

3) 항공

항공운송업체를 이용하여 물품을 운송하는 것은 다른 운송수단과 비교하여 매우 비싸지만, 장거리 운송에서 특히 빠르다는 장점이 있다. 〈표 15-2〉에서 볼 수 있듯, 항공기는 매우 무겁거나 부피가 있는 화물을 운반할 수 없기 때문에 다른 운송수단 대비 운반할 수 있는 운송량은 매우 적다.* 따라서 빠르게 장거리를 운반해야 하는 가볍고 고가인 물품의 경우 항공 운송이 최선의 운송수단이다.

예외적으로, 우크라이나에서 개발된 세계에서 가장 큰 상업용 화물기인 Antonov An-225기는 Boeing 747 화물기 적재물의 2배를 운송한다.

항공 운송은 물품이 손상되는 빈도가 낮고 발송 주기도 짧다는 점에서 유용하다. 하지만 지리적 가용 범위가 제한되어 있어 미국의 작은 규모의 도시들은 공항이나 정기 항공 서비스가 없다. 그러므로 이러한 지역에서의 항공 운송 서비스는 트럭 운송과 혼합된 서비스를 제공하여야 한다. 2015년 기준으로, 미국에는 503개의 상업공항이 운영되고 있다.

항공운송에 의해 운반되는 물품들의 절반가량은 세계에서 가장 큰 항공 화물 항공사인 페덱스(Fedex)와 같은 화물 전용 항공사에 의해서 운반된다. 대부분의 항공 화물이 여객 항공사에 의해서 운반되던 1960년대 후반 이후로 화물 항공사가 항공 화물을 운반하는 중요한 변화가 생겼다.

4) 해운

해상운송업체를 이용하여 물품을 운송하는 것은 매우 저렴하지만 매우 느리며 유연하지 않다. 해상운송은 내륙수로 운송업체, 호수 운송업체, 연안 운송업체, 그리고 연안 간 해양 운송업체, 국제 원양 운송업체로 나누어진다. 석탄, 곡식, 모래같이 부피가 크며 무거운 저가치 화물의 운송은 대부분 철도 및 파이프라인 운송업체와 경쟁하는 내륙수로 운송을 통해 이뤄진다. 내륙수로 운송은 수상으로 접근할 수 있는 지역으로 제한되며, 이로 인해 성장에

미시시피의 수심이 9피트 이상을 유지하지 못하면 미시시피강의 바지선 운행은 단축되어야 한다.

는 한계가 있다. 철도운송과 항공운송처럼, 해운 운송업체는 때때로 육상 운송업체와 연합하여 문앞 방문 픽업 및 배송 서비스를 제공한다.

미국에서 미시시피강의 바지선은 매년 약 28억 달러 가치를 지닌 700만 톤의 물품들을 운반하지만, 해당 지역의 장기간 가뭄으로 의해 운송 관련 위험에 처해 있다. 미 육군 공병대는 대부분의 바지선들이 운행하는 데 필요한 9피트 깊이의 수로를 유지하기 위하여 미시시피강의 중간 부분을 준설하였다. 2013년 초에는 몇몇 분석가들이 미시시피강의 해상운송이 궁극적으로는 전면 차단되는 것을 우려했다.

해상운송의 긴 운송시간에도 불구하고 이를 더욱 저렴하고 가치 있게 만든 것은 바로 원양운송의 발전이다. 초대형 유조선과 컨테이너선의 개발 및 사용은 해상운송에 새로운 차원을 열었다. 오늘날 많은 초대형 유조선의 길이는 1,200피트 이상이며(미식 축구장 네 개 크기의) 200만 배럴의 기름을 운반할 수 있다. 가장 큰 초대형 유조선은 1,500피트 길이의 씨와이즈 자이언트(Seawise Giant)로 56만 톤 또는 400만 배럴의 기름을 운반한다. 이 배를 사용하여 오늘날 석유 생산국들은 수요가 있는 세계 어느 지역으로도 저렴하게 많은 양의 기름을 운송할 수 있다. 심지어 소규모 선적들을 주

로 하는 소형 화주들도 컨테이너 통합을 통해 해외로 물건들을 저렴하게 선적할 수 있다.

컨테이너 운반은 포장된 제품이라면 종류에 상관없이 해외로 보낼 수 있게 만들었다. 컨테이너 선은 세계 대부분의 해상 운송 제품을 운반하며 20피트 길이의 표준컨테이너(보통 길이 20피트, 높이 8.5피트, 폭 8피트이다) 1만 개를 운반할 수 있다. 또한, 5만 2,000파운드까지 선적할 수 있는 컨테이너 선은 때때로 300만 달러까지의 총 가치를 지닌다. 컨테이너선을 사용하는 국가 간에는 어느 때든 대략 500만에서 600만 개의 컨테이너들이 오간다.

5) 파이프라인

파이프라인 운송업체는 운송할 수 있는 제품이 매우 제한적이다. 그러나 파이프라인에 관한 초기 투자가 회수되면 추가적인 유지 보수비용이 거의 필요하지 않기 때문에 장기적인 측면에서 파이프라인 운송은 대단히 저렴한 편이다. 파이프라인은 액체나 기체 상태의 물질만을 운반할 수 있기 때문에 파이프라인 운송의 성장 잠재력에는 제한이 있다. 석탄은 파이프라인이 운반할 수 있는 물품들 중 하나인데, 파이프라인을 통하여 운반하기 위해 먼저 작은 조각으로 분쇄된 후 물과 섞어 석탄 슬러리(Slurry)로 만들어진다. 석탄 슬러리는 목적지에 도착하면 석탄과 물로 다시 분리된다. 이 외에도 파이프라인은 물, 기름, 휘발유, 그리고 천연가스 같은 품목들을 운반한다. 파이프라인을 사용하면 운송 제품이 목적지에 도착한 이후 제품을 연속적으로 사용할 수 있는데, 이러한 흐름의 연속성이 파이프라인의 특성 중 하나이다.

파이프라인은 현재 많은 양의 천연가스나 기름을 황량한 지역으로부터 수백 마일에서 수천 마일 떨어진 가공 시설로 보내는 것에 사용된다. 2012년에 러시아 정부가 소유한 거대 가스회사인 가스포름(Gazprom)은 다른 유럽의 기업들과 함께 러시아 가스전에서 발트해 항로를 이용하여 독일 및 다른 유럽 국가를 연결하는 세계에서 가장 긴(759마일) 해저 가스 파이프라인을 완성했다. 오늘날 노드스트림(Nord Stream) AG라고 이름을 바꾼 파이프라인 시스템은 매년 1조 9,000억 평방피트의 가스를 파이프라인을 이용하여 운반하고 있다. 세계는 석탄, 기름, 천연가스 같은 에너지 제품을 운송하는 파이프라인이 필요할 것이다.

2 복합운송

복합운송은 여러 운송수단의 조합을 활용하는 방식으로, 이를 이용하면 더욱더 편리하고 효율적으로 상품을 운송할 수 있다. 복합운송의 기원은 철도운송 이전인 18세기로 거슬러 올라간다. 1780년대 영국에서는 석탄을 싣고 있는 나무 컨테이너가 운하 바지선에 실려 운반되었다. 그런 후, 석탄 컨테이너는 말들이 끄는 마차에 실려 운송되었다. 나무 석탄 컨테이너는 또한 1830년대에 시작된 리버풀과 맨체스터 철도에도 사용되었다.

오늘날 제이비 헌트(J. B. Hunt), 허브 그룹 (Hub Group), XPO 로지스틱스(Logistics)와 같이 규모가

가장 큰 복합운송 회사들은 직배송 혹은 문 앞 운송 서비스를 제공한다. 이들 회사는 고객들의 요구사항을 최소 비용에 제공하기 위하여 최고의 복합운송과 창고 배치를 결정한다. 다음은 여러 가지 복합운송 조합을 이용한 운송 사례이다.

한 제조회사가 상품을 해외 고객에게 선적하기 위해 20피트 길이의 표준컨테이너를 준비했다. 밀봉된 컨테이너는 가까운 철도 터미널까지 트럭 운송업체에 의해 운반되었다. 이후 컨테이너는 미국 서부 해안의 항구로 컨테이너를 운송하기 위해 무개화차에 있는 다른 컨테이너 위로 옮겨졌다. 항구에 도착한 후, 컨테이너는 컨테이너선에 선적되어 일본으로 수송되었다. 일본에 도착한 후, 컨테이너 안의 물건들을 꺼낼 최종 목적지 도착을 위해 컨테이너는 다시 다른 육상 운송업체에 의하여 운반되었다. 이 운송 예에서 물품은 한 번 포장되었으며 한 번 포장을 풀어야 했다. 컨테이너는 3가지의 운송수단에 의해 운송되며 고객들에 의해 봉인 해제, 검사, 수령이 이루어질 최종 도착지까지 봉인된 상태로 운반되었다.

위의 사례는 여러 운송수단이 활용된 사례다. 복합운송 조합의 가장 대표적인 예로는 무개화차 위에 트레일러를 올리는 방식(TOFC; Truck trailer-on-flatcar)과 무개화차 위에 컨테이너를 올리는 방식(COFC; Container-on-flatcar)이 있으며, 후자는 피기백 서비스(Piggyback service)라고도 불린다. 똑같은 크기의 컨테이너들이 컨테이너선이나 화물여객기에 선적될 수도 있다. 이러한 운송수단의 혼합사용은 육상 운송업체의 유연성과 철도 및 해상 운송업체의 비용 효율성을 결합한 것이다. 텍사스에 본사를 두고 있는 BNSF 철도회사는 북미에서 가장 큰 철도 네트워크를 운영하는 회사 중의 하나이며, 현재 세계의 어떤 철도 시스템보다 더 많은 복합운송을 이용하고 있다. 복합운송은 BNSF 회사가 운송하는 많은 수의 물품들 중의 거의 절반을 처리하고 있다.

또 다른 복합운송의 예는 로로선(ROROs; Roll-on-roll-off containership)이다. 화물 트레일러, 자동차, 무거운 장비, 특별 화물들이 크레인의 사용 없이 직접 화물을 싣고 이 선박 갑판 아래의 차고로 드나들 수 있다. 뉴저지에 기반을 둔 대서양 컨테이너 라인(Atlantic Container Line)은 다양한 대형 화물을 운반할 수 있는 세계에서 가장 크고 다양한 기능을 가진 로로선을 운영하고 있다. 이 회사의 로로선은 현재 운영되고 있는 로로선 중에서 가장 큰 가용성을 가진 선박이다. 이 회사의 G3 로로선은 자동차 1,000대와 20피트 길이의 표준컨테이너 1,850개를 동시에 운반할 수 있다.

③ 운송안전

운송안전은 일반 대중의 안전한 여행과 안전하며 합법적인 물품의 운송을 보증하기 위한 운송시스템의 보호를 의미한다. 운송안전은 2001년 9·11테러 이후 미국, 특히 항공사에게 매우 중요한 문제가 되었다. 미국 의회에서는 2001년 11월 19일에 항공 및 교통 보안법을 통과시켰으며, 운송안전을 감독하기 위하여 대형 조직인 교통안전국(TSA; The Transportation Security/Administration)을 출범시켰다. 미 교통안전국은 모든 미국공항의 보안을 감독한다. 또한, 2003년에 설립된 국토안보부(DHS; Department of Homeland and Security)는 전반적인 국가 안보 향상에 도움을 주었다.

최근 미국 정부가 벌인 몇몇 활동들은 운송안전에 주안점을 두고 있다. 교통안전국은 9·11테러 이후 다수의 기관장들을 임명하였으며, 항공기와 공항 내 안전 향상을 위하여 120억 달러 이상의 금액을 투자했다. 최근 국토안보부가 벌인 일들 중 하나는 2010년부터 AIT(Advanced Imaging Technology) 스캐너를 미국 공항에 설치한 것이다. AIT는 밀리미터파 기술을 사용하여 스캔된 신체로부터 반사된 이미지를 생성한다. 더 새로운 시책은 생체 인식 검사 기술을 사용하는 것이다. 사전 등록된 사람들은 그들의 생체(지문과 홍채) 인식 정보를 사용한 신원 확인을 통하여 미국의 주요 공항에서 신속하게 보안 검색을 받을 수 있다. 또한, 2007년에 시행된 미국 안보 개선 법에 의하여 모든 상업용 여객기에 실리는 모든 항공 화물에 대한 사전 검사도 이루어지게 했다. 마지막으로 국토안보부는 98%의 수입된 화물에 대한 방사능 검사를 시행하며 미국 세관 및 국경보호기관에서는 전 세계에 있는 58개의 항구에서 미국으로 향하는 컨테이너들을 사전 점검한다.

안보와 자금지원 측면에서 항공운송수단은 미국 내 다른 형태의 운송수단에 비해 가장 중요시되었다. 2018년 말 기준, 국토 안보부 상근 및 비상근 직원의 수는 5만 1,000명을 넘어섰으며, 이들 중 대부분은 항공 안전 프로그램에 따라 승객과 수하물을 검사하기 위한 인력이다. 이와는 대조적으로, 육상 교통안전과 관련해서 일하는 사람들의 수는 700명 미만에 불과하다. 최근에 교통안전국은 의무 및 재량 지출로 57억 달러의 예산을 받았다. 이와 더불어 70억 달러 이상의 연간 예산을 상쇄 추심 할 수 있는 지출 권한도 부여받았다. 2015년의 교통안전국 예산에서 항공 보안 항목이 차지하는 비중은 전체 예산의 79%에 달한다.

3 창고관리

3. 창고위험병합 과 제곱근 규칙

물류에서 주요 관심 대상인 창고는 전략적인 공급사슬 서비스를 제공한다. 창고는 고객들에게 제품을 신속하고 더욱 빈번하게 배달하기 위하여 회사가 구입한 구매품, 재공품, 제품들을 저장하거나 혹은 화물 포장이나 조립을 수행하는 곳이다. 이러한 활동들이 완벽하게 수행되는 경우 더 나은 고객 서비스로 이어진다. 미국에서는 지난 수년에 걸쳐 창고

사용이 증가하고 있는데, 이는 수년 동안 고객들의 가처분 소득 증가로 인해 상품에 대한 수요가 증가하였기 때문이다. 이러한 상품들은 다양한 물류센터를 통하여 운송되어야 한다. 창고는 그 수만 증가한 게 아니라 부피도 커지며 정교해지고 있다. 10년 전 미국 창고들의 평균 크기는 대략 25만 평방피트였다. 최근에는 40만 평방피트(거의 미식축구장의 5배)의 창고가 더욱 많아지고 있으며 그중

에는 300만 평방피트를 넘는 창고도 있다. 이러한 대형 창고는 일반적으로 자동화가 갖추어진 창고이다.

많은 사례에서 보듯, 창고는 물품들을 보관하기 위한 용도보다는 부피가 큰 화물을 받아 작은 화물로 나눈 뒤 출고 주문에 맞추어 포장한 후 제조 장소나 소매점 센터에 분배하는 용도로 쓰인다. 이러한 활동들을 총체적으로 크로스도킹(crossdocking)이라고 부른다. 이 경우에 창고는 좀 더 정확하게 말하면 물류센터라고 불려야 한다. 회사는 보관 목적과 고객 서비스 요구사항에 따라 공급자와 가까운 곳, 고객과 가까운 곳, 혹은 좀 더 집중화된 장소에 창고를 위치시킨다. 몇몇 회사들은 창고를 물품 보관 용도로 사용하며 다른 회사들은 효율적인 물품처리를 하는 곳으로 사용한다. 또한, 소비자들이 아마존 같은 전자 상거래 회사를 널리 사용함에 따라 물류센터는 기본적으로 상점과 같은 역할을 한다. 즉, 고객의 수요를 빨리 충족시키기 위해 대다수의 경우 고객 집단에 가까운 곳에 위치하게 된다. 매사추세스주에 기반을 둔 키바 시스템(Kiva Systems)의 부사장인 Mitch Rosenberg는 "창고에 투자하는 이유는 더 이상 비용 감소만을 위한 것이 아니다"라고 설명하며, "21세기의 고객들은 20세기 이전의 고객들과 다르기 때문에 창고가 긍정적인 고객 경험에 기여할 수 있어야 한다"고 말한다. 다음 절에서는 창고 종류, 위험병합(risk pooling), 창고 입지, 그리고 린 창고(lean warehousing)를 포함하여 관련 주제들에 관해 논한다.

① 창고의 중요성과 종류들

7장에서 설명한 것처럼, 기업들은 여러 가지 이유로 재고를 보유한다. 구매 담당자는 원재료, 부품, 그리고 조립품을 주문하며, 이것들은 일반적으로 구매자와 가까운 곳에 위치한 창고에 선적된 후 필요에 의해 구매자에게 전달된다. 소매업 환경에서 물류센터는 수요지에 위치하며, 원재료 공급자에게 주문한 대규모 물품들을 수령한 후 이들을 다시 분류(개품산적 활동)하고 각 도매점으로 선적하기 위한 출하주문에 맞춰 주문을 재구성한다.

이와 반대로 기업들은 가까운 공급업자들로부터 많은 수의 소량화물을 수령하기 위하여 통합창고를 운영할 수도 있다. 통합된 화물들은 통합창고에서 떨어진 거리에 위치한 제조 시설까지 트럭단위 화물로 운송된다. 기업은 통합창고와 물류센터를 사용함으로써 경제적 구매와 경제적 운송의 혜택을 누릴 수 있다. 기업들은 낮은 단위 가격에 대량의 상품을 구매한 후 트럭단위 화물의 비용으로 물류센터나 제조 지역에 운송할 수 있다. 이들은 또한 소량 물품을 구입하고 이를 소량화물 운송비용으로 가까운 곳에 있는 통합 창고에 운송할 수 있다.

1) 자가창고

자가창고(private warehouse)는 회사 소유의 상품들을 보관하기 위해 회사가 소유한 창고를 말한다. 대용량 상품들을 저장하고 운송할 필요가 있는 회사의 입장에서 자가창고는 창고 임대비용을 줄일 수 있는 기회를 제공한다. 예를 들어서, 아마존, 유피에스(UPS), 월마트(Walmart)는 북미대륙에서 가장 큰 자가창고를 운영하고 있는 회사들이다. 자가창고를 소유한 기업들은 장기적인 비용효과뿐만 아니라 자가창고의 통제수준도 고려할 필요가 있다. 회사들은 자신들의 창고에서 무엇을 보관하며, 무엇을 처리하며, 어떤 종류의 안전을 제공하며, 어떤 종류의 장비를 사용할 것인지를 결정할 수 있다. 자가창고를 사용하는 회사는 운송과 창고활동 측면에서 노동력과 전문가를 더 잘 활용할 수 있다. 마지막으로, 자가창고는 잉여 용량 임대와 자산 감가상각을 통하여 수입과 세금 혜택을 얻을 수 있다. 이러한 이유로, 미국에서 자가창고는 전체 창고 중 대다수를 차지한다.

창고를 소유한다는 것은 회사의 입장에서 중대한 재정적 위험과 유연성 감소를 초래할 수 있다. 창고를 건설하여 창고에 장비를 설치하며 운영하는 것은 대단히 높은 비용을 요구하므로 작은 규모 혹은 중간 규모의 회사들은 자가창고를 유지할 수 없다. 자가창고의 입지는 시간이 지남에 따라 최적이 아니게 될 수 있다. 또한 적어도 단기간에는 창고 크기와 용량의 유연성을 확보하기가 어렵다. 또 다른 문제는 보험이다. 자가창고의 낮은 안전수준은 화재와 도난에 관한 우려를 불러일으키고, 이 때문에 보험회사는 대부분의 경우 자가창고에 보관된 상품들에 대한 보험을 들어주는 것을 주저하게 된다.

2) 일반창고

이름이 의미하듯이, 일반창고(public warehouse)는 이익을 추구하는 창고로서, 다양한 범위에서 낮은 수준의 제조, 창고, 분배 서비스를 다른 기업들에 제공한다. 이러한 서비스는 다음 사항들을 포함한다.
- 개품산적: 많은 양의 선적물을 나눈 후 특정 고객의 주문에 따라서 고객들에게 선적
- 재포장: 개품선적 이후에 특정 고객의 주문에 따라서 물품들이 재포장되며 일반창고 직원은 제품 포장 서비스와 표지부착 서비스를 제공
- 가벼운 단계의 제조: 일부 일반창고는 고객 요구를 만족시키기 위하여 최종 조립 작업을 제공하며 맞춤형 제품을 생산
- 입고와 출고되는 제품의 품질검사 제공
- 물자 취급, 장비 유지 관리, 문서 작업 서비스 제공
- 단기 및 장기간 저장

일반창고는 자가창고가 제공할 수 없는 단기의 유연성 확보 및 투자 비용 절감을 가능하게 한다. 만약 수요가 변화하거나 회사의 제품 조합이 바뀐다면 일반창고를 사용하는 회사는 신속하게 창고 위치와 공간 요구사항을 바꿀 수 있다. 일반창고를 사용하는 회사들은 특정 지역에 시험 판매를 실시한 후 예상한 수요가 발생하지 않으면 신속하게 철수할 수 있다. 만약 공간 요구사항이 최소한이라면 일반창고를 사용하는 회사는 상대적으로 매우 저렴한 비용만 지불할 수도 있다.

일반창고와 관련된 주요 단점 중 한 가지는 물품 소유주가 물품에 대해 가지는 통제 권한이 부

족하다는 것이다. 다른 잠재적인 문제점은 창고 근로자들과의 소통 부족, 전문화된 서비스의 부족, 희망하는 위치의 공간 부족, 물품에 대한 관리와 보안 부족 등이 있다.

기업들은 어떤 지역에서는 일반창고 사용에 의한 장점이 두드러지는 반면, 다른 지역에서는 자가 창고 사용에 의한 장점이 두드러진다는 사실을 발견하게 될 것이다. 큰 규모를 가진 기업들의 경우, 규모가 큰 기성 시장과 상대적으로 성숙된 제품에 대해서는 자가창고를 운영하는 것이 바람직하며, 저개발 시장 혹은 수요가 적은 지역에서는 일반창고와 일반창고가 제공하는 서비스를 이용하는 것이 바람직하다. 2009년 경기 침체기에는 비용 절감을 고려한 화주들의 일반창고 사용량과 다른 운송 서비스 이용량이 엄청나게 증가했다. 예를 들어서, 뉴저지 기반의 울트라 로지스틱스(Ultra Logistics)는 이러한 이유 때문에 침체기 동안 물동량이 현저히 증가했다. 이 회사는 크라프트(Kraft), 콘아그라(Conagra), 안호이저 부시(Anheuser-Bush), 로레알(L'Oreal) 같은 고객들을 위해 매년 4만 개의 트럭 단위 화물을 운송했다.

2 위험병합

자가창고와 관련한 중요한 결정 중 한 가지는 창고를 어느 위치에 설립할지 결정하는 것이다. 이 결정은 필요한 창고의 수, 필요한 창고용량, 안전재고, 투자 수준, 고객 서비스 수준, 창고 시스템 비용 등의 요소에 영향을 준다. 특정 시장 지역에서 어떤 회사가 사용하는 창고의 수가 증가하면 창고 시스템은 더욱더 분산화(decentralized)된다. 분산된 창고 시스템에서는 물품들이 고객들에게 더욱 빠르게 배달되기 때문에 대응성과 배달 서비스 수준이 증가하는 반면 창고 시스템과 관련된 운영비용과 재고비용 또한 증가한다. 또 다른 중요 비용은 고객들에게 부과되는 출하 운송비용과 각 창고에 입고되는 상품들과 관련된 운송비용이다. 따라서, 회사가 창고 위치와 관련된 결정을 내릴 때에는 비용과 고객 서비스 사이 상충관계(trade-off)를 주의 깊게 고려해야 한다. 이러한 사실은 위험병합(risk pooling)이라는 대단히 중요한 주제에 대한 논의로 이어진다.

위험병합은 다수의 창고, 시스템 재고, 고객 서비스 사이의 관계를 설명한다. 이 개념은 다음과 같이 직관적으로 설명될 수 있다.

시장 수요가 무작위일 때, 일부 고객들의 평균수요보다 높은 주문량은 다른 일부 고객들의 평균수요보다 작은 주문량에 의해 상쇄될 가능성이 높다. 따라서 단독 창고에 의해서 공급받는 고객들의 수가 증가하면, 수요 가변성은 더 자주 서로 상쇄될 것이며 전체 수요의 변화와 품절 가능성을 감소시킨다. 결과적으로, 단독 창고에 의해서 공급받는 고객의 수가 증가하면, 품절 방지를 위해 필요한 안전재고량도 감소한다.

> * 6장에서 나온 품절이 감소하면 고객 서비스 수준은 증가한다는 사실을 상기하라.

다른 말로 표현하자면, 창고 시스템이 더욱더 중앙 집중화가 되면(작은 창고 수) 주어진 시스템 전체의 고객 서비스 수준을 성취하기 위해 필요한 안전재고량은 감소한다.*

이전에 언급했듯, 위험병합은 두 시장이 하나의 창고에 의해서 공급될 때, 한 시장에서의 평균수요보다 높은 수요는 다른 시장에서의 평균수요보다 낮은 수요에 의하여 상쇄된다고 가정한다. 분산된 창고에 의해서 공급받는 작은 시장의 경우, 위에서 언급한 위험병합에 관련된 사실이 실현되지 않아 상대적으로 높은 수준의 안전재고가 필요할 것이다. 똑같은 시장에 공급하는 다수의 작은 규모의 분산화된 창고와 비교하면, 큰 규모의 시장 지역에 공급하는 작은 수의 큰 규모의 집중화된 창고는 낮은 전체 시스템 재고를 요구한다.

이 원리의 좋은 실례가 1993년 유럽 연합 결성 직후에 일어났다. 이 시기 이전에 유럽 물류 시스템은 국경선을 따라서 형성되었다. 각 국가의 배송 시스템은 독립적으로 운영되었으며, 각 국가별로 회사 창고를 설립해야 했다. 1993년에 하나의 유럽 시장이 형성된 후, 이러한 배송 시스템은 더 이상 경제적이지 않게 되었다. 예를 들어, 1990년대 초반 진단 장비를 제조하는 미국 제조업체 벡톤 딕킨슨(Becton Dickinson)은 매우 비효율적이며 고비용 구조를 가진 배송 시스템으로 인해 큰 부담을 느끼고 있었다. 품절이 많이 발생했을 때 재고유지비용 또한 높았다. 유럽 연합이 구성된 이후, 벡톤 딕킨슨은 스웨덴, 프랑스, 독일, 벨기에에 있는 배송 센터를 폐쇄하고 벨기에에 단일 자동화 물류 센터를 설립했다. 일 년 미만의 시간 동안, 평균 재고 수준은 45% 감소하였으며 품절은 75% 감소하였다. 유럽에 있는 다른 회사들도 비슷한 결과를 얻었다.

위험병합의 효과는 제곱근 규칙에 의해서 정량적으로 추정 가능하다. 시스템에 있는 창고의 개수 변화에 따라 필요한 시스템 재고는 추가된 새로운 창고 개수의 제곱근과 기존 창고 개수의 제곱근의 비율에 기존 시스템 재고를 곱한 값으로 계산된다. 제곱근 규칙의 수식은 다음과 같다.

$$S_2 = \frac{\sqrt{N_2}}{\sqrt{N_1}}(S_1)$$

여기에서

S_1 = 기존 시스템 재고

S_2 = 새로 추가된 시스템 재고

N_1 = 기존 창고의 개수

N_2 = 새로 추가된 창고의 개수

〈예제 15-3〉은 위험병합과 관련된 간단한 사례를 보여준다. 이 예제에서 시스템에 있는 창고의 수를 두 개에서 하나로 감소시킬 때 평균 재고는 대략 29% 감소한다(더 작은 안전재고가 요구된다).

예제 15-3 Mengwasser's Boot Barn 위험병합

Mengwasser's Boot Barn은 미국 서부 전역에 있는 다양한 소매 고객들에게 부츠를 선적하기 전에 제품들을 보관하기 위해 현재 포틀랜드와 피닉스에 2곳의 창고를 소유하고 있다. 이 회사의 소유주는 모든 Mengwasser 고객들에게 제품을 공급하기 위해서 라스베가스에 하나의 중앙화된 창고를 설립하는 것을 고려하고 있다. 이 소유주는 하나의 중앙화된 창고가 시스템 재고에 미치는 영향에 대해 궁금해하고 있다. 현재 Mengwasser의 각 창고 평균 재고 수준은 대략 6,000부츠이다. 이 수준의 재고는 창고 품절이 일어날 가능성이 대략 1%이다. 제곱근 규칙을 사용하면,

라스베가스의 중앙 창고가 똑같은 비율의 낮은 품절 확률을 유지하기 위해 필요한 새 평균 재고 수준은 다음과 같다.

$$S_2 = \frac{\sqrt{N_2}}{\sqrt{N_1}}(S_1) = \frac{\sqrt{1}}{\sqrt{2}}(12,000) = \frac{1}{1.415}(12,000) = 8,485 \text{ 부츠}$$

두 요구 조건을 비교하면, 재고 감소는 다음과 같다.

$$\frac{(12000 - 8485)}{12000} = 29.3\%$$

물론 Mengwasser는 의사결정에 있어 재고비용뿐만 아니라 운송비용과 배달 시간에 미치는 영향을 고려해야 할 것이다.

3 린 창고

회사들이 자신들의 공급사슬관리 능력을 향상시키면 물품들은 입고 및 출고 창고와 물류센터를 통하여 더욱 빨리 움직일 것이다. 이를 위해서는 린 창고가 필요하다. 린 능력들의 몇몇 예들은 다음과 같다.

- **크로스도킹에 관한 강조** 창고 근로자들은 화물을 수령한 후 개품산적을 수행하며, 빠른 출하를 위해 재포장을 한다. 오랜 시간 동안 보관되는 상품은 그렇게 많지 않으며, 재고 관리 코드의 수가 증가하는 동안 평균 창고 재고 수준은 감소할 것이다.
- **로트 크기 및 배송 수량의 감소** 입고 및 출고되는 배송 수량은 더욱 작아지는 한편 더욱 빈번해지며 또한 혼합 수량의 상품을 포함하므로 더욱더 많은 취급이 필요하게 된다.
- **고객과 서비스 품질에 대한 헌신** 창고 근로자들은 입고 공급자들과 출고 소비자들의 요구사항을 충족시키기 위한 창고 활동을 수행할 것이다.
- **증가하는 자동화** 처리 속도와 신뢰성을 향상시키기 위하여, 창고 활동은 스캐너/바코드 컴퓨터 추적 시스템에서부터 창고관리 소프트웨어 애플리케이션까지 또는 자동 저장 및 검색 시스템까지 자동화될 것이다.
- **조립 작업의 증가** 많은 회사들이 린 시스템과 대량 맞춤화를 시행하므로 창고는 구체적인 고객들의 요구사항을 맞추기 위해서 최종 조립 작업을 수행하도록 요구를 받는다. 이러한 일들이 장비 요구사항과 더불어 창고 근로자들의 기술 요구사항을 바꿀 것이다.

오늘날 대부분의 물류센터는 위에서 언급한 개념들을 채택하고 있다. 인도에 기반을 둔 PDS (Prime Distribution Service)는 창고형 식료품 공급사슬에서 공급자들에게 배송 서비스를 제공한다. 이 회사는 이익 마진이 매우 낮은 식료품 산업에서 속도 향상과 비용 감소 방안을 찾고 있는 공급자들에게 창고, 크로스도킹, 포장, 화물통합 서비스를 제공한다. PDS의 배송 능력은 기업 생존을 위해서 진화해야 했다. 이 회사는 최근 몇 개의 물류센터를 병합하여 재고 통제, 반응형 주문관리, 혼합 품목 팔레트를 제공하는 120만 평방피트의 고도로 자동화된 하나의 시설로 바꾸었다.

4 반품관리

역물류라고도 알려진 반품관리(return management)는 상품이 반품되었을 때 고객으로부터 판매 자까지의 공급사슬상에서 상품의 역흐름을 말한다. 전 과정 반품관리 주기는 때때로 반품(Return), 리퍼(Refurish), 재활용(Recycle)을 상징하는 3R을 의미한다. 다르게 말하면, 반품관리는 이동, 저장, 반품의 처리를 말하며, 잠재적으로 높은 비용을 수반하는 분야이다. 그렇다면 얼마나 많은 비용이 드는 것일까? 역물류협회에 따르면, 미국에서의 연간 반품은 총 소매판매금액의 6%인 대략 1,500 억 달러에서 2,000억 달러에 달한다. 역물류와 관련된 공급사슬 비용은 평균 판매된 상품원가의 7~10%라고 추정된다.

1장에서 반품 관리는 8가지 주요 공급사슬 과정 중 하나라고 설명한 것을 상기하자. 오늘날 인터 넷쇼핑의 증가와 무료배송과 반품 정책, 직접 매장 배송, 직접 자택 배송 등의 증가로 인하여 상품 반품이 증가하고 있다. 제조업체가 저렴하지만 검증되지 않은 외국 원재료 공급업체를 사용하는 것은 많은 상품 리콜과 반환 물품의 원인이 될 수 있다. 예를 들어 2007년 캘리포니아에 기반을 둔 세계에서 가장 큰 장난감 제조업체인 마텔(Mattel)은 중국에서 제조된 200만 개의 장난감에 높은 납 성분이 검출되어 장난감들을 리콜했다. 조사 결과 마텔사가 신뢰하던 장난감 공급 업체들 중 한 업체가 허가되지 않은 공급업체에 하도급 작업을 시킨 것이 밝혀졌다.

이전에도 언급했지만 만약 반품이 적절하게 처리되지 않는다면 비용에 상당한 악영향을 끼칠 뿐 만 아니라, 환경, 고객 서비스, 회사 평판, 이익에도 직접적인 부정적 영향을 미친다. 셀닥 경영 컨설 턴트(Sedlak Management Consultants)의 부사장인 Lou Cerny에 의하면 "역물류는 손상 방지와 그 과 정을 최대한 고객 친화적인 과정으로 만드는 것이 전부다"라고 말한다. 또한 "만약 고객을 한번 실 망하게 했다면 최대한 빨리 해결해야 한다"라고 말한다.

많은 업체들은 제품들과 고객들에 대한 관리를 위하여 반환 관리에 특화된 회사들을 고용한다. 공급사슬관리 능력으로 잘 알려진 텍사스 기반 컴퓨터 조립회사인 델(Dell)은 제품 반품에서도 공 급사슬관리와 똑같은 명성을 얻는 것을 목표로 설정했다. 델은 시험, 수리, 재제조를 관리하기 위 하여 겡코 공급사슬 솔루션(GENGCO Supply Chain Solutions)과 계약을 체결했다. 인텔솔(InteliSol)은 은 델의 반납 관리 시설에서 부품 회수와 다른 복구 서비스를 제공한다.

1 제품 반품이 기업에 미치는 영향

제품 반품은 기업 입장에서 중요한 과제이다. 많은 경우에, 역물류 활동은 단순히 사업을 하면서 불가피하게 발생하는 비용으로 보일 수 있다. 반품을 처리하거나 제품의 역흐름을 감시하는 정보 시스템의 무능력, 제품 반품 과정에 관한 작업자들의 교육 부족, 식별 정보가 거의 없거나 전혀 없 는 패키지, 반품에 대한 적절한 검사와 시험의 필요, 잠재적으로 파손된 제품의 판매 재고에서 처리하는 것 등의 문제들을 포함한다. 허술한 반품관리는 재정적으로 전체 공급사슬에 부정적 영향을 미치며 고객들의 제품에 대한 인식과 미래 매출에 부정적인 영향을 줄 수 있다. 글로벌 비즈니스 컨설팅 회사인 액센추어(Accenture)의 최근 보고서에 따르면 역물류 비용은 순방향 물류비용의 4배에서 5배에 달하며 순방향 물류보다 평균 12배 많은 처리단계를 필요로 한다. 그럼에도 불구하고, 보고서는 또한 역물류가 기업에게 아직 활용되지 않은 가치 창출의 원천이라 이야기하고 있다.

마케팅 관점에서 보면, 매끄러운 반품 처리 과정은 고객들이 제품에 대해 호감을 가질 수 있게 하며 제품 품질과 구매위험에 관한 고객들의 인식을 개선시킨다. 품질 담당자는 제품 고장과 반품 정보를 근본 원인 분석에 사용할 수 있으며, 디자인 담당자는 미래 설계 오류를 감소시키는 데 사용할 수 있다(제품 반품의 첫 번째 이유는 결함 혹은 파손된 품목이다). 물류 측면에서 반품은 원래의 완제품, 리퍼비시 제품, 수리 제품으로서 여전히 가치를 창출할 수 있다. 이를 통해 제품 폐기 비용 역시 감소하는 경향을 보인다. 46%의 기업들은 반품으로 인해 금전적 손해를 본 것으로 보고된 반면, 8%의 기업들은 반품으로 인해 금전적 이득을 본 것으로 보고한다. 온라인 신발 판매회사인 자포스(Zappos)는 반품 서비스를 경쟁우위라고 인식하고 있다. 자포스는 약 35%에 달하는 높은 반품률을 기록하고 있으나, 고객에게 반품 이유를 묻지 않고 무료로 반품을 가능하게 함으로써 매우 높은 재구매 비율을 기록하고 있다.

5 물류의 트렌드

5. 물류 지속가능성의 환경적 이점

1 에너지 효율성

오늘날 기업들은 공급자, 고객, 고용인, 규제 기관으로부터 환경적 성과 향상에 관한 요구에 직면하고 있다. 또 다른 우려는 세계 석유 매장량의 많은 부분이 상품들을 전 세계로 운반하는 데에 쓰이고 있다는 것이다. 2009년에 수행된 한 연구는, 71%의 글로벌 석유 수요가 운송 부분에서 발생하였다고 보고하고 있다. 미국에서는 매초 6,400갤런의 석유가 운송 부분에서 사용되며 이것은 중국 이외의 한 나라에서 발생되는 이산화탄소보다 많은 양이다. 관리자들은 운송이 기업의 탄소 발자국과 탄소 중립 비용에 미치는 영향에 대해 인식하고 있으며, 이에 관한 조치를 취하기 시작했다. 정치인들 역시 유권자들의 관심에 귀를 기울이고 있으며 운송과 관련한 더욱 엄격한 환경 보호법을 제정하고 있다.

트럭 운송 부분에서는 공차 거리(empty miles)라고 명명된 배송 후 공차로 돌아오는 트럭들, 공회전, 몇 가지의 유지보수 문제들로부터 가장 큰 에너지 낭비가 발생한다. 워싱턴 DC 기반의 트럭 효율성(Trucking Efficiency) 협회는 카본워룸(Carbon War Room)과 북미화물효율화위원회(The North American Council for Freight Efficiency)와 공동으로 북미 트럭 산업에서의 에너지 효율을 크게 향상시키는 것을 목표로 하고 있다. 이 협회들은 이를 위해서 최신 기술평가, 모범 사례, 타이어 공기압 시스템, 공회전 감소 솔루션, 권장 유지 관리 그리고 진행 중인 다른 기술들에 관한 보고서를 제공한다. 이 협회는 또한 산업 지도자들과 기술 전문가들이 참여한 워크숍을 통하여 참여자 간 학습을 촉진하고 있다.

아칸소주 기반의 타이슨 식품회사(Tyson Foods)는 배송에 지장을 주지 않는 범위에서 공차거리를 수익 거리(revenue miles)로 전환할 방법을 찾고 있다. 타이슨 푸드는 공차거리를 줄이기 위해 코카콜라(Coca Cola)와 협력하였다. 타이슨의 빈 냉장 트럭을 이용하여 코카콜라 회사의 고객들에게 배달을 시행함으로써, 코카콜라의 고객서비스와 타이슨 푸드의 트럭 가용성에 대한 희생 없이 공차거리를 줄일 수 있었다. 위스콘신주에 기반한 슈나이더 내셔널(Schneider National)은 태양열과 셀룰러 전력을 이용하는 옴니트랙스(Omnitracs)의 트레일러 추적 소프트웨어를 사용하여 4만 4,000개의 복합 운송 컨테이너와 트럭 트레일러를 추적한다. 슈나이더는 이 기술을 사용하여 빈 컨테이너와 트레일러의 정확한 위치를 찾아내어 배차 성능 향상뿐만 아니라 운전자 대기 시간과 공차거리를 줄였다.

실제로 다수의 비영리 기관들이 기업들의 물류 지속성 향상을 위해 이들과 협력한다. 미국에서는 2004년에 EPA(Environmental Protection Agency)가 스마트웨이(SmartWay)를 시작했다. 스마트웨이는 자발적 파트너십으로써 기업들이 낮은 배기가스, 적은 에너지, 낮은 비용으로 더 많은 톤마일을 운송할 수 있는 수송 능력 향상을 달성할 수 있도록 돕는다. 스마트웨이는 파트너사들이 정보에 입각한 운송 수단 선택이 가능하도록 이피에이가 검증한 다양한 도구들을 제공한다. 이 도구들은 협력사들이 이산화탄소 배출량을 측정하고 보고할 수 있게 하고 다른 협력사를 벤치마킹할 수 있게 하며, 또한 공급사슬 효율과 환경적 성과를 향상시킨다. 스마트웨이는 파트너사들 간의 성과 데이터 교환을 도우며 선진 기술과 운영 모범사례의 도입을 장려한다. 2004년 이후로, 스마트웨이의 파트너 사들은 5,160만 미터톤의 이산화탄소와 3만 7,000톤의 미세먼지를 줄였다. 이것은 1억 2,700만 배럴의 석유와 16.8억 달러의 연료비를 절약한 것으로, 일 년 내내 천만 대의 자동차가 도로를 다니지 않는 것과 동일한 효과이다. 2004년 이후, 3,000여 개의 전국 화주들, 물류회사, 트럭회사, 철도회사, 바지선 회사, 복합운송 회사들이 스마트웨이 서비스에 등록했다. 스마트웨이를 통하는 트럭운송 거리는 전체 운송거리의 22%에 해당하며, 이를 모든 화물 운송수단으로 확장하기 위해 노력하고 있다.

UPS는 2020년까지 운송으로 인한 탄소 배출량 감소의 선두주자가 되는 것을 목표로 하고 있다. 2013년에는 글로벌 화물량이 3.9% 증가하였지만 이 회사의 탄소 배출량은 2012년 대비 1.5% 감소하였다. 2013년에 UPS는 미국 전역에서 천연가스 차량의 사용을 늘렸으며 액화천연가스를 연료로 사용하는 249대의 중장비 트랙터를 이용했다. 2014년에는 이 숫자를 1,000대 이상으로 늘렸다. 2013년 UPS는 대체 연료를 사용하는 첨단 기술 차량으로 5,500만 마일을 운행하여 580만 갤런의 휘발유와 경유 사용을 절감했다. 이러한 결과가 보여주듯, 유피에스는 2017년까지 대체 연료를 사용하는 첨단 기술 차량으로 1억 마일을 운행하고자 하는 목표가 순조롭게 진행되고 있다고 보고했다.

2 제품 반품과 지속가능성

제품 반품으로 인한 환경 영향은 재활용, 재료와 제품의 재사용, 리퍼비싱 제품 등을 통하여 감소시킬 수 있다. 소매상들은 많은 사례를 통하여 반품된 제품들을 재활용 혹은 폐기하는 것이 이를 다시 제조업체까지 운송하여 공급사슬 비용을 발생시키는 것보다 더 좋은 대안임을 알게 되었다. 이 사실은 반품된 제품과 관련된 다양한 서비스를 제공하는 뉴저지주 운선 로지스틱스(Yunsen Logistics)의 의사결정에 영향을 주었다. 운선 로지스틱스는 역물류 센터를 아칸사주의 서북쪽 지역에 설립하였는데, 이곳은 운선 로지스틱스가 반품된 제품과 관련한 서비스들을 제공하는 곳이다. 역물류센터에서 제공하는 서비스는 분류, 테스트, 수리, 재포장, 부품 회수, 재활용 등을 포함한다.

기업들은 여전히 매립을 통해 원료와 제품을 폐기하는 것에 매력을 느끼고 있지만, 매립을 위한 비용은 점점 비싸지고 있다. 지방정부, 주정부, 연방정부는 매립지의 사용에 관해서 더욱더 엄격한 규칙과 더 많은 비용을 부과하고 있다. 이러한 변화들은 중고 제품들과 제품 폐기물 처리에 관한 혁신의 원동력이 되었다. 조지타운 그룹 소속 역물류 부분의 컨설턴트인 4PRL LLC의 최고 운영 책임자인 Gary Cullen의 말에 따르면, "재배치, 수리, 재사용, 재활용, 교정, 재판매에 특화된 니어-소싱(near sourcing) 전략을 구사하는 제3자 물류(third party logistics) 서비스 제공자들에서 높은 효율성을 찾아볼 수 있다. 또한, 연료 사용에 민감하며 환경을 중시하는 현재의 비즈니스 환경에서 위의 전략은 성공인 비즈니스 모델로 보인다." Cullen은 "이러한 제3자 물류 서비스 제공자들은 일반적으로 추가적인 혜택을 얻기 위해서 반환, 재사용, 재활용되는 장비들이 수거되는 장소에 가까이 위치하는 것을 목표로 한다"고 주장한다. "가까운 곳에 위치하는 것은 저비용의 이동수단 사용을 가능케 하여 전체 이동 거리를 짧게 만들며 이동에 걸리는 시간을 줄일 수 있다"고 Cullen은 언급한다. 또한 Cullen은 "니어소싱된 역물류 운영의 목표는 물품의 이동과 처리(handling)의 감소이며, 낮은 요금과 처리비용을 제시하는 서비스 제공업체를 구할 수 있게 만드는 것"이라고 언급한다. 이러한 요소들과 환경 이미지를 개선하는 노력을 결합하면 클라이언트, 고객, 주주들 모두에게 '윈-윈 (win-win)' 상황을 가져올 수 있다.

3 창고 로봇

물류 분야에서 최신 트렌드 중 하나는 창고 로봇이다. 전자상거래와 관련된 사업의 증가는 기존 물류센터와 근로자들에게 부담을 가중시키고 있다. 결과적으로, 아마존, 월마트, 타켓(Target)과 같은 회사들은 신규 물류센터를 구축하고 창고 로봇을 이용하여 기존의 물류센터를 더 생산적인 물류센터로 전환하는 데 분주하다. 또한 창고 근로자들에 대한 수요도 높다. 창고 로봇 생산업체인 로커스 로봇(Locus Robotics) 같은 신생 제조업체들은 다가오는 몇 년 동안의 로봇 수요를 맞추기 위한 방안을 모색하고 있다. 로커스 로봇의 최고경영자인 Rick Faulk는 "아마존이 로봇 경쟁을 유발시켰다"라고 말한다. 그리고 "좋은 점은 로커스가 이러한 경쟁 상황에서 로봇을 판매하는 회사라는 것이다"라고 말한다. Faulk는 전통적인 창고환경에서는 근로자들이 창고 내에서 대형 카트들을 밀고 다니며 물품을 피킹(pikcing)하고 주문을 이행한다. 근로자들은 하루 동안 아마도 12에서 14마일을 걸어다니며 시간당 50개에서 70개의 물품을 피킹한다. 만약 창고 로봇이 사용된다면, 로봇이 근로자들 사이를 돌아다니는 동안 근로자들은 3,000에서 5,000평방피트 구역에 머무르면서 근로자들 사이를 배회하는 로봇의 바구니를 채운다. 로봇이 근로자들에게 선택 물품을 알려주면 근로자들이 물품을 찾아서 로봇의 바구니에 넣어준다. 이러한 방식으로, 전통적인 창고 환경과 비교하여 근로자들은 시간당 두 배의 물품들을 피킹할 수 있으며 이동 거리 역시 25%로 감소할 수 있다.

얼라이드 마켓 리서치(Allied Market Research)의 보고서에 따르면, 글로벌 창고 로봇 시장은 매년 12%의 성장률로 2016년의 24억 달러에서 2023년에는 52억 달러 규모로 성장할 것이라 예상한다. 창고 로봇 성장의 대부분은 자동 주행 로봇(autonomous mobile robot) 부분에서 이루어지고 있다. 예를 들어, 2012년에 아마존이 인수한 창고 로봇 제조사 키바 시스템(Kiva Systems)은 서서히 아마존의 물류센터와 통합되었다. 알려진 바에 의하면, 아마존은 창고 로봇의 수를 2015년 1,400대에서 2018년 4만 5,000대로 늘렸으며, 이 기간 동안 근로자의 수도 9만 명에서 36만 명으로 늘렸다. 아마존 운송 서비스의 부사장인 David Bazman은 "고객을 만족시킨다는 것은 신성한 불만(divine discontent)에서 시작한다"라고 말한다. 그는 "혁신적이어야 하며 미래에 고객들이 필요한 것이 무엇인지에 대해 예상해야만 한다"라고 말한다. 자동화 및 로보틱을 위한 아마존의 노력은 품질, 속도, 배달 3가지 영역에 집중된다. 아직 알려지지 않은 아마존 공급사슬의 성공 비결로 Bazman은 기본에 대한 집중을 꼽는다. 또한 "공급사슬은 민첩하며 유연해야 하지만 기본 공급사슬과 운영을 확고히 해야 한다"고 말한다.

 요 약

이 장에서는 물류비용에 미치는 입지의 영향에서부터 창고, 반품관리, 물류 지속가능성을 포함한 다양한 운송수단까지 물류에 관한 포괄적 이해를 제공하였다. 또한 물류와 관련된 의사결정에 도움이 되는 몇 가지의 정량적 도구에 대해 설명하였다. 물류는 회사들이 높은 수준의 고객 서비스를 제공하게 하지만, 이에 따른 비용(높은 재고, 많은 창고, 빠른 운송)도 발생시킨다. 훌륭한 물류관리자는 비용과 환경 영향을 최소화하면서 고객들은 만족시킬 수 있는 이러한 요소들의 올바른 조합을 찾는 것이다. 이러한 균형 조정 행위가 올바르게 실행된다면 기업은 더 높은 이윤을 창출하고 경쟁우위를 점할 수 있다.

- **가중 요소 평가기법**(weighted-factor rating technique)　정성적인 차원과 정량적인 차원을 이용하여 잠재적인 제조 혹은 서비스 위치의 매력도를 비교하는 데 사용되는 분석 방법

- **개품산적 활동**(breakbulk)　다양한 공급자들로부터 물류센터에서 대규모 주문 물품을 받아 선적을 위해 출하 주문에 맞춰 분류하는 활동

- **고속열차**(high-speed trains)　전통적인 철도 교통보다 대단히 빠르고 전문화된 열차와 전용 철로를 사용하는 철도 운송의 형태

- **공차 거리**(empty miles)　공차로 돌아오는 트럭들로부터 발생하는 거리

- **국가 경쟁력**(national competitiveness)　기관들, 정책들, 국가 생산성 수준을 결정하는 요인들로 구성된 집합체. 결국, 생산 수준은 경제에 의해서 이룰 수 있는 번영의 수준을 결정

- **국제 심해 운송업체**(deep-sea transportation)　초대형 유조선과 컨테이너선을 사용

- **대외 무역 지대**(foreign trade zones)　해외 무역 촉진을 위해 정부에서 설립한 구역으로서, 수출용 상품의 현지 생산을 위해 수입된 부품과 원재료에 면세가 적용되는 구역. 미국 이외 지역에서는 자유 무역 지대라고도 불림

- **로로선**(ROROs)　크레인 사용 없이 화물 트레일러, 자동차, 무거운 장비, 특별 화물들을 직접 싣고 갑판 아래의 차고로 드나들 수 있는 선박

- **린 창고**(lean warehousing)　입고 및 출고 창고와 물류센터를 통하여 물품들을 더욱 빠르게 운반하는 기술을 사용하는 창고

- **무게중심기법**(center-of-gravity technique)　제안한 시설과 제안된 시설이 공급할 시장들 사이에서 발생하는 총 운송비용을 최소화할 수 있는 중심 위치를 구하는 방법(이 방법은 운송비용에 특별 배송비용은 포함되지 않으며 단지 운송비용은 거리에 비례하여 변화한다고 가정)

- **무게차 위에 트레일러를 올리는 방식의 서비스**(TOFC: trailer-on-flatcar service)　트럭 트레일러를 운송할 수 있는 트럭과 철도 무게차를 사용하는 혼합운송 형태의 운송방식. 피기백 서비스라고도 불림

- **무게화차 위에 컨테이너를 올리는 방식**(COFC: container-on-flatcar)　혼합운송 방식의 운송 형태. 컨테이너를 운반하기 위해 컨테이너와 철도 무게화차를 사용. 피기백 서비스라고도 불림

- **물류**(logistics)　고객 요구사항을 준수할 목적으로 원산지에서 소비 지점까지 상품, 서비스, 관련 정보의 효율적이며 효과적인 흐름 및 보관을 위한 계획, 시행, 통제와 관련된 일련의 과정

- **물류관리**(logistics management)　가장 낮은 비용으로 고객 서비스 요구사항을 만족시키는 목표를 위해 창고 위치계획, 운송관리, 제품 반품 관리를 결합하는 관리 계획

- **물류센터**(distribution center)　물품들을 보관하지 않고 크로스도킹을 수행하는 창고

- **물류 지속성**(logistics management)　이산화탄소 감소 및 공급사슬 효율과 환경적 성과의 향상을 위한 운송업체들의 노력

- **반품관리**(returns management)　반품된 물품의 이동, 저장, 반납 물품의 처리 또한 역물류라고도 불림

- **복합운송**(intermodal transportation)　무게화차 위에 트레일러를 올리는 방식과 무개화차 위에 컨테이너를 올리는 방식 같은 운송 수단을 혼합하여 사용하는 운송

- **삶의 질**(quality of life)　물질적 행복, 건강, 정치적 안정, 자유와 안전, 가족과 공동체의 행복, 기후와 공기의

질, 고용 안정을 평가하는 평가 지수

- **석탄 슬러리**(coal slurry) 물에 떠 있는 분쇄된 석탄 입자

- **세계 무역 기구**(WTO: World Trade Organization) 스위스 제네바에 있는 비영리단체. 이 기구는 지역 무역 협정의 교섭과 집행에 도움을 줌. 이 기구의 목적은 생산자, 수입자, 수출자들이 원활한 거래를 진행하도록 하는 것

- **소량화물 운송업체**((less-than-truckload carriers) 트럭 한 대분의 화물보다는 작은 소량 패키지 혹은 소량 화물을 운송. 소량화물은 배달을 위해서 작은 화물들을 한 트럭 분량으로 혼적해야 하며 목적지에 도달 해서는 개인 배달을 위하여 다시 소량화물로 분류해야 하므로 소량화물 운송비용은 백중량 기준으로 트럭 단위 화물 운송업체를 사용하는 것보다 훨씬 더 저렴한 대안의 운송방식

- **역물류**(reverse logistics) 반품관리 참조

- **운송계획**(transportation planning) 한 가지 혹은 그 이상의 운송방식과 운반할 제품 종류, 화주와 고객의 필요, 운송 관련 법률들을 연결시키는 것. 운송방식을 선택하는 것은 재화의 배달 속도, 운송할 제품의 크기, 무게, 가치, 이용 가능한 운송 수단, 운송 대금을 지급할 수 있는 자금의 요소들로 구성된 기능

- **운송수단**(modes of transportation) 트럭, 철도, 항공, 해상, 파이프라인 운송업체

- **운송안전**(transportation security) 일반대중의 안전한 여행과 합법적이며 안전한 물품의 운송을 보증하기 위한 운송 시스템의 보호

- **위치결정**(location decisions) 제품을 판매할 수 있는 시장, 시설의 설립이 가능한 잠재적 위치, 기업의 요구 사항과 각 잠재적 위치의 평가에 기반한 장소 결정을 포함한 결정

- **위험병합**(risk pooling) 다수의 창고, 시스템 재고, 고객 서비스 사이의 관계. 시장수요가 무작위일 때, 일부 고객들의 평균 수요보다 높은 작은 주문량에 의해 상쇄될 가능성이 큼. 따라서, 단독 창고에 의해서 공급 받는 고객들의 수가 증가하면, 수요 가변성은 더 자주 서로 상쇄될 것이며 전체 수요 변화와 품절 가능성 을 감소시킴

- **일반 운송업체**(common carriers) 고정 운임으로 화물과 여객들을 운송하는 회사

- **일반창고**(public warehouses) 다양한 범위의 낮은 단계의 제조, 창고, 분배 서비스를 다른 기업들에 제공 하는 영리단체

- **자가창고**(private warehouses) 회사 소유의 상품들을 저장하기 위한 창고

- **자동차 운송업체**(motor carriers) 트럭 운송업체

- **자유 무역 지대**(free trade zones) 대외 무역 지대 참고

- **제곱근 규칙**(square root rule) 위험병합에 사용되는 규칙, 시스템이 있는 창고의 개수가 변하면 요구되는 시스템 재고는 추가된 새로운 창고 개수의 제곱근과 기존 창고 개수의 제곱근의 비율에 기존 시스템 재고 의 곱과 동일

- **중심 파장 방법**(centroid method) 무게중심기법 참고

- **철도 운송업체**(rail carriers) 전용 교통 수단. 철도 운송 서비스는 상대적으로 느리며 수송의 유연성도 낮지 만, 항공 운송이나 자동차 운송보다는 저렴함

- **컨테이너선**(containerships) 대부분의 세계 해상운송 제품을 운반하는 운송 수단으로 20피트 길이의 표 준컨테이너 1만 개 이상을 운반할 수 있다.

- **크로스도킹**(crossdocking) 부피가 큰 화물을 받아 작은 화물로 나눈 뒤 출고 주문에 맞추어 재포장한 후 제조 장소나 소매점 센터에 분배하는 운송방식

- **통합창고**(consolidation warehouses) 가까운 곳의 공급자들로부터 트럭 단위보다 작은 규모의 화물들을 모아 통합창고에서 떨어진 거리에 있는 제조 시설에 트럭 단위로 화물을 운송하는 창고
- **트럭 단위 화물 운송업체**(truckload carriers) 한 트럭 분량까지의 화물을 운송하는 트럭 운송업체
- **파이프라인 운송업체**(pipeline carriers) 대단히 특화된 운송 수단. 파이프라인에 투자된 초기 투자금이 회수되면 추가적인 유지 보수비용이 거의 필요하지 않기 때문에 장기적인 측면에서 파이프라인 운송은 대단히 저렴한 편. 파이프라인은 액체나 기체 상태의 물질만을 운반할 수 있기 때문에 파이프라인 운송의 성장 잠재력에는 제한이 있음
- **피기백 서비스**(piggyback service) 무게화차 위에 트레일러를 올리는 방식과 무개화차 위에 컨테이너를 올리는 방식 같은 혼합운송 서비스의 운송 형태
- **해상운송업체**(water carrier) 매우 저렴하고 느리며 유연하지 않은 운송 수단. 해상운송은 내륙수로 운송, 호수 운송, 연안 운송, 연안 간 해양 운송, 국제 심해 운송 등의 다양한 운송 형태를 가짐

검토해보기

1. 물류를 정의하라. 물류와 운송은 어떻게 다른가?

2. 물류관리에서의 활동과 목표는 무엇인가?

3. 시설 위치결정의 단계는 무엇이며, 어떻게 시설 위치가 물류에 영향을 미치는가?

4. 제조 시설과 서비스 시설에서의 위치 선정은 어떻게 다른가?

5. 회사의 위치 결정에 영향을 주는 요소는 무엇인가?

6. 세계무역기구의 지역무역협정에서의 역할은 무엇인가?

7. 관세는 무엇이며, 각 나라들은 왜 관세를 사용하기를 원하는가?

8. 왜 가중 요소 평가기법은 한 명의 분석가가 아닌 분석 팀에 의해서 수행되는가? 가중치의 합은 얼마인가?

9. 무게 중심 기법에서의 가정은 무엇인가? 어떤 종류의 회사가 이 기법을 사용하는가?

10. 5가지의 운송 수단은 무엇인가? 이 중에서 가장 유연한 운송 수단은 무엇인가?

11. 실시간 위치 시스템이란 무엇이며 왜 철도운송은 이 시스템을 사용하는가?

12. 어떤 종류의 선박이 가장 많은 수상 화물을 운송하는가?

13. 혼합 수송에 관하여 정의하고 운송수송 서비스의 2가지 변형을 설명하라.

14. 미국에서는 왜 교통 보안이 대단히 중요한가? 어떤 교통수단이 가장 안전에 민감한가?

15. 창고와 물류센터의 차이점은 무엇인가? 둘 중에서 크로스도킹이 많은 발생하는 곳은 어디인가?

16. 공공창고와 자가창고의 차이점에 대하여 설명하라. 두 종류의 창고들은 통합창고인가?

17. 위험 분산의 개념에 대하여 설명하고, 이 개념이 창고 위치와 어떻게 관련되어 있는지 설명하라.

18. 3가지의 창고 위치 전략에 대하여 설명하라.

19. 린 창고의 개념은 무엇을 의미하는가?

20. 반품관리는 무엇이며 회사들은 어떠한 방식으로 반품관리에서 이익을 얻는가?

21. 어떻게 기업들은 물류 지속가능성을 실천하는가?

토론해보기

1. 만약 당신이 집을 산다면 어떠한 위치 요소가 영향을 줄 것인지 논하라.

2. 어떤 회사가 특정 나라에 시설을 설립하려고 할 때, 국가 경쟁력이 이 회사의 시설설립 결정에 영향을 주는 이유는 무엇인가?

3. 회사는 언제 공급자와 가까운 곳에, 고객과 가까운 곳에, 공급자와 고객 사이에 시설을 설립하려고 하는가? 무엇이 비용과 고객 서비스에 영향을 주는가?

4. 어떻게 국가 사이의 무역 협정이 해당 국가에 새 시설을 설립하려는 회사의 의지에 영향을 미치는가?

5. 미국에서는 왜 철도 운반 톤수가 감소하고 있는가? 철도 운송업체는 이 추세에 대응하기 위해 무엇을 하는가?

6. 당신은 물류 지속가능성을 실천하는 것이 기업에 이익을 가져다준다고 생각하는가?

7. 창고 로봇의 장점과 단점에 관하여 토론하라.

연습해보기

1. 미국 제조업 분야에서의 노동권 주권에 관한 보고서를 작성하라. 이와 관련하여 고용과 현재의 추세에 대해 토론하라.

2. 최근 외국에서 월마트가 설립된 장소들 중 한 곳에 관해 조사하고 이 장소를 선택한 이유를 설명하라.

3. 이 교과서가 출간된 후로 현재 미국에서의 고속열차 상황은 어떠한가? 진행되고 있는 프로젝트에 관하여 기술하라.

연습문제

1. 다음의 요소들은 100점 척도를 기준으로 시걸(Siegel) 제조회사가 고려하고 있는 세 곳의 잠재적 국가 위치를 평가하기 위해 사용된다. 주어진 가중치와 점수를 사용하여 최고의 위치를 선택하라.

위치 요소	가중치	미국	멕시코	캐나다
토지 가용성	0.15	85	75	100
국가 경쟁력	0.5	100	65	85
삶의 질	0.30	90	80	100
노동력 가용성	0.25	70	100	72
교통 인프라	0.10	100	82	90

2. 폴라드 자동차 리퍼비시(Pollard Car Refurbishing) 센터는 미국의 남서쪽에 다른 센터를 건립하려고 한다. 위치 요소, 가중치, 잠재적 위치가 아래에 주어졌다. 100점 척도를 기준으로 선호하는 장소를 선택하라.

위치 요소	가중치	엘 파소	앨버커키	투산
차고 가용성/비용	0.20	80	85	70
지역 인구	0.25	60	75	75
삶의 질	0.15	60	10	80
노동력 가용성	0.25	100	85	80
부품 가용성	0.15	100	80	90

3. Jack은 대학에 진학하기 위해 생각해둔 여러 대학이 있다. 그는 중요한 요소들과 가중치를 나열한 후 100점 척도를 이용하여 상대 점수를 결정하기 위한 조사를 수행하였다. 그는 어떤 대학을 선호하는가?

위치 요소	가중치	애리조나대학	UCLA	콜로라도대학
·학교 명성	0.15	80	100	85
선택 가능 전공 수	0.25	90	100	100
학비	0.20	100	60	75
생활비	0.15	100	60	80
지역 삶의 질	0.15	80	100	90
학생 동아리	0.10	85	100	90

4. 페이스 유통(Faith Distributing)은 세 군데의 시장을 담당하고 있다. 이 회사는 운송비용을 최소화하기 위하여 시설을 중심에 위치시키려고 하고 있다. (X, Y) 코드 좌표에서 km 기준으로 각 시장이 중심에서 떨어진 거리는 M 1=(30, 52), M 2=(120, 25), M 3=(45, 125)이다. 다음 5년 동안 각 시장의 예상 수요는 M 1=125,000개, M 2=80,000개, M 3=45,000개이다. 무게 중심 기법을 사용하여 무게 중심을 찾고 세 곳의 시장을 보여주는 그리드 맵을 작성하라.

5. 페리스사(Ferris Company)는 중앙에 위치한 제조 시설로부터 세 군데의 시장에 제품을 공급하고 싶다. 세 곳의 시장은 그리드 시스템에서 보이는 것처럼 대략적으로 표시했다. 세 곳의 시장은 대략 똑같은 크기이다. 제조 시설의 무게 중심을 결정하라.

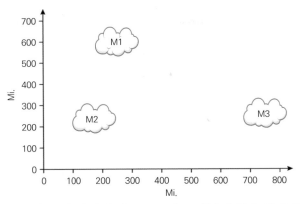

6. 캘리포니아주 남쪽에 세 곳의 산업체 부품 공급자 고객들이 있다. 부품 공급자는 이 세 고객 사들에게 부품을 공급해줄 수 있는 중앙 물류 센터를 건립하기를 희망하고 있다. 세 고객사의 위치와 필요한 부품 수량은 아래에 주어졌다. 무게 중심 기법을 사용하여 물류 센터의 위치를 결정하라.

고객	위치 좌표	부품/년
1	(180, 60)	10,000
2	(40, 90)	12,500
3	(84, 125)	4,600

7. 미셸의 파인 가구(Michelle's Fine Furniture)는 이 생략 회사의 시장을 두 지역에서 세 지역으로 늘리기를 희망하고 있다. 관리자는 이 변화가 시스템 재고에 미치는 영향을 알고 싶어 한다. 현재 각 창고의 평균 재고 수준은 대략 3,000개다. 제곱근 규칙을 사용하여 똑같은 재고 부족 수준을 유지하기 위해 필요한 평균 재고를 계산하라.

8. 문제 7번에서 주어진 정보를 이용하여, 만약 미셸의 파인 가구가 중심에 위치하는 창고 설립을 원한다면, 이 변화는 시스템 재고에 어떤 영향을 미치는가?

9. 다음의 창고 시스템 정보를 이용하여, 똑같은 고객 서비스 수준을 유지하기 위해 필요한 평균 재고 수준을 결정하라.

   · 현재 시스템: 6곳의 창고는 각각 5,000개의 재고를 보유하고 있음

   a) 새 시스템은 3곳의 창고를 보유할 예정임

   b) 새 시스템은 10곳의 창고를 보유할 예정임

10. 멜토니의 타이어(Meltoni's Tires)는 분산형 창고 시스템으로 전환하기를 원한다. 이 회사는 현재 4,000개의 타이어를 가진 한 곳의 중앙 창고를 보유하고 있다. 만약 이 회사가 네 곳의 창고 시스템으로 전환한 후 이전과 똑같은 재고 부족 수준을 유지하기 원한다면 재고에 미치는 영향은 무엇인가?

CASE **Study**

Case 1 | 지속가능성 원동력으로서의 입지

John은 니시무라 주문이행 및 유통 서비스 (Nishimura Fulfillment and Distribution Service)의 공급사슬 관리자이다. 급격한 성장세에 있는 니시무라는 여섯 곳의 신흥시장에서 영업을 시작할 계획이다. 이 회사는 회사 소유의 수송 선단, 바지선, 철도 차량, 세미트럭들을 보유하고 있다. 이 회사는 환경에 관심을 가지고 있기 때문에 지속가능성 성과를 향상시키고 싶어

한다. 주문처리 및 유통센터는 한번 설립되면 적어도 10년 동안 그 지역에서 운영되기 때문에 니시무라는 위치 선택이 가장 중요한 결정 중의 하나라고 믿고 있다. 그러므로 John은 어떻게 위치 선택과 지속가능성을 해결할지에 관한 제안서 작성을 담당하게 되었다.

John은 국내 또는 국외에 상관없이 노동, 토지 가용성, 비용, 시장 근접성, 공급자 근접성, 보상 같은 요인들이 중요 고려사항이라는 것을 발견했다. 추가적으로, 센터가 국외에 설립된다면 환율, 정치 안정성, 국가 경쟁력에 대한 검토가 필요하다.

니시무라의 고위 간부는 기업가치 측면에서 지속가능성이 고려되기를 원한다. 물류 지속가능성이란 "이산화탄소 배출 감소와 공급사슬 효율성 및 환경 영향의 향상을 위한 운송회사의 노력"으로 정의된다. 그러므로 지속가능성을 위한 하나의 열쇠는 연료 사용량 감소이다. 니시무라의 주문처리 및 유통센터는 수 톤의 화물을 처리한다. 수송 선단의 연료 사용량은 상당히 많은 수준이므로 환경 오염 또한 고려사항이다. John은 이 2가지의 지속가능성 관련 이슈는 연료 효율이 좋은 엔진 같은 최첨단 기술로 해결될 것으로 생각하지만 니시무라의 대단위 수송선단에 관한 개선작업은 비용이 문제가 될 것임을 알게 되었다.

John은 분석을 통해 입지 결정이 지속가능성과 관련된 우려를 불식시키는 데 도움을 줄 것으로 생각한다. 시장 혹은 고객 근접성에 집중하는 것보다는, 균형 잡힌 접근 방식이 연료 사용량과 환경 오염을 현저하게 감소시키는 결과를 보여줄 수 있다. 장기적 관점에서 운송에 대한 수요를 고려한다면 더 효율적인 운송 대안들을 도출할 것으로 예상된다. 물류 관리 협의회(The Council of Logistics Management)는 물류를 "원산지에서 소비지까지 효율적이며 효과적인 물품의 흐름을 계획하는 과정"이라고 정의한다. 이 정의에 따르면, 니시무라는 물류관리와 관련된 모든 도구들을 활용해야 하며, 연료 사용량과 오염 같은 화물 운송과 관련된 고려사항들을 고려해야 한다는 것을 인식했다. 그러므로 John은 지속가능성을 위치 선정 과정에서 주요 요인으로 포함할 것을 권고할 계획이다. 그

는 연료 소비량과 오염을 감안하면 장기적으로 어떻게 위치 선정이 이러한 문제들을 줄일 수 있는지에 대한 내용을 권고사항에 포함할 계획이다.

🔍 질문

1. 단순히 운송비 절감에 집중하는 대신에 회사는 운송수단들을 조합하여 사용할 수 있다. 이러한 행위를 설명하는 용어는 무엇인가? 이 활동을 더 효율적이며 효과적으로 만들기 위해 필요한 것은 무엇인가? 니시무라는 이러한 것들을 고려할 것인가?

2. 이 사례에서 공급사슬 환경과 관련된 도전은 무엇인가? 니시무라가 지속가능성을 향상시키기 위해서 사용할 수 있는 도구, 프로그램, 파트너십의 몇 가지 예는 무엇인가?

3. 바지선, 철도, 트럭 운송 시스템이 지속가능성에 영향을 주는 문제는 무엇인가?

4. 가중 요소 평가기법과 무게 중심 기법은 가장 일반적인 2가지의 위치 분석 기법이다. 지속가능성이 주요 고려사항이 되어야 한다는 주장을 근거로 어떤 위치 분석 기법이 사용하기 가장 좋은 기법인가? 또한 그 이유는 무엇인가?

🔍 참고

이 사례는 일리노이주의 레바논(Levanon)에 위치한 맥켄드리대학교(Mckendree University) 소속 경영학과의 Rick Bonsall이 작성하였다. 등장인물과 등장회사는 가상이며 등장인물과 등장회사의 유사성이 있다면 그건 우연의 일치이다. 이 사례는 수업 토론을 위해서 만들어진 내용으로 경영상황을 긍정적 혹은 부정적으로 나타내고자 하는 의도를 가지고 있지 않다.

Case 2 │ 애플의 위치 전략

"위치, 위치, 위치" 계속 반복되는 운영관리 문구이다. 이 문구는 제조 시설과 소매 시설의 위치 선택이 사업 성공에 얼마나 중요한지를 알려준다. 소매점은 상품과 서비스를 고객에게 공급하는 중요한 채널로, 애플(Apple)은 소매점의 위치를 대단히 중요하게 여긴다.

애플은 미국에서 2001년에 첫 소매점을 개점했다. 2014년 기준, 애플은 미국에 255개의 소매점을, 그리고 국외에 169개의 소매점을 보유하고 있다. 애플은 소매점의 위치를 결정할 때 눈을 사로잡는 건축과 교통량이 많은 위치에 높은 가중치를 둔다. 많은 교통량을 보장하기 위해서, 애플은 지하철, 버스 같은 특별한 운송 수단과 유동량이 많은 거리를 찾는다. 어퍼 웨스트사이드(Upper West Side)에 위치한 애플의 소매점은 건축으로 유명하다. 이 소매점은 45피트 높이의 바닥 돌과 유리 지붕을 가지고 있다. 게다가, 이 소매점은 고급 쇼핑 장소에 위치하고 있다. 이러한 입지는 양질의 노동력과 더 많은 고객들을 확보할 수 있음을 의미한다. 일반적으로 공급자 접근성은 위치 선정에 있어 중요한 고려사항이지만, 애플은 시장 접근성에 더 집중한다. 고급 쇼핑 장소에 대한 강조는 시장 접근성과 맥락을 같이 한다.

이러한 위치 선정 전략이 성공했다는 것은 애플의 소매점 성장세에서 명백하게 나타난다. 성공을 의미하는 또 다른 증후가 있다. 애플이 첫 소매점을 설립한 지 8년 뒤인 2009년에 마이크로소프트(Microsoft)는 첫 소매점을 오픈했다. 이들의 중요한 위치 선정 전략은 애플의 소매점 옆에 마이크로소프트 소매점을 설립하는 것이었다. 마이크로소프트는 특별한 장소를 선택할 필요가 있었지만, 애플사의 선례를 참고함으로써 위치 선정 과정을 짧게 만들 수 있었다. 마이크로소프트는 37개 주에 소매점을 가지고 있으며(만약 Puerto Rico를 포함하면 38개 주) 캐나다에 한 곳의 소매점을 가지고 있다. 2015년에는 호주의 시드니에 소매점을 열 계획이다. 마이크로소프트의 소매점이 위치할 주와 국가 선택 결정이 애플의 전략과 비슷하다는 것은 동일한 위치 선정 과정을 통해서 명확히 알 수 있다.

 질 문

1. 애플에 의해서 사용되는 위치 선택 기준에 대하여 설명하라.

2. 마이크로소프트는 애플의 위치 전략을 채택함으로써 올바른 결정을 내렸는가? 그렇게 생각한 이유를 설명하라.

3. 마이크로소프트는 애플의 첫 소매점 설립 전략의 8년 뒤에 소매점 전략을 시작했다. 마이크로소프트 소매점이 위치한 주의 수와 애플 소매점이 위치한 주의 수가 거의 비슷해진 이유는 무엇이라고 생각하는가?

참 고

이 사례는 일리노이주의 레바논(Levanon)에 위치한 맥켄드리대학교(Mckendree University) 소속 경영학과의 Rick Bonsall이 작성하였다. 등장인물과 등장회사는 가상이며 등장인물과 등장회사의 유사성이 있다면 그건 우연의 일치이다. 이 사례는 수업 토론을 위해서 만들어진 내용이다. 작가는 효과적 혹은 비효과적인 경영상황 처리를 나타낼 의도는 가지고 있지 않다.

참고문헌

- "State of Logistics: What's Next?," *Logistics Management* 58, no.7(2019) : 22-26, 28, 30, 32-33.

- J. Berman, "CBRE Report Pressents a Bright Future for Cold Storage Warehouse Growth," *Logistics Management* 58, no.7(2019):16.

- H. Landi, "Uber Deepens Ties in Healthcare with American Logistics Partnership," *FierceHealthcare*, August 13, 2019. 1.

- "Digital Glossary," Council of Supply Chain management Professionals, http://www.cscmp.org/digital/glossary. Accessed March 30, 2020.

- k. Thuermer, "Warehouse/DC Site Selection: Demand for Space Has Never Been Stronger," *Logistics Management* 58, no.7(2019): 58-60, 62.

- See, for example, B. Horovitz, "Honda Not So Simple Anymore," IndustryWeek, April 4, 1983, 45; "Honda Choose Indiana for US$400 mil. Factory," IHS Markit, June 28, 2006, http://www.ihs.com/country-industry-forecasting.html?ID=106599218; K. Johnson, "Honda's Global Strategy-Go local, "*Washington Post*, August 9, 2014, 1.

- B. Knobel, "Side Order of Real Estate: McDonald's Opens an Office Tower to Help It Turn a Profit in Moscow," *Los Angeles Times*, June 2, 1993, 1.

- M. Gunn, "Where in the World?," *Insurance and Technology* 35, no.5(2010): 26.

- "The Global Competitiveness Report 2018," World Economic Forum, http://reports.weforum.org/global-competitiveness-report-2018/competitiveness-rankings. Accessed March 30, 2020.

- "Global Competitiveness Report 2018."

- RightSite Team, "Balancing Market Access and Supplier Proximity," April 6, 2010, http://rightsite.asia/en/article/balancing-market-access-and-supplier-proximity.

- "Expanding in Europe," *Dairy Industries International* 82, no.3(2017): 40.

- D. Hannon, "American Railcar Uses TMS to Shine Light on Inbound Chain," *Purchasing* 139, no.3(2010): 13-14; "Cterpiller, Inc.: Caterpillar Expands Operations in United States," *Economics Week*, March 2, 2012, 266.

- J. Rabianski, J. "Employee Quality of Life in Corporate Location Decisions," *journal of Corproate Real Estate* 9, no.1(2007).

- "The Economist Intelligence Unit's Quality-of-Life Index," *Economist*, http://www.economist.com/media/pdf/QUALITY_OF_LIFE.pdf. Accessed March 30, 2020.

- "Quality of Life Index for Country and City 2019", Numbeo, https://www.numbo.com.quality-of-life/rankings.jsp.Accessed march 30, 2020.

- "Kirksville: Small Town, Widespread Collaboration, hard-Working Employees," *Pharmaceutical Executive* 29, no.5(2009): B10.

- "What Is the WTO?," World Trade Organization, http://www.wto.org/english/thewto_e/whattis_e/whatis_e.htm.Accessed March30, 2020.

- "Russian Federation—Recycling Fee on Motor Vehicles," World Trade Organization, https://www.wto.org/english/tratop_e/dispu_e/cases_e/ds463_e.htm. Accessed March 30, 2010.

- WTO, http; //www.wto.org/enhlish/tratop_e/dispu_e/437abrw_conc_e.pdf.Accessed March 30, 2020.

- "America's Top States for Business in 2019," CNBC, (Jul 10 2019), https://www.cnbc.com/2019/07/10/americas-top-states-for-business-2019.html. Accessed March 30, 2020.

- H. Eiselt, and V. Marianov, eds., *Foundations of location Analysis(*New York; Springer, 2011); A. Barros, *Discrete and Fractional Programming Techniques for Location Analysis*(New York; Springer, 1998); Z. Drezner, ed., Facility Location: A Survey of Applications and Methods(New York; Springer, 1995).

- Anysite® for Mapping and Analytical," https://www.retailitinsights.com/doc/retail-location-intelligence-0004.Accessed April 1, 2020. Also N. Wiliams,"Anysite IS Crucial to Our Data-Driven Site Selection Strategy. We Get Much More Clarity than Other Tools We've Worked with Before," https://www.pbinsight.com/files/case-syudies/case-study-files/24hourFitnessCSweb.pdf. Accessed April 1, 2020.

- "How CKE Grew Their Business with Maptitude," Caliper, http://www.caliper.com/map-software/case-studies/how-cke-grew-their-business-with-maptitude.gtm. Accessed April 1, 2020.

- "Freight Facts and Figures 2017", https://www.bts.dot.gov/sites/bts.dot.gov/files/docs/FFFM2017. pdf. Accessed April 1, 2020.

- "Swift Currents, Debris Slow Recovery Effort," NPR, August w, 2007, https://www.npr.org/templates/story/story.php?storyId=12441036. Accessed April 1, 2020.

- "Top Less-Than-Truckload Carriers," Transportation Topics, https://www.ttnews.com/top100/ItI/2018. Accessed April 1, 2020.

- "How Many Trucking Companies in the USA?" US Special Delivery, (February 23, 2017), https://www.usspecial.com/how-many-trucking-companies-in-the-usa. Accessed April 1, 2020.

- "Freight Rail Overview, "US Department of Transportation, https://www.fra.dot.gov/Page/P0362. Accessed April 1, 2020.

- "Acela Express, USA," Railway Technology, https://www.railway-technology.com/projects/amtrack. Accessed April 1, 2020.

- "Japanese Bullet Trains-40 Years at the Forefront," Railway Technology, September 3, 2007, https://www.railway-technology.com/features/feature1216.

- "Boeing Freight Family," Boeing, https://www.boeing.com/commercial/freights. Accessed April 1, 2020; "AN-225 Mriya Super Heavy Transport," Antonov, http://www.antonov-airlines.com/our-fleet/an-225. Accessed April 1, 2020.

- "Us Top 40 Airports," World Airport Codes, https://www.world-airport-codes.com/us-top-40-airports.html. Accessed April 1, 2020.

- J. Sanbum, "Mississippi River Could Close to Barge Traffic within Days," *Business & Money,* January 4, 2013, Railway Technology, September 3, 2007, https://business.time.com/2013/01/04/mississippi-river-could-close-to-barge-traffic-within-days. Accessed April 1, 2020.

- B. Singhj, "The World's Biggest Ship," *India Tribune*, July 11, 1999, https://www.tribuneindia.com/1999/99jul11/sunday/head3.htm.

- "Container Ship," Wikipedia, last modifeid February 9, 2020, https://www.en.wikipedia.org/wiki/Container_ship.

- E. Zolfagharifard, "Oil and Gas: In from the Cold," *Engineering* May 4, 2018, "Nord Stream," Wikipedia, last modifeid February 9, 2020, https://www.en.wikipedia.org/wiki/Nord_Stream.

- "What Is International Transportation?," Proficient Transportation, https://www.proficienttransportaion-com/f.a.q.html.

- "BNSF Railway," https://www.bnsf.com/about-bnsf/pdf.fact_sheet.pdf. Accessed April 1, 2020.

- "History," Atlantic Container Line, https://www.aclcargo.com/history.php. Accessed April 1, 2020.

- "DHS Rolls Out Airport Body Scanners," *InformationWeek*, March 5, 2010. 1.

- "Clear to Work with TSA to Strengthen Airport Security," *Airline Idustry Information*, September 29, 2014.1.

- A. Karp, "Cargo Screenings: 'Serious Challenges," *Air Transport World* 46, no.6(2009): 45-47.

- R. Edmonson, "DHS Scans 98 Percent of Imports for Radiation," *Journal of Commerce*, July 22, 2009, 1.

- Transportation Security Administration, https://search.usa.gov/search?query=employees&affiliate=tsa.gov.submit.x=0&submit.y=0. Accessed April 1, 2020. "This Week," *Journal of Commerce*, March 29, 2010. 1; "The Transportation Security Administration and the Aviation-Security Fee," U.S. House of Representatives, December 10, 2013, https://budget.house.gov/news/documentsingle.aspx?DocumentID=364049. Accessed April 1, 2020. K. Chotiner, "DHS Sets Out FY2016 Budget Needs, "Jane's Airport Review 27, no 3(2016): 1.

- T. Fox, "Nike Opens Its Largest Distribution Center Worldwide in Tennessee,"(June 30, 2015) https://hypebeast.com/2015/6/nike-opens-its-largest-distribution-center-worldwide-in-tennessee. Accessed April 1, 2020.

- M. Shaklett, "The 21st Century Warehouse," *World Trade* 24, no.3(2011): 18-25.

- C. Kator, "Warehouse Giants," *Modern Materials Handling* 61, no 12(2006): 31.

- T. Feare, "Jazzing Up the Warehouse," *Modern Materials Handling* 56, no 7(2001): 71-72.

- D. Biederman, "3PLs Put Pedal to the Metal," *Journal of Commerce*, March 8, 2020, 1.

- M. Brown, "The Slow Boat to Europe," *Management Today*, June 1997, 83-86.

- D. Maister, "Centralization of Inventories and the 'Square Rool Law'," *International Journal of Physical Distribution and Materials Management* 6, no 3(1976): 124-34.

- B. Trebilcock, "Distribution Evolution at PDS," *Modern Materials Handling* 65, no 2, (2010): 14-15.

- D. Roger, R. Lambke, and J. Benardino, "Taking Control of Reverse Logistics," *Logistics Management* 52, no 5(2013): 52-62.

- D. Lawrence, "China Issued Food, Toy Recall Rules to Tighten Safety," *Bloomberg*, August 31, 2007, https://www.bloonberg.com/apps/news?pid=20601080&sid=asUaOAct_vrc&refer=aisa. See also J. Wisner, "The Chinese-Made Toy Recalls at Mattel, Inc.," "*Business Case Journa*l 18, no 1(2011): 16-30.

- L. Rogers, "Going in Reverse to Move Forward," *Modern Material Handling* 64, no 9(2009): 28.

- T. Gallagher, "GENCO Contracts for Dell Remanufacturing," *Journal of Commerce*, July 22, 2009, 1.

- D. Blanchard, "Moving Ahead by Mastering the Reverse Supply Chain," *IndustryWeek* 258, no 6, (2009): 58.

- R. Martinez, "Best Practices in 'Return Management'," *Multichannel Merchant* 26, no 12(2010): 29.

- E. Fawley, "Energy 101: Oil," Fresh Energy, June 11, 2011, https://fresh.energy.org/2011/11/energy-101-oil; A. Bielak, "Breaking Down the Blueprint: Energy Efficiency and Energy Security," *Transportation for America(*Blog), June 3, 2009, https; //t4america.org/blog/2009/06/03/breaking-down-the-blueprint-energy-efficiency-and-energy-security.

- "NACFE," Trucking Efficiency, http://www.truckingefficiency.org. Accessed April 1, 2020.

- "Ask What If," *World Trade* 25, no 12, (2012): 18-20.

- "Schneider National Installs Container, Trailer Tracking," *Fleet Owner*, July 1, 2013, 1.

- "SmartWay," U.S. Environmental Protection Agency, http://www.epa.gov/smartway. Accessed April 1, 2020.

- T. Andel, "Logistics Companies Celebrate Sustainability, *Material Handling & Logistics*, August 1, 2014, 1.

- "Sustainability at Sea and in Northwest Arkansas," *Retailing Today*, June/July 2009, 24-25.

- P. Burnson, "Reverse Logistics: Closing the Global Supply Chain Loop," *Logistics Mangement* 52, no.2(2013): 34-35.

- S. Orr, "Here Come at the Robots," *Indianpolis Business Journal* 39, no.7(2018): 17A-18A.

- See D. Blanchard, "CSCMP Edge 2018: How to Build a Future Supply Chain," *Material Handling & Logistics*, October 2, 2018, 1.

- A. LaVallee, "Apple's Significant Store's Strategy," Wall Street Journal, November 12, 2009, http://blogs.wsj.com/digits/2009/11/12/apples-significant-strore-strategy.

- "Apple's Retail Expansion is about How It Can Emergy from Its Own Shadow," MarketWatch(blog), 2014, http://blogs.marketwatch.com/behindthestorefront.

- N. Wingfield, "Microsoft Retail Fail? They Laughed at Apple, Too," Wall Street Journal, October 15, 2009, http://blogs.wsj.com/digits/2009/10/15/microsoft-retail-fail-they-laughed-at-apple-too.

- "Microsoft Store Location," Microsoft, http://www.microsoft.com/en-us/store/locations. Accessed April 1, 2020.

- "Apple Retail Stores, United States," Apple, http://www.apple.com/retail/storelist. Accessed April 1, 2020.

생산 운영관리
Operations
Management

Chapter 16
공급사슬에 따른 프로세스 통합

비즈니스 프로세스 통합은 유통업체들에게 고객의 오퍼레이션에 대한 기시성(visibility)을 제공함으로써 그들이 고객의 요구를 잘 충족시킬 수 있도록 돕는다. 고객의 자재에 대한 수요와 주문을 충족하는 능력을 통합하는 것은 현재 클라우드 기반의 소프트웨어 프로그램을 사용하는 기업에게는 어려운 일이 아니다. 고객의 자재 재고 관리와 주문충족 프로세스를 연결시킴으로써, 유통업체들은 고객으로부터 신뢰받는 공급업체가 될 수 있다.
-Vince Sheeran, CEO of MarginPoint

고객을 만족시킬 수 있는 상품과 서비스를 제공하기 위해서 기업들은 그들의 공급사슬에 있는 협력업체들에게 크게 의존한다. 그러나 어떠한 기업도 재정 불안정에 따른 위험을 수반하는 공급업체에 의지할 수는 없다. 따라서 우리의 공급업체 위험 솔루션을 RapidRatings(전 세계 공공 및 민간 기업의 재무 건전성에 대한 정보를 제공하는 SaaS 기술 회사)와 통합함으로써 고객이 현명한 비즈니스 의사결정을 내리는 데 필요한 데이터를 제공할 수 있다.
-Tony Harris, global vice president, SAP Ariba

◎ 학습목표

1. 공급사슬 관리에 프로세스 통합이 미치는 영향

2. 성공적인 프로세스 통합을 저해하는 요소들

3. 공급사슬과 관련된 위험 및 안전 요인

4. 프로세스 통합과 관련된 중요한 이슈들

IBM 사례로 알아보는 프로세스 통합의 어려움

IBM의 공급사슬에는 상품들(메인프레임 컴퓨터, 서버, 소프트웨어, 여분 부품 등)을 생산하기 위해 수천 개의 공급업체가 존재한다. 이러한 규모와 복잡성을 지닌 공급사슬의 경우, 프로세스 통합은 간단한 일이 아니다. 특히, IBM의 프로세스는 여러 시행착오를 통해 발전해왔다.

> 구매에서 제조, 물류에 이르기까지 모든 공급 사슬은 지역적 제한을 초월하여 국제적으로 완전히 통합되어 있다.

초기 IBM은 회사 내부 부서들이 공급사슬 관리를 비롯한 업무들을 자율적으로 처리하도록 지시했다. 그러나 시간이 지나 점차 IBM이 글로벌 기업으로 발돋움해감에 따라 공급사슬통합은 더욱 복잡한 과제가 되었다. 오늘날 IBM의 공급사슬은 특정 지역 혹은 국가에 국한되어 있지 않다.[*]

초창기에는 자재 도착부터 완제품 생산에 이르기까지 같은 장소에서 제품 생산이 이뤄졌으며, 기타 모든 작업들에 대한 관리 역시 같은 곳에서 이뤄졌다. IBM의 글로벌 공급사슬이 점점 복잡해짐에 따라, 제품, 프로세스, 커뮤니케이션의 흐름은 모든 공급사슬을 거쳐 관리된다. IBM의 통합된 공급사슬은 전 세계에 걸쳐 동일한 시스템을 사용하여 많은 주문량(메인프레임 컴퓨터, 서버, 소프트웨어, 여분 부품 등)을 처리할 수 있다.

공급사슬에 어떠한 문제가 발생해도 대응할 수 있도록 하기 위해서는, 공급사슬이 어떻게 작동하는지 이해해야만 한다. IBM은 문제 대응 가능 여부가 해당 공급업체로부터 제공되는 정보에 달려 있으며, 따라서 공급업체가 IBM 비즈니스의 성공에 영향을 끼칠 수 있음을 인지하고 있다. 이런 맥락에서 IBM의 비즈니스 통합 부문 부사장인 Mike Ray는 다음과 같이 말한다. "오늘날 공급업체 및 비즈니스 파트너들과 협력은 우리에게 매우 중요하다. 과거에는 공급자들과의 관계가 적대적인 경우가 대부분이었다. 구매자는 공급자들에게 절대 많은 정보를 제공하지 않았고, 공급자들은 구매자들과의 커뮤니케이션을 기피했다. 그러나 우리가 과거의 경험으로부터 배운 것은 (구매업체, 공급업체, 물류업체를 떠나) 우리와 관계를 맺고 거래하는 모든 공급사슬 구성원들은 가시성과 정보가 필요하다는 것이다."

IBM은 비용 감소를 위하여 그들의 통합영역을 지속가능성 영역으로까지 확장하였다. IBM은 지속가능성을 위해 여러 가지 프로그램을 개발하였는데 이들을 묶어 Green Sigma Tool이라고 부른다. Green Sigma Tool은 분석 기기장치로 에너지 사용을 측정하여 설비의 에너지 효율성을 높이는 데 목적이 있다. IBM은 이미 몇 년 전 비즈니스 영역에 걸쳐 에너지 사용을 10% 감소하였으며, 그 후 계속해서 매년 5%씩 에너지 감축을 달성해왔다. 이러한 에너지 효율성 제고와 관련된 프로그램은 비단 IBM뿐만 아니라 협력업체 및 고객사에게도 적용 가능하다.

학습 개요

앞서 언급했던 것과 같이, 부품, 보조재, 그리고 궁극적으로 완성재(재화 및 서비스)를 생산하여 고객에게 전달하는 기업의 네트워크(구매, 생산, 그리고 물류와 관련된 모든 프로세스를 포함)를 공급사슬이라고 부른다. 일반적으로 한 개의 기업은 공급업자, 고객, 기업 내부부서 및 인력으로 구성된 다수의 공급사슬을 가진다. 공급사슬관리의 주요 목표는 고객에게 제공되는 재화 및 서비스에 대한 가치를 창출하기 위해 모든 프로세스를 관리하는 것이다. 그리고 이렇게 창출된 가치는 궁극적으로 해당 기업, 공급자 및 고객 모두에게 혜택을 준다.

기업들은 가치를 증진하기 위하여 그들의 공급사슬에 있는 협력업체들과의 여러 비즈니스 프로세스 활동들을 반드시 통합해야 한다. 프로세스 통합(Process Integration)은 공동의 프로세스를 관리하기 위하여 정보를 공유하고 협력하며 각각의 자원들을 조정하는 것을 말한다. 앞서 1장에서 언급된 8가지 핵심 공급사슬 프로세스는 기업의 프로세스와 공급자 및 고객들을 통합하는 것을 목적으로 하며, 다른 개념들을 설명하는 데 있어 기초가 되는 내용이다. 지금까지 이러한 프로세스들의 개념과 더불어 생산, 구매, 물류와 관련된 다양한 이슈들이 논의되었다. 그러나 가치 창출을 위해 공급사슬에 속해 있는 참여자 각각의 프로세스가 반드시 조정되고 공유되거나 통합되어야 한다는 주장에 대해서는 간략하게만 소개되었다. 따라서 본 장에서는 프로세스 통합에 대해서 보다 구체적으로 논의하고자 한다.

많은 기업들에게 프로세스 통합은 어려운 문제다. 직원들과 관리자가 내부 프로세스를 관리하는 것에는 익숙하지만 다른 협력업체의 인력과 활동을 조정하는 것에는 그렇지 못하기 때문이다. 단일 기업의 내부부서 간 정보 공유도 어렵다는 점을 생각하면 공급사슬 프로세스 통합이 얼마

프로세스 통합은 공급망 관리에서 매우 어렵지만, 아주 필수적인 요소다.

나 어려운 과제인지 쉽게 짐작할 수 있다. 최근 인사과 담당자와 비즈니스 중역들을 대상으로 한 설문에서 응답자들은 내부부서 간 통합조차도 실행시키고 유지하는 데 큰 고충이 따른다고 언급하였다. 이러한 설문 결과는 앞의 주장을 뒷받침한다. 내부부서 간 프로세스 통합은 성공적인 외부 통합(외부 협력업체 및 고객)에 대한 선행조건으로, 내부 프로세스 통합의 어려움은 외부 프로세스의 통합을 더욱 달성하기 어렵게 만든다. 본 장에서는 프로세스 통합, 프로세스 통합이 채찍효과에 미치는 영향, 공급사슬 관리에서 프로세스 통합의 중요성, 정보공유에 따른 공급사슬 위험 및 안정과 관련된 다양한 이슈들과 같은 핵심 비즈니스 프로세스들에 대해서 논의한다.

> * 공급사슬 비용의 감소, 시장 변화에 대처할 수 있는 높은 유연성, 프로세스의 적절한 관리를 통한 안전재고 필요성 감소, 높은 수준의 품질, 빠른 시장 진출, 자원의 적절한 활용

앞선 IBM 사례와 같이, 공급사슬 프로세스 통합은 적절한 교육 및 준비, 적극적이고 자발적인 협력업체, 신뢰, 상호 호환 가능한 정보 시스템 구축, 그리고 하나 혹은 그 이상의 조직 문화의 변화를 요구하기 때문에 공급사슬 프로세스 통합은 매

우 어려운 과제일 수 있다. 그러나 이러한 어려움에도 불구하고 공급사슬 프로세스 통합에 의한 협력 및 정보 공유의 혜택*의 효과는 지대하다. 다음 장에서는 공급사슬 프로세스 통합이 어떠한 단계들을 거쳐 이루어지는지 알아보고자 한다.

1 공급사슬 프로세스 통합 모델

1. 공급사슬 관리에 프로세스 통합이 미치는 영향

〈그림 16-1〉은 공급사슬 통합의 구성 요소들*을 제시하고 있다. 각각의 요소에 대해서 하나하나 살펴보도록 하자.

1 주요 협력 파트너 선정

* 주요 협력 파트너 선정, 공급사슬 전략 개발, 핵심 프로세스 목표와 공급사슬 전략과의 조정 및 일치, 각 주요 프로세스에 대한 외부 공급사슬 성과 측정 개발, 핵심 프로세스와 공급사슬 구성원 간의 통합, 그리고 주기적으로 통합모델을 재평가

기업이 최종 고객에게 완성된 재화와 서비스를 성공적으로 판매하고 전달하기 위해서는 핵심 협력업체들을 선정하는 것이 무엇보다 중요하다. 시간이 지남에 따라 기업은 장기적이고 성공적인 비즈니스 거래를 통해 이러한 협력 파트너들을 보유하게 된다. 높은 수준의 품질과 합리적인 가격으로 부품을 공급한 공급업체들은 거래 기업과 신뢰를 구축하게 되고, 궁극적으로는 해당 기업의 상품과 서비스를 구매하는 고객을 만족시킨다.

🔴 그림 16-1_ 공급사슬 프로세스 통합모델

기업은 주요 공급자와 고객[*]을 식별하고 선정함으로써 자신의 자원을 핵심 프로세스 관리 및 운영에 집중시킬 수 있게 되고, 나아가 전체 공급사슬의 성과를 향상시킬 수 있다. 불필요한 비즈니스 프로세스를 제거하는 것은 성공적인 공급사슬 관리를 위한 전제 조건이다. 1998년 발표된 유명한 공급사슬 관리 논문에 따르면, 핵심 협력 파트너들은 "특정 고객 또는 시장을 겨냥하여 특정 재화나 서비스를 생산하도록 설계된 비즈니스 프로세스에서 실제로 운영 및 관리 활동을 수행하는 모든 자율적 회사 또는 전략적 비즈니스 단위"로 정의된다.

> 현재 거래하고 있는 공급업체의 공급업체 및 현재 주요 고객의 고객까지 포함

공급사슬 내에서 기업이 실제로(물리적으로) 어디에 위치하는지에 따라[*] 핵심 협력업체의 네트워크 구조가 달라진다. 기업이 각 상품 및 서비스에 대한 핵심 협력업체의 네트워크를 이해하는 것은 프로세스 통합에 있어 어떠한 비즈니스를 포함하고 제외할 것인지에 대한 의사결정에 도움이 된다. IBM의 경우, 핵심 업체들과 해당 프로세스를 조정하는 것을 매우 중요하게 여겼고, 그 결과 2006년에는 해외 조달 담당 본부를 미국에서 중국 선전으로 이전하였다.

> 예를 들어, 공급업체와 가까운 곳, 고객과 가까운 곳, 혹은 그 중간지점

② 공급사슬 전략 수립

기업은 각 제품 및 서비스에 부합하는 적절한 공급사슬 전략을 선정해야 한다. 어떤 완성품은 품질 측면의 경쟁이 이뤄지는 반면, 다른 완성품들은 (앞서 2장에서 언급했던 것처럼) 가격, 고객 서비스, 혹은 지속가능한 측면에서 경쟁이 이뤄진다. 완성품 생산을 위한 전략은 공급사슬의 각 구성원들에게 다음과 같은 분야에 구체적인 방침 및 정책으로 전달되어야 한다. ① 제조할 부속품 및 구성품의 설계 ② 구매할 부속품, 서비스, 및 공급품 ③ 협력할 공급업체 선정 ④ 제작 프로세스 구성 ⑤ 물류 시스템 선정 ⑥ 보증 및 반품 서비스 ⑦ 아웃소싱 수준 선정. 상기와 같은 분야에서, 관련 정책들은 공급사슬 전략을 지원하는 방향으로 조정되어야 한다.

만약 지속가능성이 소비자의 특정 완성품에 대한 선호를 결정짓는 핵심 요소라고 한다면, 공급사슬의 각 구성원들에게 적용되는 전략과 정책은 친환경적으로 영향을 끼칠 수 있는 방향으로 수립되어야 한다. 예를 들어, 탄소 발자국[*]의 양을 제어하기 위해서는 재료, 부품, 및 서비스 단계에서 이를 고려하여 제품을 생산하고 최종 고객에게 전달해야 한다.

> Carbon footprint: 개인 또는 단체가 직간접적으로 발생시키는 온실기체의 총량

오늘날 많은 기업들은 경쟁 우위를 확보하기 위한 일환으로 지속가능성을 추구하고 있다. 이에 따라 모든 공급사슬 구성원들은 해당 기업이 요구하는 지속성장 가능성을 위한 요건들을 충족시켜야 한다. LA에 기반을 둔 여성 의류 회사인 Sanctuary는 지속가능성을 달성하기 위하여 Smart Creation이라는 프로그램을 통해 Sanctuary의 공급사슬 구성원들을 관리한다. Sanctuary 홈페이지에 따르면, Sanctuary는 린넨이나 TENCEL(재활용 플라스틱)과 같은 환경에 덜 해로운 섬유 조직을 사용하는 한편, 데님의 세탁 공정을 향상시켜 청바지 생산에 필요한 물의 사용

량을 크게 감소시켰다. 2020년에 출시 예정인 업사이클 조깅화(Upcycled jogger)의 경우, 커피 가루와 옥수수 녹말로 만든 밑창이 특징이다. 다음 Walmart의 사례를 통해 Walmart가 어떻게 공급업체들이 지속가능성 수준을 높일 수 있도록 지원했는지 살펴보자.

1) 핵심 프로세스 목표와 공급사슬 전략과의 조정 및 일치

각 기업은 주요 고객 및 공급업체와의 논의를 통해 각 제품에 맞는 공급사슬 전략을 수립할 수 있다. 공급사슬 전략이 수립된 이후에는 제품 및 서비스의 성공에 기여하는 중요한 프로세스들을 식별하고, 각 프로세스의 목표를 일관성 있게 조정해야 한다. 예를 들어 완성품이 저가 전략을 사

뛰어난 공급업체에 보답하는 Walmart와 HSBC

HSBC와 월마트는 상호 협력을 통해 공급업체의 자금 조달 비율과 지속가능성 성과를 연계시킨 새로운 금융상품을 개발하였다. 구체적으로, Walmart의 공급업체가 "Gigaton" 프로젝트(혹은 Gigaton 지속가능성 지수 프로그램)에서 지속가능성 성과를 개선했을 경우, HSBC는 해당 업체가 더 나은 조건으로 대출을 받을 수 있도록 혜택을 준다. Walmart의 Gigaton 프로젝트는 2030년까지 공급사슬에서 대량의 온실가스 제거를 목표로 하며, "지속가능성 지수" 프로그램은 제품 수명 주기 전반에 걸쳐 정보를 수집하고 분석하는 것을 목표로 한다. Walmart는 이러한 프로젝트들을 통해 소비자 대상 완제품의 지속가능성을 개선하는 데 전념하고 있다. 프로젝트 Gigaton을 실행한 결과, Walmart와 중국 협력업체는 2019년 봄을 기준으로 346만 톤의 온실가스를 감축하였음을 보고하였다. Walmart는 또한 재활용 폴리에스터 섬유의 사용을 늘릴 것이라고 밝혔으며, 2025년까지 재활용 소재의 사용을 50%까지 늘리는 것을 목표로 하고 있다. Walmart의 자사 브랜드(private brand)는 100% 이상의 친환경 소재의 면(Cotton)을 제품에 사용할 계획이다.

HSBC 금융 거래 및 매출 채권의 글로벌 책임자 Natalie Blyth는 "구매업의 구매 기준은 지속가능성을 위한 큰 동기로 작용한다. 이것이 우리가 힘을 합친 것을 자랑스럽게 생각하는 이유다"라고 말하며 "우리는 세계 최대 소매 업체이자 지속가능한 미래를 건설하겠다는 사명을 가진 Walmart와 함께할 것이다. 많은 산업에서 환경에 가장 많은 영향을 끼치는 것은 기업 혼자가 아니라 기업의 공급사슬이다. 따라서 공급사슬 관리는 지속가능성 개선을 위한 큰 잠재력을 제공한다"라고 덧붙였다.

Walmart 재무 담당 부사장인 Matthew Allen은 다음과 같이 말한다. "우리는 위와 같은 현상이 어떻게 혁신을 촉발하고 가치를 창출하는지를 직접 목격했다. 그렇기 때문에 우리는 공급사슬에 속한 기업들이 지속가능성에 초점을 맞추도록 장려할 것이다. 지속가능성에 대한 투자는 공급업체의 생산성 향상과 비용 절감으로 이어질 뿐만 아니라, 전 세계에 대한 기여를 통해 공급업체의 비즈니스 성장을 촉진할 수 있다."

출처: A. Friedman, "HSBC and Walmart Join Forces on Sustainable Supply Chain Finance," *Sourcing Journal*, April 18, 2019, 1.

용하여 경쟁하는 경우, 부품 및 자원을 구매함에 있어 비용을 낮추도록 노력해야 한다. 주요 공급업체들 역시 해당 기업이 제시한 저가 정책계획(그 결과 프로세스 통합의 필요성 발생)에 발맞추도록 해야 한다.

〈표 16-1〉은 1장에서 검토한 8개의 중요한 공급사슬 비즈니스 프로세스를 정리하고 있다. 들어가기에 앞서 프로세스는 내부 또는 외부 고객을 위한 제품이 및 서비스를 생산하기 위해 투입물을 활용하도록 설계된 일련의 활동으로 정의될 수 있음을 상기하자.

2) 고객 관계 관리

고객 관계 관리 프로세스는 기업이 고객 관계를 발전시키고 관리하기 위한 구조를 제시한다. 9장에서 논의한 바와 같이, 주요 고객과 이들의 니즈가 결정된 이후, 이를 충족시키기 위해 상품과 서비스가 개발된다. 시간이 지남에 따라 이러한 주요 고객들과의 관계는 정보 공유, 제품 설계, 제공, 품질 및 비용 개선을 위한 회사 간 팀 구성, 공유 목표 개발을 통해 견고해진다.

3) 고객 서비스 관리

5장에서 논의된 바와 같이, 고객 서비스 관리 프로세스는 고객에게 정보를 제공하고 회사와 고객 사이의 모든 제품 및 서비스 계약을 관리하는 것을 말한다. 정보는 웹사이트, 개인 상호작용, 정보 시스템 링크, 인쇄된 매체를 포함한 다양한 커뮤니케이션 채널을 통해 제공될 수 있다. 기업은 배송 관련 목표와 정책을 수립하여 고객에게 상품과 서비스가 적절히 배송될 수 있도록 하며, 제품

표 16-1_ 8가지 공급사슬 프로세스

프로세스	설 명	관련 활동
고객관계관리	고객관계 창출 및 유지	주요 고객을 식별하고 분류하며, 고객그룹의 요구에 따라 상품과 서비스를 고객화
고객서비스관리	고객만족을 유지하기 위한 고객과의 상호작용	고객과 제품 및 서비스와 관련된 계약을 관리: 고객대응 절차 설계 및 실행
고객수요 관리	고객수요와 공급자의 공급능력 균형화	수요예측: 수요를 충족시키기 위해 생산용량을 계획 또는 조정하며, 불균형에 대한 비상계획 수립
주문충족	고객의 주문을 이행	약속한 시간 및 날짜에 상품을 전달할 수 있도록 유통 네트워크를 설계
제조프로세스관리	특정 시장을 만족하기 위한 상품개발	고객이 원하는 상품을 개발하기 위하여 제조 프로세스를 설계
공급자 관계 관리	공급자 관계 창출 및 유지	주요 공급자 식별, 공식적인 관계 수립, 주요 공급자 개발
신상품 개발 및 상품화	주기적인 신상품 개발 및 효과적으로 개발된 신상품을 시장으로 출시	새로운 아이디어를 얻을 수 있는 출처 다변화, 다양한 기능을 수행할 수 있는(고객과 공급자를 포함한) 팀 수립
반품관리	효과적인 반품 및 처분에 관한 관리	반품 및 폐기에 대한 기준 개발, 반품 네트워크 수립

출처: The Global Supply Chain Forum, Ohio State University, https://fisher.osu.edu/centers-partnerships/gscf. Accessed April 3, 2020.

및 배송 민원에 대응할 수 있도록 하며, 가장 효과적인 커뮤니케이션의 수단을 활용할 수 있도록 한다. 고객 서비스 관리 프로세스에는 고객 서비스 성과를 모니터링하고 보고하는 방법도 포함된다.

4) 수요 관리

5장에서 논의된 바와 같이, 수요 관리 프로세스는 고객의 수요와 기업 생산 능력이 균형을 맞추도록 돕는다. 구체적인 수요 관리 활동에는 수요예측 후 구매, 생산, 유통 기능 내에서 생산량과 수요를 변화시키는 기법을 활용하는 것이 포함된다. 예측은 수요 요구사항 예상에 사용되며, 고객과의 협업 계획 접근 방식을 통해 더 정교해질 수 있다. 수요 변동을 완화시키고 수요와 공급 사이에 차이가 발생할 때 생산용량을 증가 또는 감소시키기 위한 여러 방법들이 존재한다.

5) 주문충족

주문충족 프로세스는 필요한 수준의 고객 서비스를 최저 비용으로 제공하는 동시에 기업이 고객의 주문을 충족할 수 있도록 하는 일련의 활동을 의미한다. 주문충족 프로세스가 효율적으로 이루어지기 위해서는 기업의 마케팅, 생산 및 물류와 관련된 프로세스가 통합되어야 한다. 15장에서 논의한 바와 같이, 주문충족과 관련된 문제에는 공급업체의 위치(지역), 사용되는 국내·국외 운송수단, 생산 시설 및 물류 센터의 위치 등이 포함된다. 고객 요구사항을 충실히 이행하기 위하여 주문충족 프로세스는 고객 관계 관리, 고객 서비스 관리, 공급업체 관계 관리, 반품 관리 등과 같은 일련의 프로세스들과 긴밀하게 연계되어야 한다.

6) 제조 프로세스 관리

7장에서 논의한 바와 같이, 제조 프로세스 관리는 실제 제품을 만들고, 시장에 적절히 서비스를 제공하는 데 필요한 제조 유연성을 확립하고, 주문 리드 타임 요구사항을 충족하는 생산 시스템을 설계하는 데 필요한 일련의 활동을 의미한다. 고객의 요구가 다양해짐에 따라, 기업의 공급사슬과 제조 프로세스는 경쟁력을 유지하기 위해 반드시 변화해야 한다. 8장에서 볼 수 있듯이, 많은 경우 공급사슬에 속한 기업에게 유연성과 신속 대응이 요구되고 있으며, 이러한 고객들의 요구에 부응하고자 기업들은 린 시스템(lean system)을 도입하고 있다. 제조 프로세스 특성 또한 공급업체에 대한 요구사항에 영향을 미친다. 예를 들어, 배치(batch) 크기와 리드 타임이 줄어들 경우, 공급업체는 작은 규모로 빈번히 부품을 제공해야 한다. 이러한 변화는 해당 기업과 공급업체 간 상호작용과 관계를 변화시킬 수 있는 잠재 요인이 된다.

7) 공급자 관계 관리

공급자 관계 관리 프로세스는 기업이 어떻게 공급업체와의 관계를 관리할 것인지 규정한다. 14장에서 논의된 바와 같이, 잘 관리되고 있는 공급사슬의 기업은 주요 재료, 제품과 제품의 비용, 품질 및 고객 서비스 목표를 충족하기 위하여 소수의 가장 우수한 성과를 달성하는 공급업체들을 식별하고 이들과 지속적으로 상호 이익을 실현할 수 있는 긴밀한 관계를 구축한다. 제품 및 서비스를 생산하는 데 필수적이지 않은 품목의 경우, 공급자 선정을 위해 역경매(reverse auction), 입찰 또는 카탈로그를 사용할 수 있다. 이러한 프로세스에는 공급업체 선별 및 선정, 제품 및 서비스 계약 협상, 공급업체 성과 모니터링, 신제품 설계 및 개발 목적으로 공급업체와 상호작용 등의 활동이 포함된다.

8) 신상품 개발 및 상품화

앞서 3장에서 우리는 제품 디자인 및 개발에 대하여 논의하였다. 1장에서 정의한 바와 같이, 제품 개발 및 상용화 프로세스는 변화하는 고객 요구사항을 충족시키기 위해 새로운 제품을 개발하고 이러한 제품을 신속하게 시장에 출시하는 것을 의미한다. 이러한 과정은 해당 기업이 신제품을 개발할 때 고객의 니즈를 충족시키고 제품 사양을 충족하기 위하여 자신의 프로세스에 고객과 공급업체를 관여(통합)시키는 것을 의미한다. 제품 개발 및 상용화 과정에는 신제품 아이디어를 창출할 방법과 포상, 신제품 개발팀 구성, 신제품 아이디어 평가 및 선택, 마케팅 채널 결정 및 제품 출시, 마지막으로 각 신제품의 성공 평가 등의 활동이 포함된다.

9) 반품관리

15장에서 논의된 반품관리 프로세스는 고객 서비스를 일정 수준 이상으로 유지하도록 하며 제품을 개선할 기회를 제공한다는 측면에서 공급사슬 관리에 큰 도움이 된다. 반품관리 활동에는 상품의 적절한 복원, 재활용 또는 폐기, 보증 수리, 반품 데이터 수집 등이 포함된다. 반품관리 프로세스를 담당하는 직원들은 반품 과정에서 고객관계 관리 담당자뿐만 아니라 고객과도 빈번하게 소통한다. 반품관리의 목표 중 하나는 반품 비율을 줄이는 것이다. 이를 달성하기 위해서는 제품 개발 담당자, 공급업체 및 기타 모든 반품 문제에 관여하고 있는 사람들에게 반품 및 수선 정보를 공유하고, 이를 통해 향후 제품 설계 및 구매 품목 결정에 반영할 수 있도록 해야 한다.

앞에서 살펴본 8개의 프로세스는 개별적인 것이 아니라 기업의 궁극적인 목적 및 목표를 달성하기 위해 조정되고 통합되어야 한다. 각 부서들이 일관된 목표를 가지게 되면 기업의 내부 프로세스 통합에 도움을 줄 수 있을 뿐만 아니라, 공급사슬 전략을 달성할 수 있게끔 기업이 투여하는 노력과 보유하고 있는 자원을 조정할 수 있다. 예를 들어, 저가격 정책이 기업의 핵심 공급사슬 전략이라면, 마케팅 부서의 목표는 더 저렴한 배송 대안을 찾고 공급업체가 공급사 재고관리(vendor-managed inventory)를 개발하도록 하며 고객 주문 프로세스를 자동화시키는 것들이 될 수 있다. 생산부서의 목표는 운송 및 유통 시스템에 부합하는 대량 포장 솔루션을 개발하고, 대량 생산 능력을 증가시키며, 특정 제품에 대해서는 총비용이 가장 적은 제작부지(manufacturing sites)를 찾는 것들이 될 수 있다. 구매부서의 목표는 규격에 맞는 가장 저렴한 재료와 구성품을 확인하고 가능할 때마다 역경매를 활용하는 것일 수 있다. 기업이 각 프로세스의 세부 목표를 설정하기 위해서는 각 부서에서 인원들을 차출한 팀을 구성하여 활용할 필요가 있으며, 이를 통하여 도약할 수 있다.

③ 통합된 각각의 프로세스에 대한 성과 측정 방법 개발

기업은 앞서 논의한 각 핵심 공급사슬 프로세스 영역에서 거래 파트너와의 통합을 관리·감독할 수 있는 성과 측정 기준을 개발해야 한다. 주요 거래 파트너의 대표들로 구성된 팀을 구성하여 이러한 성과 측정과 관련된 기준들을 설계하고 논의하고, 각각의 제품에 대한 공급사슬 전략과의 일관성을 유지해야 한다.

높은 통합 수준을 달성한 공급사슬은 구성원들에게 각 핵심 공급사슬 프로세스에 대해 공급사슬 구성원들의 평균성과 지표들을 제공하여 공급사슬 전반의 성과를 파악할 수 있게 한다. 예를 들어, 연료 가격 상승에 따라 인바운드 물류(inbound logistics) 및 아웃바운드 물류(outbound logistics)

Exide 기업의 공급사슬 프로세스 가시성 향상을 위한 Fourkites 사용

조지아에 본사를 둔 자동차 배터리 제조업체인 Exide Technologies는 글로벌 사업부에 걸쳐 실시간으로 공급사슬 가시성과 예측 분석을 얻기 위해 FourKites를 사용한다. Exide는 FourKites의 "last mile" 가시성 솔루션을 통해 기존의 종이 문서 기반 프로세스를 디지털 프로세스로 탈바꿈하였으며, 그 결과 주문-현금 워크플로우를 최적화할 수 있게 되었다. FourKites의 솔루션은 배터리 교체 장소에서 수거한 배터리의 반환 정도를 확인할 수 있게 하며, 고객이 주문한 자동차 배터리가 최종 고객 목적지까지 전달되었는지 등을 추적할 수 있도록 정보를 제공한다. 그리고 대다수의 배터리는 재활용이 가능하기에, Exide의 제조 시설로 향하는 재활용 부품 자재의 흐름(위치 정보) 역시 파악할 수 있게 한다.

Exide는 또한 FourKites의 솔루션을 사용하여 자사의 아웃바운드 물류 네트워크를 최적화하고 회사의 물류 센터를 통해 배송을 추적한다. 이러한 정보는 최종 고객에게 정확한 도착 예정 시간을 제공한다. Andrew Mosteller(Exide

물류담당 이사)는 "우리 사업에서는 고객에게 적시에 적합한 제품을 제공하는 정확성이 특히 중요하다. FourKites와 기술력을 제휴해 시장 선도적 만족도를 달성하게 되었다"고 말한다.

Exide는 또한 FourKites를 통해 각 운송수단별 적재량을 계산하고 있으며, Fourkites를 사용하는 (익명의) 다른 기업들 대비 자사의 성과 수준을 확인하는 데 활용하고 있다.

출처: "Exide Taps FourKites for Real-Time Supply Chain Visibility," *Fleet Owner*, August 29, 2018, 1.

는 지난 몇 년 동안 어려움을 겪었다. 높은 연료 가격으로 인해 거래 파트너들은 더 저렴한 화물 운송 방법을 적시에 찾아야 하며, 이는 특히 글로벌화된 공급사슬에 더 큰 부담으로 작용하게 된다. 다음 사례는 실제 기업이 어떻게 공급사슬 성과를 관리·감독하는지 보여준다.

고객에게 특히 중요한 것은 정시 배송이다. 2019년 LateShipment.com은 40개 이상의 글로벌 배송 서비스 제공업체에 대해 실시간으로 7,500만 개 이상의 소형 택배 배송 건들을 추적했으며, 전자상거래 소매업자들을 대상으로 설문을 시행했다. 그 결과 LateShipment.com은 구매에 가장 큰 영향을 미치는 3가지 요소(3P)인 가격 책정(Pricing), 속도(Pace, 주문 도착 시), 정확성(Precision, 고객이 원하는 시간과 장소에 패키지를 배달)을 도출하였다. FedEx와 UPS에서 제공하는 가장 비싼 야간 배송 서비스는 평균 6.94%의 배송 지연을 보였다. LateShipment.com은 보고서를 통해 "배송 데이터를 확보하고(통찰력 및 최적화 기회 제공 등의 방법으로 가시성 확보) 이를 활용함으로써 배송과 관련된 문제들을 해결할 수 있다"라는 결론을 내렸다. 또한 "이번 보고서를 통해 우리는 데이터에 기반한 가시성의 부족과 공급사슬 의사결정을 위한 통찰력 부족이라는 2가지 문제를 해결하고자 하였다"라고 덧붙

⚙️ 표 16-2_ 공급사슬 성과 측정 지표

성과 측정	설 명
총괄 공급사슬 관리 비용	• 주문 처리, 자재 구매, 에너지 구매, 환경 준수 비용 규제, 재고와 반품 관리, 그리고 공급사슬 재무, 계획 및 관리 정보 시스템 • 평균적으로 기업들은 매출의 약 5~6%를 공급사슬 관리 비용으로 지출하는데, 효율적인 공급사슬은 평균 매출의 4~5%를 지출한다.
공급사슬 현금 순환 주기	• 원자재 구매와 제품 구매 사이의 평균 일수 • 해당 성과 측정 지표는 기업의 재고 감소의 정도가 기업의 공급사슬을 통한 현금 이동 속도에 미치는 영향을 보여준다. 가장 효율적인 공급사슬은 현금 순환 주기가 평균 30일 정도로 이는 일반 기업에 비해 훨씬 적은 수치이다.
공급사슬 생산 유연성	• 공급사슬 구성원들에게(사전 계획되지 않고 지속적인) 20% 증산을 요구할 경우, 이를 달성하기 위해 필요한 평균 시간 • 공급사슬이 재무적 성과를 유지하면서 예상치 못한 수요 급증에 신속하게 대응할 수 있는 능력은 엄청난 경쟁 우위를 제공한다. 공급사슬에 속해 있는 공급업체가 예상치 못한 수요 증가에 신속하게 대응할 수 있도록 부품 재고를 현지에서 유지하는 것은 일반적인 공급사슬 정책 중 하나다. 최고 수준의 공급사슬에서 평균 생산 유연성은 1~2주이다.
공급사슬 배송 성과	• 요청한 전달 날짜 이전에 이미 충족된 주문의 평균 비율 • 가장 실적이 좋은 공급사슬의 경우 배송은 94~100%로 충족된다. 보통 기업의 경우는 대략 70~80%이다.
공급사슬 완전 주문 충족 성과	• 공급업체의 제품 중 적시에 손상 없이 도착한 제품의 평균 비율 • 이는 배송 성능의 표준이 되고 있으며, 공급사슬에서 중요한 경쟁 우위의 원천이 되고 있다.
공급사슬 e-business 성과	• 공급사슬 구성원들의 평균 온라인 주문(electronic orders) 비율 • 사무용품 소매업체 Staples의 경우 2007년까지 주문의 90%가 온라인으로 이루어졌다. 온라인 주문의 경우 주문 관리 비용의 최대 90%를 절감할 수 있기에 오늘날 공급사슬 회사들은 전자 기반 주문 접수 시스템과 마케팅 전략에 많은 투자를 하고 있다.
공급사슬 환경성과	• ISO 14000 인증을 받은 공급사슬 거래 파트너의 비율, 환경 지속가능성 관리자를 설정한 공급사슬 내 협력업체의 비율, 기업의 전체 목표 중 환경 관련 목표의 평균 비율, 온실가스 배출 감소를 위해 채택된 정책의 평균 개수, 기업의 친환경 정책으로 인한 탄소 감축 평균 비율

출처: Adapted from S. Geary and J.P. Zonnenburg, "What It Means to Be Best in Class," *Supply Chain Management Review*, July 2000, 42-50.1 "Exide Taps FourKites for Real-Time Supply Chain Visibility," Fleet Owner, August 29, 2018, 1.

였다. 성과 측정에 관한 이슈는 앞선 2장에서 잠시 논의되었지만, 공급사슬 통합 성과 측정과 관련된 다양한 지표들은 〈표 16-2〉에 자세히 소개하고자 한다.

1) SCOR 모델

공급사슬을 통합하고 성과를 측정하는 방법들 중 하나는 공급사슬 컨설팅 회사들인 Pittiglio, Rabin, Todd, & McGrath, 그리고 AMR Research가 1996년에 개발한 SCOR 모형이다. 이 회사들은 텍사스에 기반을 둔 비영리 글로벌 조직인 공급사슬 협의회를 설립했는데, 공급사슬 협의회에는 현재 6개 대륙 900개 이상의 이익 및 비영리 단체들이 참여하고 있다. 2014년 공급사슬 협의회는 공급사슬 및 운영 관리를 위한 글로벌 전문 협회인 APICS와 합병하여 APICS SCC를 구성하였다. APICS SCC의 목적은 회원들에게 교육의 기회를 제공하면서 SCOR 모형을 개선하는 것이다.

SCOR 모형은 판매자의 납품 운영을 구매자의 소싱 운영과 연계함으로써 공급사슬 구성원들 간 오퍼레이션 통합을 돕는다. SCOR-P 인증은 SCOR 모형에 대한 지식과 방법에 대한 전문적인 자격증으로, 2013년 도입되었다. 2013년에 발표된 SCOR 모델의 11번째 개정판에는 〈그림 16-2〉에 표시된 것처럼 새로운 프로세스 범주인 ENABLE이 추가되었다. 2017년에 발표된 12번째 개정판에는 옴니 채널, 메타데이터, 블록체인 및 현재 공급사슬 전문가들이 사용하는 새로운 요소들을 포함하고 있다. APICS 최고경영자 Abe Eshkenazi는 "오늘날의 비즈니스 환경에서는 공급사슬을 핵심역량으로 간주하여 경쟁 우위를 유지하는 것이 필수적이다"라고 말한다.

SCOR 모형은 전 세계 다양한 산업의 제조 및 서비스 기업들에서 공급사슬 관리 진단, 벤치마킹, 프로세스 개선 도구로 사용되고 있다. SCOR 모형을 성공적으로 적용한 기업들로는 Intel, IBM, 3M, Cisco, Siemens, Bayer 등이 있다. 최고의 공급사슬을 만들기 위한 일환으로, Alcatel-Lucent는 2001년 경기 침체 이후 SCOR 모형 지표들을 이용하여 성과를 측정하고 벤치마킹하였다. 그 결과, 납품 실적, 소싱 주기, 공급사슬 관리 비용, 공급 재고 일수 등의 항목에서 큰 개선을

🔺 그림 16-2_ SCOR 모델의 프로세스와 항목 간 관련성

달성하였다. 2005년 Cisco는 증가하는 글로벌 환경 변화를 모니터링하기 위한 방법으로 SCOR 모형을 사용하여 공급사슬을 개편하기 시작했다. 개편 결과, SCOR 모형 기능들을 총괄하는 직책을 신설했다. 2010년 독일의 반도체 제조업체 Infineon은 SCOR 모형을 사용하여 민첩하고 적응력이 뛰어난 공급사슬을 구축했고, 18개월 동안

지속된 이 프로젝트에는 수백 명의 임직원, 고객, 공급업체 및 생산 파트너가 참여했다. SCOR 모형은 공급사슬 오퍼레이션을 〈표 16-3〉과 같이 계획, 소싱, 제조, 배송, 반품, 활성화의 6가지 프로세스 범주로 구분한다.

SCOR 모형을 실행하는 것은 간단치 않다. SCOR 모형을 실행하고 적용하는 데에는 상당한 시간 필요하며, 기업 내 부서 간 그리고 공급사슬 파트너 간 커뮤니케이션이 필요하다. 이러한 어려움에도 불구하고 기업들은 SCOR 모형이 매우 유익하다고 평가한다. 예를 들어, Mead Johnson Nutrition의 글로벌 생산성 담당 이사 Joe Williams는 SCOR 모형이 자사의 공급사슬 성과를 측정하는 데 많은 도움이 된다고 밝혔다. 그러나 그는 이러한 공급사슬 성능을 측정하는 것을 "매우 어려운 일"이라고 했는데, 왜냐하면 "SCOR은 어떤 면에서는 확정적이지만 다른 면에서는 다른 해석의 여지가 있기 때문이다."

SCOR 모형은 공급사슬 구성원 간의 효과적인 커뮤니케이션, 성능 측정 및 프로세스 통합을 위해 설계되었다. 표준화된 참조 모형은 경영진이 내부 및 외부 고객에게 서비스를 제공하고 공급사슬을 통해 개선을 유도하며 경영 및 관리에 집중할 수 있도록 지원한다. SCOR 모형을 사용하면 거의 모든 공급사슬을 설정하고 평가하고 벤치마킹할 수 있으므로 공급사슬 참여 구성원의 지속적인 개선과 지속가능한 경쟁 우위 확보로 이어질 수 있다.

표 16-3_ **SCOR 모델 프로세스 유형**

유형	설명
계획	총괄적 수요 및 공급 계획 수립, 자원과 요구사항의 균형, 공급사슬을 위한 커뮤니케이션 계획 수립, 공급사슬 성과, 데이터 수집, 재고, 자본, 운송 및 규제 요건 등을 관리
소싱	납품 일정 수립, 제품 수령·확인·전달, 공급업체 지급 승인, 공급업체 식별 및 선정, 공급업체 성과 평가, 재고 및 공급업체 계약 관리
제조	생산 활동 일정 수립, 제품 생산·테스트·포장·배송, 프로세스, 장비 및 설비 작업 관리 등을 포함한 생산 실행
배송	주문, 창고, 배송 관리(주문 문의, 견적, 운송업체 선정 등 모든 주문 단계를 포함, 발송 계획 및 운송업체 선정을 포함), 입고 및 운송업체 관리, 제품 선적 및 배송, 고객에게 송장 발행, 완제품 재고 관리 및 수출·수입 요구사항 관리
반품	공급업체로 구매 자재 반품 및 고객으로부터 완제품 반품 수령(반품 승인 및 일정 관리를 포함), 불량품 또는 초과 생산된 제품의 수령, 확인, 폐기, 반품 관련 재고 관리
활성화	공급사슬 오퍼레이션에 필요한 정보, 관계, 자원, 자산, 계약을 수립·유지·모니터링하는 프로세스, 프로세스를 활성화하여 공급사슬의 계획 및 실행 프로세스의 설계 및 관리를 지원

4 외부 프로세스 통합의 평가 및 개선

시간이 지남에 따라 기업은 성과가 높은 공급업체와 수익성 좋은 고객에 집중하는 한편 그들과 유익한 관계를 맺으려고 한다. 반면 실적이 저조한 공급업체와 수익성이 떨어지는 고객과는 관계를 단절하려 한다. 기업은 협업 및 프로세스 통합을 통해 이러한 관계를 구축, 유지 및 강화할 수 있다. 공급사슬 파트너 간의 프로세스 통합이 강화됨에 따라 공급사슬 성과가 향상되고 이는 모든 거래 파트너들의 성과도 함께 향상시킨다. 공급사슬 구성원은 궁극적으로 최종 고객을 만족시키고 수익을 극대화하기 위해 신제품, 생산 능력 확장 계획, 신기술 및 마케팅 캠페인, 판매 및 예측 정보 등을 상호 공유해야 한다. 프로세스 통합은 기업들이 협업하고 정보를 공유하도록 하는 좋은 방법이다.

기업은 프로세스 성과 측정 방법을 설계하고 조직하기 위해 구성된 팀을 프로세스 통합을 위한 핵심 자원으로 간주해야 한다. 이렇게 조직된 팀은 공급사슬 프로세스 목표를 설정할 수 있으며, 목표 달성을 위해 공유해야 하는 정보의 유형을 설정하고 조정할 수 있다. 각 프로세스에 대한 성과 지표를 고안한 다음, 이를 분석하여 통합에 따른 문제들은 없는지 혹은 프로세스의 약점은 무엇인지 파악할 수 있다. 기업들은 프로세스 성과 및 통합 수준을 동시에 평가해야 하며, 이들을 함께 개선할 수 있도록 협력해야 한다. 프로세스 통합은 공급사슬 성과 향상에 과연 얼마나 영향을 끼칠까? McKinsey는 성공적인 소비재 공급사슬의 특성을 도출하기 위해 "Supply Chain Champion"이라 불리는 연구를 수행하였다. 우선 각 시장에서 선도적인 위치에 있는 40개의 소비재 기업들의 성과를 그래프로 나타낸 다음, 이러한 회사들의 성공을 다양한 공급사슬 속성과 연관시켰다. 그 결과 "공급사슬 협업"이라는 핵심 성공 요인이 도출되었다.

정보가 전달되고 공유되는 방식은 프로세스 통합에서 매우 중요한 역할을 한다. 오늘날 인터넷을 통해 구매자와 공급자가 연결되는 것은 공급사슬이 통합되는 하나의 주요 방법이다. 일반적으로 지식 관리 솔루션(knowledge-management solutions)이라 불리는 인터넷 애플리케이션은 공급사슬 파트너들 간의 실시간 협업 및 정보 흐름을 가능하게 한다. 이는 공급사슬 데이터를 수집하고 더 빠른 의사결정을 내릴 수 있는 능력을 의미한다. 캘리포니아에 본사를 둔 공급사슬 관리 소프트웨어 공급업체인 E2open의 Lorenzo Martinelli 전무는 "오늘날의 경쟁 환경은 공급사슬 전반을 관리하는 데 있어 최고의 역량을 가진 기업들에 의해 정의된다"라고 말했다. 공급사슬 통신과 인터넷 기술은 기업 간 제품과 정보의 흐름, 계약 협상과 실행, 수급 문제 관리, 주문·실행, 금융 결제 처리 등의 업무들이 원활히 수행될 수 있도록 지원한다.

5 필요에 따른 통합 노력의 재평가

통신 기술 및 신제품, 새로운 공급업체 및 새로운 시장의 등장으로 시장은 빠르게 변화하고 있다. 이러한 환경에서 협력업체들은 주기적으로 그들의 통합 모형을 점검하여 변경 사항을 파악하고 시장 변화가 기업의 공급사슬 통합 노력에 미치는 영향을 평가해야 한다. 더 나은 역량, 더 많은 채널 선택 및 더 나은 자원을 가진 새로운 공급업체가 시장에 진입할 수 있다. 혹은 기업이 오래된 제품을 재설계하는 과정에서 다른 부품이 요구되거나 중요시되는 공급업체의 역량이 바뀔 수 있다. 만약 기업이 해외시장에 진출하는 상황이라면 다른 경쟁전략을 기반으로 한, 다른 형태의 공급 사슬을 구성해야 할 수 있다. 위와 같은 예들은 기업들이 일반적으로 겪는 상황으로, 기업들은 공급사슬 전략, 목표, 프로세스, 성과 측정 및 통합 수준을 재평가해야 한다.

예를 들어 캐나다 경제에서 국제 무역이 차지하는 비중이 커짐에 따라, 공급사슬을 계속해서 재평가하는 것은 캐나다 기업에 매우 중요한 일이 되었다. 예를 들어, 캐나다의 서해안 컨테이너 항구 교통량은 1990년에서 2010년까지 거의 6배 증가했다. 캐나다 기업들은 중국에서 제조 혹은 소싱하는 전략을 계속 사용하는 것보다, 캐나다, 미국, 유럽, 멕시코, 아시아와 같은 다양한 지역을 혼합하는 전략을 사용하고 있다. 또한 글로벌 제조 및 소싱 결정에 있어 리드 타임 변동성, 물류 비용 및 정시 배송과 같은 요소들에 주의를 기울이고 있다.

2 프로세스 통합의 장애물

2. 성공적인 프로세스 통합을 저해하는 요소들

공급사슬의 프로세스 통합을 저해하는 여러 가지 요인들은 공급사슬의 가시성을 낮추고 정보를 왜곡할 수 있으며, 주기시간 증가, 재고소진, 채찍효과 유발 등을 발생시킨다. 이는 전체 비용을 증가시킬 뿐 아니라 고객 만족도를 낮출 수 있다. 경영자는 더 경쟁력 있는 공급사슬을 구축하기 위해 저해 요인을 파악하고 제거해야 한다. 〈표 16-4〉에는 저해 요인들이 요약되어 있다. 각각의 요인에 대해서 하나씩 살펴보자.

1 사일로 사고방식

기업은 종종 자신의 결정이 자신의 공급사슬, 장기적 경쟁력, 수익성에 미치는 영향을 생각하지 못한다. "내가 이기면 상대방은 진다"라는 사일로(Silo) 사고방식이 발현되는 경우로 공급업체와 힘든 협상을 하거나 고객의 AS 요구에 신경 쓰지 않거나 새로운 상품과 서비스를 개발하는 데 적은 자원을 할당할 때를 들 수 있다. 특히 글로벌 공급사슬과 관련된 기업의 경우 문화적 차이로 인해 사일로 사고방식

Getty images

사일로 사고방식(기업의 의사결정이 자신의 공급사슬에 속한 다른 구성원에 미치는 영향을 고려하지 않음)에 기반한 기업 운영은 기업의 경쟁력과 수익성에 악영향을 미칠 수 있다.

표 16-4_ **프로세스 통합 저해 요인**

사일로 사고방식	전체를 보지 않고 회사의 이익을 위해서 행동
정보 가시성의 부족	공급업체들 간 필요한 정보가 실시간으로 쉽게 공유되지 않음
신뢰 부족	상대방이 부당한 이득을 취하거나 정보를 비윤리적으로 사용할까 봐 정보 공유를 꺼리는 것
지식 부족	공급사슬의 장기적인 이익에 대한 프로세스 기술 또는 지식의 부족
	채찍효과를 야기하는 활동
수요 예측 업데이트	다양한 고객 주문을 통해 수요를 예측하고 생산 일정을 조율하며 구매 품목을 업데이트 하는 것
주문 일괄 처리	주문 및 운송 비용 절감을 위해 공급업체로부터 대량의 상품을 간헐적으로 주문하는 것
가격 변동	구매자에게 가격 할인을 제공함으로써 불규칙한 구매 패턴을 야기
배급 및 부족	부족한 제품 물량을 구매자에게 할당해 향후 구매자가 실제 필요한 양 이상으로 주문을 늘리게 하는 것

이 발생할 수 있다. 영국의 자동차 회사 Rover가 대표적이다. 1980년대에 Rover는 일본에 본사를 둔 Honda와 제휴를 맺고 새로운 자동차를 위한 부품을 공급했다. 그러나 Rover 경영자들의 오만함과 일본문화에 대한 학습 부족으로 인해 Rover는 파트너십을 통해 누릴 수 있는 많은 이점을 상실했다. 이후 독일 기업인 BMW가 Rover를 인수했을 때, BMW 경영자들과의 소통 문제와 정치적 내분 상황은 더욱 심각했다. Chrysler와 Daimler-Benz의 경영 문제가 불거지면서 파트너십이 해체된 것도 이와 유사한 사례라 할 수 있다.

공급사슬 구성원들 간 협력 결여는 결국 품질의 저하, 비용상승, 고객 서비스 문제 등 부정적인 결과를 일으켜 공급사슬을 위협한다. 실제로 전자제품 유통업체 Best Buy의 물류·운송 부문 부사장인 Wayne Bourne은 인터뷰에서 공급사슬 관리에서 제거해야 할 가장 큰 위험 요인으로 기업에 존재하는 사일로 사고방식을 꼽았다.

기업 내부에서도 서로 다른 부서의 직원들 간에 사일로 효과가 발생할 수 있다. 예를 들어, 운송 담당자는 회사의 영업 부서의 요구에 반하여 연간 운송 비용을 최소화하려고 할 수 있다. 비용 최소화를 위해 가장 저렴한 운송수단을 사용할 경우, 정시 배송이 어렵게 되고, 품절을 경험한 고객들로 인해 고객 서비스 수준이 저하된다. 이러한 사일로 사고방식을 극복하기 위해 경영자들은 기업의 공급사슬 목표를 내부 부서의 목표 및 인센티브와 일치시켜야 한다. 각 기능부서의 의사결정은 기업 전체의 이익과 거래 파트너들에게 미치는 영향을 고려하여야 한다. 경영자는 내부부서가 내부 및 외부 프로세스를 통합할 수 있는지, 그리고 전반적인 공급사슬 목표를 달성할 수 있는지 여부를 성과 점검 시 반드시 확인해야 한다.

기업 외부적으로 경영자들은 공급업체 및 고객에게 기업의 행동이 전체 공급사슬에 미칠 수 있는 영향을 설명하고 이해시켜야 한다. 이러한 노력은 공급사슬 관계 관리 프로세스의 중요한 부분이다. 또한 공급업체들을 매년 평가하고 이들의 성과가 (공급사슬 목표 대비) 향상되지 않았을 경우 교체를 고려해야 한다. Sutter Health는 캘리포니아에 본사를 둔 의사, 병원 및 기타 의료 서비스 제공자들의 네트워크이다. Sutter Health는 부서들 간 통합이 환자에게 좋은 진료를 제공하는 데 가장 효율적인 방법이라고 오랜 시간 믿어왔다. Sutter Health의 이러한 통합 노력(내과 의사, 병원, 가정 치료, 호스피스 서비스)은 Dartmouth 의과대학 평가임상과학센터의 연구에서 미국 내 대표적인 프로세스 통합 성공사례로 기록되었다.

2 정보 가시성의 부족

공급사슬에서 정보 가시성의 부족 역시 프로세스 통합에 있어 흔한 문제점 중 하나이다. 정보 가시성은 공급자와 고객 간 상품과 서비스의 흐름을 관리하는 데 필요한 데이터를 실시간으로 공유하는 것을 의미한다. 지리적으로 분산된 공급사슬의 구성원들에게 정보의 가시성은 매우 중요하다. 새로운 제품 안전 표준, 거래 협정 및 보안 의무사항은 거의 매일 바뀌고 있는데, 이는 정보 가시성이 수입업체와 배송업체에게 특히 중요함을 의미한다. North Carolina 소재의 Integration Point는

공간적으로 분산된 공급사슬 내의 구성원들에게 정보의 가시성은 매우 중요하다. 가시성 부족은 다양한 공급사슬 문제를 일으킬 수 있다.

글로벌 무역 및 규정 준수 솔루션 공급업체이다. Integration Point의 제품 및 전략 담당 부사장인 Melissa Irmen은 "가시성은 단순히 일이 일어나는 것을 지켜보는 것이 아니다"라고 이야기했다. 그는 또한 "시장 상황이 매우 빠르게 변화하고 있으며 이에 따라 모든 구성원과의 연결성을 확보하는 것은 무엇보다 중요하다"라고 밝혔다. 이러한 문제는 대부분 IT 시스템 때문이다. 1,500개의 제약사들을 대상으로 한 설문 조사에 따르면, 대부분의 업체들이 이미 ERP 시스템 및 기타 관련 기술에 수백만 달러를 지출했음에도 불구하고 IT 시스템이 적절한 정보 가시성을 제공하고 있다고 생각하는 업체는 1/3에 불과했다.

공급사슬의 구성원들이 정보 시스템을 통해 데이터를 전송하기 위해서는 사전에 데이터를 다른 시스템에 업로드하는 것이 필요하다. 이때 추가적으로 발생하는 시간은 재고 증가, 비용 증가, 응답 시간 증가, 고객 손실 등을 일으킬 수 있다. 지연시간 문제는 오늘날 공급사슬 소프트웨어 개발자들이 해결하고자 하는 주요 문제 중 하나다. 대다수 소프트웨어 애플리케이션은 사용자가 자신의 데이터를 프로세스 통합 기능이 있는 타사 비즈니스 애플리케이션을 통해 데이터를 공유할 수 있도록 하는 기능을 제공한다. 원양 운송업체의 화물 컨테이너 추적은 공급사슬 가시성의 중요성을 보여주는 한 사례이다. 보통 항구에 들어오는 컨테이너 100개 중, 약 45개는 다시 적재되어 역송(逆送) 시 수익을 창출할 수 있게 된다. 만약 공급사슬의 가시성이 향상되면 적재물을 컨테이너에 잘 대응시켜 더 큰 수익을 창출할 수 있다.

무선 주파수 식별(RFID) 기술은 공급사슬에 실시간 정보 가시성을 제공한다. 사용자는 공급사슬에 있는 모든 제품의 정확한 위치를 언제든지 확인할 수 있다. 게다가, RFID 태그는 데이터 수집 시간과 오류를 줄이거나 제거하면서도 바코드 대비 데이터를 정확하고 구체적으로 적시에 얻을 수 있다는 장점이 있다. 예를 들어, 장미를 배송할 때 온도가 기준치 이하로 떨어지게 되면, RFID 시스템은 장미 화물을 더 가까운 목적지로 보내도록 경고를 보낼 수 있다. 비즈니스 소프트웨어 공급업체인 Georgia-based Infor의 제품 개발 담당 이사인 Kaushal Vyas는 "나쁜 데이터는 잘못된 의사결정을 초래한다"라고 말하며 "기업은 장소와 무관하게 항상 실시간으로 데이터를 소싱하고 마이닝할 수 있어야 한다. 그 결과 기업은 예외 상황에 잘 대처할 수 있으며, 이는 궁극적으로 기업의 성과 향상을 가져온다"라고 말했다.

③ 신뢰 부족

공급사슬 구성원 간의 성공적인 프로세스 통합에는 신뢰가 필요하며, 사일로 사고방식 및 정보 가시성 부족과 마찬가지로 상호 신뢰의 부족은 성공적 공급사슬 관리의 주요 걸림돌로 인식된다. 공급사슬 구성원 사이에 신뢰는 시간이 지남에 따라 발전하는데, 이는 각각의 구성원들이 자신들이 한 약속을 이행했기 때문이다. 진부하게 들리지만, 신뢰의 형성은 서로에게 윈-윈(win-win) 상황을 가져다준다. 예를 들어, Boeing의 787 Dreamliner는 처음 출시되었을 때 50개의 회사로부터 710대의 주

공급사슬 구성원과 신뢰를 쌓는 데는 상당한 시간이 걸리지만, 이는 충분히 가치 있는 투자다. 신뢰의 부족은 공급사슬의 성공을 심각하게 저해할 수 있다.

문을 받았다. 이 주문에서 핵심 역할을 담당했던 것은 Boeing의 70개 공급업체로, 해당 공급업체들은 Boeing의 비행기 부품과 조립품의 거의 70%를 공급하고 있었다. 파트너십의 기반이 되는 신뢰의 중요성은 Boeing이 수많은 부품의 세부 엔지니어링 및 테스트를 공급업체에 의존하고 있다는 사실에서 다시 한번 확인할 수 있다.

안타깝게도 오래된 기업의 관행과 구매 습관은 하루아침에 바뀌지 않는다. 경영자들이 서로 믿고 협력하는 것이 회사의 최대 관심사라는 것을 이해하기 전까지는 공급사슬의 성공을 달성하는 것은 매우 힘들다. Mayo Clinic은 협력적인 태도와 환자를 돌보는 것에 높은 가치를 부여하는 전문가를 고용함으로써 협력 문화를 구축한다. 거대 컴퓨팅 기업인 IBM의 전 CEO Sam Palmisano는 수만 명의 IBM 직원과 수십 명의 거래 파트너가 참여하는 온라인 타운 홀 형태의 회의를 조직하였다. 이를 통해 개인주의에 기반한 극도로 계층적인 문화를 협업문화로 전환하였다. IBM은 협력에 대한 강조의 일환으로 IBM 로고가 새겨진 티셔츠, 배낭 등을 IBM 종업원들에게 수여한다.

공급사슬 구성원 간 정보 공유가 늘어나고 있지만, 아직 갈 길은 멀다. 글로벌 기술 서비스 컨설팅 회사 Accenture의 인적자원 성과 관리팀장 David Smith은 다음과 같이 말했다. "기업들은 이제 막 정보 공유의 중요성을 인지하기 시작했다. 그러나 이를 올바르게 시행하는 기업은 소수에 불과하다."

④ 지식 부족

기업들은 프로세스 통합을 위해 꾸준히 노력해왔다. 최근 수년 사이, 기술의 발달로 확장된 공급사슬 전반에 걸쳐 프로세스 통합이 가능하게 되었다. 기업과 종업원들이 성공적으로 협력할 수 있도록 네트워크를 갖추기 위해서는 경영자들이 해당 기업뿐만 아니라 공급사슬 구성원들에게 지속적인 설득과 교육을 하여 올바르게 일 처리를 하도록 해야 한다. 기업들은 문화, 신뢰, 프로세스 지식에서 차이를 보이기에, 공급사슬을 성공적으로 경영하

직원들이 적절한 교육을 받아야만 프로세스 통합이 성공적으로 이루어질 수 있다.

기 위해서는 거래 파트너들과 내부 직원들의 역량을 높이는 데 상당한 시간을 투자해야 한다. 공급사슬 구성원을 교육하는 것은 협업적 교육(Collaborative Education)으로 알려져 있다. 협업적 교육을 통해 프로세스를 더 빠르게 통합하고 궁극적으로 공급사슬을 보다 성공적으로 구축할 수 있다. 기술이 변화하고 아웃소싱이 증가하며 공급사슬이 해외 공급업체와 시장으로 확대되면서 협력업체의 소프트웨어 및 경영 교육 또한 중요해졌다. Boeing Defense, Space & Security의 공급자 개발 부서장인 Rick Behrens은 "우리는 공급업체들을 Boeing의 연장선으로 본다. 우리는 직원의 교육에 많은 투자를 하고 있고, 공급업체들을 위한 교육 및 개발에도 투자하고 있다"라고 답했다. 농장 및 건설 장비 제조업체인 John Deere는 주요 공급업체를 교육하기 위해 특별히 글로벌 학습 및 개발 센터를 설립했다.

변화와 정보공유는 조직 구성원들에게 위협적일 수 있다. 특히 아웃소싱이 프로세스 통합을 수반하는 경우, 사람들은 통제력을 잃거나 직업을 상실하게 될까 두려워한다. 또한, 기업들이 공급사슬 정보 인프라를 구축함에 따라, 기업들은 내부 및 외부적으로 통합이 필요한 여러 ERP 시스템, 메인프레임 제조 애플리케이션, 데스크톱 분석 및 설계 소프트웨어들을 보유하게 된다. 시스템을 사용하는 구성원들은 초기부터 교육을 통해 구매 결정, 프로세스 실행에 관여해야 한다.

모든 기업이 성공적으로 프로세스를 통합하기 위해서는 지속적인 교육이 필요하다. 교육과 훈련이 부족하면 혁신이 일어날 수 없고, 궁극적으로 경쟁력을 상실한다. 잘못된 의사결정과 인적과오(human error)는 공급사슬에 파급효과를 일으켜 신뢰를 상실하고 문제를 증가시키며 이를 바로잡는

데 필요한 비용을 증가시킨다. 산업 박람회, 학술회 및 엑스포는 프로세스 통합에 대한 학습, 아이디어 교환 및 새로운 정보 수집을 위한 좋은 기회가 될 수 있다.

5 채찍효과를 일으키는 행동

6장에서 논의한 바와 같이, 공급사슬에서 채찍효과(bullwhip effect)는 빈번하게 발생하며, 공급사슬 전역에 걸쳐 비용 증가를 일으킨다. 이러한 채찍효과는 공급사슬 구성원이 통제할 수 있는 여러 가지 요인에 의해 야기된다. 완성된 제품에 대한 수요는 비교적 일정한 반면, 공급업체의 수요예측은 예측 오류를 감안하여 생산 일정에 안전재고를 추가하기 때문에 수요 변동이 해당 완성품의 원자재 쪽으로 갈수록 커지는 결과를 낳는다. 이를 채찍효과라 부른다. 이렇게 주문량이 폭증하게 되면 생산능력 계획, 재고 관리, 인력 및 생산 스케줄링에 문제가 발생하게 된다. 결과적으로 고객 서비스 수준이 낮아지고, 전반적인 안전 재고 수준이 높아지며, 공급사슬 비용이 증가한다. 채찍효과에 대한 기존 연구는 채찍효과를 야기하는 네 가지 주요 요인을 제시하고 있다. 채찍효과의 원인과 이에 대응하기 위한 방법에 대해 알아보자.

1) 수요예측 업데이트

구매업체의 주문 시 공급업체는 주문 정보를 수요 예측에 사용할 수 있다. 이러한 정보를 바탕으로 공급업체는 수요예측과 자신의 공급업체에 발주하게 되는 주문을 업데이트한다. 주문 시점과 배송 시점 간 간격(리드 타임)이 달라지면 안전재고가 덩달아 증가하고, 이는 향후 주문에 반영된다. 결과적으로 리드타임의 변화는 공급망에서 상류(upstream)에 위치한 다른 공급업체의 주문에 채찍효과를 일으킨다. 이 경우 채찍효과는 빈번한 수요예측 업데이트(demand forecast updating) 때문에 일어난다.

이러한 문제에 대한 한 가지 해결책은 구매업체가 공급업체에게 실제 수요 데이터를 제공하는 것이다. 판매시점(point-of-sale) 데이터가 상류의 공급업체에 제공된다면 모든 공급사슬 구성원이 실제 수요 데이터를 사용함으로써 수요예측치를 업데이트하는 빈도를 낮출 수 있다. 실제 수요 정보가 공급사슬 구성원들에게 제공되면 이들의 안전재고의 보유량을 감소시킬 수 있으며, 결과적으로는 주문량의 변동성을 낮춘다. 이는 공급사슬의 정보 가시성이 얼마나 중요한 요소인지 다시 한번 보여주는 결과이다.

동일한 예측 기법과 구매 관행을 계속 유지하는 것도 수요 변동성을 완화하고 공급사슬 구성원들의 안전 재고를 감축할 수 있는 방법이다. 또 다른 방법은 공급사슬의 길이를 줄이는 것이다. 공급사슬에서 거쳐야 하는 업체들의 수를 줄이게 되면 예측과 안전재고를 추가하는 횟수를 줄일 수 있기 때문에 채찍효과를 완화할 수 있다. 유통업체와 재판매업체를 거치지 않고 소비자에게 직접 제품을 판매하는 아마존과 같은 기업이 대표적인 사례다. 이들 기업은 최종 고객의 수요를 파악할 수 있으므로 훨씬 안정적이고 정확한 수요 예측 결과를 얻을 수 있다.

2) 주문 일괄 처리

일반적인 구매자-공급자 관계에서, 구매자가 공급자에게 추가로 주문을 하기 전까지 고객 수요에 따라 구매자가 보유하고 있는 재고가 줄어든다. 주문 시점은 재고 수준, 이전 배송 성과, 혹은 트럭에 적재하고자 하는 자재의 양에 따라 달라진다. 예를 들어, 공급업체가 고객에게 주문을 받은 다음, 시간이 지난 후에 같은 고객에게 또 다른 (그리고 주문량이 크게 다른) 주문을 받는다고 해보자. 이와 같은 상황에서 일괄 주문 처리(order btaching)를 하게 된다면 수요 변동성이 발생하여 공급업체가 안전재고를 사용하게 되고, 채찍효과가 발생하게 된다.

또 다른 유형의 주문 일괄 처리 방식은 영업 사원이 분기 말 할당량이나 연말 판매 할당량을 채워야 하거나, 구매자가 회계연도 말에 예산을 완전히 소진하고자 할 때 발생할 수 있다. 이와 같이 연말에 생산과 구매가 급증하면 채찍효과가 발생하게 된다. 만약 수요가 급증하는 시점이 다수의 고객들에게 동일하게 적용된다면, 채찍효과는 커질 수 있다.

정보 가시성을 높이고 작은 크기의 주문을 빈번하게 내리게 되면 주문 일괄 처리로 인한 문제를 줄일 수 있다. 예를 들어, 대량 주문이 예산 소진 등의 이유로 발생했다는 사실을 알게 되면, 납품업체는 이미 추정된 수요 예측치를 수정하지 않는다. 왜냐하면 정보 가시성에 의해 일시적인 현상이라는 것을 알기 때문이다. 또한 자동화된 혹은 전산화된 주문 시스템을 사용하게 되면 주문 비용이 감소하기에 보다 잦은 주문을 할 수 있게 된다. 또한 기업들은 공급업체로부터 다양한 품목을 소량 주문하거나 화물 운송업체를 사용하여 운송비 단가를 낮출 수 있다. 트럭에 최대 적재량보다 적은 양을 싣게 되면, 단위 비용이 더 높아지기 때문이다.

3) 가격 변동

공급업체가 특별 프로모션, 수량 할인 또는 기타 특별 가격 할인을 제공하게 되면 구매자들은 가격 할인의 이점을 누리기 위해 미리 재고를 비축하고자 한다. 선구매(forward buying)는 소매업체와 고객, 유통업체와 소매업체, 그리고 제조업체와 유통업체와 같이 공급사슬의 각 단계에서 가격 할인에 의해 발생한다. 그 결과 구매 패턴이 불규칙해지거나 예측 정확도가 낮아지게 되고, 채찍효과를 불러일으키게 된다. 가격 할인이 일상화되면 고객들은 평소에 구매하는 대신 가격 할인이 있을 때만 제품을 구매하게 되고, 채찍효과를 더욱 증폭시키게 된다. 이러한 수요 변동에 대처하기 위해 제조업체는 직원들의 초과·미만 근무 일정을 조정하고, 재고를 보관할 장소를 찾고, 재고를 장기간 보유하는 등의 방법을 통해 생산능력의 유연성을 높여야 한다.

가격 변동으로 인한 채찍효과를 줄이기 위한 방법 중 하나는 공급사슬 구성원들이 가격 할인을 하는 대신 일상적 저가격화(EDLP: Everyday Low Pricing) 전략을 사용하는 것이다. 제조업체는 균일한 도매 가격을 제공함으로써 고객의 선구매를 줄일 수 있다. 많은 수의 소매업체들은 선구매를 유발하는 프로모션을 배제하고 저가격화 정책을 채택하고 있다. 마찬가지로, 구매업체들은 공급업체들과 협상을 통해 가격 할인을 EDLP로 대체하도록 할 수 있다.

6 배급 및 부족 게임

배급(rationing)은 총수요가 공급업체의 완제품 수를 초과할 때 필요하게 된다. 공급부족이 일어나게 되면 공급업체는 고객들의 주문량에 비례하여 제품을 할당할 수 있다. 예를 들어, 공급업체가 보유한 부품이 전체 수요의 75% 수준이라면, 고객들은 자신들이 주문한 양의 75%를 할당받도록 하는 것이다. 여기서 문제는 공급부족을 인지한 고객들이 자신이 필요한 양만큼 받기 위해서 주문량을 부풀린다는 것이다. 이러한 전략은 부족 게임(Shortage Game)이라고 불린다. 공급업체가 공급부족 문제를 해결하고자 생산량을 증대하기 위해 노력하게 되면 상황은 더욱 악화될 수 있다. 한편, 생산 능력이 결국 수요와 같아지고 주문이 완전히 충족되면, 기업들은 과잉재고를 처분하려 하고 주문은 갑자기 일반적인 수준 이하로 떨어진다. 이러한 현상은 미국과 전 세계에서 간혹 발생하곤 한다. 예를 들어 휘발유 공급 같은 경우다. 소비자들이 품귀현상이 다가오고 있다고 생각하는 순간, 그들은 연료 탱크를 채우거나 휘발유를 비축하려고 하는데, 이러한 현상은 일시적인 수요 증가가 발생하는 원인이 되고 그 결과 품귀현상을 심화시킨다. 부족 게임으로 이러한 유형의 공급 부족이 발생하게 되면 공급업체는 더 이상 고객의 실제 수요를 파악할 수 없게 된다. 그리고 이는 생산 능력, 재고 공간, 운송 투자에 불필요한 증가를 일으킨다.

부족 게임을 해소하는 방법은 판매자가 고객의 과거 주문 이력에 기반하여 물량을 할당하는 것이다. 이렇게 함으로써 고객들은 주문을 부풀릴 수 없게 된다. 제조업체와 고객이 생산 능력 및 재고 정보를 공유하게 되면 품귀현상에 대한 고객의 두려움을 없앨 수 있게 되고 궁극적으로 주문 부풀리기를 없앨 수 있게 된다. 또한, 향후 발주계획을 협력사와 공유하게 되면 협력사는 선제적으로 생산능력을 늘릴 수 있게 되어 공급 부족 상황을 예방할 수 있다.

정리하면, 구매자와 공급자의 다양한 행동들이 채찍효과를 일으킬 수 있다. 공급사슬 구성원들이 앞서 논의한 전략들을 활용하여 채찍효과를 줄이게 되면 정보 공유, 협업, 프로세스 통합이 잘 이뤄질 수 있다. 데이터, 수요예측, 계획을 비롯한 다양한 정보를 공유하기 위해 노력하는 기업은 채찍효과를 크게 줄일 수 있다.

③ 공급사슬 위험 및 안전

3. 공급사슬과 관련된 위험 및 안전 요인

공급사슬의 글로벌화가 진행됨에 따라 날씨와 교통 지연, 인프라 문제, 정치적 문제, 불법 또는 테러 관련 활동의 두려움 등이 공급사슬 붕괴를 초래하기도 한다. 대표적인 사례들은 다음과 같다. 지난 몇 년 동안 이집트, 시리아, 리비아에서 일어난 정치적 격변, 폭동, 전쟁, 미국 걸프 해안 지역을 따라 일어난 BP oil 참사, 멕시코에서의 마약 전쟁, 칠레, 중국, 일본, 아이티에서의 지진, 호주 산불과 홍수, 세계적인 바이러스 대유행, 그리고 수많은 비행기 추락과 자살 폭탄 테러. 이러한 사건들은 재정, 명성, 그리고 배송 측면에서 글로벌 공급사슬에 위험을 야기하기 때문에 더 나은 계획과 안전 관리가 필요하다. 글로벌 공급사슬을 사용하면 인건비와 재료비가 저렴해지고 제품 품질이 향상되며 시장의 규모가 커지지만, 안전 비용과 위험이 높아져 수익성 및 고객 서비스 수준이 낮아질 수 있다. 공급사슬과 관련된 위험 및 안전하게 관리하는 방법에 대하여 논의해보자.

1 공급사슬 위험

북미 및 유럽의 회사 임원 500명을 대상으로 한 연구에 따르면, 기업이 직면한 3가지의 중대 위협 요인은 경쟁, 공급사슬 중단 및 기업 재산과 관련된 위험이다. 글로벌 경영 컨설팅 회사 Accenture가 수행한 연구에서는 응답 기업의 73%가 최근 공급사슬의 중단사태를 경험했으며, 이중 절반 이상은 중단사태가 고객 서비스에 상당 부문 악영향을 미쳤다고 응답했다. 이러한 연구들은 점점 더 많은 기업들이 새로운 시장에 진출함에 따라 공급사슬 위험(supply chain risk)이 증가하고 있다는 사실을 보여준다. 공급사슬 위험은 품질 및 안전 문제, 공급 부족, 법적 문제, 보안 문제, 규제 및 환경 준수, 자연 재해 또는 테러 등으로 인해 발생하는 제품 및 서비스의 공급 중단을 의미한다.

세계 경제가 과열됨에 따라 위험관리는 경영자들에게 어느 때보다 큰 관심사로 보인다. "위험을 줄이는 것은 모든 기업의 최우선 과제 중 하나다. 미국의 경우 경기가 회복되고 있을지라도 위험 경감은 사실상 모든 고객에게 여전히 중요한 문제다"라고 Citibank의 글로벌 거래 서비스 담당 이사인 Craig Weeks는 말한다. 〈표 16-5〉는 공급사슬 위험 관리를 위해 필요한 활동들을 설명한다.

2 안전재고와 선구매의 증가

공급 차질을 우려하는 기업은 적절한 대체품을 찾을 때까지 일정 수준의 안전재고를 보유하는 방법을 선택할 수 있다. 만약 구매 품목이 부족하거나, 공급 차질이 길어질 가능성이 높거나, 공급

표 16-5_ **공급사슬 위험 관리 활동**

리스크 관리 활동	특징
안전 재고 및 선구매 증가	비용이 많이 들 수 있음. 임시방편적
대체 공급업체 및 물류 서비스 확보	추가적인 시간 및 관계 형성 필요
공급기반(supply base) 다양화	지리적으로 분산된 공급업체들은 공급망 사슬의 중단을 최소화할 수 있음
공급사슬 IT 시스템 사용	정보 수집 및 공유는 공급사슬 중단을 최소화할 수 있음
공식적인 리스크 관리 프로그램 개발	잠재적 중단 원인 및 적절한 대응 파악

출처: A. Field, "How 'Free' Is Free Trade?," *Journal of Commerce*, December 18, 2006, 1-3; J. Kline, "Managing Emerging Market Risk," *Logistics Management 46*, no. 5 (2007): 41-44; J. Swaminathan and B. Tomlin, "How to Avoid the Risk Management Pitfalls," *Supply Chain Management* Review 11, no. 5 (2007): 34-43.

업체 부품의 가격 상승이 지속된다면 대량으로 재고비축(stockpiling)을 하거나 선구매를 하는 방법을 고려할 수 있다. 그러나 안전재고와 선구매는 구매 품목 수가 많은 기업의 경우 재고유지비용을 크게 증가시킬 수 있어 일시적인 해결책으로 여겨진다. 또한, 앞에서 서술했듯이 채찍효과를 일으킬 수 있다는 단점이 있다. 그러나 특정 경우에 재고비축은 위험을 관리하기 위한 유일한 단기 해결책이 될 수 있다. 2006년, 많은 기업들은 조류독감 유행에 대비하기 위해 치료제인 타미플루를 비축하기로 결정했다. 미국의 경우, 정부를 비롯한 300개의 회사가 2006년 여름이 되기 전에 이미 상당한 양의 타미플루를 비축한 바 있다.

1) 대체 공급자 및 물류 서비스 확보

지속적인 부품 공급과 물류 서비스 운영을 보장할 수 있는 또 다른 전략은 기존 공급업체나 서비스를 이용할 수 없는 경우에 이를 대체할 수 있는 예비 공급업체, 운송 및 입고 서비스, 기타 제삼자 서비스를 미리 식별해놓는 것이다. 이 전략의 단점은 적합한 업체들을 찾고 이들과 발전적인 관계를 구축하는 데 시간이 많이 소요된다는 것이다. 게다가, 이러한 대체 공급업체의 확보는 기존 공급자와의 관계에 해를 가할 수 있다. 대체 공급업체로 선정된 공급업체의 입장에서는 자신에게 할당된 물량이 미미하다고 생각할 경우, 고객사와의 관계 형성에 큰 가치를 느끼지 못할 수 있다. 소량 주문이기에 제품 및 서비스 가격도 더 높을 수 있다. 또한, 여러 공급업체와 거래를 하다 보면 기업의 독점 설계나 기술이 유출될 수 있으므로 추가적인 리스크가 발생할 수 있다.

그러나 특정 경우에는 대체재(backup) 또는 비상 소싱(emergent sourcing)이 적합한 전략이 될 수 있다. 2002년 미국 서해안 부두 노동자 파업 당시 항공화물 수용 능력이 급속히 바닥나면서 운임이 급등하고 기업들이 신속하게 화물을 옮길 수 없게 되었다. 이미 비상용 항공화물 서비스 계약을 체결한 기업들은 항구가 마비되는 동안에도 오퍼레이션을 문제없이 유지할 수 있었다. 영국의 슈퍼마켓 체인인 Sainsbury's는 1990년대 아일랜드 군의 폭격 작전, 2001년 Y2K 컴퓨터 버그, 구제역 발생과 같은 사건에 대응하기 위하여 비즈니스 연속성 계획의 일환으로 다양한 제품들에 대해 대체 가능한 공급업체들을 확보하였다. Sainsbury's는 또한 주요 공급업체들과 긴밀히 협력하여 해당 공급업체들도 비즈니스 연속성 계획을 세우도록 하였다.

2) 공급시설 다양화

마다가스카르(Madagascar)는 한때 세계 바닐라 공급량의 절반을 차지했던 나라였다. 2000년, 사이클론 Hudah로 인해 마다가스카르의 바닐라 농장 중 30%가 파괴되었다. 게다가 정치적 문제로 인해 주요 항구들이 2002년 몇 주 동안 폐쇄되었다. 이 2가지 사건으로 인해 바닐라 가격은 타국의 바닐라 생산업체들이 생산량을 늘릴 때까지 장기간 급등했다. 이때 여러 나라의 바닐라 생산업체들과 공급 계약을 맺었던 구매업체들은 이러한 문제를 피해갈 수 있었다. 오늘날 바닐라 구매자들은 마다가스카르 이외의 다양한 지역에서 바닐라를 공급받게 되었다. 또 다른 예로, 2007년 일본에서 발생한 지진으로 인해 일본의 많은 자동차 공장들에서 자동차 생산이 중단되었다. 지진으로 큰 피해를 입은 Riken 지역으로부터 해당 자동차 공장들이 피스톤링을 납입받고 있었기 때문이다.

위의 예에서 볼 수 있듯이, 구매를 한 공급 업체에게 집중하게 되면 공급 위험이 증가한다. 반면, 지리적으로 분산된 다양한 공급업체로부터 동일품 혹은 유사품을 구매하게 되면 정치적 격변, 자연재해 및 기타 광범위한 문제로 인한 공급 위험을 줄일 수 있다. 그러나 구매업체는 지리적으로 다양하게 분산된 공급업체로부터 공급받는 것에 대한 영향도 함께 고려해야 한다. 이렇게 여러 국가에 퍼진 다양한 공급업체를 이용하게 되면 정치적, 통관, 환율 및 보안 위험에 노출될 수 있기 때문이다.

3) 공급사슬 IT 시스템 사용

기업들은 공급사슬을 확장함에 따라, 통관 요건 및 문서화 작업이 더 상세하고 복잡해지고 있다는 것을 알게 되었다. 이러한 규정을 준수하려면 공급사슬 구성원 간 정보 및 데이터의 가시성 그리고 모든 구성원의 참여가 필요하다. 정확한 데이터 전송은 공급사슬에 상당한 위험과 비용(예측 및 주문의 부적확성과 늦은 배송으로 인한)을 초래하는 재고 부족 및 채찍효과를 줄이는 데 도움이 된다.

정보 시스템은 공급사슬 위험을 완화하는 데 도움이 되도록 설계되어야 한다. Julian Thomas는 글로벌 감사·자문 회사인 KPMG의 공급망 자문 부장이다. 그는 "위험은 중요 의제로 다뤄져야 하며, 시스템을 구축하면서 위험을 지속적으로 모니터링하고 평가할 수 있어야 한다"고 주장하였다. Tractor Supply Company는 Tennessee에 본사를 둔 농장 및 목장 장비 소매업체로, 리스크를 줄이기 위해 유연하고 신속한 의사결정을 지원하는 정보 기술을 활용하고 있다. 예를 들어, 물류 센터에서는 주문형(on-demand) 교통 관리 시스템, ERP 시스템 및 음성 픽업 솔루션을 사용한다. Tractor Supply Company 물류 부사장 Mike Graham은 "2005년 허리케인 Katrina가 강타한 후 운송능력이 매우 부족했다. 그러나 교통 관리 시스템을 갖추게 됨으로써 저비용 운송회사 대신 고비용 운송회사를 택하거나, 최악의 상황에는 다른 시장의 운송회사를 택하는 방식을 통해 이러한 상황에 대응할 수 있게 되었다"며 "우리의 물류센터 네트워크 내에서 사건·사고가 발생할 경우, 신속한 대응이 가능하며, 문제가 생긴 물류센터를 다른 물류센터로 대체할 수 있는 유연성을 갖추고 있다"고 덧붙였다.

4) 공식적인 위험관리 프로그램 개발

기업과 거래 파트너를 포괄하여 공식적인 위험관리 계획(formal risk-management plan)을 수립하는 것은 가장 능동적인 위험관리 활동이다. 위험관리는 경영진에게 중요한 우선순위이다. 기업은 잠재적 위험을 파악하고 우선순위를 정하며, 공급사슬 중단을 최소화하기 위해 적절한 대응 방법을 고안한다. 또한, 기업 평판 및 고객 만족도에 대한 손상을 최소화하면서 빠르고 효율적인 복구 메커니즘을 개발한다. 마지막으로, 기업의 지속적인 위험관리 능력을 모니터링하기 위해 성과 측정 도구를 개발한다.

위험관리 노력을 감독하고 조정하기 위한 한 가지 방법은 공급사슬 위험관리 센터를 설립하는 것이다. 위험관리 임원은 부서 관리자에게 지침과 지원을 제공하며, 기업과 공급사슬 관리자 간의 인터페이스를 제공하는 역할을 하며, 위험을 적절히 파악하고 우선순위를 정하며, 잠재적 위험을 줄일 수 있는 계획을 제공한다. 텍사스에 기반을 둔 Tractor Supply는 2005년 전반적인 위험관리 전략의 하나로 재해 복구 계획을 설립했다. 1년이 지난 후, Tractor Supply의 Waco 물류센터는 저녁에 강타한 토네이도에 의해 물류센터 내에 2~3인치만큼 물이 찼고, 제품들은 주변으로 날아가 버렸다. 그러나 다음 날 Graham이 사무실에 도착할 무렵에는 이미 복구 계획이 세워져 있었다. 몇 시간 지나지 않아 고객들은 Waco 물류센터를 대체할 수 있는 다른 물류센터로 이관되었다. "우리는 다음 주 토네이도 피해에도 불구하고 고객들에게 정상적으로 배송을 제공할 수 있었다"고 Graham은 말했다.

KPMG의 리스크 자문 서비스 그룹 파트너 Richard Sharman은 리스크 관리 계획에 관해 다음과 같이 말한다. "비즈니스 리스크의 범위와 관리 방법에 대해 생각해보기 위해서는 스스로에게 바보 같은 질문을 던질 필요가 있다." 글로벌 비즈니스 컨설팅 회사 PricewaterhouseCoopers의 전 파트너 Brian Joseph은 "당신의 파트너를 이해하는 것이 무엇보다 중요하며 이를 대체할 방법은 없다"고 강조하였다. 기업들은 외국 현지 기업에 아웃소싱할 때 적절한 품질관리를 실시해야 하며, 공급업체가 주기적으로 기업에 보고하여 제품이 설계 요건을 충족하는지 여부를 확인해야 한다.

③ 공급사슬 안전 및 보안

공급사슬이 글로벌화되고 복잡해지면서 공급사슬을 안전하게 관리해야 할 필요성도 커지고 있다. 공급사슬 보안 관리(supply chain security management)는 제품유출 및 정보도용을 하거나 핵심 인력을 빼가는 등 공급사슬 인프라를 파괴하려는 의도적인 활동들을 관리하여 공급사슬 운영에 초래할 수 있는 위험을 줄이려는 것이다. 1988년 스코틀랜드 Lockerbie에서 발생한 Pan Am기 103편 추락 사고는 당시 항공 보안 시스템의 취약점을 극적으로 잘 나타낸 사고로, 공급사슬 보안이 개별

글로벌 공급사슬에서는 최소한 취약점을 메꿀 만큼의 노력이 필요하다.

구성원의 보안 및 안전 능력에 좌우된다는 교훈을 주었다. 이 사건에서 Pan Am기 103편에 폭탄이 설치될 수 있었던 이유는 비행기 자체의 보안 프로세스에 문제가 있었기 때문이 아니라, 폭탄을

실은 수하물이 수하물 처리 시스템에 들어갈 수 있도록 한 Air Malta의 보안 시스템 때문이었다. 즉, Air Malta 항공편 이후, 수하물이 Pan Am 103편으로 옮겨졌기 때문에 발생한 일이다. 2001년 9월 11일 미국에서 발생한 테러 공격은 많은 기업들에게 공급사슬 보안 및 안전 시스템에 대한 중요성을 널리 각인시킨 사건이다. 대부분의 경영진들은 이전부터 자사의 오퍼레이션이 보안 문제에 취약할 수 있다는 사실을 인지하고 있었으나, 보안 문제의 개선에는 인색했다.

Pan Am 사례는 공급사슬의 보안 수준은 결국 가장 약한 연결고리의 보안 수준과 같다는 것을 보여준다. 따라서 오늘날 기업은 자체 보안뿐만 아니라 공급사슬 파트너의 보안 수준도 관리해야 한다. 공급사슬 구성원과의 관계가 지속되고 발전함에 따라 공급사슬의 안전 및 보안 관리는 중요한 공급사슬의 프로세스로 인식될 것이다. 그러나 공급사슬 안전 및 보안 관리는 매우 복잡한 문제다. 보안 및 안전과 관련된 활동은 상품이 포장되고 적재되는 공장에서 시작된다. 그 후, 상품을 항구로 운송하는 물류 회사, 항만 터미널과 세관 근로자, 해양 운송 회사, 목적지 항만과 세관 근로자, 추가 운송 회사, 물류 센터와 근로자, 그리고 최종 배송 회사까지, 모든 물류 프로세스에 걸쳐 있는 인력 및 활동들이 보안 관리의 대상들이다.

공급사슬 보안 관리를 위한 협업 사항으로, 보안 시스템에 대한 계약 요건, 공급사슬을 따라 이동하는 제품 및 보관에 대한 "관리 기준" 및 보안 계획, 교육 및 사고 조사에 대한 법 집행 담당자 또는 컨설턴트의 활용이 포함되어야 한다. 〈표 16-6〉은 공급사슬 보안 시스템의 4단계 대응 수준을 보여준다.

1) 기초 대응 수준

가장 기초적인 수준에서 보안 시스템은 사무실, 제조 공장, 창고 및 기타 물리적 시설을 보호하기 위한 절차와 정책을 포함해야 한다. 또한 인력, 컴퓨팅 시스템 및 화물 운송에 대한 보안을 제공해야 한다. 관리자는 보안 배지(badges) 및 경비요원 사용, 지원자에 대한 신원 조사, 바이러스 백신 소프트웨어 및 암호 사용, 배송 추적 기술 사용 등을 고려해야 한다.

오늘날, 화물 도난은 글로벌 공급사슬이 직면한 가장 큰 문제 중 하나이며, 기초 단계에서 이러한 위협을 일부 줄일 수 있다. 낮은 기술 수준과 솜방망이 처벌로 도난은 그 어느 때보다 정교하고 대

표 16-6_ 공급사슬 보안 시스템 대응체계

보안 시스템 대응 수준	설명
기본 대응 수준	물리적 보안 조치, 인력 보안, 표준 위험 평가, 기본 컴퓨팅 보안, 연속성 계획, 화물 보호
수동적 대응 수준	대규모 보안 조직 설립, CTPAT 준수, 공급 기반 분석, 공급 연속성 계획, 제한된 교육
능동적 대응 수준	보안 책임자 임명, 군 혹은 정부 경험이 있는 직원, 공식적인 보안 위험 평가, 고급 컴퓨팅 보안, 보안 그룹 참여
선제적 대응 수준	고객·공급업체 협업, 과거로부터 학습, 공식적인 보안 전략, 공급사슬 훈련, 시뮬레이션, 연습, 비상 제어 센터

출처: J. Rice, "Rethinking Security," *Logistics Management*, 46, no. 5 (2007): 28.

담하게 이루어지고 있다. 뉴저지에 본사를 둔 CargoNet은 2019년 1/4분기에 전국적으로 140건의 화물 도난 사건을 보고했다. 총 1,280만 달러의 가치를 지닌 화물 중 약 14만 5,772달러의 화물이 도난된 것으로 나타났다. 화물 도난 상품 중 가장 큰 대상은 식음료 품목이었고 생활용품과 전자제품이 뒤를 이었다. 이러한 도난은 캘리포니아 지역에서 가장 많았고 플로리다와 텍사스가 그 뒤를 이었다. 도난당한 물품은 심지어 도난이 적발되고 보고되기도 전에 이미 창고를 거쳐 재포장되고 다른 차량을 통해 옮겨질 수도 있다. 다음은 미국 항구의 사이버 보안 문제에 관련된 설명이다.

2) 수동적 대응 계획

수동적 대응 계획(reacitve security initiative)은 기초적 대응 계획에 비해서 향상된 단계이지만 여전히 보안 관리를 위한 일관성 있고 확고한 계획을 수립하는 노력이 부족한 단계이다. 이 수준에 속

사이버 보안 문제에 직면한 미국 항만

미국항만당국협회(AAPA)는 미국의 항만들이 매년 수백만 개의 화물 컨테이너와 1,100만 명의 국제 크루즈 승객을 포함한 12억 톤의 해외 무역 화물을 처리하고 있다고 추산하고 있다. 미국 항구에서 사이버 보안은 특히 거대 해운업체 Maersk에 대한 2017년 사이버 공격 이후 점점 더 주목받고 있다. AAPA는 항만안보에 투입된 예산이 한때 4억 달러에 달했지만 2012년 이후 1억 달러로 줄어든 점에 대해 우려를 표명하고 있다. 국토안보부 관리자 Jill Taylor은 "로스앤젤레스 항구는 최소 1억 달러의 자금이 지속적으로 투입되기를 바라고 있다"고 말했다. 그녀는 "이 자금은 지난 몇 년간 투입된 모든 시스템을 유지하는 데 사용된다. 또한 소규모 항만과 기관들이 훈련을 지속하고 보안 시스템을 유지하는 데 도움이 된다"고 말했다.

AAPA는 항구의 사이버 보안과 관련한 방어시스템이 대폭 강화되었다고 말하고 있다. 협회 홍보이사 Aaron Ellis는 2017년 미국 로스앤젤레스 항구에서 발생한 Maersk 해킹은 사이버 정보 해커들이 매니페스트(manifest, 선박 또는 항공기에 적재된 화물의 목록)에서 관련 정보를 빼내서 발생한 것으로, 앞으로 발생할 수 있는 일들에 대한 경고 역할을 한다고 말한다. "해커들이 당시 무엇을 할 수 있었을지 아무도 알 수 없다"고 그는 덧붙였다. "해커들의 정보 조작은

©www.Zappos.com

시스템 취약성을 보여주는 결과로 앞으로 해당 시스템을 어떻게 보호해야 하는지 과제를 남긴다. 선박에는 화물의 양, 가치, 소유자, 화물의 이동경로 등 매우 민감한 정보가 많다. 만약 하나라도 문제가 생긴다면 그 혼란의 정도는 상상을 초월할 것이다"라고 Ellis는 말한다. 이어서 "최악의 경우 사이버 해킹은 공급사슬을 완전히 붕괴시킬 수 있다"고 덧붙인다. 그는 끝으로 "물품의 이동 경로를 파악할 수 없게 되면 전체 국제 무역 산업을 발칵 뒤집을 수 있다. 시스템이 붕괴될 것이다"라고 경고했다.

출처: Finkel, E. (2018). Ports Fight Security Breaches, Possible Funding Reduction" *Security*, 55(4), 34-36, 38.

하는 많은 기업은 9·11테러 공격 이후 이와 같은 보안 위협에 대응하기 위해 보안 시스템을 도입했다. 수동적 대응 수준은 공급업체의 보안 관행 평가, 다양한 사건·사고에 대한 연속성 계획 수립, 특정 교육 및 교육 프로그램 실현 등을 포함한다. CTPAT(테러에 대항하는 관세 무역 파트너십)은 미국 관세국경보호청, 국제 화물 보안 위원회(운송에 참여하는 기업과 개인으로 구성된 미국 비영리 협회) 및 Pinkerton(글로벌 보안 자문 회사) 간의 파트너십을 의미한다. CTPAT에 가입한 기업들은 자사 제품이 국경을 빠르게 통과할 수 있는 혜택을 받는 대가로 공급사슬의 안전을 개선하는 데 동의하였다. CPTPAT 담당자는 파트너십에 참여하지 않은 기업들이 미국 국경 검문소에서 보안 검사를 받을 가능성이 6배 더 높다고 밝혔다. 미국 정부는 현재 비슷한 프로그램을 시행하기 위해 다른 나라들과 협력하고 있다.

3) 능동적 대응 계획

능동적 대응 계획(proactive security initiative)은 공급업체 및 고객을 보안 계획에 포함하며, 보다 공식화된 접근법들을 포함한다. 능동적 수준에 속하는 보안 활동에는 기업 보안 담당 이사 같은 임원급 직책 신설, 보안 관리 경험을 가진 전직 군인, 정보기관 또는 법 집행 인력의 고용, 보안 위험에 대한 노출 정도를 평가하기 위한 공식적이고 포괄적인 접근, 사이버 침입 탐지 시스템 및 기타 정보 보안 프랙티스의 활용, 물류 서비스 제공업체와 협력을 통한 화물 보안 계획 개발 등이 포함된다. 예를 들어, Home Depot는 전산화된 리스크 모델링을 활용하여 공급사슬의 취약성을 평가한 다음 적절한 보안 조치를 고안한다. Home Depot의 전직 글로벌 무역 서비스 책임자 Benjamin Cook은 "우리는 35가지 글로벌 위험 요인들을 검토하고 있으며, 그중 하나가 테러 위협"이라고 설명했다. 그는 또한 "우리는 리스크 모델링을 활용하여 공급업체들이 위치한 각 국가에 적합한 전략을 도출하고 있다"라고 덧붙였다.

4) 선도적 대응 계획

선도적 대응 계획(advanced security initiative)을 갖춘 기업은 보안 분야에서 업계의 리딩 기업으로 인정받고 있다. 선도적 수준에는 공급망 중단 시 신속한 복구 및 지속을 위한 주요 공급업체 및 고객과의 완벽한 협업, 보다 포괄적이고 효과적인 개발을 위한 타사의 과거 보안 실패 사례 고려, 모든 주요 거래 파트너가 이행할 수 있는 완전한 공급사슬 보안 관리 계획의 설계, 비상 통제 센터를 사용한 예상치 못한 공급사슬 장애에 대한 대응 관리 등을 포함된다.

Michigan 소재의 Dow Chemical과 같은 보안 부문 선도 기업들은 공급사슬 보안은 좋은 기업과 동의어라고 말한다. Dow Chemical의 전직 교통 보안 및 안전 책임자 Henry Ward는 "우리는 보안이 시장에서 신뢰할 수 있는 공급업체로 인식되기 위해 필요한 여러 요소들 중 하나라고 본다"라고 말했다. 공급사슬 가시성과 보안을 개선하기 위하여 Dow Chemical은 여러 가지 개선책을 시행했다. 그 결과 운송 문제를 파악하고 해결하는 데 걸리는 시간을 50% 단축했으며, 인수 터미널(receiving terminal)의 재고도 20% 감소했다. Dow Chemical은 RFID와 글로벌 포지셔닝 시스템을 사용하여 북미에서 아시아로 이동하는 대형 컨테이너를 추적한다. Dow Chemical은 정부 및 공급사슬 파트너와의 협력이 비즈니스 성공을 위한 필수요소라고 생각한다. Ward는 "우리는 공급사슬 보안과 관련하여 전체를 바라보고 관리하는 통합적 접근법을 취한다"고 밝혔다.

4 프로세스 통합의 동향

4. 프로세스 통합과 관련된 중요한 이슈들

오늘날 기업 내부 부서와 외부 거래 파트너 간의 프로세스 통합은 기술의 영향을 크게 받고 있다. 경영진은 이제 소셜기술(social technology) 활용을 통해 내부 프로세스 통합을 높일 수 있음을 이해한다. 시장조사 기업 Gartner는 50% 이상의 대기업들이 조만간 Facebook과 같은 내부 협업 네트워크를 갖게 될 것이며, 이들 중 대다수는 내부 네트워크를 이메일이나 전화처럼 필수적인 커뮤니케이션 수단으로 사용할 것이다. 내부통합 동향과 관련하여 중요한 이슈는 아래와 같다.

- 협업 관리자는 지속적인 피드백 주기를 가진 내부 협업 소프트웨어를 개발하고, 이를 문화 담당자 및 프로젝트 담당자와 함께 조율하여 소프트웨어의 사용을 촉진한다.
- 태블릿의 보급으로 인해 직원들의 콘텐츠 소비, 작성 및 공유가 용이해졌으며, 시스템 간 IT 통합 또는 미들웨어가 더욱 증가하고 있다.
- 협업은 고객 관계 관리 및 전사적 자원 계획과 같은 기존 비즈니스 프로세스에 내재화되고 있다.
- 조직 전반에 걸쳐 사용되는 클라우드 서비스의 수는 계속 증가하고 있으며, 이는 통합 프로젝트의 수가 늘어나고 있음을 의미한다.
- 클라우드 및 모바일 컴퓨팅을 통해 조직 구성원은 데이터 분석을 실행하고 소셜 미디어 데이터를 마이닝하여 더 빠르고 더 나은 의사 결정을 내릴 수 있다.

비즈니스 프로세스 통합은 새로운 기술에 의해 많은 영향을 받는다. 사실, 오늘날 B2B 프로세스 통합이라는 용어는 주로 소프트웨어와 클라우드 플랫폼의 통합을 지칭한다. 캐나다 소프트웨어 기업 OpenText가 최근 첨단기술을 사용하는 기업을 대상으로 실시한 설문에서, 79%가 공급사슬 구성원과의 비즈니스를 온라인으로 실시하였으며, 58%는 B2B 프로세스 통합이 공급망 가시성을 개선해 구매 비용을 절감했다고 답했고, 42%는 송장을 실시간으로 처리한다고 말했다. IBM은 많은 기업이 선호하는 B2B 통합 플랫폼 공급업체 중 하나이다. IBM의 프로세스 통합 소프트웨어는 다양한 문서 및 거래 활동을 포괄하는 "구매-판매-선적-지불(buy-sell-ship-pay)" 프로세스를 자동화한다. 통합 기능에는 상품 또는 서비스의 구매자와 판매자뿐만 아니라 은행 및 물류 회사 등이 포함되어 있다. 이 솔루션은 프로세스들을 자동화하고 데이터와 공급사슬 구성원 간에 공유되는 프로세스에 대한 가시성을 제공한다.

- A. Felsted, "Lessons from Barbie World," *Financial Times*, September 10, 2007, 1.

- A. Field, "Sound the Alarm," *Journal of Commerce*, May 7, 2007, 1.

- A. Friedman, "Apparel Shipments See Most Delays in Last Mile Delivery, Study Finds," *Sourcing Journal*, August 22, 2019. 1.

- B. DiBenedetto, "Thinking Lean," *Journal of Commerce*, May 21, 2007, 1.

- B. McCrea, "Certification: The Career Enhancer," *Supply Chain Management Review* 16, no.4(2012): S3–S11; "SCOR Model Enhances How Supply Chains Are Enabled," *Material Handling & Logistics*, December 4, 2012, 1.

- B. Roberts, "Counting on Collaboration," *HR Magazine* 52, no.10(2007): 47–51.

- B2B integration, http://www-03.ibm.com/software/products/en/category/b2b-integration.

- D. Biederman, "Visibility into Compliance," *Journal of Commerce*, April 5, 2010, 1.

- D. Blanchard, "Too Many Supply Chains Are Failing to Integrate," *IndustryWeek* 255, no.11(2006): 45–46; "Talent Management Must Mesh with Business Goals for Post-recession Success," *HR Focus* 87, no.1(2010): 8.

- D. Lambert, M. Cooper, and J. Pagh, "Supply Chain Management: Implementation Issues and Research Opportunities," *International Journal of Logistics Management* 9, no.2(1998): 1–19.

- H. Lee, V. Padmanabhan, and S. Whang, "The Bullwhip Effect in Supply Chains," *Sloan Management Review* 38, no.3(1997): 93–102; H. Lee, "Taming the Bullwhip," *Journal of Supply Chain Management* 46, no.1(2010): 7.

- Harbert, "Why the Leaders Love."

- Hase, A.(2013, December 20). What's next for business collaboration? Six trends emerging in 2014, http://www.mindlink-soft.com/blog/bid/72586/What-s-next-for-business-collaboration-Six-Trends-emerging-in-2014.

- Interested readers can visit http://www.supply-chain.org for more information about the Supply Chain Council.

- J. Rice, "Rethinking Security," *Logistics Management* 46, no.5(2007): 28.

- J. Swaminathan and B. Tomlin, "How to Avoid the Risk Management Pitfalls," *Supply Chain Management Review* 11, no.5(2007): 34–43.

- K. Nishimura, "Women's Wear Line Sanctuary Launches Footwear for SS20," *Sourcing Journal*, August 7, 2019, 1.

- L. Esola, "Employers Questioned on Pandemic Drug Plan," *Business Insurance* 40, no.49(2006): 4-5.

- M. Duffy, "Is Supply Chain the Cure for Rising Healthcare Costs?," *Supply Chain Management Review* 13, no.6(2009): 1.

- M. Hofmann, "Financial Executives Rate Top Challenges through 2009," *Business Insurance* 41, no.21(2007): 4-5.

- M. Maccoby, "Creating Collaboration," *Research Technology Management* 49, no.6(2006): 60-62.

- M. Shacklett, "IBM Evolves a Globally Integrated Supply Chain," *World Trade* 25, no.5(2012): 32-35.

- Michel, R.(2006). Profit from secure supply chains. *Manufacturing Business Technology*, 24(11), 1.

- Morley, M. (2015, March 8). Did you know that 80% of high tech companies are "high adopters" of B2B integration technologies? http://www.gxsblogs.com/morleym/2015/03/did-you-know-that-80-of-high-tech-companies-are-high-adopters-of-b2b-inte-gration-technologies.html.

- O. O'Connell, "America's Trade & Supply Chain: Lessons Learned," Trade Finance, April 2010, 1.

- Oken-Tatum, B.(2019). Tempting targets: Eastern Pa. among regions hardest hit by cargo theft, report says. Central Penn Business Journal, (July 5), 1.

- P. Trunick, "It's Crunch Time," *Transportation & Distribution* 43, no.1(2002): 5-6.

- R. Tieman, "It's about Common Sense," Financial Times, September 10, 2007, 5.

- S. Avery, "At Boeing, Supplier Collaboration Takes Off," *Purchasing* 136, no.13(2007): 1.

- S. Geller, "The Pharmaceutical Industry Looks to Reduce Waste by Getting Lean," *Pharmaceutical Technology* 31, no.3(2007): 130.

- S. Siu, "CargoSmart Ltd.," *Journal of Commerce*, January 8, 2007, 1.

- See, for example, www.cargosecurity.com/ncsc/education-CTPAT.asp.

- Swaminathan and Tomlin, "How to Avoid."

- T. Harbert, "Why the Leaders Love Value Chain Management," *Supply Chain Management Review* 13, no.8(2009): 12-16.

- T. Lester, "Masters of Collaboration—How Well Do U.K. Businesses Work Together?," Financial Times, June 29, 2007, 8.

- T. Maylett and K. Vitasek, "For Closer Collaboration, Try Education," *Supply Chain Management Review* 11, no. 1(2007): 58.

- Terreri, A.(2006). How do you balance shipment speed with a secure supply chain? World Trade, 19(11), 18-22.

- Tieman, "It's about Common Sense."

- V. Sheeran, "Integrate with Your Customers' Operations," *Supply House Times* 61, no.10(2018): 111D.

- "APICS Introduces New SCOR 12.0 Model," Wireless News, October 23, 2017, 1.
- "Canadian Firms Rethinking Logistics Business Models, New Report Shows," *Canadian Transportation Logistics* 114, no.3(2011): 8–9, 26.
- "Flexing Supply Chain Muscle," Chain Store Age 83, no.9(2007): 10A.
- "RapidRatings: Financial Health System Integrates with SAP Ariba Supplier Risk," Manufacturing Close-Up, April 8, 2019, 1.
- "Robert Reed on Hospital–Physician Integration," *Healthcare Financial Management* 64, no.6(2010): 30.
- "SCC Names Supply Chain Excellence Winners," *Material Handling & Logistics*, November 1, 2010, 1.
- "SCOR Early Adopter Ericsson Ab Continues to Benefit from the Tool 15 Years Later," APICS, http://www.apics.org/docs/default-source/case-studies/ericsson-case-study.pdf?sfvrsn=4. Accessed April 3, 2020.
- "SCOR Framework," Association for Supply Chain Management, http://www.apics.org/sites/apics-supply-chain-council/frameworks/scor. Accessed April 3, 2020.
- "Supply Disruption Discussed," Business Insurance 37, no.22(2003): 17.

생산 운영관리
Operations
Management

Appendix A

표준 정규분포 표

아래 표는 다양한 Z 값에 대해 x 기준 좌측의 곡선 아래 영역(혹은 평균으로부터 표준편차의 몇배가 벗어났는지)를 나타낸다. 예를 들어, 그림에서 Z값이 1.96이라면 표에서 대응하는 값 .975000은 x 왼쪽 음영으로 표시된 영역의 면적이다.

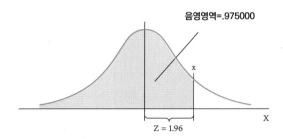

음영영역=.975000

Z = 1.96

Z	.00	.01	.02	.03	.04	.05	.06	.07	.08	.09
.0	.50000	.50399	.50798	.51197	.51595	.51994	.52392	.52790	.53188	.53586
.1	.53983	.54380	.54776	.55172	.55567	.55962	.56356	.56749	.57142	.57535
.2	.57926	.58317	.58706	.59095	.59483	.59871	.60257	.60642	.61026	.61409
.3	.61791	.62172	.62552	.62930	.63307	.63683	.64058	.64431	.64803	.65173
.4	.65542	.65910	.66276	.66640	.67003	.67364	.67724	.68082	.68439	.68793
.5	.69146	.69497	.69847	.70194	.70540	.70884	.71226	.71566	.71904	.72240
.6	.72575	.72907	.73237	.73536	.73891	.74215	.74537	.74857	.75175	.75490
.7	.75804	.76115	.76424	.76730	.77035	.77337	.77637	.77935	.78230	.78524
.8	.78814	.79103	.79389	.79673	.79955	.80234	.80511	.80785	.81057	.81327
.9	.81594	.81859	.82121	.82381	.82639	.82894	.83147	.83398	.83646	.83891
1.0	.84134	.84375	.84614	.84849	.85083	.85314	.85543	.85769	.85993	.86241
1.1	.86433	.86650	.86864	.87076	.87286	.87493	.87698	.87900	.88100	.88298
1.2	.88493	.88686	.88877	.89065	.89251	.89435	.89617	.89796	.89973	.90147
1.3	.90320	.90490	.90658	.90824	.90988	.91149	.91309	.91466	.91621	.91774
1.4	.91924	.92073	.92220	.92364	.92507	.92647	.92785	.92922	.93056	.93189
1.5	.93319	.93448	.93574	.93699	.93822	.93943	.94062	.94179	.94295	.94408
1.6	.94520	.94630	.94738	.94845	.94950	.95053	.95154	.95254	.95352	.95449
1.7	.95543	.95637	.95728	.95818	.95907	.95994	.96080	.96164	.96246	.96327
1.8	.96407	.96485	.96562	.96638	.96712	.96784	.96856	.96926	.96995	.97062
1.9	.97128	.97193	.97257	.97320	.97381	.97441	.97500	.97558	.97615	.97670
2.0	.97725	.97784	.97831	.97882	.97932	.97982	.98030	.98077	.98124	.98169
2.1	.98214	.98257	.98300	.98341	.98382	.98422	.98461	.98500	.98537	.98574
2.2	.98610	.98645	.98679	.98713	.98745	.98778	.98809	.98840	.98870	.98899
2.3	.98928	.98956	.98983	.99010	.99036	.99061	.99086	.99111	.99134	.99158

Z	.00	.01	.02	.03	.04	.05	.06	.07	.08	.09
2.4	.99180	.99202	.99224	.99245	.99266	.99286	.99305	.99324	.99343	.99361
2.5	.99379	.99396	.99413	.99430	.99446	.99461	.99477	.99492	.99506	.99520
2.6	.99534	.99547	.99560	.99573	.99585	.99598	.99606	.99621	.99632	.99643
2.7	.99653	.99664	.99674	.99683	.99693	.99702	.99711	.99720	.99728	.99736
2.8	.99744	.99752	.99760	.99767	.99774	.99781	.99788	.99795	.99801	.99807
2.9	.99813	.99819	.99825	.99831	.99836	.99841	.99846	.99851	.99856	.99861
3.0	.99865	.99869	.99874	.99878	.99882	.99886	.99889	.99893	.99896	.99900
3.1	.99903	.99906	.99910	.99913	.99916	.99918	.99921	.99924	.99926	.99929
3.2	.99931	.99934	.99936	.99938	.99940	.99942	.99944	.99946	.99948	.99950
3.3	.99952	.99953	.99955	.99957	.99958	.99960	.99961	.99962	.99964	.99965
3.4	.99966	.99968	.99969	.99970	.99971	.99972	.99973	.99974	.99975	.99976
3.5	.99977	.99978	.99978	.99979	.99980	.99981	.99981	.99982	.99983	.99983
3.6	.99984	.99985	.99985	.99986	.99986	.99987	.99987	.99988	.99988	.99989
3.7	.99989	.99990	.99990	.99990	.99991	.99991	.99992	.99992	.99992	.99992
3.8	.99993	.99993	.99993	.99994	.99994	.99994	.99994	.99995	.99995	.99995
3.9	.99995	.99995	.99996	.99996	.99996	.99996	.99996	.99996	.99997	.99997

Appendix B

홀수 번 문제 해답

Chapter 2

1. 1st month: labor productivity = 1320/2900 = 0.46 cust/labor$; material productivity = 1320/860 = 1.53 cust/mat'l$; energy productivity = 1320/185 = 7.14 cust/energy$; lease productivity = 1320/1500 = 0.88 cust/lease$

2nd month: labor productivity = 1500/3000 = 0.5 cust/labor$; material productivity = 1500/800 = 1.88 cust/mat'l$; energy productivity = 1500/200 = 7.5 cust/energy$; lease productivity = 1500/1500 = 1.0 cust/lease$

3.

	March	April	May	June
Labor prod	3.84	4.04	4.03	4.16
Growth		5.2%	−0.25%	3.2%

5. Labor productivity = 325000/(6400 × 15) = 3.38 units/labor $; Material productivity = 325000/40625000 = 0.008 units/material $; Utility productivity = 325000/4400 = 73.86 units/utilities $; Total productivity = 325000/(6400 × 15 + 40625000 + 4400) = 0.0078 units/total $

7. Single-factor productivities
   2018:   Labor productivity = 1240/$10,800 = 0.115 units/labor $; Lease productivity = 1240/$24,000 = 0.052 units/lease $
   2019:   Labor productivity = 1345/$11,600 = 0.116 units/labor $; Lease productivity = 1345/$24,500 = 0.055 units/lease $

Multiple-factor productivities
   2018: 1240/[$10,800 + $24,000] = 0.036 units/input $
   2019: 1345/[$11,600 + $24,500] = 0.037 units/input $
   Labor productivity grew from 2018 to 2019 by (0.116 – 0.115)/0.115 = 0.87%.
   The lease productivity grew by (0.055 – 0.052)/0.052 = 5.77%.
   The multiple-factor productivity grew by (0.037 – 0.036)/0.036 = 2.78%.
   George's Ski Shop management should look into why labor cost grew so little from 2018 to 2019.

9. Net profit margin = 94153/1450627 = 6.49%; Current ratio = 327176/86904 = 3.76; Inventory turnover = 675860/163465 = 4.13; Purchasing efficiency = 675860/600000 = 113%

11. Net profit margin = 1745286/10187125 = 17.13%; Current ratio = 12427000/2432804 = 5.11; Inventory turnover = 4325219/209398 = 20.66

Chapter 3

1.

NOTE: year 1 NPV = $130,000/(1 + .1)^1$

Year	Cash in-flows	NPV
1	$130,000	$118,182
2	250,000	206,612
3	300,000	225,394
4	100,000	68,301
	Totals	$618,489
	Investment	500,000
	Total Value	$118,489

3.

$$\text{IRR: } \$500,000 = \frac{130,000}{1+\text{IRR}} + \frac{250,000}{(1+\text{IRR})^2} + \frac{300,000}{(1+\text{IRR})^3} + \frac{100,000}{(1+\text{IRR})^4}$$

1. Guess 12%: $\dfrac{130,000}{1.12} + \dfrac{250,000}{1.2544} + \dfrac{300,000}{1.4049} + \dfrac{100,000}{1.5735} = \$592,461$

2. Guess 15%: $\dfrac{130,000}{1.15} + \dfrac{250,000}{1.3225} + \dfrac{300,000}{1.5209} + \dfrac{100,000}{1.7490} = \$556,507$

3. Guess 18%: $\dfrac{130,000}{1.18} + \dfrac{250,000}{1.3924} + \dfrac{300,000}{1.6430} + \dfrac{100,000}{1.9388} = \$523,887$

4. Guess 20%: $\dfrac{130,000}{1.2} + \dfrac{250,000}{1.44} + \dfrac{300,000}{1.728} + \dfrac{100,000}{2.0736} = \$503,781$

So, the IRR is slightly more than 20%.

5.

Year	Projected cash in-flows1 ($)	NPV1	Projected cash in-flows2 ($)	NPV2
1	138,000	$123,214	112,000	$100,000
2	225,000	179,369	188,000	149,872
3	240,000	170,827	154,000	109,614
4	55,000	34,953	86,000	54,655
	Total	$508,363	Total	$414,141
	Investment	325,000		285,000
	Total value	**$183,363**		**$129,141**

Project 1 should receive the funding.

7. <u>Proj. a.</u> Students could do this the long way, or realize that this is an annuity and use the formula:

$$\text{NPV} = 26,000 \left[\frac{1-(1+.08)^{-10}}{.08} \right] + 2500/(1.08)^{10} - 185,000 = \$174,462 + 1158 - 185,000$$
$$= -\$9,380$$

$$\underline{\text{Proj. b.}}\ \text{NPV} = 6{,}000\left[\frac{1-(1+.08)^{-25}}{.08}\right] - 82{,}000 = \$64{,}049 - 82{,}000 = -\$17{,}951$$

$$\underline{\text{Proj. c.}}\ \text{NPV} = 80{,}000\left[\frac{1-(1+.08)^{-4}}{.08}\right] + 16{,}000/(1.08)^4 - 249{,}000$$

$$= \$264{,}970 + 11760 - 249{,}000 = \$27{,}730$$

Project c returns the only positive NPV, so it would be the best.

9. Solving using Excel:
Using the function NPV (0.1, B3:B7) – 845000, we get $171,237.10.
Using the function IRR (B2:B7), where the B column are the cash flows, we get 21.09%.

Chapter 4

1. August—115/140 = 82.1%
   September—132/180 = 73.3%

3. [5500/(50 × 5)]/25 = 88%

5. Util.$_1$ = 9500/12000 = 79.2%
   Util.$_2$ = 10500/12000 = 87.5%
   Growth = (87.5–79.2)/79.2 = 10.5%

7. This is a theory of constraints question. The assembly process can only make 15 units/day. Process 1 is the biggest bottleneck, followed by process 3.

9. a) Current capacity is 4 units per day. Stages 1 and 3 are bottlenecks relative to stage 2.

   b) Stage 1 needs 3 machines and operators. Stage 2 needs 2 machines and operators. Stage 3 needs 4 machines and operators.

11.

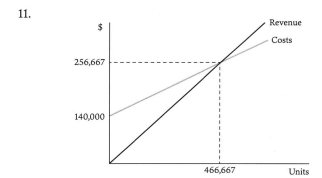

13. Make = buy; 140,000 + 0.25X = 0.35X; break-even = 1,400,000 units; so it would take 1400000/250000 = 5.6 years for them to break if they made instead of bought.

15. 1,400,000(0.35) = $490,000

17.   Revenues = costs; 29X = 18(5000); X = 3103.4, or 3104 units.; Make = buy; 30,000 + 12X = 18X; 6X = 30,000; X = 5000 units.

Chapter 5

1.

Period	Demand (units)	Exp. sm. forecast
1	22	
2	16	
3	25	
4	27	21
5	19	22.7
6	28	23.7
7	22	24.7
8		23

3.

Period	Demand (units)	Exp. sm. forecast
1	22	22
2	16	22
3	25	20.2
4	27	21.64
5	19	23.25
6	28	21.98
7	22	23.79
8		23.25

5.   Using LINEST function in Excel, returns: Y = 0.643X + 20.14
Using CORREL function in Excel returns: R = 0.322, which is not very good.
R^2 = 0.1039. So, no, the forecasting technique is not very reliable.

7.

Month	Demand (units)	Forecast 1 (units)	Error	APE	Forecast 2 (units)	Error	APE
Jan.	1200	1086	114	9.5	1421	−221	18.4
Feb.	1160	1120	40	3.4	1082	78	6.7
Ma.	1232	1090	142	11.5	1141	91	7.4
Apr.	1095	1240	−145	13.2	995	100	9.1
May	1250	1326	−76	6.1	1185	65	5.2
June	1310	1140	170	13.0	1243	67	5.1
July	1190	1092	98	8.2	1072	118	9.9
Aug	1265	1141	124	9.8	1342	77	6.1
MAD			113.6			102.1	
MAPE				9.3			8.5

The second forecast is better—lower MAD, MAPE.

9.

Period	Demand (units)	WMA	Error	Exp. sm.	Error
1	1081			1081	
2	1655			1081	
3	1422			1224.5	
4	1387	1423.7	−36.7	1273.9	113.1
5	1291	1451.1	−160.1	1302.2	−11.2
6	1386	1346	40	1299.4	86.6
7	1224	1357.7	−133.7	1321.1	−97.1
8	1166	1286	−120	1296.8	−130.8
MAD			98.1		87.8

The exponential smoothing forecast has a lower MAD, so it is a better forecast.

11. The correlation coefficient is 0.3244. "Sort of" correlated.

13. The exponential smoothing forecast is better, since it has a lower MAD. Note that only the 9 months were compared for both forecasts.

Month	Umbrella sales (units)	3-pd WMA forecast	Abs. error	Exp. sm. forecast	Abs. error
Jan.	1420			1420.0	
Feb.	1380			1420.0	
Mar.	1440			1408.0	
Apr.	1635	1418.0	217.0	1417.6	217.4
May	1744	1525.5	218.5	1482.8	261.2
June	1486	1650.5	164.5	1561.2	75.2
July	1208	1593.2	385.2	1538.6	330.6
Aug.	1145	1398.6	253.6	1439.4	294.4
Sept.	1337	1232.1	104.9	1351.1	14.1
Oct.	1388	1253.6	134.4	1346.9	41.1
Nov.	1456	1324.1	131.9	1359.2	96.8
Dec.	1684	1411.8	272.2	1388.2	295.8
MAD			209.1		180.7

15.

Month	Level strategy wages	Hiring	Purch.	Holding	Shortage	Chase strategy wages	Hiring	Layoff	Purch.
Jan.	4 × 160 × 30 19200	16000	38,700		1420	19200 + 7200	16000		60000
Feb.	19200		38,700		840	14400		1000	30000
Mar.	19200		38,700		660	14400			36000

Month									
Apr.	19200		38,700	420		9600		1000	22500
May	19200		38,700	2000		9600			15000
June	19200		38,700	3680		9600			13500
July	19200		38,700	5460		4800		1000	12000
Aug.	19200		38,700	6740		9600	4000		19500
Sept.	19200		38,700	7920		9600			21000
Oct.	19200		38,700	8100		14400	4000		36000
Nov.	19200		38,700	5180		19200 + 7200 + 3000	4000 + 8 × 2000 = 20000		82500
Dec.	19200		38,700	160		48000	24000		114000
Totals	230,400	16000	464,400	39660	2920	199,800	68000	3000	462,000
Grand totals			**$753,380**				**$732,800**		

Month	Mixed strategy wages	Hiring	Layoff	Purch.	Holding	Shortage
Jan.	19200	16000		42000		1200
Feb.	19200			42000		400
Mar.	19200			42000		
Apr.	9600		2000	17100		360
May	9600			17100		220
June	9600			17100	6	
July	9600			17700	120	
Aug.	9600			17700	84	
Sept.	9600			17700	18	
Oct.	19200 + 7200 + 4720	8000 + 12000		77700	852	
Nov.	31120			77700	756	
Dec.	31120			77700	30	
Totals	208,560	36000	2000	463,500	1866	2180
Grand total:			**$714,106**			

Chapter 6

1.

$$EOQ = \sqrt{\frac{2SD}{iC}} = \sqrt{\frac{2(20)(10000)}{.4(0.20)}} = \sqrt{5,000,000} = 2236 \text{ hot dogs}$$

3.

$$\frac{QiC}{2} = \frac{2236(.4)(.2)}{2} = \$89.45; \; TIC = (\$89.45)2 = \$178.90$$

5.

$$d(L) = \frac{10000}{365}(2) = 55;$$ policy is to order 2236 hot dogs whenever there are 55 left in stock, or every 81 days.

7. EOQ = 5000; Annual OC = \$200; ICC = \$200; TIC = \$400; 2 orders; 182.5 days; ROP = 55; Order 5000 hot dogs every 182 days.

9. $EOQ_1 = \sqrt{\dfrac{2(25)(1200)}{.24(62)}} = 63.5$; $EOQ_2 = \sqrt{\dfrac{2(25)(1200)}{.24(57)}} = 66.2$; $EOQ_3 = \sqrt{\dfrac{2(25)(1200)}{.24(54)}} = 68$

Only EOQ_1 is valid.

11. $EOQ_1 = \sqrt{\dfrac{2(25)(10000)}{.25(1)}} = 1414$; $EOQ_2 = \sqrt{\dfrac{2(25)(10000)}{.25(.95)}} = 1451$ (increase to 5000)

$T_1 = O_1 + I_1 + P_1 = \dfrac{10000(25)}{1414} + \dfrac{1414(0.25)(1)}{2} + 10000(1) = 176.80 + 176.75 + 10000$

$= 10,353.55$

$T_2 = O_2 + I_2 + P_2 = \dfrac{10000(25)}{5000} + \dfrac{5000(0.25).95}{2} + 10000(.95) = 50 + 593.75 + 9500$

$= 10,143.75$

Yes, take the discount.

13. $ROP = d(L) + Z\sigma = 10(7) + 1.65(4) = 76.6$

15. $ROP = \bar{d}\left(\bar{L}\right) + Z\sqrt{\bar{L}\sigma_d^2 + \bar{d}^2\sigma_L^2} = 3(18) + 2.06(\sqrt{18(25) + 9(36)} = 54 + 2.06(27.8) = 111.3$

The safety stock is 57.3.

17. $t = EOQ/d = 1265/(8000/365) = 57.7$ or 58 days

19. $Q = 10(40) + 1.76(7)\sqrt{40} - 81 = 400 + 77.9 - 81 = 396.9$ units (recall you must multiply the daily standard deviation of demand by the square root of the (LT + P)).

21. $IDS = \dfrac{(Avg.\ Inventory\ \$)}{(Annualized\ COGS/365)} = 150,500/(895,000/365) = 61.4$ days

$DRO = \dfrac{(Avg.\ Receivables\ \$)}{(Annualized\ Credit\ Revenues/365)} = 26000/(68000/365) = 139.6$ days

$DPO = \dfrac{(Avg.\ Payables\ \$)}{(Annualized\ Materials\ Costs/365)} = 158,000/(1,050,000/365) = 54.9$ days

CCCT = (inventory days of supply + days of receivables outstanding) – days of payables outstanding = 61.4 + 139.6 – 54.9 = 146.1 days

The IDS is high, which means high carrying cost; the DRO is very high, which is bad—it is taking too long to get paid; the DPO is high, which is bad—this will hurt the firm's credit; the CCCT is high, which is also bad, for the reasons already stated.

Chapter 7

1.

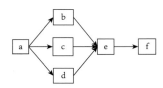

Takt = 480/50 = 9.6 min; Min # workstations = 14.5/9.6 = 2

3.   With 6 workers, min takt time = 5; output = 480/5 = 96 units/day; efficiency = 14.5/(6(5)) = 48.3%. Total labor time = 48 hrs/day; total work time = 23.2 hrs/day; total idle time = 24.8 hrs/day.

5.   Takt time = 480/120 = 4 min; Min # WS = 19/4 = 5
WS1: a,b; WS2: c; WS3: d; WS4: e; WS5: f,g; WS6: h (a couple of others also work)
Efficiency = 19/(6(4)) = 79.2%; Tot lab time = 48hrs/day; tot work time = 120 min. (19) = 38 hrs/day. Tot idle time = 48 – 38 = 10 hrs/day.

7.   Takt time = 960/80 = 12 min/unit; Min # WC = 48/12 = 4; Efficiency = 48/(72) = 66.7%

9.   Min takt time = 7 min (the max task time); Output = 480/7 = 68.6 = 68 units/day; Efficiency = 28/6(7) = 66.67%; Total labor time = 48 hrs/day; work time = 68(28)/60 = 31.73 hrs/day; Idle time = 48 – 31.73 = 16.3 hrs/day

11.

Cost/day	Dept. B	Dept. C	Dept. D	Dept. E	Dept. F
Dept. A	22	18	32	54	39
Dept. B	—	24	0	36	34
Dept. C	—	—	8	17	42
Dept. D	—	—	—	48	0
Dept. E	—	—	—	—	17

Total daily cost = $391; try switching C and E to make A and E closer and D and E closer.

Cost/day	Dept. B	Dept. C	Dept. D	Dept. E	Dept. F
Dept. A	22	36	32	27	39
Dept. B	—	24	0	36	34
Dept. C	—	—	16	17	21
Dept. D	—	—	—	24	0
Dept. E	—	—	—	—	34

New total daily cost = $362, a savings of $29 or 7.4%. Other layouts will also work.

13.   The scores are: (A, B) = –3, (A,C) = 2, (C, D) = 0, for a total score of –1. Try swapping B and D. The new scores would be: (A, D) = 1, (A, C) = 2, (C, B) = 2, for a total score of 5.

15. Try to arrange three- or four-part families.

Part Families (cells)	Tools required
1) 001,005, 007,008	Lathe, drill, mill, saw, planer, sander, grinder
2) 002,006,009, 010	Drill, mill, paint, saw, planer, sander, buffer
3) 003,004	Lathe, mill, paint, planer, grinder, buffer

This arrangement requires 20 machines.

Chapter 8

1.

a) $K = (DT(1 + S))/C = [(100/8)(6)(1.15)]/8 = 10.8$, or 11 containers.
b) $11(8) = 88$ parts
c) Use $K = 10$, solve for T: $10 = [(100/8)(1.15)T]/8$; $T = 80/(12.5)(1.15) = 5.56$ hrs.

3.

a) $D = CK/T(1+S) = 15(22)/4(1.10) = 75$ parts/hr.
b) The C could double to 30 parts; the K could double to 44 containers; the T could shrink to 2 hours.

Chapter 9

1.

	M	T	W	Th	F	S	Su
Requirement	6	4	5	4	3	2	2
Worker 1	6	4	5	4	3	2	2
Worker 2	5	3	4	3	2	2	2
Worker 3	4	2	3	2	2	2	1
Worker 4	3	1	2	1	1	2	1
Worker 5	2	0	1	1	1	1	0
Worker 6	1	0	1	0	0	0	0

Requires 5 full-time workers and 1 part-time worker.

3.

Expected profit with 8 reservations			
No-shows	0	1	2
Customers	8	7	6
Tables filled	8	7	6
Profit ($)	800	700	600
Turnaways	0	0	0
Cost ($)	0	0	0
Net profit	800	700	600
Probability	0.5	0.3	0.2
Expected net	400	210	120
Total expected profit $730			

Expected profit with 9 reservations			
No-shows	0	1	2
Customers	9	8	7
Tables filled	8	8	7
Profit ($)	800	800	700
Turnaways	1	0	0
Cost ($)	50	0	0
Net profit	750	800	700
Probability	0.5	0.3	0.2
Expected net	375	240	140
Total expected profit $755			

Expected profit with 10 reservations

No-shows	0	1	2
Customers	10	9	8
Tables filled	8	8	8
Profit ($)	800	800	800
Turnaways	2	1	0
Cost ($)	100	50	0
Net profit	700	750	800
Probability	0.5	0.3	0.2
Expected net	350	225	160

Total expected profit $755

The optimal overbooking policy is both 1 or 2 people for the salon.

5. $Pn(t) = \dfrac{(\lambda t)^n e^{-\lambda t}}{n!} = 20^{10} e^{-20}/10! = 0.006$; less than a 1% probability.

7. Use $Pn(t) = \dfrac{(\lambda t)^n e^{-\lambda t}}{n!} = 8^n e^{-8}/n!$ for n from 0 to 12, then sum probabilities:

n	Prob.	n	Prob.	n	Prob.
0	0.0003	5	0.0916	10	0.0993
1	0.0027	6	0.1221	11	0.0722
2	0.0107	7	0.1396	12	0.0481
3	0.0286	8	0.1396	13	0.0296
4	0.0573	9	0.1241	14	0.0169
				15	0.0090

The sum = 0.9362; so 94% of the time, they will get 12 or fewer cars/hour arriving, so yes, they can handle the demand. If we sum the probabilities from 0–10, then subtract from 1, we can answer the next question: 18.4% of the time demand exceeds 10 cars/hr. To answer the final question, we must first find the probabilities for 13–15 cars per hour (shown in red above), then sum the 0–15 probabilities, then subtract from one: 0.83% of the time, demand will exceed 15 cars per hr.

9. $\lambda = 10$ customers per hour $\mu = 20$ customers per hour

$\rho = 10/20 = 0.5$ or 50% utilization

$L_q = \dfrac{\rho\lambda}{\mu - \lambda}$ customers $= 0.5(10)/(20-10) = 0.5$; $L_s = L_q + \rho = .5 + 0.5 = 1$ customer

$W_q = \dfrac{L_q}{\lambda} = 0.5/10 = .05$ hours $\times$ 60 min/hr = 3 minutes

$W_s = W_q + \dfrac{1}{\mu} = 3$ min + 1/20 cust/hr (hours $\times$ 60 min/hr) = 6 minutes

$P > 1 =$ Probability of more than 1 customer in the system $= 1 - (P_0 + P_1)$

$P_0 = 1 - \rho = 0.5$
$P_1 = \rho(1 - \rho) = 0.25$
Thus $P > 1 = 1 - 0.75 = 25\%$

This looks reasonable.

11. $\lambda = 14$ customers per hour $\mu = 20$ customers per hour

$\rho = 14/20 = 0.7$ or 70% utilization

$$L_q = \frac{\rho\lambda}{\mu-\lambda} \text{ customers} = 0.7(14)/(20-14) = 1.63; \quad L_s = L_q + \rho = 1.63 + 0.7 = 2.33 \text{ customers}$$

$$W_q = \frac{L_q}{\lambda} = 1.63/14 = .117 \text{ hours} \times 60 \text{ min/hr} = 7 \text{ minutes}$$

$$W_s = W_q + \frac{1}{\mu} = 7 \text{ min} + 1/20 \text{ cust/hr (hours} \times 60 \text{ min/hr)} = 10 \text{ minutes}$$

$P > 1$ = Probability of more than 1 customer in the system = $1 - (P_0 + P_1)$

$P_0 = 1 - \rho = 0.3$

$P_1 = \rho(1 - \rho) = 0.21$

Thus $P > 1 = 1 - 0.51 = 49\%$

This will probably not work—the wait time is too long.

Chapter 10

1. To purchase both C and D—max time is 3 days. To make B—4 more days. To make A—2 more days. So minimum lead time is 9 days.

3. To purchase E and D—max leadtime is 3 days. So Part B can be finished in 3 + 4 = 7 days. Part C can be finished in 2 + 3 = 5 days, so Part A can be finished in 7 + 2 = 9 days.

5. Answers below are in red.

Part A	1	2	3	4	5	6	7	8	9	10
Gross requirements	15	26	14	20	16	0	10	12	16	19
Scheduled receipts	20									
Projected on-hand inventory 40	45	19	5	5	9	9	19	7	11	12
Net requirements				19	15		5		13	
Planned order releases	20	20		20		20	20			

Q = 20, LT = 3, SS = 4

7. Answers below are in red.

Part A	1	2	3	4	5	6	7	8	9	10
Gross requirements	15	10	20	25	30	20	25	15	20	25
Scheduled receipts	25									
Projected on-hand inventory 30	40	30	10	0	0	0	0	0	0	0
Net requirements				15	30	20	25	15	20	25
Planned order releases	15	30	20	25	15	20	25			

Q = LFL, LT = 3, SS = 0

9.

Part A	1	2	3	4	5	6	7	8
Gross requirements	4	3	5	3	7	6	9	4
Scheduled receipts								
Projected on-hand inventory 12	6	3						
Net requirements			2	3	7	6	9	4
Planned order releases	2	3	7	6	9	4		

Part B		1	2	3	4	5	6	7	8
Gross requirements		4	6	14	12	18	8		
Scheduled receipts									
Projected on-hand inventory	40	36	30	16	4				
Net requirements						14	8		
Planned order releases		14	8						

Part C		1	2	3	4	5	6	7	8
Gross requirements		56	32						
Scheduled receipts									
Projected on-hand inventory	65	9							
Net requirements			23						
Planned order releases		23							

Part D		1	2	3	4	5	6	7	8
Gross requirements		14	8						
Scheduled receipts									
Projected on-hand inventory	30	16	8						
Net requirements									
Planned order releases									

11.

Part A		1	2	3	4	5	6	7	8
Gross requirements		5	3	6	8	4	10	5	2
Scheduled receipts									
Projected on-hand inventory	20	15	12	6	5	5	5	5	5
Net requirements					7	4	10	5	2
Planned order releases			7	4	10	5	2		

Part B		1	2	3	4	5	6	7	8
Gross requirements			14	8	20	10	4		
Scheduled receipts									
Projected on-hand inventory	30	30	16	8	8	8	14		
Net requirements					17	7	1		
Planned order releases		20	10	10					

Part E		1	2	3	4	5	6	7	8
Gross requirements		60	30	30					
Scheduled receipts									
Projected on-hand inventory	62	2	0	0					
Net requirements			28	30					
Planned order releases		28	30						

Part C		1	2	3	4	5	6	7	8
Gross requirements			14	8	20	10	4			
Scheduled receipts										
Projected on-hand inventory	20	20	6	23	3	18	14			
Net requirements				2		7				
Planned order releases			25		25					

Part D		1	2	3	4	5	6	7	8
Gross requirements			20	60	10	50				
Scheduled receipts										
Projected on-hand inventory	90	70	10	12	10					
Net requirements					5	43				
Planned order releases			12	48						

Part F		1	2	3	4	5	6	7	8
Gross requirements			25		25					
Scheduled receipts										
Projected on-hand inventory	46	46	21	21	10					
Net requirements					14					
Planned order releases			14							

Need to buy D, E, F in the amounts days shown on the Planned Order Releases.
Need to make A, B, C in the amounts and days shown on the POR's.

Chapter 11

1.

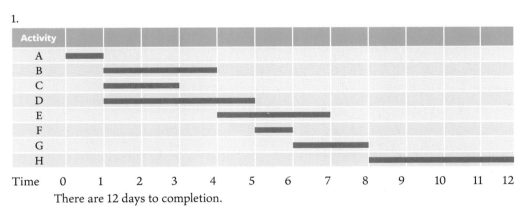

There are 12 days to completion.

3.

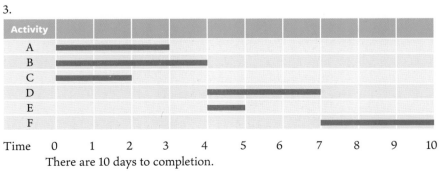

There are 10 days to completion.

5.

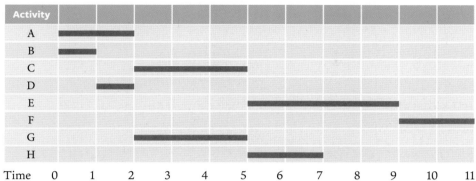

Activity												
A												
B												
C												
D												
E												
F												
G												
H												
Time	0	1	2	3	4	5	6	7	8	9	10	11

There are 11 days to completion.

7.

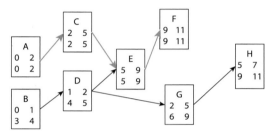

Activity	Time	LS–ES (hrs.)	Slack (hrs.)
A	2	0–0	0
B	1	3–0	3
C	3	2–2	0
D	1	4–1	3
E	4	5–5	0
F	2	9–9	0
G	3	6–2	4
H	2	9–5	4

9.   A + C + E + F = 1.97 + 3.0 + 4.08 + 2.33 = 11.38

11.   Z = (desired completion time—expected completion time)/σ_p = (14–11.38)/0.848 = 3.08. From Z-table: 0.99896, so probability is 99.9%.

13. Crash cost/day = $\dfrac{(\text{crash cost} - \text{normal cost})}{(\text{normal time} - \text{crash time})}$

Activity	Normal time	Normal cost ($)	Crash time	Crash cost ($)	**Crash cost/day($)**
A	2	1000	1.5	1250	500
B	1	200	1	0	0
C	3	2200	1.5	2600	266.67
D	1	850	0.5	1080	460
E	4	3000	2	3800	400
F	2	1500	1.5	1550	100
G	3	2500	2	2750	250
H	2	2700	0.5	3900	800

15. The possible activity paths are then: A-C-E-F (6.5 days), B-D-E-F (5 days), and B-D-G-H (4 days), so ACEF is the critical path and the total cost is $13950 + 1500 = $15450.

Chapter 12

1.

a) DPMO = (number of defects)/((OFD per unit)(number of units)) × 1,000,000
   = 12 × 1000000/(4 × 104) = 28,846
b) Using Table 13.1, this is a Six Sigma operating level between 3 and 3.5.

3.

a) DPMO = 4280 × 1000000/(294 × 1425000) = 10.2
b) Between 5.5 and 6.
c) 3.4 = D × 1000000/(294 × 1000000), or 3.4(294) = D, so Defects = 1000.

Chapter 13

1.

Day	Wait time (min.)	$\bar{x}$	R
1	2.5, 3, 1.5, 3, 4	2.8	2.5
2	2, 4.5, 3.5, 2, 4	3.2	2.5
3	1.5, 5, 3.5, 2, 2.5	2.9	3.5
4	3, 3.5, 5, 2.5, 2	3.2	3
5	2, 5.5, 2.5, 3, 1.5	2.9	4
6	2.5, 3.5, 4, 2, 2.5	2.9	2
7	3.5, 1.5, 2, 4, 2	2.6	2.5

$\bar{\bar{x}} = 2.93; \bar{R} = 2.86$

3.

Hour	Weight (gms)	$\bar{X}$	R	Hour	Weight (gms)	$\bar{X}$	R
1	110, 105, 98, 100	103.3	7	7	89, 102, 101, 99	97.8	13
2	79, 102, 100, 104	96.3	25	8	100, 101, 98, 96	98.8	5
3	100, 102, 100, 96	99.5	6	9	98, 95, 101, 100	98.5	6
4	94, 98, 99, 101	98	7	10	99, 100, 97, 102	99.5	5
5	98, 104, 97, 100	99.8	7	11	102, 97, 100, 101	100	5
6	104, 97, 99, 100	100	7	12	98, 100, 100, 97	98.8	3

$\bar{\bar{x}} = 99.2; \bar{R} = 8$

5.

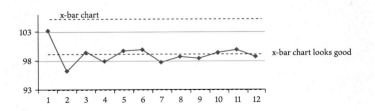

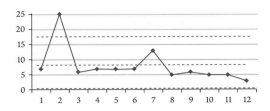

R chart is questionable
due to plot #2. Since
then, it looks good.

7. $\bar{P} = 1.4/12 = 0.117$ or 11.7%

$$\sigma_P = \sqrt{\frac{.117(.883)}{10}} = 0.102$$

9.

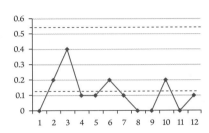

The P-chart looks pretty good.
The analysis could be improved
by using larger sample sizes.

11.   UCL = .047 + 3(.021) = 0.11 = 11%
       LCL = 0

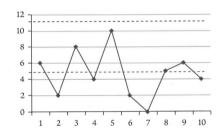

The chart looks questionable,
since the plots are not close to
the center line. Plot 5 is also
close to the UCL; but still in
control.

13. $\bar{c} = 44/10 = 4.4$
       $\sqrt{\bar{c}} = 2.1$

15.

$$C_{pk} = Min\left[\frac{\bar{x} - LSL}{3\sigma} \ or \ \frac{USL - \bar{x}}{3\sigma}\right] = Min\left[\frac{7.621 - 7.618}{.003} \ or \ \frac{7.622 - 7.621}{.003}\right] = Min(1 \ or \ .33) = .33$$

Since the C_{pk} is less than 1, process is not capable.

17.

a) $C_{pk} = Min\left[\frac{2.0 - 1.945}{.03} \ or \ \frac{2.015 - 2.0}{.03}\right] = Min(2.5 \ or \ 1.17) = 1.17$

b)   Yes, since the index is > 1.

Chapter 14

1.

Supplier	Purchase Price ($)	Annual oper. & maint. costs ($000)							Salvage Value ($)
		Yr.1	Yr.2	Yr.3	Yr.4	Yr.5	Yr.6	Yr.7	
Schibr.	−84,000	−22	−22	−22	−22	−22	−22	−22	+30,000
Rogers	−102,000	−19	−19	−19	−19	−19	−19	−19	+36,000
NPV factor	0	.892	.797	.712	.636	.567	.507	.452	

NPV(Schibr.) = −84000 − 22000(.892 +. 797 + .712 + .636 + .567 + .507 + .452) + 30000(.452) = −$170,826
PV(Rogers) = −102000 − 19000(.892 + .797 + .712 + .636 + .567 + .507 + .452) + 36000(.452) = −$172,520
The Schibrowski company is slightly preferred.

3.

	Purchase Price ($)	Annual oper. & maint. costs ($000)								Salvage Value ($)
		Yr.1	Yr.2	Yr.3	Yr.4	Yr.5	Yr.6	Yr.7	Yr.8	
Mach	−22,000	−.8	−.8	−.8	−4.8	−.8	−.8	−.8	−.8	+1,500
	Revenues	5.0	5.0	5.0	5.0	5.0	5.0	5.0	5.0	
NPV factor		.935	.873	.816	.763	.713	.666	.623	.582	

NPV(Mach) = −22000 + 4200(.935 + .873 + .816) + 200(.763) + 4200(.713 + .666 + .623 + .582) + 1500(.582) = $899.20

5.   The break-even point is—30,000 + 1.25X = 1.65X; so 0.45X = 30,000 and X = 66,667 units. For fewer than 66,667 units, purchasing is preferred. For more than 66,667, making is preferred.

7.

Supplier name: The Naylor Co.					
Item: Office supplies					
Performance criteria	Weight	Actual	Ideal	Rating (0–10)	Weighted score
On-time deliveries	20%	80%	100%	8	1.6
Pricing	25%	Excellent	Excellent	10	2.5
Availability	5%	100%	100%	10	.5
Customer service	30%	75%	100%	7.5	2.25
Quality	10%	100%	100%	10	1
Order leadtime	10%	5 days	2 days	4	.4

Answers are shown in red above. The total weighted score is 8.25.

9.

Performance criteria	Weight	Supplier A perf.	Score A	Supplier B perf.	Score B	Supplier C perf.	Score C
On-time performance	23%	8.6	1.98	9.2	2.12	10	2.3
Pricing	28%	10	2.8	8.7	2.44	8.3	2.32
Customer service	20%	9	1.8	8	1.6	10	2

Meets quality check	15%	9.2	1.38	10	1.5	9.4	1.41
Supplier contributions	14%	9	1.26	8	1.12	8	1.12
Total weighted score			9.22		8.78		9.15

Supplier A is preferred.

Chapter 15

1.

Location factor	Weight	U.S.	Mexico	Canada
Land availability	0.15	85	75	100
National competitiveness	0.15	100	65	85
Quality of LIFE	0.30	90	80	100
Labor availability	0.25	70	100	72
Transportation infrastr.	0.10	100	82	90
Weighted scores		82.25	78.2	84.75

Canada has the highest score and is therefore preferred.

3.

Location factor	Weight	U. of Arizona	UCLA	U. of Colorado
School reputation	0.15	80	100	85
Majors he might select	0.25	90	100	100
Tuition cost	0.20	100	60	75
Living cost	0.15	100	60	80
Geographic quality	0.15	80	100	90
Student organizations	0.10	85	100	90
Weighted scores		90	86	87.25

University of Arizona has the highest score and is therefore preferred.

5. Let's make the markets = 1 unit.

Then $C_x = 225(1) + 150(1) + 750(1)/3 = 375$, and $C_y = 600 + 240 + 250/3 = 363$

7. $S_2 = \dfrac{\sqrt{N_2}}{\sqrt{N_1}} (S_1) = \dfrac{\sqrt{3}}{\sqrt{2}} (6000) = 7348$ units or 2449 per warehouse

9.

a) $S_2 = \dfrac{\sqrt{N_2}}{\sqrt{N_1}} (S_1) = \dfrac{\sqrt{3}}{\sqrt{6}} (30{,}000) = 21{,}213$ units or 7071 units per warehouse.

b) $S_2 = \dfrac{\sqrt{N_2}}{\sqrt{N_1}} (S_1) = \dfrac{\sqrt{10}}{\sqrt{6}} (30{,}000) = 38{,}730$ units or 3873 units per warehouse.

Index

집 필 진

대표저자	**안재형** (한국외국어대학교)
집필진	**김보성** (부산대학교)
	김기태 (한밭대학교)
	김대철 (한양대학교)
	심재훈 (창원대학교)
	엄기현 (부경대학교)
	이종태 (서울여자대학교)
	이주용 (강원대학교)
	정철호 (목원대학교)
	정태수 (고려대학교)
	최영근 (건국대학교)

생산 **운영관리**

초판 1쇄 발행   2022년 8월 25일

저 자   Joel D. Wisner
역 자   안재형·김보성·김기태·김대철·심재훈·엄기현
           이종태·이주용·정철호·정태수·최영근
펴낸이   임 순 재
펴낸곳   (주)한올출판사
등 록   제11-403호
주 소   서울시 마포구 모래내로 83(성산동 한올빌딩 3층)
전 화   (02) 376-4298(대표)
팩 스   (02) 302-8073
홈페이지 www.hanol.co.kr
e-메일   hanol@hanol.co.kr
ISBN   979-11-6647-258-9

• 이 책의 내용은 저작권법의 보호를 받고 있습니다.
• 잘못 만들어진 책은 본사나 구입하신 서점에서 바꾸어 드립니다.
• 저자와의 협의하에 인지가 생략되었습니다.
• 책값은 뒤표지에 있습니다.

생산 운영관리
Operations
Management